VERLAG HERMANN BÖHLAUS NACHFOLGER
16 24
WEIMAR

GOETHE-JAHRBUCH

Im Auftrag
des Vorstands der Goethe-Gesellschaft
herausgegeben
von
Werner Frick, Jochen Golz und Edith Zehm

EINHUNDERTUNDZWANZIGSTER BAND
DER GESAMTFOLGE

2003

Verlag Hermann Böhlaus Nachfolger Weimar

Redaktion: Dr. Petra Oberhauser

Mit 20 Abbildungen

Gedruckt mit Unterstützung der Beauftragten der Bundesregierung für Kultur und Medien und des Thüringer Ministeriums für Wissenschaft, Forschung und Kunst

ISBN 3-7400-1209-9

ISSN 0323-4207

Gedruckt auf alterungsbeständigem Papier

www.boehlausnf.de
info@boehlausnf.de

Umschlag: Willy Löffelhardt
Satzgestaltung: Grafik-Design Fischer, Weimar
Druck und Bindung: Kösel GmbH & Co KG, Krugzell
Printed in Germany
Juni 2004

Inhaltsverzeichnis

Vorwort

Jahrbücher, das unsere nicht ausgenommen, bewegen sich in der Spannung von Notwendigkeit und Freiheit. Jeweils nach einer wissenschaftlichen Konferenz zur Hauptversammlung stehen wir vor der Aufgabe, deren Ertrag in die Jahrbuchscheuern zu bringen, während wir im folgenden Jahr der Goetheforschung in ihren vielfältigen Erscheinungsformen – als Abhandlung, Miszelle oder Dokumentation – mehr Raum geben können.

Goethe auf Reisen – unter diesem Thema stand die wissenschaftliche Konferenz der 78. Hauptversammlung, zu der sich 16 Referenten aus 16 Staaten eingefunden hatten und die mit dem Festvortrag von Gerhard Kaiser in der Eröffnungsveranstaltung ihren ersten Höhepunkt erreichte. Gemeinsam mit den Grußworten bildet dieser Vortrag den Auftakt des Jahrbuchs. In den Eröffnungsveranstaltungen hatte seit seinem Amtsantritt stets der Ministerpräsident des Freistaates Thüringen, Dr. Bernhard Vogel, zu uns gesprochen, und es war für unsere Gesellschaft eine besondere Ehre und Freude, daß Thüringens neuer Ministerpräsident Dieter Althaus, erst wenige Tage im Amt, trotz zahlreicher anderer Verpflichtungen Gelegenheit nahm, ein Grußwort zu sprechen. Nehmen wir dies als Zeichen für unsere gute Verbindung zum Freistaat Thüringen, in dem die Goethe-Gesellschaft beheimatet ist.

Weitgespannt sind die thematischen Bezüge der im vorliegenden Band abgedruckten Vorträge. Ideelle wie reale Reisen Goethes gelangen zur Darstellung. Es findet sich die fundierte Abhandlung ebenso wie der thematisch freier sich bewegende Essay oder die Grenzen der Wissenschaft bewußt überschreitende Phantasmagorie über Goethes geistige Ausfahrten in den Fernen Osten. Und nachhaltig widerlegt wird das Vorurteil, es ließe sich über den reisenden Goethe nur wenig Bedeutsames sagen. Vielmehr werden Vielfalt und Substanz der Goetheschen Welterfahrung gerade im Spiegel seiner Reisen und deren literarischer Reflexion sichtbar.

Indem wir die Referate der wissenschaftlichen Konferenz ins Zentrum des Jahrbuchs rücken und bereits darauf verzichten, Beiträge des stark besuchten und mit lebhaftem Interesse aufgenommenen *Symposiums junger Goetheforscher* hinzuzunehmen – sie werden im Jahrbuch 2004 abgedruckt –, müssen wir uns im übrigen auf wenige thematische Akzente beschränken, die gleichwohl über konzeptionelle Leitlinien Auskunft geben.

Angemessenes Reagieren auf die erfreulicherweise rege internationale Goetheforschung gehört nicht nur zu den Maßgaben im Rezensionsteil, sondern soll auch für Abhandlungen und Dokumentationen Geltung beanspruchen. Unter diesem Aspekt verdient der Bericht über die Beschäftigung mit Goethe in Italien besondere Aufmerksamkeit. Mit der Studie über das Goethebild Werner Heisenbergs nehmen wir Bezug auf die gegenwärtige Auseinandersetzung um Goethes Naturauffassung, die ihre eigene, auch aus Sicht der Naturwissenschaft belangvolle Geschichte besitzt. Und schließlich ist uns nach wie vor daran gelegen, neue Quellen zu publizieren. Mit der Veröffentlichung von weiteren fünf unbekannten Goethebriefen knüpfen wir an das Jahrbuch 2002 an, wo die erste Folge erschienen ist. Die in Weimar entstehende historisch-kritische Ausgabe von Goethes sämtlichen Briefen hat die Deutsche Forschungsgemeinschaft mittlerweile unter die von ihr zu fördernden Langzeitunternehmen aufgenommen. Daß manches Mal Texte, auf die schon Goethe selbst hingewiesen hat, dem Blick des Forschers verborgen bleiben können, weil sie an entlegener Stelle aufbewahrt werden, kann im Jahrbuch nachvollzogen werden. Die für Goethe bestimmten Aufzeichnungen des Malers Christoph Heinrich Kniep über „Wasserfarben-Mahlerei", im Nachlaß von Goethes Kunstfreund Johann Heinrich Meyer lange verborgen, werden hier erstmals zugänglich gemacht.

Im Jahrbuch 2002 war ein Beitrag von René Jacques Baerlocher über Goethes angebliche Beteiligung an der Hinrichtung von Johanna Höhn erschienen, und wir hatten diese Veröffentlichung mit der Aufforderung zu einer Diskussion verbunden. Daraufhin hat sich Rüdiger Scholz zu Wort gemeldet, und wir haben Baerlocher Gelegenheit zu einer Erwiderung gegeben. Beides liegt nunmehr im Jahrbuch vor, und beiden Texten ist zu entnehmen, daß die Debatte auf der Basis umfänglicher Dokumentationen in Buchform fortgeführt werden wird. Erst wenn diese vorliegen, sollte das Thema, sofern nötig, wieder aufgenommen werden. Von den angekündigten Büchern dürfen wir uns weitere Aufklärung im Sinne einer Wahrheitsfindung versprechen, bei der vorurteilsfreie Historisierung an die Stelle ideologischer Stimmungs- und Meinungsbildung tritt.

Die Herausgeber

Rede des Präsidenten der Goethe-Gesellschaft zur Eröffnung der 78. Hauptversammlung

DR. HABIL. JOCHEN GOLZ

Sehr geehrter Herr Ministerpräsident Althaus,
sehr geehrte Frau Landtagspräsidentin Wagner,
meine Damen und Herren Abgeordnete,
Magnifizenzen,
meine sehr verehrten Damen und Herren,
liebe Studenten,
liebe Freunde der Goethe-Gesellschaft,

im Namen des Vorstandes der Goethe-Gesellschaft heiße ich Sie alle zu unserer Hauptversammlung herzlich willkommen.

Während seiner elfjährigen Amtszeit in Thüringen hat es sich Ministerpräsident Dr. Vogel, der in unserem Programm noch angekündigt ist, nicht nehmen lassen, die Grußworte des Freistaates persönlich zu überbringen. Er hat dies auch getan, weil er, wie er mir vor wenigen Tagen versicherte, eine ganz persönliche Beziehung zum Namenspatron unserer Gesellschaft besitzt. Die Goethe-Gesellschaft hat allen Grund, Herrn Dr. Vogel heute von dieser Stelle aus herzlich zu danken: für die verständnisvolle Förderung, die er unserer Gesellschaft generell zuteil werden ließ, für die Möglichkeit, das Goethe-Stipendium des Ministerpräsidenten unsererseits in Anspruch zu nehmen, für sein persönliches Engagement bei der Vorbereitung des Symposiums der Goethe-Übersetzer im Jahre 1999. Nun ist in Thüringen wenige Tage vor Pfingsten ein neuer Ministerpräsident gewählt worden, Herr Dieter Althaus, bislang Vorsitzender der CDU-Fraktion im Thüringer Landtag. Wir sind sehr froh darüber, sehr geehrter Herr Althaus, daß Sie es möglich machen konnten, heute zu uns zu sprechen, und erblicken darin nicht zuletzt ein gutes Omen für ein künftiges einvernehmliches Wirken im Zeichen Goethes.

Erlauben Sie mir, meine sehr verehrten Damen und Herren, auch ein persönliches Wort der Begrüßung an Frau Wagner zu richten, stellvertretende Präsidentin des Hessischen Landtags, vormals Staatsministerin im hessischen Kabinett. Frau Wagner zählt seit vielen Jahren zum guten Stamm der Darmstädter Goethe-Freunde, und seit geraumer Zeit ist sie auch persönlich mit der Stadt Weimar verbunden. Ich freue mich sehr, verehrte Frau Wagner, daß Sie dieses Mal wieder nach Weimar kommen konnten. Seien Sie herzlich willkommen.

Der Oberbürgermeister dieser Stadt, Herr Dr. Germer, ist in diesem Jahr leider durch die Teilnahme am parallel stattfindenden Abschlußkonzert des Bundeswettbewerbs *Jugend musiziert* verhindert, was er selbst sehr bedauert und wofür er Sie um Verständnis bittet. An seiner Stelle wird Herr Stadtkulturdirektor Dr. Felix Leibrock zu uns sprechen.

Herzlich begrüße ich ebenfalls den Vertreter der Bundesbeauftragten für Kultur und Medien, Frau Staatsministerin Dr. Christina Weiss, Herrn Dr. Horst Claussen, der uns die Grüße von Frau Dr. Weiss überbringen wird.

Mein herzlicher Willkommensgruß gilt ebenso dem diesjährigen Empfänger unserer Goethe-Medaille, Herrn Professor Kimura, dem ich zugleich zum Jacob- und Wilhelm-Grimm-Preis des Deutschen Akademischen Austauschdienstes herzlich gratulieren darf, sowie den Repräsentanten des öffentlichen Lebens, die uns am heutigen Tag die Ehre ihrer Anwesenheit erweisen.

Goethe auf Reisen – unsere diesjährige Tagung, liebe Goethe-Freunde, steht unter einem Motto, das jeder Hauptversammlung vorangestellt werden könnte. Denn alle zwei Jahre, in der Woche nach Pfingsten, ist für unsere Mitglieder Reisezeit. Nahezu 4 000 Mitglieder aus 52 Staaten gehören unserer Gesellschaft an, und nicht wenige von Ihnen müssen lange Reisewege zurücklegen, um an all den kulturellen und wissenschaftlichen Veranstaltungen teilzuhaben, die wir für Sie vorbereitet haben.

Musikalisch konnten wir nicht besser eingestimmt werden als durch den ersten Satz aus Joseph Haydns Streichquartett mit dem Beinamen „Sonnenaufgang", dargeboten von vier jungen Künstlern, die ihre Ausbildung alle in Weimar erfahren haben und sich seither in der Kunst des Quartettspielens vervollkommnen. Ihnen sei schon jetzt gedankt. Ein besonderer Dank gebührt dem Deutschen Nationaltheater Weimar, das uns einen Tag vor der Premiere – und dies ist wirklich buchenswert – seine neue *Faust*-Inszenierung zugänglich machte.

Mit besonderer Freude begrüße ich unsere ausländischen Gäste. Mein herzlicher Gruß gilt den Präsidentinnen der koreanischen und der schweizerischen Goethe-Gesellschaft sowie den Vorsitzenden der Goethe-Gesellschaften in Armenien und Bulgarien, in den georgischen Städten Tbilissi, Kutaissi und Poti, in Lettland, Rumänien, Serbien, der Slowakei, Tschechien und Ungarn. Herzlich darf ich auch die Vorsitzenden der Goethe-Gesellschaften in Kaliningrad, St. Petersburg und Tambow willkommen heißen.

Seit unserer letzten Hauptversammlung sind wiederum Goethe-Gesellschaften im Ausland neu gegründet worden: in Wrocław, dem früheren Breslau, in Baku in Aserbaidschan sowie in Dakar im westafrikanischen Senegal. Es ist mir eine besondere Freude, Frau Bâ aus Dakar und Herrn Professor Honsza aus Wrocław begrüßen zu können, und ich heiße ebenso herzlich Herrn Dominiak, einen polnischen Doktoranden, derzeit Stipendiat unserer Gesellschaft, willkommen, der ein Grußwort an uns richten wird. Jede der von mir genannten Neugründungen bedürfte einer genaueren Charakterisierung. Wir sind froh darüber, daß erstmals in Polen eine Goethe-Gesellschaft gegründet werden konnte, und dies in einem Zentrum der polnischen Germanistik, in Wrocław, wo man sich mit vorbildlicher wissenschaftlicher Objektivität nicht zuletzt auch den deutschen Traditionen unserer Wissenschaft zuwendet. Baku in Aserbaidschan – wer denkt nicht zurück an den blutigen Konflikt mit Armenien um die Enklave Berg-Karabach. Nur zaghaft wagten wir zu hoffen, dort möge eine Goethe-Gesellschaft entstehen, bei deren Gründung Goethe-Freunde aus den Nachbarrepubliken Georgien und Armenien anwesend sein könnten. Doch nur unsere georgischen Freunde haben die Gründung tatkräftig befördern können und waren auch bei der eigentlichen Gründung anwesend; für all dies sei ihnen herzlich gedankt. Ein herzlicher Dank gilt auch unserem Vizepräsidenten Professor Hansen, der unsere Gesellschaft in Baku repräsentiert hatte. Die Hoffnung auf eine politische Versöhnung sei dennoch ausgesprochen, ein Zeichen ist gesetzt, und zumindest eine Grußbotschaft der armenischen Goethe-Gesellschaft konnte in Baku Gehör finden. Der Senegal, meine Damen und Herren, gehört zu jenen afrikanischen Staaten, in denen sich dank des vieljährigen Wirkens von Präsident

Leopold Sedor Senghor eine besondere Affinität zur traditionellen europäischen Kultur herausgebildet hat. Daß nunmehr erstmals auf afrikanischem Boden eine Goethe-Gesellschaft gegründet werden konnte, erfüllt uns mit Freude.

Es gehört zu den wesentlichen, wahrhaft internationalen Merkmalen unserer Gesellschaft, daß nicht nur die Weimarer Goethe-Gesellschaft ihre Hilfe und Unterstützung für Goethe-Freunde in aller Welt als verpflichtende Aufgabe wahrnimmt, sondern daß ebenso deutsche Ortsvereinigungen partnerschaftliche Verbindungen zu Goethe-Gesellschaften vor allem in Osteuropa aufgebaut haben. Haben Sie, die Sie bei der Erfüllung dieser Aufgabe mitwirken, herzlichen Dank dafür! Allen bietet unsere Hauptversammlung Gelegenheit zu freundschaftlichen Begegnungen und zu Gesprächen, denen ich fruchtbare Wirkungen wünsche. In solchem Sinn seien Sie alle herzlich willkommen.

Goethe auf Reisen – das Thema unserer wissenschaftlichen Konferenz verlangt beinahe mit Notwendigkeit ein nationale Grenzen überschreitendes Herangehen. Referenten, Diskussionsleiter und Korreferenten aus 19 Staaten darf ich hier sehr herzlich begrüßen und dies mit meinem aufrichtigen Dank an die Deutsche Forschungsgemeinschaft für großzügige Förderung verbinden. Man möge es mir nachsehen, wenn ich aus dem Ensemble unserer Referenten Herrn Professor Valentin aus Paris besonders begrüße, denn er ist gegenwärtig der Präsident der internationalen Vereinigung für germanische Sprach- und Literaturwissenschaften und Gastgeber des nächsten Weltkongresses 2005 in Paris.

Am gestrigen Tag hat eine wissenschaftliche Veranstaltung, die auf der vorigen Hauptversammlung aus der Taufe gehoben wurde, ihre erfolgreiche Neuauflage erlebt. Wiederum fand unter großer öffentlicher Beteiligung ein Symposium von Nachwuchswissenschaftlern statt, das von der Deutschen Forschungsgemeinschaft und der Bundesbeauftragten für Kultur und Medien gefördert wurde. Dabei bestätigt sich eine Beobachtung, die auch von den Herausgebern des *Goethe-Jahrbuchs* geteilt werden kann, daß das wissenschaftliche Interesse an Goethe unverändert groß ist. Den Referenten und den Teilnehmern der gestrigen Tagung gilt mein herzlicher Willkommensgruß.

Unsere Gesellschaft, dies darf ich mit Freude sagen, erweist sich für Menschen, die sich in bezug auf Herkommen und Bildung sehr unterscheiden können, doch sich in dem Bemühen vereinen, Goethe kennenzulernen und sich in Goethe zu erkennen, unverändert als attraktiv. Dessenungeachtet müssen wir bestrebt sein, frisches, junges Blut zuzuführen. Darum heißen wir stets Studenten besonders herzlich willkommen. In diesem Jahr kommen sie aus Armenien, Bulgarien, Deutschland, Estland, Georgien, Kroatien, Lettland, Polen, Rumänien, Rußland, Serbien, der Slowakei, Tschechien und Ungarn.

Im gleichen Atemzug muß aber gesagt werden, daß wir solche Einladungen nicht hätten aussprechen können, wenn uns nicht zusätzlich – über eine dankbar zu erwähnende Unterstützung des Deutschen Akademischen Austauschdienstes hinaus – von Seiten privater Stiftungen Hilfe zuteil geworden wäre. Herzlich zu danken ist der ZEIT-Stiftung Ebelin und Gerd Bucerius, der Marga und Kurt Möllgaard-Stiftung sowie der Robert Bosch Stiftung. Doch hätten unsere Einladungen schmaler als gewohnt ausfallen müssen, wenn uns nicht die Jubiläumsstiftung der Credit Suisse Group einen namhaften Betrag zugewendet hätte. Ihren Repräsentanten sei darum besonders nachdrücklich und herzlich gedankt. So war es uns möglich, durch Einladungen nach Weimar vor allem jungen Menschen aus Osteuropa Dank zu sagen und sie zu ermutigen, angesichts mannigfacher existentieller Bedrückungen ihrer Neigung zu Goethe und zur deutschen Kultur unbeirrt nachzustreben. Dank gesagt sei auch dem Freistaat Thüringen, der durch eine Sonderzuwendung die Einladung ungarischer Studenten ermöglichte.

Im Rahmen ihrer Möglichkeiten leistet die Goethe-Gesellschaft einen zählbaren Beitrag zur auswärtigen Kulturpolitik der Bundesrepublik Deutschland. Das kann vom weltoffenen Charakter unserer Hauptversammlungen gesagt werden, und dies gilt ebenso für das Stipendiatenprogramm unserer Gesellschaft, das aus zweckgebundenen Spenden unserer Mitglieder und aus Zuwendungen von Sponsoren bestritten wird. An dieser Stelle bereits unseren spendenfreudigen Mitgliedern ein herzliches Dankeschön! Im vorigen Jahr konnten wir den 150. Stipendiaten unserer Gesellschaft in Weimar begrüßen, den iranischen Germanisten Mahmud Haddadi, der den *West-östlichen Divan* ins Farsi übersetzt hatte und in Weimar eine kommentierte Goethe-Leseausgabe vorbereitete. Auch in diesem Jahr werden wir eines unserer wichtigen kulturpolitischen Ziele weiter verfolgen, Wissenschaftlern aus dem arabischen Raum und aus Israel Studienaufenthalte in Deutschland zu ermöglichen und sie, so hoffen wir, auch einmal zum Gespräch zusammenzuführen. In den vergangenen Jahren hatte die Peter Suhrkamp Stiftung dafür zweckgebundene Mittel zur Verfügung gestellt, inspiriert durch ihren Gründer, den Goethe-Forscher und Verleger Siegfried Unseld, dessen Tod wir schmerzlich beklagen. Mit dem Auslaufen der Förderung schien unser Programm verwaist zu sein. Nicht zuletzt aber dank der Fürsprache unseres Kuratoriumsmitglieds Traudl Herrhausen stellt uns die Deutsche Bank für die Jahre 2003 und 2004 je 25 000 Euro für Stipendiaten aus dem von mir beschriebenen Kulturraum zur Verfügung. Dafür sei herzlich gedankt. Mit besonderem Dank sei in Erinnerung gerufen, daß wir seit einer Reihe von Jahren das Goethe-Stipendium des Thüringer Ministerpräsidenten mit in Anspruch nehmen können und daß auch in diesem Jahr wieder ehemalige Stipendiaten der Einladung des Ministerpräsidenten gefolgt und auf unserer Hauptversammlung zu Gast sind. Seien Sie alle herzlich willkommen.

Und erlauben Sie mir, meine sehr verehrten Damen und Herren, an dieser Stelle aus gegebenem Anlaß eine Bemerkung in doppelter Eigenschaft, als Präsident unserer Gesellschaft und als Direktor des Goethe- und Schiller-Archivs. Mit großer Erleichterung habe ich die Nachricht aufgenommen, daß in der Auseinandersetzung zwischen dem Freistaat Thüringen und dem Hause Sachsen-Weimar-Eisenach ein Vergleich erzielt werden konnte – mit Erleichterung darum, weil nunmehr Weimars großer Kulturbesitz auf Dauer dieser Stadt gesichert wurde. Der Dank für Einsicht, Traditionsbewußtsein und guten Willen ist an beide Partner zu richten; mir aber sei es erlaubt, Herrn Dr. Aretz, dem verhandlungsführenden Staatssekretär im Thüringer Ministerium für Wissenschaft, Forschung und Kunst, ganz persönlich zu danken.

Wenn ich, meine sehr verehrten Damen und Herren, am Beginn der 77. Hauptversammlung das Thema der wissenschaftlichen Konferenz von dem Vorwurf allzu großer akademischer Selbstbezogenheit fernhalten mußte, so bin ich in diesem Jahr eher geneigt, den Vorwurf einer bequemen Anpassung an den Zeitgeist abzuwehren. Es könnte den Anschein haben, als ob in einer Zeit, die dem in vielfacher Hinsicht bedenklichen Ideal schrankenloser Mobilität huldigt und einer veloziferischen Wahnvorstellung anhängt, die offensichtlich nur durch Krieg, Terrorismus und akute Seuchengefahr auf ein vernünftiges Maß zurückgeführt werden kann, als ob auch die Goethe-Gesellschaft dem Geist der Zeit ihren Tribut darbringen will.

Nun ist freilich Goethe für derlei reisefreudige Umtriebigkeit ein denkbar schlechter Gewährsmann. Indes sollte man auch nicht das Kind mit dem Bade ausschütten wie jener Frankfurter Großkritiker – Sie alle kennen seinen Namen, ich nenne ihn darum nicht –, der in seiner Dankesrede zur Verleihung des Frankfurter Goethe-Preises von „Goethes entschiedener und permanenter Mißbilligung des Reisens“ gesprochen hat. Dabei sei ihm all das zugestanden, was des Kritikers Laudator Peter von Matt Lobendes zu sagen wußte: daß auch Goethe für den Kritiker „im klaren Licht einer vernunftgelenkten Bewunderung" stehe und daß hinter dieser Verehrung – und der folgende Satz verdient besonders herausgehoben zu werden – nicht „jener hämische Entlarvungsgestus" stecke, „der sich in Deutschland so oft an Goethe versucht und der als intellektuelle Kühnheit verstanden wissen will, was doch nur aus kümmerlichen Seelen stammt".

Doch bleibt bei alledem die Frage, wie es um Goethe, den Reisenden, nun wirklich bestellt ist. Versuchen wir eine historische Einordnung und Präzisierung des Allerweltsbegriffs, so ist zunächst auf das zu verweisen, was Natur und Technik damals an realen Fortbewegungsmöglichkeiten bereithielten: den eigenen Bewegungsapparat, Reitpferd und Pferdekutsche, Segelboot und Segelschiff. Goethe, der Wanderer – damit ist ein großes Thema angeschlagen, und ich bin gewiß, daß der Freiburger Germanist Gerhard Kaiser, Träger unserer Goethe-Medaille, der dazu in seinem Festvortrag sprechen wird und den ich herzlich begrüße, uns den Blick öffnen wird für ein Grundmotiv in Goethes Poesie und Leben.

Goethes Leben, so läßt sich allgemein sagen, bewegte sich in einer polaren Spannung von latenter Unruhe, wie sie auch mit dem Reisen einhergeht, und schöpferischer Ruhe. Daß Goethe zum Produzieren ‚absolute Einsamkeit' brauchte, hat er mehr als einmal bezeugt, und wenn man sich den staunenswerten Umfang des Geleisteten vor Augen führt, dann ist leicht zu ermessen, daß Seßhaftigkeit und distanzierte Geborgenheit auch dem Zeitverlauf nach sein Leben weithin ausfüllen mußten. Mit dem Typus des modernen Reiseschriftstellers verbindet Goethe wenig oder nichts.

Gleichwohl ist stets im Blick zu behalten, daß das Produzieren in absoluter Einsamkeit erst durch Welterfahrung und Weltgewinn möglich war, daß das eine die notwendige Bedingung für die Existenz des anderen darstellte. Und in dieser Einheit der Gegensätze wächst auch dem Reisen als einem *movens* bewußter Lebensgestaltung seine Bedeutung zu. So hat Goethe als Reisender, als Dienstreisender zumal der ‚Forderung des Tages' genügt und ist zugleich ‚dem Gesetz gefolgt, wonach er angetreten', hat sich auf Reisen das ihm Gemäße angeeignet. Im realen Raum von Goethes Reisetätigkeit spiegeln sich alle Facetten seiner Welterfahrung wider. Da gibt es den reisenden Minister, der das kleine Sachsen-Weimar inspizierend oft zu durchqueren hat und auch einmal seinem Fürsten in das ungeliebte Berlin Gefolgschaft leisten muß, den einsamen Reiter in den winterlichen Harz, der selbst das nicht ungefährliche Abenteuer im Gedicht als ein Abenteuer der Selbstfindung deutet, den schon ein wenig Fernweh empfindenden, gewiß auch rousseauscher Naturnähe nachhängenden Schweizreisenden und Mentor seines Herzogs, den unendlich folgenträchtigen Italienreisenden, der sich dort als Künstler wiederfindet, den distanzierten Beobachter in den Kriegen der Französischen Revolution, den Kurgast in Böhmen, der dort als Poet wie als Naturforscher produktiv ist und zudem Kontakt hält zu Repräsentanten der europäischen Politik, und am Ende, damit sei der Reigen geschlossen, den alternden, seine nähere und weitere Heimat wiederentdeckenden Reisenden, dem Glück und Entsagungsleid gleichermaßen zuteil werden und der aus den Rhein- und Maingegenden mit dem Vorsatz zurückkehren wird, die dort gesehenen Schätze der Vergangenheit seinem Publikum ins Bewußtsein zu heben. Enttäuschung und ernsthafte Erkrankung lassen ihn von weiteren Reiseunternehmungen absehen. Doch noch der letzte längere Aufenthalt auf den Dornburger Schlössern nach dem Tod Carl Augusts im Jahre 1828 bezeugt den Segen des eine Reise notwendig voraussetzenden Ortswechsels, wie er Goethe in jenem Sommer zuteil wurde.

„Denn das Leben ist die Liebe, / Und des Lebens Leben Geist" (WA I, 6, S. 169), heißt es im *West-östlichen Divan*. Und von eben jenem „Geist" als der Quintessenz des Lebens (und des Reisens) muß noch gesprochen werden. Denn höher noch als das reale Reisen schätzte Goethe die Ausfahrt im Geiste hin zu den Orten der Kultur und Geschichte, zu Völkern und Weltgegenden jenseits seines realen Erfahrungshorizonts. In der Einleitung zu den *Noten und Abhandlungen zu besserem Verständniß des West-östlichen Divans* heißt es: „Am liebsten aber wünschte der Verfasser vorstehender Gedichte als ein Reisender angesehen zu werden, dem es zum Lobe gereicht, wenn er sich der fremden Landesart mit Neigung bequemt, deren Sprachgebrauch sich anzueignen trachtet, Gesinnungen zu theilen, Sitten aufzunehmen versteht“ (WA I, 7, S. 4). In dem Maße, wie dem alternden Dichter die reale, von Krieg und Streit gezeichnete eigene Lebenswelt fremder wurde, eignete er sich den Reichtum der Weltkulturen an, fand er mehr denn je Zugang zur geistigen Welt des Orients und des Fernen Ostens, konnte er im Gespräch mit bedeutenden Zeitgenossen teilhaben an den geistigen Auseinandersetzungen der Zeit. So eröffnete sich ihm – und uns – die Möglichkeit, mit fremden Kulturen in einen Dialog zu treten. Die Frage, wer den wesentlicheren Eindruck von Paris, der Hauptstadt des 19. Jahrhunderts, empfing, kann leicht beantwortet werden: der Paris-Tourist, der hinter der Fassade wenig wahrnehmen konnte, oder Goethe, der Paris zwar nie mit Augen gesehen hat, der sich aber 1825 durch Hegel Bericht erstatten ließ, so daß er das Wesentliche vom Unwesentlichen scheiden konnte, und der gelegentlich an seinen Berliner Freund Zelter schrieb, dessen briefliche Schilderungen des Berliner Lebens ersetzten ihm vollkommen eine reale Reise dorthin.

Was den Reisenden im eigentlichen auszeichnen soll, hat Goethe in der Einleitung zu den *Noten und Abhandlungen* prägnant bezeichnet: Neigung zu „fremder Landesart“, Respekt und tolerantes Verständnis gegenüber einer fremden Kultur, wie sie Goethe beispielhaft im *Divan* selbst und in all den Texten bezeugt hat, die auf Reiseerfahrungen beruhen. Toleranz aber nur im Sinne passiven Duldens zu verstehen war Goethes Sache nicht. Auch hier stand er nicht an, für das Rechte und Tüchtige Partei zu nehmen, dort wo es in Weltgeschichte und Weltkultur zutage tritt, und diese Haltung zum allgemeinen Grundsatz zu erheben. Letztlich erweist sich Goethes Begriff der ‚Weltliteratur‘ als Resultat realer wie geistiger Welterfahrung im Zeichen einer Reise zu den Brunnen der Vergangenheit wie der Teilhabe am lebendigen Geschichtsprozeß.

Es wäre zu einfach, auf dem Wege eines Analogieschlusses Goethes Haltung unvermittelt uns Heutigen anzuempfehlen. Jeder, so hat der alte Goethe angemerkt, müsse seine Lehre aus der Poesie selbst ziehen, wie aus dem Leben. Vieles trennt uns historisch von ihm. Doch kann uns das Thema der Konferenz den Blick dafür öffnen, daß Goethes Botschaft der Toleranz und des respektvollen Verständnisses des Anderen in der zerrissenen Welt von heute mehr denn je aktuell ist. Mögen die Begegnungen und Gespräche der kommenden Tage diesem Gedanken neuerlich Geltung verschaffen. „Der Geist, aus dem wir handeln, ist das Höchste“ (WA I, 23, S. 125), heißt es im Lehrbrief der *Lehrjahre*. Uns allen wünsche ich im Zeichen dieser Maxime reichen geistigen Ertrag und anregende, nachwirkende Erlebnisse hier in Weimar.

Grußwort des Ministerpräsidenten des Freistaates Thüringen

DIETER ALTHAUS

Sehr geehrter Herr Professor Keller, ich begrüße Sie als Ehrenpräsident.
Sehr geehrter Herr Dr. Golz, ich darf Sie herzlich als Präsident der Goethe-Gesellschaft in Thüringen begrüßen. Ich freue mich sehr, daß Sie, liebe Frau Wagner, die Vizepräsidentin des Hessischen Landtages, heute hier sind. Ich freue mich auch sehr, daß – er gehört hier dazu – der Präsident der Stiftung Weimarer Klassik und Kunstsammlungen Hellmut Seemann da ist. Und ich darf Sie, meine sehr verehrten Damen und Herren aus Weimar und der Welt, herzlich begrüßen!

Ich bin heute ein Reisender, aber natürlich ein Dienstreisender, und bin der Meinung, die heutige Veranstaltung ist ein Termin mit besonderer Symbolkraft: Es ist jetzt fast auf die Stunde eine Woche her, daß ich vom Thüringer Landtag zum Ministerpräsidenten gewählt worden bin. Und wenn mich in der ersten Woche die Reise nach Weimar führt und zur Goethe-Gesellschaft, dann hat das wirklich eine besondere Bedeutung.

Manche wissen, daß mich ein Nachbarraum meines Arbeitszimmers an Goethe erinnert. Man kann vieles von ihm lernen – als Reisender –, aber eben auch als Politiker.

So freue ich mich heute, bei der 78. Hauptversammlung hiersein zu können. Ich darf Ihnen herzliche Grüße von Dr. Bernhard Vogel übermitteln, den ich gestern abend erst gesprochen habe. Viele haben mitbekommen, daß der Amtswechsel in einem guten Miteinander erfolgt ist. Und das ist gut für dieses Land, und das gute Miteinander soll auch so bleiben.

Das Jahr 2003 ist ein sehr symbolträchtiges Jahr. Dreizehn Jahre Wiedervereinigung, und in wenigen Tagen gedenken wir eines schwierigen Datums. Die Deutschen, im besonderen die Deutschen in diesem Teil Deutschlands, haben in den letzten Jahren nicht so recht gewußt, wie sie damit umgehen sollen: Gemeint ist der 17. Juni 1953. An diesem Tag haben zum ersten Mal die Menschen im östlichen Teil Deutschlands versucht, die Diktatur durch einen Volksaufstand loszuwerden. Blutig wurde dieser Volksaufstand niedergeschlagen. Daher paßt es, denke ich, sehr gut, wenn die Goethe-Gesellschaft *Goethe auf Reisen* als Thema gewählt hat. Denn eines hat die Diktaturerfahrung sehr deutlich gemacht: Wenn man den Menschen das Reisen nicht gewährt, dann werden sie mittel- und langfristig diese Gesellschaft abwählen und werden sich immer wieder nach Freiheit sehnen. Daß 1989/90 die Freiheit errungen wurde, hat sehr viel damit zu tun, daß die DDR das Reisen unterbunden hat.

Hier in Weimar sind die Widersprüchlichkeit und die Lehre der Geschichte symbolhaft beieinander. Wir haben hier die Elemente der Kultur, die uns geistvoll prägen, unsere Fundamente ausmachen, uns Orientierung geben. Wir haben hier die Erfahrung, daß Toleranz, daß Weltoffenheit, daß die Liebe zur Freiheit, aber auch die Verantwortung zusammengehören. Wir haben hier aber auch die Erfahrung, daß die Kultur zur Perversion geführt werden kann. Der Ettersberg und Buchenwald stehen dafür, für die Widersprüchlichkeit deutscher Geschichte.

Deshalb ist es ein Glück, daß wir am Ende des Jahrhunderts und am Anfang eines neuen Jahrtausends in Frieden und Freiheit diese Erfahrungen aufarbeiten können.

Wer hier aufgewachsen ist und gelebt hat, dem ist noch sehr bewußt, wie durch die einseitige Sicht auf die Geschichte neue Zerrbilder entstanden sind und wie Freiheit eingeschränkt werden sollte.

Wenn Sie heute nach Thüringen kommen, hier in diese wunderschöne Stadt Weimar, dann sehen Sie wohl: Noch ist viel in dieser Stadt und in diesem Land zu tun. Sie sehen aber auch, daß wir uns vorzüglich entwickelt haben, daß dieses Land in der Mitte Deutschlands und in der Mitte Europas sich in der Freiheit zukunftsfähig aufgestellt hat.

Und wer sich am letzten Wochenende das Ergebnis der Abstimmung in Polen angeschaut hat, der mußte erleichtert sein, daß immerhin fast 60 Prozent unserer Nachbarn zur Wahl gegangen sind und 77 Prozent gesagt haben: Wir wollen jetzt auch zu diesem Haus Europa gehören, weil wir uns historisch diesem Haus Europa zugehörig fühlen.

Das heißt, wir haben nicht nur den Blick auf die Geschichte, sondern wir haben auch eine sehr hoffnungsvolle Zukunft. Wir können, neben der Gestaltungsaufgabe hier im Land, gleichzeitig die Gestaltungsaufgabe für diese Welt, für dieses Europa mit übernehmen. Und da kann Thüringen, da kann Weimar, da kann dieses Land in der Mitte Deutschlands und Europas sehr viel Positives bewirken: als geistiges Fundament und als Brücke zwischen west- und osteuropäischen Ländern.

Da kann auch das, was uns Goethe über seine Reisen und in seiner Literatur mitgegeben hat, prägend wirken. Deshalb denke ich, daß der Titel und das Motto für Ihre Tagung gut gewählt sind. Denn wer das Reisen begrenzt, wer es einschränkt, wer den Menschen die Sehnsucht auf anderes nehmen will, kann nicht im Gegenzug auf Toleranz und Verständnis bauen. Beides bedingt einander: Offenheit und Toleranz.

Deshalb, denke ich, haben wir, die hier gelebt haben und jetzt Gestaltungsaufgaben übernehmen, den besonderen Auftrag, die Erfahrungen an unsere Kinder und Kindeskinder weiterzugeben. Denn wenn wir die Fundamente verlassen, wenn wir die geschichtlichen Erfahrungen nicht mehr oder nur selektiv wahrnehmen, wenn wir Bilder statt Geschichte vermitteln, dann ist immer die Gefahr für Scharlatane in der Politik gegeben. Daß das uns nicht noch einmal widerfährt, daß wir die Humanität in den Mittelpunkt gesellschaftlicher Gestaltung und die Weltoffenheit zum Grundprinzip erheben, darin sehe ich einen ganz wesentlichen politischen Auftrag für mich – auch mit Blick auf meine persönliche Geschichte.

Man baut Europa nicht nur rational auf. Ganz im Gegenteil: Ich hatte heute morgen Gelegenheit, mit den jetzigen und ehemaligen Stipendiaten der Goethe-Gesellschaft, die von der Thüringer Staatskanzlei unterstützt werden, zu sprechen. Es ist vor allen Dingen das kulturelle Verständnis – zum Beispiel über die deutsche Literatur, über die Literatur von Goethe –, das Europa verbindet und zukunftsfähig macht.

Natürlich gibt es praktische Fragen: die wirtschaftliche Zusammenarbeit, die Zusammenarbeit in der Wissenschaft. Diese Fragen sind selbstverständlich wichtig. Aber wenn alles nur durch praktische Fragen geprägt ist, dann ist das zu wenig. Wir brauchen das kulturelle Band, gerade auch in der Vielfalt.

Wir führen in Deutschland derzeit eine Debatte, wie es weitergehen soll. Wir überlegen, welche Reformen notwendig sind, um Deutschland fit zu machen – für den Austausch, den

Wettbewerb und eine gemeinsame Zukunft in Europa. Sie wissen, daß wir zur Zeit wahrlich Probleme haben, unseren Landeshaushalt zu gestalten. Wir müssen die Frage beantworten: Welche Prioritäten setzt die Politik? Und ich bin froh, daß wir in Thüringen trotz der schwierigen Haushaltslage sagen: Eine ganz entscheidende Priorität muß der Einsatz für Bildung oder Kultur und für Hochschulen sein, weil dadurch die Fundamente erhalten bleiben und fester ausgeprägt werden.

Wir haben einen ganz besonders hohen Einsatz zum Beispiel für die Thüringer Kulturlandschaft – auch im deutschlandweiten Vergleich. Und den wollen wir beibehalten, selbst wenn es sehr schwer fällt – übrigens auch im Miteinander der Länder. Bei aller Solidarität wird auch gerechnet, und wir werden diesen Einsatz beibehalten. Wir werden auch den Einsatz für die Hochschulen beibehalten, und ich bin genau wie Sie, Herr Dr. Golz, sehr dankbar und auch sehr froh, daß es uns gelungen ist, durch die Verhandlungen mit dem Weimarer Fürstenhaus erfolgreich zu sichern, was wichtig ist: daß die Goethe-Forscher und Goethe-Verehrer zum Beispiel die Handschriften unserer Klassiker auch künftig bei der Stiftung Weimarer Klassik und Kunstsammlungen, im Goethe- und Schiller-Archiv nutzen können.

Ich bin froh, daß durch ein gutes Verhandlungsklima und eine sehr weise Verhandlungsführung ein solches Ergebnis erzielt worden ist. Und ich bin auch dankbar, daß der Erweiterungsbau der Herzogin Anna Amalia Bibliothek gute Fortschritte macht – ein Beispiel, daß wir Prioritäten setzen, die für die Zukunft wesentlich sind.

Nun darf ein neuer Thüringer Ministerpräsident, noch dazu bei der Goethe-Gesellschaft, kein Grußwort beenden, ohne Goethe zu zitieren. Und Sie haben das Reisen durchaus differenziert dargestellt: Mit der allgemeinen Reiselust von heute ist das nicht vergleichbar, sondern es gab ein stärkeres Interesse, Neues zu erfahren, um es dann zu verarbeiten. Deshalb ist das Goethe-Wort „Wie glücklich find ich die Reisenden, die sehen und gehn“ sehr passend. Das heißt, wir sollten uns daran orientieren: sehen, kennenlernen, Freundschaften schließen, Kultur verstehen. Und dann aber auch wieder zurückkehren und die eigene Verantwortung an der Stelle wahrnehmen, wo wir sie zu tragen haben.

Ich freue mich, daß Sie heute hier sind und in diesen Tagen – bei wunderschönem Wetter – die Gelegenheit haben, Weimar, die Umgebung etwas näher kennenzulernen. Ich hoffe, Sie fühlen sich wohl und haben eine gute 78. Hauptversammlung. Ich wünsche Ihnen und uns glückliche Reisen!

Grußwort des Stadtkulturdirektors der Stadt Weimar

DR. FELIX LEIBROCK

Sehr geehrter Herr Ministerpräsident des Freistaates Thüringen, Herr Dieter Althaus,
sehr geehrter Präsident der Goethe-Gesellschaft, Herr Dr. Jochen Golz,
meine sehr geehrten Damen und Herren,
liebe Goethe-Freunde und -Freundinnen,

ich freue mich, Sie zur Eröffnungsveranstaltung der 78. Hauptversammlung der Goethe-Gesellschaft in Weimar begrüßen zu können.

Wege nach Rom heißt ein neu erschienenes Buch von Arnold Esch. Mit dem Verfasser, damals war er Professor für mittelalterliche Geschichte an der Universität Bern, habe ich als Student eine Exkursion nach Rom unternommen. Im Gepäck hatte ich Goethes *Italienische Reise*. Die wollte ich während der Fahrt von Bern nach Rom und in Rom lesen. Damit bin ich gescheitert, und zwar aus zwei Gründen: Wir sind damals mit der Bahn gereist und waren in einem halben Tag in Rom. Keine Zeit zum Verweilen. Und in Rom hatten wir, wie es sich für eine wissenschaftliche Exkursion gehört, volles Programm: acht, neun, zehn Besichtigungen täglich. Keine Zeit zum Verweilen, zum Genießen des Augenblicks, zum Entdecken des Überraschenden.

Das ist der Unterschied des modernen Reisenden zum Reisenden Goethe und der Goethe-Zeit: Die Reise selbst wird dann als gut qualifiziert, wenn sie schnell und möglichst ohne Zwischenaufenthalt zum Ziel führt. Das Reisen als solches hat keine eigene Qualität. Und vor Ort wird man dann beschäftigt, an die Stelle des eigenen Erkundens oder der Anregung durch einen sachkundigen Fremdenführer tritt der Animateur, der einem das bietet, was man zu Hause durch den Fernseher bekommt: Unterhaltung, nicht Bildung.

Mit Ihrer Tagung und den Beiträgen steuern Sie diesem doppelten Problem entgegen: Indem Sie Goethe auf Reisen zum Thema haben, entdecken Sie die Langsamkeit wieder, Sie beleuchten den Wert des Reisens als solches, auch die Bedeutung der Strapaze des Reisens (*Goethe unterwegs – in der Kutsche*), an deren Ende das Ziel um so verlockender ist. Die Beschleunigung des Reisens nach Goethe mit dem Ausbau des Eisenbahnnetzes, dem Entdecken von Automobil und Luftfahrt, sie hat auch einen Verlust an Intensität des Reiseerlebnisses gebracht. Das ist aber das, was dem modernen Menschen zu fehlen scheint. Warum sind sonst Vorträge wie *Zu Fuß über die Alpen* oder *Mit dem Fahrrad nach Indien* hier in dieser Halle und anderswo immer ausverkauft? Dafür sprechen auch die viel gekauften, eher dokumentarischen Reiseberichte zum Beispiel eines Klaus Bednarz oder die poetisch-reflektierende Deutschlandreise von Roger Willemsen oder der Bosnien-Reisebericht von Julie Zeh, um Beispiele aus der deutschen Gegenwartsliteratur zu nennen.

Und zum zweiten machen Sie uns mit Goethe deutlich, was Bildung im Unterschied zum bloßen Unterhaltenwerden für eine Glücksquelle sein kann. Sie demonstrieren uns, wie für den Kosmopoliten Goethe die Bildungsreise geistige Nahrungsquelle war.

Meine sehr geehrten Damen und Herren, Ihre wissenschaftliche Tagung kann nicht aktueller sein. Goethe ist nicht tot, und der modernen Gesellschaft tut es gut, sich mit der Klassik auseinanderzusetzen, da dadurch die Qualität des Lebens gesteigert wird.

Herzlich willkommen, die Sie aus Köln und München, aus Oxford und Zürich, aus St. Petersburg und Seoul, die Sie aus der ganzen Welt angereist sind, zum Teil mit Strapazen, aber mit Weimar als Ziel. Viel Erfolg für Ihre Tagung in der Kulturstadt Europas von 1999!

Grußwort des Vertreters der Beauftragten der Bundesregierung für Kultur und Medien

DR. HORST CLAUSSEN

Sehr geehrter Herr Präsident Dr. Golz,
Herr Ministerpräsident,
Frau Landtagspräsidentin,
Herr Stadtkulturdirektor,
verehrter Herr Professor Keller,
meine Damen und Herren,

Frau Staatsministerin Dr. Weiss hat mich gebeten, den hier im Namen Goethes zum 78. Mal versammelten Wissenschaftlern und Studenten, Journalisten, Lehrern und Schülern, Verlegern, Lesern, sogar Politikern und einfach: Goethe-Freunden aus aller Welt herzliche Grüße zum Beginn der diesjährigen Hauptversammlung zu übermitteln.

Als Literaturwissenschaftlerin weiß sie um die Bedeutung der großen Sprachkünstler für die kulturelle Identität eines Volkes, als Kulturpolitikerin ist ihr die Förderung derjenigen Institutionen, die sich der Pflege unserer Klassiker, unseres klassischen Erbes verschrieben haben, ein Anliegen.

Klassizität und Klassiker – schwierige und sperrige, auch belastete Begriffe. Martin Walser benannte vor zwanzig Jahren ‚Brauchbarkeit' als Kriterium für Klassizität. „Die uns beleben, die können wir brauchen – das sind Klassiker", schrieb er in einem Essay zu Siegfried Unselds *Bibliothek deutscher Klassiker*. Ich denke, ein derart individualistischer Klassikerbegriff ist durchaus ‚brauchbar'. Nach Walser hätte also jeder von uns seine eigenen Klassiker. Jeder müßte für sich die Kunst-, Musik- und Literaturgeschichte durchstöbern, immer wieder auf der Suche nach dem, was unsere Lebenskräfte stärkt oder sogar erst weckt.

Jeder Leser, jeder Museumsbesucher und CD-Hörer generiert sich seinen eigenen Kanon der Klassiker, mit denen er lebt, die ihn begleiten. Nur dann sind die Klassiker wirklich lebendig, und im Grunde möchte man den Klassikern genau dies wünschen.

Goethe taugte gerade unter dem Gesichtspunkt seiner ‚Brauchbarkeit' zum Klassiker wie kaum ein zweiter. Millionen Menschen weltweit brauchen und gebrauchen ihn noch heute, und genau deswegen ist er auch modern.

Gebrauch ermöglicht und umfaßt immer auch Mißbrauch – im Falle Goethes ein weites Feld und ein großes Thema des für Deutschland schicksalhaften 20. Jahrhunderts. Diejenigen, welche die Goethe-Gesellschaft mit öffentlichen Mitteln fördern, ermuntern sie zugleich, auch in Zukunft die Geschichte der eigenen Gesellschaft nicht aus dem Blick zu lassen. Die gemeinsam mit der Humboldt-Universität in Berlin geplanten Forschungsprojekte belegen jedenfalls den Willen der Gesellschaft, der eigenen Vergangenheit, die Höhen und Tiefen unserer jüngeren Geschichte abbildet, nicht auszuweichen.

Hierzu gehört auch das Programm der Goethe-Gesellschaft, das Stipendiaten aus ost- und südosteuropäischen wie auch mittelasiatischen Ländern einen Forschungsaufenthalt in Deutschland ermöglicht. Für viele dieser Länder ist Deutschland heute wieder das, was es über Jahrhunderte war: Tor zum Westen, Land nicht nur ökonomischer, sondern kultureller Sehnsucht.

Die Beauftragte der Bundesregierung für Kultur und Medien möchte die Goethe-Gesellschaft zukünftig in ihrer verdienstvollen kulturellen Außenpolitik unterstützen und beabsichtigt, das Stipendiatenprogramm vor allem im Hinblick auf seine kulturelle Dimension auch finanziell zu fördern.

Die Goethe-Gesellschaft ist eine *communio litterarum* eigener Art. Nach wie vor ist der Umgang mit ihrem Gegenstand von viel Respekt, Bewunderung, Verehrung geprägt. Dies ist in einer Zeit, die Größe vor allem Sport- und Popstars zuerkennt, fast schon bemerkenswert.

Dabei zeigt ein Blick in die monumentale neue Goethe-Bibliographie von Siegfried Seifert, daß die Goethe-Forschung des letzten halben Jahrhunderts Goethes Persönlichkeits- und Künstlerprofil durchaus auch neu akzentuiert hat.

Ich wünsche Ihnen allen – zugleich im Namen von Frau Staatsministerin Dr. Weiss – jene Bereicherung, welche die engagierte Auseinandersetzung gerade mit den großen Werken der Kunst und ihren Schöpfern auch heute und immer wieder vermitteln kann.

Grußwort eines Stipendiaten der Goethe-Gesellschaft

TOMASZ DOMINIAK (Wrocław/Polen)

Sehr geehrter Herr Ministerpräsident,
sehr geehrter Herr Dr. Leibrock,
sehr geehrter Herr Dr. Claussen,
sehr geehrter Herr Dr. Golz,
sehr verehrte Mitglieder der Goethe-Gesellschaft,
meine Damen und Herren,

es ist mir eine große Ehre, heute im Namen der Stipendiaten der Goethe-Gesellschaft ein kurzes Grußwort an Sie richten zu dürfen.

Die Goethe-Gesellschaft gibt mir gegenwärtig die einzigartige Möglichkeit, meine Forschungen zum Thema der Goethe-Rezeption im Vormärz um wesentliche Aspekte zu ergänzen. Ohne diese Studienmöglichkeit in Weimar wäre meine wissenschaftliche Arbeit in diesem Umfang nicht denkbar.

Was die Goethe-Gesellschaft mir ermöglicht, hat sie nunmehr insgesamt 159 Stipendiaten aus zahlreichen Ländern zuteil werden lassen. Es ist mir stellvertretend für alle Stipendiaten der Goethe-Gesellschaft ein tiefes Bedürfnis, Herrn Prof. Dr. Werner Keller als Ehrenpräsidenten der Goethe-Gesellschaft und Begründer des Stipendiatenprogramms und Ihnen, sehr verehrte Damen und Herren, von ganzem Herzen für Ihr großzügiges Engagement zu danken.

Im Herbst 2002 hat sich in meiner Heimatstadt, an deren Universität ich lehre, eine Goethe-Gesellschaft gegründet. Ich darf Ihnen hier die herzlichsten Grüße der Goethe-Gesellschaft Wrocław übermitteln.

Dem Kontakt zwischen Herrn Prof. Dr. Wojciech Kunicki, dem Mitbegründer der Goethe-Gesellschaft in Wrocław, und Herrn Dr. Jochen Golz ist zu verdanken, daß ich heute vor Ihnen sprechen darf.

Meinen Dank möchte ich verbinden mit der Hoffnung, daß auch in Zukunft jungen Wissenschaftlern die großzügige Förderung durch die Goethe-Gesellschaft zuteil wird.

Ich danke Ihnen und wünsche uns eine erfolgreiche Tagung.

VORTRÄGE

GERHARD KAISER

Wandrer und Idylle im Werk Goethes – speziell im „Faust"[*]

Dichtung und Wahrheit enthält eine bekannte Episode zwischen dem damals 25jährigen Dichter und seiner Mutter:

> Ein sehr harter Winter hatte den Main völlig mit Eis bedeckt und in einen festen Boden verwandelt. [...] Grenzenlose Schrittschuhbahnen, glattgefrorne weite Stellen wimmelten von bewegter Versammlung. Ich fehlte nicht vom frühen Morgen an und war also, wie späterhin meine Mutter, dem Schauspiel zuzusehen, angefahren kam, als leichtgekleidet wirklich durchgefroren. Sie saß im Wagen in ihrem roten Sammetpelze, der, auf der Brust mit starken goldnen Schnüren und Quasten zusammengehalten, ganz stattlich aussah. „Geben Sie mir, liebe Mutter, Ihren Pelz!" rief ich aus dem Stegreife [...] „mich friert grimmig." Auch sie bedachte nichts weiter; im Augenblick hatte ich den Pelz an, der, purpurfarb bis an die Waden reichend, mit Zobel verbrämt und mit Gold geschmückt, zu der braunen Pelzmütze, die ich trug, gar nicht übel kleidete. So fuhr ich sorglos auf und ab [...].[1]

In der handschriftlichen Gedichtsammlung für Charlotte von Stein findet sich aus dem Winter 1776 Goethes *Eislebens Lied*, wohl eine Verdichtung dieser und anderer Jugenderfahrungen:

> Sorglos über die Fläche weg
> Wo vom kühnsten Wager die Bahn
> Dir nicht vorgegraben du siehst,
> Mache dir selber Bahn! –
> Stille, Liebchen mein Herz!
> Krachz! gleich, brichts doch nicht,
> Brichts gleich, Brichts nicht mit dir!
> (Faksimile in: SchrGG 23)

---

* Festvortrag, gehalten auf der 78. Hauptversammlung der Goethe-Gesellschaft in Weimar 2003.

1 4. Teil, 16. Buch (HA 10, S. 84 f.; auch weitere Goethe-Zitate nach dieser Ausgabe). Da es sich hier um einen Thesenvortrag handelt, der eine übergreifende Struktur im Gesamtwerk Goethes verfolgt, unterlasse ich den expliziten Rückbezug auf die Forschung zu den dabei berührten Einzelthemen und Einzeltexten, denn er würde – speziell für *Faust* – ins Uferlose führen. Auch die Forschung allein zur Wandrerthematik und Idyllenthematik bei Goethe erwähne ich hier nicht, da es mir um eine der bei Goethe zentralen Polaritäten geht. Soweit ich sehe, ist seit meinem Sammel-

In der Prosaschilderung und im Gedicht vom Eislauf spricht sich Goethe leichthin frei von der Sorge, die er sonst so oft als lebensuntergrabend schwernimmt. Er ist im Offenen bei sich selbst. Schon im Gedichttitel ist der Schlittschuhlauf nun zum Gleichnis eines kraftvollen Lebenslaufs geworden, der sich im Ungebahnten seinen Weg schafft. Dabei wird in der Prosa-Episode das Lebenshochgefühl des Genies in seiner Pracht durch die mütterlich umhüllende Wärme verstärkt, die der Sohn mit dem Pelz ins Weite hinausnimmt, und im Gedicht erfüllt die innere Zwiesprache mit der Geliebten die gleiche Funktion. In wundervollem Doppelspiel der Sprache wird das „Liebchen" beruhigt und der Ruhe zugeordnet; steht „mein Herz" als *pars pro toto* für das sprechende Ich und zugleich für die still verharrende Geliebte, ist das „Brichts gleich, Brichts nicht mir dir!" eine Hyperbel des grenzgängerischen Wagemuts und ein Treueversprechen – wieder eine Bindung, eine Entfesselung, eines im anderen.

Auch die autobiographische Schilderung aus der Rückschau zeigt dichterischen Blick. Erst vom Sohn Goethe getragen, heißt der an der Mutter nur rote Sammet „purpurfarb", mit Zobel verbrämt, mit Gold geschmückt, wird der Luxusdamenmantel also zum Königsornat im Kontrast zur „braunen Pelzmütze", wie man sie von Darstellungen des Naturapostels Rousseau kennt. Hier steht der junge Wilde als Majestät, in seiner Selbstinszenierung liebevoll-ironisch durch den alten Dichter betrachtet, der die gewagte Vereinigung der Gegensätze nicht übel findet.

Ich mache einen Sprung. Das Zweihundertfünfzigjahresjubiläum von Goethes Geburt zeigte eine mir fatale Grundtendenz, vor der biographischen Person Goethe das Goethesche Werk zurücktreten zu lassen. Aber nur das Werk macht den Dichter, und nur das Werk rechtfertigt den Dichter. Es rechtfertigt sogar dessen Egoismus der Selbstbewahrung und der Lebensinstrumentalisierung, für die nicht zuletzt er selbst zu zahlen hat. Das ohne moralische Beckmesserei bei Thomas Mann oder James Joyce wahrzunehmen ist geläufig. Wie sehr hat auch Goethe darauf Anspruch, dessen Modernität nicht zum wenigsten darin besteht, daß er diese Problematik immer aufs neue im Werk thematisiert hat.[2] Beiläufig und leichtfüßig erscheint das Thema im 100. der *Venezianischen Epigramme*, wo der Dichter sich mit dem mythischen König Midas vergleicht, dem aus der Erfüllung seines törichten Wunsches, alles, was er berührt, möge sich in Gold verwandeln, der Hungertod droht.

> Lustiger geht mir's in ähnlichem Fall; denn, was ich berühre,
> Wird mir unter der Hand gleich ein behendes Gedicht.
> Holde Musen, ich sträube mich nicht; nur daß ihr mein Liebchen,
> Drück' ich es fest an die Brust, nicht mir zum Märchen verkehrt!
> (MA 3.2, S. 147)

---

band *Wandrer und Idylle. Goethe und die Phänomenologie der Natur in der deutschen Dichtung von Geßner bis Gottfried Keller.* Göttingen 1977, und dem korrespondierenden Band *Von Arkadien nach Elysium. Schiller-Studien.* Göttingen 1978 (in beiden Titeln Rückbezug auf die Forschung), diese Fragestellung nicht wieder grundsätzlich thematisiert worden. Wenn ich ausführlich eigene Arbeiten zu den behandelten Werken und Zusammenhängen zitiere, geschieht das zur genaueren Erläuterung oder Begründung meiner hier sehr gerafften Erörterungen.

2 Zur Problematisierung des Künstlers und der Kunst bei Goethe siehe u. a. Gerhard Kaiser: *Wandrer und Idylle. Die zyklische Ordnung der Römischen Elegien.* In: ders. (Anm. 1), S. 148–174. Ders.: *Der Dichter und die Gesellschaft in Goethes „Torquato Tasso".* In: ders. (Anm. 1), S. 175–208. *„Ihr liebt, und schreibt Sonnette! Weh der Grille!" Das Verhältnis von Leben und Dichtung als Thema von Goethes Sonettenzyklus* 1807/1808. In: ders.: *Augenblicke deutscher Lyrik. Gedichte von Martin Luther bis Paul Celan interpretiert.* Frankfurt a. M. [4]1991, S. 197–236.

Hinter dem Scherz steht der Ernst des ähnlichen Falles: die für den Dichter lebensbedrohliche Entfremdung der eigenen gelebten Lebenswirklichkeit zu Dichtung. Das Beispiel vom Schlittschuhlauf kann sichtbar machen, was gemeint ist: Zuweilen hinter dem Rücken seines eigenen Bewußtseins lebt und erlebt der Dichter symbolisch, d. h. dergestalt, daß sich ihm *ab ovo* seine Lebenssituationen mit Bedeutung, Reichweite und Repräsentanz aufladen. Potentiell immer schon unterwegs zum Werk, gewinnen sie an Leuchtkraft, sind aber in Gefahr, an Unmittelbarkeit zu verlieren. Indem sie zur Quintessenz gelebten Lebens werden, hören sie auf, gelebtes Leben zu sein, und schieben sich vor dessen diffuse Spontaneität. Im Bild des Epigramms gesprochen: Das Liebchen wird zum Märchen, das Märchen zum Liebchen; Verwechslung droht.

Die Frankfurter Eislauf-Episode mit ihrem Wechselbezug von Entgrenzung und Bergung gewinnt bereits in der autobiographischen Erzählung die Bedeutungsfülle und symbolische Topik der Dichtung. Keimhaft ist das Motiv der Wanderschaft in Korrespondenz zur in sich ruhenden Idylle angelegt, das sich überreich und vielfältig in Goethes Werk entfaltet, und so spiele ich programmatisch das biographische Motiv von Goethes Reisen in sein literarisches Motiv von Wandrer und Idylle hinüber, wo es seine dichteste Gestalt annimmt. Hier mehr als irgendwo finden wir Goethe, der uns als Dichter angeht. Er ist nirgends so sehr Wandrer und Reisender wie in den Wandrern und Reisenden seiner Dichtung.

Geradezu modellhaft tritt bei Goethe erstmals die polare Zuordnung von Wandrer und Idylle in der Dialogidylle *Der Wandrer* von 1772 heraus.[3] Schon bei dem Gattungsbegründer Theokrit besteht ein Hauptreiz der Darstellung von Hirten und anderen kleinen Leuten in der Spannung zwischen den schlichten Gegenständen und der geschmacklich kennerhaften Wahrnehmungs- und Darstellungsweise für ein distanziertes gehobenes Publikum. Bei Vergil kann der Distanzblick zum Sehnsuchtsblick werden. Bei Goethe wird der Sehnsuchtsblick in die Welt des Ursprünglichen einer gedichteten Person inkorporiert, die von außen in sie eintritt. Es ist die titelgebende Gestalt des Wandrers. Als handelnde, betrachtende und sprechende Person wird er einer Sphäre zugeführt, die unter seinem evokativen Blick ihren Charakter als Idylle offenbart. Damit entsteht als dichterische Binnenkonstellation der Idylle die Korrespondenz von Weite und Enge, die uns in den Eislaufsituationen begegnet ist, nur daß dort die Blickrichtung in die Weite ging. Der Wandrer als Idyllenfigur entdeckt das seinem Leben polare Glück der Begrenztheit und bringt es auf den Begriff. Denn die Idylle hat kein Bewußtsein ihrer selbst; sie kommt erst im Wandrer zum Bewußtsein.

Das Gespräch zwischen Wandrer und Frau in Goethes Dialogidylle markiert in beiläufiger Exposition die traditionellen Topoi der Idylle. Die Ulme ist das idyllische Gegenbild zur heroischen Eiche. Der Brunnen ist Lebensquell, die Hütte des Ackersmanns und der überhängende Fels sind Formen naturnaher und naturhafter Bergung für den Menschen, der als Hirt oder Bauer lebt. Der sandige Weg verbindet zu einer großen Welt draußen, aus der inselhaft der idyllische Raum ausgegrenzt ist. Der Wandrer kommt aus dieser nicht nur räumlichen Ferne, von der die Frau lediglich vage Kunde hat. Es ist die Sphäre der geschichtlichen, gesellschaftlichen und ökonomischen Veränderungen, der kulturellen und sozialen Differenzierungen.

---

3 Gerhard Kaiser: *Goethes Idylle „Der Wandrer“ – gelesen im Licht der Vergil-Tradition.* In: ders.: *Mutter Natur und die Dampfmaschine. Ein literarischer Mythos im Rückbezug auf Antike und Christentum.* Freiburg i. Br. 1991, S. 13–36.

Dieser Wandrer ist als Bildungsreisender unterwegs, der ‚erfahren' möchte, was er geographisch, geschichtlich, sozial, künstlerisch schon weiß. So will er nach Cumae, dem Ort der römischen Sibylle und der Landung des Aeneas, des Anführers der aus ihrer Heimat in die Fremde geflohenen Trojaner und Stammvaters der Römer. Die Frau des Bauern mit dem saugenden Knaben an der Brust wohnt auf dem vom Vater ererbten heimatlichen Boden, geborgen in einem gesellschaftlichen Naturverband. Der Wandrer ist allein im Unvertrauten; vor sich die Einsamkeit eines Fußmarschs bis in die Nacht hinein zu seinem Ziel. Die Rede der Frau in der Begegnungssituation ist alltagsbezogen, gegenständlich, auf das Nächstliegende gerichtet; die Rede des Wandrers ist übergreifend, reflektierend, kenntnisreich. Er erlebt bewußt und mit geschultem Blick für landschaftliche und künstlerische Reize: „Wie herrlich alles blüht umher / Und grünt". Das ist der idyllenkonstitutive Blick jemandes, der weiterwandern wird. Immer wird er dabei als Sehnsuchtsbild vor sich haben, was er, kaum betreten, eben schon wieder zu verlassen im Begriff ist. Die Frau meint ihn mit ihrer Rede; er redet weitgehend über sie hinweg, auch wenn er zu ihr spricht und gerade, wenn er sie und ihre kleine Welt interpretiert. Nahe kommen sie sich in symbolischen Handlungen: Sie holt ihm Trinkwasser, er hält das Kind, sie spendet das Element des Lebens, er einen Segen, das Element des Geistes, für ihr Kind.

Wie in der Erstfassung von 1775 des berühmten Zürichsee-Lieds *Auf dem See* die Natur als Mutter gedeutet ist – „Ich saug an meiner Nabelschnur / Nun Nahrung aus der Welt. / Und herrlich rings ist die Natur / Die mich am Busen hält" –, so steht hier die Frau als eine Naturmadonna am Anfang und am Ende der Idylle, die sich in ihr zusammenfaßt. Ihre Hütte ist in die Trümmer eines Tempels der Venus eingefügt, der Göttin der Liebe und gleichermaßen der Fruchtbarkeit. Der Mann hingegen beruft den Genius, seit der Antike Inbegriff der zeugenden Kräfte des Mannes. Auch in den beiden Eislaufszenen war übrigens die Frau als Mutter oder als Geliebte Repräsentantin der Geborgenheit, der Eisläufer Repräsentant der Entgrenzung. Mit Werken wie diesen gehört Goethe zu den Begründern einer heute verblassenden Philosophie der Geschlechterpolarität.[4] Sie bringt Mann und Frau in ein Verhältnis, das Natur und Kunst aufeinander projiziert, dergestalt, daß die Natur die Kultur präformiert, die Kultur die Natur definiert. Mann und Frau stehen in dieser Wechselbeziehung zueinander wie Geist und Natur, Zeugung und Empfängnis, Kopf und Herz, Bewegung und Beharrung usw. Im Gegensatz zusammengehörig, machen sie das Ganze des Menschen aus.

Noch sind zwei zentrale Momente der Dialogidylle unerörtert: Ihr Ort ist ja offensichtlich im höchsten Sinn geschichtlicher Boden, den die Frau, ohne sich dessen bewußt zu sein, bewohnt, dessen Geschichtlichkeit überwachsen, quasi in Natur zurückgesunken ist. Es ist der Blick des Wandrers, der auch Geschichte hervorruft und als Fundament der Idylle erkennt. Goethes geistiges Leben war umgeben von Geschichtsdeutungen: dem aufklärerischen Schema des Fortschritts oder – spiegelverkehrt bei Rousseau – der Depravation, der Herderschen Lehre der Entwicklung vom Ursprung zum Alter der Kultur, schließlich der dreistufigen Geschichtsphilosophie Schillers und der Romantiker, die einen Gang von der Harmonie des Ursprungs durch die Dialektik der Kulturbewegung zu höherer Harmonie am Geschichtsziel postulierte. Vor dem Hintergrund solcher Konzepte, aber weitgehend gegensätzlich dazu, sieht Goethe Natur und geschichtliche Kultur nicht in einem irreversiblen

---

4 Dazu Gerhard Kaiser zuletzt: *Polarität von Mann und Frau. Ein kulturelles Konzept und was daraus zu retten ist.* In: Merkur. Deutsche Zeitschrift für europäisches Denken 579 (1997), S. 496–509.

linearen Verhältnis von Früher und Später, sondern im schon demonstrierten punktuellen Kreislaufmodell: Aus der Natur kommen mit dem Menschen Kultur und Geschichte als Entfaltungsformen hervor und treten ihr gegenüber; in die Natur können sie zurückgeholt werden in einen Latenzzustand, aus dem sie sich abermals zu aktualisieren vermögen. Das aus der Geschichte heute Ausgegrenzte kann alter Geschichtsboden sein. Die Natur ist das Grab des Genius, der einst den antiken Tempel gebaut hat, der nun paradoxerweise glühend über dessen Trümmern webt und im Sohn der Naturmadonna, den der Wandrer zur Reinkarnation dieses Genius einsegnet, wieder zum Leben und Schaffen erwachen kann. Die Einweihung des Knaben erfolgt zum Künstler.

In die Wechselwendigkeit gehört also auch die Kunst hinein. Die Anklage der fühllosen Natur, die vom Wandrer beschuldigt wird, im Werk des Künstlers ihres „Meisterstücks Meisterstück“ zu zertrümmern, wendet sich zum Lobpreis, weil sie ihn aus sich wiedergebären kann. Darin ist die Natur göttlich, und Venus, deren Tempel hier in Trümmern liegt und die sich doch in der Mutter mit dem Kind lebendig bezeugt, ist in einem tieferen Sinn ein Göttliches der Natur. Das also sind die Spielfelder der Thematik von Wandrer und Idylle bei Goethe: Natur – Kultur, Frau – Mann, Natur – Kunst, Natur – Geschichte. Was ich nun hier sichtbar machen möchte, das ist – weg vom nur Biographischen des Wanderns und Reisens bei Goethe – die Logik einer enormen Motiventfaltung. Sie führt weit über die Gattung Idylle hinaus, die im Werk Goethes nur beiläufig vertreten ist. Die Konstellation Wandrer und Idylle dagegen durchzieht als ein Hauptstrang das Gesamtwerk, wobei sie mannigfache Metamorphosen erfährt bis hin zu *Hermann und Dorothea*, von Goethe im Briefwechsel mit Schiller immer wieder als Idylle bezeichnet, wo die Ackerbürgerkleinstadt, zur Idylle stilisiert, dem Ansturm der kollektiven geschichtlichen Kräfte ausgesetzt wird – nicht nur im Elendszug der Flüchtlinge, nicht nur in der Geschichtsdeutung des Richters, der an die Mosesgestalt des Exodus erinnert, nicht nur in der Bewußtseinsweite des Flüchtlingsmädchens Dorothea, die den Geist der Aufbruchsbereitschaft und Wanderschaft in die Idylle hineinträgt, sondern schließlich sogar in Gestalt des revolutionären Zeitalters selber, wie er sich in der Abschiedsrede des toten Bräutigams artikuliert.[5] In solcher Sprengung der relativ statischen Gattung Idylle und in diesen mannigfaltigen Transformationen erfährt der Gesamtkomplex Geschlechterphilosophie – Natur – Kultur – Kunst – Geschichte seine volle Durcharbeitung und polare Strukturierung.

Da ich diese Struktur bei Goethe – und kontrastiv dazu auch bei Schiller – schon vor vielen Jahren dargelegt habe, aber mit meiner Fragestellung in der Forschung wenig beachtet worden bin, greife ich sie hier noch einmal auf. Weil mir aber an dieser Stelle die Zeit zur Entwicklung dieses großen und komplexen Gewebes fehlt, das zum Beispiel auch die gesamte Parkthematik vom *Triumph der Empfindsamkeit* über *Tasso* bis zu den *Wahlverwandtschaften* umfaßt, konzentriere ich mich im zweiten Teil meines Vortrags darauf, stellvertretend am „Hauptgeschäft“ Goethes, der *Faust*-Dichtung, die Ausformung des Motivs von Wandrer und Idylle in die drei Hauptrichtungen Geschlechterphilosophie, Natur und Kunst, Natur und Geschichte zu skizzieren.[6]

---

5 Gerhard Kaiser: *Französische Revolution und deutsche Hexameter. Goethes „Hermann und Dorothea“ nach zweihundert Jahren.* In: ders.: *Goethe – Nähe durch Abstand.* Vorträge und Studien. Jena, Weimar 22001, S. 61–82.

6 Zu meiner Faust-Konzeption siehe Gerhard Kaiser: *Ist der Mensch zu retten? Vision und Kritik der Moderne in Goethes „Faust“.* Freiburg i. Br. 1994.

Zuerst zum Thema Geschlechterphilosophie: Die Polarität von männlichem Wandrer und weiblich repräsentierter Idylle ist bestimmend für das Verhältnis von Faust und Margarete.[7] Schon im *Prolog im Himmel* vergleicht Mephisto den Menschen mit einer

> [...] der langbeinigen Zikaden,
> Die immer fliegt und fliegend springt
> Und gleich im Gras ihr altes Liedchen singt;
> Und läg' er nur noch immer in dem Grase!
> In jeden Quark begräbt er seine Nase.
> (V. 288 ff.)

Dieses Zerrbild von springendem Fliegen und fliegendem Springen zwischen Luftraum und Quark ist eine Karikatur des Menschen überhaupt in seiner gattungshaften Exzentrik als Wandrer, herausgestellt oder besser herausgeworfen aus dem Bei-sich-Sein der Natur. In äußerster Zuspitzung aber erscheint dieses Menschenwesen in Faust, in seinem Drang ins Unbegrenzte, in seinen Grenzsprengungen: „Ihn treibt die Gärung in die Ferne" (V. 302). Er gibt die Parole aus:

> Stürzen wir uns in das Rauschen der Zeit
> Ins Rollen der Begebenheit!
> (V. 1754 f.)

Und so wird denn der Wandrer Faust auf Weltfahrt von Mephistopheles bei Frau Marthe Schwerdtlein und Margarete als „braver Knab'! ist viel gereist" (V. 3019) eingeführt.

Wie erblickt der Wandrer Faust, kurz und schnell im Vorübergehen abgeblitzt, die Idyllenfigur Margarete? Zuerst in seiner Deutung der von ihm als anwesend imaginierten Abwesenden (V. 2687 ff.): Ihr Zimmer ist für Faust „Kerker" und idyllische „Hütte", „Heiligtum" und „Himmelreich", nämlich der Kokon ihrer von außen ungestörten, naturhaften Selbstentfaltung. Margarete heißt „Kind", „Engel", „Götterbild" der „Natur". Die erste Begegnung spielt sich im Garten ab, als umgrenzter, naturnah kultivierter Raum bei Goethe ein privilegierter Idyllenort, und das erste Gespräch zwischen Faust und Margarete erinnert an den Dialog zwischen Wandrer und Frau in der Dialogidylle von 1772 – sie naiv konkret, mit gegenständlichem Bewußtsein, die Rede vom vielgereisten, erfahrenen Mann aufnehmend, ihr Gefühl einem naiven Orakel anvertrauend; Faust interpretierend, sentenziös, egozentrisch, hyperbolisch, mit Leitbegriffen der Idyllenliteratur: Einfalt, Unschuld, höchste Gaben der liebevoll austeilenden Natur usw., ein Idealbild beschwörend. Der erste Kuß zwischen ihnen findet im „Gartenhäuschen", der idyllischen Hütte also, statt.

Der Wandrer der frühen Dialogidylle berührt den Idyllenraum transitorisch. Die Kleinform der Idylle kann die immanenten Konfliktgehalte der Konstellation von Wandrer und Idylle in der Schwebe halten. Faust, der dramatische Expansionist, greift auf die Idyllenfigur zu und wird zum Zerstörer der Idylle Gretchens. Während der deutende Wandrer in der Dialogidylle die Spuren der Geschichte und großer vergangener Kunst wahrnimmt und in sein Bild der Idylle integriert, überlagert Faust mit Gretchens Verklärung

---

7 Zu diesem Verhältnis siehe Gerhard Kaiser: *Faust und Margarete. Hierarchie oder Polarität der Geschlechter?* In: ders. (Anm. 5), S. 127–145. Gerhard Kaiser: *Verführung mit Herz. Der Monologist Faust im Dialog.* In: ders. (Anm. 5), S. 109–126.

zum naturhaften Idyllentypus von vornherein ihre ständische Eingebundenheit in ein enges Kleinbürgermilieu, aber auch ihre persönliche Eigentümlichkeit, ihre Schutzlosigkeit als Halbwaise mit einer zurückgezogen lebenden kränkelnden Mutter, ihre Affizierbarkeit durch den Glanz des Goldes und der großen Welt, ihre halb ahnungslose Vertrautheit mit der Kupplerin.

Fausts Stilisierung und Ideologisierung Gretchens ist nicht nur Ausdruck dafür, daß der Geist nie die Natur ganz erreichen, sondern sich immer nur ein Bildnis von ihr machen kann; sie ist bei Faust zugleich ein taktisches Mittel des Betrugs und Selbstbetrugs, mit dessen Hilfe er Margarete für sich handhabbar macht. Er verdeckt auch vor sich die Skrupellosigkeit seines Besitzwillens, seine Instrumentalisierung Gretchens, wenn er nun – nach den monologischen Unternehmungen der Makrokosmosmagie, Erdgeistbeschwörung und des Selbstmordanlaufs – in der rauschhaften Selbstentgrenzung der Liebesleidenschaft ihr Leben aufs Spiel setzt. Das erste Gespräch im Garten mündet nicht in ein Liebesgeständnis Fausts, das ihn mit ihr zur Einheit zusammenfaßte, vielmehr in eine abstrakte, fast monomanische Beschwörung des verewigten Augenblicks der Leidenschaftsekstase:

> Sich hinzugeben ganz und eine Wonne
> Zu fühlen, die ewig sein muß!
> Ewig! – Ihr Ende würde Verzweiflung sein.
> Nein, kein Ende! Kein Ende!
> (V. 3191 ff.)

Es ist verräterisch, daß Faust bei der Vergegenwärtigung der tiefsten Vereinigung innerlich ganz weit weg ist von Gretchen – der Wandrer die Idylle nicht nur überfliegend, sondern in die Luft jagend.

So ist denn auch die Szene von Fausts intensivster Selbsteinbettung in die Natur, seine Einwühlung in *Wald und Höhle*, voller Zwiespältigkeit – Flucht in die Natur vor Gretchen, die ihm doch „Engel der Natur" ist, und zugleich Umkehr hin zu ihr als Entscheidungsschritt zu ihrer wissentlichen Zerstörung, erstmalige bewußte Selbsteinbeziehung Fausts in die Konstellation von Wandrer und Idylle, aber in einer Zerrform, in der er sich als Wandrer vom Subjekt des Geistes umdeutet in eine getriebene Naturkraft jenseits eigener Verantwortung.

> Bin ich der Flüchtling nicht? der Unbehauste?
> Der Unmensch ohne Zweck und Ruh',
> Der wie ein Wassersturz von Fels zu Felsen brauste
> Begierig wütend nach dem Abgrund zu?
> Und seitwärts sie, mit kindlich dumpfen Sinnen,
> Im Hüttchen, auf dem kleinen Alpenfeld,
> Und all ihr häusliches Beginnen
> Umfangen in der kleinen Welt.
> (V. 3348 ff.)

Das ist die explizite und zugleich deformierende Evokation des Bildes von Wandrer und Idylle am Wendepunkt zu ihrer Vernichtung. Noch ehe der Wandrer Faust zu Gretchen ins Bett steigt, stiehlt er sich innerlich schon davon.

Während Gretchens Lebensumwelt durch Fausts Einbruch ausgelöscht wird, ist sein Zugriff auf sie als Zerstörung zugleich ein tragisches Herausmodellieren dessen, was in ihr angelegt ist. Soweit in Fausts Affizierung durch sie doch auch eine, freilich unentfaltete, Anlage zur Liebe als Einlassung auf das ganz andere verborgen ist, soweit also in ihm – mit Hilfe der Goetheschen Polarität formuliert – keimhaft doch der Wandrer die Idylle liebt, läßt dieser Liebeskeim in ihr Möglichkeiten der Idyllennatur hervortreten, die vorher verdeckt waren. Auch der Wandrer Faust kann die produktive Anschauung zustande bringen, die – wie sich an der frühen Dialogidylle gezeigt hat – Idylle durch Evokation produziert. Es bestätigt sich dadurch, daß Natur, als Kategorie menschlicher Erfahrung verstanden, bei Goethe weder ein ideal gesetzter Ausgangspunkt einer Entwicklung noch einfach vorhandene empirische Realität ist, sondern eine anschauliche und durch Anschauung hervorrufbare Idee wie etwa die Urpflanze. Scharf tritt diese Eigenart des Goetheschen Denkens in der Ballade *Der Gott und die Bajadere* heraus, wo die als Prostituierte verstandene Bajadere unter dem Blick des Gottes zu Natur erst wird: „Und des Mädchens frühe Künste / Werden nach und nach Natur" – übrigens auch das eine der hervorragenden Varianten der Konstellation Wandrer und Idylle bei Goethe.

So wird Gretchen reine Natur in der Begegnung mit dem sie als solche deutenden und doch zerstörenden Faust, sie wird reine Natur als zerbrechende Natur und in radikaler und radikal schuldhafter Absetzung aus ihrer gesellschaftlichen Sphäre. Ihr Spinnlied beim in sich kreisenden Rad ist der lyrische Augenblick der in sich kreisenden Liebe, die in ihrer Unbedingtheit Gott und Schoß sozusagen aufeinander reimen kann (*Urfaust*, V. 1098 f.) und die schon im Begriff ist, zum Bewußtsein als zersplitterndem Bewußtsein zu kommen:

Mein armer Kopf
Ist mir verrückt,
Mein armer Sinn
Ist mir zerstückt.
(V. 3382 ff.)

Gretchens Schuldigwerden an der kleinen Welt familiärer und demi-familiärer Bindungen, in denen sie gelebt hat, ist zugleich der Absprung aus der kulissenhaft in sich zusammenstürzenden Scheinidylle. So wird Gretchen zwar nicht zum Wandrer – keine der Naturrepräsentationsfiguren Goethes wird es. Ihre letzte aus dem Wahnsinn auftauchende Entscheidung lautet gegen die Flucht auf die Straße, wohin Faust sie entführen will, für den Kerker, der sich unter ihrem Gebetsschrei zum Ort der Engel verwandelt – eine paradoxe Umsetzung von Fausts Prädikation ihrer Jungmädchenkammer zum Kerker und himmlischen Ort zugleich.

Margarete wird aber mehr und anderes als der Wandrer. Wo der Wandrer und Geistrepräsentant Faust am Widerspruch der Situation schmählich versagt, denkt Gretchen adäquat im Zerreißen ihres Bewußtseins das Zerreißen ihrer Welt, so wie Lessings Gräfin Orsina formuliert: „Wer über gewisse Dinge den Verstand nicht verlieret, der hat keinen zu verlieren" (*Emilia Galotti*; IV, 7) – Faust ist Verführer, Mörder, Liebender, sie Mörderin, Verführte, Liebende, schuldig und gerechtfertigt durch das Beste in ihr. Ruiniert und hergestellt in einem durch Faust, geht Gretchen den Weg der unbedingten Liebe als Weg der unbedingten Buße – keine Schuldzuweisung an Faust –, aber ohne Reue, denn:

[...] – alles was mich dazu trieb,
Gott! war so gut! ach war so lieb!
(V. 3585 f.)

Das ist der Weg, auf dem Margarete zuletzt als Peccatrix und Verklärte im Gefolge der Mater Gloriosa Faust bei seiner Himmelfahrt entgegenkommt.

Nur scheinbar hat die Tragödie zwischen Faust und Margarete fortschreitend den Bezugsrahmen Wandrer und Idylle, erst recht die Gleichung Wandrer – Mann, Idylle – Frau, damit die Repräsentanz der Gretchentragödie für Goethes Philosophie der Geschlechter zurücktreten lassen. Immerhin kann schon jetzt diesem möglichen Einwand entgegengehalten werden, daß gerade an der Ausnahmefigur Faust Kernbestände der Goetheschen Anthropologie und Geschlechterauffassung in ein starkes Licht treten. Ehe aber diese Argumentation abgeschlossen und schlüssig gemacht werden kann, ist es notwendig, die Wandrer-Idylle-Konstellation dieses Dramas in den Bezugsfeldern Natur und Kunst sowie Natur und Geschichte zu skizzieren.

Ich habe bereits in den früheren Überlegungen zum Verhältnis von Kunst und Lebenswirklichkeit die Nahtstelle und den Riß zwischen beiden angedeutet: Die Kunst steigert die Lebenswirklichkeit zum höchsten Ausdruck, zur Vollendung, aber um den Preis, daß das Lebendige in ihr gerinnt, zum Kristall wird. Bei Fausts magischer Beschwörung von Paris und Helena als Musterbildern von Mann und Frau im Schäferkleid vor Tempelhintergrund stoßen diese Kunstsphäre und die Praxissphäre unvermittelt aufeinander – so unvermittelt wie spätmittelalterlicher Kaiserhof und Antike –, und Fausts Versuch, die Sphären kurzzuschließen und Helena als höchste Erscheinung des Schönen in seine Handlungswirklichkeit hinüberzureißen, schlägt katastrophal fehl. Der alternative Vermittlungsweg aber ist erfolgreich:[8] Der nordische Faust wandert als Anschauender in die Südsphäre ein, wo in der klassischen Walpurgisnacht sogar das Chaos als Gestaltursprung Gestalt in monströsen Figuren annimmt. Aus einer hier nicht näher zu verfolgenden Umschlägigkeit von Chaos und Form, die sowohl naturphilosophisch wie ästhetisch als Dialektik von Werden und Sein durchgeführt ist, tritt am Ende – mit dem dritten Akt des zweiten Dramenteils – Helena hervor, in der die Linien Natur und Kunst zusammenlaufen. Die höchste Erscheinungsform der Naturgestalt, der höchste Anschauungsgegenstand der philosophischen Naturbetrachtung ist auch der Zielpunkt der Kunst und Ästhetik: der schöne Mensch. Die gestalthafte Anschauung ist bei Goethe der Punkt, an dem Wissenschaft, Philosophie und Ästhetik zusammentreffen und sich zusammen von der Handlungswirklichkeit abheben. Es ist das Reich der antiken Theoria, das sich, durch Goethe modern neuformuliert, auftut.

Hier ‚bewandert', kann Faust Helena später aus ihrem eigenen Ursprung aufnehmen, indem er als nordischer Wandrer in Griechenland ihr und sich die Glückssphäre der Idylle hervorruft:

> So ist es mir, so ist es dir gelungen;
> Vergangenheit sei hinter uns getan!
> O fühle dich vom höchsten Gott entsprungen,
> Der ersten Welt gehörst du einzig an.
>
> Nicht feste Burg soll dich umschreiben!
> Noch zirkt in ewiger Jugendkraft
> Für uns, zu wonnevollem Bleiben,
> Arkadien in Spartas Nachbarschaft.

---

[8] Nahezu parallel zu diesem Vortrag erscheint mein Beitrag: *Wandrer und Idylle. Antezedenzien und Konsequenzen in der Helena-Handlung im „Faust II"*. In: *„Auf klassischem Boden begeistert". Antike-Rezeptionen in der deutschen Literatur.* Fs. für Jochen Schmidt zum 65. Geburtstag. Hrsg. von Olaf Hildebrand u. Thomas Pittrof. Freiburg 2004, S. 191–212.

Gelockt, auf sel'gem Grund zu wohnen,
Du flüchtetest ins heiterste Geschick!
Zur Laube wandeln sich die Thronen,
Arkadisch frei sei unser Glück!
(V. 9562 ff.)

In solchen ebenso sinnlichen wie begrifflich konzentrierten Versen treten Züge der Goetheschen Idyllik pointiert heraus, die uns schon begegnet sind oder sich angedeutet haben. Der Antikenbezug der Idylle faßt sich im Formelwort Arkadien zusammen, der traditionellen Landschaft der Idylle. Der idyllische Raum ist erste Welt im Sinn der Ursprünglichkeit („O fühle dich dem höchsten Gott entsprungen") und des In-sich-Ruhens. Die Idylle ist nicht Gegenwart der Vergangenheit, sondern eine Welt der Gegenwärtigkeit und Vergegenwärtigung, damit ewiger Jugendkraft.

Zugleich aber wird die Idylle in sich überschritten, und das ist wiederum tendenziell schon darin angelegt, daß bereits in der Antike das Arkadien der Hirtendichtung eine geistige Landschaft, man könnte sagen ein geographisch benannter, aber übergreifender Lebensstil als Kunststil ist. Jetzt schiebt Arkadien die Geschichte aus sich heraus, indem es ihr gegenübertritt. Es verhält sich nun zur Geschichte nicht mehr wie Insel zu Ozean, sondern wie Bild und Gegenbild. Auch in dieser Weise liegt Sparta, die kriegerische Polis, in Arkadiens Nachbarschaft, und zugleich ist Arkadien „Mitte" (V. 9509).

Denn wo Natur im reinen Kreise waltet,
Ergreifen alle Welten sich.
(V. 9560 f.)

Das geschieht, indem Herrschaft in einer Natur aufgehoben wird – „Zur Laube wandeln sich die Thronen" –, aus der arkadische Freiheit heraustritt. Hier waltet mehr als ein Glück in der Begrenzung, nämlich Idealität.

Indem Arkadien universal gesetzt wird, entrollt sich als umfassende Glücksvorstellung die Möglichkeit der freien Selbstübereinstimmung des Menschen. Es kann als heiterstes Geschick imaginiert werden, daß Spontaneität ihr Maß in sich hat und Normeinhaltung infolgedessen nicht geschichtlich-sozial-kulturell erzwungen werden muß. Daß mit dieser Kultur als zweiter Natur Schmerz, Leid und sogar Tragik nicht aufgehoben sind, versteht sich von selbst, zumal Goethe das „Abscheiden" (sowohl Abschied wie Tod) gerade in einer Betrachtung zu *Tischbeins Idyllen* (IX) das „Grundmotiv […] aller tragischen Situationen" genannt und damit naturhaft verankert hat; nur wird Tragik im Arkadien der Kunst an der höchsten Möglichkeit von Glück, noch das Schreckliche an der höchsten Möglichkeit von Schönheit gemessen. Beides sind äußerste Möglichkeiten der Selbstübereinstimmung.

In dieser Hervorrufung Arkadiens durch den Wandrer Faust fallen Imagination, Realisierung und Deutung in eins; in der Charakterisierung der idyllischen Sphäre ist sie aufs äußerste sublimiert und ausgefaltet. Die antike Tradition der Idylle wird dabei transformiert aus dem bloßen Faktum ins konstitutive strukturelle Element: Die Antike ist idealer Raum der Idylle und des Idyllischen, weil in ihrem Entwurf menschlicher Schönheit und Harmonie Kunst und Natur aufs engste benachbart sind. In dieser Sicht ist – überspitzt gesagt – nicht mehr Arkadien in die klassische Antike eingebettet, sondern umgekehrt die klassische Antike in Arkadien. Dabei kann die Antike hier von Goethe ganz in das Zeichen Arkadiens gestellt werden, weil insgesamt für die Neuzeit – man denke nur an Johann Joachim

Winckelmann – die Antike weniger geschichtlicher Handlungsraum als Imaginationsraum ist, in produktiver Anschauung hervorgerufen wie die Idylle und das Idyllische durch Goethes Wandrergestalten. Das Land der Griechen wird mit der Seele gesucht und in der produktiven Phantasie betreten und angeeignet. Es entsteht eine Wechselwendigkeit Antike – Arkadien – Natur – Kunst. Weil die Kunst quasi Quintessenz der Natur ist, die künstlerische Anschauung quasi die Quintessenz der Naturanschauung, finden die Idylle und das Idyllische ihre höchste Erscheinung darin, daß sie als Kunst thematisch gemacht werden. Und eben das geschieht an dieser Stelle der *Faust*-Dichtung.

Der Blick der Goetheschen Wandrer evoziert in der frühen Dialogidylle und in der Gretchenhandlung und auch anderwärts anschauend die Idylle, in die er eintritt. Der Faust des Helena-Akts aber steht zunächst ja in einer höchst kriegerischen Umgebung als Burgherr, also Kommandant einer Festungsanlage. Das ist eine Umgebung, in der Goethe synkretistisch antike Kriegswirren, Kreuzzüge und den zeitgenössischen griechischen Befreiungskampf gegen die Türken zusammenfließen läßt. Hier proklamiert er Arkadien. Das geschieht in Versen, die weiterer einläßlicher Interpretation bedürften. Hier kann nur noch angedeutet werden, daß sie in spezifisch moderner Weise Dichtung über und aus Dichtung sind. Sie indizieren das durch Anwendung eines an sich traditionellen, in diesem Zusammenhang aber besonderen literarischen Mittels, indem sie ein grandioses Patchwork aus Zitaten der gesamten Idyllentradition von der Antike bis zur Renaissance bilden. So wird nicht nur eine Idylle gedichtet; es wird gedichtet, daß Idyllik im höchsten Sinne Dichtung ist, Natur aus Kunst.

Und genau entsprechend entwickelt sich die Szene, denn erst als Antwort auf diese Proklamation entsteht Arkadien durch eine Totalverwandlung auf der Bühne:

> Der Schauplatz verwandelt sich durchaus. An eine Reihe von Felsenhöhlen lehnen sich geschloßne Lauben. Schattiger Hain bis an die rings umgebende Felsensteile hinan. (HA 3, S. 289)

Allein an dieser Stelle des Dramas gelingt es Faust, seinen Gottgleichheitsanspruch in letzter Konsequenz einzulösen, indem er eine Weltschöpfung durch das Wort erzielt – die Schöpfung einer Kunstwelt allerdings, der Idylle. Diese dichterische Schöpfung ist modal gesehen etwas anderes als das im 3. Akt erfolgte Auftauchen der faustischen Burg aus einer Nebelwand, das Phorkyas bewirkt. Denn Phorkyas leitet dieses Geschehen geschichtlich ab, als Rettungsaktion vor dem Zugriff des rächend herannahenden Menelaos, während Faust mit der Ausrufung Arkadiens den Austritt aus der Geschichte verkündet. Im Gegensatz zu Phorkyas beruft er mit Arkadien einen traditionellen klassischen Raum der Dichtung aus klassischen Topoi dieses Dichtungslands. Das ist nicht sensationelle Zauberei, sondern schöpferische Evokation, die vertraute innere Bilder nach außen treten läßt.

Und in dieser Grandiosität liegt auch das schon früher angesprochene kunstphänomenale Problem und die Katastrophe: Die Idylle als Anschauungswelt tritt der Praxiswelt gegenüber – als erscheinendes, doch scheinhaftes Ideal der Realität, wesentlich leuchtender, aber weniger wirklich als die Wirklichkeit. Faust als Dichter hat die geistig entgrenzte Idylle kontrastiv aus einer geschichtlich tief erschütterten, von Mord und Krieg verstörten Welt herausgehoben, ein Land der Seligen in Anschauung des Vollkommenen vor einer Folie von Gewalt, Tod und Vernichtung, das nur bestehen kann im Absehen von dem Schrecklichen ringsum. Faust hat in einem herrlichen Liebesdialog Helena die Kunst des Reims der nordischen Völker gelehrt, aber um den Preis, daß damit nicht nur der Reim zur Metapher der Liebe, sondern auch die Liebe zur Metapher des Reims wird. Er zeugt mit Helena den Sohn Euphorion, aber der, zwitterhaft als „Genius ohne Flügel“ (V. 9603), bezahlt für den Eskapismus. Er stürzt sich als poetischer Fremdling heroisch in die geschichtliche Handlungswelt, aber als Überflieger stürzt er tödlich ab. Die Handlungswirklichkeit widerlegt in diesem Zerschellen die Anschauungswelt der Kunst; und doch widerlegt auch diese die Handlungswelt, denn die von Faust hervorgerufene Vision arkadischer Freiheit hält im dichterischen Bild einen Anspruch fest, ohne den der Mensch nicht Mensch wäre.

Der fünfte Akt des zweiten Dramenteils zeigt den uralten Faust wieder als Figur der Handlungssphäre, und noch einmal wird auf diesem Boden die Thematik von Wandrer und Idylle weitergeführt - zu ihrem Ende. Die Schöpfung durch das Wort als Inbegriff der Allmacht und Absolutheit des Menschen – als Schöpfung einer dichterischen Kunstwelt ist sie Faust gelungen, wobei der Dichter als *alter deus* zwar nicht auf seine, aber auf die Grenzen der Kunst stieß. Aber die kontrastive Schöpfung einer neuen Erde durch ein gewaltiges Kolonisationsunternehmen in der Praxiswelt ist zum Scheitern verurteilt. Faust will vom Kaiser, dem er den Sieg im Bürgerkrieg gebracht hat, nicht mit Land, sondern mit Neuland belehnt werden, Neuland so radikal, daß es erst von ihm erzeugt werden soll, paradiesisch, weil nicht befleckt durch die düstere menschliche Geschichte, in die doch Faust selbst tief und schuldhaft verstrickt ist und bleibt. Wieder geht es um Austritt aus der Geschichte, aber nicht, wie im Helena-Akt, um den Übertritt nach Arkadien, sondern in die Utopie einer menschengemachten perfekten Welt. Dabei opfert Faust die Gegenwart für einen Zukunftswahn – ein prophetischer Hohn auf alle Sozialutopien und diktatorischen Systeme der heraufkommenden Epoche, die vermeintliche zukünftige Freiheit mit gegenwärtiger Diktatur erkaufen wollten.

„Ein Geist“, nämlich seiner, genügt Faust für „das größte Werk“, alle Mitwirkenden sind ihm nur – manipuliert im Wortsinn – „Hände“ (V. 11509 f.). Arbeiter „Meng' auf Menge“ befiehlt er „beizupressen“ (V. 11552 ff.). Entfesselte Technik erscheint als blutige Magie. Die Menge soll „frönen“, um die „Erde mit sich selbst zu versöhnen“ (V. 11540 f.) – ein abgründig ironischer Reim, der die Versöhnung der Erde mit sich selbst, ein ultimatives säkularisiert-religiöses Weltbeglückungsunternehmen, einem Diktator überantwortet. Worauf das hinausläuft, zeigt sich an der Idylle von Philemon und Baucis, eines sehr alten Paares, das in einer Hütte unter Linden – mit ihren herzförmigen Blättern der Baum der Liebe! – in den Dünen wohnt, daneben eine Kapelle „mit des Glöckchens Silberlaut“ und ein „Gärtchen“. Der Akt wird eröffnet mit dem Eintritt eines als „Wandrer“ bezeichneten Mannes in diese Idylle, der von den Alten einst aus einem Schiffbruch gerettet worden ist. – Eine wohlbekannte Konstellation also. Die Idylle kommt in der Perspektive des Wandrers in den Blick, und in der Idyllenperspektive – das heißt von ihr her geortet und vorgreifend beurteilt –, erscheint nun wiederum Fausts Großprojekt.

Das geschieht dergestalt, daß Philemon, der Mann, in seiner Schilderung das Faustische Unternehmen aufschönt, Baucis hingegen, als Frau in der Idylle tiefer den Naturkräften verbunden, die schreckenerregenden Züge heraushebt:

> Menschenopfer mußten bluten,
> Nachts erscholl des Jammers Qual;
> Meerab flossen Feuergluten,
> Morgens war es ein Kanal.
> (V. 11127 ff.)

Die wichtigste Sehweise aber ist die des weitgereisten, weltkundigen Wandrers, der auf die Düne tritt, um angesichts des grenzenlosen Meers zu beten. Er verstummt radikal und endgültig über dem, was er da sieht; im symbolischen Sinn ist ihm jeglicher Appetit vergangen, so daß Baucis, die das Mahl aufgetragen hat, besorgt nachfragt:

> Bleibst du stumm? und keinen Bissen
> Bringst du zum verlechzten Mund?
> (V. 11107f.)

Diese Stummheit, und zwar derjenigen Figur, die bei Goethe als Deutungs-, ja Evokationsfigur *par excellence* dient, ist von anders nicht erreichbarer Beredsamkeit, denn sie ist schrecklicher als alles, was man über das sagen kann, was Faust großsprecherisch seine „neuste Erde“ nennt (V. 11566). Der selbst sehr alte Goethe hat die dichterische Großtat vollbracht, eines seiner zentralen Motive – Wandrer und Idylle – in Sprachlosigkeit aus seinem Werk verschwinden zu lassen. Erst als Mordopfer Mephistos wird der Wandrer noch einmal erwähnt, der ihn mit den beiden Alten zusammen bei der Zerstörung ihrer Idylle ausgelöscht hat. In der letzten Variation der Thematik sind Wandrer und Idylle nicht mehr polar angeordnet, sie sind gemeinsam untergegangen. Das hat einen tiefen Sinn, der sich vom ersten Wort des Akts her andeutet, der Bühnenanweisung „Offene Gegend“. Als offene Gegend, am freien Meer gelegen, erscheint die Idylle, trotz der sonst traditionellen Charakteristika, von vornherein verändert und geweitet.

Entsprechend sind die Merkmale der Enge paradoxerweise an Fausts Neuwelt übergegangen, die im zweiten Bild des Akts den schärfsten Kontrast zur Philemon-und-Baucis-Sphäre abgibt: dort eine Mahlgemeinschaft, hier der Menschheitsbeglücker als Egozentriker allein; dort die Hütte der Idylle, hier der Palast des Alleinherrschers. Das Meer, elementar lebendig und unendlich, in der *Faust*-Dichtung symbolisch aufgeladen durch die grandiose Liebes- und Lebensfeier der klassischen Walpurgisnacht in der Ägäis, ist ausgegrenzt, das neugewonnene Land reglementiert und sequestriert, von einem ausdrücklich geradgezogenen großen Schiffahrtskanal gequert, eine befremdliche Mischung von ökonomisch-technischer Großanlage und „Ziergarten“. Alle gewohnten positiven Konnotationen von Kolonisation sind beim ersten Blick auf Fausts ‚Schöpfung‘ zum Verschwinden gebracht vor dem Schrecken einer total durchrationalisierten Welt, in der selbst der Dichter – Lynkeus als Propagandist mit Sprachrohr – und das letzte bißchen Natur als Zier und Ornament dressiert und funktionalisiert sind. Wenn er als Türmer die Harmonie der Natur, den Wald und das Reh besingt, geschieht das imaginativ bei tiefer Nacht, während schon Mephisto und seine Mordgesellen gegen Philemon und Baucis vorzugehen beginnen. Real dürfte das Reh in Fausts planquadratischer Welt nicht vorkommen.

Gegenläufig dazu besteht die geistige Weitung der Idylle in ihrer Verschmelzung mit der Geschichtssphäre. Schon anläßlich der frühen Dialogidylle habe ich darauf hingewiesen, daß die Idylle Geschichte überwachsen und in sich verpuppen kann; umgekehrt stand das Arkadien des Helena-Akts als Anschauungswelt des Schönen gegen die Praxiswelt der Geschichte. Im fünften Akt zeigt sich eine neue Weltbedrohung – die Utopie der vom Menschen entworfenen und gemachten Welt, in der alles im Griff ist. Sie ist das neue Gegenüber der Idylle, in der nun gewachsene und gewordene Welt zusammentreten.

Zwar sind im Lebensraum des alten Paares noch die traditionellen Idyllenzüge auszumachen, und wir haben es getan; aber ausschlaggebend ist eine neue, durch den Tod besiegelte Zusammengehörigkeit von Wandrer und Idylle, ausschlaggebend ist ferner die symbolische und zitathafte Ausstrahlung der Kleinwelt in das ganze große Feld europäischer Geschichte. Die geschichtliche und die idyllische Sphäre, vorher im Gegensatzbezug, verschmelzen dadurch zum Widerlager der utopischen Planwelt. Freilich verschmelzen sie auch zum Index eines Veraltens der Geschichtswelt, deren Erstarrungszüge der vierte Akt satirisch sichtbar gemacht hat. Fausts Projekt ist eine hybride Reaktion auf eine Weltkrise, wo das in der Idylle anwesend gedachte Ursprüngliche keine Präsenz mehr besitzt. In Philemon und Baucis ist die Idylle mit der Geschichte vereint alt geworden.

Im Helena-Akt haben wir der dichterischen Schöpfung Arkadiens beigewohnt, die sich als Evokation der Kunstidylle aus literarischen Idyllenzitaten vollzog. Auch in der Charakterisierung der Philemon-Baucis-Sphäre werden zitathafte Momente bedeutungsträchtig, aber sie bezeichnen hier die Praxissphäre, also die modal gleiche Wirklichkeit, in der auch Faust als der große Macher handelt. Da ist das Kirchlein und der aus dem Schiffbruch gerettete Wandrer, der zum Beten niederknien will und an die Missionsreisen des Apostels Paulus gemahnt. Aber zugleich erinnert der Reisende bei dem alten gastlichen Paar Philemon und Baucis an die *Metamorphosen* des Ovid, wo Zeus und Merkur das alte Paar dieses Namens besuchen, das sich als die einzigen menschlichen Menschen erweist. Antike und Christentum, die beiden großen Kultur- und Geschichtsreservoire Europas, sind als real präsent anwesend und vereinigt dargestellt. Und Fausts Wüten gegen das verdammte Läuten des morschen Kirchleins und die braune Baute der Idylle zielt letztlich auf die vorgegebene und vorhandene Welt überhaupt, weil sie Welt der Überlieferungen und Bedingungen ist und ihm den „Hochbesitz“ (V. 11156), den „Weltbesitz“ (V. 11242), seines „Menschengeistes Meisterstück“ (V. 11248), seine Neue Welt vergällt. Wie ein Pfahl steckt ihm die Geschichts-Idyllensphäre im Fleisch als Erscheinungsform des „verfluchten Hier“ (V. 11233), der Bindung des Menschen in Raum und Zeit, der er nicht entkommen kann.

Diese Bindung Fausts reicht tief bis in sein Innerstes. Von dem Trümmerhaufen der gewachsenen Welt, in der noch die herrlichsten Linden verglüht sind, steigt der Rauch auf, aus dem sich die vier Weiber inkorporieren, deren mächtigstes, die Sorge, Faust durch ihren Anhauch zum blinden Visionär macht. Und noch die Utopie des Visionärs, sein Traum der vollkommenen Welt, ist nichts anderes als ein Zerrbild des Alten, der Idylle: „Grün das Gefilde, fruchtbar; Mensch und Herde / Sogleich behaglich auf der neusten Erde“ (V. 11565 f.). Auf den technischen Substruktionen, auf der Superplattform der Planwelt erhebt sich in Fausts Phantasie das angeblich Neue als das neue Alte einer Universalidylle. Faust kann die neuste, der Geschichte entgegenzusetzende Erde nicht nur nicht machen, er kann sie nicht einmal denken. Und wie denkt er sich selbst? Nicht mehr als Wandrer; nicht nur als Schöpfer, sondern, im Vorgriff auf das Letzte, Höchsterrungne seines Lebens, als Zweck und Ziel der damit pervertierten Universalidylle. Sie soll sein die Äonen durchragendes Monument sein: die Pseudo-Ewigkeit des zum Denkmal versteinerten Demiurgen.

Fausts Tod und Katastrophe ist überwölbt von den christlichen Bildern eines nichtchristlichen, innerweltlichen Erlösungsglaubens. Der einst ins Grenzenlose strebende Wandrer Faust erscheint zuletzt als von Kräften der Liebe zur Mater Gloriosa Emporgetragener. An sie als „Jungfrau, Mutter, Königin, / Göttin“ sind aus der Liebesfeier der *Klassischen Walpurgisnacht* Züge der Magna Mater übergegangen (V. 12102 f.). Vermittelnd zu ihr erscheint eine erlöste Büßerin, einst Gretchen genannt. Statt des toten Faust evozieren und interpretieren nun in Stufung zur Höhe Männer, Anachoreten, Pater Profundus, Pater Seraphicus, Doctor Marianus, die weiblich repräsentierte Himmelssphäre. Ist das repetiert, erweitert und sublimiert die Konstellation der Dialogidylle *Der Wandrer*? Das ist nicht ganz abwegig, trifft aber nicht das neue Moment der Elevatio auf ein nur in unendlicher Annäherung erreichbares Ziel hin, das hier mit einem christlich vorgeprägten Begriff ‚Erlösung‘ genannt wird.

Wie Fausts Scheitern nicht das Ende der Geschichte, sondern eine katastrophische Möglichkeit des Endes der Geschichte vorführt, signalisiert der *Faust*-Schluß nicht eine Gewißheit, sondern eine letzte Reserven aktivierende Hoffnung auf Erlösung Fausts, des Wandrers, des repräsentativen Menschen. Also doch: der Mann – der Mensch? Nein, denn „Das Ewig-Weibliche / Zieht uns hinan" (V. 12110 f.). Wir sind, wie in Aussicht gestellt, abschließend wieder bei der geschlechterphilosophischen Valenz der Thematik von Wandrer und Idylle, denn sie kann nun im Blick auf Fausts Karriere als *deus artifex mundi* und *homo faber* in ihrer Konsequenz überblickt werden. Als deutender Wandrer der in der Frau inkorporierten Idylle, der zum Poeten Arkadiens mit Helena als inkorporierter Schönheit und Natur gesteigert wird, schließlich als Erzeuger einer depravierten utopischen Universalidylle, verkörpert Faust in Goethes Geschlechterphilosophie den Pol des Männlichen in seinen extremen Möglichkeiten und Gefahren. Der umfassenden dieser Gefahren ist er zum Opfer gefallen: Er hat über dem Versuch, die Welt zum Material seines Ich zu machen, die Liebe und Hingabe als polare Ausprägung des menschlichen Weltverhältnisses vergessen. Sie stellt sich bei Goethe im Pol des Weiblichen dar.

Konzediert, daß in dieser Geschlechterphilosophie viel Zeitgebundenes und deshalb uns – ausdrücklich auch dem Referenten – fremd Gewordenes steckt; aber es darf nicht verkürzend derart mißverstanden werden, daß Frauen lieben und Männer denken und machen. Vielmehr geht es bei Goethe in der Geschlechterphilosophie letztlich um eine Symbolik der Geschlechter. Im ‚Ewig-Weiblichen, das uns hinanzieht', symbolisieren sich bei Goethe die Kräfte der Liebe und Hingabe, die auch der Mann hat und braucht; und im Ewig-Männlichen – erlauben sie mir diese Analogiebildung – symbolisieren sich bei Goethe auch die bildenden Kräfte, die der Frau eigen sind. So sind auch Geist und Natur in ihrem Verhältnis zu denken: Auch im Geist ist Hingabe und Empfängnis; auch in der Natur nach Goethes Vorstellung sind Bildungskräfte als formgebendes Geistiges.

Und so steigt in der dichterischen Welt Goethes der Geist aus der Natur auf, in dem die Natur sich anblickt. In der Natur als Anfang ist auch das Ziel präformiert, das der Geist auf seinem Weg herausarbeiten muß. Letztlich ist das menschliche Richtungsbewußtsein in Margarete tiefer als in Faust, aber dieses Richtungsbewußtsein tritt hervor durch Fausts Provokation. Derart kommt bei Goethe die Polarität in ein Kreisen, in dem jede Position die andere übergreift. Das ist ein konzentrisches Gleichgewichtsmodell, das in der *Faust*-Tragödie in einer tragischen Exzentrik vorgeführt wird. Sie ist die historisch aktuelle, vom Dichter als Seismograph der Zeit aufgezeichnete Erscheinungsweise einer anthropologischen Grundproblematik. Die Zeichen der Zeit sind aber: Veralten des Überkommenen, Revolutionen, die Utopien und Diktatoren hervorbringen – und das vor dem Horizont des heraufkommenden Maschinenzeitalters.

Faust, der Zerstörer des Gewachsenen, weist zuletzt vor auf die entfesselte Effizienz und Zweckrationalität, in der wir heute richtungslos schwimmen und die auf nichts so angewiesen ist wie auf den Weltbezug der Liebe, des liebenden Umgangs mit allem, worin wir gründen und was uns anvertraut ist. So ist schließlich auch Goethes Erlösungshoffnung über der Tragödie zwar von weit her entworfen und in nicht wenigem weit weg, aber im Kern hochaktuell als appellativer Glaube an die innerweltlich gedachte Liebe, in der der Mensch nicht nur, sich loslassend, zeugt und empfängt, sondern auch empfangen wird – sogar der Manipulator des Lebens und des Todes, der zwar vieles erkennen, aber sich nicht unter die Füße sehen kann. Und so zieht denn in der Symbolwelt und Symbolsprache Goethes das Ewig-Weibliche „uns hinan" –‚uns', also auch die Frauen.

MARGRIT WYDER

Landschaften und Begegnungen auf Goethes Schweizer Reisen: der Vierwaldstättersee

„Es lächelt der See, er ladet zum Bade" (SNA 10, S. 131) – mit diesem Eingangsvers des *Wilhelm Tell* hat Friedrich Schiller das historische und geographische Zentrum der Schweiz, den Vierwaldstättersee, als Schauplatz seines Freiheitsdramas eingeführt. Die Landschaft kannte er nicht aus eigener Anschauung, doch gab es damals bereits viele bildliche Darstellungen und Beschreibungen davon. Vor allem aber war ihm die Gegend von Goethe geschildert worden, dem sie bestens vertraut war. Denn dieser hatte auf jeder seiner drei Schweizer Reisen – 1775, 1779 und 1797 – nicht nur den Gotthardpaß bestiegen, sondern auch den Vierwaldstättersee befahren. Er schätzte den See weit über seine Funktion als notwendigen Zubringer zur hochalpinen Zone.[1] In einem Brief vom 4. Juni 1780 empfahl Goethe seinem Freund Karl Ludwig von Knebel die Route auf dem Urnersee von Brunnen nach Flüelen mit den Worten: „Dieser Weg ist mit das größte was man auf der ganzen Reise zu sehen kriegt" (WA IV, 7, S. 360). Goethe rät dem Freund weiter, „diese Gegenden mit einem sachten Genusse recht einzuschlürfen. Ich bin die beiden Male [1775 und 1779; M. W.] nur wie ein Vogel durch, und sehne mich immer wieder hin" (WA IV, 7, S. 361).

1775: Naturraum und Gedächtnisraum

Wie ein Vogel – so betrachtete Goethe auch den Vierwaldstättersee zum ersten Mal, nämlich aus der Vogelschau von der Höhe der Rigi. Noch war der nachmals so berühmte Aussichtsberg wenig erschlossen. Nur Pilger besuchten seine Höhen. Goethe übernachtete mit seinem Begleiter Jakob Ludwig Passavant, einem deutschen Theologiestudenten aus Zürich, am 17. und 18. Juni 1775 im Gasthof Ochsen in Rigi-Klösterli. Von dort bestiegen sie am 18. Juni die Rigi. „[…] in Wolcken und Nebel rings die Herrlichkeit der Welt" (WA III, 1, S. 6), notierte Goethe in sein Tagebuch. Jahrzehnte später hat er dieses Erlebnis in *Dichtung und Wahrheit* ausführlicher geschildert:

> Ein Viertel nach zwei hatten wir die Höhe erstiegen; wir fanden uns in Wolken, diesmal uns doppelt unangenehm, als die Aussicht hindernd und als niedergehender Nebel

1 Die Handels- und Verkehrsrouten Richtung Gotthard führten bis zur Eröffnung der Axenstraße im Jahr 1865 nur zu Schiff von Luzern, Küßnacht oder Brunnen nach Flüelen am Südufer des Urnersees.

> netzend. Aber als sie hie und da auseinander rissen und uns, von wallenden Rahmen umgeben, eine klare, herrliche, sonnenbeschienene Welt als vortretende und wechselnde Bilder sehen ließen, bedauerten wir nicht mehr diese Zufälligkeiten; denn es war ein niegesehner, nie wieder zu schauender Anblick, und wir verharrten lange in dieser gewissermaßen unbequemen Lage, um durch die Ritzen und Klüfte der immer bewegten Wolkenballen einen kleinen Zipfel besonnter Erde, einen schmalen Uferzug und ein Endchen See zu gewinnen. (HA 10, S. 144 f.)

Aus der Gucklochperspektive also sah Goethe zum ersten Mal auf den Vierwaldstättersee. Statt eines immensen Panoramas boten sich ihm einzelne Bilder dar, gerahmt durch die Wolken.[2] Sie gaben gleichsam eine Vorschau auf das, was die Reisenden da unten erwarten sollte: Das war die mythische Wiege der Schweiz, Naturraum und Kulturraum zugleich,

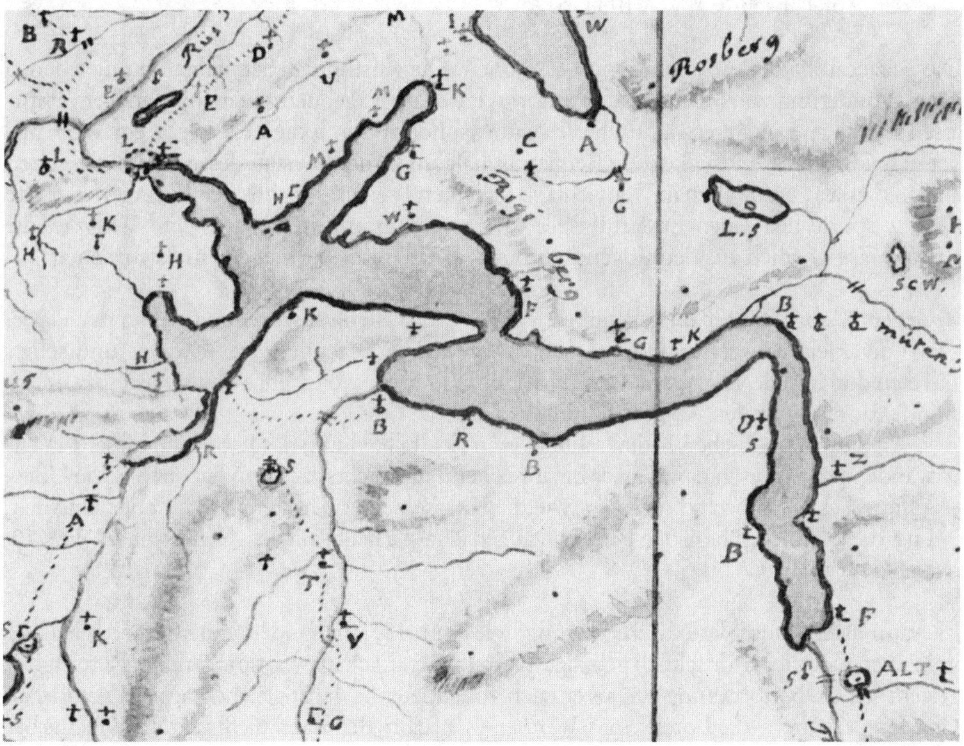

Abb. 1
Der Vierwaldstättersee auf einer Karte von Franz Ludwig Pfyffer von Wyher, die er als Vorlage für sein Modell der Innerschweiz erstellte (ca. 1770). Links oben am See befindet sich Luzern, rechts unten Flüelen

2 Für die Beschreibung eines uneingeschränkten Panoramas hätten Goethe damals vielleicht ebenso die Worte gefehlt wie seinem Zeitgenossen Salomon Schinz, als er 1774 den Uetliberg bei Zürich bestieg. Der „touristische Blick" war erst im Entstehen begriffen. Vgl. Daniel Speich: *Wissenschaftlicher und touristischer Blick. Zur Geschichte der „Aussicht" im 19. Jahrhundert.* In: Traverse 3 (1993), S. 83–99.

erhabenes Schauspiel und Ort des kollektiven Gedächtnisses an die Taten Tells und der ersten Eidgenossen. Der Gründungsmythos der Schweiz war hier nicht nur lokalisiert, sondern auch konkretisiert, so in der Rütliwiese und der Tellsplatte, wo seit dem 14. Jahrhundert eine Gedächtniskapelle stand. Wie zwei Wachtposten lagen diese Zeichen der Freiheit links und rechts am Weg zum Gotthard.

In Richtung Gotthard war auch der junge Goethe unterwegs. Am 19. Juni 1775 wandert er mit seinem Begleiter von Rigi-Klösterli über den First hinunter nach Vitznau, wo sie sich einschiffen. In einem Wirtshaus am See – vermutlich war es die Treib bei Seelisberg – essen sie zu Mittag. Als der Nauen in den Urnersee einbiegt, geht es laut Tagebuch plötzlich Schlag auf Schlag:

> […] gegen zwey dem Grüdli über wo die 3 Tellen schwuren drauf an der Tellen Platte wo Tell aus sprang. Drauf 3 Uhr in Flüely wo er eingeschifft ward. 4 Uhr in Aldorf wo er den Apfel abschoss. (WA III, 1, S. 6)

Diese staccatohafte Aufzählung muß erstaunen. Die einstündige Schiffahrt und die ebenso lange Wanderung von Flüelen nach Altdorf werden im Tagebuch zu einem schnellen, atemlosen Lauf – aber nicht etwa durch die Natur, sondern durch die Legende. Kein Wort findet sich von der beeindruckenden Berglandschaft am Urnersee; statt dessen Reminiszenzen an den damals gerade auch in Deutschland beliebten Freiheitsmythos der Tellsage.[3] Der alte Goethe spürte hier einen Erklärungsbedarf. Er übernimmt in *Dichtung und Wahrheit* die Passage fast wörtlich aus dem Jugendtagebuch, ergänzt sie aber mit einem Kommentar:

> Gegen 2 Uhr dem Grütli gegenüber, wo die drei Tellen schwuren, darauf an der Platte, wo der Held aussprang und wo ihm zu Ehren die Legende seines Daseins und seiner Taten durch Malerei verewigt ist. Um 3 Uhr in Flüelen, wo er eingeschifft ward; um 4 Uhr in Altdorf, wo er den Apfel abschoß.
>
> An diesem poetischen Faden schlingt man sich billig durch das Labyrinth dieser Felsenwände, die steil bis in das Wasser hinabreichend uns nichts zu sagen haben. Sie, die Unerschütterlichen, stehen so ruhig da, wie die Kulissen eines Theaters; Glück oder Unglück, Lust oder Trauer ist bloß den Personen zugedacht, die heute auf dem Zettel stehen. (HA 10, S. 145)

Literatur als Medium der Naturerfahrung, wie es im 18. Jahrhundert gängig war,[4] wird hier vom alten Goethe ausdrücklich gebilligt. Dem jungen Dichter war sie eigentlich Rettung. Er gesteht seine Überforderung ein, als er nach vollendeter Seefahrt gleichentags aus Altdorf an Charlotte Kestner – die Lotte seines *Werther* – schreibt: „Ich kann nichts erzählen nichts beschreiben. Vielleicht erzähl ich mehr wenn mirs abwesend ist, wie mirs wohl eh mit lieben Sachen gangen ist" (WA IV, 2, S. 268).

---

3 Vgl. Eduard Ziehen: *Die deutsche Schweizerbegeisterung in den Jahren 1750–1815*. Frankfurt a. M. 1922, und neu Uwe Hentschel: *Mythos Schweiz. Zum deutschen literarischen Philhelvetismus zwischen 1700 und 1850*. Tübingen 2002.

4 Vgl. Petra Raymond: *Von der Landschaft im Kopf zur Landschaft aus Sprache. Die Romantisierung der Alpen in den Reiseschilderungen und die Literarisierung des Gebirges in der Erzählprosa der Goethezeit*. Tübingen 1993.

Der 25jährige Goethe der ersten Schweizer Reise also begegnete hier vor allem den Freiheitsmythen der Eidgenossen, die Seefahrt strukturierte ihm einen Gedächtnisraum, nicht einen sozialen oder Naturraum. Er verstand damals auch noch nichts von geologischen Phänomenen – der gereifte Autor von *Dichtung und Wahrheit* jedoch um so mehr. Deshalb mag verwundern, daß d i e s e r hier von einem „Labyrinth" spricht, von steilen Felswänden, die „uns nichts zu sagen haben".

1779: Das topographische Kunststück

Auf der zweiten Schweizer Reise von 1779 wird Goethe bereits anders und anderes sehen. Schon ganz am Anfang dieser *Grand Tour*, die ihn von Basel in die Westschweiz, dann durchs Wallis hinauf über Furka- und Gotthardpaß wiederum in die Innerschweiz führte, erlebt Goethe das Durchqueren der Birsschlucht im Basler Jura – den ersten landschaftlichen Höhepunkt auf Schweizer Boden – wie eine Initiation in die neue Sphäre.

Die Versuche zur Wiederaufnahme des Bergbaus in Ilmenau hatten den jungen Weimarer Minister seit 1776 zunehmend mit Gesteinskunde und geologischen Theorien vertraut gemacht. Im Herbst 1779, als er, diesmal zusammen mit Herzog Carl August, zum zweiten Mal durch die Schweiz reist, ist er bereits vertraut mit Buffons *Théorie de la Terre*. Dieses kühne Werk von 1749, das die Entstehung der Erde vom biblischen Schöpfungsbericht abgelöst hatte, und nicht die Legenden der Eidgenossenschaft lenken nun seine Wahrnehmung. Nach Buffon ist die Erde eine Reihe von geologischen Revolutionen durchgegangen, bis sie in den aktuellen, beruhigten Zustand gelangte.[5] Dieser Theorie folgt Goethe in seiner Beschreibung der Birsschlucht im Basler Jura, aber mit einer für ihn und seine später sich ausbildenden geologischen Überzeugungen bereits charakteristischen Akzentsetzung. Am 3. Oktober 1779 berichtet er Charlotte von Stein:

> Man ahndet im Dunkeln die Entstehung und das Leben dieser seltsamen Gestalten. Es mag geschehen seyn wie und wann es wolle, so haben sich diese Massen nach der Schweere und Aehnlichkeit ihrer Theile gros und einfach zusammengesezt. Was für Revolutionen sie nachhero bewegt, getrennt, gespalten haben, so sind auch diese auch nur einzelne Erschütterungen gewesen und selbst der Gedanke einer so ungeheuren Bewegung giebt ein hohes Gefühl von ewiger Festigkeit. (WA IV, 4, S. 71 f.)

Diese Jurafelsen also hatten Goethe damals viel zu sagen, und er verstand gerade das labyrinthische Gewirr als Ausdruck einer übergreifenden Ordnung in der Natur. So lautet sein Fazit: „Man fühlt tief, hier ist nichts willkürliches, alles langsam bewegendes ewiges Gesez" (WA IV, 4, S. 72). Die chaotischen Felstrümmer der Schlucht sind ihm durch die neue wissenschaftliche Perspektive zu Zeugen einer ewigen Ordnung geworden.

Von der zweiten Begegnung mit dem Vierwaldstättersee hat Goethe auf dieser Reise keine schriftlichen Aufzeichnungen hinterlassen. Doch sein Begleiter, der damals 22jährige Herzog Carl August von Sachsen-Weimar, führte ein Tagebuch. Am 15. November 1779

---

[5] Buffons *Epoques de la nature* von 1778, in denen diese Theorie weiter ausgebaut wurde, studierte Goethe bald nach seiner Rückkehr aus der Schweiz. Vgl. LA II, 7, S. 285 f. (Zeugnisse vom 2. und 7. 4. 1780).

mieten die beiden auf der Rückreise vom Gotthard in Flüelen ein Schiff und fahren mit einem Zwischenhalt bei der Tellskapelle nach Brunnen.

Die Tellskapelle – es war nicht mehr die mittelalterliche, sondern der heute noch bestehende Bau aus dem 16. Jahrhundert – wird von Carl August eher kühl beurteilt. Sie sei, schreibt er, „sehr bunt mit Tells u. etl. Schlachten Geschichten bemahlt".[6] Der Ort selbst aber erhält sogar nach der mehrwöchigen Tour durch die Schweiz noch einen Superlativ. Der Herzog schreibt: „Ich wolte, ich könte die Gegend des Sees beschreiben, es ist die schönste Landschaft, die ich gesehn habe".[7]

Abb. 2
Die Tellskapelle, dargestellt von William Henry Bartlett und R. Wallis (1832/33)

Während das Innere der Gedächtniskapelle bei der Tellsplatte eher als Störung des ästhetischen Arrangements wahrgenommen wird, gilt also dem Naturraum volle Anerkennung. Die Topographie des Urnersees ist für den jungen Feudalherrscher nicht eine der Erinnerung an Heldentaten, sondern sie erscheint als sich aufblätterndes Album schöner Landschaftsbilder. Das ruhige Vorübergleiten im Schiff ermöglicht ungestörtes Schauen, bietet mit jeder Biegung des stark gekammerten Sees neue Veduten – und was sich nicht beschreiben ließ, ließ sich immerhin malen, wie die zeitgenössischen Ansichten des Urnersees belegen. Goethe selbst hat dazu später angemerkt: „Die Seelinie macht das Ganze so ruhig"

6 Tagebuch, 15. 11. 1779; zit. nach: *Funde und Forschungen. Eine Festgabe für Julius Wahle*. Leipzig 1921, S. 191.

7 Ebd.

(WA III, 2, S. 168). Diese topographischen Eigenheiten erklären etwas von der ästhetischen Faszination, die die Landschaft des Vierwaldstättersees auf Generationen von Besuchern ausgeübt hat.

Nach einem kurzen Aufenthalt in Schwyz nehmen die Schiffsreisenden Kurs auf Luzern. Hier bricht Carl Augusts Tagebuch ab. In einem Brief an seine Mutter, die Herzoginwitwe Anna Amalia, schreibt er aber von Zürich aus, was ihn in Luzern am meisten beeindruckt, ja vielleicht sogar die Reiseroute durch diese Stadt gelenkt hat:

> Hier sahen wir das Kunststück des Generals Pfeifer. Es ist dieses der sonderbarste Gedanke, wunderbarste Unternehmung und grösstes Meisterstück eines Ingenieurs; es ist nemlich das Modell des Vierwaldstedter Sees mit fast allen daran stossenden Kantons, mit allen Dörfern, Häusern, Brücken, Wäldern, Gebirgen, bis auf merklich abgerissenen Felsstücken; es ist nichts Gespieltes, die genauste Proportion, alles ist auf den Fleck selbst gemessen; sogar die Arten der Waldungen unterschieden.[8]

Was Carl August hier so begeistert beschreibt, gehörte damals zu den größten Sehenswürdigkeiten der Schweiz. General Pfeifer, wie ihn der Herzog nennt, hieß mit vollem Namen Franz Ludwig Pfyffer von Wyher (1716–1802). Der aristokratischen Familientradition folgend hatte er vierzig Jahre in der französischen Armee gedient und es darin zum zweithöchsten Rang, zum Generalleutnant, gebracht. Während seiner Heimaturlaube und vermehrt nach der Pensionierung arbeitete er an dem Relief der Zentralschweiz. 1762 begonnen und 1786 vollendet, bildet das Modell im horizontalen Maßstab 1 : 12.500 eine Fläche von 4 000 km^2 ab. Pfyffer schuf damit das erste große Landschaftsrelief Europas.[9] Das Modell mit einer Ausdehnung von 6,5 x 4 Meter wurde Ziel vieler Reisenden, denen es half, sich auf ihren Touren durch die Schweiz zu orientieren. Denn das leicht überhöhte Relief war genauer als jede damalige Landkarte, ja es diente seinerseits Kartenstechern als Vorlage für die schwierige Darstellung der Gebirgstopographie.[10] Neben der vermessungstechnischen Leistung wurde von den Besuchern immer wieder die Natürlichkeit des Werkes hervorgehoben. Man steigerte die Wirkung des Modells noch mit einem technischen Trick, wie ihn Carl August seiner Mutter verraten hat:

> Was am meisten dafür, nemlich vor die Trefflichkeit des Werks zeugt, ist, wenn man es durch ein Glas perspektivisch ansieht, es die Erinnerung der Würkung hervorbringt, die die Natur auf einen gemacht hat.[11]

Das ausschnittweise Betrachten durchs Fernglas löst das Ganze des Reliefs in Einzelbilder auf. Neben der orientierenden Übersicht ermöglicht das Modell so erinnerndes Vergegenwärtigen der gesehenen Landschaftsbilder. Was 1775 das Rigi-Panorama auf natürliche Weise darbot, wird hier künstlich wiederholt.

---

[8] 19. 11. 1779; *Briefe des Herzogs Carl August von Sachsen-Weimar an seine Mutter, die Herzogin Anna Amalia.* Hrsg. von Alfred Bergmann. Jena 1938, S. 30.

[9] Im Gegensatz zu vielen späteren Landschaftsmodellen blieb das Pfyffer-Relief erhalten und ist heute im Gletschergarten-Museum in Luzern ausgestellt.

[10] Vgl. Madlena Cavelti Hammer: *Herstellung und Auswirkungen des Reliefs der Urschweiz von Franz Ludwig Pfyffer.* In: Cartographica Helvetica 18 (1998), S. 11–18.

[11] 19. 11. 1779; *Briefe des Herzogs Carl August* (Anm. 8), S. 30.

Daß Goethe von dem Modell Pfyffers ebenso beeindruckt war wie der Herzog, geht aus dem bereits zitierten Brief vom 4. Juni 1780 an Knebel hervor, wo Goethe Empfehlungen für eine ideale Schweizer Reise gibt. Natürlich gehört dazu eine Wanderung zum Gotthard. Doch dann schreibt Goethe:

> Du kommst, wie ich gesagt habe, den alten Weg bis Flüelen zurück, setzest dich auf den See und fährst grad auf Luzern. Daselbst besuchst du den General Pfeiffer, der das merkwürdige Modell von der umliegenden Gegend gemacht hat, den du vom Herzog und mir grüssen und versichern kannst, daß es uns sehr leid gethan hat, seine Bekanntschaft nicht zu machen. (WA IV, 7, S. 360f.)

Die verpaßte Begegnung mit Pfyffer war für den geographisch und geologisch interessierten Goethe sicher ein Verlust. Nach den Bekanntschaften mit Jacob Samuel Wyttenbach in Bern und Horace-Bénédict de Saussure in Genf, der mit Pfyffer eng befreundet war, hätte

Abb. 3
Ausschnitt aus dem Landschaftsmodell von Franz Ludwig Pfyffer von Wyher.
Im Vordergrund die Stadt Luzern

ihm auch dieser dritte große Schweizer Alpenkenner ein wertvoller Gesprächspartner sein können.

Mit Bedacht wohl setzte Goethe in seinem Reisevorschlag für Knebel die Besichtigung des Modells ans Ende der Reise durch die Innerschweiz. Denn die Wirkung verstärkt sich, wenn man, wie Carl August es beschrieben hat, die Erinnerung an das in der Natur Gesehene mitbringt und anhand des Reliefs eine zusammenfassende Rückschau halten kann. Das Modell ersetzt damit auch den Panoramablick von der Rigi, der in Goethes Empfehlungen an Knebel nicht vorkommt und nach seiner eigenen Erfahrung ja sehr wetteranfällig war.

1797: Steine des Anstoßes

Achtzehn Jahre sollte es dauern, bis Goethe den Vierwaldstättersee noch einmal, zum dritten Mal, gesehen und befahren hat. Von dieser Reise im Spätherbst 1797 zeugt ein minuziös geführtes Tagebuch, das er seinem Diener Johann Ludwig Geist diktierte. Die Seefahrt wird sowohl auf der Hinfahrt zum Gotthard wie auf dem Rückweg protokolliert. Goethes Blick ist nun der eines geübten Geologen – und zwar eines neptunistisch ausgerichteten.[12] Gleich bei der Anreise von Schwyz her registriert er am 30. September in Brunnen: „Nackte Kalkflöze, die nach Mittag und nach Mitternacht einfallen und sich gleichsam über einen Kern, auf dem sie ruhen, hinlegen" (WA III, 2, S. 167) – Goethe gebrauchte den Bergmannsausdruck „Flöze" für alle geschichteten Gesteine, die nach neptunistischer Lehre Niederschläge aus einem Urmeer über einem Grundgebirge sind. Entscheidend für das Relief einer Landschaft ist demnach dieses zugrundeliegende granitische Urgebirge, das nach Goethes Überzeugung bei der Bildung der Erde zuerst durch Kristallisation entstand und die heute sichtbaren Gebirgszüge vorbildete. Ein solches kristallinisches Gebirge macht den Kern aus, den er hier unter den Kalkschichten vermutet – d.h., in diesem Fall sind es mindestens zwei Kerne, der nördliche unter der Rigi-Hochfluh, der südliche unter dem Seelisberg.

Nach diesem theoriegeleiteten Auftakt der Schiffahrt bemerkt Goethe dem Rütli gegenüber „Abermals nord- und südwärts fallende Flötze" (WA III, 2, S. 168) – damit sind die gekrümmten Schichten unterhalb von Morschach gemeint. Doch dann wird es komplizierter. Vor Sisikon notiert Goethe: „Links steile Felsen. Confusion der Flötze hüben und drüben, die selbst in ihren Abweichungen correspondiren" (WA III, 2, S. 168). Mitten in all den Beobachtungen, die Goethe festhält, taucht also plötzlich eine ‚Konfusion' auf – und das nicht nur einmal, sondern gleich parallel auf beiden Seiten des Urnersees. Wie läßt sich das erklären? Goethe gibt im Tagebuch keine Antwort. Er rettet sich vielmehr in die Verfertigung eines Bildes, das Halt und Rahmen gibt. Denn wenig später heißt es: „[...] wir stiegen aus in Tells Capelle. Wenn man die gegenüberstehenden Felsen, aus der Capelle, gleichsam als ein geschlossnes Bild sieht, so geben sie gleich einen andern Anblick" (WA III, 2, S. 168).

Das Naturphänomen der ‚konfusen' und konfus machenden Felsen wird also durch das Kunstprodukt der Tellskapelle eingerahmt und damit in eine ästhetische Ordnung übergeführt. Diese bietet Zuflucht vor den ‚Felsen des Anstoßes'.

---

12 Zur Entwicklung von Goethes Anschauungen in der Geologie vgl. Max Semper: *Die geologischen Studien Goethes.* Leipzig 1914. Goethes Versuche zur Visualisierung seiner Erkenntnisse sind dargestellt bei Margrit Wyder: *Wissen sichtbar machen. Zu Goethes Visualisierungsmethoden in der Geologie.* In: *Wir wandeln alle in Geheimnissen. Neue Erfahrungen mit Goethe.* Beiträge des fünften Kasseler Goetheseminars. Kassel 2002, S. 87–126.

Was aber hat Goethe auf den beiden Seiten des Sees gesehen? Nach heutiger geologischer Terminologie handelt es sich um eine Synklinale, eine v-förmige, nach oben geöffnete Falte. Als erster hat sie Johann Scheuchzer, der jüngere Bruder des Zürcher Naturgelehrten Johann Jacob Scheuchzer, dargestellt, und zwar in dessen Werk *Helvetiae Stoicheiographia* von 1716. – Es ist die erste tektonische Darstellung einer alpinen Landschaft. Goethes ‚Konfusion' nun findet sich am Ostufer bei der Schiberenegg und am Westufer beim sogenannten Teufelsmünster – *nomen est omen*, denn eine Tektonik, also eine Lehre vom Bau und den Bewegungen der Erdkruste, konnte es für Goethe nur in einer mephistophelischen Geologie geben, wie er sie mit Verdruß zunehmend überhandnehmen sah.[13] Schief liegende Gesteinsschichten waren für den Neptunisten Goethe nicht Folgen von späteren Verlagerungen, sondern er hielt sie für ursprünglich in dieser „widernatürliche[n] Lage" (LA I, 11, S. 308) entstanden – und zwar in Form eines chemischen Niederschlags, der sich seitlich oder sogar von unten an die Überhänge des Grundgebirges angelagert hatte. Deshalb mußte Goethe annehmen, daß „in den ersten Epochen unsrer Erdbildung alles Chemische und überhaupt alles Dynamische kräftiger und stärker wirksam gewesen" (ebd.) sei als heute.

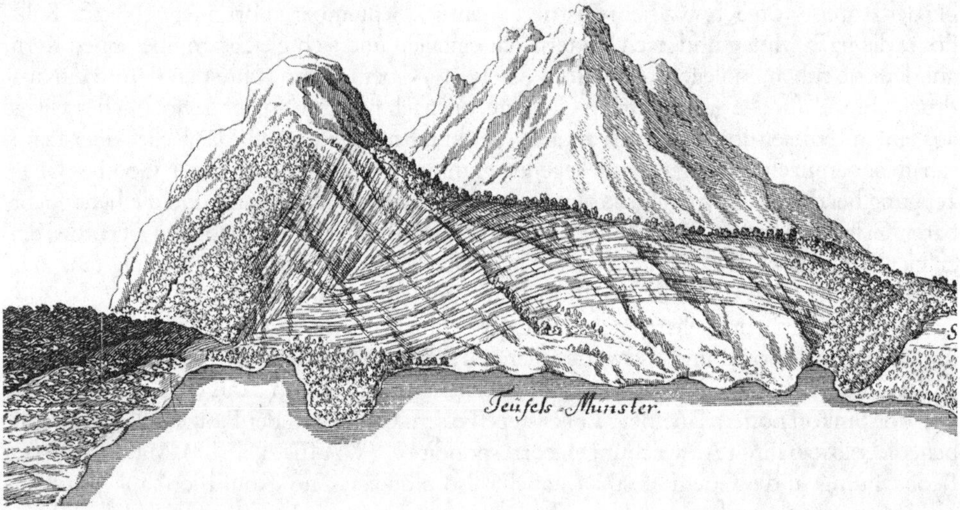

Abb. 4
Die v-förmige Falte beim „Teufelsmünster", dargestellt von Johann Scheuchzer

Ein ähnlicher Fall wie am Vierwaldstättersee war Goethe auf heimatlichem Boden schon begegnet und hatte ihm dort viele Unannehmlichkeiten bereitet: Es handelte sich um die vermutete Neigung des Kupferschieferflözes bei Ilmenau. Erst nach erfolgter Schachtabteufung zeigte sich, daß die erzführende Schicht am Rand des granitischen Grundgebirges des Thüringer Waldes nicht steil abwärts verläuft, wie man zuerst vermutete, sondern „sogar überhängig" (LA I, 11, S. 308) gefunden wurde. Dies war ein Hauptgrund für das Miß-

13 Vgl. die Eingangsszene Faust – Mephisto im 4. Akt von *Faust II*.

lingen des Unternehmens, da man so am Fuße des mühsam erbohrten Schachtes nicht auf die erzreiche Stelle an der Sohlenkrümmung traf.[14] 1796, also gerade im Jahr vor Goethes dritter Schweizer Reise, führte dann ein Wassereinbruch zum Ende des glücklosen Bergbauunternehmens.

Am Urnersee ist ein noch spitzwinkligerer Schichtverlauf zu sehen, als ihn Johann Carl Wilhelm Voigt für das Profil von Ilmenau angenommen hatte. Nach der von Goethe vertretenen Theorie hätte über der Knickung ein ganzes, nun abgetragenes Urgebirge gewesen sein müssen. Doch eine solche Macht der Erosion war er nicht bereit zuzugeben – der Zeithorizont in der damaligen Geologie war allerdings auch bei weitem nicht mit den heutigen Dimensionen vergleichbar. Es bleibt daher für Goethe bei der ‚Konfusion', und die spätere Rede vom „Labyrinth" der stummen Felsen in *Dichtung und Wahrheit* könnte sich auf die Hilflosigkeit des im 19. Jahrhundert immer einsamer dastehenden „verjährten Neptunisten" (LA I, 2, S. 132) Goethe beziehen. Was diese Steine zu sagen hatten, wollte oder konnte er nicht hören.

Aber auch eigentliche Kenner der alpinen Geologie wie der Zürcher Hans Conrad Escher (1767–1823), der spätere Erbauer des Linthkanals, standen bei diesem Phänomen buchstäblich am Berg. Escher beschreibt in seinen *Geognostischen Nachrichten über die Alpen* die „unbegreifliche Schichtenbiegung"[15] am Urnersee. Goethe erwähnte zwar lobend die Aufsätze Eschers, die er als Vorbereitung für die dritte Schweizer Reise gelesen hatte,[16] doch bemühte er sich offenbar nicht um Kontakt zu dem Forscher, obwohl er in Herrliberg dessen Stiefbruder kennen lernte. Wie 1779 im Fall Pfyffer von Wyhers kennzeichnet eine verpaßte Begegnung also auch die dritte Reise über den Vierwaldstättersee – diesmal vielleicht mit Absicht. Goethe ahnte wohl, daß er dem Bau der Alpen mit seinen neptunistischen Ansichten nicht beikommen würde. Doch auch Escher gelangte in seiner Lebenszeit nicht zu einer konzisen Theorie der Alpenentstehung.[17]

Wenn die Felsen am Urnersee bei Goethe Anstoß erregten, so läßt sich das von einem anderen Stein noch mehr sagen, bei dem sich Natur, Kultur und Politik eng verzahnen. Dieser Stein des Anstoßes war behauen, und er sollte ursprünglich auf das Rütli zu stehen kommen. Goethe war schon sehr früh an dem Projekt interessiert, denn er schrieb am 7. Mai 1781 an Johann Kaspar Lavater nach Zürich: „Ists wahr was ich in den Zeitungen lese, daß der Abbt *Raynal* den drey ersten Eidgenossen auf der Imgrütlins Wiese ein Monument will aufrichten lassen?" (WA IV, 5, S. 123) – Ja, es war wahr. Der französische Abbé Guillaume-Thomas Raynal (1713–1796), einer der bekanntesten philosophisch-politischen Schriftsteller im Vorfeld der Französischen Revolution, hatte 3 000 Livres für die Errichtung eines Denkmals auf dem Rütli gespendet. Es sollte der Erinnerung an die Schweizer Freiheitshelden gewidmet sein. Goethe konnte offenbar aus den Zeitungen noch Genaueres erfahren,

---

14 Eine Knickung in der Art, wie sie Johann Carl Wilhelm Voigt vermutet hat, ist mit den realen Aufschlüssen des Flözes aber nur schwer in Übereinstimmung zu bringen. Es liegt wohl eher eine Faltenüberschiebung vor. Vgl. Kurt Steenbuck: *Silber und Kupfer aus Ilmenau. Ein Bergwerk unter Goethes Leitung*. Weimar 1995 (= SchrGG, Bd. 65), S. 279 f.

15 H[ans] C[onrad] Escher: *Auszüge aus den geognostischen Nachrichten über die Alpen, in Briefen aus Helvetien*. In: Bibliothek der Schweizerischen Staatskunde, Erdbeschreibung und Litteratur 2 (1796), S. 671–695; hier S. 688.

16 Vgl. Goethe an C. G. Voigt, 26. 9. 1797 (WA IV, 12, S. 317).

17 Zu Eschers Stellung in der Geologie seiner Zeit vgl. Bernhard Studer: *Geschichte der Physischen Geographie der Schweiz bis 1815*. Bern, Zürich 1863, S. 596–604.

denn im Brief an Lavater heißt es weiter: „Der 30 Fus hohe Obelisk wird sich armseelig zwischen der ungeheuren Natur ausnehmen. Was sich der Mensch mit seiner Nadelspizze von Marmor einbildet. Ich hoffe es soll nicht zu Stande kommen" (WA IV, 5, S. 123). Nicht nur ästhetische, auch politische Ablehnungsgründe sprachen dagegen. Denn mit einer verbalen Verbeugung vor den alten Eidgenossen und der Schweizer Verfassung schließt Goethe: „Ihr Monument ist eure Constitution" (ebd.).

Abbé Raynal verdankte seine Berühmtheit vor allem einem Werk, der *Histoire philosophique et politique des établissements et du commerce des Européens dans les deux Indes*. Wegen der scharfen Kritik an der europäischen Kolonialpolitik war es 1770 in Amsterdam anonym erschienen. Die publikumswirksame Übersicht zur Kolonialgeschichte entstand unter Mitwirkung von Diderot, Holbach, Pechméja und anderen. Eine neue Edition mit noch schärferen Angriffen auf die Kolonialmächte führte im Mai 1781 zur öffentlichen Verbrennung des Werkes in Paris und zum Exil des Autors. Raynal hatte die Verurteilung bewußt provoziert und wußte auch sein Exil gut zu inszenieren. Der Denkmalsplan, schon 1780 während eines Aufenthalts in der Westschweiz entstanden, und andere von ihm ausgerichtete großzügige Stiftungen sicherten ihm öffentliche Aufmerksamkeit.

Raynal hatte zwei angesehene Schweizer als Fürsprecher des Plans gewinnen können, den Lausanner Schriftsteller Jean Pierre Béranger und den Schüpfheimer Pfarrer und Historiker Johann Josef Schnyder von Wartensee. Doch die Regierenden des Kantons Uri, zu dessen Territorium das Rütli gehörte, fühlten sich vom Antikolonialisten Raynal selbst in kolonialistischer Manier behandelt. Ihre Erinnerungskultur beruhte auf gelebter Tradition – zumindest nach eigener Einschätzung. In einem stolzen Brief wurde Raynals Angebot für überflüssig erklärt, mit der Begründung, daß die Erinnerung an die Taten der Ahnen bei den Eidgenossen immer noch lebendig sei. Und wenn, was sie nicht hofften, ihre Söhne oder Enkel „diese Empfindungen einst verlieren sollten, würde ein solches Denkmal der Eydsgenoßschaft so wenig nützen, als in den letzten Zeiten der Republick dem in die Knechtschaft sinkenden Rom seine so häufigen Monumente geholfen".[18] Etwas weniger eindeutig wird diese Stellungnahme allerdings, wenn man erfährt, daß der ehrgeizige Landammann Josef Anton Müller im Namen der führenden Urner Familien wenig später verlangte, daß ihre Wappen an dem Denkmal anzubringen seien – was Raynal ablehnte.[19]

Mit der Planung des Monuments hatte Raynal den Architekten Pierre Adrien Pâris aus Besançon beauftragt. Ein Marmorobelisk im klassischen Geschmack der Zeit sollte es sein, gekrönt vom vergoldeten Tellenapfel. Der Stifter legte Wert darauf, daß in der lateinischen Inschrift zu Ehren von Fürst, Stauffacher und Melchthal ein Passus erschien, nach dem das Denkmal „aux frais de Guillaume-Thomas Raynal, Français",[20] errichtet worden sei. Daß das Monument nicht zuletzt dazu diente, seinen Namen auf dem Rütli zu verewigen, war allen Zeitgenossen Raynals klar und wurde je nach politischer Ausrichtung mehr oder weniger kritisch kommentiert.

Vom ersten Exilland Belgien aus bereiste Raynal mehrere europäische Staaten. Auch im Herzogtum Sachsen-Weimar war er im Mai 1782 für einige Tage zu Gast, wo man sich von

---

18 *Auszüge aus Zuschriften an den Herausgeber*. In: Schweitzersches Museum 1 (1783), S. 268. Die Zuschrift von Johann Josef Schnyder von Wartensee im *Schweitzerschen Museum* ist das früheste Zeugnis des vielfach zitierten patriotischen Briefes. Das Original der Antwort ist verloren.

19 Vgl. Anatole Feugère: *Raynal et son monument de Guillaume Tell*. In: Revue de Fribourg 8 (1909), S. 572.

20 „Auf Kosten des Franzosen Guillaume-Thomas Raynal"; zit. nach: Feugère (Anm. 19), S. 572.

ihm „sehr angenehm unterhalten" (WA IV, 5, S. 319) fühlte, wie Goethe seinem Freund Knebel am 5. Mai meldete. Im selben Brief resümiert Goethe auch den Eindruck, den der eloquente Reisende in eigener Sache auf ihn machte: „Er stikt voll der angenehmsten Anekdoten die er mit dem französisch-philosophischen Weltgeiste unter einander verbindet. Er sagt den Königen die Wahrheit und schmeichelt den Frauen, läßt sich aus Paris verbannen, und weiß sich sehr gut in ieden kleinen Hof zu schiken" (ebd.).

Ob bei diesem Besuch in Weimar auch vom Denkmalsplan die Rede war? Um diesen stand es zu der Zeit schlecht. Die Hoffnung Goethes und mit ihm vieler Schweizer, daß das Denkmal nicht zustande komme, hätte sich wohl erfüllt, wenn Raynal im Herbst 1782 nicht einen ebenso einflußreichen wie tatkräftigen Verbündeten gewonnen hätte: Es war kein Geringerer als Franz Ludwig Pfyffer von Wyher, der Topograph und Luzerner Ratsherr. Dieser kannte die Frankophobie der Urschweizer bestens. Er sah schnell, daß auf dem Rütli, diesem emotional hoch besetzten Erinnerungsort, nichts auszurichten war. Auch schätzte er seine Innerschweizer Miteidgenossen als wenig konziliant ein. „Les sauvages de l'Amerique ne le sont pas autant que les Suisses des cantons populaires,"[21] schrieb er an Raynal in Anspielung auf dessen kolonialhistorisches Vorwissen. Aber Pfyffer gab den Plan deshalb nicht verloren, sondern suchte nach einer Alternative. Anfang 1783 präsentierte er als ideale Lösung die Insel Altstad beim Meggenhorn. Die Lage war äußerst verkehrsgünstig, lag die Insel doch am Seeweg zur Hohlen Gasse bei Küßnacht und damit auch an der Nord-Süd-

Abb. 5
Raynals Monument auf der Insel Altstad bei Luzern in einer Darstellung von Wilhelm Friedrich Gmelin aus dem Jahr 1786, erschienen bei Christian de Mechel in Basel

21 „Die Wilden Amerikas sind es nicht so sehr wie die Schweizer der Volkskantone"; zit. nach: Feugère (Anm. 19), S. 577.

Verkehrsachse von Zürich und Zug zum Gotthard. Vor allem aber gehörte die Altstad zum Kanton Luzern, wo Pfyffer politisch Einfluß nehmen konnte.

Pfyffers Voraussicht und praktischer Verstand gingen über die technischen Aspekte hinaus. So regte er an, „de faire graver ce monument et d'en distribuer de petites images dans le peuple afin que chaque paysan l'affiche dans sa chambre".[22] Trotz dieser geschickten Werbung blieb das Monument bei den Einheimischen unbeliebt. Als am 25. August 1796 ein Blitz den Obelisken beschädigte, war das sein Ende. Daß das beschädigte Denkmal nicht renoviert wurde, lag wohl einerseits daran, daß Raynal im Frühling desselben Jahres verstorben war. Andererseits hatte sich die politische Lage grundlegend geändert. Die Innerschweizer sahen in dem Vorfall einen Wink des Himmels. War der Blitzschlag nun aber ein schlechtes Omen für das Schicksal der alten Eidgenossenschaft oder eher ein göttlicher Ansporn zur Abwehr der französischen Gefahr? Die Geschichte sollte schon bald den Pessimisten recht geben.

Als Goethe im Herbst 1797 auf seiner Reise zu Schiff unterwegs von Stans nach Küßnacht die Insel Altstad passierte, wußte er offenbar noch nichts von dem unrühmlichen Ende der Innerschweizer Touristenattraktion. Er notierte ins Tagebuch vom 7. Oktober 1797: „Wir sahen uns überall nach dem Raynaldischen Monument um, aber vergebens; man wies uns den Felsen wo es gestanden hatte. Durch die Zuleitung des goldnen Knopfs auf der Spitze, ward es vom Gewitter getroffen, beschädigt und abgetragen" (WA III, 2, S. 183).

Epischer Epilog

Einen großen literarischen Plan allerdings hatte diese letzte Begegnung mit dem Vierwaldstättersee und seinen Mythen bei Goethe geweckt. Er offenbarte ihn dem Freund Friedrich Schiller in einem Brief, der nach der Gotthardreise am 14. Oktober 1797 in Stäfa am Zürichsee entstanden ist:

> Was werden Sie nun aber sagen wenn ich Ihnen vertraue daß, zwischen allen diesen prosaischen Stoffen, sich auch ein poetischer hervorgethan hat, der mir viel Zutrauen einflößt. Ich bin fast überzeugt, daß die Fabel vom Tell sich werde episch behandeln lassen, und es würde dabey, wenn es mir, wie ich vorhabe, gelingt, der sonderbare Fall eintreten, daß das Märchen durch die Poesie erst zu seiner vollkommenen Wahrheit gelangte, anstatt daß man sonst um etwas zu leisten die Geschichte zur Fabel machen muß. Doch darüber künftig mehr. Das beschränkte höchst bedeutende Local, worauf die Begebenheit spielt, habe ich mir wieder recht genau vergegenwärtigt, so wie ich die Charaktere, Sitten und Gebräuche der Menschen in diesen Gegenden, so gut als in der kurzen Zeit möglich, beobachtet habe, und es kommt nun auf gut Glück an ob aus diesem Unternehmen etwas werden kann. (WA IV, 12, S. 328)

Daß aus dem Unternehmen etwas ganz anderes wurde, ist bekannt. Schiller begeisterte sich an den Schilderungen Goethes immer mehr, so daß ihm dieser schließlich den Stoff zur Bearbeitung abtrat.[23] Schillers *Wilhelm Tell*, am 17. März 1804 im Weimarer Hoftheater

---

22 „Das Monument in Kupfer stechen zu lassen und kleine Bilder davon im Volk zu verteilen, damit es jeder Bauer in seiner Stube aufhänge"; zit. nach: Feugère (Anm. 19), S. 580.

23 Vgl. *Tag- und Jahreshefte* zu 1804 (WA I, 35, S. 183 ff.), sowie Walter Fischli: *Goethes Tell*. In: Innerschweizer Jb. für Heimatkunde 13/15 (1949/50), S. 9–29.

uraufgeführt, wurde im Laufe des 19. Jahrhunderts zu d e m Schweizer Freiheitsdrama. Das hätte Goethes Epos nicht geleistet. Allein seine Beschreibung der Figur Geßlers in den *Tag- und Jahresheften* macht die unpathetische Anlage des Ganzen deutlich:

> Mein Landvoigt war einer von den behaglichen Tyrannen, welche herz- und rücksichtslos auf ihre Zwecke hindringen, übrigens aber sich gern bequem finden, deßhalb auch leben und leben lassen, dabei auch humoristisch gelegentlich dieß oder jenes verüben, was entweder gleichgültig wirken oder auch wohl Nutzen und Schaden zur Folge haben kann. (WA I, 35, S. 184)

Die Hauptrolle aber hätte in Goethes Hexameter-Epos die „ungeheure Landschaft" (WA I, 35, S. 183) der Urschweiz gespielt, mit dem See als alle Schauplätze verbindendem Zentrum, wie es ja in der Eingangsszene von Schillers *Tell* auch der Fall ist. Die „unglaubliche Sehnsucht" (ebd.), die Goethe nach dieser Gegend verspürte, sollte jedoch nicht zu einem vorzeigbaren Ergebnis führen. Zwar nahm er den Plan nach Schillers Tod noch einmal auf, doch die politischen Entwicklungen des Jahres 1806 gaben ihm „so wenig Hoffnung zu einem freieren Athemholen, daß ein Plan, auf dem Vierwaldstädter See und auf dem Wege nach Altorf, in der freien Natur concipirt, in dem beängstigten Deutschland nicht wohl wäre auszuführen gewesen" (WA I, 35, S. 248).

Wenn man Eckermanns Ausführungen folgt, stand Goethe jedoch auch in seinen späten Jahren die „reizende, herrliche und großartige Natur" (AA 24, S. 633) der Urschweiz noch lebhaft vor Augen. Fast dreißig Jahre nach seinem Besuch, am 6. Mai 1827, findet sich da eine poetische Würdigung der Vierwaldstättersee-Landschaft:

> Von diesem schönen Gegenstande [der Freiheitssage; M. W.] war ich ganz voll, und ich summte dazu schon gelegentlich meine Hexameter. Ich sah den See im ruhigen Mondschein, erleuchtete Nebel in den Tiefen der Gebirge. Ich sah ihn im Glanz der lieblichsten Morgensonne, ein Jauchzen und Leben in Wald und Wiesen. Dann stellte ich einen Sturm dar, einen Gewittersturm, der sich aus den Schluchten auf den See wirft. Auch fehlte es nicht an nächtlicher Stille und an heimlichen Zusammenkünften über Brücken und Stegen. (AA 24, S. 634)

Am linken Ufer des Urnersees hatte Goethe bei seiner letzten Fahrt Richtung Brunnen „Flötze wie Mauerwerk und Thürme" (WA III, 2, S. 179) beobachtet. Seit 1860 steht hier der Schillerstein: „Dem Sänger Tells / Friedrich Schiller / Die Urkantone" lautet die Widmung auf der aus dem See ragenden Felsklippe. Dieses Denkmal war im Gegensatz zu Raynals kurzlebigem Monument von einem breiten Einverständnis getragen – und es wäre ohne Goethe wohl nicht entstanden. Schon 1775 durchreiste er hier eine historisierte Landschaft. Doch hat sich als Folge seiner Besuche die beschriebene Gegend weiter verändert. In einer Art ‚Rückkopplung' wurde die Tellgeschichte, wie sie Schiller in seinem Drama umgesetzt hat, im 19. Jahrhundert wiederum einbezogen in die Inszenierung des schweizerischen Geschichtsmythos. Auch die Malereien in der Kapelle bei der Tellsplatte, die Goethe sah, wurden von 1880 bis 1882 durch neue Fresken mit Szenen aus Schillers *Tell* ersetzt. So hat Goethe zumindest indirekt Anteil an der Kulturlandschaft gewonnen, die bis heute den Vierwaldstättersee prägt.

WOLFGANG RIEDEL

Bergbesteigung/Hadesfahrt. Topik und Symbolik der „Harzreise im Winter"

1. „Ideelle" Reise

Die Hymne *Harzreise im Winter* (1777, Erstdruck: 1789) gilt als einer der schwierigsten Texte Goethes.[1] – Und dies nicht erst seit Albrecht Schöne, den ich mit dieser Eröffnung zitiere.[2] Goethe selbst hat bekanntlich in seinem späten Selbstkommentar, der sogenannten Kannegießer-Rezension von 1821,[3] dieses Gedicht ein „sehr schwer" zu entwickelndes genannt (HA 1, S. 393) und mit entsprechenden Kautelen von „wunderlich" bis „bizarr" und „mysterios" nicht gespart (S. 392, 393, 399): im „besondern" („Reellen") der darin geschilderten Reise stecke ein „Allgemeines" („Ideelles") (S. 393, 399). Damit war das Gedicht als ein ‚symbolischer' Text im Sinne des Symbolkonzepts der *Maximen und Reflexionen* (HA 12, S. 470f., Nr. 749–752) markiert, ja mehr noch, als ein Rätsel. Zwar scheint zu dessen Auflösung Goethe in genannter Rezension freigiebig bereit, doch gibt er dort dem Leser zugleich neue Rätsel auf. Wie in vergleichbaren Fällen auktorialer Rezeptionssteuerung stellt sich auch hier die Frage nach Absicht, Strategie und Verbindlichkeit solcher Kommentierung eigener Werke. Doch so oder so, mit dieser Selbstauslegung lag der Handschuh im Ring, und die Goethe-Philologie war eingeladen, ihn aufzuheben. Sie ließ sich freilich Zeit damit. Das goldene Zeitalter der *Harzreise*-Deutungen kam erst spät, in den siebziger und achtziger Jahren des letzten Jahrhunderts, mit den grundlegenden Beiträgen von Heinrich Henel, Albrecht Schöne, Jochen Schmidt, auch David Wellbery und Klaus Weimar.[4] Wer

---

1 Das Gedicht wird mit Verszahlen zitiert nach HA 1, S. 50–52; auch sonst ist, soweit möglich, die Hamburger Ausgabe zugrunde gelegt.

2 Albrecht Schöne: *Götterzeichen: „Harzreise im Winter"*. In: ders.: *Götterzeichen, Liebeszauber, Satanskult. Neue Einblicke in alte Goethetexte.* München 1982 (3., ergänzte Aufl. 1993), S. 13–52; hier S. 15 (erstmals erschienen u. d. T. *Auguralsymbolik* in: GJb 1979, S. 22–53). – An Schönes Befunde zur auguralen Sinnschicht des Gedichts werde ich im späteren Verlauf meiner Überlegungen anknüpfen.

3 *Rezension zu: Über Goethes „Harzreise im Winter". Einladungsschrift von Dr. [Karl Ludwig] Kannegießer, Rektor des Gymnasiums zu Prenzlau. Dezember 1820* (HA 1, S. 392–400). – Kannegießers Aufsatz selbst in: GJb 1962, S. 224–236.

4 Heinrich Henel: *Der Wanderer in der Not: Goethes „Wandrers Sturmlied" und „Harzreise im Winter"*. In: Deutsche Vierteljahrsschrift für Literaturwissenschaft und Geistesgeschichte 47 (1973), S. 69–94; auch in: ders.: *Goethezeit.* Frankfurt a.M. 1980, S. 76–101; Schöne (Anm. 2); Jochen Schmidt: *Goethes Bestimmung der dichterischen Existenz im Übergang zur Klassik: „Harzreise im Winter"*. In:

heute das Gedicht zu deuten sich anschickt, darf angesichts dessen die Ambition, wieder einmal das Rad neu erfinden zu wollen, getrost begraben. Philologie ist ein Fach, in der allzu steiles Innovationspathos schnell Gefahr läuft, in Attitüden der Unbescheidenheit umzuschlagen, die den Leser nur ermüden. Das Neue kommt auf leisen Sohlen, und meistens stellt sich seine Neuheit erst *post festum* und im Rückblick heraus. So versteht sich dieser Beitrag vor allem als eine Einladung, die Meisterstücke älterer Goethe-Philologie einmal wieder und mit frischem Blick zu lesen.

Bei Goethe-Gedichten wie diesem kommt man vom biographischen Bezug nicht los. Die sonst geübte Regel der genauen Trennung von poetischem und autobiographischem Text (Briefe, Tagebücher etc.) will hier nicht greifen; die *Harzreise* als poetisches Artefakt ‚autonom‘ zu stellen und aus dem kommunikativen Kontext, in dem (und für den) es entstand, zu lösen, täte ihm nur die Gewalt einer Abstraktion an, die das Verständnis wenig fördert. Die überlieferten Harzreise-Texte – außer dem Gedicht die Tagebuchaufzeichnungen vom Dezember 1777 (WA III, 1, S. 54–58), die Briefe an Charlotte von Stein aus denselben Wochen (WA IV, 3, S. 188–203), die schon zitierte ‚Kannegießer-Rezension‘ sowie der späte Rückblick auf die Harzreise in der *Campagne in Frankreich* von 1822 (HA 10, S. 321–335) – bilden zusammen ein diskursives Geflecht, welches, wer dem Gedicht beikommen will, als Ganzes ins Auge fassen muß. Für die Analyse kompatibel sind das Gedicht und diese Zeugnisse schon insofern, als auch letztere nicht einfach einen Niederschlag außertextueller (‚biographischer‘) Wirklichkeit, sondern ihrerseits textuelle, semantische „Inszenierungen“ darstellen, die einer Logik des „Imaginären“ kaum weniger folgen als genuin literarische Texte.[5] Wenn also im Folgenden der Text der *Harzreise* mit dem der Briefe, Tagebücher und späteren Selbstkommentare überblendet wird, so nicht, um ein poetisches Werk auf ein realgeschichtliches Substrat – die Historie und Topographie der ‚wirklichen‘ Harzreise Goethes – abzubilden, sondern um die Logik jener imaginären, „ideellen“ Reise zu rekonstruieren, die uns im Gedicht – und in den autobiographischen Zeugnissen – vorliegt.

2. *Rätselhaftes Faktum*

Am 16. November 1777 notiert Goethe im Tagebuch: „Projeckte zur heimlichen Reise“ (WA III, 1, S. 54). Am 27. November begibt sich Herzog Carl August von Weimar aus in Richtung Eisenach zur Jagd auf Wildschweine, die den Bauern die Felder verderben. Goethe erbittet sich Urlaub davon; er wolle sich erst nach einem „kleinen Umweg“ anschließen.[6] Er

Deutsche Vierteljahrsschrift für Literaturwissenschaft und Geistesgeschichte 57 (1983), S. 613–635; gekürzt auch in: ders.: *Die Geschichte des Geniegedankens.* 2 Bde. Darmstadt 1985, Bd. 1, S. 282–309; David E. Wellbery/Klaus Weimar: *Johann Wolfgang von Goethe: „Harzreise im Winter“. Eine Deutungskontroverse.* Paderborn 1984; Wellberys Beitrag erweitert wieder in: ders.: *The Specular Moment. Goethe's Early Lyrics and the Beginnings of Romanticism.* Stanford/Cal. 1996, S. 346–401. – Die Quintessenz dieser Diskussionen fand Eingang in die Kommentare der *Münchner* und der *Frankfurter Ausgabe* sowie des *Goethe-Handbuchs*; vgl. MA 2.1, S. 563–568 (Hartmut Reinhardt); FA I, 1, S. 1035–1044 (Karl Eibl); Goethe-Handbuch, Bd. 1, S. 159–163 (Bernd Leistner), dort weitere Literatur.

5 Die Begriffe nach Wolfgang Iser: *Das Fiktive und das Imaginäre. Perspektiven literarischer Anthropologie.* Frankfurt a. M. 1991.

6 Vgl. *Campagne in Frankreich* (HA 10, S. 325).

selbst verläßt Weimar am 29. November, nach Norden, im Morgengrauen, zu Pferd und „in scharfen Schlossen“ (WA III, 1, S. 54), also in heftigem Hagelwetter. Ein passender Auftakt für das, was Goethe im Rückblick die „düsterste Nachtreise in den Harz hinein“[7] nennen wird. Das Wetter bei diesem einsamen, abenteuerlichen Ritt bleibt denn auch überwiegend so: „ganz entsezlich“, „unsäglich“, „Sturm, Schnee, Schlossen, Regen“, „Nebel“;[8] es könnte unwirtlicher nicht sein. Am 1. und 2. Dezember besichtigt der heimliche Reiter die Baumannshöhle bei Rübeland. Unmittelbar darauf, am 3. Dezember, sucht er – inkognito – in Wernigerode einen seiner Leser auf, durch dessen Briefe sein Interesse geweckt worden war, einen *Werther*-Leser und schweren Melancholiker, der sich hilfesuchend an den Autor gewandt hatte: Friedrich Plessing. Wenige Tage später, nach Besuchen verschiedener Berg- und Hüttenwerke, ersteigt Goethe am 10. Dezember von Altenau aus über Torfhaus – freilich erst, nachdem es ihm gelungen ist, das dringende Abraten des dortigen Försters zu überwinden – in Begleitung eben dieses Försters den tiefverschneiten Brocken. Eine nicht ganz ungefährliche Aktion,[9] die freilich durch den Gipfelblick belohnt wird: „droben, heitrer herrlicher Tag, rings die ganze Welt in Wolcken und Nebel, oben alles heiter“.[10] Am 15. Dezember, also fast drei Wochen nach dem Aufbruch Carl Augusts, trifft er in Eisenach auf die herzogliche Jagdgesellschaft, die aber – und mit ihr Goethe – schon am folgenden Tag, also am 16. Dezember, wieder in Weimar eintrifft.

Wozu dieses extreme Unternehmen (nach Schönes Nachrechnungen ein Ritt und teilweise Fußmarsch von fast 500 Kilometern!)[11] und wozu die bewußte Herbeiführung einer riskanten Situation? Die Briefe aus diesen Tagen an Charlotte von Stein geben darüber einige Auskunft, und die Goethe-Philologie hat denn auch, soweit möglich, die Zusammenhänge erhellt.[12] Was Goethe im Harz suchte, war eine Art Test des Schicksals, eine Orakelbefragung an die Natur. Er habe, so schreibt er der Freundin, „einen Wunsch auf den Vollmond“, und wenn er in Erfüllung ginge, so wolle er dies als „befestigungs Zeichen“ für Größeres und Weiteres, im weitesten Sinne für sein künftiges Leben, nehmen.[13] Dieser Wunsch war wohl, daß es ihm gelingen möge, unter denkbar widrigsten Bedingungen, sozusagen bei maximalem Handicap, den Brockengipfel zu besteigen.[14] Dies gelang ihm denn auch, und er nahm beglückt sein ‚Befestigungszeichen‘ mit zurück nach Weimar. Wofür aber ein Befestigungszeichen? Albrecht Schöne meinte seinerzeit: für das schwierige politische Amt (Goethe war am 11. Juni 1777 zum Geheimen Legationsrat und Mitglied des Geheimen Consiliums ernannt worden), für die Aufgabe des „Regierens“; Jochen Schmidt hielt entgegen: für die Hoffnung, bei dieser Belastung und Verantwortung noch Dichter bleiben zu können; Karl Eibl schließlich, im Kommentar zur Frankfurter Ausgabe, vermittelte: für

---

7 Ebd., S. 327.

8 An Charlotte von Stein, 4. 12. 1777 (WA IV, 3, S. 190), 7.–9. 12. 1777 (ebd., S. 194).

9 „Unmöglichkeit hinauf zu gehn“, hatte des Försters strikter Bescheid zunächst gelautet; es sei „leichtfertig“ im Winter und bei Nebel, zumal ohne Führer (weshalb er Goethe dann doch, als das Wetter etwas aufklarte, begleitete); vgl. an Charlotte von Stein, 10./11. 12. 1777 (WA IV, 3, S. 200 f.).

10 Ebd., S. 202 (15. 12. 1777); ebenso S. 201 (10./11. 12. 1777) und das Tagebuch vom 10.12. (WA III, 1, S. 56); vgl. auch die Beschreibung der ‚Kannegießer-Rezension‘ (HA 1, S. 398).

11 Schöne (Anm. 2), S. 25.

12 Die genaueste Rekonstruktion dieser Reise bei Schöne (Anm. 2).

13 An Charlotte von Stein, 6./7. 12. 1777 (WA IV, 3, S. 192), 10./11. 12. 1777 (ebd., S. 199).

14 Ebd., S. 200.

die Balance zwischen beidem.[15] Wie auch immer – das Zeichen war da, und Goethe sah sich gehalten, dafür dankbar zu sein. Diesen Dank formuliert die wohl noch im Dezember 1777 fertiggestellte[16] *Harzreise im Winter*; sie ist primär zu lesen als ein Dankgedicht.

3. *Narrative Fügung*

Die *Harzreise im Winter* hat elf Strophen (‚Strophe‘ im heute auch üblichen offenen, nicht-isometrischen Sinne, versteht sich). Es liegt nahe, sie in vier Gruppen zu unterteilen. Die erste Gruppe, Strophe 1 und 2, gibt eine Art „verdeckter“[17] Exposition. „Dem Geier gleich [...] Schwebe mein Lied“ (1–5): das eindrucksstarke Bild eines beuteheischenden Raubvogels ‚verdeckt‘ die konventionelle, der hymnischen Rede inhärente Vertikalstruktur und Erhebungstopik,[18] die den Sprecher/Sänger mit dem Gott bzw. einer anderen ‚höheren‘ Instanz verbindet und das Lied aufsteigen läßt wie Rauch vom Altar – als ein poetisches Opfer (analog dem ‚musikalischen Opfer‘), und zwar hier, wie schnell klar wird, als Dankopfer. Die zweite Strophe, mit einem „Denn“ (6) beginnend, benennt den Grund dafür. In ihr kommt eine gewisse Schicksalsgläubigkeit zum Ausdruck, ohne die Gedicht und Reise nicht zu verstehen sind: „Vorgezeichnet“ (8) seien die Lebensbahn des Individuums und ihre entweder glückliche („zum freudigen Ziele“; 10 f.) oder unglückliche Richtung, ins Verderben (12 ff.).[19] Hierfür wollte der jetzt Dankende ein Zeichen: Wohin geht der Weg? Der Text zitiert mit dieser Eingangssituation den moralischen Topos des „homo in bivio“, des Ich am Scheidewege,[20] und variiert ihn zugleich, denn es geht hier ja nicht um eine moralische Entscheidung (gut/böse, Tugend/Laster), die das Ich selbst zu treffen hat, sondern um eine schon gefallene (Vor-)Entscheidung des Schicksals, die nur mehr abzufragen ist.

Die Strophen 3 bis 6 (zweite Gruppe) springen in die konkrete Situation der Harzreise. Strophe 3 gibt ein Naturbild, das – indirekt, im Zuflucht suchenden Getier – den Winter zeigt. Strophe 4 lenkt den Blick auf einen fürstlichen „Troß“ (die herzogliche Jagdgesellschaft), der, von „Fortuna“ geführt und auf „gebesserten Wegen“ reisend (25–27), einer glücklichen Bahn zu folgen scheint. Strophe 5 dagegen zeigt einen, der „abseits“ (29) sich befindet. „[...] wer ist's?“ (29) – „Plessing ist's“, meinte damals dezidiert Albrecht Schöne.[21]

---

15 Schöne (Anm. 2), S. 34; Schmidt 1983 (Anm. 4), S. 634; Eibl, FA I, 1, S. 1040.

16 Zu Textgenese und Überlieferungsgeschichte Schöne (Anm. 2), S. 16–23.

17 Der hier und später verwendete (und an sich aus gänzlich anderen Zusammenhängen geborgte) Begriff der „verdeckten Schreibweise“ nach Erwin Rotermund; vgl. zuletzt Heidrun Ehrke-Rotermund/Erwin Rotermund: *Zwischenreiche und Gegenwelten. Texte und Vorstudien zur „Verdeckten Schreibweise“ im „Dritten Reich“.* München 1999, S. 16–24: *Einführung in die Poetik, Rhetorik und Hermeneutik der „Verdeckten Schreibweise“.*

18 Vgl. *Reallexikon der deutschen Literaturwissenschaft.* Hrsg. von Harald Fricke u. a. Berlin, New York 1997–2003, Bd. 2, S. 105–107: *Hymne* (Andreas Kraß); Karl Pestalozzi: *Die Entstehung des lyrischen Ich. Studien zum Motiv der Erhebung in der Lyrik.* Berlin 1970.

19 Vgl. an Charlotte von Stein, 4. 12. 1777 (WA IV, 3, S. 190 f.): „die Götter wissen allein was sie wollen, und was sie mit uns wollen, ihr Wille geschehe“.

20 Vgl. zu diesem Topos, um nur einen Hinweis zu geben, das berühmte Buch von Erwin Panofsky: *Hercules am Scheidewege und andere antike Bildstoffe in der neueren Kunst* (1930). Mit einem Nachwort zur Neuauflage von Dieter Wuttke. Berlin 1997.

21 Schöne (Anm. 2), S. 38.

Zwar ist es mehr als naheliegend (und kann aus dem Konnotationsraum des Textes auch gar nicht ausgeschlossen werden), daß hier der Gedanke an den Unglücklichen aus Wernigerode hereinspielt. Doch von der situativen Inszenierung der Hymne und dem in der zweiten Strophe evozierten ‚Zwei-Wege'-Schema her ist es zunächst einmal ein einsamer Wanderer (der Harzreisende) in der Wildnis („Öde", 34), auf widriger Route. Zumal mit der antithetischen Wegequalität – „gebesserte Wege" / „[...] verliert sich sein Pfad" (27, 30) – die *bivium*-Topik der bequem-breiten vs. beschwerlich-schmalen Straße noch einmal unmißverständlich aufgenommen wird. Erst Strophe 6 gelangt von diesem Einsamen zu einem eigentlich Unglücklichen, zu Plessing, dem Schmerzensmann – frustriert in sich befangen, misanthropisch auf sich fixiert („In ungnügender Selbstsucht", 42): ein Prototyp der Vereinseitigung des Charakters im Sinne von Goethes Denkfigur der Polarität von Expansion und Konzentration.[22] Hier wird der Leser mit einem Inbild vereinseitigter Konzentration konfrontiert, das zugleich zurückweist auf Strophe 2 („Wem aber Unglück / Das Herz zusammenzog [...]", 12 f.). Ein solch ‚zusammengezogenes Herz' liegt hier und bei Plessing vor.

Die dritte Gruppe (7 bis 9) würde ich als Bittstrophen bezeichnen, gerichtet an den „Vater der Liebe" (44), später an die „Liebe" (65) selbst. Und im Schutze der Liebe – der brieflich unterhaltene Seelenkommerz mit Charlotte von Stein belegt es – wagte Goethe ja sein Abenteuer. Die drei Bittstrophen korrespondieren der triadischen Personenkonstellation der unmittelbar vorangegangenen Strophen 4 bis 6 genau. Strophe 7 bittet für den Unglücklichen aus Strophe 6: um Aufhellung des „umwölkten" (47) Gemüts; Strophe 8 für den Troß, die Jagdgesellschaft: um Jagderfolg zu Nutzen der Bauern; Strophe 9 für den „Einsamen" (60), den Reiter in der Wildnis: um den Schutz der „Goldwolken" (61), sprich den Beistand der Liebe.[23] Schon dieser der Liebe sich zuwendende, ‚öffnende' und in diesem Sinne ‚expansive' – wenn man so will ‚ganymedische'[24] – Habitus des Bittenden setzt dessen Gemütszustand dem des in sich „zusammengezogenen" Misanthropen aus Strophe 6 bewußt und ‚polar' entgegen.

Die Strophen der Schlußgruppe schließlich, 10 und 11, wären demgemäß die Erfüllungsstrophen zu nennen. Die Redehaltung wechselt ab Vers 66 aus dem bittenden in einen konstatierenden Modus. Das Bitten sieht sich nun erfüllt, genauer (denn nur auf sie, auf Strophe 9, wird noch Bezug genommen) die letzte Bitte, für den Wanderer in „Nacht" (68) und Wildnis („Über grundlose Wege / Auf öden Gefilden", 69 f.), im „beizenden Sturm" (73). Mit dieser Engführung der Erfüllungs-Gruppe auf die dritte Bittestrophe hin wird zugleich klargestellt, was der Leser sich bis dahin freilich schon selbst zusammengereimt hat, daß nämlich das Ich der Hymne kein anderer ist als jener „abseits" (29) reisende „Einsame" (60) aus den Strophen 5 und 9. Die eigentliche Pointe dieser ‚Wiederbringung' aller Motive

---

22 Hierzu immer noch Andreas B. Wachsmuth: *Geeinte Zwienatur.* Berlin, Weimar 1966; bes. S. 86 bis 139; Rolf Christian Zimmermann: *Das Weltbild des jungen Goethe.* 2 Bde. München 1969–1979, mit Blick auf die *Harzreise* und Plessing Bd. 2, S. 233; vgl. speziell hierzu die Schilderung des Plessingbesuchs in der *Campagne in Frankreich*: „eigens-beschränkte Selbstigkeit", „alle seine Kraft und Neigung aber nach innen gewendet" und dadurch „zugrunde gerichtet" u. ä. (HA 10, S. 331).

23 „Gold" wird in den Briefen Charlotte von Stein genannt (vgl. etwa WA IV, 3, S. 196, 9. 12. 1777). Als literarisches Motiv kennt man die „Goldwolken" aus dem Liebeslager von Zeus und Hera auf dem Berg Ida, wo sie die intime Szene vor den Blicken der anderen Götter schützen (Homer: *Ilias*, XIV, V. 343 f.).

24 Vgl. die aus dem Jahr 1774 stammende Hymne *Ganymed* (HA 1, S. 46 f.).

der „düstersten Nachtreise“ in Strophe 10 ist aber, daß die Schrecken des winterlichen Gebirges sich durch die unmittelbar zuvor, in Strophe 9, angerufene „Liebe“ sämtlich ins Gegenteil gekehrt sehen. Eben darin besteht die ‚Erfüllung‘ dieser Erfüllungsstrophe. Die Nacht wird erleuchtet (64 f.), „Morgen“-Freude ‚lacht‘ inmitten der Ödnis dem Einsamen „ins Herz“ (71 f.), vom Sturm wird er nicht niedergedrückt, sondern „empor“ gehoben (73 f.). Für diese „Umkehrung“ oder „Inversion“[25] des Naturschreckens in Freude und Heiterkeit – dieselbe Heiterkeit, von der das Tagebuch anläßlich des Blicks vom Brockengipfel spricht – erfolgt der „Dank“ (77) des „Dichters“ (65). Auf diese Inversion kommt hier alles an. Der „gefürchtete Gipfel“ (78) – der topische ‚mons maledictus‘, die ‚montagne maudite‘, unterstrichen durch die ihm zugehörige abergläubisch-mythologische Vorstellung vom Gipfel als Sitz von (bösen) Naturgeistern („Geisterreihen“, 80) – verwandelt sich von einem Ort des Schreckens in einen Schauplatz der Liebe, zum „Altar des lieblichsten Danks“ (77).[26]

Strophe 11 zeigt das lyrische Ich auf der erreichten Höhe. Das „Du“ des ersten sowie des vorletzten Verses (82, 87) ist mehrdeutig: Zum einen spricht es den Berg, den Brocken, an, also eben den Naturort, der zuvor als „gefürchteter“ apostrophiert war; zugleich aber auch den Harzwanderer selbst, der den ‚Blick ex alto‘, „aus Wolken“ (85) auf die „Welt“ (84), ihre „Reiche und Herrlichkeit“ (86), herab genießt. Es ist dies die klassische Situation des Gipfelblicks, wie ihn dann etwa auch Schiller in der Elegie *Der Spaziergang* (1795) inszenieren wird und wie ihn prototypisch Petrarca im Brief über die Besteigung des Mont Ventoux beschrieben hat. Über Petrarca reicht die Geschichte der Inszenierung solcher emphatischen Fern- und Weitblicke zurück in die Antike (der Blick aus der hochgelegenen Villa, auch der imperiale Herrscher- und Feldherrenblick gehören hierher) und findet hier ihr mythologisch-literarisches Urbild in Vergils *Aeneis*, im Götterblick des Jupiter aus olympischer Höhe herab auf die ihm zu Füßen liegenden Länder und Küsten, das vielbefahrene Meer und die weitverstreuten Völkerschaften.[27]

---

25 Zu dieser poetischen Technik grundlegend Dimitri Tschishewskij: *Umkehrungen der dichterischen Metaphern, Topoi und anderer Stilmittel.* In: Welt der Slaven 6 (1961), S. 337–354.

26 Klar ausgesprochen wird diese Inversion im Brief an Charlotte von Stein vom 10./11. Dezember (WA IV, 3, S. 200): „[...] ich war oben heut und habe auf des Teufels Altar meinem Gott den liebsten Danck geopfert“. – Zur angesprochenen Gipfeltopik und ihrer Geschichte: Jacek Woźniakowski: *Die Wildnis. Zur Deutungsgeschichte des Berges in der europäischen Neuzeit.* Frankfurt a. M. 1987, bes. S. 71 ff.; Wolfgang Riedel: *Der Blick vom Mont Ventoux. Zur Geschichtlichkeit der Landschaftswahrnehmung bei Petrarca.* In: Jb. Selbstorganisation 10 (1999), S. 123–152; hier S. 127–130, II: *Gute Berge/Schlechte Berge.*

27 „Iuppiter aethere summo / despiciens mare velivolum terrasque iacentes / litoraque et latos populos“ (Vergil: *Aeneis*, I, V. 223–225); dazu Riedel (Anm. 26), bes. S. 139–148, IV: *Das antike Modell.* – So weit, im „wässerst“ des letzten *Harzreise*-Verses (88) eine Anspielung auf den in *Wanderers Sturmlied* (aus demselben Jahr 1777) angerufenen „Jupiter Pluvius“ (HA 1, S. 35) zu erkennen, würde ich trotz angedeuteter Motivgenese aus dem Jupiterblick zwar vorerst nicht gehen wollen; gleichwohl wäre aber über die offene und versteckte Jupitertopik dieser sog. großen Hymnen der 1770er Jahre (s. a. *Prometheus* und *Ganymed* oder das in Anm. 23 angesprochene ‚Goldwolken‘-Motiv) einmal neu und im Zusammenhang nachzudenken. – Petrarcas Brief ist leicht greifbar: Francesco Petrarca: *Die Besteigung des Mont Ventoux.* Lat.-dt. hrsg. von Kurt Steinmann. Stuttgart 1995 u. ö. – Zu Schiller und zur Gipfeltopik um 1800: Wolfgang Riedel: *„Der Spaziergang“. Ästhetik der Landschaft und Geschichtsphilosophie bei Schiller.* Würzburg 1989, S. 96–120, VII: *Wildnis und Idylle*, hier etwa auch S. 117, zu Goethes Aufsatz *Über den Granit*, 1784 (HA 13, S. 253–258). Das dort beschriebene Erfahrungsschema der Beruhigung des unruhigen Herzens durch eine Art

4. *Naturtopik und binäre Struktur*

Der Harzreiter bewegt sich, wie nun schon angeklungen, in topischer Landschaft. Über alle topographische und meteorologische Empirie hinaus verleiht das Gedicht seinem Naturschauplatz die denkbar sinnträchtigste Gestaltqualität. Zwei klar umrissene, konventionell negativ besetzte und in dieser Bedeutungsprägnanz einem Autor der 1770er Jahre auch geläufige Landschaftsformeln treffen hier zusammen: das Gebirge und der Winter. Für die Winterlandschaft geben das klassische Muster Ovids *Tristia* und *Epistulae ex Ponto,* die Trauerlieder und Briefe vom Schwarzen Meer, dem Ort seiner Verbannung.[28] Ovids Winterbilder zeigen eine Schreckens- und Todeslandschaft. Alles Leben ersterbe hier, am durch Dauerkälte verdorrten Pontus („ustus ab adsiduo frigore Pontus"; *Tristia* III, 2, V. 8). Menschenfeindlich und unbewohnbar („non habitabile"; *Tristia* III, 4 b, V. 51), wird die Winterlandschaft konsequent (und kalkuliert klischeehaft) bis ins Einzelmotiv hinein zur Antithese und Inversion der südlich-lebensfreundlichen, amönen Landschaft Italiens stilisiert, zum ‚locus terribilis'.[29] Dieser topische Schreckens- und latente Todesaspekt wird m. E. auch noch in der *Harzreise* aktualisiert: In eine feindliche Winterwelt begibt sich der Reiter, und dort ganz bewußt auch durchaus in Gefahr.

Auch das Gebirge gilt traditionell als ein genuiner Ort der Gefahr und des Todes (und dies nicht erst im Winter). Daß wir uns vor 1800 noch in Zeiten vor der touristischen Erschließung der Hoch- und Mittelgebirge befinden, die also in weiten Teilen immer noch als ‚Wildnis', als ein Terrain außerhalb der durch Besiedlung und Erschließung ‚gesicherten' Naturräume erfahren wurden, ist hier immer mitzubedenken. Und auch das Gebirge firmiert deshalb in der literarischen (und bildkünstlerischen) Konvention als Umkehrung und Negation des ‚locus amoenus'. Vorzugsweise ins Bild gesetzt als unkultivierte Wüstenei (‚locus desertus': „Öde", 34) und Ort der Einsamkeit (‚locus solus': „abseits", 39), dient die gebirgig-wilde, mit Felsen oder Wald bestückte Szenerie konventionell als Ort der Traurigkeit und der Klage, vor allem, seit Properz („deserta saxa"; *Elegien* I, 18, V. 32), der Liebesklage.[30] Wie das glückliche Paar den ihm angemessenen Naturort (und Liebesplatz) im

‚Fundamentgefühl' („Auf einem hohen nackten Gipfel sitzend und eine weite Gegend überschauend, kann ich mir sagen: Hier ruhst du unmittelbar auf einem Grunde, der bis zu den tiefsten Orten der Erde hinreicht"; „Grundfeste, auf der ich noch sicher ruhe"; S. 255, 256 f.) mag man auch auf das Brockenerlebnis übertragen; vielleicht erhellt diese ‚Polarität' von Ich und Fels auch die Doppelbesetzung des „Du" in V. 82 u. 87 der Hymne? Der „Gipfel" ist übrigens im Aufsatz ebenfalls als ein „Altar" gefaßt, auf dem das Ich ein „Opfer" bringt, hier dem „Wesen aller Wesen" (S. 256).

28 Vgl. Publius Ovidius Naso: *Briefe aus der Verbannung: Tristia – Epistulae ex Ponto.* Lat.-dt. übertragen von Wilhelm Willige. Eingeleitet u. erläutert von Niklas Holzberg. Zürich 1995. Die bekanntesten Winterstücke sind etwa *Tristia* III, 2 (S. 114 f.); III, 4 b (S. 128 f.); III, 10 (S. 148 ff.); III, 12 (S. 160 ff.); sowie *Epistulae* IV, 10 (S. 518 ff.). – Zu Ovids Schwarzmeer-Dichtung und ihrer Poetik resümierend zuletzt Niklas Holzberg: *Ovid. Dichter und Werk.* München 1997, S. 181 bis 202: *Exil als verkehrte elegische Welt.*

29 Vgl. etwa *Tristia* III, 10, V. 70–78 (ebd., S. 154), wo die Pontuslandschaft *ex negativo* vom ‚locus amoenus' her, durch eine Serie von Verneinungen („non", „nec", „negat" usw.) der Vorzüge Italiens (grüne Fluren, Bäume, Früchte, Wein) beschrieben wird. – Zu Toposkontur und -geschichte des ‚locus terribilis' zusammenfassend Riedel: *„Der Spaziergang"* (Anm. 27), S. 102–117 (dort weitere Literatur).

30 Dazu ebd. – Das Properz-Zitat nach Sextus Propertius: *Sämtliche Gedichte.* Lat.-dt. hrsg. von Burkhard Mojsisch u. a. Stuttgart 1993, S. 52. Opitz hatte diese Elegie ins Deutsche übersetzt:

‚locus amoenus‘ findet, so der Unglückliche oder Verlassene seine Klagestätte im ‚locus desertus‘ oder ‚terribilis‘. Im 18. Jahrhundert ist dieses symbolische Schema durchaus noch in Kraft. Rousseau etwa schickt in seiner *Nouvelle Héloïse* (1761) den unglücklich Liebenden St. Preux ins winterliche Gebirge, um ihn in solch „fürchterlicher“ und „schrecklicher“ Alpenlandschaft einen Aufenthalt finden zu lassen, der seinem Schmerz „entspricht“.[31] Und derselben Inszenierungsregel folgt auch Goethe noch, im *Werther*:

> [...] einen jähen Berg zu klettern ist dann meine Freude, durch einen unwegsamen Wald einen Pfad durchzuarbeiten, durch die Hecken, die mich verletzen, durch die Dornen, die mich zerreißen! Da wird mir's etwas besser! Etwas! [...]. (HA 6, S. 55)

Wohl nicht zufällig kommt einem hier Strophe 5 der *Harzreise* in den Sinn. Goethe muß genau gewußt haben, an welchen Naturort er sich begab auf seinem Ritt durch den Harz und welche symbolischen Valenzen also schon seine wirkliche Reise besaß. Und um so mehr muß ihm bewußt gewesen sein, in welche ‚literarische Landschaft‘ er den „Einsamen“ (60) seines Gedichts sandte. Liest man die Hymne von diesem Toposkontext her, stellt sich die Frage, ob man sich dann nicht doch auch diesen Wanderer – und nicht allein den Wernigeroder „Schmerzens“-Mann (35) – als einen Unglücklichen denken muß. Und in der Tat, meine ich, muß man so fragen.

Erinnern wir uns noch einmal an den Gedichteingang, an die zwei Wege – einer, der ins Glück, und einer, der ins Unglück führt. Man tut wohl daran, dies recht dramatisch gefärbte Bild eines Entweder-Oder ernst zu nehmen. Struktural gelesen, führt dieses Scheideweg-Motiv eine Dichotomie ein, ein binäres Schema, das, technisch gesprochen, als „Isotopie“ (= kohärentes Bedeutungsfeld in einem Text)[32] die Semantik der Hymne organisiert. Man kann, ausgehend von der Leitunterscheidung ‚Glück/Unglück‘, diese binäre Isotopie als Tabelle aufschreiben (die Ziffern bezeichnen die Verszeilen):

Glück (9)	vs.	Unglück (2)
Ziel (11)	vs.	Verirrung (30)
Gesellschaft (26)	vs.	Einsamkeit (29, 60)
Zuflucht (19 ff.)	vs.	‚Draußen‘ (34)
Expansion (74)	vs.	Konzentration (13)
Liebe (44, 65)	vs.	Haß (37)
Freude (51)	vs.	Schmerz (35)
Licht (67)	vs.	Nacht (68)
Segen (53, 88 f.)	vs.	Unbill (57)

Man sieht dann leicht, wie diese binäre Struktur die triadische Personenkonstellation des Textes – Harzwanderer (‚Ich‘), Troß, Schmerzensmann (*cum grano salis* also: Goethe, Jagdgesellschaft, Plessing) – gleichsam überformt. Bis zur Mitte des Gedichts, bis einschließlich Strophe 6 (d. h., bevor die Bittstrophen einsetzen), gehören der einsame Reiter und der Schmerzensmann aus Strophe 6 auf die rechte Seite unserer Tabelle, auf die Seite des

---

Martin Opitz: *Weltliche Poemata* (1644). Hrsg. von Erich Trunz u. a. Bd. 2. Tübingen 1975, S. 304 f.: *Echo oder Wiederschall.*

[31] Jean-Jacques Rousseau: *Julie oder die neue Héloïse.* Hrsg. von Reinhold Wolf. München 1979, S. 89 (Kap. I, 26).

[32] Vgl. Reallexikon (Anm. 18), Bd. 2, S. 191 f.: *Isotopie* (Wolfgang Heinemann).

Unglücks. Daß dies der biographischen Situation entspricht, belegt der Brief an Charlotte von Stein vom 9. Dezember, dem Vortag der Brockenbesteigung. Goethe spricht hier von der „Unruhe", die in ihm „stickt" („Ich hab an keinem Orte Ruh, ich hab mich tiefer ins Gebürg gesenckt, und will morgen von da in seltsame Gegenden streifen, wenn ich einen Führer durch den Schnee finde"), und fühlt sich in dieser Verfassung an seine Jugendjahre erinnert (WA IV, 3, S. 195f.). Die Empfindung der Einsamkeit ruft das einstige Gefühl des Unglücklichseins wieder herauf: „Wenn ich so allein bin, erkenn ich mich recht wieder wie ich in meiner ersten Jugend war, da ich so ganz allein unter der Welt umhertrieb. [...] da war ich elend, genagt, gedrückt, verstümmelt, wie Sie wollen" (ebd., S. 195).

Doch beläßt es das Gedicht nicht bei dieser Zuordnung. Der Harzreiter wird, unter dem Schutz der „Liebe" (65), in den letzten Strophen ins Glück geführt und erlebt am Ende, an einem ‚locus terribilis' und ‚mons diaboli', wie er im Buche steht, eine Epiphanie der reinsten Heiterkeit. Hier ist es nun so, daß umgekehrt die triadische die binäre Struktur aufhebt. Und genau damit wird auch der an sich „fürchterliche" Naturort, wie bereits festgestellt, in seiner Funktion invertiert: kein Ort der Melancholie und Klage, sondern einer des Glücks und des Dankes. Solche Umkehrung dieses Naturtopos bleibt um 1800 keineswegs singulär. Schiller wird, im schon genannten *Spaziergang*, in strukturell ähnlicher Weise eine wilde Gipfellandschaft („Wild ist es hier und schauerlich öd'"; V. 181), die auch hier als einsamer und an sich melancholischer Ort *par excellence* angelegt ist, in den Schauplatz einer Glückserfahrung verkehren, die ebenfalls im Zeichen der ‚Liebe' steht, hier der liebenden Versöhnung von Mensch und Natur: „In deinen Armen, an deinem / Herzen wieder, Natur [...]" (V. 185).[33]

5. *Nekyia*

Der Weg des Harzreiters führt vom Dunkel ins Licht – der Weg im ganzen wie in den einzelnen Stationen. Den Durchgang durch das Dunkel bezeichnet mein Titelstichwort ‚Hadesfahrt' (Nekyia).[34] Man lasse sich nicht dadurch täuschen, daß, wer in den Harz reist, im geographisch-„reellen" Sinne immer schon ‚aufsteigt'. „Ideell" präsentiert sich dieser Anstieg, jedenfalls zunächst, als Ein- und Abstieg in eine Dunkelwelt („düsterste Nachtreise in den Harz hinein"; HA 10, S. 327). Der Reisende sucht, indem er ins Gebirge zieht, die Gespenster der Furcht und der Vergangenheit auf und taucht aus diesem Schattenreich am Ende – fast möchte man sagen, wie neugeboren – wieder auf. Und nicht erst beim schließlichen Brockenaufstieg,

---

33 Vgl. Riedel: *„Der Spaziergang"* (Anm. 27), S. 96–102; die entsprechende Gedichtpassage umfaßt die Verse 173–200.

34 *Nekyia* lautet der Titel des 11. Buches der *Odyssee*, das von der Hadesfahrt des Helden erzählt; das altgriechische Wort ‚nekyia' bezeichnet ein Totenopfer bzw., wenn mit auguraler Funktion, Totenorakel. Die Totengeister in der Unterwelt werden heraufbeschworen (oder aufgesucht), um von ihnen die Zukunft zu erfahren. Um eines solchen Orakels willen unternimmt auch Odysseus seine Fahrt ins Totenreich: der Geist des Sehers Teiresias soll Richtung und Weg der ersehnten Heimkehr künden (*Odyssee*, 10, V. 539; 11, V. 90ff.) – also, übersetzt in unser *bivium*-Schema, den Weg ins Glück, oder direkt mit den Worten der *Harzreise*, „zum freudigen Ziele" (10f.) weisen. Vielleicht ist es nicht überflüssig hinzuzufügen, daß Kirke, aus deren Banden Odysseus sich befreien will, es ist, die ihm die Notwendigkeit der Hadesreise nahebringt (*Odyssee* 10, V. 490ff.). – Vgl. Uvo Hölscher: *Die „Odyssee". Epos zwischen Märchen und Roman.* München ³1990, S. 119 bis 121: *Vorwelt.*

sondern schon zu Beginn der Harzwanderung wird dieses Wechselspiel von Abstieg und Aufstieg deutlich. Am 1. und 2. Dezember besichtigt Goethe ausführlich („Den ganzen Tag") die Baumannshöhle bei Rübeland, eine weitläufige Tropfsteinhöhle, die zu den Hauptzielen der Harzreisenden gehörte.[35] Er steigt, so der rückblickende Bericht in der *Campagne in Frankreich*, hinab in die „düster"-„schwarze" Unterwelt („ich durchkroch sie"), und gelangt, reich von den tellurischen „Wunderbildern", wieder „ans Tageslicht" (HA 10, S. 327). Wichtiger als dieser ‚handgreifliche' Unterweltsbesuch ist aber (und dadurch wird auch auf ihn ein spezifisches Licht zurückgeworfen), daß nach exakt demselben Schema sich tags darauf der Besuch bei Plessing gestaltet. Auch hier betritt der Harzreiter eine Höhle der Düsternis und verschlossenen Innerlichkeit („eigens-beschränkte Selbstigkeit", „von der Außenwelt niemals Kenntnis genommen", „alle seine Kraft und Neigung [...] nach innen gewendet"; ebd., S. 331), und auch hier begrüßt er, als er das Haus verläßt, erleichtert den „völlig aufgehellten Himmel", in diesem Fall allerdings „fest entschlossen", in dieses Dunkelreich nicht mehr hinabzusteigen, sprich „den jungen Mann nicht wieder zu sehen" (S. 333).

In Plessing begegnet Goethe einem veritablen ‚Schatten' und Wiedergänger, nämlich Werthers, und damit seines eigenen jugendlichen Selbst, wie es der zitierte Brief vom 9. Dezember denn auch wachruft. Was das Gedicht in Strophe 6 von jenem unglücklichen Misanthropen aussagt: „Erst verachtet, nun ein Verächter" (39), eben das konstatiert dieser Brief rückblickend vom jungen Goethe: „[...] solang [...] die Menschen erst mich nicht achteten, dann wegen einiger widerrennender Sonderbaarkeiten scheel ansahen, hatte ich mit aller Lauterkeit meines Herzens eine Menge falscher, schiefer Prätensionen" (WA IV, 3, S. 195). Kein Wunder, daß Goethe diese Spiegelung seiner selbst (genauer eines wie auch immer vergangenen und insofern mindestens Partialaspekts seiner selbst) in dem Wernigeroder Sonderling nicht geheuer ist. Und man darf es als apotropäische Inszenierung lesen, daß er inkognito bei ihm auftritt („erklärt' ich mich für einen Zeichenkünstler von Gotha"; HA 10, S. 329). Die Maske dient ihm zur Beherrschung dieser heiklen kommunikativen Situation und damit zur Stabilisierung der eigenen, vielleicht auch psychischen Souveränität. Die Camouflage sorgt dafür, daß das Spiegelungsverhältnis einseitig und damit hierarchisch bleibt: Goethe erkennt sich – oder einen (als erledigt betrachteten) Teil von sich – wohl in Plessing wieder, dieser sich selbst aber nicht im Besucher, weil er nicht wissen kann, daß es sich um den Autor des *Werther* handelt. Indem er seine Identität verbirgt, vermag er sich Plessing vom Leibe zu halten, nicht nur als äußerliches Gegenüber in dessen Haus, sondern, und das könnte noch wichtiger sein, als Spiegelung jenes Alter ego in ihm selbst, des Werther-Komplexes im eigenen Ich, der, zwar sozusagen schon ‚begraben', mit dem Besuch in Wernigerode, ja schon mit der Absicht dazu, unweigerlich und, wie der Brief vom 9. Dezember zeigt, auch nachhaltig heraufbeschworen und zu neuem Leben erweckt ist. Vor allem e r wird mit dieser Maskerade – ‚Ich bin nicht Goethe' – auf Distanz gehalten. Ganz los wird Goethe ihn ja bekanntlich nie. Wie jeder echte Revenant ist auch Werther nicht wirklich tot zu kriegen und beweist seine Wiedergängerqualitäten schon dadurch, daß er bis ins Alterswerk hinein immer neu und dennoch als derselbe auftauchen wird: im Eduard der *Wahlverwandtschaften*, im melancholisch-ruhelosen Faust des Zweiten Teils,[36] und noch

---

35 Näheres bei Schöne (Anm. 2), S. 24, mit Literatur; das Zitat: Tagebuch, 2.12.1777 (WA III, 1, S. 55).

36 Hierzu die aufschlußreichen Studien von Hans-Jürgen Schings: *Willkür und Notwendigkeit. Goethes „Wahlverwandtschaften" als Kritik an der Romantik.* In: Jb. der Berliner Wissenschaftlichen Gesellschaft 1989, S. 165–181; *Fausts Verzweiflung.* In: GJb 1998, S. 97–123.

ganz spät in der *Trilogie der Leidenschaft*, deren erstes Gedicht den nun schon mehrfach zu den Toten Verabschiedeten noch einmal explizit und namentlich – *An Werther* – heraufruft: „Noch einmal wagst du, vielbeweinter Schatten, / Hervor dich an das Tageslicht" (HA 1, S. 380).

Doch zurück nach Wernigerode. Goethe sucht, indem er Plessing aufsucht, diese ambivalente Nähe seines „Schattens" Werther.[37] Man darf sich das einigermaßen schwierig, vielleicht sogar bedrängend vorstellen: Werther steht für Unglück, Verderben und Tod – und Plessing auch! So daß wir also auch unter dieser Perspektive im Projekt ‚Harzreise' auf die konnotative Schicht des Letalen stoßen, und ich daher nicht zu übertreiben meine, wenn ich vermute, daß Goethe hier in Wernigerode, symbolisch (imaginär) und im Spiegel eines Werther-Doubles, diese letale Sphäre konfrontiert oder sie zumindest streift. Und nur unter Einschluß dieser latenten Todesdrohung, die ja auch in der Topik der äußeren Natur und zumal in der riskanten Brockenaktion präsent ist, gewinnt die ganze Orakel- und Schicksalsmythe der Briefe an Charlotte von Stein den lebensgeschichtlichen Ernst, den sie beansprucht und den man ihr als Außenstehender attestieren muß, wenn man sie nicht als abergläubischen Galimathias zu den Akten legen oder gar als narzißtische Farce verwerfen will.

Also: Der Reiter hat mit Plessing mehr zu tun, als ihm lieb ist. Das Gedicht läßt dies denn auch präzise erkennen, indem es einerseits die triadische Konstellation aufbaut: einsamer Harzwanderer – Troß – Unglücklicher (Plessing), zugleich aber diese Trias durch eine binäre Struktur zerschneidet und so den Einsamen mit dem Unglücklichen partiell überblendet oder verdichtet. Wie gesagt, bis Strophe 6; danach, in den Bittstrophen 7 und 9, wird diese Verdichtung aufgelöst. Indem der Einsame von der „Liebe" ins Helle geführt wird, gehen er und der Unglückliche nun getrennte Wege, ganz im Sinne des zu Beginn des Gedichts etablierten ‚Zwei-Wege'-Schemas. Und genau so stellt die *Campagne in Frankreich* den Ausgang des Besuchs in Wernigerode auch dar (HA 10, S. 331–333). Als Goethe Plessing verläßt, bleibt dieser im Dunkel der verstockten Innerlichkeit, wenn man so will, in der Unterwelt, zurück; die „Kur"-Empfehlung seines Gastes: Weltzuwendung, „Naturbeschauung",[38] befolgt er nicht. Mit seiner (Plessings) „Versicherung, es könne und solle ihm nichts in dieser Welt genügen", sieht Goethe sich „abgewiesen" (S. 333). Spätestens damit kündigt er seine halbe Sympathie für den Unglücklichen ganz auf und spaltet den in Plessing repräsentierten Komplex erleichtert ab. Er selbst aber gelangt auf dem empfohlenen Weg, nämlich durch die Natur, aus dem ‚Abseits' ins Licht.[39]

---

[37] Nur nebenbei bemerkt: C.G. Jungs Begriff des „Schattens", der all das umfaßt, was das Ich „nicht sein möchte", bezeichnet recht gut, was Werther für Goethe war. Vgl. Andrew Samuels u.a.: *Wörterbuch Jungscher Psychologie*. München 1991, S. 191–193: *Schatten*.

[38] Der festen Überzeugung, „daß in einem solchen Fall eine rasche gläubige Wendung gegen die Natur [...] das beste Heilmittel sei", riet Goethe, so stellt er es später im Rückblick dar, Plessing: „[...] man werde sich aus einem schmerzlichen, selbstquälerischen, düstern Seelenzustande nur durch Naturbeschauung und herzliche Teilnahme an der äußern Welt retten und befreien. Schon die allgemeinste Bekanntschaft mit der Natur, gleichviel von welcher Seite, ein tätiges Eingreifen, sei es als Gärtner oder Landbebauer, als Jäger oder Bergmann, ziehe uns von uns selbst ab" (*Campagne in Frankreich*; HA 10, S. 331).

[39] ‚Durch die Natur' – das schließt hier für Goethe den Abstieg in die Baumanns- und andere Höhlen ein (HA 10, S. 332). Daß diese Höhlen nicht nur den ‚positiven' Aspekt der „Naturbeschauung", sondern auch einen imaginären ‚negativen', einen latenten Todesaspekt, besitzen, wird übrigens von Goethes Text selbst explizit gemacht – wenn auch im Plessing-Zitat und also markiert als

„Den Tod [...] statuiere ich nicht“, lautet ein bekannter Satz Goethes.[40] Hier, in der *Harzreise*, so meine Vermutung, statuiert er ihn, wenn auch nicht als ein finales Negativum, sondern gleichsam als eine Transitzone. Sowohl der Naturort (wie die Jahreszeit) als auch der Besuch bei jenem ‚Werther redivivus‘ evozieren die Idee des Todes als unausgesprochenen „dunklen Grund“[41] des Gedichts. Allerdings wird man dieses Reisebild darum nicht melancholisch, ‚wertherisch‘ oder gar todessüchtig nennen wollen. Es zielt im Gegenteil – im auguralen Einsatz, in den Bitt- und Dankstrophen, und im Schlußbild der erreichten Höhe – energisch auf Gewinnung des Lebens, auf Versicherung („befestigung“) der Zukunft, auf ‚vita nuova‘. Dies ist wohl, und ganz fraglos seit den *Harzreise*-Studien Albrecht Schönes und Jochen Schmidts, das ‚Offenbare‘ dieser Hymne, die das ominöse „Du“ der letzten Strophe (in der ja das lyrische Ich mitgemeint ist) beziehungsreich als „Geheimnisvoll-offenbar“ (83) apostrophiert. Mit dieser Formel, die hier erstmals im Werk auftaucht, greift die *Harzreise* explizit in das Begriffsfeld des späteren Goetheschen Symboldiskurses voraus[42] und indiziert sich selbst bereits als Text mit doppeltem Boden. Sein ‚Geheimnisvolles‘ freilich liegt, so meine ich, darin, daß jener Weg ins Offene, „zum freudigen Ziele“, durch eine verschwiegene Nekyia, eine imaginäre Todespassage, hindurchführt.

6. *Palimpsest*

Gesetzt, es verhielte sich so – in Goethes späteren Kommentaren zu Gedicht und Reise klingt nichts davon an. Die ‚Kannegießer-Rezension‘ nennt zwei Motive der Reise, das ministeriale Interesse am „Bergbau“ und ein menschlich-selbstloses, gleichsam ärztliches Interesse an Plessing („einen jungen, äußerst hypochondrischen Selbstquäler zu besuchen und

---

Rede eines, dem das Reale vom Imaginären völlig verschlungen und in ein „trübes Phantom seiner düstern Einbildungskraft“ (ebd.) verdreht zu werden droht. Denn dieser sieht in der Baumannshöhle nichts (und diese Ausschließlichkeit ist hier wichtig, denn sie trennt seinen Blick von dem seines Gastes) als „den Vorhof des Plutonischen Reiches“ (ebd.). Goethe selbst werden diese naheliegenden Hadesassoziationen nicht *a limine* fremd gewesen sein; entscheidend ist aber ohnedies, daß er diese Unterweltfahrt wie seine „düsterste Harzreise“ insgesamt nur unternimmt, um (‚zweiter Weg‘) am Ende wieder aufzutauchen.

40 Gespräche, Bd. 3.2, S. 289. – Das Wort bezieht sich auf ein Gemälde, ein romantisches Naturstück im Stile Caspar David Friedrichs, und zwar, sehr sprechend in unserem Kontext, auf eine Winterlandschaft, und es bestärkt die Vermutung, daß Goethe wohl sehr gut die Semantik dieses Sujets gekannt haben dürfte, als er einst selbst eine solche Landschaft gezeichnet hatte: „Das sind ja lauter Negationen des Lebens und ‚der freundlichen Gewohnheit des Daseins‘, um mich meiner eignen Worte zu bedienen. Zuerst also die erstorbene Natur, Winterlandschaft; den Winter statuiere ich nicht; dann Mönche, Flüchtlinge aus dem Leben, lebendig Begrabene; Mönche statuiere ich nicht; dann ein Kloster, zwar ein verfallenes, allein Klöster statuiere ich nicht; und nun zuletzt, nun vollends noch ein Toter, eine Leiche; den Tod aber statuiere ich nicht“. – Das Wort ist im Kontext des spinozistisch inspirierten „Gedenke zu leben“ aus den *Lehrjahren* (HA 7, S. 540) zu lesen; vgl. Hans-Jürgen Schings: *Natalie und die Lehre des †††. Zur Rezeption Spinozas in „Wilhelm Meisters Lehrjahren“.* in: Jb. des Wiener Goethe-Vereins 89/90/91 (1985–1987), S. 37–88; hier S. 70–73.

41 Nach dem bekannten Vierzeiler *Zart Gedicht* aus der Sammlung *Sprichwörtlich* von 1815 (FA I, 2, S. 395).

42 Vgl. *Maximen und Reflexionen*, Nr. 749: „ausgesprochen, doch unaussprechlich“ (HA 12, S. 470); *Epirrhema* (1820): „Heilig öffentlich Geheimnis“ (HA 1, S. 358); u. ö.

wieder aufzurichten"); als „Thema" der Hymne sei mithin „auszusprechen" [!] erstens diese „doppelte Absicht", sowie zweitens als Ergebnis des „einsamen, wunderlichen Ritt[s]", daß es dem Reiter nicht nur geglückt sei, diese „seine Wünsche erfüllt zu sehen", sondern auch „auf den beschneiten Brockengipfel zu gelangen" (HA 1, S. 399; ähnlich die *Campagne in Frankreich*, HA 10, S. 324f.). Schon ein Blick in das Tagebuch und die Briefe an Charlotte von Stein aus dem Dezember 1777 läßt indes erkennen, was und wieviel in diesem öffentlichen Resümee n i c h t a u s g e s p r o c h e n wird, nämlich zuvörderst der Wunsch nach dem persönlichen, auf das e i g e n e Leben bezogenen „befestigungs Zeichen" (WA IV, 3, S. 199). Die zitierten Sätze der ‚Kannegießer-Rezension', daß es dem „Dichter" geglückt sei, „seine Wünsche erfüllt zu sehen" (HA 1, S. 399), entpuppen sich so im genauesten Sinne als „verdeckte Schreibweise"[43]. Denn wer nur diese Rezension und nicht zugleich die frühen Zeugnisse kennt, muß die Formulierung „seine Wünsche" auf jene kurz zuvor genannte „doppelte Absicht" – und nur auf sie – beziehen, während sie für den Rezensenten selbst jenen hier nicht mitgeteilten „Wunsch auf den Vollmond" (WA IV, 3, S. 200) verschwiegen mitartikulieren. *In nuce* erkennt man in diesem kleinen Sprachspiel die Struktur wieder, der auch Goethes Denkfigur vom „Heilig öffentlich Geheimnis" (HA 1, S. 358) folgt: Das Exoterische ist das Esoterische oder – im Anwesenden ist das Abwesende präsent, ‚versteckt'. Indem eines „ausgesprochen" wird, wird zugleich, i n u n d m i t d e n s e l b e n W o r t e n, ein zweites verborgen, „unaussprechlich" gehalten (HA 12, S. 470).

Ebenfalls verschwiegen wird die ambivalente Stimmung, in der die Harzreise unternommen wurde. Froher Optimismus trug der ‚Kannegießer-Rezension' zufolge den Reiter durch die Ödnis des Wintergebirges: „Begonnene Ausführung eines bedenklichen und beschwerlichen Unternehmens stählt den Mut und erheitert den Geist. Der Dichter gedenkt seines bisherigen Lebensganges, den er glücklich nennen, dem er den schönsten Erfolg versprechen darf" (HA 1, S. 394). Man meint herauszuhören, wie das Schreiben dieser Zeilen vor allem den „Geist" des Schreibers „erheitert" hat ob der erwartbar gelingenden Irreführung. Kein Wort von der „Unruhe" und der Wiederkehr „gedrückter" „Jugend"-Reminiszenzen (WA IV, 3, S. 195), kein Wort also von dem, was Goethe mit Plessing auch nur von ferne ‚vermitteln' könnte. Klar und scharf wird hier im Gegenteil geschieden: hier der Dichter im Glück – dort der Unglückswurm aus Wernigerode. Den Werther-Komplex ordnet die ‚Kannegießer-Rezension' daher, als mehr oder weniger pathologisch, gänzlich Plessing zu und stellt ihm einen froh-gesunden „Dichter" entgegen, der, nachdem er „den Werther geschrieben" und es so vermocht hat, „sich wenigstens persönlich von der damals herrschenden Empfindsamkeits-Krankheit zu befreien", damit nun nichts (mehr) zu tun hat (HA 1, S. 394). Ähnlich verfährt die (ausführlichste) Schilderung des Plessing-Besuchs in der *Campagne in Frankreich*, wenn sie den Besucher als Arzt und den Besuchten als Patienten zeichnet und mit dieser ‚übereindeutigen' Disjunktion Goethes Selbstinszenierung in Wernigerode doubliert und gleichsam die Außenseite jener Maske festschreibt (HA 10, S. 329–333).

Nicht allein verglichen mit den privaten Brief- und Tagebuch-Zeugnissen, sondern auch gemessen am öffentlich vorliegenden *Harzreise*-Gedicht selbst und seiner diffizilen Fügung darf man den Auslegungseffekt der rückblickenden Kommentare wohl als ‚Komplexitätsreduktion' bezeichnen. Die Dynamik von Nähe und Ferne zwischen Wanderer und Unglücklichem, genauer die Entwicklung von beider Nähe in der ersten Hälfte des Gedichts zu ihrer Entfernung von einander in der zweiten Hälfte, fällt einer robusten Vereindeutigung

---

43 Nach Rotermund (Anm. 17).

zum Opfer. Daß das Ich der Hymne sich zu Beginn an einem Scheideweg sieht, daß also der am Ende befestigte ‚glückliche‘ Weg zu Beginn gerade kein Fragloses, sondern eben die Frage war, dieser problematische Grund und Ausgangspunkt der im Gedicht erzählten Reise wird von der späten Selbstauslegung restlos ‚überschrieben‘ und getilgt. Goethe spielt hier sein Spiel des „Geheimnisvoll-offenbar[en]“ in zweiter Potenz. Durch Mitteilung historisch-biographischer Details bedient er die Entschlüsselungserwartung des Lesers und macht ihn glauben, der Metatext des Kommentars spreche aus, was im Primärtext des Gedichts verschwiegen geblieben sei. Tatsächlich aber verbirgt das in den Erläuterungen Explizierte das Implizite der Hymne nur um so gründlicher. Statt den doppelten Boden zu öffnen, verschließt der Kommentar den *Harzreise*-Text mit einer zweiten Oberfläche; kein Geheimnis wird hier offenbart, sondern nur und noch einmal das bereits Offenbare.

ACHIM AURNHAMMER

Goethes „Italienische Reise" im Kontext der deutschen Italienreisen[*]

> […] zwischen Weimar und Palermo hab' ich manche Veränderung gehabt.
> (Goethe: *Italienische Reise*; Palermo, 8.4.1787)

Goethes *Italienische Reise* gilt allgemein als epochale Marke der Weimarer Klassik. Einer einheitlichen Charakterisierung von Goethes Unternehmen steht aber die langwierige Textgeschichte von mehr als vierzig Jahren entgegen: Sie reicht von den Aufzeichnungen während der Reise über die frühen *Auszüge aus einem Reise-Journal* im *Teutschen Merkur* (1788/89) bis zur Reisebeschreibung aus dem Jahre 1816/17 als Teil des autobiographischen Projekts *Aus meinem Leben.* Ergänzt um den *Zweiten Römischen Aufenthalt*, erschien die *Italienische Reise* vollständig erst im Jahre 1829.

Die nachträgliche Literarisierung der Reisebriefe und Tagebuchaufzeichnungen verbucht die Forschung als Authentizitätsverlust, aber Poetizitätsgewinn. Mit der sukzessiven Selbststilisierung verfolgte Goethe die Absicht, sein individuelles Italienerlebnis in ein allgemeines Bildungsmodell zu transformieren. Die jüngere Forschung hat Brüche und Widersprüche in der angeblichen Programmschrift der Klassik geltend gemacht und sogar die Gattungszugehörigkeit der *Italienischen Reise* in Frage gestellt.[1] Doch erklären diese Kontroversen nicht die Sonderstellung, die Goethes *Italienische Reise* in der Geschichte der deutschen Italienreisen behauptet. Um ihre kulturgeschichtliche Signifikanz zu erweisen, bedarf es über die isolierende Betrachtung hinaus des diachronen Vergleichs. Zu Recht hat daher Reiner Wild „die Integration der *Italienischen Reise* in den historischen Zusammenhang der Reiseliteratur" gefordert.[2] Diese Forderung benennt mein Erkenntnisziel.

---

* Vortrag in der Arbeitsgruppe *Literarische Gestaltungen von Italienreisen vor und nach Goethe.*

1 So relativierte man sogar die Zuordnung zur Reisebeschreibung, da die *Italienische Reise* auch als Autobiographie, Italiendichtung, Bildungsroman oder „autobiographischer Roman" zu lesen sei; vgl. Jörg-Ulrich Fechner: *„zugleich völlig wahrhaft und ein anmutiges Märchen": Goethes „Italienische Reise" – keine Reisebeschreibung!* In: *„Italienische Reise" – Reisen nach Italien.* Hrsg. von Italo Michele Battafarano. Trient 1988, S. 231–255, sowie Italo Michele Battafarano: *Die im Chaos blühenden Zitronen. Identität und Alterität in Goethes „Italienischer Reise".* Bern u. a. 1999; bes. S. 12 bis 21. Zu Goethes Überarbeitung seiner Reiseaufzeichnungen siehe Melitta Gerhard: *Die Redaktion der „Italienischen Reise" im Lichte von Goethes autobiographischem Gesamtwerk.* In: Jb. des Freien Deutschen Hochstifts 1930, S. 131–150. Einen guten Überblick über die Textgeschichte gibt Stefan Oswald: *Italienbilder. Beiträge zur Wandlung der deutschen Italienauffassung 1770–1840.* Heidelberg 1985, S. 88–106 (*Goethe in Italien – eine Reise und ihre Fassungen*).

2 Vgl. Reiner Wild: *„Italienische Reise".* In: Goethe-Handbuch, Bd. 3, S. 331–369; hier S. 368. Zwar haben die Kommentatoren die *Italienische Reise* auf Parallelstellen in Goethes wichtigsten Reiseführern (Johann Wilhelm Archenholtz, Johann Jacob Volkmann, Johann Hermann von Riedesel)

Im folgenden sollen zunächst die Diskursmuster vorgestellt werden, welche die Reiseliteratur prägten, als Goethe die *Italienische Reise* abfaßte. Der spezifischen Assimilation dieser Tradition durch Goethe widmet sich der Hauptteil: Er sucht Goethes Reisebeschreibung als einzigartige Synthese konkurrierender Diskurstypen zu beschreiben. Schließlich soll in einem Ausblick die Wirkung von Goethes *Italienischer Reise* auf spätere deutsche Italienreisen skizziert werden.

1. *Diskursmuster aufklärerischer Italienreisen*

Die meisten Geschichten der Italienreisen vermischen systematische und historische Kategorien. Auch Wilhelm Waetzolds bekannte Typologie der Italienreisen (1. Pilgerreise, 2. Kavalierstour, 3. empfindsame Reise, 4. gelehrte Reise) reicht selbst in Joachim Wieders aktualisierter Form (5. romantische Reise, 6. Erholungs- oder Sightseeingreise) nicht hin,[3] die Vielfalt der Reisetypen zu ordnen.

Sinnvoller lassen sich die Italienreisen nach dem Verhältnis von Beschreibungsobjekt und beschreibendem Subjekt kategorisieren. Auf diese Weise gelangt man zu einer Skala, deren Enden zwei konträre idealtypische Modelle bezeichnen: die objektzentrierte Beschreibung und die subjektzentrierte Schilderung.[4]

Diese Typologie erlaubt eine Periodisierung der Italienreisen. In der frühen Neuzeit dominieren noch knappe faktographische Beschreibungen, die meist enumerativ verfahren, doch gewinnen seit der Aufklärung paradoxerweise sowohl das Wahrnehmungsobjekt als auch das Wahrnehmungssubjekt Dominanz. Zur Kavalierstour und Gelehrtenreise der frühen Neuzeit gesellen sich seit Mitte des 18. Jahrhunderts einerseits politische, landeskundliche, philanthropische Reisen und wissenschaftliche Spezialtouren etwa zum Zwecke ökonomischer, mineralogischer, antiquarischer oder bibliothekarischer Information. Andererseits entsteht im Zuge der aufklärerischen Gefühlskultur der Typus der empfindsamen Reise.

1.1. *Objektive Authentizität: Informationsreise*

Die objektzentrierte ‚Informationsreise' der Aufklärung entwickelt das Modell der enzyklopädischen Bildungsreise systematisch weiter. Sie beschränkt sich nicht mehr auf touristische Sehenswürdigkeiten, sondern kontextualisiert sie, indem sie über die sozialen, ökonomischen

---

bezogen, doch bislang keineswegs systematisch mit den Diskursmustern und Topiken vorgängiger und späterer italienischer Reisen verglichen. Auch Peter J. Brenner: *Der Reisebericht in der deutschen Literatur. Ein Forschungsüberblick als Vorstudie zu einer Gattungsgeschichte.* Tübingen 1990, S. 286, wirft der Goethe-Philologie vor, die „reisegeschichtlichen und literarhistorischen Zusammenhänge [der *Italienischen Reise*] […] weitgehend ignoriert" zu haben.

3 Vgl. Wilhelm Waetzold: *Die Kulturgeschichte der Italienreisen.* In: Preußische Jbb. 230 (1932), S. 13 bis 24, und Joachim Wieder: *Vom deutschen Italienerlebnis. Ein Beitrag zur Kulturgeschichte der Italienreisen.* In: *Nisus in librorum nitore.* Fs. für Werner Goebel zum 65. Geburtstag. Hrsg. von Max Leonhard. München 1980, S. 132–172; hier S. 167. Trotz mancher Reserven übernehmen Gunter E. Grimm, Ursula Breymayer und Walter Erhart: *„Ein Gefühl von freierem Leben". Deutsche Dichter in Italien.* Stuttgart 1990, S. 14, die Typologie von Waetzold/Wieder.

4 Vgl. Joseph Strelka: *Der literarische Reisebericht.* In: Jb. für Internationale Germanistik 3 (1971), S. 63 bis 75; hier S. 64.

und politischen Verhältnisse informiert. Da der aufgeklärte Reisende die kulturelle Differenz zwischen seinem Heimatland und Italien analysiert, lobt er nachahmenswerte Errungenschaften ebenso wie er rückständige Verhältnisse kritisiert[5]. Neben Vergleich, Abstraktion und Historisierung gehört die Referenz auf vorgängige Reiseberichte zu den Beglaubigungsstrategien der objektzentrierten Reise. Insbesondere die kritische Auseinandersetzung mit den Vorläufern ist ein charakteristisches Spezifikum der aufklärerischen Reiseliteratur.[6]

Eine typische Informationsreise ist etwa der *Viaggio per l'Italia*, den Goethes Vater, Johann Caspar Goethe, im Jahre 1740 unternommen und in den 60er Jahren des 18. Jahrhunderts in italienischer Sprache abgefaßt hat.[7] Diese Reisebeschreibung spiegelt den Übergang von der Bildungsreise zur aufklärerischen Informationsreise wider. So kommt der enzyklopädische Anspruch zwar noch zur Geltung, indem alle wichtigen Gebäude genannt und Inschriften zitiert werden, doch werden soziale und kirchliche Mißstände schon aus aufklärerischem Blickwinkel kritisiert. Auch wirft Johann Caspar Goethe, der sich seines eigenen Urteils und seiner Italienischkenntnisse rühmt, den traditionellen Reiseberichten vor, „nur aus bereits gedruckten Werken zusammengesucht" zu sein[8], und rechtfertigt seine eigene Darstellung damit, daß sich „ein Großteil der Dinge, die schon vor längerer Zeit beschrieben wurden, inzwischen sehr verändert" habe und „heute mit anderen, wenigstens sorgfältigeren Augen als damals betrachtet" werde.[9] Dabei zitiert Johann Caspar Goethe immer wieder seine Gewährsleute. Hinweise auf Joachim Christoph Nemeitz und Johann Georg Keyßler, Mitte des 18. Jahrhunderts vielgelesene Reisehandbücher, entlasten den eigenen Reisebericht, ohne das Prinzip der Autopsie zu schwächen; vielmehr objektivieren sie die eigene Wahrnehmung im Sinne kritischer Information. Wie die Informationsreise der Aufklärung zunehmend unter den Zwang wissenschaftlicher Argumentation geriet, zeigt beispielhaft die eklektische Beschreibung von Verona durch Goethes Vater:

> Ich könnte nun in gebührender Ausführlichkeit auf das Amphitheater, die Triumphbögen und die anderen Altertümer der Stadt eingehen, wenn nicht schon Scipio Maffei in

---

[5] So gehört die Kritik am italienischen Katholizismus wie am römischen Papsttum zum topischen Arsenal der Informationsreise – exemplarisch genannt sei nur Karl Philipp Moritz: *Reisen eines Deutschen in Italien in den Jahren 1786 bis 1788*. 3 Bde. Berlin 1792–93; vgl. dazu Oswald (Anm. 1), S. 34–36. Die Tradition der aufklärerischen Religionskritik wirkt noch in Heines *Stadt Lucca* fort; vgl. Klaus Pabel: *Heines „Reisebilder". Ästhetisches Bedürfnis und politisches Interesse am Ende der Kunstperiode*. München 1977, S. 209–230, und Kay Kufeke: *Himmel und Hölle in Neapel. Mentalität und diskursive Praxis deutscher Neapelreisender um 1800*. Köln 1999; bes. S. 253–255.

[6] Nach Karol Sauerland: *Der Übergang der gelehrten zur aufklärerischen Reise im Deutschland des 18. Jahrhunderts*. In: *Virtus et Fortuna. Zur deutschen Literatur zwischen 1400 und 1720*. Fs. für Hans-Gert Roloff zu seinem 50. Geburtstag. Hrsg. von Joseph P. Strelka u. Jörg Jungmayr. Bern, Frankfurt a. M., New York 1983, S. 557–570; hier S. 561, ist der „Bezug auf zuvor erschienene Reisewerke" ein Charakteristikum der ‚gelehrten Reise'. Kritisch dazu Brenner (Anm. 2), S. 153 f. Albert Meier: *Als Moralist in Italien. Johann Caspar Goethes „Viaggio per l'Italia fatto nel anno MDCCXL"*. In: *Europäisches Reisen im Zeitalter der Aufklärung*. Hrsg. von Hans-Wolf Jäger. Heidelberg 1992, S. 71–85; bes. S. 85, identifiziert diese Reise mit der ‚aufklärerischen Reise' und stellt ihr Johann Wolfgang Goethes angeblich ‚romantische Reise' gegenüber.

[7] Vgl. die Zeittafel in der deutschen Übersetzung von Johann Caspar Goethe: *Reise durch Italien im Jahre 1740* [*Viaggio per l'Italia*, dt.]. Übers. und kommentiert von Albert Meier. München 1986, S. 500 f.

[8] Johann Caspar Goethe (Anm. 7), S. 7.

[9] Ebd., S. 7 f.

seinem Buch ‚Verona illustrata' eine vollständige Beschreibung davon geliefert hätte. Dennoch will ich kurz anmerken, daß besagtes Amphitheater ein herrliches Bauwerk ist [...]. Es heißt, daß es schon zur Zeit des Augustus erbaut worden sei, aber Keyßler hat mit kaum widerlegbaren Gründen das Gegenteil bewiesen. Mehr will ich dazu nicht sagen, da sich bei Maffei die umfassende Darstellung findet.[10]

Der Typ der aufklärerischen Informationsreise bestimmt die Italienreisen der zweiten Hälfte des 18. Jahrhunderts, gerät erst nach 1800 in eine Krise, tritt in der ersten Hälfte des 19. Jahrhunderts hinter die Inspirationsreise zurück, um in Form der Spezialreisen fortzudauern.

1.2. Subjektive Authentizität: Inspirationsreise

Die Suche nach Authentizität begründet zwei konträre Formen der Reiseliteratur. Seit den 60er Jahren des 18. Jahrhunderts konkurrieren mit den objektzentrierten Informationsreisen empfindsame Reisen, Kunst- und Inspirationsreisen, in denen die ästhetische Erfahrung des Subjekts dominiert.[11] Sie verinnern die Authentizität[12] in der Nachfolge von Lawrence Sternes *Sentimental Journey*.[13] Subjektives Empfinden und „Selbstgefühl" im Dienste autobiographischer Vergewisserung charakterisieren diesen weniger gut erforschten Strang aufklärerischer Reisebeschreibungen.[14] So konträr objektiver Reisebericht und subjektive Reise-

---

10 Ebd., S. 397f.

11 Vgl. dazu William E. Stewart: *Die Reisebeschreibung und ihre Theorie im Deutschland des 18. Jahrhunderts.* Bonn 1978, S. 43. Stewart registriert zwar die „autoptische" Reisebeschreibung, erklärt sie aber grob vereinfachend als Reaktion auf die „Wissenschaftsorthodoxie" und verkennt damit das Nebeneinander der konkurrierenden Beschreibungstypen. In der Forschung herrscht noch immer die Meinung vor, der Typus der Informationsreise sei mit der Aufklärungsreise gleichzusetzen; vgl. etwa Hans Erich Bödeker: *Reisen: Bedeutung und Funktion für die deutsche Aufklärungsgesellschaft.* In: *Reisen im 18. Jahrhundert. Neue Untersuchungen.* Hrsg. von Wolfgang Griep u. Hans-Wolf Jäger. Heidelberg 1986, S. 91–110. Wenn Hans Erich Bödeker: *Reisebeschreibungen im historischen Diskurs der Aufklärung.* In: *Aufklärung und Geschichte.* Hrsg. von Hans Erich Bödeker u. a. Göttingen 1986, S. 276–298, die wahrnehmungsgeschichtlichen Veränderungen rekonstruiert, vermerkt er aber die „Subjektivierung" und „Pluralität von Standpunkten" und erkennt sogar ihre Bedeutung für die Entwicklung eines Geschichtsbewußtseins an (ebd., S. 294). Auch Albert Meier: *Textsorten-Dialektik. Überlegungen zur Gattungsgeschichte des Reiseberichts im späten 18. Jahrhundert.* In: *Neue Impulse der Reiseforschung.* Hrsg. von Michael Maurer. Berlin 1999, S. 237–245; hier S. 241, pluralisiert den aufklärerischen Reisediskurs und betont die Subjektivierung.

12 Vgl. Stewart (Anm. 11), S. 101.

13 Vgl. Gerhard Sauder: *Sternes „Sentimental Journey" und die „empfindsamen Reisen" in Deutschland.* In: *Reise und soziale Realität am Ende des 18. Jahrhunderts.* Hrsg. von Wolfgang Griep u. Hans-Wolf Jäger. Heidelberg 1983, S. 302–319. Peter Michelsen: *Laurence Sterne und der deutsche Roman des 18. Jahrhunderts.* Göttingen [2]1972, S. 76–101, hat die deutschen empfindsamen Reisen in der Nachfolge Sternes zusammengestellt, ohne aber reine Reisebeschreibungen zu verzeichnen. Die empfindsamen Inspirationsreisen sind ein Komplement der Informationsreise und stellen nicht, wie Brenner (Anm. 2), S. 190, meint, „einen Gegentypus zur aufklärerischen Reisebeschreibung" dar.

14 Vgl. Ralph-Rainer Wuthenow: *Erfahrene Welt. Europäische Reiseliteratur im Zeitalter der Aufklärung.* Frankfurt a. M. 1980, S. 269.

schilderung sind – beide sind Ausdrucksformen des aufklärerischen Empirismus, zum einen als Faktizismus, zum anderen als Subjektivismus ausgeprägt. Obwohl die Empfindsamkeit in der Forschung längst als integraler Aspekt der Aufklärung gilt, wurden die „deutschen Nachahmungen der *empfindsamen Reise* Sternes von der neueren Forschung kaum in den Blick genommen".[15] Bislang setzte man ausschließlich die enzyklopädische Informationsreise mit der aufklärerischen Reise gleich und erklärte die empfindsame Inspirationsreise zum späteren Modell.

Da die Inspirationsreise vorrangig der Selbstbeobachtung des Verfassers dient, interessieren Objekte nur, insoweit sie im Betrachter Empfindungen auslösen. Genese und Wandel von Gefühlen nachzuzeichnen, ist das eigentliche Ziel der empfindsamen Reise. Da nicht Nützlichkeit, sondern ästhetische Erfahrung den Ausschlag gibt, wird die Begegnung mit der Kunst zu einem entscheidenden Faktor der Selbstfindung. Kühne Metaphern und Vergleiche, Selbstreflexionen, die Tendenz zur projektiv-fiktionalen Überformung sowie Sprach- und Wahrnehmungskritik charakterisieren diese subjektive Form der Reise. Ältere Reiseautoritäten werden übergangen, da sie die eigene künstlerische Wahrnehmung relativieren könnten. Im Vordergrund stehen ästhetische Erfahrung und empathetische Aneignung von Kunst und Natur.

Für die Praxis der Italienreisen im 18. Jahrhundert fällt die Inspirationsreise noch nicht ins Gewicht, sie lag jedoch als neues Diskursmuster bereits vor 1770 vor: So subjektiviert Johann Gottfried Herders *Journal meiner Reise im Jahre 1769* eine Schiffsreise von Riga nach Nantes ebenso zur sensualistischen Selbsterfahrung wie Johann Georg Jacobis *Winterreise* (1769) durch das winterliche Westfalen die poetische Inspiration auf die Probe stellt.[16] Doch beschränkte sich die Inspirationsreise im 18. Jahrhundert noch auf kürzere Reisen und isolierte Situationen, die zwischen Empirie und Fiktion vermitteln und in denen die Außenwelt eine geringere Rolle spielt. Erst nach 1800 gewinnt die Inspirationsreise strukturelle Dominanz und überformt in der ersten Hälfte des 19. Jahrhunderts auch die deutschen Italienreisen.

Aber auch schon vor Goethe entfalten manche Italienreisen, etwa Wilhelm Heinses Tagebücher von der italienischen Reise (1780–1783), das neue Diskursmuster. Zwar liefern gelegentliche Zahlenangaben durchaus objektive Sachinformationen, doch Heinses ungewöhnliche Bilder und Vergleiche, subjektive Kunst- und Landschaftserfahrungen oder Selbstreflexionen gehören nicht mehr der Informations-, sondern der Inspirationsreise an. Dies zeigt exemplarisch Heinses Beschreibung von Venedig:

> Venedig von der Brenta sieht aus wie ein endlich sichrer Zufluchtsort von dem Lande weggeprügelter, und weggescheuchter furchtsamer Hasen; die sich hernach groß und zu geflügelten Löwen gemacht haben, als die Feinde ihnen übers Wasser nicht nach konnten, und sie von fern sicher sehen mußten. Eine unüberwindliche Festung ists gewiß, weil durch die Sümpfe nichts anders als kleine Barken anländen können. Schön ist es nicht;

---

[15] Brenner (Anm. 2), S. 191.

[16] Während man Herders *Journal meiner Reise* wegen der Kritik an der Kolonialpraxis, an der Geschichtsschreibung und an der französischen Kultur immer als ‚aufklärerischen' Text verbuchte, rückte man Jacobis empfindsame *Winterreise* trotz Mönchs- und Klosterkritik von der Aufklärung ab. Dabei konvergieren beide Texte auch in der Verabsolutierung des Empfindens und Selbstgefühls. In beiden Reisebeschreibungen dominiert das Wahrnehmungssubjekt über die Wahrnehmungsgegenstände. Wie Herder auf der Schiffsreise von Riga nach Nantes fast der Objektwelt entbehrt, setzt sich Jacobi geradezu programmatisch – als Bewährungsprobe seiner ästhetischen Phantasie – dem winterlichen Westfalen aus.

> die spitzen Thürme, und paar Kuppeln sind ein Elend gegen Rom, Neapel und Genua. Es ist ein unzukommlich Hasennest; aber eben weil es unüberwindlich, und unzukommbar ist, trägt es, vom unendlichen Meer umgeben, eine gewiße Majestät an sich.[17]

Der originelle Tiervergleich, der den Markuslöwen und den heroischen Gründungsmythos ironisch verkleinert, Negationen und das Verneinungspräfix ‚un-' kontrastieren das übliche Bild der Serenissima aus eigener Anschauung. Die Subjektivität von Heinses ästhetischer Erfahrung zeitigt radikale Übergänge von Kunst und Leben. So wechselt seine Beschreibung eines Tizian in der Kirche San Giovanni e Paolo zur Beschreibung einer schönen Beterin:

> Und doch wie wirft Natur alle Kunst über den Haufen! gleich daneben kniete eins der schönsten Venezianischen Mädchen, eine wahre Laura, nur reizender und heitrer und natürlicher. Welche Freyheit und reine Süßigkeit in ihrem Blick! und welch ein Geist im Zug ihrer netten festen Nase hervor, und welch ein Zauber Götterbeglückendes Wesen in ihrem Mund! Die Brüste wie zart empor schwellend! ihr Leib wie schlank zur seeligen Umarmung! So ein Geschöpf wirft bey einem Natursohn Römische Göttinnen auf die Seite.[18]

Die Hyperbeln, Anaphern und Interjektionen, der Übergang von polysyndetischer Schilderung zu asyndetischer Emphase, die literarische Anspielung auf Petrarcas Liebesbegegnung mit Laura in der Kirche und die Vitalisierung des petrarkistischen Beschreibungsschemas (von Kopf bis Fuß) zeigen: Heinse verabsolutiert bereits in seiner Italienreise die ästhetische Erfahrung.

Vor Goethe kommt es auch schon zu Annäherungen zwischen beiden Diskurstypen aufklärerischer Reisebeschreibungen. So bevorzugen Informations- wie Inspirationsreise die Form des Briefes. Der Brief kommt als charakteristisches Medium der Aufklärung dem Ideal ‚äußerer wie innerer Authentizität' zupaß. Denn der enge Zusammenhang von Wahrnehmung und Beschreibung fingiert ebenso empirischen Wahrheitsgehalt wie Unmittelbarkeit. Freilich unterscheidet sich die Inspirationsreise durch ihren subjektiven Briefstil wesentlich von der Informationsreise, welche der „generalisierenden Geisteshaltung des Rationalismus"[19] verpflichtet bleibt.

Als Goethe im Jahre 1816/17 seine *Italienische Reise* von 1786 bis 1788 veröffentlichte, hatten sich die Italienreisen bereits die subjektive Sicht der Inspirationsreise zu eigen gemacht: So teilt Friedrich Johann Lorenz Meyer in seinen *Darstellungen aus Italien* (1792) „nur *den* Eindruck […] mit, den ihr Anblick auf *mich* wirkte",[20] und Elisa von der Recke

---

17 Wilhelm Heinse: *Tagebuch von der italiänischen Reise*, den 2. August [1783]. In: *Sämmtliche Werke*. Hrsg. von Carl Schüddekopf. Bd. 7: *Tagebücher von 1780 bis 1800*. Leipzig 1909, S. 190f. – Oswald (Anm. 1), S. 21–27, weist auf die Heterogenität der Tagebuchaufzeichnungen hin, die zwischen Informations- und Inspirationsreise changieren.

18 Vgl. Heinse (Anm. 17), S. 195.

19 Albert Meier: *Von der enzyklopädischen Studienreise zur ästhetischen Bildungsreise. Italienreisen im 18. Jahrhundert*. In: *Der Reisebericht. Die Entwicklung einer Gattung in der deutschen Literatur*. Hrsg. von Peter J. Brenner. Frankfurt a. M. 1989, S. 284–305; hier S. 287.

20 Vgl. Friedrich Johann Lorenz Meyer: *Darstellungen aus Italien*. Berlin 1792, S. V (Hervorhebungen; A. A.).

will in dem Tagebuch ihrer Reise durch Italien „nur darlegen, wie *mir* die Dinge erschienen“[21]. Goethes *Italienischer Reise* haben solche subjektivierte Reisebeschreibungen die Bahn bereitet.

Goethe selbst strebte nach einem Ausgleich von ‚Objektivität‘ und ‚Subjektivität‘. So stark er von Sternes *Sentimental Journey* affiziert war – er las sie wieder im September 1817 –, so sehr bemühte er sich systematisch, als er die *Italienische Reise* schrieb, um eine Objektivierung der Inspirationsreise:

> Seit Sterne's unnachahmliche Sentimentale Reise den Ton gegeben und Nachahmer geweckt, waren Reisebeschreibungen fast durchgängig den Gefühlen und Ansichten des Reisenden gewidmet. Ich dagegen hatte die Maxime ergriffen, mich so viel als möglich zu verläugnen und das Object so rein als nur zu thun wäre in mich aufzunehmen. Diesen Grundsatz befolgte ich getreulich, als ich dem römischen Carneval beiwohnte. Ausführlich ward ein Schema aller Vorkommenheiten aufgesetzt, auch fertigten gefällige Künstler charakteristische Maskenzeichnungen. Auf diese Vorarbeiten gründete ich meine Darstellung des *Römischen Carnevals* [...].[22]

2. *Das Diskursmuster von Goethes „Italienischer Reise“*

Goethes *Italienische Reise* ist, wie die Forschung hinreichend herausgearbeitet hat, der aufklärerischen Informationsreise verpflichtet. So kritisiert Goethe den Jesuitenorden (HA 11, S. 26), erklärt die „uns so sehr auffallende Unreinlichkeit und wenige Bequemlichkeit der Häuser“ mit dem Leben auf der Straße (HA 11, S. 50) und bemängelt die Rückständigkeit Italiens „in allem Mechanischen und Technischen“ (HA 11, S. 120). Auch die Art und Weise, wie sich Goethe im ersten Teil der *Italienischen Reise* auf vorgängige Reisebeschreibungen bezieht, scheint ganz dem Gattungsmuster der Informationsreise zu entsprechen. So entlastet Goethe seinen eigenen Bericht und fundiert ihn zugleich autoritativ:

> Das Gebirge, die Steinarten erwähne ich nur kürzlich, denn Ferbers Reise nach Italien und Hacquets durch die Alpen unterrichten uns genugsam von dieser Wegstrecke. (HA 11, S. 37)

Goethe geht mit den Autoritäten anders um als sein Vater. Zwar sind seine beiden wichtigsten Gewährsleute gute Aufklärer: sowohl Johann Wilhelm von Archenholz, dessen Kulturvergleich (*England und Italien* 1785 [^{2}1787]) Italiens Rückständigkeit gegenüber England erweisen soll, als auch Johann Jacob Volkmann mit seinen *Historisch-kritischen Nachrichten von Italien* (3 Bde., 1770/71 und ^{2}1777/78), dem „wirkungsvollsten deutschen Italienführer des späten 18. Jahrhunderts“[23]. Doch sentimentalisiert, subjektiviert und ironisiert Goethe

---

21 Elisa von der Recke: *Tagebuch einer Reise durch einen Theil Deutschlands und durch Italien, in den Jahren 1804 und 1806*. Hrsg. von [Karl August] Böttiger. 4 Bde. Berlin 1815; hier Bd. 1, S. IX.

22 Goethe: *Tag- und Jahreshefte als Ergänzung meiner sonstigen Bekenntnisse [1749–1806] 1789* (WA I, 35, S. 12).

23 Vgl. Albert Meier: Art. *Volkmann*. In: *Literatur Lexikon*. Hrsg. von Walther Killy. Bd. 12. Gütersloh, München 1992, S. 56f.

seine Bezugnahmen auf Reiseberichte der Aufklärung. So vermitteln die Reminiszenzen eher Distanz als Beweiskraft, selbst wenn er sich auf seinen eigenen Vater bezieht: „Ich verzieh es allen, die in Neapel von Sinnen kommen, und erinnerte mich mit Rührung meines Vaters, der einen unauslöschlichen Eindruck besonders von denen Gegenständen, die ich heut zum erstenmal sah, erhalten hatte“ (HA 11, S. 186). Ein Possessivpronomen ironisiert den Bezug auf „meine[n] Volkmann“ (HA 11, S. 103) ebenso wie der Gebrauch mokanter Epitheta: „Der gute und so brauchbare Volkmann nötigt mich, von Zeit zu Zeit von seiner Meinung abzugehen“ (HA 11, S. 332) oder: „Jetzt will ich an des ehrlichen Volkmanns zweiten Teil, der Rom enthält, um auszuziehen, was ich noch nicht gesehn habe“ (HA 11, S. 172). Im Verlauf der Reise schwächt die eigene Anschauung sukzessive die aufklärerischen Autoritäten:

> Zufällig habe ich hier Archenholzens „Italien“ gefunden. Wie so ein Geschreibe am Ort selbst zusammenschrumpft, eben als wenn man das Büchlein auf Kohlen legte, daß es nach und nach braun und schwarz würde, die Blätter sich krümmten und in Rauch aufgingen. Freilich hat er die Sachen gesehen; aber um eine großtuige, verachtende Manier gelten zu machen, besitzt er viel zu wenig Kenntnisse und stolpert lobend und tadelnd. (HA 11, S. 145)[24]

Goethe setzt sich vom kritischen wie enzyklopädischen Anspruch der Informationsreise ab, indem er nicht die Außenwelt, sondern sich selbst als Ziel seiner Reise bezeichnet:

> Was ich von Gemälden gesehen, will ich nur kurz berühren und einige Betrachtungen hinzufügen. Ich mache diese wunderbare Reise nicht, um mich selbst zu betriegen, sondern um mich an den Gegenständen kennen zu lernen [...]. (HA 11, S. 45)

Wie Heinse betont Goethe bei der Darstellung Venedigs die eigene Anschauung:

> Von Venedig ist schon viel erzählt und gedruckt, daß ich mit Beschreibung nicht umständlich sein will, ich sage nur, wie es mir entgegenkömmt. (HA 11, S. 67)

Dennoch wertet Goethe seine Vorgänger keineswegs pauschal ab, sondern historisiert deren Reisen, wie er sich auch selbst historisch sieht. Freilich relativiert diese doppelte Historisierung den aufklärerischen Wahrheitsanspruch:

> Vorgearbeitet in dem Steinreiche Siziliens hat uns Graf Borch sehr emsig, und wer nach ihm gleichen Sinnes die Insel besucht, wird ihm recht gern Dank zollen. Ich finde es angenehm sowie pflichtmäßig, das Andenken eines Vorgängers zu feiern. Bin ich doch nur ein Vorfahr von künftigen andern, im Leben wie auf der Reise! (HA 11, S. 251)

Auch uneingeschränkt positive Referenzen passen nicht ins Gattungsschema der Informationsreise. Wenn Goethe etwa Johann Hermann von Riedesel huldigt, dessen *Reise durch*

---

24 Ironisch stellt Goethe fest: „Gott sei Dank, daß alles, was wir heute gesehen, schon genugsam beschrieben ist“ (HA 11, S. 296), und tröstet sich damit, „daß in unsern statistischen Zeiten dies alles wohl schon gedruckt ist und man sich gelegentlich davon aus Büchern unterrichten kann. Mir ist jetzt nur um die sinnlichen Eindrücke zu tun, die kein Buch, kein Bild gibt“ (HA 11, S. 25).

Sicilien und Großgriechenland (1771) er die Gräzisierung seiner Italienerfahrung in Sizilien verdankt, dann überschreitet seine Emphase die Konventionen der Aufklärung:

> Aus frommer Scheu habe ich bisher den Namen nicht genannt des Mentors, auf den ich von Zeit zu Zeit hinblicke und hinhorche; es ist der treffliche von Riedesel, dessen Büchlein ich wie ein Brevier oder Talisman am Busen trage. (HA 11, S. 277)

Zeigen die Relativierungen der aufklärerischen Attitüde bereits deutlich, wie Goethe vom Muster der Informationsreise abweicht, so kommt die Transgression des Diskurstyps durch das Wahrnehmungssubjekt auch in inspirationsästhetischen Nebendiskursen zur Geltung.

Dazu gehört vor allem eine für die Informationsreise ganz ungewöhnliche Selbstbeobachtung. Bereits im ersten Teil wird das Subjekt zum Objekt der Reisebeschreibung. So konstatiert Goethe:

> Überhaupt ist mit dem neuen Leben, das einem nachdenkenden Menschen die Betrachtung eines neuen Landes gewährt, nichts zu vergleichen. Ob ich gleich noch immer derselbe bin, so mein' ich, bis aufs innerste Knochenmark verändert zu sein. (HA 11, S. 146)

Doch erreicht die Selbstbeobachtung im *Zweiten Römischen Aufenthalt* ihren Höhepunkt. Ständig bilanziert das Wahrnehmungssubjekt seine Veränderungen in Rom:

> Mir geht es sehr wohl, ich finde mich immer mehr in mich zurück und lerne unterscheiden, was mir eigen und was mir fremd ist. Ich bin fleißig und nehme von allen Seiten ein und wachse von innen heraus. (HA 11, S. 350)

Dabei überwiegen die Fortschritte und Steigerungen der ästhetischen Anlagen: „Kein Tag vergeht, daß ich nicht in Kenntnis und Ausübung der Kunst zunehme" (HA 11, S. 382), oder: „Ich genieße immer reiner, immer mit mehr Kenntnis, das gute Glück wird immer weiter helfen" (HA 11, S. 397 f.). Gegen Ende des *Zweiten Römischen Aufenthalts* resümiert ein anaphorischer Parallelismus den Erfolg der ästhetischen Schule: „Jetzt seh' ich, jetzt genieß' ich erst" (HA 11, S. 478). Wie sehr Goethe die *Italienische Reise* zu einer Etappe auf dem Weg der künstlerischen Selbstfindung stilisiert, zeigt sich im programmatischen Abschied: „Ich raffe alles mögliche zusammen, um Ostern eine gewisse Epoche, wohin mein Auge nun reicht, zu schließen" (HA 11, S. 478). Noch in Rom hält Goethe Rückschau und resümiert den Erfolg seiner Inspirationsreise: „In Rom hab' ich mich selbst zuerst gefunden, ich bin zuerst übereinstimmend mit mir selbst glücklich und vernünftig geworden" (HA 11, S. 530).

Den Erfolg seines inspirationsästhetischen Programms illustriert Goethe in der Metapher der Wiedergeburt, welche die italienische Reise durchzieht: „ich zähle einen zweiten Geburtstag, eine wahre Wiedergeburt, von dem Tage, da ich Rom betrat" (HA 11, S. 147).[25]

---

[25] „Gewiß, es wäre besser, ich käme gar nicht wieder, wenn ich nicht wiedergeboren zurückkommen kann" (HA 11, S. 217). Die leitmotivische Bedeutung von „Wiedergeburt" und „Neuem Leben" erhellt Klaus H. Kiefer: *Wiedergeburt und Neues Leben. Aspekte des Strukturwandels in Goethes „Italienischer Reise"*. Bonn 1978; den wirkungsgeschichtlichen Aspekt beleuchtet Peter Sprengel: *Nachwort.* In: Johann Wolfgang von Goethe: *„Italienische Reise"*. Hrsg. von Peter Sprengel. München 1986, S. 518–552; hier S. 550 f.

Diese Wiedergeburt setzt die systematische „Bildung des Auges" und die Übung der eigenen künstlerischen Gestaltungskraft voraus (HA 11, S. 354).[26] Das „neue Sehen" wird gleichermaßen vor Kunst und Natur der klassischen Landschaft geübt.

Ausdruck einer Relationierung des Objekts vom Wahrnehmungssubjekt sind auch die Rekurrenzen und Iterationen in der *Italienischen Reise.* Wie Goethe in Rom verschiedene Ansichten ein und desselben Objekts zeichnet, finden sich im Reisebericht themengleiche Schilderungen. So beschreibt er drei Besteigungen des Vesuv (HA 11, S. 188f., 192ff. u. 214ff.). Anders als aufklärerische Informationsreisen, die sich mit der einmaligen Information begnügen, übt sich Goethe gezielt im wiederholten Wahrnehmen und Beschreiben: „Ich fange nun schon an, die besten Sachen zum zweitenmal zu sehen, wo denn das erste Staunen sich in ein Mitleben und reineres Gefühl des Wertes der Sache auflöst" (HA 11, S. 151). Ganz im Sinne eines naturwissenschaftlichen Experiments, das zwischen Subjektivität und Objektivität vermittelt,[27] stellt die Variation die ästhetische Wahrnehmung buchstäblich auf die Probe: „Das Vorzüglichste wird zum zweiten- und drittenmal betrachtet, und nun ordnet sich's einigermaßen" (HA 11, S. 171).

Zu den Transgressionen der aufklärerischen Informationsreise gehört des weiteren Goethes selektive Wahrnehmung. Sie erklärt sich hauptsächlich als Selbstschutz: „ich muß mich schon auf eine wunderliche Weise zusammenfassen; denn ich finde auch hier leider gleich das, was ich fliehe und suche, nebeneinander" (HA 11, S. 53). Ihn interessiert vorrangig die Klassik: So besichtigt er in Assisi zuallererst den Minerva-Tempel.[28] Das bewußte Übergehen der florentinischen Renaissance, das ihm noch moderne Kritiker anlasten, gehört zur Strategie einer künstlerischen Selbstfindung: „Hier tut sich wieder eine ganz neue, mir unbekannte Welt auf, an der ich nicht verweilen will" (HA 11, S. 113). Ebenso zurückhaltend reagiert Goethe auf die Eindrücke der Bologneser Malerschule: „An diesem Himmel treten wieder neue Gestirne hervor, die ich nicht berechnen kann und die mich irremachen" (HA 11, S. 105). Immer wieder diagnostiziert Goethe unter der Fülle der ästhetischen Eindrücke bei sich selbst eine „Verwirrung" (HA 11, S. 107) und vergleicht sich selbstironisch mit „Bileam, dem konfusen Propheten" (ebd.).

Die Forschung hat die Anleihen bei der Informationsreise in der *Italienischen Reise* als Brüche in der Redaktion bewertet, ohne ihre Funktion zu deuten. Dabei bezeugen gerade diese Formzitate einen bewußten Widerspruch zwischen traditioneller Diskursnorm und der prätendierten Autonomie des künstlerischen Subjekts. Der Künstler bedient sich

---

26 Vgl. HA 11, S. 354: „Mein Auge bildet sich unglaublich, und meine Hand soll nicht ganz zurückbleiben".

27 Goethes *Italienische Reise* stimmt hierin mit den wissenschaftstheoretischen Überlegungen überein, wie er sie in seinem Aufsatz über den *Versuch als Vermittler von Objekt und Subjekt* darlegt. Dort erklärt Goethe die Wiederholung zur Grundlage jeglichen Experiments: „Wenn wir Erfahrungen, welche vor uns gemacht worden, die wir selbst oder andere zu gleicher Zeit mit uns machen, vorsätzlich wiederholen und die Phänomene, die theils zufällig, theils künstlich entstanden sind, wieder darstellen, so nennen wir dieses einen Versuch" (WA II, 11, S. 26f.). Nach Goethes erkenntniskritischer Verallgemeinerung verbürgt sogar erst die Wiederholung die Gewißheit: „Eine jede Erfahrung die wir machen ein jeder Versuch, durch den wir sie wiederholen, ist eigentlich ein isolierter Theil unserer Erkenntniß; durch öftere Wiederholung bringen wir diese isolirte Kenntniß zur Gewißheit" (WA II, 11, S. 28f.).

28 Vgl. HA 11, S. 116: „Aus Palladio und Volkmann wußte ich, daß ein köstlicher Tempel der Minerva, zu Zeiten Augusts gebaut, noch vollkommen erhalten dastehe".

des alten Gattungsmusters, um die Fülle der ästhetischen Erfahrungen zu distanzieren und zu beherrschen. Wie Goethe mit Hilfe herkömmlicher Beschreibungstechniken gezielt dem eigenen Enthusiasmus entgegensteuert, zeigt die Episode auf dem malerischen Berg Soracte. Dort dämpft Goethe seine überschwengliche Vorfreude auf Rom durch eine minuziöse geologische Beschreibung.[29] Solche Anleihen bei der Informationsreise bedeuten keinen Rückfall in das überwundene Gattungsschema, sondern einen Selbstschutz vor der Gefahr überbordender „Phantasiebilder" (HA 11, S. 123), wie folgende Reflexion auf „klassischem Boden" bezeugt: „und so habe ich immer bisher den geologischen und landschaftlichen Blick benutzt, um Einbildungskraft und Empfindung zu unterdrücken und mir ein freies, klares Anschauen der Lokalität zu erhalten" (HA 11, S. 122).

Außerdem verschafft sich Goethe mit zahlreichen Selbstvergleichen, nicht selten ironisch verfremdet, die nötige Distanz zur Objektwelt: Er beschreibt sich als „nordische[n] Flüchtling" (HA 11, S. 83) oder als „das fremde Murmeltier" (HA 11, S. 143), vergleicht sich mit deutschen Italienreisenden wie Albrecht Dürer, auch „so ein armer Narr von Künstler" (HA 11, S. 104), oder mit Winckelmann, „ein noch ärmerer Narr als ich" (HA 11, S. 148). Daneben vermitteln literarisch-mythologische Antonomasien die Doppelrolle von Wahrnehmungssubjekt und Wahrnehmungsobjekt: So kommt sich Goethe „vor wie Antäus" (HA 11, S. 110), wie Ixion (HA 11, S. 121) und versteht sich als den belebenden Künstler Pygmalion (HA 11, S. 126). Kurz vor der Sizilienfahrt verdichten sich die Selbstvergleiche mit Odysseus: Ausgehend von Allusionen seiner „Irr- und Inselfahrt" (HA 11, S. 210), gelockt von „Sirenen jenseits des Meeres" (HA 11, S. 217), strukturieren zahlreiche Homer-Bezüge die Sizilienreise.[30]

Den Übergang von der Informationsreise hin zur Inspirationsreise bezeugen auch sprachkritische Reflexionen, welche die Möglichkeiten und Grenzen der Beschreibung einer künstlerischen Selbstfindung erörtern. Anders als die Informationsreise, die ihre Objektivität nicht in Zweifel zieht, hält Goethe die Schreibsituation als Bedingung seiner Darstellung gegenwärtig: „In einer bessern Stimmung als gestern schreibe ich aus Guercins Vaterstadt"

---

29 Vgl. HA 11, S. 124.

30 Die intertextuellen Bezüge zu Homer in der *Italienischen Reise* sind recht gut erschlossen. Den Weg weisen Albert Meier: *Seekranke Betrachtungen auf der Königin der Inseln. J. W. Goethes Sizilienerfahrung im Zusammenhang der „Italienischen Reise"*. In: Germanisch-Romanische Monatsschrift N. F. 39 (1989), S. 180–195, Sprengel (Anm. 25), S. 547 f., ders.: *Sizilien als Mythos. Das Sizilienbild in Goethes „Italienischer Reise"*. In: *Ein unsäglich schönes Land. Goethes „Italienische Reise" und der Mythos Siziliens / Un paese indicibilmente bello. Il „Viaggio in Italia" di Goethe e il mito della Sicilia.* Hrsg. von Albert Meier. Palermo 1987, S. 158–179, und Battafarano (Anm. 1); bes. S. 31–37 (*Eine homerische Reise nach Arkadien*) u. S. 190–194, sowie Norbert Miller: *Der Wanderer. Goethe in Italien.* München 2002, S. 284 ff. (*Homerische Haushaltung*) u. pass. Dabei verweisen die Homer-Bezüge nicht nur auf das *Nausikaa*-Projekt (vgl. unten im Text), sondern fundieren das Sizilienerlebnis, wie folgende Zitate illustrieren: „das alles rief mir die Insel der seligen Phäaken in die Sinne sowie ins Gedächtnis. Ich eilte sogleich, einen Homer zu kaufen, jenen Gesang mit großer Erbauung zu lesen und eine Übersetzung aus dem Stegreif Kniepen vorzutragen" (HA 11, S. 241); „Homerische Schreckbilder" (HA 11, S. 290); „Was den Homer betrifft, ist mir wie eine Decke von den Augen gefallen" (HA 11, S. 323). Auch in den mythologischen Referenzen und Allusionen erweist sich die *Odyssee* als zentraler Subtext: „Einladung des Zyklopen" (HA 11, S. 307), „Odysseus" (ebd.), „Skylla" und „Charybdis" (HA 11, S. 313), „Ulysses" (HA 11, S. 344).

(HA 11, S. 101). Nicht Erzähldistanz, sondern Unmittelbarkeit erstrebt er: „Verzeihung der laufenden Feder. Ich muß schreiben, ohne zu denken, damit ich nur schreibe. Der Gegenstände sind zuviel [...] und doch meine Begierde allzugroß, einiges dem Papiere anzuvertrauen" (HA 11, S. 181). Zudem erinnert er an die Vorläufigkeit der Beschreibung: „es mag stehen als Denkmal des ersten Eindrucks" (HA 11, S. 97). Goethes sprachskeptische Formeln wie „Zu keiner Silbe weiter bin ich fähig" (HA 11, S. 223) oder „Weiter mag ich gar nichts sagen" (HA 11, S. 351)[31] bekunden das Mißtrauen in die sprachliche Vermittlung der ästhetischen Erfahrung.[32]

Im Einklang mit dem sogenannten ‚Corpus Italicum', Goethes Kollektaneen zur Vorbereitung einer weiteren Reise nach Italien aus den Jahren 1795/96,[33] entsubjektiviert der *Zweite Römische Aufenthalt* die Inspirationsreise tendenziell durch eingeschaltete „Berichte", Aufsätze (über „Philipp Neri, den humoristischen Heiligen"), fremde Texte (Karl Philipp Moritz: *Über die bildende Nachahmung des Schönen* [1788]; HA 11, S. 534–541) und Freundesbriefe (Briefe von Tischbein; HA 11, S. 355–361). Dennoch läßt Goethe keinen Zweifel daran, daß seine *Italienische Reise* die Reise eines Dichters auf der Suche nach Klassizität ist.[34] Demgemäß schildert er ausführlich die Fortschritte seiner poetischen Werke während der italienischen Reise. Begleitet der Umguß der Prosa-*Iphigenie* in eine metrische Version den ersten Teil, so bestimmt die Überarbeitung des Dichterdramas *Torquato Tasso* den zweiten Römischen Aufenthalt. Die Mitte bildet das *Nausikaa*-Projekt, zu dem ihn der „klassische Boden" begeistert. Stadien der dichterischen Arbeit sind auf die ästhetische Erfahrung von Natur und Kunst in Italien bezogen: Wie Goethe in Palermo den „öffentlichen Garten" aufsucht, um sein „Pensum in der ‚Odyssee' zu lesen und [...] den Plan der ‚Nausikaa' weiter durchzudenken" (HA 11, S. 266, Z. 12–15), so sitzt er bei Taormina in einem Orangenbaum, „den Plan zu ‚Nausikaa' weiter denkend, eine dramatische Konzentration der ‚Odyssee'" (HA 11, S. 298).

Goethe entsubjektiviert die empfindsame Reise, indem er sie durch distanzierende Elemente der Informationsreise anreichert. Er subjektiviert andererseits die Informationsreise durch Anleihen beim Diskurstyp der Inspirationsreise: Selbstbeobachtungen, Iterationen, sprachkritische Reflexionen und selektive Wahrnehmungen prägen die *Italienische Reise*. Goethe ersetzt somit nicht einfach den „Vorrang des Ethisch-Politischen durch den Primat des Ästhetischen",[35] sondern kombiniert vielmehr die objektive Informationsreise mit der subjektiven Inspirationsreise. Dadurch objektiviert er seine Dichterweihe und verschafft sich selbst Klassizität.

---

31 Vgl. ähnliche Bemerkungen: „es ist besser zu tun als zu reden" (HA 11, S. 386) oder „schreiben muß man nur wenig, zeichnen viel" (HA 11, S. 446).

32 „Und doch tritt gar oft das Lückenhafte der Bemerkungen hervor, und wenn die Reise dem, der sie vollbracht hat, in einem Flusse vorüberzuziehen scheint und in der Einbildungskraft als eine stetige Folge hervortritt, so fühlt man doch, daß eine eigentliche Mitteilung unmöglich sei" (HA 11, S. 348).

33 Vgl. die Zusammenstellung der „Italienischen Kollektaneen 1795–1796". In: Johann Wolfgang Goethe: *„Italienische Reise"*. Hrsg. von Christoph Michel u. Hans-Georg Dewitz (FA 1, 15.2), S. 935–1038. Dieses Projekt einer dritten Italienreise ist bisher kaum gewürdigt worden.

34 Daß Goethe sich seiner kulturellen Rolle und Verpflichtung zur Rückkehr gewiß war, bekundet die auf den Fasanentraum (HA 11, S. 108) rekurrierende Wendung: „mein Fasanenschiff nirgends als bei euch ausladen" (HA 11, S. 224). Siehe dazu auch Ferdinand van Ingen: *Goethes „Italienische Reise". Ein fragwürdiges Modell.* In: *„Italienische Reise" – Reisen nach Italien* (Anm. 1), S. 177–231.

35 Vgl. Meier (Anm. 19), S. 291.

3. *Zur Wirkung von Goethes „Italienischer Reise“*

Goethes Mischung der Diskurstypen in der *Italienischen Reise* irritierte zahlreiche Zeitgenossen. „Es ist unbegreiflich, wie Goethe Dergleichen hat drucken lassen. Es ist fast unbegreiflich, wie er eine Menge von Dem, was hier vorkommt, auch im Rausch dieser seltsamen Reise, in ihrer Stimmung, hat schreiben können“.[36] So entrüstete sich Barthold Georg Niebuhr, Preußischer Gesandter beim Vatikan, im Jahre 1817 über den ästhetischen Fundamentalismus der *Italienischen Reise* und erläuterte dem Freund Friedrich Carl von Savigny seine Entrüstung über Goethes Subjektivismus:

> Ein wunderlicher, mir meistens unbegreiflicher Rausch! Mit Versäumnis des Herrlichsten an manchen Orten! Und welche Bewunderungen! [...] Aber möchte man nicht darüber weinen? Wenn man so eine ganze Nation und ein ganzes Land bloß als eine Ergötzung für sich betrachtet, in der ganzen Welt und Natur nichts siehet, als was zu einer unendlichen Dekoration des erbärmlichen Lebens gehört, alles geistig und menschlich Große, Alles, was zum Herzen spricht, wenn es da ist, vornehm beschaut, wenn es vom Entgegengesetzten verdrängt und überwältigt worden, sich an der komischen Seite des Letzteren ergötzet ...[37]

Niebuhrs kritischer Maßstab ist die aufklärerische Informationsreise. Deswegen rügt er Goethes selektive Wahrnehmung: „Übrigens ist es seltsam, wie er das Herrlichste meist gar nicht gesehen hat oder, wenn er es sieht, es ihm im zweiten Range stehet“.[38] Auch die empörte Präteritio: „Von Florenz will ich gar nichts sagen, wie man durchfliegen konnte!“[39] verdeutlicht, wie sehr diese Kritik Goethes Synthese von Informations- und Inspirationsreise verkennt.

Niebuhrs aufklärerische Einwände vermochten die Attraktivität von Goethes inspirationsästhetisch überformter Italienreise kaum zu schmälern. Viele junge romantische Dichter und Künstler reisten zur Probe des eigenen Künstlertums im Stile Goethes nach Italien und beglaubigten ihren Dichterberuf durch Beschreibungen ihrer Inspirationsreisen sowie durch intertextuelle Bezüge zu Goethes *Italienischer Reise* – eine Wirkung, die Goethe gefällig registrierte, vielleicht gar beabsichtigte.[40] Die romantischen Italienerfahrungen changieren frei-

---

36 Vgl. Barthold Georg Niebuhr aus Rom am 7. Februar 1817 an Dorothea Hensler. In: *Goethe in vertraulichen Briefen seiner Zeitgenossen.* Hrsg. von Wilhelm Bode. Bd. 3: *Das Alter.* (Berlin 1923) Bern 1969, S. 21–22; hier S. 21.

37 Vgl. Barthold Georg Niebuhr aus Rom an Friedrich Carl von Savigny, 16. 2. 1817. In: *Goethe in vertraulichen Briefen* (Anm. 36), Bd. 3, S. 16–21; hier S. 16 f. Niebuhr hatte die *Italienische Reise* in Rom zusammen mit den deutschen Künstlern Peter Cornelius, Johann Friedrich Overbeck, Johann Gottfried Schadow und Joseph Anton Koch (1816/17) gelesen.

38 Ebd., S. 19.

39 Ebd.

40 Goethe illustriert in den *Tag- und Jahresheften* zu 1789 die ‚Selbstverleugnung‘ und das Bemühen um Objektivität in der *Italienischen Reise* mit dem *Römischen Karneval* und freut sich über Nachahmer des neuen Diskursmusters: „Auf diese Vorarbeiten gründete ich meine Darstellung des Römischen Carnevals, welche, gut aufgenommen, geistreiche Menschen veranlaßte, auf ihren Reisen gleichfalls das Eigenthümlichste der Völkerschaften und Verhältnisse klar und rein auszudrücken; wovon ich nur den talentvollen, früh verschiedenen Friedrich Schulz nennen und seine Beschreibung eines polnischen Reichstags in Erinnerung bringen will“ (WA I, 35, S. 12 f.).

lich zwischen ästhetischer Überdehnung und ironischer Ernüchterung der Inspirationsreise, man denke nur an Karl Morgenstern oder Heinrich Heines *Reise von München nach Genua* (1830).[41]

Die Verabsolutierung der ästhetischen Erfahrung in Goethes *Italienischer Reise* suchte Gustav Nicolai zu bekämpfen. Mit seiner polemischen Beschreibung *Italien wie es wirklich ist* aus dem Jahre 1834 wollte er das Modell der Informationsreise rehabilitieren. Da Nicolai in Goethes *Italienischer Reise* die Wurzel des neuen Übels sieht, polemisiert er ausdrücklich gegen den Dichter, der

> [...] weniger die Wahrheit, als die Schönheit der darstellenden Farben vor Augen hatte. Es konnte auch ihm, der überall nur an sich selbst dachte, nicht darauf ankommen, ob er im Interesse seiner Landsleute schrieb. Bald tummelten, durch Göthe angeregt, auch andere Dichter ihre Phantasie in den hesperischen Gefilden, wiewohl sie dieselben gewöhnlich nie selbst gesehen hatten.[42]

Nicolai versucht die Italien-„Manie", die subjektiven Ästhetisierungen Italiens durch Goethe und seine romantischen Nachfolger, im Sinne einer aufklärerischen Kritik richtigzustellen: Er bemängelt, um den Topos vom ‚irdischen Paradies' zu entkräften, die einförmige Vegetation und Topographie des Landes, wertet die Architektur Venedigs und Roms ab und tadelt die „Altertumskrämerei". Vor allem beklagt Nicolai Bettelei und Geldschneiderei, das abscheuliche Essen, schlechte Unterkünfte und die entsetzliche Flohplage. Gewiß verfehlt Nicolais Kritik das Paradigma der inspirationsästhetischen Überformung, das Goethe begründete, und wirkt heute unfreiwillig komisch. Gleichwohl provozierte Nicolais Reise durch „Hesperiens Flohgefilde" eine heftige Polemik, die bis in die 40er Jahre des 19. Jahrhunderts dauerte.[43] Viele Italienreisende, unter ihnen Ludwig Hermann Friedländer, Victor Hehn, Franz von Gaudy und Wolfgang Menzel, gingen mit der ungewollten Selbstparodie einer Informationsreise hart ins Gericht und verteidigten das Paradigma der Inspirationsreise und der ästhetischen Subjektivität: Nicolais *Italien wie es wirklich ist* stellt etwa August

---

41 So schwankt Karl Morgenstern: *Auszüge aus den Tagebüchern und Papieren eines Reisenden. Reise in Italien.* Dorpat, Leipzig 1811–1813, der ausdrücklich keine „Reisebeschreibung", sondern „nur gelegentliche Reisebemerkungen" (S. XII) bieten will, zwischen der Nachahmung Goethes, dem schon die Vorrede huldigt (S. XVIII f.), und Eigenständigkeit. Diese Ambivalenz zeigt sich in einer imaginären Reise mit Goethes Wanderer, die zwischen Potentialis und Irrealis wechselt (Bd. 1, S. 39–43). Noch stärker wechseln inspirationsästhetischer Enthusiasmus und ironische Ernüchterung in Heinrich Heines *Reise von München nach Genua* (1830), deren zentraler Prätext Goethes *Italienische Reise* ist. Vgl. die neuere rezeptionsgeschichtliche Studie von Gretchen L. Hachmeister: *Italy in the German literary imagination: Goethe's „Italian Journey" and its reception by Eichendorff, Platen, and Heine.* Rochester, NY 2002.

42 Gustav Nicolai: *Italien wie es wirklich ist. Bericht über eine merkwürdige Reise in den hesperischen Gefilden, als Warnungsstimme für Alle, welche sich dahin sehnen.* 2 Theile. Leipzig 1834, 1. Theil, S. 3 f.

43 Vgl. Joachim Wieder: *„Italien wie es wirklich ist". Eine stürmische Polemik aus der Geschichte der deutschen Italienliteratur.* In: *Fs. für Luitpold Dussler. 28 Studien zur Archäologie und Kunstgeschichte.* Hrsg. von J. A. Schmoll gen. Eisenwerth. München 1972, S. 317–333. Die Polemik um Nicolais Italienreise ist bislang noch nicht systematisch gewürdigt worden. Ansätze dazu bei Italo Michele Battafarano: *L'Italia ir-reale. Antropologia e paesaggio peninsulare nella cultura tedesca (1649–1879).* Trient 1992, S. 119–152, und Oswald (Anm. 1), S. 142–147.

Eberhard sein *Italien wie es mir erschienen ist* (1839) entgegen. Die Kontroverse um Nicolais Werk kam der Wirkung von Goethes *Italienischer Reise* zugute. Doch wurde auch die Inspirationsreise bald relativiert. So parodiert Eduard Boas in seinem Reiseroman *Des Kriegscomissär Pipitz Reisen nach Italien* (4 Bde., 1841) verschiedene Ansichten von Italien, darunter die aufklärerische wie die empfindsame Perspektive. Spätestens um 1850 wuchsen die Zweifel an der Klassizität Italiens. Volkskundliches Interesse, die Zurückdrängung der Antike durch die Renaissance, neue Reiseformen (Eisenbahn) und Massentourismus minderten das ästhetische Italienerlebnis und die Geltung von Goethes Reisebeschreibung. Ernst Willkomm suchte in seinen *Italienischen Nächten* noch den inspirationsästhetischen Diskurs fortzuschreiben, indem er ihn auf den „verschönernden Glorienschein des Mondes" einschränkte, dessen „bannende Zauberkraft […] in jedem gefühlvollen Menschen den Götheschen Ausspruch zur Wahrheit werden läßt: Wer Italien sah, kann nie ganz unglücklich werden!"[44] Dagegen geht Adolf Stahr, der schon mit der Bahn nach Rom reiste, bereits scharf ins Gericht mit Goethes klassizistischer Palermo-Schilderung.[45] In der zweiten Hälfte des 19. Jahrhunderts setzt eine Historisierung der Reisebeschreibung ein: Sie führt zu einer wissenschaftlichen Systematisierung und merklichen Entsubjektivierung der inspirationsästhetischen Italienerfahrung wie bei Ferdinand Gregorovius und Jacob Burckhardt oder endet wie bei Paul Heyse in der Bildungslyrik des ästhetischen Historismus. Als Inbegriff der Klassik polarisiert Goethes *Italienische Reise* die Avantgarde der Klassischen Moderne, und selbst noch in Rolf Dieter Brinkmanns subjektivistischer Annihilation des Italien-Mythos in *Rom, Blicke* behauptet Goethes *Italienische Reise* seine Wirkung.[46]

---

44 Ernst Willkomm: *Italienische Nächte. Reiseskizzen und Studien.* 2 Bde. Leipzig 1847, S. VI.

45 Adolf Stahr: *Ein Jahr in Italien.* 3 Bde. Oldenburg ^{3}1863–1865; hier Bd. 2, S. 143–147.

46 Vgl. Timm Menke: *Die italienische Reise als Schwanengesang auf die alte Welt: Hans Henny Jahnn und Arno Schmidt in Rolf Brinkmanns „Rom, Blicke".* In: *Reisen, Entdecken, Utopien. Untersuchungen zum Alteritätsdiskurs im Kontext von Kolonialismus und Kulturkritik.* Hrsg. von Anil Bhatti u. Horst Turk. Bern u. a. 1998, S. 103–111; bes. 110f., wo ein Goethe-Zitat Brinkmanns erläutert wird.

JUTTA LINDER

Totes und Lebendiges. Zu Goethes Begegnung mit der griechischen Antike in Sizilien

In einem Brief an Carl Friedrich Zelter vom 28. Juni 1831 kommt Goethe auf die Italienreise des jungen Mendelssohn Bartholdy zu sprechen, wobei er im einzelnen bemerkt:

> Nun ein Wort von dem guten Felix; der Herr Papa hatte sehr Unrecht, ihn nicht nach Sicilien zu schicken; der junge Mann behält eine Sehnsucht ohne Noth. Es muß in meinen letzten sicilianischen oder darauf folgenden neapolitanischen Briefen eine Spur sich finden, welchen unangenehmen Eindruck mir diese vergötterte Insel zurückgelassen hat; ich mag durch Wiederholung auf diesen Punct nicht lasten. (WA IV, 48, S. 258)[1]

Was Goethe bei der Gelegenheit über sich selbst sagt, überrascht zunächst, da er in der Regel genau das Gegenteil behauptet, wenn er sich zur Bedeutung seiner Sizilienreise äußert. Verwiesen sei beispielsweise auf das Schreiben an Carl August vom 27. bis 29. Mai 1787, wo er, indem er seine Rückkehr von der Insel meldet, unter anderem verkündet: „Daß ich Sicilien gesehen habe, ist mir ein unzerstörlicher Schatz auf mein ganzes Leben" (WA IV, 8, S. 221).[2]

Aus der Mitteilung an Zelter muß man schließen, daß es bei dem Sizilienunternehmen, so positiv es in vielem für Goethe gewesen sein mag, wohl auch eine Art Wermutstropfen gegeben hat. Eine diesbezügliche „Spur", wie er sie dem Freund gegenüber geltend macht, findet sich in der Tat im Text der *Italienischen Reise*, und zwar dort, wo beim Bericht von der Rückfahrt nach Neapel per Schiff von der *Vanitas* menschlicher Bemühungen die Rede

---

1 Bezug nimmt Goethe auf einen Brief Zelters vom 10. bis 15. Juni 1831, wo dieser über das Scheitern des Sizilienplans des damals in Rom weilenden Komponisten sagt: „Der Vater hat ihm durchaus nicht erlauben wollen Sicilien zu sehn. Er mag seine Ursachen haben doch soll ein Vater eines folgsamen Sohnes seiner Gewalt Grenzen kennen. Dies habe ich dem Alten bemerklich gemacht" (*Briefwechsel zwischen Goethe und Zelter*; MA 20.2, S. 1488).

2 Gleichlautend drückt sich Goethe ebenfalls dem Diener Seidel gegenüber aus, indem er ihm am 15. Mai 1787 schreibt: „Die Reise durch Sicilien ist denn auch glücklich vollbracht und wird mir ein unzerstörlicher Schatz auf mein ganzes Leben bleiben" (WA IV, 8, S. 213). Vgl. auch seinen Brief an Charlotte von Stein vom 18. April 1787, wo er nach circa zweiwöchigem Aufenthalt auf der Insel schon berichtet, daß die ganze Reise nun „Gestalt" annehme, wohingegen sie, wäre es bei Neapel geblieben, „zu stumpf aufgehört" hätte (vgl. WA IV, 8, S. 212). Siehe schließlich – um ein letztes der vielen möglichen Beispiele anzuführen – die *Italienische Reise* selbst, wo er unter dem 13. April 1787 den dann auch vielzitierten Satz bringt: „Italien ohne Sicilien macht gar kein Bild in der Seele: hier ist erst der Schlüssel zu allem" (WA I, 31, S. 124).

ist; insbesondere wird dabei die Sprache auf die Tempelstätten Trinakriens gebracht, indem es heißt: „Selinunt liegt methodisch umgeworfen, die Tempel von Girgenti niederzulegen waren zwei Jahrtausende nicht hinreichend" (WA I, 31, S. 224).[3]

Wenn es demzufolge vor allem Überreste hellenischer Baukunst waren, die auf Goethe bei der Sizilienreise einen „unangenehmen Eindruck" gemacht haben, dann war die Angelegenheit als solche für ihn allerdings gravierend, denn die griechische Antike bildete ja damals schon seit geraumer Zeit – spätestens seit den Jahren des Sturm und Drang[4] – einen der wichtigsten Punkte in seiner Weltorientierung. Und wenn er somit an einer besonders empfindlichen Stelle getroffen worden ist, dann erklärt sich auch die Radikalität, die sein Urteil im Brief an Zelter bestimmt hat, als er sich im Alter daran erinnerte.

Schaut man jetzt weiter auf den Bericht der *Italienischen Reise*, so finden sich noch mehr Anzeichen dafür, daß es in dieser Hinsicht Probleme gegeben hat. Im Falle Segestas etwa, der archäologischen Stätte, an der Goethe zuerst Halt machte, als er mit Christoph Heinrich Kniep[5] von Mitte April bis Mitte Mai 1787 um die Insel reiste, liefert er in der Autobiographie – ganz entgegen seiner sonstigen Gewohnheit, wenn es sich um Zeugen des Altertums handelte[6] – eine völlig nüchterne Beschreibung des dortigen dorischen Peripteros, so

---

3 Bei dieser „Spur", die Goethe in der Dichtung – wohl um nicht deutlicher werden zu müssen – in die Form von „wahrhaft seekranken Betrachtungen" (WA I, 31, S. 224) kleidet, berücksichtigt er zwar auch die beiden von Erdbeben heimgesuchten Städte Catania und Messina, doch konzentriert er sich in der Hauptsache auf die fraglichen Tempelstätten, indem er schon einleitend im Hinblick auf sie von antiken Völkern wie den Karthagern, Griechen und Römern spricht (vgl. WA I, 31, S. 223 f.). Bislang wurde von der Forschung die Mitteilung an Zelter überwiegend auf anderes bezogen, und zwar vor allem auf die sozialen und politischen Mißstände des zeitgenössischen Sizilien, die laut der *Italienischen Reise* zweifellos auch, aber mit Sicherheit nicht so nachhaltig negativ auf Goethe gewirkt hatten. Vgl. etwa Peter Sprengel: *Sizilien als Mythos. Das Sizilienbild in Goethes „Italienischer Reise" / La Sicilia come mito. L'immagine della Sicilia nel „Viaggio in Italia" di Goethe.* In: *Ein unsäglich schönes Land. Goethes „Italienische Reise" und der Mythos Siziliens / Un paese indicibilmente bello. Il „Viaggio in Italia" di Goethe e il mito della Sicilia.* Hrsg. von/a cura di Albert Meier. Palermo 1987, S. 158–179, und Wilhelm Emil Mühlmann: *Goethe, Sizilien und wir.* In: Germanisch-Romanische Monatsschrift 26 (1976), S. 440–451.

4 Verwiesen sei diesbezüglich nur auf die Akzentuierung der griechischen Antike in Hymnen wie *Wandrers Sturmlied, An Schwager Kronos* und *Prometheus.* Zur Griechenland-Rezeption Goethes im Sturm und Drang siehe insbesondere Mauro Ponzi: *„Eines Schattens Traum". Goethe und Pindar.* In: *Goethes Rückblick auf die Antike. Beiträge des deutsch-italienischen Kolloquiums Rom 1998.* Hrsg. von Bernd Witte u. Mauro Ponzi. Berlin 1999, S. 38–58, und Hans-Jürgen Schrader: *Götter, Helden, Waldteufel. Zu Goethes Sturm-und-Drang-Antike.* In: a. a. O., S. 59–82. Zur Entwicklung der Goetheschen Griechenland-Idee in den einzelnen Lebensphasen empfiehlt sich vor allem die neuere Studie von Jochen Schmidt: *Metamorphosen der Antike in Goethes Werk.* Heidelberg 2002.

5 Den Zeichner und Maler Christoph Heinrich Kniep hatte Goethe laut Reisebericht im März 1787 in Neapel kennengelernt. Vereinbart hatte er mit ihm, daß dieser gegen Überlassen aller „Konture", die er auf Sizilien anfertigen würde, ihn kostenlos auf der Reise durch Trinakrien begleiten könnte. Vgl. die betreffenden Eintragungen unter dem 23. März 1787 (WA I, 31, S. 70). Die noch erhaltenen Blätter Knieps befinden sich im Goethe-Nachlaß, SWKK/GNM (Schuchardt I, S. 270 ff.). Zu Kniep selbst insbesondere Georg Striehl: *Der Zeichner Christoph Heinrich Kniep (1755–1825). Landschaftsauffassung und Antikenrezeption.* Hildesheim, Zürich, New York 1998.

6 Als Beispiel siehe folgende Reaktion auf die antike Fassade der Santa Maria della Minerva zu Assisi, eine in eine spätere Kirche integrierte Tempelfront aus Augusteischer Zeit: „An der Façade konnte ich mich nicht satt sehen, wie genialisch consequent auch hier der Künstler gehandelt. […] Ungern

als ob ihn dieser nichts anginge. „Der Tempel von Segesta ist nie fertig geworden" (WA I, 31, S. 152),[7] eröffnet er seine Ausführungen, um in ähnlichem Ton fortzufahren:

> [...] man hat den Platz um denselben nie verglichen, man ebnete nur den Umkreis, worauf die Säulen gegründet werden sollten; denn noch jetzt stehen die Stufen an manchen Orten neun bis zehn Fuß in der Erde, und es ist kein Hügel in der Nähe, von dem Steine und Erdreich hätten herunter kommen können. (WA I, 31, S. 152)[8]

Und was Agrigent anbelangt, wo er nach dem Besuch Segestas Station gemacht hat, geht Goethe bei seinen Beschreibungen sogar zu deutlicher Kritik über. Vom Tempel der Juno sagt er, daß dessen Trümmer „jährlich mehr" (WA I, 31, S. 161) verfielen; die Ruinen des Jupitertempels bezeichnet er als „Knochenmasse eines Riesengerippes", ja als „Schutthaufen", aus dem fast alles Gebildete „verschwunden" (ebd., S. 162 f.) sei. Auch bei dem schönsten Bauwerk dieser archäologischen Stätte, dem Tempel der Concordia[9], spart er nicht mit Einwänden. Zwar räumt er anfangs ein, daß dieser sich im Vergleich zu den Peripteroi Paestums dank seines schlankeren dorischen Baustils wie „Göttergestalt zum Riesenbilde" (WA I, 31, S. 162) verhalte, doch setzt er daraufhin fort:

> Ich will mich nicht beklagen, daß der neuere löbliche Vorsatz, diese Monumente zu erhalten, geschmacklos ausgeführt worden, indem man die Lücken mit blendend weißem

riß ich mich von dem Anblick los und nahm mir vor, alle Architekten auf dieses Gebäude aufmerksam zu machen, damit uns ein genauer Riß davon zukäme" (WA I, 30, S. 183 f.).

7 Der auf das letzte Viertel des 5. Jahrhunderts v. Chr. zurückgehende dorische Tempel der südwestlich von Palermo liegenden – ursprünglich elmymischen – Siedlung Segesta ist vermutlich durch den Krieg mit Selinunt von 416 nicht zur Fertigstellung gekommen. Dazu Gottfried Gruben: *Die Tempel der Griechen*. Aufnahmen von Max Hirmer. München [4]1986, S. 316 f.

8 Vgl. die Aufzeichnungen zum Tempel Segestas, die von den wenigen Süditalien betreffenden Papieren, die Goethe nach Fertigstellung der *Italienischen Reise* nicht vernichtet hat, noch erhalten geblieben sind. Der entsprechende Passus lautet dort: „Tempel zu Segeste. / Ist nie fertig geworden und man hat den Platz um denselben nie verglichen, vielmehr hat man nur den Raum geebnet auf dem man den Tempel bauen wollte, ringsumher den Grund zu den Säulen gelegt. Denn noch jetzt stehn die Stufen an manchen Orten 9–10 Fuß unter der Erde und es ist kein Hügel in der Nähe, von dem Steine und Erdreich hätten herunterkommen können" (WA III, 1, S. 338 f.). Wenn sich Goethe bei der Ausarbeitung der dichterischen Version dergestalt an die ursprünglichen Reisenotizen gehalten hat – im weiteren Fortgang zum Kapitel Segesta hat er nur von wenigen Details, namentlich zu den Säulenbasen, und von diesbezüglichen zeichnerischen Wiedergaben abgesehen –, dann sollte man auch im Hinblick auf die sonstigen Sizilienausführungen der *Italienischen Reise* von einer vom Faktischen her recht treuen Wiedergabe der damaligen Erfahrungen ausgehen können. Bestärkend wirkt in dieser Hinsicht auch eine als Handschrift Goethes überlieferte Liste sizilianischer Reisestationen, da ihre Datierungen genau mit denen der Autobiographie übereinstimmen. Vgl. SWKK/GSA 25/XXVII, N. 3. Daß sich vom Faktischen her die Dichtung bis zum ersten römischen Aufenthalt auch an das für Charlotte von Stein geschriebene Reisetagebuch hält, sei abschließend dazu angeführt.

9 Der gegen Ende des 5. Jahrhunderts v. Chr. entstandene sogenannte Tempel der Concordia (vermutlich wurde er aber zu Ehren von Castor und Pollux erbaut), der gleichfalls dorischen Stils ist, hat sich besonders gut aufgrund der Tatsache erhalten, daß er zwischenzeitlich durch einen ihn umgebenden – vor Goethes Besuch längst wieder aufgelösten – Kirchenbau geschützt wurde. Hierzu wiederum Gruben (Anm. 7), S. 312 f.

> Gyps ausbesserte; dadurch steht dieses Monument auch auf eine gewisse Weise zertrümmert vor dem Auge; wie leicht wäre es gewesen, dem Gyps die Farbe des verwitterten Steins zu geben. Sieht man freilich den so leicht sich bröckelnden Muschelkalk der Säulen und Mauern, so wundert man sich, daß er noch so lange gehalten. (WA I, 31, S. 162)

Neben kritischen Anmerkungen solcher Art – von Ausnahmefällen wird später die Rede sein – gibt es noch anderes, was darauf schließen läßt, daß sich in fraglichem Punkt Probleme gezeigt haben. Gemeint ist die Tatsache, daß Goethe auf Sizilien beileibe nicht die Möglichkeiten ausschöpfte, die ihm im Hinblick auf Zeugen griechischer Kunst geboten wurden. So hat er gegenüber dem – durch Winckelmanns Einfluß auf Hellenisches konzentrierten – Reisebericht Johann Hermann von Riedesels[10], den er als Führer bei seiner Exkursion benutzte und den zu loben er im übrigen nicht müde wurde,[11] doch vieles unbeachtet gelassen, darunter auch Wichtiges. Das griechische Theater von Segesta hat er nicht aufgesucht, obwohl es ihn vom Tempel aus nur einen kürzeren Fußmarsch gekostet hätte. In Selinunt, einem der größten Tempelgebiete überhaupt, von dem er ja, wie gezeigt, selbst in der Autobiographie gesprochen hat, war er nicht; dabei hat der Ort auf seinem Weg gelegen, als er sich von Segesta kommend südwärts nach Agrigent wandte. Auch auf Syrakus, das einst eine so bedeutende hellenische Kolonie gewesen ist, hat er bei seinem Rundgang verzichtet; einer „gewissen eigensinnigen Grille" (WA I, 31, S. 171) folgend, so die Auskunft der Autobiographie, beschloß er, als er von Agrigent aufbrach, die Reise durchs Landesinnere fortzusetzen und somit erst auf der Höhe von Catania, mithin ein ganzes Stück oberhalb der berühmten Stadt, auf die Ostküste der Insel zu stoßen.

Gab es beim Sizilienaufenthalt im Hinblick auf die Kunst Schwierigkeiten, so verhielt es sich geradezu entgegengesetzt bezüglich der Natur. Bei seiner ohnehin so starken Ausrichtung auf sie – erinnert sei an das Interesse an den Naturwissenschaften und die Orientierung an Spinoza – hat Goethe das Mediterrane dann gleichsam als Offenbarung erlebt. Dies läßt sich bereits dem Bericht von der Ankunft im Hafen Palermos entnehmen, wo es in der *Italienischen Reise* unter anderem heißt:

---

10 *Reise durch Sicilien und Großgriechenland*, Zürich 1771. Schon Monate vor dem eigenen Sizilienunternehmen hatte Goethe sich für den – ihm aus der väterlichen Bibliothek bekannten – anonym erschienenen Reisebericht des Johann Hermann von Riedesel als Führer entschieden, wie aus einer Bemerkung im Brief an den Weimarer Freundeskreis vom 6. Januar 1787 hervorgeht (vgl. WA IV, 8, S. 120). Daß der hessische Baron seinerseits Trinakrien streng nach Winckelmannschen Kriterien, ja sogar nach persönlichen Anweisungen des in Rom weilenden Altertumsforschers inspiziert hatte, ist bekannt. Zu den Einzelheiten: Ernst Osterkamp: *Johann Hermann von Riedesel, Goethes Reiseführer in Sizilien / Johann Hermann von Riedesel, la guida di Goethe in Sicilia.* In: Meier (Anm. 3), S. 194–213, und Walter Rehm: *Johann Hermann von Riedesel, Freund Winckelmanns, Mentor Goethes, Diplomat Friedrichs des Großen.* In: Imprimatur 8 (1938), S. 71–101.

11 „Aus frommer Scheu habe ich bisher den Namen nicht genannt des Mentors, auf den ich von Zeit zu Zeit hinblicke und hinhorche; es ist der treffliche von Riedesel, dessen Büchlein ich wie ein Brevier oder Talisman am Busen trage" (WA I, 31, S. 164), bemerkt Goethe beispielsweise bei der ersten Nennung seines Reiseführers in der *Italienischen Reise.* Wenn er hier ferner bekennt: „Sehr gern habe ich mich immer in solchen Wesen bespiegelt, die das besitzen was mir abgeht" (ebd.), dann ist auch dies als Hinweis darauf zu verstehen, daß der Zugang zu den griechischen Sehenswürdigkeiten ihm selbst in dem Fall schwer war.

Mit keinen Worten ist die dunstige Klarheit auszudrücken, die um die Küsten schwebte, als wir am schönsten Nachmittage gegen Palermo anfuhren. Die Reinheit der Conture, die Weichheit des Ganzen, das Auseinanderweichen der Töne, die Harmonie von Himmel, Meer und Erde. Wer es gesehen hat, der hat es auf sein ganzes Leben. (WA I, 31, S. 91)

Wie sich jetzt schon denken läßt, war es auch die Natur, die Goethe anführte, wenn er – und das ja in der Regel – sein Sizilienerlebnis als besonders wertvoll auswies. So macht er etwa im eingangs zitierten Schreiben an den Weimarer Landesherrn, wo er diese Erfahrung als „unzerstörlichen Schatz" fürs „ganze Leben" begreift, geltend: „Das ist an Sicilien so lustig, daß, wenn man kaum eine Strecke in's Land hinein ist, gleich auf der andern Seite das Meer wieder erscheint und eine neue Küste uns entgegen lacht" (WA IV, 8, S. 222). Und in einem Brief an Philipp Seidel aus derselben Zeit, nämlich vom 15. Mai 1787, in dem er sich gleichfalls der Formulierung vom Lebensschatz bedient, schreibt er: „Besonders kann man sich keinen Begriff von der Fruchtbarkeit des innern Landes machen wenn man es nicht gesehn hat" (WA IV, 8, S. 213).[12]

Und die Natur war es dann, die – anders, als es bei der Kunst durchweg der Fall war – Goethe auf Sizilien Griechenland erleben ließ, was er selbst in der *Italienischen Reise* immer wieder unterstreicht, indem er etwa davon spricht, er werde „in's Alterthum" (WA I, 31, S. 105) versetzt oder er wandle auf einem „überclassischen Boden" (ebd., S. 201). Detailliert beschreibt er hierbei, wie ihm im öffentlichen Garten von Palermo, wo „Citronenspaliere" sich „zum niedlichen Laubengange" wölbten, wo „hohe Wände des Oleanders, geschmückt von tausend rothen nelkenhaften Blüthen" (WA I, 31, S. 105) das Auge lockten, die „Insel der seligen Phäaken" (ebd., S. 106) in den Sinn kam, wie er sich daraufhin einen Homer beschaffte[13] und schließlich an den Entwurf einer *Nausikaa*-Dichtung ging[14]. In welchem Maß er bezüglich der Natur Sizilien mit Hellas identifizierte, zeigt sich besonders, wenn man die überlieferten Reiseaufzeichnungen mit den Formulierungen des Dichters vergleicht, so etwa

---

12 Zum Nachweis der Formulierung gegenüber Seidel siehe Anm. 2. Auch an der Stelle der *Italienischen Reise*, wo er Sizilien als „Schlüssel zu allem" bezeichnet, führt Goethe die Natur als Erklärung an, indem er fortfährt: „Vom Klima kann man nicht Gutes genug sagen; jetzt ist's Regenzeit, aber immer unterbrochen; heute donnert und blitzt es, und alles wird mit Macht grün. Der Lein hat schon zum Theil Knoten gewonnen, der andere Theil blüht. Man glaubt in den Gründen kleine Teiche zu sehen, so schön blaugrün liegen die Leinfelder unten. Der reizenden Gegenstände sind unzählige!" (WA I, 31, S. 125). Daß auch die Fortschritte bei Goethes Suche nach der „Urpflanze" vor dem Hintergrund des überwältigenden sizilianischen Naturerlebnisses zu sehen sind, versteht sich.

13 Belegt wird dies durch eine handschriftliche Ausgabenliste Goethes von der Sizilienreise, die unter dem 15. April 1787 die Eintragung „Homeri Opera" aufweist. Siehe SWKK/GSA 25/XXVII, N. 3. Vgl. auch die Eintragung gleichen Datums in dem als Paralipomenon überlieferten Kalendarium der Sizilienreise (WA I, 31, S. 329).

14 Vgl. die Eintragungen vom 7. u. 16. April 1787 in der *Italienischen Reise* (WA I, 31, S. 106f. u. 147). Entsprechend war es auch in Taormina die Natur, und zwar ein Garten mit Orangenbäumen, wo Goethe das (bekanntlich dann unvollendet gebliebene) *Nausikaa*-Projekt weiterentwickelte. Vgl. den Bericht unter dem 8. Mai (WA I, 31, S. 197f.). Zu seiner Mythisierung des sizilianischen Naturerlebnisses siehe besonders Margherita Cottone: *Itinerari. Metafore e simboli della letteratura tedesca.* Palermo 1988, S. 60f.

Notizen wie „Himmel mit weislichem Dunste" (WA I, 31, S. 333) oder „Weiser Morgen alles in Duft" (ebd., S. 334) mit folgendem Paralipomenon zu *Nausikaa*: „Ein weiser Glanz ruht über Land und Meer / Und duftend schwebt der Aether ohne Wolcken" (WA I, 10, S. 423).

Daß es bei Goethes Griechenlanderfahrung in Sizilien zu einem derartigen Gefälle in der Wahrnehmung von Natur und Kunst wie dem beschriebenen gekommen war, ist als solches von der einschlägigen Forschung schon oft herausgestellt worden.[15] Offen geblieben ist aber immer noch die Frage, weshalb es überhaupt dazu kam, und dabei im speziellen, wie es sich letztlich erklären läßt, daß die Überreste griechischer Bauwerke auf Goethe einen „unangenehmen Eindruck" machen konnten.[16] Dem nachzugehen ist die Aufgabe dieses Beitrags.

Vorangestellt sei die grundsätzliche Feststellung, daß Ruinen *per se*, unabhängig davon, von welcher Baukunst sie zeugen, aufgrund ihres Verfallzustands der Ruch des Erstorbenen anhaftet. Und was Goethe betrifft, so war ihm bekanntlich eine Aversion gegen Dinge eigen, die auch nur annähernd in diese Richtung schlugen. Geäußert hat sich das im praktischen Leben zum Beispiel darin, daß er es möglichst vermied, mit Erscheinungen des Verfalls in Berührung zu kommen und schon deswegen nicht an Bestattungen teilzunehmen gedachte – selbst dann nicht, wenn es sich um die des eigenen Landesherrn handelte.[17] Auch im Bereich der Kunst hat sich diese Aversion geltend gemacht, wie sich etwa an dem Gespräch mit Friedrich Christoph Förster vom 25. August 1831 zeigen läßt, in dem Goethe angesichts des Gemäldes von Carl Friedrich Lessing *Klosterhof im Schnee* ausruft:

> Was ist mir das für eine frostige Jugend, die eine solche Winterlandschaft wie diese hier [...] malt; ich höre viel Gutes von dem jungen Manne, er verrät Talent, aber mit seiner

---

15 Vgl. etwa die Studien von Norbert Miller: *Die Insel der Nausikaa. Spiegelungen des Sizilianischen Abenteuers.* Stuttgart 1994, S. 6f., und *Der Wanderer. Goethe in Italien.* München, Wien 2002, S. 254f., 273, 279f., sowie von Ernst Osterkamp: *Zur Geschichte der deutschen Sizilienwahrnehmung im 18. und 19. Jahrhundert / L'immagine della Sicilia nei viaggiatori tedeschi del XVII e XIX secolo.* In: Meier (Anm. 3), S. 138–157; hier S. 146, Wilfried Barner: *Altertum, Überlieferung, Natur. Über Klassizität und autobiographische Konstruktion in Goethes „Italienischer Reise".* In: GJb 1988, S. 64–92; hier S. 74, und Albert Meier: *Seekranke Betrachtungen auf der Königin der Inseln. J. W. Goethes Sizilienerfahrung im Zusammenhang der „Italienischen Reise".* In: Germanisch-Romanische Monatsschrift 39 (1989), S. 180–195; hier S. 188f.

16 Offen geblieben ist die Frage insofern, als die bislang von der Kritik angeführte Erklärung, es sei der dorische Baustil gewesen, der bei Goethe die beschriebene Reaktion ausgelöst habe, im Fall Sizilien nicht zutreffen kann. Dazu Anm. 25.

17 Siehe den Brief vom 10. Juli 1828, in dem Goethe an Zelter schreibt: „Bey dem schmerzlichsten Zustand des Innern mußte ich wenigstens meine äußern Sinne schonen und ich begab mich nach Dornburg, um jenen düstern Functionen zu entgehen" (WA IV, 44, S. 179f.). Bezeichnend ist auch das Verhalten Goethes, von dem im Zusammenhang mit Schillers Tod Carl von Stein in seinen Erinnerungen berichtet: „Als Schiller starb, wollte ihn [Goethe] meine Mutter bereden, ihn noch zu sehen. Er antwortete aber mit Widerwillen: ‚O nein! die Zerstörung!'" (Gespräche, Bd. 2, S. 9). Wenn Goethe sich später dann aber doch dem Anblick von Schillers Schädel (wie schon auf der Italienreise dem Raffaels) aussetzte, ein Tatbestand, von dem das berühmte Beinhausgedicht Zeugnis ablegt, so hat in einem solchen Fall, wie letzthin Albrecht Schöne herausgestellt hat, das osteologische Interesse des Naturwissenschaftlers obsiegt (vgl. Albrecht Schöne: *Schillers Schädel.* München 2002, S. 5ff. u. 40).

> Winterlandschaft will ich nichts zu schaffen haben, und dabei noch Mönche und Begräbnis, lauter Negationen, die ich nicht statuiere. (Gespräche, Bd. 3.2, S. 804)

Daß sich aus einer solchen Haltung auch Goethes Kritik an der Romantik erklärt – man denke nur an Bezeichnungen wie „Lazarettpoesie“[18] und dergleichen –, sei im übrigen vermerkt.

Zurück zum Thema Ruinen: Selbstverständlich hat es angesichts dieser Aversion dann auch am Moment des Toten an sich gelegen, wenn bauliche Überreste einen „unangenehmen Eindruck“ auf Goethe machten. Nur unter bestimmten Bedingungen, und zwar in Fällen, wo dieses Tote durch besondere Umstände gewissermaßen verwischt wurde, konnten sich ihm die Dinge anders darstellen, was zunächst am Beispiel Roms illustriert sei. „Wie man geht und steht, zeigt sich ein landschaftliches Bild aller Art und Weise“ (WA I, 30, S. 206), schreibt er wenige Tage nach der Ankunft in der „Hauptstadt der Welt“ (WA I, 30, S. 198), um anschließend zu präzisieren: „Paläste und Ruinen, Gärten und Wildniß, Fernen und Engen, Häuschen, Ställe, Triumphbögen und Säulen, oft alles zusammen so nah, daß es auf ein Blatt gebracht werden könnte“ (WA I, 30, S. 206 f.). Dadurch also, daß sich um die Überreste des alten Rom die Bauten und Naturflecken der neueren Stadt wie ein lebendiger Rahmen rankten, war ihm die Erscheinung insgesamt – und auf die Gesamterscheinung kommt es bei Goethe immer an[19] – eine willkommene. Fiel das Moment des lebendigen Rahmens weg, wie es beim Abschied von der Metropole während eines nächtlichen Spaziergangs geschah, weil so vieles in Finsternis versank, kehrte sich der Eindruck wieder in sein Gegenteil. So heißt es im Reisebericht:

> [...] in der Einsamkeit der Via Sacra erschienen die sonst so bekannten Gegenstände fremdartig und geisterhaft. Als ich aber den erhabenen Resten des Coliseums mich näherte und in dessen verschlossenes Innere durch's Gitter hineinsah, darf ich nicht läugnen, daß mich ein Schauer überfiel und meine Rückkehr beschleunigte. (WA I, 32, S. 336)[20]

---

18 Verwiesen sei nur auf das Gespräch mit Eckermann vom 24. September 1827, wo Goethe den Begriff „Lazarettpoesie“ aufbringt und dabei von der damaligen Romantikergeneration sagt: „Die Poeten schreiben alle, als wären sie krank und die ganze Welt ein Lazaret. Alle sprechen sie von dem Leiden und dem Jammer der Erde und von den Freuden des Jenseit, und unzufrieden, wie alle schon sind, hetzt einer den andern in noch größere Unzufriedenheit hinein“ (FA II, 12, S. 262). Warum Goethe so schnell etwas als „krank“ bezeichnete, versteht sich vor dem Hintergrund, daß ihn das Phänomen des Kranken aufgrund des Bewußtseins von einer latenten eigenen Gefährdung als Genie ganz besonders beschäftigt hat. Näheres dazu in meiner Arbeit *„Falsche Tendenzen“. Der Staatsdiener Goethe und der Dichter.* Soveria Mannelli 2002, S. 141–153.

19 Zur Illustration ein Beispiel zum Thema Bühnengestaltung: Im Gespräch mit Eckermann vom 17. Februar 1830 bemerkt Goethe eingedenk der eigenen Erfahrungen als Weimarer Theaterdirektor, die Schauspieler müßten die Farben ihres Aufzugs auf die des Bühnenhintergrunds abstimmen. „Tritt ein Schauspieler mit einer roten Uniform und grünen Beinkleidern in ein rotes Zimmer“, „so verschwindet der Oberkörper und man sieht bloß die Beine; tritt er mit demselbigen Anzuge in einen grünen Garten, so verschwinden seine Beine und sein Oberkörper geht auffallend hervor“ (FA II, 12, S. 384 f.).

20 Daß selbst unter den grundsätzlich günstigen Umständen Roms Goethe sich im Hinblick auf das Phänomen Ruinen auch dort des öfteren schwertat, ist noch weiteren Stellen der *Italienischen Reise* zu entnehmen. So notiert er etwa unter dem 22. Januar 1787: „Doch auch in Rom ist zu wenig für den gesorgt, dem es Ernst ist, in's Ganze zu studiren. Er muß sich alles aus unendlichen, obgleich

Betrachtet man nun die anstehenden Fälle aus dem beschriebenen Blickwinkel, dann lassen sie sich relativ mühelos klären. Fangen wir mit denen an, wo günstige Begleitumstände den Faktor des Beklemmenden bzw. im Sprachgebrauch Goethes des „Apprehensiven“[21] auszuschalten vermochten. Verhalten hat es sich so bei den Überresten zweier bisher noch nicht genannter kleinerer, etwas abgelegenerer Tempel von Agrigent, dem des Aeskulap und dem der Demeter, und zwar deshalb, weil sie seinerzeit in neuere Bauwerke einverleibt worden waren, was ihnen folglich ganz den Ruinencharakter nahm. Bei ersterem tat noch ein Naturmoment das Seinige hinzu, weshalb Goethe dann auch im Reisebericht sagen konnte: „Der Tempel des Äsculap, von dem schönsten Johannisbrotbaum beschattet und in ein kleines feldwirthschaftliches Haus beinahe eingemauert, bietet ein freundliches Bild“ (WA I, 31, S. 163 f.).[22] Gegeben sind entsprechende Bedingungen auch beim Theater von Taormina, das der Klarheit halber an dieser Stelle gleichwohl zu erwähnen ist, obschon es strenggenommen, da es aufgrund einschneidender Umbauten aus römischer Epoche seine griechischen Charakteristika nahezu verloren hat, nicht mehr zum eigentlichen Gegenstand der Untersuchung gehört. Die Bedingungen sind insofern gegeben, als sich die Ruinen inmitten der schönsten natürlichen Umgebung präsentieren: vor dem Hintergrund des Ätna einerseits und der Küsten des Ionischen Meeres von Kalabrien bis hinunter nach Syrakus andererseits – eine Besonderheit, die auch Goethe selbst, der bezeichnenderweise von „Natur- und Kunstwerk“ (WA I, 31, S. 195) spricht, rühmend hervorhebt.[23] Und gegeben

---

überreichen Trümmern zusammenstoppeln“ (WA I, 30, S. 259). Eingehend behandelt hat Goethes Auseinandersetzung mit den antiken Überresten Roms Wilfried Barner: *Die Trümmer der Geschichte. Über römische Erfahrungen Goethes.* In: *Geschichte als Literatur. Formen und Grenzen der Repräsentation von Vergangenheit.* Hrsg. von Hartmut Eggert, Ulrich Profitlich u. Klaus R. Scherpe. Stuttgart 1990, S. 140–150.

21 Zu Goethes Gebrauch des Terminus siehe z. B. den Brief an Boisserée vom 10. November 1826, wo er in Bezugnahme auf die anstehende Überführung der Gebeine Schillers vom Landschaftskassengewölbe des Weimarer Jakobsfriedhofs in die Fürstengruft des neuen Friedhofs erklärt: „Das Ereigniß mit den Schillerschen Reliquien hat immer etwas Apprehensives, selbst für die, welche das Geschehene nicht mißbilligen, sogar für mich, der ich die Nothwendigkeit vorzuschreiten einsehend die Angelegenheit im Stillen geleitet und gefördert habe“ (WA IV, 41, S. 223). Aufschlußreich sind in dem Zusammenhang auch die Erzählungen Goethes von seinen frühen Versuchen, sich „von aller Apprehension gegen widerwärtige Dinge zu befreien“, im neunten Buch von *Dichtung und Wahrheit* (vgl. WA I, 27, S. 258).

22 Was den kleinen – fälschlich oft mit Ceres und Proserpina in Verbindung gebrachten – Tempel der Demeter betrifft, in den das Kirchlein San Biagio einverleibt worden ist, so betont Goethe auch hier das Erfreuliche der Verbindung beider Bauwerke (vgl. WA I, 31, S. 165 f.). Anders als in diesem Fall ist in dem des Aeskulaptempels aufgrund der fortgeschrittenen Zerstörung heute kaum mehr etwas von der baulichen Verbindung zu sehen.

23 „Setzt man sich nun dahin, wo ehmals die obersten Zuschauer saßen“, führt Goethe im einzelnen zu diesem Panorama aus, „so muß man gestehen, daß wohl nie ein Publicum im Theater solche Gegenstände vor sich gehabt. Rechts zur Seite auf höheren Felsen erheben sich Castelle, weiter unten liegt die Stadt [...]. Nun sieht man an dem ganzen langen Gebirgsrücken des Ätna hin, links das Meerufer bis nach Catania, ja Syrakus; dann schließt der ungeheure dampfende Feuerberg das weite breite Bild, aber nicht schrecklich, denn die mildernde Atmosphäre zeigt ihn entfernter und sanfter als er ist. / Wendet man sich von diesem Anblick in die an der Rückseite der Zuschauer angebrachten Gänge, so hat man die sämmtlichen Felswände links, zwischen denen und dem Meere sich der Weg nach Messina hinschlingt“ (WA I, 31, S. 195 f.). Aufschlußreich ist in dem Kontext wiederum, daß Goethe, als er eine Zeichnung des Theaters von Taormina anfertigte, dieses als fast

sind diese Bedingungen auch bei dem im Salernitanischen gelegenen Paestum, das gleichfalls aus Gründen der Deutlichkeit noch zu erwähnen ist. Nicht die natürliche Umgebung ist es hier, sondern vielmehr die Anlage der archäologischen Stätte selbst[24], die das Ganze ins Gefälligere wendet. Zum einen geschieht dies durch die Einbettung der Bauten in ein Ambiente aus Ringmauern, Toren und internen Sträßchen und zum anderen durch ein ganz dichtes Nebeneinander zweier Tempel, was Goethe schließlich zu einer ‚Kontaktaufnahme' animiert hat, die er in der *Italienischen Reise* beschreibt. Er berichtet hier, wie er sein anfängliches Befremden über den altdorischen Stil[25] überwand: „[...] wenn man sich", so sagt er

---

ganz restauriert darstellte, indem er das Moment des Ruinenhaften auf die bloße Andeutung eines Risses im Zentrum der Bühnenwand reduzierte. Abgebildet im *Corpus der Goethezeichnungen*, III, Nr. 32. Das Original befindet sich im Goethe-Nachlaß, SWKK/GNM, Inv.-Nr. 393.

24 Siehe die Beschreibung durch Winckelmann, der zusammen mit Johann Jakob Volkmann (jenem Volkmann, an dessen Reisebericht Goethe sich bis einschließlich Rom gehalten hat) 1758 die erst wenige Jahre zuvor ins öffentliche Bewußtsein getretene archäologische Stätte besichtigt hat, im Vorbericht der *Anmerkungen über die Baukunst der Alten*: „Von der Stadt Pesto, welche etwa anderthalb italiänische Meilen von dem Gestade des Meers entfernet ist, hat sich die ganze Ringmauer mit ihren vier Thoren, in's Gevierte gezogen, erhalten [...] auf der Mauer stehen in gewisser Weite von einander runde Thürme. Innerhalb der Mauern und in der Mitte der ehemaligen Stadt stehen zween Tempel und ein drittes öffentliches Gebäude, welches entweder eine Basilika, oder eine Palästra oder Gymnasium gewesen ist" (*Johann Winckelmanns sämtliche Werke*. Bd. 2. Hrsg. von Joseph Eiselein. Donauöschingen 1825, S. 336f. Wiedergegeben hat Volkmann dann die Beschreibung unter Berufung auf Winckelmann in den eigenen *Historisch-kritischen Nachrichten von Italien*. Bd. 3. Leipzig 1771, S. 333f.).

25 „[...] der erste Eindruck", so berichtet Goethe ganz zu Beginn über Paestum, „konnte nur Erstaunen erregen. Ich befand mich in einer völlig fremden Welt. Denn wie die Jahrhunderte sich aus dem Ernsten in das Gefällige bilden, so bilden sie den Menschen mit, ja sie erzeugen ihn so. Nun sind unsere Augen und durch sie unser ganzes inneres Wesen an schlankere Baukunst hinangetrieben und entschieden bestimmt, so daß uns diese stumpfen, kegelförmigen, enggedrängten Säulenmassen lästig, ja furchtbar erscheinen" (WA I, 31, S. 71f.). Diese Aussage war es, die die einschlägige Forschung dazu veranlaßt hat, auch die Reaktion Goethes auf die griechischen Tempel Siziliens unter dem Zeichen eines schwierigen Sich-Anfreundens mit dem altdorischen Baustil zu sehen und somit das Ganze als eine die Kunst selbst betreffende Problematik zu behandeln (siehe beispielsweise unter den jüngsterschienenen Studien zum Thema: Miller 2002 [Anm. 15], S. 272ff. u. 280, und Andreas Beyer: *Dorisch in Weimar – Zu Goethes architektonischem Lehrgebäude*. In: *Das Römische Haus in Weimar*. Hrsg. von Andreas Beyer. München, Wien 2001, S. 13ff.). Entgegenhalten läßt sich dem zunächst einmal, daß Goethe während des ersten Paestumbesuchs, also noch vor der Sizilienreise, zur dorischen Tempelarchitektur als solcher durchaus Zugang gefunden hat: „Doch nahm ich mich bald zusammen", erklärt er in unmittelbarem Anschluß, „erinnerte mich der Kunstgeschichte, gedachte der Zeit, deren Geist solche Bauart gemäß fand, vergegenwärtigte mir den strengen Stil der Plastik, und in weniger als einer Stunde fühlte ich mich befreundet, ja ich pries den Genius, daß er mich diese so wohl erhaltenen Reste mit Augen sehen ließ" (WA I, 31, S. 72). Hinzu kommt, daß die jeweiligen Tempel, die er in Sizilien *de facto* in Augenschein genommen hat, im Schnitt jüngeren Datums als die Paestums sind und sich folglich in ihrem spezifisch dorischen Charakter auch schon entsprechend gemäßigter erweisen. Hätte es – um es einmal überspitzt zu formulieren – wirklich am Dorischen gelegen, dann hätte die Reaktion auf Sizilien positiver ausfallen müssen als die auf Paestum, doch das Gegenteil war der Fall. Angemerkt sei, daß Goethe die in der *Italienischen Reise* beschriebene Dynamik des Poseidonia-Erlebnisses – das Ablösen des Befremdetseins durch Begeisterung – im zweiten Teil seines *Faust*, und zwar mit einem Redeabschlag zwischen dem Architekten und dem Astrologen in der Ritter-

von den Tempeln, „um sie her, durch sie durch bewegt, theilt man ihnen das eigentliche Leben mit; man fühlt es wieder aus ihnen heraus, welches der Baumeister beabsichtigte, ja hineinschuf" (WA I, 31, S. 72). Und daß er hier sogar den Terminus „Leben" ins Spiel bringt, spricht für sich.

Kommen wir nun zu dem für uns Wichtigsten, nämlich zu jenen Fällen, wo keine vergleichbaren Bedingungen herrschen, die für Goethe seinerzeit den Eindruck des Toten zu mildern vermochten. Der Tempel der Concordia Agrigents – um mit diesem den Anfang zu machen – hat sich zwar wie die von Paestum bemerkenswert gut über die Jahrtausende erhalten, doch präsentiert er sich innerhalb der ausgedehnten archäologischen Stätte als Teil einer Kette von Peripteroi, die ihrerseits in hohem Maße unter Zerstörung gelitten haben. Auf ihn färbt naturgemäß das Verfallene der Umgebung ab, und dies war es offensichtlich, was Goethe entsprechend negativ gestimmt hat; in der *Italienischen Reise* bemerkt er daher, daß der Bau mit seiner eigentümlichen Restaurierungstechnik „auch" in gewisser Weise „zertrümmert vor dem Auge" stehe. Und was Segesta betrifft, so geht es wiederum um ein Problem der Lage; diesmal weil der seinerseits gleichermaßen wohlkonservierte Tempel in verlorenster Einsamkeit auf einem Hügel thront.[26] Goethe spricht bei seiner Beschreibung von „trauriger Fruchtbarkeit" (WA I, 31, S. 154) der Umgebung, was um so bezeichnender ist, als er im allgemeinen mit Fruchtbarkeit das genaue Gegenteil verbindet. Und wenn er in der *Italienischen Reise* das Kapitel Segesta mit der Bemerkung schließt: „Der Wind saus'te in den Säulen wie in einem Walde, und Raubvögel schwebten schreiend über dem Gebälke" (ebd.), dann gibt er mit einem solchen eher einem E. T. A. Hoffmann oder einer Annette von Droste-Hülshoff gemäßen Aperçu einmal mehr zu verstehen, daß das Ganze für ihn zur Kategorie des „Apprehensiven" gehört hat.

Wenn sich die Dinge wie beschrieben verhalten, dann versteht sich von selbst, daß Goethe Ruinen, die wirklich nur noch aus Trümmern bestanden, keine weitere Beachtung mehr schenkte, wie es – von den heutigen Restaurierungen muß man absehen – beim Tempel der

---

saalszene, dichterisch verarbeitet hat, indem er zunächst ersteren in bezug auf einen „alte[n] Tempelbau" Worte wie „Das wär' antik! ich wüßt' es nicht zu preisen, / Es sollte plump und überlästig heißen" sprechen läßt, um wenig später letzterem in den Mund zu legen: „Der Säulenschaft, auch die Triglyphe klingt, / Ich glaube gar der ganze Tempel singt" (WA I, 15.1, S. 80 u. 82, V. 6403 f., 6409 f. u. 6447 f.). Und wie konsequent er dann an seiner Befürwortung des Dorischen festhielt, hat er u. a. bei dem einige Jahre nach der Rückkehr aus Italien in Angriff genommenen Bau des Römischen Hauses in Weimar bewiesen, zu dem ihm der Landesherr freie Hand gelassen. So wie er an der Frontseite des Gebäudes im Erdgeschoß vier ionische Säulen anbringen ließ, so tat er es zuvor im Untergeschoß – offensichtlich um die historische Aufeinanderfolge der Stilrichtungen zu unterstreichen – an der Rückseite mit vier dorischen. Detailliertes dazu bei Beyer, a. a. O., S. 19 ff., und Rainer Ewald: *Goethes Architektur. Des Poeten Theorie und Praxis.* Weimar 1999, S. 398 ff.

26 Auf die Eigentümlichkeit der Lage wird generell von den Sizilienreisenden hingewiesen; der Zeitgenosse Goethes Houel beispielsweise spricht von einer „campagne déserte". Vgl. Jean Pierre Louis Houel: *Voyage pittoresque des isles de Sicile, de Malte et de Lipari.* Bd. 1. Paris 1782, S. 9. In den überlieferten Reisenotizen von 1787 nimmt Goethe im Segesta-Kapitel auf den Franzosen Bezug, indem er bemerkt, er wolle vom „Ganzen" nichts sagen, das müsse „Houels Werck besser kennen machen als Worte" (WA III, 1, S. 341). Auch in dem Fall handelt es sich wieder um eine „Spur", denn was Houels Werk – gemeint sind dessen graphische Darstellungen im Reisebericht (bes. Tafel VI) – besonders „kennen" macht, ist die Verlorenheit der Erscheinung, mithin das „Apprehensive".

Juno und dem des Jupiter von Agrigent der Fall war. Und natürlich versteht sich dann auch, weshalb er auf seiner sizilianischen Rundreise so manches aus dem Besichtigungsprogramm eines Riedesel von vornherein gestrichen hat. „Die Mühseligkeit, in den unscheinbaren Trümmern eines Theaters herumzusteigen", sagt er in der Autobiographie bezüglich des damals noch nicht wieder hergerichteten Theaters von Segesta, „benahm uns die Lust, die Trümmer der Stadt zu besuchen" (WA I, 31, S. 154). Was Syrakus betrifft, dem er eine Besichtigung des Landesinneren, der Kornkammer Roms, vorzog, erklärt er: „Wir folgten dieser Lockung Syrakus aufzugeben, indem uns nicht unbekannt war, daß von dieser herrlichen Stadt wenig mehr als der prächtige Name geblieben sei" (WA I, 31, S. 171).[27] Und für Selinunt findet sich eine Erklärung in der anfangs zitierten Textstelle, wo es – vermutlich im Hinblick auf die Zerstörung der Siedlung durch die Karthager von 409 v. Chr. – heißt: „Selinunt liegt methodisch umgeworfen". Wie wenig der Besuch einer solchen Stätte in Goethes Sinne sein mußte, mag im übrigen die zeitgenössische Beschreibung verdeutlichen, die der Jenaer Gelehrte Karl Wilhelm Göttling *ex loco* liefert, indem er – als Altertumsforscher selbstredend unter anderen Vorzeichen – in einem Brief an den Dichter vom 24. Juni 1828 ausführt: „Alle sechs Tempel [...] sind göttlich, wohl durch ein Erdbeben gefallen: wie große Todte liegen die ungeheuren Säulen, 17 in einer Reihe, in Fächerpalmen- und Myrthenbüschen halb begraben, jede ihr gigantisches Capitäl und ein Stück des Architravs über sich".[28] Und wenn Goethe beim Anblick des Hippolytos-Sarkophags im Dom zu Agrigent – seinen sonstigen Reaktionen auf die Altertumsgegenstände Italiens wiederum entsprechend – dann doch in helle Begeisterung gerät, so kann das nur als Bestätigung des bislang Gesagten gelten. Denn worum es sich hierbei handelt, ist ein Halbrelief, das „vollkommen erhalten" (WA I, 31, S. 159)[29] als geschlossenes

---

27 Möglich, daß sich Goethe mit diesen Worten am Reisebericht Brydones orientiert hat, in welchem es nämlich über Syrakus heißt: „Diese stolze Stadt, die selbst mit Rom wetteiferte, ist nun in einen Schutthaufen verwandelt, denn das, was davon übrig geblieben ist, verdienet den Namen einer Stadt nicht" (Patrick Brydone: *Reise durch Sicilien und Malta, in Briefen.* Aus dem Englischen. Leipzig 1774, S. 229). Daß Goethe die Veröffentlichung, die in der Weimarer Bibliothek mit der Riedesels zusammengebunden ist, dort mehrmals entliehen hat, ist nachgewiesen (vgl. Elise Keudell: *Goethe als Benutzer der Weimarer Bibliothek.* Leipzig 1982, S. 3, 112, 299). Detailliert hat auch Riedesel selbst (Anm. 10; bes. S. 82 f.) die starke Zerstörung des alten Syrakus beschrieben.

28 *Briefwechsel zwischen Goethe und K. Göttling in den Jahren 1824–1831.* Hrsg. u. mit einem Vorwort begl. von Kuno Fischer. München 1889, S. 49. Vgl. auch die Reaktion des ähnlich begeisterten Sizilienreisenden Gregorovius auf die – heute stellenweise restaurierten – Tempelreste Selinunts: „Der Anblick dieser Trümmer am Meer, in grenzenloser Oede, ist vielleicht ohne Gleichen in der Welt. Hier hatte ich zum ersten mal den ganzen und vollen Eindruck von Dem, was man sich unter dem Begriff ‚klassische Ruinen' vorstellt. Aus der Ferne wie aus der Nähe betrachtet erregen diese verlassenen Ueberreste hellenischer Größe ein gemischtes Gefühl von sprachlosem Erstaunen und von schauerlicher Lust. Die Wüstheit der Trümmer unter wucherndem Pflanzenwuchs ist unbeschreiblich malerisch, um so mehr, als aus den riesigen Steinblöcken überall Gebild und Gestalt hervortritt" (Ferdinand Gregorovius: *Siciliana. Wanderungen in Neapel und Sicilien.* Leipzig 1861, S. 177 f.).

29 Im Detail heißt es in der *Italienischen Reise* unter dem 24. April 1787 zu dem – heute in der Kirche S. Nicola nahe des archäologischen Museums Agrigents befindlichen – Sarkophag: „Hippolyt, mit seinen Jagdgesellen und Pferden, wird von der Amme Phädra's aufgehalten, die ihm ein Täfelchen zustellen will. Hier war die Hauptabsicht, schöne Jünglinge darzustellen, deßwegen auch die Alte, ganz klein und zwergenhaft, als ein Nebenwerk, das nicht stören soll, dazwischen gebildet ist. Mich dünkt von halberhabener Arbeit nichts Herrlichers gesehen zu haben, zugleich

Gebilde wirkt und dergestalt eben nichts von dem Störenden an sich hat, das sich bei einer Ruine so leicht einstellt.

Was zuvor von Rom ausgehend als Wirkungsmechanismus gezeigt wurde, galt für Goethe auch bei Ruinendarstellungen im Bilde. So wie ihm im Gegensatz zu einem Gemälde wie Lessings *Klosterhof im Schnee* Darstellungen von holländischen Winterlandschaften doch wieder zusagen konnten, insofern dort, wie er im Gespräch mit Förster betont hat, „Schlittschuh gelaufen" wird, „Schlote rauchen", „Leben und Bewegung" (Gespräche, Bd. 3.2, S. 804) vorwalten,[30] so fand er auch Geschmack an Bildern, die Ruinenmotive durch entsprechende Gestaltungen gefällig zu machen vermochten. Hinzuweisen ist insbesondere auf Leo von Klenzes Darstellung vom Tempel des Jupiter zu Agrigent von 1827/28, eben jenem, den er selbst seinerzeit auf Sizilien als „Schutthaufen" und dergleichen abgetan hatte. Im Bilde nun – es zeigt einen Telamon in restauriertem Zustand inmitten freundlicher Natur – gefiel ihm der Gegenstand dermaßen, daß er dem Künstler dazu schrieb: „Der so glücklich in dem geschmackvollen Ganzen restaurirt aufgestellte Koloß gibt der mächtigen Ruine eine ganz originelle Anmuth" (3. 5. 1828; WA IV, 44, S. 84).[31] Sich selbst hat er ja auch in dem berühmten Gemälde Johann Heinrich Wilhelm Tischbeins auf Ruinen sitzend darstellen lassen, aber eben in Verbindung mit der römischen Campagna,[32] also einer alles zum Gefälligen wendenden Natur.

---

vollkommen erhalten. Es soll mir einstweilen als ein Beispiel der anmuthigsten Zeit griechischer Kunst gelten" (WA I, 31, S. 159). Eine noch detailliertere Beschreibung des Gegenstands findet sich bei Friedrich Leopold zu Stolberg: *Reise in Deutschland, der Schweiz, Italien und Sicilien.* Bd. 3. Königsberg, Leipzig 1794, S. 385 f.

30 Entsprechend äußert sich Goethe auch Schadow gegenüber, indem er bei der Beurteilung der Winterlandschaften Caspar David Friedrichs sagt: „[...] schöne Arbeit, aber ich meinte immer, die Kunst solle das Leben erheitern; hier ist kühles Erstarren, Hinsterben u. Trostlosigkeit – wenn die Holländer den Winter darstellen, so sieht man Schlitten u. Schlittschuhläufer u. Lebenslust" (zit. nach Johann Gottfried Schadow: *Kunstwerke und Kunstansichten. Ein Quellenwerk zur Berliner Kunst- und Kulturgeschichte zwischen 1780 und 1845.* Kommentierte Neuausgabe der Veröffentlichung von 1849. Hrsg. von Götz Eckhardt. Bd. 2. Berlin 1987, S. 531). Grundsätzliches zu Goethes Auseinandersetzung mit der neuen Malergeneration in der Studie von Ernst Osterkamp: *Goethe und die Maler seiner Zeit. Die Geburt der Romantik aus dem Geiste des Klassizismus. Goethe als Mentor der Maler seiner Zeit.* In: GJb 1995, S. 135–148.

31 In dem Brief hebt Goethe hervor, daß ihm von den Sizilieneindrücken her der Gegenstand bis *dato* „als ein mißgestaltetes Chaos vor der Seele" (WA IV, 44, S. 84) gelegen habe, womit er dann auch selbst auf die Wirkungsdifferenz zwischen der Ruine in der Realität und ihrer Darstellung im Bild hinweist. Eingehend mit der zeitgenössischen Diskussion über den Jupitertempel in Agrigent – im Falle Goethes freilich mit einer anderen, mehr auf ästhetischen Positionswandel abhebenden Akzentsetzung – hat sich in letzter Zeit Cometa befaßt. Vgl. Michele Cometa: *Duplicità del classico. Il mito del tempio di Giove Olimpico da Winckelmann a Leo von Klenze*, Palermo 1993; bes. S. 18 f., und ders.: *Il romanzo dell'architettura. La Sicilia e il grand tour nell'età di Goethe.* Roma, Bari 1999; bes. S. 165 f. Im übrigen sei vermerkt, daß Goethe besagtes Bild, das er 1828 von Klenze als Geschenk erhielt, auch in seiner Zeitschrift *Ueber Kunst und Alterthum* rezensiert hat, wobei er die Formulierungen des Briefes exakt wieder aufgriff (vgl. WA I, 49.1, S. 387).

32 Siehe dazu Goethes Äußerungen in einem Brief an Charlotte von Stein vom 29. bis 30. Dezember 1786 aus Rom über Tischbeins Gemälde: „Er mahlt mich Lebensgröße, in einen weisen Mantel gehüllt, in freyer Luft auf Ruinen sitzend und im Hintergrunde die Campagna di Roma. Es giebt ein schönes Bild, nur zu groß für unsre Nordische Wohnungen" (WA IV, 8, S. 105).

Fassen wir zusammen: War es der Eindruck des Toten, der Goethe – bis auf die gezeigten Ausnahmen – im Falle der griechischen Überreste den Zugang zu den Dingen versperrt hat, so war es das Lebendige, was im Hinblick auf die Natur die Inselerfahrung zu einem Hellaserlebnis werden ließ. Gesehen werden muß dies vor dem Hintergrund, daß das Griechische für ihn Leben überhaupt bedeutete, wie er selbst immer wieder betont hat, insbesondere dann, wenn es um die Bestimmung des Klassischen ging. Erinnert sei nur an die berühmte Stelle bei Eckermann, wo Goethe Klassisches und Romantisches wie folgt unterscheidet:

> Das Klassische nenne ich das Gesunde, und das Romantische das Kranke. Und da sind die *Nibelungen* klassisch wie der *Homer*, denn beide sind gesund und tüchtig. Das meiste Neuere ist nicht romantisch, weil es neu, sondern weil es schwach, kränklich und krank ist, und das Alte ist nicht klassisch, weil es alt, sondern weil es stark, frisch, froh und gesund ist. Wenn wir nach solchen Qualitäten Klassisches und Romantisches unterscheiden, so werden wir bald im Reinen sein. (2. 4. 1829; FA II, 12, S. 324)

Im Lichte dieser Äußerungen läßt sich jetzt sagen, daß sich mit den fraglichen Tempelruinen Siziliens für Goethe in romantischem Gewand präsentiert hat, was eigentlich von Klassischem hätte Zeugnis ablegen sollen.

Noch eine Betrachtung zum Schluß: Von der Entdeckung der beiden Archäologen Jacques Ignace Hittorff und Karl Ludwig Zanth, daß die griechischen Bauwerke wie auch die Skulpturen entgegen der verbreiteten (Winckelmannschen) Vorstellung von marmorweißer Antike in Wirklichkeit farbig bemalt waren, hat der alte Goethe noch Kenntnis erhalten, wie die Tatsache beweist, daß er selbst eine der einschlägigen Veröffentlichungen der beiden Forscher[33] in *Ueber Kunst und Alterthum* angezeigt hat. Die Archäologen hatten ihre Entdeckung im übrigen auf Sizilien gemacht, worauf er auch Bezug nimmt, indem er in seinem Artikel über die *Architecture antique de la Sicile* sagt:

> Von diesem Werke sind 31 Tafeln in unsern Händen; sie enthalten die Tempel von Segeste und Selinunt, geographische und topographische Karten, die genausten architektonischen Risse und charakteristische Nachbildungen der wundersamen Basreliefe und Ornamente, zugleich mit ihrer Färbung, und erheben uns zu ganz eigenen neuen Begriffen über alte Baukunst. (WA I, 49.2, S. 147)[34]

Es handelte sich dabei um eine Entdeckung, die von einer ganz anderen Realität zeugte, als jene es war, die seinerzeit auf Goethe „unangenehm" gewirkt hatte, denn Farben drücken ja Leben aus. Wenn er also auf Sizilien das Dargebotene als – in der eigenen Terminologie – „Negation" des Lebens nicht „statuieren" wollte, dann hat bezüglich Griechenlands der Instinkt des Genies das Wahre getroffen.

---

33 Jacques Ignace Hittorff/Karl Ludwig Zanth: *Architecture antique de la Sicile, ou recueil des plus intéressans monumens d'architecture des villes et lieux les plus remarquables de la Sicile ancienne mesurés et dessinés* [...]. Paris [1827].

34 Wenn Goethe bei seinem noch unvollständigen Exemplar, das im Unterschied zu der kompletten, in Heften erschienenen Veröffentlichung nur eine einzige Tafel mit Darstellungen der Polychromie aufweist (siehe SWKK/GNM, Ruppert Nr. 2071, Tafel XVII), schon derart seine Aufmerksamkeit auf das Moment der Färbung richtet, dann zeigt dies einmal mehr, wie sehr ihn diese Entdeckung beeindruckt hat.

KLAUS-DETLEF MÜLLER

„Auch ich in der Champagne" – und im republikanischen Mainz: Goethe als Schlachtenbummler in den Revolutionskriegen

Die Jahre nach der Französischen Revolution hat Goethe als eine Periode gesteigerter Mobilität wahrgenommen und als solche auch literarisch gestaltet: in den *Unterhaltungen deutscher Ausgewanderten*, in *Hermann und Dorothea* und indirekt auch in den Wilhelm-Meister-Romanen. Diese Mobilität war aufgezwungen und unerwünscht und das genaue Gegenteil jener befreienden und beglückenden Reiseerfahrungen, die Goethe in den unmittelbar vorausliegenden Jahren in Italien machen konnte. Diese haben ihn inspiriert und produktiv gemacht, und er konnte auf umfangreiche Aufzeichnungen und Materialien zurückgreifen, als er sie im autobiographischen Kontext schilderte und würdigte.

Ganz anders verhält es sich mit den beiden Reisen, die ihn 1792 und 1793 zu den Schauplätzen der Revolutionskriege in die Champagne und nach Mainz führten. Er folgte hier einer Aufforderung des Herzogs Carl August, der seine Anwesenheit im Feldlager wünschte, wie schon 1790 in der Schlesischen Campagne. Konnte er unmittelbar nach seiner Rückkehr vom zweiten Italienaufenthalt diesem Verlangen seines Fürsten nicht widersprechen, nachdem der die Flucht nach Italien so großherzig hingenommen hatte, so entstand damit zugleich eine Verpflichtung, der er sich unter den sehr viel ernsthafteren Bedingungen erneut unterwerfen mußte, obwohl ihn, wie kaum je zuvor, alles an Weimar band: die glückliche Verbindung mit Christiane Vulpius, der heranwachsende Sohn August, die Hausgemeinschaft mit dem Freund Johann Heinrich Meyer und der Umbau des Hauses am Frauenplan. Was ihn in Frankreich erwartete, erschien noch im Rückblick auf die nach dreißig Jahren schließlich realisierte Schilderung als das „Widerwärtigste", das allenfalls „durch milde Behandlung wenigstens erträglich werden" konnte.[1] Auf ähnliche Weise beklagte er es in den *Tag- und Jahresheften*, „persönlicher Zeuge höchst bedeutender und die Welt bedrohender Umwendungen gewesen zu seyn, das größte Unglück was Bürgern, Bauern und Soldaten begegnen kann mit Augen gesehen, ja solche Zustände getheilt zu haben".[2]

Direkte Lebenszeugnisse aus diesem Zeitraum sind kaum erhalten, wenn man von den Briefen absieht. Ein Tagebuch aus der Campagne in Frankreich und verschiedene gesammelte

1 Brief an Christoph Ludwig Friedrich Schultz, 12.6.1822 (WA IV, 36, S. 67). Entsprechend erinnert Goethe in der *Campagne in Frankreich* daran, daß er: „das Unerfreuliche [...] nur gemäßigt meinen Lesern mitzuteilen gewagt" habe (FA I, 16, S. 515).

2 *Tag- und Jahreshefte* zu 1794 (FA I, 17, S. 26).

Materialien will Goethe in Pempelfort vernichtet haben (522 f.),[3] weil es von Irrtümern bestimmt war – er bedauert das nachträglich, weil es zur „Einsicht in den Gang der Vorfälle und die Folge meiner Gedanken darüber" nützlich gewesen wäre (523). Während der Belagerung von Mainz hat er, wie er dem Freund Friedrich Heinrich Jacobi schreibt, „manches aufzuzeichnen angefangen", dann aber auf einen solchen Versuch verzichtet, weil er erkannte: „alles was man weiß und grade das worauf alles ankommt darf man nicht sagen".[4] Und einige Tage später bestätigt er diese Haltung:

> Es widersteht mir etwas aufzuschreiben von dem was ich sehe und höre, sonst hätte ich ein schönes Tagebuch führen können. Die Letzten Tage, der Capitulation, der Übergabe, des Auszugs der Franzosen gehören unter die interessantesten meines Lebens, ich wünsche dir einmal davon zu erzählen.[5]

Die *Campagne in Frankreich* und die *Belagerung von Mainz* sind deshalb keine durch eigene Aufzeichnungen gestützten Reiseschriften, sondern im zeitlichen Abstand von dreißig Jahren verfaßte autobiographische Texte, die sich der literarisierenden Techniken der Goetheschen Selbstdarstellung bedienen. Man muß nicht so weit gehen wie Thomas P. Saine,[6] der sie als Roman bezeichnet, aber die Stilisierung des Berichteten im Kontext der Autobiographie ist unverkennbar, und Goethe hat sich dazu bekannt, daß er „durchaus wahr bleiben und zugleich den gebührenden Euphemismus nicht versäumen" wollte.[7]

Er hat für seine Darstellung zahlreiche historische Quellen benutzt,[8] den Texten also die Distanz einer historischen Betrachtungsweise eingeschrieben, zugleich aber eine Erlebnisnähe fingiert. Das war möglich, weil er auf einen detaillierten Erlebnisbericht aus der Umgebung seiner eigenen Erfahrungen zurückgreifen konnte: auf das Tagebuch von Carl Augusts Kämmerier Johann Conrad Wagner,[9] das in der Weimarer Bibliothek aufbewahrt wurde. Er ging also in der Darstellung bewußt hinter den durch das Quellenstudium vorhandenen Kenntnisstand zurück. Die Übereinstimmungen mit Wagners Aufzeichnungen und die Abweichungen von ihnen sind in den Arbeiten von Gustav Roethe[10] und von Edith Zehm[11] gründlich und akribisch nachgewiesen worden – das erlaubt weitere Schlüsse.

---

[3] Seitenangaben im Text beziehen sich auf: Johann Wolfgang Goethe: *„Campagne in Frankreich". „Belagerung von Mainz". Reiseschriften.* In: Johann Wolfgang Goethe: *Sämtliche Werke. Briefe, Tagebücher und Gespräche* (FA). I. Abt., Bd. 16. Hrsg. von Klaus-Detlef Müller. Frankfurt a. M. 1994.

[4] Brief an F. H. Jacobi, 7. 7. 1793 (WA IV, 10, S. 88).

[5] Brief an F. H. Jacobi, 27. 7. 1793 (WA IV, 10, S. 100).

[6] Thomas P. Saine: *Goethes Roman „Campagne in Frankreich 1792".* In: Wilfried Barner/Eberhard Lämmert/Norbert Oellers (Hrsg.): *Unser Commercium. Goethes und Schillers Literaturpolitik.* Stuttgart 1984, S. 529–558.

[7] *Tag- und Jahreshefte* zu 1821 (FA I, 17, S. 327).

[8] Nachweise in FA I, 16, S. 908–910.

[9] Johann Conrad Wagner: *Meine Erfahrungen in den Jahren 1792. 1793. und 1794 in dem gegenwärtigen Kriege.*

[10] Gustav Roethe: *Goethes „Campagne in Frankreich 1792". Eine philologische Untersuchung aus dem Weltkriege.* Berlin 1919, S. 57–157.

[11] Edith Zehm: *Der Frankreichfeldzug von 1792. Formen seiner Literarisierung im Tagebuch Johann Conrad Wagners und in Goethes „Campagne in Frankreich".* Frankfurt a. M., Bern, New York 1985.

Da Wagner die Kriegsereignisse vom gleichen Standort erlebt hatte wie Goethe, war es möglich, die zurückliegenden Erfahrungen in der Tagebuchform wiederzugeben, also die Eindrücke eines anderen durch die eigene Erinnerung so zu überschreiben, daß der Anschein einer nahezu zeitgleichen Aufzeichnung entsteht, ein Reisetagebuch aus der Perspektive des nicht aktiv in die Kriegshandlungen Einbezogenen. Weil Goethe diese fingierte Unmittelbarkeit offenbar wichtig war, verzichtete er auf eine schon formulierte historisch-politische Einführung, die den Feldzug in die europäische Geschichte seit dem Ende des Siebenjährigen Krieges eingeordnet hat.[12] Planvoll wird also das historische Wissen nicht zur Grundlage der Darstellung, die vielmehr auf den Anschein einer direkten Wahrnehmung setzt, die zeitliche Distanz aufhebt und damit auch zu keiner kritischen Beurteilung des unglücklichen Feldzugs verpflichtet ist. Das ist um so auffälliger, als der zweite Teil der *Campagne*-Schrift im Hinblick auf die lebensgeschichtliche Bedeutung der ersten Jahre nach der Italienreise eine sehr ausdrücklich reflektierte und kritisch beurteilende Perspektivierung erfährt. Hingegen wird die Ankunft auf dem Kriegsschauplatz ausdrücklich als Eintritt ins „Reiseleben"[13] verstanden. Rückblickend hat Goethe die Schilderung als „Abriß meiner wunderlichen Militairlaufbahn" bezeichnet und die wirklichen Zusammenhänge aufgerufen: „durch diese Erbkrankheit der Welt mußt ich einmal durch, damals ging ich der Weltgeschichte entgegen, nachher hat sie uns am eigenen Herde aufgesucht".[14] In der *Campagne*-Schrift erscheint er jedoch als ein zwar nicht begeisterter, aber interessierter Schlachtenbummler, der durch die Bewegungen der Armee bestimmt wird, aber zugleich an Natur und Landschaft, an den Menschen in einem anderen Land und an seinen ganz kriegsfernen Beschäftigungen interessiert ist, eben als ein in den Krieg verschlagener Reisender, nicht als ein zum Zeugen großer historischer Ereignisse Aufgerufener. Nicht von ungefähr fehlt jede Begründung für die Anwesenheit auf dem Kriegsschauplatz: die Aufforderung des Herzogs und die ihr widerstrebenden Wünsche lassen sich nur aus den Briefen erschließen. Auch fehlen alle Hinweise auf eine besondere Nähe zu seinem Fürsten – er nimmt ihn nicht anders wahr als die übrigen Weimarer Bekannten. Und so entsteht ein von den Bewegungen des Heeres bestimmter tagebuchartiger Reisebericht. Von Trier bis zur Ankunft im Lager bei Praucourt schildert Goethe den Reiseweg durch ein von Plünderungen und Kriegsspuren und von der Belästigung durch die französischen Emigranten gezeichnetes Land. Da er sich nicht als Revolutionsfeind gebärdet, wird er für einen Republikaner gehalten (392) und erhält instruktive Auskünfte über die fragwürdigen Übergriffe der Preußen.

Für das Folgende geben die Aufzeichnungen Wagners die zuverlässigen zeitlichen und räumlichen Daten und die Informationen über die Abfolge der Kriegsereignisse. Von hier aus wird das Erzählte von Tag zu Tag datiert und im Tagebuchstil berichtet, beginnend mit dem 28. August, also Goethes 43. Geburtstag. Der Schlachtenbummler, der in die Kriegsmaschinerie und ihre Wahrnehmungsperspektive nur am Rande involviert ist, entwickelt einen eigenen Blick für Landschafts- und Städtepanoramen, für die Lebensformen einer von den natürlichen Ressourcen nicht privilegierten, aber genügsam auf sie eingestellten Lebenswelt und für historische und kunsthistorische Zeugnisse in einer alten Kulturlandschaft. Alles erscheint zugleich im Zeichen der durch den Krieg bewirkten Entstellungen, die eine Bevölkerung zu ertragen hat, die nicht als feindlich wahrgenommen wird, selbst wo sie mit

---

12 Vgl. FA I, 16, S. 666 f.

13 FA I, 16, S. 1018 (zu Paralipomenon 38).

14 Brief an Johann Friedrich Rochlitz, 22. 4. 1822 (WA IV, 36, S. 26).

Patriotismus reagiert. Damit gibt Goethe der Ereignisfolge des Wagnerschen Tagebuchs einen ganz eigenen Wahrnehmungshorizont, ohne den Typus der Erfahrungen, ihren Gegenwartscharakter, zu verändern, wie das dem Wissen zum Schreibzeitpunkt entspräche.

Der Wahrnehmungsfreude des Reisenden entsprechen auch die verschiedenen szenischen Berichte über Begegnungen mit Einheimischen, insbesondere aber die Mitteilungen über die Beschäftigungen und Interessen, die völlig außerhalb des kriegerischen Kontextes liegen. Kriegsszenen werden ästhetisiert, indem sie als würdige Gegenstände für Gemälde wahrgenommen werden, Monumente, Orte und Landschaften finden ein historisches und kunsthistorisches Interesse.[15] Ein eigener und ganz individueller Gesichtspunkt ist die fortgesetzte Beschäftigung mit naturwissenschaftlichen Beobachtungen und Forschungen, also mit jenen Tätigkeiten, die durch den Befehl des Herzogs in Weimar unterbrochen werden mußten.[16] Diese Akzentuierung wird auch in der entsprechenden Notierung der *Tag- und Jahreshefte* deutlich. Von den immerhin benannten „ernsteren Szenen" des Feldzugs und von seiner historischen Bedeutung ist keine Rede; verzeichnet wird hingegen der wissenschaftliche Ertrag des Unternehmens:

> Mancherley Naturerfahrungen schlangen sich, für den Aufmerksamen, durch die bewegten Kriegsereignisse. Einige Theile von *Fischers* physikalischem Wörterbuche begleiteten mich, manche Langeweile stockender Tage betrog ich durch fortgesetzte chromatische Arbeiten, wozu mich die schönsten Erfahrungen in freyer Welt aufregten, wie sie keine dunkle Kammer, kein Löchlein im Laden geben kann.[17]

So distanziert das eigentliche Kriegsgeschehen dargestellt wird, bestimmt es doch die Wirklichkeit des reisenden Schlachtenbummlers. Das für den Heereszug katastrophale schlechte Wetter, die Zerstörungen und der Schmutz sind zentrale Erfahrungen, und immer wieder gerät er auch in Lebensgefahr, der er sich zusätzlich aussetzt, als ihn das Kanonenfieber packt und er allein und ungeschützt auf dem Schlachtfeld von Valmy herumirrt und seine Befindlichkeit sorgfältig beobachtet (434 f.).

Gegen den Anschein ist der Bericht aber doch nicht so unpolitisch, wie es die Tagebuchform fingiert. Um das zu erkennen, muß man allerdings das erzählerische Arrangement beachten. So benutzt Goethe den Sachverhalt, daß die alliierten Armeen auf dem gleichen Weg und mit den gleichen Stationen den Rückzug aus Frankreich vollziehen müssen, auf dem sie vorgerückt sind, um daraus eine sinnfällige Pointe zu gewinnen: die eigenen Zerstörungen und Verwüstungen machen den Truppen das Leben schwer. Auffällig dominant werden Szenen und Situationen schwieriger Nahrungsbeschaffung. Dabei wird weniger der Hunger geschildert als das unverhältnismäßige Glück über kaum noch erhoffte Mahlzeiten. Die erst auf dem Rückzug erwähnte verheerende Seuche zwingt dazu, die Kranken der Fürsorge des Kriegsgegners zu überlassen, wobei zugleich die Gefahr für die Einwohner des

---

15 Solche Reflexionen finden sich auch schon bei Wagner, sie erhalten aber bei Goethe eine andere Qualität.

16 Vgl. hierzu Gisela Horn: *Goethes Kriegstagebuch „Campagne in Frankreich"*. In: *Philosophie und Frieden. Beiträge zum Friedensgedanken in der deutschen Klassik.* Weimar 1985, S. 185–189.

17 *Tag- und Jahreshefte* zu 1792 (FA I, 17, S. 24). Ähnlich ist die Akzentuierung beim Bericht über den Schlesischen Feldzug 1790: „In Breslau hingegen [...], wo man die schönsten Regimenter ununterbrochen marschiren und manövriren sah, beschäftigte mich unaufhörlich, so wunderlich es auch klingen mag, die *vergleichende Anatomie*" (ebd., S. 19).

Landes in dem Maße steigt, wie sie sich kooperativ gezeigt und auf den Sieg der Alliierten gesetzt hatten. So wird das schon auf dem Hinweg erwähnte Monument von Igel erst auf dem Rückweg genau geschildert, und zwar als ein Sinnbild des guten Friedens in einem jetzt sinnlos zerstörten Land.

Und erst im Zeichen der Niederlage tritt Goethe aus der Rolle des anonymen Schlachtenbummlers heraus, ohne daß sich der Status des reisenden Beobachters ändert. Das wird im Text sehr kunstvoll arrangiert. Der Herzog von Braunschweig, den Goethe ausdrücklich als ihm von jeher keineswegs wohlgesonnen einführt, verlangt von ihm als einem „einsichtigen, glaubwürdigen Mann" das Zeugnis, „daß wir nicht vom Feinde, sondern von den Elementen überwunden worden" (467). Goethe wird damit als prominenter Augenzeuge angesprochen, der sich aber nicht äußert, nachdem er schon an zwei Stellen das Problem der konkurrierenden Befehlsgewalt angedeutet hatte.[18] Daß er aber über solche sinnfälligen Evidenzen hinaus keineswegs einen Kriegsbericht, sondern gewissermaßen nur einen Reisebericht, Erzählung von einer höchst unfreiwilligen Erfahrung des Fremden, vorlegt, hat Goethe indirekt, aber äußerst explizit verdeutlicht. Am Ende des verunglückten Feldzugs trifft er mit einem alten Husaren-Offizier zusammen, der ihn, wie schon der Herzog von Braunschweig, als öffentliche Person wahrnimmt und es als Mißbrauch erklärt, daß er die „unerhörte Not" und die Lebensgefahr, die schon für die Soldaten eine „unverantwortliche" Zumutung darstellte, teilen mußte (492). Die beschönigende Replik, daß Goethe seinem Fürsten „nicht ganz unnütz gewesen" sei und deshalb die Campagne zu „eigner Prüfung" erduldet habe, läßt er nicht gelten, und ebensowenig akzeptiert er den Hinweis, daß von seiner „geschickten Feder" möglicherweise „Darstellung und Aufklärung" zu erwarten sei: „glaubt es nicht, er ist viel zu klug! was er schreiben dürfte mag er nicht schreiben, und was er schreiben möchte wird er nicht schreiben!" (493). Das ist ein Hinweis zur Rezeption: Die *Campagne in Frankreich* ist ausdrücklich nicht der Versuch einer historischen Würdigung der Kriegsereignisse – sie ist das allenfalls als Verweigerung einer kritischen Würdigung durch den dazu befugten Schriftsteller.

Und wenn am Ende doch so etwas wie eine Gesamtbeurteilung des verfehlten Feldzugs steht, so ist gerade das eine subtile und ironische Verweigerung der erwarteten Stellungnahme. Goethe zitiert nämlich, ohne das als Zitat kenntlich zu machen, das Fazit der Vorgänge aus der Lebensbeschreibung des Generals Charles François Dumouriez, also des Kriegsgegners, als Kontrapunkt zum kläglichen Selbstmitleid des Herzogs von Braunschweig,[19] und er verweist darauf, daß nur „das grimmige Leibes- und Seelenleiden" das gebotene und selbstauferlegte Stillschweigen gelegentlich und von Fall zu Fall unmöglich macht. (507)

Und so ist das fingierte Kriegstagebuch gegen den äußeren Anschein doch mehr als die Wiedergabe von Erlebtem, mehr als das in den schlichten, wenn auch keineswegs subalternen

---

[18] Bei der Ankunft im Feldlager an seinem Geburtstag, also in einer doppelt akzentuierten Situation, wird der Auftritt des preußischen Königs und des Herzogs von Braunschweig mit deren jeweiligem Gefolge als Bild zweier Kometen geschildert, deren Konkurrenz bedenklich erscheint: „Wir nun, obgleich mehr zum Beobachten als zum Beurteilen geneigt, konnten doch der Betrachtung nicht ausweichen, welche von beiden Gewalten denn eigentlich die obere sei?" (FA I, 16, S. 398). Auf dem Rückzug überqueren beide Heerführer mit ihrem Troß zwei parallele Brücken über die Aisne, wobei dieses Nebeneinander ausdrücklich nicht als „Beispiel und Gleichnis" erzählt wird (ebd., S. 456), sondern als wirklicher Vorgang, aber gerade mit diesem Hinweis zum Gleichnis wird.

[19] FA I, 16, S. 506 (Z. 28) – 507 (Z. 20).

Aufzeichnungen des Kämmeriers Wagner schon analog Vorgegebene, obwohl Goethe sich in einem äußeren Sinne an die Wahrnehmungsweise des interessierten Schlachtenbummlers hält. Er überschreitet sie aber, indem er deutlich macht, daß er verschweigt, was zu kritischer Einschätzung der Vorgänge zu sagen wäre. Das ist jenem „gebührenden Euphemismus", jener „milden Behandlung" geschuldet, zu der er sich in seinen Äußerungen zum Text bekannt hat.

Nur an einer Stelle ist die ereignisorientierte und an den Tag gebundene Perspektive von vornherein überschritten, in jener berühmten und für die Einschätzung der *Campagne*-Schrift grundlegenden Sentenz nach der Schlacht bei Valmy: „von hier und heute geht eine neue Epoche der Weltgeschichte aus, und ihr könnt sagen, ihr seid dabei gewesen" (436). Sie ist im Text die Antwort auf die Ratlosigkeit in einem Heer, das ausgezogen war, „die sämtlichen Franzosen anzuspießen und aufzuspeisen" (436), und das nun zu einem ruhmlosen Rückzug gezwungen ist. Goethe wird hier eine das Ganze überblickende Urteilsfähigkeit zugesprochen, und er wird dieser Erwartung gerecht und kommt dann später bei der Belagerung von Mainz noch einmal auf seine Sentenz zurück (575), nun mit dem bestätigenden Zusatz, daß das republikanische Frankreich den Beginn des Revolutionskalenders von hier aus datiert.[20] Die historische Forschung hat den Wahrheitsgehalt des Goetheschen Diktums inzwischen in Frage gestellt,[21] und die Goethe-Philologie hat zugleich die beanspruchte Weitsicht angezweifelt und eine nachträgliche Projektion unterstellt.[22] Tatsächlich ist aber in einem Brief an Karl Ludwig von Knebel vom 27. September 1792 schon eine sehr ähnliche, im Aussagegehalt nahezu identische Äußerung überliefert: „dieses Musterstück von Feldzug giebt mir auf viele Zeit zu dencken. Es ist mir sehr lieb daß ich das alles mit Augen gesehen habe und daß ich, wenn von dieser wichtigen Epoche die Rede ist sagen kann et quorum pars minima fui".[23]

Ebenso war sich Goethe über die Konsequenzen des gescheiterten Unternehmens im klaren. Schon am 15. Oktober 1792, also mitten im Rückzug, beklagt er in einem Brief an Christian Gottlob Voigt, daß der Krieg zum Reichskrieg erklärt worden ist: „Wir werden also auch mit der Heerde ins Verderben rennen – Europa braucht einen 30jährigen Krieg um einzusehen was 1792 vernünftig gewesen wäre".[24] Es waren denn zwar nicht ganz dreißig Jahre, die bis zur Wiederherstellung der europäischen Ordnung notwendig waren, aber die Größenordnung der unruhigen Zeit ist doch schon richtig bezeichnet.

---

20 Die neue Zeitrechnung wurde zwar erst am 6. Oktober 1793 eingeführt, war aber lange zuvor beschlossen, so daß Goethes auf den 28. Mai 1793 datierter Hinweis kein Beweis für eine nur fiktive Weitsicht ist (vgl. hierzu Saines [Anm. 6] Einwand [S. 538]).

21 Vgl. Arno Borst: *Valmy 1792 – ein historisches Ereignis?* In: Der Deutschunterricht 26 (1974), S. 102.

22 Siehe etwa Saine (Anm. 6), S. 538 f.

23 Brief an C. v. Knebel, 27. 9. 1792 (WA IV, 10, S. 25 f.). Das Zitat ist eine Anspielung auf die Äußerung des Aeneas zur Zerstörung von Troja in Vergils *Aeneis*, also auf das Schlüsselereignis der mythischen Geschichte Griechenlands und Roms, mithin ebenfalls auf eine weltgeschichtliche Dimension der Vorgänge.

24 Brief an C. G. Voigt, 10. u. 15. 10. 1792 (WA IV, 10, S. 34 f.). Im gleichen Brief weist Goethe darauf hin, daß die Wahrheit über den Feldzug, der „als eine der unglücklichsten Unternehmungen in den Jahrbüchern der Welt eine traurige Gestalt machen" wird, verschwiegen bleibt, wie er es denn auch in der Schilderung nachträglich noch weitgehend praktiziert: „Es läßt sich viel über das alles sagen, es wird viel gesagt werden, und doch wird ein großer Theil dieser sonderbaren Geschichte ein Geheimniß bleiben" (ebd., S. 32 f.).

Der zweite Teil der Campagne-Schrift, der in der schon erwähnten Weise vom Tagebuchstil zur distanzierten Erinnerungserzählung der Autobiographie wechselt, verknüpft die politische mit der persönlichen Krise.[25] Durch den in Italien gewonnenen Realismus und die damit verbundene Akzentverlagerung von der Poesie auf die Naturwissenschaft fühlt sich Goethe seinem Publikum, das an seinem Bild des Dichters festhält, entfremdet und findet diesen Eindruck durch die alten Freunde des Jacobi-Kreises in Pempelfort bestätigt. Weil er, aus dem gemeinsamen Lebenskreis herausgetreten, „ein ganz anderer Mensch geworden" ist, erscheint er seinen „alten Freunden fast unkenntlich" (513),[26] wobei der „durch eine schreckliche Campagne verhärtete Sinn" (517) die Fremdheit noch steigert. Damit erhält das Motto „Auch ich in der Champagne" seinen präzisen Sinn – es tritt in Opposition zum Motto der *Italienischen Reise*: „Auch ich in Arkadien".[27] Die gesteigerte Glückserfahrung der Italienreise wird durch die in gleicher Weise gesteigerte Erfahrung des Leidens in den Kriegszusammenhängen konterkariert, auch wenn die Augenzeugenschaft zugleich einen Erkenntnisgewinn bezeichnet. Durch das Motto wird also der Euphemismus der „milden Behandlung" wieder aufgehoben. Das erklärt auch den auffallenden Perspektivenwechsel und die Veränderung der Darstellungsweise, die in der *Zwischen-Rede* begründet wird. Öffentliche Person ist Goethe als Dichter – das weiß der Husarenoffizier, der seine Gefährdung durch die Kriegsereignisse als mißbräuchlich thematisiert. Auf dem Schlachtfeld hingegen wird Goethe zur Privatperson, die sich in der aufgezwungenen Situation durch das Kanonenfieber auf unvernünftige Weise noch zusätzlich gefährdet. Privat und öffentlich sind also doppelt bestimmt, wobei die in der Antithese angenommene Spiegelung dialektisch zu verstehen ist. Wenn aber der öffentliche Bereich für Goethe die Dichtung und die Dichterexistenz ist, dann ist die Überlagerung der ästhetischen und naturwissenschaftlichen Interessen über die historiographisch-dokumentarischen und die damit verbundene Darstellungsweise legitim. Was ihm auf dem Schlachtfeld begegnet, bleibt privat, was ihm dann in den privaten Zirkeln von Pempelfort und Münster als Entfremdung bewußt wird, ist objektiv und öffentlich bedeutsam, so daß es zum legitimen Gegenstand der Dichterautobiographie wird.

Der Selbstfindungsprozeß, der Gegenstand des zweiten autobiographischen Teils der Schrift ist,[28] wird durch die neuerliche Aufforderung des Herzogs zur Rückkehr auf das „Kriegstheater" (572) unterbrochen, jetzt mit dem ausdrücklichen Hinweis, daß er dem Ansinnen nur äußerst ungern folgt. Das Zitat des Gedichts *Hausgarten* stellt der lästigen Wirklichkeit das erwünschte Idyll entgegen:

> Wir wenden uns, wie auch die Welt entzücke,
> Der Enge zu, die uns allein beglücke. (572)

---

25 Es ist aufschlußreich, daß Goethe in der *Zwischen-Rede* die folgende Darstellung als „vor vielen Jahren flüchtig verfaßte Blätter" fingiert, die er nur ungern nicht „nach gegenwärtiger Einsicht und Überzeugung" umgeschrieben habe (FA I, 16, S. 515). Damit wird die Tagebuchfiktion der Campagne-Schilderung bestätigt.

26 Das ist eine nachträgliche Sicht, die sich durch den Briefwechsel mit Jacobi in den Jahren 1792 und 1793 nicht bestätigen läßt, die aber die Darstellungsintention verdeutlicht.

27 Zur Bedeutung dieses Mottos vgl. die Ausführungen von Christoph Michel und Hans-Georg Dewitz in FA I, 15.2, S. 1168–1170 (*Italienische Reise*).

28 Vgl. hierzu Klaus-Detlef Müller: *Goethes „Campagne in Frankreich" – Innenansicht eines Krieges.* In: GJb 1990, S. 115–126.

Für die Schilderung des „stationären" Übels (der Belagerung), die dem „beweglichen" (dem Feldzug) folgt (572), kann Goethe wieder auf das Tagebuch des Kämmeriers Wagner zurückgreifen. Wo es wegen einer zeitweiligen Abwesenheit Wagners vom Kriegsschauplatz eine Lücke aufweist,[29] markiert auch Goethe eine solche Lücke, die er aber sogleich kompositionell nutzt. Die Darstellung ist insgesamt sehr viel knapper, obwohl der Krieg nun das heimische Territorium erreicht hat und es nicht mehr um die Strafaktion des Ancien régime gegen den Umsturz in einem anderen Land, sondern um die Rückgewinnung einer von den Franzosen eroberten Region geht. Diese weitere Konsequenz der revolutionären Veränderungen ist kompositionell schon dadurch angedeutet, daß die *Campagne in Frankreich* mit dem Eintreffen Goethes in Mainz („in vaterländischer Luft" [387]) beginnt, nicht mit seiner Ankunft auf dem Kriegsschauplatz in Trier. Hier werden die politischen Standpunkte der Revolutionsgegner (Freiherr Johann Friedrich von Stein) auf der einen und der Revolutionsanhänger (Johann Georg Forster und Ludwig Ferdinand Huber) auf der anderen Seite noch kurz ins Spiel gebracht – bei der Belagerung der inzwischen republikanischen Stadt bleiben die Gegensätze unerwähnt, obwohl ein Hinweis auf das Schicksal Forsters im Zusammenhang mit den Mainzer Jakobinern nahegelegen hätte.

War die Tagebuchform für den Frankreichfeldzug noch ein Mittel perspektivischen Erzählens, so wird sie nun in auffälliger Weise bis zu Stichworten verkürzt. Nur für den „Ausfall der Franzosen auf Marienborn" benutzt Goethe eine von ihm 1793 im Auftrag des Herzogs verfaßte *Relation*[30], die andeutet, daß ihm die Rolle eines Augenzeugen und Berichterstatters zugedacht war. Der Kontrast dieser Schilderung zum Lakonismus der übrigen auf die Kriegsereignisse bezogenen Aussagen verdeutlicht die Verweigerung dieser Erwartung. Goethe beschränkt sich auf den Habitus eines unbeteiligten Schlachtenbummlers, dessen Interesse sich ebenso wie das der aus Weimar angereisten Freunde Georg Melchior Kraus und Charles Gore auf die malerischen „Eindrücke" und auf schauspielhafte Episoden wie das „trojanische Meerpferd" (587) der schwimmenden Batterie konzentriert und der im übrigen intensiv mit der Arbeit an *Reineke Fuchs* beschäftigt ist. Die „Lücke", in der auch die Erfahrung des Kanonenfiebers bei Valmy noch einmal in Erinnerung gerufen und analogisch wiederholt wird, rechtfertigt die verkürzte Darstellung mit dem Hinweis, daß es geboten ist, „über diese schrecklichen Tage wie über einen glühenden Boden hinüber zu eilen" (592).

Ausführlicher und anschaulicher wird der Bericht erst nach der Kapitulation am 22. Juli – von hier aus überwiegen die eigenen Erinnerungen über die aus fremden Zeugnissen übernommenen Fakten. Und hier läßt sich sowohl eine erzählerische Organisation als auch eine Perspektivierung beobachten. War die Zerstörung der alten Bischofsstadt ein malerisches Spektakel, das auch für die Menschen aus der Umgebung und bis nach Frankfurt Gegenstand sonn- und feiertäglicher „Lustpartien" (588) war und als „Schauspiel" (589) genossen wurde, so verkehrt sich diese gewissermaßen ästhetische Distanz aus der Nahsicht in die Schreckensbilder kriegerischer Zerstörung. Goethe erfährt sie auch in der Gesellschaft eines wirklich Betroffenen, des Anatomen und Physiologen Samuel Thomas Sömmerring, mit dem ihn seit langem naturwissenschaftliche Interessen verbanden.

Neben diese Bilder der Verwüstung und neben dem Betrachter mitgeteilte Episoden aus dem Kriegsgeschehen tritt aber eine weitere Thematik. Die Kapitulation führt dazu, daß

---

29 Vgl. hierzu Roethe (Anm. 10), S. 145.

30 Vgl. den Brief an J. G. Herder, 2. 6. 1793 (WA IV, 10, S. 64–68), dem die ‚Relation' als Anlage beigefügt ist.

zum gleichen Zeitpunkt die französische Besatzung und die deutschen Jakobiner die Stadt verlassen und die während der Kriegshandlungen vertriebene Zivilbevölkerung zurückkehrt. Wo sich die beiden gegenläufigen Züge begegnen, entstehen kritische Situationen. Dabei sind die französischen Truppen und auch die von Paris eingesetzten Kommissarien vor der Wut der Menge sicher, und selbst die Mainzer Mädchen, die ihren Liebhabern unter den französischen Soldaten folgen, werden nur mit „Zungenruten" (600) verspottet. Mit Wut reagieren „die armen ausgewanderten, grenzenlos unglücklichen Maynzer" (599) aber auf die „Clubbisten", d. h. auf die deutschen Mitglieder des Mainzer revolutionären Jakobiner-Clubs. Sie drohen zu Opfern des Volkszorns zu werden. Goethe hat diese Zuspitzung in einer Erzählfolge thematisiert, die weit mehr als episodischen Charakter hat. Einen zurückkehrenden Mainzer Perückenmacher, der „den zurückgelassenen Clubbisten Tod und Verderben zu bringen schwor" (597) und der ihn deshalb bittet, sein Kind im Wagen in Sicherheit zu bringen, warnt er vor der geplanten Selbstjustiz, die das Unglück durch „neue[n] bürgerlichen Krieg, Haß und Rache" (597) nur verewigen würde. Und auf diese vorgängige Reflexion läßt sich dann eine gestufte Folge von Ereignissen beziehen, die das Gefährliche der zur Eskalation drängenden Situation verdeutlichen. Zunächst gelingt einigen Clubbisten in einem großen dreispännigen Wagen die Flucht, als die rachsüchtige Menge durch das Mittagessen abgelenkt ist. Anschließend rettet der französische Kommissar Merlin de Thionville einen Clubbisten, indem er sich auf die „Würde eines französischen Repräsentanten" (599) und auf das königliche Wort beruft. Diese doppelte Enttäuschung veranlaßt die frustrierte Menge, ihre Wut an einem „Erz-Clubbist[en]" (599) auszulassen, der in einem französischen Reisewagen zu flüchten hoffte, indem man ihn auf brutale und schimpfliche Weise verprügelt: Der Anblick des Mißhandelten ist als „traurigste[s] und ekelhafteste[s] aller Schauspiele" (600) nicht einmal den Widersachern zuzumuten. Eine nochmalige Steigerung der Aggression ergibt sich, als die Menge einen Architekten erkennt, dem sie unterstellt, die Dom-Dechanei zuerst geplündert und dann in Brand gesteckt zu haben (601).[31] Jetzt droht die Steigerung des Volkszorns bis zum Totschlag. Und hier greift Goethe ein, um den Burgfrieden vor dem Quartier des Herzogs, wo sich die Vorfälle abspielen, zu wahren. Er verbietet im Namen seines Fürsten Gewalttätigkeit, indem er den Wütenden vorhält, „ihr Unglück und ihr Haß gebe ihnen hier kein Recht" (601). In dieser kritischen und von den zuschauenden Freunden als gefährlich eingeschätzten Situation erkennt Goethe den Perückenmacher, den er an die erste Begegnung und an die Warnung vor der „Selbstrache" erinnern kann, und verhindert so den drohenden Totschlag. Mit der Figur des Perückenmachers werden die Situationen der vom Krieg bestimmten zivilen Gewalttätigkeit nicht nur erzählerisch zusammengefaßt, sondern auch gedeutet, denn Goethe erklärt dem über die Waghalsigkeit der Intervention erschrockenen Gore die Gründe seines Verhaltens. So gut er die „verzeihliche Wut" gegen die Clubbisten verstehen kann und so wenig er bestreitet, daß der Architekt womöglich ein „verbrecherischer Mensch" sei (603), besteht er doch auf legalistischen Praktiken: „es liegt nun einmal in meiner Natur, ich will lieber eine Ungerechtigkeit begehen als Unordnung ertragen" (603).[32] Auch die folgenden Wahrnehmungen beziehen sich auf die schwierigen Bemühungen, „eine bewegte Menge

---

[31] Vgl. hierzu Eberhard Mannack: *Goethes „Belagerung von Mainz" – eine Korrektur von Mißverständnissen.* In: Études germaniques 38 (1983), S. 102–117; hier bes. S. 110f.

[32] Vgl. hierzu auch die Maxime: „Es ist besser, daß Ungerechtigkeiten geschehen, als daß sie auf eine ungerechte Weise gehoben werden" (FA I, 13, S. 217).

wieder zur Ruhe zu bringen" (605). Was dabei als größtes Übel und Unglück erscheint, ist „nicht der Krieg allein, sondern der durch Unsinn aufgelöste bürgerliche Zustand" (608) – in der Ermahnung an den Perückenmacher war schon ausdrücklich vom „bürgerlichen Krieg" (597) die Rede. Hier sieht Goethe die eigentliche Gefahr, die von der Französischen Revolution ausgeht und sich in den Revolutionskriegen verbreitet.

Und so ist die Kapitulation der republikanischen Truppen dann auch nur scheinbar das erfreulichere Gegenstück zum Waffenstillstand von Valmy. In einem weiteren Sinne sind beides Niederlagen, wobei die Zerstörung der von früher Jugend vertrauten Stadt und die Drohung des Bürgerkriegs womöglich noch gravierender sind als die militärische Niederlage in Frankreich. Deshalb ist die Rückkehr „aus dem schrecklichsten Kriegszustand [...] ins ruhige Privatleben" (611) in beiden Fällen zwar höchst erwünscht, aber erschwert durch die Entfremdung vom Publikum, die ihm auch hier durch den Schwager Johann Georg Schlosser noch einmal bestätigt wird.

Subjektiv waren die Reisen zu den Schauplätzen der Revolutionskriege sicher die beschwerlichsten und die Goethes Selbstverständnis am wenigsten gemäßen. Ihre objektivierende Darstellung ist aber sowohl in autobiographischer als auch in historischer Perspektive höchst aufschlußreich, gerade weil der Schlachtenbummler am stärksten fremdbestimmt war.

Ein zusätzlicher Gesichtspunkt ergibt sich aus dem abschließenden Hinweis, daß der Herzog Carl August nach geendigter Campagne aus preußischen Diensten ausgetreten ist und damit seine geliebte militärische Karriere vorerst aufgegeben hat – auch für Goethe ist das „ein ganz eigener Wechsel der gewohnten Lebensweise" (612).

Mit seiner Teilnahme an den Kriegshandlungen folgte Goethe einem Wunsch des Herzogs, durchaus widerstrebend und das schließlich sogar artikulierend. Die Schilderung zeigt, daß es ein reiner Euphemismus ist, wenn er mit dieser Präsenz seinem Fürsten „nicht ganz unnütz" gewesen sein will. Auch ist sein Bericht keineswegs ein Lobpreis der militärischen Fähigkeiten, auf die Carl August sich so viel zugute hielt und die etwa im Tagebuch Wagners in der entsprechenden Weise gewürdigt werden. Immerhin ist der um seine Soldaten besorgte Heerführer aber mit Sympathie gezeichnet, so daß Goethe im Gespräch mit dem Kanzler Friedrich von Müller ein positives Echo vermelden konnte: „Der Großherzog ist recht zufrieden damit, [...] es handelt sich zwar nicht geradezu von ihm, aber so oft er vorkommt, so fällt immer, wie aus einem Spiegel, ein interessantes Bild von ihm zurück".[33] Trotzdem war das Begehren des Landesherrn eigentlich eine Zumutung, und die naive, aber eben deswegen auch vernünftige Sicht des Husarenoffiziers bestätigt das.

Aber gerade daraus leitet Goethe eine freundschaftliche Huldigung ab. Denn ausgerechnet während der französischen Campagne erhält er durch einen Brief an seine Mutter die Mitteilung, daß der Frankfurter Magistrat ihm nach dem Tode seines Oheims Johann Jost Textor eine Ratsherrenstelle anbietet (494). Damit werden alte Träume einer alternativen Lebensform wieder wach:

> Welcher Reichsstädtische Bürger wird leugnen daß er, früher oder später, den Ratsherrn, Schöff oder Burgemeister im Auge gehabt und, seinem Talent gemäß, nach diesen viel-

---

33 Gespräche, Bd. 3.1, S. 369.

> leicht auch nach minderen Stellen emsig und vorsichtig gestrebt: denn der süße Gedanke, an irgend einem Regimente Teil zu nehmen erwacht gar bald in der Brust eines jeden Republikaners [...]. (495)

Zwar ist diese Aussicht angesichts der Bedrohung sowohl von Frankfurt als auch von Mainz durch die französischen Revolutionsheere im Augenblick nicht so attraktiv, vor allem aber hindert ihn das Dankbarkeits- und Treueverhältnis zu Carl August:

> Aber auch in der glücklichsten Zeit jenes ehrwürdigen Staats-Körpers wäre mir nicht möglich gewesen auf diesen Antrag einzugehen; die Gründe waren nicht schwer auszusprechen. Seit zwölf Jahren genoß ich eines seltenen Glückes, des Vertrauens wie der Nachsicht des Herzogs von Weimar. Dieser von der Natur höchst begünstigte, glücklich ausgebildete Fürst ließ sich meine wohlgemeinten, oft unzulänglichen Dienste gefallen und gab mir Gelegenheit mich zu entwickeln, welches unter keiner andern vaterländischen Bedingung möglich gewesen wäre; meine Dankbarkeit war ohne Grenzen so wie die Anhänglichkeit an die hohen Frauen Gemahlin und Mutter, an die heranwachsende Familie, an ein Land, dem ich doch auch manches geleistet hatte. (496)

Ein solches Bekenntnis zu einem Zeitpunkt, wo er Grund hätte, die Nähe zu seinem Herzog als eine Last zu empfinden, macht die Kriegsschriften zu autobiographischen Bekenntnisschriften, in denen das Verhältnis zu Carl August ein organisierender Kontext ist. So ist es auch nicht unwichtig, daß ausgerechnet an Goethes Geburtstag ausdrücklich zuerst und vor allem auf das Wohl des Herzogs angestoßen wird:

> Wie wir nun alle hier Versammelten uns mit Leib und Seele einem Fürsten angehörig bekannten, der seit mehreren Regierungsjahren so große Vorzüge entwickelt und sich nunmehr auch im Kriegshandwerk, dem er von Jugend auf zugetan gewesen, das er seit geraumer Zeit getrieben, sich bewähren sollte; so ward auf sein Wohl und seiner Angehörigen nach guter deutscher Weise angestoßen und getrunken [...]. (395 f.)

Und mit dem Abschied Carl Augusts aus preußischen Diensten, also dem vorläufigen Ende seiner Aktivitäten im Kriegshandwerk, erhält das Reisebuch einen zweiten Schluß über das Selbsterlebte hinaus.

CHRISTOPH MICHEL

„*ein Kontinent mitten im Kontinente*" – *Goethe in Böhmen**

Noch immer stellt sich, wenn das Stichwort „Goethe und Böhmen" fällt, am ehesten die Assoziation der Badereisen ein, und diese wiederum evoziert meist die Vorstellung einer biedermeierlichen Welt, wie sie die von Sigrid Canz präsentierten Bilder-Suiten[1] oder Umschlag und Einband des von Jörn Göres 1982 herausgegebenen Katalogbandes zur Ausstellung *Goethes Badeaufenthalte 1785–1823*[2] zeigen: Vor der Kulisse einer herrlich leuchtenden Natur und repräsentativen Brunnen-Architektur bewegt sich in verordnetem Schlendrian eine à la mode gekleidete, scheinbar leidlose Gesellschaft, geeint durch das Requisit des Sprudelbechers. Die Tendenz zum darstellerischen Realismus scheint über die Wiedergabe einiger genrehafter, meist komischer Szenen, die auf die Heterogenität des Badepublikums verweisen, nicht hinauszugehen. Dieses im Hinblick auf Goethes böhmische Reisen unzutreffende, weil anachronistische und einseitige Bild versuchen die folgenden Ausführungen durch ein realistischeres zu ersetzen. Es soll der Illusion entgegengewirkt werden, daß Goethe auf seinen Reisen nach Böhmen in eine gleichsam phäakische Sonderwelt eingetreten und in ihr selber, wie es offenbar auch der postume tschechische Goethe-Denkmal-Kult will und suggeriert[3], temporär zum ‚Phäaken' mutiert sei.[4] Im Gegenzug

* Vortrag in der Arbeitsgruppe *Goethe in Böhmen.*

1 Sigrid Canz: *Die böhmischen Bäder. Bilder aus dem Biedermeier.* Dortmund 1982.

2 „*Was ich dort gelebt, genossen …". Goethes Badeaufenthalte 1785–1823. Geselligkeit – Werkentwicklung – Zeitereignisse.* Hrsg. von Jörn Göres. Königstein/Ts. 1982. – Dem nachkolorierten Bildausschnitt auf dem Umschlag liegt eine Bleistiftzeichnung Bernhard von Arnswaldts, *Curplatz der Bäder Carlsbads 1834*, zugrunde; siehe S. 144, Nr. 113 des Katalogs. – Die in die Umschlaggraphik eingeblendete autographe Anfangszeile des Gedichts „Was ich dort gelebt, genossen […]", das 1817 erstmals gedruckt, 1827 in die Spruchfolge *Rhein und Mayn* eingestellt wurde, suggeriert den Bezug zum Hedonismus des Badelebens; Goethe hat die Verse jedoch nicht ohne Grund zuerst als Motto der Abteilung *Zur Kenntnis der böhmischen Gebirge* in seiner Zeitschrift *Zur Naturwissenschaft überhaupt* I, 1 (1817) abgedruckt (MA 12, S. 412); daß das Gedicht neben „Freude" und „Genuß" auch „Kenntnis" und „Erfahrung" thematisiert, wird durch seine willkürliche Zuordnung verdunkelt.

3 Augenfällig in den zahlreichen idealisierenden Stein- und Bronzedarstellungen Goethes, die Miloslav Wajs im Anhang seines Büchleins *Westböhmen in Goethes Leben, Werk und Wirken.* Pilsen 1972 (2., auch im Abbildungsteil vermehrte Auflage. Karlsbad 1992) abbildet; siehe vor allem Adolf Donndorfs Goethe-Büste in Karlsbad und das neuere Denkmal Goethes und Ulrikes von Heinrich Drake in Marienbad.

4 So hat schon Hugo Siebenschein am Beginn seines Artikels *Böhmen/Böhmische Studien* in der 2., von Alfred Zastrau hrsg. Auflage des *Goethe-Handbuchs.* Bd. 1. Stuttgart 1961, Sp. 1301 f., bemerkt:

wird hier, wie dies ja in vielen Publikationen bereits geschehen ist[5] und nur allgemein noch zu wenig wahrgenommen wird, auf die vielfältigen Bemühungen hingewiesen, durch die Goethe sich reelle Kenntnisse über Böhmen erworben hat,[6] auch über die letzte seiner siebzehn Reisen (1823) hinaus, wobei die erschließende Kraft seines zunehmend methodischen Vorgehens, aber auch einige Grenzen seiner Hermeneutik sichtbar werden sollen.

Als Goethe, für den das Egerland das bevorzugte ‚Portal' seiner Reisen nach Böhmen war, Anfang Juli 1785 zum erstenmal, auf dem Weg nach Karlsbad, vom Fichtelgebirge kommend, das er mit geologischem Interesse durchstreift hatte, das spätere Franzensbad passierte, traf er in moorigem Gelände nahe dem Dorf Schlada lediglich ein Badehaus mit einigen Gastzimmern an, das neben dem Sauerbrunnen errichtet worden war. Erst 1791 wurde ein Brunnenhaus gebaut und erhielt die Quelle den Namen „Egerbrunnen". 1793 übernahm Kaiser Franz I. von Österreich das Patronat über den Brunnen und verlieh dem Ort seinen Namen, aber sein erster Besuch ließ bis 1812 auf sich warten; erst dann war von der Eleganz einiger Häuser die Rede. Die erste gedruckte Kurliste erschien 1800, die Erschließung weiterer Quellen nahm nochmals drei Jahrzehnte in Anspruch. 1828 wurde das erste öffentliche Badehaus errichtet, erreichte der Export des Egerwassers, das Goethe sich schon längst nach Weimar hatte schicken lassen, seinen Höhepunkt. Erst um die Jahrhundertmitte war der Ort ‚mondän' und machte der Zustrom der Kurgäste Ausweichquartiere nötig.[7]

Die kurze Revue der erst langsamen, dann rasanten Entwicklung Franzensbads soll veranschaulichen, mit welchen elementaren Zuständen Goethe hier zunächst konfrontiert war und daß seine Lebenszeit nicht ausreichte, die Blüte und den voll entfalteten Komfort dieses

---

„Es wäre falsch und abwegig, diese [von G. in Böhmen verbrachte; Ch. M.] Zeit lediglich oder auch nur vorwaltend als Erholungs-, Kur-, Vergnügungs- und Urlaubsphasen aufzufassen", obwohl zunächst „gesundheitliche Rücksichten die Veranlassungen zu diesen Reisen abgaben". Auch Jaromír Loužil, Verfasser des Artikels *Böhmen* im neuen *Goethe-Handbuch* (hrsg. von Bernd Witte u. a. Bd. 4.1. Stuttgart, Weimar 1998, S. 131–137), weist darauf hin, daß bereits „die reichen Mineralquellen der von ihm [Goethe; Ch. M.] besuchten Kurorte [...] ihn nicht nur als Badegast, sondern auch als Naturforscher" angezogen hätten (S. 134).

5 Stellvertretend sei hier Johannes Urzidils umfassende Darstellung *Goethe in Böhmen.* Zürich 1962 ([2]1965, [3]1981; die Erstausgabe war bereits 1932 erschienen) genannt, die freilich im Detail revisionsbedürftig ist; siehe dazu jetzt: Gerhard Trapp: *Johannes Urzidils „Goethe in Böhmen". Entstehungsgeschichte und Nachwirkungen im Spannungsfeld der deutsch-tschechischen Kulturbeziehungen.* In: *Goethe in Olmütz. Beiträge der internationalen Konferenz Olmütz, 6.–8. 12. 1999.* Olmütz 2000, S. 63–92. – Die Hintergründe der Gesamtperspektive Urzidils, Goethes Gestalt als Inbild humaner Existenz und die aus Urzidils Exilsituation verständliche Verklärung Böhmens als eines verlorenen geistigen Reiches, hat Herbert Zeman aufzuhellen versucht: *Johannes Urzidils Goethe-Bild – ein Vortrag.* In: *Johannes Urzidil und der Prager Kreis. Vorträge des römischen Johannes-Urzidil-Symposions 1984.* Hrsg. von Johann Lachinger, Aldemar Schiffkorn u. Walter Zettl. Linz 1986, S. 99–106.

6 Für den naturkundlichen Bereich zieht Hartmut Schmidt: *Goethes Naturstudien in den Badesommern 1785–1823.* In: Göres (Hrsg.) (Anm. 2), S. 276–284, eine eindrucksvolle Bilanz. Siehe auch den Abschnitt *Naturwissenschaftliche Studien Goethes* in dem von Willy Handrick erarbeiteten Ausstellungskatalog *Goethe und Böhmen 1785–1832.* Hrsg. von den Nationalen Forschungs- und Gedenkstätten der klassischen deutschen Literatur in Weimar. Weimar 1964, S. 17–26 (Kat.-Nrn. 45–96); ferner: Siebenschein (Anm. 4), Sp. 1304–1308.

7 Dem Überblick liegt die ausführlichere Darstellung von Canz (Anm. 1), S. 109–112, zugrunde. Siehe auch Adolph Kohut: *Goethes Beziehungen zu Franzensbad.* In: GJb 1913, S. 101–117.

Kur- und Badeorts kennenzulernen. Noch primitiver, von ihm selbst drastisch geschildert, präsentierte sich ihm 1820 bei seinem ersten Besuch Marienbad, das fünf Jahre zuvor noch eine Ansammlung von einigen aus Holz errichteten Logierhäusern gewesen und nun durch den Abt des Klosters Tepl, Karl Kaspar Reitenberger[8], in eine Großbaustelle verwandelt worden war. Goethe verglich diese creatio ex nihilo mit der Gründung Karthagos[9] oder der Kolonisation „in den nordamerikanischen Wäldern"[10]; das „Wunder" der künftigen Entwicklung, das er voraussagte, konnte er nur noch während zweier Badesommer verfolgen.

Freilich zeigte sich ihm das Zentrum seiner böhmischen Badereisen, Karlsbad (das er dreizehnmal besuchte), von Anfang an in der seinem Renommee entsprechenden Eleganz.[11] Aber nachdem die Sprudelexplosion von 1809 nicht nur an den Quellen, sondern im gesamten Ort nachhaltige Zerstörungen bewirkt hatte und 1810 infolge der Reparationszahlungen Österreichs an Frankreich eine enorme Teuerung einsetzte, verdüsterte sich für Goethe der zunächst durch den Besuch der Kaiserin Maria Ludovica im Juni 1810 gesellschaftlich glanzvolle Aufenthalt, und er wich, der Einladung seines Herzogs folgend, Anfang August gerne in das ruhigere und heiterere Teplitz aus. Ein großer Bekanntenkreis, vornehmlich aus dem Adel – erwähnt seien nur die Fürstin Solms, die Herzogin von Kurland, Fürst Karl Joseph Lamoral von Ligne („der frohste Mann des Jahrhunderts"[12]) und seine natürliche Tochter Titine sowie Amalie von Levetzow – und aus der Welt der Künstler und Wissenschaftler – der Philologe Friedrich August Wolf, Johann Gottlieb Fichte und Carl Friedrich Zelter –, machte ihm den Kuraufenthalt für weitere sechs Wochen erträglich.[13]

Versuchen wir aufgrund des schmalen Materials der drei bisher genannten Beispiele bereits ein erstes Fazit: Goethe bereist Böhmen (mit dem ihm empfohlenen Hauptziel Karlsbad) in der Erwartung, durch den Gebrauch der Kurmittel, aber auch durch die Erweiterung des Bekanntenkreises, einer neuen Welt im kleinen, von akuten psychophysischen Beschwerden befreit oder abgelenkt zu werden, später auch, um der bedrängenden politischen Lage – vor allem der Bedrohung durch das Frankreich Napoleons – vorübergehend auszuweichen. Um ihn schließt sich ein Kreis, der dem in Weimar strukturell ähnlich ist, freilich ‚große Welt', ‚große Politik' und Internationalität repräsentiert, im Grunde bereits all das, was Goethe durch seine Korrespondenz und als Zielpunkt von Besuchern in späteren

8 Zu ihm siehe Urzidil (Anm. 5), S. 115.

9 Goethe an August von Goethe, 29. 4. 1820: „Das Ganze sieht aus als hätte Dido soeben ihre Riemen um den Raum geschlagen und nun ginge das Bauen los. Seit drey Jahren ist es erst recht Ernst, in den nächsten dreyen wird man Wunder sehen. Das Wunder aber wird dadurch bewirkt, daß das Haus, im ersten Jahre, wo es kaum fertig dasteht, schon zehn Procent einträgt. Dadurch werden nicht allein die Umwohner, sondern auch Fremde angelockt, und mancher, vermuth ich, um sein unsicheres Papiergeld zu fixiren" (WA IV, 33, S. 3).

10 Goethe an August von Goethe, 28. 4. 1820 (WA IV, 33, S. 1); ähnlich an Carl Friedrich Zelter, 2. 5. 1820: „Mir war es übrigens als wäre ich in den Nordamericanischen Einsamkeiten, wo man Wälder aushaut um in drei Jahren eine Stadt zu bauen" (MA 20.1, S. 600); wörtlich wiederholt im Brief an den Großherzog Carl August, 7. 5. 1820 (*Briefwechsel des Herzogs-Großherzogs Carl August mit Goethe*. Hrsg. von Hans Wahl. Bd. 2. Berlin 1916, S. 284).

11 Doch war auch diese nicht historisch gewachsen, sondern Resultat des raschen Wiederaufbaus nach dem verheerenden Stadtbrand von 1759; siehe Urzidil (Anm. 5), S. 14.

12 So nennt ihn Goethe in der Widmungsüberschrift seines ihm zugedachten, aber unvollendet gebliebenen *Requiems* (1815) (MA 11.1.1, S. 280).

13 Vgl. die Schilderung des Aufenthaltes und des Bekanntenkreises bei Urzidil (Anm. 5), S. 64–77.

Jahren, vor allem in seinem letzten Lebensjahrzehnt, als er nicht mehr reist, als „Weltbewohner“ und „Weimaraner“ um sich versammelt. Von den äußeren, oft kümmerlichen und beschwerlichen lokalen Gegebenheiten seines Gastlandes scheint Goethe innerhalb dieses Zirkels kaum betroffen zu sein, sie nicht zur Kenntnis zu nehmen oder ihnen auszuweichen.

Dieser summarisch-oberflächliche Eindruck täuscht jedoch. Veranschaulichen wir uns kurz den geographischen Raum durch eine Übersicht der wichtigsten von Goethe bereisten böhmischen Orte: das schmale Band Nordwestböhmens mit seinen Zentralorten, den Bädern, von Franzensbad bis Teplitz, und die auf der kurzen Exkursion nach Ostböhmen während der schlesischen Campagne 1790 gestreiften Städte Braunau und Adersbach sowie das Riesengebirge. Konfrontieren wir diese Überschau[14] mit einer Nahsicht aus Alfred Zastraus Kartenwerk sämtlicher Reisen Goethes, der Detailkarte zur Region um Eger, die alle ‚Reisebewegungen‘ Goethes zwischen 1785 und 1823 bündelt[15], so entsteht ein Eindruck, wie man ihn hat, wenn man den Sternenhimmel einmal mit bloßem Auge und danach durchs Teleskop betrachtet. Setzen wir das starre Schema in Bewegung um und die Fülle der Namen und Stationen wenigstens in einigen wenigen Beispielen in Besuche oder auch nur Haltepunkte Goethes.

Als Geologe reiste Goethe 1785 ins Egerland, nachdem er, durch die Harzreisen 1783 und 1784 unter Führung des Berghauptmanns Friedrich Wilhelm Heinrich von Trebra (ihm seit der beschlossenen Wiederbelebung des Ilmenauer Bergbaus 1777 bekannt und befreundet) bestens präpariert, die Granitfelsen des Ochsenkopfs und der Luisenburg im Fichtelgebirge besucht und ein geologisches Tagebuch geführt hatte. Setzt auf dieser und der Reise im folgenden Jahr Goethes geologische Forschung erst im Erzgebirge ein, in Johanngeorgenstadt und Schneeberg (wo er „die Kobolde in ihrem eigensten Hause“[16] besucht, d. h. in die Erzgruben einfährt und die böhmischen Blaufarbenwerke kennenlernt[17]), so kehrt er in späteren Jahren mit der Erkundung der Egeran-Felsen bei Haslau zu den im Fichtelgebirge beobachteten Vorkommen zurück. Sebastian Grüner (1780–1864), Kriminalrat in Eger, ein Mineraliensammler, wird sein Begleiter, Gesprächspartner, Korrespondent und Informant (seiner ungedruckten Abhandlung *Über die ältesten Sitten und Gebräuche der Egerländer*[18] verdankt Goethe volkskundliche Kenntnisse), auch Vertrauter des Goethesohnes und angehenden Mineralogen August. Dem Egeran, Haslau und der Gräfin Nathalie von Kielmansegge, die ihm von dort einen „Aplomgranaten von seltener Vollkommenheit“ geschickt hatte, dankt Goethe 1831 mit dem Gedicht „Haslaus Gründe, Felsensteile [...]“.[19] Über den Haslauer Egeran, eine Silikat-Varietät, hatte er schon 1821 einen Bericht verfaßt.[20]

---

14 Eine auf einen Blick überschaubare Ansicht der Reiserouten Goethes in Böhmen findet sich auf dem Vorsatz von Urzidils Buch (Anm. 5).

15 Zastrau (Anm. 4), Bd. IV, Stuttgart 1956, Teilkarte 9 (Böhmen).

16 Goethe an Karl Ludwig von Knebel, 13. 8. 1786 (WA IV, 8, S. 1).

17 Vgl. Goethes Aufzeichnungen über das Schneeberger Bergfeld und die Organisation der Blaufarbenwerke: LA II, 7, S. 167–173 (M 80–83); MA 2.2, S. 521–524.

18 Ein handgeschriebenes Exemplar (179 S., 8 farbige Zeichnungen) befindet sich im GSA; siehe Hans Ruppert (Bearb.): *Goethes Bibliothek.* Weimar 1958, Nr. 3421. Zu Grüners mündlichen Mitteilungen an Goethe über Eger und das Egerland siehe Urzidil (Anm. 5), S. 229–234.

19 MA 18.1, S. 49; siehe dazu: Else Engelen: *Der Granat der Gräfin Kielmansegge.* In: GJb 1937, S. 63–68 (Wiedergabe der im Nachlaß der Gräfin gefundenen Hs. des zwischen dem 14. und 20. August 1831 entstandenen Gedichts sowie der Korrespondenz).

20 MA 13.2, S. 239 f.

Die dazugehörige geologische Karte vermerkt zu einem Felsen, an dem Goethe auf seinen Exkursionen zu rasten pflegte: „Quarzmasse, welche Göthe liebt, und daher für immer nicht berührt werden wird".[21] Der Felsen ist noch heute als Gedenkstein erhalten.[22] Über den Egeran diskutierte Goethe aber auch am 30. Juli 1822 in Eger mit dem in Stockholm lehrenden Chemiker Johann Jakob von Berzelius und dem Paläobotaniker Kaspar Graf Sternberg, einem seiner vertrautesten böhmischen Freunde,[23] wobei Goethe „bitterlich" beklagte, sich wegen seines Alters nicht mehr im Gebrauch des Lötkolbens ausbilden zu können, der für den Nachweis von Titan nützlich war.[24]

Tritt schon mit dieser mineralogischen Einzelheit ein Gewebe aus fachspezifischem Wissenserwerb, Personenbezügen, dichterischer Vergegenwärtigung und, nicht zuletzt, lebensgeschichtlicher Verknüpfung mit einem böhmischen Ort und einer Landschaft zutage, so finden wir dies in noch viel erstaunlicherem Maße bei einem anderen, äußerlich völlig unscheinbaren Objekt, dem aus vulkanischen Produkten bestehenden Kammerberg bei Eger.

Von 1808 bis 1822 übte dieser äußerlich ganz unscheinbare Hügel auf Goethe eine ungewöhnliche Faszination aus (allein im Jahr 1808 sind acht Besuche verzeichnet); deren Grund war die ungelöste Frage, ob der Hügel von vulkanischer oder pseudovulkanischer Beschaffenheit sei. Goethe versammelt die Produkte des „problematischen" Bergs[25], zeichnet ihn[26], schreibt über ihn eine Abhandlung[27], ein glänzendes Muster wissenschaftlicher Prosa, das die gesamte Landschaft des Egerlandes in ein geophysikalisch-ästhetisches Panorama faßt. Er plant einen Durchstich[28], bespricht sich über ihn mit Naturforschern, u. a. mit Berzelius, der Vulkane in der Auvergne und im Vivarais zum Vergleich heranzieht[29], und stellt ihn 1824, zusammen mit dem Wolfsberg bei Czérlochin und dem Rehberg bei Boden und Altalbenreuth, in seiner Zeitschrift *Zur Naturwissenschaft überhaupt* (II 2) erneut als submarinen Pseudovulkan zur Diskussion.[30]

---

21 Ebd., S. 241: Abb. des Lageplans zum Fundort des Egeran; Bleistiftzeichnung des Straßenkommissärs Alwertha.

22 Siehe die Farbfotographie in Hermann Braun/Michael Neubauer: *Goethe in Böhmen.* Hof 1982, S. 10.

23 Siehe den von August Sauer hrsg. *Briefwechsel zwischen Johann Wolfgang von Goethe und Kaspar Graf von Sternberg.* Prag 1902; ferner das Kapitel *Kaspar Sternberg* in Urzidil (Anm. 5), S. 439–448.

24 Siehe die autobiographischen Aufzeichnungen von Berzelius in: Gespräche, Bd. 3.1, S. 394.

25 MA 12, S. 441 (*Sammlung*); siehe auch Hans Prescher (Bearb.): *Goethes Sammlungen zur Mineralogie, Geologie und Paläontologie.* Berlin 1978, S. 417.

26 *Corpus der Goethezeichnungen.* Bd. I-VII. Bearb. von Gerhard Femmel, hrsg. von den Nationalen Forschungs- und Gedenkstätten der klassischen deutschen Literatur in Weimar. Leipzig 1958 bis 1973, Bd. V B, Nrn. 204–207.

27 *Der Kammerberg bei Eger* (1808). Zuerst in *Leonhards Taschenbuch für die gesamte Mineralogie* 1809; 1820 aufgenommen in *Zur Naturwissenschaft überhaupt* (I, 2); diese Fassung in MA 12, S. 431–442.

28 Eine genaue Beschreibung des geplanten Stollenvortriebs gibt Goethe 1820 in *Zur Naturwissenschaft überhaupt* (I, 3): *Kammerberg bei Eger* (MA 12, S. 545).

29 Gespräche, Bd. 3.1, S. 393; Goethe selbst dachte sich die Entstehung des Kammerbergs zunächst wie die von Seneca, *nat. quaest.* II 26, beschriebene Entstehung der Inseln im Ägäischen Meer: *An Herrn Assessor Leonhard,* 18. 11. 1808 (MA 9, S. 884).

30 *Uralte neuentdeckte Naturfeuer- und Glutspuren* (MA 12, S. 797). Siehe auch Goethes frühere Bemerkung zu Sulpiz Boisserée, Wiesbaden, 2. 8. 1815: „[...] wenn ich einmal einen Vulkan anerkenne und verteidige, dann will es auch was heißen; so in Böhmen, da habe ich bewiesen, wie ich

Dieser hier an geologischen Beispielen aufgezeigte Prozeß einer allmählichen, umfassenden, vor- und zurück- und wieder vorschreitenden, durch Vergleiche nach allen Seiten ausgreifenden ‚Landnahme' Goethes in fremdem Terrain vollzieht sich ganz unspektakulär, ja für die meisten unsichtbar. Die beiden ersten Badeaufenthalte Goethes in Böhmen, 1785 und 1786, lassen den Dichter vielmehr als Mittelpunkt eines fast komplett von Weimar nach Karlsbad übergewechselten Kreises in Erscheinung treten. Es schien, als ob „der thüringische Musenhof [der Herzog, die Herzogin Luise, Charlotte von Stein, Knebel, Herder und andere; Ch. M.] plötzlich nach Böhmen versetzt worden wäre".[31] Es wird darüber kaum wahrgenommen, daß Goethe im ersten Jahr mit der Hilfe eines jungen Botanikers[32], den er auf die Reise mitgenommen hatte, sich eine Übersicht über die Flora der Gegend um Karlsbad erarbeitet, daß er über den böhmischen Hopfenanbau Erkenntnisse sammelt (die ihn später zu einer Spezialschrift über die Hopfenkrankheit „Ruß" befähigen[33]), aber auch einen Transfer zum Volksfest der Hopfenlese anbahnt, die in einem Gedicht zu beschreiben er den böhmischen ‚Naturdichter' Anton Fürnstein in Falkenau anregt, dessen über ein lebenslanges körperliches Gebrechen siegreichen Geist er ausdrücklich rühmt.[34]

Nicht weniger kryptisch bleibt, gemessen am gesellschaftlichen Ereignis der öffentlichen Feier von Goethes Geburtstag während des zweiten Karlsbader Aufenthaltes 1786, die schon erwähnte unterirdische Erkundungsfahrt Goethes, die Einfahrt in die Schneeberger Gruben, wie auch der so folgenreiche erste Kontakt mit dem Karlsbader „Steinschneider" Joseph Müller.[35] Das am striktesten gewahrte Geheimnis freilich, nur (und erst spät) dem Herzog bekannt, ist der am Beginn der späteren Reiseschilderung mit der berühmt gewordenen exakten Zeit- und Ortsangabe versehene („Früh drei Uhr stahl ich mich aus Carlsbad"[36]) Aufbruch zur Reise nach Italien.

---

mich eines Vulkans annehmen kann" (Sulpiz Boisserée: *Tagebücher.* Hrsg. von Hans-J. Weitz. Bd. 1: *1808–1823.* Darmstadt 1978, S. 226).

31 Urzidil (Anm. 5), S. 15 (das Zitat ist in Goethes Briefen an Merck nicht nachweisbar!).

32 Friedrich Gottlieb Dietrich (1765–1850) aus einer alten Botaniker-Familie in Ziegenhain bei Jena, später Hofgärtner in Weimar und Eisenach (Leiter des herzoglichen Botanischen Gartens zu Wilhelmstal); siehe Goethes Würdigung seiner Verdienste in *Der Verfasser teilt die Geschichte seiner botanischen Studien mit* (MA 18.2, S. 443–445).

33 *Von dem Hopfen und dessen Krankheit, Ruß genannt.* In: *Zur Morphologie* II 2 (1824), S. 74–76 (LA I, 9, S. 328 f.); siehe auch MA 12, S. 327–333 u. 344 f., sowie den Katalog *Goethe und Böhmen* (Anm. 6), S. 18 (Nrn. 48 f.).

34 Vgl. Goethe an Kaspar Graf Sternberg, 26. 8. 1822 (WA IV, 36, S. 132); siehe auch Goethes Aufsatz *Deutscher Natur-Dichter* (MA 13.1, S. 474–476); eine Gedichtauswahl bringt Ludwig Schlesinger: *Anton Fürnstein und seine Gedichte.* In: *Mitteilungen des Vereins für Geschichte der Deutschen in Böhmen*, 18. Jg. (1880), S. 108–116; kritisch über das Gedicht *Der Hopfenbau*, von dem er einige Strophen abdruckt, Urzidil (Anm. 5), S. 296 f.

35 1817, durch Joseph Müllers Tod veranlaßt, gedenkt Goethe in den mit *Carlsbad* überschriebenen Erinnerungen, die er der überarbeiteten Version seiner erstmals 1806/1807 veröffentlichten Abhandlung *Joseph Müllerische Sammlung* voranstellt, der ersten Begegnung (1806) und der folgenden langjährigen Zusammenarbeit mit dem „auf das treufleißigste behülflich[en]" Steinschneider (in: *Zur Naturwissenschaft überhaupt* I, 1; MA 12, S. 413 f.; die Beschreibung der Sammlung ebd., S. 413–430; siehe auch S. 621–623); ferner: Urzidil (Anm. 5), S. 402–410, und Richard W. Eichler: *„Hier bin ich Mensch …". Goethe unter schlichten Menschen, skizziert am Umgang mit Joseph Müller, seinem Begleiter im Erzgebirge.* In: *Goethe in Olmütz* (Anm. 5), S. 28–42.

36 MA 15, S. 9.

Auch an diesem Punkt empfiehlt es sich, einzuhalten und zusammenzufassen. Bereits 1786, vor der Italienreise, hat Goethe sich ein erstes, im Wortsinn gründliches Bild von Böhmen erarbeitet. Während er äußerlich am Badeleben teilnimmt und dabei unter anderem für den Herzog und den gemeinsamen Freundeskreis in einem Gelegenheitsgedicht zum Abschied von Karlsbad „im Namen der Engelhäuser Bäuerinnen“[37] die Kur und die städtische Topographie humoristisch Revue passieren läßt, arbeitet er an einem sehr viel genaueren, auf Dauer und Erweiterung angelegten Bild seines Gastlandes. Es sind, mit einem Begriff aus dem mittelalterlichen Dombauwesen, den Goethe auch für seine literarische Produktion reklamiert, „Warte-Steine“[38], die er als Reisender und Forschender stehenläßt: Erkenntnisdaten, Tätigkeiten, Beziehungen zu Fachleuten, an die er jeweils wieder anknüpfen kann. Daraus entstehen nebenbei Transfers, Möglichkeiten des Vergleichens. So vergleicht er unmittelbar nach dem Aufbruch von Karlsbad die bayrischen Wegeverhältnisse mit den böhmischen[39] oder in Italien das seltsame „Gewebe von Bergrücken“ im etrurischen Apennin mit den böhmischen Gebirgen.[40]

Was wir soeben für den Weimarer Freundeskreis und eingangs für die triviale Rezeption der Beziehungen Goethes zu Böhmen anhand von Beispielen diagnostiziert haben – eine partielle Blindheit gegenüber der Breite und Tiefe, Technik und Systematik der Erschließung –, wird auch im Bezug auf Goethes Italienreise sichtbar. Selbst neuere, auf gründlicher und umsichtiger Einzelforschung basierende Goethe-Editionen legen sich in der Kommentierung der *Italienischen Reise* (einem allerdings durch Goethe selbst aus dem Abstand des Alters überformten und teilweise zum Kanon für die Nachwelt aufbereiteten Text) einseitig auf den Kunstaspekt[41] fest: Die naturwissenschaftlichen, volkskundlichen Beobachtungsresultate, deren Vorstufen im Nachlaß seit langem offenliegen und in separaten Editionen erschlossen sind, werden noch immer ignoriert, allenfalls als sekundär eingestuft. Daß Goethe eine Synthese seiner Reisen nach Böhmen nicht unternommen, offenbar auch nie in Erwägung gezogen hat, erweist sich demnach als Chance für eine künftige, aus dem großen Schatten Johannes Urzidils heraustretende, die Zugänglichkeit des Landes wie das erweiterte und revidierte, heute leichter abrufbare Quellenmaterial nutzende Gesamtdarstellung. Neben der Darlegung der Fakten wäre in ihr eine sich schon aus der Frequenz der Wiederkehr ergebende spezifische Reise-Hermeneutik zu extrapolieren, die im Unterschied zur hochgespannten, ideenorientierten und „Wiedergeburt“ als Ereignis inszenierenden Auto-

---

37 MA 2.1, S. 109f.

38 MA 12, S. 644–652 (in: *Zur Naturwissenschaft überhaupt* I, 4: *Chromatik*); vgl. Goethe an Schiller, 12.7.1796, über eine Fortsetzung von *Wilhelm Meisters Lehrjahren*: „es müssen Verzahnungen stehen bleiben, die, so gut wie der Plan selbst, auf eine weitere Fortsetzung deuten“ (MA 8.1, S. 217).

39 *Tagebuch der italienischen Reise* 1786 (MA 3.1, S. 11).

40 Ebd. (MA 3.1, S. 140); dazu Herbert Lehmann: *Goethe und Gregorovius vor der italienischen Landschaft.* Wiesbaden 1967, S. 13f.: Die Stelle zeige, „wie Goethe das Fremdartige durch Vergleich mit ihm bekannten Mittelgebirgsformen (Böhmen) zu bewältigen sucht. [...] das erste Mal, daß der etrurische Apennin in seiner [...] Eigenart gesehen und beschrieben wird“. Goethe hat diese Charakteristik und den Vergleich jedoch nicht in die *Italienische Reise* übernommen.

41 So die kunstgeschichtlich reich kommentierte Edition der *Italienischen Reise* in Bd. 15 der Münchner Ausgabe (MA), München, Wien 1992, die allerdings wegen des diachronen Aufbaus der MA u. a. auf die Präsentation der in Italien niedergeschriebenen naturwissenschaftlichen Notizen an dieser Stelle verzichten mußte.

biographie der italienischen Reise wohl insgesamt eine flachere Verlaufskurve nähme, anhand der Fülle der überwiegend sachbezogenen Einzelschriften aber Kontinuitäten erkennen lassen würde, wie sie sich während des Aufenthaltes in Italien nicht hatten herausbilden können.

Goethes Beziehung zu Böhmen war bereits vor der Italienreise derart gefestigt, daß man von einer bruchlosen Wiederaufnahme seiner Reisen nach der Rückkehr von Rom sprechen kann. Die Wiederbegegnungen sind allerdings voneinander durch große Zwischenräume getrennt und setzen erst 1795 ein; zuvor hatte Goethe, unterbrochen nur von der widerwillig angetretenen ‚Dienstreise' nach Venedig (1790) und der unmittelbar darauf folgenden schlesischen Campagne, die ihn kurz auch auf ostböhmisches Gebiet geführt hatte, seinen Hausstand begründet und am ersten Koalitionskrieg gegen Frankreich teilgenommen. Zwischen 1795 und 1806 hat Goethe Böhmen nicht besucht. Jedoch hat Schiller, der 1791 in Karlsbad eine Kur absolviert und auf dem Rückweg sich Eger hatte zeigen lassen, einen Austausch über Böhmen in Gang gesetzt, der vor allem während der Arbeit an der *Wallenstein*-Trilogie von Schillers genauer Geschichts- und Goethes zuverlässiger Landeskenntnis getragen war.[42]

Die fast lückenlose Folge der jährlichen Kuraufenthalte von 1806 bis 1813, mehrere von ihnen fast vier Monate (einer, 1812, sogar viereinhalb Monate) dauernd, erweiterte Goethes Bekanntenkreis, wie Urzidil und vor ihm schon August Sauer[43] eindrucksvoll vorgeführt haben, beträchtlich. Die Liebe zu Silvie von Ziegesar, der Besuch der österreichischen Kaiserin Maria Ludovica, die Begegnung mit Ludwig van Beethoven fallen in diese Zeit, werkgeschichtlich die Konzeption und Vollendung der *Wahlverwandtschaften* und die Arbeit an *Dichtung und Wahrheit*. Hartmut Schmidt hat für diese Phase trotz betonter Zurückhaltung Goethes von der ‚großen Politik' dessen Bedeutung als Ansprechpartner und beratende Instanz im politischen Kräftespiel und vor allem seine ausgleichende Wirkung gegenüber der schroffen und gefährlich provokanten antinapoleonischen Haltung Carl Augusts hervorgehoben.[44] Im Entscheidungsjahr 1813 besuchte Goethe, um sich von den Beängstigungen abzulenken, von Teplitz aus mehrmals die Klosterstädte Ossegg und Mariaschein, die Bergstädte Graupen und Klostergrab, Bilin mit seinem markanten Klingsteinfelsen, dem Borschen, schließlich Zinnwald und Altenberg.[45]

Während des folgenden Jahrfünfts führten Goethes Wege nicht nach Böhmen, verfolgte er vielmehr die bedeutende west-östliche Spur. Noch 1817, ein Jahr nach dem als dämonischer Einhalt interpretierten Reiseunfall auf dem Weg in die Rhein-Main-Gegenden, lehnte er die ihm ärztlicherseits angeratene böhmische Badekur mit der nur vordergründig unverständlichen Begründung ab, er fürchte, dort „außer aller Verbindung"[46] zu sein. Daß er in

---

42 Vgl. dazu Urzidil (Anm. 5), S. 25–31; noch die *Elegie* von Marienbad enthält einen Reflex auf Schillers *Geschichte des Dreißigjährigen Krieges*.

43 August Sauer (Hrsg.): *Goethe und Österreich. Briefe mit Erläuterungen*. 2 Teile. Weimar 1902 und 1904 (= SchrGG 17 u. 18).

44 *Goethes Badeaufenthalte im zeitgeschichtlichen Zusammenhang*. In: Göres (Hrsg.) (Anm. 2), S. 200 bis 213.

45 Vgl. Urzidil (Anm. 5), S. 93–100 u. 198–207.

46 An Sulpiz Boisserée, 17.4.1817 (WA IV, 28, S. 63); Goethe fährt fort: „Ältere Verhältnisse sind zerstoben, und neue mag man nicht mehr im Getümmel suchen". – Noch am 1. Mai 1818 schreibt Goethe an Boisserée: „Die Ärzte wollen mich nach Carlsbad, ich gehe ungern hin, weil ich den Glauben daran verloren habe; ferner wird man gewohnt mancherley zu leiden und ist nicht so

dieser Zeit jedoch den Bezug zu Böhmen lebendig erhielt, zeigen der 1816 veröffentlichte Aufsatz über die Prager *Gesellschaft patriotischer Kunstfreunde*[47], die Erinnerungen an Böhmen in der Schrift *Der Verfasser teilt die Geschichte seiner botanischen Studien mit* (zuerst 1817; erweitert 1831) sowie der Aufsatz *Zur Kenntnis der böhmischen Gebirge* (1817). Sind diese Aufsätze Rückschau, so richtet sich gleichzeitig ein neues Interesse Goethes auf das immer deutlichere Streben der Böhmen nach nationaler Eigenständigkeit, beschäftigen ihn erneut die ältere böhmische Geschichte und Kultur.[48] Während seiner Kuraufenthalte in Karlsbad und Marienbad 1818 bis 1823, doch auch in den folgenden Jahren intensiviert Goethe den Austausch mit böhmischen Historikern und Sprachforschern und empfängt die ersten Übersetzungen seiner Werke ins Tschechische, u. a. Simon Karel Macháčeks Übertragung der *Iphigenie* (1822) und František Ladislav Čelakovskýs *Marinka* (*Die Geschwister*; 1827), nachdem zuvor schon (1820) der Begründer der neuen tschechischen Literatursprache, Josef Jungmann (1773–1847), Proben aus Goethes Lyrik übersetzt hatte. Pavel Josef Šafařík (1785–1861) übersandte Goethe 1818, in Anknüpfung an Johann Gottfried Herders Sammlung, Proben slawischer Volkslieder. Über die Bedeutung der Volkslieder für seine eigene Dichtung äußerte sich Čelakovský 1830 gegenüber Goethe, dem er sein Buch *Ohlas písní ruskych* (*Nachhall russischer Lieder*) mit eigens für Goethe verfertigten Übersetzungen geschickt hatte. Seinerseits befaßte sich Goethe 1821 in Eger mit der tschechischen Sprache[49], gestaltete 1822 in Marienbad das altböhmische Gedicht *Das Sträußchen* aus der sogenannten Königinhofer Handschrift neu (wohl schon im Bezug auf Ulrike von Levetzow)[50], ließ sich zur selben Zeit Vertonungen seiner Gedichte von Václav Jan Tomášek (1774–1850) vorsingen[51] und lernte Jan Kollárs (1793–1852) Sonettensammlung *Die Tochter der Slava* (*Slavy dcera*) kennen. Parallel zu diesem Austausch, der auch im Zeichen von Goethes umfassendem Konzept der ‚Weltliteratur' zu sehen ist, erneuerte sich sein Interesse an der böhmischen Geschichte. Anregend war für ihn zunächst Karl Ludwig von Woltmanns (eines 1812 nach Prag emigrierten, sich mit den Tschechen solidarisierenden Historikers) *Inbegriff der Geschichte Böhmens* (1815). Aber auch mit Woltmanns Frau Caroline, die 1815 eine Sammlung *Volkssagen der Böhmen* herausgegeben hatte, stand er in brieflicher Verbindung. Mit Josef Dobrovsky (1753–1829), dem Begründer der slawischen und tschechischen Literaturwissenschaft, den er 1823 in Marienbad getroffen hatte, korrespondierte er wegen des in Jena aufbewahrten Hussitenkodex des Bohuslav von Čechtice und ließ ihm Abschriften zukommen. Abschreiben ließ Goethe weiterhin ein Verzeichnis der 1620 nach der Schlacht am Weißen Berge gegen Prager Aufständische gefällten Urteile, ein Dokument aus der Geschichte der böhmischen Freiheitsbewegung und ihrer Unterdrückung durch die katholisch-österreichische Reaktion.[52]

---

ungeduldig wie in der Jugend, wo man sich einbildet eine unbeschränkte und unbedingte Existenz erreichen zu können" (WA IV, 29, S. 158).

47 MA 11.2, S. 355.

48 Zum folgenden vgl. die Kapitel *Geschichte, Begegnungen a) Böhmische Deutsche; b) Die Tschechen, Literarische Äußerungen Goethes zum böhmischen und tschechischen Thema* in: Urzidil (Anm. 5), S. 223–238, 285–334, und den Katalog *Goethe und Böhmen* (Anm. 6), S. 26–51 (*Böhmen in Goethes Dichtungen und frühe tschechische Übersetzungen seiner Werke, Studium der Geschichte Böhmens, Förderung der tschechischen Nationalliteratur*).

49 Siehe den Katalog *Goethe und Böhmen* (Anm. 6), S. 44 f., und das Faksimile von Goethes Hs.

50 MA 13.1, S. 74 f.

51 Vgl. Tomášeks Bericht in seiner Autobiographie: Gespräche, Bd. 3.1, S. 399–404.

52 Siehe den Katalog *Goethe und Böhmen* (Anm. 6), S. 39, Nrn. 136 f.

1830 veröffentlichten Goethe und Karl August Varnhagen von Ense in den *Jahrbüchern für wissenschaftliche Kritik* eine umfangreiche Besprechung des ersten Jahrgangs der *Monatsschrift der Gesellschaft des vaterländischen Museums in Böhmen.*[53] Für Goethe bedeutete dieses Gemeinschaftswerk über das Resümee seiner Kenntnis böhmischer Geschichte und Kultur hinaus in mehrfachem Sinn eine Huldigung: an die Institution, die die vaterländischen Traditionen und Kulturgüter bewahrte, an ihren Präsidenten, den mit Goethe eng befreundeten Grafen Sternberg, an große böhmische Historiker wie Dobrovsky, an die Idee der nationalen Wiedergeburt, nicht zuletzt an die Stadt, die er, aus welchen Gründen auch immer, nie besucht hatte: Prag[54], und an deren vornehmste Institution, die Universität. Das *Vaterländische Museum*, zu dessen Ehrenmitglied Goethe bereits 1823 ernannt worden war, verwahrte, wie Goethe, der darin ein symbolisches Faktum sah, dankbar vermerkte, auch „manche Früchte" seiner böhmischen Naturstudien. Den am *Vaterländischen Museum* Mitwirkenden gegenüber hatte Goethe unbegrenztes Vertrauen: „Es ist", schrieb er am 11. März 1827 an Zelter, „ein so männlich ruhiger Sinn in diesen Dingen, ein stilles Fortschreiten, Schritt vor Schritt, daß, wenn sie das Glück haben, noch zehn bis zwanzig Jahre auf dieselbe Weise fortfahren zu können, so gelangen sie zu philosophisch-literärischer Freiheit ohne Revolution, und bewirken die Reformation im Stillen. Inzwischen verliert niemand dabei, denn ich kenne die hochkultivierten Männer die dieses bedächtig zu leiten wissen".[55] Der bewaffnete Aufstand der Prager Studenten und Arbeiter von 1848 hat Goethes Vision einer evolutionären Lösung der nationalen Frage in der Folge jedoch zunächst nicht Wirklichkeit werden lassen.

Zu der eingangs erwähnten Idealisierung, ja Idyllisierung der böhmischen Welt scheint der Weg zurückzuführen, wenn wir uns nun noch Goethes in Böhmen verfertigte Reiseskizzen vergegenwärtigen, wie sie zum Teil in dem Prinzessin Caroline von Sachsen-Weimar gewidmeten *Reise-, Zerstreuungs- und Trostbüchlein* (1806/07)[56] und im *Roten Reisebüchlein* (1808)[57] versammelt, zum Teil von Goethe ausgearbeitet in den Zyklus der *Zweiundzwanzig Handzeichnungen von 1810* aufgenommen worden sind.[58] Doch stehen diese Bilder bei genauerem Hinsehen durchaus nicht im Dienst einer Verschönerungsstrategie. Vielmehr wechseln Zeichnungen von dokumentarischer Genauigkeit (wie das Einzelblatt, das die Verheerungen der Sprudelexplosion von 1809 festgehalten hat[59]) mit solchen, in denen die Phantasie vorwaltet, indem Goethe in die böhmische Landschaft südliche, auch antike Architekturelemente einspielt. Solche visionären Elemente hat bereits Friedrich Wilhelm Riemer dem dichterischen Naturell Goethes zugeordnet und aus einer geheimen Sehnsucht zu

---

53 MA 18.2, S. 153–176.

54 Siehe dazu das Kapitel *Imaginäres Prag* in Urzidil (Anm. 5), S. 335–350, sowie Peter Bechers „Gedankenspiel" *Goethe in Prag.* In: *Goethe in Olmütz* (Anm. 5), S. 43–51.

55 MA 20.1, S. 1065 f. (der am 11. März geschriebene Brief wurde erst am 17. Oktober abgeschickt).

56 Siehe den von Gerhard Femmel hrsg. Reprint, Leipzig 1985.

57 Siehe die in Bd. IV A des *Corpus der Goethezeichnungen* abgebildeten Blätter aus dem *Roten Reisebüchlein.*

58 Hier handelt es sich um die Blätter 16–22 mit den Motiven *Capelle in Carlsbad, Schloßruine Graupen* (2 Ansichten), *Die Stadt Bilin bei Teplitz, Der Borschen bei Bilin* (2 Ansichten), *Schloß und Stadttor von Bilin* (*Corpus*-Nrn. IV A 195, 223; IV B 169; IV A 225, 224; V B 208; IV B 170). Siehe jetzt die Edition des Zyklus' *Goethe: Handzeichnungen. Die zweiundzwanzig Handzeichnungen von 1810. Ein Zyklus von Johann Wolfgang Goethe.* Hrsg. von Margarete Oppel. Frankfurt a. M., Leipzig 1998.

59 *Corpus der Goethezeichnungen* IV B (Anm. 26), Nr. 159.

erklären versucht: „Daher ward auch was sonst unbedeutend erschien, imposant dadurch, daß es seinen Character behielt und von Zufälligkeiten befreit, eine ideale Wirkung hervorbrachte, ohne eigentlich idealisirt zu seyn. [...] Seine Zeichnungen gelten also nur als skizzirte Ideen, als bildlicher symbolischer Ausdruck dessen, was seine Phantasie, sein Gemüth beschäftigte, als Topo- und Chorographie der Regionen in denen sein Geist zu schweben liebte".[60] Die poetische „Semantik" der böhmischen Skizzen (ihrerseits ‚Dichtung und Wahrheit') könnte vielleicht auch eine Erklärung dafür liefern, daß sich die Schauplätze von Dichtungen, die Goethe in Böhmen niedergeschrieben oder weiterimaginiert hat, wie die *Wahlverwandtschaften* oder die *Novelle*, ihrer eindeutigen Identifizierung immer wieder entzogen haben.[61]

Abschließend sei eine problematische Ikone in den Blick genommen, die ihrerseits zur Idyllisierung von Goethes Aufenthalten in Böhmen beigetragen hat. In einem der Eckermannschen *Gespräche mit Goethe in den letzten Jahren seines Lebens* wird ein an sich alltäglicher Gegenstand, eine von Goethe früher in Marienbad erworbene Tragetasche, in den Mittelpunkt des Gesprächs gerückt:

> Mit Goethe nach Berka. [...]
>
> Im Wagen zu unsern Füßen lag ein aus Binsen geflochtener Korb mit zwei Handgriffen, der meine Aufmerksamkeit erregte. „Ich habe ihn, sagte Goethe, aus Marienbad mitgebracht, wo man solche Körbe in allen Größen hat, und ich bin so an ihn gewöhnt, daß ich nicht reisen kann, ohne ihn bei mir zu führen. Sie sehen, wenn er leer ist, legt er sich zusammen und nimmt wenig Raum ein; gefüllt dehnt er sich nach allen Seiten aus und faßt mehr, als man denken sollte. Er ist weich und biegsam und dabei so zähe und stark, daß man die schwersten Sachen darin fortbringen kann."
>
> Er sieht sehr malerisch und sogar antik aus, sagte ich.
>
> „Sie haben Recht, sagte Goethe, er kommt der Antike nahe, denn er ist nicht allein so vernünftig und zweckmäßig als möglich, sondern er hat auch dabei die einfachste, gefälligste Form, so daß man also sagen kann: er steht auf dem höchsten Punkt der Vollendung. Auf meinen mineralogischen Exkursionen in den böhmischen Gebirgen ist er mir besonders zu Statten gekommen. Jetzt enthält er unser Frühstück. Hätte ich einen Hammer mit, so möchte es auch heute nicht an Gelegenheit fehlen, hin und wieder ein Stückchen abzuschlagen und ihn mit Steinen gefüllt zurückzubringen."[62]

Die Szene steht, unter dem Datum des 24. September 1827, am Ende des 1836 publizierten ersten Teils der *Gespräche*, somit an prominenter Stelle; auch deshalb ist dem Korb besondere Aufmerksamkeit zuteil geworden: als „Marienbader Korb" hat er Berühmtheit erlangt.[63] An

---

60 Friedrich Wilhelm Riemer: *Mittheilungen über Goethe*. Bd. 1. Berlin 1841, S. 390/395; siehe auch Urzidil (Anm. 5), S. 215–222 (*Zu den böhmischen Landschaftsblättern*).

61 Zu möglichen Vorbildern aus der Topographie Böhmens in der *Novelle* siehe Spiridion Wukadinovič: *Goethes „Novelle"*. Halle a. d. S. 1909, S. 13–79; Urzidil (Anm. 5), S. 77, 205 f., 392; Ewald Rösch: *Goethes „Novelle". Durch Arbeit gleich, durch Taten groß, durch Liebe frei.* In: Aurora 61 (2001), S. 42.

62 FA 39, S. 262 f.

63 Der früher in Goethes Gartenhaus in Weimar aufbewahrte Korb befindet sich noch in Goethes Sammlungen. Abb. in: *Goethe. Sein Leben in Bildern und Texten.* Hrsg. von Christoph Michel. Frankfurt a. M. [3]2001, S. 363, Abb. 584.

der Authentizität der Szene hat man, wie generell an der von Eckermanns *Gesprächen*, kaum je gezweifelt. Und doch ist, wie man bereits Eckermanns eigenen Äußerungen entnehmen und auch aus H. Hubert Houbens Forschungen lernen kann, der Text kein Dokument, sondern ein aus erinnertem Detail und erfundenen Elementen collagiertes Kunstgebilde. Der Fortgang des Gesprächs, das von den Bestandteilen des Frühstücks zu den „viele[n] Gedanken" „über den *zweiten Teil* des *Faust*" gleitet und damit endet, läßt die Mischung von Geist und Materie, Banalem und Klassizität, hohem Pathos und Genre-Szene noch augenfälliger werden. Eckermanns – durchaus rezeptionssteuernd eingesetztes – Verfahren, Goethes langjährige, ernsthafte Erkundung Böhmens einem so bequemen wie gefälligen Bild einzuschreiben, wirkt bestechend, jedoch um den Preis einer Nivellierung im Sinn eines déjà-vu. Demgegenüber sollten die oben vorgetragenen Fakten auf die Komplexität der Annäherung Goethes an Böhmen hinweisen und zu einer erneuten einläßlichen Beschäftigung mit den Zeugnissen seiner Teilnahme an Böhmens Vergangenheit und Gegenwart auffordern.

PETRA MAISAK

„ein Paar Blicke in die freye Welt!" Zu Goethes Reise-Zeichnungen

Der reisende Zeichner

„[...] ein Paar Blicke in die freye Welt" (WA IV, 2, S. 267) zu tun war ein Anliegen, das Goethe von früher Jugend an mit Lust und Nachdruck verfolgte. Er schrieb die Worte 1775 auf dem Weg in die Schweiz, doch im Grunde begann die „freye Welt" für ihn gleich vor den Toren Frankfurts oder Weimars, d. h. außerhalb seines engeren Lebensbereichs mit dem von Pflichten und Konventionen eingeschränkten Alltag. Bei seinen Streifzügen durch die nähere und fernere Umgebung führte er ebenso wie bei seinen Dienstfahrten im Auftrag des Herzogs oder bei seinen großen Reisen nicht nur das obligatorische Schreibzeug mit sich, sondern auch alle Utensilien, die er zum Zeichnen benötigte. So gibt es kaum eine Ortsveränderung, die Goethe nicht zumindest in einer kursorischen Skizze dokumentiert hätte. Vieles davon ist verloren; die erhaltenen Blätter machen indessen einen nicht unerheblichen Bestandteil seines über zweieinhalbtausend Zeichnungen umfassenden Œuvres aus.[1]

In jüngeren Jahren enthielt sein Gepäck Papierbögen unterschiedlichen Formats und Skizzenbücher, wie Künstler sie verwenden, dazu Graphitstifte, Kreide, Federn und Pinsel, in Italien auch Aquarellfarben. Unterwegs ging er mit Begeisterung auf die „Bilderjagd",[2] und von einer tatsächlichen Jagdpartie mit dem jungen Carl August im Thüringer Wald berichtet Goethe 1776: „der Herzog geht auf Hirsche, ich auf Landschaften aus und selbst zur Jagd führ ich mein Portefeuille mit" (WA IV, 3, S. 90). Später siegte die Bequemlichkeit, denn 1814 wird über Goethe berichtet: „Seinen Zeichen-Apparat ließ er sich von seinem Bedienten überallhin nachtragen, so daß er immer in der Lage war, alles, was ihm irgendwie interessant erschien, sofort aufzunehmen".[3]

---

1 Vgl. *Corpus der Goethezeichnungen.* Bd. I-VII. Bearb. von Gerhard Femmel, hrsg. von den Nationalen Forschungs- und Gedenkstätten der klassischen deutschen Literatur in Weimar. Leipzig 1958–1973. Band VII versammelt die schriftlichen Zeugnisse, in denen auch von verlorenen Reise-Zeichnungen die Rede ist. Weiterführendes Material und Literaturhinweise finden sich bei Petra Maisak: *Johann Wolfgang von Goethe. Zeichnungen.* Stuttgart 1996.

2 Friedrich Wilhelm Gotter an Heinrich Christian Boie, vor dem 18. 9. 1772; zit. nach: Gespräche, Bd. 1, S. 74.

3 Dorothea Stammer geb. Cramer: *Erinnerungen*; zit. nach: Gespräche, Bd. 2, S. 949. Die Passage bezieht sich auf Goethes Aufenthalt in Wiesbaden 1814.

Die visuellen Eindrücke direkt fürs Auge festzuhalten, sie auch unabhängig von der Transformation durch die Sprache zu bewahren, war für den Augenmenschen Goethe ein existenzielles Bedürfnis. Wenn er in *Dichtung und Wahrheit* apodiktisch feststellt: „Das Auge war vor allen anderen das Organ, womit ich die Welt faßte" (WA I, 27, S. 16), so umschreibt er eine Grunderfahrung seiner Persönlichkeit und die lebenslang beobachtete Struktur seiner individuellen Wahrnehmung. Das richtige Sehen bildet für Goethe die Voraussetzung dafür, in die ihm so außerordentlich wichtige Kategorie der ‚lebendigen Anschauung' vorzustoßen,[4] bei der Augenschein, Erfahrung und Erkenntnis eines Gegenstandes zusammenfallen. Nichts sollte für ihn ein lediglich übernommener Begriff, eine abstrakte Vorstellung bleiben. Unter dieser Prämisse schulte Goethe sein Sehen ganz bewußt, gerade auf Reisen, wo die Begegnung mit Unbekanntem dazu beitrug, seinen Blick zu schärfen und sein Weltbild zu erweitern – die neuen Eindrücke wollten konkret aufgenommen, anschaulich festgehalten und verarbeitet sein.

Das einzige Medium, das Goethe für die optische Übertragung des Gesehenen zur Verfügung stand, war die eigene Zeichentätigkeit, es sei denn, er ließ einen mitreisenden Künstler wie Georg Melchior Kraus im Harz oder Christoph Heinrich Kniep auf Sizilien die Flut der Bilder protokollieren. Eine solche professionelle Hilfeleistung war indessen kein Ersatz für den wertvollsten Effekt, den das persönliche, obschon dilettantische Zeichnen mit sich brachte: Es zwang Goethe, die Motive so genau zu fixieren und zu durchdringen, daß sie sich nachhaltig seinem Gedächtnis einprägten und seine Vorstellungskraft bereicherten. Die unterwegs skizzierten Bilder dienten ihm als Erinnerungszeichen, wie er anläßlich einer Fahrt auf dem Rhein (1772) mit Merck konstatiert: „Wir hatten fleißig gezeichnet, und uns wenigstens dadurch die tausendfältige Abwechselung jener herrlichen Ufer fester eingedruckt" (WA I, 28, S. 187).[5]

Neben der objektiven Funktion einer Seh- und Gedächtnisschule besaß das Zeichnen für Goethe aber noch eine subjektive Komponente, die von seiner Sehnsucht bestimmt war, nicht nur als Dichter, sondern auch als bildender Künstler schöpferisch tätig zu sein. Durch sein Zeichnen versuchte er, eine Doppelbegabung zu realisieren, die auf Künstlertum in einem umfassenden Sinn gerichtet war. Diesem Wunschbild von schöpferischer Totalität kam Goethe in Italien am nächsten, wo er von sich behaupten konnte: „[...] da doch einmal Kunst und Nachbildung eine der entschiedensten Eigenschaften meiner Natur sind; so bin ich wenigstens ganzer geworden als ich war" (WA IV, 8, S. 324). In der Reflexion des Alters staunte er selbst über diesen leidenschaftlichen Trieb zur bildenden Kunst, den er jetzt gern als „falsche Tendenz" entschuldigte, doch er war sich gewiß, daß dieses Ringen um ein Metier, das sich ihm immer wieder entzog, einen notwendigen Gegenpol zu der mit größter Selbstverständlichkeit erworbenen Meisterschaft auf dem Gebiet der Sprache darstellte.

Die Ausnahmesituation des Reisens steigerte Goethe wiederholt durch den Gebrauch eines Inkognitos, das ihm einen gewissen gesellschaftlichen Freiraum gewährte. Mehrfach

---

4 „Wort und Zeichen sind nichts gegen sicheres, lebendiges Anschauen", heißt es in diesem Kontext in der *Farbenlehre* (WA II, 5.1, S. 254), und in der *Italienischen Reise*: „[...] ich wandle nun im Anschauen, in der wahren unterscheidenden Erkenntniß" (WA I, 32, S. 160).

5 Die Edition seiner *Radirten Blätter* kommentiert Goethe 1821 im gleichen Sinn: „[...] also ist es auch mit flüchtigen Skizzen nach der Natur, wodurch uns Bilder, Zustände, an denen wir vorüber gegangen, festgehalten werden und die Reproduction derselben in der Einbildungskraft glücklich erleichtert wird" (WA I, 49.1, S. 332).

gab er sich als Maler aus: Auch das war ein Wunschbild, denn er wäre nur zu gerne ein Maler gewesen – für ihn der Inbegriff des Künstlers schlechthin. Er scheute jedoch die mühsame Technik und beschränkte sich deshalb lieber aufs weit einfachere Zeichnen. In den Harz reiste Goethe 1777 unter dem Pseudonym eines Johann Wilhelm Weber, Maler aus Darmstadt,[6] und in Italien trat er als „Filippo Miller, tedesco, pittore" auf. Das Spiel mit den Facetten der eigenen Identität läßt sich kaum besser als auf Reisen verwirklichen, und so nutzte auch Goethe die Gelegenheit, außerhalb seines gewohnten Lebenskreises zumindest zeitweise in eine andere Rolle zu schlüpfen, um die Künstler-Seite seiner Persönlichkeit auszuleben, die der Alltag erschwerte.

Da das Reisen Goethe nicht selten als Flucht vor einer scheinbar ausweglosen Situation oder als Therapeutikum in einer Krise diente, ist dieses Rollenspiel auch als ein Beitrag zur Selbstheilung zu werten. Die heilende Kraft der Kunst, die Goethe sich seit seiner Jugend zunutze machte, war in besonderer Weise in Italien wirksam. So bestätigt er am Ende des italienischen Aufenthalts, den er emphatisch mit „Wiedergeburt" und „neuem Leben" gleichsetzte: „[...] ich habe mich in dieser anderthalbjährigen Einsamkeit selbst wiedergefunden; aber als was? – Als Künstler!" (WA IV, 8, S. 357).[7]

Wenn das Reisen *per definitionem* eine Begegnung mit dem Fremden ist, so gibt es bei Goethe zwei Reiseziele, die diesen Anspruch in hohem Maß erfüllen: Das eine ist die grandiose Gebirgswelt der Schweiz mit ihrer urtümlichen Natur, das andere ist der klassische Boden Italiens mit der ganzen Schönheit mediterraner Landschaft und Kultur. An den in der Schweiz und in Italien entstandenen Reisezeichnungen, die Goethe vor bisher unbekannte künstlerische Herausforderungen stellten, manifestiert sich die Eigenart der Spezies am deutlichsten. Es handelt sich vornehmlich um Landschaftsdarstellungen, die der Zeichner aus Neigung stets anderen Themen vorzog.

Unter dem Einfluß der Frankfurter Maler und von Adam Friedrich Oeser in Leipzig hatte der junge Goethe zunächst einen leichten, gefälligen Duktus ausgebildet, der sich an der konventionellen Kunst orientierte. Das belegt die Radierung *Landschaft mit Wasserfall* von 1768 nach einer Vorlage von Alexander Thiele, die noch ganz dem Spätbarock verpflichtet ist.[8] Mit Hilfe einer in sich geschlossenen, wie durch einen Rahmen gesehenen Komposition, einer dekorativen Aufteilung der Bildfläche und einer formalen Stilisierung der Motive wird hier die wirkliche Natur durch ein artifizielles Konstrukt ersetzt. Dieses Vorgehen, das sich an normativen künstlerischen Vorbildern ausrichtet, ihren Darstellungsmodus und sogar ihre Naturschau übernimmt, bildet einen durchgehenden Strang in Goethes zeichnerischem Schaffen. Die Inszenierung einer erfundenen Natur wird allerdings immer wieder von einem freien, spontanen Skizzenstil überlagert, der in schnellen Zügen ein erlebnisnahes Bild der intuitiv empfundenen Natur zu geben versucht.

---

6 „Ich heise Weber, bin ein Mahler habe iura studirt, oder ein Reisender überhaupt, betrage mich sehr höflich gegen iedermann, und bin überall wohl aufgenommen" (WA IV, 3, S. 192).

7 Am 17./18. März 1788 aus Rom an Herzog Carl August. Die gesamte Korrespondenz jener Zeit dokumentiert, daß Goethe gegen Ende des römischen Aufenthalts keineswegs daran dachte, „auf das Ausüben der bildenden Kunst Verzicht" zu tun, wie es in der *Italienischen Reise* unter dem 22. Februar 1788 heißt. Nach der Rückkehr aus Italien setzte er seine zeichnerische Arbeit fort, wenn auch nicht mehr mit dem Ehrgeiz, den Rang eines professionellen Künstlers zu erreichen.

8 *Corpus der Goethezeichnungen* I (Anm. 1), Nr. 48; Maisak (Anm. 1), Nr. 6.

Reise in die Schweiz 1775

Dreimal bereiste Goethe die Schweiz (1775, 1779, 1797), doch die aussagekräftigsten Blätter entstanden während der ersten Exkursion 1775. Sie markieren zugleich eine wichtige Station im zeichnerischen Frühwerk: Unter dem Einfluß der Genie-Ästhetik des Sturm und Drang formte Goethe damals seinen charakteristischen, emotional aufgeladenen Skizzenstil aus, der sich auf knappe Andeutungen beschränkte und in der Schweiz vollends zum Durchbruch gelangte. Wichtig ist die Tatsache, daß schon der junge Zeichner den direkten Zugang zur Natur suchte und plein-air-Skizzen in einer Zeit anfertigte, in der das noch keineswegs allgemein üblich war.

Am Anfang der ersten Schweizer Reise steht der Blick von der Terrasse des Gasthauses *Storchen* in Schaffhausen hinüber zu einer kleinen Kapelle: ein touristischer Schnappschuß *avant la lettre*.[9] Der anscheinend willkürlich gewählte Bildausschnitt mit der vom unteren Rand überschnittenen Diagonale des Tisches vor der diffusen Folie einer Bergwand wirkt für die Zeit ebenso unüblich wie die beiden schemenhaften, nicht ins Bild hinein, sondern seitlich aus dem Bild heraus blickenden Rückenfiguren. Es sind zwei der Reisegefährten, die man nach dem Bericht von Christian Graf zu Stolberg an ihren runden Filzhüten erkennt: „In Frankfurt haben wir uns alle Werthers Uniform machen lassen, einen blauen Rock mit gelber Weste und Hosen; runde graue Hüte haben wir dazu".[10] Man reiste also in Werther-Tracht, ein Tribut an die Mode des Sturm und Drang und zugleich ein bezeichnendes Rollenspiel, das die Verhaltensmuster dieser ‚Genie-Reise' vorgab. Daß der junge Werther nach Goethes Entwurf auch das Inbild eines scheiternden Künstlers ist, gibt dieser Verkleidung eine – sicher nicht beabsichtigte – pikante Note.

Die Zeichnung befindet sich auf der Rückseite des Briefes, in dem Goethe die besagten „Blicke in die freye Welt" ankündigt. „Gehe iezt aus den Rheinfall zu sehen", heißt es weiter.[11] Der Rheinfall bei Schaffhausen war eine touristische Attraktion erster Ordnung, an dessen überwältigenden Anblick der Zeichner Goethe sich allerdings noch nicht heranwagte.

Statt dessen skizzierte er Wasserfälle von bescheidenerer Dimension, die er mit seinen technischen Mitteln besser bewältigen konnte. Bei der *Waldansicht mit Wasserfall in der Schweiz* stürzt sich das Wasser in mehreren Stufen über eine steile Waldschlucht hinab und ergießt sich im Tal in einen Bach, den ein kleiner Holzsteg überquert.[12] Motive aus Goethes *Gesang der Geister über den Wassern* scheinen in diesem Bild schon antizipiert. Es ist ein malerischer Landschaftsausschnitt, den Goethe zwar mit sicherem Auge erkannte, aber in der Verbindung und Akzentuierung von Vorder- und Hintergrund noch nicht ganz bewältigte. Das erforderliche tektonische Gerüst für eine solche Komposition konnte er zwar nach einem Vorbild kopieren, wie bei der *Landschaft mit Wasserfall nach Thiele*; selbst ein stimmiges Raumkontinuum zu konstruieren, hatte er noch nicht gelernt.

In der Schweizer Gebirgswelt manifestierte sich für den jungen Goethe das Prinzip des Erhabenen, das in seiner Urgewalt alle Affekte anspricht und nach einem adäquaten Ausdruck

---

9 *Blick von der Veranda eines Gasthauses auf eine Kapelle in Schaffhausen*, vom 7. Juni 1775; *Corpus der Goethezeichnungen* VI B (Anm. 1), Nr. 21; Maisak (Anm. 1), Nr. 26.

10 Gespräche, Bd. 1, S. 140.

11 „Hier liebe Tante ein Paar Blicke in die freye Welt! Das schreib ich [in] Schafhausen" (an Johanna Fahlmer, 7. 6. 1775; WA IV, 2, S. 267).

12 *Corpus der Goethezeichnungen* I (Anm. 1), Nr. 112; Maisak (Anm. 1), Nr. 27.

verlangt, wie er es aus der englischen Naturphilosophie kannte. Caspar Wolf, dessen grandiose Alpenbilder diesen Anspruch zuerst einlösten, war Goethe damals noch kein Begriff. Mit seinen expressiven, direkt vor der Natur gefertigten Ölskizzen, etwa dem in Nahsicht aufgenommenen *Geltenschuss im Lauenental*,[13] setzte Wolf den Maßstab für die spätere, auf eine starke Wirkung und überzeugende Naturstimmung bedachte Alpen-Darstellung.

Abb. 6
Wasserfall der Reuss

Überraschenderweise gelangte Goethe bei seinem *Wasserfall der Reuss* (Abb. 6) auf subjektivem Weg zu einer ähnlich nahsichtigen, betont bewegten Interpretation des Motivs wie Wolf.[14] Um sich auf die Wucht des zwischen Felsbrocken herabschäumenden Wassers konzentrieren zu können, verzichtet Goethe auf die umgebende Landschaft und hält das Motiv in kühnen Abbreviaturen fest, deutet mit großzügigen Federstrichen die Konturen an und gliedert die Fläche durch summarische Lavierungen. Um die Vehemenz des Wasserfalls anzudeuten, dynamisiert er seinen Duktus und versucht, durch das Aufreißen der konventionellen Form die Besonderheit des Sujets anzudeuten. Indem er das Naturbild nicht reproduziert, sondern chiffrenhaft imaginiert, entwickelt er ein Abstraktionsvermögen und eine spezifische Handschrift, die auch späterhin seine schnell erfaßten Skizzen auszeichnen.

In der Schweiz richtete sich Goethes Ehrgeiz indessen auf Landschaftsbilder, die analog zu den im 18. Jahrhundert üblichen Veduten eine weite, repräsentative Aussicht auf die Bergwelt vermitteln sollten. Dazu gehört das *Hospiz auf dem St. Gotthard*, dessen Paßlage durch die

---

13 Vgl. den Katalog: *Goethe und die Kunst.* Schirn Kunsthalle Frankfurt a. M./Kunstsammlungen zu Weimar. Stiftung Weimarer Klassik. Hrsg. von Sabine Schulze. Ostfildern 1994, Nr. 176.

14 *Corpus der Goethezeichnungen* I (Anm. 1), Nr. 118; Maisak (Anm. 1), Nr. 28.

ungewöhnlich hoch gezogene Horizontlinie betont wird.[15] Das Blatt steht am Anfang einer Reihe von Gipfelbildern, die Goethe auf seinen Reisen gestaltet. Es sind Zeugnisse von Bergbesteigungen, die – in der Tradition von Petrarcas Aufstieg zum Mont Ventoux – die Erfahrung einer Grenzsituation, einer physischen und psychischen Erhebung über die Welt enthalten.

Abb. 7
Scheideblick nach Italien

Direkt auf dem Gotthard entstand Goethes wohl berühmteste Reise- und Berg-Zeichnung: der *Scheideblick nach Italien* (Abb. 7), der zeigt, daß es ihm zwar nicht am großen Wurf und am künstlerischen Blick fehlte, aber doch an technischem Können.[16] Um gar ein großes, raumgreifendes Alpen-Panorama wie Caspar Wolf schaffen zu können, hätte es anderer künstlerischer Voraussetzungen bedurft.[17] Mit Bleistift hielt Goethe zunächst die groben Strukturen fest, um dann im Hintergrund die schneebedeckten Gipfel des Alpen-Panoramas

15 *Corpus der Goethezeichnungen* I (Anm. 1), Nr. 121; Maisak (Anm. 1), Nr. 29.

16 *Corpus der Goethezeichnungen* I (Anm. 1), Nr. 120; Maisak (Anm. 1), Nr. 30. Vgl. neuerdings dazu auch: Norbert Puszkar: *„Scheide Blick". Abschluß und Ausschluß in Goethes „Italienischer Reise".* In: Études germaniques, Octobre-Décembre 2002, No. 4, S. 649–670.

17 Vgl. etwa Caspar Wolf: *Panorama des Grindelwaldtales mit Wetterhorn, Mettenberg und Eiger,* 1774. In: *Goethe und die Kunst* (Anm. 13), Nr. 175.

mittels fast ornamentaler Lavierungen aufs Blatt zu bannen. Dieser Fernsicht galt das Hauptinteresse des Zeichners, der dann offenkundig am Problem der Tiefenräumlichkeit und der perspektivischen Verbindung von Ferne und Nähe scheiterte und die Lust an der weiteren Ausführung verlor. Das Bild erfüllte dennoch die Funktion eines wichtigen Erinnerungszeichens, denn es führte Goethe bei den Vorarbeiten zu *Dichtung und Wahrheit* die damalige Situation vor Augen: „Der Gotthardt selbst. Wundersamer Eindruck dieses Gebirgs, der sich in eine fixe Idee verwandelt, die ich nie los geworden. Versuch nach Aerolo hinabzugehen. Durch Lilis Andenken contraballancirt. Wir kehren um" (WA I, 29, S. 228).[18]

Der biographische Kontext wird bei der Interpretation dieses Blatts stets besonders hervorgehoben, zumal mit den beiden Rückenfiguren sicherlich Goethe selbst und sein Reisegefährte Passavant gemeint sind. Diese Staffage an der Bildschwelle, die den Blick des Betrachters in die Ferne lenken und die Kleinheit des Menschen vor der Naturkulisse vermitteln soll, entspricht ganz der Veduten-Tradition. Keineswegs entspricht sie hingegen Goethes Duktus, dessen Figuren um 1775 sehr vage bleiben und nie eine solche Präzision des Umrisses und Sicherheit der Gestaltung aufweisen wie hier. Es ist zu vermuten, daß die helfende Hand eines Künstlers die Figuren später eingefügt oder nachgebessert hat, um dem Vordergrund etwas mehr Gewicht zu verleihen.

In *Dichtung und Wahrheit* schildert Goethe die Zeichen-Episode am Gotthard ausführlich, nennt sie dilettantisch, bekräftigt aber: „Indessen ist mir durch diese fruchtlose Bemühung jenes Bild im Gedächtniß unauslöschlich geblieben" (WA I, 29, S. 128). Rückblickend schließt er eine prinzipielle Reflexion seiner Zeichenpraxis an, die so treffend ist, daß sie im Wortlaut zitiert sei:

> Ehe wir aber von diesen herrlichen Höhen wieder [...] hinabsteigen, muß ich noch eine Bemerkung machen über meine Versuche durch Zeichnen und Skizziren der Gegend etwas abzugewinnen. Die Gewohnheit von Jugend auf die Landschaft als Bild zu sehen, verführte mich zu dem Unternehmen, wenn ich in der Natur die Gegend als Bild erblickte, sie fixiren, mir ein sichres Andenken von solchen Augenblicken festhalten zu wollen. Sonst nur an beschränkten Gegenständen mich einigermaßen übend, fühlt' ich in einer solchen Welt gar bald meine Unzulänglichkeit.
>
> Drang und Eile zugleich nöthigten mich zu einem wunderbaren Hülfsmittel: kaum hatte ich einen interessanten Gegenstand gefaßt und ihn mit wenigen Strichen im Allgemeinsten auf dem Papier angedeutet, so führte ich das Detail, das ich mit dem Bleistift nicht erreichen noch durchführen konnte, in Worten gleich daneben aus und gewann mir auf diese Weise eine solche innere Gegenwart von dergleichen Ansichten, daß eine jede Localität wie ich sie nachher in Gedicht oder Erzählung nur etwa brauchen mochte, mir alsobald vorschwebte und zu Gebote stand. (WA I, 29, S. 132f.)

Eine derartige Verflechtung von Skizze und Notizen-Text findet sich zwar nicht beim *Scheideblick*, doch bei zahlreichen anderen Reise-Zeichnungen, deren eigentliche Aussage sich erst in der Synthese von Wort und Bildzeichen erschließt. Diese gegenseitige Ergänzung

---

18 Der Nachsatz: „Schwache Versuche nach der Natur gezeichnet und der Skitze gleich auf demselben Blatte mit Beschreibung nachzuhelfen, wodurch aus beyden nichts wird", bezieht sich nicht auf den *Scheideblick*, sondern auf das Blatt *Bergrücken in der Schweiz* (*Corpus der Goethezeichnungen* I, Nr. 129), dessen fragmentarische Umrisse Goethe in der für ihn typischen Art durch eine beschreibende Textpassage ergänzt.

und Steigerung von Bild und Schrift ist typisch für Goethe; am Ende des Prozesses steht dann oft ein literarisch überformter Text, in dem der Natureindruck kulminiert.[19] Die intensive Wahrnehmung des Zeichners bereichert das Vorstellungsvermögen des Autors, der im Rückblick auch noch aus seinen dürftigsten Skizzen einen ganzen Schatz von Erinnerungen zu ziehen vermag. Das belegt ein Umschlag mit 16 Skizzen der Schweizer Reise von 1775, der sich in Goethes Weimarer Arbeitszimmer befand und ihm im Alter sicher als Anregung für die entsprechenden Passagen in *Dichtung und Wahrheit* diente.[20]

Aufenthalt in Italien 1786 bis 1788

Als Goethe 1786 endlich die Alpen überquerte, um als deutscher Maler Filippo Miller nach Italien hinabzusteigen, konnte er auf beträchtliche zeichnerische Fortschritte zurückblicken. In Weimar hatte er eine Vorliebe für idyllische Motive in der Art der niederländischen Kunst des 17. Jahrhunderts entwickelt. Goethe bevorzugte nun kleine Ausschnitte aus ländlichen Gegenden, lauschige Winkel mit bäuerlichen Hütten, die verhältnismäßig einfach wiederzugeben waren, gleichmäßig die Bildfläche füllten und eine intensive Naturstimmung vermittelten. Sein großes Vorbild war Allaert van Everdingen, dessen Landschaftsradierungen Goethe kopierte und in der Natur als Bild wiederzuentdecken suchte.

Das gelang ihm noch in der rauhen Gebirgswelt am Brenner: „Einige Mühlen über dem reißenden Strom [Eisack] waren völlige Everdingen“ (WA III, 1, S. 173), schwärmte Goethe in dem für Charlotte von Stein verfaßten Reisetagebuch, dem er zur Veranschaulichung eine Reihe von Zeichnungen beigab, darunter das Blatt *Gegen den Brenner* (Abb. 8) vom 8. September 1786.[21] Text und Bild ergänzen sich auch hier auf signifikante Weise. Im Gegensatz zu den früheren Schweizer Landschaften ist die Brenner-Ansicht nun aber vom Vorder- bis zum Hintergrund homogen durchgeformt. Wie bei Everdingen füllen malerische Motive in gedrängter, kleinteiliger Ausführung das gesamte Blatt.

Als Goethe drei Tage später Rovereto erreichte, eine Stadt südlich von Trient, sah er sich von einer ganz neuen Welt umgeben, für die seine bisherigen Darstellungskriterien nicht ausreichten. Die Landschaft weitete sich, Licht und Farben wurden intensiver, Vegetation, Architektur und Kultur nahmen südlichen Charakter an. Mit der sich ins Weite dehnenden, lichten Ansicht von *Rovereto an der Etsch* (Abb. 9) versuchte der Zeichner Goethe erstmals, diesem Wechsel auf die Spur zu kommen.[22] Das Empfinden für die „große simple Linie“, die er angesichts des grenzenlosen Horizonts über dem Meer als Charakteristikum der mediterranen Natur erkennen wird, deutet sich hier bereits an.

19 So gipfelt der Eindruck des Gotthard im *Gebeth, Dritte Wallfahrt nach Erwins Grabe im Juli 1775*: „Vor dir, wie vor dem Schaum stürmenden Sturze des gewaltigen Rheins, wie vor der glänzenden Krone der ewigen Schneegebürge, wie vor dem Anblick des heiter ausgebreiteten Sees, und deiner Wolkenfelsen und wüsten Thäler, grauer Gotthard! Wie vor jedem grosen Gedanken der Schöpfung, wird in der Seele reeg was auch Schöpfungskraft in ihr ist. In Dichtung stammelt sie über, in krützlenden Strichen wühlt sie auf dem Papier Anbethung dem Schaffenden, ewiges Leben, umfassendes, unauslöschliches Gefühl des, das da ist und da war und da seyn wird“ (*Der junge Goethe.* Hrsg. von Hanna Fischer-Lamberg. Bd. 5: *Januar – Oktober 1775*. Berlin, New York 1973, S. 239).

20 Vgl. *Corpus der Goethezeichnungen* I (Anm. 1), Nr. 106, 108, 110, 113–120, 122, 123, 126–128.

21 *Corpus der Goethezeichnungen* II (Anm. 1), Nr. 11; Maisak (Anm. 1), Nr. 76.

22 *Corpus der Goethezeichnungen* II (Anm. 1), Nr. 13; Maisak (Anm. 1), Nr. 77.

Abb. 8
Gegen den Brenner

Abb. 9
Rovereto

In der Folge ist zu beobachten, wie der reisende Zeichner mit verschiedenen Möglichkeiten des Skizzierens, der Farbgebung und der kompositorischen Ausformung experimentiert, um seine Wahrnehmung der Verhältnisse adäquat wiederzugeben.

Auf die Ausweitung und Vereinfachung der Formen im Süden antwortet Goethe zunächst mit einer Reduktion des Gegenständlichen, die so weit gehen kann wie bei der kaum noch erkennbaren Skizze der Lagune von *Venedig*.[23] Darauf bezieht sich der Tagebuch-Eintrag vom 1. Oktober 1786: „Heute Abend war herrlicher Mondschein. Ein Gewitter kam übers Meer von Südost [...], zog am Mond vorbey [...] nach dem Tyroler Gebirg [...]. Einige Striche hab ich auf grau Papier gemacht von dieses Abends Erscheinung auf dem Wasser" (WA III, 1, S. 254). Die unvergleichliche Schönheit einer venezianischen Mondnacht, die den Reisenden aus dem Norden bezauberte, das Meer und die Pracht der palladianischen Bauten entzogen sich dem Zugriff des Zeichners ebenso wie vor Jahren die Erhabenheit des gewaltigen Bergpanoramas am Gotthard. Doch nun unterließ Goethe es von vornherein, das mit seinen bescheidenen künstlerischen Mitteln nicht Darstellbare zu bewältigen. Ähnlich wie beim *Wasserfall der Reuss* (Abb. 6) ersetzte er die Nachahmung der Natur durch eine assoziative Chiffre, deren Gehalt – die Lagune, eine Gondel, ein Schiff und San Giorgio Maggiore im Hintergrund – nur mit Hilfe der Phantasie aufzuschlüsseln ist.

Goethes Vorgehen, seine Reise-Eindrücke in flüchtigen, informellen Skizzen festzuhalten, ist zunächst zu untersuchen; dieser unverstellten Naturbeobachtung soll danach als zweiter, gegenläufiger Strang seine Intention gegenübergestellt werden, bildmäßige Zeichnungen aufgrund von normativen künstlerischen Paradigmen zu entwerfen.

Das Meer – und das ist leicht nachvollziehbar – zählte zu den tiefsten Eindrücken des Reisenden. Hatte ihn in der Schweiz die elementare Gewalt der Wasserfälle als sichtbares Zeichen des Erhabenen fasziniert, so steigerte sich diese Empfindung noch angesichts der Weite und Urkraft des Meeres. Dazu kam die Wißbegierde des Naturforschers, der sich lebhaft an dem Diskurs zwischen Neptunisten und Plutonisten beteiligte, ob es die Macht des Wassers oder die des Feuers sei, welche die urgeschichtliche Bildung der Erdoberfläche und ihrer Gesteine bewirkt habe. „Hat man sich nicht ringsum vom Meere umgeben gesehen, so hat man keinen Begriff von der Welt und von seinem Verhältniß zur Welt", resümiert Goethe in der *Italienischen Reise* und zieht daraus die Konsequenz für seine Kunstanschauung: „Als Landschaftszeichner hat mir diese große simple Linie ganz neue Gedanken gegeben" (WA I, 31, S. 90).

Abb. 10
Stürmische See

[23] *Corpus der Goethezeichnungen* II (Anm. 1), Nr. 22; Maisak (Anm. 1), Nr. 81.

Die Erfahrung des unbegrenzten Horizonts wird an einer Skizze wie der *Stürmischen See* (Abb. 10) evident.[24] Goethe wählt dafür das im ausgehenden 18. Jahrhundert häufig verwendete Panorama-Format, das breiter als der Sehwinkel des Auges ist; zudem verzichtet er auf eine seitliche Bildbegrenzung, um die unendliche Weite des Raums zu suggerieren. Mit großer Vehemenz und nahezu autonomer Strichführung skizziert er einen Küstenstreifen bei hohem Wellengang, den er in unterschiedlichen Blauschattierungen aquarelliert. Beobachten konnte Goethe eine solch stürmische See bei der Überfahrt nach Sizilien und im Golf von Neapel: „Die Stürme dieser Tage haben uns ein herrliches Meer gezeigt, da ließen sich die Wellen in ihrer würdigen Art und Gestalt studiren" (WA I, 31, S. 34).

Abb. 11
Meeresbucht mit Kegelberg

Vollkommen ruhig angelegt ist dagegen die Aquarellskizze einer *Meeresbucht mit Kegelberg* (Abb. 11), in der Goethe seine Vorstellung von der „großen simplen Linie" auf höchst einfache, überzeugende Art verwirklicht.[25] Es ist eine auf Grundformen der Landschaft reduzierte Farbstudie, wieder im Panorama-Format, deren delikat abgestufte Felder sich keilförmig ineinander schieben. Grüne, violette und blaue Töne, alle ins Grau gebrochen, imaginieren ein bewachsenes Ufer im Vordergrund, eine Wasserfläche im Mittelgrund und eine Bergkette im Hintergrund. Die Bildschwelle und der Himmel bleiben ausgespart. Die flächigen Formen sind bildparallel angeordnet und bleiben auch hier ohne seitlichen Abschluß, so daß ein Eindruck von Unendlichkeit entsteht, der schon auf Caspar David Friedrich vorauszuweisen scheint.

Ein Farbschleier löst die Konturen auf und erzeugt eine duftige Atmosphäre, wie Goethe sie in der *Italienischen Reise* angesichts der sizilischen Küste schildert. Der Text beginnt mit einem rhetorischen Gestus der Sprachverweigerung: „Mit keinen Worten ist die dunstige Klarheit auszudrücken, die um die Küsten schwebte, als wir am schönsten Nachmittage gegen

24 *Corpus der Goethezeichnungen* II (Anm. 1), Nr. 126; Maisak (Anm. 1), Nr. 102.
25 *Corpus der Goethezeichnungen* II (Anm. 1), Nr. 317; Maisak (Anm. 1), Nr. 101.

Palermo anfuhren". Sodann wird ein sprachmächtiges Bild entworfen, das im Zeichen von Claude Lorrain steht:

> Die Reinheit der Conture, die Weichheit des Ganzen, das Auseinanderweichen der Töne, die Harmonie von Himmel, Meer und Erde. Wer es gesehen hat, der hat es auf sein ganzes Leben. Nun versteh' ich erst die Claude Lorrain und habe Hoffnung, auch dereinst in Norden aus meiner Seele Schattenbilder dieser glücklichen Wohnung hervor zu bringen. Wäre nur alles Kleinliche so rein daraus weggewaschen als die Kleinheit der Strohdächer aus meinen Zeichenbegriffen (WA I, 31, S. 91).

Mit den „Strohdächern" erinnert Goethe an seine voritalienische Zeichenweise unter dem Einfluß von Everdingen. Vergleicht man seine kleinteilige Ansicht der Berghütten am Brenner (Abb. 8) mit dieser großzügigen Meeresbucht, so wird die künstlerische Entwicklung, die der Zeichner in Italien durchgemacht hat, augenfällig. Eher an der atmosphärischen Behandlung als an der formalen Gestaltung dieses Blattes wird deutlich, daß er sich nun Claude Lorrain als Vorbild wählt.

Überwog bei den letzten Beispielen die subjektive malerische Komponente, gibt es doch auch eine große Zahl von Reise-Zeichnungen, die ein primär naturwissenschaftliches Interesse bezeugen. So geht es Goethe beim *Widerschein der Sonne im Meer* eindeutig um die objektive Schilderung eines optischen Phänomens.[26] Er entwarf die grau lavierte Skizze auf der Überfahrt von Neapel nach Sizilien im Reisetagebuch (1. April 1787), um seinen Bericht über die spezifische Form von Lichtspiegelungen auf dem Wasser zu illustrieren. Das Farbenspiel selbst, nach Goethes Worten „erst röthlich dann gelblich dann Silber" (FA I, 15.2, S. 797), sparte der Zeichner aus, obwohl sein Reisegefährte, der Künstler Christoph Heinrich Kniep, ihm damals gerade einen Aquarell-Kurs erteilte. Die Farben zu evozieren blieb – wie so oft bei Goethe – dem Text überlassen; das Bild diente lediglich als Hilfsmittel, um die Form der Spiegelung schematisch wiederzugeben. Das Schematisieren entsprach Goethes Neigung zur Reduktion, und in diesem Sinn definiert er auch seine Skizzen im Unterschied zu Kniep, der ihm auf Sizilien das beschwerliche Geschäft der bildlichen Reisedokumentation abnahm: „Kniep zeichnete, ich schematisirte, beide mit großem Genuß" (WA I, 31, S. 93).

Zeichenhaft abstrahiert wirkt auch die Ansicht der *Solfatara bei Pozzuoli* in den Campi Phlegraei, bei der sich naturwissenschaftliches und malerisches Interesse überlagern.[27] Mit impulsiven, zügigen Kurvaturen versucht Goethe, einen atmosphärischen Eindruck dieser, wie er sagt, „wundersamste[n] Gegend von der Welt" zu geben (WA I, 31, S. 20). Ausführlich beschreibt er in der *Italienischen Reise* dieses Kraterbecken eines halb erloschenen Vulkans, aus dem heiße Mineralquellen und schwefelwasserstoffhaltige Dämpfe aufsteigen: „Unter'm reinsten Himmel der unsicherste Boden. [...] Siedende Wasser, Schwefel aushauchende Grüfte [...] und dann doch zuletzt eine immer üppige Vegetation [...], sich über alles Ertödtete erhebend" (ebd.). Goethe sieht hier die Urpolarität von Neptunismus und Vulkanismus auf spektakuläre Weise am Werk. Er erkennt aber auch den pittoresken Reiz, den das Naturschauspiel entfaltet, und versucht, ihn mit einem optischen Stenogramm einzufangen.

---

26 *Corpus der Goethezeichnungen* VI A, (Anm. 1), Nr. 225; Maisak (Anm. 1), Nr. 96.

27 *Corpus der Goethezeichnungen* II (Anm. 1), Nr. 87; Maisak (Anm. 1), Nr. 103.

Abb. 12
Blick vom Ätna

Die Elemente Feuer und Wasser thematisiert Goethe auch beim *Blick vom Ätna* (Abb. 12), den er, vom Sturmwind fast umgerissen, während der Bergbesteigung im Mai 1787 mit Bleistift skizziert und später koloriert.[28] Obwohl er nur bis zur Nebenkratergruppe der Monti Rossi vordrang, erlebt er wieder die Faszination des Gipfelblicks wie ein Jahrzehnt zuvor auf dem St. Gotthard. Doch nun gelingt es ihm wirklich, die Aussicht auf ein großes Panorama als ein Raumkontinuum darzustellen, auch wenn es nur mit summarischen Strichen und mit Hilfe einer vereinfachten Farbperspektive angedeutet wird. Der Betrachterstandpunkt im Vordergrund mit den feinen Feuerzungen der Fumarolen ist dunkler und kräftiger angelegt, die große Rauchwolke rechts wirkt als Repoussoir, das die Tiefenräumlichkeit verstärkt, und die Bucht von Taormina leitet als glatte Fläche im Mittelgrund zu der blaugrauen Bergkette im Hintergrund über. Große Unmittelbarkeit der Naturbeobachtung verbindet sich hier mit einer bemerkenswerten Fähigkeit zur formalen Reduktion und zur Dynamisierung der Darstellung. Das gedämpfte Kolorit gewinnt einen hohen Grad an Autonomie, da die Gegenstände sich weniger aus der Linie als aus der Farbe entwickeln. Die schwerelose Darstellung der im Höhenwind aufzüngelnden Flammen und der Dampfwolken unter dem hellen Morgenhimmel runden sich mit der stillen Bucht zu einem harmonischen Ganzen, das die latent drohende Gefahr des Vulkans vergessen läßt.

---

28 *Corpus der Goethezeichnungen* II (Anm. 1), Nr. 170; Maisak (Anm. 1), Nr. 99.

Abb. 13
Vesuvausbruch

Wie nah Schrecken und Schönheit beieinander wohnen, erfuhr Goethe, als gegen Ende seines neapolitanischen Aufenthalts der Vesuv ausbrach. Das unerhörte Schauspiel des feuerspeienden Bergs wird in der *Italienischen Reise* ausführlich geschildert, viel unmittelbarer erscheint freilich die Zeichnung *Vesuvausbruch* (Abb. 13), deren grandiose Wirkung über das kleine Format hinwegtäuscht – vielleicht stellt sie den notwendigen Zwischenschritt zwischen dem Erlebnis und der späteren sprachlichen Umformung dar.[29] Hier zeigt sich der Zeichner von einer neuen Seite: Er überrascht durch die ungewohnte Kraft der Darstellung, durch die kompositorische Festigkeit und durch das intensive Kolorit, dessen Rot und Gelb vor dem nächtlich dunklen Hintergrund aufleuchten. Beim *Vesuvausbruch* wird das Meer von der Glut erhellt, und Glut leuchtet im Zentrum auch durch eine Phantasiearchitektur mit gatterbewehrtem Tor, das wie das sprichwörtliche Höllentor anmutet. Im Vordergrund der auf Symmetrie bedachten Komposition bilden stilisierte Bootskiele eine Barriere, die wie

[29] *Corpus der Goethezeichnungen* VI B (Anm. 1), Nr. 64; Maisak (Anm. 1), Nr. 105. – Goethes unmittelbare sprachliche Reaktion auf den Vesuv-Ausbruch war lapidar: „Es ist ein großer Anblick" (8. 6. 1787; WA IV, 8, S. 229). Der Text in der *Italienischen Reise* erfährt dagegen eine reiche Ausschmückung (WA I, 31, S. 273 ff.).

die Silhouette eines gewaltigen Meerungeheuers aussieht. Nichts Kleinliches haftet diesem Blatt mehr an, alles wird mit souveräner Geste ins Bild gesetzt.

Bei diesem Aquarell handelt es sich um keine spontane Erlebnisskizze des Reisenden, sondern um eine höchst kunstvolle, zu symbolischer Form verdichtete Komposition, die dem individuellen Wahrnehmungsphänomen einen ornamentalen Charakter verleiht und damit überzeitliche Gültigkeit evoziert.[30] Nicht das Ereignis selbst, sondern seine Imagination des Erlebnisses stellt der Zeichner Goethe dar und vollzieht damit einen ähnlichen Schritt wie der Dichter, der aus einer Notiz einen poetisch stilisierten Text gewinnt. Das Blatt entstand sicher nicht vor Ort, sondern nach Goethes Gewohnheit aus der Erinnerung. Manche topographische Ungenauigkeit seiner Reise-Zeichnungen wird durch die Tatsache erklärt, daß er das Gesehene später aus der Erinnerung oder aufgrund flüchtigster Skizzen wiederholte und dabei vereinfachte oder seiner Intention anpaßte.

Abb. 14
Küstenpartie mit Wachtturm

Mit der Komposition *Küstenpartie mit Wachtturm* (Abb. 14) kommen wir nun zum zweiten Strang von Goethes Reise-Zeichnungen: den bildmäßig ausgearbeiteten Darstellungen, die sich an einem normativen künstlerischen Ideal orientieren und mehr sein wollen als ein

30 Die Zeichnung gelangte in Weimar in die herzogliche Sammlung; möglicherweise hat Goethe sie Carl August persönlich als Reise-Souvenir zugedacht, um den Souverän von seinen künstlerischen Fortschritten zu überzeugen, von denen in ihrer Korrespondenz ausführlich die Rede ist.

bloßes Festhalten von individuellen Eindrücken.[31] Anders als in der frühen Zeit des Sturm und Drang, als die Genie-Ästhetik auch die unvollkommenste Skizze als Emanation eines schöpferischen Blicks rechtfertigte, galt ihm nun das „Hinwerfen und Andeuten" als untrügliches Zeichen des Dilettantismus, das „höchstens nur an einem Liebhaber gelobt werden" kann (WA IV, 5, S. 138).[32] Da Goethe sich voll Ehrgeiz das Ziel gesetzt hatte, in Italien den künstlerischen Durchbruch zu erreichen, gab er sich größte Mühe, seine intuitiven Skizzen in eine korrekte Form zu bringen, wie sie in dem von Johann Joachim Winckelmann sanktionierten Kanon der klassischen Kunst festgeschrieben war. Dafür unterzog er sich mit Hilfe befreundeter Künstler wie Johann Heinrich Wilhelm Tischbein, Angelika Kauffmann oder Philipp Hackert einer gründlichen Ausbildung, die seine technischen Fertigkeiten und seinen künstlerischen Blick gleichermaßen schulte. Zudem besuchte er die Privatakademie von Maximilian Verschaffelt, um ein dem akademischen Lehrplan ähnliches Studium zu absolvieren. Ein Vorbild für solche Privatinitiativen boten die Accademia di S. Luca oder die Académie de France in Rom, in denen die Winckelmannsche Ästhetik und der Primat des Disegno hochgehalten wurden.[33] Bei der Ausbildung stand zwar eindeutig die Figurenzeichnung im Vordergrund – die Arbeit nach antiken Skulpturen und nach dem lebenden Modell, das Studium der Anatomie und der Proportion –, doch auch die Landschaftskunst kam zu ihrem Recht. Goethe lernte die grundlegenden Regeln der Perspektive, der Farbgebung und der Komposition. Er lernte, die Landschaft als tiefenräumliches Gebilde zu erfassen, zeichnerisch zu strukturieren und als harmonisches, wie durch einen Rahmen gesehenes Ganzes auf die Bildfläche zu übertragen.

Als Maßstab diente ihm – ebenso wie den anderen klassizistisch ausgerichteten Künstlern in Italien – die klassische römische Ideallandschaft des Seicento, insbesondere das Werk von Claude Lorrain. Bei seinen Besuchen in den Gemäldegalerien zog Goethe den Vergleich zwischen dem Urbild der Natur und ihrem idealen Abbild in der Kunst, was nach eigenem Bekunden seine Begriffe erweiterte und ihm die Entstehungsbedingungen der südlichen Kunst bewußt machte. Seine „alte Gabe, die Welt mit Augen desjenigen Mahlers zu sehen, dessen Bilder ich mir eben eingedrückt" (WA I, 30, S. 132), ließ ihn erkennen, daß die generelle Klarheit, die Harmonie der Formen, die frischen Farben und lichten Schatten des Landes die Künstler und ihr Werk zutiefst prägten. So fand der in Rom tätige Claude Lorrain einen Darstellungsmodus, der die ohnehin schöne Landschaft zu einem Idealbild zu steigern vermochte, wodurch nach Goethes Verständnis nicht mehr die Wirklichkeit, sondern die Wahrheit der Natur evoziert wurde. Dieses Ideal schwebte ihm vor Augen, wenn er die italienische Landschaft in Wort oder Bild zu schildern versuchte; in seinem Gedicht *Amor als Landschaftsmaler* kulminiert diese Sicht.

Was Goethe so beschwingt beschreiben konnte, gestaltete sich in zeichnerischer Hinsicht weit schwieriger. Seine Kompositionen erfolgten selten als großer Wurf, sondern entwickelten

---

31 *Corpus der Goethezeichnungen* II (Anm. 1), Nr. 41; Maisak (Anm. 1), Nr. 90. – Diese von normativen künstlerischen Vorbildern abhängige Seite von Goethes Zeichentätigkeit analysiert Werner Busch: *Die „große, simple Linie" und die „allgemeine Harmonie" der Farben. Zum Konflikt zwischen Goethes Kunstbegriff, seiner Naturerfahrung und seiner künstlerischen Praxis auf der italienischen Reise.* In: GJb 1988, S. 144–164.

32 Am 21. Juni 1781 an Friedrich Müller, den Goethe wegen seines flüchtigen Skizzierens kritisiert und ihm mangelnde künstlerische Disziplin vorwirft.

33 Vgl. Nikolaus Pevsner: *Die Geschichte der Kunstakademien.* München 1986, S. 141–186.

sich schrittweise: Zunächst entstanden vor der Natur oder aus der Erinnerung vage Umrisse in Bleistift, oft in mehreren Varianten, die später mit Feder und Pinsel in Form gebracht und laviert oder koloriert wurden. Bei dem Blatt *Garten und Terrassentreppe* ist zu erkennen, wie Goethe über einer ganz leichten Bleistift-Skizze mit kräftigem Federstrich die Konturen anlegt und ein paar Farbproben mit dem Pinsel hinzufügt, die er dann, wieder einmal das Medium wechselnd, durch schriftliche Notizen bezüglich des Kolorits ergänzt.[34]

Das Ergebnis, das darauf basiert, ist ein sorgfältig ausgeführtes Bild, das den flüchtigen Natureindruck in eine dekorative Komposition verwandelt. Künstler wie Johann Heinrich Wilhelm Tischbein, in dessen römische Atelierwohnung am Corso Goethe gezogen war, Christoph Heinrich Kniep in Sizilien oder Jakob Philipp Hackert, den er in Neapel kennenlernte, halfen ihm bei solchen Übungen. Goethe, der zuvor selten Farben benutzt hatte, eignete sich in Italien die Aquarell-Technik an, um auch das unverwechselbare Kolorit des Südens einfangen zu können. „Nun macht mirs Lust mit Farben zu spielen“, meinte er. „Die Künstler freuts mich etwas zu lehren, denn es geht geschwinde mit mir“ (WA IV, 8, S. 184).[35]

Zu den ersten Zeugnissen gehört eine Reihe von farbigen Ansichten, die im Februar 1787 in der Gegend der Villa Borghese, am Pincio oberhalb des Corsos, entstanden. Goethe wählte typische Motive, etwa eine Ansicht von *Muro torto vor der Porta del Popolo* mit einem Rest der alten römischen Stadtmauer.[36] Diese Motive lagen alle nahe beieinander und sollten in ihrer Gesamtheit einen Eindruck des Ortes und seiner besonderen Stimmung vermitteln. Die Aquarelle waren für Charlotte von Stein und die Weimarer Freunde bestimmt, und Goethe verschickte sie mit der Bemerkung: „Sie sind klein und ist nicht viel dran, allein sie werden dir eine Idee des Landes geben, behalte sie beysammen, einzeln bedeuten sie gar nichts“ (WA IV, 8, S. 183 f.).

Der Gedanke, daß Bilder, die im einzelnen noch nicht ganz überzeugen, durch eine zyklische Reihung an Aussagekraft gewinnen können, ist fest in Goethes Kunstanschauung verankert und kommt auch in dem Aufsatz *Über die Gegenstände der bildenden Kunst* von 1797 zum Ausdruck. Unter dieser Prämisse kann die Gesamtheit seiner italienischen Reise-Zeichnungen als eine aufschlußreiche Bildfolge betrachtet werden, deren Wert als Ganzes die Frage nach der Qualität des einzelnen Blattes obsolet erscheinen läßt.

Für Goethe sind die Aquarelle vom Februar 1787, zu denen auch das zartfarbige, duftige *Motiv aus der Villa Borghese* gehört,[37] die ersten „Versuche in einer neuen Manier“, mit der er die ungewohnten Landschaftseindrücke in eine künstlerisch verbindliche Form zu bringen hofft. „Es kostet mich Aufpaßens biß ich meine kleinliche deutsche Art abschaffe“, bekennt er selbstkritisch. „Ich sehe lang was gut und beßer ist; aber das Rechte in der Natur zu finden und nachzuahmen ist schweer, schweer. Nur durch Übung kann man vorwärts kommen“. Doch nach seiner Gewohnheit begreift er diese beschwerliche Aufgabe als Seh- und Gedächtnisschule: „Indeßen ist mir das armseelige Bißgen Zeichnen unschätzbar, es erleichtert mir jede Vorstellung von sinnlichen Dingen und das Gemüth wird schneller zum

---

34 *Corpus der Goethezeichnungen* II (Anm. 1), Nr. 289; Maisak (Anm. 1), Nr. 121. Danach führte Goethe die Zeichnung *Garten und Terrassentreppe mit Sphinx* aus – *Corpus der Goethezeichnungen* II (Anm. 1), Nr. 287; Maisak (Anm. 1), Nr. 122.

35 In Italien interessierte Goethe sich generell für neue Techniken und Materialien, etwa für die Enkaustik oder für die Sepia-Tinte vom Tintenfisch.

36 *Corpus der Goethezeichnungen* VI B (Anm. 1), Nr. 56; Maisak (Anm. 1), Nr. 92.

37 *Corpus der Goethezeichnungen* II (Anm. 1), Nr. 55; Maisak (Anm. 1), Nr. 93.

allgemeinen erhoben, wenn man die Gegenstände genauer und schärfer betrachtet" (WA IV, 8, S. 180f.).

In der *Italienischen Reise* widmet Goethe dem tiefgreifenden Wandel seiner bislang an den Niederländern geschulten Sicht- und Zeichenweise eine ausführliche Passage. Er reflektiert die Abkehr von der schlichten ländlichen Idylle, dem malerischen Winkel, und zeigt, auf welche Weise er sich den neuen Verhältnissen anzupassen sucht:

> Manchmal erinnere ich mich, wie der Künstler in Norden den Strohdächern und verfallenen Schlössern etwas abzugewinnen sucht, wie man sich an Bach und Busch und zerbröckeltem Gestein herumdrückt, um eine mahlerische Wirkung zu erhaschen, und ich komme mir ganz wunderbar vor, um so mehr als jene Dinge nach so langer Gewohnheit einem noch immer ankleben; nun habe ich mir aber seit vierzehn Tagen einen Muth gefaßt und bin mit kleinen Blättern hinausgegangen, durch die Tiefen und Höhen der Villen, und habe mir, ohne viel Besinnens, kleine, auffallende, wahrhaft südliche und römische Gegenstände entworfen und suche nun, mit Hülfe des guten Glücks, ihnen Licht und Schatten zu geben. (WA I, 30, S. 272f.)

Der autobiographische Text macht evident, mit welcher Genauigkeit der Reise-Zeichner sich selbst beobachtet und seine Fortschritte als Teil eines tiefgreifenden Wandlungsprozesses referiert. Auf diese Art führt Goethe die in *Dichtung und Wahrheit* begonnenen Betrachtungen über seine zeichnerische Entwicklung fort und verdeutlicht die Erfolge, die er insbesondere seit den Skizzen der ersten Schweizer Reise aufweisen kann. In der *Italienischen Reise* notiert Goethe zudem voll Stolz jede Unterstützung und jedes Lob, das ihm durch seine arrivierten Künstlerfreunde zuteil wird.

Den wichtigsten Lehrer fand er in Hackert, der zu den berühmtesten Landschaftsmalern des ausgehenden 18. Jahrhunderts zählte. Goethe redigierte seine Biographie und gab sie 1811 heraus, um seinen Zeitgenossen ein – wenn auch nutzloses – klassizistisches Gegengift gegen die Kunst der Romantik zu verabreichen. Hackert baute seine Bilder nach den Regeln der klassischen römischen Ideallandschaft auf, verband das Prinzip der Naturschönheit aber als Erbe der Aufklärung mit Naturtreue und topographischer Stimmigkeit. Diese Synthese von Ideal und Wirklichkeit, von Klassizismus und Realitätssinn, beeindruckte Goethe und regte ihn zur Nachahmung an.

Hackert muß ein guter Lehrer gewesen sein, der seinen Schüler durch Lob anspornte und in probaten Techniken unterwies, etwa der einfachen Anwendung der Farbenperspektive mit Hilfe von drei unterschiedlich gefärbten Tuschlavierungen: In dunklem Ton wird ein schwerer Vordergrund angelegt, ein hellerer bezeichnet den Mittelgrund, und der hellste, leichteste den Hintergrund, so daß eine tiefenräumliche Wirkung entsteht. Mit Aquarellfarben verfeinerte Goethe dieses Prinzip, wie sich am *Blick auf die Peterskirche in Rom von der Villa Pamphilij* (Abb. 15) erweist.[38] Hier gelingt es ihm, nach Hackerts Vorbild einen detailliert durchgestalteten dunklen Vordergrund mit seitlicher Rahmung durch kräftige Repoussoirs anzulegen, dahinter entwickelt er einen heller getönten Mittelgrund, leitet dann zu einem lichten Hintergrund über und läßt am Horizont die Peterskirche wie eine Fata Morgana erscheinen. Im Vergleich zum *Scheideblick vom Gotthard* (Abb. 7) und zum *Blick vom Ätna* (Abb. 12) bewältigt Goethe die weite Überschaulandschaft nun durch eine nahezu

---

38 *Corpus der Goethezeichnungen* II (Anm. 1), Nr. 263.

Abb. 15
Blick auf die Peterskirche

professionell ausgeführte perspektivische Raumkonstruktion, die er nach Maßgabe des goldenen Schnitts gliedert. Unter Hackerts Einfluß zeichnet sich bei Goethe eine Verfestigung und Harmonisierung der Form ab, die zugleich aber auch konventioneller wird, um dem normativen Kanon der Kunst zu entsprechen. Nichts bleibt offen, nichts dem Zufall überlassen wie in den spontan ausgeführten Blättern, in denen Natur empfunden und nicht als *belle nature* erfunden wird.

Abb. 16
Pyramide im Mondlicht

Zwei eindrucksvolle Blätter vom Ende des Italienaufenthalts demonstrieren jedoch, daß es Goethe immer wieder gelang, sich von fremden Einflüssen freizumachen, um eigenständige

Bildschöpfungen hervorzubringen. Es sind Landschaften im Mondschein mit einer Pyramide (Abb. 16), einem Motiv, das auf das ägyptisierende Grabmal des Cestius beim Friedhof für nichtkatholische Ausländer in Rom zurückgeht.[39] „Vor einigen Abenden, da ich traurige Gedanken hatte, zeichnete ich [mein Grab] bei der Pyramide des Cestius" (WA IV, 8, S. 352), berichtet Goethe im Februar 1788 nach Weimar, für ihn eine höchst ungewöhnliche Idee, da er dem Tod sonst mit atavistischer Scheu begegnete.

Unter einer Baumgruppe ist rechts ein Hain mit einem klassischen Sarkophag zu erkennen, links das Totenmal der Pyramide. Das Licht des Vollmonds steigert die melancholische Aura des Ortes, an dem das wirkliche Italien zu einem poetischen Arkadien verklärt erscheint. Dort konnte Goethe sich in der elegischen Abschiedsstimmung von Rom seine letzte Ruhestätte vorstellen: klassisch schön, wie „die Alten den Tod gebildet", um ihm seinen Schrecken zu nehmen, und in einem fernen Arkadien, um ihn in gehöriger Distanz zu halten.

Den Abschied aus Rom empfand Goethe wie eine Vertreibung aus dem „Paradies",[40] oder, um an den klassischen Topos anzuknüpfen, wie den Verlust seines Arkadiens. „Auch ich in Arcadien!" lautet ja das Motto in der Erstausgabe der *Italienischen Reise*, das an diesen Verlust erinnert. Eine Vollmondnacht ging Goethes Abschied aus Rom voraus, die den Zauber der ewigen Stadt ins Unwirkliche steigerte. Seinem eigenen Erleben verlieh er in der *Italienischen Reise* Klassizität, indem er seinen Abschied dem Ovids gleichsetzte, der ebenfalls in einer Mondnacht Rom verlassen mußte, um in die Verbannung zu gehen. Anstatt mit eigenen Worten beschließt Goethe seinen Text mit Ovids Elegie.

Die Bilder von Pyramide und Sarkophag in einer Vollmondnacht, die alle Formen schwermütig verklärt, entsprechen Goethes Abschiedsstimmung und scheinen in ihrer klassischen Motivwahl den Ausgang der *Italienischen Reise* zu antizipieren. Ein metaphorischer Kreis schließt sich: Spricht Goethe zu Beginn seiner Italienreise von „Wiedergeburt" und „neuem Leben", so setzt er das Ende mit einem Sterben, mit Bildern von Grab und Tod gleich. Dem Zeichner Goethe gelingen unter diesem Eindruck Darstellungen, die vom Wirklichen ins Symbolhaft-Allgemeine zielen und ein ganzes Weltverhältnis umschreiben. Über die erlebnisnahen Skizzen und die bildhaft komponierten Landschaften hinaus gelangt er hier zu einer symbolischen Verdichtung von Form und Gehalt, die als höchste Stufe seiner Zeichentätigkeit betrachtet werden kann. In diese Reihe gehört auch der bereits erwähnte *Vesuv-Ausbruch*, der ebenfalls mit einem Abschied – dem von Neapel – zusammenhängt.

Am Ende der Reise konnte Goethe auf ein Konvolut von etwa 700 italienischen Zeichnungen zurückblicken – das ist fast ein Viertel seines Gesamtwerks. Bereits in Italien verfolgte er die Absicht, anhand seiner Skizzen eine Art von Bildbericht zu erstellen, der seinen Weg und seine Eindrücke als Ganzes dokumentieren sollte; aus diesem Grund bat er die Weimarer Freunde, alle zugeschickten Zeichnungen beisammen zu halten und ihm zurückzugeben. 300 der Blätter vereinte er in Weimar sorgsam in Mappen, die später analog zur Reise-Route in einem – inzwischen wieder aufgelösten – Sammelband zusammengestellt

---

39 *Pyramide des Cestius im Vollmondlicht*; *Corpus der Goethezeichnungen* II (Anm. 1), Nr. 332; Maisak (Anm. 1), Nr. 129, und *Pyramide am Ufer eines Sees bei Vollmond*; *Corpus der Goethezeichnungen* VI B (Anm. 1), Nr. 210; Maisak (Anm. 1), Nr. 130.

40 „[...] wie soll ich den Ort verlaßen, der für mich allein auf der ganzen Erde zum Paradies werden kann" (WA IV, 8, S. 237).

wurden.[41] Als 1815 der erste Teil der *Italienischen Reise* ediert wurde, wünschte Goethe, seinem Text eine Auswahl dieser Zeichnungen als authentische Illustrationen beizugeben, denn er war davon überzeugt, daß es der „wörtlichen Darstellung sehr zum Vortheil gereichen müßte, wenn, aus meinen eigenen Skizzen [...] was bedeutend ist und erläutern könnte, in Kupfer gestochen, dem Werklein beygefügt würde“ (WA IV, 25, S. 181).[42] Obgleich er im Alter den Wert seiner Zeichnungen eher skeptisch beurteilte, glaubte er doch, daß Reproduktionen, die von einem professionellen Kupferstecher hergestellt würden, die Gesamtwirkung der Publikation noch steigern könnten. „Worte und Bild sind Correlate, die sich immerfort suchen“ (WA I, 42.2, S. 130), lautete seine Devise. Das Projekt kam nicht zustande – ob es einem zeitgenössischen Stecher überhaupt gelungen wäre, Goethes eigenwillige Zeichnungen adäquat wiederzugeben, bleibt ohnehin fraglich.

Das Illustrations-Projekt zeigt indessen, welch hohen autobiographischen Wert Goethe seinen Zeichnungen beimaß; das geht auch aus den Skizzen der Schweizer Reise hervor, die er für die Arbeit an *Dichtung und Wahrheit* heranzog. Es sind Erinnerungszeichen persönlichster Art, Mosaiksteine eines ganzheitlichen Erlebens, bei dem Wort und Bild unverbrüchlich zusammengehören. Goethes Reise-Zeichnungen besitzen nie den Charakter von Veduten, die eine Gegend topographisch genau erfassen, sondern lassen stets die eigene Interpretation einfließen: sie geben kein Abbild der Welt, wie sie ist, sondern ein Bild von Goethes unverwechselbarer Welt-Aneignung.

---

41 In einem Brief an Knebel vom 25. Oktober 1788 berichtet Goethe erstmals von dem Projekt: „Da nichts recht vom Flecke wollte habe ich indessen geordnet, unzählige kleine Scizzen die ich mitgebracht habe in Bücher gebracht, daß sie nur einigermassen geniesbar werden“ (WA IV, 9, S. 44).

42 Am 29. Januar 1815 an den Künstler Jakob Wilhelm Roux, den Goethe als Stecher gewinnen wollte. – Theodor Kräuter berichtet Sophie Caroline von Hopfgarten am 18. November 1821 über Goethes Reise-Zeichnungen: „Auf seiner ersten Reise in Italien [...] hat er durch Abbildung jedes malerischen Punktes eine große Anzahl Handzeichnungen zusammengebracht [...], worunter auch freilich solche sein mußten, zu deren malerischen Vollkommenheit noch einiges mangelte, da hat nun Goethe aus der Tiefe seines Gemüts mit kecker Feder nachgeholfen, und aus solchen Blättern, Wahrheit und Dichtung, wird größtenteils die angefangene Sammlung bestehen. Die treuen Ansichten und Prospekte aus Italien dürften zur Zeit einmal als Goethes malerische Reise in Italien viel Aufsehen erregen“ (zit. nach: Gespräche, Bd. 3.1, S. 355 f.).

ANNE BOHNENKAMP

Goethes poetische Orientreise

Aber ist denn Bagdad so weit?[1]

Daß man auf sehr unterschiedliche Weise und zu ganz unterschiedlichen Zwecken reisen kann, dafür bietet Goethes Leben und Werk reiches Anschauungsmaterial. Wie es im *Deutschen Wörterbuch* heißt, ist „die gewöhnliche bedeutung von *reise* in der ältern sprache ‚Aufbruch zum kriege, der kriegszug selbst'"[2] und diese – wortgeschichtlich gesehen – ‚Urform' des Reisens finden wir auch bei Goethe: bekanntlich begleitete er 1792 seinen Herzog auf dem Feldzug nach Frankreich und mußte für diesen Zweck Christiane und den noch nicht dreijährigen August allein zu Hause lassen, was ihm wenig gefiel. Aber auch Dienstreisen anderer Art unternahm der Geheimrat im Auftrag seines Herzogs.[3] Eine wichtige Rolle spielen seit 1785 zudem Goethes Kur- und Badereisen, die der Erholung und Regeneration gewidmet waren. Berühmt sind vor allem aber seine Studien- oder Bildungsreisen, zu denen die Reisen in die Schweiz und natürlich die Reise nach Italien zu rechnen sind. Als Mittel der für eine Reise konstitutiven Fortbewegung hat Goethe sich verschiedener Vehikel bedient; das Spektrum reicht von den Fußwanderungen über die Fortbewegung zu Pferd, zu Schiff oder in der Kutsche bis zu den Reisen, die Goethe im Geiste unternahm – ausschließlich mit den Flügeln der eigenen Vorstellungskraft oder auch mit der Hilfe von Büchern, inspiriert durch Lektüre.

Zu dieser letzten Art Reisen gehört offensichtlich die, um die es im folgenden gehen soll: Goethes poetische Orientreise. Der Titel bezeichnet Goethes erstaunliche Begegnung mit den Dichtern des Orients in den Jahren von 1814 bis 1819 und das Werk, das daraus entstand. Es geht also um den *West-östlichen Divan*, der mindestens in doppelter Hinsicht eine ‚poetische' Reise ist – eine Reise hin zu der Poesie des Orients und eine Reise mit den Mitteln der Poesie: der Phantasie und der literarischen Gestaltung.

Beide Teile des *West-östlichen Divans*, die Versammlung der Gedichte selbst und der diese in größere Zusammenhänge stellende Prosateil, beginnen mit dem Aufbruch zu einer Reise:

---

1 Diese Frage aus einem Nachlaßgedicht (*Hudhud, als einladender Bote*; FA I, 3.1, S. 613) spielt an auf einen Vers aus dem *Buch Suleika*, der die Antwort zu geben scheint: „Für Liebende ist Bagdad nicht weit" (FA I, 3.1, S. 88). Während der Arbeit an diesem Vortrag wurde Bagdad von amerikanischen Streitkräften bombardiert.

2 *Deutsches Wörterbuch von Jacob Grimm und Wilhelm Grimm*. Fotomechan. Nachdruck d. Erstausgabe 1893–1924, Bd. 14 [= Bd. 8], Sp. 718.

3 So etwa verschiedene Reisen im Zusammenhang mit Fragen des Bergbaus oder auch die zweite Reise nach Italien, als er 1790 die Herzoginmutter in Venedig traf und nach Hause geleitete.

„Flüchte du, im reinen Osten / Patriarchenluft zu kosten“ (FA I, 3.1, S. 12) heißt es im eröffnenden Gedicht *Hegire*, das den Band mit diesem Titel unter das Zeichen einer spezifisch motivierten Reise stellt: unter das Zeichen einer Flucht, die gleichzeitig den Beginn einer neuen Zeitrechnung markiert. Neben der dominanten Bezugnahme auf Mohammeds Emigration von Mekka nach Medina im Jahr 622 kommt hier auch Goethes Italienreise ins Spiel, die er ebenfalls als „Hegire“ bezeichnet hat.[4] Wie damals, als Goethe 1786 heimlich aus Karlsbad aufbrach, treibt ihn auch 1814 eine als unbefriedigend empfundene Gegenwart aus dem Lande: „Ich segne meinen Entschluß zu dieser Hegire, denn ich bin dadurch der Zeit und dem lieben Mittel-Europa entrückt, welches für eine große Gunst des Himmels anzusehen ist, die nicht einem jeden widerfährt“ (an Knebel, 8.2.1815; WA IV, 25, S. 190).

Unter dem Motto „Wer das Dichten will verstehen / Muß in's Land der Dichtung gehen; / Wer den Dichter will verstehen / Muß in Dichters Lande gehen“ (*West-östlicher Divan*; FA I, 3.1, S. 137) setzt dann auch der *Besserem Verständniss* gewidmete zweite Teil ein mit der Aufforderung zum Aufbruch in andere Länder, die nun jedoch anders begründet wird: die vorangestellten Verse erklären das Reisen zur notwendigen Bedingung des Verstehens. Die folgende *Einleitung* entwickelt eine entsprechende Fiktion vom Autor als Reisendem, die ausdrücklich als solche reflektiert wird:[5]

> Am liebsten aber wünschte der Verfasser vorstehender Gedichte als ein Reisender angesehen zu werden, dem es zum Lobe gereicht, wenn er sich der fremden Landesart mit Neigung bequemt, deren Sprachgebrauch sich anzueignen trachtet, Gesinnungen zu theilen, Sitten aufzunehmen versteht. (FA I, 3.1, S. 138)

Anders als sein empirischer Autor, der ja gleichzeitig in die entgegengesetzte Richtung zu einer Reise an Rhein und Main nach Westen aufbricht,[6] ist der „Verfasser vorstehender Gedichte“ als fiktiver Orientreisender nicht in der Kutsche unterwegs, sondern zu Fuß – „Jeden Pfad will ich betreten / Von der Wüste zu den Städten“ (*Hegire*; FA I, 3.1, S. 12) –

---

4 „meiner Hegire von Carlsbad“ (*Italienische Reise*; FA I, 15.1, S. 429f.). Vgl. auch an Carl August, 14.10.1786 (WA IV, 8, S. 33).

5 Es handelt sich im *Divan* also nicht um einen jener Reiseberichte, für den die Frage nach der Authentizität im Vagen bleibt, wie das in zeitgenössischen Reiseberichten durchaus üblich war. Vgl. Mirjam Weber: *Der „wahre Poesie-Orient“. Eine Untersuchung zur Orientalismus-Theorie Edward Saids am Beispiel von Goethes „West-östlichem Divan“ und der Lyrik Heines.* Wiesbaden 2001, S. 14: „Bei der Produktion wie der Rezeption von Reiseliteratur haben häufig weder Leser noch Autoren zwischen realen und imaginären Reisen unterschieden: Fiktive, konstruierte Berichte traten mit dem gleichen Anspruch auf Authentizität auf wie Schilderungen empirisch erfahrbarer Realität“. Goethes *Divan* ist dagegen ausdrücklich eine Reise im Modus des ‚als ob‘, eine vorgestellte, eine dichterische Reise.

6 Daß die imaginäre Reise im Entstehungsprozeß des *Divans* mit Goethes ganz realen Reisen an Rhein und Main zusammenfällt – die beiden handlichen Hafis-Bändchen, die Goethe gerade von seinem Verleger Cotta geschenkt bekommen hatte, steckte er als Reiselektüre ein, als er am 25. Juli 1814 mit der Kutsche von Weimar nach Westen aufbrach –, hat vielfache Spuren hinterlassen: Der ‚hybride‘ Effekt einer stereoskopen Wahrnehmung beider Reisen in einer ist am deutlichsten dem Gedicht *Liebliches* (FA I, 3.1, S. 19f.) eingeschrieben, das unter Anspielung auf Goethes viele Jahre zurückliegende Übersetzung eines serbischen Liedes die imaginierte östliche und die reale westliche Landschaft ineinander blendet. Daß dieser Westen ganz konkret Goethes Thüringen ist, verrät die erhaltene Erstfassung des Beginns der vierten Strophe: „Ja es sind die bunten Mohne, / Die um Erfurt sich erstrecken“ (FA I, 3.1, S. 476 u. 3.2, S. 940).

oder auf dem Rücken eines Reittiers: „Und ich reite froh in alle Ferne, / Ueber meiner Mütze nur die Sterne“ (*Freysinn*; FA I, 3.1, S. 14). Der Dichter inszeniert sich dabei als ein Handelsreisender: „Damit aber alles was der Reisende zurückbringt den Seinigen schneller behage, übernimmt er die Rolle eines Handelsmanns, der seine Waaren gefällig auslegt und sie auf mancherley Weise angenehm zu machen sucht; ankündigende, beschreibende, ja lobpreisende Redensarten wird man ihm nicht verargen“ (FA I, 3.1, S. 139), heißt es in einer charakteristischen metapoetischen Reflexion der schon zitierten *Einleitung* zum Prosateil. Diese „Rolle eines Handelsmanns“ übernimmt der Dichter nicht nur in dem schon zitierten Eröffnungsgedicht *Hegire*[7], sondern besonders anschaulich und detailreich auch im *Buch Suleika*, in dessen zwischen Main und Euphrat changierendem „Duo-Drama“[8] der Liebende als reisender Händler auftritt: „Mich, der von den Indostanen / Streifte bis Damascus hin, / Um mit neuen Caravanen / Bis an's rothe Meer zu ziehn.[9] / Mich vermählst du deinem Flusse, / Der Terrasse, diesem Hayn, / Hier soll bis zum letzten Kusse / Dir mein Geist gewidmet seyn“ (*West-östlicher Divan*; FA I, 3.1, S. 77). In der hyperbolischen Überbietungsmetaphorik des Gedichtes *Nur wenig ist's was ich verlange* legt der Dichter die Gewinne des „ganzen Handelswesens“ dann der Geliebten zu Füßen. Von den Kostbarkeiten der orientalischen Welt – Edelsteine, Früchte, Stoffe, Gewürze – bringt „alles was die Welt ergetzte / Die Caravane dir heran“ (FA I, 3.1, S. 81 f.). Wie im Prosateil wird jedoch auch im Gedicht deutlich, daß das alles nicht in der Wirklichkeit geschieht, sondern in der Phantasie des liebenden Dichters: „Oft sitz' ich heiter in der Schenke / Und heiter im beschränkten Haus; / Allein so bald ich dein gedenke, / Dehnt sich mein Geist erobernd aus“ (ebd., S. 82). Die Schätze, die der handlungsreisende Dichter unterwegs erwirbt, sind poetische Schätze; die Perlen, die Hatem Suleika verehrt, „dichtrische Perlen“ (*Die schön geschriebenen*; FA I, 3.1, S. 83). Die Handelsware, um die es hier geht, sind also Gedichte; das Handelswesen gilt der Poesie, dem literarischen Austausch.

Das für den *West-östlichen Divan* zentrale Bildfeld der poetischen Handelsreise stellt Goethes letzte große Gedichtsammlung sehr deutlich in einen Zusammenhang mit seiner Idee einer ‚Weltliteratur', wie er sie ein gutes Jahrzehnt nach den *Divan*-Jahren entwickelte – zu einer Zeit, als im Rahmen der ‚Ausgabe letzter Hand' gerade die zweite erweiterte Ausgabe des *West-östlichen Divans* erschien. ‚Weltliteratur' im Sinne Goethes bezeichnet in Analogie zum internationalen Warenaustausch der Kaufleute den „Wechseltausch“[10] von Kulturgütern zwischen den Völkern; abweichend vom heute dominierenden Wortgebrauch meint Goethe mit ‚Weltliteratur' nicht die Summe aller literarischen Erzeugnisse oder einen Kanon weltweit und überzeitlich gültiger literarischer Werke, sondern eine Tätigkeit der Kommunikation und des Austauschs,[11] den er wiederholt als „mehr oder weniger freyen

7 „Wenn mit Caravanen wandle, / Schawl, Caffee und Moschus handle“ (FA I, 3.1, S. 12).

8 So Goethes Charakterisierung dieses Buches in seiner Ankündigung des *Divans* im *Morgenblatt für gebildete Stände* (FA I, 3.1, S. 550).

9 Die Verse bezeichnen das „traditionelle – von den Reichen Vorderindiens über die [...] omajjadische Hauptstadt Damaskus bis nach Mekka und nach Ägypten reichende – arabische Handelsgebiet“ (Hendrik Birus in: FA I, 3.2, S. 1188).

10 *German Romance*. In: *Ueber Kunst und Alterthum VI 2*; FA I, 22, S. 434.

11 Das von Goethe in Umlauf gebrachte Kompositum stellte er 1827 und 1828 in den Heften seiner Zeitschrift *Ueber Kunst und Alterthum* vor (vgl. FA I, 22, S. 293–520, sowie Anne Bohnenkamp: *„Den Wechseltausch zu befördern". Goethes Entwurf einer Weltliteratur*; FA I, 22, S. 937–964).

geistigen Handelsverkehr"[12] oder auch als „Freihandel der Begriffe und Gefühle" beschrieben hat.[13] Auf dem Weg zu diesem Konzept des alten Goethe stellt der *Divan* einen entscheidenden Schritt dar; er bietet ein frühes Beispiel für solchen interkulturellen und internationalen literarischen Austausch, wie Goethe ihn später als ‚Weltliteratur' konzipiert hat.[14] Ja, ohne Goethes Orienterfahrung hätte es das Konzept der ‚Weltliteratur' so nicht gegeben.

Die enge Verbindung zwischen dem *West-östlichen Divan* und der Idee einer ‚Weltliteratur' wird auch in der zentralen Rolle sichtbar, die für beide das Übersetzen spielt. Für den Austausch zwischen den „Litteratoren und Litteraturen"[15] verschiedenster Weltgegenden über Nationalitäts- und Sprachgrenzen hinweg, für Goethes ‚Weltliteratur' also, kann das Übersetzen geradezu als paradigmatische Tätigkeit gelten: der Übersetzer ist der eigentliche Handelsreisende in Sachen Literatur. Besonders deutlich wird das in einem Aufsatz über Thomas Carlyles Übersetzungen deutscher Texte, in dem Goethe die große Bedeutung von Übersetzungen für den „allgemeinen Weltverkehr" herausstellt und den Übersetzer als „Vermittler dieses allgemein geistigen Handels" charakterisiert, der „auf dem Markte wo alle Nationen ihre Waaren anbieten [...] den Wechseltausch zu befördern sich zum Geschäft macht".[16] Im *West-östlichen Divan* sind Übersetzungen bekanntlich ebenfalls von hoher

12 So im *Vorwort zu Carlyles „Leben Schillers"*. In: *Aufsätze, Entwürfe, Notizen 1824–1832*; FA I, 22, S. 870: „Es ist schon einige Zeit von einer allgemeinen Weltliteratur die Rede und zwar nicht mit Unrecht: denn die sämmtlichen Nationen, in den fürchterlichsten Kriegen durcheinander geschüttelt, sodann wieder auf sich selbst einzeln zurückgeführt, hatten zu bemerken, daß sie manches Fremde gewahr worden, in sich aufgenommen, bisher unbekannte geistige Bedürfnisse hie und da empfunden. Daraus entstand das Gefühl nachbarlicher Verhältnisse, und anstatt daß man sich bisher zugeschlossen hatte, kam der Geist nach und nach zu dem Verlangen, auch in den mehr oder weniger freyen geistigen Handelsverkehr mit aufgenommen zu werden".

13 Nach dem Bericht von Anton Eduard Odyniec. In: Gespräche, Bd. 3.2, S. 471.

14 Dieser Zusammenhang ist in der Forschung auch immer wieder gesehen worden. Vgl. neuerdings ausführlich die Studie von Manfred Koch: *Weimaraner Weltbewohner. Zur Genese von Goethes Begriff ‚Weltliteratur'*. Tübingen 2002.

15 Die hier zitierte Tagebuchnotiz vom 8. Mai 1826 steht im Kontext der Entwicklung einer Idee der ‚Weltliteratur': „Einiges dictirt über mein Verhältniß zu fremden Litteratoren und Litteraturen" (WA III, 10, S. 189).

16 *German Romance*. In: *Ueber Kunst und Alterthum VI 2*; FA I 22, S. 434. Daß es bei diesem ‚Wechseltausch' um ‚Weltliteratur' geht, kommt ausdrücklich in einem Schreiben an Carlyle vom 1. Januar 1828 zum Ausdruck, den Goethe um die Beurteilung einer Übertragung seines *Tasso* ins Englische bittet: „Nun aber möcht ich von Ihnen wissen, inwiefern dieser Tasso als Englisch gelten kann. Sie werden mich höchlich verbinden, wenn Sie mich hierüber aufklären und erleuchten; denn eben diese Bezüge vom Originale zur Übersetzung sind es ja, welche die Verhältnisse von Nation zu Nation am allerdeutlichsten aussprechen und die man zu Förderung der vor- und obwaltenden allgemeinen Weltliteratur vorzüglich zu kennen und zu beurtheilen hat" (WA IV, 43, S. 222). Vgl. dazu auch Goethe an Boisserée am 24. 4. 1831 (WA IV, 48, S. 188–191). – Den Gewinn, den Goethe sich von dem durch Übersetzungen geförderten „Wechseltausch" verspricht, erläutert er mit Bezug auf das ebenfalls in *Ueber Kunst und Alterthum VI 2* besprochene *Leben Schillers* von Carlyle im Gespräch mit Eckermann am 15. Juli 1827: „Es ist aber sehr artig, daß wir jetzt, bei dem engen Verkehr zwischen Franzosen, Engländern und Deutschen, in den Fall kommen uns einander zu korrigieren. Das ist der große Nutzen, der bei einer Weltliteratur herauskommt und der sich immer mehr zeigen wird. Carlyle hat das Leben von Schiller geschrieben und ihn überall so beurteilt, wie ihn nicht leicht ein Deutscher beurteilen wird. Dagegen sind wir über Shakspeare und Byron im Klaren und wissen deren Verdienste vielleicht besser zu schätzen als die Engländer selber" (FA II, 12, S. 257).

Relevanz. Sie spielen nicht nur für die konkrete Entstehung der *Divan*-Gedichte eine entscheidende, dabei im einzelnen ganz unterschiedliche Rolle, sondern die Übersetzer und das Übersetzen sind auch im Prosateil des *West-östlichen Divans* präsent. In der zweiten Hälfte der *Noten und Abhandlungen*, die mit einer Folge von Kapiteln zu *Reisenden* und *Lehrern* den Goethe vorangegangenen Vermittlern zwischen Orient und Okzident gewidmet ist, kulminiert die Darstellung keineswegs zufällig in einem Kapitel, das unter dem Titel *Übersetzungen* Goethes wichtigste übersetzungstheoretische Überlegungen enthält und das den verschiedenen möglichen Verfahren des Übersetzens gewidmet ist (FA I, 3.1, S. 268–283).

Abweichend von der in diesem Zusammenhang üblichen Dichotomie, wie sie Goethe 1813 in seiner *Rede zu Wielands Andenken* vorstellt und wie sie auch aus Friedrich Daniel Ernst Schleiermachers Akademie-Rede aus dem gleichen Jahr, *Ueber die verschiedenen Methoden des Uebersetzens*, bekannt ist,[17] unterscheidet Goethe im *West-östlichen Divan* drei mögliche Vorgehensweisen. Während die ersten beiden „Arten der Uebersetzung", „eine schlicht-prosaische" (die „uns in unserm eigenen Sinne mit dem Auslande bekannt" macht) und die „*parodistische*" (wo man „nur fremden Sinn sich anzueignen und mit eignem Sinne wieder darzustellen bemüht ist"; FA I, 3.1, S. 280 – Goethe nennt Luther und Wieland als Beispiele), keine größeren Verständnisschwierigkeiten machen, ist die Deutung der dritten Art, „wo man die Uebersetzung dem Original identisch machen möchte" (FA I, 3.1, S. 281), von Goethe dem ‚höchsten und letzten' Zeitraum zugeordnet, bis heute umstritten.[18] Es spricht jedoch vieles dafür – nicht zuletzt, daß Goethe für dieses dritte Verfahren die Übertragungen von Johann Heinrich Voß als Beispiel anführt –, daß der Übersetzungstyp, den er hier vor Augen hatte, mit dem von Schleiermacher beschriebenen Verfahren, ‚den Leser zum Schriftsteller zu bringen', konvergiert. „Diese Art", so Goethe, „erlitt anfangs den größten Widerstand; denn der Uebersetzer der sich fest an sein Original anschließt giebt mehr oder weniger die Originalität seiner Nation auf, und so entsteht ein Drittes, wozu der Geschmack der Menge sich erst heran bilden muß" (*West-östlicher Divan*; FA I, 3.1, S. 281).

Im Gegensatz zu den ersten beiden Verfahren, die sich als Spielarten der Methode beschreiben lassen, ‚den Schriftsteller zum Leser zu bringen', indem sie, auf unterschiedliche Weise, etwas Eigenes an die Stelle des Fremden setzen und das Fremde damit so ‚einbürgern',

---

17 Schleiermacher stellt in seiner berühmten Rede aus dem Sommer 1813 zwei Wege vor, die der Übersetzer einschlagen kann, um „seinen Schriftsteller und seinen Leser [...] einander zu[zu]führen": „Entweder der Uebersetzer läßt den Schriftsteller möglichst in Ruhe, und bewegt den Leser ihm entgegen; oder er läßt den Leser möglichst in Ruhe, und bewegt den Schriftsteller ihm entgegen" – Friedrich Daniel Ernst Schleiermacher: *Ueber die verschiedenen Methoden des Uebersetzens.* In: ders.: *Akademievorträge.* Hrsg. von Martin Rössler. (Bd. 11 der ersten Abteilung [*Schriften und Entwürfe*] der Kritischen Gesamtausgabe Schleiermacher.) Berlin, New York 2002, S. 67–93; hier S. 74. Goethe formuliert diese traditionsreiche übersetzungstheoretische Alternative in seiner Wieland-Rede aus dem Februar desselben Jahres so: „Es giebt zwey Uebersetzungsmaximen. Die eine verlangt, daß der Autor einer fremden Nation zu uns herüber gebracht werde, dergestalt, daß wir ihn als den unsrigen ansehen können; die andere hingegen macht an uns die Forderung, daß wir uns zu dem Fremden hinüber begeben und uns in seine Zustände, seinen Styl, seine Eigenheiten finden sollen" (*Rede zu Wielands Andenken*, 18. 2. 1813; FA I, 17, S. 438).

18 Vgl. Antonella Nicoletti: *Übersetzung als Auslegung in Goethes „West-östlichem Divan" im Kontext frühromantischer Übersetzungstheorien und Hermeneutik.* Tübingen, Basel 2002; bes. S. 105 bis 137.

daß es als Fremdes möglichst nicht mehr zu erkennen ist,[19] läßt sich das dritte Verfahren dadurch kennzeichnen, daß es die grundsätzlich allem Übersetzen eigene Hybridität als solche sichtbar hält, statt sie zu verschleiern.[20] Solches Übersetzen verhält sich damit umgekehrt analog zu dem Reisenden, den wir als den „Verfasser vorstehender Gedichte" kennengelernt haben und der sich zwar „der fremden Landesart mit Neigung bequemt" und ihren „Sprachgebrauch", ihre „Gesinnungen" und „Sitten aufzunehmen" trachtet, aber doch, so heißt es in der *Einleitung* weiter, „immer noch an einem eignen Accent, an einer unbezwinglichen Unbiegsamkeit seiner Landsmannschaft als Fremdling kenntlich bleibt" (*West-östlicher Divan*; FA I, 3.1, S. 138 f.). Solche Übersetzung holt das fremde Werk zwar in die eigene Sprache herüber, aber so, daß sie, um noch einmal Schleiermacher zu zitieren, „ahnden läßt, daß sie nicht ganz frei gewachsen, vielmehr zu einer fremden Aehnlichkeit hinübergebogen sey"[21]. Deutlich wird, daß die verschiedenen Übersetzungsverfahren grundsätzlich unterschiedliche Haltungen gegenüber dem Fremden implizieren, ja, mit Klaus Reichert läßt sich sagen: Hinter den „entgegengesetzten Forderungen ans Übersetzen verbirgt sich [...] eine Kulturtheorie, eine heimliche Theorie über den Umgang mit dem Fremden".[22]

Zu fragen wäre nun, wie sich Goethes Vorstellung von ‚Weltliteratur' zu diesen Übersetzungen der dritten Art verhält und welche Art des Übersetzens für Goethes eigenen Umgang mit dem Fremden im *West-östlichen Divan* charakteristisch ist. Während Bernd Witte in einem Aufsatz aus dem Jahre 2001 konstatiert: „Es ist evident, daß Goethe mit diesen Übersetzungen der dritten Art auch auf seine eigenen Bemühungen um den Divan des persischen Dichters Hafis zielt",[23] kommen andere Untersuchungen zum *West-östlichen Divan* zu dem Ergebnis, daß für Goethe die Forderung, „das Fremde in seinem Fremdsein zu belassen", „historisch außerhalb seiner Möglichkeiten lag"[24] und daß Edward Saids Beschreibung der westlichen Beschäftigung mit dem Orient als „Orientalism" – einer Sichtweise auf den Orient, die eigene Vorurteile projiziert, statt das Andere als solches wahrzunehmen –

---

19 Als weitgehend unangefochtenes Ideal der literarischen Übersetzung gilt bis heute, so zu übersetzen, daß sich der übersetzte Text liest ‚wie ein Original'. Vgl. u. a. Jiří Levý: *Die literarische Übersetzung. Theorie einer Kunstgattung.* Ins Deutsche übertragen von Walter Schamschula. Frankfurt a. M., Bonn 1969.

20 Zur ‚hybriden' Übersetzung vgl. Anne Bohnenkamp: *„Hybrid" statt „verfremdend". Überlegungen zu einem Topos der Übersetzungstheorie.* In: *Linguistik in der Übersetzungswissenschaft.* Hrsg. von Peter Colliander, Doris Hansen u. Ingeborg Zint-Dyhr. Tübingen 2004, S. 9–26.

21 Schleiermacher (Anm. 17), S. 81.

22 Klaus Reichert: *Zur Übersetzbarkeit von Kulturen – Appropriation, Assimilation oder ein Drittes?* In: *„Zwischen den Kulturen". Theorie und Praxis des interkulturellen Dialogs.* Hrsg. von Carola Hilfrich-Kunjappu u. Stephane Mosès. Tübingen 1997, S. 35.

23 Bernd Witte: *„Hegire". Transkulturelle Übersetzung in Goethes „West-oestlichem Divan".* In: Dagmar Ottmann/Markus Symmank (Hrsg.): *Poesie als Auftrag.* Festschrift für Alexander von Bormann. Würzburg 2001, S. 83–92; hier S. 84.

24 Vgl. Stefan Blessin: *Goethes „Westöstlicher Divan" und die Entstehung der Weltliteratur.* In: *Westöstlicher und nordsüdlicher Divan. Goethe in interkultureller Perspektive.* Hrsg. von Ortrud Gutjahr. Paderborn u. a. 2000, S. 59–71, der bei Goethe ein Verfahren der ‚produktiven Anverwandlung' erkennt, das im Rahmen heute geforderter „Interkulturalität" nicht mehr am Platze sei: „Goethe in interkultureller Perspektive gibt es strenggenommen nicht" (ebd., S. 69 u. 70).

mit gewissen Einschränkungen auch Goethes *West-östlichen Divan* trifft, dessen Umgang mit dem Orient als Anverwandlung und Einbürgerung beschrieben wird.[25]

Untersucht man nun die konkreten im *West-östlichen Divan* nachweisbaren Übersetzungsstrategien, bleibt das Resultat zunächst widersprüchlich. Zuerst wäre festzuhalten, daß Übersetzungen für den *West-östlichen Divan* schon als Voraussetzung seiner Entstehung eine große Rolle spielen – wie Goethe in den *Noten und Abhandlungen* deutlich gemacht hat und wie wir auch aus der Entstehungsgeschichte des *West-östlichen Divans* wissen, die mit der Lektüre der soeben erschienenen ersten vollständigen Übersetzung der Gedichtsammlung (pers. dīwān) des großen persischen Dichters Hafis in einer Kutsche beginnt[26]. Unter den Gedichten des Goetheschen *Divans* selbst gibt es jedoch nur ganz wenige, die als Übersetzungen gelten können. Zwar lassen sich für zahlreiche Gedichte überwiegend orientalische Quellen nachweisen; um Übersetzungen in einem engeren Sinne handelt es sich jedoch nur selten. Die einzige umfangreiche Übersetzung der Sammlung ist das Gedicht *Der Winter und Timur* aus dem *Buch Timur.* Wie bei den freieren Bearbeitungen handelt es sich auch hier um eine Übertragung ‚aus zweiter Hand'. Das arabische Gedicht, das Goethes *Der Winter und Timur* zugrunde liegt, hat Goethe aus einer lateinischen Fassung weiterübersetzt[27], anderes übernimmt er aus dem Französischen seiner orientalistischen Quellen wie z. B. den *Fundgruben des Orients*[28], oder auch aus dem Deutschen der Hafis-Übertragung Joseph von Hammers.[29] Dabei werden ganz verschiedene Verfahren des Übertragens eingesetzt – die Skala reicht von der seltenen wörtlichen Übernahme über die freie Bearbeitung bis zur produktiven Weiterverwendung einzelner Verse oder Motive.

So sind auch die von Witte herangezogenen Beispiele *Selige Sehnsucht* und *Der Winter und Timur* ausgehend von Goethes Typologie unterschiedlich einzuordnen: Während es sich bei dem letzteren tatsächlich um eine weitgehend wörtliche Übersetzung aus dem Lateinischen handelt, läßt sich das erste nur in einem sehr weiten Sinn überhaupt als Übersetzung

---

25 So bei Mirjam Weber (Anm. 5), S. 13–28. Vgl. aber Hendrik Birus (*Goethes imaginativer Orientalismus.* In: Jb. des Freien Deutschen Hochstifts 1992, S. 107–128), der ausgehend von Saids Untersuchung ein differenzierteres Bild von Goethes „spielerisch-reflektiertem Umgang mit seiner eigenen, zwischen Exteriorität und Empathie oszillierenden, west-östlichen Position gegenüber der Welt und Dichtung des Orients" zeichnet (ebd., S. 128) und Goethes Verhältnis zum Orient als Exempel beschreibt „für die von Said eingeräumte Möglichkeit, daß ein unabhängigerer oder skeptischerer Denker andere Ansichten der Sache [des Orients] haben konnte" (ebd., S. 127 f.).

26 Joseph von Hammer: *Der Diwan von Mohammed Schemsed-din Hafis. Aus dem Persischen zum erstenmal ganz übersetzt.* Stuttgart, Tübingen 1812 [tatsächlich beide Bde. erst 1814], 2 Bde.

27 Zugrundeliegende Quelle ist die in arabischer Reimprosa abgefaßte Timur-Biographie des Ibn ʿArabšāh. Auszüge daraus kannte Goethe aus William Jones' *Poeseos Asiaticae Commentariorum.* Bei dem Gedicht *Der Winter und Timur* handelt es sich um eine fast wortgetreue Übertragung eines Abschnitts der lateinischen Prosavorlage in reimlose vierhebige Trochäen. Vgl. FA I, 3.2, S. 1163–1165, sowie Peter Michelsen: *Goethes Gedicht „Der Winter und Timur" und seine Vorlage.* In: *Formen innerliterarischer Rezeption.* Hrsg. von Wilfried Floeck, Dieter Steland, Horst Turk. Wiesbaden 1987, S. 445–458.

28 *Fundgruben des Orients*, bearbeitet durch eine Gesellschaft von Liebhabern, 6 Bde., Wien 1809 bis 1818.

29 So z. B. die beiden berühmten Gedichte *Erschaffen und Beleben* und *Selige Sehnsucht* (Vgl. FA I, 3.1, S. 18 u. 24 f. mit Kommentar) und auch das Motto zum *Buch Hafis*, das Hammers Übersetzung der Schlußverse von Hafis' Ghasel Dal 109 in überarbeiteter Form aufnimmt.

charakterisieren. So handelt es sich bei allen fünf Gedichten, die sich im Stadium des Wiesbadener Registers schon im Titel ausdrücklich auf Ghaselen von Hafis beziehen, durchaus nicht um Übersetzungen ‚der dritten Art', bei denen sich der Übersetzer „fest an sein Original anschließt" (FA I, 3, S. 281), sondern um freie Weiterdichtungen Hammerscher Hafis-Übertragungen, bei denen auch eine Einordnung als ‚parodistische' Übersetzungen schwerfiele: häufig verbindet Goethes Gedicht mit dem Prätext nicht mehr als ein motivischer Anklang.

Trotzdem meine ich, daß Bernd Witte recht hat, wenn er konstatiert, daß Goethe mit den ‚Übersetzungen der dritten Art' auch auf seinen eigenen *West-östlichen Divan* zielt. Freilich nicht das einzelne übersetzte Gedicht in seinem Verhältnis zum jeweiligen Original, sondern die Gedichtsammlung als Ganzes trägt „die Zeichen ihrer Herkunft aus dem Fremden an sich"[30]. Das gilt nicht nur in bezug auf ihre vielfältigen orientalischen Prätexte bzw. auf die östliche Kultur. Wie die das Fremde signalisierenden Elemente aus *Hegire* (die Wendung „Chisers Quell" etwa oder der Ausdruck „Huris"; FA I, 3.1, S. 12f.) beziehen sich die meisten solcher Signale im *West-östlichen Divan* weniger auf bestimmte Ghaselen bei Hafis als auf fremdkulturellen Text im weiteren Sinn. Das gilt auch für den Einsatz fremdsprachlicher Elemente aus dem westlichen europäischen Kontext. Witte verweist überzeugend auf ungewöhnlich ‚anglisierte' Wortformen wie Schawl, Kriegesthunder, bewhelmen (FA I, 3.1, S. 12, 19 u. 86) und auf die französische Vokabel *Hegire* als Titel des prominenten Eröffnungsgedichts,[31] die hier ganz wie die Übersetzungen der ‚dritten Art' als Zeichen dafür stehen, „daß Kultur niemals monolingual ist, sondern aus vielen Wurzeln erwächst"[32] oder, so formuliert es der russische Kulturphilosoph Michail Bachtin, „daß jede Einsprachigkeit im Grunde relativ ist. Die eigene einzige Sprache ist ja nicht allein: in ihr gibt es stets Überreste und Möglichkeiten der Anderssprachigkeit"[33].

Im Kontext seiner Überlegungen zur ‚Weltliteratur' betont Goethe, daß ein wesentlicher Gewinn von Übersetzungen nicht die Bereicherung der Zielkultur um ihr bis dahin unbekannte literarische Schätze sei, sondern daß ein wesentlicher Gewinn für die Ausgangskultur

---

30 Witte (Anm. 23), S. 89.

31 Vgl. auch Wittes einleuchtende Beobachtungen zu Goethes Verfahren einer „Bedeutungserweiterung der eigenen Sprache durch Übersetzung", die er am Beispiel der Herkunft des Goetheschen Neologismus „stängeln" aus dem Französischen erläutert (*Sommernacht*; FA I, 3.1, S. 112).

32 Witte (Anm. 23), S. 91.

33 Michail Bachtin: *Aus der Vorgeschichte des Romanwortes.* In: *Die Ästhetik des Wortes.* Hrsg. von Rainer Grübel. Aus dem Russischen übersetzt von Rainer Grübel u. Sabine Reese. Frankfurt a. M. 1979, S. 301–337; hier S. 323. Ein Übersetzungsverfahren, das die nicht mehr wahrgenommene natürliche Hybridität von Sprache (und Kultur!), eben die „Überreste und Möglichkeiten der Anderssprachigkeit" auf vielfältige Weise an die Oberfläche kehrt, verwandelt die Sprache – mit den Worten Bachtins – „vom absoluten Dogma, das sie im Rahmen von Abgeschlossenheit und tauber Einsprachigkeit bildet, in eine Arbeitshypothese des Begreifens und Ausdrückens der Realität. [Ja, ...] die wechselseitige Erhellung mit einer anderen Sprache beleuchtet und objektiviert im Prozeß des literarischen Schaffens gerade die ‚*weltanschauliche*' Seite der eigenen (und der fremden) Sprache, ihre innere Form, das ihr eigene System der Bewertung und Akzentuierung" (ebd., S. 318f.). Und mit dieser „aktiven wechselseitigen Erhellung der Sprachen und Kulturen" tritt an die Stelle „der einheitlichen und einzigen, abgeschlossenen, ptolemäischen sprachlichen Welt [...] die offene galileische Welt der vielen, sich gegenseitig beleuchtenden Sprachen" (ebd., S. 322).

darin liegen kann, das Eigene in fremder Gestalt wiederzusehen. Die Erfahrung, daß die fremde Perspektive – die Spiegelung des Eigenen im Fremden in Gestalt von Übersetzungen oder auch von Besprechungen oder Gesprächen – zu veränderter Wahrnehmung und Klärung des Eigenen verhelfen kann, ist ein zentraler Gedanke der Goetheschen Überlegungen zur ‚Weltliteratur'.[34] Solchen ‚Verfremdungseffekt' bestimmt er dann auch ganz analog an anderer Stelle als den „eigentlichste[n] Gewinn der Reisen": „Das Bekannte wird neu durch unerwartete Bezüge, und erregt, mit neuen Gegenständen verknüpft, Aufmerksamkeit, Nachdenken und Urteil" (FA I, 24, S. 746 f.).

Diese „ins Ganze greifende Bemerkung" (ebd., S. 746) stammt bemerkenswerterweise nicht aus einem der bekannten Reiseberichte Goethes, sondern aus der *Geschichte seiner botanischen Studien* – und es lohnt sich ein Blick auf diesen Kontext. Es geht hier um morphologische Studien, genauer um die *Metamorphose der Pflanzen*, und Goethe schildert seine Reiseerfahrungen in diesem Zusammenhang als Voraussetzung und Auslöser für seine Entdeckung der ‚Urpflanze'.[35] Er berichtet von seiner Beobachtung,

> daß alles was uns von Jugend auf umgab, jedoch nur oberflächlich bekannt war und blieb, stets etwas Gemeines und Triviales für uns behält, das wir als gleichgültig neben uns bestehend ansehen, worüber zu denken wir gewissermaßen unfähig werden. Dagegen finden wir, daß neue Gegenstände in auffallender Mannigfaltigkeit, indem sie den Geist erregen, uns erfahren lassen daß wir eines reinen Enthusiasmus fähig sind; sie deuten auf ein Höheres, welches zu erlangen uns wohl gegönnt sein dürfte. (FA I, 24, S. 746)

---

34 Daß für Goethe dieser Effekt von Übersetzungen im Mittelpunkt seiner ‚Weltliteratur'-Idee steht, wird sehr plastisch z. B. in einem weiteren Schreiben an Thomas Carlyle, dem er über eine Übersetzung des Schillerschen *Wallenstein* – eine Übersetzung nicht von Carlyle selbst, sondern von dessen Landsmann George Moir – im Juni 1828 folgendes schrieb: „Die Übersetzung des Wallensteins hat auf mich einen ganz eignen Eindruck gemacht, da ich die ganze Zeit, als Schiller daran arbeitete, ihm nicht von der Seite kam, zuletzt, mit dem Stück völlig bekannt, solches vereint mit ihm auf das Theater brachte, allen Proben beywohnte und dadurch mehr Qual und Pein erlebte als billig, die nachfolgenden Vorstellungen nicht versäumen durfte, um die schwierige Darstellung immer höher zu steigern; so läßt sich's denken, daß dieses herrliche Stück mir zuletzt trivial, ja widerlich werden mußte; auch hab ich es in zwanzig Jahren nicht gesehen und nicht gelesen. Nun aber da ich es unerwartet in Shakespeare's Sprache wieder gewahr werde, so tritt es auf einmal wie ein frisch gefirnißtes Bild in allen seinen Theilen wieder vor mich, und ich ergötze mich daran wie vor Alters und noch dazu auf eine ganz eigene Weise. Sagen Sie das dem Übersetzer [...]. Hier aber tritt eine neue, vielleicht kaum empfundene, vielleicht nie ausgesprochene Bemerkung hervor: daß der Übersetzer nicht nur für seine Nation allein arbeitet, sondern auch für die aus deren Sprache er das Werk herüber genommen. Denn der Fall kommt öfter vor als man denkt, daß eine Nation Saft und Kraft aus einem Werke aussaugt und in ihr eigenes inneres Leben dergestalt aufnimmt, daß sie daran keine weitere Freude haben, sich daraus keine Nahrung weiter zueignen kann. Vorzüglich begegnet dieß den Deutschen, die gar zu schnell alles was ihnen geboten wird verarbeiten und, indem sie es durch mancherlei Wiederholungen umgestalten, es gewissermaßen vernichten. Deshalb denn sehr heilsam ist, wenn ihnen das Eigne durch eine wohlgerathene Übersetzung späterhin wieder als frisch belebt erscheint" (Goethe an Carlyle, 15. 6. 1828 [ähnlich in einer Besprechung, die Goethe in *Ueber Kunst und Alterthum* veröffentlichte]; WA IV, 44, S. 139 f.).

35 *Der Verfasser teilt die Geschichte seiner botanischen Studien mit.* Nachtrag zum *Versuch die Metamorphose der Pflanzen zu erklären.* In: *Deutsch-französische Ausgabe des Versuchs über die Metamorphose der Pflanzen*; FA I, 24, S. 732–752.

Es folgt die oben schon zitierte Passage: „Dies ist der eigentlichste Gewinn der Reisen, und jeder hat nach seiner Art und Weise genugsamen Vorteil davon. Das Bekannte wird neu durch unerwartete Bezüge, und erregt, mit neuen Gegenständen verknüpft, Aufmerksamkeit, Nachdenken und Urteil" (ebd., S. 746 f.). Und er fährt fort:

> In diesem Sinne ward meine Richtung gegen die Natur, besonders gegen die Pflanzenwelt, bei einem schnellen Übergang über die Alpen lebhaft angeregt [...]. Ich ging allen Gestalten, wie sie mir vorkamen, in ihren Veränderungen nach, und so leuchtete mir am letzten Ziel meiner Reise, in Sizilien, die *ursprüngliche Identität* aller Pflanzenteile vollkommen ein, und ich suchte diese nunmehr überall zu verfolgen und wieder gewahr zu werden. (FA I, 24, S. 747 f.)

Von dieser im botanischen Garten von Palermo erfahrenen „Erleuchtung über botanische Gegenstände" (FA I, 15.1, S. 239) hat Goethe auch in der *Italienischen Reise* berichtet: „Im Angesicht so vielerlei neuen und erneuten Gebildes fiel mir die alte Grille wieder ein: ob ich nicht unter dieser Schar die Urpflanze entdecken könnte?" (ebd., S. 286).[36]

Wie der Blick auf die fremden Pflanzen als Katalysator wirkte für die Erkenntnis der „sinnlichen Form einer übersinnlichen Urpflanze" (FA I, 24, S. 748) als einem aller Pflanzenbildung zugrundeliegenden Gesetz, so zielt der *West-östliche Divan* als ‚poetische Orientreise' – und als ‚Weltliteratur' *avant la lettre* – auf das entsprechende poetische ‚Urphänomen'. Den Begriff ‚Urpoesie' hat Goethe dabei nirgends gebraucht, in direktem Kontext der ersten öffentlichen Verwendung des ‚Weltliteratur'-Begriffs ist dagegen von „Weltpoesie" die Rede. In einer Besprechung neuer deutscher Übersetzungen serbischer Volkspoesien, die von Goethe mit Gedichten des zeitgenössischen französischen Dichters Pierre Jean de Béranger verglichen werden, heißt es:

> Auffallend mußte hiebey seyn daß ein halbrohes Volk mit dem durchgeübtesten gerade auf der Stufe der leichtfertigsten Lyrik zusammentrifft, wodurch wir uns abermals überzeugen daß es eine allgemeine Weltpoesie gebe und sich nach Umständen hervorthue; weder Gehalt noch Form braucht überliefert zu werden, überall wo die Sonne hinscheint ist ihre Entwicklung gewiß. (*Ueber Kunst und Alterthum VI 1*; FA I, 22, S. 386 f.)

Im Gegensatz zu dem Phänomen aktueller internationaler Kommunikation, das Goethe als ‚Weltliteratur' bezeichnet, bezeichnet ‚Weltpoesie' – in deutlicher Analogie zur ‚Urpflanze' – die „Eine Dichtung, die ächte" (*Ueber Kunst und Alterthum V 3*; FA I, 22, S. 287), die „ein Gemeingut der Menschheit ist" und „überall und zu allen Zeiten in hunderten und aber hunderten von Menschen hervortritt" (zu Eckermann, 31. 1. 1827; FA II, 12, S. 224).[37]

---

36 „Eine solche muß es denn doch geben! Woran würde ich sonst erkennen, daß dieses oder jenes Gebilde eine Pflanze sei, wenn sie nicht alle nach einem Muster gebildet wären" (*Italienische Reise*, Palermo, 17. 4. 1787; FA I, 15.1, S. 286).

37 Der von Goethe nicht eindeutig bestimmte Begriff ‚Weltliteratur' meint bei ihm vorwiegend den V o r g a n g – des Reisens, der Übersetzung –, nicht das R e s u l t a t solcher Tätigkeiten. Ziel wäre also nicht Weltliteratur (etwa im Sinne eines Kanons), sondern die Erkenntnis von ‚Urpoesie' – nicht als Selbstzweck, sondern als Ermöglichungsgrund eines Verstehens des Fremden.

Die Überzeugung, daß „Poesie eine allgemeine Welt- und Völkergabe sei", die Goethe nach seinem Bericht in *Dichtung und Wahrheit* in Straßburg von Herder übernommen hatte,[38] bildet die Basis seiner Idee einer ‚Weltliteratur' und die Voraussetzung für Goethes hermeneutische Konzeption des ‚Fremdverstehens', wie sie dem *West-östlichen Divan* und der ‚Übersetzung der dritten Art' zugrunde liegt.[39] Im Fall der Poesie hat Goethe freilich nicht geglaubt, eine der ‚Urpflanze' vergleichbare sinnliche Konkretisierung der allgemeinen Idee in e i n e m symbolischen Phänomen gefunden zu haben. Als paradigmatische Zeugen für das universale Phänomen ‚Weltpoesie' aber verweist er in der einschlägigen Passage aus *Dichtung und Wahrheit* auf ganz konkrete Beispiele: neben der „Volkspoesie, deren Überlieferungen im Elsaß aufzusuchen er [Herder] uns antrieb", nennt er die „hebräische Dichtkunst" (FA I, 14, S. 454). Auf die Bibel als „der ältesten Sammlung" orientalischer Poesie kommt Goethe keineswegs zufällig auch ganz zu Beginn der *Noten und Abhandlungen* des *West-östlichen Divans* zu sprechen und gedenkt hier ausdrücklich eben „jener Zeit wo *Herder* und *Eichhorn* uns hierüber persönlich aufklärten [als] [...] eines hohen Genusses, dem reinen orientalischen Sonnenaufgang zu vergleichen" (FA I, 3.1, S. 140). Zwei Bücher des Alten Testaments greift Goethe im folgenden heraus: Neben dem *Buch Ruth* als Inbegriff einer epischen Idylle kommt er auf das „hohe Lied" zu sprechen „als dem zartesten und unnachahmlichsten was uns von Ausdruck leidenschaftlicher, anmuthiger Liebe zugekommen" (ebd.). Eben dieses Beispiel hebräischer Dichtkunst hatte Goethe wenige Jahre nach der Straßburger Begegnung mit Herder selbst übersetzt. Die als Handschrift erhaltene Übertragung zeigt Goethes Bemühen um eine philologisch treue Übersetzung und gleichzeitig das Bestreben, den Text sich anzueignen, ein deutsches Gedicht eigenen Rechts daraus zu gewinnen.[40] Viel später nennt er diese biblische Poesie dann in einem der ‚Weltpoesie' gewidmeten Gedicht aus dem ‚Weltliteraturheft' seiner Zeitschrift *Ueber Kunst und Alterthum.* Hier steht „der Winzerin Lied" in einer Reihe mit den Psalmen Davids, den Ghaselen des Hafis und den Liedern südamerikanischer Ureinwohner.[41]

Auf dieses Beispiel „Naive[r] Dichtkunst" (FA I, 3.1, S. 140) kommt Goethe nicht nur im Prosateil des *West-östlichen Divans* zurück. Das *Hohe Lied* hat auch in den Gedichten des *West-östlichen Divans* seine Spuren hinterlassen. Auf ganz andere Art als die philologisch-wörtliche Übersetzung des jungen Goethe läßt sich das *Buch Suleika* auffassen als produktive Aufnahme und Spiegelung dieser „herrlichste[n] Sammlung Liebeslieder, die Gott

38 „Die hebräische Dichtkunst, welche er [Herder] nach seinem Vorgänger *Lowth* geistreich behandelte, die Volkspoesie, deren Überlieferungen im Elsaß aufzusuchen er uns antrieb, die ältesten Urkunden als Poesie, gaben das Zeugnis, daß die Dichtkunst überhaupt eine Welt- und Völkergabe sei, nicht ein Privaterbteil einiger feinen, gebildeten Männer" (*Dichtung und Wahrheit*; FA I, 14, S. 445).

39 Vgl. Manfred Koch: *Weimaraner Weltbewohner. Zur Genese von Goethes Begriff „Weltliteratur".* Tübingen 2002, S. 266 (Fußnote 85): „Das ‚allgemein Menschliche' ist auch für Goethe weniger die substantielle Gleichheit der Lebensformen als ihre wechselseitige Verstehbarkeit in der Differenz (die allerdings basiert auf einem Kernbestand an Universalien)".

40 Vgl. FA I, 12, S. 364–370 u. Kommentar.

41 „Wie David königlich zur Harfe sang, / Der Winzerin Lied am Throne lieblich klang, / Des Persers Bulbul Rosenbusch umbangt, / Und Schlangenhaut als Wildengürtel prangt, / Von Pol zu Pol Gesänge sich erneun – / Ein Sphärentanz harmonisch im Getümmel – / Lasst alle Völker unter gleichem Himmel / Sich gleicher Gabe wohlgemuth erfreun!" (FA I, 22, S. 390).

erschaffen hat" (an Johann Heinrich Merck, 11.10.1775; WA IV, 2, S. 299). Wörtliche Anklänge an den Text des *Hohen Liedes* lassen sich hier kaum finden, allenfalls im Gedicht *Vollmondnacht* könnte man solche vermuten. Der Refrain „Ich will küssen! Küssen sagt' ich" und die Formulierung „Lieblicher als Weines Lippen" erinnern durchaus an den Eingang des seit Luther im Deutschen als *Hohes Lied* vertrauten ‚Liedes der Lieder': „Er küsse mich / Mit seines Mundes Küssen: / Denn deine Lieb' ist lieblicher, denn Wein", lauten die beiden ersten Verse in der 1778 erschienenen Übertragung Herders.[42] Das Verhältnis des *Buches Suleika* zum *Hohen Lied Salomos* ist jedoch nicht das einer Übersetzung oder Weiterdichtung, es handelt sich aber auch nicht lediglich um die Aufnahme einzelner Motive, sondern es geht um die Aufnahme und produktive Anwendung eines bestimmten Modells von Liebesdichtung, wie es im *Hohen Lied* paradigmatisch realisiert ist. Ganz deutlich nämlich sind eine Reihe von strukturellen Analogien: Wie das *Lied der Lieder* bietet das *Buch Suleika* eine Sammlung von Einzelgedichten, in denen sich ein vom Sich-Finden, Sich-Verlieren und Wiederfinden der Liebenden geprägtes „Duodrama" zwischen den Protagonisten abspielt,[43] das in beiden Fällen die Rezipienten wiederholt zum Versuch einer Rekonstruktion des ‚ursprünglichen' Handlungszusammenhangs motiviert hat. Die entscheidende Gemeinsamkeit aber ist die grundlegend dialogische Struktur beider Gedichtsammlungen. Es verbindet sie die in der Geschichte der Liebesdichtung keineswegs häufig anzutreffende Tatsache, daß beide Stimmen zu hören sind; im *Hohen Lied* wie im *Buch Suleika* sind die Liebenden einander ebenbürtige Partner, die als gleichberechtigte Sprecher einen Dialog führen.[44] Daß in beiden Dichtungen als dritte Sprecherinstanz zusätzlich eine Gruppe junger Frauen auftritt – die „Töchter Jerusalems" im *Hohen Lied* und die „Mädchen" im *Buch Suleika* –, verstärkt die strukturelle Analogie.[45]

Darüber hinaus aber sind die Lieder Salomos und diejenigen des *West-östlichen Divans* vor allem durch die Vermittlung einer Liebeserfahrung verbunden, die von konkreter zwischen-

42 Johann Gottfried Herder: *Lieder der Liebe. Die ältesten und schönsten aus Morgenlande.* In: ders.: *Volkslieder, Übertragungen, Dichtungen.* Hrsg. von Ulrich Gaier (Bd. 3 der Werk-Ausgabe des Deutschen Klassiker Verlags), Frankfurt a.M. 1990, S. 431–521; hier S. 434. In der Übersetzung Goethes lauten die Verse: „Küß er mich den Kuß seines Mundes! Trefflicher ist deine Liebe denn Wein" (FA I, 12, S. 364).

43 Das ‚Lied der Lieder' hat im Laufe seiner reichen Rezeptionsgeschichte immer wieder zur Rekonstruktion in dramatischer Form herausgefordert; auch die von Goethe 1820 wohlwollend besprochene Übertragung Friedrich Wilhelm Karl Umbreits (vgl. FA I, 20, S. 654) gehört zu den zahlreichen Bearbeitungen, die aus der Liedersammlung ein dramatisches Geschehen gestalten. Für das *Buch Suleika* unternahm Hermann August Korff den Versuch, die „Liebesgedichte des West-östlichen Divans in zeitlicher Folge" zu edieren und so den „Zusammenhang des poetischen Romans", den Goethes Anordnung absichtlich verschleiere, wieder sichtbar zu machen (Leipzig, Stuttgart, Zürich 1947).

44 Daß die Geliebte „persönlich als Dichterinn auftritt", nennt Goethe selbst als charakteristisches Merkmal des *Buchs Suleika* (in der Ankündigung des *Divans* im *Morgenblatt für gebildete Stände*; FA I, 3.1, S. 550), das den Dialog zwischen Suleika und Hatem enthält. Daß einige der schönsten hier versammelten Gedichte tatsächlich Gedichte Marianne von Willemers sind, blieb lange unbekannt. Der Sprecherwechsel ist ein charakteristisches Merkmal auch des *Hohen Liedes*, Lieder der weiblichen Liebenden wechseln sich hier ab mit solchen aus männlicher Perspektive.

45 Die „Töchter Jerusalems" werden im *Hohen Lied* wiederholt angesprochen; sie sprechen selber in V,9–16 sowie VI,1–2. Im *Buch Suleika* vgl. das Zwiegespräch zwischen „Hatem" und den „Mädchen" (FA I, 3.1, S. 85–87).

menschlicher und sinnlich-körperlicher Liebe ins Geistige, Symbolisch-Transzendente weist: „der Schleier irdischer Liebe scheint höhere Verhältnisse zu verhüllen"[46]. Diese Charakterisierung des *Buchs Suleika* aus Goethes Ankündigung des *West-östlichen Divans* im *Morgenblatt für gebildete Stände* läßt sich ohne weiteres auch für das *Hohe Lied* in Anspruch nehmen, das in der abendländischen Tradition wohl als Inbegriff aller zwischen sinnlich-erotischer und geistig-symbolischer Liebesauffassung vermittelnden Dichtung gelten kann.

Haben wir uns von unserem Thema jetzt zu weit entfernt? Was hat das alles noch mit dem *West-östlichen Divan* als Reise, mit dem *West-östlichen Divan* als ‚Weltliteratur' zu tun?

Nun, die vorgestellte produktive Wiederaufnahme des *Hohen Liedes* im *Buch Suleika* scheint mir ein Beispiel für das den *West-östlichen Divan* wie das Konzept ‚Weltliteratur' prägende Verfahren der ‚wiederholten Spiegelungen' zu bieten, ein Verfahren, das in Analogie zu Goethes Erfahrungen mit der ‚Urpflanze' das Allgemeine und Gesetzmäßige gerade in der Wahrnehmung der Vielfalt und im Austausch mit dem Fremden erkennbar werden läßt. Dieses Verfahren ließe sich für den *West-östlichen Divan* selbstverständlich in erster Linie auch im Umgang mit der persischen Dichtung zeigen. Erkennbar wird ‚das Allgemeine' allerdings hier nicht in dem Sinne, daß es sich festhalten und bestimmen ließe, eine Definition oder Demonstration von ‚Urpoesie' also möglich wäre. Denn für solche müßte wohl gelten, was Goethe nach dem Bericht Eckermanns über „das Schöne" gesagt hat: Es „ist ein Urphänomen, das zwar nie selber zur Erscheinung kommt, dessen Abglanz aber in tausend verschiedenen Äußerungen des schaffenden Geistes sichtbar wird, und so mannigfaltig und so verschiedenartig ist, als die Natur selber" (18.4.1827; FA II, 12, S. 598).

Goethes Überlegungen zur Weltliteratur lassen erkennen, daß es ihm nicht darum geht, die Besonderheiten der jeweils unterschiedlichen Sprachen, Länder und Kulturen im Interesse eines ‚Allgemein-Menschlichen' zu überwinden. Gerade umgekehrt bildet die Annahme eines solchen Allgemeinen aber die Voraussetzung für die Möglichkeit jedes Fremdverstehens – ohne daß der mit dem Austausch in Gang gesetzte Spiegelungsprozeß, der in „jedem Besondern [...] durch Nationalität und Persönlichkeit hin jenes Allgemeine immer mehr durchleuchten und durchscheinen"[47] lasse, zum Stillstand eines endgültigen Ergebnisses gebracht werden könnte. ‚Weltliteratur' bezeichnet im Sinne Goethes gerade nicht das zukünftige Resultat eines Vorgangs, das als ein Allgemeines an die Stelle der Besonderheiten träte, sondern den das Besondere im Hinblick auf das ‚allgemein Menschliche' reflektierenden Spiegelungs p r o z e ß selbst. Das postulierte ‚Allgemein-Menschliche' übernimmt für diesen Vorgang die Funktion einer ‚regulativen Idee', die sich aus den miteinander in Kontakt kommenden verschiedenen besonderen Standpunkten immer wieder neu verhandeln lassen muß.

Mit solchen Überlegungen scheint mir Goethe ‚in interkultureller Perspektive' durchaus bis heute aktuell.

---

46 *Morgenblatt für gebildete Stände.* In: *West-östlicher Divan*; FA I, 3.1, S. 550.

47 *German Romance.* In: *Ueber Kunst und Alterthum VI 2*; FA I, 22, S. 433.

HENDRIK BIRUS

Goethes Reisen in die Rhein- und Main-Gegenden

I.

Seine Reisen an Rhein, Main und Neckar in den Jahren 1814 und 1815 waren die letzten, über die Goethe der literarischen Öffentlichkeit berichtet hat – und dies in so kurzem Abstand vom Geschehen wie nie zuvor, nämlich noch vor dem ersten Band der *Italienischen Reise* (Oktober 1816)[1] und allen übrigen großen Reiseberichten Goethes, die sich auf Jahrzehnte zurückliegende Ereignisse bezogen. Denn nach der ausführlichen Anzeige im *Morgenblatt für gebildete Stände* vom 9. bis 12. März 1816 (FA I, 20, S. 581–592) erschien dieser Bericht bereits Anfang Juni 1816 unter dem Titel *Ueber Kunst und Alterthum in den Rhein und Mayn Gegenden. Von Goethe. Erstes Heft;*[2] in den beiden nächsten Heften 1817 gefolgt von Ergänzungen zu einzelnen Städten (185–190), vom *Sanct Rochus-Fest zu Bingen. Am 16. August 1814* (130–158) und vom „Supplement des Rochus-Festes" *Im Rheingau Herbsttage* (199–211).

Über ihren Lebens- und Werkkontext heißt es rückblickend in den *Tag- und Jahres-Heften* zu 1814:

> Indessen war die neue Ausgabe meiner Werke vorbereitet; der biographische dritte Band gelangte zu Jubilate ins Publicum. Die italiänische Reise rückte vor, der *westöstliche Divan* ward gegründet; die Reise nach den Rhein-, Mayn- und Neckargegenden gewährte eine große Ausbeute und reichlichen Stoff an Persönlichkeiten, Localitäten, Kunstwerken und Kunstresten.
>
> In Heidelberg bey Boisserees, Studium der Niederländischen Schule in Gefolg ihrer Sammlung. Studium des Cölner Doms und anderer alten Baulichkeiten nach Rissen und Plänen. Letzteres fortgesetzt in Darmstadt bey *Moller.* Alte Oberdeutsche Schule in Frankfurt bey *Schütz.* Von dieser Ausbeute und reichlichem Stoff an Menschenkenntniß, Gegenden, Kunstwerken und Kunstresten mitgetheilt in der Zeitschrift *Rhein und Mayn.* (FA I, 17, S. 258 f.)

Im Nachlaßband 3 der ‚Ausgabe letzter Hand' sind jene Texte aus *Ueber Kunst und Alterthum* schließlich von Eckermann und Riemer unter dem Titel *Aus einer Reise am Rhein, Main und Neckar in den Jahren 1814 und 1815*[3] zusammengefaßt worden.

---

[1] Vgl. hierzu Hendrik Birus: *Goethes „Italienische Reise" als Einspruch gegen die Romantik.* In: *Europäische Begegnungen – Die Faszination des Südens.* Hrsg. von Stefan Krimm u. Ursula Triller. München 2001, S. 116–134.

[2] FA I, 20, S. 12–100 (künftig zitiert unter einfacher Seitenangabe).

[3] *Goethe's Werke. Vollständige Ausgabe letzter Hand.* Bd. 43. Stuttgart, Tübingen 1833, S. 245–436.

Doch trotz der Eröffnungswendung: „Nach einer glücklichen Rheinfahrt [...]" (17) und der Gliederung nach Stationen, von Köln bis Heidelberg, ist es keineswegs ausgemacht, daß es sich hierbei wirklich um einen Reisebericht handelt.[4] Beispielsweise heißt es in Goethes ‚Ankündigung' im *Morgenblatt* über die drittletzte Station (65 f.): „Daß der Reisende *Aschaffenburg* nur aus Erzählungen kennt, und also nur oberflächlich von dortigen Gegenständen spricht [...]" (588). Warum sollte davon in einem Reisebericht die Rede sein? Handelte es sich überhaupt um e i n e Reise? Und an wen ist der Bericht adressiert?

II.

Verfolgt man zur Klärung dieser Fragen die Entstehungsgeschichte von Goethes Bericht, so beginnt diese bereits am Rückkehrtag seiner „Fahrt nach Cöln in der ehrenden Gesellschaft des Herren Staatsminister von Stein".[5] Denn gleich nach seinem Abschied von ihm hatte Goethe am 31. Juli 1815 im Tagebuch notiert: „Nach Tische abgefahren. Glückliche Fahrt. Kunstschätze am Mayn und Rhein überdacht".[6] Und er schrieb am Tag darauf an seinen Sohn:

> Mündlich habe viel zu erzählen: denn du kannst dencken daß diese Tour so bedeutend als kurz war. Alle Beamten und Angestellte haben die größte Deferenz für Herrn v. Stein, und die Menschen-Masse den besten Willen gegen mich. Sie haben mich enthusiastisch, ja fanatisch aufgenommen, so daß man es kaum erzählen darf. Beynahe alles habe gesehen und bin aufgeregt worden über Erhaltung und Ordnen der Kunstschätze am Rhein mein Gutachten abzugeben. Das will ich denn auch wohl thun, denn es ist der Mühe werth, die besten Dinge stehn am Rande des Verderbens und der gute Wille der neuen Behörden ist groß, dabey herrscht Klarheit und so läßt sich etwas wircken. (FA II, 7, S. 475)

Enthüllte Goethe damit wenigstens im Familienkreise die Identität seines sonst anonym bleibenden Führers durch Köln, so erfahren wir einzig aus dem Tagebuch seines damaligen Begleiters Sulpiz Boisserée, von wem und für wen eigentlich Goethe zu einem förmlichen Gutachten ‚aufgeregt' worden ist:

> Stein hat ihn ersucht an Hardenberg ein Memoire zu schreiben über die Kunst und die antiquarische Angelegenheiten; darüber will er mich beraten. Er geht gleich darauf ein, daß es geradezu, ohne Steins Veranlassung zu erwähnen, geschehen müsse, um dem nächsten Parteiwesen zu entgehen.[7]

---

4 Vgl. hierzu ausführlicher Hendrik Birus: *Goethes „Reise nach den Rhein-, Mayn- und Neckargegenden" und ihre literarische Verarbeitung.* In: *„Ein Dichter hatte uns alle geweckt". Goethe und die literarische Romantik.* Ausstellung im Frankfurter Goethe-Museum, 19. Juni – 31. Juli 1999. Hrsg. von Christoph Perels. Frankfurt a. M. 1999, S. 248–261.

5 *Tag- und Jahres-Hefte* zu 1815 (FA I, 17, S. 262).

6 WA III, 5, S. 174.

7 Sulpiz Boisserée: *Tagebücher I. 1808–1823.* Hrsg. von Hans-J. Weitz. Darmstadt 1978, S. 224 (2. 8. 1815).

Das von Goethe zu meidende „nächste Parteiwesen": dies meinte zunächst das spannungsvolle Verhältnis zwischen dem Freiherrn vom Stein als dem wichtigsten politischen Exponenten der Befreiungskriege und seinem ungeliebten Nachfolger als preußischem Staatskanzler, Karl August von Hardenberg; doch es schloß auch noch den Gegenspieler von beiden, den österreichischen Außenminister Clemens Wenzel von Metternich, ein – wie Boisserée notierte:

> G. geht gleich weiter, meint er könne ja das Memoire zugleich an Metternich schicken, er sei ihm ohnehin noch den Dank für den Orden schuldig. Haupt-Grundsatz soll darin sein, daß die Kunstwerke und Altertümer vielverbreitet, jede Stadt die ihrigen behalte und bekomme, nur daß dabei geltend gemacht und ein Mittelpunkt gegeben würde, wovon aus über das Ganze gewacht würde. „Laßt Düsseldorf wieder etwas haben, wie es in seinen Sälen aufgestellt war, wozu alles in München? laßt Köln Bonn ja Andernach etwas haben! [...]".[8]

Vom 19. bis 31. August finden sich dann fast täglich Tagebucheintragungen wie: „Aufsatz über die Künste und Kunstwercke durchdacht" (19. 8. 1815; WA III, 5, S. 177), bis Goethe am 13. September seinem Verleger Johann Friedrich Cotta – wiederum ohne Nennung seines eigentlichen Adressaten – mitteilte: „daß ich dringend aufgefordert bin über manches was über Kunst und Alterthum auch Wissenschaft auf der Reise gesehen, bedacht und besprochen worden, einen Aufsatz bald möglichst ins Publicum zu senden" (WA IV, 26, S. 81).

Zwar schätzte der Jenaer Verlagsbuchhändler und Drucker Karl Friedrich Ernst Frommann, daß dafür eine Auflage von 1500 bis 2000 Exemplaren ausreichen dürfte.[9] Für Goethe war aber die letztgenannte Zahl allenfalls das Minimum; wußte doch Frommann an Cotta aus einem ‚sehr gemütlichen' Gespräch mit Goethe am 21. November 1815 von dessen martialischen Größenphantasien zu berichten:

> Nach seinem Ausdruck soll die Schrift eine Congrevsche Rakete seyn, geworfen Regierungen, Künstler, Kunstfreunde den ganzen Rhein entlang von Düsseldorf bis Basel, den Main seitwärts auf und anzuregen. Sie umfaßt in leichten Andeutungen und nähern Bezeichnungen alte aber auch neue Kunst, Vergangenheit, Gegenwart u. zu hoffende wie zu begründende Zukunft, berührt mehr oder minder Düsseldorf, Cöln, Bonn, Coblenz, Mainz, Wisbaden, Biberich, Frankfurth, Hanau, Aschaffenburg, Heidelberg, Manheim, Schwetzingen, Darmstadt, Carlsruhe, Strasburg bis Basel, nennt Nahmen aller Art, hebt das bestehende Gute freundlich aus u. sucht so einen Kunstverein zu veranlassen. [...]
>
> G. sagt es m u ß geheftet seyn, damit es gleich lesbar u. wünscht es schnell u. allgemein u. häufig verbreitet, besonders den ganzen Rhein entlang u. in B e r l i n [...]. Auch scheinen schon mehrere dafür interessirt zu seyn.[10]

Die Anonymität des eigentlichen Anregers lüftete Goethe zunächst nur gegenüber seiner Frau, dann aber auch dem Großherzog gegenüber, wenn er am 8. Oktober 1815 – unter

---

8 Ebd.

9 Vgl. Frommann an Riemer, 21. 10. 1815. In: *Quellen und Zeugnisse zur Druckgeschichte von Goethes Werken.* Bd. 4: *Die Einzeldrucke.* Bearb. von Inge Jensen. Berlin 1984, S. 211, Nr. 669.

10 Ebd., S. 214 f., Nr. 681.

Verschweigung des *Divan*-Hintergrunds – seine überstürzte Abreise von Heidelberg nach Weimar begründet und entschuldigt:

> Eigentlich ist es derselbige Dämon, der aus Herrn v. Steins Munde mich zu einem Aufsatz über Alterthum, Kunst, ja Wissenschaft in den Rhein- und Mayngegenden verführte. Dieser, wenn er wircken soll, muß diesen Augenblick hervortreten, wo so vieles in Bewegung ist und sich nach allen Richtungen durchkreuzt. (WA IV, 26, S. 97)

Doch das Verschweigen der eigentlichen Adressaten gegenüber Dritten blieb auch weiterhin Goethes Taktik. So berichtete er selbst Zelter am 29. Oktober 1815 nur unter Verschweigung des Anregers von dem aktuellen Vorhaben:

> Nicht leer komm ich von meinem Kreuzzuge, in einiger Zeit erhältst du gedruckt meine Betrachtungen über Kunst und Altertum, beiläufig über Wissenschaft, in den Rhein- und Mayngegenden. Es ist zwar meine Art nicht auf den Tag zu wirken, diesmal aber hat man mich so treulich und ernsthaft zu solcher Pflicht aufgefordert, daß ich mich nicht entziehen kann. Eigentlich spiele ich auch nur den Redakteur, indem ich die Gesinnungen, Wünsche und Hoffnungen verständiger und guter Menschen ausspreche. In diesen Fächern, wie in allen andern, ist soviel guter Wille als Verwirrung und Unvertraun; jeder möchte etwas leisten und zwar das Rechte, und niemand begreift, daß das nur geschehen kann, wenn man mit und in einem Ganzen wirkt. (FA II, 7, S. 540)

Bemerkenswerterweise verschweigt Goethe die Namen Stein und Hardenberg auch in seinem Brief vom 1. November an den preußischen Innenminister Caspar Friedrich Freiherr von Schuckmann (WA IV, 26, S. 127). Schon vier Tage später konnte er dann die angekündigte Sendung an ihn übermitteln, deren Begleitbrief mit den Worten beginnt:

> Ew. Excellenz
> überreiche hierbei den ersten Bogen des bewußten Aufsatzes, zu geneigter Beurteilung. Sie werden diesen Blättern gleich ansehen, daß es bloß ein exoterischer Text ist, über den man mit Personen von Ansehn und Einfluß vertraulich zu kommunizieren hat, wenn er von einigem Nutzen sein soll. Wie sehr danke ich daher Denenselben, daß Sie mir Gelegenheit gegeben, in hergebrachtem Vertrauen mich darüber zu äußern. (FA II, 7, S. 542)

Wenn Goethe zur gleichen Zeit für den neuen „Addreß-Calender" als seine eigene Tätigkeitsbeschreibung vorschlug: „Oberaufsicht über die unmittelbaren Anstalten für Wissenschaft und Kunst in Weimar und Jena" und alsbald eine ins einzelne gehende „Übersicht" über diese Einrichtungen verfaßte,[11] so trifft dies auch genau den professionellen Aspekt der in Arbeit befindlichen Denkschrift *Ueber Kunst und Alterthum in den Rhein und Mayn Gegenden* als einer externen öffentlichen Evaluierung der ‚Anstalten für Wissenschaft und Kunst' in den neugewonnenen preußischen Rheinprovinzen sowie im angrenzenden Südwestdeutschland.

In diesem Kontext bekommt auch die sonst völlig unmotivierte Einbeziehung Aschaffenburgs ihren präzisen Sinn, stand doch seine Vereinnahmung durch das zentralistisch

11 Goethe an Voigt, 15. 12. u. 18. 12. 1815 (WA IV, 26, S. 178 f. u. 184–187).

organisierte Königreich Bayern und die geplante Verbringung des Grünewald-Gemäldes *Die Hll. Erasmus und Mauritius* aus der Stiftskirche St. Peter und Alexander nach München (seit 1836: Alte Pinakothek) in schärfstem Kontrast zu der von Goethe für die preußischen Rheinprovinzen vorgeschlagenen dezentralen Organisation des Kultusbereichs, besonders der Kunstschätze und Altertümer.

Tatsächlich sollte Goethes Aufsatz bei der Einrichtung der Museen in Köln eine wichtige Rolle spielen. Noch im Mai 1816, also vor dessen Publikation, veranlaßte nämlich von Schuckmann eine vollständige Inventarisierung der großenteils aus den Säkularisationswirren stammenden privaten Kunstsammlung von Ferdinand Franz Wallraf, die dann den Grundstock des heutigen Wallraf-Richartz-Museums bilden sollte, und die Anfertigung eines Gutachtens über ihre künftige Aufbewahrung. Nach zähen Verhandlungen mit Wallraf wurde schließlich ein „Plan über die Einrichtung und Nutzanwendung des Wallrafschen Museums"[12] ausgearbeitet, dessen Verfasser betont:

> Daß eine nach diesem Maaßstabe durch die verschiedenen Jahrhunderte durchgeführte innere Ausstattung des Museums auf den Beifall Gefühl- und Geschmackhabender Kenner und Profanen rechnen dürfe, muß ich freilich vor der Hand lediglich der Einbildungskraft der verehrlichen Mitglieder der Commission zu beurtheilen überlassen. Um indessen einen Gewährsmann für das Zweckmäßige dieser Einrichtung zu nennen, theilt der Unterzeichnete hier das mit, was *Goethe*, nachdem er die *Lyversberg*'sche Hauskapelle gesehen hatte, in seinem Werk über Kunst und Alterthum darüber gesagt hat: [...]

Und er zitiert seitenlang (mit wenigen Kürzungen) aus dem Köln-Kapitel von *Ueber Kunst und Alterthum* (19,5–22,35), wobei er die Goethesche Wendung unterstreicht: „wie leicht eine Regierung hier einwirken kann, wenn die Obern und Vorgesetzten zuerst dasjenige freundlich anerkennen, was von Einzelnen aus freyer Neigung und Liebhaberey bisher geschah" (19,33–36). Faktisch wurden Goethes Vorschläge dann von den preußischen Behörden weitgehend befolgt.

III.

Doch diese amtliche Adressierung war nur die eine Funktion von Goethes *Ueber Kunst und Alterthum in den Rhein und Mayn Gegenden*. Denn nicht minder war diese Broschüre von Anfang an als Werbeschrift für die Gemäldesammlung der Brüder Sulpiz und Melchior Boisserée gedacht. Ja, beide Aspekte überlagerten sich, seit die preußische Regierung Ende 1815 Interesse daran zeigte, die Boisseréesche Sammlung für Berlin zu erwerben:

> Boisserée war bestrebt, die endgültige Entscheidung noch hinauszuzögern, da er hoffte, Goethes Stellungnahme in ‚Kunst und Altertum am Rhein und Main' [sic] werde seine Verhandlungsposition gegenüber der preußischen Regierung weiter stärken. Hinter seiner Taktik stand der wenig verhohlene Wunsch, eine Möglichkeit zu finden, die es ihm und seinem Bruder ermöglicht hätte, die Sammlung zurück nach Köln zu führen, wenn

12 Geheimes Staatsarchiv PK, Berlin: I. HA, Rep. 76 Vc Sekt. 14. Abt. III, Nr. 3, Bl. 55r-62v; auszugsweise zitiert in: Rolf Hübner: *Goethes Zeitschrift „Ueber Kunst und Alterthum". Untersuchung und Erschließung*. Phil. Diss. Jena 1968 [Masch.], S. 193f.

dort für geeignete Rahmenbedingungen seitens des preußischen Staates die Voraussetzungen geschaffen worden wären.[13]

Während eines Paris-Aufenthalts 1803 hatten die in den besetzten Ländern konfiszierten und nun im Musée Napoléon versammelten alten Kunstwerke in lebensentscheidender Weise das Interesse der Brüder Boisserée an der Kunst des Mittelalters geweckt, das noch durch die Freundschaft mit Friedrich Schlegel vertieft wurde, der seit Anfang 1802 in Paris lebte und 1804 bis 1808 zu ihnen nach Köln übersiedelte. Ab 1804 war es ihnen gelungen, aus den durch die Säkularisation herrenlos gewordenen Kirchen- und Klosterbeständen zu günstigen Preisen eine Sammlung von etwa zweihundert mittelalterlichen Gemälden aufzubauen, mit der sie gemeinsam mit Johann Baptist Bertram 1810 nach Heidelberg in den ehemaligen Adelssitz der Freiherren von Sickingen umzogen. Hier lernte Goethe sie kennen. Auf dem Umweg über Stuttgart (1819) kam ihre Gemäldesammlung durch das Engagement König Ludwigs I. von Bayern schließlich 1827 nach München, wo sie seit 1836 den Kern der altniederländischen und altdeutschen Abteilung der Alten Pinakothek bildet.

Als sich Goethe auf seinen beiden Rhein-Reisen vom 24. September bis 9. Oktober 1814 und nochmals vom 20. September bis 7. Oktober 1815 in Heidelberg aufhielt, hat er „bei den Brüdern Boisserée, eigentlich wohl bei ihren Gemälden, gewohnt".[14] Boisserée berichtete darüber an Schmitz:

> Nun laß mich Dir von Goethe erzählen; daß er volle vierzehn Tage bei uns gewohnt hat, wirst Du wissen, daß wir aber durch diesen längern Umgang, der in jeder Hinsicht sehr lehrreich und erfreulich für uns war, sein ganzes Vertrauen erworben und ein sehr enges Verhältniß mit ihm geknüpft haben, weißt Du noch nicht. Es ist die Rede davon, über unsere Sammlung, über unser Bemühen um das altdeutsche Bauwesen, und über die Art und Weise, wie wir dazu gekommen, eine eigene kleine Schrift zu schreiben. Ei der Teufel (sagte er mir mehrmal), die Welt weiß noch nicht, was Ihr habt, und was Ihr wollt, wir wollens ihr sagen, und wir wollen ihr, weil sie es doch nun einmal nicht anders verlangt, die goldenen Aepfel in silbernen Schalen bringen; wenn ich nach Haus komme, mache ich ein Schema, das schicke ich Euch, damit Ihr eure Bemerkungen dazu machen und sehen könnt, was für Materialien mir allenfalls noch abgehen, die schickt Ihr mir, die Redaktion behalte ich, und es müßte seltsam zugehen, wenn wir nicht etwas recht Schönes zu Stande brächten; es ist schwer, so was zu schreiben, aber ich weiß den Weg ins Holz, laßt mich nur machen, um Ostern komme ich wieder, dann bringe ich es mit, und ists Euch recht, so lassen wir es bei Mohr und Zimmer drucken.[15]

---

13 Manfred Koltes: *„... ohne Volks Versammlung noch die Bestimmung als Volksredner zu erfüllen." Goethes strategischer Briefwechsel mit Sulpiz Boisserée.* In: *Das Goethe- und Schiller-Archiv. 1896–1996. Beiträge aus dem ältesten deutschen Literaturarchiv.* Hrsg. von Jochen Golz. Weimar, Köln, Wien 1996, S. 229–250; hier S. 247.

14 Johann Heinrich Voß d.J. an Christian Truchsess Freiherr von Wetzhausen, 30.10.1814. In: *Goethe in vertraulichen Briefen seiner Zeitgenossen.* 3 Bde. Zusammengestellt von Wilhelm Bode, neu hrsg. von Regine Otto u. Paul-Gerhard Wenzlaff. Berlin, Weimar 1979; hier Bd. 2, S. 618, Nr. 1884.

15 Sulpiz Boisserée: *Briefwechsel/Tagebücher.* 2 Bde. Hrsg. von Mathilde Boisserée. Stuttgart 1862. Repr. Göttingen 1970; hier Bd. 1, S. 233 f. (24.10.1814).

Kein Wunder, daß Boisserée jubelte: „Seitdem nun selbst der alte Heidenkönig dem deutschen Christkind hat huldigen müssen, sind wir voll des süßen Uebermuths".[16]

Nach der Rückkehr von seinem zweiten Besuch schrieb Goethe am 23. Oktober 1815 an Boisserée:

> Den 11. Oktbr. zu Mittag kam ich in Weimar an, nachdem mir zuletzt die Dämonen noch einige Gesichter geschnitten hatten. Ich tat aber nicht dergleichen und so ging es vorüber. Vor allen Dingen warf ich mich auf den Aufsatz. Nun ist der Anfang, ohngefähr wie Sie ihn kennen, in die Druckerei; das Übrige mußte alles umgeschmolzen werden. An trocknem Holz und zinnernen Tellern haben wir's nicht fehlen lassen. [...] Unser Vorsatz ist schon weit genug erschollen, das ist desto besser; sobald das Werkchen erscheint, werde ich eine Anzeige davon in's Morgenblatt geben und dabei alles benutzen, was ich bei Seite ließ und deutlicher aussprechen, was ich in dem Heft nur andeutete. Und so müßte es nicht von rechten Dingen zugehen, wenn der löbliche Zweck verfehlt würde, wenn unsere patriotischen Feuerchen, die wir auf soviel Bergen und Hügeln des Rheins und Mayns anzünden, nicht auch patriotische Gesinnungen erregen und glücklich fortwirken sollten. (FA II, 7, S. 535 f.)

Und Goethe konkretisierte diese Pläne am 6. November gegenüber Boisserée:

> Nun aber von unserm Hauptwerk, welches durch jene Episoden, mehr als billig, retardirt wurde. Die zwey ersten Bogen sind schon revidirt, der dritte wird es zunächst. Mit diesem gelange ich bis Maynz. Sodann wird Frankfurt, Hanau, Darmstadt wieder soviel betragen, wann aber die Sonne über'm Heidelberger Schlosse aufgeht, wird es der längste Tag seyn. Ausführlich schematisirt ist schon, was ich über Ihre Sammlung zu sagen gedenke. Riemer, dem ich es vortrug, war sehr damit zufrieden. Ich hoffe, es soll nicht nur wahr, sondern auch plausibel werden. Ich halte mich an die ganze Arbeit ununterbrochen, doch mit Bedacht.
>
> Denn ich kann im Vertrauen vermelden, daß der Hauptzweck schon erreicht ist. Durch Herrn Staatsrath Süvern veranlaßt hat Herr Staats-Minister von Schuckmann von mir eine schriftliche Mittheilung verlangt, dessen, was am Rhein von mir beobachtet und verhandelt worden. Ich schicke ihm nunmehr die Aushängebogen, als Text, mit vertraulichen Noten, und so ist die Sache im Gange. Man tritt aufgefordert heran, und kann auf doppelte Weise zeigen, daß man unterrichtet ist, indem man dem Publicum sein Theil zu geben weiß, einwirkenden Geschäftsmännern aber das Ihrige. Ich hoffe, diese für uns alle so wichtige Angelegenheit soll einen erwünschten Erfolg haben. (WA IV, 26, S. 138)

Am 27. Februar 1816 endlich konnte Goethe im Tagebuch notieren: „Abschluß des ersten Heftes von Kunst und Alterthum. Beredung wegen des Bindens" (WA III, 5, S. 210). Doch was hier wie ein Abschluß erschien, war in Wahrheit der Beginn eines ununterbrochen bis über Goethes Tod hinaus fortgesetzten Unternehmens: der Herausgabe seiner Hefte *Ueber Kunst und Alterthum.*

---

16 Boisserée an A. von Helvig, 23.10.1814 (ebd., S. 229).

IV.

Was beide ganz unterschiedlichen – allenfalls durch das aufkommende Interesse der preußischen Regierung an der Sammlung Boisserée nachträglich miteinander verknüpften – Stränge dieser Schrift *Ueber Kunst und Alterthum in den Rhein und Mayn Gegenden* miteinander verband, war ein lockerer autobiographischer Faden. Diesen hervorzuheben, gab Goethe erstmals in einem Brief vom 6. Dezember 1815 an seinen Verleger Cotta zu bedenken: „Es hat sich so viel Stoff zugedrängt, daß wir auf achtzehn bis vierundzwanzig Bogen kommen werden, ja man könnte weitergehen wenn man wollte. In der Folge kann es einen Theil meiner Biographie ausmachen" (WA IV, 26, S. 175). Und wenn er am 11. März 1816 an Zelter schreibt: „Ich habe bei'm dreizehnten Bogen abgebrochen, wie Scheherazade. Wenn ich die Bedeutung solcher Blätter früher erkannt hätte; so würde ich das ganze Geschäftlein abgelehnt haben, auch bin ich nur nach und nach hinein verführt worden und so mag es denn auch dahin fließen" (FA II, 7, S. 575), so zeigt dies, wie weit er mittlerweile die beiden ursprünglichen, klar umschriebenen Funktionen seines Berichts hinter sich gelassen hatte.

Goethe konnte dabei an seine gelegentliche auktoriale Selbstcharakteristik als ‚Fremder' (23, 39), ‚Besuchender' (70), ‚Reisender' (23, 26, 37, 57, 69, 94, 98) oder ‚Durchreisender' (30) anknüpfen, obwohl diese gleich im ersten Absatz über das unbestimmte „wir" ins verallgemeinernde „man" überführt wird und die Darstellung der einzelnen Stationen von Köln bis Darmstadt weit mehr als ein wohlinformiertes, häufig auf Autopsie gegründetes Memorandum denn als individueller Reisebericht erscheint. Das abschließende Heidelberg-Kapitel beginnt dann zwar (nach einer allgemeinen Bemerkung) ganz persönlich: „Der Weg [...] führt uns zuerst in die Sammlung alter Gemälde" und: „Indem ich nun die Boissereesche Sammlung, nach einer jährigen Pause, zum zweytenmal betrachte" (70f.); doch mit der Begründung: „damit das Besondere dieser Sammlung deutlicher hervortrete, ist vor allen Dingen ihre Entstehung zu bedenken" (71), läuft es auf den skizzenhaften Entwurf einer Geschichte der christlichen Kunst vom Ende der Antike bis zur frühen Neuzeit – unter besonderer Berücksichtigung einiger Gemälde der Boisseréeschen Sammlung – hinaus, was aber (so Goethes Versicherung) „eigentlich nur als ein fortwährender Dank des Reisenden für so vieles empfangene Gute angesehen werden dürfte" (94). Mit seinen dem Rheingau gewidmeten Nachträgen akzentuiert Goethe dann gerade dieses bislang eher beiläufige autobiographische Moment.

Dies gilt vor allem für sein zwar schon in der zweiten Augusthälfte 1814 konzipiertes, dann aber erst im Herbst 1816 für das zweite Heft von *Ueber Kunst und Alterthum in den Rhein und Mayn Gegenden* verfaßtes Prosastück *Sanct Rochus-Fest zu Bingen. Am 16. August 1814* (130–158), von dem Emil Staiger (gewiß mit einiger Übertreibung) behauptet hat, „daß sich aus diesen zwei Dutzend Seiten, die ganze deutsche Prosa, wenn sie verloren ginge, wieder herstellen ließe".[17] Während sich sein großer Bericht überwiegend auf 1815 bezog, erzählt Goethe hier von einer einzelnen Episode während seines ersten Kuraufenthalts in Wiesbaden. Am 15. August 1814 hatte er nämlich nach dem morgendlichen Bad den „Einfall nach Rüdesheim zu gehen" (WA III, 5, S. 126) und „fuhr mit Bergr[at] Cramer und Zelter nach Tische ab; durch das übermäsig schöne *Rheingau.* Wir kamen zeitig genug an, dass wir bey Sonnen Untergang die alte, von Graf Ingelheim, auf eine gar löbliche

17 Emil Staiger: *Goethe.* 3 Bde. Zürich, Freiburg 1952–1959; hier Bd. 3, S. 72.

Weise, wiederhergestellte römische Ruine besteigen konnten".[18] Goethes Brief an seine Frau gibt dabei besonders eindringlich die Atmosphäre dieses Tages wieder:

> Dienstag d. 16ten war auf dem jenseitigen Rheinufer, grosse erste Wallfarth zu einer, nach dem Kriege, wiederhergestellten Capelle, dem heil. *Rochus* gewiedmet. Wir setzten über beym heitersten Wetter, und fanden auf der Höhe wohl 10 000 Menschen um das Kirchlein sich versammlend. Die Manigfaltigkeit und Lust dieses Festes ist schriftlich nicht zu beschreiben. Bis Mittag währte das Gedränge. Dann gingen wir nach *Bingen* hinunter, fuhren im Kahn durchs Bingerloch hin und zurück und liesen uns nach Rüdesheim hinauf ziehen. Nachdem wir trefflich gespeist, fuhren wir nach *Elfeld*, blieben im Gasthaus zur *Rose*, das unmittelbar auf den Rhein Sieht. Morgens regnete es gewaltig, nach so langer Dürre höchst erwünscht. Doch konnten wir abfahren. (FA II, 7, S. 361 f.)

Ungeachtet jenes Unsagbarkeits-Topos („Die Manigfaltigkeit und Lust dieses Festes ist schriftlich nicht zu beschreiben") heißt es freilich bereits am Abreisetag, dem 17. August 1814, in Goethes Tagebuch: „Elfeld frühe Schema des Rochus Festes" und: „Wiesbaden. Im Adler gegessen. Schema fortgesetzt, und sonst arrangirt und redigirt" (WA III, 5, S. 126); wie hier auch am 19. und 26. August das Stichwort „St. Roch" (ebd., S. 126 u. 128) zu finden ist. In einem Brief an Riemer vom 29. August 1814 berichtete Goethe nicht nur vom Anwachsen des frühesten *Divans* („Gedichte an *Hafis*") auf 30 Gedichte, sondern er fügte hinzu:

> Das Fest des Heil. Rochus habe schematisirt. Es kann recht artig werden. Freylich fehlt mir gar sehr jemand dem ich auf der Stelle dictiren könnte, da wäre das alles schon fertig. Mit Wehmuth gedenke ich der Zeit in welcher Sie mir Feder und Rath leihen wollten. (FA II, 7, S. 363)

Erst nachdem er fast zwei Jahre später ein von ihm angeregtes, von seinem kunstkritischen Berater Heinrich Meyer entworfenes und von der jungen Weimarer Malerin Luise Seidler ausgeführtes Gemälde des Hl. Rochus an die geistliche Behörde zu Bingen gesandt hatte,[19] machte sich Goethe – wie zahlreiche Tagebucheintragungen zwischen dem 25. Juli und 15. August 1816 (WA III, 5, S. 257–264) belegen – an die Ausarbeitung des Manuskripts und konnte dann bereits am 7. August an Boisserée berichten: „Das Rochusfest 1814, von dem ich mich immer wegdrückte, ist so gut als fertig. Ich darf eine heitere Wirkung hoffen" (FA II, 8, S. 34). Daß aber die Schrift „so gut als fertig" sei, war – wie so oft – eine Selbsttäuschung; denn sie ging erst ein reichliches Vierteljahr später in den Satz.[20]

Obwohl dieser autobiographische Bericht einem ganz anderen Genre als das im 1. Heft erschienene Memorandum *Ueber Kunst und Alterthum in den Rhein und Mayn Gegenden* angehört, hat es mit ihm mehr als nur den zeitlichen und lokalen Kontext gemein. Denn wie sich jene Denkschrift auf Anregung des Freiherrn vom Stein mit der kulturellen Neuordnung des Rheinlands nach der Niederwerfung Napoleons beschäftigte und gleich im zweiten Satz den preußischen König Friedrich Wilhelm III. ins Spiel brachte, so bezieht sich auch

---

[18] An Christiane, 13.–19. 8. 1814 (FA II, 7, S. 361).

[19] Vgl. Goethes Begleitbrief vom 15. 7. 1816 (WA IV, 27, S. 95–97).

[20] Vgl. Goethes Brief an Boisserée, 16. 12. 1816 (FA II, 8, S. 70).

dieses kürzere Seitenstück unmißverständlich auf die historische Situation nach den Befreiungskriegen. Bezeichnet doch Goethe das von ihm geschilderte Rochus-Fest von 1814 als „politisch-religiöse[s] Fest [...], welches für ein Symbol gelten sollte des wiedergewonnenen linken Rheinufers, so wie der Glaubensfreyheit an Wunder und Zeichen" (142).

Goethes letzter Bericht von seinen Reisen an Rhein, Main und Neckar – *Im Rheingau Herbsttage. Supplement des Rochus-Festes, 1814* (199–211) – bezog sich dann auf seinen ebenfalls von Wiesbaden aus unternommenen Besuch bei dem Ehepaar Franz und Antonia Brentano in Winkel am Rhein (1.–8. 9. 1814). Nachdem er bereits in *Ueber Kunst und Alterthum in den Rhein und Mayn Gegenden* (42) eine knappe Charakteristik der Brentanoschen Gemälde- und Kupferstichsammlung in Frankfurt gegeben hatte, verfaßte er – vor allem gestützt auf seine damaligen Tagebuchaufzeichnungen – den Bericht über seinen Aufenthalt auf ihrem Landgut gleich im Anschluß an seine Überarbeitung des *Sanct Rochus-Fests zu Bingen* im Herbst 1816. In seinem schnörkellosen Tagebuch-Charakter ist er zwar der letzte unmittelbar autobiographische Beitrag im Gesamtunternehmen von *Ueber Kunst und Alterthum,* bereitet aber – gerade im Kontrast zum *Sanct Rochus-Fest zu Bingen* – bereits den nüchternen Berichts- und Beschreibungsstil der literatur- und kunstkritischen Beiträge dieser Hefte vor, die weder Regierungen beraten, noch für Sammlungen werben, noch auch direkte Einblicke in Goethes Leben geben wollen, sondern in denen sich schrittweise seine Idee von ‚Weltliteratur' vorbereitet und realisiert.

PETER J. BRENNER

*Von der Bewegung zur Beharrung Goethes Reisen in Deutschland, Frankreich und der Schweiz**

I. Der Reisende Goethe

Goethe ist sicher der prominenteste Reisende der deutschen Reisekulturgeschichte. Mit seiner *Italienischen Reise* hat er einen Text hinterlassen, der reisegeschichtlich bahnbrechend und literaturgeschichtlich stilprägend gewirkt hat. Literatur- und gattungsgeschichtlich ist der Text der *Italienischen Reise*, wie ihn Goethe dann drei Jahrzehnte später als Teil eines großangelegten autobiographischen Projekts vorgelegt hat, ein Wendepunkt. Weder die bekannten, aus der Tradition der deutschen Reisegeschichte überlieferten Modelle der enzyklopädischen Reise noch die der älteren, aber weiter nachwirkenden *Grand Tour* werden aufgegriffen. Goethe entwickelt vielmehr das Konzept einer „ästhetischen Reisebeschreibung",[1] das die reiseliterarischen Konventionen hinter sich läßt. Damit ist dieser Text so erfolgreich gewesen wie kein anderer Text der deutschen Reisekulturgeschichte. Obwohl Goethes Italien-Reise als Modell durchaus nicht konkurrenzlos geblieben ist, ist ihre „ungeheure Wirkung im 19. Jahrhundert"[2] ein unbestreitbares kulturhistorisches Faktum.

Um so merkwürdiger mutet es an, daß sowohl die Reise selbst wie auch der Text, in dem Goethe sie biographisch rückblickend deutet, in seinem eigenen Werk kaum echte Parallelen hat und zu seinen anderen literarischen Werken wenig Anschlußstellen bietet.[3] Das Reisen bleibt in der Summe von Goethes Leben und erst recht in seiner Selbstdeutung eher marginal. Neben der *Italienischen Reise* lassen sich, mit Mühe, ein knappes halbes Dutzend Texte – oder besser: Textkomplexe – herauskristallisieren, in denen Goethe eigene Reisen thematisiert. Biographisch sind sie über sein ganzes Erwachsenenleben verteilt; thematisch läßt sich kein greifbarer Zusammenhang feststellen, eine gewisse Bevorzugung der Schweiz als Reiseziel dürfte eher zufällig gewesen sein, und die Entscheidung der Frage – die allerdings auch nicht entschieden werden muß – fällt schwer, ob es sich hier überhaupt um

---

* Vortrag in der Arbeitsgruppe *Goethe und die Reiseliteratur.*

1 Vgl. Albert Meier: *Von der enzyklopädischen Studienreise zur ästhetischen Bildungsreise. Italienreisen im 18. Jahrhundert.* In: *Der Reisebericht. Zur Entwicklung einer Gattung in der deutschen Literatur.* Hrsg. von Peter J. Brenner. Frankfurt a. M. 1989, S. 284–305; hier bes. S. 296 f.

2 Michael Maurer: *Reisen interdisziplinär. Ein Forschungsbericht in kulturgeschichtlicher Perspektive.* In: *Neue Impulse der Reiseforschung.* Hrsg. von Michael Maurer. Berlin 1999, S. 287–411; hier S. 377.

3 Vgl. zusammenfassend Helmut Koopmann: *Goethe als Prosaschriftsteller.* In: Goethe-Handbuch, Bd. 3, S. 1–50; hier S. 41–44.

Reisetexte handelt oder, wie Goethe selbst es eher gesehen hat, um autobiographische Texte.[4]

Goethe ist viel, gemessen am zeitgenössischen Kontext wahrscheinlich sogar sehr viel gereist. Die Goetheforschung hat diese Reisen längst minuziös vermessen und kartographisch erfaßt.[5] Der größte Teil dieser Reisen waren Gelegenheitsreisen. Sie hatten ein bestimmtes Ziel und verfolgten einen bestimmten, meist klar benennbaren Zweck. Die wenigen Reisen, über die er ausführlichere Niederschriften angefertigt oder sie in anderer Weise dokumentiert hat, sind verbunden durch einige Grundmotive, die sich schon bei den frühesten dieser Texte ausmachen lassen.

II. Die Reise als Flucht: Die ersten Schweizer Reisen und die Harzreise

Eins dieser Grundmotive ist die enge Verbindung von autobiographischer Selbstvergewisserung und Reisebericht. Bereits die erste dieser Reisen, die Schweizer Reise von 1775, läßt eine starke biographische Färbung erkennen. Sie ist die einzige – neben der *Italienischen Reise* –, die Goethe zur Gänze in den Komplex seiner autobiographischen Schriften aufgenommen hat. Der Bericht über diese Reise wurde in *Dichtung und Wahrheit* integriert und geglättet. Aber das eine, entscheidende Grundmotiv, das Goethes Reisen abhebt von denen seiner Zeitgenossen, ist auch hier schon erkennbar: die Reise als Flucht. In der Tat ist diese Schweizer Reise vor dem Hintergrund der Lilli-Erfahrungen „in einer Reihe von Fluchten“ gestaltet,[6] die erst im Rückblick der Autobiographie öffentlich aufgearbeitet werden: „mit einiger Andeutung, aber ohne Abschied, trennt’ ich mich von Lilli; sie war mir so ins Herz gewachsen daß ich mich gar nicht von ihr zu entfernen glaubte“ (FA I, 14, S. 786). Aber auch das andere, komplementäre Motiv ist in dieser Reise zu erkennen: die Reise als Heilmittel in einer Lebenskrise. Goethe hat auf dieser Reise „nicht die Schweiz, sondern in der Schweiz sich selber gesucht“[7]. Jedenfalls notiert er nicht nur die Erfahrung, nichts mehr schreiben zu können, sondern andererseits auch den persönlichen Gewinn, den er durch die Reise erfahren hat. An Anna Luise Karsch schreibt er an seinem 26. Geburtstag: „Von meiner Reise in die Schweiz hat die ganze Circulation meiner kleinen Individualität viel gewonnen“; aber dem so konstatierten Bildungswert der Reise stellt er sogleich wieder die Beunruhigung gegenüber: „Vielleicht peitscht mich bald die unsichtbaare Geisel der Eumeniden“ – die dann in der *Iphigenie* noch eine Rolle spielen wird – „wieder aus meinem Vaterland“ (FA II, 1, S. 470).

Die zweite Unternehmung Goethes, die einen bedeutenden Text als Spur hinterlassen hat, ist seine geheimnisumwitterte Reise in den Harz gewesen. Durch vielfältiges und großenteils zielloses Hin- und Herreiten hat Goethe die Strecke von 130 Kilometern, die zwischen Weimar und dem Brocken liegt, auf rund 500 Kilometer ausgedehnt, wie gewis-

---

4 Vgl. Uwe Hentschel: *Studien zur Reiseliteratur am Ausgang des 18. Jahrhunderts. Autoren – Formen – Ziele.* Frankfurt a. M. u. a. 1999, S. 95 f.

5 Vgl. Jochen Klauß: *Goethe unterwegs. Eine kulturgeschichtliche Betrachtung.* Weimar 1989, S. 9. Routenverzeichnisse der wichtigen Reisen finden sich bei Georg Balzer: *Goethe auf Reisen.* München 1979, S. 220–223.

6 Vgl. Günter Niggl: *Geschichte der deutschen Autobiographie im 18. Jahrhundert. Theoretische Grundlegung und literarische Entfaltung.* Stuttgart 1977, S. 161.

7 Wolfgang Binder: *Das Ungeheure und das Geordnete. Die Schweiz in Goethes Werk.* Zürich, München 1979, S. 21.

senhafte Germanisten ausgerechnet haben.[8] Goethe hat dabei auch Bergwerke erkundet und ist bis in die tiefsten Stollen hinabgestiegen. Eine ‚Dienstreise' im beamtenrechtlichen Sinne war es aber dennoch nicht – im Gegenteil: Goethe hat sich ausdrücklich allen dienstlichen Verpflichtungen entzogen, nämlich der zugesagten Teilnahme an einer Wildschweinjagd des Herzogs. Erst mit zweiwöchiger Verspätung stößt er zu der Jagdgesellschaft, die sich schon wieder zur Heimreise anschickt.

Aus dieser Reise ist ein Text hervorgegangen, aber er macht deutlich, daß Goethe von dieser seiner Harzreise im Wortsinne gerade nichts ‚erzählen' konnte. Es ist ein lyrischer Text, der die Reise, ihren Verlauf und vor allem ihre Absichten eher verschlüsselt als offenlegt. Albrecht Schöne hat vor zwanzig Jahren präzise herausgearbeitet, daß dicht unter der rätselhaften Oberfläche des Textes handfeste Spuren des Reiseerlebnisses zu finden sind. Die eigentliche Frage nach dem Zweck – um nicht zu sagen: nach dem Sinn – dieser Reise bleibt zwar unbeantwortet, aber sie rückt doch als Frage ins Zentrum des Textes. Die begleitenden Dokumente, insbesondere die Briefe an Charlotte von Stein, deuten an, daß für Goethe diese Reise von existenzieller Bedeutung gewesen ist. Die im Winter gefährliche Besteigung des Brockens und ihr Gelingen wird ihm zum Zeichen der Götter, die ihm damit einen Wink für die eigene Lebensgestaltung geben.[9] Goethe schweigt sich darüber aus, worin seine Krise bestand und wohin ihn das Zeichen der Götter geführt hat. Aber der Verweis auf Victor Leberecht Plessing – „abseits wer ist's?" (FA I, 1, S. 322), heißt es in dem Gedicht – läßt doch erkennen, daß das Werthersyndrom den Hintergrund dieser persönlichen Krise darstellt, die Goethe offensichtlich auf Plessing projiziert.

Wie stark Goethe davon beeinflußt war und blieb, zeigt sich darin, daß er fünfzehn Jahre später im Rahmen seines Berichts *Campagne in Frankreich* noch einmal recht ausführlich und eigentlich zusammenhanglos darauf zurückkommt. In diesem späteren Text stellt Goethe den Zusammenhang zwischen der Harzreise und der ‚Werther-Krankheit' ausdrücklich her und macht deutlich, daß Plessing das Bindeglied ist: „Ich hatte mir, unter bekannten Umständen, schon eine Zahl von jungen Männern aufgebürdet, die, anstatt mit mir auf meinem Wege einer reineren höheren Bildung entgegen zu gehen, auf dem ihrigen verharrend sich nicht besser befanden und mich in meinen Fortschritten hinderten" (FA I, 16, S. 531).[10]

In Goethes Biographie folgt auf die *Harzreise im Winter* die zweite Schweizer Reise. In ihr spielt das Fluchtmotiv keine Rolle mehr. Es handelt sich schon um eine Art Dienstreise. Goethe begleitet im Herbst 1779 seinen Herzog und den Oberforstmeister Moritz von Wedel als Cicerone und führt sie zu jenen Stellen, die ihm selbst bei seiner ersten Reise bedeutsam geworden sind. Goethe kommentiert die Reise in Briefen nach Weimar sowie in Tagebucheinträgen und erwähnt mehrmals die Absicht einer Überarbeitung und Publikation, zu

8 Vgl. Albrecht Schöne: *Götterzeichen, Liebeszauber, Satanskult. Neue Einblicke in alte Goethetexte.* München 1982, S. 43 f. u. S. 49 f.

9 Wer mag, kann sich an Petrarcas Besteigung des Mont Ventoux erinnert fühlen, die Goethe sicherlich nicht präsent war. Auch hier ist das Motiv der Bergbesteigung verbunden mit dem der Bewältigung einer individuellen Krise, die nicht durch den Ausgriff auf die Welt, sondern durch die *contemplatio* – in Petrarcas Fall die Versenkung in das Werk Augustinus' – bewältigt wird. – Vgl. Hans Blumenberg: *Der Prozeß der theoretischen Neugierde.* Frankfurt a. M. 1973. – Blumenberg zieht den Bogen von Petrarca zu Goethe: „Goethe hatte keine Bekenntnisse bei sich, er muß für sich selbst aufkommen, für einen halben Monat sorgfältig inszenierter Entrückung: ‚Da war ich vierzehn Tage allein, daß kein Mensch wußte, wo ich war'" (S. 145).

10 Der direkte Werther-Bezug findet sich: FA I, 16, S. 528 f.

der es dann aber erst 1796 in Schillers *Horen* kommt. Goethe hat sie sicherlich geglättet, und auch Schiller hat sie vor der Publikation auf Goethes Wunsch noch einmal redigiert.

Goethe findet in der Reiseliteratur seiner Zeit offensichtlich keine Anknüpfungspunkte, die ihm ein Muster geben könnten. Dabei machte gerade die Schweiz in jenen Jahrzehnten ein überreiches Angebot an Projektionsmöglichkeiten, das auch in der europäischen Literatur vielfältig genutzt wurde. Albrecht von Haller hatte mit seinen *Alpen* ebenso wie Rousseau mit seiner *Nouvelle Héloïse* für die Schweiz-Begeisterung des ausgehenden 18. Jahrhunderts die Bahn bereitet.[11] Goethe verzichtet aber darauf, irgendeines der Muster aufzugreifen, das die umfangreiche Schweiz- und Alpenliteratur ihm angeboten hätte. Er muß seinen eigenen Weg zur literarischen Gestaltung der Naturerfahrung finden, für den er in der Reiseliteratur seiner Zeit keine Anhaltspunkte findet.[12]

Erst recht verweigert er sich dem zweiten Grundmotiv, von dem das Schweizbild dieser Jahrzehnte bestimmt ist. Die Freiheitsbegeisterung schlägt keine Saite in ihm an – das ist wenig überraschend.[13] In der europäischen Wahrnehmung war seit den sechziger Jahren das Schweizbild ziemlich genau festgelegt auf diese beiden Komponenten, die politische Freiheit und die erhabene Bergwelt, die sich gut in den Erhabenheitsdiskurs, der in der ästhetischen Diskussion jener Zeit Eingang gefunden hatte, einfügte.[14] Goethe verweigert sich in seiner Schweizdarstellung beiden Mustern.

Die Texte, in denen die zweite Schweizer Reise dokumentiert ist, zeigen Goethes kaum bewußtes Bestreben, sich allen Konventionen der Reisebeschreibung und der länderkundlichen Stereotypenbildung zu entziehen. Daß er freilich an die Stelle der verweigerten Konventionen ein eigenes Konzept setzte, läßt sich auch nicht behaupten. Goethes Rezeption und Darstellung der Schweiz bleibt heterogen. Deutlich aber ist wieder die Rückwendung auf das eigene Selbst, das ihm als Beschreibendes ins Bewußtsein tritt und problematisch wird: „Meine Beschreibung fängt an unordentlich und ängstlich zu werden, auch brauchte es eigentlich immer zwei Menschen, einen der's sähe und einen der's beschriebe" (FA I, 16, S. 48). Auch hier ist es wieder ein Moment der Beunruhigung, das den Text prägt. Aber es ist nicht die Beunruhigung durch das Erhabene, das, wie in der zeitgenössischen Diskussion üblich, als sittliche Herausforderung begriffen würde;[15] es ist eine Beunruhigung, die sich am Ende auf die eigene Fähigkeit zum Schreiben richtet. Die Schweizer Reiseerfahrungen geben ihm Anlaß zu einer noch weiter gehenden Reflexion. Die Einsamkeit der Gegend, die Enge der Täler zwischen den Gebirgen geben der „Imagination graue und unangenehme Bilder, die einen, der nicht recht fest im Sattel säße, gar leicht herab werfen könnten. Der Mensch ist niemals ganz Herr von sich selbst" (FA I, 16, S. 70 f.).

---

11 Vgl. Victor Klemperer: *Geschichte der französischen Literatur im 18. Jahrhundert.* Bd. II: *Das Jahrhundert Rousseaus.* Halle 1966, S. 223–236.

12 Vgl. Binder (Anm. 7), S. 14; vgl. auch Willy Andreas: *Carl August von Weimar. Ein Leben mit Goethe. 1757–1783.* Stuttgart 1953, S. 431.

13 Vgl. Binder (Anm. 7), S. 49 f.

14 Vgl. Peter Faessler: *Reiseziel Schweiz. Freiheit zwischen Idylle und „großer" Natur.* In: *Reisekultur. Von der Pilgerfahrt zum modernen Tourismus.* Hrsg. von Hermann Bausinger, Klaus Beyrer u. Gottfried Korff. München 1991, S. 243–248; bes. S. 246 f. – Petra Raymond: *Von der Landschaft im Kopf zur Landschaft aus Sprache. Die Romantisierung der Alpen in den Reiseschilderungen und die Literarisierung des Gebirges in der Erzählprosa der Goethezeit.* Tübingen 1993, S. 72 f.

15 Vgl. Carsten Zelle: *Die doppelte Ästhetik der Moderne. Revisionen des Schönen von Boileau bis Nietzsche.* Stuttgart, Weimar 1995, S. 124–128 u. S. 160–162.

Das ist wohl die Frage, die Goethe bei dieser Reise und in seinen Reisebriefen für sich selbst entscheiden muß: die Frage, ob er denn „recht fest im Sattel säße". Als er die Briefe 1796 in den *Horen* veröffentlichte, war die Frage wohl beantwortet; als sie geschrieben wurden, sechzehn Jahre vorher, war Goethe sich der Antwort noch nicht so sicher. Die zweite Publikation des Textes, im 11. Band der *Werke* von 1808, stellt dann auf editorischem Wege noch einmal den Zusammenhang mit dem Thema ‚Lebenskrise' her: Dem jetzt *Briefe aus der Schweiz. Zweite Abteilung* genannten Reisetext stellt er fiktive *Briefe aus der Schweiz. Erste Abteilung* voran, die nach Goethes eigener Charakterisierung in *Dichtung und Wahrheit* ein „Fragment von Werthers Reisen" (FA I, 14, S. 815) sein sollten.

III. Begegnung mit der Geschichte: die „Campagne in Frankreich" und die „Belagerung von Mainz"

Neben der *Italienischen Reise* ist die *Campagne in Frankreich* zweifellos der prominenteste von Goethes Reisetexten. Das entspricht wahrscheinlich nicht unbedingt Goethes Selbsteinschätzung, der diesen Text ebenso wie die anderen kleinen Reisetexte doch offensichtlich eher als marginal betrachtet hat. Die neuere Rezeptionsgeschichte hat der *Campagne in Frankreich*, die sachlich, editorisch und biographisch eng verbunden ist mit der *Belagerung von Mainz*, jedoch deshalb einen besonderen Status zugewiesen, weil hier die unmittelbare Konfrontation Goethes mit der Französischen Revolution dokumentiert ist, die er ansonsten in einer Vielzahl von literarischen Texten – vom *Groß-Cophta* über den *Reineke Fuchs* bis zur *Natürlichen Tochter* – eher umkreist als thematisiert hat.

Goethe hat als Begleiter seines Herzogs an dem Feldzug teilgenommen, den eine preußisch-österreichische Koalition unter dem Oberbefehl des Herzogs Karl Wilhelm Ferdinand von Braunschweig im Herbst 1792 gegen das revolutionäre Frankreich unternahm. Goethe folgte damit einem Wunsch – oder auch einer Anordnung – seines Herzogs, dem er nur widerwillig nachkam.[16] Die schriftliche Aufarbeitung der eigenen Feldzugserlebnisse folgt viel später; erst um 1820 beginnt Goethe sich wieder damit zu befassen. In Aufarbeitung von historischen Quellen und unter Verwertung von eigenen Tagebuchnotizen wie auch besonders solcher des herzoglichen Kammerdieners Johann Konrad Wagner[17] arbeitet er schließlich den Text aus, der 1822 gemeinsam mit der *Belagerung von Mainz* unter dem Titel *Aus meinem Leben. Zweiter Abteilung fünfter Teil* erscheint.

Der Text ist aus der historischen Situation eines der bedeutendsten Ereignisse der europäischen Neuzeit hervorgegangen. In Goethes Wahrnehmung und Darstellung jedoch findet sich von dieser epocheprägenden Relevanz nur wenig wieder. Wie schon in den anderen Reisetexten steht auch hier die Reflexion auf die eigene Situation im Vordergrund. Goethe stellt sich als ein nicht nur unfreiwilliger, sondern durchaus auch als ein unwilliger Reisender dar. Denn die Teilnahme an der Kampagne hat für ihn eindeutig Pflichtcharakter. Er hat

---

16 Warum er es dann doch tat, ist nicht klar; die Weimarer Umgebung zeigte sich befremdet über Goethes Einverständnis, Boyle spekuliert über die „moralische Verpflichtung, die Goethe der Kauf des 6 000-Thaler-Hauses auferlegte" (Nicholas Boyle: *Goethe. Der Dichter in seiner Zeit.* Bd II: *1791–1803.* München 1999, S. 149).

17 Edith Zehm hat diese Quelle ausführlich beschrieben und in ihrem Verhältnis zu Goethes Text analysiert; vgl. Edith Zehm: *Der Frankreichfeldzug von 1792. Formen seiner Literarisierung im Tagebuch Johann Conrad Wagners und in Goethes „Campagne in Frankreich".* Frankfurt a. M. u. a. 1985.

sich dem Kriegszug angeschlossen, ohne daß seine Position formal geklärt wäre oder er selbst sich auch hätte Klarheit darüber verschaffen können: „Goethe ist im Feldzug auf einen Status reduziert, der seiner Bedeutung nicht entspricht, und er muß seine Identität erst wiedergewinnen";[18] er hatte einen besonderen Status, der sich auch nach außen dokumentierte in der „böhmischen Chaise", mit der er reiste, aber er nahm an dem Kriegszug auch „ohne Amt und Auftrag"[19] teil. Aus dem Bericht geht in hinreichender Deutlichkeit hervor, daß Goethe sich unbehaglich fühlt, weil sein sozialer Status ungeklärt bleibt. Mit dem Herzog von Weimar hat er kaum Kontakt, da dieser mit seinen militärischen Angelegenheiten beschäftigt ist; der Herzog von Braunschweig, der die Kampagne offiziell anführt, pflegt ein deutlich gespanntes Verhältnis zu Goethe – er „hatte mich eigentlich niemals geliebt" (FA I, 16, S. 468) –, und Goethe zahlt es ihm in verschiedenen süffisanten Bemerkungen über die Politik des Herzogs heim (FA I, 16, S. 441 u. S. 449).

Im Gefüge der dann auch bald in Desorganisation geratenden Armee bleibt Goethe ein Fremder. Er sieht sich darauf verwiesen, seine Position selbst zu definieren, und er tut dies auf eine charakteristische Weise. Charakteristisch ist zunächst die Isolierung. Mehrfach berichtet er, daß er alleine ausgeritten sei und oft nicht ohne Gefährdung des eigenen Lebens weite Streifzüge unternommen habe. Bei seinen Kreuz- und Querzügen, das ist die zweite Komponente der sozialen Selbstvergewisserung, trifft er immer wieder auf Personen unterschiedlicher Stände.[20] Goethe pflegt hier ein Inkognito, wie er es bei der italienischen Reise auch schon getan hat. Auf diese Weise läßt er sich seine Rolle, die er in dem Feldzug wahrnimmt, von außen bestätigen. Er zitiert – tatsächliche oder fiktive – Äußerungen, die ihm eine exponierte Bedeutung nicht in der Durchführung, aber in der nachträglichen Würdigung des Feldzugs zuweisen: „indessen ein Zivilist zu uns trat und dagegen erwiderte: man sei mir Dank schuldig daß ich das alles mit ansehen wollen, indem man sich nun gar wohl, von meiner geschickten Feder, Darstellung und Aufklärung erwarten könne" (FA I, 16, S. 492f.; vgl. auch ebd., S. 536f.).

Seine weit über die aktuelle Rolle im Feldzug hinausreichende Bedeutung, deren er sich bewußt war und deren er sich in Begegnungen während des Feld- und Rückzugs zu vergewissern suchte, scheint in der Tat das Problem gewesen zu sein, das ihn beschäftigte und das das geheime Zentrum seiner Aufzeichnungen bildet. Etliche Episoden charakterisieren dieses Selbstverständnis. Goethe schützt eine Wasserstelle klug durch eine Umzäunung und handelt sich die Unzufriedenheit der Umgebung ein: „Da fragte einer von unsern Reitern den andern, die eben ganz gelassen an ihrem Zeuge putzten: wer ist denn der, der sich so mausig macht? Ich weiß nicht! versetzte der andere, aber er hat Recht" (FA I, 16, S. 399 u. S. 421). Goethe sieht sich im Zentrum der Aufmerksamkeit: „Sie" – befreundete Kriegsgenossen – „sagen dies sei das einzige Mal gewesen wo ich ein verdrießlich Gesicht gemacht und sie weder durch Ernst gestärkt, noch durch Scherz erheitert habe" (FA I, 16, S. 458). „Goethe erzählt seine Erlebnisse aus dem Blickwinkel des Einzelgängers"[21] – so ist es in der Tat. Die Selbstinszenierung der eigenen Person ist ein durchaus legitimes Verfahren der

18 Klaus-Detlef Müller: *Goethes „Campagne in Frankreich" – Innenansicht eines Krieges.* In: GJb 1990, S. 115–126; hier S. 125.

19 Zehm (Anm. 17), S. 267.

20 Zu diesen Selbstinszenierungen vgl. Zehm (Anm. 17), S. 273f.

21 Arno Borst: *Valmy 1792 – ein historisches Ereignis?* In: Der Deutschunterricht 26 (1974), S. 88 bis 104; hier S. 97.

Reiseliteraturgeschichte. In diesem – Goethes – Fall erscheint es nicht nur legitim, sondern notwendig: Der chaotischen individuellen wie historischen Situation wird, einem Grundzug des neuzeitlichen Denkens von Descartes bis Kant entsprechend, die Ordnungsleistung des eigenen Ichs entgegengesetzt. Die ordnungsstiftende Funktion, die Goethe sich in dieser biographischen und historischen Konstellation selbst zuschreibt, wird am deutlichsten in jener berühmten Episode, die er in seiner *Belagerung von Mainz* erzählt. Durch das bloße Auftreten seiner Persönlichkeit, so schildert er den Vorgang, hindert er den Mob daran, einen der aus Mainz ausziehenden Jakobiner zu lynchen. In diesem Zusammenhang fällt die berühmte und vielumstrittene Sentenz: „ich will lieber eine Ungerechtigkeit begehen als Unordnung ertragen“ (FA I, 16, S. 603). Ähnlich erscheinen ihm an anderer Stelle „Ordnung und Mannszucht“ als Garanten der „Menschlichkeit“ (FA I, 16, S. 402).

Ordnungsstiftend freilich ist nicht nur das Auftreten Goethes und seine sentenzhafte Strukturierung des Geschichtsverlaufs, ordnungsstiftend ist seine gesamte Erzählung von seiner Teilnahme an dem Feldzug. Nur schattenhaft tritt in den Blick, was wirklich passiert ist. Wer sich einen Eindruck davon verschaffen will, wie chaotisch die faktische Niederlage und der darauffolgende Rückzug verlaufen ist, wird sich nicht an Goethe, sondern an Friedrich Christian Laukhard halten müssen.[22] Es ist nicht nur eine Frage des sozialen Standorts, von dem heraus die Kriegsereignisse wahrgenommen werden. Auch Goethe gibt hinreichend Hinweise darauf, daß er an der Erfahrung von Schmutz und Chaos, Leid und Zerstörung nicht achtlos vorbeigegangen ist. In einem Brief an das Ehepaar Herder benennt Goethe die Kriegserfahrungen sehr viel drastischer, als er sie in seinem *Campagne*-Text schildert:

> Ich eile nach meinen mütterlichen Fleischtöpfen, um dort wie von einem bösen Traum zu erwachen, der mich zwischen Koth und Noth, Mangel und Sorge, Gefahr und Qual, zwischen Trümmern, Leichen, Äsern und Scheishaufen gefangen hielt. (FA, II, 3, S. 647)[23]

Schwer vorstellbar, daß Goethe einen solchen Text publiziert hätte, und bemerkenswert wiederum, daß selbst in dieser drastischen Darstellung ein Moment der rhythmischen Inszenierung und der Distanzierung durch die „Traum“-Metapher nicht fehlt – ganz zu schweigen davon, daß die Aussicht auf die mütterlichen Fleischtöpfe die aktuelle Erfahrung in einem erträglicheren Licht erscheinen läßt.[24]

---

22 Lahnstein hat die gegensätzliche Wahrnehmung desselben Feldzugs durch Goethe und Laukhard systematisch herausgestellt. Vgl. Peter Lahnstein: *Die Kampagne in Frankreich. Eine Studie über die Aufzeichnungen Goethes und Laukhards.* In: Neue Rundschau 74 (1963), S. 417–430; bes. S. 426–429.

23 Vgl. auch Hans-Wolf Jäger: *Reineke Fuchs (1792).* In: *Interpretationen. Goethes Erzählwerk.* Hrsg. von Paul Michael Lützeler u. James E. McLeod. Stuttgart 1995, S. 102–132; hier S. 102 f. – Thomas P. Saine: *Campagne in Frankreich / Belagerung von Mainz (1822).* In: *Interpretationen. Goethes Erzählwerk.* Stuttgart 1985, S. 396–428; hier S. 414–417. – Wilhelm Mommsen: *Die politischen Anschauungen Goethes.* Stuttgart 1948, S. 97 f.

24 Hans Christoph Buch hat nicht ganz zu Unrecht darauf hingewiesen, daß „Goethes Hauptsorge [...] seinem Magen galt“, auch wenn Arno Borst diese Spitze empört zurückgewiesen hat. Vgl. Hans Christoph Buch: *Der „menschlichste aller Menschen“. Retuschen an meinem Goethebild.* In: Literaturmagazin 2: *Von Goethe lernen? Fragen der Klassikrezeption.* Hrsg. von Hans Christoph Buch. Reinbek b. Hamburg 1974, S. 49–67; hier S. 55; dagegen Borst (Anm. 21), S. 97.

Die Drastik der Erlebnisschilderung jedenfalls prägt den veröffentlichten Bericht Goethes nicht, wie es in weiten Passagen von Laukhards Autobiographie der Fall ist. Ganz ernst kann und muß Goethe die Kriegsereignisse nicht nehmen, weil ihm Mittel zu Gebote stehen, sich ihnen zu entziehen. Goethe weiß die Kriegserfahrungen auf Distanz zu halten: Der „Schlafwagen" mit seiner „Bequemlichkeit" blieb ihm „doch dergestalt unzugänglich", daß er sich „Abends mußte hinein, und Morgens wieder heraustragen lassen" (FA I, 16, S. 394 u. S. 433 f.).

Was ihm in der historischen Situation nach der eigenen Schilderung immer nur vereinzelt gelang und gelingen konnte, wird im niedergeschriebenen Text dann zum Konstituens des Erzählens: die Bändigung der Kriegserfahrungen im Akt des Schreibens. Seine ausgereifte Form erreicht dieser Umgang mit den historischen wie den biographischen Revolutionserfahrungen in Goethes *Reineke Fuchs.* In der Aufarbeitung des spätmittelalterlichen Tierepos verarbeitet und gestaltet Goethe in klassischer Weise stilisierend und sublimierend seine Erfahrungen; Hans-Wolf Jäger hat die literarischen Techniken ebenso wie die treibenden Impulse dieses Textes minuziös herausgearbeitet und kommt zu dem Schluß, der analog auch für die *Campagne in Frankreich* gilt: „Kunst bannt die Schrecken der Realität, distanziert den Verdruß" und ist ein Instrument zur „Bewältigung des zeitgenössischen Schreckens".[25] Fast vier Jahrzehnte später hat Goethe diese Auffassung von Kunst im Gespräch mit Johann Peter Eckermann noch einmal programmatisch bekräftigt, wenn er feststellt, daß die Poesie „uns doch eigentlich dazu gegeben ist, um die kleinen Zwiste des Lebens auszugleichen und den Menschen mit der Welt und seinem Zustand zufrieden zu machen" (FA II, 12, S. 262).

In dem Reisetext verwendet Goethe eine ganze Reihe literarischer Techniken – die meist durchaus nicht neu sind –, um sich von den eigenen Erfahrungen durch stilistische Inszenierungen zu distanzieren. Schon ausführlich beschrieben wurde, wie sehr ihm die Naturbeobachtung und speziell seine Vorarbeiten zur Entwicklung der Farbenlehre zu einem Gegenmodell zu kriegerischen historischen Auseinandersetzungen werden.[26] Er selbst betont dies mehrfach und ausdrücklich (FA I, 16, S. 405 f. u. S. 419). Die Abwendung von der Geschichte und die Hinwendung zur Natur paßt ins fundamentale Weltverständnis Goethes; deshalb kann leicht übersehen werden, daß es im konkreten Zusammenhang auch eine Technik ist, sich den biographischen Erfahrungen zu entziehen.

Neben ihr stehen andere, ähnlich gelagerte Strategien. Goethe inszeniert Geschichte als Schauspiel. Die theatralische Inszenierung trägt schon deutliche Züge einer Ästhetisierung, die bei Goethe dann das Generalverfahren wird, um sich die Unordnung des Krieges vom Leibe zu halten. Bemerkenswert ist im Kontrast dazu die sehr bewußte Umkehrung der Schauspielmetapher, die sich in den Erinnerungen Laukhards findet:

> Ich war Zuschauer und Mitakteur, obgleich einer der geringsten, wenn gleich nicht gerade der kurzsichtigsten, auf einem Theater, worauf eine der merkwürdigsten Tragikomödien unsers Jahrtausends aufgeführt worden ist.[27]

---

25 Jäger (Anm. 23), S. 109 u. S. 119.

26 Vgl. Karl Richter: *Das „Regellose" und das „Gesetz". Die Auseinandersetzung des Naturwissenschaftlers Goethe mit der Französischen Revolution.* In: GJb 1990, S. 127–143; hier bes. 130–132. – Müller (Anm. 18), hier bes. S. 120 f.

27 Friedrich Christian Laukhard: *Leben und Schicksale, von ihm selbst beschrieben.* 3. Theil. Leipzig 1796 (reprograph. Nachdr. Frankfurt a. M.: Zweitausendeins 1987), S. 3.

Goethe hingegen sieht sich weniger als Akteur denn als Zuschauer. Er singularisiert häufig die historischen Ereignisse, die in ihrer Unordnung und Monumentalität ihm überwältigend entgegentreten, und er reduziert sie zu einzelnen Szenen pittoresken Charakters:

> Diese Reitermassen machten zu der angenehmen Landschaft eine reiche Staffage, man hätte einen van der Meulen gewünscht um solchen Zug zu verewigen; alles war heiter, munter, voller Zuversicht und heldenhaft. Einige Dörfer brannten zwar vor uns auf, allein der Rauch tut in einem Kriegsbilde auch nicht übel. (FA I, 16, S. 423)[28]

Die Epocheninszenierung gehört dazu; mit ihr wird eine Ordnung des Vorher und Nachher geschaffen, die eine Grundkonstituente historischer Ordnungsentwürfe ist. Sein Text über die *Campagne in Frankreich* verdankt die große Prominenz, die er bei der Nachwelt bekommen hat, nicht zuletzt der berühmten Bemerkung über den epochalen Charakter der Kanonade von Valmy. Darüber ist schon viel gesprochen und geschrieben worden. Ob Goethe diesen Satz tatsächlich gesagt und ob er ihn so gesagt und ob er ihn zu diesem Zeitpunkt gesagt hat, wird unentschieden bleiben müssen; der Hinweis, daß er eine ähnliche, aber doch nur entfernt verwandte Briefäußerung zeitnah zu dem Ereignis gemacht hat,[29] mag eher dafür als dagegen sprechen, daß Goethe dieses Ereignis so gesehen hat. Das freilich ist ebenso wenig das eigentliche Problem dieses Satzes wie der andere Einwand, der gegen Goethes Selbststilisierung vorgetragen wurde – nämlich der, daß die Äußerung falsch war, falls sie überhaupt gefallen sein sollte: Die Kanonade von Valmy war gerade nicht ein historisches Ereignis, sondern eine belanglose Episode in der Geschichte der Französischen Revolution.[30]

Eigentlich interessant aber ist nicht die Frage nach der Authentizität der Äußerung oder nach ihrer historischen Richtigkeit, sondern nach ihrem Status im Reigen der Selbstinszenierungen Goethes. Das vermeintlich epochale Ereignis der Kanonade von Valmy erhält seine Bedeutung im Kontext dieses Reisetextes doch wohl vor allem dadurch, daß Goethe dem Ereignis beigewohnt hat: „Wenn heute irgendwo die Kanonade von Valmy als historisches Ereignis bezeichnet wird, geschieht es einzig und allein, weil Goethe diesen Satz 1820/21 niederschrieb".[31]

Goethe verfolgt den Schiffbruch, den die Koalitionstruppen vor Valmy erfahren haben, unbewegten Gemüts. Vielleicht folgt er hier einem sozialpsychologischen Muster, das ihn zu einem guten Beispiel „für das frühbürgerliche Desinteresse am Krieg"[32] macht, wenn er sich wiederum auf die bei Lukrez vorgegebene Konstellation „Schiffbruch mit Zuschauer" zurückzieht, die sich zu einem bewährten Topos der Bearbeitung von Katastrophenerfahrungen entwickelt hat und der gerade im 18. Jahrhundert im Zuge der Erhabenheitsdiskussion wieder einen neuen Aufschwung erfuhr. Fünfzehn Jahre später, als sich die Folgen der Französischen Revolution ihrem Ende zuneigen, wiederholt sich die Konstellation. Goethe

---

28 Vgl. dazu auch Lahnstein (Anm. 22), S. 424. Solche und ähnliche Passagen in Goethes Text erinnern natürlich an Ernst Jüngers Tagebucheintrag zum Brand von Paris am 27. Mai 1944; vgl. Ernst Jünger: *Sämtliche Werke.* 1. Abt.: *Tagebücher III. Strahlungen II.* Stuttgart 1979, S. 271.

29 In einem Brief an Knebel vom 27. September 1792; vgl. Mommsen (Anm. 23), S. 96.

30 Vgl. Borst (Anm. 21), S. 100 f.

31 Ebd., S. 101.

32 Wilfried von Bredow: *Goethe in Valmy.* In: *Die Wiedergeburt des Krieges aus dem Geist der Revolution. Studien zum bellizistischen Diskurs des ausgehenden 18. und beginnenden 19. Jahrhunderts.* Hrsg. von Johannes Kunisch u. Herfried Münkler. Berlin 1999, S. 113–130; hier S. 116.

wird zum Beobachter der Niederlage der preußischen Truppen in Jena gegen Napoleon. Heinrich Luden, der während der Kriegswirren ausgeplündert worden war, trifft Goethe – zu dem er ausweislich seiner Memoiren ein durchaus spannungsreiches Verhältnis hatte – ein Jahr später bei Knebel und spricht ihn auf seine Gemütsverfassung angesichts der preußischen Niederlage und ihrer Folgen an, worauf Goethe antwortet:

> ‚Ich habe gar nicht zu klagen. Etwa wie ein Mann, der von einem festen Felsen hinab in das tobende Meer schauet, und den Schiffbrüchigen zwar keine Hülfe zu bringen vermag, aber auch von der Brandung nicht erreicht werden kann, und nach irgend einem Alten soll das sogar ein behagliches Gefühl sein.' – (‚nach Lukrez!' rief Knebel hinein) – ‚so habe ich wohlbehalten da gestanden und den wilden Lärm an mir vorüber gehen lassen.' Ich will nicht leugnen: bei diesen Worten, in der That mit einer gewissen Behaglichkeit ausgesprochen, lief mir einige Kälte über die Brust hinweg.[33]

Eine Eintragung in den *Tag- und Jahresheften* zu 1793 zeigt, daß Goethe sich seines Verhaltensmusters durchaus bewußt war:

> Und so hielt ich für meine Person wenigstens mich immer fest an diese Studien, wie an einem Balken im Schiffbruch: denn ich hatte nun zwey Jahre unmittelbar und persönlich das fürchterliche Zusammenbrechen aller Verhältnisse erlebt. (FA I, 17, S. 25)

Bei seinem dritten Besuch des Rheinfalls von Schaffhausen im Zuge seiner dritten Schweizer Reise hat Goethe seinen Eindruck des Naturereignisses, ganz entsprechend der zeitgenössischen Erhabenheits-Diskussion, mit einer Variante des Lukrez-Zitats kommentiert: „Sicherheit neben der entsetzlichen Gewalt" (FA I, 16, S. 193). Was hier für die Naturbeobachtung festgestellt wird, gilt gleichermaßen für die Betrachtung der Geschichte, wie sie Goethe im Frankreich-Feldzug oder eben nach der Schlacht von Jena entgegentritt.

In der „Zwischen-Rede" zieht Goethe eine Bilanz. Sie macht deutlich, wie sehr das Persönliche für ihn vor dem Historischen stand. Wiederum sentenziös und abschließend stellt Goethe im Rückblick auf den Feldzug, aber in bedeutender Verallgemeinerung fest, daß ihm das „wunderbare Los beschieden war, durch manche Stufen der Prüfung, des Tuns und Duldens durchzugehen, so daß ich, in eben der Person beharrend, ein ganz anderer Mensch geworden" (FA I, 16, S. 513).

IV. Die dritte Schweizer Reise

Goethes dritte Reise in die Schweiz steht einerseits durchaus in der Kontinuität der anderen Reisen; zum anderen aber unterliegt sie erkennbar neuen Gesetzen. Goethe unternimmt die Reise im Sommer 1797; mehr als ein Vierteljahrhundert später, unmittelbar nach dem Erscheinen der *Campagne in Frankreich* und der *Belagerung von Mainz*, beginnt Goethe auch über die Publikation jener Texte nachzudenken, die im Zusammenhang mit dieser

33 Heinrich Luden: *Rückblicke in mein Leben. Aus dem Nachlasse.* Jena 1847, S. 103; die Stelle wird kommentiert bei Hans Blumenberg: *Schiffbruch mit Zuschauer. Paradigma einer Daseinsmetapher.* Frankfurt a. M. 1979, S. 47–50.

dritten Schweizer Reise entstanden sind.[34] Erschienen sind sie zu Lebzeiten nicht mehr. Goethe hat aber testamentarisch ausdrücklich verfügt, daß Eckermann diese Texte nach eigenem Ermessen redigieren und herausgeben solle. Der markante Unterschied zu den anderen Reisen Goethes ist der, daß diese Reise von ihm sorgfältig vorbereitet und jahrelang geplant war.[35] Es war eine Reise, die wissenschaftlichen Zwecken dienen sollte und die er gemeinsam mit Heinrich Meyer unternehmen wollte, was dann teilweise auch realisiert wurde. Ihr eigentliches Ziel war es, ein wissenschaftliches Werk zu „Geographie und Kultur Italiens" zu schreiben. Von diesem Plan geben ausführliche vorbereitende Notizen und Schemata Auskunft (FA I, 15.2, S. 935–1038). Erneut kommt Goethe nicht dazu, die Reise nach Italien in der geplanten Weise zu unternehmen; und erneut wird die Reise in die Schweiz zu einem sehr unzureichenden Ersatz dafür. Aber offensichtlich sind es diese wohlkalkulierten Vorbereitungen, die der Durchführung der Reise ein anderes Gepräge geben.

Goethe findet einen neuen Zugang zum Problemfeld ‚Reise'. Goethe definiert einen Reisezweck, er formuliert eigene Techniken der Beobachtung, und er nimmt schließlich einen Adlatus mit, Johann Jacob Ludwig Geist, der die Reise schriftlich dokumentieren soll und von dem in den Reisenotizen Goethes keine Spur sichtbar ist. Über die eigene Technik des Reisens und der Beobachtung hat Goethe im Kontext dieser Reisebriefe recht ausführlich Rechenschaft gegeben. Er reist von Weimar nach Frankfurt, stellt dort seine junge Familie, Christiane und den Sohn August, der Schwieger- und Großmutter vor, findet offensichtlich wenig Anklang, schickt die Familie zurück und streift damit die Elemente des Autobiographischen ab, die der Reise bis dahin angehaftet haben. Von Frankfurt an wird die Reise zur wissenschaftlichen. Ausdrücklich grenzt Goethe diese Reise und ihre Wahrnehmung von früheren ab:

> In früherer Zeit imponieren und verwirren uns die Gegenstände mehr, weil wir sie nicht beurteilen noch zusammenfassen können, aber wir werden doch mit ihnen leichter fertig, weil wir nur aufnehmen was in unserm Wege liegt und rechts und links wenig achten. Später kennen wir die Dinge mehr, es interessiert uns deren eine größere Anzahl und wir würden uns gar übel befinden, wenn uns nicht Gemütsruhe und Methode in diesen Fällen zu Hülfe käme. (FA I, 16, S. 101)

„Gemütsruhe und Methode" also sind die Prinzipien, denen die neue Reise folgt. An Schiller schreibt er von unterwegs, er habe „schon ein Paar tüchtige Aktenfaszikel gesammelt", in die „alles […] eingeschrieben und eingeheftet" (FA I, 16, S. 204) worden sei, was ihm unterwegs begegnete; „in der fast pedantischen Art der Vorbereitung"[36] zeigt sich der neue Zugang Goethes zur erfahrenen Wirklichkeit, wobei Goethes „Fähigkeit zur Pedanterie und zur entschlossenen Unterdrückung der Phantasie durch den Umgang mit Meyer wohl gefördert worden ist".[37]

---

34 Zur Entstehungs- und Publikationsgeschichte vgl. Thomas P. Saine: *Campagne in Frankreich 1792 / Belagerung von Mainz.* In: Goethe-Handbuch, Bd. 3, S. 369–385; hier S. 375–377.

35 Vgl. den Kommentar zu Johann Wolfgang Goethe: *Tagebücher. Historisch-kritische Ausgabe.* Im Auftrag der Stiftung Weimarer Klassik hrsg. von Jochen Golz unter Mitarb. von Wolfgang Albrecht, Andreas Döhler u. Edith Zehm. Bd. II/2: *1790–1800.* Hrsg. von Wolfgang Albrecht u. Edith Zehm. Stuttgart, Weimar 2000, S. 549–593.

36 Andreas (Anm. 12), S. 432; vgl. auch Hentschel (Anm. 4), S. 87–90.

37 Vgl. Boyle (Anm. 16), S. 116.

Auf diese Weise gelingt es Goethe, sich der Überfülle der Wahrnehmung zu entziehen: „der Stoff inkommodiert mich nicht, weil ich ihn gleich zu ordnen oder zu verarbeiten weiß" (FA I, 16, S. 231). Die Tendenz ist klar: Das Prinzip heißt Ordnung, und es ist jetzt die wissenschaftliche, nicht mehr die persönliche Ordnung, die Goethe dem Stoff seiner Wahrnehmung auferlegt, aber die Reise ist auch – und nicht zuletzt – eine biographische Inszenierung: eine künstliche Wiederholung der Reise von 1775.[38]

Freilich bleibt Goethe dabei nicht stehen. Die dritte Schweizer Reise ist noch nicht die letzte Station in der Entwicklung des Reisenden Goethe. In einem Brief an Schiller deutet er selbst an, wohin ihn der Weg noch führen wird:

> Von dem unfruchtbaren Gipfel des Gotthardts bis zu den herrlichen Kunstwerken, welche Meyer mitgebracht hat, führt uns ein labyrinthischer Spazierweg durch eine verwickelte Reihe von interessanten Gegenständen, welche dieses sonderbare Land enthält. (FA I, 16, S. 231)

In der Tat tritt die Herausforderung durch die erhabene Natur für den Reisenden Goethe immer weiter zurück. Die drei Schweizer Reisen lassen sich, etwas schematisch, aber doch nicht verfehlt, mit den Begriffen „eine *Geniereise*, eine *Erlebnisreise* und eine *Bildungs- und Forschungsreise*"[39] charakterisieren. Goethe hat einen weiten Weg von der Harzreise und dem Brocken, der einen „mythischen, autobiografisch beunruhigenden Reiz ausübte", bis zur dritten Schweizer Reise zurückgelegt: Am Ende „ist es jetzt die Kunst, die Goethes Interesse erweckt".[40]

V. *Zurück zur Kunst: Das Sankt-Rochus-Fest zu Bingen und die Reise an Rhein, Main und Neckar*

Dieses neue Interesse findet schließlich seinen literarischen Ausdruck im letzten größeren Komplex von Reisetexten. Knapp zwanzig Jahre nach der Schweizer Reise, 1816, veröffentlicht Goethe unter dem Titel *Ueber Kunst und Alterthum in den Rhein und Mayn Gegenden* einen Bericht über die Kunstgegenstände, die er während seiner Reisen von 1814 und 1815 in verschiedenen Orten am Rhein und Main vorgefunden hatte.

Dieser Bericht versteht sich als kulturpolitische Dokumentation, nicht als persönliche Reisebeschreibung. Im Jahr darauf, 1817, läßt er dieser Schrift einen Bericht seiner Rheinreise von 1814 folgen (*Sanct Rochus-Fest zu Bingen*), den er zusammen mit dem gemeinsam mit Meyer verfaßten Aufsatz *Neu-deutsche religios-patriotische Kunst* und einigen kleineren Beiträgen als „Zweytes Heft" unter dem Titel *Ueber Kunst und Alterthum in den Rhein und Mayn Gegenden* veröffentlichte. Unter dem gleichen Titel erschien ebenfalls 1817 ein drittes Heft, das mit einem weiteren Bericht der Rheinreise von 1814 eröffnet wurde: *Im Rheingau Herbsttage. Supplement des Rochus-Festes, 1814.* In den beiden Schriften zum Rochus-Fest zeigt sich Goethe wiederum angezogen von katholischen Festbräuchen: Während er noch aus Rom sich verächtlich darüber geäußert hatte, bewies er schon im

38 Vgl. ebd., S. 691 f.
39 Binder (Anm. 7), S. 20.
40 Andreas (Anm. 12), S. 431.

Anschluß an die Campagne während seines Besuchs in Westfalen soviel Sinn für die katholischen Riten (FA I, 16, S. 552), daß er in den Verdacht kam, katholisch geworden zu sein.[41]

Die berühmteste seiner Fest- und Volksbeschreibungen ist sein Bericht *Das Römische Carneval* während seines zweiten römischen Aufenthalts. Es ist bekannt, wie beängstigend Goethe dieses Fest, „das dem Volke eigentlich *nicht gegeben wird, sondern das sich das Volk selbst gibt*", empfunden hat. Er stellt fest, „daß das Römische Carneval einem fremden Zuschauer, der es zum erstenmal sieht und nur *sehen* will und kann, weder einen ganzen noch einen erfreulichen Eindruck gebe, weder das Auge sonderlich ergötze, noch das Gemüt befriedige" (FA I, 15.1, S. 518). Im römischen Karneval trat ihm eine fremde Welt entgegen, die weit entfernt war von jener Klassizität, die er in Italien gesucht und ohnehin nur vereinzelt gefunden hatte. Das Gewimmel und das Chaos, das er in Rom beobachtet, nehmen die Großstadterfahrungen vorweg: „It is a description which anticipates our contemporary techniques of ‚shock'"[42].

Das Sankt-Rochus-Fest in Bingen hingegen erfährt Goethe anders. Im Ganzen zeigt er eine freundliche Teilnahme, die nicht ohne leichte, aber doch wohlwollende Ironie beschrieben wird. Die Harmonie und die Abrundung des Volkslebens, die Heiterkeit, die Ordnung, die der katholische Ritus dem Volksleben aufprägt, sprechen Goethe an. Vor allem aber, so darf man vermuten, ist es die Geschichtsferne, die ihn in dieser neuerlichen Schlüsselepoche der europäischen Geschichte freundlich berührt.

Das Sankt-Rochus-Fest findet in jener Zeit statt, die den Abschluß der Revolutionswirren markiert. Napoleon ist besiegt, der Wiener Kongreß ist 1814/15 gerade dabei, Europa neu zu ordnen und eine postrevolutionäre restaurative Ordnung herzustellen; Prozesse, die 1816, als Goethe seine Reise beschreibt, abgeschlossen sind. Es ist sicher plausibel, in diesem kleinen Text eine Art „Summe seiner Gedanken über die Zeit nach den Befreiungskriegen"[43] zu sehen.

Das Sankt-Rochus-Fest ist diesen historischen Entwicklungen weit entrückt. Auf der anderen Seite aber bleibt Goethe durchaus nicht verborgen, daß die Harmonie dieses Festes eigene Abgründe verbirgt. Ganz beiläufig – „um ein Fest zu feiern, das seit vielen Jahren durch Schickung Gottes unterbrochen worden" (FA I, 16, S. 367) – weist er darauf hin, daß es im Laufe der revolutionären Wirren über lange Jahre unterbrochen werden mußte, und daß erst jetzt, im Zuge der Restauration offensichtlich der alte Brauch wieder aufgenommen werden kann. Daß hinter der Festliturgie auch die Gewalt verborgen ist, zeigt seine Beschreibung der Dachsjagd:

> Ein flinker, derber Bursche läuft hervor, einen blutenden Dachs behaglich vorzuweisen. Das arme schuldlose Tier, durch die Bewegung der andringenden frommen Menge aufgeschreckt, abgeschnitten von seinem Bau, wird, am schonungsreichsten Feste, von

---

41 Vgl. Boyle (Anm. 16), S. 185.

42 Karl Heinz Bohrer: *Covert Confessions: The Tension between Goethe and Schiller, a Prelude to Modernism.* In: *Goethe Revisited. A Collection of Essays.* Hrsg. von Elizabeth M. Wilkinson. London, New York 1983/84, S. 85–110; hier S. 93 f. Vgl. zu Goethes Anspruch bei der Beschreibung des Karnevals, welche die „verwirrende Erscheinungsvielfalt" in ein „klassisches Beschreibungskonzept" einbinden wollte, Hentschel (Anm. 4), S. 82 f.

43 Alfred G. Steer, jr.: *„Sankt-Rochus-Fest zu Bingen". Goethes politische Anschauungen nach den Befreiungskriegen.* In: Jb. des Freien Deutschen Hochstifts 1965, S. 186–236; hier S. 186.

> den immer unbarmherzigen Menschen, im segenvollsten Augenblicke getötet. (FA I, 16, S. 356 f.)[44]

Wie so oft beim klassischen Goethe, so zeigt sich hier, daß die Harmonie ein künstliches Produkt ist, das auch in einer Phase der geschichtlichen Beruhigung eher der literarischen Darstellung der Wirklichkeit angehört.

Im Zentrum der Berichte über Kunst und Altertum an Rhein und Main steht die Kunst, ihre Betrachtung, ihre verwaltungsmäßige und institutionelle Pflege: „Während der turbulenten Zeit nach Napoleons Sturz galt Goethes besonderes Interesse der Rettung der kulturellen Werte"[45]. Das war der Plan. In weitgehend nüchterner, klar gegliederter Darstellung, die sich nur gelegentlich Emphase gönnt, werden die Institutionen beschrieben, die am Rhein und Main der Pflege der Kunst dienen.

Die Reise wie auch ihre Schilderung gewinnen durch diesen Gegenstand Maß und Ziel. Erstmals und abschließend ist Goethes Reiseprosa dort angekommen, wohin sie vielleicht seit der *Harzreise* strebt. Aus den fragmentarischen, stets das eigene Leben auf- und angreifenden früheren Texten wird am Ende die Objektivität des betrachtenden Reisenden, der sich den Gegenständen unterwirft. Goethe hat auch durchaus einen Sinn gehabt für diese seine eigene Entwicklung. In den *Tag- und Jahresheften* hat er selbst den Weg beschrieben, den er teils schon gegangen war und den er teils noch gehen wird:

> Seit Sterne's unnachahmliche sentimentale Reise den Ton gegeben und Nachahmer geweckt, waren Reisebeschreibungen fast durchgängig den Gefühlen und Ansichten des Reisenden gewidmet. Ich dagegen hatte die Maxime ergriffen, mich soviel als möglich zu verläugnen und das Object so rein als nur zu thun wäre in mich aufzunehmen. (FA I, 17, S. 17)

In der Kunst, und weniger in ihrer Betrachtung als in ihrer institutionellen Organisation, findet der Reisende Goethe seine Ruhe. Die Beunruhigungen, die zunächst von seinem eigenen Ich ausgingen, dann von der Geschichte, die mit ihren revolutionären Ereignissen in sein Leben eingegriffen hat, werden hier stillgestellt. In seiner Auseinandersetzung mit den Romantikern insistiert Goethe auf einem klassischen – von Johann Heinrich Meyer beeinflußten – Kunstverständnis, wie Friedrich Wilhelm Riemer im Mai 1811 festhielt: Goethe klagte ihm gegenüber darüber, daß jedem nur daran liege, sein „Subjekt und sein Subjektives zu pronieren, niemals das Objekt oder die Objekte hervortreten zu lassen, ihm Ehre und Würde zuzugestehen".[46]

Goethes kleine Reisetexte bewegen sich im Spannungsfeld von Natur, Subjekt und Geschichte; und die Spannung findet schließlich ihre Auflösung in der Kunst.

VI. Ein Nachspiel

Mit seiner Rhein-, Main- und Neckarreise ist der Reisende Goethe noch nicht an seinem Ziel angekommen. Am Ende findet er eine neue Lösung der Spannungen, von denen seine Reiseprosa geprägt ist. Just in der Zeit, nachdem seine letzte Reisebeschreibung erschienen

---

44 Auf die Bedeutung dieser Textpassage hat Christoph Michel in der Weimarer Diskussion hingewiesen. – Zur Interpretation vgl. Steer (Anm. 43), S. 223–225.

45 Steer (Anm. 43), S. 198; vgl. auch S. 210.

46 Gespräche, Bd. 2, S. 661.

ist, findet der Weimarer Bibliotheksverwalter Goethe einen ganz eigenen Zugang zur Reiseliteratur, auf den jetzt Karl S. Guthke aufmerksam gemacht hat. Guthke hat die Berichte von Johann Christian Hüttner über den englischen Buchmarkt systematisch ausgewertet. Es handelt sich um rund dreitausend Quartseiten, die Hüttner zwischen 1814 und 1829 in der Art von Buchberichten und -rezensionen für den Weimarer Herzog geschrieben hat. Goethe hat, nach der Rekonstruktion Guthkes, diese Berichte sehr aufmerksam wahrgenommen. Hier, in Form der Buchlektüre, holt er manches nach, was er als schwieriger Reisender versäumt hat. Daß Goethes Interesse an der weiten Welt das endgültige – aber eben doch nur lesende – Ausgreifen über das eigene Ich und seine Probleme und ebenso über die bloße Kunstbetrachtung in die „weite Welt" hinaus ist, ist sicherlich ein wichtiger Befund, der den Reisenden Goethe im Alter in einem neuen Licht erscheinen läßt.

Interessanter und amüsanter aber ist das Nachspiel, das Guthke seinem Text anfügt. Goethe erscheint nicht als Reisender, sondern als Monument. Es ist bekannt, daß Goethe im Alter zu einem international angesehenen Dichter geworden ist, den zu besuchen durchaus als Pflicht eines europäischen intellektuellen Reisenden verstanden werden konnte. Heinrich Luden erinnert sich daran:

> Kamen die Fremden von Weimar her, so erzählten sie mir ihre Abenteuer in Beziehung auf Goethe. Einige, von bedeutendem Namen durch Geburt, hohe Stellung oder literarische Werke, hatten das Glück gehabt, von dem außerordentlichen Mann empfangen zu werden, und diese Glücklichen waren gewöhnlich auf das Höchste erbauet.[47]

Mit unerschütterlichem Gleichmut läßt Goethe die Reisenden an sich vorüberziehen. „[...] tatsächlich waren in dem täglichen Besucherstrom auch solche, die Goethe nur zu *sehen* wünschten, wie einen Wasserfall auf der Reiseroute"[48]. Damit hat der Reisende Goethe endgültig die Rolle gefunden, die ihm angemessen erschien und die er durchaus nicht ohne Ironie zu spielen weiß. Das mag als Endpunkt von Goethes Reiseleben stehen bleiben: Das reisende Subjekt wird zum Objekt der Reisenden.

---

47 Luden (Anm. 33), S. 1.
48 Karl S. Guthke: *Goethes Weimar und „Die große Öffnung in die weite Welt"*. Wiesbaden 2001, S. 174.

ADRIAN HSIA

Goethes poetische Chinareise
Unterhaltungen europäischer Chinafahrer

Seit Woldemar Freiherr von Biedermann zwischen 1879 und 1894 dreimal auf mögliche chinesische Elemente im Werk Goethes eingegangen ist[1], sind zahlreiche Aufsätze und mindestens eine Dissertation zu diesem Thema veröffentlicht worden[2], auch ein Symposium *Goethe und China*[3] hat stattgefunden. Nach gut einem Jahrhundert scheint so ziemlich alles gesagt zu sein. 1994 hat Günther Debon ein Buch mit dem Titel *China zu Gast in Weimar*[4] publiziert. Ihm folgte Adrian Hsia mit einer Analyse von Herders Sinophobie und von Seckendorffs Sino-Romantik.[5] Diesen Kreis schloß im Jahr 2000 Wuneng Yang mit der Veröffentlichung seiner überarbeiteten Magisterarbeit zur Goethe-Rezeption in China.[6]

Wie läßt sich Goethes Chinareise poetisch gestalten, wenn er nur in kleineren Arbeiten China berührte? Alles Poetische würde an Reiz verlieren, wenn man noch einmal das *Elpenor*-Fragment, die Novelle *Der Mann von funfzig Jahren*, Goethes Übersetzungen chinesischer

---

1 Woldemar Freiherr von Biedermann: *Elpenor.* In: ders.: *Goethe-Forschungen.* Bd. 1, Frankfurt a. M. 1879, S. 94–123; *Chinesisch-deutsche Jahres- und Tageszeiten.* In: ders.: *Goetheforschungen*, N. F. (Bd. 2). Leipzig 1886, S. 436–446; *Goethe und das chinesische Schrifttum.* In: Zeitschrift für vergleichende Literaturgeschichte. N. F. 7 (1894), S. 383–401. Dieser Aufsatz ist wieder abgedruckt in: ders.: *Goetheforschungen.* Bd. 3. Leipzig 1899, S. 173–197.

2 Zur Bibliographie hierüber siehe u. a. Christine Wagner-Dittmar: *Goethe und die chinesische Literatur.* In: Erich Trunz: *Studien zu Goethes Alterswerken.* Frankfurt a. M. 1971, S. 122–228; hier S. 227. Erich Ying-yen Chung: *Chinesisches Gedankengut in Goethes Werk.* Dissertation. Mainz 1977; hier: S. 255–262. Günther Debon: *Goethes Berührungen mit China.* In: GJb 2000, S. 46–55.

3 Das Symposium *Goethe und China – China und Goethe* wurde 1982 von Günther Debon und Adrian Hsia in Heidelberg veranstaltet. Die Beiträge wurden unter demselben Titel als Bd. 1 der Reihe *Euro-Sinica*, Bern 1985, publiziert.

4 Heidelberg 1994.

5 Siehe das Kapitel über *Chinesia in Weimar.* In: Adrian Hsia: *Chinesia. The European Construction of China in the Literature of the 17th and 18th Centuries.* Tübingen 1998; hier S. 115–130.

6 Frankfurt a. M. 2000. Yang hat auch ein Büchlein zum Thema *China und Goethe* auf Chinesisch herausgebracht, in dem aber auf die Goethe-Rezeption in China kaum eingegangen wird. Dagegen hat er die grenzenlose Verehrung Goethes für die chinesische Kultur dargestellt. Er gab den chinesischen Lesern bekannt, daß Goethe in Deutschland schlechthin als der „Konfuzius von Weimar" bekannt sei. In meiner Rezension habe ich angeregt, daß er, statt die China-Rezeption Goethes kreativ zu entwickeln, sich der chinesischen Goethe-Rezeption widmen sollte. Es ist erfreulich für die Goethe-Forschung, daß dies geschehen ist.

Gedichte und die *Chinesisch-deutschen Jahres- und Tageszeiten* präsentierte und noch einmal „O Ouen Ouang" ausriefe. Ein Goethe-Leser bleibt nicht lange wie Faust in seiner Studierstube, er sucht Hilfe bei Goethe und seinem Umkreis selbst. Vielleicht angeregt durch das Buch *Goethes Morgenlandfahrten*[7], hört man plötzlich von einem unbekannten Manuskript, das allerdings erst im 10. Millennium nach der chinesischen Zeitrechnung – wir befinden uns erst im 5. Jahrtausend – aufgefunden werden sollte. Da es aber den sagenhaften Titel *Unterhaltungen europäischer Chinafahrer mit Goethe* trägt, wollen wir schon heute davon Bericht erstatten.

Wegen des Abstands zwischen der Fund- und der Berichtszeit ist es nicht genau auszumachen, wo das kostbare Manuskript gefunden werden wird. Auch ist die Zeit der Reise Goethes nicht sicher feststellbar. Es ist ja bekannt, daß er im 18. Jahrhundert die Chinamode ablehnte und deren Kunstprodukte als ‚Schnickschnack' abtat. Überhaupt schien er sich um diese Zeit, wenn überhaupt, mehr für das Sachliche an China zu interessieren.[8] Erst um die Zeit der Völkerschlacht bei Leipzig, im Oktober 1813, begann bei Goethe eine kurze Sinica-Periode. Vom 4. Oktober bis zum 17. November lieh er neun Bücher über China aus. Allein vier davon behandeln die Gesandtschaftsreise des Grafen Macartney nach China. Auf seiner poetischen Reise wird Goethe einem der Buchautoren begegnen. Corneille de Pauws *Recherches philosophiques sur les Egyptiens et les Chinois*[9] haben ihn wohl besonders interessiert, denn er behielt das Buch fast zwei Jahre. De Pauws negative Sicht der Ägypter und Chinesen teilte er nicht. Da aber Herder teilweise sich dessen Auffassungen anschloß, wird Goethe sich mit dem Weimarer Freund auf seiner Reise nach China über de Pauw unterhalten. Goethes Interesse an China um die Zeit der Völkerschlacht war nur von kurzer Dauer. Es bezeichnete für etwa zwei Monate einen geistigen Fluchtpunkt. Nach allgemeiner Auffassung hat sich Goethe um diese Zeit hauptsächlich für die geologischen Verhältnisse Chinas interessiert. Das ist sicherlich richtig, bedarf aber der Einschränkung. Marco Polos Reisen und Corneille de Pauws Reflexionen über die Ägypter und Chinesen, gewiß keine geologischen Fachbücher, gehörten zu Goethes Lieblingslektüre. Auch Aeneas Andersons Bericht über Macartneys Gesandtschaftsreise, den Goethe sowohl im englischen Original als auch in zwei verschiedenen deutschen Übersetzungen las, enthält nichts Geologisches. Die später (und auch früher) ausgeliehenen Bücher über China behandeln kaum Naturwissenschaftliches, sondern vor allem Kultur und Literatur Chinas[10], darunter auch Übersetzungen aus dem Chinesischen. Diese Lektüre führte schließlich zu der Äußerung Goethes gegenüber Eckermann am 31. Januar 1827:

> Die Menschen denken handeln und empfinden fast eben so wie wir und man fühlt sich sehr bald als ihres Gleichen nur daß bei ihnen alles klarer, reinlicher und sittlicher zugeht. Es ist bei ihnen alles verständig, bürgerlich, ohne große Leidenschaft und poetischen Schwung und hat dadurch viele Ähnlichkeit mit meinem Hermann und Dorothea [...]. (MA 19, S. 205)

---

7 Der Untertitel ist *West-östliche Begegnungen*, hrsg. von Jochen Golz, Frankfurt a. M. 1999.

8 Vgl. u. a. Christine Wagner-Dittmar: *Goethe und die chinesische Literatur.* In: Erich Trunz (Hrsg.): *Studien zu Goethes Alterswerken.* Frankfurt a. M., S. 122–228.

9 Berlin 1773.

10 Erich Ying-yen Chung besprach diese Bücher, siehe das dritte Kapitel *Die Beziehung zwischen Chinesischem und Goethe* seiner Dissertation, S. 103 ff.

Dieser Vergleich ist sehr aufschlußreich, weil Goethe die drei chinesischen Romane, die zwei Dramen und die Novellen, deren Übersetzung er gelesen hatte, mit einem seiner Werke gleichstellte. Das heißt, Goethe war von der chinesischen Literatur weder besonders angetan noch stand er ihr ablehnend gegenüber. Kühl stellte er eine gewisse Wesensverwandtschaft fest. Diese Haltung war sowohl im 18. als auch im 19. Jahrhundert ungewöhnlich. Auch Goethes Erkenntnis, daß bei den Chinesen „die äußere Natur neben den menschlichen Figuren immer mitlebt" (MA 19, S. 205), war bemerkenswert. Trotz der wenigen und noch dazu mangelhaften Übersetzungen hatte Goethe zwei Hauptzüge der chinesischen Dichtung und folglich des chinesischen Geistes erfaßt: die Bürgerlichkeit und die Naturnähe. In diesem Punkt war er seiner Zeit um Jahrzehnte voraus. Aufgrund seiner Erkenntnis war er in der Lage, die *Chinesisch-deutschen Jahres- und Tageszeiten*[11] zu schreiben, einen Gedichtzyklus, der Chinesisches sowie Deutsches anklingen läßt.

1827 war ein wichtiges Jahr nicht nur für Goethes Chinarezeption, sondern auch für seine von solcher Rezeption angeregte poetische Produktion. Es gibt keine Anzeichen dafür, daß sich Goethe danach weiter mit China beschäftigte. Aus diesem Grund vermutet man, daß seine poetische Reise in eine spätere Zeit fällt. Feststellen läßt sich leider nicht, ob er seine poetische Reise noch zu Lebzeiten angetreten hat. Es ist nicht auszuschließen, daß Goethe nicht nur einmal gereist ist. Er kann wiederholt gereist sein, bis zu dem Zeitpunkt, wo das Manuskript aufgefunden wird. Anscheinend hat Goethe einen kundigen Reisebegleiter, der manchmal das Wort ergreift, sonst aber damit beschäftigt ist, die Unterhaltungen aufzuzeichnen. Wegen der Materialfülle können wir nur über die wichtigsten Gespräche berichten. Auf Goethes Unterhaltung mit Marco Polo müssen wir leider verzichten, weil die Reise des Italieners keine nennenswerten Auswirkungen hinterlassen hat. Außerdem ist die Forschung sich darüber immer noch nicht einig, ob Polos Reise eine tatsächliche oder gedichtete war.

Als erstes werden wir über Goethes Begegnung mit den Frühaufklärern Gottfried Wilhelm Leibniz und Christian Wolff berichten. Auf einem der fünf heiligen Berge in China rastet Goethe mit seinem Reiseführer in einem Teehaus und sieht dort die beiden Philosophen. Sie kommen sofort ins Gespräch. Leibniz meint, Goethe sei von der Vorsehung favorisiert worden, da es nur etwa fünfzig Jahre gedauert habe, bis Biedermann auf Goethes Beschäftigung mit China aufmerksam machte. Leibniz selbst mußte über zweihundert Jahre warten, bis man sein Buch *Novissima Sinica* (1697 und 1799) wiederentdeckte. Erst 1979 gab es eine deutsche Übersetzung[12]. Goethe bemerkte, daß es selten sei, daß ein protestantischer Denker sich solidarisch mit den Jesuiten erkläre, da das erwähnte Buch eine Auswahl der Jesuiten-Berichte darstelle. Leibniz[13] erwidert, ähnlich wie die Napoleonischen Kriege und die Völkerschlacht bei Leipzig Goethe zu China geführt hätten, sei er selbst durch die Hugenottenkriege in Frankreich und die Aufhebung ihrer Religionsfreiheit im Jahre 1685

---

11 Zur Bibliographie der Interpretation dieses Gedichtzyklus siehe Willy Richard Berger: *China-Bild und China-Mode im Europa der Aufklärung.* Köln, Wien 1990, S. 283–284. Danach hat Günther Debon das XVII. Kapitel seines Buches *China zu Gast in Weimar* (Heidelberg 1994, S. 199–240) noch einmal der Interpretation des Zyklus gewidmet.

12 Diese Übersetzung ist in Adrian Hsia (Hrsg.): *Deutsche Denker über China.* Frankfurt a. M. 1985, S. 9–27, abgedruckt.

13 Über Leibniz und China vgl. Rita Widmaier: *„Das ferne Ebenbild": Leibniz und China.* In: Lutz Bieg, Erling von Mende, Martina Siebert (Hrsg.): *Ad Seres et Tungusos.* Festschrift für Martin Gimm zu seinem 65. Geburtstag am 25. Mai 1995. Wiesbaden 2000, S. 451–476.

motiviert worden. Um diese Zeit näherten sich die jesuitischen Lobpreisungen des aufgeklärten Absolutismus Chinas und der Religionsfreiheit dem Höhepunkt. Wenn der Kaiser der Heiden alle Religionen in China gleich behandeln und Schutz gewähren könne, warum sei das christliche Europa dazu nicht in der Lage, zumal Frankreich unter dem allerchristlichsten König Ludwig XIV.? Deshalb habe er, erklärt Leibniz, die *Novissima Sinica* 1697 drucken lassen, um darauf aufmerksam zu machen, daß Europa zwar die Gnade der Offenbarung empfangen hatte, aber nicht das einzige Kulturland war. Danach erst nahm er Pater Joachim Bouvets Schrift *Portrait historique de l'empereur de la Chine, presenté au Roy* wahr, die gleichzeitig erschienen ist. Er meinte, setzt Leibniz fort, Ludwig sollte sich wirklich ein Beispiel am Kaiser von China nehmen. Daher habe er die Schrift in sein Buch aufgenommen und es sofort wieder nachdrucken lassen. 1699 kam die neue Ausgabe heraus. Allerdings sei er bis heute nicht sicher, ob Ludwig XIV. überhaupt sein Buch wahrgenommen habe.

In diesem Moment ergreift Christian Wolff das Wort. Er meint, sein Mentor habe klug gehandelt, daß er die *Novissima Sinica* nicht der Öffentlichkeit vorlegte, sondern privat drucken ließ und nur an seine Freunde schickte. Dadurch sei das Buch nicht in die falschen Hände geraten. Er selbst, der politisch Unkundige, war nicht so vorsichtig. Wolff erzählt von seinem Ungeschick, 1721, fünf Jahre nach Leibniz' Tod, in der Universität Halle bei der Übergabe des Prorektorats eine Rede über die Sittenlehre der Chinesen gehalten zu haben.[14] Er habe, so erzählt Wolff weiter, die chinesische Morallehre dafür gepriesen, daß sie ohne die Offenbarung Gottes, sondern lediglich mittels der natürlichen Vernunft von Konfuzius geschaffen worden sei. Für die orthodoxen Christen an der Universität war dies reine atheistische Propaganda. Die Nachricht davon kam zu Ohren des Soldatenkönigs, der ihn 1723 aus Preußen verbannte. Diese Episode brachte Wolff zwar eine Eintragung im *Dictionnaire Philosophique* von Voltaire ein[15], und seine Rede wurde fortan als „La belle Wolffienne" in Frankreich bekannt und folglich als „die schöne Wolffianerin" rückübersetzt,[16] doch preußischen Boden durfte Wolff erst 1740 nach der Thronbesteigung von Friedrich II. wieder betreten. Wolff fordert seine Zuhörer auf, sich die Konsequenzen vor Augen zu führen, wenn Leibniz' Lobpreisungen der chinesischen atheistisch-heidnischen Kultur öffentlich verbreitet worden wären. Goethe schaut Leibniz gespannt an, und es herrscht Stille. Endlich spricht Leibniz wieder. Er sagt, heutzutage wisse man im allgemeinen, daß er lange Zeit mit dem China-Missionar Pater Bouvet daran geglaubt habe, daß sein binäres System und die Zahlenphilosophie des *I Ging* identisch seien, so daß er sich als deren Wiederentdecker bezeichnen könne. Aber kaum jemand wisse davon. Genauso unbekannt sei sein unvollendeter *Discours sur la Theologie naturelle des Chinois*, der eine Art Grundlage für Wolffs Ausführungen war. Seine eigenen Anschauungen, setzt Leibniz fort, beruhen tatsächlich auf den Nachrichten der Jesuiten, die seit der Verdammung durch die Theologische Fakultät der Sorbonne im Jahr 1700 zunehmend von Rom aus bekämpft wurden, bis 1742 die jesuitischen Praktiken in China, die als Akkommodation bekannt sind, verboten wurden. Leibniz stellt

---

14 Diese Rede ist bei Adrian Hsia (Hrsg.): *Deutsche Denker über China*. Frankfurt a. M. 1985, S. 42 bis 72, abgedruckt.

15 Siehe Voltaire: *Kritische und Satirische Schriften*. Übersetzt von K. A. Horst, J. Timm u. L. Ronte. München 1970, S. 588 f.

16 Vgl. Willy Richard Berger: *China-Bild und China-Mode im Europa der Aufklärung*. Köln, Wien 1990, S. 57 ff.

weiter fest, daß man fast das ganze 20. Jahrhundert gebraucht habe, um seine Anschauungen über chinesische Kultur herauszuarbeiten und seine Leistungen darin anzuerkennen, eben weil er alles privat betrieben habe. „Du dagegen", sagt er zu Christian Wolff, „wurdest schon zu Lebzeiten von den französischen Kollegen als Märtyrer gefeiert". In diesem Moment tritt Voltaire in das Teehaus ein, vernimmt den letzten Teil des Gesprächs und bestätigt es sofort.

Voltaire freut sich, seine deutschen Kollegen auf dem heiligen Berg in China anzutreffen. Denn er, obwohl strenger Gegner der Jesuiten, war Verfechter ihrer Chinakunde, die er für seine Bibel- und Kirchenkritik benutzte. Die Deutschen wissen, daß kein europäischer Philosoph mehr über China schrieb als er, und laden ihn sofort ein, bei ihnen Platz zu nehmen. Er sagt Leibniz sofort, daß die Hugenottenfrage nicht nur bei ihm, sondern auch bei Pierre Bayle eine Rolle gespielt habe. Um die Ursachen von Intoleranz aufzufinden, wandte sich dieser China zu, zumal er glaubte, daß dieses atheistische und sittliche Land seine Theorie bestätigte, wonach die Moralität nicht von Religion und Glauben abhänge.[17] „Hierin unterscheidet er sich allerdings von dir", sagt er zu Leibniz. Jener propagierte Atheismus, während Leibniz mit seiner Dyadik die Schöpfung des Universums durch Gott zu beweisen suchte. Denn die binären Zahlen 0 und 1 sollen den gebrochenen und ungebrochenen Linien des *I Ging* entsprechen. Das Zusammenwirken von 0 und 1 bzw. von *Yin* und *Yang*, so interpretiert Leibniz, habe aus nichts alles geschaffen. Davon hätte das alte China gewußt, aber es nur im Laufe der Zeit vergessen. Leibniz' Überzeugung, daß China sich zum Christentum bekehren lasse, wenn es von der wahren Bedeutung des *I Ging* erführe, sei nicht glaubhaft, meint Voltaire. Er, d. h. Voltaire selbst, habe keinen vergleichbaren Ehrgeiz. Er wolle lediglich das europäische Weltbild von der Befangenheit bibeltheologischer Perspektive abbringen, die Bibel sei eben nicht die Weltgeschichte. Sein *Essai sur les mœurs et l'esprit des nations* von 1756 sei kein Privatdruck und habe, glaubt er, seinen Zweck erfüllt. Hier ergreift Goethes Reisebegleiter das Wort. Er gibt zu, daß Voltaire tatsächlich China und andere außereuropäische Kulturnationen ins Geschichtsbewußtsein der Europäer gebracht habe. Während Jacques Bénigne Bossuets *Discours sur l'histoire universelle*[18] noch ausschließlich die christliche Heilsgeschichte dargestellt habe, sei dies nach Voltaire nicht mehr möglich gewesen. Herder, der, obwohl protestantisch, nicht weniger christozentrisch war, behandelte beispielsweise die nichtchristlichen Kulturen in seinem Werk *Ideen zur Philosophie der Geschichte der Menschheit* (1784–1791). Der Begleiter meint auch, in der China-Rezeption seien die deutschen Philosophen dem Christentum tiefer verpflichtet als die französischen. Denn Bayle operiere mit Atheismus und Voltaire mit Deismus, während die deutschen Denker tief im Theismus verwurzelt seien. Er fragt sich, ob dies auch den Unterschied zwischen der französischen und der deutschen Aufklärung ausmache. Auf diese Frage hin tritt Stille ein. Jede Gruppe setzt ihre Reise getrennt fort.

Durch seine Lektüre der Berichte über die Gesandtschaftsreise Macartneys hat Goethe von der kaiserlichen sommerlichen Residenzstadt in der Mongolei erfahren. Dort hatte der Manchu-Kaiser den britischen Grafen empfangen. Daher reist Goethe mit seinem Begleiter dorthin. Es ist Anfang September, wegen der nördlichen Lage ist es nachts bitter kalt. Die Besichtigung dauert Tage, und sie werden im gleichen Haus wie seinerzeit Macartney

---

17 Über Bayle siehe Virgile Pinot: *La Chine et la formation de l'esprit philosophique en France (1640 bis 1740)*. Paris 1932, S. 314–329, und René Etiemble: *L'Europe chinoise*. Paris 1988, S. 308–320.

18 Paris 1681.

untergebracht. Eines Abends, als die beiden gemütlich beim Reiswein sitzen, kehrt eine kleine Gruppe von Europäern ein, die sommerlich gekleidet ist und vor der Kälte draußen Schutz sucht. Unter ihnen befinden sich Montesquieu, Herder und Diderot. Goethe will nicht schon wieder in ein Gespräch verwickelt werden und sitzt schweigend da. Er hört, daß die beiden Jüngeren Montesquieu das Kompliment machen, eine geniale Klimatheorie erfunden zu haben. Daraufhin erklärt der Meister, obwohl seine Stimme und sein Körper noch von der Kälte draußen zittern, daß die Chinesen weibisch veranlagt seien, weil China ein heißes Klima habe und die Chinesen demzufolge die natürliche Neigung besäßen, sich versklaven zu lassen. Die wiederholte Eroberung Chinas durch die Tataren, auch das jetzige Manchu-China, sei ein Beweis dafür.[19] Daraufhin flüstert Goethe seinem Begleiter zu, daß es ein Glück sei, daß Voltaire, der Montesquieus Meinung im *Essai* bereits zurückgewiesen habe, jetzt nicht hier sei. Goethe sagt weiter, er habe, wie Montesquieu, George Ansons Buch *Voyages Around the World in 1740–44* (1848) gelesen, in dem stehe, daß die Chinesen von Natur aus betrügerisch und falsch seien. Dazu bemerke Voltaire, der das Buch ebenfalls kenne, Anson sei nur in der Stadt Kanton gewesen und übertrage seine Meinung sofort auf alle Chinesen.[20] Dann hört man Herders Stimme. Goethe bleibt nichts anderes übrig, als sich zu erkennen zu geben. Goethe kennt natürlich Herders Hauptwerk *Ideen zur Philosophie der Geschichte der Menschheit* und weiß, daß dieser den Schöpfer der Klimatheorie dort als den „großen Montesquieu"[21] bezeichnet. Er weiß auch, daß Herder zusätzlich zur Klimatheorie Montesquieus auch vom innern Klima, das das Genie eines Volkes ausmache, spricht. Dieses müßte, mindestens theoretisch, den negativen Einfluß des Klimas ausgleichen können, so daß kein Volk von vornherein aufgrund des tatsächlichen oder vermeintlichen heißen Klimas minderwertig sei. Goethe ist natürlich auch kein Geheimnis, daß Herder streng an die Bibel, wie er sie interpretiert, glaubt. Herder ist fest davon überzeugt, daß das Paradies der Bibel in Kaschmir zu finden sei, demzufolge müßten auch die Kaschmiri das schönste Volk der Erde sein. In seiner Vorstellung konkurrieren sie manchmal mit den Griechen, deren Kultur Goethe ebenfalls hoch achtet. Unklar ist es dagegen für ihn, warum die Mongolen, laut Herder, das häßlichste Volk der Erde sein sollen. Goethes Reflexion wird von Herder unterbrochen, denn dieser stellt die mongolische Herkunft der Chinesen fest und erklärt, sie seien ein „Volksstamm mit kleinen Augen, einer stumpfen Nase, platter Stirn, wenig Bart, großen Ohren und einem dicken Bauch".[22] Über die chinesische Sprache hört Goethe Herder sagen:

> Alle Nachrichten sind darüber einig, daß sich die Mongolische Völkerschaften [...] durch eine Feinheit des Gehörs auszeichnen [...]; die Sprache der Sinesen ist von dieser Feinheit des Gehörs Zeuge. Nur ein Mongolisches Ohr konnte darauf kommen, aus dreihundert dreißig Sylben eine Sprache zu formen, die sich bei jedem Wort durch fünf und mehrere Accente unterscheiden muß, um nicht statt Herr eine Bestie zu nennen und jeden Augenblick die lächerlichsten Verwirrungen zu sagen [...].[23]

---

19 Man findet diese Ausführungen im Buch XVII des *Esprit des Lois* (Paris 1748) von Montesquieu. Siehe auch das Kapitel *La Chine de Montesquieu.* In: *Etiemble: L'Europe chinoise II.* Paris 1989, S. 50 ff.

20 Vgl. Berger (Anm. 16), S. 73.

21 Herders Sämmtliche Werke. Hrsg. von Bernhard Suphan. 33 Bde. Berlin 1877–1913, Bd. 13, S. 268.

22 Ebd., Bd. 14, S. 8.

23 Ebd.

Die chinesische Schrift entspreche dem Volkscharakter. Goethe hört aus Herders Mund: „Welch ein Mangel von Erfindungskraft im Großen und welche unselige Feinheit in Kleinigkeiten gehörte dazu, dieser Sprache aus einigen rohen Hieroglyphen die unendliche Menge von [...] Charakteren zu erfinden".[24] Obwohl Goethe Herders *Ideen* kennt, da er seinerzeit den Freund ermutigte, das Werk zu vollenden, kommt er nicht umhin, über dessen Urteile zu staunen. Da vernimmt er wieder Herder, der sich zu den Nationalmängeln der Chinesen äußert:

> Eine Mongolische Organisation gehörte dazu, um sich in der Einbildungskraft an Drachen und Ungeheuer, [...] in den Vergnügungen des Auges an das unförmliche Gemisch ihrer Gärten, in ihren Gebäuden an wüste Größe oder pünktliche Kleinheit, in ihren Aufzügen, Kleidungen und Lustbarkeiten an jene eitle Pracht [...] zu gewöhnen. [...] so stehen [...] sie, [...] ein Mongolischer Stamm, in einer Erdecke der Welt, zur Sinesischen Sklavencultur verartet.[25]

Goethe flüstert schnell seinem Reisebegleiter zu, daß Herder die Chinesen nicht immer so hart beurteilt habe. 1802 gestand er in der *Adrastea* den Chinesen das Recht zu, so zu sein, wie sie sind. Goethe zitiert: „Der an sein Land, an die Sitten seiner Vorfahren gefeßelte, von aller Welt abgeschloßene Sinese ist ganz ein Sinese und wird es wahrscheinlich noch Jahrtausende hinab bleiben".[26] Goethe sagt weiter, daß Herder in diesem Zusammenhang sowohl die jesuitischen China-Missionare als auch die vermittelnden deutschen Philosophen, besonders Leibniz, gelobt habe. Alle haben Goethes Worte gehört. Herder scheint ganz zufrieden zu sein, Diderot dagegen wirkt eher verlegen. Nach einer Weile sagt er, er habe 1781 im *Tableau de la Chine selon des détracteurs*[27] in zwanzig Punkten die markantesten prochinesischen, d. h. anti-europäischen, Meinungen von Voltaire und den Physiokraten widerlegt, weil diese Europa durch ihr Lob über China einfach gedemütigt hätten. Er fragt alle, ob er falsch gehandelt habe. Keiner antwortet, und die Gesellschaft geht auseinander.

Nun hat Goethe genug vom 18. Jahrhundert. Sein Wunsch ist es, die poetische Chinareise fortzusetzen, ohne sich wieder mit Denkern des 18. Jahrhunderts und deren Problemen auseinandersetzen zu müssen. Er geht nach Peking. Bei der Besichtigung des kaiserlichen Palastes trifft er auf eine britische Gruppe. Er ist erleichtert, denn er weiß, daß sich die britischen Insulaner lediglich für die Chinoiserie und allenfalls noch für die englisch-chinesischen Gärten interessieren und daß sich kein einziger britischer Denker des 18. Jahrhunderts mit der chinesischen Kultur befaßt hat.[28] Die Auseinandersetzungen der deutschen und französischen Philosophen über China sind ihnen etwas Fremdes. Goethe nähert sich der englischsprechenden Gruppe und erkennt bekannte Gesichter und Namen: Lord Macartney, Sir Staunton, Aeneas Anderson, John Barrow, Samuel Holmes und Johann Christian Hüttner. Macartneys eigene Aufzeichnungen wurden erst im 20. Jahrhundert publiziert, so daß Goethe sie zu Lebzeiten nicht gelesen haben konnte. Doch den offiziellen Bericht

---

24 Ebd., S. 9.

25 Ebd., S. 9 f.

26 Ebd., Bd. 24, S. 8.

27 Siehe Marc Crépon (Hrsg.): *L'Orient au Miroir de la philosophie*. Paris 1993, S. 178–192.

28 Im 17. Jahrhundert nahmen britische Gelehrte noch an Diskussionen über China teil, beispielsweise John Webb: *An Historical Essay Endeavoring a Probability that the Language of the Empire of China is the Primitive Language*. London 1669.

über Macartneys Reise hatte George Staunton verfaßt, und diesen hat Goethe gelesen. Die Bücher von Aeneas Anderson und John Barrow kannte er ebenfalls. Offenbleiben muß, ob Goethe jemals Samuel Holmes' Buch gelesen hat. Ein Beleg dafür, daß er das Buch entliehen hat, existiert nicht, obwohl eine deutsche Übersetzung 1805 ausgerechnet in Weimar erschienen war.[29] Hüttners Bericht[30] wurde 1797 in Berlin veröffentlicht. Ob Goethe aus der Weimarer Bibliothek dieses Buch entliehen hat, wissen wir nicht. Da Hüttner aber Barrows Buch ins Deutsche übersetzte, dürfte er Goethe nicht fremd gewesen sein.

Goethe freut sich, mit Menschen sprechen zu können, die China schon von früher kennen. John Barrow ist der gesprächigste unter ihnen, wahrscheinlich weil er nach der Reise seine Kenntnisse über China in den Dienst seines Landes gestellt hat.[31] Außerdem erfreut er sich als Autor des Buches *The Mutiny and Piratical Seizure of H. M. S. Bounty* (1831) eines gewissen Rufs. Goethe hört ihn sagen, daß die wahre Freiheit nur in Großbritannien zu finden sei, wo man nach dem Prinzip der aufgeklärten Frömmigkeit lebe.[32] Er sagt, London und Peking seien die großartigsten Städte der Welt, die erste sei abends und die andere morgens am geschäftigsten.[33] Er mißtraut allem, was die katholischen Missionare über den Buddhismus sagen, weil jene über die Tatsache verärgert seien, daß sich beide Religionen in Trachten und Zeremonien so sehr ähneln. Er verwirft die seit dem 17. Jahrhundert aufgekommene Theorie, China sei eine ägyptische Kolonie gewesen, weil beide Völker angeblich Hieroglyphen geschrieben hätten. Mit der neueren Theorie, die alten Hindus hätten China ursprünglich kolonisiert[34], ist er auch nicht einverstanden. Er selbst vertritt die Meinung, daß die Chinesen und die Tataren, aber auch die Japaner und die malaiischen Völker verwandt seien, weil sie dieselben Gesichtszüge hätten. Die Tataren seien die direkten Nachfahren von Noah, weil seine Arche auf den Gebirgen der Tatarei gelandet sei.[35] Aus diesem Grunde glaube er, wie er ganz offen sagt, an die Identität von Noah und dem chinesischen Sagenkönig Fu Xi. Dann hört Goethe ihn auf Englisch folgendes sagen:

> As a corroborating proof the Chinese being of Scythic origin, it may be observed, that the adjunct character *Shee* (to the family name *Foo*) is composed of a *sheep, rice*, and *arrow*, and the conjunctive character *also*, from whence may be inferred that he united the occupations of *shepherd, agriculturist*, and *warrior*.[36]

Goethe, der durch Vermittlung von Julius Heinrich Klaproth selbst ein wenig Chinesisch getrieben hat, muß ihm recht geben. Skeptisch steht er jedoch Barrows Behauptung gegen-

---

29 Samuel Holmes: *Tagebuch einer Reise nach Sina und in die Tatarei mit der Brittischen Gesandtschaft in den Jahren 1792 und 1793.* Weimar 1805.

30 Johann Christian Hüttner: *Nachricht von der britischen Gesandtschaftsreise durch China und einen Teil der Tartarei.* Berlin 1797.

31 Lord Macartney starb 1806 und Sir George Staunton schon 1801, während Barrow als Second Secretary to the Navy bis kurz vor seinem Tod im Jahre 1848 tätig war.

32 Siehe John Barrow: *Travels in China.* London 1804, S. 419.

33 Barrow (Anm. 32), S. 420.

34 Der später geborene französische Rassentheoretiker Arthur Joseph de Gobineau führt diese Theorie in allen Einzelheiten aus. Siehe das Kapitel *Les Chinois* (Livre III/Chapitre V) in *Essai sur l'inegalité des races humaines.* Paris 1853–1855.

35 Barrow (Anm. 32), S. 428.

36 Ebd., S. 433 u. Anmerkung.

über, daß die Chinesen und die Hottentotten Südafrikas genetisch verwandt seien. Auch die zwei Bilder, die Barrow als Beweis vorführt, können ihn nicht überzeugen.

Der Engländer läßt sich aber nicht beirren, er zeigt auf die Bilder und sagt, daß beide einen schmalen Knochenbau, dieselbe Stimme und Art des Sprechens, dieselbe Hautfarbe und Gesichtszüge, dieselben schrägen Augen und breiten Nasen usw. hätten. Allerdings gibt er einen Unterschied zu. Der Chinese habe kein krauses Haar.[37]

Von den Altkulturen, fährt Barrow fort, sei die chinesische die schwächste. Daher hätten weder Homer noch Herodot Notiz von China genommen. Was die Römer als Seres bezeichneten, seien nicht die Chinesen gewesen, sondern die Juden, die die Seidenkultur, die sie bereits seit Salomon gekannt, nach China gebracht hätten.[38] Es sei ihnen zwar zugute zu halten, daß sie die Juden tolerierten, aber von der Religion vermochten die Chinesen nur gewisse Zeremonien zu übernehmen, wie den Ritus, daß man auf dem höchsten Berg dem Himmel Opfer darbringe. Aus diesem Grunde habe man beispielsweise in Peking den Himmelstempel auf einem künstlichen Hügel gebaut.[39]

Glücklich, daß er Goethe unter seiner Zuhörerschaft sieht, gibt er seine Theorien weiter zum besten. China habe nur einen einzigen nennenswerten Denker hervorgebracht, dessen Morallehre akzeptabel, aber dessen Metaphysik vollkommen konfus sei. Was Leibniz in *I Ging* als sein binäres System erkenne, sei in Wirklichkeit nur eine Wahrsagekunst, die Konfuzius

37 Ebd., S. 49.
38 Ebd., S. 46.
39 Ebd., S. 451 ff.

erfunden habe, um die Aberglaubenssucht des Pöbels zu befriedigen. Seine Lieblingstheorie ist aber, daß das chinesische Wort „tian", das Himmel bedeutet, vom Griechischen *Θεειν* (theein) abstamme. Weil die Chinesen nicht den th-Laut wiedergeben können, sei dieses Wort zu „tian" korrumpiert worden. Eine Bestätigung dieser Theorie finde sich in der Übereinstimmung der stoischen und der konfuzianischen Kosmologie, also:

> [...] the whole universe as one animated system, made up of one material substance and one spirit, of which every living thing was an emanation, and to which, when separated by death from the material part it had animated, every living thing again returned.[40]

In diesem Moment fragt der Reisebegleiter Goethe flüsternd, ob diese Art der Assoziation mit zur aufgeklärten Pietät Großbritanniens gehöre. Barrow bemerkt das Geflüster und wechselt daraufhin das Thema. Er beginnt jetzt die römische Kirche zu kritisieren und meint, daß deren Heiligenverehrung und Marienkult die Vernunft mehr beleidigen würden als die Praktiken chinesischen Aberglaubens, wie zum Beispiel die des Ahnenkultes.[41] Er sei wie viele nichtrömische Christen besonders unglücklich darüber, daß Rom die Akkommodationspraktiken der Jesuiten als ketzerisch verurteilt habe, sonst wäre es ihnen vielleicht gelungen, ganz China zum Christentum zu bekehren.[42] Man kann deutlich spüren, daß für Barrow Katholiken nur zur Hälfte Christen sind. Zur anderen Hälfte gehörten sie zum Heidentum, weil ihre Zeremonien den buddhistischen einfach zu ähnlich seien. Goethe hat genug von der neuen Theorie kennengelernt und möchte das von den Jesuiten entworfene Sommerpalais sehen, bevor es im Opiumkrieg niedergebrannt werden wird. Er verabschiedet sich höflich von der englischen Reisegruppe.

Der Sommerpalast, bevor er ausgeplündert und niedergebrannt werden wird, ist eine glänzende Erscheinung der chinesischen und europäischen Kunst. Bei der Besichtigung hat Goethe kein einziges Mal „Schnickschnack" gesagt, sondern hat häufiger die Jesuiten, zumal Castiglione, gelobt. Plötzlich wird er zweier Männer ansichtig, die anscheinend etwas Besonderes suchen. Es sind Friedrich Schlegel und Friedrich Wilhelm Schelling. Goethe fragt sie, was sie suchen. Sie erklären, daß sie gekommen seien, um mit eigenen Augen zu sehen, ob der chinesische Drache tatsächlich nicht dem biblischen Drachen ähnelt. Goethe versteht sofort, was sie meinen. Denn sowohl Schelling als auch Schlegel haben im *I Ging* über den Drachen gelesen, und beide haben ihn sowohl mit der Schlange der Genesis als auch mit dem roten Drachen der Apokalypse identifiziert. Schelling[43] ergreift sofort das Wort und sagt, ein Drache sei doch eine geflügelte Schlange, die die Macht alles Weltlichen verkörpere. Jeder Christ wisse, daß die Schlange oder der rote Drache der Teufel sei. Doch das Emblem des chinesischen Kaisers sei der Drache. Logischerweise, meint Schelling, sei China ein vom Himmel herabgefallenes Reich. Der Kontakt zum Himmel bzw. zum Herrn des Himmels werde nur vom Kaiser aufrechterhalten. Daher werde er auch Sohn des Himmels genannt. Folgerichtig sei China an sich eine weltlich gewordene Theokratie, ein Universum ohne Gott. Daß eine Theokratie gottlos werden könne, führe auf die Tatsache zurück, daß der

---

40 Ebd., S. 458.

41 Ebd., S. 461 f.

42 Ebd., S. 449.

43 Schellings China-Kapitel der *Philosophie der Mythologie* (gehalten in Berlin 1841) ist in Adrian Hsia (Hrsg.): *Deutsche Denker über China*, S. 189–242, abgedruckt.

chinesische Himmelsgeist nicht der allmächtige Schöpfungsgott sei, denn jener habe weder Wille noch Vorsehung. Was könne er nun sein, fragt Schelling. Hier wendet er sich Goethe zu und sagt, er mache sich Sorge um den neuen Trend in Europa, daß man glaube, die Religion habe nur den Zweck, die Moral zu fördern. Ließe man diesem Trend freien Lauf, dann würde Europa dem chinesischen Atheismus verfallen. Dann würde man die christliche Religion gänzlich abschaffen und Ahnen- sowie Drachenkult einführen können.

Aufgeregt schaltet sich hier Schlegel[44] ein und sagt, er habe vor Schelling den chinesischen Drachen identifiziert. Dieser sei lediglich der Beweis, daß die chinesische Tradition von der mosaischen abgeleitet werden könne. Nachdem er vom Himmel herabgefallen sei, sei der Drache das heilige Symbol des Reiches und von dessen Kaiser geworden. Daher hieße der Sohn des Himmels zutreffend auch Sohn Gottes, da er nicht nur über Natur und Geister herrschen, sondern auch Herr über Himmel und Erde sein solle.[45] Des Kaisers Anspruch, der alleinige Weltherrscher zu sein, der Tribut von anderen Königen verlange, sei eine Widerspiegelung vom Gottesanspruch. Aus demselben Grund ähnele die politische Hierarchie Chinas der der Kirche. Sie sei die reine staatliche Idolatrie.[46] Ein so verkehrtes System könne unmöglich Frieden stiften. Daher sei China wiederholt von Revolutionen und Eroberungen heimgesucht worden, was dem Gesetz der Dialektik entspreche. Demzufolge könne die Morallehre nicht moralisch sein, weil sie auf den Kopf gestellt worden sei. Dieser Zustand habe den Boden für die Einführung des Buddhismus bereitet. Dieser sei genau das Gegenteil vom Islam, statt Vielweiberei praktiziere der Buddhismus Vielmännerei. Doch sei Mohammed weniger böse zu nennen, weil er sich nur zum Propheten stilisiert habe, während Buddha und seine Anhänger leibliche Inkarnationen proklamierten. Buddhismus sei, betont Schlegel, die anti-christliche Religion schlechthin. Goethe äußert sich dazu nicht, denkt aber im stillen: Zu meinen Lebzeiten habe ich mich nicht über den Buddhismus geäußert, auf meiner poetischen Reise werde ich es auch nicht tun. Er zieht weiter seines Wegs.

Goethes Begleiter empfiehlt ihm, Tsingtau zu besuchen, das gegen Ende des 19. Jahrhunderts eine deutsche Kolonie sein wird. Auf dem Weg dorthin kommt ihnen Schopenhauer entgegen. Da Goethe ihn und seine Mutter gut kennt, kommen sie ins Gespräch. Außerdem glaubt Goethe zu wissen, daß Schopenhauer, als Verehrer der Upanischaden, die China benachbarte Kultur Indiens anders sehen würde als traditionelle Christen. Tatsächlich fragt dieser Goethe sofort, ob er auch der Meinung sei, daß die Upanischaden die Frucht der höchsten menschlichen Erkenntnis und Weisheit und das größte Geschenk des 19. Jahrhunderts darstellten.[47] Weil Goethes Antwort auf sich warten läßt, sagt Schopenhauer sofort, daß alle Missionare, einschließlich der Jesuiten, nur daran interessiert gewesen seien, die Bestätigung ihrer eigenen Religion in Indien und China zu finden, ohne den Grundunterschied wahrzunehmen, daß nämlich die chinesischen und indischen Religionen nicht theistischer Natur seien.[48]

---

44 Zwischen März und Mai 1728 hielt Friedrich Schlegel achtzehn Vorlesungen über die Geschichte der Philosophie. Die dritte Vorlesung wird China gewidmet. Siehe *Kritische Friedrich-Schlegel-Ausgabe.* Eingeleitet und hrsg. von Ernst Behler. Bd. 9 hrsg. von Jean-Jacques Anstett. München 1971.

45 Ebd., S. 77.

46 Ebd., S. 78.

47 Arthur Schopenhauer: *Die Welt als Wille und Vorstellung.* Bd. 1. Zürich 1988, S. 460. Günther Debon hat über „Was wußte Schopenhauer von der chinesischen Philosophie" geschrieben. Siehe *So der Westen wie der Osten.* Heidelberg 1996, S. 70–84.

48 Schopenhauers Äußerungen über China sind in seinem Essay *Sinologie* in *Kleinere Schriften,* Zürich 1988, S. 305–314, enthalten.

Er ist sich dessen bewußt, daß er von den chinesischen Religionen nur den Buddhismus genauer kenne. Durch die Kenntnis von Buddhismus und Hinduismus kann er aber die Lehre des Tao besser verstehen, zumal er die maßgebenden Bücher französischer Sinologen zu diesem Thema gelesen hat.[49] Da bisher noch niemand mit Goethe über den Taoismus gesprochen hat, lauscht dieser interessiert. Schopenhauer gibt zu, daß seine formellen Kenntnisse der Tao-Philosophie zur Zeit der Niederschrift seines Werks *Die Welt als Wille und Vorstellung* nicht weniger fehlerhaft waren als die der zeitgenössischen Sinologen, aber die Lehre sei ihm durch seine indischen Studien nicht fremd gewesen. Daher wolle er seine Theorie der Welt als Wille und Vorstellung taoistisch darstellen. Der Wille sei das Ding an sich, eine neutrale und allmächtige Entität, die jenseits des menschlichen Wissens liege. Diese Eigenschaften ähnelten denen des Taos. Es sei ohne Absicht und Bewußtsein, daher auch blind oder neutral. Dennoch sei es die Ursache allen Seins. Wie Schopenhauers Wille ist das Tao jenseits der Moral. Es verursache sowohl Gut als auch Böse, Geburt und Tod. Die Welt oder die Vorstellung, die das Tao oder der Wille schaffe und erhalte, sei gleichzeitig wirklich und unwirklich. Sie sei reell,[50] weil sie existiere, sie sei unwirklich, weil nur das Tao bzw. der Wille an sich wirklich sein könne. Mit anderen Worten sei die durch das Tao erschaffene Welt oder die durch das Subjekt wahrgenommene bzw. vorgestellte Welt der Schleier Mayas. Schopenhauer meint, seine Kritiker in Deutschland bemängelten meistens seine antihegelianische Haltung, was einer Verdammung der östlichen Philosophien gleichkomme.

Zum Abschied empfiehlt er Goethe den Aufsatz eines Sinologen namens Richard Wilhelm aus dem 20. Jahrhundert mit dem Titel: *Goethe und Laotse*.[51] Goethe ist ein wenig amüsiert darüber, daß darin auch von Schopenhauer die Rede ist; dieser erkenne zwar „die Nichtigkeit des Lebens", d. h. die Welt als den Schleier Mayas an, aber sei nicht imstande, zur Welt des Willens oder des Tao zurückzufinden, so daß er „zur Unfruchtbarkeit [...] in einem unerlösten Pessimismus"[52] verdammt sei. Über sich selbst findet Goethe geschrieben, daß die Kenntnis Laotses nicht ausreichend sei, das Kontemplative und das Tätige seines Wesens zu erfassen, sondern daß die Lehre des Konfuzius einbezogen werden müsse. Besonders Wilhelms Erläuterungen zum *Faust II* machen ihm Eindruck. Goethe nimmt wahr, daß der Sinologe den Gang des Dramas von der Mummenschanz her über die Klassische Walpurgisnacht bis zu den Müttern erklärt und ihn mit Laotses Lehre vergleicht. Wilhelm zitiert Laotse: „Wenn wir verstehen, die Stille unerschütterlich zu wahren, so mögen alle Wesen zugleich sich regen: wir schauen zu, wie sie wiederkehren. Der Wesen zahllose Menge entwickelt sich, doch jedes wendet sich zurück zu seiner Wurzel".[53] Er kommentiert diese Sätze so:

> Die Erscheinungen sind nicht sinnloses Zufallsspiel, sondern wer den Schlüssel hat, der steigt hinab zu den Müttern, die jenseits von Raum und Zeit thronen und umgeben sind von den Bildern, die in allem Vergänglichen unvergänglich wohnen. [...] Es ist nicht ein

49 Davon von Jean-Pierre Abel-Rémusat zwei Bücher: *Le livre des récompenses et des peines*, Paris 1816, und *Mémoire sur la vie et les opinion de Lao-Tseu*, Paris 1823; Jean-Pierre-Guillaume Pauthiers *Mémoire sur l'origine et la propagation de la doctrine du Tao, fondée par Lao-Tseu.* Paris 1831; und Stanislas Juliens Übersetzung des *Daode Jing* von 1842.

50 Vgl. Walter Abendroth: *Schopenhauer.* Reinbek bei Hamburg 2000, S. 45.

51 Richard Wilhelm: *Goethe und Laotse.* In: Europäische Revue, 4. Jg., April 1928, S. 1–12.

52 Wilhelm (Anm. 51), S. 9.

53 Ebd., S. 8–9.

Akt des einfachen Nachdenkens. Es ist der Schritt ins Unbetretene, Unbetretbare, der Schritt aus der Zeit in die Ewigkeit [...]. Auch Laotse hat seine tiefsten Erkenntnisse nicht anders gewonnen.[54]

Wilhelm entwickelt die These, daß im *Taote King* Aussagen über das Wesen der Mütter zu finden seien. Eine Stelle dort lautet: „Es gibt ein Ding, das wirkt geheimnisvoll. Bevor Himmel und Erde war, ist es schon da. So still! [...] Man kann es nennen die Mutter der Welt. Ich weiß nicht seinen Namen. Ich gebe ihm die Bezeichnung ‚der Sinn' (Tao)". Eine andere: „Der Sinn ist ein Ding: unsichtbar, unfaßbar. Unfaßbar, unsichtbar sind in ihm Bilder! Unfaßbar, unsichtbar sind in ihm Dinge. [...] Das ist es, was gestaltlose Gestalt heißt, und was bildloses Bild heißt. Das ist es, was Unsichtbarkeit heißt".[55] Diesen Passagen werden Fausts Worte gegenübergestellt:

In eurem Namen, Mütter, die ihr thront
Im Gränzenlosen, ewig einsam wohnt,
Und doch gesellig. Euer Haupt umschweben
Des Lebens Bilder, regsam, ohne Leben.
Was einmal war, in allem Glanz und Schein,
Es regt sich dort; denn es will ewig sein.
Und ihr vertheilt es, allgewaltige Mächte,
Zum Zelt des Tages, zum Gewölb der Nächte.
Die einen faßt des Lebens holder Lauf,
Die andern sucht der kühne Magier auf;
(WA I, 15.1, S. 81)

Wilhelm meint, Goethes Konzeption stehe der platonischen Ideenlehre sehr nahe, dennoch gebe es einen Grundunterschied, nämlich: „die platonischen Ideen sind vollkommen statische Gebilde, die sich weder bewegen noch ändern".[56] Goethes Bilder dagegen seien dynamisch wie die Laotses. Soll das heißen, daß Goethe eher der chinesischen als der europäischen Tradition verpflichtet sei? Nein, davon kann nicht die Rede sein, denn Wilhelm macht auf eine wesentliche Differenz aufmerksam:

[...] jeder moderne Europäer fühlt in diesem titanischen Ende [Fausts] in Wirklichkeit den Sieg gegen die Schicksalsmächte. Hier liegt ein ganz tiefer Unterschied zwischen China und Europa. Indem China den Menschen nicht herausfallen läßt aus dem harmonischen Zusammenhang mit der Natur, kennt es im letzten Grunde auch die Tragik nicht, die nur daraus entspringt, daß der einzelne sich selbst behauptet gegen den Weltzusammenhang. Hier ist die Kluft, die Kontinente scheidet.[57]

Die Gespräche mit Schopenhauer und Richard Wilhelm haben Goethe nachdenklich werden lassen. Er ist auf seiner poetischen Reise europäischen Chinafahrern aus drei Länder begegnet. Seine Unterhaltungen begannen mit Frühaufklärern, er sprach dann mit französi-

---

54 Ebd., S. 9.
55 Ebd., S. 10.
56 Ebd.
57 Ebd., S. 12.

schen Aufklärungsphilosophen und sogar mit wirklichen Chinafahrern der seinerzeit stärksten Weltmacht. Eine einheitliche Vorstellung von China gibt es nicht. Jedes Land und jede Epoche scheinen sich ein eigentümliches Bild von China zu machen. Leibniz beispielsweise hat die chinesische Toleranz den verschiedenen Religionen gegenüber herausgehoben, seine Überzeugung aber, daß das Christentum, besonders das protestantischer Prägung, die einzig wahre Religion sei, hat ihn veranlaßt, den Jesuiten seine Dyadik für die Christianisierung Chinas anzubieten. Daß die Chinesen Heiden waren, scheint die französischen Aufklärer wie etwa Bayle und Voltaire weniger gestört zu haben. Sie suchten eine Alternative zu der europäischen Paarung Staat und Kirche und benutzten China als eine Art Chiffre. Denn ihr China war das China des Altertums. Über das zeitgenössische China sagte Voltaire beispielsweise im Vorwort seines *L'orphelin de la Chine*, daß es zu rückständig sei, um die Errungenschaften Europas wahrnehmen zu können. Auch die Gegner der China-Enthusiasten in Frankreich benutzten kein religiöses oder bibelorientiertes Argument, um ihren Widerspruch gegen das Chinabild der Aufklärer anzumelden. Ihre Gegenargumente basierten auf Klima und Kultur. In der ersten Hälfte des 19. Jahrhunderts nahmen Schlegel und Schelling die Existenz des chinesischen Drachens zum Anlaß für die Behauptung, daß die chinesische Kultur die Bibel auf den Kopf gestellt habe, während die britischen Chinafahrer, die sich dem stärksten und ehrenhaftesten Volk zugehörig fühlten, aus einer gemischt antik-christlichen Perspektive China beobachteten. Schopenhauer lehnte zwar das christlich orientierte Weltbild seiner Mitdenker ab, konnte aber sich bzw. seine Philosophie vor dem Pessimismus nicht bewahren. Der ehemalige Missionar und Sinologe Richard Wilhelm hat wohl Goethes Wesen am besten mit dem chinesischen Geist verbinden können, ohne ihn zum Chinesen zu machen. Dies bestätigt Günther Debon im Jahre 2000.

Mein eigenes Weltbild, reflektiert Goethe, ist vielleicht doch mit dem Begriff Weltliteratur[58] am besten umschrieben. Denn die Welt gehört der Menschheit. Wer, sich auf seine Wurzeln besinnend, seinen Geist auf die Welt richtet und nicht sektiererisch wirkt, dem ist die entfernteste Kultur nicht fremd und umgekehrt. In diesem Moment sieht sich Goethe von Hunderten von großen und kleinen Faust-, Werther-, Meister-Figuren und anderen Gestalten umringt, die ihn alle auf Chinesisch willkommen heißen und ihn bitten, zu bleiben. Hier endet die poetische Chinareise Goethes eigentümlicherweise mit der widerhallenden Frage, ob das Zeitalter der Weltliteratur tatsächlich schon angebrochen sei.

---

58 Vgl. Martin Bollacher: *Goethes Konzeption der Weltliteratur*. In: *Ironische Propheten. Sprachbewußtsein und Humanität in der Literatur von Herder bis Heine*. Hrsg. von Markus Heilmann u. Birgit Wägenbaur. Tübingen 2001, S. 169–185.

HANS-MARTIN GAUGER

Goethe unterwegs – in der Kutsche

Als ich Peter von Matt, dem Germanisten in Zürich, von meinem Vorhaben berichtete, über Goethe und die Kutsche einiges zusammenzustellen, schrieb er mir (das war März 2002): „Einfach ist das nicht. Die Kutsche war ja so gewöhnlich wie heute das Auto, und wem käme es in den Sinn, über ‚Grass und das Auto‘ oder ‚Frisch und die Straßenbahn‘ zu recherchieren?“[1]

Mit dieser zielsicher hingeworfenen Bemerkung sind wir mitten im Thema, denn tatsächlich muß dies der evidente Hintergrund für uns sein: die völlige Normalität der Kutsche damals.

Der Postkutschenverkehr war von der Mitte des 18. Jahrhunderts an in Deutschland (und anderswo) stark ausgebaut und eben ‚normalisiert‘ worden. Es gab also erstens die Postkutsche, die „Linienpost“, daneben die schnellere und darum auch teurere „Extrapost“, dann gab es zweitens die gemietete Kutsche (wobei Pferde und in der Regel der Kutscher mitgemietet wurden), und es gab drittens natürlich – und diese war ja zuerst da – die eigene Kutsche der Wohlhabenden.

Goethe selbst besaß seit 1792, vier Jahre also nach seiner Rückkehr aus Italien, eine eigene Kutsche – ein Geschenk des Herzogs. Es ist aber selbstverständlich, daß er auch zuvor schon über etwas verfügte, das heute „Fahrbereitschaft“ heißt. Aber das zum Hausstand gehörende eigene Gefährt – das ist doch (und war es gewiß auch für Goethe) eine Steigerung an Bequemlichkeit, Freiheit und Gefühl des Besitzes.

Die Normalität der Kutsche galt für Goethe auch biographisch, denn schon zwölf- und vierzehnjährig hatte er den Vater auf Reisen begleitet: November 1761 und Januar 1763 ging es zum Beispiel nach Mannheim, andere Fahrten führten nach Hanau und Offenbach, und im Sommer 1765 reiste der Kaiserliche Rat mit dem Sohn in den Taunus, „ins Gebirge“, wie man damals in Frankfurt sagte, und dann weiter nach Wiesbaden und nach Mainz. Wenige Wochen später, Ende September, fuhr der Sechzehnjährige dann allein, unter Führung freilich des Buchhändlers Fleischer, zum Studium nach Leipzig, wobei es in der Gegend von Auerstädt eine Schwierigkeit gab:

> Durch Thüringen wurden die Wege noch schlimmer, und leider blieb unser Wagen in der Gegend von Auerstädt bei einbrechender Nacht stecken. Wir waren von allen Menschen entfernt, und taten das Mögliche uns los zu arbeiten. Ich ermangelte nicht, mich mit

---

[1] An dieser Stelle danke ich nicht nur Peter von Matt für gute Hinweise, sondern auch und besonders Christoph Michel, dann Jochen Schmidt, Norbert Miller, Heinrich Detering, Edith Zehm und Jochen Golz, Paul Goetsch, Gottfried Schramm und Martin Flashar.

> Eifer anzustrengen, und mochte mir dadurch die Bänder der Brust übermäßig ausgedehnt haben; denn ich empfand bald nachher einen Schmerz, der verschwand und wiederkehrte und erst nach vielen Jahren mich völlig verließ. (FA I, 14, S. 267)

Auch hierin ist Normalität, denn es wurde von den Reisenden erwartet, an bestimmten Stellen, wo ein stärkerer Anstieg war, das Gefährt zu verlassen, um hinter oder neben ihm zu gehen oder auch mit Hand anzulegen. Bemerkenswert, daß der Sechzehnjährige dies offenbar ausgiebig tat.

Zur Normalität der Kutsche gehört übrigens rein sprachlich bereits, daß das normale Wort damals eben nicht ‚Kutsche', sondern das allgemeinere ‚Wagen' war; auch für Goethe war ‚Wagen' das normale Wort. ‚Kutsche' ist – retrospektiv – unser Wort. Aber natürlich gebrauchte es Goethe ebenfalls schon. Man denke nur an den eigentümlich modernen medias-in-res-Einsatz der *Lehrjahre*: „Das Schauspiel dauerte sehr lange. Die alte Barbara trat einigemal ans Fenster und horchte, ob die Kutschen nicht rasseln wollten".

Zu erinnern ist sodann an die Selbstverständlichkeit, daß es damals, was das Reisen zu Lande anging, drei Arten gab. Die Reise zu Fuß, die also „auf Schusters Rappen", war damals ganz normal und hatte mit sportlicher Kräftigung oder innerer Sammlung nichts zu tun. Davon zeugt etwa das autobiographische Buch *Anton Reiser* von Goethes späterem Freund Karl Philipp Moritz, und es gibt ja auch, von Sachsen aus, den *Spaziergang nach Syrakus* von Johann Gottfried Seume, der in den Jahren 1801 und 1802 geschah. „Auf Schusters Rappen" also oder gelehrter: „per pedes apostolorum": auch sie, die Apostel, hätten ja in der Tat schon fahren oder reiten können. Dann die Reise zu Pferde oder auf einem Maultier oder einem Esel (man sagt „zu Pferde", aber nicht, da zeigt sich der Unterschied, „zu Maultier" oder „zu Esel"); schließlich das Reisen im Wagen. Somit: Gehen, Reiten und Fahren (noch heute gibt es ja – sportlich – die „Reit- und Fahrturniere").

Alle drei Arten des Reisens hat Goethe ausgiebig praktiziert. Natürlich dominierte im Fortgang seines Lebens mehr und mehr und auch für kürzere Strecken das Fahren. Aber er blieb, wie es scheint, lange gut zu Fuß.

Versuchen wir nun, uns die Besonderheit des Fahrens in der Kutsche klarzumachen. Suchen wir, uns in dieses spezifische Fahren einzuleben. Dabei müssen wir auf zwei verschiedene Vorstellungsbewegungen achten. Es gibt da die Unterschiede zwischen damals und heute – das ist die erste, die retrospektive Richtung, die Rekonstruktion dessen, was damals, im Unterschied zu heute, war, technisch und mehr noch (denn dies interessiert uns ja stärker) im Erleben. Uns interessiert das damalige Fahr-Erleben allgemein und dasjenige Goethes speziell. Dazu brauchen wir dann zweitens die andere Vorstellungsbewegung, die sich in ‚synchronischer' Hinsicht auf damals bezieht: Wie wurde die Kutsche damals, im Unterschied zu den anderen Arten des Reisens, erlebt? Zur ersten Vorstellungsbewegung: Die Kutsche assoziieren wir heute mit ‚Romantik', etwa mit Joseph von Eichendorffs „Posthorn im stillen Land" aus dem Gedicht (wie sollte es anders heißen?) *Sehnsucht*, das mit magischer Präzision unverrückbar so beginnt: „Es schienen so golden die Sterne, / Am Fenster ich einsam stand / Und hörte aus weiter Ferne / Ein Posthorn im stillen Land".[2] Es ist die romantische Ursituation: Nacht, Sterne, Einsamkeit, das (doch wohl offene) Fenster, Stille, Land (nicht also Stadt), der aus der Ferne (noch dazu von einem Posthorn) kommende Ton. Es

---

2 Joseph von Eichendorff: *Gedichte, Erzählungen, Biographisches.* Hrsg. von Max Wehrli. Zürich 1945, S. 29.

ist bemerkenwert – sind wir noch Romantiker? –, daß wir dies alles noch immer augenblicklich nachvollziehen. Die ‚romantische' Assoziation mit der Kutsche ist aber historisch – genauer: ‚synchronisch', von damals aus gesehen – falsch. Erst die Eisenbahn, als aus dem Posthof der Bahnhof wurde (die Sprache spiegelt hier die Entwicklung genau), und später dann das Automobil, das ja zunächst noch ganz kutschenartig war und sich nur langsam von ihr löste, rückten die Kutsche in ‚romantisches' Licht. Die Kutsche war zuvor also keineswegs ‚romantisch', oder genauer: Sie konnte dies sekundär auch sein, für diejenigen nämlich, wie für den Einsamen (oder die Einsame) an Eichendorffs Fenster, denen das Reisen selbst ‚romantisch' war, was es sein konnte und ja auch für uns noch immer sein kann. Auch wir kennen noch die eigentümliche und unvernünftige Erregung, die man noch immer ‚romantisch' nennen darf, die sich mit einer ‚Ausfahrt' verbindet.

Und nun ‚synchronisch': Natürlich war das Fahren damals die bequemste oder doch am wenigsten unbequeme Art zu reisen. Man saß – einigermaßen – bequem und vor Regen, Kälte und Sonne – einigermaßen – geschützt. Nun aber wieder von heute aus gesehen: Da ist es am bemerkenswertesten, daß es sich bei der Kutsche um eine hochkommunikative Form des Reisens handelte, für die wir in dieser Radikalität wirklich keine Entsprechung haben. Dies gilt sogar für den Fall, daß man alleine reiste. Man war da sozusagen mit sich selbst kommunikativ allein. So sorglos allein ist man heute auch im Auto, wenn man alleine fährt, nicht, obwohl das Auto heute mehr und mehr zum einzigen wirklichen Privatraum wird, in dem man zum Beispiel – fahrend – schreien kann. Aber man fährt ja doch selbst, und dies bedarf immerhin einiger Konzentration. Sehen wir einmal ab von dem seltenen Fall eines Chauffeurs. Aber auch dann ist man nicht so allein, wie man es in der Kutsche war (weil man ja den Raum, von gewissen altbritischen Autos mit Trennwand abgesehen, mit dem Chauffeur teilt). Und wenn man mit anderen im Auto fährt, ist man nicht so kommunikativ beieinander, wie man es in der Kutsche war. Da ist erstens in der Kutsche die hier sehr wichtige Sitzanordnung – nebeneinander oder gegenüber (es gab freilich auch in einigen Postkutschen die Sitzanordnung hintereinander). Dann zweitens im Auto die stets latente Gefahr, ja Lebensgefahr, die bei der Kutsche doch fehlte – sie konnte allenfalls umstürzen, ein Achsenbruch war möglich, oder sie konnte einfach im Feuchten oder im Sande stecken bleiben (freilich konnte sie auch überfallen werden). Wie sehr sich das Fahren zu zweit im Auto, nicht zuletzt wegen jener Gefahr, zum Streiten – besonders unter Paaren – eignet, ist ziemlich bekannt. Dann ist drittens der Kutscher vom eigentlichen Wageninnenraum getrennt: Er ist außen vor; man konnte damals deutlich miteinander sprechen, ohne daß er es verstanden oder auch nur gehört hätte. Da ist also in der Kutsche ein Grad von Entspannung möglich, den weder das Auto noch ein anderes Fahr- oder Flugzeug heute bietet. Reiste man allein, war man wirklich mit sich selbst auf gleichsam kommunikativ entspannte Weise allein; reiste man mit anderen, so war hier wirklich die Situation des Nicht-Nichtkommunizieren-Könnens. Da ist zunächst die Enge, die große Nähe, das ständige Zueinandergeschütteltwerden. Hätte man jedes Mal, wenn man den anderen anstieß, „Verzeihung" gesagt, wie wir dies heute etwa in der Bahn oder im Flugzeug tun, hätte man dies unausgesetzt sagen müssen. War also unter den Reisenden Erotisches im Spiel, war die Situation alsbald brisant. Und war man zu zweit erotisch allein, hatte man bei vollständig geschlossenem Wagen einen vollständig privaten Raum, ein perfektes chambre séparée. Somit, von heute aus gesehen, ein entspanntes und unvermeidlich kommunikatives Fahren, wie es uns – Ambivalenz des Fortschritts – nicht mehr gegeben ist. Zwar reisen wir ungleich bequemer, nicht aber so entspannt und kommunikativ. Übrigens galt dies auch umgekehrt. Das unvermeidbar Kommunikative dieses Fahrens konnte äußerst unangenehm sein, wenn man sich nämlich nicht mochte (da sind wir nun heute wieder besser dran). In den *Wanderjahren* gibt es eine Episode, ominös überschrieben mit *Nicht zu weit*, in der ein Wagenunfall zur Aufdeckung einer Liebesbeziehung, eines Liebes- und Freundschaftsverrats führt, und der Autor schließt diese Episode alterslakonisch so:

> Albertine stand vor sich hinschauend, einzeln, kaum bemerkt; jene erholten sich, nahmen sich zusammen, der Schade war geschehen, man war denn doch genötigt sich wieder in den Wagen zu setzen, und in der Hölle selbst könnten widerwärtig Gesinnte, Verratene mit Verrätern so eng nicht zusammengepackt sein. (FA I, 10, S. 685)

Begeben wir uns nun einmal direkt in Goethes Wagen hinein. In den *Tag- und Jahres-Heften* zu 1805 berichtet Goethe von einem Besuch, von Halle aus, bei dem skurrilen, damals hochberühmten Gelehrten Gottfried Christoph Beireis in Helmstedt. Goethe reist hier mit seinem damals fünfzehnjährigen Sohn und keinem geringeren als dem berühmten Altphilologen Friedrich August Wolf:

> [...] man mußte sich schelten daß man eine so einzig merkwürdige Persönlichkeit, die auf eine frühere vorübergehende Epoche hindeutete, nicht mit Augen gesehen, nicht im Umgang einigermassen erforscht habe. Professor Wolf war in demselbigen Falle und wir beschlossen, da wir den Mann zu Hause wußten, eine Fahrt nach ihm, der wie ein geheimnißvoller Greif über außerordentlichen und kaum denkbaren Schätzen waltete. Mein humoristischer Reise-Gefährte erlaubte gern daß mein vierzehnjähriger Sohn August Theil an dieser Fahrt nehmen durfte und dieses gerieth zur besten geselligen Erheiterung; denn indem der tüchtige gelehrte Mann den Knaben unausgesetzt zu necken sich zum Geschäft machte, so durfte dieser des Rechts der Nothwehr, welche denn auch wenn sie gelingen soll offensiv verfahren muß, sich zu bedienen, und wie der Angreifende auch wohl manchmal die Gränze überschreiten zu können glauben; wobey sich denn wohl mitunter die wörtlichen Neckereyen in Kitzeln und Balgen zu allgemeiner Heiterkeit, obgleich im Wagen etwas unbequem, zu steigern pflegten. Nun machten wir Halt in Bernburg, wo der würdige Freund gewisse Eigenheiten in Kauf und Tausch nicht unterließ, welche der junge lose Vogel, auf alle Handlungen seines Gegners gespannt, zu bemerken, hervor zuheben und zu bescherzen nicht ermangelte. (FA I, 17, S. 151 f.)

Das Reisen in der Kutsche war also extrem kommunikativ. Für das Reisen zu Fuß galt dies sicher auch, aber vielleicht doch etwas weniger wegen der mit ihm verbundenen – und im Wagen fehlenden – Anstrengung. Freilich: Das Erleben der Natur war im Gehen etwas intensiver.

Eben dies wurde nun gerade zur Goethezeit so empfunden. Rousseau natürlich ging gleichsam voraus, dann folgten die englischen und deutschen Romantiker. Von William Wordsworth etwa gibt es explizite Äußerungen. Er vergleicht „two companions lolling in a postchaise" und „two travellers plodding slowly along the road" und folgert: „how much more of heart between the two latter!" Und der Spaziergänger nach Syrakus, Seume, erklärt mit philosophisch deutscher Genauigkeit: „Wer geht, sieht im Durchschnitt anthropologisch und kosmisch mehr, als wer fährt [...] wo alles zu viel fährt, geht alles sehr schlecht [...] Man sehe sich nur um! So wie man im Wagen sitzt, hat man sich sogleich um einige Grade von der ursprünglichen Humanität entfernt". Dies ist nun in der Tat sehr rousseauhaft gesagt. Man muß sich ja immer wieder klarmachen, daß kaum ein Mann einflußreicher war (und zwar auf den verschiedensten Gebieten – Politik, Literatur, Pädagogik, Welterleben) als dieser enorme Autodidakt, dem wir übrigens auch die erste ‚moderne' Verwendung des Worts ‚romantisch' (‚romantique') verdanken – vorher meinte das Adjektiv etwas wie ‚romanhaft'. Hans Ulrich Seeber, der sich im Blick auf englische Autoren mit dem Thema befaßt (und die Wordsworth-Stellen zitiert), erklärt: „Wer um achtzehnhundert wandert oder den verbesserten Postkutschenservice benutzt, der ist tatsächlich modern im doppelten Sinn". Seeber meint: der verhält sich in jedem Fall modern, entweder im Sinne Rousseaus und der Romantiker oder dann im Sinne der, wie er sagt, „seit 1770 einsetzenden technologischen Transportrevolution". – Modern also im Sinne Rousseaus und der Romantiker und modern im Sinne der „Technologie". Wahrscheinlich ist das allzu retrospektiv gesehen und auch überzogen. Und der hier etwas modische Ausdruck „Technologie", rein etymologisch gewiß zu rechtfertigen, ist wohl verfrüht. Das war ja doch Handwerk! Und von dort zu eigentlicher Technologie geht noch ein erheblicher Weg. Richtig ist, daß es vereinzelt, bei einigen Intellektuellen, eine Kritik am Kutschenreisen gab und daß dann, sozusagen unter Protest und in Absetzung, zu Fuß gegangen wurde.[3]

Zum Kommunikativen, zur Bequemlichkeit, zur Normalität und Modernität der Kutsche damals kommt nun noch einiges hinzu. Die Kutsche war zum Beispiel extrem laut. Man denke bloß an die Eisenreifen, die auf die hölzernen Felgen geschmiedet waren. Da war also immer der „rasselnde Trott" und der „schallende Trab", wie *An Schwager Kronos* apostrophiert. Die Kutsche war umso lauter, als damals die Stille in den Häusern und auch sogar in denen der Städte unvorstellbar größer war als heute. Die eigentliche und fast ausschließliche Unterbrechung dieser Stille geschah also durch die Kutschen und die anderen Wagen. Sie machten einen Riesenlärm, der etwa gar bei Kopfsteinpflaster das Getrappel der Hufe gewiß übertönte. Auch die mehrmals ans Fenster tretende alte Barbara wartete ja auf das „Rasseln der Kutschen". Dann war da, auch nicht zu vergessen, ein spezifischer Geruch – der der Pferde und dessen, was diese auszuscheiden hatten. Eine Kutsche ist zwar ein technisch handwerkliches Gerät, aber doch eines mit organisch biologischem Komplement. Schließlich gab es die Kutscher, die man auch, mit Unterschieden, ‚Hauderer' oder ‚Postillione' – italienisch ‚vetturino' (Goethe sagt dann nach alter deutscher Übung ‚der Vetturin') – oder ‚Schwager' nannte, und auch die Fuhrknechte und alle mit ihren professionellen und individuell variablen Eigenheiten.

Außerdem hatte die Kutsche bereits etwas, das heute gesteigert das Auto hat: auch sie differenzierte sozial, auch sie war schon ein Statussymbol. Zunächst war da das Element „Ich habe es nicht nötig, zu Fuß zu gehen". „Avoir carrosse" heißt französisch bis heute schlicht „reich sein". Zweitens „Mein Wagen ist mein eigener (ich brauche keinen Linienwagen)". Drittens „Mein eigener Wagen ist nicht so, sondern so". Bereits im Blick auf die Wagen Altägyptens lesen wir im *Neuen Pauly*: „neben der militärischen Funktion diente der Wagen vor allem im neuen Reich der Zurschaustellung des sozialen Prestiges seiner

[3] Hans Ulrich Seeber: *Von den Wordsworths zu De Quincey: Gehen und Kutschenfahren in der englischen Romantik oder die Entdeckung der Gewalt der Geschwindigkeit.* In: Vera Alexander/Monika Fludernik: *Romantik.* In: *Literatur, Imagination, Realität. Anglistische, germanistische, romanistische Studien.* Hrsg. von Günter Berger, Stephan Kohl, Werner Röcke. Bd. 26. Trier 1997, S. 7–32. Ein oder wohl doch der frühe Spezialist für Geschwindigkeitsrausch ist also Thomas de Quincey. Die oft herangezogene Rousseau-Stelle lautet: „Les rives du lac de Bienne sont plus romantiques que celles du lac de Genève" (in den *Souvenirs du promeneur solitaire*).

Besitzer".[4] Es ist also schon etwas merkwürdig, wenn Roland Barthes erklärt: „Ich glaube, daß das Auto heute das genaue Äquivalent der großen gotischen Kathedralen ist". Erstens ist dieses Element am Auto ganz und gar nicht neu, zweitens ist da auch sonst keine Analogie: Die Kathedrale ist für jedermann, jeder kann da hinein, was für die Wagen, vom alten Ägypten an bis heute, gerade nicht gilt. Übrigens widerlegt auch Barthes' Tod seine Äußerung, denn er kam ums Leben, bedauerlicherweise, als er von einem Auto angefahren wurde. In einer Kathedrale, gotisch oder nicht, wäre ihm dies nicht geschehen. Ich insistiere ein wenig, weil man derlei Verrücktheiten – das Auto ist das Äquivalent der Kathedralen – heute sagen muß, um ernst genommen zu werden.

Das Element ‚Statussymbol' besaß der Wagen also immer. Goethe selbst hebt es in seinem allerletzten Gespräch mit Eckermann indirekt hervor. Am Sonntag, den 11. März 1832 äußerte sich Goethe, der ja sonst gerne etwas ‚katholisierte' (nicht nur in der Schluß-Szene *Bergschluchten* von *Faust II*) dezidiert protestantisch:

> Es ist gar viel Dummes in den Satzungen der Kirche. Aber sie will herrschen, und da muß sie eine bornierte Masse haben, die sich duckt und die geneigt ist, sich beherrschen zu lassen. Die hohe, reich dotierte Geistlichkeit fürchtet nichts mehr, als die Aufklärung der unteren Massen. Sie hat ihnen auch die Bibel lange genug vorenthalten, so lange als irgend möglich. Was sollte auch ein armes christliches Gemeindeglied von der fürstlichen Pracht eines reich dotierten Bischofes denken, wenn es dagegen in den Evangelien die Armut und Dürftigkeit Christi sieht, der mit seinen Jüngern in Demut zu Fuße ging, während der fürstliche Bischof in einer von sechs Pferden gezogenen Karosse einherbrauset! (FA II, 12, S. 748)

Da haben wir die Kutsche als Karosse, als Statussymbol, und die Zahl der Pferde hatte ebenfalls damit nahezu ausschließlich zu tun. „Vater fuhr vierspännig übers Land!", war eine stehende Wendung, wenn es um den Rang der Familie ging, noch der Tony Buddenbrook.

Blicken wir zurück, ist wieder einmal festzuhalten, daß sich in den zweihundert Jahren zwischen 1800 und 2000 enorm viel verändert hat, während in den zweihundert Jahren zwischen 1600 und 1800 auch hier kaum Veränderungen sind. Auch Michel de Montaigne etwa machte eine Reise nach Italien (1580/1581). Er hat darüber ein hinreißendes Buch geschrieben, von dem Goethe sagte, man lese es eigentlich noch lieber als die *Essais.* Bei Montaignes Reise war in der Tat fast alles schon, wie es zu Goethes Zeiten immer noch war. Die Kutschen freilich waren wegen fehlender oder noch schlechterer Federung zu Montaignes Zeiten noch weit unbequemer. Montaigne ist, wegen seiner Krankheit (Nierensteine), lieber geritten als gefahren, und zwar auf einem Maultier, und redet übrigens weit mehr als Goethe von den Fahrzeugen und – da ist ein Zusammenhang – seinen körperlichen Befindlichkeiten. Einer seiner *Essais* (3. Buch, Kapitel 6) führt auch direkt den Titel *Über die Kutschen / Des coches* (wie zumeist, geht es darin aber auch um vieles andere). Heute dagegen haben wir gegenüber der Zeit Goethes einen völligen Wandel.[5] Das Fahren in der Kutsche und das

---

4 *Der Neue Pauly. Enzyklopädie der Antike.* Hrsg. von Hubert Cancik u. Helmuth Schneider. Bd. 6. Stuttgart, Weimar 1999, siehe *Landtransporte.*

5 Michel de Montaigne: *Journal de Voyage en Italie par la Suisse et l'Allemagne.* In: ders.: *Œuvres Complètes.* Texte établi par Albert Thibaudet et Maurice Rat. Paris 1962, S. 1101–1344. Eine schöne deutsche Version gibt es jetzt von Hans Stilett, Frankfurt 2002. Dieses erstaunliche Reisebuch

Reiten sind für Reisezwecke ganz verschwunden; auch übrigens die humangetragene völlig geräuschlose Sänfte. Hinzugekommen sind bekanntlich: die Bahn, das Fahrrad, das Auto, das Motorrad, der Bus, das Flugzeug (mit all dem, was mit all dem zusammenhängt). Was Goethe meinte mit seinem vielzitierten Wort vom „Veloziferischen" (das ja indirekt – es ist, was ich ein ‚durchsichtiges Wort' nenne – ‚Luzifer' enthält), tritt wieder einmal drastisch hervor!

Der einschlägige Artikel des *Neuen Pauly* stellt fest (und da ist man doch überrascht): „Die zur Fortbewegung von Lasten genutzten Energiequellen haben sich vom Neolithikum bis zur Erfindung der Dampfmaschine nur wenig verändert". Allerdings sei es, durch „die *pax Romana* und die Erschließung großer Binnenräume in der Prinzipatszeit begünstigt", „in den Bereichen der Anschirrung und des Wagenbaus zu erheblichen Verbesserungen in Einzelheiten" gekommen. Zweiachsige Wagen aus Holz mit „doppelter Rinderbespannung und Scheibenrädern" sind seit der Mitte des dritten Jahrtausends vor Christus bezeugt, daneben gab es ebenso früh „schnellere Vierspänner mit hoher Kastenfront und Equiden als Zugtieren". Übrigens gab es auch schon früh „grüne Zonen" oder Verkehrsberuhigungen: „ein Gesetz des Claudius verbot Reisenden, Städte in Italien anders als zu Fuß oder in einer Sänfte zu durchqueren".

Doch zurück zu Goethes Zeiten! Es gab da – und es war häufiger Anlaß zur Klage – eine lukrative (sicher nicht immer bloß unterstellte) Koalition zwischen zwei Berufen: den Wagnern und den Schmieden. Sie schanzten sich offenbar, was Reparaturen anging, gegenseitig Arbeit zu. Die Schmiede waren zuständig erstens für das Beschlagen der Pferde und Maultiere mit Hufeisen, zweitens für die Eisenbänder, die auf die Felgen der hölzernen Räder gezogen werden mußten.

Unter den involvierten Personen, den Kutschern oder Postillionen und den Fuhrknechten darf man übrigens auch die sogenannten Vorspanndienste nicht vergessen – das waren zusätzliche Knechte mit Pferden, die nötig waren, wo es größere Steigungen gab –, für die Bauern der Umgebung eine nicht unwichtige Einnahmequelle.

Die Fahrtkosten einer Reise setzten sich so zusammen: zunächst der Fahrpreis für die Teilstrecken; dann das Chaussée- oder Straßen- oder Pflastergeld, also eine Maut; dann das sogenannte Schmiergeld, das wir heute nur noch in der übertragenen Bedeutung kennen („Schmieren und Salben / hilft allenthalben"). Wir wissen also gar nicht mehr, daß da vormals eine Übertragung war, das Schmiergeld war zunächst – unübertragen – ein Trinkgeld für diejenigen, die, was immer wieder notwendig war, die Räder schmierten; dann das Trinkgeld für den Postillion; schließlich der Preis für den eventuell notwendigen Vorspann.[6]

Welche Geschwindigkeit erreichte solch ein Wagen? In Bayern, berichtet Goethe in der *Italienischen Reise*, kam man „mit unglaublicher Schnelle" voran; Nicholas Boyle präzisiert: 12 bis 14 Kilometer in der Stunde, „doppelt so viel wie in Böhmen". Das war also schon

---

wurde teils von einem unbekannten, aber offensichtlich recht klugen Sekretär Montaignes, teils, nachdem der Sekretär sich in Rom abgesetzt hatte (vielleicht hatte er nur eine ‚Mitfahrgelegenheit' gesucht), von diesem selbst geschrieben (zum Teil auf italienisch). Die deutsche Version zitiert im Nachwort die genannte Äußerung Goethes. Über den Essai *Des coches* vorzüglich: Karlheinz Stierle: *Vom Gehen, Reiten und Fahren. Der Reflexionszusammenhang von Montaignes „Des coches"*. In: Poetica 14 (1982), S. 195–212.

6 Zu diesen Fragen zwei Bücher von Ludwig Steinfeld: *Die alte Straße von Frankfurt nach Leipzig. Geschichte, Ereignisse, Reiseberichte.* Horb 1989, und *Goethes Reisen zwischen Frankfurt und Weimar.* Frankfurt a. M. 1991 (beide mit vielen schönen Abbildungen).

gut – noch nicht einmal dreimal so viel wie zu Fuß! Goethe fuhr bekanntlich am Sonntag, den 3. September 1786 – das war der Geburtstag des Herzogs – von Karlsbad ab, und zwar um 3 Uhr nachts. Er war mittags in Eger, von dort ging es bald weiter Richtung Waldsassen, er fährt die ganze Nacht hindurch und ist um 10 Uhr, also am 4. September, in Regensburg – 33 Stunden von Karlsbad nach Regensburg. Am 5. nachmittags fährt er von Regensburg ab und ist um 6 Uhr morgens in München. Das sind – und in Bayern ging es schnell – 120 Kilometer, wofür er somit 14 Stunden brauchte. Es ist ein Stundendurchschnitt von 8,6 Kilometern. Am 9. September abends 7 Uhr war dann der entscheidende Aufbruch vom Brenner nach Italien hinunter. Boyle kommentiert: „Goethes letzter und konsequentester Versuch, sich in die Privatheit zurückzuziehen" – sicher war Italien ein solcher Versuch; es ist der wichtige verneinende Teil dieser Reise. War es aber der letzte Versuch dieser Art? Jedenfalls (und das interessiert uns hier) fährt Boyle fort: „Es wurde bald Nacht, und in halsbrecherischer Fahrt jagte die Kutsche bei hellem Mondschein an den Stromschnellen des Etsch entlang".[7] Ein schöner träumerischer Satz (übrigens geht es da um den Eisack, noch nicht um die Etsch, die man erst südlich von Bozen erreicht). Goethe selbst schreibt: „Der Postillon schlief ein, und die Pferde liefen den schnellsten Trab bergunter" – eingewöhnte Pferde in der Tat brauchen da keinen Lenker (auch hier, nebenbei, ein beträchtlicher Unterschied zum Auto – ein Pferd oder auch ein Ochse sind doch ‚intelligenter' als ein noch so ‚hochgezüchteter' Motor). Dann, etwas später: „Die Postillons fuhren daß einem Sehen und Hören verging, und so leid es mir tat, diese herrlichen Gegenden mit der entsetzlichsten Schnelle und bei Nacht, wie im Fluge, zu durchreisen; so freuete es mich doch innerlich, daß ein günstiger Wind hinter mir her blies, und mich meinen Wünschen zujagte" (FA I, 15.1, S. 26 f.). Soviel zum Erleben; was nun die allgemeinen objektiven Angaben angeht, so erzielte man zu Pferde, reitend also, 12 bis 14 Kilometer pro Stunde – bei Goethe waren es 9, und er ritt bis zu 9 Stunden am Tag; der Postwagen schaffte, bei drei Post-Stationen, pro Tag bis an die 75 Kilometer; die Extrapost, mit weniger Pausen, brachte es auf 100. Für die wichtige Schnellpost Frankfurt – Leipzig gab es einen Fahrplan, der auch die Station Weimar enthielt. Da lesen wir: 18 Uhr in Frankfurt ab, Ankunft in Weimar am übernächsten Morgen um 3.30 Uhr in der Nacht – das sind 33 Stunden für eine Strecke von 260 Kilometern, das macht also 7,75 Kilometer im Schnitt.[8] Zum Briefverkehr ein Detail: August Kestner teilt Goethe den Tod seines Sohns mit; der Brief wurde am 28. Oktober 1830 in Rom geschrieben und abgesandt; er kam am 10. November in Weimar an – somit knapp zwei Wochen (heute brauchen Briefe für diese Strecke oft länger).

Fausts Wagner – ein (nicht völlig ernster) Einschub

Warum heißt Fausts Famulus, der später, während Fausts langer und behördlich nicht genehmigter Abwesenheit vom Lehrstuhl, sein würdiger Stellvertreter wird, ausgerechnet Wagner? Gewiß: Goethe fand diesen Namen schon vor. Aber er hätte ihn ja ändern können.

---

7 Nicholas Boyle: *Goethe. Der Dichter in seiner Zeit.* Bd. I: *1749–1790.* Aus dem Englischen übersetzt von Holger Fließbach. München 1995, S. 475.

8 Bei Steinfeld 1991 (Anm. 6), S. 105: „Schnell-Post-Cours zwischen Leipzig, Halle und Frankfurt am Main" aus dem Jahr 1830; aus demselben Jahr in der „Chronik einer Straße", S. 51, die umgekehrte Richtung.

Es ist ‚sicher kein Zufall', daß er dies nicht tat und es bei diesem Namen, der ihm offensichtlich angemessen schien, beließ oder – andere beliebte Begründung: ‚nicht umsonst' ließ er ihm diesen Namen. Im *Urfaust*, jetzt, nach Albrecht Schöne, „frühe Fassung", bezeichnet Faust Wagner mit schönem Oxymoron als „trock'nen Schwärmer"; definitiv wird daraus die nur scheinbar zurückhaltendere Kennzeichnung „trock'ner Schleicher". Hier muß eingehakt werden, denn „schleichen" meinte für Goethe – ohne jede Abwertung – schlicht „gehen". Mit dem „Gehen" sind wir jedoch bereits in der Nähe des Wagner, des Handwerkers also, der für Beschleunigung und Verbequemlichung des Gehens in einem sehr wörtlichen Sinn die notwendige und die hinreichende Voraussetzung schafft. „Voraussetzung" wiederum enthält ‚setzen': Im Wagen setzt man sich in der Tat, um auf diese Weise, sitzend also, schneller und bequemer zu gehen! Der Wechsel in der Kennzeichnung Wagners vom „Schwärmer" zum „Schleicher", von manchen vorschnell als Abschwächung beurteilt, muß also eben hier eingeordnet werden. Schöne geht in seinem Kommentar auf Wagners Namen und auf diesen Wechsel der Kennzeichnung kaum ein (er sagt nur, die neue Formulierung sei „eindeutiger verächtlich"). Aber Schöne bleibe ja, wird mir von einschlägiger Seite gesagt, immer dort stehen, wo es interessant zu werden beginnt (während ich bisher meinte, er bleibe stehen, wo es unvernünftig zu werden droht). Wagner also heißt ‚Wagner', es ist evident, weil Goethe der Wagen so wichtig war! Fausts Famulus, eine wissenschaftliche Hilfskraft, die übrigens sogar, heute durchaus unüblich, beim Lehrer selbst wohnte, sollte diesem laufend, „schleichend" somit, Material herbeischaffen! Wagner war ihm Vehikel, und wichtig ist Faust dieser Mann nur und gerade, insofern als er, purer wissenschaftlicher ‚Kärrner' (so sagen wir ja noch immer und sind da wieder beim Karren, also einem minderen Synonym zu ‚Wagen'), es ihm erlaubte, sich selbst als ‚das andere' von ihm abzuheben. Und wenn wir, was unumgänglich ist, da sie Goethe zweifellos präsent war, die norddeutsche Bezeichnung ‚Stellmacher' hinzunehmen, sind wir schon – halb oder ganz – beim Stellvertreter. Von diesem redet ‚gewiß nicht zufällig' Mephisto in seiner zweiten Studienberatung, *Faust II*, die diejenige von *Faust I* – komplex autoreferentiell – wiederholt, so ausführlich und insistent:

> Doch euer Meister das ist ein Beschlagner:
> Wer kennt ihn nicht den edlen Doktor Wagner,
> Den ersten jetzt in der gelehrten Welt!
> Er ist's allein der sie zusammenhält,
> Der Weisheit täglicher Vermehrer.
> Allwißbegierige Horcher, Hörer
> Versammeln sich um ihn zu Hauf.
> Er leuchtet einzig vom Katheder;
> Die Schlüssel übt er wie Sankt Peter,
> Das Untre so das Obre schließt er auf.
> Wie er vor allen glüht und funkelt,
> Kein Ruf, kein Ruhm hält weiter stand;
> Selbst Faustus Name wird verdunkelt,
> Er ist es, der allein erfand.[9]

---

[9] V. 6642–6655, Szene *Hochgewölbtes enges gotisches Zimmer ehemals Faustens unverändert* (FA I, 7.1, S. 271 f.). *Faust* wird auch im folgenden nach FA zitiert.

Dies sagt Mephisto mit sozusagen schwebender Ironie (denn es ist ja nicht so, daß schlicht das Gegenteil richtig wäre) und sagt es eben dem Famulus dessen, der in Teil I Famulus war. Es ist kein Zweifel: „Schwärmer“, „Schleicher“, „Wagner“, ‚Stellmacher‘, ‚Stellvertreter‘ – man sieht oder besser hört hier, ineins mit dem latent religiösen Charakter von „Stellvertreter“, der mit der direkten Nennung von Petrus überdeutlich hervortritt, das „unausgesetzte Gleiten der Signifikanten“, das „Gleiten des Sinns unter den Signifikanten“. Für Jochen Hörisch zum Beispiel ist es ungeheuer wichtig, daß Werther Werther heißt: zeige dies doch im Sinne eines „Subtexts“ (Hörisch interessiert sich für das Geld), daß Geld, der Geldwert, in dem Jugendwerk eine verborgene Bedeutung hat. Auch bezeichnete ja „Pistole“, vom 17. Jahrhundert an, ebenfalls eine Goldmünze – „Was bedürfen wir weiteres Zeugnis?“.

Zusätzlich erklärt sich von der Figur des Famulus Wagner her schlagend auch das ihm durch seinen eigenen Namen suggerierte oder, wie er es sehen mußte, geradezu auferlegte Bemühen nunmehr Richard Wagners, aus dieser inferioren Rolle des Goethe-Famulus ohne Rest herauszutreten und es Goethe gleichzutun, ja ihn zu überbieten. Zeigt dies nicht, ohne jeden Zweifel, der *Ring*? Der *Ring* – dieser andere und nun nicht bloß zweiteilige, sondern dreiteilige *Faust*, der zudem ebenfalls, ganz wie derjenige Goethes, mit einem „Vorspiel“ beginnt, das nun freilich gleich einen – allerdings kurzen – „Abend“ besetzt; statt eines schlichten „Vorspiels“, bereits hier die Goethe-Übersteigung Wagners, ein ganzer „Vorabend“. So wurde der Name des Faust-Famulus – durch produktive Irritation – zum Vehikel, zum Fahrzeug, zum Wagen für die größte künstlerische Potenz der zweiten Hälfte des Jahrhunderts.

Goethe also hatte seit 1792 als Geschenk des Herzogs eine Halbchaise aus Böhmen. In Ludwig Steinfelds Buch *Goethes Reisen zwischen Frankfurt und Weimar* (1991) heißt es, sie sei heute noch in der Remise des Goethe-Hauses in Weimar zu sehen. Dies ist aber unzutreffend. Die erste Kutsche blieb nach der Campagne in Frankreich in Koblenz zurück; Friedrich Heinrich Jacobi überließ ihm leihweise einen „bequemen, obgleich an Eisen ziemlich schweren Reisewagen“ (FA I, 16, S. 526). Die zweite Kutsche, die Goethe 1799 selbst erwarb, war eine viersitzige Berline. Hinzu kamen nun auch eigene Pferde und ein Kutscher.[10]

Im Jahr 1799 wurde Goethe fünfzig. Golo Mann berichtet in einem bisher nur sehr versteckt publizierten Vortrag *Mein Vater Thomas Mann*, er habe „einmal in einer Biographie Goethes auf der Seite, wo von der Equipage die Rede ist, die Goethe sich in seinem 50. Lebensjahr anschaffte“, am Rand eine Bleistifteintragung seines Vaters gefunden, die lautete: „Mit Fünfzig!“. Er fährt fort: „Was er da meinte, war mir klar. Er selber hatte sich auch mit Fünfzig sein erstes Automobil angeschafft. Eine solche kleine Koinzidenz machte ihm tiefen Spaß. Sie bestätigte ihm das Spiel, das er spielte und das im 7. Kapitel des Romans ‚Lotte in Weimar‘ seinen künstlerischen Höhepunkt gefunden hat“.[11]

Im Jahr 1810, etwas über zehn Jahre später also, erwarb Goethe in Karlsbad eine neue Kutsche. Diese Kutsche ist es „wahrscheinlich“, sagt Renate Müller-Krumbach, die nun, seit 1992, „gründlich restauriert“ durch Michael Hädrich aus Seitenbrück in Thüringen, wieder

---

10 Hierzu Renate Müller-Krumbach: *Goethes Wagen im Haus zum Frauenplan. Ergänzungen zum Ausstellungskatalog „Goethe in Trier und Luxemburg“*. In: Kurtrierisches Jb. 33 (1993), S. 213–215.

11 Golo Mann: *Mein Vater Thomas Mann*. Lübeck 1970, S. 29; es ist dies wohl die einzige zusammenhängende öffentliche Äußerung Golo Manns über seinen Vater.

in der Remise steht. Ein Schlitten, der da, dem Briefwechsel mit Christiane zu entnehmen, auch noch war, ist ohne Spur verschwunden. Die Kutsche ist nicht signiert, daher eine kleine Unsicherheit, ob es wirklich die ist, für die es (vom 15. Juni 1810) einen Kaufvertrag gibt: „1200 Gulden“, „Herrn Geheimrat von Goethe von Weimar eine Reisebatarde, samt Coffer, Magazin, Vache, eisernem Hemmschuh und sonstigem Zubehör“. Extras also, die aber alle notwendig sind: das „Magazin“ ist ein Holzkasten unter dem Sitzpolster, der an zwei Lederschleifen herausgehoben werden konnte, die „Vache“ ist eine kleine Standfläche hinter der Gondel für den Diener (bei Stadtfahrten), die aber auch als Gepäckauflage zu verwenden war. Die Gondel war gelb, das Verdeck schwarz, und in diesen Farben waren auch das Fahrgestell und die Räder. „Batarde“ heißt das Gefährt, weil es eine Mischung ist von zwei Kutschentypen: dem offenen (Landauer) und dem fest oder steif gedeckten (Berline). Die Batarde – der biologistische Ausdruck ist hier kennzeichnend (es ist ein klassischer Herrenausdruck) – konnte also offen und gedeckt gefahren werden. Geschlossen konnte man immerhin nach vorn (wo freilich auch der Rücken des Kutschers war) hinaussehen, denn da waren Glasfensterchen in das Leder eingefügt. Das Gefährt war für Stadtfahrten und kürzere Reisen besonders geeignet. Was die Berline angeht, die Goethe mit 50 anschaffte, so ist sie wohl verlorengegangen, möglicherweise wurde sie verkauft. Es gibt jedenfalls auch da, wie beim Schlitten, keine Spur.[12]

Gehen, Reiten und Fahren im Leben und im Werk Goethes – es ist oder wäre ein interessantes Kapitel, das nicht weniges zu berühren hätte. Auch vom Fliegen müßte – im Blick auf das Werk – geredet werden.

Die *Walpurgisnacht* in *Faust I* beginnt, wieder eigentümlich modern *medias in res* (auf dem Theater freilich ist dies weniger überraschend), mit einer unmittelbar zu unserem Thema gehörenden Frage. Mephistopheles zu dem mit ihm nach oben wandernden Faust:

> Verlangst du nicht nach einem Besenstiele?
> Ich wünschte mir den allerderbsten Bock.
> Auf diesem Weg sind wir noch weit vom Ziele!

Mephisto also macht das Gehen – zumindest hier, wohl aber auch prinzipiell – keinen Spaß. Warum auch sollte ein Weltmann wie er mit so vielen Möglichkeiten sich zu Fuß bewegen? Denn so, als Weltmann, nicht als primär und von vornherein evident ‚dämonisch‘, hat ihn der sehr junge Goethe – war da Freund Behrisch das Vorbild? – angelegt (wir müssen uns da von Gustav Gründgens etwas befreien). Mephisto also wird – weltmännisch – der ganze Weg zu lang. Gleich anschließend legt er – es ist ja Frühlingsbeginn – seine trübe Stimmung dar: „Mir ist es winterlich im Leibe“. Er will also zumindest reiten – auf einem Besenstiel oder auf einem Bock. Er will abkürzen. Faust aber sieht dies ganz anders:

> So lang' ich mich noch frisch auf meinen Beinen fühle,
> Genügt mir dieser Knotenstock.
> Was hilft's daß man den Weg verkürzt?
> Im Labyrinth der Täler hinzuschleichen,

(wieder das ganz neutrale „schleichen“ – Faust kann es hier doch gar nicht negativ meinen)

12 Angaben in dem Aufsatz von Renate Müller-Krumbach.

Dann diesen Felsen zu ersteigen,
Von dem der Quell sich ewig sprudelnd stürzt,
Das ist die Lust, die solche Pfade würzt!

Faust also genießt – gerade im Gehen, im „Schleichen“ – den Weg. Er ist nicht einmal dafür, ihn irgend abzukürzen. Ihm gefallen die „Labyrinthe der Täler“, die schauende Langsamkeit. Den weltmännischen Mißmut Mephistos teilt er ganz und gar nicht. Was Faust hier äußert, ist gleichsam ‚synchronisch‘ gesagt: Jetzt, meint er, ist es noch so; sollte es sich ändern in der Gegenwart dieses Aufstiegs selbst (insofern also ‚Synchronie‘), dann, ja, in der Tat etwas zum Reiten. Erst wenn Gehen nicht mehr geht, wird geritten. Und es wird vielfach geritten auf diesem gewaltigen Zug nach oben:

Die alte Baubo kommt allein;
Sie reitet auf einem Mutterschwein.

Und beide Chöre, der der Hexen und der der Hexenmeister, vereinigen sich bald und lassen sich in schönem und wie reitendem Rhythmus so vernehmen:

Es trägt der Besen, trägt der Stock,
Die Gabel trägt, es trägt der Bock;

Da wird also vielfältig geritten. Und geflogen wird hier auch. Gleich danach heißt es:

Die Salbe gibt den Hexen Mut,
Ein Lumpen ist zum Segel gut,
Ein gutes Schiff ist jeder Trog;
Der flieget nie, der heut nicht flog.

Auch übrigens Euphorion fliegt:

Gönn’t mir den Flug![13]

Dies somit der ‚synchronische‘ Gedanke (genauer: das ist ‚Diachronie‘ in der ‚Synchronie‘): Solange ich mühelos gehen kann, gehe ich, denn gehend habe ich mehr davon; ich sehe mehr und sehe genauer. Und dies läßt sich nun im engeren Sinn ‚diachronisch‘ fassen, lebensgeschichtlich: je älter, desto weniger „frisch auf den Beinen“, desto mehr fahren als gehen oder reiten. Auch dies gehört zur Normalität des Fahrens. Was wir zum ‚romantischen‘ Gehen unter Hinweis auf Wordsworth sagten, findet sich bei Goethe nur in Ansätzen (wie hier – literarisch – bei Faust). Goethe ist auch in diesem Punkt vernünftig, frei von Überspanntheiten, frei auch von Ideologischem. Er geht und wandert nicht ideologisch. Daher kann er ohne weiteres, ohne schlechtes Gewissen, jederzeit fahren.

Goethe reiste gern, wie etwa Mozart dies tat, der es freilich von Kindesbeinen an extrem gewohnt war – aber dies hätte auch als Reaktion zu späterer Seßhaftigkeit führen können. Goethe war auch hier jedenfalls ganz anders als der extrem seßhafte Kant, von dem Kuno Fischer sagte, daß sein Leben „wie das regelmäßigste aller Zeitwörter ging“. Von Kant berichtet dessen Schüler Jachmann, der zehn Jahre hindurch auch sein Sekretär war, daß er

---

13 *Faust II*, 3. Akt, *Arkadien*, V. 9900.

eines Tags vom gewohnten Spaziergang zurückkehrend, von einem Grafen, der auf einem „Kabriolett" fuhr und dem er zufällig begegnete, eingeladen wurde zu einer kleinen Spazierfahrt, und Kant stieg ein. Der Graf macht aber dann noch Besuche auf einigen Gütern nahe der Stadt. Kant, den wohl auch die Wildheit der Hengste etwas schreckte, denn der Graf muß versichern, er habe sie völlig im Griff, muß sich fügen und erreicht erst gegen 10 Uhr nachts „voll Angst und Unzufriedenheit" seine Wohnung. Und nun faßt er die Maxime: „nie wieder in einen Wagen zu steigen, den er nicht selbst gemietet hätte, und über den er nicht selbst disponieren könnte, und sich nie von jemand zu einer Spazierfahrt mitnehmen zu lassen". Daß man mit solcher Maxime besser überhaupt zu Hause bleibt, sich jedenfalls nicht auf Reisen begibt, wo Flexibilität ständig von Nöten ist, liegt auf der Hand.[14] Nie hätte Goethe eine solche Maxime gefaßt oder sich an sie gehalten. Ihm waren die Reisen nie nur Unterbrechungen seiner Tätigkeit. „Die Mühen, die Gefahren, die Nöte des Reisens", „Les travaux / les dangers, les soins du voyage", von denen Jean de La Fontaine in einer seiner schönsten Fabeln redet (*Les deux pigeons*) – er nahm sie gern in Kauf. Das englische „travel" kommt ja von französisch „travail", und das hieß zunächst (und also noch bei La Fontaine) nicht nur Arbeit, sondern auch „Mühe" oder gar „Qual" (ebenso übrigens spanisch „trabajos", zum Beispiel in dem Titel von Cervantes' *Los trabajos de Persiles y Sigismunda*).

Es ist zu betonen, daß Goethe gerade die kleinen Ausfahrten (Tennstedt, Berka, Jena, Ilmenau) wichtig waren. Immer wieder brach er auf, und diese kleinen Ausfahrten mit anderen waren dann auch etwas wie „brainstormings", auf denen er viel lernte, wie er denn überhaupt ein kommunikativer Lerner war. Und da war ihm der Wagen mit den rasch zusammengestellten Teilnehmern ein Instrument – der Wagen wurde ihm in der Tat zum Vehikel seines (dort jedenfalls, wo er es wollte) unausgesetzten Lernens. Er nutzte dessen kommunikative Möglichkeiten. Und er wollte, wie man weiß, durch die anderen informiert werden, legte Wert auf ihre professionellen Kenntnisse und schätzte unter den Meinungen besonders die „positiv ausgesprochenen", denn: „Problematisches habe ich in mir selbst genug".

Zur Normalität des Wagens und seines Wagen-Erlebnisses gehört auch, daß Goethe wenig vom Fahren und seinen Beschwernissen redet. Für ihn ist das Fahren mit allem, was nun einmal dazugehört, eben normal. In der *Italienischen Reise* finden sich Hinweise zu den Fahrzeugen, die da im Spiele waren, kaum, was gewiß auch durch den zeitlichen Abstand zwischen Reise und Abfassung erklärbar wäre. Einmal notiert er dort etwa, und zwar in Padua (26. 9. 1786): „In vier Stunden bin ich heute von Vicenz herübergefahren, auf ein einsitziges Chaischen, Sediola genannt, mit meiner ganzen Existenz gepackt" (FA I, 15.1, S. 63). Man spürt da übrigens die Freude an der Freiheit von Ballast, am unbürgerlich unbeschwerten „omnia mea mecum porto" (aber gut, der Rest des Gepäcks war nicht weit). Im Tagebuch findet sich etwas mehr übers Fahren. So heißt es dort (nur eines unter vielen Beispielen) unter dem 16. September 1797 – da ist er im Schwäbischen in der Gegend zwischen Balingen und Rottweil unterwegs: „Schömberg. Starker Stieg, den vor einigen Jahren ein Postwagen hinunter rutschte" (WA III, 2, S. 136). Somit: jemand – der Kutscher vermutlich – hat es ihm gesagt, er hält es für buchenswert immerhin – was unbestreitbar ein gewisses Interesse zeigt (ich kenne die Stelle gut und kann die Stärke des „Stiegs" bestätigen).

Daß Goethe im Wagen reisend nicht nur lesen, sondern auch schreiben und gar zeichnen konnte, ist belegt. Diener Stadelmann, in seiner hübschen Aufzeichnung, berichtet darüber

---

14 Kuno Fischer: *Geschichte der Neueren Philosophie. Immanuel Kant und seine Lehre.* Erster Teil. Heidelberg 1928, S. 120 f.

(eine Reise nach Wiesbaden, Sommer 1815).[15] Und der berühmteste und bewegendste Fall ist ja die im Herbst 1823, zwischen dem 5. und 13. September, auf der Fahrt von Karlsbad nach Jena, in einer ersten Fassung niedergeschriebene *Marienbader Elegie*. Er schrieb da in den *Grosherz.-Weimarischen Schreib-Calender* des abgetanen Jahres 1822 hinein. Stefan Zweig zögerte nicht, die Episode um Ulrike, wegen dieses Gedichts, zu den „Sternstunden der Menschheit" zu zählen.[16]

Es ist auch von zwei Kutschen-Unfällen zu berichten. Zunächst ist da der vom 9. Oktober 1815: „gegen acht" abends, berichtet er Rosine Städel, der Freundin der Willemers, „bey hellem Mondschein" legte, so drückt er sich aus, „der Wagen um". Dann: „Da ich aber in den besten Gedancken war lies ich mich nicht stören" (WA IV, 26, S. 100). Als Tagebucheintrag findet sich am 9. Oktober: „Von Boisserée geschieden. Werneck 1 1/2 P. Poppenhausen 1 P. Munnerstadt 1 P. Mellrichsstadt 1 1/2. Meiningen 1 1/4. Schadhafter Wagen. Zu Fuß bis Meiningen. Schöne Nacht. Um 9 Uhr angekommen im Hirsch. Der Wagen um 10 Uhr. Betrachtung über das Posthorn. Schönster Tag" (WA III, 5, S. 186). Zweitens dann besonders der Unfall am 20. Juli 1816 (Christiane war erst seit 6 Wochen tot). Da sollte es nach Wiesbaden (oder auch Baden-Baden) gehen – es ist oder wäre die dritte Rheinreise gewesen, und im Hintergrund war da als Motiv – als eines zumindest und vielleicht doch als wichtigstes – die Wiederbegegnung mit Marianne von Willemer. An Willemers schickt Goethe dieses knappe Absage-Billet: „Am 20. July früh 7 Uhr fuhr ich mit Hofrath Meyer von Weimar ab, um 9 Uhr warf der Fuhrknecht höchst ungeschickt den Wagen um, die Achse brach, mein Begleiter wurde an der Stirn verletzt, ich blieb unversehrt. Hierbey blieb nichts übrig als nach Weimar zurückzukehren, wo wir denn auch gegen 1 Uhr wieder anlangten" (WA IV, 27, S. 116). Bedeutsam ist nun, daß Goethe Marianne in der Tat nicht wiedersah – aber dies, muß man einschränkend doch gleich hinzusetzen, konnte er da nicht wissen. Bedeutsamer, eindeutiger jedenfalls ist, daß er diesen Unfall, den Sturz des Wagens und den Achsenbruch und die Verletzung des ihm wichtigen Gefährten als ungünstiges Omen nahm. Kaum wird man dies abergläubisch nennen wollen. Statt nach Wiesbaden oder Baden-Baden ging es nun ganz in die Nähe: nach Tennstedt. Übrigens ist es offensichtlich so, aber es führt uns über die Kutsche hinaus, daß sich in Goethes Haltung gegenüber Marianne etwas geändert hatte, was sich in der Folgezeit deutlich zeigt (besonders in den ganz erstaunlichen Briefen Johann Jacob Willemers vom 20. Februar und gar vom 30. Oktober 1818). Goethe hatte irgendwie (und sei es auch nur durch die Entfernung – gibt es Natürlicheres?) die Lust verloren. Die Goethe-Freunde reden in solchem Fall gern von „Entsagung" ... So kam das ‚Omen' jenes Unfalls möglicherweise etwas, das schon in ihm war, entgegen.

Was aber die große Ausfahrt 1786 nach Italien angeht – die Ausfahrt seines Lebens –, muß diese These gewagt werden: daß nämlich Goethe – durch Italien tief verändert – sich *nach* Italien in Weimar nicht mehr so seßhaft verhielt wie zuvor, daß er, vielleicht nur halb bewußt, nach 1788 – in Weimar – Italien im Kleinen gleichsam fortzusetzen strebte. Die Kutsche wurde ihm noch wichtiger als zuvor. Seine Reisen waren zuvor schon, seit 1775, immer auch Reaktionen auf Weimar, wie er ja auch bei der Reise nach Italien – trotz aller

---

15 Teilweise dokumentiert bei Steinfeld 1991 (Anm. 6), S. 60–65.

16 Hierzu das schöne Bändchen: Goethe: *Elegie von Marienbad. Urschrift. September 1823.* Hrsg. von Jürgen Behrens u. Christoph Michel. Mit einem Geleitwort von Arthur Henkel. Frankfurt a. M. 1991.

positiven Motive, die ihn von früh an, vom Vater an geradezu, bestimmten – besonders von einem negativen Motiv getrieben war: Loslösung, befreiende Trennung von Weimar, von all dem, was sich in ihm mit Weimar verband: das Amt oder die Ämter, der Herzog und Charlotte von Stein.

In diesem Zusammenhang wäre auch Ortega y Gassets bemerkenswerte These von 1949, dargelegt in dem Essay *Um einen Goethe von innen bittend*, erneut zu diskutieren (wurde sie je ernsthaft diskutiert?), nach welcher Weimar insgesamt für Goethe ungünstig war. Es ist in der deutschen Geistesgeschichte etwas wie ein Tabu.[17] Doch wie immer: Da war jedenfalls, auch schon unter Einbeziehung des sehr nahen Gartenhauses, in dem er zuerst gewohnt hatte, eine Mobilität, etwas wie ein definitives Provisorium des Wohnens. Das schöne ‚italienische' Treppenhaus in seinem Haus, 1792 nach Entwürfen Goethes unter Aufsicht Johann Heinrich Meyers gebaut, symbolisiert sicher nicht nur Goethes Italienerlebnis. Diese Treppe sollte „die Erinnerung an das Italienerlebnis [...] wachhalten" (so in dem schönen Buch von Gisela Maul und Margarete Oppel über Goethes Wohnhaus, 1996) – als ob diese Erinnerung, die doch immer da war, einer äußeren Stütze bedurft hätte![18] Nein, diese schöne Treppe, das ganze schöne und ja vorwiegend rührende Treppenhaus, das mit dem „Salve" auf der Schwelle endet, symbolisiert auch und vor allem Mobilität. Es ist, als wäre da, gerade auch im Blick auf Italien, auf sein Leben dort, jenes „Und so fortan!", das wir aus den Goetheschen Briefschlüssen kennen. Es ist daher überaus stimmig, wenn Thomas Mann den Siebenundsechzigjährigen so erwachen läßt: „Und nun, was ist? Wo kommst du zu dir? Jena? Berka? Tennstedt? Nein, das ist die Weimarer Steppdecke, seiden, die heimische Wandbespannung, der Klingelzug ...". Und der Traum, aus dem Goethe da erotisiert erwacht, bezog sich wieder auf Italienisches, auf das Gemälde *Venus und Adonis*: „es war der l'Orbetto, der Turchi war's" – allerdings (erneut Italien in Deutschland) nun „auf der Dresdener Galerie".[19]

Seine letzte Ausfahrt, eine Spazierfahrt, war am 15. März 1832. Dabei, hören wir, soll er sich „erkältet" haben. Gut, wie wir von den Ärzten wissen, man ‚erkältet' oder ‚verkühlt' sich ja nie – es ist immer eine Infektion, die durch Kälte, durch die durch sie herabgesetzte Widerstandskraft allenfalls ‚begünstigt' wird. Goethe hatte sich also infiziert – wir wollen die Kutsche nicht unmittelbar an seinem Ende Schuld sein lassen. Am Tag darauf, dem 16. März, lautet der Eintrag (und es ist der allerletzte) im Tagebuch: „Den ganzen Tag wegen Unwohlseyns im Bette zugebracht" (WA III, 13, S. 234).

---

17 Conrad Wiedemann bemüht sich seit geraumer Zeit in einem großen Projekt, dieses Tabu, den ja kaum noch bewußten ‚Mythus Weimar' bewußt zu machen und Berlin als – nicht unterlegenen – Schauplatz neben Weimar (und Jena) zu etablieren. Nichts zeigt diesen Mythus so deutlich und so geradezu dummfrech wie die Verbringung des seinem wachsenden Ruhm längst entzogenen Bruders nach Weimar durch die arge Schwester. Und Hitler schließt sich der „hohen Frau", die ja erst 1935 starb, mit bei ihm ja wahrlich nicht seltener präziser Intuition alsbald an und macht den „Elephant" – noch heute ist dies überaus sichtbar – zu ‚seinem' Hotel. Hier ist nun, muß man leider sagen, die konkrete Verbindung Weimar und Buchenwald: Nietzsche wegen Goethe etc. nach Weimar und Hitler dorthin wegen Nietzsche – der reale Konnex also ging über Nietzsche, der am wenigsten dafür konnte.

18 *Goethes Wohnhaus.* Mit Beiträgen von Erich Trunz, Katharina Krügel, Marie-Luise Kahler. München, Wien 1996.

19 *Lotte in Weimar.* Frankfurter Ausgabe. Gesammelte Werke in Einzelbänden, Frankfurt 1982, S. 259.

Nun zum Werk. Wo wurde hier die Kutsche, der Wagen dichterisch? Wo wurde der Wagen zu einem Element von Dichtung? Zählen wir zumindest auf, denn um ‚Interpretation' kann es hier nicht gehen, auch nicht um Vollständigkeit einer Liste. Am bekanntesten ist gewiß *An Schwager Kronos* aus dem wichtigen Jahr 1774 – da war Goethe 25 (Erstaufführung des *Götz*, Erscheinen des *Clavigo*, Niederschrift und Erscheinen des *Werther*, erste Bekanntschaft mit Klopstock, dann mit dem Prinzen Carl August). Und wir haben da über dem Schwager-Kronos-Gedicht die genaue Angabe: „In der Postchaise d 10 Oktbr 1774".[20] Wir wissen auch, es war eine Rückkehr aus Darmstadt, wo er ab Februar 1772 immer wieder war. Der Wagen und das Reisen im Wagen sind im Gedicht keineswegs Thema, vielmehr ist da dieses intensive Erleben: der Vergleich oder eigentlich die Gleichsetzung des Lebens dessen, der hier redet, mit einer raschen, ja rasenden Fahrt in der Kutsche. Wieder einmal wird hier also, mit Wagners Gurnemanz (im *Parsifal*) zu reden, die Zeit zum Raum („Zum Raum wird hier die Zeit"). Dieses sozusagen klassische Sturm-und-Drang-Gedicht hat zwei Schlüsse – einen früheren, stolzeren und stärkeren, und einen späteren, der nicht nur abmildert, sondern umbiegt. Doch fände man den späteren Schluß sehr gut, würde man nicht (da steckt ein interessantes Problem) den früheren, ungleich kräftigeren, einfach besseren e b e n f a l l s kennen. Da sehe ich nicht Hans-Ulrich Gumbrechts „powers of philology", sondern eher deren Ohnmacht, einfach weil Wissen – auch hier – keineswegs immer Macht ist.[21]

Die *Marienbader Elegie* können wir hier kaum nennen, denn sie wurde, wenigstens in einer ersten Fassung, in der Kutsche geschrieben. Immerhin: Sie „spielt" sozusagen im Freien: Sonnenaufgang, Wolken, Felsenwände, Ernte, „ein grün Gelände" und „Laßt mich allein am Fels, in Moor und Moos". Sie bringt übrigens viele biblische Zitatelemente, die gerade hier überraschen.

Besonders ergiebig wäre die Betrachtung zweier merkwürdiger, sehr offener und in dem (so modern anmutenden) Goetheschen objektiven Alterslakonismus erzählten Episoden aus den *Wanderjahren*, und zwar aus dem 3. Buch: *Die neue Melusine* (6. Kapitel) und *Nicht zu weit* (10. Kapitel). In der ersten ist immer wieder von Wagen die Rede. Gleich am Anfang lesen wir: „Einst nahm ich mir eine Reise vor, die mir guten Gewinn verschaffen sollte; aber ich machte meinen Zuschnitt ein wenig zu groß, und nachdem ich sie mit Extrapost angefangen und sodann auf der ordinären eine Zeitlang fortgesetzt hatte, fand ich mich zuletzt genötigt dem Ende derselben zu Fuße entgegen zu gehen". Die Erzählung oder Novelle *Nicht zu weit*, ungeheuer kompliziert dargeboten, so daß sie sich nur langsamer und mehrfach wiederholender Lektüre erschließt, bringt, wie schon angedeutet, einen Wagen-Unfall, der ein „geheimes Verhältnis [...] blitzschnell [...] offenbart" – da ist ein „untreuer Freund" und eine „verräterische Freundin". Und beide, der Liebes- und der Freundschaftsverrat, treten also durch den Unfall, der die Konventionen und Verstellungen, hinter denen alles verborgen war, abrupt aufhebt, auf das deutlichste hervor: „der Schade", heißt es trocken, „war geschehen". Der Unfall selbst wird wie nebenbei und hastig beschrieben: „Einen Tanz, schon nach dem Frühstück begonnen, setzte man nach Tafel fort; die Bewegung zog sich in die Länge, man fuhr zu spät ab, und von der Nacht" (also: nachts) „auf schlimmem Wege, doppelt schlimm, weil er eben gebessert wurde, ehe man's dachte, schon überrascht, versah's der Kutscher und warf in einen Graben". Der Kutscher also – es

---

20 FA I, 1, S. 201 f. und, spätere Fassung, S. 324–326.

21 Hans-Ulrich Gumbrecht: *Die Macht der Philologie*, deutsche Version. Frankfurt a. M. 2003.

ist wirklich äußerst lakonisch und fast lateinisch – „versah's und warf in einen Graben". Dann ebenfalls gewaltig, auch etwas abgründig – Nutzlosigkeit oder doch Ambivalenz menschlichen Tuns – und uns durchaus aktuell anmutend: „auf schlimmem Wege, doppelt schlimm, weil er eben gebessert wurde".[22]

Am direktesten wird der Wagen zum Thema in einem Gedicht, das genau datiert und auch lokalisiert ist: 25. Juli 1814, abends, 6 Uhr, Eisenach – da war Goethe auf der Fahrt nach Wiesbaden; es war die Reise an den Rhein vom 25. Juli zum 27. Oktober 1814, die Reise somit, die die erste Begegnung mit Marianne bringen sollte. Also *Divan*-Zeit, unser Gedicht sollte auch da hinein, wurde aber wieder herausgenommen. Das Gedicht, auf das mich Friedhelm Kemp aufmerksam machte, lautet:

Artges Häuschen hab ich klein,
Und, darin verstecket,
Bin ich vor der Sonne Schein,
Gar bequem, bedecket.

Der Wagen also als kleines Haus, in das man sich versteckt, und zwar bequem. Dann weiter:

Denn da gibt es Schalterlein,
Federchen und Lädchen,
Finde mich so wohl allein
Als mit hübschen Mädchen.

Die „Schalterlein" sind Türchen, die „Federchen" Beschläge zum Verschließen, und mit „Lädchen" sind Fensterlädchen gemeint. Da ist also die kommunikative Einsamkeit in der Kutsche, und der Vergleich, zur Verdeutlichung des beträchtlichen Glückserlebnisses in ihr, ist, von Goethe her gesehen, wahrlich hoch: „Als mit hübschen Mädchen", mehr konnte gerade er da schwerlich sagen. Und nun eine weitere Begründung für sein Kutschen-Glück:

Denn, o Wunder! mir zur Lust
Regen sich die Wälder,
Näher kommen meiner Brust
Die entfernten Felder.

Dazu gibt es eine (ich finde, stärkere) Variante:

Drückte gern an meine Brust
Die beblümten Felder.

Dann:

Und so tanzen auch vorbei
Die bewachs'nen Berge,
Fehlet nur das Lustgeschrei
Aufgeregter Zwerge.

---

22 FA I, 10, S. 633 u. S. 684 f. Natürlich gehören solche Stellen zu dem, was man jetzt seine „ästhetische Objektivität", auch seine „kalte Sprache" nennt; hierüber, sehr bemerkenswert, Norbert Christian Wolf: *Ästhetische Objektivität. Goethes und Flauberts Konzept des Stils.* In: Poetica 34 (2002), H. 1/2, S. 125–169.

Hierzu nun die Varianten: „Die vollkommnen Berge" und „Der vertracten Zwerge". Danach:

Doch so gänzlich still und stumm
Rennt es mir vorüber
Meistens grad und oft auch krumm,
Und so ist mir's lieber.

Bevorzugung also des Krummen. Schließlich:

Wenn ichs recht betrachten will
Und es ernst gewahre,
Steht vielleicht das alles still
Und ich selber fahre.[23]

Goethe – hier redet er doch ganz als er selbst – spielt in den Schlußversen auf die kopernikanische Wende an, daher der Titel *Der neue Copernikus*, der den älteren Titel *Vision* ersetzte. Zunächst also meinte der Fahrende, da laufe etwas an ihm vorbei, komme auf ihn zu und entferne sich wieder, bis er jetzt sieht: Es ist er, der sich bewegt, und das, was an ihm vorüberzuziehen scheint, steht in Wirklichkeit still. Der Schluß ist überraschend, weil er in die pure Selbstverständlichkeit der Evidenz mündet: Es ist der Fahrende, der fährt. Jedoch impliziert er auch: Die Dinge kommen, wenngleich bloß scheinbar, nur in Bewegung, wenn man fährt, unterwegs ist; auch und gerade diese Schein-Bewegung der Dinge ist wichtig – so ist da ein indirektes Lob auf die Bewegung, den Aufbruch, die Ausfahrt, die Hegire.

Am exponiertesten und geradezu dramatisch pathetisch erscheint der Wagen – aber auch wieder nur als Vergleich, als Symbol – am Ende von *Dichtung und Wahrheit*, und dieser 4. Teil wird ja erst im letzten Lebensjahr, Oktober 1831, beendet. Da zitiert der Autor sich selbst. Genauer: Er zitiert ein Zitat aus *Egmont* (2. Akt), das er d a m a l s, an entscheidender Wegwende, der Demoiselle Delph entgegenhielt, als diese ihn abbringen wollte von der Fahrt nach Weimar – und die Alternative zu Weimar war ja da schon Italien!

> Der Wagen stand vor der Tür, aufgepackt war, der Postillion ließ das gewöhnliche Zeichen der Ungeduld erschallen, ich riß mich los, sie wollte mich noch nicht fahren lassen, und brachte künstlich genug die Argumente der Gegenwart alle vor, so daß ich endlich leidenschaftlich und begeistert die Worte Egmonts ausrief:
>
> Kind, Kind! nicht weiter! Wie von unsichtbaren Geistern gepeitscht gehen die Sonnenpferde der Zeit mit unsers Schicksals leichtem Wagen durch, und uns bleibt nichts, als mutig gefaßt, die Zügel festzuhalten, und bald rechts, bald links, vom Steine hier, vom Sturze da die Räder abzulenken. Wohin es geht, wer weiß es? Erinnert er sich doch kaum, woher er kam. (FA I, 14, S. 852)

Es ist dies eine große Stelle – für sich selbst zunächst und dann gerade auch als Zitat durch ihren Platz im Werk: „unsers Schicksals leichter Wagen"; „die Sonnenpferde der Zeit", wieder somit die verräumlichte Zeit; „unsichtbare Geister peitschen" – wir sind also Getriebene,

[23] FA I, 2, S. 478 f.; Varianten aus der Dokumentation von Anke Bosse: *„Meine Schatzkammer füllt sich täglich ...". Die Nachlaßstücke zu Goethes „West-östlichem Divan"*. Göttingen 1999, Bd. 1, S. 141.

mit anderen Worten: Wir leben nicht, sondern werden gelebt; wir können nur – und dazu bereits gehören Mut und Glück – Stürze verhindern; die Richtung jedoch und auch die Bewegung selbst und ihr Ende sind keineswegs in unserer Hand.

In größter Goethe-Nähe hat Thomas Mann die Kutsche, den Wagen, poetisch ‚eingesetzt', wobei er nicht selten, wie schon der Golo-Mann-Hinweis zeigte, auch nahe bei sich selber blieb. Es gibt überhaupt in *Lotte in Weimar* viele und ziemlich genaue Hinweise auf die Kutsche. Gleich zu Beginn, bei der Ankunft von Lotte Kestner geborene Buff (das war, wie es heißt, „ziemlich tief im September des Jahres 1816"), ist von ihr durchaus mit Einzelheiten die Rede. Das letzte Kapitel schildert Charlottes Besuch im Theater. Goethe hatte ihr seine Loge angeboten. Diener Carl bringt sie in Goethes Wagen hin: „ein bequemer, mit blauem Tuch ausgeschlagener und mit zwei glatthäutigen Braunen bespannter Landauer". Und Carl holt sie nachher in der Loge wieder ab, bringt sie zum Wagen, dem „Landauer, mit aufgeschlagenem Verdeck, zwei Laternen zuseiten des hohen Bocks". Auf dem saß schon der Kutscher; rasch setzt sich Carl neben ihn.

Da ist sie nun allein in dem „eleganten und behaglichen" Inneren des Wagens und sieht plötzlich, daß sie n i c h t alleine ist. Hier nun ein gewaltiger, auch gewaltig kurzer Satz: „Goethe saß neben ihr". Ich kenne einen vorzüglichen jüngeren Germanisten, der mir sagte, er habe beim ersten Lesen des Buchs an dieser Stelle geweint. Man kann dies nicht tadeln. Auch nicht angesichts des nun folgenden Gesprächs, das sich auf einen schönen Monolog Goethes zubewegt; das Ganze bleibt aber doch ein Gespräch. Ganz eindeutig ist es nicht, ob Goethe tatsächlich – in der Tatsächlichkeit des Romans – neben ihr saß oder ob dies alles nur ihrer intensiven Imagination entspringt, ob es nur im Raum dieser Imagination i s t. Der Wagen ist hier als kommunikativ abgeschlossener Innenraum (Kutscher und Carl sind draußen) der Raum Goethes selbst: Er selbst, als wäre der Wagen er selbst, nimmt Lotte in sich auf – redet zu ihr und antwortet ihr. Der Wagen somit als Substitut seines Besitzers, weil er wie ein Teil von ihm, nein: weil er, der Besitzer, in ihm überall ist. Wäre die Goethe-Präsenz bloße Imagination, gerade d a n n würde der Wagen sich so bewähren, sich also zeigen als das, was er ist: Goethe unterwegs – in der Kutsche. Auch wenn er, in diesem besonderen Fall, gar nicht in ihr war. Goethe hier i s t sein Wagen.[24]

---

[24] *Lotte in Weimar* (Anm. 19), S. 394 u. 398. Andere literarische Vorkommen oder gar Instrumentalisierungen der Kutsche, die mir bekannt sind, etwa: Mörikes *Mozart auf der Reise nach Prag* – da wird gleich zu Beginn das Aussehen einer Kutsche genauer geschildert als dies bei Goethe, soweit ich sehe, je vorkommt; dann Eichendorffs *Taugenichts* – er ist eine Art Kontrafaktur des Goethe-Reisens in Italien – während Goethe mit aufgerissenen Augen reist, schläft der Taugenichts vielfach in der Kutsche, die Kutsche ist hier aber enorm wichtig; von Ludwig Börne gibt es eine *Monographie der deutschen Postschnecke* (Sämtliche Schriften. Bd. I. Düsseldorf 1964, S. 639–667; dann die Reisen bei Jean Paul (*Dr. Katzenberger*); Jörg Wickrams *Rollwagenbüchlein* (Mitte 16. Jahrhundert) ist Lesestoff fürs Reisen, hat aber sonst keinen Bezug dazu; Marivaux' *La voiture embourbée* ist eine Sammlung von Erzählungen, ausgelöst immerhin durch das Steckenbleiben einer Kutsche, welches also hier der Rahmen ist; sehr schön ‚eingesetzt' ist die Kutsche in Maupassants grandioser Novelle *Boule de suif* – da wird sie als intensiv eine Gemeinschaft bildend präsentiert; dann, phantastisch geradezu, einmalig gewiß, Flauberts *Madame Bovary*: die hocherotische Szene Léon Dupuy und Emma Bovary in einer schwarzverhängten Kutsche an einem heißen Sommernachmittag in Rouen, eigens zum Zweck der Vereinigung gemietet, als sicheres ‚chambre séparée' („So macht man das in Paris!" ist Léons schlagendes Argument gegenüber der zögernden Frau aus der Provinz) – eine der sinnlichsten Stellen der Literatur, in der man gleichwohl rein ‚gar nichts' erfährt.

Abb. 17
Goethes Reisekutsche

MANFRED OSTEN

Die evolutionäre Reise – zur Modernität des Goetheschen Homunculus

Der Princeton-Professor und Molekularbiologe Lee M. Silver vermutet in seinem Buch *Das geklonte Paradies*, daß sich spätestens ab dem 24. Jahrhundert die Menschheit in zwei Arten spalten wird: in die „Naturbelassenen" und die „Gen-Reichen".[1] – Eine provokante Prognose, die Silver mit der nicht weniger provokanten These begleitet, daß das, was möglich sei, auch Wirklichkeit werde, gleichgültig, ob es ethisch vertretbar ist oder nicht.

Wie sehr dürfte aber den selbsternannten Futurologen die Nachricht überraschen, daß bereits vor mehr als 170 Jahren der Prototyp eines „Gen-Reichen" im Wege eines frühen „human engineering" das Licht der Welt erblickt hat, wenn auch (zunächst) nur als poetische Fiktion. – Dies allerdings vor dem Hintergrund eines damals soeben Wirklichkeit gewordenen biochemischen Experiments, das man bislang für unmöglich gehalten hatte. Die Rede ist von der 1828 erstmals gelungenen Umwandlung anorganischer in organische Materie in Gestalt der Wöhlerschen Harnstoffsynthese und der hieraus für Goethe resultierenden Neukonzeption der Homunculus-Szenen im zweiten Akt des zweiten Teils der *Faust*-Tragödie.

Friedrich Wöhler hatte an der Berliner Gewerbeschule mit Hilfe cyansauren Ammoniums eine „krystallisirte Substanz"[2] gewonnen, die sich als identisch mit tierischem Harnstoff erwies. Seinem Lehrer Johann Jakob Berzelius in Stockholm hatte Wöhler als stolzer Famulus über sein biochemisches Experiment mit dem Hinweis berichtet, daß er nunmehr „Harnstoff machen kann, ohne dazu Nieren [...] nöthig zu haben"[3]. – Eine Nachricht, deren lebenswissenschaftliche Tragweite für Goethe offenbar eine ähnliche Bedeutung hatte wie für die Nachgeborenen heute die postmoderne Nachricht von der Entschlüsselung des menschlichen Genoms. Heute wie damals verschränkte sich jedenfalls der Blick auf das soeben aufgeschlagene neue Blatt im Buch des Lebens mit vorauseilenden Blicken der Phantasie auf eine plötzlich als möglich erscheinende – wie auch immer geartete – „künstliche" Generierung des Menschen.

Bevor Goethe vom Wöhlerschen Experiment Kenntnis erlangte, hatte sich allerdings seine Phantasie zunächst noch nach rückwärts gewandt. Denn ursprünglich (zwischen Frühjahr 1826 und Herbst 1827) hatte er den Homunculus im 2. Akt des *Faust II* noch als ein Produkt spätmittelalterlich alchimistischen Denkens geplant; als einen ‚chemischen

[1] Lee M. Silver: *Cloning the Paradise.* Princeton University Press. 2001, S. 11.

[2] Zit. nach: *Faust*-Kommentar von Albrecht Schöne in FA I, 7.2, S. 506.

[3] Ebd.

Menschen'[4], wie ihn Paracelsus in seinem Werk *De natura rerum* (1572) beschrieben hatte – nämlich als ein jeder ‚political correctness' entbehrendes antifeministisches Wesen, das außerhalb des Mutterleibs entwickelt werden konnte, da nach damaliger Auffassung allein der männliche Samen, die Spermatozoen, als Träger des Lebens und des Erbguts galten. Dies ist ein allerdings verzeihliches Vorurteil, wenn man bedenkt, daß die menschliche Eizelle erst 1827 von Karl-Ernst von Baer entdeckt und 1875 erstmals die Verschmelzung von Samen- und Eizelle beobachtet wurde.

Folglich konnte – unter Verzicht auf den weiblichen ‚Brutkasten' – der männliche Samen auch in vitro, in einem geschlossenen Gefäß und bei konstanter Wärme- und Nahrungszufuhr, soweit heranreifen, daß nach vierzig Wochen so etwas entstehen könnte wie „ein recht lebendig menschlich kint [...] mit allen glitmaßen wie ein ander kint, das von einem weib geboren wird, doch vil kleiner. dasselbig wir ein homunculum nennen" (Paracelsus)[5]. Goethe hat sich allerdings dann, im Dezember 1829, mit der Endfassung der Laboratoriumsszene von diesen altväterlichen Allmachtsphantasien zugunsten eines völlig neuen, durch die Wöhlersche Harnstoffsynthese angeregten Konzepts verabschiedet, das bei Licht besehen sehr viel mehr ist als das, was modischer Sprachgebrauch als Paradigmenwechsel bezeichnen würde. Vielmehr antizipiert die Biographie dieses neuen Homunculus bereits eine bestürzende Modernität im Zeichen bio- und nanotechnologischer Phantasmagorien. Es ist eine Modernität, die uns erst heute einzuholen beginnt. Wenn nämlich Homunculus seine Dienste anbietet mit den Worten: „Ich leuchte vor" (FA I, 7.1, V. 6987)[6], so gilt dies im doppelten Sinne – zum einen als Antizipation wissenschaftsutopischer Gespenster und zum anderen als Goethes Versuch einer ironischen Haltung gegenüber diesen Gespenstern, die Durs Grünbein inzwischen auf die Formel gebracht hat:

> Die wahrhaft tief greifende Revolution wird sein, dass man den Körper nunmehr von innen her angreift. Die Gespenster, die immer von außen kamen und als solche erkennbar blieben, in Zukunft kommen sie aus dem Zellkern selbst, endogene Kräfte, die im Innern des Menschen wirken und ihn von dort her umgestalten. Ist der Kern aber erst einmal gespalten, versiegen die Differenzen, ein tiefer Verdacht fällt auf das Subjekt. Der Mensch aus der Gen-Werkstatt tritt in ein Zwielicht. Seine Erbsubstanz ist nicht mehr nur Produkt von Vater und Mutter und dem Chor zahlreicher Ahnen, sondern Resultat einer technischen Intervention.[7]

Wenn Goethe versucht, diesen Gespenstern durch die ironische Faktur seines Homunculus als Protagonist „sehr ernste[r] Scherze" (an W. von Humboldt, 17. 3. 1832; WA IV, 49, S. 283) zu begegnen, so fordert er damit vor allem jene Distanz des Menschen gegenüber sich selbst ein, die er als notwendiges Korrektiv verstand angesichts seiner Einsicht: „An ihm [dem Menschen] nichts Wahr [ist] als daß er irrt" (FA I, 13, S. 62). Oder, wie es an anderer Stelle heißt: „Sobald man spricht, beginnt man schon zu irren" (FA I, 2, S. 420).

---

4 Ebd.

5 Zit. nach: *Faust*-Kommentar (Anm. 2), S. 505.

6 Alle *Faust*-Zitate im folgenden nach FA I, 7.1.

7 Durs Grünbein: *Leute, wollt ihr ewig sterben?* In: Der Spiegel, Nr. 46, 13. 11. 2000, S. 270–272; hier S. 272.

II.

Und ironisch geht es in der Tat zu – schon im wissenschaftlichen Vorfeld des Goetheschen Homunculus. Denn damals wie heute gab sich die wissenschaftliche Zunft seriös; sie verhielt sich zunächst skeptisch gegenüber den kursierenden Utopien eines Menschen aus der Retorte. Ja, Berzelius, der damalige Repräsentant der herrschenden Lehre, hatte auch allen Grund zur Skepsis gegenüber der angeblich gelungenen Harnstoffsynthese seines Famulus. Hatte doch Berzelius noch 1827 selber festgestellt, „diese unvollständige Nachahmung [sei] immer zu unbedeutend, als dass wir jemals hoffen könnten es zu wagen, organische Stoffe künstlich hervorzubringen". Weshalb er denn auch Wöhlers Nachricht über das gelungene Experiment entsprechend ironisch kommentierte: „Sollte es nun gelingen, noch etwas weiter im Produktionsvermögen zu kommen [...] welche herrliche Kunst, im Laboratorium der Gewerbeschule ein noch so kleines Kind zu machen".[8]

Goethes „sehr ernste Scherze" im Lichte des Wöhlerschen Experiments gehen allerdings schon ganz andere Wege. Bereits der Ort des Experiments ist ironisch-abgründig konzipiert. Fausts jetzt zum Biochemiker avancierter Famulus, Wagner, der sich schon im ersten Teil der Tragödie ausgewiesen hatte als Grundlagenforscher im Zeichen der Freiheit der Wissenschaft („Zwar weiß ich viel, doch möcht' ich alles wissen"; V. 601), befindet sich hier, im zweiten Akt des zweiten Teils, genau dort, wo Faust seine eigene Tragödie der Übereilungen mit der modernsten aller Verwünschungen einleitete: „Fluch vor allen der Geduld!" (V. 1606). Und so wie einst Mephisto zur Stelle war, um Fausts Ungeduld zu bedienen mit dem weitgefächerten Arsenal zukunftsweisender Instrumente der Ungeduld (vom schnellen Mantel über das schnelle Geld bis hin zum schnellen Mord), so ist er jetzt wieder zur Stelle, um Wagners Ungeduld des Wissens zu bedienen und mitzuwirken an der Entstehung des künstlichen Menschen. Mephisto erweist sich auch hier wieder als der Katalysator übereilender Tendenzen. Er ist bereit, Wagner zu Akzelerationsschüben zu verhelfen im Sinne eines sich ständig beschleunigenden Tempos naturwissenschaftlicher Forschungsergebnisse: „Ich bin der Mann das Glück ihm zu beschleunen" (V. 6684).

Entsprechend ungeduldig erweist sich denn auch das Produkt des Wagner/Mephisto-Experiments: Denn im Gegensatz zum ursprünglichen Goetheschen Konzept entspringt Homunculus nicht als ein zwergwüchsiges Menschlein der Phiole, sondern er bewegt sich eingeschlossen und bauchrednerisch in vitro; und sofort drängt es ihn, „faustisch" in Gestalt übereilten Handelns aus der Flasche zu entweichen: „möchte gern im besten Sinn entstehn / Voll Ungeduld mein Glas entzwei zu schlagen" (V. 7831 f.). Aber gemach. Anders als im Falle des Doktor Faust schiebt Goethe jetzt der Ungeduld jäh einen Riegel vor: Homunculus muß in der Phiole verharren, er kann nicht entfliehen. Wagners Experiment aber ist damit halb gescheitert. – Ein Experiment, das Goethe von Anfang an verschränkt hatte mit dem Geschwisterkind der Ungeduld: der Neugier. Wagners Neugier antizipiert bereits die Utopien der ‚Moderne': Er will nicht nur „alles wissen", er ist inzwischen zum selbstherrlichen Menschenschöpfer avanciert. Er implementiert das Genesis-Zitat aus dem ersten Teil des *Faust*: Mephisto hatte dort das Genesis-Zitat „Eritis sicut Deus" – ihr werdet sein wie Gott – bereits mit einem weit ins 21. Jahrhundert vorausweisenden Kommentar bedacht: „Folg' nur dem alten Spruch und meiner Muhme der Schlange, / Dir wird gewiß einmal bei deiner Gottähnlichkeit bange!" (V. 2049 f.). Wagner folgt dem Spruch, und ihm wird auch

---

[8] Zit. nach: *Faust*-Kommentar (Anm. 2), S. 507.

tatsächlich „bange“; ihn überfällt zumindest für einen Moment eine Art Erschrecken über sein eigenes wissenschaftliches Tun. Denn Mephisto kündigt sich jetzt ironisch-blasphemisch zu Beginn der Laboratoriumsszene an als der Erlöser aller noch nicht gestillten Neugier: es erklingt nämlich ein apokalyptischer Glockenton, der „die Hallen erbeben und die Türen aufspringen“ (Regieanweisung nach V. 6619) läßt. Und Wagner halluziniert auch prompt die Parusie: die Erscheinung des wiederkehrenden Christus. Das heißt, für den wissenschaftshistorisch Kundigen stellt Goethe hier den geheim-offenbaren Rapport her zwischen der Nicht-Wiederkehr Christi auf Erden im ausgehenden Mittelalter und der Entstehung des neuzeitlichen Wissenschafts-Eros. Manches spricht dafür, daß das, was wir heute Wissenschaft nennen, etwa um 1600 vor allem in England (unter anderem durch Francis Bacons Begründung der Wissenschaft aus der apokalyptischen Verheißung) entstanden ist aus der pragmatischen Wendung zur Natur in einer sich allmählich vollziehenden Abkopplung von Gott und der Herrschaft der Theologie: Der Mensch übernimmt in eigener Regie die Restitution des ausgebliebenen Paradieses.

Ironisiert Goethe hier also die spätestens seit John Miltons *Paradise Lost* grassierende Literaten-Phobie gegenüber Neugierde und Ungeduld? Jene Ungeduld, die Kafka als „Hauptsünde“ bezeichnet hat:

> Es gibt zwei menschliche Hauptsünden, aus welchen sich alle andern ableiten: Ungeduld und Lässigkeit. Wegen der Ungeduld sind sie aus dem Paradiese vertrieben worden, wegen der Lässigkeit kehren sie zurück. Vielleicht aber gibt es nur eine Hauptsünde: die Ungeduld. Wegen der Ungeduld sind sie vertrieben worden, wegen der Ungeduld kehren sie nicht zurück.[9]

Ungeduld und Neugier also als die Ursünde der ersten Menschen und zugleich als Ursprung aller Sehnsuchts-Phantasien von einem perfektionierten Menschen? Wolfgang Frühwald hat in diesem Zusammenhang gesprochen vom

> Konflikt zwischen einer rationalen (sogar rationalistischen) Wissenschaftskultur, ihren jetzt offen geträumten Unsterblichkeitsträumen, und einer ästhetischen Kultur, die das Paradies des Nicht-Wissens verkündet; nicht das Paradies der Dummheit, nicht einmal das der Wissensverweigerung, sondern das des vernunftgeleiteten Verzichts auf Wissen dort, wo es den Menschen überfordert und ihm schadet. Auch dieser Traum des Nichtwissen-Wollens ist ein Traum.[10]

Auch wenn Goethe bereits bemerkt, „Das Wissen wächst die Unruh wächst mit ihm“ (FA I, 7.1, S. 551), und am Ende des Goetheschen Jahrhunderts Friedrich Nietzsche notiert, er wolle „ein für allemal, vieles *nicht* wissen. – Die Weisheit zieht auch der Erkenntnis Grenzen“[11], so läßt Goethe Fausts Famulus gerade hier nicht Halt machen – hier, wo ein vernunftgeleiteter

---

9 Franz Kafka: *Betrachtungen über Sünde, Leid, Hoffnung und den wahren Weg*, Nr. 3. In: *Hochzeitsvorbereitungen auf dem Lande und andere Prosa aus dem Nachlaß.* Gesammelte Werke. Hrsg. von Max Brod. Frankfurt a. M. 1953, S. 39.

10 Vorlesung am 22. 6. 2001 in Düsseldorf; zit. nach Privatmitschrift.

11 Friedrich Nietzsche. Hrsg. von Karl Schlechta. Bd. 1–3. München ²1960; hier Bd. 2: *Sprüche und Pfeile*, Nr. 5, S. 943.

Verzicht auf Wissen sich aufzudrängen scheint. Bereits Praetorius, der das Paracelsus zugeschriebene Werk *De natura rerum* vermittelte, hatte in seiner (Goethe bekannten) Schrift *Vom Chymischen Menschen* (1666) die Schaffung eines künstlichen Menschen in die Nähe der Sünde gerückt, als eine „der aller höchsten und größesten heimlikeiten [...], die got den tötlichen und sündigen menschen hat wissen lassen"[12]. Goethe rückt bewußt Homunculus in die Nähe dieser Sünde. Denn wenig bemerkt worden ist, daß Homunculus bereits den Wagnerschen Neugier- und Wissens-Horizont auf utopisch-moderne Weise transzendiert durch seine Kenntnisse der „höchsten und größesten heimlikeiten". Für Homunculus ist die Frage nach einem vernunftgeleiteten Verzicht auf Wissen damit bereits obsolet! Denn er verfügt über eine wie auch immer, genetisch oder künstlich, generierte Intelligenz, die das Wissen seiner beiden Produzenten, Wagner und Mephisto, jedenfalls weit übertrifft. Ja, Homunculus könnte mit seinem optimierten Wissen durchaus schon Anlaß genug sein für jene euphorischen Erwartungen, die Hans Magnus Enzensberger inzwischen diagnostiziert hat als „manische"[13] Phase der modernen Leitwissenschaften: Der depressiven Phase der achtziger Jahre des vergangenen Jahrhunderts mit ihren Untergangsvisionen und Prophezeiungen vom Ende der Welt folge jetzt eine manische Phase mit „systematischen Wirklichkeitsverlusten"[14]. Diesen Sachverhalt hat bereits Goethe mit seinem Hinweis antizipiert, die Menschheit erscheine ihm wie ein Kranker, der sich von einer Seite auf die andere wälze im Glauben, auf der jeweils anderen Seite besser zu liegen.

III.

Obgleich die extrakorporale In-vitro-Züchtung dem Biochemiker Wagner nur halb geglückt ist, so ist ihm also gleichsam als Nebenprodukt des „nur halb zur Welt gekommen[en]" (V. 8248) Homunculus doch etwas gelungen, was noch die kühnsten Erwartungen selbst der Protagonisten der sogenannten dritten Kultur übertrifft: Die durch New Yorker Literaturagenten verbreitete utopisch-literarische Mélange aus Science Fiction, Wissenschaft, Feuilleton und Spaßkultur vor dem Hintergrund der gen- und nano-technologischen Leitprojekte des 21. Jahrhunderts läßt Wagners Homunculus jedenfalls weit hinter sich durch Intelligenz-Merkmale, die selbst von Autoren wie etwa Ray Kurzweil und Bill Joy noch gar nicht thematisiert worden sind. Fausts Famulus Wagner weiß zwar noch nichts von der geplanten Kartierung des menschlichen Gehirns. Er weiß auch noch nichts von der durch die Entzifferung des menschlichen Genoms sichtbar gewordenen Urschrift des Lebens. Aber es ist Wagner durch puren Zufall bereits eine Synthetisierung utopisch antizipierter Ergebnisse beider Leitprojekte des 21. Jahrhunderts gelungen. Zumindest Mephisto, als Ko-Produzent des Homunculus, erkennt sofort die sensationelle Bedeutung des halbgeglückten Experiments. Er fordert Homunculus nämlich auf: „Hier zeige deine Gabe" (V. 6901). Und tatsächlich verfügt Homunculus über eine Fülle wahrhaft unerhörter Gaben, die jetzt das einlösen, wovon in Wagners Laboratorium bereits die Rede war – nämlich von einem „Hirn, das trefflich denken soll" (V. 6869). Immerhin hatte bereits Alphonse de Lamartine in seiner (Goethe bekannten) Schrift *L'Homme machine* (1748) von sprechen-

12 Zit. nach: *Faust*-Kommentar (Anm. 2), 7.2, S. 504.

13 Hans Magnus Enzensberger: *Putschisten im Labor. Über die neueste Revolution in den Wissenschaften.* In: Der Spiegel, Nr. 23, 2. 6. 2001, S. 216–222; hier S. 219.

14 Ebd.

den und denkenden Maschinen-Menschen fabuliert. In der modernen Fortsetzung bei Kurzweil heißt es hierzu: „Wir können Milliarden winziger Nanoboter durch die Adern schicken, durch die Kapillaren bis zum Hirn, um es, immer in drahtloser Kommunikation miteinander, von innen heraus zu kartografieren. [...] Haben wir erst einmal den Gesamtüberblick, können wir beginnen, es [das Hirn] technisch zu verbessern".[15] Homunculus aber verfügt bereits über dieses verbesserte Gehirn, allerdings mit der Besonderheit, daß es das von Ray Kurzweil skizzierte Gehirn um die Dimension der Goetheschen Bildung übertrifft.

Das ‚Opfer' der ersten Kostprobe dieses durch Bildung optimierten Gehirns ist Faust höchstpersönlich. Mit Mephistos Hilfe hatte er im 1. Akt des zweiten Teils seinerseits bereits mit digitaler Lichtgeschwindigkeit und virtuellen Produktionen der modernen Medien-Gesellschaft die kaiserliche Hofgesellschaft amüsiert. Und nun – nach der Explosion im Rittersaal – liegt er bewußtlos auf der Couch in Wagners Laboratorium, wo er Homunculus Gelegenheit gibt, die Ergebnisse der modernen Tiefenpsychologie zu antizipieren und zu übertreffen. Das Gehirn des Phiolen-Psychiaters Homunculus steht jedenfalls bereits im Sinne der Ray Kurzweilschen Utopien in offenbar drahtloser (telepathischer) Verbindung mit den neuronalen Traumarealen des Faustschen Zerebralsystems. Anhand der Hirnströme seines Probanden dringt Homunculus denn auch sofort zum erotischen Urgrund Sigmund Freudscher Traumdeutungen vor. Homunculus wird hierbei für seine sensationslüsternen Zuhörer, Mephisto und Faust, zum Berichterstatter eines erotischen Films mythologischer Schattenbilder, die aus Platons Höhlengleichnis stammen könnten. Gleichzeitig aber antizipiert er bereits Tendenzen der modernen Informationsgesellschaft. Denn Homunculus praktiziert Herrschaftswissen gegenüber den von seinen Informationen ausgeschlossenen Zuhörern. Er ist jener gesuchte künftige Spezialist, der aufgrund von Urteilskraft durch Bildung (noch) in der Lage ist, in Bezügen zu denken und die Relevanz von Informationen zu erkennen und zu bewerten. Homunculus allein erkennt, daß es sich beim Traumbild Fausts um die Zeugung der Helena handelt, um die mythische Vereinigung von Zeus in Gestalt des Schwans und Leda, der Gattin des Spartaner-Königs Tyndareos.

Es folgen nun Schlag auf Schlag weitere Proben einer Zukunft, Vergangenheit und Gegenwart umfassenden Allwissenheit. Homunculus verblüfft nicht nur seinen diabolischen Mit-Erzeuger Mephisto mit Äußerungen über Mephistos Herkunft. Er zeigt sich auch als allwissender Therapeut und „leuchtet vor" auf dem modernen Pfad medizinischer (und ökonomischer) Heilserwartungen, die sich mit dem Fortschritt der Lebenswissenschaften verbinden. Homunculus kennt nämlich bereits das Mittel, durch das Faust genesen könnte. Mephistos Vergangenheit ist ihm gegenwärtig, aber auch Fausts Zukunft – und dies mit größter Detail-Genauigkeit. Er weiß, daß Faust im 3. Akt des zweiten Teils (in der Burghof-Szene) „in ritterlicher Hofkleidung des Mittelalters" (Regieanweisung nach V. 9181) auftreten wird. Denn schon jetzt spricht Homunculus vom Mantel, der „um den Ritter umgeschlagen" (V. 6984) werden soll.

Vor allem aber erscheint Homunculus als allwissender Garant jener Gedächtnis- und Traditionskultur, deren letzte Repräsentanten, Philemon und Baucis, Faust dann in einem hybriden Akt der Ungeduld („Geboten schnell, zu schnell getan" [V. 11382], so Fausts Kommentar post festum!) durch seine Helfer (im 5. Akt, *Faust II*) auslöschen wird. Mit der Konsequenz, daß auch die mit der alten Gedächtniskultur verschwisterte Metaphysik

---

15 Gespräch Jordan Mejias mit Ray Kurzweil. In: Frankfurter Allgemeine Zeitung, Nr. 153, 5.7. 2000, S. 51.

eliminiert wird: Der unerkannt unter den Menschen wandelnde Göttervater Zeus, der bei Philemon und Baucis Gastrecht genoß, wird ebenfalls ermordet.

Wenn Goethe im Brief an Carl Julius Sillig vom 30. Juli 1830 erklärt: „Wir würden ja noch in der Barbarei leben, wenn nicht jene Überreste des Altertums in verschiedner Gestalt vorhanden wären" (FA II, 11, S. 293), so repräsentiert Homunculus diese „Überreste des Altertums". Er ist damit zugleich ein Spätling jenes wissenschaftlichen Deutungsmonopols, das den Geisteswissenschaften als Verwalter des Gedächtnisses der Menschheit spätestens Anfang des 20. Jahrhunderts abhanden gekommen ist. Der von Franz Grillparzer prognostizierte Dreischritt der Bildung von der Humanität über die Nationalität zur Bestialität ist nicht zuletzt durch die Beseitigung dieser „Überreste des Altertums" im Zeichen „faustischer" Ungeduld erst ermöglicht worden. Nietzsche (als gründlicher Kenner der Gespräche Eckermanns mit Goethe) wird diesen Sachverhalt dann mit den Worten präzisieren: „Aus Mangel an Ruhe läuft unsere Zivilisation in eine neue Barbarei aus".[16] Er wiederholt hiermit Goethes frühe Einsichten in das Scheitern von Zivilisation, in die Dialektik der Aufklärung, aber auch in die Verschränkung wachsender Möglichkeiten der Naturbeherrschung und gleichzeitiger Barbarisierung der Triebe im Verbund mit der Unbelehrbarkeit der Wünsche.

Homunculus weist noch einmal den Weg zurück zu den „Überresten des Altertums". Aber er ist bereits der einzig Wissende, der ihn noch kennt, den Weg zur „klassischen Walpurgisnacht". Er allein kennt Ort und Stunde dieses Ereignisses. Er allein ist auch fähig, den alten Schauplatz dieses Ereignisses – Pharsalus, der Ort der Entscheidungsschlacht zwischen Caesar und Pompejus (48 v. Chr.) – kraft Bildung neu zu deuten für die (damalige) Gegenwart, nämlich für den Freiheitskampf der Griechen (1821/29) gegen die Türken auf den pharsalischen Feldern. Homunculus spricht es aus: „Ich leuchte vor". Das heißt: Mephisto und Faust sind auch hier als die Nicht-Informierten dem Herrschaftswissen des Spezialisten ausgeliefert.

Der Biochemiker Wagner aber muß zurückbleiben. Homunculus beauftragt ihn als Grundlagenforscher, die Lebenswissenschaften zu fördern. Er bestimmt ihn zum Pionier der Leitwissenschaft des 21. Jahrhunderts. – Allerdings mit dem warnenden Zusatz, hierbei umsichtig zu verfahren: „Nach Vorschrift sammle Lebens-Elemente / Und füge sie mit Vorsicht eins ans andre" (V. 6990 f.). Und Mephisto schließt die Szene mit Worten, deren Aktualität schwerlich zu leugnen sein dürfte: „Am Ende hängen wir doch ab / Von Kreaturen die wir machten" (V. 7003 f.). Mephisto meint mit seinen „Kreaturen" vor allem Homunculus, dem er jene moderne Rolle zuweist, die bereits Paracelsus dem „chymischen Menschen" zugedacht hatte: Es sind „wunderleut, die zu einem großen werkzeug und instrument gebraucht werden, [...] alle heimlichen und verborgne Ding wissen, die allen menschen sonst nicht möglich sein zu wissen".

IV.

Homunculus wäre nun sicherlich keiner vom Schlage dieser „wunderleut", wenn er als Allwissender und zugleich faustisch Ungeduldiger nicht wüßte, warum er ausgerechnet den Weg zur „klassischen Walpurgisnacht" einschlägt. Hier nämlich, wo sich sein diabolischer Geburts-Mithelfer Mephisto als Ignorant erweist (Mephisto wird verhöhnt und in die Irre geleitet), sucht Homunculus nichts Geringeres als das, was in der Bioethik-Debatte inzwischen

16 Nietzsche (Anm. 11): *Menschliches, Allzumenschliches; erster Band*, Kap. 285: *Die moderne Unruhe*, Bd. 1, S. 620.

als Grundrecht des Menschen diskutiert wird: das Recht auf Existenz. Denn nichts wünscht der halbfertige Homunculus mehr, als vollkommen zur Welt zu kommen. Er will seine eigene Zukunft gestalten. Und er will sie dialektisch meistern durch Rückgriff auf die fernste Vergangenheit, auf die Antike. Es ist ein Versuch, bei dem er Mephisto und Faust weit hinter sich läßt: Sie haben in dieser Zukunft nichts mehr zu suchen. Sie gehört ihm allein; und ihm allein gehört denn auch die Schlußszene des zweiten Aktes, die „Felsbuchten des Ägäischen Meers".

Homunculus läßt hierbei sogar die fortschrittsgläubige Optimierungsbesessenheit des ungeduldigen Projektemachers Faust hinter sich. Denn Faust verwechselt am Ende einen (Entwässerungs-)Graben mit seinem Grab und bleibt damit jenen beiden Konstanten der Menschheitsgeschichte treu, die Goethe im Brief an Friedrich von Müller vom 17. Dezember 1824 diagnostiziert hatte als „Torheiten und Schlechtigkeiten" (FA II, 10, S. 229) – das heißt Irrtum und Gewalt als Resultate übereilten Denkens und Handelns. Homunculus aber will mehr. Er will offenbar über den Menschen und diese Konstanten der Menschheitsgeschichte hinaus.

Wenig beachtet worden ist in diesem Zusammenhang, daß Goethe in den letzten Jahren seines Lebens ganz offensichtlich apokalyptische Gedanken einer Umartung und Verwandlung des Menschen im Sinne einer Optimierung der Menschheit gehegt hat. Gegenüber Eckermann hat er 1829 jedenfalls Gedanken dieser Art offenbart:

> Ich sehe die Zeit kommen, wo Gott keine Freude mehr an ihr hat und er Abermals alles zusammenschlagen muß zu einer verjüngten Schöpfung. […] es steht in der fernen Zukunft schon Zeit und Stunde fest, wann diese Verjüngungs-Epoche eintritt. (FA II, 12, S. 675)

Homunculus soll offenbar im Wege „sehr ernster Scherze" einer solchen „Verjüngungsepoche" bereits zugeführt werden – allerdings ohne den ontologischen Kardinaldefekt der Menschheit, an der Gott „keinen Gefallen" mehr hat. Es ist jener Defekt, der bereits der *Faust*-Tragödie zugrunde liegt: die Ungeduld als die Quelle aller Übereilungen. Goethe hat sie jedenfalls als das „größte Unheil" seiner Zeit verstanden. In einem nicht abgesandten Postscriptum an seinen Großneffen, den Berliner Juristen Georg Heinrich Ludwig Nicolovius, hat er im November 1825 diese Einsicht mit den Worten formuliert: „Für das größte Unheil unsrer Zeit, die nichts reif werden läßt, muß ich halten daß man im nächsten Augenblick den vorhergehenden verspeist […] so springt's von Haus zu Haus, von Stadt zu Stadt, von Reich zu Reich und zuletzt von Weltteil zu Weltteil, alles veloziferisch" (FA II, 10, S. 333 f.).

Das „Veloziferische" aber, diese Verschränkung von Velocitas, der Eile, und Luzifer, eignet Faust in hohem Maße. Mephisto hatte ihn bereits in diesem modernen Sinn charakterisiert:

> Ihm hat das Schicksal einen Geist gegeben,
> Der ungebändigt immer vorwärts dringt,
> Und dessen übereiltes Streben
> Der Erde Freuden überspringt.
> (V. 1856–1859)

Goethe, der schon bei Aristoteles ein übereilendes Verfahren bei der Erklärung der Phänomene moniert, hat dann in den *Maximen und Reflexionen* den Quellgrund aller Ungeduld als neuronalen ontologischen Defekt lakonisch dingfest gemacht: „Theorien sind gewöhnlich Uebereilungen eines ungeduldigen Verstandes, der die Phänomene gern los seyn möchte" (FA I, 13, S. 353).

Goethe läßt vor diesem dunklen Hintergrund Homunculus genial agieren: Um diesen gefährlichen Defekt des Menschen auf dem Weg zur Existenz zu vermeiden, läßt er Homunculus nicht Rat bei den Naturwissenschaften holen, sondern bei einem vorsokratischen Philosophen: Thales. Das heißt, Homunculus beharrt auf seinem Recht, ganz und nicht halb zur Welt zu kommen; die ihm durch den Biochemiker Wagner zugewiesene halbe, scientistisch-künstliche Existenz genügt ihm nicht. Das naturwissenschaftliche Experiment der eigenen Menschwerdung ist eben nur halb gelungen und bedarf nun – nach Goethes Intention – der geisteswissenschaftlichen Ergänzung. Das aber heißt: Goethe will, im Vorgriff auf die Probleme der Moderne, die bereits damals auseinanderdriftenden Wissenskulturen (noch einmal) zusammenführen.

Homunculus erhält für den Prozeß seiner Existenzwerdung aber nicht nur vorsokratischen, sondern sogar mythologischen Rat. Es ist ein sehr kühner, ein posthumaner Rat, den ihm sein Reisegefährte ins offene Meer, Proteus, mit auf den Weg gibt:

> Beliebig regest du dich hier;
> Nur strebe nicht nach höheren Orden,
> Denn bist du erst ein Mensch geworden,
> Dann ist es völlig aus mit dir.
> (V. 8329–8332)

Ein halbes Jahrhundert später wird dieses Urteil über den *homo sapiens* bei Nietzsche dann noch um einige Grade pessimistischer ausfallen: „Die Erde […] hat eine Haut; und diese Haut hat Krankheiten. Eine dieser Krankheiten heißt zum Beispiel: ‚Mensch'"[17].

Wenn daher Thales Homunculus zurück ins Meer verweist („Im Feuchten ist Lebendiges erstanden"; V. 7856), in den Quellgrund allen Lebens, und ihm vorschlägt: „Gib nach dem löblichen Verlangen / Von vorn die Schöpfung anzufangen" (V. 8321 f.), so eröffnet er gleichzeitig die Möglichkeit einer Korrektur der Schöpfung im Sinne eines neuen Menschen. Dies geschieht allerdings nicht im Sinne eines „höheren Ordens" im herkömmlichen Selbstverständnis des Menschen, sondern im Geiste einer anderen und verjüngten Schöpfung.

Dieses poetisch-symbolische Konzept eines neuen Menschentyps steht freilich quer zu allen gentechnologischen Utopien der Moderne. Denn in der Schlußszene des zweiten Aktes, in den ägäischen Meeresbuchten, wird Homunculus bewußt jedem menschlichen Zugriff auf eine wie auch immer geartete Veränderung des menschlichen Phänotyps durch Veränderung des Genotyps entzogen. Statt dessen wird Homunculus hier einem Entschleunigungsprozeß durch Rückgriff auf die Evolution unterworfen. Seine Ungeduld wird radikal gedämpft.

Denn seine von Proteus-Delphin ins Meer hinausgetragene Phiole zerschellt am „Muschelthron" (V. 8450) der Galatee, löst sich als Meeresleuchten im Wasser auf und Homunculus folgt dem Rat des Thales:

> Da regst du dich nach ewigen Normen,
> Durch tausend abertausend Formen,
> Und bis zum Menschen hast du Zeit.
> (V. 8324–8326)

---

17 Nietzsche (Anm. 11): *Also sprach Zarathustra. Von großen Ereignissen.* Bd. 2, S. 386.

Den Allmachtsphantasien der Ungeduld verordnet Goethe ironisch ein evolutionshistorisches Moratorium von immerhin rund dreieinhalb Milliarden Jahren: Homunculus muß phylogenetisch nachsitzen. Er, der „voller Ungeduld" entstehen wollte, muß die veloziferische Geschwindigkeit seiner „künstlichen" Entstehung nun „organisch" kompensieren im Wege einer gigantischen Entschleunigung der Zeit. Möglicherweise sogar in Richtung eines Menschentyps, der auch den extremsten Beschleunigungsturbulenzen der fernsten Zukunft noch gewachsen sein könnte? Die Möglichkeit jedenfalls, noch einmal „nach höheren Orden" im Sinne des tradierten Phänotyps des Menschen zu streben, dürfte für Homunculus gegen Null tendieren. Denn bereits in der zurückliegenden Geschichte des Lebens auf unserem Planeten verdankt sich nach allem, was wir hierüber wissen, die Hominidenevolution einem schwerlich wiederholbaren „Zufall". Sie beruht über Millionen Jahre hinweg auf sehr kleinen Populationsisolaten, die ununterbrochen von der Ausrottung bedroht waren.

V.

Immerhin, in *The Origin of Species* hat Darwin Goethe ausdrücklich gerühmt als „an extreme partisan of similar views"[18]. Goethes Homunculus sucht den Weg der evolutionären Stammesgeschichte des Menschen zurück zum „Origin of Species". Aber er geht von dort aus andere Wege nach vorn und mit einem neuen Ausgang im Sinne einer organisch-evolutionären Umartung des alten ontologischen Defekts der Ungeduld. Homunculus also als poetische Fiktion eines Abschieds vom antiquierten Menschen, das heißt eines ‚verdüsterten und beschränkten' Menschen? Goethe legt diese Deutung zumindest selbst nahe durch seinen erläuternden Hinweis zum Verständnis des Homunculus, indem er ihn vieldeutig als ein „geistige[s] Wesen" charakterisiert, das den großen Vorzug habe, „durch eine vollkommene Menschwerdung noch nicht verdüstert und beschränkt" zu sein (zu Eckermann, 16. 12. 1829; FA II, 12, S. 365).

Offenbar hegte Nietzsche ähnliche Gedanken, allerdings nicht im Sinne einer evolutionären Umartung, auch nicht – wie behauptet wurde – im Sinne einer gewollten biologischen Züchtung, sondern im Geiste einer neuen Erziehung. Immerhin notierte er 1881: „Die Behauptungen Darwins sind zu prüfen – durch Versuche! [...] Es müssen Versuche auf 1000de von Jahren hin geleitet werden! Affen zu Menschen erziehen!".[19] Das heißt, wenn Nietzsche im *Zarathustra* im Namen des „Übermenschen" fordert, „Der Mensch ist etwas, das überwunden werden muß", so zielt dies auf eine kulturelle Evolution als Korrektur der defizienten biologischen Evolution – wobei auch Nietzsche mit dieser Korrektur offenbar die Ungeduld domestizieren wollte. Denn Nietzsche hat seine Befürchtung, daß „unsere Zivilisation in eine neue Barbarei ausläuft", ausdrücklich mit der Forderung verbunden:

> Es gehört deshalb zu den notwendigen Korrekturen, welche man am Charakter der Menschheit vornehmen muß, das beschauliche Element in großem Maße zu verstärken.[20]

---

18 Charles Robert Darwin: *On the origin of species, by means of natural selection.* Cambridge/Mass. 1964, S. 17.

19 Friedrich Nietzsche: *Werke. Kritische Gesamtausgabe.* Hrsg. von Giorgio Colli u. Mazzino Montinari. Fünfte Abteilung, zweiter Band. Berlin, New York 1973: *Nachgelassene Fragmente*, Nr. 11 [177], S. 406.

20 Nietzsche (Anm. 11): *Menschliches, Allzumenschliches; erster Band*, Kap. 285: *Die moderne Unruhe*, Bd. 1, S. 620 f.

Bei Goethe wird diese „notwendige Korrektur“ in der Schlußszene der ägäischen Meeresbuchten eingeleitet, indem Homunculus elementar einbezogen wird in das große mysterienartige Erosfest der Galatee, die hier „als Göttin selbst verehrt“ wird (V. 8147). Goethe hat von sich behauptet, daß die Gegenwart die einzige Göttin sei, die er verehre. Während die übereilenden Tendenzen der Ungeduld grundsätzlich diese Göttin verfehlen – sei es in Form ausschließlicher Progreßorientierung oder (nach Goetheschem Verständnis) krankhafter Vergangenheitssehnsucht der Romantiker –, sichert Eros allein und im weitesten Sinn die Gegenwart. Eros erscheint in der Schlußszene des zweiten Aktes jedenfalls als das allmächtige Therapeuticum gegen die selbstzerstörerischen Tendenzen der Ungeduld. Goethe hat diese Tendenzen lakonisch definiert: „Unsrer Krankheit schwer Geheimnis / Schwankt zwischen Übereilung / Und zwischen Versäumnis“ (FA I, 2, S. 394). – Eine Einsicht, die Nietzsche (in seiner Rezension der Ouvertüre von Richard Wagners *Meistersingern*) dann wieder aufgreifen wird mit nationaler Zuspitzung: „Diese Art Musik drückt am besten aus, was ich von den Deutschen halte: sie sind von vorgestern und von übermorgen – *sie haben noch kein Heute*“.[21]

Eine ähnliche Umartung im Sinne der Entschleunigung leistet Eros dann noch einmal am Ende der *Faust*-Tragödie. In einer gleichnisartig wiederholten Spiegelung des Erosfestes der Galatee und des Homunculus wird hier – in den *Bergschluchten* des fünften Aktes – durch die „Mater Gloriosa“ und die vita contemplativa der Anachoreten erneut das Beschauliche mit den abschließenden Worten gestärkt: „Das Unbeschreibliche / Hier ist es getan“ (V. 12108 f.). Post mortem jedenfalls wird es getan im Falle Fausts, während Homunculus schon vorher den Sprung nach rückwärts wagt ins Antediluvianische, ins Jenseits aller Entwicklungen der ungeduldigen Großhirnepoche.

VI.

Goethe hat mit Bedacht seinen eigenen Zeitgenossen die Lektüre des *Faust II* durch Versiegeln des Manuskripts vorenthalten. Das Moratorium, das er Homunculus verordnet, empfiehlt er den Nachgeborenen als Bedenkzeit. Und dies mit der Frage, die ihn selber offenbar schon umgetrieben hat und die sich zunehmend dringlicher stellt angesichts der Ambivalenz moderner Optimierungsstrategien und wachsender Möglichkeiten posthumaner Wüstenbildungen: ob es den Naturwissenschaften überlassen werden sollte, den Menschen zu definieren, oder ob er sich selbst auch weiterhin noch in kulturellen Bezügen verstehen will.

Goethe selber trifft – jenseits aller Debatten der Moderne – in Gestalt des Homunculus jedenfalls bereits ironisch eine inhaltliche Sachentscheidung zur Definition des Menschen, deren Radikalität bislang noch nicht bemerkt worden ist. Es ist eine Sachentscheidung auf höchstem Qualitätsniveau. Das heißt, Goethe verfährt nach seinem eigenen Satz: „Den lieb ich der Unmögliches begehrt“ (V. 7488). Und dennoch: Homunculus und dessen „salto mortale“ rückwärts dürfte für Goethe wenig tröstlich gewesen sein. Sein Vertrauen in einen Progreß der Menschheit scheint jedenfalls sehr gering gewesen zu sein. Statt eines Fortschritts hat er ein bloßes Fortschreiten offenbar für wahrscheinlicher gehalten. Da aufgrund der Ungeduld (wie es im *West-östlichen Divan* heißt) „Niemand verstehet zur rechten Zeit“ (FA I, 3.1, S. 64), hat Goethe vorsorglich – und mit Blick auf Risiken und Kollateralschäden unseres Handelns – seinem böhmischen Briefpartner Caspar Graf von Sternberg empfohlen:

---

21 Nietzsche (Anm. 11): *Jenseits von Gut und Böse*. Bd. 2, S. 706.

„[...] mit dem Positiven muß man es nicht so ernsthaft nehmen, sondern sich durch Ironie darüber erheben und ihm dadurch die Eigenschaft des Problems erhalten“[22].

Bei den Propheten der Hypermoderne mit der euphorischen Prognose, daß es der Menschheit gen- und nano-technologisch zum ersten Mal in ihrer Geschichte vergönnt sei, die Evolution selbst in die Hand zu nehmen, dürfte diese Empfehlung auf Befremden und Unverständnis stoßen. Dies um so mehr, als sich im Goethe-Jahr 1999 jenes Phänomen wiederholt hat, das Nietzsche bereits vor über hundert Jahren im Blick hatte: nämlich die Einschätzung Goethes als herz- und empfindungskaltes Leitfossil einer abgelebten Zeit, als ein von den Deutschen in seiner Modernität unverstandener „Zwischenfall ohne Folgen“[23]. Für manische Utopien der Moderne dürfte Goethe allerdings auch weiterhin nicht als Eideshelfer taugen. Stammt doch von ihm das Wort: „Allgemeine Begriffe und großer Dünkel sind immer auf dem Wege entsetzliches Unglück anzurichten“ (FA I, 13, S. 41). Enzensberger hat diese Einsicht für die Gegenwart immerhin bestätigt mit den Worten:

> Letzten Endes wird die Utopie der totalen Beherrschung der Natur und des Menschen, wie alle bisherigen Utopien, nicht an ihren Gegnern scheitern, sondern an ihren eigenen Widersprüchen und an ihrem Größenwahn. Noch nie hat sich die Menschheit freiwillig von ihren Allmachtsphantasien verabschiedet.[24]

Ähnliche Einsichten müssen Goethe bereits Anfang des 19. Jahrhunderts umgetrieben haben:

> Ja, schelte nur und fluche fort,
> Es wird sich Beßres nie ergeben.
> Denn Trost ist ein absurdes Wort:
> Wer nicht verzweiflen kann, der muß nicht leben.
> (FA I, 2, S. 394 f.)

22 Goethe an Sternberg, 19. 9. 1826 (WA IV, 41, S. 169).

23 Nietzsche (Anm. 11): *Menschliches, Allzumenschliches; zweiter Band*, Kap. 125: *Gibt es „deutsche Klassiker“?*, Bd. 1, S. 928.

24 Hans Magnus Enzensberger: *Elixiere der Wissenschaft*. Frankfurt a. M. 2002, S. 169.

ABHANDLUNGEN

SŁAWOMIR LEŚNIAK

Der Begriff des Klassischen bei Goethe

> Wenn wir uns dem Alterthum
> gegenüber stellen und es ernstlich
> in der Absicht anschauen, uns daran
> zu bilden, so gewinnen wir die Empfindung,
> als ob wir erst eigentlich zu Menschen würden.
> (Goethe: *Maximen und Reflexionen*)

Das Wort „klassisch" ist nicht griechischen, sondern römischen Ursprungs. Es besteht unter den deutschsprachigen Kulturkritikern des 20. Jahrhunderts, die sich um die Erhellung des Klassikbegriffs bemüht haben, eine weitgehende Übereinstimmung in bezug auf die erste belegbare Quelle, die das Wort aus der bürgerlichen Lebenssphäre der Römer in die Literatur übernommen hat. So bezeichnet Ernst Robert Curtius[1] den römischen Gelehrten Aulus Gellius als den ersten, der das Wort *classicus* gebraucht hat; von da an wurde dieses Wort in der späteren römischen Antike auf Schriftsteller, schließlich auf jeden beliebigen Gegenstand oder jede beliebige Person übertragen. Auch Max Rychner[2] erinnert uns daran, daß *classici* ursprünglich die Repräsentanten der ersten römischen Bürgerklasse mit einem bestimmten Renteneinkommen waren und daß durch Aulus Gellius der Begriff in die Literatur übernommen wurde. Gellius bezeichnet erst sehr spät, in der Mitte des 2. Jahrhunderts nach Christus, den Musterautor, den erstklassigen Schriftsteller als *classicus*. Er erörtert grammatische Streitfragen und bestimmt den klassischen Schriftsteller nach dem Kriterium der grammatischen Sprachrichtigkeit. Dieser Umstand wurde später zum Anlaß, dem Wort *classicus* eine andere, dem römischen Gelehrten Gellius fremde Bedeutung zu verleihen, die Mitte und Maß in Lebenshaltung und Kunstübung erfaßt. Curtius erblickt darin das Walten des Zufalls in der Geschichte unserer literarischen Terminologie. Es sei eine reizvolle philologische Kuriosität, daß ein so umkämpfter und mißbrauchter Grundbegriff unserer Bildung wie der der Klassik auf einen heute nur den Fachleuten bekannten spätrömischen Autor zurückgehe: „Über Klassik hätte man kaum diskutieren können, hätte man das Wort *classicus* verstanden. Aber weil unverstanden, war es von einem geheimnisvollen Nimbus umhüllt, der an den polierten Marmor des Apoll von Belvedere erinnert".[3] Erst das neuzeitliche Bewußtsein hat durch seine tiefere Einsicht in die vollkommene Verwirklichung des Klassischen bei den Griechen den Begriff der Klassik mit dem universellen Gedankengehalt ausgefüllt, der nach vielen Wandlungen bis in die Gegenwart erhalten geblieben ist.

---

1 Ernst Robert Curtius: *Europäische Literatur und lateinisches Mittelalter.* Bern 1948, S. 253.
2 Max Rychner: *Welt im Wort. Lessing und die Klassik.* Zürich 1949, S. 75.
3 Curtius (Anm. 1), S. 254.

Zu den eigensten Elementen der klassischen Kulturidee gehört das Bewußtsein der Kontinuität. Es ist eine große Kulturleistung der Römer, daß sie in der Poesie als einem universalen Organ des Menschengeistes alle Lebensbereiche in einem Symbol der neuen geistigen Ordnung vereinigten. So verwandelten sie die ursprünglichen Geistesformen, die die Griechen hervorgebracht hatten, in Normen des staatlichen und zivilisatorischen Denkens. Daher erweist sich die klassische Kultur Europas seit ihren Anfängen als eine Kultur des Vorbilds, denn nur durch das Vorbild, durch das Gewahrwerden des Anderen kann der Mensch wahrhaft sozial werden. So sieht Wolfgang Schadewaldt den Sinn des Vergilischen Dichtertums in dessen Selbstgestaltung von privatem Einzeldasein zur verantwortlichen, normbewußten Ineinssetzung des Ich mit dem umfassenden und tragenden Ganzen: „Denn dieser Sinn, es ist der Sinn des irdischen Daseins des Menschen selbst – solange Aristoteles recht behält und der Mensch [...] dasjenige Lebewesen ist, welches in seiner Natur die Bestimmung trägt, sich in der Gemeinschaft zu vollenden".[4] Und der schweizerische Altphilologe Ernst Howald bemerkt, daß das römische Menschenideal nicht dichterischer Natur sei, sondern einen nationalen Charakter habe.[5] Für Cicero und die Dichter um Augustus sei es eine hohe nationale Pflichterfüllung gewesen, den Griechen ebenbürtig zu werden und deren menschlich-geistige Vollendung ebenfalls zu erreichen. Der Stolz auf die eigene Leistung trete ganz und gar in den Hintergrund, ihn ersetze ein tiefes Verantwortungsgefühl für die Nation. So habe die deutsche Klassik, verkörpert in der Gestalt Goethes, die gleiche Ethik des Dienstes, der Beschränkung, des Maßes von dem Moment an, wo Goethe als produktiver und rezeptiver Mensch völlig Humanist geworden sei, das heißt, wo er nach der Rückkehr aus Italien Griechenland als den absoluten Wertmaßstab anerkannt habe. Goethe hat nach Howald von da an sein Leben und seine geistige Tätigkeit nur noch als eine pädagogische Provinz angesehen, als ein Vorbild geläuterter Menschlichkeit, das eine Rettung bietet gegenüber vielerlei Gefahren der freien, unbeschränkten Entwicklung, die das moderne Denken fordert.

Man darf sagen, daß Goethes ethische Natur nicht die des Gelehrten, sondern des Platonikers ist, dem die Erziehung zugleich Bildung, Veredelung der Sinnlichkeit bedeutet. Der Platoniker spürt am stärksten die Gespaltenheit der Dinge in Schein und Wesen, die er durch die Idee in ein Ganzes zu verwandeln sucht. Durch die Bildung kommt er zu sich selbst, läßt die Idee seiner selbst aufleuchten. Seinem Wesen haftet jedoch stets ein Unvollkommenes, Unabgeschlossenes an, was der Erhebung, der Erlösung bedarf. Wir wissen, wie Goethe in seinem unwiderstehlichen Bedürfnis, Italien zu sehen, die einzige Möglichkeit der Seelenerlösung gewahrte. Er selbst nennt es im Brief aus Italien an Carl August vom 3. November 1786 „eine Art von Kranckheit, von der mich nur der Anblick und die Gegenwart [nämlich Italiens; S. L.] heilen konnte" (FA II, 3, S. 153). Wie er weiter gesteht, konnte er kein lateinisches Buch mehr ansehen, keine Zeichnung einer italienischen Gegend. Daß Goethes bereits überreife Sehnsucht nach Italien, sein dringender Wunsch, in der Nähe der Gegenstände zu sein, von denen er früher nur lesen konnte, nun befriedigt war, ist ein entscheidender Einschnitt in seinem Leben. Richard Alewyn spricht von Goethes Fahrt nach Italien als von der gewaltigsten und berühmtesten Flucht, die den Dichter von einer zur Qual gewordenen Lage befreite: „Die ganzen Voraussetzungen seiner äußeren

---

4 Wolfgang Schadewaldt: *Sinn und Werden der Vergilischen Dichtung.* In: ders.: *Hellas und Hesperien.* Bd. 1. Zürich, Stuttgart 1970, S. 704.

5 Ernst Howald: *Humanismus und Europäertum.* Zürich 1957, S. 23.

und inneren Existenz lösen sich auf. Um geradezu religiöse Begriffe, ‚Wiedergeburt', ‚neues Leben', dreht sich sein ganzes Denken. Er wird wieder Schüler, er lernt und dazwischen berichtet er den Zurückgebliebenen zu Hause im Tone eines Evangelisten, was er sieht und hört".[6]

Trotz der ungünstigen politischen Lage, die die äußere Erfüllung höchster nationaler Erwartungen verhinderte, hatte die Idee des Humanen im Deutschland Carl Augusts eine nationale und ethische Färbung und bedeutete eine Steigerung des nationalen Bewußtseins. Goethes pädagogischer Haltung jedoch, die als Ausdruck seiner klassischen Erfahrung gelten kann, lag nicht etwa eine neue ethische Norm zugrunde, sondern die Wandlung seines Formempfindens. Die Vermittlung des klassischen Menschenideals, die seit jeher als Tätigkeit des Humanisten gilt, bedeutete für Goethe die Entdeckung des Symbolwerts der äußeren Welt, des Gesetzes der Durchdringung des Körpers und seiner Sinne durch das der Seele innewohnende Licht. Dieses ewig gültige Ineinandergreifen und Aufeinanderbezogensein von Innen und Außen war zugleich die heitere und formbewußte Stimmung, in der sich Goethe in Italien das neue Stil- und Formgefühl offenbarte. In den letzten Wochen des zweiten römischen Aufenthalts sagt er: „In Rom hab' ich mich selbst zuerst gefunden, ich bin zuerst übereinstimmend mit mir selbst glücklich und vernünftig geworden" (*Italienische Reise*, 14. 3. 1788; FA I, 15.1, S. 568). Und noch der Achtzigjährige äußert sich Eckermann gegenüber so: „Ja ich kann sagen, daß ich nur in *Rom* empfunden habe, was eigentlich ein Mensch sei. – Zu dieser Höhe, zu diesem Glück der Empfindung bin ich später nie wieder gekommen; ich bin, mit meinem Zustande in Rom verglichen, eigentlich nachher nie wieder froh geworden" (9. 10. 1828; FA II, 12, S. 282). Das Glück Goethes stellte sich ein mit dem in ihm immer stärker werdenden Gefühl der Gegenwart, in der „die Gegenstände keine erhöhte Seele finden, sondern die Seele erhöhen" (*Tagebuch der Italienischen Reise*, 24. 9. 1786; FA I, 15.1, S. 665 f.). Die erhöhte Seele ist die Seele Werthers, die den Kult des eigenen Herzens, die Innerlichkeit des Lebens feiert, doch sich der Gegenwart nicht zu freuen vermag. In Rom empfand Goethe, wie die Gegenstände selbst ihn „anlächeln". In seiner Korrespondenz aus Rom sagt er: „Die Gegenstände haben mich nach und nach zu sich hinauf gehoben. Ich genieße immer reiner, immer mit mehr Kenntnis, das gute Glück wird immer weiter helfen" (*Italienische Reise*, 15. 9. 1787; FA I, 15.1, S. 426). Das Denken Goethes gewinnt an Gegenständlichkeit, wird gleichsam unpersönlicher. Wenn er die Gegenstände anschaute, so nahm er sich zurück, um das Ding aus ihm selbst heraus zu denken. Denn worauf es ihm seither einzig und allein ankam, war nicht die Wahrheit, sondern das, was er „die wahre Beschaffenheit der Dinge"[7] nannte.

Der Mangel an äußeren Voraussetzungen für die Entstehung einer deutschen Klassik, die die innere und äußere Welt umfaßte, darf als einer der entscheidenden Gründe dafür angesehen werden, daß die Antikerezeption bei Winckelmann, Goethe oder Schiller stärker auf die Kunst- und Kulturleistungen der Griechen als auf die der Römer ausgerichtet war.[8]

---

6 Richard Alewyn: *Goethe und die Antike*. In: Das humanistische Gymnasium 43 (1932), S. 116.

7 „Aufs *Glück* kommt es nicht an, es handelt sich nur vom Dasein und von der *wahren* Beschaffenheit der Dinge" (Kanzler von Müller: *Unterhaltungen mit Goethe*; 5. 4. 1824; FA II, 10, S. 154).

8 Richard Alewyn begründet das deutsche Interesse an der griechischen Antike mit dem Einfluß Rousseaus auf Herder: „Das andere, das Herder von Rousseau gelernt hatte und verkündete, war die Begeisterung für die Ursprünge, die das Geschichtsbild der Aufklärung, wonach die Geschichte eine stufenweise Entwicklung zu immer höherer Vollkommenheit sei, auf den Kopf stellte und sie

Ob der Schwerpunkt auf Rom oder auf Griechenland liegt, bemerkt Volker Riedel, entscheidet über den Charakter der Antikerezeption in einer bestimmten Epoche oder bei einem bestimmten Autor und steht „vor allem im Zusammenhang mit der Betonung entweder des politischen oder des kulturellen Lebens".[9] Diese Eigentümlichkeit der deutschen Klassik mag wohl der Grund dafür sein, daß es in der ersten Hälfte des 20. Jahrhunderts unter Nicht-Deutschen nicht an Versuchen gefehlt hat, Goethes Klassizität in Zweifel zu ziehen. So hat Thomas Stearns Eliot 1944 in seinem Londoner Vortrag *What is a classic?* das Klassische im dichterischen Werk Goethes nur innerhalb der deutschsprachigen Literatur gelten lassen. Außer der Eigenschaft des Umfassenden, die Eliot als Kennzeichen der Klassizität anerkennt, weise das Werk Goethes im Hinblick auf fremde Sprachen keinen ähnlichen Bedeutungsgrad auf wie für die eigene. Es lasse sich eine gewisse Parteinahme Goethes, das sehr Deutsche der Empfindung und seine für das Auge eines Fremden starke Fixierung durch seine Sprache und Kulturepoche bemerken. Alle diese Umstände sind für Eliot Gründe, warum Goethe nicht als Repräsentant der gesamteuropäischen Tradition gelten kann und wir genötigt sind, ihm die Würde eines universellen Klassikers vorzuenthalten. Die Sichtweise Eliots, die die allgemein verbindliche Form des Klassischen in Vergils Dichtung erkennt, schafft zwar einen festen Bezugspunkt, nach dem jedes einzelne Werk der Literatur beurteilt werden kann, läßt jedoch ganz und gar das Moment der Formverwandlung des Klassischen außer acht, die einen Maßstab der Klassizität bewahrt, doch eine Vielfalt der Formen des Klassischen erlaubt.[10] Diese Formverwandlung ist jedoch von jeder Art der Vermittlung zwischen Historizität und Normativität des Klassischen zu unterscheiden. Sie ist ein dämonisches Ereignis, so wie Goethe das Dämonische verstanden hat – als die produktive Kraft der Persönlichkeit, die widerstrebenden Naturmächte als Elemente des einen formenden Prinzips zu vereinigen. Zu diesem geistigen Akt der Verwandlung gehörte bei Goethe das Staunen, von dem er in seinen Aufzeichnungen schreibt: „Die Wissenschaft hilft uns vor allem daß sie das Staunen, wozu wir von Natur berufen sind, einigermaßen erleichtere; sodann aber daß sie dem immer gesteigerten Leben neue Fertigkeiten erwecke, zu Abwendung des Schädlichen und Einleitung des Nutzbaren" (*Maximen und Reflexionen*; FA I, 13, S. 20).

Wie zurückhaltend Goethe in der Bestimmung der klassischen Literatur war, erfahren wir in seiner kleinen Schrift *Literarischer Sanscülottismus*, in der er Stellung nimmt zu dem Aufsatz eines Literaturkritikers, der die Armseligkeit der Deutschen an vortrefflichen klassisch-pro-

---

im Gegenteil als einen Abstieg vom Ideal zu immer größerer Entartung ansah. Auf die Vergangenheit gewendet hieß das: je älter, desto echter. Damit trat die römische Antike, die bisher den Zugang zur Antike beherrscht und gefärbt hatte, als abgeleitete Spätzeit zurück […] und die unmittelbare Verbindung mit den Griechen wurde gesucht" (Alewyn [Anm. 6], S. 114).

9 Volker Riedel: *Antikerezeption in der deutschen Literatur vom Renaissance-Humanismus bis zur Gegenwart. Eine Einführung.* Stuttgart, Weimar 2000, S. 9.

10 Andrea Grewe formuliert in ihrem Aufsatz *Was macht den Klassiker zum Klassiker?* die These von der dynamischen Klassikerkonzeption. So erscheine im dynamischen Klassikerbegriff ‚die Einstellung', die Intention, die Haltung des Klassikers als das Wesentliche und Nachahmenswerte: „Indem er gerade nicht die uneingeschränkte Normativität und Gültigkeit des Klassikers postuliert, enthält er implizit bereits die Rechtfertigung der Veränderung und die Aufforderung zum Wandel" (Andrea Grewe: *Was macht den Klassiker zum Klassiker?* In: *Klassik im Vergleich. Normativität und Historizität europäischer Klassiker.* Hrsg. von Wilhelm Voßkamp. Stuttgart, Weimar 1990, S. 254).

saischen Werken bedauert: „Wer mit den Worten, deren er sich im Sprechen oder Schreiben bedient, bestimmte Begriffe zu verbinden für eine unerläßliche Pflicht hält, wird die Ausdrücke: *klassischer Autor, klassisches Werk*, höchst selten gebrauchen". Und dann sagt er:

> Man sehe unsere Lage wie sie war und ist; man betrachte die individuellen Verhältnisse, in denen sich deutsche Schriftsteller bildeten, so wird man auch den Standpunkt, aus dem sie zu beurteilen sind, leicht finden. Nirgends in Deutschland ist ein Mittelpunkt gesellschaftlicher Lebensbildung, wo sich Schriftsteller zusammen fänden und nach Einer Art, in Einem Sinne, jeder in seinem Fache sich ausbilden könnten. (FA I, 18, S. 320f.)

Goethes Zurückhaltung in der Bestimmung des Klassischen ergibt sich aus seinem Bewußtsein einer gewissen Vereinsamung der deutschen Schriftsteller, die keine Gelegenheit vorfanden, sich in den Dienst einer allgemeinen Nationalidee zu stellen. Und doch ist Goethe weit davon entfernt, den besten Schöpfungen der deutschen Dichtung das Maß der Vorzüglichkeit abzusprechen, das sich oft in einer Übereinstimmung des guten Stils ausdrücke und in der Fähigkeit, den Schönheitssinn des gebildeten Publikums zu befriedigen und zu seiner allgemeinen Bildung beizutragen. In dem Sinne sagt Gert Ueding von Goethes Begriff des Klassischen: „Goethe hat es nicht anders gesehen, auch für ihn bedeutet Klassik ein Projekt, keinen Besitz, sie ist […] noch im Werden und unvollendet, eine grenzenlos wachsende Klassizität".[11]

Die erste Bekundung des neuen klassischen Formempfindens in Deutschland verdanken wir Johann Joachim Winckelmann, der in dem kleinen Büchlein *Gedanken über die Nachahmung der griechischen Werke in der Malerei und Bildhauerkunst* als Verkünder der griechischen Schönheits- und Maßidee erscheint. Es ist bezeichnend, daß Winckelmann eine allgemeine und unangetastete Verehrung bei der jungen Generation genoß.[12] In Schriften von Johann Gottfried Herder und Christian Gottlob Heyne erscheint Winckelmann als Schöpfer der neuen Anschauungsform der antiken Kunst:

> Aber, was sein grösseres Verdienst war, ist, daß er das Studium des Alterthums in seinen rechten Kanal einleitete, in das Studium der Kunst. […] Winkelmann brachte einen Sinn für die Schönheit und für die Kunst mit nach Italien; und diesen rührten zuerst die grossen Meisterstücke im Vatikan; mit diesen fing er sein Studium an, verfeinerte und erweiterte selbst seine Kunstbegriffe, und erst, nachdem er sich einen sichern Geschmack am Vortrefflichen erworben, vom schönen Ideal bis zur Begeisterung sich durchgedrungen und gehörige Einsichten in die Kunst erlangt hatte; erst dann ging er zur Aufsuchung und Aufklärung anderer Denkmäler fort, bey denen er durch Gelehrsamkeit zu glänzen hoffen konnte.[13]

Winckelmann wollte sich in die Sichtweise des Künstlers hineinversetzen und dem Kunstwerk zuerst als Empfindender und Anschauender begegnen. Schadewaldt erblickt in der

---

11 Gert Ueding: *Klassik und Romantik. Deutsche Literatur im Zeitalter der Französischen Revolution 1789–1815*. München 1987, S. 68.

12 „Alle Zeitschriften stimmten zu seinem Ruhme überein, die besseren Reisenden kamen belehrt und entzückt von ihm zurück, und die neuen Ansichten, die er gab, verbreiteten sich über Wissenschaft und Leben" (Johann Wolfgang Goethe: *Dichtung und Wahrheit*; FA I, 14, S. 359).

13 Christian Gottlob Heyne: *Lobschrift auf Winckelmann*. Leipzig 1778, S. 16–18.

Erscheinung des Lichts, in der sonnenhaften Helligkeit der göttlichen Substanz des Apollinischen, das gemeinsame Motiv der Deutungen des Apollon bei Winckelmann und Rainer Maria Rilke. Er stellt Winckelmann dar als den Künder der griechischen Seele und ihrer ewigen Erfahrung – der Schönheit:

> Was Winckelmann aus der platonischen Überzeugung eines urbildlichen, rein geistigen, überirdischen Seins der Schönheit in dem Bildwerk des Apollon von Belvedere ‚gesehen' und in der Beschreibung ausgesagt hat, ist die Göttlichkeit der Schönheit oder die Schönheit als sichtbarster Charakter der Göttlichkeit.[14]

Die Verehrung, die Winckelmann bereits zu Lebzeiten und gleich nach seinem Tode 1768 von der Öffentlichkeit entgegengebracht wurde, geht jedoch weitgehend auf seine leidenschaftliche Kritik des barocken Geschmacks zurück, die geradezu auf jeder Seite seiner ersten Schrift zu spüren ist. Er hat einen wahren Ekel vor der Maßlosigkeit der größten neueren Meister:

> Viele unter den neuern Künstlern haben den griechischen Contur nachzuahmen gesuchet, und fast niemanden ist es gelungen. Der große Rubens ist weit entfernt von dem griechischen Umrisse der Körper, und in denjenigen unter seinen Werken, die er vor seiner Reise nach Italien, und vor dem Studio der Antiken gemachet hat, am weitesten. [...] Die Linie, welche das Völlige der Natur von dem Überflüssigen scheidet, ist sehr klein, und die größten neuern Meister sind über diese nicht allezeit greifliche Gränze auf beiden Seiten zu sehr abgewichen.[15]

Wir sehen, daß Winckelmann seine Charakteristik der antiken Kunst aus dem negativen Vergleich mit dem Modernen gewinnt. Die modernen Meister besitzen ihm zufolge kein Formgefühl, und wenn sie die ausgedehnte Linie vermeiden wollen, so verfallen sie „in die Schwulst" oder „in das Magere".[16] Die Griechen hätten eine Ganzheitlichkeit erreicht, eine edlere Verbindung der Einzelteile, ein reicheres Maß der Fülle. Wir dürfen hier an einen Gedanken Howalds anknüpfen, der im Essay *Probleme des Neuhumanismus* feststellt, daß Winckelmanns Betrachtungen der antiken Welt vielfach keine lebendige Anschauung zugrunde liege: „Er konstruiert das Gegenteil von dem, worunter er leidet; er weiss *theoretisch*, dass die Antike, d. h. das, was die Renaissance unter Antike verstand, dem, was er sucht, entspricht. Seine Griechen sind eine Wunschidee, auf alle Fälle eine Idee, nichts Erlebtes und Gesehenes".[17] In Rom – „noch in seligem Traume"[18] – lernt Winckelmann sehen, und seine

---

14 Wolfgang Schadewaldt: *Winckelmann und Rilke.* In: ders.: *Hellas und Hesperien.* Bd. 2. Zürich, Stuttgart 1970, S. 103.

15 Johann Joachim Winckelmann: *Gedanken über die Nachahmung der griechischen Werke in der Malerei und Bildhauerkunst.* In: *Johann Winckelmanns sämtliche Werke.* Hrsg. von Joseph Eiselein. Donauöschingen 1825, Bd. 1, S. 24.

16 Ebd.

17 Ernst Howald: *Probleme des Neuhumanismus.* Festrede gehalten an der 105. Stiftungsfeier der Universität Zürich am 29. April 1938. Zürich 1938, S. 5.

18 Johann Gottfried Herder: *Denkmal Johann Winckelmanns.* In: ders.: *Sämtliche Werke.* Hrsg. von Bernhard Suphan. Hildesheim, New York 1982, Bd. 8, S. 451.

reinsten Gedanken leiten sich her vom leidenschaftlichen Erlebnis der antiken Kunst, die ihm vorher nur Abwehr gegen die barocke Kunst war. Die Bedeutung Winckelmanns für die ihm nachfolgende Generation liegt nicht so sehr in seinen Werken als vielmehr in seiner Persönlichkeit, was sich in Goethes Worten gegenüber Eckermann ausdrückt: „[...] er ist dem Columbus ähnlich, als er die neue Welt zwar noch nicht entdeckt hatte, aber sie doch schon ahndungsvoll im Sinne trug. Man *lernt* nichts, wenn man ihn lieset, aber man *wird* etwas" (FA II, 12, S. 235). Und in Goethes *Skizzen zu einer Schilderung Winckelmanns* erfahren wir, „daß alles dasjenige, was er hervorbringt, hauptsächlich deswegen merkwürdig und schätzenswert ist, weil sein Charakter sich immer dabei offenbart" (FA I, 19, S. 205).

Goethe verdankt seine fruchtbaren Gedanken und Entdeckungen dem Umstand, daß ihm das Denken eine Sache der Sinne, zumal des Auges war. Was er von Jugend an gewünscht, was er dumpf gefühlt hatte, das schaute er in Italien an, und indem er schaute, erkannte er: sein Denken war ein Anschauen, sein Erkennen ein Augenerlebnis, kein Ergrübeln und logisches Erschließen. Die Fähigkeit Goethes, die Dinge rein, sehend zu sehen, war die Gabe der Natur an ihn. Schadewaldt schreibt dazu:

> Das sehende, nichts als sehende Auge ist selten. Es ist das Auge des Griechen und es ist Goethes Auge. Sein Wesen ist Wachheit, Spannung, Ziel, und sein Reich ist das Licht und alles, was im Lichte ist, das Seiende. Dies Auge der Griechen wirkt in die Ferne, darum schafft es Distanz. Es verlangt nichts anderes als zu sehen, was ist, so verzichtet es auf jeden Anspruch und erkennt an. Die ganze Fülle der Welt ist sein Besitz, daher ist es getragen und belebt durch Freude.[19]

Der Keim von Goethes Kunstlehre, die er in Winckelmanns Enthusiasmus für die antike Kunst und seiner prophetischen Vorahnung ihrer ewigen Mustergültigkeit vorgelebt fand, liegt im Zusammenhang von Kunst und Natur. In einem Brief aus Italien sagt er: „Diese hohen Kunstwerke sind zugleich als die höchsten Naturwerke von Menschen nach wahren und natürlichen Gesetzen hervorgebracht worden. Alles Willkürliche, Eingebildete fällt zusammen, da ist die Notwendigkeit, da ist Gott" (FA I, 15.1, S. 424). Volker Riedel, der die Spuren der Homerrezeption bei Goethe untersucht und in Goethes Homerbild die wichtigsten Kennzeichen der Antikerezeption des Dichters sieht, sagt, daß für Goethe die Gesänge Homers „bewundernswert wie die Natur"[20] waren. Wie unschuldig Goethe das Wort der Homerschen Dichtung empfand und wie ungeheuer ihm in der Kunst die Wirkung der Naturkräfte erschien, ersehen wir aus seinen Worten:

> Jemand sagte: was bemüht ihr euch um den Homer! ihr versteht ihn doch nicht. Darauf antwortet ich: Versteh ich doch auch Sonne Mond und Sterne nicht, aber sie gehen über meinem Haupt hin und ich erkenne mich in ihnen, indem ich sie sehe und ihren regelmäßigen wunderbaren Gang betrachte und denke dabey ob auch wohl etwas aus mir werden könnte. (*Maximen und Reflexionen*; FA I, 13, S. 99)

---

19 Wolfgang Schadewaldt: *Goethestudien. Natur und Altertum.* Zürich, Stuttgart 1963, S. 11.

20 Volker Riedel: *Goethe und Homer.* In: *Wiedergeburt griechischer Götter und Helden. Homer in der Kunst der Goethezeit.* Eine Ausstellung der Winckelmann-Gesellschaft im Winckelmann-Museum Stendal (6. 11. 1999 bis 9. 1. 2000). Mainz 1999, S. 255.

Wir nähern uns hier dem Geheimnis der klassischen Erfahrung Goethes. Es gründet im Symbol des Kreises, denn das Zeitgefühl Goethes ist noch nicht ein modern-lineares, sondern ein kreishaft-zyklisches. Das Mythische, das heidnische Naturempfinden, in dem das Bild im Sein noch wie aufgelöst war, vereinigt sich beim Künstler mit seinem Formbewußtsein, mit seinem Wissen von natürlichen Gesetzen. So verharrt das Symbol nicht nur im Magischen – als Berührung, als Bild und Macht –, sondern das Bild zeugt den Begriff, und der Zauber des Anfangs wird in der Bildung gleichsam erhalten, vom Künstler in der Freiheit wiedergefunden. So ist auch das Symbol bei Goethe der Ausdruck für den großen Zusammenhang von Natur und Kunst, für die Einheit von Sehen und Denken. Die kreishafte Bahn, auf der sich sein Geist bewegt, besteht nicht aus zwei Hälften, die im mathematischen Sinne einen Kreis bilden. Das Kreisen der Erscheinung verhält sich bei ihm wie das Spiegelbild zum Spiegel, in dem sich das Ende im Anfang und der Anfang im Ende sehen und so den Kreis schließen können. Ich veranschauliche die Welt der kreishaften Spiegelungen bei Goethe an zwei Sphären: am Christentum und an der Geschichte.

Goethe kann sich der religiösen Umkehr der Romantiker nicht anschließen, die die Unerlöstheit und das Unzulängliche der heidnischen, für sie rein ästhetischen Weltansicht vor der Gewalt und dem Ernst des Todes durch die christliche Offenbarung ersetzen wollten. Die göttliche Gnade, durch das Opfer des Menschensohnes jedem Christen zugänglich, konnte nach Goethe nur dann in verehrender Ehrfurcht empfangen werden, wenn der Mensch seine ihm innewohnende Würde nicht verleugnet und sich selbst als höchsten Schöpfer seiner Umwelt sieht, der sie nach seinem Willen formt. In seinem letzten Gespräch mit Eckermann am 11. März 1832 heißt es:

> Fragt man mich: ob es in meiner Natur sei, ihm anbetende Ehrfurcht zu erweisen? so sage ich: Durchaus! – Ich beuge mich vor ihm, als der göttlichen Offenbarung des höchsten Prinzips der Sittlichkeit. – Fragt man mich: ob es in meiner Natur sei, die Sonne zu verehren? so sage ich abermals: Durchaus! Denn sie ist gleichfalls eine Offenbarung des Höchsten, und zwar die mächtigste, die uns Erdenkindern wahrzunehmen vergönnt ist. Ich anbete in ihr das Licht und die zeugende Kraft Gottes [...]. (FA II, 12, S. 747)

Die Natur erscheint hier im Symbol der Sonne in ihrer lebensspendenden Macht und unschuldigen Helligkeit. Sie ist für Goethe eine andere Konzentration jener Substanz, in der die höchste Form der Sittlichkeit Christi wurzelt und durch die sie sich offenbart hat. Wir ersehen daraus, daß Natur und Sittlichkeit bei Goethe nur Spiegelungen der Weltordnung sind, der imaginäre Kreis, in dem Seelen- und Geisteskräfte aufeinander achthaben und das Fruchtbare schützen wollen. Und fruchtbar ist ihm nur das Symbolische. Wort – Laut und Wort – Bedeutung, sinnlich Geschautes und als ein Gesetz Erkanntes werden im erhöhten Sein in einer symbolischen Form zusammengesehen. „Sie wissen wie simbolisch mein Daseyn ist" (FA II, 2, S. 119), schreibt er am 10. Dezember 1777 an Charlotte von Stein. Erblicken wir nun im Symbol – gleichsam an Stelle der christlichen Offenbarung – die letzte höchste Errungenschaft seines Bemühens um die Wiedergabe der seinen Sinnen gebotenen Welt, so darf das Symbol als eine neue Form des Klassischen bezeichnet werden. Sie ist neu, weil durch sie der Mensch gegenüber der noch beschränkten Anschauungsfähigkeit der antiken Kunst Winckelmanns zu einer größeren Lebendigkeit berufen ist, und sie ist klassisch, weil auf ihr ein Hauch der Würde, der Gegenwärtigkeit und Ganzheit des antiken Menschenbildes und Weltgefühls liegt.[21] Und nur im Sinne dieser symbolischen Weltbetrachtungsweise Goethes darf man von seiner neuen Verbundenheit mit der christlichen Tradition sprechen, in der seine Klassik ihre letzte Lösung und Ruhe fand. In der letzten Szene von *Faust II*, in der die Engel Faustens Unsterbliches in höhere Regionen tragen und die letztlich in der Anbetung der Jungfrau, der Mutter Gottes endet, haben wir es mit einer poetischen Lizenz zu tun. Dies gilt auch für die Figur Ottiliens aus den *Wahlverwandtschaften*, deren hohe Sittlichkeit sich im Glanz der heiligen Entsagung vollendet. Volker Riedel schreibt, daß Goethe dort, wo er mit der *Iphigenie* oder dem Helena-Akt nicht auf Nachahmung und Restitution, sondern auf eine Integration der antiken Tragödie zielte, Dichtungen hohen Ranges schuf: „Die literarische Antikerezeption war dann am produktivsten, wenn die Autoren nicht allzu direkt an die Antike anknüpften, sondern eine Synthese zwischen Klassischem und Modernem suchten".[22] Diese Verschmelzung von klassischen und modernen Elementen konnte bei Goethe nur symbolisch, als Spiel verwirklicht werden, wie sich im zweiten Teil des *Faust* erweist.

Helmut Kuhn spricht in seinem kurzen Beitrag *Klassisch als historischer Begriff* von der tiefen Unruhe Goethes, die in keiner klassischen Form ein letztes Genügen finde und dergegenüber die griechische Kunst in klarer, gleichsam knospenhafter Geschlossenheit stehe.[23] Diese Feststellung legt nahe, daß Goethes Wesen sich in einem gewissen Gegensatz zur harmonischen Unbewegtheit und maßvollen Begrenztheit der klassischen Kunst befinde. Es hat den Anschein, als sei durch Goethe eine nur ihm zugehörige Relation zwischen der Geschlossenheit der im Mythos ruhenden Welt und der Offenheit des Persönlich-Kritischen, des von der Geistesfreiheit Bestimmten hergestellt worden. So mußten Goethes Leben und seine Sprache nur im Symbolischen ihre ihnen angemessene Ausdrucksform finden, in der Verschmelzung von Außen und Innen, Verborgenem und Offenbarem, Freiheit und Gebundenheit.

> Müsset im Naturbetrachten
> Immer eins wie alles achten;
> Nichts ist drinnen, nichts ist draußen:
> Denn was innen das ist außen.
> (*Epirrhema*; FA I, 2, S. 498)

> Im Athemholen sind zweyerlei Gnaden:
> Die Luft einziehn, sich ihrer entladen.
> (*West-östlicher Divan*; FA I, 3.1, S. 15)

Therese sagt von Wilhelm Meister: „[…] er wähnt man könne ihm das geben, was nur von ihm kommen kann" (FA I, 9, S. 912). All die angeführten Worte Goethes zielen auf

---

21 Jochen Schmidt interpretiert die Kernpartie der Szene *Innerer Burghof* in *Faust II*, in der die Begegnung Fausts mit Helena ihm als Beispiel der „Vermittlung der antiken Kultur" erscheint. Die römische *Dignitas*, die Gegenwart und Ganzheit, exemplifiziert an der Figur Helenas, werden von ihm als Grundzüge der antiken Weltordnung verstanden (Jochen Schmidt: *Goethes „Faust". Erster und Zweiter Teil. Grundlagen – Werk – Wirkung.* München 1999, S. 245–249).

22 Riedel (Anm. 9), S. 187.

23 Helmut Kuhn: *Klassisch als historischer Begriff.* In: *Das Problem des Klassischen und die Antike.* Hrsg. von Werner Jäger. Leipzig, Berlin 1931, S. 122.

das Unerforschliche des Symbolischen, auf den bewegten Kreis, den wir hier zu bestimmen versuchen und der das Magische und die Kritik der Vernunft, den Mythos und die Geschichte im Gleichgewicht hält, der imaginär und real ist, ein Gedichtetes und Wahres.[24]

Ernst Cassirer untersucht in seinen Aufsätzen Goethes Verhältnis zur Geschichte und bemerkt, daß das Gefühl des ruhigen Vertrauens, das Goethe in der Anschauung der Natur zuteil wurde, ihn sofort verläßt, sobald er den Boden der Geschichte betritt. Der Grund dieser Haltung liegt nach Cassirer darin, daß Goethe die Geschichte nicht als bloße Folge der Geschehnisse, noch selbst als eine Reihe innerer Erlebnisse betrachtete, sondern „als einen sich ständig erneuernden, geheimnisvollen Kreislauf, der Jugend und Alter in sich aufnimmt und in einem Strome mit sich fortträgt".[25] An Carl Friedrich Zelter schreibt Goethe am 27. März 1824, es sei „um alles Geschichtliche ein gar wunderliches unsicheres Wesen" und es gehe „wirklich ins komische wenn man überdenkt wie man von längst Vergangenem sich mit Gewißheit überzeugen will" (MA 20.1, S. 799). Goethe zweifelt an der Möglichkeit, daß in der Geschichtswissenschaft eine wahrhafte Objektivität zu erlangen sei, werde doch jeder nur das gewahr, was seinen eigenen Vor-Meinungen und Vor-Urteilen entspricht. Er überschaut Epochen und Schicksale der Menschheit als ein Ganzes, als Vergangenes und sich zugleich in der Gegenwart Vollziehendes. Goethe, schreibt Cassirer, habe die Gabe, die Vergangenheit und Gegenwart in eins zu sehen, selbst als etwas Geheimnisvolles, ja als etwas Unheimliches zu empfinden. In *Dichtung und Wahrheit* sagte Goethe von ihr, daß sie im Gedicht immer „wohltätig wirke", aber im Augenblick, wo sie sich unmittelbar im Leben selbst ausdrückte, „etwas Gespenstermäßiges in die Gegenwart brachte" (FA I, 14, S. 678). Dieser Gefahr entkam Goethe, indem er sich des poetischen Inhalts der Erzählung durch das Faktische und Wahre versicherte. Er brauchte aber auch die Dichtung, um, wie er am 17. Dezember 1829 an König Ludwig I. von Bayern und am 15. Februar 1830 an Zelter schreibt, „mich des Wahren, dessen ich mir bewußt war, zu meinem Zweck bedienen zu können" (FA II, 11, S. 209). Auch hier waltet im Geiste Goethes die Vorstellung der kreisenden Erscheinung, deren Bewegung er als unendlich empfand. Und nur auf dem unendlichen Weg konnte das Geschichtliche gleichsam zu sich selbst kommen und das Mythische nicht verfälschen, sondern assimilieren. Wie sehr Goethe das Mythische als der Geschichte zugehörig empfand, veranschaulicht ein anderer Brief an Zelter, in dem Goethe im Hinblick auf Walter Scotts *Napoleon* schreibt, daß man durch seine Behandlung die Menschen näher kennen lerne als den Gegenstand, daß man es hierbei im ganzen aber doch endlich bewenden lassen müsse: „[...] denn wenn man sich bei einer Geschichte nicht beruhigt wie bei einer Legende, so lös't sich zuletzt alles in Zweifel auf" (FA II, 11, S. 571). Das Mythische ragt bei Goethe ins Geschichtliche hinein, und das Ineinandergreifen beider Sphären bildet die Kontinuität, von der jede klassische Kulturform bestimmt ist. Trotz der Verwandlungen, denen das Geschichtliche, das Vergangene in der Phantasie des Dichters unterworfen ist, bleibt die „innere Form" als Mittelpunkt des Weltgeschehens erhalten. Nur der Dämon, wie Plato den Dichter nennt, kann zwischen den zwei Sphären vermitteln, der Dämon, dem wir auch in Goethes *Urworten* begegnen:

---

24 Im Gespräch mit Eckermann am 25. Dezember 1825 sagt Goethe: „Es gibt indes wenige Menschen, die eine Phantasie für die Wahrheit des Realen besitzen" (FA II, 12, S. 165).

25 Ernst Cassirer: *Goethe und die geschichtliche Welt.* Berlin 1932, S. 14.

Und keine Zeit und keine Macht zerstückelt
Geprägte Form die lebend sich entwickelt.
(*Urworte. Orphisch*; FA I, 2, S. 501)

Im Sinne dieser produktiven formprägenden Kraft der Persönlichkeit, die widerstrebenden Elemente zu vereinigen, bestimmt auch Theo Buck das Wesen des Dämonischen. Er bemerkt, daß die vorrangige Bedeutung des Dämonischen bei Goethe nicht eine vorpsychologische Privatmythe oder ein Ersatz für den Gottesbegriff ist, sondern die Gestaltbildung.[26] Goethe setzt damit das Gesetz der Nachahmung, Grundlage der antiken Weltbetrachtungsart, außer Wirkung. An Stelle von Nachahmung tritt die produktive Fähigkeit der Persönlichkeit, sich als Kraft unter Kräften zu begreifen und sich gegenüber Einflüssen behaupten zu können. Solange die Mitte und das Maß Symbole klassischer Geisteshaltung und Seelenkultur sind und das Weltgefühl der Menschen bestimmen, vermag die göttliche Schönheit das Obere und Untere ihrer Welt zu überstrahlen. Sie ist die größte Erfahrung der Seele. Die maßlosen und irrationalen Kräfte, die Chimären bewohnen dann die ihnen zugemessenen Regionen und vermischen sich nicht mit lichten Gestalten der Helden. Die Figuren der Goetheschen Dichtung sind bereits bewegt, sie brauchen die Bildung. Wilhelm Meister sagt: „[…] mich selbst, ganz wie ich da bin, auszubilden, das war dunkel von Jugend auf mein Wunsch und meine Absicht" (FA I, 9, S. 657). Hatte die Welt Goethes noch Mitte und Maß? Inwiefern war sie noch antik? Man darf sagen, daß Goethe die Mitte in der Idee fand, die er urbildhaft in der Natur erschaute, deren Träger die Frau war, das Wundergebilde seiner Dichtung. Sein Maß fand er im Gesetzlichen der Tat, in dem, was er des „Handelns ew'ge Unschuld" (*West-östlicher Divan*; FA I, 3.1, S. 30) nannte. In der Bewegtheit seines Wesens lag die Schwierigkeit, Mitte und Maß zu halten. Liegt aber nicht das Einmalige, das Wohlgeratene der Persönlichkeit, die Goethe als das „höchste Glück der Erdenkinder" (ebd., S. 84) bezeichnet und sie zugleich auf eine große Art verwirklichte, darin, daß sie ihr Maß und ihre Mitte ohne Mythos als Welthintergrund gewann? Oder man darf sagen, daß der Mythos sich hier in die Idee, in das Symbolische der Handlung sublimierte und verdichtete.

Die heutige Forschung, die das Klassische als Grundbegriff ihrer Kulturbetrachtungen behandelt und seine Bestimmung zum Gegenstand philosophischer Reflexion macht, spricht den neuzeitlichen Kulturformen, die seit der italienischen Renaissance den Rhythmus der europäischen Geistesgeschichte gestalten, ihre Ebenbürtigkeit gegenüber dem griechisch-römischen Vorbild nicht ab. Helmut Kuhn bemerkt, daß bereits in der italienischen Renaissance und später im Streben ihrer größten Vollender – Raffael und Goethe – Gebrochenheit und Unruhe zu spüren sind, die sich dämonisch ihrer Wesen zu bemächtigen drohen. Und Richard Alewyn schreibt, daß Goethe zwar seinen größten Schöpfungen immer wieder eine „Leichtigkeit" zu verleihen vermochte, doch zugleich jede Identifizierung mit dem antiken Geist abwehrte: „Seine eigenen Beziehungen zu den Griechen gründen in Vertrautheit, aber nie in jener Vertrautheit, mit der man seinesgleichen gegenübertritt. Immer wieder klingt durch die Bewunderung das schmerzliche Bewußtsein der Distanz".[27] In der Tat dürfen wir sagen, daß seit Goethe das klassisch Gesunde und Objektive immer ein gewisses Übermaß mit einbegreift: „Wenn der Mensch über sein Physisches oder Moralisches nachdenkt findet

26 Theo Buck: *Dämonisches.* In: Goethe-Handbuch, Bd. 4.1, S. 180.

27 Alewyn (Anm. 6), S. 117.

er sich gewöhnlich krank“ (*Maximen und Reflexionen*; FA I, 13, S. 13). Als Goethe zu Eckermann von der Wendung spricht, die im mittleren Leben eines Menschen eintritt und ihm nur Mißgeschick bringt, fügt er hinzu: „Der Mensch muß wieder ruiniert werden!“ (FA II, 12, S. 660). Dies zeigt, daß ihm das Gefühl der Schwermut, ja sogar ein gewisser Zerstörungstrieb eigen waren. Und wenn wir uns an die Gestalt Wilhelm Meisters erinnern, so dürfen wir sagen, daß zu der Ökonomie seines großen Bildungsplanes auch ein Dämonisches oder, wie es Goethe einmal sagte, etwas Inkalkulables gehörte.[28] Die Dämonenwelt Goethes ist noch mythischen Ursprungs; sie setzt die Teilhabe an der Weltseele voraus, die die ganze antike Welt bis Plotin kennzeichnet. Sie bedeutet das Glück der Sympathie und Zugehörigkeit von Welt und Persönlichkeit, daß der Abgrund vor der Idee zurückweichen muß:

> Wär' nicht das Auge sonnenhaft,
> Die Sonne könnt' es nie erblicken;
> (*Zahme Xenien*; FA I, 2, S. 645)

Die Dämonie Goethes ist jedoch tiefer als die der Alten, sie geht gleichsam über sich selbst hinaus, schwingt aus in der Idee der „zartesten Bezüge“ (an Sebastian Grüner, 15. 3. 1832; FA II, 11, S. 541) und führt zur Befreiung von dem, woran uns die Natur bindet. Der archimedische Mittelpunkt liegt nicht mehr in der unbewegten Mitte, die nach allen Seiten hin das Licht über die Körper der Helden Homerischer Epen ergießt, sondern in der Wandlung, im Lebendigen, „das nach Flammentod sich sehnet“ (*West-östlicher Divan*; FA I, 3.1, S. 24). Im Wandel leuchtet das intuitive Gefühl, die nur vorgeahnte Idee der Weltordnung in der symbolischen Anschauung des Wissenden auf. Hier gelten die Worte Goethes aus dem *West-östlichen Divan*:

> Und so lang du das nicht hast,
> Dieses: Stirb und werde!
> Bist du nur ein trüber Gast
> Auf der dunklen Erde.
> (*West-östlicher Divan*; FA I, 3.1, S. 25)

Reinhard Buchwald spricht in seiner Arbeit über Goethe von der Unsterblichkeit der Klassik. Was er dem Gedanken von der Vergänglichkeit des klassischen Kulturvermächtnisses entgegenstellen will, ist das eigene Erlebnis; eine lebendige Erfahrung und Überzeugung, daß Goethesche Dichtung noch lebendig ist, auf uns wirkt, daß sie immer noch unserer Gegenwart angehört: „In dieser Gegenwärtigkeit kommt überhaupt erst der Wesenszug zur Geltung, den wir klassisch nennen“.[29] Carl J. Burckhardt erinnert sich jedoch in seinem Brief an Hugo von Hofmannsthal an die Worte Rilkes, der während einer seiner Italienreisen in Venedig kurz nach dem ersten Weltkrieg mit Entsetzen sagen mußte:

> Ich meine alles ästhetische Anschauen, das nicht unmittelbar Leistung ist, wird fortan unmöglich sein, – unmöglich im Grunde z. B., in einer Kirche „Bilder zu bewundern“ […].

[28] Goethe gebraucht dieses Wort im Gespräch mit Eckermann. Darin heißt es: „Es gehört dieses Werk übrigens zu den inkalkulabelsten Produktionen, wozu mir fast selbst der Schlüssel fehlt“ (FA II, 12, S. 141).

[29] Reinhard Buchwald: *Goethezeit und Gegenwart*. Stuttgart 1949, S. 13.

> Sie glauben gar nicht, Fürstin, wie anders, w i e a n d e r s die Welt geworden ist, es handelt sich drum, das zu begreifen. Wer von jetzt ab so zu leben gedenkt, wie ers „gewohnt war", der findet sich beständig vor der unmittelbarsten Wiederholung, vor dem bloßen Nocheinmal und dessen ganzer heilloser Unfruchtbarkeit.[30]

Rilke spricht hier von der Unfruchtbarkeit der Schönheit, die früher den Raum der Paläste und Kirchen Venedigs erfüllte und die Seele des gebildeten Reisenden an ihre ewige Erfahrung erinnerte. Da der Weltkrieg einmal geschehen, werde sich von jetzt an, nach dem furchtbarsten Erwachen, das Schöne mit dem Formlosen, Häßlichen vermischen. Nur dieser Zustand der Maßlosigkeit sei jetzt da, und daneben gelte kein Ideal, keine produktive Anknüpfung an das Vergangene. Burckhardt findet in den Aufzeichnungen Rilkes Anlaß, von dem Wirken der Antike zu sprechen, das er auf den Plätzen und Straßen der italienischen Städte zu empfinden glaubt. Er spürt im sonoren Klang der Stimmen, im Gelösten der Gebärden, in der Art, wie sich Schmerz oder Zorn mimisch mitteilen, die durch alles Geschehen hindurchtönende Stimme der ältesten Menschenerfahrung, die gläubige Pietas der christlich-heidnischen Welten. Wir können mit C. J. Burckhardt fragen, „[o]b dieses in der Mittelmeerwelt unverändert seit allem Anfang sich bewahrende Wesen der neuen Voraussetzung, der Technik auf die Dauer standhalten wird".[31] Das Maschinenwesen, das schon Goethe mit Unruhe erfüllte,[32] nimmt die Bilder des Glaubens und Aberglaubens in sich auf, es entzaubert alle Gegenstände, die die Erwartung an die helfende, unsichtbare Gegenwart wach erhalten:

> [...] die Ideologien des Maschinenzeitalters werden sich nur durch einen Betrug durchsetzen können, indem sie dies alles scheinbar in sich aufnehmen. Aber selbst dieses ‚scheinbar' wird genügen, um die alten Kräfte den neuen in der Weise beizumischen, daß das Dauernde nach dem Ablauf einer langen Zeit einst wieder bestimmend wird. Denn daß dem nicht so sein werde, würde schon voraussetzen, daß ganze Völker und der Boden, auf dem sie leben vertilgt werden.[33]

---

30 *Rainer Maria Rilke und Marie von Thurn und Taxis: Briefwechsel.* Hrsg. von Ernst Zinn. Bd. 2. Zürich 1951, S. 611 (23. 7. 1920).

31 *Carl J. Burckhardt und Hugo von Hofmannsthal: Briefwechsel.* Hrsg. von Carl J. Burckhardt. Frankfurt a. M. 1957, S. 78 (März 1922).

32 „Das überhand nehmende Maschinenwesen quält und ängstigt mich, es wälzt sich heran wie ein Gewitter, langsam, langsam; aber es hat seine Richtung genommen, es wird kommen und treffen" (FA I, 10, S. 713).

33 *Carl J. Burckhardt und Hugo von Hofmannsthal: Briefwechsel* (Anm. 31), S. 78 (März 1922).

WALTER BURNIKEL

Goethes „Venezianische Epigramme" und Martial

Seit Ernst Maaß[1] scheint alles Wesentliche über das Verhältnis zwischen Martial und Goethe gesagt zu sein. Es ist rasch überblickt: Zwar hat Goethe, so erfährt man, einige wenige Epigramme nach dem Vorbild des Römers geformt; das Motto, das er der im *Musen-Almanach auf das Jahr 1796* veröffentlichten Sammlung vorangestellt hat, ist gar direktes Zitat („Hominem pagina nostra sapit."); und den Namen Erotio(n)[2], mit dem Goethe seine Christiane einmal benennt, hat er von dem kleinen Sklavenmädchen übernommen, das Martial so liebte. Die Herausgeber weisen noch auf die Zahl 100 hin: Durchschnittlich 100 Epigramme umfaßt jedes der zwölf Bücher Martials, und so hält es auch Goethe mit seinem „Libellus epigrammatum" (auch diese Bezeichnung nach Martial). So gewiß dies alles ist, prägend für Goethes Epigrammbuch war – so urteilt Maaß – nicht Martial, sondern das 1. Satirenbuch des Horaz. Diese These hat Tradition gemacht. Sie findet sich noch im *Goethe-Handbuch* (1996 ff.), wenn dort auch zugestanden wird, daß sich die Venetiana in der Struktur des Einzelepigramms „vornehmlich an der polemisch pointierten Epigrammatik Martials" orientierten (Bd. 1: *Gedichte*, S. 236).

---

1 Für die vorliegende Untersuchung sind mir folgende Arbeiten besonders hilfreich gewesen: Ernst Maaß: *Die „Venetianischen Epigramme"*. In: GJb 1926, S. 68–92. – Wolfgang Preisendanz: *Die Spruchform in der Lyrik des alten Goethe und ihre Vorgeschichte seit Opitz.* Heidelberg 1952. Preisendanz' Dissertation fördert nicht nur die Gesamtinterpretation der Venetiana, sondern lehrt auch ihr Verhältnis zu Goethes früher Epigrammatik einzuschätzen. – Peter Hess: *Epigramm.* Stuttgart 1989. Knappe, präzise Übersicht über die Geschichte des Epigramms seit der Antike mit überaus reichen Literaturangaben. – Kurt R. Eissler: *Goethe. Eine psychoanalytische Studie, 1775–1786.* Bd. 1–2. München 1987. Auch wenn man Eisslers Deutungen nicht immer folgen mag, ist sein Werk wegen der Materialfülle und der im ganzen umsichtigen Art der Auswertung nützlich. – Einen ersten und umfassenden Zugang zu Martials Werk (Einzelkommentare liegen noch nicht zu allen Büchern vor) bietet die Ausgabe M. Valerius Martialis: *Epigramme. Lateinisch-deutsch.* Hrsg. u. übersetzt von Paul Barié u. Winfried Schindler. Düsseldorf, Zürich 1999. Die Ausgabe enthält außer einem ausführlichen Einleitungsteil und Literaturangaben alle für den ersten Zugriff nötigen Erläuterungen. – Für die Buchkomposition greife ich zurück auf Walter Burnikel: *Untersuchungen zur Struktur des Witzepigramms bei Lukillios und Martial.* Wiesbaden 1980. Farouk Grewing: *Martial, Buch VI. Ein Kommentar.* Göttingen 1997. Johannes Scherf: *Untersuchungen zur Buchgestaltung Martials.* München, Leipzig 2001.

2 Die Änderung zu „Erotico(n)" („Eroticon" liest man in Goethes Brief an Herder vom 10. 8. 1789) verbietet sich schon deshalb, weil Goethe mit „Erotio" (so am 3. 4. 1790 aus Venedig an Herzog Carl August) die Neuerung auffällig genug macht. – „Erotion" bei Martial: V 34; V 37; X 61.

Einen entscheidenden Vorstoß in die Gegenrichtung machen die Herausgeber der Faksimile-Edition von 1999[3]: Goethe folge „stärker, als man es früher angenommen hat" (S. 373), den Spuren der Epigrammatik Martials, in „Stil und Aussageweise", auch in „deren zyklische[r] Intention" (S. 366). Bei der Begründung ihrer These beschränken sie sich auf einige – äußere – Zeugnisse, besonders aus Goethes Briefen. Horaz erwähnen sie nicht einmal.

In der Tat spricht für Horaz nichts[4], für Martial alles. Zunächst die Fakten: Goethe hat auf seine Venedigreise eine seiner drei Martialausgaben mitgenommen, die neueste, die von 1782[5]. Er hat sie regelrecht durchgearbeitet und mit Anmerkungen, Urteilen („artig", „witzig"), zahlreichen Korrekturen und Konjekturen zu dem nicht immer fehlerfreien Text versehen. Eine deutsche Übersetzung war der zweibändigen Ausgabe nicht beigefügt; Goethe brauchte auch keine. Die Deckel innen und die Vorsatzblätter hat er mit einigen Epigrammentwürfen beschrieben. Vielleicht hat er sich schon auf der Reise Notizen gemacht – so wäre ihre weitgehende Unleserlichkeit leicht zu erklären. Goethes Martialausgabe stellt, im eigentlichen Sinn, die älteste Handschrift dar, die wir für die *Venezianischen Epigramme* haben. – Schon drei Tage nach seiner Ankunft in Venedig kündigt er brieflich einen „Libellum Epigrammatum" bzw. „ein Buch Epigrammen" an, „die [...] nach dem Leben schmecken sollen" – das ist die wörtliche Übersetzung des Martialzitats, das dann auch im *Musen-Almanach* steht.[6] In einer für einen französischen Leser 1823 angefertigten Werkübersicht charakterisiert der Dichter seine *Venezianischen Epigramme* kurz und bündig als „Epigrammes Vénitiens, d'après le sens de Martial" (davor: „Elégies Romaines, dans le goût de Properce"; WA I, 53, S. 209).

Damit sind wir bei Goethes direkten Aussagen zu seinem Vorbild. Kurz nach der Schlesienreise schickt er an Christian Gottfried Körner „einige Epigramme, sie neigen sich mehr nach der Martialischen als nach der bessern griechischen Manier" (21. 10. 1790; WA IV, 9, S. 234). Die Wendung „d'après le sens de Martial" bezieht sich also zunächst auf die Struktur des Einzelepigramms. Martial hatte eine virtuose Technik entwickelt, die Fakten des täglichen Lebens so zurechtzurücken, daß sie ein auf eine witzige oder polemische Pointe hin zielendes gedankliches Konstrukt ergeben. Von dieser Seite des Martialschen Opus – sie ist tatsächlich die auffallendste – hat sich besonders Lessing beeindrucken lassen; er hat sie geradezu zur kanonischen Form des Epigramms erklärt. Ihr stellte Herder seine aus der *Anthologia Graeca* gewonnene Konzeption entgegen: Dem Epigramm solle es nicht darum gehen, dem intellektuellen Spiel zu dienen, sondern „den tiefsten und edelsten Trieben im Menschen, der Neigung nämlich, seine Ideen zu *erhellen* und zu *erweitern*, sodann seine

---

[3] Johann Wolfgang Goethe: *„Venezianische Epigramme". Eigenhändige Niederschriften, Transkription und Kommentar.* Hrsg. von Jochen Golz u. Rosalinde Gothe. Frankfurt a. M., Leipzig 1999.

[4] Die für Horaz geknüpfte Argumentationskette kann nicht überzeugen. Sie geht vom Epigramm I ⟨70⟩ aus („Wenn ein verständiger Koch ein artig Gastmahl bereitet / Mischt er unter die Kost vieles und vieles zugleich. [...]"), assoziiert den Begriff „satura lanx" und führt von dort aus zu den Satiren des Horaz. Noch weniger beweiskräftig sind die erst später hinzugefügten Motti aus Hor. Sat. I. – Dagegen ist die Lektüre der Horazischen Satiren (in Übersetzung) für Goethes Italienreise bezeugt (an Wieland, 17. 11. 1786).

[5] *M. Valerii Martialis Epigrammatum libri ad optimos codices Parisiis nuperrime rec. et castigati.* T. 1. 2. Mannhemii: cura et sumpt. Societatis literatae 1782 (Hans Ruppert: *Goethes Bibliothek. Katalog.* Weimar 1958, Nr. 1409).

[6] „Libellum Epigrammatum" im Brief vom 3. 4. 1790 an Herzog Carl August (WA IV, 9, S. 198); die deutsche Bezeichnung mit dem Martialzitat im Brief vom gleichen Tag an Herder (ebd., S. 199).

Gedanken und Empfindungen anderen *mitzuteilen*"[7]. Goethe hatte 1782 begonnen, derartige Epigramme zu schreiben, „antiker Form sich nähernd". Wolfgang Preisendanz bespricht Proben dieser Produktion und stellt den gesellschaftlichen Kontext her.[8] Wenn Goethe im Vergleich zu den „Martialischen" Epigrammen (die er in die *Venezianischen Epigramme* einreiht) die „griechische Manier" für die bessere hält, verhält er sich sozusagen modern, wohl auch eher im Sinne seines eigenen Naturells. Auch er ordnet jedenfalls Martial nur der ‚silbernen Latinität' zu:

Aus zu eklem Geschmack verbrannte Nauger Martialen
  Wirfst du das Silber hinweg weil es nicht Gold ist? Pedant!
(MA 3.2, S. 150)[9]

(Die Information über die Bücherverbrennung des Philologen Naugerius fand Goethe übrigens in seinem Martialexemplar; siehe MA 3.2, S. 511 zu S. 150).

Auf Inhaltliches, nicht Formales verweisen die Eingangsverse der Elegie *Herrmann und Dorothea* (1796):

Also das wäre Verbrechen, daß einst Properz mich begeistert;
  Daß Martial sich zu mir auch, der Verwegne, gesellt?
Daß ich die Alten nicht hinter mir ließ, die Schule zu hüten;
  Daß sie nach Latium gern mir in das Leben gefolgt?[10]

Was die Kennzeichnung Martials als „verwegen" angeht, wäre es abwegig, an seine Xenien zu denken. Die sind zwar witzig, aber verwegen und frech können sie schon wegen ihres Charakters als unpersönliche und fiktive Beischriften nicht sein. Frech sind dagegen häufig genug die Epigramme der Bücher I–XII, und frech nennt Goethe auch seine Venetiana (VE 59; 74).

Soweit die direkten Äußerungen zu Martials Einfluß auf die *Venezianischen Epigramme*. Die Bemerkung „d'après le sens de Martial" ist dabei die umfassendste und unschärfste zugleich. Ihrem Bedeutungsinhalt und -umfang soll im folgenden nachgegangen werden. Interpretatorisches wird sich hie und da von selbst ergeben, ist aber nicht das Ziel der Untersuchung. Schon gar nicht ist beabsichtigt, den zahlreichen und so divergierenden Deutungen des Ganzen eine neue anzufügen.

---

7 Johann Gottfried Herder: *Anmerkungen über die Anthologie der Griechen, besonders über das griechische Epigramm.* In: ders.: *Werke in zehn Bänden.* Hrsg. von Günter Arnold u. a. Bd. 4: *Schriften zu Philosophie, Literatur, Kunst und Altertum 1774–1787.* Hrsg. von Jürgen Brummack u. Martin Bollacher. Frankfurt a. M. 1994, S. 506.

8 Preisendanz (Anm. 1), S. 65 ff.

9 Goethes *Venezianische Epigramme* werden nach Bd. 3.2 der Münchner Ausgabe (MA) zitiert, und zwar: Epigramme aus der Handschrift H[55], Erstes Buch, als „I ⟨1⟩" bis „I ⟨96⟩" (die Handschrift weist keine Numerierung auf; die Zählung ist fiktiv); Epigramme aus der Handschrift H[55], Zweites Buch, als „II ⟨1⟩" bis „II ⟨40⟩"; Sinngedichte: mit Band- und Seitenangabe; Epigramme aus Bd. 7 der *Neuen Schriften* (1800): *Epigramme. Venedig, 1790*, als „VE 1" bis „VE 103", jeweils, wo erforderlich, mit nachgestellter Verszahl; Epigramme aus der Nachlese: mit Band- und Seitenangabe. Zur komplizierten Überlieferungslage sei verwiesen auf MA 3.2, S. 491–493, sowie auf die Konkordanzen ebd., S. 512–517.

10 MA 4.1, S. 858. – Ob man dem Text entnehmen darf, daß Goethe seinen Martial schon in Rom dabeihatte?

1. „Gebt ihm ein Liebchen des Nachts" – einzelne Entsprechungen

Zunächst seien die Epigramme, Motive und Wendungen zusammengestellt, die mit Sicherheit oder wahrscheinlich durch Martial angeregt sind oder für die doch eine solche Beziehung aus guten Gründen bedenkenswert ist. Die Liste geht über das in der Literatur Genannte deutlich hinaus.

Das Motto „Hominem pagina nostra sapit" (in H55 und im *Musen-Almanach*) zitiert Mart. X 4, 10[11]. Zuvor in V. 8 heißt es „hoc lege, quod possit dicere vita ‚meum est'", „Lies das, wovon das Leben sagen kann: ‚Das gehört zu mir'". „Leben" ist denn auch das Programmwort in VE 1, 1. Die „Rolle", „reichlich mit Leben geschmückt", greift es am Schluß (VE 1, 12) wieder auf. Ähnlich sagt Goethe von seinen „frechen Epigrammen", sie seien nur Überschriften; „die Welt hat die Kapitel des Buchs" (VE 59). Properz und Martial sind dem Dichter nach Latium gern „in das Leben gefolgt" (*Herrmann und Dorothea*). – Die Handschrift H56 mit ihren ca. 100 Epigrammen wird mit einem weiteren Martialwort eingeleitet, den vier programmatischen Eingangsversen von XI 2:

Triste supercilium, durique severa Catonis
  Frons, et aratoris filia Fabricii,
Et personati fastus, et regula morum
  Quidquid et in tenebris non sumus; ite foras.[12]

Wie Martial rechtfertigt Goethe mit ihnen, daß er aus seinem Buch jede „regula morum" verbannen will. Cato und Fabricius, ihr ‚Philister', hinaus mit euch! In den *Musen-Almanach* hat Goethe das Zitat nicht übernommen; soweit reichte der Schutz der „Antiquität" denn doch nicht.

Das eindrucksvollste Zeugnis für Goethes Umgang mit seinem Vorbild ist VE 34. Teil a) ist nach Mart. X 47 geformt. Martial zählt in diesem nachdenklichen Epigramm (oder sollte man lieber von Elegie reden?) einem Freund auf, „was das Leben glücklich macht"[13], und stellt eine Art Wunschliste zusammen. Goethe hat daraus in annähernd gleich vielen Versen ein ziemlich unverschämtes Gebet an die Götter als die „Freunde des Dichters" gemacht. Daß in den beiden Gedichten die meisten Punkte – einmal zeitbedingt, dann infolge der Fixierung Goethes auf die Bedürfnisse des Dichters – mehr oder weniger divergieren, versteht sich. Ein Beispiel für die Anpassung: Nach einem mit Freunden gesellig verbrachten Abend wünscht sich Martial „ein Lager, nicht freudlos, aber ehrbar" (V. 10). Das schließt nach Domitians Erneuerung der Augusteischen Gesetzgebung Ehebruch aus, nicht aber z. B. Knabenliebe und den Umgang mit Dirnen. Auch Goethe will „Freunde, vertraulich zu schwatzen", dann aber verlangt(!) er von den Göttern als letztes der „fünf natürlichen Dinge" schlicht und direkt „ein Liebchen des Nachts, das ihn von Herzen begehrt" (V. 6). Mit entwaffnender Offenheit gesteht er in einem nachgelassenen Epigramm:

---

11 Die Epigramme Martials werden zitiert nach der in Anm. 1 angegebenen Ausgabe.

12 Faksimile-Ausgabe (Anm. 3), S. 10.

13 Eine ausführliche Interpretation dieses vielverhandelten Epigramms bei Uwe Walter (Hrsg.): *M. Valerius Martialis. Epigramme.* Paderborn u. a. 1996, S. 228–236; dort auch weitere Literatur.

Alles was ihr wollt ich bin euch wie immer gewärtig
Freunde, doch leider allein schlafen ich halt es nicht aus.
(MA 3.2, S. 150)

Die wichtigste Erweiterung betrifft die Bitte um „Ansehn […] im Volke" und „bei Mächtigen Einfluß" (V. 11). Sie leitet zu dem ursprünglich selbständigen Teil b) über, einem Huldigungsgedicht für den Herzog[14]: Der hat, neben den Göttern, gegeben, was der Dichter brauchte.[15] Der Gedankengang der Verse 11–18 (die Welt von Europa bis China hat mich gelobt – bezahlt hat sie mich nicht – „er war mir August und Mäzen") entspricht nun genau Mart. XI 3, 3 ff.:

[…] mein Buch wird im getischen Reif bei den Feldzeichen des Mars
von rauhen Zenturionen zerlesen,
auch Britannien, sagt man, singe meine Verse.
Was nützt es? Mein Geldbeutel merkt nichts davon.
Doch was für unvergängliche Gedichte hätt' ich verfassen
und welch mächtige Schlachten mit pïerischer Trompete schmettern können,
wenn nur die huldvollen Götter, da sie doch der Welt erneut einen Augustus schenkten,
auch einen Maecenas dir, Rom, gäben!

Erst in der Schlußwendung gehen die persönlichen Schicksale auseinander[16].

„Breit ist das Bette, doch leer", klagt der Dichter in VE 26; wo man allein schlafe, sei Sardinien, wo mit der Geliebten, Tibur. Diese nur mit einer gelehrten Anmerkung verständliche Anspielung[17] geht auf Mart. IV 60 zurück, wo berichtet wird, ein gewisser Curiatius sei in Tibur (wohl bei einem Kuraufenthalt) gestorben. Martial verdichtet die Antithese von Tibur mit seinem gesunden und Sardinien mit seinem schädlichen Klima zu der Pointe: „Wenn der Tod kommt, ist mitten in Tibur Sardinien" (V. 5 f.). Goethe vermißt nur seinen ‚Bettschatz':

---

[14] Es handelt sich wohl um das „Lobgedicht", das Goethe dem Herzog bereits am 10. 5. 1789 brieflich in Aussicht stellt (WA IV, 9, S. 115), dann in Venedig überarbeitet und von dort Carl August zuleitet (mit Brief vom 15. 4. 1790 an Herder; WA IV, 9, S. 200). Der Erstveröffentlichung im *Musen-Almanach* hat Goethe es nicht anvertraut, da er dort als Autor anonym bleiben wollte.

[15] In H^{56} schließen sich noch zwei Verse an:
Mehr hat Horaz nicht gewollt, er fand es, weniger wollen
kann man mit größerm Verdienst und man erhält auch nicht das.
(Faksimile-Ausgabe [Anm. 3], S. 60)

[16] Mit einer Förderung durch „August Mäzen" hat es Martial nicht ebenso gut getroffen wie sein späterer Dichterkollege. Zwar mangelt es in den zwölf Epigrammbüchern nicht an Lobgedichten; viele davon sind an die höchste Stelle, den Kaiser, gerichtet (eine wirkungsvolle auf Steigerung angelegte Sequenz: VII 1 f. mit 5–8). Einen Leser hat Martial in dem gepriesenen Augustus Domitianus gefunden, einen tatkräftigen Förderer nicht.

[17] Goethe hat Schiller auf die Möglichkeit hingewiesen, für die *Römischen Elegien* und die *Venezianischen Epigramme* eine Reihe von „wirklich unentbehrlichen Noten" erklärenden Inhalts in den *Horen* zu veröffentlichen (Brief vom 17. 8. 1795; WA IV, 10, S. 285). Dazu ist es nicht gekommen.

Ist überall ja doch Sardinien, wo man allein schläft;
Tibur, Freund, überall, wo dich die Liebliche weckt.

VE 34 und 26 können als Beispiele für Goethes Martial-imitatio stehen: Er zitiert nicht einfach das Gelesene, sondern benutzt es als Motiv, das ihn dazu ‚bewegt', sich das Vorbild anzuverwandeln. – Dies zu den Entsprechungen, die man üblicherweise in der Literatur und den Kommentaren findet.

Weitere Beobachtungen führen zu drei Epigrammen, die, wie VE 26, antike Namen zitieren, ohne daß man sie localiter oder personaliter mit Goethes Venedig-Aufenthalt in Verbindung bringen kann.

Hast du Bajä gesehn, so kennst du das Meer und die Fische.
Hier ist Venedig; du kennst nun auch den Pfuhl und den Frosch.
(VE 25)

Goethe hat Bajä nie gesehen; aber Martial kennt den „Goldene[n] Strand der glücklichen Venus" (XI 80, 1) gut; dort werden in einem abgetrennten Bezirk sogar „heilige Fische" gezüchtet, die so abgerichtet sind, daß sie die Hand ihres Herrn Domitian lecken (IV 30).

Auf die Syphilis anspielend, spricht Goethe in I ⟨40⟩ von den Dirnen, die dem jungen Mann „nur brennende Qual für Lust" bringen. Die Dirnen werden mit „Lais" bezeichnet. Das ist zwar ein gängiger Name für solche Damen, aber Goethe konnte sich auf einschlägige Verwendungen bei Martial stützen: Einer Dame der guten Gesellschaft, die sich lustbetont und modern gibt, sagt dieser: „[…] so wirst du, Laelia, trotzdem nie und nimmer eine Laïs sein" (X 68, 12). Seiner spröden ‚Gattin' gesteht er zu, tagsüber Lucretia zu sein; für die Nacht möchte er aber eine Laïs (XI 104, 22).

„Chloe schwöret, sie liebt mich" (VE 63, 1) – hier hat sich der Dichter völlig vom biographischen Kontext gelöst. Zu einem hübschen Namen (er bedeutet „der junge Sproß"), den er bei Martial an drei Stellen finden konnte (z. B. III 53), hat Goethe einfach nur ein hübsches Distichon gemacht, „d'après le sens de Martial", dessen Epigramme sich noch weit häufiger als die *Venezianischen Epigramme* einer biographischen Interpretation verweigern.

Daß die Martiallektüre gar zur Bildung eines neuen, vorbildlosen Namens anregen konnte, läßt sich VE 64 entnehmen: „Niemand liebst du, und mich, Philarchos, liebst du so heftig" (V. 1). Goethe homoerotisch? Wir wissen es nicht. Die Venetiana sollte man jedenfalls mit homoerotischen Deutungen nicht belasten (davon wird noch zu reden sein). Schon gar nicht gibt dieses Epigramm derartiges her. Goethe hat nicht mehr getan als auf einem sprechenden Namen[18], „dem in der Liebe Herrschenden", spielerisch einen netten Zweizeiler aufzubauen, thematisch fest in der literarischen Tradition – der Fundus homoerotischer Epigramme bei Martial ist beeindruckend groß.

Gerade diese Gruppe von freien, weder an Venedig noch an die Person gebundenen, ‚fremden' Epigrammen, die im Grunde das Konzept der Sammlung sprengen, läßt einen Blick in die Werkstatt Goethes zu. Sie machen gewiß nicht den wichtigsten Beitrag aus, den

18 Auch Martial hat sprechende Namen dem Griechischen entlehnt: Eulogus („Schönredner") nennt er treffend einen Auktionator (VI 8), Apollodotus („Geschenk Apolls") ironisch einen unfähigen Redner (V 21) und Coracinus („Herrn Raab") sarkastisch einen, der sich mit Kosmetika die Haut dunkel färbt (VI 55).

Martial für die *Venezianischen Epigramme* geleistet hat, aber gerade durch ihre Sperrigkeit eröffnen sie einen Zugang.

Als fremd muß man auch die (ironische) Ankündigung Goethes in VE 47 empfinden: „Wartet, ich singe die Könige bald, die Großen der Erde" (vorerst will er nur das Gauklerkind Bettine besingen). Würde ihm denn ein Epos „d'après le sens de l'Enéide de Virgile" überhaupt in den Sinn kommen? Eine Verständnishilfe bietet Mart. X 4, eben das Epigramm, dem sich das Motto für die Epigramme, „die nach dem Leben schmecken sollen", verdankt. Vehement verteidigt Martial darin sein Konzept gegen den monströsen Schwulst von Epos und Tragödie. Man hatte ihm, wie dem Dichter in VE 47 auch, mangelnden Ernst vorgeworfen. Es scheint sich um eine Dauerattacke gehandelt zu haben, sonst hätte er sich nicht an drei weiteren Stellen mit dem Vorwurf auseinandergesetzt (IV 49; VIII 3; vgl. auch XIV 1, 11 f.).

In einem anderen Sinn fremd, nämlich erklärungsbedürftig, wirkt der Schluß des sekretierten Epigramms I ⟨22⟩. Da rät der Dichter einem hysterischen, wundergläubigen Mädchen, statt einer Reliquie des Herrn(!) lieber „den heilsamern Teil jenes [sc. Gottes] von Lampsacus" herbeizurufen. Hätte Goethe, wie geplant, seine Anmerkungen zu den *Venezianischen Epigrammen* ausgearbeitet, hätten sie wohl einen Verweis auf Martial enthalten, der seine priapeisch getönten Epigramme „im lampsakischen Vers" (XI 16, 3) ankündigt und das, worauf es da ankommt, „die Säule [...], wie sie die Mädchen von Lampsakos verehren", nennt (XI 51, 1 f.).[19]

Am befremdlichsten unter allen Epigrammen dürfte der in der Nachlese abgedruckte Zweizeiler sein:

> Knaben liebt ich wohl auch doch lieber sind mir die Mädchen
> Hab' ich als Mädchen sie satt, dient sie als Knabe mir noch.
> (MA 3.2, S. 151)

Auch wenn man mit Kurt R. Eissler ([Anm. 1], S. 1479) bei Goethe eine homosexuelle Komponente ausmachen will – aus diesen beiden während der Schlesienreise entstandenen Versen kann man bisexuelle Anlagen nicht herauslesen. Die literarische Tradition steht verbietend im Hintergrund. Neben *Anthologia Graeca* V 116, worauf Goethe auf Anregung Herders und Knebels gestoßen sein mag, ist wieder Martial zu nennen, der das gleiche Motiv – das Mädchen „gibt" nach Knabenart – kennt (IX 67, 3 f.)[20] und in dem schon erwähnten Epi-

---

19 Ein regelrechtes Priapeum ist uns Goethe auch nicht schuldig geblieben. Es ist das ebenfalls sekretierte Epigramm I ⟨69⟩ (das man schon wegen der ulkigen Etymologie ‚mentula kommt vom lateinischen mens' nicht missen möchte). Daran, daß Goethe eine dem Herzog gewidmete lateinische Abhandlung zur Sammlung der antiken Priapea verfaßt hat, kurz vor seiner Abreise nach Venedig, sei hier nur erinnert.

20 Auf diese Stelle und das Epigramm aus der Anthologie verweist auch der Kommentar der Frankfurter Ausgabe (FA). – Ernst Beutler hebt aus den zahlreichen Bezügen, die er zwischen den *Venezianischen Epigrammen* und der Anthologie sieht, noch VE 38 als deutliche Anlehnung an Anthologia Graeca XII 37 hervor. So wie Goethe nicht für jede Martial-Reminiszenz das aufgeschlagene Buch neben sich liegen haben mußte, ist es nicht einmal nötig vorauszusetzen, daß er einen Text oder eine Übersetzung der Anthologie in Venedig überhaupt zur Verfügung hatte. „Wir wissen ja, daß eine große Anzahl Goethischer Gedichte so entstanden ist, daß ein literarischer Eindruck, ohne neue Gestalt zu gewinnen, bei ihm haften und jahrelang ruhen blieb" (Ernst Beutler: *Vom griechischen Epigramm im 18. Jahrhundert.* Leipzig 1909, S. 97 mit Verweis auf einen Brief an Schiller vom 6. 1. 1798).

gramm XI 104, 17–22 breit ausführt. Schon der Plural „die Mädchen" sollte davor warnen, den Text biographisch zu belasten. Seitensprünge hat sich der fest liierte Partner und stolze Vater in Venedig nicht erlaubt. Wir dürfen ihm glauben, wenn er sagt:

> Frech wohl bin ich geworden; es ist kein Wunder. Ihr Götter
> Wißt, und wißt nicht allein, daß ich auch fromm bin und treu.
> (VE 74)

Wenn man schon Goethes Sehnsucht nach seinem „Erotion" und dem kleinen August nicht als Zeugen gelten lassen will, dann doch seine notorische Angst vor der Syphilis. Epigramme, die wie VE 74 anderes zu sagen scheinen, z. B. VE 63, besonders I ⟨11⟩, sind erkennbar literarisches Spiel.[21]

Einmal, ein einziges Mal, hat Goethe einen ganzen Vers seiner Vorlage fast unverändert übernommen. Es ist Mart. I 57, 1:

> Qualem, Flacce, velim quaeris nolimve puellam?

Goethes Version wirkt auf den ersten Blick wie wörtliche Übersetzung:

> Welch ein Mädchen ich wünsche zu haben? ihr fragt mich?
> (I ⟨28⟩, 1)

Dem zweiten Blick zeigen sich die Unterschiede: einmal der Plural in der Anrede (man denkt an die Weimarer Gesellschaft), dann die Unterdrückung des Frageteils „welches Mädchen ich nicht will" – „ich hab' sie / Wie ich sie wünsche" lautet nämlich die Fortsetzung. Es folgt dann eine für die *Venezianischen Epigramme* charakteristische Wendung des Gedankens und der Form, von der noch die Rede sein wird.

Zum Abschluß dieser Reihe sei VE 80 angeführt. Der Dichter empfiehlt verliebten jungen Leuten die Lektüre seiner Epigramme; denn „reizend und tröstlich zugleich" sind sie dem „Jüngling" auf dem Weg zu seinem Mädchen, das sie derweil ebenfalls liest, aber nur, bis „er" kommt. Maaß ([Anm. 1], S. 80) verweist auf die Parallele Prop. III 3, 19f., wo das wartende Mädchen die Elegien des Geliebten liest. Tatsächlich hatte Goethe in Venedig Karl Ludwig von Knebels Übersetzung des Properz zur Hand[22], aber auch seinen Martial. Ihm konnte er

---

21 Nur wenn man die grundsätzliche Unterscheidung literarisch – biographisch nicht beachtet, kann man Goethe allen Ernstes unterstellen, er habe es „dutzendweis" mit Partnerinnen zu tun gehabt und mit ihnen „alle zwölf Kategorien Amors" durchprobiert (Walter Dietze: *Libellus Epigrammatum.* In: Helmut Brandt/Manfred Beyer [Hrsg.]: *Ansichten der deutschen Klassik.* Berlin, Weimar 1981, S. 192). – Der ‚Beleg' „die dutzend Figuren" steht übrigens nicht in den *Venezianischen Epigrammen,* sondern in einer der sekretierten *Römischen Elegien*: IV, V. 21 (MA 3.2, S. 82) und bezieht sich auf Priap.

22 „Abends laß Goethe seine Epigramen u einige [...] von Knebels Uebersezungen des Properz vor" (Luise von Göchhausen, Tagebuch vom 7. 5. 1790, einen Tag nach der Ankunft der Herzogin in Venedig, abgedruckt in: Gespräche, Bd. 3, S. 340). Gern wüßten wir über die restliche Lektüre Goethes Bescheid; denn er hat in Venedig „gesehen, gelesen, gedacht, gedichtet, wie sonst nicht in einem Jahr" (an Caroline Herder, 4. 5. 1790; WA IV, 9, S. 204). – Tatsächlich hat sich Goethe in Venedig überaus fleißig und geradezu systematisch als Kunstfreund in den Kirchen

den entscheidenden Schlußgedanken entnehmen, wenn auch anders gewendet: Selbst die sittenstrenge Lucretia liest Martials Verse – falls Gatte Brutus nicht zugegen ist; ist er da, legt sie sie beiseite, unanständig und auf „reizend“ wie sie sind (XI 16, 7–10). Der entsprechende Passus in VE 80:

Und erwartet dereinst ein Mädchen den Liebsten, sie halte
Dieses Büchlein, und nur, kommt er, so werfe sie's weg.

2. *„Welch ein Mädchen ich wünsche zu haben?“ – die Form*

Herder hat Lessings Theorie mit seiner eigenen in dem bekannten Epigramm von der Biene und der Rose kontrastiert:[23]

Zwo Gattungen des Epigramms
Dir ist das Epigramm die kleine geschäftige Biene,
Die auf Blumen umher flieget und sauset und sticht.
Mir ist das Epigramm die kleine knospende Rose,
Die aus Dornengebüsch Nektar-Erfrischungen haucht.
(V. 1–4)[24]

Daß die „geschäftige“, zielgerichtet vorgehende Biene für ihre Arbeit auch eine andere Ausdrucksform braucht als die „knospende“, sich ruhig entfaltende Rose, versteht sich. Hier konnte Goethe in Martial seinen Meister finden. Gehen wir von dem Lessingschen Begriffspaar Erwartung – Aufschluß (das hier nicht auf seine Tragfähigkeit geprüft werden soll) aus und sehen zu, wie sich diese Grundform an zwei Beispielen realisiert:

Thaïs hat schwarze, Laecania schneeweiße Zähne.
Was der Grund dafür ist? Gekaufte hat diese, jene ihre eigenen.
(Mart. V 43)

Welche Sorte Mädchen ich will oder nicht will, fragst du mich, Flaccus?
Ich will keine, die zu gefügig, aber auch keine, die zu spröde ist.
Das, was die Mitte hält und dazwischen liegt, sagt mir zu:
Nicht will ich, was mich auf die Folter spannt, noch, wessen ich überdrüssig werde.
(Mart. I 57)[25]

---

umgesehen (vgl. VE 36) und sich gründlich über Venedigs Verfassung und Geschichte informieren lassen. „Von anderm Fleiß und Unfleiß, von Abentheuern, Launen und dgl. muß das epigrammatische Büchlein dereinst des mehrern zeugen“. Was die Abenteuer angeht, so kann er die brave Frau Herder beruhigen: „Meine Gesinnungen sind häuslicher, als Sie denken“, zum Beweis fügt er das Epigramm I ⟨96⟩ bei (an Caroline Herder, 4. 5. 1790).

23 Vgl. Hess (Anm. 1), S. 57; vgl. auch Hermann Wiegand: *Texte zur Theorie des Epigramms.* In: Der Altsprachliche Unterricht (1995), Heft 6, S. 9–14; hier S. 14.

24 Johann Gottfried Herder: *Werke in zehn Bänden.* Hrsg. von Günter Arnold u. a., Bd. 3: *Volkslieder, Übertragungen, Dichtungen.* Hrsg. von Ulrich Gaier. Frankfurt a. M. 1990, S. 770.

25 Die Prosaübersetzung kann die Präzision der originalen Pointe nicht wiedergeben (man stelle sich die *Venezianischen Epigramme* in Prosa vor!):

Die beiden Gedichte unterscheiden sich formal in der Weise, daß in V 43 die Pointe auf dem intellektuellen Spiel mit der semantischen Variationsbreite des Possessivpronomens beruht (Eigentum sind ja beide Gebisse – „Verschiebungswitz"), während sie sich in I 57 auf der phonetischen Ebene (im Original) bewegt; weiterhin in der Weise, daß in V 43 eine Beobachtung[26] erklärt und kommentiert wird, während in I 57 einer unvermittelt gestellten Frage die Antwort erteilt wird, und zwar so, daß die Verse 3 und 4 keine neue Information geben, sondern die mit ‚facilem – difficilem' vorbereitete Pointe wirkungsvoll zuspitzen. Gemeinsam ist beiden das Spiel mit Frage und Antwort und die Dialogisierung. Martial hat diese beiden Techniken (das Frage-Antwort-Spiel fast bis zum Überdruß) sehr häufig angewendet, so daß sich weitere Beispiele erübrigen. Auch in den *Venezianischen Epigrammen* finden sie sich oft genug. Markante Belege für Dialogisierung sind: VE 26; 75; 77; 92; I ⟨49⟩; Nachl. „Wären der Welt die Augen [...]" (MA 3.2, S. 150); für Frage – Antwort: VE 10; 26; 75; 77; 92; I ⟨28⟩; II ⟨17⟩. Besondere Aufmerksamkeit verdient wieder I ⟨28⟩:

> Welch ein Mädchen ich wünsche zu haben? ihr fragt mich? ich hab sie
> Wie ich sie wünsche, das heißt dünkt mich mit wenigem viel.
> An dem Meere ging ich und suchte mir Muscheln, in einer
> Fand ich ein Perlchen es bleibt nun mir am Herzen verwahrt.

Der Anfang übernimmt vom Original das dialogische Frage-Antwort-Spiel. Das zweite Distichon löst sich völlig von der Vorlage. Für den Druck hat Goethe es abgetrennt und als isoliertes Rätselwort stehen lassen (VE 28).

Fürs erste sei festgehalten, daß „d'après le sens de Martial" auch die Form des Einzelepigramms betrifft – selbstverständlich, möchte man sagen. Die Übereinstimmungen gehen bis in Feinheiten. Beispielsweise ist eine von Martial nicht selten gebrauchte Sonderform des Frage-Antwort-Schemas die Einleitung eines Epigramms mit „warum" (cur/quare als erstes Wort allein in zehn Fällen). Goethe beginnt so VE 10; 32; I ⟨16⟩; II ⟨38⟩. – Oft kleidet Martial die Frage in die Form „du wunderst dich"/„wunderst du dich?" o. ä. Als Beispiel sei X 84 genannt – wohl ein Stegreifbillet, das auf den Gastgeber zielt und das der Dichter, so können wir uns vorstellen, einem Mitgast während des Essens hinüberreicht:

> Du wunderst dich, weshalb Afer nicht schlafen geht?
> Du siehst doch, Caecidianus, neben welcher Frau er zu Tische liegt.

Bei Goethe erscheint dieses Sich-Wundern in VE 40; 73; 95 und I ⟨83⟩.

Dem ‚eigentlichen' Goethe begegnen wir indes eher bei den Divergenzen von den Formen seiner Vorlage. Ausgangspunkt sei VE 6:

> Qualem, Flacce, velim quaeris nolimve puellam?
> nolo nimis facilem difficilemque nimis.
> illud quod medium est atque inter utrumque probamus:
> nec volo quod cruciat nec volo quod satiat.

Aber eine wirklich befriedigende metrische Übersetzung gibt es noch weniger. Die hier vorgelegten Wiedergaben haben wenigstens den Vorzug, so genau wie möglich zu sein. Wenn sie Verlangen nach dem Original wecken – umso besser!

26 Die eingeschobene Frage hat nur rhetorischen Charakter; sie soll die Erwartung des Aufschlusses steigern.

Seh' ich den Pilgrim, so kann ich mich nie der Tränen enthalten.
O, wie beseliget uns Menschen ein falscher Begriff!

Mit einer Beschreibung nach dem Muster Beobachtung – Reaktion – Kommentar würde man das Neue verdecken. Einen Kommentar, der ein Faktum nicht schlicht erklärt, sondern auf einer sozusagen höheren Ebene reflektiert, einer Ebene, die auch die Person des Sprechers ins Spiel bringt – so etwas wird man bei Martial vergeblich suchen. Die beiden Ebenen, die der Beobachtung und die der Reflexion, werden von Goethe nicht selten ausdrücklich zusammengeführt, mit „vergleich ich" (VE 8; 14), „so" (41; 90; I ⟨70⟩), „wie" (I ⟨11⟩). Oft unterbleibt aber die Kennzeichnung des Vergleichs, so in dem wiederholt zitierten Epigramm I ⟨28⟩: Das Mädchen, das sich der Dichter gewünscht hat, ist, ohne weiteres, die Perle in der Muschel. Daß die Namenlose Christiane heißt, wollte Goethe in den Editionen, die nur die Bildhälfte des Vergleichs übriglassen, nicht angedeutet sehen. Weitere Beispiele ohne Vergleichspartikel sind: VE 19; 21; 35; 56; 79; 91; 95; 100; I ⟨66⟩; I ⟨96⟩. Angesichts ihrer großen Zahl möchte man geradezu von der Stilfigur der Metapher oder Analogie als einem Charakteristikum der *Venezianischen Epigramme* sprechen.

Auch Martial arbeitet selbstverständlich mit Analogien, Metaphern und Vergleichen; aber sie haben bei ihm die Aufgabe, einen Sachverhalt zu überhöhen, etwa durch Mythologeme, oder zu verdeutlichen, zu veranschaulichen: sie sind Schau-Bilder. Was Goethe davon abhebt, hat eine andere Quelle und ein anderes Ziel. Es entspringt seinem ureigenen Streben, wie Lynkeus die Welt mit den Augen aufzunehmen, und es ist darauf gerichtet, das Aufgenommene im Bild wahrzunehmen, im Sinn-Bild. Preisendanz spricht (mit nicht immer überzeugenden Beispielen) von „Zeichen", Wolfgang Schadewaldt vom „Bildhaften".[27] In unserem Zusammenhang kommt es darauf an, hervorzuheben, daß wir mit diesem spezifischen Gebrauch des Bildhaften das antreffen, was gerade nicht „d'après le sens de Martial" ist – die Ebene, auf die Goethe gelegentlich sogar den antiken Dichter direkt hinaufhebt, ihn aufgreifend und verändernd. Man erinnere sich an die Art, wie beide das Mädchen, das sie sich wünschen, beschreiben oder das Bild Tibur – Sardinien verwenden: Martial als Kürzel für Leben – Tod, Goethe als Sinnbild für Gegenwart und Abwesenheit der Geliebten. Nicht das intellektuelle Auf-die-Spitze-Treiben interessiert hier den Epigrammatiker, sondern die anteilnehmende Weiterführung der Gedanken, der Zuwachs an Erkenntnis, auch an Gefühl. So kehrt Goethe zwar nicht einfach zur Herderschen Theorie und Praxis zurück, aber er integriert sie. „Rose" und „Biene" finden zueinander, ganz wie Herder es versöhnlich gewünscht hat:

Laß uns beide sie dann in einem Garten versammlen!
Hier sind die Blumen, o Freund, sende die Bienen dazu!

---

27 „Es ist gleichgültig, auf welche Weise sich solche Zeichen ergeben, es kann noch auf eine dem witzigen Verknüpfen von Ähnlichkeiten sehr verwandte Weise geschehen, oder durch tiefergreifende Analogie, oder durch gleichnishaftes Beziehen, oder durch das Entdecken der Urbildlichkeit mancher Erscheinungen auf Gassen und Plätzen" (Preisendanz [Anm. 1], S. 77). Im Sichtbarmachen des „Sinnbildlichen der Gelegenheiten" sieht Preisendanz einen der wesentlichen Züge der *Venezianischen Epigramme* (S. 78). – Fast erübrigt es sich, darauf hinzuweisen, daß sich die beschriebene sinnbildhafte Art, die Welt zu erfassen, auch in den *Römischen Elegien* an vielen Stellen aufweisen läßt. Für Schadewaldt ist, entsprechend seinem umfassend auf Goethes „Beschäftigung mit der Antike" gerichteten Interesse, Goethes Richtpunkt der antiken Literaturbetrachtung „das ‚Bildhafte' oder das ‚unwillkürlich Symbolische'" (Wolfgang Schadewaldt: *Goethestudien*. Zürich, Stuttgart 1963, S. 43).

Namen, Formulierungen, Motive, Formen verdankt Goethe seinem Vorbild Martial. Beide verbindet das Erlebnis der Großstadt. Witz, Spott, Satire, Kritik kennzeichnen die Hauptmasse der Epigramme des Römers.[28] All das findet man bei Goethe auch, aber Entscheidendes darüber hinaus. Für seine Art, Venedig zu verarbeiten, konnte Martial nur Ausgangs- und Stützpunkt sein. Ihm war bewußt, der deutschen Sprache und sich selbst mit einem Epigrammbuch, das sich an ein römisches Vorbild anlehnte und gleichzeitig der modernen Herderschen Theorie Rechnung trug, Neues abzuverlangen. Sein Bemühen empfand er als zwiespältig: „Deutsch zu schreiben", brachte er „der Meisterschaft nah" (VE 29); die Legion der Pfuscher kann er nur verachten (VE 33). Wie dem Midas alles in seiner Hand zu Gold wurde, so wird Goethe alles, was er in Venedig berührt, „unter der Hand gleich ein behendes Gedicht" (VE 100). Das ist die eine Seite. Die andere klingt düster: Wenn er Deutsch zu schreiben der Meisterschaft nahe gebracht hat, so verdirbt er, „unglücklicher Dichter", „im schlechtesten Stoff leider nun Leben und Kunst" (wieder VE 29). Noch drastischere Worte findet er in VE 76: Fast wäre es dem Schicksal gelungen, mit ihm „Einen Dichter zu bilden", „Hätte die Sprache sich nicht unüberwindlich gezeigt". – „Gib mir statt der Schwanz ein ander Wort, o Priapus / Denn ich Deutscher ich bin übel als Dichter geplagt" – findet sich doch kein Äquivalent, das „leidlich" wäre (I ⟨69⟩). „Deutsch zu schreiben unziemliche Sachen" wirft dem Dichter eine „scolding voice" (Ralph Hexter) am Ende des Lazertenzyklus vor. Er kann beruhigen: Das Deutsch der unziemlichen Sachen ist nur „dem kleinen Bezirk" zugänglich, „leider" (I ⟨81⟩). Manche von Goethes kritischen Äußerungen zielen also offensichtlich auf das noch nicht befriedigend entwickelte Vermögen, „leidlich" jenes Gebiet abzudecken, auf dem sich die Antike, vorzüglich Martial, so unbefangen bewegte. Indessen verbietet es die Summe der Aussagen, alles auf „das Phallische" zu reduzieren, das sich „im Deutschen nur plump ausdrücken" lasse.[29] Man wird (neben manchen anderen, hier ganz ausgesparten Aspekten) auch die Schwierigkeiten des Dichters bedenken müssen, eine Tradition, die in der Antike Jahrhunderte Zeit hatte, um zur Höchstform aufzusteigen, in eine fremde Sprache und Zeit zu transformieren[30], Schwierigkeiten, von denen auch die metrischen Tücken zeugen, die trotz der Revision durch den philologisch gebildeten August Wilhelm Schlegel in den *Venezianischen Epigrammen* bleibende Spuren hinterlassen haben. Da ist es Goethe anders ergangen als dem Naturtalent Ovid, dem nicht nur „alles, was er versuchte, Vers war", sondern dem sich auch die Worte wie von selbst zu schönen Metren fügten (Trist. IV 10, 25 f.).

Ein Kuriosum sei noch nachgetragen: Auf der Innenseite des Titelblatts der Handschrift H[55] findet sich von Goethes Hand eine verwischte Bleistiftnotiz, die sich, was die Form des

---

28 Daneben gibt es natürlich mancherlei anderes, auch sehr Persönliches (man erinnere sich an X 47), insbesondere die große Gruppe der Gelegenheits-, Freundschafts- und Huldigungsgedichte. – Was den ‚Stadtmenschen' Martial anlangt, so lese man seinen Einleitungsbrief zu Buch XII. Dem Dichter war die Abgeschiedenheit seines spanischen Landgutes, auf das er sich, knapp sechzigjährig, zurückgezogen hatte, gar nicht gut bekommen. Es war ihm dort, als prozessiere er „auf einem fremden Forum". Er vermißte „die Ohren der Bürgerschaft": jene „Feinheit des Urteils, jene Inspiration durch die Themen, all die Bibliotheken, Theater und Gesellschaften, wo das Vergnügen gar nicht merkt, daß es dabei auch etwas lernt".

29 Horst Rüdiger: *Zum Verständnis der Werke (Essay).* In: *Goethe. „Römische Elegien", „Venetianische Epigramme", „Tagebuch der italienischen Reise".* Hamburg 1961, S. 240.

30 Die Martialimitationen z. B., die es schon lange vor Goethe gab, sind kaum über den Status gereimter Witze und pointierter Beobachtungen hinausgekommen. Das elegische Distichon war für das Epigramm noch keineswegs etabliert.

Epigramms und die Eignung der deutschen Sprache anlangt, wie eine wegweisende Verheißung ausnimmt. Nach der Münchner Ausgabe (MA 3.2, S. 493) lautet sie: „Deutsch hie her: Warum die Epigrammen-Form". Das Unglück will es nicht nur, daß Goethe nirgendwo die Verheißung erfüllt, uns zu erklären, warum er „die Epigrammen-Form" gewählt hat, sondern auch, daß die Lesart „Deutsch hie her" ungesichert ist: Die Weimarer Ausgabe liest „Deutsch hin her", die Faksimile-Ausgabe sieht sogar davon ab, das entscheidende Wort „Deutsch" zu identifizieren. Vorerst müssen wir es wohl mit einem *non liquet* bewenden lassen.

3. „Manches kleine Gedicht gibst du dem Büchelchen hier" – zur Buchkomposition

Über Goethes Vorstellungen von der Art der Zusammenstellung seiner Epigrammata sind wir sehr viel besser informiert als über die Martials. Nicht Epigrammata hatte Goethe dem Herzog in Aussicht gestellt, sondern einen „Libellum Epigrammatum", ein Buch, ein Ganzes also mit Teilen, die sich zu einer Einheit fügen. Zu der Frage, wodurch denn Epigrammata zum Buch werden, hat er sich an zwei Stellen dezidiert geäußert. Am 26. Oktober 1794 schlägt er Schiller brieflich vor, dem Almanach „ein Büchelchen Epigrammen ein oder anzurücken. Getrennt bedeuten sie nichts, wir würden aber wohl aus einigen Hunderten[31], die mit unter nicht producibel sind, doch eine Anzahl auswählen können die sich auf einander beziehen und ein Ganzes bilden" (WA IV, 10, S. 204). Das einzelne Epigramm findet demnach sinnvoll Platz nur in einem größeren Bezugsrahmen. Auf Schillers Überlegung, die Publikation auf mehrere Lieferungen zu verteilen (an Goethe, 28. 10. 1794), ist Goethe folgerichtig nicht eingegangen. Welche Beziehungen die intendierte innere Einheit stiften sollen, teilt Goethe dem Freund ein knappes Jahr später in einem Brief mit, den er der für die Publikation vorgesehenen Sammlung beilegt: „Bey der Zusammenstellung habe ich zwar die zusammengehörigen hintereinander rangiert, auch eine gewisse Gradation und Mannigfaltigkeit zu bewürken gesucht, dabey aber um alle Steifheit zu vermeiden vorn herein unter das venetianische Lokal, Vorläufer der übrigen Arten gemischt" (17. 8. 1795; WA IV, 10, S. 284). Formulieren wir um: Es gibt Sachgruppen, innerhalb deren die einzelnen Stücke möglichst so geordnet sind, daß sie eine Steigerung ergeben. Die angestrebte Variation wird man nicht ausschließlich, aber besonders auf das Verhältnis der verschiedenen Zyklen zueinander zu beziehen haben. Diese drei Ordnungsprinzipien werden locker gehandhabt, so daß der Eindruck eines zusammenhängenden Streifzugs durch Venedig, eines ‚Venedigromans', vermieden wird. Mit den „Vorläufer[n] der übrigen Arten" ist wohl beabsichtigt, ein Thema zu präludieren, um es an späterer Stelle wieder (und wieder) aufzugreifen, also gegebenenfalls in Streuform zu behandeln. So ist denn zu prüfen, wie Goethe dieses Programm realisiert hat. Gegenstand dieses Teils der Untersuchung müssen selbstverständlich mit Nachdruck die 103 Epigramme in ihrer im Band 7 der *Neuen Schriften* veröffentlichten Form sein. Zwar ließe sich zeigen, daß Goethe schon der „Epigrammen Erstes Buch" in H^{55} (das Zweite Buch ist nicht zu Ende geführt) und auch die der *Deutschen Monatsschrift* anvertrauten 24 „Sinngedichte" als Buch im prägnanten Sinn konzipiert hat. Doch dies wäre Gegenstand weiterer Untersuchungen.

---

31 Was uns überliefert ist, ergibt etwa 150 Nummern. Entweder hat sich Goethe hier geirrt, oder es ist uns vieles verloren (was weniger wahrscheinlich ist).

Das Vorhandensein von Sachgruppen springt ins Auge. Neben die größeren Zyklen (Bettine: VE 36–47, Politik: VE 50–58, Lazerten: VE 67–72) tritt eine Reihe kleinerer Einheiten, z. B. zum Thema Kirche (VE 19–21), Epigramme (VE 59–62), Naturwissenschaft (VE 77–79). Der Politik (VE 50–58) sind mit VE 14 und 16 „Vorläufer" vorgeschaltet; ebenso präludieren dem Thema Epigramme VE 22; 27; 49 (mit wachsender Entfernung vom „venetianischen Lokal", von dem dann VE 59–62 völlig losgelöst sind). – Für die Streuform ist, neben dem Streu-Stichwort „Schwärmer" (VE 12; 15; 52; 56; vgl. auch „Juden und Heiden hinaus!", Nachl. MA 3.2, S. 151), der Themenkomplex Pfaffen/Kirche/Religion ein schönes Beispiel. Er zieht sich von VE 6 bis 79 durch das Buchcorpus: 6; 9; 11; 12; 19–21; 48; 52; (55); 66; 79. Die Nummer 55 verdient einen kleinen Exkurs: Ein Vergleich mit dem Text der Handschriften H^{55} und H^{56} zeigt, daß die gedruckte Fassung ein trauriger Torso gegenüber den ursprünglichen Versionen ist, nach denen nicht einfach „wir", die Politiker, den Pöbel betrügen, sondern eine unheilige Dreifaltigkeit:

> Dich betrügt der Regente, der Pfaffe, der Lehrer der Sitten
> Und dies Kleeblatt wie tief betest du Pöbel es an
> (I ⟨63⟩, 1 f., nach H^{55})

Gegen den Vorwurf des Betrugs verteidigt sich das „Kleeblatt" im unmittelbar folgenden Gedicht:

> „Schweig du weißt es besser wir müssen den Pöbel betrügen,
> Sieh wie ungeschickt wild, sieh nur wie dumm er sich zeigt."
> (I ⟨64⟩, 1 f., nach H^{55})

Verändert ist dieses Epigramm mit seinen vier Versen[32] in VE 55 aufgegangen. Goethe hat also, aus verständlichen Gründen, ein scharf aggressives Epigrammpaar, dessen Stücke sich wie These und Antithese, Behauptung und Replik verhalten, abgeschwächt und zu einem einzigen Gedicht zusammengezogen. An dieser Stelle ist damit eine besonders wirkungsvolle Form der Gradation aufgegeben.[33] Erhalten ist ein Replikpaar mit VE 38 und 39 (an Bettine: „Kehre nicht, liebliches Kind, die Beinchen hinauf zu dem Himmel" – „Wende die Füßchen zum Himmel nur ohne Sorge!"). In VE 46 widerruft der Dichter launig die Spendefreudigkeit, die er noch eben (VE 45) an allen Zuschauern von Bettines Akrobatenstückchen gepriesen hat. Wenigstens erwähnt seien noch zwei weitere Beispiele aus unveröffentlichtem Material: I ⟨11⟩ und I ⟨12⟩ sowie I ⟨80⟩ und I ⟨81⟩. Im übrigen sind vornehmlich Kleingruppen auf Steigerung angelegt, z. B. VE 22–25 (vom dankbar begrüßten Regen zum Pfuhl), VE 30 und 31 („ein Knäbchen" – der eigene Sohn), VE 101 und 102 (die schwangere Geliebte). In VE 97–100 hat Goethe mit der Klimax eine Stichwortreihe verknüpft („Mädchen" bzw. „Liebchen"), die Stimmung wechselt zwischen ängstlich und glücklich.

---

32 H^{56} fügt ein drittes Distichon an: „Hunde zieht ihr aus ihnen und wenn sie sich hündisch bezeigen / Peitscht ihr die Hunde die ihr früher die Peitsche verdient" (Faksimile-Ausgabe [Anm. 3], S. 49).

33 Auch an anderen Stellen haben derartige Auslassungen und Veränderungen Zusammenhänge beeinträchtigt. Umgekehrt stößt man auch auf Fälle, wo durch Eingriffe in die Texte der Handschriften Bezüge verdeutlicht oder sogar erst hergestellt werden. Darauf kann hier nicht näher eingegangen werden.

Gelegentlich begegnet man Fortführungspaaren, die zwar keine deutliche Steigerung erbringen, aber doch über eine bloß äußerliche thematische Verknüpfung hinausgehen und sozusagen hintereinanderliegende Punkte auf einem gemeinsamen Weg markieren. Man vergleiche VE 61 und 62 (Qualität der Epigramme), VE 63 und 64 (Liebe, in H[55] noch an auseinanderliegenden Stellen), alles überragend VE 67–69 (Stichwortkomposition innerhalb des Lazertenzyklus)! Erwähnt seien auch die nur handschriftlich überlieferten Paare I ⟨22⟩ und I ⟨23⟩ sowie I ⟨41⟩ und I ⟨42⟩.

Dem Gestaltungsprinzip „Mannigfaltigkeit" im einzelnen nachzugehen erübrigt sich. Goethe liebt es, die Fuge zwischen zwei Themen durch einen scharfen Schnitt zu betonen: Auf „Pfuhl und Frosch" (VE 22–25) z. B. folgen drei Epigramme über Liebe. Größere Reihen werden schon einmal zur Auflockerung unterbrochen: VE 92–93 schiebt sich unvermittelt zwischen VE 83–91 (Amor) und 94–103 (Liebe), so daß die Steigerung sinnfällig wird; ebenso hart folgt VE 73 auf die Lazertengruppe im engeren Sinn (VE 67–72), die dann in VE 74–75 kommentierend zu Ende geführt wird.

Zum Abschluß dieser Übersicht noch einige Gliederungselemente besonderer Art. An zwei Stellen hat Goethe Huldigungen eingearbeitet: VE 16 und 34 b). Auch das huldigende Widmungsgedicht war ihm nicht fremd, wie das nachgelassene Epigramm „Sagt wem geb ich dies Büchlein?" (MA 3.2, S. 151) zeigt, das die aus Anlaß des Geburtstages der Herzogin zusammengestellte Auswahl einleitete. – Die Gruppe der Einleitungsepigramme ist sorgfältig geordnet (VE 1–4). Zum einen nennt sie die wichtigsten programmatischen Begriffe (Leben, Liebe, Erinnerung und Sehnsucht; das „abgerißne Gespräch" mit den Musen; das ‚andere', kritikwürdige Italien); zum andern führt sie den Leser Schritt für Schritt ins lokale Zentrum: In VE 5 kann er sogar schon die stadttypische Gondel besteigen.[34] Den Abschluß des Buches beherrscht gebieterisch das Thema Amor/Liebe: fast ein Fünftel des Corpus nimmt er ein (VE 83–103). Die persönlichen Liebesbekenntnisse des Dichters (VE 94–103) steigern und überbieten darin die vorangehenden unpersönlichen Gedanken und Pointen zu Amor, man möchte sagen: sie wischen sie hinweg. Das Gewicht dieser Gruppe schafft eine gewisse Endlastigkeit des Ganzen. Dadurch daß sie sich am Schluß fast völlig vom „venetianischen Lokal" entfernt, trägt sie ihren Teil zum Eindruck der Inhomogenität des Epigrammbuchs bei (dies auch insofern, als VE 101 und 102 Elegien sind). Formell wird es durch einen Rückblick auf die „neptunische Stadt" (VE 103) abgeschlossen, der mit „süßer Erinn'rung" eine inhaltliche Bindung an die beiden vorangehenden Elegien herstellt. Überblickt man den vollständigen Text dieses Epigramms, so zeigt sich, daß es mehr sein will als ein formeller Ausklang:

> Und so tändelt' ich mir, von allen Freuden geschieden,
> In der neptunischen Stadt Tage wie Stunden hinweg.
> Alles, was ich erfuhr, ich würzt' es mit süßer Erinn'rung,
> Würzt' es mit Hoffnung; sie sind lieblichste Würzen der Welt.

Hier wird Buchende mit Buchanfang zusammengebunden, das Buchinnere zusammengefaßt. Es wird nicht einfach eine Reihe abgeschlossen, sondern ein Kreis geschlossen; es rundet sich im strengen Sinn ein Zyklus. Goethe realisiert in dreifacher Weise das „Ganze", das er Schiller in Aussicht gestellt hat:

---

34 Diesem zweiten Aspekt entzieht sich das Eröffnungsepigramm, das mit seiner Polarität Leben – Tod die neueren Interpreten so sehr herausfordert.

- durch die Zusammenfassung alles Vorangehenden, besonders den Rückgriff auf die einleitenden Gedichte VE 2–5, die bis in die Gondel auf dem Canale Grande geführt haben
- durch die Festlegung der Richtung des Ganzen: alles Erlebte orientiert der Dichter im Nachhinein nach Norden, heim nach Weimar, indem er es „mit Hoffnung würzt“; sie macht er zum Kompaß des Ganzen
- durch die Charakterisierung dieses Ganzen: freudlos(!), aber von der Erinnerung verklärt und der Hoffnung beseelt.

Leider hat uns Martial kein mit seinem venetianischen Leser vergleichbares Programm für die Buchkomposition geliefert. Wir erfahren von ihm nicht mehr, als daß ein „gleichmäßiges Buch (aequalis liber) ein schlechtes Buch ist“ (VII 90, 4)[35], „Mannigfaltigkeit“ also unabdingbar ist, und daß er es für unvermeidlich hält, neben guten Epigrammen auch schlechte zu liefern: „Anders kommt ein Buch nicht zustande“ (I 16, 2). Daß es ein Buch, kein Sammelsurium wie die Xenia und Apophoreta (B. XIII und XIV) wird, darauf legt er Wert. Die (ungefähre) Zahl von 100 Epigrammen pro Buch ist nicht nur Faktum, sie ist Vorsatz von Anfang an, wie I 118, das Schlußgedicht des I. Buches, lehrt:

> Wem die Lektüre von hundert Epigrammen nicht genug ist,
> der bekommt, Caedicianus, vom Schlechten nie genug.

Der Buchanfang ist regelmäßig durch Widmungen und/oder programmatische Aussagen hervorgehoben. So wird Buch VI durch ein Widmungsgedicht eröffnet. Martial bittet darin seinen Freund Julius Martialis (der auch Adressat des Epigramms „Was das Leben glücklicher macht“ ist, X 47), das VI. Buch sorgfältig durchzukorrigieren, damit es unbedenklich „in die machtvollen Hände des Caesar“ gelangen kann. Damit ist der Übergang zu den drei folgenden Kaiser-Gedichten geschaffen, die ein beherrschendes Buchthema präludieren: die durch Domitian erneuerte Ehegesetzgebung. Wie virtuos dieser Gegenstand hier und im ganzen Buch variiert wird, kann nicht ausgebreitet werden. Nur so viel zu den drei einleitenden Epigrammen (VI 2–4): In 2 lesen wir, daß man sich früher ein frivoles Spiel daraus machte, die Ehe zu brechen und durch Kastration Eunuchen zu erzeugen; dagegen gehen jetzt endlich die neuen Gesetze vor; früher, da „war Ehebrecher sogar der Eunuch“. Dieser bitteren Satire folgt das Gegenbild: eine Vision der kommenden goldenen Zeit im Kaiserhaus, wenn der erwartete Prinz, das „Götterkind“, zur Welt gekommen ist (3). Direkt an den Kaiser wendet sich 4: Alle Triumphe, alle Tempelbauten des Princeps müssen zurücktreten vor der größeren Leistung: „[…] verdankt es [Rom] dir mehr noch: daß es [wieder] gesittet ist“. Negativ – positiv (Kaiserhaus) – positiv (ganz Rom), so ordnet und steigert Martial.

Wie er am Ende ein Buch zu runden versteht, lehrt der köstliche Schluß von Buch XI, wo sich der Dichter dreifach vom Leser verabschiedet (XI 106–108): Vibius Maximus hat weder Zeit noch Lust, das ganze Buch zu lesen. „Übergehst du auch diese vier Verse [mit den Abschiedsgrüßen]? Wie weise!“ (106). Septicianus dagegen hat das Ganze durchgelesen –

[35] Literatur zu Aspekten der Buchkomposition ist in Anm. 1 angegeben. – Die hier im Vergleich Goethe – Martial für die einzelnen Gliederungstechniken benutzten Termini sind im wesentlichen meinen *Untersuchungen* (Anm. 1), S. 87 ff., entnommen.

scheinbar, und so bringt er das Buch dem Dichter zurück. „Genauso habe ich [Martial] deine fünf Bücher durchgelesen“ (107). Der interessierte Leser, an den sich Martial schließlich wendet, ist gierig auf Fortsetzung, ist immer noch nicht Distichen-satt. Aber der Dichter hat Schulden. „Leser, zahle du! Du schweigst und stellst dich taub? Dann leb’ wohl!“ (108).

Wer das durchmustert, was zwischen Buchanfängen und -enden steht, wird, trotz der großen Unterschiede, die sich durch die andersgearteten gesellschaftlichen und literarischen Verhältnisse ergeben, leicht wiederfinden, was Goethe im Brief an Schiller herausstellt. „Mannigfaltigkeit“ ist als Hauptmerkmal offensichtlich, Beispiele erübrigen sich. Da Martial weitaus seltener als Goethe ein Buch durch größere Sachgruppen gliedert, ergeben sich öfter scharfe Schnitte. Daß die verschiedenen Metren im Lateinischen zusätzliche Variationsmöglichkeiten schaffen, sei nur eben angemerkt. – Für Sachgruppen können die schon erwähnte Trias VI 2–4, dazu der Zyklus zu Ehren des Dichters Lukan (VII 21–23) und der auf die anrüchigen Küsse des Postumus (II 10; 12; 21–23) als Beispiele genügen. Alle drei Gruppen sind auch als Steigerung lesbar.

Bis hier mag der, der die Buchkomposition der beiden Dichter vergleicht, noch von Selbstverständlichkeiten reden. Wie sollte man auch in einer Masse von 12 mal 100 Epigrammen nicht Sachgruppen, Steigerung, Variation finden? Und daß auch die *Venezianischen Epigramme* derartiges enthalten, muß nicht Übernahme implizieren. Signifikanter sind die Entsprechungen zu besonderen Formen, die Goethe anwendet, ohne sie zu nennen, die ihm – Übernahme einmal vorausgesetzt – sozusagen unterlaufen. Von den Huldigungsgedichten bei Martial war schon die Rede. Der Ehegesetzgebung Domitians ist, außer VI 2–4, eine in Streuform über das ganze Buch verteilte Reihe von Epigrammen gewidmet (6; 7; 22; 31; 39; 45; 67; 90; 91). Die Küsse des unzüchtigen Postumus bilden, über die Steigerung hinaus, eine Fortsetzungsreihe, in der fast durchgehend ein Epigramm das vorangehende als Replik[36] weiterführt: Postumus pflegt den Dichter „mit halber Lippe“ zu küssen. Davon könnte der Widerling gut und gern noch einmal die Hälfte weglassen oder besser: „Behalte diese Hälfte, Postumus, ganz für dich!“ (II 10). In II 12 deutet Martial dann an, warum er die Küsse des Postumus nicht mag: weil „deine Küsse nach Myrrhe riechen / […]. / Der riecht nicht gut, Postumus, der immer gut riecht“. – Einen Ausweg scheint II 21 zu bieten: Postumus stellt es frei, ob man ihn mit Kuß oder Handschlag begrüßt – „malo manum“, „lieber die Hand“, lautet knapp und unfreundlich die Entscheidung des Dichters. Aber Postumus rächt sich, „die scherzhafte Muse schadet ihrem eigenen Sänger“: Jetzt gibt es Küsse voll mit beiden Lippen (II 22). Am Ende der Sequenz (II 23) fordern die Leser zu erfahren, wer sich hinter dem Pseudonym Postumus verbirgt: „ich sag’s nicht; denn wozu hab’ ich es nötig, / all diese Küsse zu kränken, / die sich so ausgezeichnet zu rächen verstehen?“ Insgesamt ist dies eine Sequenz, die mit ihrem straffen Vorwärtsdrängen den Leser an den Lazertenzyklus in den *Venezianischen Epigrammen* erinnert.

Ein ausgezeichnetes Beispiel für Streuung trifft man im sog. Löwen-Hasen-Zyklus, einer Folge von Zirkusdressurakten (I 6;14; 22; 44; 48; 51; 60; 104)[37] – ausgezeichnet einmal

---

[36] Für Replikpaare hat Martial eine gewisse Vorliebe. Hierfür wie für die übrigen Formen zahlreiche Beispiele bei Grewing und Verf.

[37] Eine weitere Anregung für den vergleichbaren Bettine-Zyklus konnte Goethe, der die Welt der „Gaukler“ offenbar liebte (VE 47, 5 f.), in Martials *Liber spectaculorum* finden, einer Reihe von gut dreißig Epigrammen, die der Dichter 80 n. Chr. aus Anlaß der von Kaiser Titus im neuen Kolosseum veranstalteten Spiele herausgab. Goethe hat diese Serie in seiner Martialausgabe sorgfältig

durch die kunstvolle Variation des gleichen Themas, dann durch ihren Charakter als Huldigungsgedichte an den Kaiser, dem auch die Herrschaft über die Natur zukommt.

Eine in jenem strengen Sinn zyklische und zugleich dynamische Bucharchitektur wie in Goethes Venetiana kann man bei Martial billigerweise nicht erwarten: Martials Hauptgestaltungsprinzip ist die variatio in Thema und Metrum, was einen eher statischen Charakter für die einzelnen Bücher festlegt. Aber sehr wohl finden sich Beispiele – aus denen hier wieder nur einzelnes herausgegriffen werden kann – für Korresponsion von Buchanfang und -schluß (Ausführliches bei Johannes Scherf [Anm. 1], S. 29–34): Das I. Buch wird durch das Thema Buch eröffnet (I 1–5). Ungern überantwortet der Dichter seinen parvus liber dem riskanten Vertrieb durch einen Buchhändler, der seinen Laden in Rom am Argiletum hat – (scheinbar) ungern, weil die Rolle doch viel sicherer bei Martial zu Hause hätte bleiben können (I 3). Wo genau er zu Hause ist, verrät er uns dann am Buchende: im Haus „zur Birne", und den Namen des Buchhändlers „am Argiletum" nennt er dem Leser endlich auch: Atrectus (I 117). Das Thema Buch rahmt auch Buch XI (1 und 106–108 mit den drei sarkastischen Lesergrüßen).

Entscheidend wären Belege für thematische Vernetzung über das gesamte Buch hin, Belege also für zyklische Architektur im strengen Sinn. Gibt es sie? Es gibt sie (vgl. Scherf [Anm. 1], S. 56ff.), wenn auch aus den genannten Gründen weniger scharf konturiert als bei Goethe. So kündigt Martial sein Buch XI als laszives Saturnalienbuch an: Cato, hinweg mit dir und deiner Sittenstrenge! (XI 2). Was dann folgt, ist auch tatsächlich ein deftiges Saturnalienbuch mit immerhin 33 einschlägigen Epigrammen, deren letztes (104) wir schon gestreift haben: „Frau, verlaß das Haus, oder bequeme dich zu meinen Gewohnheiten" – die Ausführung muß hier als nicht zitierfähig übergangen werden –, „[...] dann magst du Lucretia sein, / ununterbrochen über den ganzen Tag: Eine Laïs will ich für die Nacht". Gelegentlich wird sogar die Gliederung eines Buches programmatisch gesteuert: „Bis hierher ist das Büchlein für dich geschrieben, ehrbare Dame des Hauses", lesen wir in III 68, 1, und tatsächlich ging es bis zu diesem Punkt ganz züchtig zu. „Ab jetzt" aber nennt Terpsichore „Ganz unverblümt und offen [...] das Ding" (V. 7), und los geht's mit einer veränderten zweiten Buchhälfte, eröffnet mit einer durchgehend priapeisch gestimmten Epigrammgruppe (69–85). Expressis verbis beharrt der Dichter auf der Dichotomie des Buches: Im unmittelbar folgenden Epigramm 86 erinnert er die „tugendhafte Dame" daran, daß er ihr vorher (in III 68) eingeschärft hat, „Einen Teil meines frivolen Büchleins nicht zu lesen". „Doch siehe da, du liest es trotzdem!" In diesen Zusammenhang kann man auch die Behandlung des Themas von Buch VI stellen, der durch Domitian erneuerten Ehegesetzgebung. Programmatisch wird es zu Beginn in mehreren Epigrammen vorgestellt, im Buchinnern wiederholt aufgegriffen, überwiegend aber in negativer Darstellung durchgeführt: Die zahlreichen scheinbar frivolen Gedichte wollen als Gegenbeispiele verstanden werden; sie zeigen, wie Rom die Anordnungen des Kaisers zu unterlaufen sucht. Gellia, um VI 67 herauszugreifen, will nur Eunuchen haben. Warum? „Gellia will gevögelt werden, aber sie will keine Kinder".

---

gelesen: Zu allen Stücken (und nur zu ihnen) finden sich Bemerkungen wie „artig", „witzig" u.ä. – Eine Übersicht über die Themen Martials findet man in der Ausgabe von Barié und Schindler (Anm. 1), S. 1133ff. – Die herausragende Bedeutung des Bettine-Zyklus ist in dem schönen Aufsatz von Wolfdietrich Rasch gewürdigt (*Die Gauklerin Bettine. Zu Goethes venetianischen Epigrammen.* In: *Aspekte der Goethezeit.* Hrsg. von Stanley A. Corngold u.a. Göttingen 1977, S. 115–135).

Das Fazit aus dem Vergleich der Buchkomposition ist schnell gezogen: Die Gliederungsprinzipien, die Martials Werk kennzeichnen, charakterisieren auch Goethes Venetiana (und zwar deutlich verstärkt und gestrafft – eine Folge des Umstands, daß sich nun alles in einem einzigen Buch konzentriert). Schwieriger ist die Bedeutung dieser Übereinstimmung für die Art der Beziehung zwischen den beiden Opera zu bestimmen. Einen solchen Grad von Sicherheit, wie man ihn etwa bei der Herkunft des Motivs Tibur – Sardinien (VE 26 und Mart. IV 60) hat, läßt die Natur des Gegenstandes nicht zu; er kann auch in dem Abschnitt über Epigrammformen nicht vorausgesetzt werden. Die intensive Begegnung der beiden Dichter in Venedig verbietet es andererseits, auf zufällige Parallelitäten auszuweichen. Goethe wird bei der Martiallektüre die wesentlichen Elemente intuitiv – er las ja nicht als Philologe – in sich aufgenommen und verarbeitet haben. Geht man von einer solchen Sicht des Zusammenhangs aus, kann man nicht umhin, über Goethes Sensibilität für „le sens de Martial" zu staunen.

Wenn man Goethes Epigrammatik, wie wir sie in den *Venezianischen Epigrammen* vorfinden, in die Geschichte des deutschen Epigramms einordnet, drängt sich einem noch ein anderer Grund zum Staunen auf: ihre Singularität. Ein Epigrammbuch nach Art der Venetiana hat es in der deutschen Epigrammatik wohl weder vor Goethe noch nach ihm gegeben. Ihr singulärer Charakter zeigt sich in mehrfacher Hinsicht: Schon beim Durchblättern einer Anthologie deutscher Epigramme stellt man verwundert fest, daß alle Epigramme Überschriften tragen außer dem erratischen Block der *Venezianischen Epigramme.* Auch Herder hat den „Blumen", die er „aus der griechischen Anthologie gesamlet" hatte, Überschriften gegeben, obwohl sie im Original höchstens mit den Verfassernamen bezeichnet sind. Das Staunen wächst, wenn man die Venetiana umfassend an gattungsspezifischen Merkmalen mißt. Peter Hess (Anm. 1) führt S. 131 f. drei davon an: Überschriften, Kotextisolierung, Objektorientierung. Leicht irritiert stellt er fest, daß Goethe allen dreien nicht oder nicht recht entspricht: Weder haben seine Gedichte Überschriften, noch sind alle Epigramme isoliert verständlich – vielmehr beziehen sie sich vielfach aufeinander und bilden ein Ganzes –, noch sind alle auf einen fest umgrenzten Gegenstand gerichtet (so VE 1, „das als Grabinschrift gedacht ist"; S. 132). Hess gelingt es, die Venetiana dann doch für die Epigrammatik zu reklamieren, aber nicht ohne das Fazit zu ziehen: „Die Gattungsnorm wird formell respektiert, wesensmäßig jedoch umgestoßen" (S. 131). Man darf hinzufügen: singulär umgestoßen. Umgestoßen hat aber, cum grano salis gesagt, Martial. Er ist es, der schon im *Liber spectaculorum* und dann in den zwölf Epigrammbüchern Überschriften nicht setzt (nur einen Generaltitel hat er, denselben wie Goethe: vita), der jeweils ein Ganzes mit inneren Bezügen und formbildenden Elementen schafft, der Objektfixierung nicht grundsätzlich sucht. Goethes Durchbrechung der Epigrammnorm dürfte die stärkste Auswirkung jenes „im Sinne Martials" sein.

4. *„Frech wohl bin ich geworden; es ist kein Wunder" – Goethes „Venezianische Epigramme"*

„Mit erschreckter Zurückhaltung" (MA 3.2, S. 563) hat das Publikum reagiert, als Goethes Bemerkungen zur Sammlung *Priapea* und zu Augustinus' *De civitate Dei* 1914 in der Weimarer Ausgabe erstmals veröffentlicht wurden. Mit den *Venezianischen Epigrammen* verbindet diese beiden Aufsätze die ungehemmte Lust an derber Sexualität und erotischen Phantasien. Was sie trennt, ist der Adressat: die lateinisch geschriebenen Traktate hatten nur den Herzog zum Leser, die Epigramme die literarische Welt. Nie zuvor und nie mehr danach hat sich Goethe so ungeniert über Sexualität geäußert, weitaus direkter als in den *Erotica Romana*, die im Vergleich geradezu entspannt wirken. Nicht ohne Grund hatte Goethe ursprünglich Mart. XI 2, 1–4 als Motto vorgesehen (allerdings noch vor der Separierung der aggressivsten oder derbsten Stücke):

> Finstere Augenbraue und gestrenge Stirn des harten Cato
> und Tochter des Pflügers Fabricius,
> maskierte Sprödigkeit und du, moralische Richtschnur [regula morum],
> und alles, was wir im Dunkeln *nicht* sind: hinweg mit euch!

Was der Psychoanalytiker über den Verfasser der beiden lateinischen Abhandlungen sagt, gilt noch mehr für den Dichter der Venetiana: „Goethe erinnert hier an einen voradoleszenten Jugendlichen" (Kurt R. Eissler [Anm. 1], S. 1472). Der Eindruck des Pubertären – wenn man einem Vierzigjährigen dieses Etikett anheften darf – verstärkt sich, wenn man die unveröffentlichten Epigramme hinzunimmt. In einem spricht Goethe aus, daß er gerade die Zeit, in welche die Venetiana gehören, als Zäsur in seinem Leben betrachtet:

> Vierzig Jahr war ich alt, da mich der Irrtum verließ.
> (Nachl.; MA 3.2, S. 149)

Es spricht der Mann, der zur Selbständigkeit gefunden hat und den das Schicksal lehrt, „wie er es bedarf". Es spricht der Mann, der sich befreit fühlt von Konventionen und Hemmungen, die ihm die Luft zu nehmen drohten. Einem solchen explodierenden Hochgefühl mußte ein Dichter wie Martial, der mit schockierender Direktheit und Freiheit spricht, in hohem Maß willkommen sein. Ihn hat er als Anreger und Vorbild benutzen können, um geschützt durch die „Antiquität"[38] das offen auszusprechen, was ihn bewegte. „Für Goethe war das Epigramm die ideale Form, in welcher er den kreativen Drang befriedigen und doch dem sinnlichen Genuß nachgeben und zugleich eine enge Zuneigung zu Christiane und seinem Sohn bewahren konnte" (Eissler [Anm. 1], S. 1478). Zupackender formuliert: Venedig, wo Goethe so lange und so gründlich allein war wie wohl nie mehr in seinem Leben, war die Gelegenheit, eine endlich gewonnene überschäumende Vitalität dichterisch zu verarbeiten.

Aber das ist nur die eine Seite der Sache. Eine andere zeigt den Dichter, der einen eigenen Epigrammstil formt, der das intellektuelle Spiel nicht verschmäht, aber der Intention nach hinter sich läßt und sich das Epigramm so aneignet, daß es imstande ist, das Subjekt mit seinen Gefühlen und Reflexionen zu Wort kommen zu lassen. Daß er die Begegnung mit dem „verwegnen" Martial suchte und „der Heuchelei dürftige Maske" zurückwies, das befahl ihm seine Muse: „Denn du bist es allein, die noch mir die innere Jugend / Frisch erneuest, und sie mir bis zu Ende versprichst" (Elegie *Herrmann und Dorothea*, V. 13 f.; MA 4.1, S. 858). – „Epigrammes Vénitiens d'après le sens de Martial"? Ja, und nein!

---

38 „Mit den Motto's halte ich vor rathsam auf die Antiquität hinzudeuten" (Brief an Schiller vom 17. 8. 1795, in bezug auf den Druck im *Musen-Almanach*).

WILHELM SOLMS

Goethe und die Zigeuner

Goethe und die Juden – über dieses Thema hat Adolf Muschg 1987 im Frankfurter Goethehaus gesprochen und damit den Anstoß zu einer gründlichen Auseinandersetzung gegeben. Dagegen blieb das Thema *Goethe und die Zigeuner*, über das ich 1990 am selben Ort referierte, in der Goetheforschung bis heute ausgespart, während es in Arbeiten über das Zigeunerbild in der deutschen Literatur lediglich affirmativ behandelt wurde.[1] Dabei ist Goethes Beziehung zu den Zigeunern[2] sicher weniger kompliziert und ambivalent als seine Beziehung zu den Juden, aber kaum weniger bedenklich. Während er sich mit den Juden und ihrer Religion zeitlebens auseinandersetzte, scheint er sich für die zu seiner Zeit lebenden Zigeuner nicht weiter interessiert zu haben. Er hat die Figur des Zigeuners aber oft für seine Dichtungen benutzt und mit der nächtlichen Zigeunerszene im *Götz von Berlichingen* eine „ganz unglaubliche Wirkung"[3] erzielt und die literarische Strömung der „Zigeunerromantik" ausgelöst.

Was wußte Goethe über die Zigeuner? Was waren die Quellen, aus denen er für seine Darstellungen geschöpft hat? Goethe wird natürlich die Ansichten über Zigeuner gekannt haben, die in der Frankfurter und Weimarer Gesellschaft zirkulierten, und er wird gelegentlich auf der Landstraße oder auf einem Jahrmarkt Zigeunern begegnet sein wie 1801 in Bad Pyrmont[4]. Er berichtet nur einmal, in der *Campagne in Frankreich*, ausführlich von einer Begegnung mit deutschen Zigeunerinnen. Er hat außer eigenen Erfahrungen und zeitgenössischen Vorurteilen auch literarische Quellen wie Cervantes und Wieland verarbeitet. Wie Goethe diese ausgegrenzte und verfolgte Minderheit dargestellt und beurteilt hat, das soll im folgenden untersucht werden.

Über Zigeuner hat sich Goethe in zwölf poetischen Werken und in zwölf anderen Schriften geäußert,[5] die zum größten Teil auf die Sturm-und-Drang-Zeit zurückgehen. So hat er

---

[1] In den vielen kommentierten Goethe-Ausgaben werden Goethes Zigeuner-Darstellungen an keiner Stelle wahrgenommen. In zwei Dissertationen wurde das Zigeunerbild in der deutschen Literatur bis zu und ab Goethes *Götz* betrachtet, was die Bedeutung dieses Werks für die literarische Darstellung der Zigeuner unterstreicht: Wilhelm Ebhardt: *Die Zigeuner in der hochdeutschen Literatur bis zu Goethes „Götz von Berlichingen"*. Diss. Allendorf a. d. Werra 1928, und Heidi Berger: *Das Zigeunerbild in der deutschen Literatur des 19. Jahrhunderts.* Diss. University of Waterloo/Ontario 1972.

[2] Das Wort „Zigeuner" gehört als Fremdbezeichnung eigentlich in Anführungszeichen. Da diese Bezeichnung zur Zeit Goethes allgemein üblich war, wird hier darauf verzichtet.

[3] *Wilhelm Meisters Lehrjahre*, 2. Buch, 10. Kap. (WA I, 21, S. 198).

[4] *Aufenthalt in Pyrmont* (WA I, 36, S. 259).

[5] In sechs Schauspielen, vier Gedichten, zwei Romanen, vier autobiographischen Schriften, vier Schriften zur Kunst und vier Schriften zur Literatur sowie zweimal im Tagebuch und einmal in

die fünf Dramen, in denen Zigeuner auftreten oder erwähnt werden, zwischen Herbst 1771 und Herbst 1775, also in den Frankfurter Jahren vor Weimar, geschaffen oder entworfen: im Herbst 1771 die *Geschichte Gottfriedens von Berlichingen mit der eisernen Hand*, den sogenannten *Urgötz*, Anfang 1773 die erste Fassung vom *Jahrmarkts-Fest zu Plundersweilern*, im März 1773 den *Götz von Berlichingen*, 1773/74 die erste Fassung des *Faust*, im Februar 1775 die erste Fassung der *Stella* und im Oktober 1775 den Beginn des *Egmont*. Ihm dürfte auch das Bild von Mignon schon in den siebziger Jahren vor Augen gestanden haben, auch wenn er es erst 1782 beschrieben hat.[6] Es sind vor allem eine Szene und eine Figur, durch die Goethe auf zahllose Werke der Literatur eingewirkt und direkt oder indirekt das Zigeunerbild vieler Generationen von Lesern beeinflußt oder geprägt hat: das nächtliche Zigeunerlager im *Götz von Berlichingen* und die Figur der Mignon im *Wilhelm Meister*.

Zigeunerlied und nächtliche Zigeunerszene im „Urgötz"

Wenn der Erzähler des *Wilhelm Meister* die Leser daran erinnert, daß die „deutschen Ritterstücke", „über alles aber die nächtlichen Zigeunerscenen [...] eine ganz unglaubliche Wirkung" auslösten,[7] dann hat er dabei den *Götz von Berlichingen* vor Augen.

Der junge Goethe hatte insgeheim auf diese Wirkung spekuliert. Als er im Alter von 22 Jahren die Urfassung des *Götz*, die *Geschichte Gottfriedens*, in einem Zug niederschrieb, sah er sich selbst, so schreibt er in *Dichtung und Wahrheit*, als einen „jungen namenlosen und noch dazu verwegenen Schriftsteller" (WA I, 28, S. 201), der nach ersten Erfolgen mit seinen Gedichten die deutsche Bühne erobern wollte. Während Wieland in seinem Roman *Don Sylvio von Rosalva* nur eine einzelne alte und abstoßende Zigeunerin auftreten ließ,[8] hatte Goethe den genialen Einfall, die Leser und Zuschauer in ein Zigeunerlager zu führen und ihnen eine alte Zigeunerin inmitten ihres „Völkchens" vorzustellen.

Goethes nächtliche Zigeunerszene hat nicht nur das Publikum begeistert und andere Autoren des Sturm und Drang wie Jakob Michael Reinhold Lenz, Friedrich Maximilian Klinger und Maler Müller zur Nachahmung angeregt[9], sie hat auch, vor allem in der Urfassung, die erst 1832 unter den *Nachgelassenen Werken* erschien,[10] viele Literaturwissenschaftler beeindruckt. Wilhelm Ebhardt und Heidi Berger haben Goethes *Götz* überein-

---

einem Brief. Diese Stellen sind bis auf die Tagebuch-Erwähnungen und Goethes Brief an Zelter vom 6. Januar 1829 alle im Registerband zur I. Abteilung der Weimarer Ausgabe unter dem Stichwort „Zigeuner" (WA I, 55, S. 535 f.) zu finden.

6 Goethe hatte die Idee zum Roman *Wilhelm Meisters theatralische Sendung* wohl schon 1773 und begann 1777 an seinem Roman zu diktieren. Das dritte Buch mit der Beschreibung der zigeunerhaften Mignon entstand im Herbst 1782. Vgl. den Kommentar von Wilhelm Voßkamp in FA I, 9, S. 1134–1137.

7 *Wilhelm Meisters Lehrjahre*, 2. Buch, 10. Kap. (WA I, 21, S. 197 f.).

8 Christoph Martin Wieland: *Die Abenteuer des Don Sylvio von Rosalva*. 3. Buch, 7. Kap. München 1964, S. 117–121.

9 Vgl. Wilhelm Solms: *Das „Naturvolk" der Deutschen. Zigeunerbilder des Sturm und Drang.* In: *Aufklärung und Antiziganismus.* Hrsg. von Udo Engbring-Romang u. Daniel Strauß. Seeheim 2003, S. 82–100.

10 *Goethe's Werke. Vollständige Ausgabe letzter Hand.* Bd. 42. Stuttgart, Tübingen 1832. Ein Abdruck der Handschrift ist erst 1897 im 39. Band der Weimarer Ausgabe erschienen.

stimmend als den „Höhepunkt“ und „Wendepunkt“ der literarischen Zigeunerbilder gewürdigt.[11]

Die ursprüngliche Zigeunerszene, die den fünften Akt der *Geschichte Gottfriedens* einleitet, beginnt mit dem bekannten Zigeunerlied. Goethe scheint dieses Gedicht besonders geliebt zu haben. Denn er schrieb es am Heiligen Abend 1775 aus dem Gedächtnis auf und schickte es dem Herzog Carl August. Er nahm es später in die Ausgabe seiner Gedichte auf und gab es 1810 seinem Freund Carl Friedrich Zelter zur Vertonung. Was für ein Bild von den Zigeunerinnen hat der Dichter hier geschaffen?

Nacht.
Wilder Wald.
Zigeunerinnen *beym Feuer kochen.*

Ältste Zigeunerin.
Im Nebel Geriesel im tiefen Schnee,
Im Wilden Wald in der Winternacht.
Ich hör der Wölfe Hungergeheul,
Ich hör der Eule schreyn.
Alle.
Wille wau wau wau
Wille wo wo wo
Eine.
Withe hu.
Ältste Zigeunerin.
Mein Mann der schoss ein’ Katz am Zaun,
War Anne der Nachbarinn schwarze liebe Katz.
Da kamen des Nachts sieben Währwölf zu mir,
Warn sieben sieben Weiber vom Dorf.
Alle.
Wille wau pp.
Alte Zigeunerin.
Ich kannt sie all, ich kannt sie wohl
S war Anne mit Ursel und Kett
Und Reupel und Bärbel und Lies und Gret,
Sie heulten im Kreis mich an.
Alle.
Wille wau.
Alte Zigeunerin.
Da nannt ich sie all beym Nahmen laut
Was willst du Anne was willst du Kett?
Da rüttelten sie sich. Da schüttelten sie sich.
Und liefen und heulten davon.
Alle.
Wille wau pp.
(WA I, 39, S. 140f.)

---

11 Ebhardt (Anm. 1), S. 108, und Berger (Anm. 1), S. 46f.

Im Refrain werden das Geheul der Wölfe („Wille wau wau wau") und der Schrei der Eule („Withe hu") von den Zigeunerinnen nachgeahmt. Nach der zweiten Strophe sind es nicht mehr Wölfe, sondern „sieben Währwölf", deren Geheul im Refrain ertönt. Diese sind nachts ins Dorf gekommen, um sich dafür zu rächen, daß der Mann der ältesten Zigeunerin die Katze ihrer Nachbarin Anne, die in der späteren Fassung als Hexe bezeichnet wird, erschossen hat. Eine schwarze Katze ist Jacob Grimms *Deutscher Mythologie* zufolge eine Hexe oder die Begleiterin einer Hexe, die nicht getötet werden darf, denn „sie könnte sich rächen".[12] Nach der dritten Strophe bezieht sich das Wolfsgeheul auf die „sieben Weiber vom Dorf". Da die älteste Zigeunerin Anne als Nachbarin bezeichnet und da ihr auch die Namen der anderen bekannt sind, dürften die Dorfweiber ebenfalls Zigeunerinnen sein. Weil die Älteste sie mit ihren Namen anspricht, vermag sie sie zu bannen, worauf diese sich vor Wut schütteln, weil sie ihr nichts anhaben können, und schließlich heulend davonlaufen. Nach dem Ende des Lieds laufen auf der Bühne die anderen Zigeunerinnen davon, und die Älteste bleibt allein im Zigeunerlager zurück.

Der Dichter erzeugt also bei den Zuschauern durch den Refrain die Vorstellung, die heulenden Wölfe würden sich erst in sieben Werwölfe, dann in sieben Dorfweiber, die Hexen sind, und zuletzt in die auf der Bühne stehenden Zigeunerinnen verwandeln. Die Zigeunerinnen ahmen dieser Vorstellung zufolge das Wolfsgeheul nicht nur nach, sondern stellen selbst heulende Wölfe dar.

Nach dem Lied der alten Zigeunerin reitet die schöne Adelheid, Götzens Widersacherin, allein, ohne männlichen Schutz, in das Zigeunerlager. Ihre Begleiter hatte der Sohn der „ältesten Zigeunerin", der ausgerechnet „Wolf" heißt, durch einen Zauber weggelockt. Der Zigeunerhauptmann begrüßt sie freundlich und stellt ihr sein „armes Völklein" vor:

> Wir thun niemanden Leids, wir saüberns Land vom Ungeziefer, essen Hamster Wieseln und Feldmäus. Wir wohnen an der Erd, und schlafen auf der Erd, und verlangen nichts von euern Fürsten als den dürren Boden auf eine Nacht, darauf wir gebohren sind, nicht sie. (WA I, 39, S. 143)

Wie die wilden Tiere leben sie von Hamstern und Mäusen und schlafen auf der nackten Erde. Und weil dies ihrer tierischen Natur entspricht, sind sie damit zufrieden. Sie verlangen allerdings von den Fürsten, die das Land regieren, sie auf dem Erdboden, der ihre Heimat ist, übernachten zu lassen und nicht zu vertreiben.

Die Worte des Hauptmanns erinnern an die Rede des alten Zigeuners in Cervantes' Erzählung *La Ciganilla*:

> Sturm und Wetter sind für uns Liebkosungen, der Schnee ist uns Erfrischung [...] der harte Boden ist uns ein weiches Daunenbett, und die wettergegerbte Haut dient unseren Leibern als sicherer Harnisch [...] wir begnügen uns mit dem, was wir haben.[13]

---

12 Jacob Grimm: *Deutsche Mythologie.* Bd. 2. Berlin 1835, S. 918f.

13 Miguel Cervantes: *Das Zigeunermädchen.* Aus dem Spanischen übersetzt von Anton M. Rothbauer. Stuttgart 1965, S. 47f. Goethe dürfte auf Cervantes' Erzählung vom Zigeunermädchen Preciosa, dem Vorbild von Mignon, durch Wielands Adaption in seinem Roman *Don Sylvio von Rosalva* gestoßen sein.

Cervantes schildert die Zigeuner als ein wetterfestes Naturvolk, Goethe greift diese Szene auf und nimmt ihr die romantische Färbung. Die alte Zigeunerin reicht Adelheid ihren Umhang mit den Worten:

> Es friert uns nicht, gingen wir nackend und blos. Es schauert uns nicht vorm Schneegestöber, wenn die Wölfe heulen, und Spenster krächzen, wenn's Irrlicht kommt und der feurige Mann. Blancke Mueter, schöne Mueter, sey ruhig, Du bist in guter Hand. (WA I, 39, S. 143)

Sie frieren selbst dann nicht, wenn es schneit und sie nackt sind, haben also keine menschlichen Empfindungen. Und sie glauben nicht an Gott, sondern an Gespenster und dämonische Wesen.[14]

Ebhardt und Berger urteilen über diese Szene, Goethe habe „das Zigeunertum" bzw. „das Leben der Zigeuner" und ihren „Glaube[n] an Dämonen" zutreffend charakterisiert. In der Rede des Hauptmanns kämen die „sturm- und drangmäßige Schwärmerei für die Naturvölker [...], die Begeisterung für Individualismus, Freiheit, Natürlichkeit und naturwüchsige Kraft" bzw. „die edle Gesinnung und die natürliche Güte der Zigeuner" zum Ausdruck.[15] Goethe charakterisiert hier nicht das „Leben der Zigeuner" und ihren „Glaube[n] an Dämonen", er schwärmt auch nicht für die „naturwüchsige Kraft" dieses Volkes oder seine „natürliche Güte", und er hätte mit dieser Darstellung auch beim damaligen Publikum kaum Begeisterung für die Zigeuner, sondern eher Furcht und Ekel geweckt.[16] Wenn der Hauptmann mit lauter Stimme die Friedfertigkeit des „armen Völkleins" betont, während er leise seinen zudringlichen Sohn zurechtweist, so versucht er damit, Adelheid ihre durchaus begreifliche Furcht zu nehmen. Dem jungen Autor ging es vielmehr darum, die damals verbreiteten Vorstellungen über das Leben und den Glauben der Zigeuner bühnenwirksam einzusetzen.

Anschließend liest die alte Zigeunerin Adelheid aus der Hand, verheißt ihr einen zweiten und einen dritten Mann, der ihr „schöne Kinder" bescheren wird, und verrät ihr gegen Geld eine Zauberformel, mit der Adelheid ihren jetzigen Mann aus dem Weg räumen kann.

Die Zigeunerszene dient also wie die Hexenszene in Shakespeares *Lady Macbeth*, die Goethe gleichfalls als Vorlage benutzt hat, der Vorbereitung eines Verbrechens, des Gattenmords. Die Anstifterin zu diesem Mord ist hier aber keine Sagenfigur wie bei Shakespeare, sondern eine Bühnenfigur, die ihre theatralische Wirksamkeit aus der Bestätigung der landläufigen Vorurteile über Zigeuner bezieht.

Als Sickingen dazukommt, stellt sich der Hauptmann mit den Worten vor: „Ich binn Johann von Löwenstain aus klein Egypten Hauptmann des armen Volcks der Zigeuner" (WA I, 39, S. 147). Diese Antwort hat Goethe wortgetreu aus einer Frankfurter Chronik zum Jahr 1520, in dem der Bauernaufstand begann, übernommen.[17]

---

14 Dieses Vorurteil findet sich nicht bei Cervantes.

15 Ebhardt (Anm. 1), S. 107, und Berger (Anm. 1), S. 49 u. 60.

16 In *Dichtung und Wahrheit* (WA I, 28, S. 200) hat Goethe diese Szene als „grauserlich" charakterisiert.

17 Achill August von Lersner: *Chronik der Stadt Frankfurt am Main*. 1706, S. 551. Zit. in: Reimer Gilsenbach: *Weltchronik der Zigeuner*. Frankfurt a. M. u. a. 1994, S. 130. Goethe hat diesen Namen also nicht aus zwei Quellen, „Steigerwald" und „J. Thomasius", zusammengesetzt, wie seit den Anmerkungen von Eduard von der Hellen zum *Urgötz* (JA 10, S. 306) in den kommentierten Ausgaben zu lesen ist.

Goethe wurde dafür gerühmt, daß er mit seinem *Götz* die Zigeuner in Deutschland „literaturfähig“[18] gemacht habe. Er hat aber nicht die Zigeuner, sondern die Vorurteile über sie literaturfähig gemacht und in seinem Bemühen um Erfolg noch verstärkt. Eine Szene, in der die Zigeuner als Tiermenschen und Unmenschen auftreten, sucht man in früheren Zigeunerdarstellungen vergeblich.

„Götz von Berlichingen“, Bühnenfassung und „Maskenzug“

Goethe schickte eine Abschrift der *Geschichte Gottfriedens* an Johann Gottfried Herder, der ihn mehrere Monate auf eine Reaktion warten ließ und, Goethes Antwortbrief vom 10. Juli 1772 zufolge, ihm dann geschrieben hatte, daß Shakespeare ihn „ganz verdorben“ habe und daß „alles nur gedacht“ (WA IV, 2, S. 19) sei. Auch wenn Goethe sich zunächst verletzt fühlte, so ging er in seiner in *Dichtung und Wahrheit* rekapitulierten Selbstkritik noch über Herder hinaus und schrieb im März 1773 sein Stück vollständig um. Dabei wurde die „grauserlich nächtliche Zigeunerszene“, in der die „blanke“ Adelheid in hellem Glanz erstrahlt, „aufgeopfert“, damit Adelheid den Titelhelden nicht aussticht (WA I, 28, S. 200).

In der neuen Fassung des *Götz* antwortet sein Sohn auf die Frage: „Wärst du nicht auch ausgeritten?“ – „Nein! da muß man durch einen dicken, dicken Wald, sind Zigeuner und Hexen drin“ (WA I, 8, S. 21). Für ihn sind Zigeuner ebenso wie Hexen Schreckgestalten.

Als Götz die Stadt Miltenberg brennen sieht, läßt er den aufständischen Bauern ausrichten: „Die Mordbrenner! Ich sage mich von ihnen los. Sie sollen einen Zigeuner zum Hauptmann machen, nicht mich“ (WA I, 8, S. 149).[19] Ein Zigeuner würde zu Mordbrennern passen.

Im nächtlichen Zigeunerlager bringt wiederum ein Zigeunerbub der Mutter einen Hamster und statt des Hasen „Zwei Feldmäus“ zum Braten. Der Zigeunerhauptmann kehrt mit drei Gesellen von einem Raubzug zurück und meint: „Die Bauern rauben selbst, ist’s uns wohl vergönnt“. Dann reitet der verwundete Götz in das Lager und bittet um Hilfe. Als der Hauptmann von seinem Sohn erfährt, daß es Götz ist, heißt er ihn willkommen. Seine Mutter macht einen Verband mit „Blutwurzel“. Und als Götzens Verfolger kommen, ist der Hauptmann bereit, sein „Leben und Blut“ für Götz zu opfern, und wird von ihnen erschossen (WA I, 8, S. 152–155).

> Götz *(allein)*. O Kaiser! Kaiser! Räuber beschützen deine Kinder. […] Die wilden Kerls, starr und treu! (WA I, 8, S. 155)

Daß die Zigeuner sich von einem Hamster und von Mäusen ernähren, läßt sie wie in der ursprünglichen Fassung „grauserlich“ wirken. Daß sie Räuber sind, erregt in dieser Szene keinen Anstoß. Daß die „wilden Kerls“ Götz in Treue beistehen, sichert ihnen bei Götz wie

---

18 Fernand Baldensberger: *L’entrée pathétique des tziganes dans les lettres occidentales.* In: Revue de la littérature comparée 18 (1938), p. 502; vgl. Ebhardt (Anm. 1), S. 13.

19 Was auf die Bauern zutrifft, wird den Zigeunern unterstellt, ebenso wie in *Stella.* Dort sagt der Verwalter zu Fernando: „Gott sei nur Dank, daß Sie nicht Zigeunerhauptmann waren; ich hätte auf ein Wort von Ihnen gesengt und gebrennt“ (WA I, 11, S. 160).

beim Autor und den Zuschauern Sympathie. Dies ist in der Dichtung des Sturm und Drang wohl der einzige Beleg dafür, daß die Zigeuner Rousseaus Idealbild des „edlen Wilden“ nahekommen.[20]

Dreißig Jahre später, 1804, hat Goethe für die Bühne in Weimar eine dritte Fassung geschrieben, die er aber nicht in die Ausgabe seiner Werke aufgenommen hat. „Vom ganzen Zauberwesen der Zigeuner“, stellt Ebhardt ernüchtert fest, „ist in dieser Götzfassung nur die Chiromantik [das Handlesen; W. S.] geblieben“.[21] In einem handschriftlichen Entwurf der „Bühnenfassung“ lesen Zigeunergeschwister im ersten Akt dem leichtgläubigen Franz aus der Hand und werden von ihm, weil ihre Prophezeiung seinen Erwartungen nicht entspricht, als „abgerichtetes, trügerisches Gesindel“ beschimpft. Der Wirt scheucht sie aus dem Haus und warnt sie davor, seine Hühner zu stehlen. „Wenn das Volck in's Haus kommt; so wird gleich alles, ist's nicht Wand, Band, Nied und Nagelfest auf der Stelle beweglich“ (WA I, 13.2, S. 265).

Als der verwundete Götz in das Zigeunerlager reitet, befiehlt der Zigeunerhauptmann seiner Mutter, ihn zu verbinden. Er hält dadurch Götz im Lager fest, dem sich Götzens Verfolger nähern, und nimmt selbst mit seinen Gesellen reißaus. Der Hauptmann handelt hier nicht mehr selbstlos, sondern egoistisch. Statt sich für Götz zu opfern, opfert er Götz und seine eigene Mutter.

Goethe hat auch im *Maskenzug zum Dezember 1818* an die Zigeuner im *Götz* erinnert. Götz von Berlichingen sagt bei seinem Auftritt:

> Und fernerhin Zigeuner zeigen an
> Es sei um Ordnung in dem Reich getan.
> [...]
> Sind räuberisch, entführen oft zum Scherz,
> Wahrsagerinnen, Menschen Geist und Herz.
> (WA I, 16, S. 282)

Die Zigeuner erscheinen an dieser Stelle, um, wie Goethe selbst kommentiert, „den gesetzlichen Zustand aufgelös't anzudeuten“. Goethe will zeigen, wie sich die Ordnung zur Zeit der Bauernkriege aufgelöst hat und das Reich im Chaos versunken ist, und benutzt als Symbol für diese Auflösung ausgerechnet die am Rand der Gesellschaft lebenden Zigeuner. Danach wagt eine Zigeunertochter, „die harten Vorwürfe von sich und den Ihrigen abzulehnen“, so Goethes Kommentar, indem sie sich durch ihre Huldigung „höchster Gunst würdig“ erweist (WA I, 16, S. 239). Weil sie der Herrscherin huldigt – der Maskenzug wurde in Weimar zu Ehren der Kaiserin Maria Feodorowna aufgeführt – und sich ihr damit unterwirft, erweist sie sich der Gunst der Herrscherin als würdig.

---

20 Johann E. Bister vertrat in der von ihm herausgegebenen *Berlinischen Monatsschrift* von 1793 die Ansicht, Rousseau hätte Belege für seinen *Discours sur l'inéqualité* „[g]anz in der Nähe bei den Zigeunern finden können“. In Wielands Roman *Don Sylvio von Rosalva*, in Lenz' Drama *Die Türkensklavin* und in Maler Müllers Idylle *Das Nußkernen* sind es nicht Zigeuner, sondern die von ihnen entführten Frauen, die das Ideal des natürlichen und zugleich tugendhaften Menschen verkörpern.

21 Ebhardt (Anm. 1), S. 112.

Zigeunerbilder in anderen Schauspielen und Gedichten

Auf dem *Jahrmarkts-Fest zu Plundersweilern*, das Goethe Anfang 1773, unmittelbar vor und nach der Neufassung des *Götz*, geschrieben hat, rufen erst ein Pfefferkuchenmädchen und dann ein Milchmädchen ihre Waren aus. Ein Zigeunerhauptmann und sein Bursch treten hinzu.

> Zigeunerhauptmann.
> [...]
> Möcht' all das Zeug nicht,
> Wenn ich's geschenkt kriegt'!
> Dürft' ich nur über sie!
> Zigeunerbursch.
> Wetter! wir wollten sie!
> (WA I, 16, S. 16)

Mit „sie" ist das Pfefferkuchenmädchen gemeint. Einige Szenen später ruft das

> Milchmädchen.
> Kauft meine Milch!
> Kauft meine Eier!
> Sie sind gut,
> Und sind nicht theuer,
> Frisch wie's einer nur begehrt!
> (WA I, 16, S. 29)

Einer wie der Zigeunerhauptmann begehrt nicht die frische Milch, die für ihn vermutlich doch zu teuer ist, wohl aber das frische Mädchen, der Zigeunerbursche ebenso. Aber das Gesetz, daß der Herr vor dem Knecht kommt, gilt auch bei den ‚unzivilisierten' Zigeunern. Das Milchmädchen weist die „tollen Freier" zurück, jedoch nicht, weil sie zu aufdringlich wären, sondern weil sie nichts kaufen.

> Zigeunerhauptmann.
> Das Milchmädchen da ist ein hübsches Ding;
> Ich kauft' ihr wohl so einen zinnernen Ring.
> Zigeunerbursch.
> O ja, mir wär' sie eben recht.
> Zigeunerhauptmann.
> Zuerst der Herr und dann der Knecht.
> [...]
> Milchmädchen.
> Was sollen mir
> Die tollen Freier?
> Kauft meine Milch,
> Kauft meine Eier!
> Dann seid ihr mir lieb und werth.
> (WA I, 16, S. 29f.)

Wenn Leute beiläufig, im Vorübergehen, etwas sagen, dann geben sie nichts Zufälliges, sondern etwas für sie Typisches von sich. Die Verse, die die typischen Verhaltensweisen von Zigeunern und Marktmädchen charakterisieren sollen, verraten, welche Verhaltensweisen der Autor für typisch hält.

Im *Urfaust*, der 1773/74 entstanden ist, sagt Mephisto zu Faust, nachdem er sich mit Frau Marthe, Gretchens älterer Nachbarin, auf den Abend verabredet hat:

> In kurzer Zeit ist Gretgen euer.
> Heut Abend sollt ihr sie bey Nachbaar Marthen sehn.
> Das ist ein Weib wie auserlesen
> Zum Kuppler und Zigeunerwesen.
> (WA I, 39, S. 275)

– womit er beide „Wesen" oder besser gesagt Unwesen gleichsetzt. Frau Marthe ist selbst keine Zigeunerin, aber so schlecht und verdorben wie eine solche.

In *Ilmenau*, einem Geburtstagsgedicht an den Herzog vom 3. September 1783, verfabelt Goethe ein nächtliches Erlebnis aus den ersten Weimarer Jahren, als der Herzog mit seinen Jagdgefährten unter freiem Himmel am Lagerfeuer übernachtet hatte. Er habe im „finstern Wald" „seltne Stimmen" gehört, sei ihnen gefolgt, habe sie bei ihrem fröhlichen, nächtlichen Gelage gesehen und sich gefragt, mit wem er diese „muntre Schaar" vergleichen könne.

> Ist es der Jäger wildes Geisterheer?
> Sind's Gnomen, die hier Zauberkünste treiben?
> Ich seh' im Busch der kleinen Feuer mehr;
> Es schaudert mich, ich wage kaum zu bleiben.
> Ist's der Ägyptier verdächtiger Aufenthalt?
> Ist es ein flüchtiger Fürst wie im Ardenner-Wald?
> Soll ich Verirrter hier in den verschlungnen Gründen
> Die Geister Shakespeare's gar verkörpert finden?
> (WA I, 2, S. 142 f.)

Goethe wußte natürlich genau, wen er vor sich sah, aber als Dichter gefällt er sich und schmeichelt dem Herzog, den er in den folgenden Versen zum Helden verklärt, mit der Vorstellung, er befinde sich in einem „Zaubermährchen-Land" und sehe Figuren aus Sagen, Märchen und Shakespeares Dichtung vor sich. Solange er in den Zechern Geister sieht, findet er an ihnen „alles wunderbar", sowie er sich aber vorstellt, es seien Zigeuner, die er nach ihrem vermeintlichen Herkunftsland als „Ägyptier" bezeichnet, kommt ihm ihr Aufenthalt nicht wunderbar, sondern „verdächtig" vor. Vielleicht feiern sie einen erfolgreichen Raubzug und verteilen gerade die Beute.

Im Gedicht *Der Müllerin Reue* aus dem Müllerin-Zyklus von 1797 fordert ein Jüngling, der sich von der schönen Müllerin betrogen fühlt, von einer Zigeunerin, die er als „braune Hexe" beschimpft, sie solle ihm nicht von Liebe und Treue singen, sondern:

Von Eigennutz sing' und von Verrath,
Von Mord und diebischem Rauben;
Man wird dir jede falsche That
Wohl glauben.
Wenn sie Beute vertheilt, Gewand und Gut,
Schlimmer als je ihr Zigeuner thut,
Das sind gewohnte Geschichten.
(WA I, 1, S. 195)

Hier sind so gut wie alle bösen Vorurteile über Zigeuner aneinandergereiht: Eigennutz, Verrat, Mord, Raub und Betrug beim Verteilen der Beute. Die Müllerin, der der Jüngling in seinem gekränkten Stolz diese Eigenschaften vorwirft, wird vom Dichter am Schluß von aller Schuld gereinigt. Die angebliche Zigeunerin geht in den Hof zu einem Brunnen, wäscht ihr schwarz gefärbtes Gesicht, und als der Jüngling die schöne Müllerin erkennt, gestehen beide einander ihre Liebe.

Der Dichter benutzt hier die Zigeunerin als Maske, um die innere und äußere Reinheit der Müllerin von einer wirklichen Zigeunerin, so wie Goethe sie sieht, abzuheben. Es ist eine Schwarzweiß-Zeichnung im wörtlichen wie im übertragenen Sinn. Im Gedicht werden nicht nur Schwarz und Weiß kontrastiert, sondern auch schmutzig und klar, häßlich und schön, Verrat und Treue, Eigennutz und Selbstlosigkeit, Mord und Opferbereitschaft, Hexe und Engel.

Goethes Zigeunerfiguren haben in den späteren Werken ebenso wie in der Bühnenbearbeitung des *Götz* ihr dämonisches Wesen verloren und wirken nur noch kriminell. Um mit ihnen nochmals eine „ganz unglaubliche Wirkung" erzielen zu können wie im *Götz*, hat Goethe in seinem *Wilhelm Meister* eine Figur geschaffen, die ein geheimnisvolles Wesen, aber keine verbrecherischen Eigenschaften zeigt und deshalb Wilhelm und dem Leser als „wunderbar" erscheint.

Die zigeunerhafte Mignon

Goethes Mignon, das Urbild der schönen Zigeunerin in der deutschen Literatur und das unerreichte Vorbild der Romantiker, erscheint bereits in dem 1777 begonnenen Roman-Fragment *Wilhelm Meisters theatralische Sendung* und ist demnach nicht eine Figur der Romantik, sondern des Sturm und Drang.

Ist Mignon eine Zigeunerin oder zumindest ein zigeunerhaftes Wesen, wie sie von den Romantikern aufgefaßt wurde? Oder ist sie ein „Poesiekind", eine „Inkarnation" oder „Statthalterin der Poesie", wie sie von heutigen Literaturwissenschaftlern gedeutet wird?[22] Welche von beiden Seiten ist hier im Recht: Goethes damalige Epigonen oder seine heutigen Interpreten?

---

22 Vgl. z. B. Hellmut Ammerlahn: *Puppe – Tänzer – Dämon – Genius – Engel. Naturkind, Poesiekind und Kunstwerdung bei Goethe.* In: German Quarterly 54 (1981) 1, S. 19–32, Untertitel; Hannelore Schlaffer: *„Wilhelm Meister". Das Ende der Kunst und die Wiederkehr des Mythos.* Stuttgart 1980, S. 40, und Martina Kieß: *Poesie und Prosa. Die Lieder in „Wilhelm Meisters Lehrjahren".* Frankfurt a. M. 1987, S. 77.

Die Schilderung von Mignons ersten Auftritten in den *Lehrjahren* stimmt teilweise wortgetreu mit der Schilderung in der *Theatralischen Sendung* überein. In den *Lehrjahren* logiert Wilhelm in einem Wirtshaus, in dem auch eine „große Gesellschaft Seiltänzer, Springer und Gaukler" eingekehrt ist und geht

> die Treppe hinauf, als ein junges Geschöpf ihm entgegen sprang, das seine Aufmerksamkeit auf sich zog. Ein kurzes seidnes Westchen mit geschlitzten spanischen Ärmeln, knappe lange Beinkleider mit Puffen standen dem Kinde gar artig. Lange schwarze Haare waren in Locken und Zöpfen um den Kopf gekräuselt und gewunden. (WA I, 21, S. 142)

Als er in der *Theatralischen Sendung* die Treppe hinaufgeht,

> kam ein junges Geschöpf die Treppe herunter gesprungen, das seine Aufmerksamkeit erregte. Ein kurzes Westchen mit geschlitzten spanischen Ärmeln und weiten Beinkleidern stund dem Kinde gar artig, lange schwarze Haare hatte es, in Locken und Zöpfe um den Kopf gewunden. (WA I, 51, S. 208)

Das junge Geschöpf, das auch schwarze Augen und eine „bräunliche Gesichtsfarbe" aufweist, sieht also wie eine Zigeunerin aus, die in einer Gruppe fahrender Gaukler als spanische Tänzerin auftritt.

Wilhelm sieht „die Gestalt mit Verwunderung an", da er nicht weiß, „ob er sie für einen Knaben oder für ein Mädchen erklären sollte" (WA I, 21, S. 142). Bald darauf sieht er das „wunderbare Kind auf der Straße [...] stehen" – seine „Verwunderung" hat sich inzwischen in Bewunderung gewandelt. Als Philine, Mignons spätere Gegenspielerin, das Kind zu ihm bringt, fragt er es nach seinem Namen: „Sie heißen mich Mignon" – was ebenso wie Philine Liebling bedeutet –, nach seinem Alter: „Es hat sie [die Jahre] niemand gezählt", und er fragt nach seinem Vater: „Der große Teufel ist todt" (WA I, 21, S. 153). „Der große Teufel", so wurde der verstorbene Bruder des jetzigen Anführers der Gruppe genannt, von dem dieser Mignon geerbt hat. Wilhelm schätzt das Kind auf „zwölf bis dreizehn Jahre" (WA I, 21, S. 154). Mignon changiert also nicht nur zwischen Knabe und Mädchen, sondern auch zwischen Kind und Erwachsener, sie ist eine knabenhafte Kindfrau. „In all seinem Thun und Lassen", so fügt der Erzähler zur Erklärung ihrer Attraktivität hinzu, „hatte das Kind etwas Sonderbares". Es geht weder die Treppe auf noch ab, sondern es springt, es spricht ein gebrochenes Deutsch, steht mit der Sonne auf, schläft wie die Zigeuner in Goethes *Götz* auf der nackten Erde, ist aber, im Unterschied zu ihnen, reinlich und fromm (WA I, 21, S. 171 f., u. WA I, 51, S. 224 f.).

Mignon erscheint deshalb Wilhelm und dem Leser, der sie mit Wilhelms Augen betrachtet, in Hinsicht auf Kleidung, Aussehen und Wesen, Geschlecht, Alter, Name und Herkunft sowie Gestik und Sprechweise, also in jeder Hinsicht, als „geheimnisvoll" und anziehend. So heißt es in beiden Fassungen: „Wilhelm konnte sie nicht genug ansehen. Seine Augen und sein Herz wurden unwiderstehlich von dem geheimnißvollen Zustande dieses Wesens angezogen" (WA I, 21, S. 153 f., u. WA I, 51, S. 213).

Als Wilhelm Zeuge wird, wie der Anführer sie auspeitscht, weil sie nicht vor aller Augen tanzen will, kauft er sie ihm für „dreißig Thaler" (WA I, 21, S. 163) – im Neuen Testament 30 Silberlinge – ab. Zum Dank für seinen Freikauf tanzt sie ihm allein in seinem Zimmer den Eiertanz oder Fandango vor, wobei sie die Musik des Geigers mit dem Schlag der Kastagnetten begleitet, wie eine andalusische Gitana, die den Flamenco tanzt (WA I, 21, S. 182 f.). Die

Figur der Mignon ist also mit all den Merkmalen ausgestattet, mit denen in der Literatur, ob bei Cervantes, Grimmelshausen, Wieland oder beim jungen Goethe, junge Zigeunerinnen charakterisiert werden, nämlich lange, schwarze Haare, schwarze Augen, bräunliche Hautfarbe, exotische Kleider, seltsame Sprache, geschickte Bewegungen, Tanz- und Zitherspiel. Der Erzähler erzeugt dadurch die Vorstellung, daß Mignon eine Zigeunerin sei.

Er hält diese Vorstellung auch an anderen Stellen des Romans wach, an denen Mignon gar nicht vorkommt. Wilhelm, der in der Theatergruppe die Rolle des Dramaturgen übernommen hatte, liest den Schauspielern eines Abends eines der neuen und beim Publikum beliebten deutschen Ritterstücke vor.

> Der Vorleser that sein Möglichstes, und die Gesellschaft kam außer sich. [...] Besonders thaten die Gewölbe und Keller, die verfallenen Schlösser, das Moos und die hohlen Bäume, über alles aber die nächtlichen Zigeunerscenen und das heimliche Gericht eine ganz unglaubliche Wirkung. (WA I, 21, S. 198)[23]

Die Theatergruppe bricht im vierten Buch zu einer Landpartie auf und lagert sich auf einem waldigen Bergplatz um ein Feuer.

> Man beneidete die Jäger, Köhler und Holzhauer, Leute, die ihr Beruf in diesen glücklichen Wohnplätzen fest hält; über alles aber pries man die reizende Wirthschaft eines Zigeunerhaufens. Man beneidete die wunderlichen Gesellen, die in seligem Müßiggange alle abenteuerlichen Reize der Natur zu genießen berechtigt sind; man freute sich, ihnen einigermaßen ähnlich zu sein. (WA I, 22, S. 36)[24]

Wer ist „man"? Wer lebt in der sentimentalen Vorstellung, die Zigeuner, die als Fahrende um ihr tägliches Brot kämpfen müssen und Wind und Wetter ausgesetzt sind, würden in „seligem Müßiggange" leben und die „abenteuerlichen Reize der Natur" genießen? – Eine Vorstellung, die auch in dem bekannten Volkslied *Lustig ist das Zigeunerleben*, in Nikolaus Lenaus Gedicht *Drei Zigeuner fand ich einmal* und in vielen anderen Werken zum Ausdruck kommt. Es sind nicht nur die Schauspieler, sondern es ist ohne Zweifel auch Wilhelm, der „ein nie gefühltes Vergnügen" genießt und sich vorstellt, der „Anführer" einer „wandernden Kolonie" zu sein, und vermutlich auch viele Romanleser, jedoch nicht der Erzähler.

Wenn der Erzähler den Kommentar einfügt, ohne Pferde und Kutschen „wäre der Anblick dieser kleinen Horde bis zur Illusion romantisch gewesen" (WA I, 22, S. 37), so erzeugt er eine Illusion und macht sich zugleich über sie lustig. Die Schauspieler wirken in ihrer Vorstellung, Zigeunern ähnlich zu sein, lächerlich, während Mignon durch ihr zigeunerhaftes Wesen keineswegs lächerlich, sondern im Gegenteil anziehend wirkt. Ihre Attraktivität, die ihr vom Autor durch seine Erzählkunst verliehen wurde, ist so stark, daß sie Goethes Desillusionierung des Zigeunerlebens und seiner dahinter verborgenen Kritik an der Romantik standgehalten hat.

---

23 Dieses Ritterstück ist, wie damalige Leser leicht erraten konnten, Goethes *Götz*.

24 In der *Theatralischen Sendung* ist diese Landpartie die „Originalszene", die von vielen Stückeschreibern nachgeahmt worden sei. Da der *Wilhelm Meister* erst 1796 erschienen ist, hat Goethe dies in den *Lehrjahren* geändert und auf den *Götz* verwiesen.

Im siebten Buch fragt Jarno, ein Mitglied der Turmgesellschaft, der Wilhelms Lehrjahre unter der Theatergruppe beobachtet hat: „Wie steht's mit Ihrer alten Grille, etwas Schönes und Gutes in Gesellschaft von Zigeunern hervorzubringen?" (WA I, 23, S. 23 f.). Jarno betrachtet die Mitglieder des Wandertheaters als Zigeuner, womit er keine romantischen Vorstellungen, sondern Verachtung bekundet. Wilhelm zeigt mit seiner Antwort „Ich bin gestraft genug!", daß er aufgrund seiner Erfahrungen in der Ablehnung von Künstlern, die ein Zigeunerleben führen, mit Jarno einig ist.

Im Mittelteil des Romans verliert Mignon für Wilhelm und den Leser ihr fremdartiges Wesen. Sie leidet darunter, so klärt uns der Erzähler auf, daß sie nicht weiß, wer ihr Vater und ihre Mutter sind, und kann sich nur dunkel an ihre Heimat in Italien erinnern. Wilhelm ist schon am Ende des zweiten Buchs bereit, sie als Kind anzunehmen, und wandelt sich in ihren Augen, wie sie im Refrain des Lieds *Kennst du das Land, wo die Zitronen blühn* vorwegnimmt, vom „Geliebten" über den „Beschützer" zum „Vater".[25] Die in den Worten „dahin! dahin!" liegende „unwiderstehliche Sehnsucht" ist keine romantische Italien-Schwärmerei, sondern die natürliche Folge des Kinderraubs.[26] Wie Natalie, Wilhelms künftige Ehefrau, von ihr erfahren hat, scheint sie „in der Gegend von Mailand zu Hause [zu] sein, und ist in sehr früher Jugend durch eine Gesellschaft Seiltänzer ihren Eltern entführt worden" (WA I, 23, S. 169). Der Leser hält nun nicht mehr Mignon selbst, aber die fahrenden Seiltänzer, unter denen Mignon aufgewachsen und von denen sie dressiert worden ist, für Zigeuner, um so mehr, als der „Kinderraub" den Zigeunern damals häufig angedichtet wurde.[27] Mignon bekommt jedes Mal, wenn sie fürchtet, daß Wilhelm sie verlassen werde, Herzattacken, und als Therese ihn als „Geliebter" und „Gatte" begrüßt, fällt sie wie tot nieder (WA I, 23, S. 204).

Wilhelm hat nicht vor, Mignon und den Harfner zu verlassen. Doch der Erzähler läßt beide sterben, weil sie Wilhelm beim Eintritt in die Turmgesellschaft und Aufstieg in die Adelsgesellschaft im Weg sind. Im 8. Kapitel des 8. Buchs wird Mignon in einer befremdlichen Totenfeier in eine engelhafte Kunstfigur verwandelt. Und im 9. Kapitel erscheint ein italienischer Marchese und klärt die Turmgesellschaft und den Leser darüber auf, daß der Harfner, der Mignon begleitet, sein Bruder, und daß Mignon selbst das Kind seines Bruders und seiner Schwester sei und aufgrund dieses Inzests schon früh „eine sonderbare Natur" (WA I, 23, S. 272) gezeigt habe. Diese überraschende Lösung, die in der Urfassung fehlt, wird Mignon, wie ich meine, nicht gerecht, weil sie zwar anfangs „sonderbar", bei näherer Betrachtung aber „wunderbar" und später zunehmend sympathisch wirkt.

Goethes Mignon erscheint also zu Beginn als ein zigeunerhaftes Wesen, das Wilhelm und die Leser in seinen Bann zieht, und ganz am Schluß als ein der Wirklichkeit enthobenes poetisches Wesen, im Hauptteil des Romans aber als ein armes Menschenwesen, das weder seine Eltern noch seine Heimat kennt und das vom Erzähler mit Verständnis und Mitgefühl begleitet wird.

In *Wilhelm Meisters Wanderjahren*, deren erste Fassung 1820/21, also 25 Jahre nach den *Lehrjahren* und 43 Jahre nach Beginn der *Theatralischen Sendung* entstanden ist, trifft Wilhelm

---

25 In der *Theatralischen Sendung* steht im Refrain jedes Mal „Gebieter" (WA I, 52, S. 17).

26 Wenn man Mignon als „Symbol der Sehnsucht" bezeichnet wie Wilhelm Voßkamp (FA I, 9, S. 1402), versteht man ihre Sehnsucht als Wesensmerkmal und übersieht den Grund ihrer Sehnsucht.

27 Vgl. Wilhelm Solms: *Zur literarischen Tradition des „Kinderraubs"*. In: *„Diebstahl im Blick"? Zur Kriminalisierung der Zigeuner.* Seeheim 2004.

auf einer „frommen Wallfahrt" in Mignons Heimat, der Gegend am Lago Maggiore, einen Landschaftsmaler, der schon vor ihrer Begegnung einen Zyklus von Mignon-Bildern gemalt hat. Auf einem Bild sieht man Mignon in einer Gebirgslandschaft „mitten in einer schwer zu beschreibenden Horde".

> Die bunte zigeunerhafte Gesellschaft, roh zugleich und phantastisch, seltsam und gemein, zu locker um Furcht einzuflößen, zu wunderlich um Vertrauen zu erwecken. [...] Zwischen allem dem das liebenswürdige Kind, in sich gekehrt ohne Trutz, unwillig ohne Widerstreben, geführt aber nicht geschleppt. (WA I, 24, S. 355)

Der Maler hat sich demnach aufgrund seiner Lektüre des Romans vorgestellt, daß Mignon von „Zigeunern" entführt und ohne, aber nicht gegen ihren Willen weggeführt worden ist. Und er hebt durch seine Darstellung hervor, daß und worin sich das Kind von der „zigeunerhaften Gesellschaft" unterscheidet: Es ist gleichfalls „seltsam" und „phantastisch", aber nicht „roh" und „gemein", sondern „in sich gekehrt ohne Trutz" und „liebenswürdig".

Goethe hat für seinen *Wilhelm Meister* sowohl das positive Klischee der singenden und tanzenden Zigeunerin als auch das negative Klischee der vagabundierenden „Zigeunerhorde" benutzt und beide verbunden, indem er das unschuldige und „liebenswürdige Kind" in den *Lehrjahren* mit der Theatergruppe und in den *Wanderjahren* mit der Gauklergruppe konfrontiert hat.

Der junge Stürmer und Dränger hat die Zigeuner bedenkenlos für seine Absicht, die Bühne zu erobern, eingesetzt. Er hat die damals gängigen Vorurteile als literarische Motive für seine künstlerische Gestaltung verwendet, ohne zu bedenken, daß sie vom Zuschauer auf die Angehörigen dieser Minderheit bezogen werden. Der Weimarer Hofbeamte hat sein Interesse, sich in die „Gesellschaft von Zigeunern" zu versetzen, verloren und diese nur herangezogen, um die Gefährdung der öffentlichen Ordnung darzustellen. Der Autor des *Wilhelm Meister* hat dagegen die Wirkung seiner zigeunerhaften Mignon-Figur genau bedacht. Er hat sich die Anziehungskraft ihrer zigeunerhaften Erscheinung zunutze gemacht, zugleich aber die sentimentale Zigeuner-Schwärmerei seiner Zeit ironisiert und durch die Aufklärung über Mignons Leiden und ihre Verklärung zur Kunstfigur gezeigt, daß man diese Figur nicht auf eine reale Person, eine Sintiza, projizieren kann.

Trotzdem wurden in der Romantik viele Figuren geschaffen wie Clemens Brentanos Zinga (*Aloys und Imelde*), Achim von Arnims Susanne (*Die Kronenwächter*), E. T. A. Hoffmanns Emanuela (*Der Zusammenhang der Dinge*), Joseph von Eichendorffs Erwine (*Ahnung und Gegenwart*) und Kordelchen (*Dichter und ihre Gesellen*), die ähnlich aussehen, einen ähnlichen Charakter haben und ein ähnliches Schicksal erleiden und deshalb in der Forschung als „Mignons Schwestern" bezeichnet werden. Diese wurden ebenfalls als Kind von „Zigeunern" geraubt und aufgezogen, oder sie sind das uneheliche Kind einer Zigeunerin und eines Edelmanns. Sie sehen in dem jeweiligen Helden allein ihren „Geliebten", den sie durch Einsatz ihrer körperlichen Reize zu gewinnen suchen. Am Schluß sterben sie wie Mignon oder verschwinden im Dunkeln, damit sie der Heirat des Helden mit ihrem blaßhäutigen und auch sonst ziemlich blassen Widerpart nicht im Wege stehen. Die Dichter der Romantik suchen im Unterschied zu Goethe nicht zu verhindern, daß der Leser ihre Figuren auf eine Zigeunerin überträgt, und erzeugen in ihm die Vorstellung oder bestärken ihn darin, daß eine Zigeunerin in der zivilen Gesellschaft nicht lebensfähig sei.

Begegnung mit notleidenden Zigeunerinnen

Während Goethes zigeunerische Kunstfiguren befremdend wirken, weckt sein Portrait einer Zigeunerin, der er während der *Campagne in Frankreich* begegnet ist, unser Mitgefühl. Als er am 4. Oktober 1792 in einem Landhaus bei Sivry einquartiert war, bat eine Frauenstimme „auf gut Deutsch“ um Einlaß. Als man endlich öffnete,

> drang eine alte Marketenderin herein, etwas in ein Tuch gewickelt auf dem Arme tragend; hinter ihr eine junge Person, nicht häßlich, aber blaß und entkräftet, sie hielt sich kaum auf den Füßen. Mit wenigen, aber rüstigen Worten erklärte die Alte den Zustand, indem sie ein nacktes Kind vorwies, von dem jene Frau auf der Flucht entbunden worden [...] Die Mutter hatte, weil ihr die Milch verschwunden, dem Kinde, seitdem es Athem holte, noch keine Nahrung reichen können. Jetzt forderte die Alte mit Ungestüm Mehl, Milch, Tiegel, auch Leinwand das Kind hineinzuwickeln. Da sie kein Französisch konnte, mußten wir in ihrem Namen fordern, aber ihr herrisches Wesen, ihre Heftigkeit gab unsern Reden genug pantomimisches Gewicht und Nachdruck [...]. Dagegen war es sehenswerth, wie behend sie verfuhr. Uns hatte sie bald vom Feuer verdrängt, der beste Sitz war sogleich für die Wöchnerin eingenommen, sie aber machte sich auf ihrem Schemel so breit, als wenn sie im Hause allein wäre. In einem Nu war das Kind gereinigt und gewickelt, der Brei gekocht; sie fütterte das kleine Geschöpf, dann die Mutter, an sich selbst dachte sie kaum. Nun verlangte sie frische Kleider für die Wöchnerin, indeß die alten trockneten. Wir betrachteten sie mit Verwunderung; sie verstand sich auf's Requiriren. (WA I, 33, S. 113f.)

Die Alte, die später als „Zigeunerin“ (ebd., S. 115) bezeichnet wird, tritt in dem vornehmen Landhaus nicht bettelnd und unterwürfig auf, wie zu erwarten, sondern herrisch, anspruchsvoll, besitzergreifend, eben weil sie dabei nicht an sich denkt. In der Notsituation, die sofortige Hilfe erfordert, beachtet sie keine Standesgrenzen, und Goethe, der ihr als Übersetzer beistehen „mußte“, ebensowenig. Wie bestimmt und behend sie das hungrige Baby und seine erschöpfte Mutter versorgt, betrachten „wir“, der Autor und seine Leser – wie Wilhelm Meister die Gestalt der Mignon – mit „Verwunderung“ und mit Bewunderung. Goethes Bewunderung gilt der Frau als Individuum, das eine akute Notlage meistert, aber nicht als Angehöriger der Zigeuner. Deshalb hat seine Sympathie auch nicht auf seine nach dieser Begegnung entstandenen poetischen Zigeunerbilder abgefärbt.

HELMUT RECHENBERG

„Goethe hat ihn durch sein ganzes Leben begleitet" Werner Heisenbergs Auseinandersetzung mit Goethes Naturbild

Einleitung

Faust spricht im ersten Akt der Tragödie, in der Nacht des Aufbruchs zur höheren Erkenntnis, von dem Wesen der Natur, die sich nicht durch menschliche Überlegungen „mit Hebeln und mit Schrauben" (V. 675) entschlüsseln lasse, und dieser Ausspruch charakterisiert zugleich Goethes eigene, umfangreiche und sich über fünfzig Jahre erstreckende Beschäftigung mit naturwissenschaftlichen Fragen, welche mit der *Farbenlehre* von 1810 das gewichtigste Hauptstück lieferte. Wissenschaftshistorisch gesehen, fällt diese Publikation in die Zeit eines großen Umbruchs in der Physik, ja den Beginn einer Periode, in der nicht nur die heutige Optik, sondern auch alle anderen physikalischen Disziplinen Gestalt annahmen, und der Dichter selbst hat Pionierarbeit auf einem Teilgebiet der Optik, der sogenannten physiologischen Optik, geleistet. Dessenungeachtet haben die Zeitgenossen und späteren Generationen von Fachgelehrten die wesentlichen Grundlagen von Goethes intensiven Bemühungen um die physikalische Erkenntnis abgelehnt, wie es am deutlichsten vielleicht der Physiologe Emil du Bois-Reymond in seiner Berliner Rektoratsrede von 1881 mit den Worten ausdrückte: „Goethes Farbenlehre ist längst gerichtet".[1] Selbst der verbindlichere Kollege Hermann von Helmholtz urteilt im *Handbuch der physiologischen Optik*: „Goethes Darstellungen sind eben nicht als physikalische Erklärungen, sondern nur als bildhafte Versinnlichung des Vorganges aufzufassen".[2]

Der Widerspruch zwischen der ‚sinnlichen Anschauung' des Dichters Goethe und dem ‚begreifenden Verstand' des Physikers seit Galileo Galilei und Isaac Newton beschäftigte auch einen der ganz großen Physiker des 20. Jahrhunderts, Werner Heisenberg (1901–1976). Der in Würzburg geborene Pionier der modernen Atomtheorie stammte aus einer akademischen Familie und erhielt eine humanistische Schulbildung am bekannten Münchner Maximilians-Gymnasium. Ab 1920 studierte er mit Hauptfach Physik an den Universitäten München und Göttingen unter den hervorragenden Lehrern Arnold Sommerfeld und Max Born; er promovierte 1923 in München und habilitierte sich 1924 in Göttingen. Nach einem Forschungsaufenthalt in Kopenhagen bei Niels Bohr, dem Begründer des quantentheoretischen Atommodells, gelang ihm 1925 in Göttingen und auf der Insel Helgoland der Durch-

---

1 Emil du Bois-Reymond: *Goethe und kein Ende.* In: ders. (Hrsg.): *Reden von Emil du Bois-Reymond.* Leipzig [2]1912, Bd. 2, S. 170.

2 Hermann von Helmholtz: *Handbuch der physiologischen Optik.* Hamburg, Leipzig [2]1896, S. 307.

bruch zur Quantenmechanik, der modernen Atomtheorie; seine Unbestimmtheitsrelationen, die er 1927 in Kopenhagen entdeckte, und Bohrs daraus entwickelte ‚Komplementarität' von bestimmten beobachtbaren Größen legten ihre physikalische Deutung fest. Für diese Leistungen erhielt Heisenberg 1933 den Physik-Nobelpreis. Der Ordinarius für Theoretische Physik an der Universität Leipzig (1927–1942) und spätere Direktor am Kaiser-Wilhelm-Institut für Physik in Berlin (1942–1945) bzw. Direktor des Max-Planck-Instituts für Physik in Göttingen (1946–1958) und schließlich München (1958–1970) legte mit seinen Schülern die Grundlage zu vielen entscheidenden Anwendungen der Quantenmechanik in Festkörper-, Molekül-, Atomkern- und Elementarteilchenphysik.

Heisenberg, der Revolutionär des Naturbildes der Mikrophysik im 20. Jahrhundert, war auch ein großer Verehrer des Dichters Goethe, und er setzte sich insbesondere mit dessen naturwissenschaftlichen Schriften und Naturvorstellungen auseinander. Dieser lebendige Austausch erhielt zugleich eine wichtige Funktion in kritischen Momenten seines Lebens und Wirkens, von denen die folgenden drei Abschnitte berichten sollen.

I. Farbenlehre, Atomtheorie und „Deutsche Physik"

In einer brieflichen Mitteilung erinnerte sich Elisabeth Heisenberg, daß ihr Mann „ein sehr guter Goethe-Kenner war", „große Teile des *West-östlichen Divans* auswendig konnte", „die großen Romane sorgfältig gelesen" hat, „alle Dramen, natürlich den *Faust* sehr gut kannte", „viel Lyrik auswendig wußte" und „in den *Eckermann-Gesprächen* las"; auch die *Italienische Reise* wurde „in verschiedenen Versionen" in seinem Hause vorgetragen. Mit einem Worte: „Goethe hat ihn durch sein ganzes Leben begleitet".[3] Heisenberg seinerseits bezeugte, er habe auf Helgoland, in der kreativsten Phase der Entstehung der Quantenmechanik, den *West-östlichen Divan* stets bei sich getragen, und dieses Buch gehörte auch nach Aussagen seiner Jugendfreunde zu seiner Lieblingslektüre. Daneben beschäftigte ihn die Auseinandersetzung zwischen Goethe und Newton über die Farbenlehre immer wieder in seiner Laufbahn, sowohl als Physiker als auch in wissenschaftspolitischen Auseinandersetzungen.

Vermutlich findet sich der früheste dokumentierte Hinweis auf diese Beschäftigung in einem Brief an den Jugendfreund Robert Honsell. Heisenberg schrieb darin am 20. Februar 1924 aus Göttingen: „Neulich fiel mir ein Vortrag von Helmholtz über Goethe in die Hände, in dem er den Unterschied von subjektiver und objektiver Naturwissenschaft glänzend auseinander hält". Er zitierte dann etwas verkürzt die abschließenden Sätze aus einer Königsberger Rede des großen Physiologen vom Januar 1853 mit den wichtigen Feststellungen: Die Natur sei „dem Dichter sinnbildlicher Ausdruck des Geistigen", während der Physiker versuche, „die Hebel, Stricke und Rollen zu entdecken, welche hinter den Coulissen [der Natur] arbeitend diese regieren"; der Dichter jedenfalls möchte gern „die Sache so darstellen, als veränderten die Coulissen sich selbst und als würden sie durch die Idee des Kunstwerkes regiert".[4] Heisenberg hielt die letzte Anmerkung für einen „die Naturwissenschaften

---

[3] Elisabeth Heisenberg an Helmut Rechenberg, 12. 4. 1984.

[4] Hermann von Helmholtz: *Über Goethes naturwissenschaftliche Arbeiten.* In: ders.: *Vorträge und Reden.* Braunschweig [5]1903, Bd. 1, S. 23–45. Die von Heisenberg zitierten Passagen stehen auf S. 44 f. des Originals und lauten: „Auch die Natur ist dem Dichter sinnbildlicher Ausdruck des

zum Glück vernichtenden Vergleich" und gestand: „Mir gefiel dieser Satz, weil man dadurch ganz groß sieht, daß man durch die Naturwissenschaft dem *Wesen* der Dinge niemals nahe kommt".

Fast ein Jahrzehnt später konnte man die erste öffentliche Äußerung Heisenbergs zur *Farbenlehre* Goethes in einem gedruckten Leipziger Akademievortrag vom November 1932 nachlesen, in dem er unter anderem zur Entwicklungsgeschichte der Optik anmerkte:

> Dieser Verzicht auf Lebendigkeit und Unmittelbarkeit, der die Voraussetzung war für die Fortschritte der Naturwissenschaft seit Newton, bildet auch den eigentlichen Grund für den erbitterten Kampf, den Goethe gegen die physikalische Optik Newtons in seiner Farbenlehre geführt hat.[5]

Wie der Redner weiter betonte, war dieser Kampf für die wissenschaftsgeschichtliche Entwicklung durchaus auch fruchtbar; freilich bemängelte er, daß „einer der bedeutendsten Menschen" nicht konsequent einfach die gesamte Physik Newtons als „vom Teufel stammend" verurteilt hatte.

Obwohl oder vielleicht gerade weil seine eigene Wissenschaft auf der Grundlage der Newtonschen Physik stand, interessierte sich Heisenberg näher für die Goethesche *Farbenlehre*, wie wieder seine Frau bezeugte: „Als wir heirateten, zeigte mir mein Mann eines Tages Bilder, die er wohlverwahrt in seinem Schreibtisch liegen hatte". Diese einzelnen Blumenbilder waren gemalt von einer Leipziger Künstlerin, Hildegard Kress, die in der Akademie um 1935 einen Vortrag Heisenbergs „über die Goethesche *Farbenlehre* hörte und derart inspiriert davon war, daß sie diese Bilder malte nach den gehörten Prinzipien aus der *Farbenlehre* und dem Vortragenden schenkte".[6]

Kehren wir zu Goethes Kritik am Physiker Newton zurück, die er nicht nur in der *Farbenlehre* sehr polemisch ausdrückte. So äußerte er an mehreren Stellen erhebliche Skepsis

---

Geistigen. Die Physik versucht dagegen, die Hebel, Stricke und Rollen zu entdecken, welche hinter den Coulissen arbeitend, diese regieren, und der Anblick des Mechanismus zerstört freilich den schönen Schein. Deshalb möchte der Dichter gern die Stricke und Rollen hinwegleugnen, sie für die Ausgeburten pedantischer Köpfe erklären und die Sache so darstellen, als veränderten die Coulissen sich selbst und als würden sie durch die Idee des Kunstwerkes regiert". Es sollte in diesem Zusammenhang betont werden, daß die Rede von Helmholtz am Ende einer fast zweijährigen Beschäftigung des Königsberger Physiologen mit der Farbenlehre liegt, in der er die zusammengesetzten Farben experimentell untersuchte und die physikalische Farbenlehre von Thomas Young erweiterte. (Siehe z. B. Helmut Rechenberg: *Hermann von Helmholtz – Bilder seines Lebens und Wirkens.* Weinheim 1994, Kap. 18.)

5 Werner Heisenberg: *Zur Geschichte der physikalischen Naturerklärung.* In: ders.: *Gesammelte Werke.* Hrsg. von Walter Blum, Hans-Peter Dürr u. Helmut Rechenberg. Abt. A-C. München 1984 ff. (künftig: GW). Bd. C, I, S. 50–61; hier S. 58.

6 Elisabeth Heisenberg (Anm. 3). Die 1903 in Heilbronn geborene Hildegard Kress studierte in Stuttgart, u. a. bei Adolf Hölzel, und kam 1934 nach Leipzig. Später wanderte sie in die USA aus. Verfasser hat ihre Heisenberg geschenkten Bilder nach Goethes *Farbenlehre* selbst gesehen. Der von Elisabeth Heisenberg erwähnte Vortrag ihres Mannes um 1935 wurde sicher nicht in der Sächsischen Akademie der Wissenschaften gehalten; er könnte eventuell an der Kunstakademie stattgefunden haben. Ein Manuskript des Vortrags liegt im Nachlaß Heisenbergs nicht vor.

gegenüber dem von diesem (und den Physikern mindestens seit Galilei) vornehmlich benutzten theoretischen Hilfsmittel, wenn er schrieb:

> Wer bekennt nicht, daß die Mathematik, als eins der herrlichsten menschlichen Organe, der Physik von einer Seite sehr vieles genutzt; daß sie aber durch falsche Anwendung ihrer Behandlungsweise dieser Wissenschaft gar manches geschadet, läßt sich auch nicht wohl leugnen, und man findet's, hier und da, notdürftig eingestanden. (MA 10, S. 217)

Ebenso kritisch betrachtete Goethe die in der Physik (auch mindestens seit Galilei) gebräuchliche Versuchstechnik, denn er begann zunächst in dem früheren Aufsatz *Der Versuch als Vermittler von Objekt und Subjekt* (der übrigens erst nach der *Farbenlehre* veröffentlicht wurde) mit der Bemerkung: „Der Wert eines Versuchs besteht vorzüglich darin, daß er, er sei nun einfach oder zusammengesetzt, unter gewissen Bedingungen [...] jederzeit wieder hervorgebracht werden könne, so oft sich die bedingten Umstände vereinigen lassen", und fügte dann hinzu, „daß Ein Versuch, ja mehrere Versuche in Verbindung nichts beweisen", denn:

> In der lebendigen Natur geschieht nichts, was nicht in einer Verbindung mit dem Ganzen stehe, und wenn uns die Erfahrungen nur isoliert *erscheinen*, wenn wir die Versuche nur als isolierte Fakta anzusehen haben, so wird dadurch nicht gesagt, daß sie isoliert *seien*, es ist nur die Frage: wie finden wir die Verbindung dieser Phänomene, dieser Begebenheiten? (MA 12, S. 687f. u. 690)

Und schließlich betonte Goethe im Vorwort der *Farbenlehre* zwar die Notwendigkeit zu „theoretisieren", aber er wollte dieses „mit Bewußtsein, mit Selbstkenntnis", ja „mit Ironie [...] tun", denn er meinte, das sei nötig, „wenn die Abstraktion, vor der wir uns fürchten", keinen Schaden anrichten sollte (MA 10, S. 11).

Die Physiker im 19. Jahrhundert befolgten allerdings diese Ratschläge kaum, als sie ihr Fach in vielen Gebieten systematisch ausbauten, und auch die gewaltigen Fortschritte, die anfangs des nächsten Jahrhunderts mit gänzlich neuen theoretischen Vorstellungen und neuen Fachgebieten erzielt wurden, hatten mit Goethes Vorstellungen sicher wenig zu tun. Nachdem aber die Nationalsozialisten in Deutschland die Macht übernahmen, erhielten seine Anschauungen freilich ganz plötzlich eine unerwartete Brisanz in der Wissenschaftspolitik. Am 13. Dezember 1935 trug Johannes Stark, der Physik-Nobelpreisträger von 1919, in Heidelberg bei der Neueröffnung des nach seinem Kollegen Philipp Lenard benannten Instituts Ansichten vor, die an Goethe anzuknüpfen schienen. Er sagte nämlich folgendes:

> Da ist eine große Gruppe von Leuten vor allem in der Physik, die glauben, zur Gewinnung von Resultaten, zumindesten zu eindrucksvollen Abhandlungen oder sogar sensationellen Formulierungen gelangen zu können, wenn sie eine mathematisch prunkvoll eingekleidete Theorie machen oder von den Formeln solcher Theorien ausgehen. Es entspricht diese Art des Vorgehens der jüdischen Eigenart, die eigene Meinung, den eigenen Willen und Vorteil zum Maß aller Dinge und so auch der Naturerkenntnis zu machen. Die jüdische Physik, die so in den letzten drei Jahrzehnten entstanden ist und

sowohl von Juden wie von ihren nichtjüdischen Schülern und Nachahmern gemacht und propagiert wurde, hat folgerichtig auch in einem Juden ihren Hohenpriester gefunden, in Einstein. Aus ihm hat jüdische Reklame den größten Naturforscher aller Zeiten machen wollen. Einsteins Relativitätstheorien waren aber im Grunde nichts weiter als eine Häufung von gekünstelten Formeln auf Grund von willkürlichen Definitionen und Transformationen der Raum- und Zeitkoordinaten. Auf die Sensation und die Reklame der Einsteinschen Relativitätstheorie folgte die Matrizentheorie Heisenbergs und die sogenannte Wellenmechanik Schrödingers, die eine so undurchsichtig und formalistisch wie die andere.[7]

Stark fuhr nun fort, den „jüdische[n] Formalismus in der Naturforschung [...] unter allen Umständen zu verwerfen", und wandte sich dann noch einem zweiten Gesichtspunkt zu – wie er betonte, einem „unfruchtbar[..] oder wenigstens unfähig zu großen Entdeckungen und neuen Erkenntnissen" –, den er als „Technizismus in der Naturwissenschaft" bezeichnete. Er bemerkte dazu:

> In der Tat, es gibt nicht wenige Fachleute in allen Teilen der Naturwissenschaft, welche die Voraussetzung für die Gewinnung neuer Erkenntnisse oder gar Entdeckungen in einer möglichst hochentwickelten Technik sehen. [...] Eine hochentwickelte Technik der Meßgeräte erleichtert gewiß die Beobachtungen und gestattet eine Steigerung der Genauigkeit; [...] aber dadurch allein wird ein Fortschritt der Forschung nicht gewährleistet, ja manchmal sogar ein Rückschritt dadurch bedingt, daß die Bearbeitung einer Aufgabe nach einer fertigen Technik sich richtet, statt daß die Technik entsprechend den Besonderheiten der Aufgabe neu entwickelt wird. Und es ist lehrreich, daß gerade die großen Naturforscher ihre Entdeckungen mit einfachen technischen Hilfsmitteln gemacht haben.[8]

Was hier an mehreren Stellen durchaus Goethes Ansichten nahe zu sein scheint[9], diente Stark und anderen Parteigängern des Nationalsozialismus unter den deutschen Physikern zu einem die politische Situation ausnutzenden internen Angriff auf die gesamte moderne, besonders aber die moderne theoretische Physik. Deren gewichtigster aktiver Forscher und Lehrer im Deutschen Reich, Werner Heisenberg, bezog nun am 28. Februar 1936 zu einem früheren, im ‚Kampfblatt' des Regimes, dem *Völkischen Beobachter*, erschienenen Bericht – dieser hatte Starks Ansichten voll zugestimmt – ganz klar Stellung. Heisenberg bezeichnete insbesondere die Relativitätstheorie und die Quantentheorie als „bis in alle Einzelheiten bewährt" und zudem als die „selbstverständliche Grundlage weiterer Forschung", vor allem auf dem Gebiet der Atomphysik, und darüber hinaus als d i e „Fortsetzung der großen Tradition der Philosophie, die Kant mit erkenntnistheoretischen Untersuchungen über die Grundlagen der Naturwissenschaft eröffnet hat". Er schloß mit dem Satz: „Die Weiterführung dieser Entwicklung, von der vielleicht noch die stärksten Einflüsse auf die Struktur

7 Johannes Stark: *Philipp Lenard als deutscher Naturforscher*. In: Nationalsozialistische Monatshefte 7 (1936), S. 106–112; hier S. 106.

8 Ebd., S. 107.

9 Siehe dazu das Eingangszitat aus dem *Faust* und weitere kritische Bemerkungen Goethes über die Technik an vielen anderen Stellen seiner Dichtung.

unseres ganzen Geisteslebens ausgehen werden, ist eine der vornehmsten Aufgaben der deutschen wissenschaftlichen Jugend".[10]

Heisenbergs energisches Eintreten für die moderne theoretische Physik im Dritten Reich löste in den folgenden Jahren erst recht äußerst gefährliche Angriffe von Stark und den Anhängern der „Deutschen" oder „Arischen Physik" auf ihn selbst und einige andere Kollegen aus: sie wurden als die „Statthalter des Judentums im deutschen Geistesleben" bezeichnet, die „ebenso verschwinden müßten wie die Juden selbst".[11] Unter erheblichen, für ihn persönlich und beruflich durchaus gefährlichen Anstrengungen erreichte Heisenberg schließlich mit der Hilfe einflußreicher Kollegen im Sommer 1938 die Einstellung der Verleumdungen; trotzdem kostete ihn das Angreifen der regimetreuen Physiker die Nachfolge auf das Ordinariat seines Münchner Lehrers Sommerfeld. In zwei Beiträgen vertrat er dann 1940 und 1941 noch einmal ganz öffentlich seine wissenschaftlichen Überzeugungen: Zum einen stellte er in einem Aufsatz für die Zeitschrift der Gegner den wissenschaftlichen und technischen „Wert" der „modernen theoretischen Physik" deutlich heraus[12], zum anderen hielt er am 24. April 1941 in Budapest vor der dortigen *Gesellschaft für kulturelle Zusammenarbeit* einen Vortrag, in dem er Goethes und Newtons Farbenlehren „im Lichte der modernen Physik" diskutierte.[13]

Im Budapester Vortrag faßte er Gesichtspunkte zusammen, nach denen die Entscheidung über „richtig" und „falsch" in der von Goethe aufgeworfenen Frage „längst in allen Einzelfragen gefallen" war: „Die Goethe'sche Farbenlehre hat in der Kunst, der Physiologie, der Ästhetik vielfache Früchte getragen. Aber der Sieg, der Einfluß auf die [physikalische] Forschung des folgenden Jahrhunderts, ist der Newtonschen Farbenlehre geblieben", eben weil „Jene, unserer Anschauung so entfernte Grunderscheinung der Newtonschen Lehre nun der Meßkunst und der Mathematik den Zugang zu den optischen Phänomenen [eröffnet]" und „damit die Optik zu dem [wird], was man gemeinhin eine exakte Wissenschaft nennt, und [sich] bewährt als solche, indem sie uns lehrt, die genauesten optischen Instrumente zu bauen, die uns Teile der Welt erschließen, die den Sinnen unmittelbar nicht zugänglich wären".[14] Als Hauptergebnis aus seinen Erörterungen hielt Heisenberg nun fest: „Am richtigsten kann man vielleicht den Unterschied der Goetheschen und der Newtonschen Farbenlehre bezeichnen, wenn man sagt, daß sie von zwei ganz verschiedenen Schichten der Wirklichkeit handelten".[15] Anschließend deutete er an, wie sich gerade aus dem Verständnis der Unterschiede zwischen den beiden Farbenlehren Hinweise für eine

---

10 Werner Heisenberg: *Zum Artikel: „Deutsche und jüdische Physik"*. In: GW, Bd. C, V. München, Zürich 1989, S. 10 f. Den angesprochenen Artikel veröffentlichte W. Menzel im *Völkischen Beobachter* vom 29. 1. 1936.

11 Anonym: *„Weiße Juden" in der Wissenschaft*. In: Das Schwarze Korps, 15. 7. 1937, S. 7. Siehe dazu auch Helmut Rechenberg: *Einleitung zu Teil II*. In: ders. (Hrsg.): *Werner Heisenberg – Deutsche und jüdische Physik*. München 1992, S. 71 f.

12 Werner Heisenberg: *Die Bewertung der modernen theoretischen Physik*. In: GW, Bd. C, V, S. 14 f. Der Originalartikel steht in der *Zeitschrift für die gesamte Naturwissenschaft* 9 (1943), S. 201–212. Sie war das Verbandsorgan der Reichsstudentenschaft.

13 Werner Heisenberg: *Die Goethe'sche und die Newton'sche Farbenlehre in Lichte der modernen Physik*. In: GW, Bd. C, I, S. 146–160.

14 Ebd., S. 146 f. u. 148 f.

15 Ebd., S. 152.

Ordnung der verschiedenen Schichten der menschlichen Beschreibung der Wirklichkeit ergeben, die bald darauf das Thema seiner umfassendsten naturphilosophischen Abhandlung lieferte.

II. Heisenbergs „abgeschlossene Theorien", Goethes „Wirkungen in der Erfahrung" und die „Ordnung der Wirklichkeit"

Auf der Hauptversammlung der *Gesellschaft deutscher Naturforscher und Ärzte* in Hannover hielt Heisenberg am 17. September 1934 einen programmatischen Vortrag über die Veränderungen des Naturbildes der Physiker im vergangenen Jahrhundert.[16] Ausgehend von der sogenannten Klassischen Physik, deren Disziplinen sich gegen Ende des 19. Jahrhunderts gefestigt hatten, schilderte er vor allen Dingen die Wandlung, die während der gerade vergangenen drei Jahrzehnte Relativitätstheorie und Quantentheorie im ältesten und im jüngsten Gebiet der exakten Naturwissenschaft, nämlich in der Mechanik bzw. in der Elektrodynamik, hervorgerufen hatten. Während die Relativitätstheorie vor allem die Begriffe von Zeit und Raum sowohl auf der Erde als auch im gesamten Universum radikal veränderten, revidierte die Quantentheorie die bisher gebräuchlichen Vorstellungen von elektromagnetischer Strahlung und mechanischer Bewegung der Teilchen im Innersten der Materie, im Atom. Die Quantenmechanik veränderte schließlich nicht nur die mathematische Form der Beschreibung von atomaren Systemen, sondern rüttelte auch an den seit Jahrhunderten bewährten Grundkonzepten, wie der (möglichst strengen) Kausalität der Naturgesetze und der (von René Descartes festgeschriebenen) strengen Trennung von beobachtendem Subjekt (d. h. dem Naturwissenschaftler) und beobachtetem Objekt (d. h. dem Phänomen in der Natur und im Laboratorium). Als unmittelbare Folge kann man nun in der Atomphysik „aus einem Meßresultat nicht mehr direkt auf die Eigenschaften des beobachteten Objekts schließen", weil diese „nicht mehr Objekte einer unmittelbaren sinnlichen Erfahrung sind", sondern „den Bereich der täglichen Erfahrung, die von der klassischen Physik beherrscht wird, verlassen".[17] So bildete sich neben dem „abgeschlossenen System" (dieser Begriff stammt aus der Mathematik) der „Klassischen Physik" das neue, ebenso logisch wie formal abgeschlossene System der modernen Atomtheorie. Die benutzten, verschiedenen Grundbegriffe trennen die abgeschlossenen Systeme von „Klassischen Theorien" einerseits und „Quantentheorien" andererseits ganz eindeutig, und diese beiden Systeme beschreiben auch verschiedene Bereiche von physikalischen Phänomenen, nämlich auf der einen Seite die, welche im „Makrokosmos", und auf der anderen diejenigen, welche im „Mikrokosmos" ablaufen. Allerdings gibt es gleichzeitig auch im mathematischen Formalismus wie in der physikalischen Vorstellung ganz bestimmte Übergänge von den Quanten- zu den klassischen Theorien (geregelt durch das „Korrespondenzprinzip" von Niels Bohr) und – wie Heisenberg fortfuhr – möglicherweise solche von der Quantentheorie zum Bereich der Biologie, etwa wenn man die (ebenfalls von Bohr stammende) ‚Komplementarität' von bestimmten Größen in der Physik auf die beiden komplementären Beschreibungsmöglichkeiten – die strukturelle physikalisch-chemische und die funktionelle biologische – von lebendigen Wesen überträgt.

---

16 Werner Heisenberg: *Wandlungen der Grundlagen der exakten Naturwissenschaft in jüngster Zeit.* In: GW, Bd. C, I, S. 96–101.

17 Ebd., S. 99.

In seinem Budapester Vortrag von 1941 führte Heisenberg diesen Gedankengang weiter aus; er erwähnte zusätzliche Bereiche der Naturbeschreibung, indem er von Goethes Kritik an der Physik von Newton (und Galilei) ausging, besonders dessen Vorwurf aufgriff, es gebe „weitere und lebendigere Bereiche der Natur [...], die eben dieser Methode der Naturwissenschaft nicht zugänglich seien". Heisenberg räumte nun ein:

> Je weiter wir unseren Wunsch nach Erkenntnis auf die höheren, auch die geistigen Bereiche des Lebens richten, desto mehr werden wir uns mit einer nur aufnehmenden, betrachtenden Untersuchung begnügen müssen. Von diesem Standpunkt aus erschiene die Einteilung der Welt in einen subjektiven und einen objektiven Bereich als eine all zu große Vereinfachung der Wirklichkeit.

Statt dessen schlug er vor:

> Vielmehr könnten wir an eine Einteilung in viele ineinandergreifende Bereiche denken, die sich durch die Fragen, die wir an die Natur richten und durch die Eingriffe, die wir bei ihrer Beobachtung zulassen, voneinander abschließen. Bei dem Versuch, eine solche Einteilung in einfachen Begriffen festzulegen, werden wir erinnert an eine verwandte Ordnung der Bereiche, die wir in Goethes Nachträgen zur Farbenlehre lesen. Goethe betont dabei, daß alle Wirkungen, die wir in der Erfahrung bemerken, auf die stetigste Weise zusammenhängen; daß es gleichwohl unvermeidlich sei, sie voneinander zu trennen.[18]

Hier bezog sich der Physiker des 20. Jahrhunderts auf einen Abschnitt (Nr. 31) in Goethes *Chromatik* von 1820, in dem dieser auf die „Wirkungen [...] in der Erfahrung" einging, die „auf die stetigste Weise zusammenhängen", „ineinander übergehen" und „undulieren von der ersten bis zur letzten", und weiter fortfuhr: „Daß man sie von einander trennt, sie einander entgegensetzt, sie unter einander vermengt, ist unvermeidlich; doch mußte daher in den Wissenschaften ein grenzenloser Widerstreit entstehen" (MA 12, S. 609). Diese Wirkungen oder „Tätigkeiten, von der gemeinsten bis zur höchsten, vom Ziegelstein, der dem Dache entstürzt, bis zum leuchtenden Geistesblick, der dir aufgeht und den du mitteilst, reihen sie sich aneinander", und zwar etwa in der Folge, die Goethe vorzeichnete:

Zufällig,
Mechanisch,
Physisch,
Chemisch,
Organisch,
Psychisch,
Ethisch,
Religios,
Genial.
(MA 12, S. 609)

Was Goethe mit lebendigen Bildern verband – siehe auch seinen Kommentar dazu: „Ein Ziegelstein löst sich vom Dache los, wir nennen dies im gemeinen Sinne *zufällig*; er trifft die

18 Heisenberg (Anm. 13), S. 158f.

Schultern eines Vorübergehenden doch wohl *mechanisch*; allein nicht ganz mechanisch, er folgt den Gesetzen der Schwere und so wirkt er *physisch*" (*Wartesteine*; MA 12, S. 651) –, das begann Heisenberg nun in seinem Budapester Vortrag wie folgt zu übersetzen:

> Vom Standpunkt der modernen Naturwissenschaft würden wir die ersten Bereiche vielleicht etwas anders gegeneinander abgrenzen: statt mechanisch würden wir die Gesamtheit der Erscheinungen setzen, die der klassischen Physik zugänglich sind, also die Erscheinungen, bei denen eine streng kausale, raum-zeitliche Beschreibung durchgeführt werden kann. Der Bereich der Chemie würde die atomaren Vorgänge mit umfassen, und seine gesetzmäßige Struktur wäre durch die moderne Atomphysik klargelegt.[19]

Sodann verzichtete er auf einen eigenen Bereich „Physik" – der sich dem Inhalt nach in seiner Naturbetrachtung auf die Bereiche „Klassische Physik" und „Chemie" verteilte – und ebenso auf das Goethesche „zufällig", denn der Zufall spielt nun (auch in den höheren Bereichen) „eine durch die Naturgesetze [etwa in der Physik des 20. Jahrhunderts; H. R.] genau vorgeschriebene Rolle", so daß sich nun nach Heisenberg die „vier untersten Bereiche der Goetheschen Ordnung [...] in ihrer gesetzmäßigen Struktur, ihren Zusammenhängen und ihren gegenseitigen Abgrenzungen klar durchschauen [lassen]". Und er fuhr fort: „Die Grenzen und die innere Struktur des nächsten Bereiches, des Organischen glaubt die moderne Biologie, wenn auch undeutlich, bereits zu erkennen". Nur die Bestimmung der höheren Bereiche nahm er in Budapest noch nicht vor. Immerhin konnte er bereits schließen:

> Trennt man in dieser Weise die Wirklichkeit in verschiedene Gebiete, so löst sich der Widerspruch zwischen der Goetheschen und der Newtonschen Farbenlehre von selbst. Die beiden Theorien stehen an verschiedenen Stellen in jenem großen Gebäude der Wissenschaft.[20]

Freilich müssen nun auch diejenigen, die weiter „auf den Gebieten der exakten Naturwissenschaft" vordringen wollen, das Opfer bringen, „auf die lebendige Berührung mit der Natur [zu] verzichten, die Goethe als Vorbedingung für die tiefere Naturerkenntnis erschien".[21]

Die Veränderungen des naturwissenschaftlichen Weltbildes durch die moderne Atomtheorie führten andererseits aber auch die im 19. Jahrhundert aufgespaltenen Naturwissenschaften Physik und Chemie wieder zu einer neuen Einheit zusammen, die es nun erlaubt, weit über die irdischen Erscheinungen hinaus diejenigen Vorgänge, die im Kosmos, in den Sternen und Sternsystemen ablaufen, ja vielleicht selbst jene bei der Entstehung unserer gesamten Welt zu erfassen. Gleichzeitig eröffneten die grundlegenden Erkenntnisse der Atomphysik, wie bereits angedeutet, möglicherweise ein neues Verständnis der Lehre vom Leben, denn es liegt vielleicht auch eine ‚Komplementarität' vor zwischen der chemisch-physikalischen Struktur der biologischen Moleküle und der Erklärung der vitalen Funktionen der lebendigen Orga-

---

19 Ebd., S. 159.
20 Ebd.
21 Ebd.

nismen, der Pflanzen und Tiere. Aber, wie Heisenberg ein halbes Jahr später in seinem nächsten, an ein allgemeines Publikum gerichteten Leipziger Vortrag festhielt, muß sicher auch beim Übergang von der Chemie zur Biologie „ein völlig neuer Schritt der Erkenntnis vollzogen werden […], der um nichts leichter ist als der Schritt, der von der klassischen Physik zur Atomtheorie geführt hat".[22] Und ähnlich entscheidende Schritte, wie die Schaffung ganz neuer Begriffssysteme, verlangte der Physiker ebenso bei den folgenden Übergängen zu den nächsthöheren Schichten der Wirklichkeit.

Der Herbst des Jahres 1941 bildete einen kritischen Zeitpunkt im Leben des Physikers Heisenberg, der ihn vor geradezu existentielle Fragen stellte. Er war im September 1939, am Anfang des Krieges, zu einem militärischen Projekt eingezogen worden, das die Gewinnung von Atomkernenergie aus der Uranspaltung anstrebte, und seine eigenen Untersuchungen in Leipzig hatten im Sommer 1941 diese Möglichkeit bestätigt: in einer geeigneten Anordnung („Maschine" oder „Reaktor", wie man heute sagt) von Natururan und Schwerem Wasser sollte die großtechnische Energieerzeugung aus Atomkernen schließlich gelingen.[23] Damit wurde zugleich eine große Gefahr sichtbar, die er in einem Brief an den befreundeten Historiker Hermann Heimpel andeutete:

> Vielleicht erkennen wir Menschen eines Tages, daß wir tatsächlich die Macht besitzen, die Erde vollständig zu zerstören, daß wir also durch eigene Schuld durchaus einen ‚jüngsten Tag' oder so etwas, was ihm nahe verwandt ist, heraufbeschwören können. Doch es ist wohl noch Phantasterei, das zu denken.[24]

Als sich im folgenden Jahr der Krieg zum Weltkrieg ausweitete und eine steigende Not und die tödlichen Bombenangriffe der gegnerischen Parteien das Leben der Bevölkerung in Deutschland und Europa gefährdeten, arbeitete Heisenberg in seiner Freizeit ein umfangreiches Manuskript aus, in dem er seine „Ordnung der Wirklichkeit" in Anlehnung an Goethes „Wirkungen der Erfahrung" aufbaute und im Detail ausführte.[25]

In diesem großen Entwurf übersetzte er nun die „Tätigkeiten" des naturforschenden Dichters systematisch in die folgenden eigenen „Schichten der Wirklichkeit": „Mechanisch" und „Physisch" in „Die klassische Physik"; „Chemisch" in „Die Chemie", „Organisch" in „Das organische Leben", „Psychisch" in „Das Bewußtsein", „Ethisch" in „Symbol und Gestalt", „Religios" und „Genial" in „Die schöpferischen Kräfte".[26] Der gesamte

---

22 Werner Heisenberg: *Die Einheit des naturwissenschaftlichen Weltbildes.* In: GW, Bd. C, I, S. 161–192; hier S. 191.

23 Robert und Klara Döpel/Werner Heisenberg: *Versuche mit einer Schichtenanordnung von D_2O und Prä[parat] 38.* In: GW, Bd. A, II. Berlin 1989, S. 481–498; hier S. 490: „Die Energieerzeugung wird wahrscheinlich […] möglich sein".

24 Werner Heisenberg an Hermann Heimpel, 1. 10. 1941 (Werner-Heisenberg-Archiv). Heisenberg wußte überdies aus einer früheren theoretischen Arbeit Carl Friedrich von Weizsäckers, daß man in einem Energie erzeugenden Reaktor mit Natururan einen Stoff („Transuranelement") erzeugen kann, der sich wie das (in Deutschland bis Kriegsende unzugängliche Uranisotop 235) als „Sprengstoff" verwenden ließ. Siehe dazu auch Rechenberg (Anm. 11), S. 125.

25 Werner Heisenberg: *Ordnung der Wirklichkeit* (Ms. 1942). In: GW, Bd. C, I, S. 217–308.

26 Ebd., S. 236, 246, 259, 273, 279, 296.

Essay erscheint dem aufmerksamen, historische Perspektiven bedenkenden Leser wie eine Art philosophisches Vermächtnis des Atomphysikers Heisenberg, der in dieser Zeit der Barbarei, der Zeit eines „Kampfes verlogener Ideale gegen andere verlogene Ideale" Trost sucht in seiner Wissenschaft.[27] Dazu passen etwa die Bemerkungen im letzten Abschnitt:

> [...] betreten wir in der Wissenschaft einen Bereich, in dem das, was wir sagen, eben letzten Endes entweder wahr oder falsch ist, hier gibt es noch eine höhere Macht, die unbeeinflußt durch unsere Wünsche endgültig entscheidet und damit wertet. Am wichtigsten sind daher auch die Gebiete der reinen Wissenschaft, in denen von praktischen Anwendungen nicht mehr die Rede ist, in denen vielmehr das reine Denken den verborgenen Harmonien in der Welt nachspürt. Dieser innerste Bereich, in dem Wissenschaft und Kunst kaum mehr unterschieden werden können, ist vielleicht für die heutige Menschheit die einzige Stelle, an der ihr die Wahrheit ganz und nicht mehr verhüllt durch menschliche Ideologien und Wünsche gegenübertritt.[28]

Und er schloß mit der optimistischen Hoffnung:

> Solange dieser zentrale Bereich der Wissenschaft unangetastet bleibt, ist wohl auch die Gefahr nicht allzugroß, die dadurch heraufbeschworen wird, daß wir die Kräfte der Natur in viel höherem Maß beherrschen als frühere Zeiten. Diese Kräfte können in ihrer Wirkung zum Guten geleitet werden, solange sie noch durch uns von einer Mitte her geordnet werden, die nicht von uns, sondern von einer höheren Macht gesetzt ist. Nur wenn die ordnende Mitte fehlt, führen die Kräfte ins Chaos.[29]

Das philosophische Manuskript, das nach Heisenbergs Tod unter dem Titel *Ordnung der Wirklichkeit* veröffentlich wurde, und sein Autor überstanden Krieg und Chaos. Heisenberg gab seiner ersten Rede nach Kriegsende vor Studenten der Universität Göttingen am 13. Juli 1946 wieder ein programmatisches Thema: *Wissenschaft als Mittel zur Verständigung unter den Völkern.* Auch hier spielte der „zentrale Bereich" die wesentliche Rolle, wie der Redner abschließend betonte:

> Wenn also die Wissenschaft zur Verständigung unter den Völkern beitragen soll, so kann sie es nicht durch ihre praktische Wichtigkeit tun, weder durch die Wohltat, die sie etwa einem Kranken erweist, noch durch die Schrecken, mit denen sie einer politischen Macht Anerkennung erzwingt, sondern allein dadurch, daß sie den Blick zu dem zentralen Bereich wendet, von dem aus sich die Welt im ganzen ordnet, vielleicht also einfach dadurch, daß sie schön ist.[30]

---

27 Die historische Analogie zum *Trost der Philosophie* des Spätrömers Anicius Boetius bietet sich an. Elisabeth Heisenberg bestätigte dem Verfasser, daß ihr Mann dieses Werk aus der Umbruchszeit des beginnenden Mittelalters nicht nur besaß, sondern auch gerade in den Kriegsjahren las.

28 Heisenberg (Anm. 25), S. 306.

29 Ebd.

30 Werner Heisenberg: *Wissenschaft als Mittel zur Verständigung unter den Völkern.* In: GW, Bd. C, V, S. 384–394; hier S. 393.

III. Goethes Urphänomen und Heisenbergs Abstraktion

Ein wesentlicher Teil der Polemik Goethes gegen Newtons Physik richtete sich außer gegen dessen Experimentiermethode vor allem gegen den entscheidenden Gebrauch der Mathematik, die der naturforschende Dichter zwar in „den mittleren Zeiten" als „das vorzüglichste unter den Organen, durch welche man sich der Geheimnisse der Natur zu bemächtigen hoffte" (MA 10, S. 217), gelten ließ, der er aber zugleich vorwarf, durch falsche Anwendung der Wissenschaft auch geschadet zu haben. Mathematik war für Goethe in erster Linie eine Kunstfertigkeit, welche – ähnlich der Rhetorik – Wahres wie Falsches verteidigen konnte. Besonders freilich erschien ihm eine Eigenschaft der Mathematik verdächtig, die auf der Abstraktion der naturgegebenen Zustände beruht. Seine eigene wissenschaftliche Forschungsmethode ging vor allem von der Anschauung aus, blieb allerdings keineswegs bei dieser stehen, wie er im Vorwort zur *Farbenlehre* ganz ausführlich beschrieb:

> Jedes Ansehen geht über in ein Betrachten, jedes Betrachten in ein Sinnen, jedes Sinnen in ein Verknüpfen, und so kann man sagen, daß wir schon bei jedem aufmerksamen Blick in die Welt theoretisieren. Dieses aber mit Bewußtsein, mit Selbstkenntnis, mit Freiheit, und um uns eines gewagten Wortes zu bedienen, mit Ironie zu tun und vorzunehmen, eine solche Gewandtheit ist nötig, wenn die Abstraktion, vor der wir uns fürchten, unschädlich, und das Erfahrungsresultat, das wir hoffen, recht lebendig und nützlich sein soll. (MA 10, S. 11)

Als eine „dogmatische Theorie", gerade wegen ihrer mathematischen Abstraktionen und Formalismen, hatten auch Johannes Stark und die Vertreter der „Deutschen Physik" die moderne Atomtheorie Heisenbergs und Erwin Schrödingers verurteilt. Konnten sie sich damit etwa auf Goethes Furcht vor der Abstraktion berufen? In seinem zweiten großen Vortrag über das Naturbild Goethes, gehalten am 21. Mai 1967 in Weimar, beantwortete Heisenberg diese Frage in sehr differenzierter Weise:

> „Die Abstraktion, vor der wir uns fürchten." An dieser Stelle ist nun schon genau bezeichnet, wo Goethes Weg sich von dem der geltenden Naturwissenschaft trennen muß. Goethe weiß, alle Erkenntnis bedarf der Bilder, der Verknüpfung, der sinngebenden Strukturen. Ohne sie wäre Erkenntnis unmöglich. Aber der Weg zu diesen Strukturen führt unweigerlich später in die Abstraktion. Das hatte Goethe schon bei seinen Untersuchungen zur Morphologie der Pflanzen erlebt.[31]

Mit dem Phänomen der „Urpflanze" stand Goethe nach Heisenbergs Auffassung an der Grenze der Abstraktion, wenngleich er „sich selbst versagte, diese Grenze zu überschreiten". Allerdings hatte er „schon früh Kompromisse schließen müssen. Der wichtigste war wohl die Zustimmung zum kopernikanischen Weltbild, dessen Überzeugungskraft auch er nicht widerstehen konnte", mit dem aber nach Heisenbergs Überzeugung gerade die gesamte neuzeitliche Abstraktion des naturwissenschaftlichen Weltbildes in der theoretischen

31 Werner Heisenberg: *Das Naturbild Goethes und die technisch-naturwissenschaftliche Welt.* In: GW, Bd. C, II. München 1964, S. 394 f.; bes. S. 396.

und experimentellen Physik begonnen hatte.[32] In der *Farbenlehre* hatte Goethe diese Revolution sogar begrüßt und als den Schritt zu „einer bisher unbekannten, ja ungeahneten Denkfreiheit und Großheit der Gesinnungen" (MA 10, S. 618) bezeichnet. Heisenberg kommentierte erfreut: „Diese Stelle wird man auch allen jenen entgegenhalten müssen, die, um den von Goethe gefürchteten Gefahren zu entgehen, selbst in unserer Zeit versuchen, die Richtigkeit, die Verbindlichkeit der neuzeitlichen Naturwissenschaft in Zweifel zu ziehen".[33] In der Tat wurden im 20. Jahrhundert die Methoden der modernen Physik nicht bezüglich ihrer Richtigkeit oder Wahrheit in Frage gestellt, man mochte höchstens in Zweifel ziehen, ob die aus ihr gewonnenen Ergebnisse auch wirklich wertvoll seien.

Goethe hat sich mehrfach in seiner Dichtung – etwa im *Faust* oder im *Wilhelm Meister* – gegen das reine Nützlichkeitsargument in der Forschung ausgesprochen, das in der Physik erst nach seinem Tode eine überragende Geltung erlangte, vor allem wegen der wirtschaftlich überaus wichtigen Anwendungen von Erkenntnissen aus den Gebieten Mechanik, Thermodynamik und Elektrodynamik sowie später aus der Atomphysik. Für den Dichter wurde in der Natur – so faßte Heisenberg in seinem Weimarer Vortrag zusammen – im wesentlichen die göttliche Ordnung sichtbar, und bei deren Erkennen standen der Mensch und sein unmittelbares Naturerlebnis im Mittelpunkt.

> Diesem Inhalt des Naturerlebnisses muß sich, so glaubt Goethe, auch die wissenschaftliche Methode anpassen, und so ist das Suchen nach dem Urphänomen aufzufassen als das Forschen nach jenen der Erscheinung zugrundeliegenden, von Gott gesetzten Strukturen, die nicht nur mit dem Verstande konstruiert, sondern unmittelbar geschaut, erlebt, empfunden werden können.[34]

Und Heisenberg fuhr 1967 fort:

> Goethe empfindet sehr deutlich, daß die Grundstrukturen von einer solchen Art sein müssen, daß nicht mehr entschieden werden kann, ob sie der als objektiv gedachten Welt oder der menschlichen Seele zugehören, da sie für beide die Voraussetzung bilden. So hofft er, daß sie durch ‚Schauen, Wissen, Ahnen, Glauben' wirksam werden.[35]

Aber, so wandte der Physiker des 20. Jahrhunderts ein, „woher weiß Goethe, daß die eigentlichen, die tiefsten Zusammenhänge so unmittelbar sichtbar werden können [...]?", und er schlug als mögliche Auflösung vor:

> Mag es nicht sein, daß gerade, was Goethe als die göttliche Ordnung der Naturerscheinung empfindet, erst in der höheren Abstraktionsstufe in voller Klarheit vor uns steht? Kann an dieser Stelle nicht vielleicht die moderne Naturwissenschaft Antworten geben, die doch allen Goetheschen Wertforderungen Stand halten können?[36]

---

32 Ebd., S. 398.
33 Ebd., S. 399.
34 Ebd., S. 402 f.
35 Ebd., S. 403.
36 Ebd.

Man muß wissen, daß Heisenberg sich zeitlebens mit dem Problem befaßte, ob für ein Gebiet physikalischer Erscheinungen die sogenannte phänomenologische Beschreibungsweise wirklich zu tieferer Erkenntnis führen kann. Er selbst hatte in seiner Studienzeit mit Eifer diese theoretische Methode benutzt, um komplizierte Beobachtungen in der Atomspektroskopie zu erklären, und er hatte so einige beachtliche Erfolge erzielt, die aber erst später durch die Quantenmechanik grundsätzlich bestätigt werden mußten. In der Elementarteilchenphysik der ersten Jahrzehnte nach dem 2. Weltkrieg wurden nun gerade rein phänomenologische Methoden wieder von vielen, vor allem amerikanischen Kollegen virtuos gehandhabt, um die beobachteten komplizierten Hochenergieprozesse pragmatisch zu beschreiben, während Heisenberg sich damals um eine ‚fundamentale' Theorie bemühte, eine auf neuen Begriffen aufbauende, einheitliche Quantenfeldtheorie für alle Elementarteilchen und die zwischen ihnen herrschenden Kräfte. Er bemerkte dazu:

> Wer im Pragmatismus aufgewachsen ist, wird eine phänomenologische Theorie um so höher bewerten, je mehr Erfolge sie aufweisen kann, je genauere Voraussagen sie zu geben gestattet. Wer jedoch schon früh von der Überzeugungskraft des platonischen Denkens ergriffen worden ist, wird die phänomenologischen Theorien vor allem danach beurteilen, ob und wieweit sie zum Verständnis der eigentlichen Zusammenhänge führen können.[37]

Goethe schwebte nun sicher kein amerikanischer Pragmatismus vor, als er von naturwissenschaftlichen Phänomenen, wie etwa zum ersten Mal von der „Urpflanze" sprach. Das war eine komplexe, seither vieldiskutierte Erscheinung, auf die Heisenberg nun in seinem Weimarer Vortrag einging. Insbesondere betrachtete er die „Urpflanze" im Lichte der modernen Molekularbiologie und ordnete ihr darin die 1953 von James Watson und Francis Crick gefundene „Doppelhelixstruktur" der für genetische Prozesse zentralen chemischen Substanz DNA zu. Der Unterschied zwischen dem Goetheschen Standpunkt und der heutigen Biologie entspräche dann nach seiner Meinung dem Unterschied zwischen den beiden platonischen Erkenntnisarten der „Dianoia", d. h. dem unmittelbaren Gewißwerden, und der „Episteme", d. h. dem Durchanalysieren, argumentierte Heisenberg und merkte weiter an:

> Man wird aber dort, wo es sich, wie in der Biologie, um das Erkennen ganz großer Zusammenhänge handelt, die in der Natur von Anfang an vorhanden und nicht etwa von Menschen gemacht sind, eine gewisse Annäherung [der beiden Erkenntnisarten; H. R.] feststellen können. Denn die ganz großen Zusammenhänge werden in den Grundstrukturen, in den so sich manifestierenden platonischen Ideen sichtbar, und diese Ideen können, da sie von der dahinterliegenden Gesamtordnung Kunde geben, vielleicht auch von anderen Bereichen der menschlichen Psyche als nur von der Ratio aufgenommen werden, von Bereichen, die eben selbst wieder in unmittelbarer Beziehung zu jener Gesamtordnung und damit auch zur Welt der Werte stehen.[38]

Heisenberg beendete seine Ausführungen von 1967 mit der Feststellung, daß seit dem 19. Jahrhundert nicht nur die Naturwissenschaft, sondern auch die Kunst Wege beschritten

---

37 Werner Heisenberg: *Die Rolle der phänomenologischen Theorien im System der theoretischen Physik.* In: GW, Bd. C, II, S. 384–387; hier S. 386.

38 Heisenberg (Anm. 31), S. 407 f.

habe, vor denen Goethe ausdrücklich gewarnt hatte, nämlich die erstere zur „Abstraktion und Technik" und die letztere „ins Innere der menschlichen Seele". Viele Menschen hätten daher Goethes Einsichten als durch die neueren Entwicklungen endgültig überholt empfunden. Andererseits zeigte Heisenberg selbst vielleicht in exemplarischer Weise, wie man in fruchtbarer Auseinandersetzung mit dem naturwissenschaftlichen Weltbild des großen Dichters den Inhalt des eigenen Forschens tiefer verstehen kann. Er schloß mit den Worten:

> Wir werden von Goethe auch heute noch lernen können, daß wir nicht zugunsten des einen Organs, der rationalen Analyse, alle anderen verkümmern lassen dürfen; daß es vielmehr darauf ankommt, mit allen Organen, die uns gegeben sind, die Wirklichkeit zu ergreifen und sich darauf zu verlassen, daß diese Wirklichkeit dann auch das Wesentliche, das „Eine, Gute, Wahre" spiegelt. Hoffen wir, daß dies der Zukunft besser gelingt, als es unserer Zeit, als es meiner Generation gelungen ist.[39]

Goethe hat Heisenberg in der Tat durch das ganze Leben begleitet. Er diente ihm nicht als Antipode seiner physikalischen Theorien, mit dem er sich im Detail auseinanderzusetzen hatte – diese Aufgabe war bereits im 19. Jahrhundert von den Physikern entschieden gelöst worden, selbst hinsichtlich der physiologischen Seite, zu der Goethe selbst wesentliche Pionierarbeit geleistet hatte.[40] Heisenberg entwickelte vielmehr, gerade in einer für ihn selbst und seine Wissenschaft politisch gefahrvollen Zeit, aus den Ansätzen des verehrten Dichters und Denkers konkrete Vorstellungen für den zukünftigen Ausbau des menschlichen Wissens von der Natur weit über die durch die moderne Atomphysik geschaffenen Grundlagen hinaus, die vielleicht einen wichtigen Beitrag bilden zur Überwindung der Kluft zwischen Natur- und Geisteswissenschaften – ein Ziel, das Goethe sicher vorschwebte.

---

39 Ebd., S. 409.

40 Den Schlußstein setzte der Entdecker der Wellenmechanik, Erwin Schrödinger, mit seinen umfangreichen Aufsätzen: *Grundlinien einer Theorie der Farbmetrik im Tagessehen.* I.–III. In: Annalen der Physik 63 (1920), S. 397–426, 427–456, 481–620.

DOKUMENTATIONEN UND MISZELLEN

GEORG KURSCHEIDT/NORBERT OELLERS/ELKE RICHTER

*Fünf unbekannte Briefe Goethes**

Vorbemerkung

Mit der Edition von fünf unbekannten Briefen Goethes wird eine Quellenpublikation fortgeführt, deren erste Folge im Goethe-Jahrbuch 2002 erschienen ist.[1] Anliegen der Reihe ist es, einige der in Vorbereitung der historisch-kritischen Gesamtausgabe der Goethe-Briefe neu entdeckten Texte, die innerhalb der Ausgabe erst in größeren zeitlichen Abständen erscheinen werden, möglichst rasch der Forschung und einer interessierten Leserschaft zugänglich zu machen.

Für die vorliegende Veröffentlichung wurden wiederum ungedruckte Handschriften aus den Beständen des Goethe- und Schiller-Archivs der Stiftung Weimarer Klassik und Kunstsammlungen ausgewählt. Sie sind – wie der vermutlich an Christian Gottlob Voigt gerichtete Brief (Nr 4849a+) oder das Schreiben an Carl Michael Marx (Nr 42147b+) – erst Ende der 1990er Jahre als Neuerwerbungen ins Archiv gelangt oder wurden im Zuge der intensiven wissenschaftlichen Bestandserschließung entdeckt (Nr 45148a+, Nr 45259b+ und Nr 47100a+). Die chronologische Einordnung dieser vorab publizierten Briefe in den gesamten derzeit bekannten Textbestand ist mit Hilfe des frei über das Internet zugänglichen elektronischen *Repertoriums der Goethe-Briefe* möglich. Seit 2003 sind auch, wie angekündigt, die Briefe an Goethe in Regestform auf der Grundlage der bereits erschienenen Bände der *Regestausgabe* (RA) über das Internet verfügbar und durch die WA-Nummern mit dem Briefrepertorium verknüpft.[2]

---

* Dieser Beitrag folgt den redaktionellen Richtlinien der vorgestellten Edition.

1 Vgl. Georg Kurscheidt/Norbert Oellers/Elke Richter: *Sechs unbekannte Briefe Goethes.* In: GJb 2002. Bd 119. Weimar 2003, S. 183–202.

2 Beide Datenbanken sind zu erreichen über die Homepage der Stiftung Weimarer Klassik und Kunstsammlungen: Online-Angebote / Online-Datenbanken, oder direkt über folgende Adressen: http://ora-web.swkk.de:7777/swk-db/goerep/index.html – http://ora-web.swkk.de:7777/swk-db/goeregest/ index.html – Die Briefzählung der vorliegenden Veröffentlichung folgt – wie die Zählung des *Repertoriums der Goethe-Briefe* – der vierten Abteilung der *Weimarer Ausgabe.* Für die elektronische Sortierung wurden die Nummern der Bände 1 bis 30 durch vorangestellte Nullen jeweils zu fünfstelligen Zahlen ergänzt (z. B. 00001, d. i. Brief Nr 1 des Bandes 1). Von Bd 31 bis Bd 49 der WA IV sind die Briefe bandweise gezählt. Um weitere individuelle Briefnummern zu erhalten, wurde die Bandnummer mit der Briefnummer kombiniert (z. B.: 31001, d. i. Brief Nr 1 des Bandes 31). Für alle nicht in der *Weimarer Ausgabe* gedruckten Briefe (Addenda) wurden a+-Nummern vergeben.

Die typographisch-formale Darbietung der Texte, ihre Konstitution und Kommentierung erfolgen, soweit dies im Rahmen der vorliegenden Publikation möglich ist, nach den Grundsätzen der Gesamtausgabe[3]. Gegenüber der ersten Folge haben sich die Herausgeber zu einer veränderten Form der Variantendarbietung entschlossen. Durch die stärker visualisierte Art der Darstellung soll der Schreibprozess für den Leser anschaulicher und leichter nachvollziehbar werden. – Da die Brieftexte im vorliegenden Druck aus satztechnischen Gründen ohne Zeilenzähler erscheinen müssen, wurden die im Fußnotenapparat mitgeteilten Varianten der beiden umfangreicheren Briefkonzepte (Nr 45148a+ und 45259b+) durchgezählt; bei dem nur wenige Zeilen umfassenden Konzeptfragment (Nr 47100a+) wurde auf die Zählung verzichtet. In der Ausgabe werden die Varianten durch Zeilenzahlen der entsprechenden Textstelle zugeordnet, so dass der edierte Text keinerlei Zusätze aufweisen wird.

Notwendige Modifizierungen ergaben sich auch bei den Erläuterungen, da die Briefe, herausgelöst aus ihrem zeitlichen und inhaltlichen Kontext, als Einzelstücke kommentiert werden mussten. Dennoch lassen bereits die Beispiele der ersten beiden Folgen dieser Quellenpublikation erkennen, dass – selbst bei Einbeziehung aller Vorarbeiten wissenschaftlicher Briefwechseleditionen und neuerer Studienausgaben – die vermutlich größte Herausforderung der neuen Ausgabe in der umfassenden wissenschaftlichen Erläuterung der Briefe bestehen wird.

Der Umfang der Kommentierung resultiert zum einen aus den Besonderheiten des Genres Brief. Als persönliche Mitteilungen an einen oder wenige Adressaten gerichtet, sind Briefe im höchsten Grad subjektiv und daher ähnlich wie Tagebücher weitaus erläuterungsbedürftiger als von vorn herein zur Veröffentlichung bestimmte Texte. Meist setzen sie beim Empfänger das Interesse an den individuellen Lebensumständen und -bezügen des Briefschreibers ebenso voraus wie die Kenntnis dieser Gegebenheiten. Einem vertrauten Adressaten gegenüber genügen knappe Andeutungen und versteckte Hinweise, mit denen der uneingeweihte Leser ohne eine Erklärung kaum etwas anzufangen weiß. In Briefen ist zudem oft vieles von Belang, das nicht direkt zur Sprache kommt, gleichwohl aber für das Verhältnis zwischen Briefschreiber und Adressat bestimmend sein kann und daher einer Erläuterung bedarf.

Besondere Anforderungen an die Kommentierung erwachsen im Fall von Goethes Briefen zudem aus der thematischen Komplexität des Goetheschen Briefwerks. Um die Briefe angemessen zu erläutern, sind Kenntnisse in den unterschiedlichsten geistes- und naturwissenschaftlichen Disziplinen erforderlich. Es ist daher unumgänglich, fachübergreifende Kooperationen einzugehen und zu festigen. Für die vorliegende Publikation gilt unser Dank besonders Herrn Dr. Thomas Nickol, Mitarbeiter der historisch-kritischen Ausgabe von Goethes *Schriften zur Naturwissenschaft* an der Deutschen Akademie der Naturforscher Leopoldina in Halle, der uns bei der Kommentierung des Briefes an Carl Michael Marx (Nr 42147b+) durch seine freundlich zur Verfügung gestellten Fachkenntnisse unterstützt hat.

---

3 Vgl. Elke Richter: *Zur historisch-kritischen Gesamtausgabe von Goethes Briefen.* In: *Goethe-Philologie im Jubiläumsjahr – Bilanz und Perspektiven. Kolloquium der Stiftung Weimarer Klassik und der Arbeitsgemeinschaft für germanistische Edition 26. bis 27. August 1999.* Hrsg. von Jochen Golz. Beihefte zu editio 16. Tübingen 2002, S. 123–145, bes. S. 131–145; Georg Kurscheidt: *Überlegungen zur Kommentierung von Briefen mit Beispielen aus Goethes Briefen.* In: *Goethe-Philologie im Jubiläumsjahr*, S. 147–165.

4849A+ An Christian Gottlob Voigt d. Ä.?

⟨Weimar, Freitag, 10. Februar 1804?⟩

Voß bleibt heute hier und ich habe die Sache schon wieder ganz ordentlich mit ihm durchgesprochen, und dabey jene Betrachtungen im Sinne gehabt. Es wird sich alles recht hübsch geben. Bedencken Sie das Weitere wir haben biß gegen Abend Zeit da Sie uns dann vielleicht ein wenig besuchen. G

4849a+ An Christian Gottlob Voigt d. Ä.?

⟨Weimar, 10. Februar 1804? → Weimar⟩

DATIERUNG

Der vorliegende Brief wurde auf einem Briefpapier geschrieben, das Goethe in den Jahren zwischen 1797 und 1806 benutzte (vgl. zur Überlieferung). Der Brief wurde offenbar in Weimar geschrieben, und zwar zu einem Zeitpunkt, an dem sich Johann Heinrich Voß, Vater oder Sohn, in der Stadt aufhielt. Es ging um eine Angelegenheit, an deren Erörterung neben Voß und Goethe auch der nicht genannte Adressat des Briefes teilnahm. Außerdem lässt die Formulierung am Anfang des Briefes – Voß bleibt heute hier – *annehmen, dass der Genannte seinen Wohnsitz nicht in Weimar hatte. Da der jüngere Voß Ende April 1804 nach seiner Berufung ans Gymnasium nach Weimar übersiedelte und von dort im November 1806 seinem Vater nach Heidelberg folgte, dürfte der Brief vorher geschrieben worden sein (vgl. Hans Gerhard Gräf: Goethe und Schiller in Briefen von Heinrich Voß dem jüngeren. Leipzig ⟨1896⟩, S. 37–39 u. 104). In diesem Fall könnten die genannten Umstände auf den Februar 1804 zutreffen, und der im Brief erwähnte Voß wäre der Vater: Johann Heinrich Voß d. Ä. war 1802 nach zwanzig Jahren aus dem Amt des Rektors der Lateinschule in Eutin ausgeschieden und hatte sich im September desselben Jahres als Privatgelehrter in Jena niedergelassen. Die Anstellung seines Sohnes Johann Heinrich als Weimarer Gymnasialprofessor im Jahr 1804 war mit dem Wunsch Goethes und des Herzogs Carl August verbunden, auch den Vater langfristig an Weimar zu binden, und zwar durch das Angebot, das Direktorium des Gymnasiums und die Leitung des gesamten höheren Schulwesens zu übernehmen. Anfang Februar regte der Weimarer Kammerpräsident Christian Gottlob Voigt in einem Brief an Goethe an, von Voß eine „bestimmte Erklärung" zu erbitten (GV 3, 38). Daraufhin lud Goethe Voß am 8. Februar nach Weimar ein, und zwar für den nächsten Tag, Donnerstag, den 9. Februar,* weil Herr Geheimde Rath Voigt die folgenden Tage sehr beschäftigt ist, morgen aber wohl mit uns speisen und bis gegen Abend verweilen könnte. Sie könnten gleich bey mir absteigen und dadurch ein mehreres incognito, wie Sie wünschen, erhalten. Wollen Sie die Nacht über bleiben, so findet sich alsdann schon ein Quartier. *(WA IV 17, 62.) Aus Goethes Tagebuch geht hervor, dass sich Voß zusammen mit seiner Frau vom 9. bis zum 11. Februar in Weimar aufhielt (vgl. WA III 3, 98). Goethes Formulierung, er habe* die Sache schon wieder *mit Voß erörtert, setzt voraus, dass ein erstes Gespräch bereits stattgefunden hatte. In Goethes Tagebuch heißt es unter dem 9. Februar:* Dieselben ⟨*Voß und Frau, Eichstädt*⟩ Mittags nebst Hrn. Geh.Rath Voigt und ⟨*dessen Sohn*⟩ Hrn. R. R. Voigt. Abends Hr. Hofrath v. Schiller. *(WA III 3, 98.) Am Tag darauf kam es dann zu einer erneuten Unterredung am* Mittag mit Voßens allein. *(Ebd.) Danach entschied sich Voß offenbar, noch einen Tag in Weimar zu bleiben, so dass Goethe Voigt, der tagsüber* sehr beschäftigt *(s. o.) war, im vorliegenden Brief, der demnach vermutlich vom 10. Februar 1804 stammt, für den Abend noch einmal einlud:* Abends kamen Hr. Geh.R. Voigt, Hr. Prof. Meyer, Hr. Ehlers. *(Ebd.)*

ZUM ADRESSATEN
Der Brief ist vermutlich an den Geheimen Rat Christian Gottlob Voigt gerichtet, der an den Gesprächen, die Goethe mit Voß führte, teilnahm. Vgl. zur Datierung.

ÜBERLIEFERUNG
H: GSA Weimar, Sign.: 29/528,I, Bl. 103. – 1 Bl. 15,5 (–15,7) × 9,2 (–9,4) cm, 1 S. beschr., egh., Tinte; Bordüre aus perspektivischem Zickzackband (vgl. Mick, Nr 12). – Unveröffentlicht.

ERLÄUTERUNGEN
Der Brief beantwortet keinen Brief Voigts. – Eine Antwort Voigts ist nicht bekannt.

Christian Gottlob (seit 1807: von) Voigt (1743–1819), Verwaltungsbeamter und Minister, lebte seit 1777 in Weimar, nachdem er zum Regierungsrat ernannt worden war. Goethes Beziehung zu dem treuen und ewig unvergeßlichen Geschäftsfreunde *(Tag- und Jahres-Hefte 1806; WA I 35, 269,23 f.) begann im Jahr 1783, als Voigt auf Goethes Wunsch dessen Mitarbeiter in der Ilmenauer Bergwerkskommission wurde. Voigt wurde Goethes engster Amtsgefährte auch in der Ilmenauer Steuerkommission sowie in Angelegenheiten des Weimarer Schlossbaus, im Wasserbaugeschäft, in der Verwaltung der Universität Jena und anderer wissenschaftlicher und künstlerischer Anstalten in Weimar und Jena. Im Lauf seiner Tätigkeit wurde Voigt 1789 Geheimer Regierungsrat, 1791 Geheimer Assistenzrat im Geheimen Consilium, 1794 Geheimer Rat und 1815 Staatsminister. In einem Brief an Goethe vom 19. Juli 1816 resümierte Voigt die gemeinsame Arbeit: „Es bleibt ⟨...⟩ der schönste Teil meines armen Lebenslaufes – mit Ihnen für Vaterland und Wissenschaft gelebt zu haben.“ (GV 4, 238.) Für Goethe selbst entsprach die Beziehung zu Voigt der* Nothwendigkeit des Zusammenhaltens geprüfter Freunde *(Festliche Lebens-Epochen und Lichtblicke traulicher Verhältnisse, vom Dichter gefeiert; WA I 4, 77,11 f.). Vgl. dazu auch Goethes Gedicht an „Herrn Staats-Minister von Voigt zur Feier des 27. Septembers 1816“ (WA I 4, 15 f.). – Literaturhinweise: Wolfgang Huschke: Christian Gottlob von Voigt. In: Ders.: Ministerkollegen Goethes. In: Genealogie und Heraldik 1 (1948/49), S. 180 bis 185; Willy Andreas: Goethe und der Minister Voigt. In: Euphorion 48 (1954), S. 98–101; Hans Tümmler: Goethe in Staat und Politik. Gesammelte Aufsätze. Köln, Graz 1964; Ders.: Goethe der Kollege. Sein Leben und Wirken mit Christian Gottlob von Voigt. Köln, Wien 1970.*

Voß] *Johann Heinrich Voß d. Ä. (1751–1826), Schriftsteller und Mitbegründer des Göttinger Hains, Herausgeber des Göttinger „Musen-Almanachs“, Übersetzer des Homer und anderer antiker Autoren; vgl. auch zur Datierung.*

jene Betrachtungen] *Es konnte nicht ermittelt werden, was im Einzelnen damit gemeint ist. In seinem Brief an Goethe von Anfang Februar hatte Voigt u. a. zu bedenken gegeben, ob Voß nicht zu bewegen sei, „zu gewissen in das Schul- und wissenschaftliche Wesen einschlagenden Beratungen und Plan-Entwerfungen (z. E. wegen der Lektionen) sich schriftlich zu engagieren, als welches an die Stelle einer formellen Dienstannahme treten könne, die selbiger wenigstens öffentlich nicht eingehen will.“ (GV 3, 38 f.)*

Es wird sich alles recht hübsch geben.] *Ähnlich schrieb Goethe am 15. Februar an Eichstädt:* Die Voßische Angelegenheit wird sich auf eine sehr erwünschte Weise entscheiden. *(WA IV 17, 70.) – Goethes Bemühungen um Voß waren erfolglos. Zwar folgte dieser einem vorteilhaften Ruf an die Universität Würzburg zunächst nicht, doch im Frühjahr 1805 nahm er das Angebot einer Sinekure-Professur (Stelle eines Professors ohne Amtsgeschäfte) an und ging im Juli 1805 an die Universität Heidelberg. Dort blieb er bis zu seinem Tod. Johann Heinrich Voß d. J. schied nach einer langwierigen Erkrankung bereits 1806 wieder aus dem weimarischen Schuldienst aus, folgte seinen Eltern nach Heidelberg und wurde 1807 außerordentlicher*

Professor der griechischen Sprache am dortigen Philologischen Seminar, 1809 Ordinarius. – Vgl. Hans Gerhard Gräf: Heinrich Voß und sein Verhältnis zu Goethe und Schiller, in: Ders.: Goethe. Skizzen zu des Dichters Leben und Werken. Leipzig 1924, S. 227–266.

G. K.

42147b+ An Carl Michael Marx

Weimar, Freitag, 4. Mai 1827

Ew. Wohlgebl.

Haben in dem Jahrbuch der Chemie und Physik für 1827. Band 1. Heft 1. S. 132 uns auf ein T ö n e n aufmerksam gemacht, welches Glasröhren von einer gewissen Gestalt in der Flamme der Glasbläser-Lampen verursachen. Da Sie Sich nun in Verbindung mit einem vorzüglichen Mechanikus dieser Erscheinung so weit bemächtigt haben, daß Sie ein musikalisches Instrument auf solcher Basis zu errichten das Zutrauen gewannen; so wollte ich Sie dringend ersuchen, gedachtes Erhitzen und Erglühen zwischen der doppelten Spiegelung vorzunehmen, da denn wahrscheinlich die bekannten gefärbten Figuren in ihren Entstehen und Verschwinden zum Vorschein kommen und ihre Verwandtschaft mit den Chladnischen noch genauer documentiren werden.

Die Sache interessirt mich höchlich; da ich mich aber mit diesen schönen und wichtigen Angelegenheiten gegenwärtig nicht befassen darf, (deshalb auch eine Erwiederung auf Ihr freundliches Schreiben nicht erfolgen konnte): so würde mir doch höchst angenehm seyn durch Ew. Wohlgebl. bey glücklichem Gelingen den Apparat bezeichnet zu sehen, wodurch die Erscheinung sich am leichtesten und sichersten darstellen ließe.

Sollte hiebey jedoch Einiges vorkommen was zu dem Geheimniß Ihrer Untersuchung gehörte, so verspreche solches treu zu bewahren, allenfalls auch schon mit der bloßen Nachricht, daß der Versuch gelungen sey, mich zu begnügen.

In vorzüglicher Hochachtung
Ew Wohlgebl

Weimar
den 4. May
1827.

ergebenster Diener
JWvGoethe

42147b+ An Carl Michael Marx

Weimar, 4. Mai 1827 → ⟨Braunschweig⟩

ÜBERLIEFERUNG

H: GSA Weimar, Sign.: 29/324,I. – Doppelblatt 21,3 × 26,2 cm, 2 S. beschr., Schreiberhd (John), egh. Schlussformel (von In vorzüglicher *bis* Diener*) und Unterschrift, Tinte. – Unveröffentlicht.*

ERLÄUTERUNGEN

Der Brief beantwortet keinen Brief Carl Michael Marx'. – Marx antwortete am 24. Juni 1827 (H: GSA 28/600).

Tgb.: 4. Mai 1827: Herrn Professor Marx, nach Braunschweig. *(WA III 11, 53,4.)*

Zu Carl Michael Marx (1794–1864), seit 1824 Professor der Physik und allgemeinen Chemie am Collegium Carolinum in Braunschweig, hatte Goethe nur in den Jahren 1826 und 1827 brieflichen Kontakt. Außer dem vorliegenden Brief sind noch zwei Briefkonzepte Goethes an Marx überliefert. Im Druck erschienen ist bisher nur das Konzept vom 24. November 1826, und zwar zunächst ohne Angabe des Adressaten, der erst in den Nachträgen zur IV. Abteilung der Weimarer Ausgabe ergänzt wurde (vgl. WA IV 41, 237f., Nr 204, und WA IV 53 [1990], 560). Von den beiden überlieferten Briefen von Marx an Goethe liegt gleichfalls nur einer gedruckt vor (vgl. Naturwissenschaftliche Correspondenz 1, 368f., Nr 184). – Der Kontakt zwischen Goethe und Marx war durch den jüngeren Bruder des Adressaten, den Göttinger Medizinprofessor Carl Friedrich Heinrich Marx (1796–1877), vermittelt worden. Dieser hatte den Dichter 1824 in Weimar besucht und am 24. Juni 1826 Carl Michael Marx' „Geschichte der Crystallkunde“ (Karlsruhe und Baden 1825) übersandt (vgl. Carl Friedrich Heinrich Marx an Goethe vom 24. Juni 1826; H: GSA 28/119, 236; Teildruck: LA II 8B,1, 504). Das Werk, in dem Goethes Ansicht zu den optischen Phänomenen im Doppelspat erwähnt wird, war damit eine der seltenen Reaktionen von fachlich kompetenter Seite auf Goethes Beschäftigung mit der Doppelbrechung und Polarisation des Lichts. Goethes Lektüre der „Geschichte der Crystallkunde“ ist für Anfang Juli 1826 belegt (vgl. Tgb. vom 2. und 3. Juli 1826; WA III 10, 211,13f. und 211,23). Im Januar 1827 revanchierte er sich beim Verfasser mit einer Büchersendung (vgl. Tgb. vom 9. Januar 1827; WA III 11, 4,27f.). In seinem Dankesbrief vom 13. Februar 1827 betonte Marx sein Interesse an Goethes „Farbenlehre“, die er „zum Gegenstande sehr ernsthafter Studien gemacht“ habe. Goethe dürfte vor allem über die Ankündigung des Braunschweiger Professors erfreut gewesen sein, „eine Reihe von Vorträgen über Farbenlehre für einen Kreis gebildeter und theilnehmender Zuhörer“ vorzubereiten (Naturwissenschaftliche Correspondenz 1, 368). Vier Monate später berichtete Marx vom Fortgang seiner Bemühungen, die ihn mehr und mehr zum Verfechter der Goetheschen Anschauungen hätten werden lassen: „In meinen öffentlichen Vorträgen über Farbenlehre bin ich bis an die paroptischen Farben gekommen. Ich hatte mir zuerst vorgenommen und auch meinen Zuhörern angekündigt, daß ich diese Lehre sowohl nach der alten als auch nach der neuen Schule darstellen und mich dabei gewissermaßen neutral verhalten wolle. Aber im Laufe der Mittheilungen und Versuche ergab sich, daß Letzteres unmöglich sei; meine sich immer mehr befestigende Überzeugung von der Haltlosigkeit jener und der Naturmäßigkeit dieser Ansicht drängte sich unaufhaltsam hervor und ging auf den größten Theil der Anwesenden über, die es mir nun sehr danken, ihnen das Verständniß eines so herrlichen und unerschöpflichen Werks, als Goethe's Farbenlehre ist, aufgeschlossen und von allen Seiten zugänglich gemacht zu haben.“ (Carl Michael Marx an Goethe, 24. Juni 1827; hier und im Folgenden nach der Handschrift zitiert.) Die sich anschließenden Fragen, die u. a. die „Erklärung der dioptrischen Farben“ betrafen, waren für Goethe Anlass, eine umfangreiche Antwort zu konzipieren. Der fehlende Schluss dieses Entwurfs wie auch die Tatsache, dass Goethe im Tagebuch lediglich die Vorbereitung eines Schreibens an Professor Marx nach Braunschweig (Tgb. vom 2. Juli 1827; WA III 11, 78,16f.) vermerkte, nicht aber dessen Absendung, lassen darauf schließen, dass das Konzept nicht zu Ende geführt und ausgefertigt wurde (vgl. Repertorium der Goethe-Briefe, zu Nr 42205a+). Der Eintrag vom 2. Juli 1827 ist zugleich auch die letzte Erwähnung des Adressaten in Goethes Tagebüchern. Spätere Kontakte scheint es nicht mehr gegeben zu haben. – Der vorliegende Brief wurde in einer Zeit geschrieben, in der sich Goethe trotz vieler anderer Arbeiten noch einmal intensiv mit optischen Fragen beschäftigte. Unmittelbarer Anlass dafür war die am 29. Dezember 1826 von der Kaiserlichen Akademie der Wissenschaften in Petersburg anlässlich ihres 100jährigen Bestehens ausgeschriebene physikalische Preisaufgabe zu vier Problemen der Optik, der Diffraktion, den farbigen Ringen, der Polarisa-

tion und der Doppelbrechung. Mit der Kommentierung der Preisaufgabe befasste sich Goethe nachweislich seit Ende Januar 1827, wobei er die seit 40 Jahren durchgearbeitete Materie nochmals zu überdencken *und* zusammenzufassen *suchte (WA II 5.2, 406,2–4 [Paralipomenon CXVIII]; vgl. „Physikalische Preisaufgabe der Petersburger Akademie der Wissenschaften"; WA II 5.1, 421–436; vgl. auch WA III 11, 13,20–15,9; und WA III 11, 45,24–46,15). Außerdem las der Dichter in dieser Zeit gemeinsam mit Eckermann die gesamte „Farbenlehre" und führte zum besseren Verständnis verschiedene optische Versuche durch (vgl. WA III 11, 15–27; vgl. auch Johann Peter Eckermann: Gespräche mit Goethe in den letzten Jahren seines Lebens. Hrsg. von Heinz Schlaffer. MA 19, 210–216).*

Haben in dem Jahrbuch *bis* Glasbläser-Lampen verursachen.] *Goethes Anfrage bezieht sich auf folgende Mitteilung:*

3. Die Thermoharmonika, ein neues musikalisch-akustisches Werkzeug;

Vorläufige Notiz,
vom
Professor Marx in Braunschweig.

Im vorigen Sommer (1826) wurde ich durch den sehr geschickten hiesigen Mechanikus Deicke auf ein Tönen aufmerksam gemacht, welches Glasröhren von einer gewissen Gestalt in der Flamme der Glasbläser-Lampe verursachen. Ich hielt diese Erscheinung sehr der Aufmerksamkeit werth, und veranlasste Herrn Deicke gemeinschaftlich mit mir die besondern Bedingungen derselben genauer zu verfolgen. Wir sind dadurch auf ein neues Princip der Tonerregung gekommen, das in dem Umfang und in der Manigfaltigkeit seiner Anwendung mit den meisten der bisher bekannten wetteifern dürfte. Der Versuch, ein musikalisches Instrument auf der Basis desselben zu erbauen, ist bereits nicht ungünstig ausgefallen; bis indessen ein solches zur allgemeinen Mittheilung gediehen und auch die physikalische Theorie davon gehörig ermittelt ist, sollte durch diese Notiz das Prioritätsrecht vorläufig gesichert werden. Vielleicht gelingt es auf diesem Wege, die alte Fabel von den Säulen des Memnons zu entziffern, welche die Strahlen der Sonne zum Tönen brachte, oder den Ursprung des räthselhaften Klanges aufzufinden, welcher von Seebeck, bei Erhitzung eines Kreises von Kupfer mit Antimon oder mit Zink, mit Verwunderung gehört. (Vergl. dessen Abh. über die magnetische Polarisation der Metalle in Poggendorfs Ann. d. Ph. 1826. H. 3. S. 269.)

(In: Jahrbuch der Chemie und Physik für 1827. Als eine Zeitschrift des wissenschaftlichen Vereins zur Verbreitung von Naturkenntniss und höherer Wahrheit herausgegeben vom Dr. J. S. C. Schweigger und Dr. Fr. W. Schweigger-Seidel. Teilbd I. Mit drei Kupfertafeln. Halle ⟨1827⟩, Heft 1, S. 132 [=Journal für Chemie und Physik. 49. Bd / Jahrbuch der Chemie und Physik. 19. Bd].)

zwischen der doppelten Spiegelung] *Gemeint ist die Beobachtung der Erscheinung in einem Polarisationsapparat der von Goethe bevorzugten Bauart mit zwei polarisierenden Schwarzspiegeln. – Goethe hat mit dieser von ihm auch als* entoptisches Gestell *bezeichneten Vorrichtung entoptische Farbfiguren beobachtet und sowohl den Apparat als auch dessen Anwendung mehrmals beschrieben, zuerst in dem 1817 erschienenen Aufsatz „Elemente der entoptischen Farben" (vgl. LA I 8, 22,29–23,6), am ausführlichsten in der Aufsatzsammlung von 1820 „Entoptische Farben", und zwar in den Abschnitten XVII bis XX (vgl. LA I 8, 105,10–108,3; vgl. auch die Beschreibung für Leopold von Henning vom 16. Mai 1822; WA IV 36, 39–43, Nr 38).*

ihre Verwandtschaft mit den Chladnischen] *Die sog. ‚Chladnischen Klang- oder Tonfiguren' waren 1787 von dem Wittenberger Physiker und Musiktheoretiker Ernst Florens Friedrich Chladni (1756–1827) beschrieben worden. Die nach Chladni benannten Klangfiguren sind zu beobachten, wenn eine mit Sand bestreute Glasplatte durch das Anstreichen mit einem Geigenbogen in Schwingungen versetzt wird. – Wie Aufzeichnungen Charlotte von Kalbs von Anfang September 1788 belegen, muss Goethe schon sehr früh mit den akustischen Entdeckungen Chladnis bekannt gewesen sein: „Einen Tag verlebten wir bei Frau v. Stein zu einer Collation. Goethe stand am Fenster, hatte eine Glasscheibe in der Hand und einen Bogen, zeigte, wie bei jeder Bewegung des Bogens der Sand auf dem Glase verschiedene Figuren bildete. Das Geringste war ihm bedeutend, was zum Gesetz der Ordnung gehörte, und so interessirte ihn dies wunderbare Spiel lebhaft; und wie unzerstörbar die geheimnißvolle Ordnung der Natur, konnte wohl auch dies Experiment beweisen; die Winde zerstreuen den feinen Sand, doch der leise Strich des Bogens zwingt die Körnchen zu bestimmten schönen Formen. Es beschäftigten uns seine Versuche in lebendig angeregter Theilnahme mit ihm." (BG 3, 232.) Auch persönlich begegneten sich Goethe und Chladni mehrfach, zuerst in Weimar im Januar 1803 (vgl. Tgb. vom 26. Januar 1803; WA III 3, 70,4; und Brief an Zelter vom 31. Januar 1803; WA IV 16, 177, Nr 4616). – 1813 durch den Chemiker und Physiker Thomas Johann Seebeck (1770–1831) auf die entoptischen Farben aufmerksam gemacht, zeigte sich Goethe insbesondere von der Ähnlichkeit zwischen den von Seebeck beschriebenen und später ‚entoptisch' genannten Figuren und dem Phänomen der Klangfiguren beeindruckt:* Die Ähnlichkeit mit den Chladnyschen Figuren ist überraschend und die Vergleichung der Bedingungen unter welchen beyde entstehn, höchst belehrend. Ist doch dort auch Ruhe und Bewegung, Strebendes und Widerstehendes in dem Körper auf den gewirkt wird. Diese manifestirt der Sand. Wer würde sagen, daß die Figuren im Sande stecken und durch den Fidelbogen herausgezogen werden? *(Goethe an Seebeck, 13. April 1813; WA IV 23, 312,10–18.) In den „Entoptischen Farben" von 1820 widmete Goethe „Chladnis Tonfiguren" ein eigenes kurzes Kapitel (vgl. LA I 8, 122,17 bis 123,30). Seebeck selbst hatte zwar 1813 in seiner Abhandlung „Einige neue Versuche und Beobachtungen über Spiegelung und Brechung des Lichtes" die Ähnlichkeit der ‚entoptischen Figuren' mit den Klangfiguren ebenfalls erwähnt (vgl. Journal für Chemie und Physik 7, 284), allerdings ohne später noch einmal darauf zurückzukommen (vgl. hierzu insgesamt Horst Zehe: „Pfauenaugen kann man finden". Prosaisches zu Goethes entoptischen Farben. In: Acta Historica Leopoldina [im Druck]; Hilmar Dressler: Chladnis Klang- und Seebecks Farbfiguren in Goethes Vergleich und einige Widerspiegelungsaspekte der Farb-Ton-Analogien in der Ästhetik der Goethe-Zeit. In: Jahrbuch des Wiener Goethe-Vereins. Hrsg. von Herbert Zeman. Bd 100/101 – 1996/1997. Wien, S. 55–68.). – Kurz bevor der vorliegende Brief geschrieben wurde, hatte Goethe erfahren, dass Chladni auf einer seiner Vortragsreisen in Breslau am 3. April 1827 verstorben war. In einem Brief an Zelter sprach Goethe sein Bedauern über diesen Verlust aus (vgl. Goethe an Zelter, 21./22. April 1827; WA IV 42, 150,20–27).*

so wollte ich Sie *bis* documentiren werden] *Die Bitte lässt erkennen, dass es Goethe bei dem Experiment, das Marx mit Hilfe des Mechanikers ausführen sollte, um die Aufdeckung einer Analogie zwischen akustischen und optischen Erscheinungen ging, war er doch lange Zeit, wenn auch vergeblich, auf der Suche nach einer gemeinsamen Wurzel der Klangfiguren und der ‚entoptischen Figuren'. Wie der Antwortbrief vom 24. Juni 1827 belegt, ging der Physiker Marx auf Goethes Anregung ein. Über den Ausgang des Versuchs, dessen Durchführung sich infolge einer Erkrankung des Mechanikers einige Zeit verzögert hatte, berichtete er: „Vor Kurzem habe ich nun mit dem, schon etwas hergestellten Künstler, die Versuche, auf welche Ew. Excellenz mich hochgeneigt aufmerksam machte, vorgenommen, indem ich die tönenden Glasröhren zwischen den Spiegelapparat brachte, und je nach den Schwingungen der Hitze und des Tönens successive Erhellungen und farbige Figuren zu erblicken verhoffte. Es ließen sich jedoch diese Erscheinungen mit keiner entschiednen Deutlichkeit erkennen, woran vornehmlich die ungünstige, runde Form der Glasstäbe Schuld sein mochte. Ich änderte also den Versuch dahin ab, daß ich lange Streifen von Spiegelglas an die Stelle jener Röhren nahm, und sie auf verschiedene Weise zum Tönen brachte. Einigemale trat hier die beabsichtigte Wirkung mit ziemlicher Bestimmtheit hervor, zum Beweise, daß jene momentane Erschütterung die Beziehung des Glases zum Licht wesentlich verändert oder doch modificirt habe. Später fand ich, daß diese letzteren Versuche mit noch günstigerem und auffallenderem Erfolge schon von Biot und Savart angestellt worden." – Mit ähnlich großem Interesse wie den Beitrag von Marx hatte Goethe auch einen zweiten Artikel im selben Heft des „Jahrbuchs der Chemie und Physik für 1827" zur Kenntnis genommen, der von dem Florentiner Physiker Leopoldo Nobili (1784–1835) stammte und den Titel trägt „Ueber eine neue Klasse elektrochemischer Erscheinungen" (vgl. Journal für Chemie und Physik. 49. Bd / Jahrbuch der Chemie und Physik. 19. Bd, S. 8–22). Aufmerksam wurde Goethe vermutlich schon durch folgende Inhaltsangabe: „Farbige, regelmäßige, elektrochemische Figuren bei Zersetzung verschiedener Flüssigkeiten im Kreise der Volta'schen Säule zwischen zwei Conductoren ⟨...⟩ Einzelne Versuche 11 und ff. von welchen viele, insbesondere solche mit mehreren zu regelmäßigen Figuren angeordneten Spitzen, Erscheinungen lieferten, welche an die Klangfiguren erinnern ⟨...⟩." (S. IX.) Nur wenige Tage nach seinem Brief an Marx wandte sich Goethe deshalb an den Jenaer Chemiker Johann Wolfgang Döbereiner, der ihn schon häufig bei der praktischen Durchführung seiner optischen Experimente unterstützt hatte (vgl. Goethe an Döbereiner, 9. Mai 1827; WA IV 42, 181, Nr 158).*

da ich mich aber *bis* nicht befassen darf] *Schon in den beiden vorangegangenen Jahren war Goethe durch die Vorbereitung der „Ausgabe letzter Hand" und durch andere poetische Arbeiten stark in Anspruch genommen worden, so dass er in seinen Briefen wiederholt darüber klagte, von* naturwissenschaftlichen Betrachtungen ⟨...⟩ ganz abgeschlossen *zu sein (Goethe an Sulpiz Boisserée vom 26. Juli 1826; WA IV 41, 100,19 f.). Ähnlich äußerte er sich auch am 13. Februar 1827 in einem Brief an den Geologen und Mineralogen Carl Cäsar von Leonhard in Heidelberg:* Mannichfaltige sonstige Beschäftigungen, besonders die Herausgabe meiner sämmtlichen Werke, ziehen mich leider von den Naturstudien ab; deshalb es eine wahre Wohlthat ist, mich durch neue Sendung und Anregung wieder dahin zu führen. Und wer könnte dieß besser als Sie, dem so vieles Wichtige zu Gebot steht. Leid genug thut es mir, daß meine Correspondenz über dergleichen Gegenstände nach allen Seiten hin stockt und ich deshalb gar vieles entbehre. Bleiben Sie jedoch meines unverbrüchlichen Antheils versichert, wenn er sich auch nicht, wie er sollte, von Zeit zu Zeit in Äußerungen lebendig erweist. *(WA IV 42, 55,11–22.)*

auf Ihr freundliches Schreiben] *Gemeint ist Marx' Brief vom 13. Februar 1827, auf den Goethe nicht geantwortet hatte (vgl. Naturwissenschaftliche Correspondenz 1, 368 f., Nr 184).*

Geheimniß Ihrer Untersuchung] *Marx schrieb dazu im Antwortbrief vom 24. Juni 1827: „Die Einrichtung der Thermoharmonika, aus der wir kein Geheimniß machen, werde ich in Kurzem genauer angeben. Ihre ergreifende harmonische Wirkung und das Eigenthümliche der Tonerregung haben die Akustiker, Gebrüder Weber aus Leipzig und Halle, denen ich jüngst hier dieselbe vorführte, einstimmig anerkannt." – Zu dieser angekündigten Veröffentlichung wie überhaupt zu einer über das Stadium des Experiments hinausgehenden praktischen Erprobung der sog. „Thermoharmonika" ist es offenbar nicht gekommen.*

E. R.

45148A+ An Carl Emil Helbig

⟨Weimar, Samstag, 21. Februar 1829⟩

⟨Konzept⟩

Ew. Hochwohlgeb

verfehle nicht mit einiger Zufriedenheit zu vermelden daß ich über die stockenden[4] Fortsetzungen weshalb bisher so manches Unangenehme obgewaltet nach einem ansehnlich erlangten Rabbat mit Artarias[5] einig geworden. Ich vermelde dies in der Ueberzeugung einer freundlichen Theilnahme, zugleich aber auch um zu bemerken:[6] daß die durch einen Fuhrmann zu erwartende Sendung unmittelbar an[7]
Ihro Königl. Hoheit den Großherzog addressirt sey.

Damit aber nicht durch die Ankunft dieser Kiste irgend eine Apprehension oder Verwirrung entstehe,[8] so wollt ich hiedurch ersucht haben wenn solche Sign. G. v. J. W. No. 58. ankommen sollte sie zu[9] mir,[10] in mein Haus zuzuweisen da ich denn für Zahlung der Fracht und für alles übrige Erforderliche zu sorgen mich bereit halte.[11]

Wegen den Schriften des Abbate[12] Monti bemerke folgendes: zu wünschen wären für Großherzogl. Bibliothek

1.) Anschaffung der Opere varie[13] in 8. Tomi
2. die Ergänzung der Proposta di alcuni Correzioni ed adjunti al Vocabulario[14] della Crusca in 6 Tomi, wovon Großherzogl. Bibliothek nur Tomi I. part I. II. besitzt desgl. fehlt uns[15] Appendice pp.
3.) Traduzione dell' Iliade[16]. Tomi II.
4.) Traduzione delle Satire[17] di Persio.
5.) Bassvilliana. 1821.[18] in 8.°

Vorstehendes den Abbate Monti betrl. bezieht sich auf den Umschlag des Heftes welches mir neuerlich zugekommen und den Titel führt: Cenni pp. weshalb die Bestellung dorten gar wohl verständlich seyn wird.[19]

---

4 {stockenden] *G*
5 {mit Artarias] *G*
6 {um zu bemerken]: *(Doppelpunkt erg.) G*
7 ian *G*
8 entstehe, *(Komma erg.) G*
9 ⌈sie zu⌉ *G*
10 mir, ~~solche~~ ⌊sie⌋ *(Komma erg.) G*
11 halte. / ~~Wegen der wenigen englischen und italänischen Anschaffungen besonders die Werke Montis betrl. werde zunächst,~~ *(Komma erg. G)* ~~nach vollständig eingezogener Erkundigung,~~ *(Komma erg. G)* ~~gleichfalls das Nöthige zu erwidern nicht ermangeln.~~ / ~~Wegen der wenigen wünschenswerthen engl. und italiänischen Anschaffungen, womit wohl Ihro K. H. der Hl. Großherzog uns~~
12 Abbaßite *G*
13 Operaee variaee *G*
14 FVocabulario *G*
15 ~~des~~ ⌈fehlt uns⌉ *G*
16 Illiade *G*
17 ~~Serie~~atire {Satire] *G*
18 Bassvilliana. ~~Milano, Classici Italiani~~ 1821. *G*
19 {Vorstehendes *bis* wird.] *(quer geschr.)*

45148a+ An Carl Emil Helbig

⟨Weimar, 21. Februar 1829⟩ → Weimar

DATIERUNG

Nach Tgb. vom 21. Februar 1829: Herrn Geh. Hofrath Helbig, bezüglich auf die Mayländischen Bestellungen. *(WA III 12, 27,7f.)*

ÜBERLIEFERUNG

K: GSA Weimar, Sign.: 150/B 52, Bl. 5. – 1 Bl. 20,5 × 33,8 cm, 2 S. zweispaltig beschr., Adresse und Korrekturen links, Brieftext rechts, Schreiberhd (John), Tinte, egh. Korrekturen mit Bleistift und Tinte, Bleistiftkorrekturen von Johns Hd mit Tinte nachgezogen, Adresse: An H℄. / Geheime Hofrath / Helbig. / hier., *zweites Blatt eines Doppelblatts, geheftet, in einem 20 Blatt umfassenden Faszikel, blauer Umschlag mit Beschriftung von Schreiberhd (John?): „Geheimde Hofrath Helbig. / in Bezug / auf ehemalige Schatull- / Angelegenheiten.“, oben rechts gestr. „VII. N.o 17.“, oben und unten Mitte alte Bibliothekssign.: „C. 8.h“, unten rechts „Reponantur acta / in Scrin. C.“ – Unveröffentlicht.*

ERLÄUTERUNGEN

Der Brief, für dessen Ausfertigung und Absendung Goethes Tagebuchnotiz (vgl. DATIERUNG) spricht, beantwortet keinen Brief Helbigs. – Ein Antwortbrief ist nicht bekannt.

Carl Emil Helbig (1777–1855), weimarischer Hofrat und Geheimer Kammerrat, besorgte seit 1827 die Geschäfte des Hofmarschallamtes und der herzoglichen Schatulle. Seit 1820 stand Goethe mit ihm in vorwiegend dienstlicher Korrespondenz. Vgl. die Liste der 30 bisher gedruckten Briefe Goethes an Helbig in WA IV 53, 516f. – Goethe hatte zuletzt am 6. Januar 1829 an Helbig geschrieben (vgl. WA IV 45, 105f., Nr 95), sein nächster überlieferter Brief stammt vom 21. Juli 1829 (vgl. WA IV 46, 20, Nr 22). Persönliche Zusammenkünfte, bei denen die im vorliegenden Brief erwähnten Geschäfte schon zur Sprache gekommen sein dürften, verzeichnet Goethes Tagebuch unter dem 12., 14. und 28. Januar 1829 (vgl. WA III 12, 6, 7 und 13). Am 13. Januar 1829 heißt es im Tagebuch: Auf Vinzenzo Monti Bezügliches gelesen und durchgedacht. *(WA III 12, 6f.)*

Fortsetzungen] *Goethes Klagen darüber, dass die Fortsetzungen von Werken, die für die Bibliotheken in Weimar und Jena angeschafft wurden, immer wieder stockten, sind zahlreich. Mit der Lieferung der in den ‚Meßkatalogen‘ angezeigten Fortsetzungen waren viele Jahre Buchhandlungen in Weimar, Jena und Eisenach beauftragt. Vgl. dazu Otto Lerche: Goethe und die Weimarer Bibliothek. Leipzig 1929, S. 36–42.*

Rabatt mit Artarias] *Die Kunsthändlerfamilie Artaria gründete im 18. Jahrhundert Kunst- und Buchhandlungen in Mainz (um 1750), in Wien (1770) und – in der Nachfolge des Mainzer Hauses – in Mannheim (1791). Mit Domenico Artaria (1765–1823) in Mannheim, der die Firma seit 1819 als Kunst- und Verlagsbuchhandlung „Artaria & Fontaine“ führte, knüpfte Goethe 1816 erste Kontakte an (vgl. WA IV 27, 268, Nr 7580), die sich in den folgenden Jahren fortsetzten (vgl. WA IV 29, 70f., Nr 7994, und 139, Nr 8048). Domenicos Sohn Matthias (1793–1835) ging 1818 als Vertreter des Mannheimer Hauses, in dem dessen Bruder Carl Dominik Alexander (1792–1866) einige Zeit als Teilhaber tätig war, nach Wien, wo er die Firma „Matthias Artaria“ gründete. – Am 3. Juli 1827 hatte Goethe an „Artaria & Fontaine“ in Mannheim geschrieben und angefragt, ob die* Herrn Artaria und Fontaine *ihm einen Kupferstich* für einen billigen Preis verschaffen *könnten (WA IV 42, 244,14f.). (Der Mannheimer Buchhändler Matthieu Fontaine war der Schwiegervater von Domenico Artaria.) – Insgesamt sind fünf Briefe Goethes und eine Bestellung an Artaria überliefert, bis auf die Bestellung (vgl. Reperto-*

rium Nr 7562a+) allesamt in der Briefabteilung der WA gedruckt. Aus der Zeit von 1816 bis 1818 haben sich vier Briefe Domenico Artarias an Goethe erhalten, weitere sechs Briefe (mit einem Verkaufsangebot) der Firma „Artaria & Fontaine" sind aus dem Zeitraum von 1821 bis 1829 überliefert (zum Teil gedruckt, vgl. Goethes Grafiksammlung. Die Franzosen. Katalog und Zeugnisse. Bearb. von Gerhard Femmel. Leipzig 1980, S. 288 und 322). – Die überlieferte Korrespondenz gibt jedoch keinen Aufschluss darüber, wie hoch der Rabatt war, den Goethe ausgehandelt hatte. Mit der Hof(f)mannschen Buchhandlung in Weimar bestand seit 1818 eine Abmachung, dass bei Verkäufen an die herzoglichen Bibliotheken ein Rabatt von 12 Prozent gewährt werde. (Vgl. Otto Lerche: Goethe und die Weimarer Bibliothek. Leipzig 1929. S. 124.)

zu erwartende Sendung] *Es ist fraglich, ob die Kiste je in Weimar ankam. Vgl. die folgenden Erläuterungen.*

Abbate Monti] *Der italienische Dichter Vincenzo Monti (1754–1828), der in Faenza Theologie studiert hatte und deshalb Weltgeistlicher war, hatte sich auf den Titelblättern einiger seiner Werke „Abate" genannt. – Die folgenden bibliographischen Angaben sind Maggis „Cenni" (s. u.) entnommen.*

Opere varie in 8. Tomi] *Die 1825–1827 in Mailand erschienene Ausgabe befindet sich nicht in der Herzogin Anna Amalia Bibliothek in Weimar.*

Proposta di alcuni *bis* della Crusca] *Proposta di alcune Correzioni ed Aggiunte al Vocabulario della Crusca. 4 Bde (in 7 Tln). Milano 1817–1826. – Von dem Werk befinden sich in der Herzogin Anna Amalia Bibliothek die Bände 1 (in 2 Teilen; 1817/18), 2 (in 2 Teilen; 1819/20) und 3 (in 2 Teilen; 1824); außerdem: Appendice alla suddeta Proposta. Milano 1826.*

Traduzione dell' Iliade] *Traduzione dell'Iliade d'Omero. 2 Bde. Milano 1825. – Die Übersetzung (2. Aufl. Milano 1812) befindet sich in Goethes Bibliothek (vgl. Ruppert, Nr 1286), nicht aber in der Herzogin Anna Amalia Bibliothek.*

Traduzione delle Satire di Persio] *Milano 1827. – Das Werk befindet sich nicht in der Herzogin Anna Amalia Bibliothek.*

Bassvilliana] *Milano 1821. – Nicht diese Ausgabe des antirevolutionären Epos „La Bassvilliana" (die ersten 4 Gesänge zuerst 1793), sondern eine frühere, nicht genau datierbare („In morte di Ugo Bass-Ville / Seguita in Roma / Il dì XIV Gennajo 1793.") befindet sich in der Herzogin Anna Amalia Bibliothek.*

Umschlag des Heftes bis Cenni] *Giovanni Antonio Maggi: Cenni intorno alla vita ed alle opere del Cavaliere Vincenzo Monti. Milano 1828. – Das schmale Heft (XXXII S.) hat sich in Goethes Bibliothek erhalten (vgl. Ruppert, Nr 182). – (Ital. cenni: Angaben, Mitteilungen.)*

N. Oe.

45259B+ An Adolph Friedrich Carl Streckfuss

Weimar, ⟨Juni?⟩ 1829

⟨Konzept⟩

Ew Hochwohlgeb.

wieder einmal mit den freundlichsten Grüßen anzusprechen und mich nach Ihrem theuren Wohlseyn zu erkundigen ergreife die angenehmste Gelegenheit:

Unserer[20] Prinzeß Auguste Hoheit[21] theilt zunächst das Glück Ihrer durchlauchtig-anmuthigen[22] Schwester, einem hohen Königl Hause anzugehören,[23] man[24] darf die Prinz Dur[25] auf mannigfaltige Weise desselben werth nennen. Hier nur soviel: daß dieselbe[26] sich bei vielseitiger Bildung in alter und neuer deutscher Literatur unter Anleitung des würdigen Professor Riemer umgesehen. Wie man bei solchen Mittheilungen verfahren, läßt sich an besten aus beiliegenden Promemoria absehen, und es ist zu hoffen, daß die Behandlung Ew Hochw.[27] Beifall verdienen wird.

Da man nun aber zu wünschen hat, daß eine solche geistige Beschäftigung auch in dem weiteren Folgeleben fortgesetzt werde, so hab ich auf die an mich deshalb ergangene Frage keinen bessern Entschluß zu fassen gewußt, als dieselben bescheidentlich anzugehen und Ihren geneigten Rath hierüber zu erbitten. Ihnen sind diejenigen Personen am besten bekannt, welche sich in Berlin zu einem solchen Geschäft vorzüglich eignen möchten, auch etwa wenn nicht nur[28] von deutscher Literatur sondern auch von Geschichte und was sich sonst einer allgemeinen Weltbildung anschlösse[29], hiebey die Rede wäre.

Denn freilich kommt es hier nicht allein auf die zu überliefernde Kenntniß an, vielmehr sind bei solchen Personen auch ein äußeres Wesen und ein Betragen erforderlich, sich Gunst zu erwerben und zu erhalten.

Nun wären aber außerdem was man in diesem Geschäfft Unterricht nennen könnte, auch noch guter Rath nöthig; wie überhaupt die Lectüre einer solchen Dame zu leiten sey, wie man ihr zB. einzelne Werke dieses oder jenes Schriftstellers empfehlen wolle,[30] zur Unterhaltung und Einsicht, zu Förderung in Geschmack und Urtheil[31] Hiezu würde sich ja wohl Gelegenheit finden, daß Ew Hochwohlgebl selbst in irgend einem anmuthig-belehrendem Gespräch sich um die Bildung dieser werthen Prinzessin ein wahres Verdienst erwürben.

Darf ich mir hierüber, sowohl im Allgemeinen als Besondern einige gefällige Aeußerung erbitten, so würde ich dadurch Ihro Kaiserl Hoheit der regierenden Frau Großherzogin als von deren mütterlichen Sorgfalt gegenwärtige Anfrage ausgeht,[32] nach Wunsche dienen und mich zugleich der freundschaftlichen Neigung rühmen können, welche dieselben mir seit einigen Jahren so glücklich zugestanden.[33]

Angenehm sollte es mir höchlich seyn, wenn ich bei diesem Anlaß erfahren könnte, welche Erholung Sie[34] neuerlichst von Ihren wichtigen Geschäften gefunden, was Sie im dichterischen Fach unternommen, oder wohl gar vollendet und vielleicht zunächst mittheilend[35] ausgeführt.

---

20 Unsere|r| *G*
21 ⌈Hoheit⌉ *G*
22 {durchlauchtig-anmuthigen] *G*
23 anzugehören., *(Komma aus Punkt)*
24 Mman *(Schreiberhd); davor in der linken Sp.* ϑ *⟨„deleatur"-Zeichen⟩ G*
25 ~~sie~~ ⌈die Prinz Dur⌉ *G*
26 ~~sie~~ {dieselbe] *G*
27 ~~Ihren~~ {Ew Hochw.] *G*
28 ⌈nur⌉
29 Aanschlösse
30 wolle, *(Komma erg.) G*
31 Urtheil~~en~~
32 {als von *bis* ausgeht,] *G*
33 ~~wünschenswerth erwiesen.~~ ⌊glücklich zugestanden.⌋ *G*
34 nSie
35 |zunächst| {mittheilend] *G*

Wobei ich denn über alles zu wünschen habe, daß Sie dieses Jahr wieder in unsre Nähe gelangen und uns auch einige Tage gönnen mögen. Über[36] manches inzwischen Vorgefallene[37] und Erschienene würde[38] eine vertrauliche Unterhaltung gewiß zu beiderseitiger Freude und Vortheil gereichen. Wie mir denn in hohen Jahren nichts wünschenswerther seyn kann, als mich den[39] günstigen Verhältnissen, die mir theils geblieben theils geworden bin[40] gegenwärtig und persönlich möglichst[41] zu vergewissern

Weimar den. 1829.

45259b+ An Adolph Friedrich Carl Streckfuß

Weimar, ⟨Juni?⟩ 1829 → Berlin

DATIERUNG

Vermutlich wurde der Brief (das Konzept) im Juni 1829 diktiert: Die Vermählung der Prinzessin Augusta mit dem Kronprinzen Wilhelm von Preußen fand am 11. Juni 1829 statt. Nicht ganz auszuschließen ist allerdings, dass sich Goethes Tagebuchnotizen vom 18. und 19. März 1829 (am 18.: Concept Briefes an Herrn Geh. Rath Streckfuß.*; am 19.:* Schreiben an Streckfuß revidirt. *[WA III 12, 40]) auf vorliegenden Brief beziehen. Gegen die frühere Datierung spricht allerdings, dass dem Brief entnommen werden kann (oder sogar muss?), die weimarische Prinzessin gehöre bereits dem preußischen Königshause an. Schließlich ist natürlich auch denkbar, dass der Brief einige Zeit nach der Vermählung, also nach Juni 1829 geschrieben wurde.*

ÜBERLIEFERUNG

K: GSA Weimar, Sign.: 29/502,II, Bl. 2f. – Doppelblatt 20,3 × 31,6 cm, 4 S. ein- und zweispaltig beschr. (Text rechts, Adresse und egh. Korrekturen links), Schreiberhd (Schuchardt), Tinte, egh. Korrekturen mit Bleistift, Adresse: Des Herrn / Geheimen Rath Streckfuß / nach Berlin*; Text insgesamt mit Bleistift gestr. – Unveröffentlicht.*

ERLÄUTERUNGEN

Der Brief, für dessen Ausfertigung und Absendung die Durchstreichung des Konzepts spricht, beantwortet keinen Brief Streckfuß'. – Ein Antwortbrief ist nicht bekannt.

Adolph Friedrich Carl Streckfuß, geboren am 20. September 1779 in Gera, hatte nach seinem Studium der Jurisprudenz in Leipzig als Hauslehrer in Triest, Wien und Zeitz gelebt, bevor er 1812 als Geheimer Sekretär nach Dresden, 1815 (nunmehr in preußischen Diensten) nach Merseburg und schließlich 1819 als Geheimer Regierungsrat nach Berlin berufen wurde. 1843 schied er als Wirklicher Geheimer Oberregierungsrat aus dem Staatsdienst aus; am 26. Juli 1844 ist er in Berlin gestorben. Vgl. Karl Streckfuß: Adolph Friedrich Karl Streckfuß. Jena 1941. – Mit Goethe versuchte Streckfuß bereits früh in Kontakt zu kommen: Am 27. Mai 1811 übersandte er ihm aus Zeitz seine gerade im Druck erschienenen Gedichte (vgl. Ruppert, Nr 1166), erhielt

---

36 mögen;. üÜber *(Punkt aus Semikolon verb.) G*

37 vVorgefallene

38 wiürde *G*

39 mich ~~von Zeit zu Zeit von~~ den *G, zweiter Teil der Streichung Schreiberhd*

40 bin *versehentlich nicht gestr. oder zu* sind *verb.*

41 ~~mich~~ {möglichst] *G*

aber keine Antwort. Im Februar 1824 vermittelte Zelter die Beziehung zwischen Streckfuß und Goethe, indem er ein Taschenbuch mit einem poetischen Beitrag Streckfuß' durch Goethes Schwiegertochter Ottilie nach Weimar kommen ließ und in dem Ankündigungsbrief den Verfasser mit Sympathie vorstellte: „Er ist Vater vieler Kinder, Gatte einer kränkelnden Frau und durchaus tüchtig, kräftig und eine meiner besten Tenorstimmen. Er hat den Ariost und Tasso übersetzt und ringt jetzt mit Dante wozu ihn Wolf angeregt hat." (MA 20.1, 785,19 bis 22.) In seinem Antwortbrief vom 8. März 1824 (vgl. ebd., 787) ließ Goethe Grüße an Streckfuß ausrichten. Dieser schickte am 7. Juli 1824 Goethe den ersten Band seiner Dante-Übersetzung (Die Hölle des Dante Alighieri. Halle 1824) mit einer handschriftlichen Widmung (vgl. Ruppert, Nr 1673); die beiden folgenden, 1825 und 1826 erschienenen Bände – „Das Fegefeuer" und „Das Paradies" – bekam Goethe zwei Jahre später vom Verlag (Hemmerde und Schwetschke in Halle) zugeschickt. Streckfuß' Dante-Übersetzung hat Goethe 1826 zu Dichtungen in Terzinen angeregt: Sowohl das Gedicht auf Schillers Schädel – Im ernsten Beinhaus war's, wo ich beschaute – *als auch der Faust-Monolog zu Beginn des 2. Teils der Tragödie* – Des Lebens Pulse schlagen frisch lebendig – *sind in dieser im Deutschen so seltenen Strophenform geschrieben. – Bisher waren nur sechs Briefe Goethes an Streckfuß – alle aus dem Jahr 1827 – bekannt (vgl. WA IV 42, 28–32, Nr 26 und 264 f., Nr 222; WA IV 43, 18–20, Nr 12; 32–35, Nr 25; 135–137, Nr 93 und 182-184, Nr 126). Von Streckfuß sind aus den Jahren 1826–1828 elf Briefe an Goethe (der letzte vom 19. März 1828) bekannt (vgl. Briefe von Karl Streckfuß an Goethe. Hrsg. von Julius Wahle. In: GJb 9 [1922], S. 232 bis 255).*

Prinzeß Auguste] *Maria Louise Augusta Katharina (1811-1890), Prinzessin von Sachsen-Weimar, vermählte sich am 11. Juni 1829 mit dem preußischen Kronprinzen Friedrich Wilhelm Ludwig (1797–1888; 1861 König von Preußen, 1871 deutscher Kaiser).*

anmuthigen Schwester] *Maria Louise Alexandrine (1808–1877), geb. Prinzessin von Sachsen-Weimar, war seit 1827 verheiratet mit dem dritten Sohn des preußischen Königs Friedrich Wilhelm III., Friedrich Karl Alexander (1801–1883).*

Prinz Dur] *Prinzessin Durchlaucht Auguste von Sachsen-Weimar.*

Professor Riemer] *Friedrich Wilhelm Riemer (1774–1845) übte als Hauslehrer (u. a. von Goethes Sohn August), Bibliothekar und Philologe eine vielfältige Tätigkeit in Weimar aus. Zur Vermählung der weimarischen Prinzessinnen schrieb und veröffentlichte er Festgedichte (vgl. Ruppert, Nr. 3706 und 3711).*

beiliegenden Promemoria] *Möglicherweise Riemers Festgedichte?*

Frage] *Sie war vielleicht von Riemer oder der Prinzessin Augusta selbst an Goethe gerichtet worden.*

diejenigen Personen *bis* vorzüglich eignen möchten] *Ob sich Streckfuß um geeignete Personen, die der Jungvermählten Unterricht in Literatur und Geschichte hätten geben können, bemüht hat, konnte nicht ermittelt werden. Dass Streckfuß* selbst in irgend einem anmuthig-belehrendem Gespräch sich um die Bildung dieser werthen Prinzessin ein wahres Verdienst *erworben hat, ist nicht bekannt.*

regierenden Frau Großherzogin] *Maria Pawlowna (1786–1859), geb. Großfürstin von Russland, Tochter des Zaren Paul I., seit 1804 verheiratet mit Karl Friedrich (1783–1853), der 1828, nach dem Tod seines Vaters Carl August, dessen Nachfolge als Großherzog von Sachsen-Weimar angetreten hatte.*

wenn ich *bis* Geschäften gefunden] *Vermutlich erhielt Goethe über Streckfuß' Tätigkeiten keine Nachrichten, wenigstens nicht von diesem selbst. In Zelters Briefen an Goethe wird Streckfuß zuletzt im November 1827 erwähnt (vgl. MA 20.1, 1084).*

wieder in unsre Nähe] *Streckfuß und Goethe sind sich ein einziges Mal begegnet, und zwar Ende September 1827 in Weimar. Am 27. September notierte Goethe in sein Tagebuch:* Mit Herrn Geheimen Rath Streckfuß um 12 Uhr spazieren gefahren. Mit demselben über manches conversirt. Speiste derselbe mit uns, auch Professor Riemer. *(WA III 11, 116,4–8.)*

N. Oe.

47100A+ AN CARL LUDWIG VON KNEBEL?

⟨WEIMAR, ETWA AB MITTE 1825 BIS MITTE 1830?⟩

⟨KONZEPT, FRAGMENT⟩

Nach allem diesem darf ich nun hoffen Du werdest von Deiner Seite mit Lebens Comentarien zu Hülfe kommen; wobey ich bitte aus dem Vorrath kleinere Geschichten, alter und neuer Zeit nicht sparsame Belege hinzuzu füchen, wenn ich auch dergleichen nicht zuerwiedern habe.

nNach *G?, davor Absatzzeichen erg. G?* allenm *G?* diesenm *G?* mDeiner *G?* Comentharien Hiülfe *G?* kommen; *Semikolon erg. G?* kleiner|e| *G?* Geschichten, *Komma erg. G?* füchen, *Komma erg. G?* zuerwiiedern *G?*

47100a+ An Carl Ludwig von Knebel?

⟨Weimar, etwa ab Mitte 1825 bis Mitte 1830? → Jena?⟩

DATIERUNG

Der Terminus post quem ergibt sich durch den Schreiber (vgl. ÜBERLIEFERUNG) im Zusammenhang mit dem Inhalt des Konzeptfragments: Gottlieb Friedrich Krause trat im Dezember 1824 in Goethes Dienste (vgl. Tgb. vom 1. Dezember 1824; WA III 9, 302,7f.). Nur gelegentlich zu Schreibarbeiten herangezogen, wurde er erst etwa seit dem Sommer 1825 hin und wieder auch als Briefschreiber eingesetzt, und zwar fast ausschließlich als Schreiber von Briefkonzepten (vgl. Repertorium ab Nr 39196). – Goethes Bitte um Lebens Comentarien *könnte im Zusammenhang mit Plänen zur Fortführung von „Dichtung und Wahrheit" über das Jahr 1775 hinaus stehen, die nach 1825 etwa für den Zeitraum von Mai 1825 bis Mitte 1830 zu belegen sind (vgl. zu* von Deiner Seite *bis* Hülfe kommen*).*

ZUM ADRESSATEN

Das Konzeptfragment wurde im GSA bisher den Briefen Goethes an Bettine von Arnim zugeordnet, offenbar nach der von fremder Hand ergänzten Angabe unter dem Text (vgl. ÜBERLIEFERUNG). Dem widerspricht aber der vergleichsweise genau zu bestimmende Terminus post quem (vgl. DATIERUNG). Selbst wenn inhaltliche Erwägungen völlig außer Acht gelassen würden, kann das Fragment auf Grund des Schreibers keinesfalls vor Ende 1824 geschrieben worden sein, als der Briefkontakt zu Bettine von Arnim von Goethes Seite schon seit mehr als zehn Jahren abgebrochen worden war (vgl. Goethes letzten überlieferten Brief an B. v. Arnim vom 11. Januar 1811; WA IV 22, 13f., Nr 6098). Auch wenn es nach 1816 zu einer gewissen Wiederannäherung kam und für Oktober 1824 ein Besuch Bettine von Arnims bei Goethe belegt ist, so hat der Dichter doch keinen der seit 1817 von Bettine an ihn gerichteten Briefe mehr beantwortet (vgl. Gespräche 3.1, 729–733, Nr 5539; vgl. auch Bettine von Arnim: Werke und

Briefe. Bd 2: Goethe's Briefwechsel mit einem Kinde. Hrsg. von Walter Schmitz und Sibylle von Steinsdorff. Frankfurt a. M. 1992, S. 833–839). – Durch die Anrede Du *in Verbindung mit dem Inhalt und dem wahrscheinlichen Entstehungszeitraum schränkt sich der Kreis der möglichen Adressaten stark ein: Dem Tonfall und dem Inhalt nach kommt wohl nur ein langjähriger Freund Goethes in Frage, der ihm auch im Lebensalter nahe stand. Nach 1824 duzte er aus dem Kreis seiner langjährigen Bekannten noch Knebel, Einsiedel und Zelter. – Mit dem Berliner Musiker und Leiter der Singakademie Carl Friedrich Zelter (1758–1832) stand Goethe erst seit 1799 im Briefwechsel. Zwar war es seit 1802 mehrfach zu persönlichen Begegnungen gekommen, als Gewährsmann für* Lebens Comentarien, *die doch wohl eine längere gemeinsam verbrachte Zeit voraussetzen, scheint Zelter allerdings nicht in Frage zu kommen. Zudem findet sich im Briefwechsel zwischen Goethe und Zelter aus den Jahren 1825 bis 1830, der nahezu lückenlos überliefert ist, kein Anhaltspunkt, dass Goethe eine solche Bitte nach Berlin gerichtet hätte. – Friedrich Hildebrand von Einsiedel (1750–1828) gehörte vor allem im ersten Weimarer Jahrzehnt als Oberhofmeister Anna Amalias und als liebenswürdiger Gesellschafter zum engsten Freundeskreis Goethes und Carl Augusts, die er wiederholt auf ihren Reisen durch das Herzogtum begleitete (vgl. u. a. Goethe an Herzog Carl August, 23. bis 26. Dezember 1775; WA IV 3, 7–12, Nr 374). Seit 1817 Präsident des Oberappellationsgerichtes in Jena, blieb ihm Goethe auch in späteren Jahren freundschaftlich verbunden. Gegen eine Zuschreibung Einsiedels als Briefempfänger, die freilich nicht völlig auszuschließen ist, spricht aber der mit den Jahren immer lockerer werdende Kontakt, der sich vor allem nach 1820 auf wenige gelegentliche Besuche und zufällige Begegnungen in Weimar oder Jena beschränkte. 1825 wird Einsiedel nur noch ein einziges Mal in Goethes Tagebüchern erwähnt, und zwar unter dem 3. Oktober:* Mit Walther spazieren gegangen. Herrn von Einsiedel begegnet. *(WA III 10, 109,21f.) In den folgenden Jahren bis zu Einsiedels Tod fand offenbar keine Begegnung mehr statt, zumindest findet sich davon keine Spur in den Tagebüchern. Der nach dem Oktober 1825 nächste Eintrag mit Bezug auf Einsiedel betrifft dessen Grabschrift (vgl. WA III 11, 301, 19f.). Ebenso war die Korrespondenz zwischen beiden zum Erliegen gekommen, nach 1813 ist nur noch ein Brief Goethes vom 28. Mai 1821 an diesen Empfänger überliefert (vgl. WA IV 34, 266, Nr 271); auch Einsiedel hat sich nach 1814 nur noch einmal schriftlich an Goethe gewandt, und zwar Ende März 1824 (vgl. H: GSA 28/106, 54.56a). – Als Adressat kommt am ehesten Goethes* alter Weimarischer Urfreund *(WA I 4, 83,11) Carl Ludwig von Knebel (1744–1834) in Frage, zu dem das in Frankfurt im Dezember 1774 geknüpfte freundschaftliche Verhältnis lebenslang Bestand hatte und an den Goethe schon im März 1813 mit einer ähnlichen Bitte um Lebenserinnerungen herangetreten war (vgl. zu* von Deiner Seite *bis* Hülfe kommen, *und zu* aus dem Vorrath kleinere Geschichten, alter und neuer Zeit*). Für eine genauere Datierung des Fragments wie auch für dessen Einordnung in die Korrespondenz finden sich weder in den Tagebüchern noch in den überlieferten Briefen konkrete Hinweise (vgl. auch zu* Nach allem diesem*). – Vgl. Briefwechsel zwischen Goethe und Knebel. (1774–1832.) ⟨Hrsg. von Gottschalk Eduard Guhrauer⟩. Erster / Zweiter Theil. Leipzig 1851.*

ÜBERLIEFERUNG

K (Fragment): GSA Weimar, Sign.: 29/74,II. – 1 Bl. ca. 20 × 23 cm, 1/2 S. beschr., Schreiberhd (Krause), schwarze Tinte, vertikale Begrenzungslinien am rechten und linken Seitenrand, Bleistift, egh.? Korrekturen mit roter Tinte, Text insgesamt mit schwarzer Tinte gestr.; darunter mit Bleistift von fremder Hd: „|an Bettina von Arnim.|", nachträglich mit vorangestelltem Fragezeichen versehen. – Unveröffentlicht.

ERLÄUTERUNGEN

Ein Bezugsbrief Knebels ist nicht bekannt. – Eine Antwort Knebels ist nicht bekannt.

Nach allem diesem] *Offenbar bezieht sich dies auf einen vorangegangenen, nicht überlieferten Teil des vorliegenden fragmentarischen Konzeptes. – Wenn auch die vorgenommene Streichung ein Hinweis auf die erfolgte Ausfertigung des Briefes sein könnte, so ist doch gleichfalls nicht auszuschließen, dass auf Krauses Konzept noch ein weiteres in derselben Angelegenheit folgte und dass deshalb das frühere gestrichen wurde. Die Ausfertigung des Briefes muss also nicht zwingend erfolgt sein, die fehlenden Hinweise auf eine Antwort lassen auch diese Vermutung zu.*

Lebens Comentarien] *Hier offenbar im Sinne von ‚Erinnerungen', ‚Lebensbeschreibungen' gemeint.*

von Deiner Seite *bis* Hülfe kommen] *Die Bitte könnte im Zusammenhang mit Goethes Plänen stehen, seine Autobiographie über das Jahr 1775 fortzuführen. – Bereits während der Arbeit am 2. und 3. Teil von „Dichtung und Wahrheit" scheint Goethe an eine solche Fortsetzung gedacht zu haben, wie verschiedene Äußerungen in seinen Briefen und Tagebucheintragungen vermuten lassen (vgl. Momme Mommsen unter Mitwirkung von Katharina Mommsen: Die Entstehung von Goethes Werken in Dokumenten. Bd 2. Berlin 1958, S. 348, Fußnote 3). In diesem Zusammenhang war er am 10. März 1813 mit einer ganz ähnlichen Bitte wie der vorliegenden an Knebel herangetreten (vgl. die folgende Erläuterung). – Wie die Vorarbeiten zur „Anzeige von Goethe's sämmtlichen Werken, vollständige Ausgabe letzter Hand" vom Mai 1825 und die am 19. Juli 1826 im „Morgenblatt für gebildete Stände. Intelligenz-Blatt. Nro. 25." erschienene „Anzeige" selbst belegen, hat sich der Dichter nachweislich auch im Frühjahr 1825 mit der Idee einer Fortführung seiner Lebensbeschreibung über das Jahr 1775 hinaus getragen (vgl. WA I 42.1, 109–120). Schon in den Entwürfen zur „Anzeige" von 1825 waren die Bände 19 bis 23 für die Autobiographie „Aus meinem Leben" vorgesehen, wobei als Inhalt des letzten Bandes angegeben war:* Desgleichen bis 1786, *in der Druckfassung vom Juli 1826 dann präzisiert zu:* 〈...〉 bis in den September 1786. *(WA I 42.1, 469,13 und 112,21.) Friedrich von Müller berichtet von einem Gespräch, das in diese Zeit fällt und das auf Goethes Interesse an authentischen Lebenszeugnissen aus den frühen Weimarer Jahren verweisen könnte: „Spazierfahrt mit ihm 〈Goethe〉 nachmittags nach Belvedere. Es war das die erste für ihn seit sieben bis acht Monaten 〈...〉. Ich reizte ihn sehr lebhaft an, doch noch etwas über die Zustände Tiefurter Lebens zur Zeit der Herzogin-Mutter zu entwerfen. ‚Es wäre nicht allzu schwer', erwiderte er, ‚man dürfte nur die Zustände ganz treu so schildern, wie sie sich dem poetischen Auge damals darstellten; Dichtung und Wahrheit, ohne daß Erdichtung dabei wäre.'" (Gespräch vom 13. Juni 1825; Gespräche 3.1, 792f., Nr 5668.) Als einer der intimsten Kenner des „Tiefurter Lebens" kam selbstverständlich Knebel in Betracht, der als Erzieher des Prinzen Constantin von 1776 bis 1780 auf Schloss Tiefurt gelebt und die unzeremoniell-geistreiche Tiefurter Geselligkeit wesentlich geprägt hatte. – Wann genau Goethe den Plan zur Fortführung der Autobiographie über 1775 hinaus aufgab, lässt sich nicht sicher klären. Eine Äußerung vom 8. Juni 1830, wiederum aus einem Gespräch mit Friedrich von Müller, deutet aber darauf hin, dass er zumindest zu diesem Zeitpunkt den Plan nicht mehr verfolgte: „Ich nahm Anlaß, ihn an die Vollendung des vierten Teils seiner Memoiren zu erinnern; er sagte: ‚In ruhigen vier Wochen könnte ich wohl damit zustand kommen, aber jetzt beschäftigt mich meine neue Edition der Pflanzen-Metamorphose allzusehr. Übrigens wird dieser vierte Teil nur das Jahr 1775 umfassen, aber einen wichtigen, inhaltvollen, gleichsam bräutlichen Zustand darstellen, eine Hauptkrisis meines Lebens.'" (Gespräche 3.2, 639, Nr 6582.)*

aus dem Vorrath kleinere Geschichten, alter und neuer Zeit] *Gemeint sein könnten konkrete Begebenheiten aus dem ersten Weimarer Jahrzehnt wie auch aus den nachfolgenden Lebensepochen, die Knebel zwar nicht mehr in Weimar, seit 1804 aber im benachbarten Jena und wiederum als enger Vertrauter Goethes verbracht hatte. Welchen Wert Goethe der Lebensbeschreibung seines* Urfreundes *auch im Hinblick auf die eigenen autobiographischen Projekte beimaß, belegt der Brief vom 10. März 1813:* Meine Biographie bedenk ich jetzt täglich und werde ich wieder zu dictiren anfangen, recht ausführliche Schemata aufsetzen und mir eine große Masse Stoff zubereiten. Alsdann geht die Ausführung leichter von Statten. Du hattest mir zugesagt, auch etwas über dein Leben aufzusetzen. Versäum' es nicht, denn ich bedarf mancherley Anregung: denn leider sind mir schon in den nächsten Epochen die Gegenstände nicht so deutlich und mit solchem Detail gegenwärtig wie in der ersten. Die stärkeren Leidenschaften, die uns beunruhigen, hindern uns an der Aufmerksamkeit auf die Außenwelt und die innere Beschäftigung stumpft gegen die äußeren Wirkungen ab; doch wollen wir sehen, wie wir sie auch hier durch allerley Hülfsmittel aufstutzen. *(WA IV 23, 296,12–26.) Knebel antwortete am 16. März: „Zu Fortsetzung Deiner Biographie wünsch' ich Dir recht vieles Glück und zwar desto mehr, je weniger die gegenwärtige Zeit dem unbefangenen Gemüthe freien Lauf läßt. ⟨...⟩ Bei Deinem letzten Hierseyn faßte ich den kühnen Entschluß, einige Erinnerungen aus meinem Leben aufzuschreiben. Seitdem ist mir der Gedanke gänzlich wieder eingestarrt; denn es ist immer Heiterkeit nöthig, auf uns selbst zurückzuschauen, damit sich nicht das Trübe und Gemeine in die Ansicht vermische." (Briefwechsel zwischen Goethe und Knebel, 2, 84.)*

füchen] *Krauses Niederschrift gibt hier offenbar buchstäblich Goethes frankfurterisch gefärbte Aussprache wieder.*

E. R.

1. *Zeichen und Abkürzungen*

egh.	*eigenhändig*
erg.	*ergänzt*
G	*von Goethes Hand (egh. Korrekturen in einem diktierten Text)*
H	*Handschrift der Ausfertigung*
Hd	*Hand*
E	*Erstdruck*
K	*Konzept*
Tgb.	*Goethes Tagebuch*
verb.	*verbessert*
⟨ ⟩	*Zusätze des Editors*
ℓ	*Abbrechungszeichen*
⌈ ⌉	*über der Zeile ergänzt*
⌊ ⌋	*unter der Zeile ergänzt*
| |	*in der Zeile ergänzt*
~~abcd~~	*gestrichen*
⌈abd}	*am rechten Rand oder in der rechten Spalte ergänzt*
{abcd⌉	*am linken Rand oder in der linken Spalte ergänzt*
aA	a *überschrieben durch* A
abc|d|	d *in der Zeile ergänzt*
/	*Absatzzeichen in den Varianten*

2. Siglen und Abkürzungen für Archivalien, Ausgaben und wissenschaftliche Literatur

BG	*Goethe: Begegnungen und Gespräche. Bd 1–2. Hrsg. von Ernst Grumach und Renate Grumach. Berlin 1965–1966. – Bd 3–6. Begründet von Ernst Grumach und Renate Grumach. Hrsg. von Renate Grumach. Berlin, New York 1977–1999.*
GSA	*Stiftung Weimarer Klassik und Kunstsammlungen / Goethe- und Schiller-Archiv*
GV	*Goethes Briefwechsel mit Christian Gottlob Voigt. Hrsg. von Hans Tümmler. 4 Bde. Weimar 1949–1962 (SchGG 53–56).*
Mick	*Ernst Wolfgang Mick: Goethes umränderte Blättchen. Dortmund 1982.*
Naturwissenschaftliche Correspondenz	*Goethe's Naturwissenschaftliche Correspondenz. (1812–1832.) Im Auftrage der von Goethe'schen Familie hrsg. von F. Th. Bratranek. 2 Bde. Leipzig 1874.*

Weitere Siglen und Abkürzungen wie im Siglen-Verzeichnis des GJb.

EVA BECK

Das „Mechanische der Wasserfarben-Mahlerei" oder der Schlüssel zum Aquarell

Es gibt kaum einen Aspekt der italienischen Reise Goethes, der nicht an irgendeiner Stelle der umfassenden Sekundärliteratur beleuchtet worden wäre. Vor allem über die Bedeutung dieser Reise für das künstlerische Selbstverständnis des Dichters sind wir hinreichend informiert und das nicht zuletzt durch den Reisenden selbst. In Wort und Bild legt er während der gesamten Reise Rechenschaft ab über seine rezeptiven und produktiven Kunsterfahrungen.[1] – Die nachfolgende Quellenpublikation ist daher nur ein kleines, aber bisher unbeachtetes Steinchen im großen Mosaik.

Der unter dem Decknamen „Maler Möller" reisende Goethe ist, nach eigener Aussage, als Zeichner unterwegs. Die Linie ist sein Ausdrucksmittel, und Bleistift, Feder und Tusche sind seine Werkzeuge, um die Reiseeindrücke zur Erinnerung und Dokumentation auf dem Papier festzuhalten: „[...] jeder Schritt bietet dem Zeichner die herrlichsten Gegenstände"[2]. Das Zeichnen hilft ihm zugleich, diese „Gegenstände" intensiver zu sehen und zu erleben, „es erleichtert mir jede Vorstellung von sinnlichen Dingen"[3]. Doch der Dilettant erkennt bald seine Grenzen, denn „das Rechte in der Natur zu finden und nachzuahmen ist schweer, schweer. Nur durch Übung kann man vorwärts kommen"[4]. Und so studiert er in Rom anhand der Statuen Anatomie, übt sich unter Wilhelm Tischbeins kundiger Anleitung in Perspektive und Architektur: „Ich freue mich recht sehr daß mir im Zeichnen ein Licht aufgeht eh ich nach Neapel reise, ich hatte schon Angst ich würde von dem Anschauen der großen Kunstwercke erdruckt werden, und mir nicht mehr getrauen ein Bleystift anzusetzen".[5]

Die ihn umgebende Natur, die Landschaft im südlichen Licht, fordern den Zeichner besonders heraus: „Wo man geht und steht ist ein Landschafft Bild"[6]. Um den Daheimgebliebenen „eine Idee des Landes"[7] zu geben, wagt sich Goethe Anfang 1787 in Rom erstmals

---

1 Vgl. v. a. Tagebuch und Briefe sowie: *Corpus der Goethezeichnungen.* Bearb. von Gerhard Femmel, hrsg. von den Nationalen Forschungs- und Gedenkstätten der klassischen deutschen Literatur in Weimar. Bd. II u. III: *Italienische Reise 1786 bis 1788.* Leipzig ^{3}1983 u. ^{2}1973. Bd. VII: *Die Zeugnisse.* Leipzig 1973.

2 An Charlotte von Stein, 15. 11. 1786 (WA IV, 8, S. 54).

3 An dieselbe, [7.–10.?] 2. 1787 (WA IV, 8, S. 180 f.).

4 Ebd., S. 180.

5 Ebd., S. 181.

6 An Charlotte von Stein, 11. 11. 1786 (WA IV, 8, S. 49).

7 An dieselbe, 13. 2. 1787 (WA IV, 8, S. 183).

daran, seine Zeichnungen mit Aquarellfarben zu kolorieren: „Nun macht mirs Lust mit Farben zu spielen. Die Künstler freuts mich etwas zu lehren, denn es geht geschwinde mit mir. Es ist jetzt das einzige woran ich dencke, wodurch ich mich zur Neapolitanischen Reise vorbereite, und es ist mir ein lustiger Gedancke daß du diese bunten Dinge bald vor dir haben sollst".[8]

Zu mühsam war ihm die Technik des Malens bisher gewesen. Selbstkritisch bemerkt er: „Ich habe recht diese Zeit her zwei meiner Capitalfehler [...] entdecken können. Einer ist, daß ich nie das Handwerk einer Sache, die ich treiben wollte oder sollte, lernen mochte".[9] Hier nun, im Land der Künste und Künstler hat er Gelegenheit, das Versäumte nachzuholen. Lehrmeister mit und ohne großen Namen finden sich schnell für den Lernbegierigen. Bereits im November und Dezember hatte er sich in Rom von Johann Friedrich Reiffenstein in die Technik der Enkaustik einführen lassen: „Für dich lern ich auch etwas, eine Art Wachsmahlerey, die sehr leicht und angenehm ist"[10]. Im Frühjahr dann, in Neapel, führt ihn Tischbein bei Philipp Hackert ein, der ihm nach der Rückkehr nach Rom im Sommer 1787 zum wichtigsten Lehrer in der Landschaftsmalerei wird. Nach Sizilien begleitet ihn jedoch nicht, wie ursprünglich geplant, Tischbein, sondern ein von diesem vorgeschlagener junger Künstler: Christoph Heinrich Kniep[11], „der sich eine Zeitlang in Rom aufgehalten, sodann sich aber nach Neapel, in das eigentlichste Element des Landschafters, begeben hatte. Schon in Rom hörte ich ihn als einen geschickten Zeichner preisen, nur seiner Thätigkeit wollte man nicht gleiches Lob ertheilen"[12]. Goethe beschließt, ihn zunächst auf einer Fahrt nach Pästum zu prüfen, und ist von Knieps Fähigkeiten und Eifer sehr angetan. Er ist bereit, ihn als Reisebegleiter und Dokumentarist mit nach Sizilien zu nehmen: „Nun haben wir Folgendes verabredet. Von heute an leben und reisen wir zusammen, ohne daß er weiter für etwas sorgt als zu zeichnen [...]. Alle Conture gehören mein".[13] Kniep ist ein Zeichner, spezialisiert darauf, Landschaften „reinlich und charakteristisch im Umriß auf's Papier zu befestigen"[14]. Doch der junge Mann versteht sich auch aufs Aquarellieren. Unter dem 3. April 1787 berichtet Goethe im Rückblick auf die stürmische Überfahrt von Neapel nach Palermo vom 29. März bis 2. April:

> Mein Künstler, den ich bei mir habe, ist ein munterer, treuer, guter Mensch, der mit der größten Accuratesse zeichnet [...]. Übrigens hat er mir, die langen Stunden der Überfahrt

---

8 Ebd., S. 184.

9 *Italienische Reise* (WA I, 32, S. 34).

10 An Charlotte von Stein, 2. 12. 1786 (WA IV, 8, S. 73). – Vgl. auch *Italienische Reise* (WA I, 30, S. 228).

11 Zur Person Knieps und zu seiner Beziehung zu Goethe vgl. u. a. Alfred Peltzer: *Christoph Heinrich Kniep.* In: GJb 1905, S. 225 ff.; Luise Zeppenfeldt: *Christoph Heinrich Kniep (1755–1825).* In: Die Gartenlaube 28 (1923), S. 491–493; Hanno-Walter Kruft: *Goethe und Kniep in Sizilien.* In: Jb. der Sammlung Kippenberg, N. F. 2 (1970), S. 201–327; Georg Striehl: *Christoph Heinrich Kniep – Zeichner an Goethes Seite. Zwischen Klassizismus, Realismus und Romantik.* Hrsg. von Manfred Boetzkes. Roemer-Museum Hildesheim (1992); Georg Striehl: *Der Zeichner Christoph Heinrich Kniep (1755–1825). Landschaftsauffassung und Antikenrezeption.* In: *Studien zur Kunstgeschichte.* Bd. 128. Hildesheim, Zürich, New York 1998.

12 *Italienische Reise* (WA I, 31, S. 61).

13 Ebd., S. 70.

14 Ebd., S. 70 f.

> zu verkürzen, das Mechanische der Wasserfarben-Mahlerei (Aquarell), die man in Italien jetzt sehr hoch getrieben hat, aufgeschrieben: versteht sich den Gebrauch gewisser Farben, um gewisse Töne hervorzubringen, an denen man sich, ohne das Geheimniß zu wissen, zu Tode mischen würde. Ich hatte wohl in Rom manches davon erfahren, aber niemals im Zusammenhange.[15]

Nun also bekommt Goethe eine schriftliche Anleitung in die Hand, nach der er sich bei eigenen Aquarellierungsversuchen richten kann. Zwar zweifelt Georg Striehl in seiner großen illustrierten Kniep-Monographie[16] einen nachhaltigen Einfluß dieser Instruktionen auf Goethe an, doch lassen sich unter den überlieferten Reisezeichnungen ausreichend Beispiele dafür finden, daß der Zeichner Goethe während und nach der Sizilienreise mit Aquarellfarben experimentiert und sie für landschaftliche Darstellungen benutzt hat. Den besten Eindruck davon vermitteln die Farbreproduktionen (mit zugehörigen Erläuterungen) in Petra Maisaks Publikation ausgewählter Goethe-Zeichnungen[17]. Verwiesen sei hier speziell auf die *Sizilianische Landschaft*[18] und eine Skizze zu *Garten und Terrassentreppe*, die mit Farbproben und handschriftlichen Notizen Goethes zur Kolorierung der einzelnen Bildelemente versehen ist.[19]

Auch wenn es sich nur um laienhafte Versuche handelt, so sind sich die Kunsthistoriker doch darüber einig, daß die italienischen Aquarelle einen wichtigen Schritt auf Goethes künstlerischem Werdegang darstellen.[20] Sowohl Striehl als auch Maisak wissen um Knieps Anteil an dieser Entwicklung und zitieren die obige Stelle aus der *Italienischen Reise*. Bisher hat allerdings niemand nach der möglichen Überlieferung von Knieps Instruktionen gefragt, und auch die großen kommentierten Goethe-Ausgaben[21] gehen darüber hinweg. Lediglich im *Corpus*-Band VII[22] erwähnt Gerhard Femmel – basierend auf einem Hinweis der Verfasserin der vorliegenden Miszelle – die Existenz der handschriftlichen Aufzeichnungen im Goethe- und Schiller-Archiv und deren geplante Veröffentlichung. – Mit dreißigjähriger Verspätung wird dies hiermit verwirklicht. Daß damit zugleich die bisher unverständliche Erwähnung eines „Aquarell-Schlüssels" im Brief Knieps an Goethe nach Rom vom 5. April 1788[23] geklärt ist, liegt auf der Hand.

Das von Kniep eigenhändig geschriebene Manuskript[24] befindet sich an unerwarteter Stelle, nämlich im Nachlaß Johann Heinrich Meyers im Goethe- und Schiller-Archiv in

---

15 Ebd., S. 91.

16 Striehl 1998 (Anm. 11), S. 90 ff.: *Kniep – ein Zeichenlehrer Goethes.*

17 Petra Maisak: *Johann Wolfgang von Goethe. Zeichnungen.* Stuttgart 1996.

18 Ebd., S. 139, Nr. 98 (= *Corpus der Goethezeichnungen* [Anm. 1] II, Nr. 149).

19 Ebd., S. 165, Nr. 121 (= *Corpus der Goethezeichnungen* [Anm. 1] II, Nr. 289). Das ausgeführte Bild ist auf S. 166, Nr. 122 (= *Corpus der Goethezeichnungen* [Anm. 1] II, Nr. 287) abgebildet.

20 Vgl. z.B. Helmut Pfotenhauer: *Farbe. Goethes sizilianische* Ästhetik. In: Jb. des Wiener Goethe-Vereins 92/93 (1989), S. 81–90, sowie die diesbezüglichen Bemerkungen in: *Goethe in Italien.* Eine Ausstellung des Goethe-Museums Düsseldorf. Mainz 1986.

21 BA 14; HA 11; FA I, 15.1–2 und MA 15.

22 *Corpus der Goethezeichnungen* (Anm. 1) VII, S. 90, Anm. zu Nr. 471.

23 Vgl. den gekürzten Abdruck in: *Zur Nachgeschichte der italienischen Reise. Goethes Briefwechsel mit Freunden und Kunstgenossen in Italien 1788–1790.* Hrsg. von Otto Harnack. In: SchrGG 5 (1890), S. 3 f. und (unzutreffende) Erläuterung S. 221; weiterhin den vollständigen Druck in: Striehl 1998 (Anm. 11), S. 298 (ebenfalls nur unzureichend erklärt).

24 Zur Identität der Handschrift vgl. die Reproduktion des Briefes von Kniep an Goethe vom 17. (7./8.) 1788 in Striehl 1998 (Anm. 11), S. 303.

Weimar, und zwar unter der Rubrik *Größere wissenschaftliche Arbeiten und Aufsätze* (Sign. 64/22). Der Text umfaßt 15 halbbrüchig beschriebene Seiten auf 8 Blättern gelblichweißen Papiers im Format 20,5 x 29 cm. Eine Paginierung oder Foliierung fehlt, so daß die Reihenfolge der Abschnitte vor allem im zweiten Teil nicht eindeutig ist. Der vorliegende Rekonstruktionsversuch stützt sich lediglich auf das Vorhandensein einer leeren (Schluß-)Seite. Die vier lose in- bzw. nebeneinander liegenden, aber ehemals gehefteten Bogen befinden sich in einem zeitgenössischen Umschlag aus Makulaturpapier. Er hat Folioformat (20,5 x 34,2 cm) und trägt – vermutlich von Johann Peter Eckermanns Hand – die Aufschrift „Vorschrift zur Aquarellm[?]". Der Schreiber des Textes selbst war bisher nicht bekannt.

Man kann davon ausgehen, daß Knieps Aufzeichnungen ursprünglich Bestandteil der Dokumentation waren, die Goethe um 1814 in Vorbereitung des Druckes der *Italienischen Reise* zusammenstellte und auswertete.[25] Noch 1823, bei der archivmäßigen Erfassung aller seiner Papiere für eine Gesamtausgabe, sind diese geordneten Materialsammlungen von Nutzen.[26] Der Sekretär Friedrich Theodor Kräuter verzeichnet sie in seinem *Repertorium über die von Goethische Repositur* in der Rubrik *Eigene Reisen.* Unter der Nr. 7 finden wir dort einen von Goethe selbst angelegten und beschrifteten kuvertartig geklebten Umschlag *Praeparatorisches und Technisches der Kunst.* Der Inhalt besteht allerdings nur aus einem Schriftstück, nämlich einer Anleitung Reiffensteins zur Wachsmalerei[27]. Es läge nahe, den ‚Mittelmeerischen Aquarellschlüssel' hier zuzuordnen. – Die Gründe für die Überführung in Meyers schriftliche Hinterlassenschaften sind nicht bekannt. Möglicherweise hat er, da er sich ja ebenfalls als Aquarellmaler betätigte und von der gemeinsamen römischen Zeit her Knieps Anweisungen kannte, diese als Informationsquelle für eine seiner kunsthistorischen Arbeiten von Goethe ausgeliehen[28]. Eine Rückgabe innerhalb des Hauses bzw. unter Freunden war nicht erforderlich. Da Meyers Nachlaß nach seinem Tod Ende 1832 von Eckermann durchgesehen und für die Deponierung in der Großherzoglichen Bibliothek aufbereitet wurde, könnte damals der eigentliche Zusammenhang endgültig verlorengegangen sein.

Obwohl Knieps Rechtschreibung und Zeichensetzung eine Herausforderung an den Leser darstellen, wird der Text diplomatisch getreu wiedergegeben. Nur an einigen Stellen sind zum besseren Verständnis Hilfsbuchstaben oder Berichtigungen – in eckigen Klammern – hinzugefügt. Mit Rücksicht auf ein einheitliches Druckbild ist die Verwendung lateinischer Buchstaben als Auszeichnungsschrift nicht nachvollzogen worden. – Auf Sacherläuterungen glaubte die Herausgeberin verzichten zu können.

---

25 Vgl. hierzu u. a. Christina Florack-Kröll: *Vom Erlebnis „Italien" zur Veröffentlichung der „Italienischen Reise".* In: *Goethe in Italien* (Anm. 20), S. 126–132.

26 Vgl. Goethes Aufsatz *Archiv des Dichters und Schriftstellers* (WA I, 41.2, S. 25–28).

27 Vgl. Anm. 10.

28 Zu Meyers Werdegang und seiner Beziehung zu Goethe vgl. Jochen Klauß: *Der „Kunschtmeyer". Johann Heinrich Meyer: Freund und Orakel Goethes.* Weimar 2001.

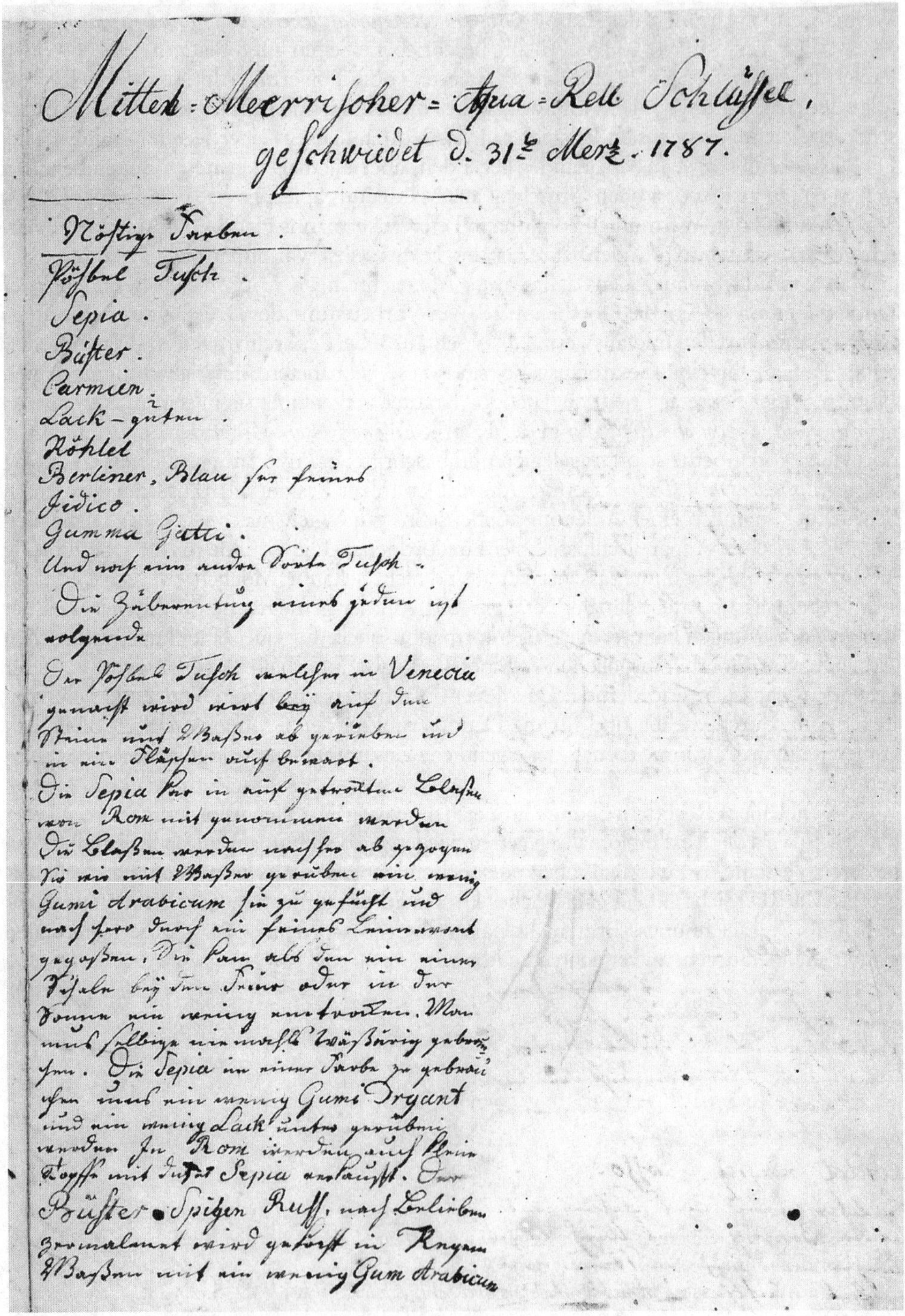
Mittel=Meerrischer=Aqua=Rell Schlüssel,
geschmiedet d. 31te Merz. 1787.

Nöthige Farben.
Sepia.
Büster.
Carmien.
Jndico.
Gumma Gutti.

Abb. 18
Christoph Heinrich Kniep: *Mittel-Meerischer-Aqua-Rell Schlüssel*, 31. März 1787, 1. Seite der Handschrift

Mittel-Meerrischer-Aqua-Rell Schlüssel,
geschw[*m*]*iedet* d.31ten Merz. 1787.

Nöhtige Farben.
Pöhbel Tusch.
Sepia.
Büster.
Carmien.
Lack – guten.
Röhl[t]el
Berliner, Blau ser feines
Ji[n]dico.
Gumma Gutti.
Und noch eine andre Sorte Tusch.
Die Zubereutung eines jeden ist volgende
Der Pöhbel Tusch welcher in Venecia gemacht wird wirt auf den Steine mit Waßer ab gerieben und in ein Fläschen auf bewart.
Die Sepia kan in auf getrockten Blasen von Rom mit genommen werden Die Blaßen werden nachher ab gezogen Sie wir[d] mit Waßer gerüben ein wenig Gumi Arabicum hin zu gefücht und nach hero durch ein feines Leinewant gegoßen. Sie kann als den ein [in] einer Schale bey den Feuer oder in der Sonne ein wenig eintrocken. Man mus selbige niemahls Wäßärig gebrauchen. Die Sepia in einer Farbe zu gebrauchen mus ein wenig Gumi Drgant [Tragant] und ein wenig Lack unter gerüben werden In Rom werden auch kleine Töpffe mit dieser Sepia verkaufft. Der Büster, Spigen [Spiegel] Russ, nach Belieben zermalmet wird gekocht in Reyem [Reinem?] Waßer mit ein wenig Gum Arabicum Nachhero läst mann ihn durch laufen durch Leinewant, läst ich [ihn] im der Luft oder am Feur ein trocken. Die Sepia gelan[g]t zu ihrer Tugend durch den Büster. Selbiger nimt ihr das überflüßige Fette Wessen und macht sie eigentlich geschickt zu Gebrauch Sie müßen deswegen unter ein ander gerüben werden. Will man ein Stück verfertigen, was mer Breünlig als schwärch[z]lig aus sehen soll, so nimt man mer Büster und so um gekert gilt es von der Sepia. Lack und Carmin sind zwei Sachen die als ausbleiblig können bey der Sepia angesehen werden Sie verleun noch einen höhren Tohn der Sepia. Wir schreiten weiter.
Carmin.
Selbiger wir[d] starck gerüben, mit Gumma Arabicum u ein wenig Candies Zucker, in ein Fläschengen aufbewart
Lack guter.
Wirt eben so mit verfahren, nur ohne Candis. sonst auch starck gerüben. Vieler Gummi oder vieles Zucker macht dem Carmin und Lack schmuzig und benimt ihnen ihre Lieblichkeit
Röhtel Lapis Rosso.
Welcher starck ins Gelbe falt hat den Vorzug, dieses Unschuldiger Körper wird auf den Steine zermalmt auch Gummi Arabicum doch nur mäßig, mit unter getahn und so auf bewart.
Berliner Blau das aller biste nim
Solches wirt gerüben wie die andren mit Gummi Arabicum. Doch ist von zu mercken das es ser fein mus gerüben werden wen es soll zu jenen Schlüßen [Schlüssel] seine Schönheit bey tragen. Putze den Stein auf das aller beste so wirst du nach her eine heller[e] Luft habe

Indico. Spanischer.
Wirt gerüben und mit Gummi Arabicum der recht hell ist, an gemischt.
Gumma Gutti.
Solches wirt in Waßer auf gelöst Und nachher nimt man ein wenig Mackulrur [Makulatur] Papier und nimt das oberste Waßer mit selbigen ab Bevor das geschiet läst man selbiges einen Tag stehn das sich das Waser sammel[n] kan den mit den Waßer werden viele Fette Teihle[?] wechgeschafft.
Noch eine andre Sorte Tusch Wirt zu jedes mahligen Gebrauch geru[ü]ben

Gebrauch der Farben nach Anleitung Landschaffliger Bedürfnüs

Erstes Bedürffnüs

Die Luft oder der Himmel

Dar zu wirt das reinste Berliner Blau genommen mit etwas Lack unter so wie es die umstände erfordern je mer Lack genommen wirt je mer wirt der Himmel graulicht oder wie man sacht der Himmel hat fiel Tohn solches ist im Morgen an geschicktsten zu gebrauchen, da aber der Abent alle Zeit mer von Dünsten greuniget ist, so ist der Himmel viell blauer und mus weniger Lack genommen werden Bey trüben Himmel komt ons[?] Pöhbel Tusch mit unter um alles hohe der Farbe zu brechen. Der Himmel wirt von oben her unter gearbeitet nehmlig das Blau zu erst von unten auf der Horizont mit Gummi Gutti u Lack, wen das Blau aufgetragen wirt, müßen die Conturen von den Wolcken aus gespart werden, doch ohn[e] vorher gemachte Contur, und da das Blau 2 mahl mus gemalt werden müßen die Wolcken das 2 mahl ihre rechte Form erhalten, Die Wolcken werden angelächt von eben der Farbe die der Horizont hat doch schwächer oder starcker so wie es die Tags Zeit erlaubt. Pöhbel Tusch kan als die war [wahre] Schatten Farbe der Wolcken dienen, wen selbiger mit Lack und Gummi G: gemischt wirt

bey Halben-Schatten oder Metzzo Tinte mus der Röhtel dienen, vorzoglig da wo Schatte[n] und Licht zu sammen kommen

Die Leichten Striemen in Horizo[n]te sind Pöhbel Tu[s]ch und Röhtel doch ser mit Bedacht zu gebrauchen

Die entfer[n]ten Berge müßen vor her mit den Bley gezeugnet sen doch ser gelinde und mus man sich vorsehn da[ß] nicht viel mit Brot oder Gummi Elastico geändert wir[d], wegen des Blauen den es ist gar zu delicat. Wenn der Horizon sehr ins Weiße fäldt so können die Berge über gangen werden und nach her dar auf gemahlt, bey Feurigen Himmel aber mußen Sie ausgespart werden doch mus in AquaRell Schlißel selten ein recht rohter Himmel vorkommen weil man nicht zu der Höhe der Ohl[Öl]-Farben kommen kan.
Mann kan ser gut das Berliner Blau gebrauchen aber auch 2 mahl wie bey der Luft Bey näheren Bergen mus Blau Pohbel Tusch und Lack in Schatten gebraucht werden und kan man da gans sicher auf den Licht Tohn der Berge die Schaten setzen.
Berge oder Gründe die noch näher liegen sind aus der nehmigen [nämlichen] Farbe, nur alle etwas starcker.
Selten wird man das Blau ohne Zusatz von Lack oder Pöhbel brauchen können.

Meer.
Das hat die Außicht von einer Höhe sehr helle doch etwas dunckler als der Horizont, die mehrste Zeit aber falt es ins Grünlige oder graue
Und da dient der Pöhbel aus nehment in bey den fällen das Grüh[n]lige welches durch Gumma Gutti Jindico u Rohtel entsteht wirt durch selbigen fern und das Graue Meer hat gans den Pöhben [Pöhbel] sein Wesen zu Dancke[n]
Zu weillen geth der graue Tohn über ins Grine und trit so bis an den Vordergrund im Bilde, wo den der Local Tohn des Grünen weit dunckler ist als der Local Tohn des Vordergrundens, allein da mus der Schaten des Vordergrundes dunckel gehalten werden mit Sepia und Lack mit Sepia und Indico und da wo halb Schatten sind mit Pöhbel und Carmin. Doch alles mit einer Ahrt das es nicht zu hart wirt, den da Steine im Vordergrund deutliger zu sehen sind alsandre Sachen so kan auch mer Fleuß verwant werden und die Ecken den [der] Steine können mit vielen Tinten spielen

Ein Sonnen Unter-Gang oder beßer gewa[äh]lt diejenige Zeit da die Sonne noch 2 S[t]unden vor Ihren Unter Gange ist, ist der beste Punckt zu wählen und wird über den Meer die beste Würckung tuhn den da man Uhrsache hat die Wolcken von beyden Seiten zu erleuchten und auch der Strahl ins Meer kan der Effect sehr wahr gemacht werden da wo die Sonne stehen soll mus bloßer Gumma Gutti noch ser schwag [schwach] hin gesetzt werden und darauf das Blau von oben herab gemahlt. Es mus aber vieler Raum bleuben zwischen den Blaun und der Stelle welche herna[c]h die Sonne abgäben soll. ist das Blaue gemacht so muß mit Horizont Farbe der Circul der Sonne aus gespart werden und auch über die Horizon[t] Linige, doch da wo der Strahl der Sonne ist et was schwächer. Die Beleuchteten Seuten der Wolcken müßen heller sein als der Raum ist da die Sonne steth Die Schaten der Wolcken sind leichter Pohbel und und[!] Lack selbige über fahren mit Lack und Röhtel und Gummi Gutti Es müßen auch die Erleuchteten Seuten nicht gar zu breut seun. Röhtel Pöhbel und Gumma Gutti machen die halben Schaten auf den Meer und da wo es nah ins Bild trit Pöhbel und Indico.

Baume in Mittel-Grunde müßen die Schatten ser starck ins Blaue fallen das Blaue aber mus aus Pöhbel Lack und Indigo sein, doch letzters alle Zeit ser sparsam gebraucht Die Lichter können in vielle Tinten aus geteihlt w[e]rden, nur ist zu mercken als die Haubt Sache da[ß] sie alle müßen mit Pöhbel gebrochen werden, um den Dunst oder die Weute[?] aus zu drücken. Die Lichter können also ins Roh[t]lige aus Rohtel aus Lack die gelbbigen aus Büster und so die ubrigen alle sein nach umstande des Bildes, da w[o] Sie aber gans und gar in Schatten kommen müßen sie ins Violette fallen. Dießes Violette ist Pöhbel mit Lack oder Carmin Lasiret

Felsen im Mittel Grunde sind leuchter als Baüme, selbig[e] richten sich gans und gar nach der Lufft danehmelich wo Sie in Licht stehen Es ist fast d[?] alle Zeit der Horizont Tohn auf selbigen sichtbar nur dunckler wie jener und auch vielle graue Tehne. Ihre Schatten sind Pohbel und Schellen [Stellen] von reinen Violette

Wo sich ein Fluß in der Landschafft zeugt so, das er zu weillen sichtbar zu weulen unsichtbar wird und endlich ins Meer geth mus er erstlig weit heller als alles Erdreich es sey Wälder Wiesen Felsichte Ufern unddergleichen sein zu andern muß er nah an Meer aus Horizont Farbe, näher aus dem schönen Lufft Blau, noch neher aus Blau u Pöhbel noch [näher] aus Pohbel und Gru[ün]lich Blau gemacht werden.

Gebaude im Mittel Grunde.

Ruinen wen selbige von Back-Steinen sind so scheinen sie ser in rohte sind sie aber von großen Steinen so sind[!] ist die Farbe mer ins gelbe noch kan es nicht als vest aus gemacht sein,von allen ihre Farbe kan aus Ro[ö]htel mit Pöhbel und Lack- und die andere aus Büster und Pohbel sein.

Die Schatten Seiten sind Pöhbel mit Büster anennigen [an einigen] Stellen Lasiret, und dient zu Haubt Regul das daß Busch-Werck auf selbigen nicht zu groß angegeben wird Das Buschwerck muß ein ganzes mit der Ruine aus machen Ein Haus alle[i]n stehent macht keinen guten Eveckt und mus solches ser rahr angebracht werden Gruppen vo[n] schönen Gebaüden tuhn beßer und diese richten sich nach der Weute wo sie s[t]ehen Treppen mißen allezeit grau sein die Licht Seitte von großen Gebeuden Palge Thürmen mer ins rohte Mauren aus Pöhbel und Röhtel Die Schatten Pohbel über haupt mus viel Palge und helle Roth gebraucht werden

Eine Landschafft wo sich ein stehend Meer zeugt ist mit die schöneste, hir ist zu mercken da[ß] selbiges völlig die Farbe von Himmel an nimt doch dunckler, es flächt [pflegt] auch gewöhnlig in der mitte an duncklesten zu sein, alle gegen überstehende Uwer zeugen sich verkert in selbgen noch sind alle Farben so wohl Licht als Schatten, weit heller als die Natur selbst. Es macht auch alle mahl wohl wen das Licht auf selbiges recht von der Seute falt wo durch die Gelägenheit entsteth in selbigen die Baüme und alles sehen zu laßen, Wo Ein Uver gans in Schatte[n] ist da sind die Baüme dunckler als das Ertreuch und auch der Schatte[n] im Waßer muß dunckler sein als das Ertreuch, Das Ende der im Waßer sich zeugenden Baüme muß ser weich gehalten werden wodurch die große Lieblichkeit entsteth

Die jenigen Berge oder vielmer Hügel die so halb aus Felsen und halb an Wäldern bestehen sind schön im Mittel Grunde, aber ser schwer zu arbeyten, die Felsichten Teuhle mußen zu erst gemacht werden und mußen nach her die Walder nach und nach dar auf gesetz[t] werden den daalles Baum u Busch Werck dunckler ist so get es recht gut an, diese Walder ins Roh[öt]lige gehalten Aus Röhtel, Indico und Gumma Gutti, mit Violetten Schatten Die Felsen Palge mit Pöhbel Schatten doch gelin[d] so wie es die Weitte erfordert.

Eine sehr Felsichte Gegent mit Busch Werck, kann, um einen besondern Eveckt hervor zu bringen, gans aus Pöhbel und Palge gehalten werden und alles grünlige ser helle, ein solches Stück ist eugentlich keine fertige Zeugnung allein es macht doch gut es mus aber auch Waßer mit an gebracht sein, so das ganze Stellen recht weiß stehen bleuben da man also wenig andre Farben hirin braucht so muß die Ferne ser reun gehalten werden

Von Waßer Fall

Dieses ist ser schwer zu machen das ist zu verstehn von den Staube deßelben, es muß alles aus gespart werden, es müße[n] den nach die aller helleste[n] Teuhle zu erst gemacht werden aus Pöhbel und Lack doch so gelinde das nicht viell unterscheut zwüßchen der Tinte und den Papier ist und so wird immer nach und nach vort gefahren Die S[ch]atten des herunter fallenden Waßers sind Grau mit einen Graugrun Schattiert. Da, wo durch den Staub des Waßers das Busch-Wercke durch siet selbiges mus den größt[en] Fleuß haben

Die Steine so in Waßer liegen sind gans grau und grünlig auch violet mit unter. Die Felsen Wände Wo das Waßer herab fald müßen na[c]h unten zu sich in Staube verliehren, und also nicht zu sehen sein Ein dunckler gegen über stehender Felß muß gans in Grau gehalten werden, um den Wieder schein des Waßers anzudeuten

Bäume in Vorder Grunde müßen alle zeit, wo eine Gruppe grade vor das Licht zu stehen komt, die hintersten alle ser helle sein, weil sonst eine große Härte entstehen würde auch müßen über haupt alle gegender Lufft hängende Bletter ser sanfft und gelinde sein Die Schatten Seuten der vor den Haubt Lichte stehender Baume müßen viell aus Schmutzigen[?] Grün sein, die Wiederscheine aber sehr kalt und grau, die Stämme alle ser kalt und violett, auch muß der Schatte bey nah in der Mitte des Stamms sein, weil ein solcher von beiden Seuten ein gewißes Licht erhelt, Pöhbel Sepia, Bu[i]ster sind bey solchen Umstände[n] ser entfählent [empfehlend] ein Stamm mit Pohbel unter mahlt gefleckt mit Bu[i]ster und Röhtel und hernach mit Sepia vollendet komt gewiß heraus und treubt das ubrige zu rück. auch ist noch zu mercken das niemahls ein Licht gans dichte an der Contur eines Stamms stehn mus, wie viel mahls geschieth Bäumme die nicht gans im Vorder Grunde stehen müßen mer ins Gelblichge als ins hohe Grune gehalten werden und ist Röhlet[tel] mit Gumma Gutti. Röhtel und Büster. Gumma Gutti und Indico und Pöhbel. Pohbel u Lack im Schatten Busch Werck mus mer aus einer duncklen Farbe gehalten werden als die Bäumme und dient Büster und Indico. Sepia und Gumma Gutti.

Felsen im Vorder Grunde mußen durch alle Farben so ziemlig dunckel sein, sie tuhn die beste Werckung wen Sie aus einen Roth, mit schwartz vermischt bestehn, und abwertz herunter Lauffende Streuffen von Pöhbel haben, das Dunckel Rohte entsteth aus Röhtel und Pohbel mit Sepia auch etwas Indica mit unter Das Mooß auf selbigen mus aus gespart werden, da wo das gröste Licht sein soll, die Schatten Seuten aber können her nach auf gesetzt werden, Wo vor großen Steinen kleine liegen selbige[?] müßen aus Pöhbel sein weil sie als den eine große Werckung hervor bringen weil ihr Thon ser kaldt ist die Kräuter und Blatter müßen da aus gespart werden, wo die Farben ser dunckel sind, so wie auch vor den Schatten Seüten der Steine, wo aber helle Felsen sind, als die ins gelbe fallen, kan man nachher das Mooß und Bletter darauf setzen

Wege im Vorder Grunde mußen die nehmlige Farbe haben wie die Felsen nur mit den Pöhbel etwas mer hin ein gearbeitet.

Große Bletter im Vorder Grunde sind zwar Grün allein sie mußen mer blau sein als grun aus Indico auch einige ins Rohte

Das Aller Weißeste in der Natur ist der Schnee, wo er in Landschafften an gebracht wirt mus er heller als die Lufft sein sein Schatten ist hoch, aus Pöhbel und guten blau.

Von der Ahrt wie man die Zeugnungen auf ziehet, oder auf kläbt

---

Hir zu wird ein Brett erfordert welches auf der einen Seutte gans glatt ist, und auf der andern, gut versehn ist, mit quer Hölzer, da mit es sich nicht zihen kan, den ein Bogen[n] Papier ist starck genung ein dünnes Bret krum zu bigen wen er anfän[g]t drocken zu werden, Also wen einmahl die Contut[r] gemacht ist, so mus der unterste Bogen auf gespand werden selbiger wird auf der unrechten Seute ser nas gemacht, mit einen recht reunen Schwamme, Es mus aber schon der Leim Leimm[!] solches ist Tischler Leimm sowohl als der Kleister womit die Conctur soll auf den untersten Bogen gekläbt werden vorher gekocht sein, ist also der Bogen recht an gefeucht so wird am Rande desselben nehmlig auf der naßen Seute ein Finger breut der Leim hin gestrichen und so auf das Bret fest an geruben. man mus her nach nicht das Bret in die Sonne setzen sondern an mäßger Lufft trocknen laßen, Wen den h[n]ach her, noch einige Falten darauf zu sehen sind so muß das Bladt mit der Contur mit den Kleister bestrichen, dar auf gelacht[gelegt] werden, und dar auf ein eben so großen Bladt anderes Papier und dan mit einen Tuche erst angedruckt werden doch muß werrend des reubens das Papier nicht verrickt werden, und so läst man es stehn an der Lufft, nicht in der Sonne um es zu trocknen Der Kleister wird am besten von Puder mit ein gans wenig Allaun und Collequinte

Ein recht zum Zeugnen gehöhriges Papier. – Mann muß zwey Bogen auf ein ander kläben auf die nehmlige Art wie bey ander Zeugnungen zu geschehen pflächt, sind dieselben recht trocken so wird ein Stück Bimsen-Stein genommen gegröße[r] ge beßer und da mit wird gans leise das Papier abgeschliffen, es muß aber der Bimsen-Stein vorher eine breite Seüte haben, und vor allen Dingen mus das Papier recht trocken sein. wen also das schleuffen geschehen ist so nimt man einen reunen Tuch und schlägt den Staub der durch das schleuffen endstanden ist ab, nimt nachher Allaun Waßer und einen großen weichen Pensel und über streucht da mit das ganze Papier, und läst es trochen [trocknen] und so ist es ferteg und geschickt zu einer feinen Arbeit.

Es gibt einige Künstler welche behaubte[n] das schwere Pensel-Stiele beßer wehren als die leuchten, es ist nicht war, nim leichte so wirst du beßer kommen konnen

Von Umrißen

Selbige sind auf verschiedene Weuße zu behandelen, In einer fertigen und ausgeführten Zeugnung sollen und müßen alle ferne Sachen nur mit den Bley gezogen werden so wohl die Berge als auch die Waldungen und Felsen, so balt als Heußer und Tempel u Städte vor kommen die nachher tieff im Bilde sind so müßen selbige mit der Feder umzogen werden. nim den Pöhbel in die Feder ja schwachen Pöhbel so wird gleuch Haltung in die Ferne kommen, Baum-Werck, es mohgen [mögen] Gebüsch oder freu stehende Beumme sein so muß gar keine Feder dar an kommen sondern allein das Bley. Sachen also die noch näher kommen nehmlig Häußer Mauren und dergleuchen mußen etwas stärcker mit der Feder angegeben werden, den es tut zu weillen eine schöne Würckung wen man die Contur an einigen Sachen etwas mer deutliger erkennt als an andern, den solches gibt eine großes Wißen der[s] Künstlers
Die Stämme der Bäume im Vorder Grunde wu[mü]ßen durch aus mit der Feder umzogen sein, doch nicht die Blätter, bey aus geführten Zeugnungen den da soll allein der Pensel das seine tuht[n]. Felsen, Steine, große Blätter die Figuren, das alles muß umzogen werden, und das nur immer starck zu – den das [da] alles nahe dunckel und kräfftig wird, so verlirt sich die Contur von selbst, oder wird leichter

Durchgengig in allen Landschafften mußen die genigen Teihle die Wisen, Auen oder Ertreich mit noch niedrigen Korn vorstellen, wenig gebogene Conturen haben, das heist mußen nicht viell Brüche von kleinigkeiten zu sehen sein es muß mer ein ganzes vorstellen, auch der aller nechste Grund in Bilde, dieser hat mer Sichtbahre Teihle als die andern, mus doch aber nicht über ha[ä]ufft sein den durch zu vielles absetzen der Conturen kommen die Weiten Sachen nah – und das ruhige gethverlohren.

RÜDIGER SCHOLZ

Goethes Schuld an der Hinrichtung von Johanna Höhn

Goethes Verhalten 1783 im Fall der Dienstmagd Johanna Catharina Höhn (so der korrekte Name!), die ihr Kind unmittelbar nach der Geburt getötet hatte, ist noch immer umstritten. Daß er trotz der schon geschriebenen rührseligen Gretchen-Geschichte im realen Leben für die Beibehaltung der Todesstrafe und damit für die Hinrichtung von Johanna Höhn plädierte, paßt nicht zu dem Bild des großen Humanisten und Praktikers der Menschlichkeit. Obwohl das Faktum seit Albrecht Schönes *Faust*-Kommentar von 1994 nicht mehr in Zweifel gezogen wird, ist die Bewertung noch immer nicht geklärt und in den Konsequenzen für die Beurteilung von Biographie und Werk Goethes offen.

Im *Goethe-Jahrbuch* 2002, im Jahre 2003 erschienen, unternimmt der Schweizer René Jacques Baerlocher einen neuen Versuch, den Sachverhalt zu klären und zu bewerten.[1] Er argumentiert, Goethes Votum für die Hinrichtung Johanna Höhns und für die Beibehaltung der Todesstrafe sei ein humaner Akt, weil die Alternative noch grausamer gewesen wäre. Denn der Herzog schlug in seinem „Rescript", d. h. in seinem Brief an seine Regierung, in dem er die Abschaffung der Todesstrafe zu erwägen gab, vor, die lebenslang im Zuchthaus Eingesperrte zu bestrafen mit harter Arbeit, sie an den Pranger zu stellen und zu geißeln und diese Prozedur jedes Jahr am Jahrestag der Ermordung ihres Kindes zu wiederholen, solange sie lebt, wenigstens einige Jahre lang. Nach Jakob Friedrich Freiherr von Fritsch sollen Mitglieder der Regierung noch weitere Verschärfungen vorgeschlagen haben.

Gegenüber dieser Tortur sei Goethes Votum, sie hinzurichten, humaner. Baerlocher findet für seine Auffassung Unterstützung in dem Votum von Fritsch, dem dienstältesten Mitglied des Geheimen Consiliums, der meint, daß die „Zusätze" zur lebenslangen Zuchthausstrafe „mir härter als Todes-Strafe düncket"; er befürchtet Verzweiflungstaten der Delinquentin, also Selbsttötung, und rät, man solle eine vor Einführung des neuen Gesetzes Verurteilte, also Johanna Höhn, wählen lassen zwischen Hinrichtung und dieser Zuchthausstrafe.[2]

Baerlocher: „Goethe war unter dienstlichem Zwang genötigt, zwischen zwei unmenschlichen Übeln zu wählen, und wählte das ihm menschlich vertretbarer erscheinende"; er habe lieber „ein Ende mit Schrecken" als einen „Schrecken ohne Ende" befürwortet (S. 215 f.).

---

1 René Jacques Baerlocher: *Anmerkungen zur Diskussion um Goethe, Todesstrafe und Kindsmord.* In: GJb 2002, S. 207–217.

2 AS I, S. 247.

Diese Argumentation ist nicht stichhaltig, denn die von Baerlocher unterstellte und zweimal betonte Zwangslage bestand gar nicht.[3] Bei den Strafverschärfungen der zu lebenslangem Zuchthaus Verurteilten handelt es sich um einen Vorschlag des Herzogs gegenüber den Mitgliedern seiner Regierung und seinem Beratungsgremium, auf den Goethe hätte Einfluß nehmen können. Dieser Vorschlag war von Johann Christoph Schmidt ausgearbeitet worden, mit Sicherheit nach einer Leitlinie des Herzogs, denn der Herzog forderte in diesem von ihm eigenhändig unterschriebenen Brief die Mitglieder seiner Regierung auf, einzeln schriftlich dazu Stellung zu nehmen, was diese auch taten.[4]

Das Reskript selbst schon schränkt Pranger und Geißelung ein; es war für Goethe abzusehen, daß in der Praxis der Strafvollzug gemildert worden wäre. Außerdem war der Vorschlag noch nicht Gesetz und die Einflußnahme darauf nicht chancenlos. Daß Regierungsmitglieder sich dem Willen des Herzogs nicht einfach fügten, ist in einem vergleichbaren Fall belegt. 1781 hatte Carl August seine Regierung veranlaßt, „ein Gesetz gegen die Verheimlichung der unehelichen Schwangerschaften auszuarbeiten".[5] Der Entwurf mit Abstufungen für Strafen aller irgendwie Beteiligten wurde von der Regierung zurückgewiesen und verschwand in der Versenkung. Die Regierungsmitglieder widersprachen dem Herzog durchaus – und hatten Erfolg.

Daß Goethe nicht in einer Zwangssituation war, geht schon daraus hervor, daß er sich gegen den Herzog stellte. Daß der Herzog es ernst meinte mit der Abschaffung der Todesstrafe, zeigt der Fall der Margaretha Dorothea Altwein aus Gelmeroda, die 1781 von demselben Jenaer Schöppenstuhl nach ihrem Geständnis, ihr neugeborenes Kind getötet zu haben, zum Tode verurteilt worden war und die der Herzog mit „Gnade für Recht" zu lebenslanger Zuchthausstrafe begnadigte.[6] Im Fall der Maria Sophia Rost aus Mellingen verhinderte der Herzog 1783 durch das Verbot der Folterung ihr Geständnis und verfügte eine lebenslange Zuchthausstrafe.[7] Daß ihm die Hinrichtung nicht lieb war, zeigt sich neben dem Vorschlag zur Abschaffung der Todesstrafe daran, daß er Weimar am Tage der Hinrichtung verließ.[8] In der europäischen Öffentlichkeit und auch in Weimar war die Todesstrafe für ledige Kindsmütter, die ihr Kind unmittelbar nach der Geburt töteten, weil sie glaubten, es nicht aufziehen zu können oder es auch nicht konnten, umstritten. Schweden hatte die Todesstrafe abgeschafft und durch lebenslange Zuchthausstrafe ersetzt, ebenfalls mit Strafverschärfungen, wie sie das Reskript des Herzogs vorschlägt.[9] Der Herzog wollte offensichtlich die schwedische Regelung auch in Weimar einführen. Johann Joachim Christoph Bode, der

---

3 Baerlochers zweites Zitat lautet: „Goethe war unter dienstlichem Zwang genötigt, zwischen zwei unmenschlichen Übeln zu wählen, und wählte das ihm menschlich vertretbarer erscheinende" (S. 215).

4 Leider sind diese Voten nicht erhalten.

5 Willy Flach: *Goethe und der Kindesmord.* In: Das Thüringer Fähnlein 3 (1934), S. 599–606; hier S. 600.

6 Thüringisches Hauptstaatsarchiv Weimar (ThHStAW), B 2749, Bl. 3 r. Goethe hat die Begnadigungsverfügung des Herzogs zusammen mit Fritsch und Schnauß abgezeichnet, also gebilligt.

7 Verfügungen des Herzogs vom 28. Oktober und 23. Dezember 1783 (ThHStAW, B 2753, Bl. 5 r, 5 v und 8 r).

8 „[...] auch der Herzog, der wenige Schritte vom Schauplatz des Halsgerichts residierte", verließ die Stadt, „weil er ausdrücklich ‚wegen der Execution nicht hier seyn wolt[e]'" (zit. nach: W. Daniel Wilson: *Das Goethe-Tabu. Protest und Menschenrechte im klassischen Weimar.* München 1999, S. 8).

9 Friedrich Wilhelm Lucht: *Die Strafrechtspflege in Sachsen-Weimar-Eisenach unter Carl August.* Berlin, Leipzig 1929, S. 40.

einflußreiche Weimarer Intellektuelle, hat die Hinrichtung der Johanna Höhn als „Staatsmord“ bezeichnet.[10]

Umstritten ist, wofür Fritsch votiert hat. Goethe hat dessen Text als Votum für die Hinrichtung Johanna Höhns und für die Beibehaltung der Todesstrafe ausgelegt, und viele Germanisten sind ihm darin gefolgt.[11] Richtig ist, daß Fritsch zu Beginn seiner Ausführungen keinen Anlaß sieht, die bisherigen Gesetze zu ändern, denn sie hätten bisher ihre gute Wirkung gehabt. Er geht aber davon aus, daß der Herzog die Abschaffung der Todesstrafe und damit die Begnadigung von Johanna Höhn definitiv beschlossen hat. Er stellt diese Meinung nicht in Frage und argumentiert im Hinblick auf die für ihn schon gefällte Entscheidung. Fritsch spricht sich für eine harte Bestrafung bei vorsätzlichem Mord aus, was aber bei Kindestötung selten vorkam; er macht am Schluß seines Votums den Vorschlag, eine vor Einführung des neuen Gesetzes verurteilte Kindsmörderin zwischen der Bestrafung nach dem alten oder dem neuen Recht wählen zu lassen, also zwischen Hinrichtung und Zuchthaus; oder überhaupt keine generelle Strafe festzulegen, sondern die Bestrafung dem Einzelfall anzupassen und dem Landesherrn zu überlassen. Das aber läuft nach dem Votum des Herzogs auf die Begnadigung Johanna Höhns und auf die Abschaffung der Todesstrafe hinaus. Fazit: Er trägt die Entscheidung Herzog Carl Augusts zur Abschaffung der Todesstrafe mit.

Ganz anders Christian Friedrich Schnauß, der knallhart dem Herzog und Fritsch widerspricht, wie dann auch Goethe. Daß Fritsch und Schnauß „diametral entgegengesetzt“ argumentieren, wie Sigrid Damm meint, zeigt sich bei der Einschätzung der gesellschaftlichen Bedeutung. Fritsch schätzt die bisherigen Fälle von Kindsmord als „äußerst selten“ ein, Schnauß geht dagegen von „dergleichen überhand nehmenden Verbrechen“ aus.[12]

---

10 In Bodes Brief an Adolph Freiherr von Knigge vom 27. November 1783 heißt es: „Morgen gehe ich nach Erfurth, um einer hiesigen Köpferey aus zu weichen, indem es mir nicht als eine Strafe, sondern als ein Staatsmord vorkommt“ (zit. nach W. Daniel Wilson: *Unterirdische Gänge. Goethe, Freimaurerei und Politik.* Göttingen 1999, S. 201).

11 Noch Werner Keller, wie schon vor ihm Willy Flach, hält daran fest: „Schließlich bestätigte er [Goethe] – gewiß mit inneren Vorbehalten – wie seine beiden Kollegen zuvor das Urteil“ (Werner Keller: *Goethes „Urfaust“ – historisch betrachtet.* In: Helga Esselborn/Werner Keller [Hrsg.]: *Geschichtlichkeit und Gegenwart.* Köln 1994, S. 116–138; hier S. 136). Auch Kirsten Peters: *Der Kindsmord als schöne Kunst betrachtet. Eine motivgeschichtliche Untersuchung der Literatur des 18. Jahrhunderts.* Würzburg 2001, hält an diesem Urteil fest (S. 113).

12 Fritsch: „Und, daß die bißherige Bestrafungs Art zu Verhütung deßelben ganz würcksam sey, der Meynung zu seyn, berechtigt mich die Erfahrung, nach welcher in Verhältniß der vielen unehelichen Gebuhrten, so alljährlich auch nur in den hiesigen Landen vorkommen, die Fälle von Kinder-Morden – Danck sey es der Vorsehung! äußerst selten sich ergeben“. Schnauß: „[…] vor dergl. überhand nehmenden Verbrechen“ […] „Es ist also nichts übrig, als ad 2.) [‚diese Bewegungs Ursachen […] müßen […] 2) durch die Furcht der Strafe unterdrückt werden.‘] durch eine angemeßene Strafe diesem Verbrechen, zumalen wenn es überhand nehmen will, Einhalt zuthun“ (nach der Handschrift ThHStAW B 2754, Bl. 16rff.; vgl. AS I, S. 246, 249f.). – Baerlocher hat nicht recht, wenn er Sigrid Damms Behauptung zurückweist, Fritsch und Schnauß hätten sich „‚diametral widersprochen‘“ (S. 210). „Außenstehende und Laien [!]“ (S. 208) können also Damms *Recherche* durchaus als „glaubwürdig“ (ebd.) ansehen. – Baerlochers Polemik gegen Damm stützt sich auf falsche Fakten. Sigrid Damm ist eine ganz exzellente Wissenschaftlerin. Sie hat 1987 die bislang beste Lenz-Ausgabe ganz allein herausgegeben und eine nach den Quellen recherchierte und in den Urteilen herausragende Lenz-Biographie geschrieben: *Vögel, die verkünden Land* (1985). Auch ihre Bücher über Cornelia Goethe (1987) und über

Baerlochers Behauptung, „Fritsch und Schnauß raten in ihren Voten übereinstimmend zur Beibehaltung der Todesstrafe" (S. 210), kann sich zwar auf den Anfang des Votums von Fritsch stützen, aber dessen Annahme der Entscheidung des Herzogs und seine Vorschläge im weiteren Verlauf des Votums stehen dem entgegen: als Gesamtaussage ist die Behauptung falsch.

Die Situation war also eher die, daß sich für Goethe eine gute Gelegenheit ergab, mit sehr guter Aussicht auf Erfolg für eine milde Strafe im Fall Höhn und für die Abschaffung der Todesstrafe bei diesem Delikt zu plädieren. Daß er das nicht getan hat, daß er mit Schnauß gegen den Herzog und gegen Fritsch votierte, war seine freie Entscheidung. Vorteile hätte Goethe eher mit der Zustimmung zur Vorlage des Herzogs gehabt. Sein Ansehen beim Herzog wäre vermutlich mehr gestiegen als beschädigt worden. Und die vom Herzog vorgeschlagene Strafverschärfung war erst ein Vorschlag, zu dem Stellung genommen werden konnte und mußte.

Zu bedenken ist dabei, daß die lebenslänglich verurteilten Kindsmörderinnen keineswegs lebenslang büßen mußten. Maria Sophia Rost, im selben Jahr 1783 wie Johanna Höhn wegen Kindsmords angeklagt, aber „nur" zu lebenslangem Zuchthaus vom Herzog verurteilt, kam nach sechs Jahren 1789 frei. Sie war weder an den Pranger gestellt noch gegeißelt worden. Margaretha Dorothea Altwein, die 1781 verurteilt und im Zuchthaus zu St. Georgen am See, „im Bayreuthischen", inhaftiert war, wurde 1798, also nach siebzehn Jahren, entlassen, mit der Auflage, die Lande des Herzogtums Sachsen-Weimar nie mehr zu betreten.

Es ist eindeutig, daß die von Baerlocher behauptete Zwangslage für Goethe auch nicht im geringsten bestand.

Bei der Bewertung von Goethes Verhalten ist auch mit zu bedenken, daß sich schon das Schuldprinzip durchgesetzt hatte. Gerade das Reskript des Herzogs argumentiert mit den Umständen der Tat. Die Forschung hat nachgewiesen, daß die damalige öffentliche Diskussion um die „Schande" als Hauptmotiv der Tötung der Realität nicht entspricht.[13] Auch die drohende Strafe der Eltern spielte keine große Rolle, noch viel weniger die Rache an dem Geliebten, der sie sitzengelassen hat, wie es uns die Literatur weismacht. Auch die Schwängerung durch den hochgestellten Adeligen, der sie sitzenläßt und sich nicht um das Kind kümmert, hat wenig mit der Realität zu tun: das alles ist weitgehend männliche Dichterphantasie.

In Wirklichkeit war es ein Delikt in einer Unterschicht, in der es sehr schwer oder unmöglich war, zu heiraten und einen eigenen Hausstand einzurichten. Der Vater war in der Regel selbst Knecht oder Diener und hatte keine Möglichkeit, eine Familie zu gründen. Denn als

---

Christiane Goethe (1998) sind sehr solide nach den Quellen recherchiert. – Baerlocher hat auch unrecht, wenn er behauptet, Damm sage nicht, worin Carl Augusts aufklärerische Positionen bestanden hätten. Sie stehen in dem Reskript Carl Augusts, das Argumente von Beccaria übernimmt, wie ja Baerlocher selbst sagt (S. 209, 213, 216). Die gesamte Passage, die Entlastungsgründe für die Notlage der Mutter aufführt, gibt Anschauungen der Aufklärung wieder. Völlig korrekt ist auch, daß Damm urteilt, Goethes knapper Satz sei formelhaft und gehe nicht auf den individuellen Fall ein (S. 210).

13 Zum folgenden: Otto Ulbricht: *Kindsmord und Aufklärung in Deutschland.* München 1990. Regina Schulte: *Das Dorf im Verhör. Brandstifter, Kindsmörderinnen und Wilderer vor den Schranken des Gerichts. Oberbayern 1848–1910.* Reinbek 1989. Rüdiger Scholz: *Die Gewalt dichterischer Ideologie. Das Bild der „Kindsmörderin" in der Literatur und die soziale Wirklichkeit.* In: Hansjörg Bay/Christof Hamann (Hrsg.): *Ideologie nach ihrem Ende.* Opladen 1995, S. 245–268; dort auch weitere Forschungsliteratur.

Dienstmagd waren die Frauen nur ledig eine vollwertige Arbeitskraft; ein Kind hätte der Herrschaft Arbeitszeit entzogen. Ledige Kindsmütter aus der Schicht der Dienstboten, der Mägde, Knechte und Diener, waren mit dem Verlust ihres Arbeitsplatzes bedroht, wenn sie ein Kind bekamen. Das wurde von der Herrschaft zwar moralisch begründet, aber das war Heuchelei. In Wirklichkeit ging es um die volle Arbeitskraft. Das sieht selbst Schnauß in seinem Votum so. Aber selbst wenn ihnen nicht gekündigt wurde, waren nur die allerwenigsten Herrschaften bereit, das Aufwachsen des Kindes materiell zu sichern. So gerieten ledige Mütter in die Situation, nicht zu wissen, wie sie ihr Kind durchbringen sollten, und töteten es deshalb, bar aller unterstellten Motive und Emotionalität, welche die Herren Dichter ihnen nachgesagt haben. Daher wurde das Todesurteil in der Öffentlichkeit als so unangemessen empfunden und dann im 18. und 19. Jahrhundert auch – wenngleich sehr zögerlich – überall abgeschafft, nicht aber in Weimar 1783. Menschlichkeit hätte für Goethe bedeutet, sich zu engagieren, öffentlich und an der Schaltstelle der Macht als Berater des Herzogs, für die Abschaffung der Todesstrafe bei Kindsmord und für eine Gefängnisstrafe einzutreten. Goethe wäre keineswegs damit allein gewesen. Sein Schwager Johann Georg Schlosser und andere Aufklärer haben das getan.

Zu bedenken ist auch, daß Johanna Höhn, offenbar anders als Dorothea Altwein, ihr neugeborenes Kind nicht passiv, sondern mit drei Messerstichen in den Hals getötet und den Körper oder den Kopf gequetscht hatte. Es scheint mir zunächst moralisch nicht diskreditierend zu sein, daß Goethe für die Hinrichtung Johanna Höhns plädierte. Schriftsteller sind keine Ausnahmemenschen. Es ist schrecklich, daß eine Frau von fast 24 Jahren ihr eben geborenes Kind mit drei Messerstichen in den Hals tötet, mit demselben Messer, mit dem sie, bei der Geburt allein gelassen, die Nabelschnur durchtrennt hatte. Hier an Vergeltung als Strafe zu denken ist nicht abwegig. Die Todesart des Babys erklärt auch die Härte von Schnauß. Er sieht es als „nöthig und nüzlich" an, „zu Abschreckung vor dergleichen überhand nehmenden Verbrechen [...] die Höhnin, welche ohnehin nicht die geringste Entschuldigung ihrer mit rechten Bedacht verübten Grausamkeit vor sich hat, nach dem eingegangenen Urthel am Leben bestrafen zu laßen" (AS I, S. 250). Überhaupt ist eine Kindsmörderin für ihn die schlimmste Verbrecherin, weil sie es unternommen hat, „die Stimme der Natur zu ersticken und an ihren eigenen Fleisch und Blut einen Mord zu begehen" (ebd.). Das ist Rousseau mit seiner These, eine Mutter liebe ihr Kind von Natur aus. Die männliche Schreckensvision der Pervertierung des Mutterbildes ist auch die Grundlage der Dichtungen über dieses Thema, einschließlich Goethes *Faust*-Tragödie.

Die aus der Urteilsbegründung erkennbaren Umstände der Tat zeigen allerdings, daß Johanna Höhn ihr Kind alles andere als geplant umgebracht hat. Davon geht auch das Gericht aus und milderte deshalb die Todesart von Ertränken zu Enthaupten. Goethe war mit dem *Werther*-Roman und mit der ersten Fassung des *Faust* von 1775, damals in Hofkreisen bekannt, ein exponierter Vertreter des Schuldstrafrechts, der psychologischen Einfühlung in die Gründe für die Tat und deren soziale Beurteilung. Er hatte Gretchen – wie auch Heinrich Leopold Wagner Evchen Humbrecht in seinem Drama *Die Kindermörderin* – entlastet durch temporären Wahnsinn, also verminderte Zurechnungsfähigkeit zur Zeit der Tat, und seine Darstellung ist geprägt von einem krassen Mißverhältnis zwischen ihrer Schuld und der Bestrafung durch Hinrichtung. Die Untersuchungsakten und die Entlastungsargumente der Verteidiger mußten Goethe klarmachen, daß es sich bei Johanna Höhn nicht um geplanten Mord, sondern um Totschlag in Panik handelte. Gerade er wäre verpflichtet gewesen, darauf hinzuweisen und die Berücksichtigung beim Strafmaß zu verlangen.

Faktum ist: Wenn Goethe gegen die Todesstrafe votiert hätte, dann wäre es zu einer Allianz von Herzog Carl August, Fritsch und Goethe gegen Schnauß gekommen, wobei allerdings nicht sichtbar ist, daß Fritsch sich für die Abschaffung der Todesstrafe besonders ins Zeug gelegt hätte. Es ist dennoch völlig richtig, daß Goethe „direkt und kausal als Hauptverantwortlicher für die Hinrichtung einer Kindsmörderin bezeichnet" und seine „Integrität nachhaltig in Frage gestellt" wird (Baerlocher, S. 209 f.). Denn es bleibt bestehen, daß Goethe den Anfang des Textes von Fritsch für die Gesamtaussage nahm und dessen Votum in sein Gegenteil verkehrt hat.[14] Aber selbst wenn man, mit einigem Recht, in Fritsch keinen energischen Befürworter der Abschaffung der Todesstrafe bei Kindsmord sieht, hätten mit Goethes Unterstützung des Herzogs die beiden Jüngeren, Moderneren gegen die beiden anderen erhebliches Gewicht gehabt. Der Herzog sah sich durch Goethes Votum allein gelassen und zog seinen Vorschlag zurück, und damit ist Goethe verantwortlich am Tod von Johanna Höhn.

Auch als Philologe ist Baerlocher ein schlechter Anwalt seiner Sache. Er will „wortgenau und ohne Änderung von Orthographie oder Zeichensetzung" zitieren (S. 212), zitiert ca. 35 Zeilen (nach dem Druckbild des *Goethe-Jahrbuchs*) aus dem Reskript des Herzogs. Dabei macht er nicht weniger als 25 Transkriptionsfehler, darunter sinnentstellende.[15] Baerlocher hat auch den richtigen Namen der Hingerichteten nicht ermittelt, geschweige denn das Geburtsdatum.[16]

Baerlochers Behauptung, das nicht erzwungene Geständnis hätte „nach der damaligen Gesetzgebung die Todesstrafe zur Folge" gehabt, was „eine Begnadigung praktisch verunmöglichte" (S. 211), ist in dieser Koppelung nicht richtig. Entscheidend für die Todesstrafe war, wie in der Urteilsbegründung zu lesen ist, vor allem die Art der Tötung. Denn damit war ausgeschlossen, daß das Kind tot geboren wurde und daß sich die Mutter passiv verhielt.

---

14 Damm hat völlig recht. Ihre Behauptung ist keine „willkürliche Unterstellung", wie Baerlocher meint (S. 210).

15 Die gravierendsten: Grammatikfehler: „die Furcht" (recte: der Furcht), „deren" (recte: denen); „dem" (recte: der). Sinnentstellendes falsches Wort: „gemäßen" (recte: gewißen), einigemahle (recte: paarmahle), „macht" (recte: erweckt); „die Uns [als] Idee" (recte: Uns die Idee – beim zweitenmal dann richtig zitiert). Auch in Baerlochers eigener Formulierung wird „könne" (recte: sollte) entgegen dem Text eingesetzt. Ein Wort kann Baerlocher nicht lesen, aber anstatt es offen zu lassen, ersetzt er es durch ein völlig falsches („unverwehrten"), obwohl die Buchstaben der Handschrift gestochen scharf an dieser Stelle sind (recte: nurerwehnten), usw.

16 Johanna Catharina Höhn wurde am 15. April 1759 geboren und am 17. April getauft. Die Katastrophe ereignete sich also vier Tage, bevor sie 24 Jahre alt wurde. Sie war die Tochter des am 11. März 1723 in Tannroda geborenen Johann Friedrich Höhn und dessen „Eheweib zu Cottendorf" (Taufregister Jg. 1759, S. 337, Nr. 5). Ich werde demnächst alle Akten zum Fall Höhn und zu den Fällen Altwein und Rost veröffentlichen, einschließlich des bei Flach gekürzten Todesurteils; meine Transkription ist abgeschlossen. Die Ausgabe wird auch die Zeugnisse zur Rezeption bis 1945 enthalten. – Die beiden anderen Kindsmordfälle 1781 und 1783 beurteilt Baerlocher, als ob er sie aus den Quellen kennen würde. Selbst zu recherchieren, hat er aber versäumt; er verweist nur auf die Arbeit von Kirsten Peters: *Der Kindsmord als schöne Kunst betrachtet. Eine motivgeschichtliche Untersuchung der Literatur des 18. Jahrhunderts.* Würzburg 2001, für Baerlocher „die derzeit gründlichste Arbeit zur Thematik" (S. 210; Verweis auch S. 211), ohne deren Fehler bei der Transkription und der Form der Namen zu bemerken. Peters schreibt z. B. „Marie Rosin aus Mellingen", an anderer Stelle „Maria Rosin" (recte: Maria Sophia Rost). Auch Peters ermittelt den richtigen Namen von Höhn nicht.

Die Messerstiche waren eine aktive Tötung und deshalb Mord. Die Rechtsprechung erfolgte noch nach der „Peinliche[n] Halsgerichts-Ordnung“ (so der Titel der Ausgabe von 1777), der „Carolina“ Kaiser Karls V. aus dem 16. Jahrhundert, und danach war die Todesstrafe konsequent. Die Carolina aber kennt kaum das Schuldprinzip, das sich inzwischen immer mehr durchgesetzt hatte, wie die Argumentation des Reskripts des Herzogs zeigt. Die schriftliche Begründung des Todesurteils verweist auf die einschlägige Strafrechtsliteratur der damaligen Zeit, die Willy Flach in seiner Transkription fortgelassen hat: Johann Samuel Friedrich Böhmer 1756 und 1759, Michael Alberti 1733, Rudolf Engau 1738, Christoph Koch 1773 und 1780, August Leyser 1741. Hier finden sich beachtliche Ansätze zur Berücksichtigung der Tatumstände, also der Schuld, bei der Strafzumessung.

Es wäre dem Gericht auch trotz des Geständnisses möglich gewesen, die entlastenden Umstände der Tat so zu gewichten, daß sie zum Urteil der lebenslänglichen Zuchthausstrafe geführt hätten; das Gericht hätte den Argumenten des Verteidigers folgen und verminderte Zurechnungsfähigkeit annehmen können.

Falsch ist die behauptete Unmöglichkeit der Begnadigung infolge des Geständnisses. Im Fall der 1781 zum Tode verurteilten und geständigen Dorothea Altwein hat der Herzog verfügt:

> Wir [sind] durch verschiedene, auf die Beschaffenheit des vorliegenden Falls und die dabey eintretende Umstände überhaupt sich gründende Rücksichten und Betrachtungen zu dem Entschluß determinirt worden, gegen die Inquisitin Gnade für Recht ergehen zu laßen, und die derselben in erwehntem Urthel zuerkannte Todes-Strafe in eine lebenswierige Zuchthauß-Strafe zu verwandeln.[17]

Ein absolutistischer Herrscher wie Carl August beanspruchte und praktizierte, wie alle anderen Herrscher der damaligen Zeit auch, die freie Entscheidung über Begnadigung, unabhängig davon, welches Urteil ein Gericht seines Herrschaftsbereichs gefällt hatte. Eine kodifizierte Festlegung oder auch nur ein verbindliches Vorgehen gab es bei der Begnadigung nicht. Das Reskript Herzog Carl Augusts hebt darauf ab. Eine Begnadigung war jederzeit möglich, worauf Fritsch und Schnauß verweisen.

Bei der Analyse der Rechtstradition ist nachteilig, daß Baerlocher mit einem mißverständlichen Begriff von der „relevante[n] juristische[n] Literatur“ arbeitet (S. 207). Darunter versteht er offenbar die Schrift von Cesare Beccaria und Voltaires Einlassung. Das aber sind rechtsphilosophische und rechtspolitische Traktate. Unter dem Begriff der relevanten juristischen Literatur sollten die Strafrechtskommentare zur Carolina verstanden werden, wenn der Begriff seinen präzisen Sinn behalten soll. Neben den Genannten wären das Benedikt Carpzov, Christian Gottfried Hoffmann und Julius Friedrich Malblank 1783; die aber urteilen keineswegs „unwillkürlich positiv und menschenfreundlich“, wie Baerlocher seiner „relevante[n] juristische[n] Literatur“ unterstellt.[18]

---

17 ThHStAW, B 2749, Bl. 3 r.

18 Baerlochers Aufsatz weist auch andere Fehler auf. So vermutet er nur, daß Thomas Mann von der Debatte 1931/32 Kenntnis hatte; das einschlägige Zitat von Thomas Mann („erschütternd“) von 1932 in seiner Goethe-Rede fehlt, obwohl es in dem von Baerlocher zitierten Aufsatz von Heinz Müller-Dietz steht (S. 210). – Unverzeihlich finde ich auch, daß Baerlocher eine Argumentation Beccarias zitiert, aber nicht sagt, daß Beccaria hier Überlegungen „eines Räubers oder Mörders“ mitteilt (S. 217).

Baerlochers Argumente zur Verteidigung Goethes halte ich für sehr bedenklich. Jemanden als human zu bezeichnen, der für die Todesstrafe plädiert, weil möglicherweise in Zukunft die Zuchthausstrafe sehr hart ausfallen könnte, pervertiert den Begriff der Menschlichkeit. Auch Goethes verschollener Aufsatz kann nicht zur Entlastung dienen. Baerlocher meint, es sei begründet zu „vermuten", „daß Goethes Aufsatz [über die Frage der Beibehaltung der Todesstrafe bei Kindsmord] ein Zeugnis von Menschlichkeit war, die sich in einer unmenschlichen Situation zu bewähren hatte" (S. 212). Dafür gibt es leider nicht den geringsten Beweis. Fest steht nur, daß Goethes Aufsatz für die Beibehaltung der Todesstrafe argumentierte. In einer ‚unmenschlichen Situation', in der er „Einfühlung und Sinn für das Maß im Unabwendbaren" entwickeln mußte (S. 215), war Goethe nicht: Die Hinrichtung von Johanna Höhn war so abwendbar wie die Hinrichtung von Dorothea Altwein 1781, deren Begnadigung zu lebenslänglicher Zuchthausstrafe Goethe befürwortet hat.

Das Faktum einer tiefen Kluft zwischen der für die Kindsmörderin Margarete im *Faust* Partei ergreifenden und sie entlastenden Darstellung und Goethes Verhalten 1783 bleibt bestehen. Es ist heute, nach 220 Jahren, unangemessen, moralisch zu argumentieren, Goethe zu verdammen oder ihn zu verteidigen. Es geht darum, zu erklären, wie Goethes Verhalten zustande kam, welche Folgen es hatte und wie das Verhältnis zu den diskursiven und fiktionalen Werken zu verstehen ist. Notwendig ist, in die gesellschaftshistorische Analyse der von Goethe selbst reflektierten Trennung in den Privatmann und den Minister, den Dichter und den Politiker[19] einzutreten und vor diesem Hintergrund eine Diskussion über den historischen politischen Ort der dichterischen Werke zu beginnen.

---

19 Brief an C. L. von Knebel, 21. 11. 1782 (WA IV, 6, S. 96–98; zit. auch bei Sigrid Damm: *Christiane und Goethe. Eine Recherche.* Frankfurt a. M., Leipzig 1998, S. 94).

RENÉ JACQUES BAERLOCHER

„Goethes Schuld an der Hinrichtung von Johanna Höhn"?

> Ich weiß recht gut, ich bin Vielen ein Dorn im Auge, sie wären mich Alle sehr gerne los; und da man nun an meinem Talent nicht rühren kann, so will man an meinen Charakter.
> (Goethe zu Eckermann am 14. März 1830)

Unter dem – angesichts einer kontroversen Frage – recht ungeheuerlichen und apodiktischen Titel *Goethes Schuld an der Hinrichtung von Johanna Höhn* und mit der späteren Feststellung im Text, es sei „völlig richtig, daß Goethe ‚direkt und kausal als Hauptverantwortlicher für die Hinrichtung einer Kindsmörderin bezeichnet' und seine ‚Integrität nachhaltig in Frage gestellt' wird", versucht Rüdiger Scholz in der vorstehend abgedruckten Miszelle Argumente gegen die von mir im *Goethe-Jahrbuch* 2002, S. 207–217, publizierte Miszelle *Anmerkungen zur Diskussion um Goethe, Todesstrafe und Kindsmord* zu finden.

Wer es wagt, das Vorgehen von Erfolgsautoren wie Sigrid Damm oder W. Daniel Wilson in Frage zu stellen, weiß, worauf er sich einläßt: *crabrones irritare*, wie das ein launiger alter Römer einmal bezeichnet hat. Solche Hornissenflüge aus im voraus deutlich absehbaren Richtungen ließ ich bisher unbeachtet. Jetzt aber muß ich mich leider auf diese Argumentations- und Sprachebene begeben, denn die Sache ist zu ernsthaft, und sie wird noch ernsthafter angesichts der von Scholz angekündigten Absicht einer weiteren Publikation (vgl. die Nachbemerkung zu dieser Miszelle). Ich bin darum froh, daß mir die Herausgeber des *Goethe-Jahrbuchs* Gelegenheit geben zu notwendigsten Bemerkungen.

Die von Damm, Wilson und Scholz eingeschlagene Strategie ist einfach: Weil ein bestimmtes vorgefaßtes Ergebnis g e w o l l t wird, müssen Fakten eben so zurechtgebogen werden, daß sie zum Ziel passen. Wo überzeugende Argumente fehlen oder sich nicht zurechtbiegen lassen, bleibt nur noch der Versuch, den Gegner unglaubwürdig zu machen, z. B. mit der Auflistung von vermeintlichen „Fehlern" oder mit dem Wort „falsch", das in belanglosesten Zusammenhängen so häufig verwendet wird, daß der Gegner nicht mehr darauf eingehen kann und mag, will er vermeiden, daß am Ende die S a c h e, um die es geht, gar nicht mehr sichtbar sein oder verzettelt wird. In unserem Falle verfängt dieses Vorgehen nicht.

Einen – einen einzigen – Fehler freilich will ich gleich eingangs und reumütig bekennen: Es mögen sich unter den ungewöhnlichen logistischen und zeitlichen Umständen, unter denen meine Miszelle entstanden ist, bei der Transkription des Reskripts einige fehlerhafte Buchstaben oder gar ein Grammatikfehler eingeschlichen haben. (Auch dazu wird auf die Nachbemerkung zu dieser Miszelle verwiesen.) Wesentlich aber ist, und das stellt Scholz auch nicht in Frage, daß dadurch am Sinn des Reskripts – und damit an meiner Auffassung – nicht die geringste Änderung bewirkt wird. Um sein Ziel zu erreichen, versucht Scholz die Situation, in der sich Goethe in seiner amtlichen Eigenschaft vorfand – nämlich: Stellung beziehen zu müssen zur Alternative des Herzogs, ob die Todesstrafe für Kindsmord beizubehalten oder durch eine neue, dauerhaft und extrem demütigende und qualvolle Freiheitsstrafe zu ersetzen sei –, in Zweifel zu ziehen. Für seine Zwecke verharmlost Scholz das Reskript an mehreren Stellen, zitiert es nie korrekt und behauptet gar: „Das Reskript selbst schon schränkt Pranger und Geißelung ein; es war für Goethe abzusehen, daß in der Praxis der Strafvollzug gemildert worden wäre“. Anstelle von unnötigen theoretischen Erörterungen sei hier der Wortlaut des Reskripts nochmals wiederholt:

> [...] In Ansehung der Modalität dieser auf den Kinder Mord fürs künftige zu setzenden Strafe ist Uns die Idee beygegangen, daß selbige am füglichsten darinne bestehen könne, daß die Verbrecherin, durch Abschneidung des Haupt-Haars, für immer, als eine Mißethäterin, zur Schande ausgezeichnet, sodann an den Pranger gestellet und öffentlich gegeißelt, auch, wenn dieses geschehen, auf Lebens Zeit in das Zuchthauß gebracht und darinne zu beständiger und, nach Gelegenheit der Umstände, harter Arbeit angehalten, wie nicht weniger die Stellung derselben an den Pranger und deren öffentliche Geißelung, solange sie lebet, oder doch wenigstens binnen einer zu bestimmenden gewißen Anzahl von Jahren, jährlich ein oder ein paarmahle[1], besonders an dem Jahres-Tag, an welchem sie den Kinder-Mord verübet, wiederhohlet werde. [...]

Zudem trifft mich der Vorwurf eines „schlechten Philologen“ nicht, weil ich kein Philologe bin und auch kein solcher sein möchte. Daß ich das Reskript anhand der damals verfügbaren Möglichkeiten auszugsweise bekannt machte, hat seinen einfachen Grund darin, daß sich eben kein Philologe, d. h. kein von seinem Beruf, seiner Aufgabe und Verpflichtung, seiner Sachkunde und Autorität her dazu berufener Fachmann fand, es zu tun und den unglaublichen Unterstellungen von Damm, Wilson, Hans Rudolf Vaget und anderen fundiert entgegenzutreten. So tat ich es eben selbst, als der Schaden immer deutlicher sichtbar wurde, den diese Autoren angerichtet haben. Absehbare lästige Folgen nahm ich in Kauf, den erhofften Nutzen dagegen abwägend. Es ist in diesem Zusammenhang übrigens von Interesse festzustellen, daß Scholz ausschließlich meine Miszelle behandelt und auf die gleichzeitig und unabhängig davon entstandene Arbeit eines Goethegelehrten, Wolfgang Wittkowski, mit keinem Wort eingeht, obgleich auf dessen Arbeit in Anm. 26 meiner Miszelle ausdrücklich hingewiesen wurde und Wittkowski Vorhaltungen, die ich vorbringe, sogar noch direkter formuliert, wenn er Damm bzw. den ihr und Wilson folgenden Autoren im Umgang mit den Akten gerade jenen „Schlendrian“ vorwirft, den Damm Goethe unterstellt (Wittkowski [Oxford German Studies 31 (2002)], S. 91; Damm, S. 89 f.). Da es Scholz nicht tun mag, weise ich selber nochmals auf Wittkowskis Aufsatz hin (mit dem in Anm. 26 von mir erwähnten materiellen Vorbehalt, an dem ich festhalte).

Zu den vielen Vorhaltungen von Scholz, ich hätte ungenügend recherchiert und dieses oder jenes unvollständig vorgebracht oder zitiert, kann ich mich hier auf die Feststellung beschränken, daß ich – aus den in der Miszelle (u. a. in der Anm. zum Titel) dargelegten Gründen – ein provisorisches Zwischenergebnis vorlegte, weil sich die geplante Arbeit zum Thema als erheblich komplexer erwies als erwartet. Und in diesem Zwischenergebnis konnte ich mich zudem nicht ausschließlich der Sache – dem Thema *Goethe, Todesstrafe und Kindsmord* – widmen, sondern ich mußte auf den wenigen Seiten einer Miszelle, für deren Aufnahme im *Goethe-Jahrbuch* sich damals erfreulicherweise, zufällig und knapp vor

[1] Gegenüber dem in meiner Miszelle abgedruckten Text wurden, von belanglosen Korrekturen von Buchstaben abgesehen, die Wörter „gemäße“ durch „gewiße“ bzw. „einigemahle“ durch „ein paarmahle“ ersetzt.

der Drucklegung, Gelegenheit bot, erst einmal den Umständen und Ursachen der Entstehung, des Erfolgs und der fortschwelenden Nachwirkungen von Damms Roman nachgehen, weil ich mit konkreten Folgen der dadurch bewirkten Diskreditierung von Goethes Integrität konfrontiert wurde und werde – und weil es eben niemand sonst tun wollte.[2] Aus all diesen Gründen beschäftige ich mich hier nicht mit sonderbaren Vorhaltungen wie etwa jener, ich wüßte Aufklärungs- und juristische Literatur nicht zu unterscheiden oder hätte keine Kenntnis von Weimarer Kindsmordfällen, die Scholz unterschiedslos uniform behandelt ohne Rücksicht auf für Urteil oder Begnadigung relevante divergierende Tatbestände und Umstände. Auch aus heutiger Sicht und mit modernen Mitteln erarbeitete soziologische oder statistische Überlegungen zu Profilen oder Motiven von an Kindsmord direkt oder indirekt Beteiligten wären in unserem Zusammenhang nur dann relevant, wenn die Protagonisten – Carl August und seine Beamten – damals davon Kenntnis gehabt hätten. Auf alle diese Dinge und mehr wird am richtigen Orte einzugehen sein; auch zu Zitaten von Aufklärern, wozu das jetzt Nötige in den Anm. 24 und 25 meiner Miszelle ausgeführt wurde. Die zeitgenössischen Begründungen zur Bestrafung des Kindsmords sind so ungewöhnlich und für den heutigen Leser kaum nachvollziehbar, daß es dazu einer bedachten Dokumentation bedürfen wird.[3]

Scholz kommt ferner, ohne Begründung oder Nachweise, auf Werner Kellers meines Erachtens nicht haltbare, von Damm dann aber romanhaft ausgeschmückte These zurück, Goethes Haltung als Dichter bzw. als Mensch sei mit derjenigen des Beamten nicht kompatibel. Was vorerst dazu zu sagen ist, ist in Anm. 18 und 22 meiner Miszelle angedeutet; ich sehe – bessere Belehrung vorbehalten – keinen Anlaß, davon abzuweichen. Scholz redet in der ihm eigenen Sprache vom „realen Leben“ Goethes, das er der „rührseligen Gretchen-Geschichte“ gegenüberstellt. Mit der „rührseligen Gretchen-Geschichte“ soll vermutlich die dramatische Handlung im *Faust* gemeint sein, wie sie im fraglichen Zeitpunkt (um 1783) existierte. Dann bliebe freilich die Tatsache zu erklären, daß auch im Drama die Kindsmörderin der Todesstrafe nicht nur verfällt, sondern daß sie diese auch akzeptiert, der Schrecknisse ihrer Schuld ebenso eingedenk wie des „Gerichts Gottes“, das sie anruft, und dabei die von – schon von Anfang an als solche erspürten – üblen Mächten begünstigte Flucht ablehnt. Läßt sich aus *Faust*, aus welcher Version auch immer, ernstlich ein Plädoyer gegen (oder für) die Todesstrafe bei Kindsmord herauslesen? (Auch dafür ist u. a. auf Wittkowski zu verweisen.) Der schwankende Wahnsinn, in den der Dichter Gretchen scheinbar verfallen läßt und in dem sie Heinrich einmal erkennt und dann wieder nicht, hat – scheint mir – einen einfachen Grund: Gretchen sieht sich jetzt, nach allen geschehenen Untaten, die die Hände beider mit Blut befleckt hatten, zwei Trägern desselben Namens gegenüber: dem Geliebten und Vater des toten Kindes und dem scheinbar Reumütigen, aber, mit Hilfe von Mephistopheles, zu spät Zurückkehrenden. – Unnötig zu sagen ist, daß die, mit Scholz zu reden, „rührselige

2 In der angekündigten Arbeit werden auch Damms Auffassungen der Ehe Goethes diskutiert werden müssen.

3 Zu Anm. 12 in Scholz' Miszelle: Zur Diskussion stehen nicht frühere Arbeiten von Damm, sondern die Tatsache, daß Damm einen wichtigen Sachverhalt nicht nur entstellt, sondern ihn auch noch an einem unangemessenen, jedoch gut zu vermarktenden Ort in einen unrichtigen Kontext stellt. – Was „männliche Schreckensvision der Pervertierung des Mutterbildes“ als „Grundlage“ auch von Goethes *Faust*-Tragödie u. ä. anbelangt, beschränke ich mich darauf, auch dafür auf die zitierte Arbeit von Wittkowski und die dort erwähnte Literatur zu verweisen.

Gretchen-Geschichte" nur ein Aspekt der Verstrickung in Schuld, in Selbstüberhebung und Verlust des Maßes ist, der Faust im Drama verfällt. Mit Strafrecht und „Zurechnungsfähigkeit", wie Scholz behauptet, hat dies jedoch alles nichts zu tun. Wie Goethe Tatmotive beurteilt hat (jene von Gretchen im Drama oder jene im Fall Höhn oder anderen Kindsmordfällen, mit denen sich Goethe im Rahmen seiner amtlichen Verpflichtungen beschäftigen mußte), wissen wir gar nicht. Scholz wiederholt und bekräftigt Damms angesichts der Aktenlage unhaltbares – von K. M. Finkelnburg übernommenes – Verdikt, „Goethes knapper Satz sei formelhaft und gehe nicht auf den individuellen Fall ein" (Scholz, Anm. 12). Es ist bekannt, daß Goethe auf seinen (verlorenen) Aufsatz verwies, den wohl nur der Herzog gekannt hat. Als der Herzog gleichwohl auf einem formellen Votum *ad acta* insistierte, brauchte Goethe darum keine zusätzlichen Ausführungen mehr zu machen. Er hatte einen begründenden Aufsatz geschrieben und konnte sich deshalb in seinem abschließenden, nachträglich ihm abverlangten Votum darauf beschränken festzustellen, daß das Resultat seines Aufsatzes „mit den beyden vorliegenden gründlichen Votis völlig übereinstimmt". Also müssen auch beide gründliche Voten von Jakob Friedrich Freiherr von Fritsch und Christian Friedrich Schnauß selbst in ihrem Ergebnis übereinstimmen und können sich nur in Nuancen unterscheiden – wie es denn auch der Fall ist.

Scholz stellt aber, wie Damm, die nicht haltbare These auf, die Voten von Schnauß und Fritsch widersprächen sich diametral (Anm. 12). Das muß freilich so sein, wie immer die Texte auch beschaffen sind, wenn Goethe (mit Damm, S. 89) das „Zünglein an der Waage" und darum (mit Scholz: Titel seiner Miszelle) „Goethes Schuld" erwiesen sein soll, bzw. Goethe (mit Vaget) „den Ausschlag gab" zur Verurteilung von Höhn. Abgesehen davon, daß ich mich, wie schon in meiner Miszelle belegt wurde, mit meiner Auffassung in sicherer Gesellschaft finde, genügt die unvoreingenommene genaue Lektüre der beiden Voten, um sich vom Gegenteil ein für allemal zu überzeugen. Leser und Leserinnen, die am Vorgang Anteil nehmen, sollten sich die beiden Voten im Wortlaut vornehmen (gedr. in AS I, S. 246–251) und sich nicht nur auf Interpretationen verlassen.

Fritsch signalisiert dem Herzog klar („ich gestehe es ganz unbewunden"), daß er die Todesstrafe bei Kindsmord angesichts der damals vorherrschenden Schutzziele der Gesetzgebung (*ius talionis* [Vergeltung] und Verbrechensprävention) als angemessen und wirksam erachtet und er darum – weil zudem „bey sich ergebenden Gründen" das „landesherrliche Begnadigungs-Recht eintreten" könne – eigentlich „keinen hinreichenden Veranlaßungs-Grund zu einer anderweiten Gesezgebung über diesen Punckt abzusehen vermag". Angesichts des Urteils des Schöppenstuhls im Fall Höhn und der im Reskript zur Diskussion gestellten veränderten Gesetzgebung, zu deren Inhalt und Absicht auch er Stellung beziehen mußte, blieben für den erfahrenen Fritsch jedoch zwei Fragen übrig, die zu klären waren, da ein aktueller Fall (Höhn) anstand und gerade aus diesem Grunde das Reskript zur Dringlichkeit anmahnte: ob nach erfolgter Gesetzesänderung der anhängige Fall noch nach altem oder bereits nach neuem Recht zu beurteilen sei. Darum schlägt Fritsch zugunsten der Täterinnen, „welche noch vor Publicirung des etwan zu erlaßenden neuen Gesezes dieses unmenschliche Verbrechen zu Schulden gebracht", ein Wahlrecht vor – auch damit unmißverständlich bekundend, was er von der vom Herzog ins Spiel gebrachten neuen Strafe hält, der „gütigen Denkungs-Art" seines Herzogs nämlich nicht ernstlich zutrauend, „eine härtere an die Stelle der vorherigen zu sezen". Kann man klarer für die Beibehaltung der Todesstrafe votieren? Am Ende seines Votums überlegt Fritsch, ob „überhaupt keine bestimmte, ohnehin auf alle einzelne Fälle niemahls ganz passende Strafe auf den Kinder-Mord" gesetzt und die Strafe im sorgfältig geprüften Einzelfall dem Landesherrn vorbehalten sein sollte. Er nennt aber kein Strafmaß – die auch in diesem Falle mögliche Maximal-, d. h. die Todesstrafe ergibt sich aus seinem Votum von selbst. Dies alles sind jedoch unerläßliche Eventualgesichtspunkte für den Fall, daß die neue Freiheitsstrafe mit ihren dauerhaft demütigenden und qualvollen Prozeduren als, wie Fritsch sagt, „Versuch" angeordnet werden sollte; und darum auch seine Ermahnung, diese dann wenigstens zu mäßigen, da sie „mir härter als Todes-Strafe düncket". Aus alledem ergibt sich nichts, was dem Votum von Schnauß widerspricht. Damit entfällt die Grundlage aller Behauptungen und Schuldzuweisungen von Damm, Wilson und Scholz.

Was von Scholz dagegen im einzelnen noch vorgebracht wird, ist teils widersprüchlich, teils mutet es – bei aller Tragik des Vorgangs – fast komisch an; teils wiederum handelt es sich um unzulässige Suggestivfragen und -argumente, so wenn z. B. die weder begründete noch begründbare Behauptung aufgestellt wird, Fritsch sei davon ausgegangen, der Herzog habe „die Abschaffung der Todesstrafe und damit die Begnadigung von Johanna Höhn definitiv beschlossen". (Auch dazu verweise ich auf die Nachbemerkung zu dieser Miszelle.) Noch sonderbarer ist die Beweisführung, mit der die „Schuld Goethes" erwiesen werden soll. Scholz schildert selber das „schreckliche" Delikt der Höhn und fügt bei: „Es scheint mir zunächst moralisch nicht diskreditierend zu sein, daß Goethe für die Hinrichtung Johanna Höhns plädierte. [...] Hier an Vergeltung als Strafe zu denken, ist nicht abwegig". Er zitiert auch Schnauß' Bemerkung, die Verbrecherin Höhn habe „ohnehin nicht die geringste Entschuldigung ihrer mit rechtem Bedacht verübten Grausamkeit vor sich". Plötzlich erfolgt – ganz im Sinne der Vorgehensweise in Damms Roman – eine Kehrtwende, und aus dem einfühlsamen Verteidiger Scholz wird ein Ankläger, allerdings nicht der Täterin, sondern Goethes. Untersuchungsakten und Entlastungsmomente der Verteidiger, schreibt Scholz, hätten Goethe veranlassen müssen, im Falle Höhn auf Minderung des Strafmaßes zu dringen. Von Arbeitsweise und Geschäftsverteilung im Geheimen Consilium – auf die in der in Aussicht gestellten Arbeit einzugehen sein wird – abgesehen, ergibt sich aus dem Urteil des Schöppenstuhls, aus der Rechtsauffassung der Regierung – des eigentlich zuständigen „Justiz- oder Rechts-Collegiums" in der Landesadministration – und aus den zusätzlich abgeforderten Voten der Mitglieder des Geheimen Consiliums, daß im Falle Höhn alle Elemente zusammentrafen, die von der Rechtslage her eine „mildere" Strafe unmöglich machten: Vorsatz, grausame Tötung, fehlende Reue, Geständnis.[4] Wiederum davon abgesehen, daß der Fall Höhn nicht Gegenstand des Reskripts, sondern Anlaß dazu und damit zu den Voten der Mitglieder des Geheimen Consiliums war, wäre es darum nur möglich gewesen, die Kindsmörderin Höhn nach eigenem Ermessen und eigener Entscheidung Carl Augusts zu begnadigen. Das hat der Herzog aber bekanntlich nicht getan, wie auch alle beteiligten Institutionen keine Milderung der Strafe empfehlen konnten. In der aufgeworfenen Frage nach einer veränderten Rechtsprechung hingegen votierten beide Kollegen Goethes für die Beibehaltung der Todesstrafe bei Kindsmord, und Goethe schloß sich ihnen an.

Wenn Scholz sagt, Goethe habe das Votum von Fritsch „in sein Gegenteil verkehrt", dann unterstellt er Goethe genau das, was er und Damm selber tun. Scholz bekennt freimütig,

4 Scholz sagt, Fritsch spreche sich aus „für eine harte Bestrafung bei vorsätzlichem Mord [...], was aber bei Kindestötung selten vorkam". Das stimmt, bloß lagen die Dinge im Falle Höhn eben ganz anders, wie Scholz selber an anderer Stellen bestätigen muß. Schnauß rät am Schluß seines Votums sogar ausdrücklich von einer Begnadigung ab; behält diese für „ähnliche Fälle" vor, in denen „der Verbrecherin ein erheblicher Umstand zustatten kommen sollte".

daß „nicht sichtbar ist, daß Fritsch sich für die Abschaffung der Todesstrafe besonders ins Zeug gelegt hätte“ und man „mit einigem Recht, in Fritsch keinen energischen Befürworter der Abschaffung der Todesstrafe bei Kindsmord“ sehen könne. Umgekehrt wird (Anm. 12) gesagt: „Baerlocher hat nicht recht, wenn er Sigrid Damms Behauptung zurückweist, Fritsch und Schnauß hätten sich ‚diametral widersprochen‘“. Offensichtlich orientieren sich Damm und Scholz an anderen Vorstellungen von Geometrie als ich – von Art und Methode der Beweisführung und Kohärenz der Darstellung ganz abgesehen. – Endlich noch zur Begnadigung, die der Herzog im Fall Höhn nicht vorgenommen hat. An einer Stelle schreibt Scholz: „Ein absolutistischer Herrscher wie Carl August beanspruchte und praktizierte, wie alle anderen Herrscher der damaligen Zeit auch, die freie Entscheidung über Begnadigung, unabhängig davon, welches Urteil ein Gericht seines Herrschaftsbereichs gefällt hatte“. An einer anderen Stelle liest man: „Der Herzog sah sich durch Goethes Votum allein gelassen und zog seinen Vorschlag zurück, und damit ist Goethe verantwortlich am Tod von Johanna Höhn“. Aus dem absolutistischen selbstherrlichen Landesherrn mit seinem unbeschränkten Begnadigungsrecht ist, getrennt durch wenige Absätze in Scholz' Miszelle, plötzlich ein von seinen Beratern abhängiger, im Stich gelassener hilfloser Landesfürst geworden (erneut davon abgesehen, daß sich die Voten von Fritsch und Schnauß in keiner Weise widersprachen). Solche dem Ziel dienstbare Konstrukte und Zurechtbiegungen sind eben unentbehrlich, um das Ziel zu erreichen und die Rechnung aufgehen zu lassen: Goethes Schuld an einem Urteil zu erweisen, zu dem er sich überdies gar nicht zu äußern hatte.

Was Scholz endlich zur dienstlichen Stellung, in der Goethe sein Votum abzugeben hatte, ausführt, ist nicht nachvollziehbar. Im Geheimen Consilium war Goethe Beamter und mußte als solcher, wie die Mitglieder der Regierung und seine beiden Kollegen Fritsch und Schnauß, konkret zum Reskript Stellung beziehen, d. h. zur Frage, ob die Todesstrafe (als Maximalstrafe) durch eine – wenn man außerdem die Umstände des damaligen Strafvollzugs bedenkt – furchtbare neue Strafe zu substituieren sei. Mehr ist dazu nicht zu sagen.

Ich mag auf einer solchen Ebene nicht weiter argumentieren, den Vorgang vielmehr zum willkommenen Anlaß nehmen, um zu bekennen, warum ich diese Diskussion überhaupt in Gang setzte, als mir klar wurde, auf welche Art und in welchem Umfang aus kaum verhüllten Motiven Goethes Integrität in Frage gestellt werden sollte. Dazu kommt mir Scholz' sonderbarer Vorwurf, ich hätte Thomas Mann falsch und unvollkommen zitiert, sehr zupaß. Scholz scheint wenigstens beachtet zu haben, daß ich – bewußt – eine spätere, kaum beachtete Version des Vorgangs von Thomas Mann gewählt habe, weil diese, anders als dessen Goethe-Jubiläumsrede, eine mit Begründungen versehene Wertung versucht. Welche Kenntnis Thomas Mann vom Vorgänger Damms, Finkelnburg, hatte, bleibt dahingestellt, denn Scholz ist, weil er nichts dazu sagt, offenbar nicht bekannt[5], daß im Jubiläumsjahr 1932, weniger als ein Jahr nach Finkelnburgs Elaborat, eine bemerkenswerte Richtigstellung publiziert wurde. Wie dem auch sein mag, ist und bleibt Thomas Mann für mich ein unentbehrlicher Kronzeuge, nicht nur in der uns hier bewegenden Sache, aber a u c h für diese. In der Anmerkung 20 meiner Miszelle finden sich Zitate, die entschieden über das hinaus-

5 So wenig übrigens, da er jedenfalls nichts davon sagt, Scholz bekannt zu sein scheint, daß der wesentliche Inhalt des Reskripts von 1783 lange vor Friedrich Wilhelm Lucht publiziert worden war. Diese Dinge gehören in den Kontext meiner geplanten Arbeit. Eine Miszelle bot und bietet dafür keinen Raum.

gehen, was Scholz aus der – von mir freilich gar nicht zitierten – Rede von Thomas Mann vermißt (die Bemerkung, das „Auch ich“ sei in seiner Art ebenso erschütternd wie der ganze *Faust* – also das, was Scholz als „rührselige Gretchen-Geschichte“ bezeichnet). Thomas Mann ist nämlich, mit solcher Unerbittlichkeit, vielleicht der einzige, der die, wenn man mir einen solchen Ausdruck zugestehen will, abgründige Doppelbödigkeit Goethes nicht nur erkannt, zuweilen wohl buchstäblich erlitten, sondern immer wieder ausgesprochen hat. Ich verweise nochmals auf das eben erwähnte Zitat in meiner Anm. 20: „Dieser Geist ist bei nichts festzuhalten, auf nichts festzulegen. Man subsumiere ihn irgend einer Denk- und Daseinsform, man tue es mit Recht, und sogleich wird man sich besinnen und finden: nein, er ist auch das Gegenteil. Das reicht hinab in seine moralische Existenz“. Das geht doch wohl über die von Scholz monierte Stelle hinaus, es mag sogar widersprüchlich erscheinen bei jemandem, der daran Anstoß nimmt und willens ist, sich zu exponieren, wenn Goethe grundlos diskreditiert und herabgesetzt wird. Der Widerspruch ist aber natürlich ein scheinbarer – ist zudem auch im Lichte der Feststellung Peter von Matts (Motto in meiner Miszelle) zu sehen, daß Goethe auf „Strategien der Vorsicht“ verzichtet habe. Er bedurfte solcher nicht; sie widersprachen ihm schon von seiner Konstitution her. Bei Goethe gibt es keinen Bluff, keine Halbheit; und darum versagt auch beides im Umgang mit ihm. Noch weniger gibt es oder verfängt bei ihm Schwarzweiß-Malerei, Ideologie oder Tendenz. Goethe spiegelt die ganze Breite menschlicher Irrationalität. Erfolglos wird man bei ihm Rezepte oder – gar moralische – Handlungsanweisungen suchen. Er zwingt uns vielmehr, immer neu anzufangen und alles immer wieder neu in Frage zu stellen. Wer Goethe in solchem Verständnis folgen mag – nicht etwa: ihn verstehen will –, wird für die scheinbar aporetische Bemerkung Hersilies in den *Wanderjahren* Verständnis aufbringen, daß das Wahre nicht immer höchst erfreulich sein möge, ja sogar: daß sich eine These umkehren lasse und alsdann ebenso wahr sein könne, und vielleicht noch mehr. (Und daß gerade in solchen Zusammenhängen Beccarias Name fällt, mutet, mit Goethe zu reden, an wie ein offenbares Geheimnis: HA 8, S. 66, Z. 9; S. 68, Z. 17f.; S. 66, Z. 31).

Goethe hat mich durch ein langes und schwieriges Leben begleitet, freilich nicht – wie Scholz –, um dabei verstehen zu lernen, in welchem Verhältnis sein Verhalten zu „den diskursiven und fiktionalen Werken“ stehe. Solche Ausdrücke erreichen mich gar nicht; ich bedaure höchstens Studenten und Schüler, die im Umfeld solcher Gesinnungen, Denk- und Sprechweisen mit Literatur in Berührung kommen. Für mich war und ist Literatur etwas Lebendiges, mein Leben mit Tragendes und letztlich mit Ermöglichendes. Tolerierung von Kult war mir dabei so fern wie solche von grundloser Herabsetzung.

Goethe ist für mich keine moralische Instanz – so wenig allerdings wie das Gegenteil. Goethe ist eine Lebensaufgabe, die freilich nie lösbar, nie abschließbar, aber immer fruchtbar ist; immer Gewinn bringt.

Und zur Frage der Humanität, die Scholz stellt: Humanität ist kein Zustand, keine Institution, schon gar kein Erinnerungsort, um dieses jetzt zuweilen gehörte Wort zu gebrauchen; und Humanität ist nicht an einer Person festzumachen. Humanität, wie sie uns zum Beispiel bei Goethe begegnet, ist vielmehr ein Ziel; ein Erhofftes, zu Erstrebendes, immer neu und mühsam zu Erkämpfendes, letztlich nie Erreichbares.[6]

---

[6] Es ist kein Zufall, daß eines der in Frage stehenden Thomas-Mann-Zitate einem Buch entstammt, das den Untertitel trägt: „[...] Versuche zum Problem der Humanität“.

Nachbemerkung

Scholz kündigt eine Edition der Kindsmordakte an. Bleibt es allerdings bei den Dokumenten, die er im Manuskript der mir vorliegenden Druckfassung seiner Miszelle (Stand Ende November 2003) erwähnt, so ist davon kaum Neues und Weiterführendes zu erwarten.

Für die Rezeptionsgeschichte zu diesem Thema ist wichtig, daß in der Schriftenreihe der Thüringischen Staatsarchive (Veröffentlichungen aus Thüringischen Staatsarchiven, im Verlag Hermann Böhlaus Nachfolger Weimar) soeben ein von Volker Wahl herausgegebener Band mit Aufsätzen von Willy Flach (1903–1958), dem Begründer der Edition *Goethes Amtliche Schriften*, erschienen ist. Darin wird auch dessen wichtiger Aufsatz von 1934, *Goethe und der Kindsmord*, in dem Flach zum ersten Mal das von ihm aufgefundene Schöppenstuhlurteil im Fall Höhn veröffentlichte, und eine bisher nicht weiter bekannte Editionsprobe von 1948 für die Edition der Amtlichen Schriften zum Inhalt der Kindsmordakte Höhn nachgedruckt, die den Verlauf des gesamten Vorgangs dokumentierte und sich nicht nur auf die Voten der Geheimen Ratsmitglieder, wie später in der Edition (AS I von 1950) geschehen, konzentrierte.

Der Goethe-Gesellschaft und auch mir ist bekannt, daß in dieser Schriftenreihe im nächsten Jahr unter der Herausgeberschaft des Direktors des Thüringischen Hauptstaatsarchivs Weimar, Prof. Dr. Volker Wahl, eine erheblich erweiterte Quellenedition zu Sittlichkeitsvergehen und Kindsmord in Sachsen-Weimar-Eisenach nach 1775 vorgesehen ist. In dieser Edition werden anhand von neuen Funden der ganze Vorgang, die Entstehung des Reskripts und überhaupt die Rolle aller (bisher auch unerörtert gebliebenen) Beteiligten an Weimarer Reformprojekten bei Sittlichkeitsvergehen bis 1783 in neues Licht gestellt. Dies gilt namentlich auch für die Rolle von Carl August und Goethe und deren Kenntnisstand. Die Edition soll dazu beitragen, der bisher üblichen Fokussierung der Vorgänge von 1783 auf Goethe quellengestützt entgegenzutreten und der Wissenschaft neue Impulse für eine sachliche Auseinandersetzung und Darstellung zu liefern. Verläuft alles nach den Wünschen, wird diese Edition im Herbst 2004 erscheinen.

SILKE HENKE

Kanzler Friedrich von Müller – zur Erinnerung an seinen 225. Geburtstag

Abb. 19
Friedrich von Müller, gezeichnet von Gerhardt von Reutern, 1827, Ems

Beim Einzug von Napoleons Truppen in Weimar infolge der von Preußen verlorenen Doppelschlacht bei Jena und Auerstedt am 15. Oktober 1806 befand sich Herzog Carl August von Sachsen-Weimar-Eisenach als General in preußischen Diensten mit seinen Soldaten außerhalb Weimars. Während seiner Abwesenheit hatte Herzogin Luise die Regierung des Landes übernommen. Einen Tag nach dem Einmarsch der französischen Truppen kam es zu einer Begegnung zwischen der Herzogin und Napoleon im Weimarer Stadtschloß, bei der Luise dem Kriegsherrn die verzweifelte Lage ihres Landes schilderte, die Abwesenheit Carl Augusts rechtfertigte und die Einstellung der Plünderungen in der Stadt forderte. Durch ihr mutiges und unerschrockenes Verhalten bewegte sie Napoleon dazu, den Plünderungen Einhalt zu gebieten und die sofortige Auflösung der Souveränität des Landes zu vermeiden. Fortan sprach Napoleon voller Respekt und Bewunderung von der Herzogin.

Einen ausführlichen Bericht über diese denkwürdige Begebenheit hat Friedrich von Müller rückblickend in seinen auch heute noch lesenswerten *Erinnerungen aus den Kriegszeiten 1806 bis 1813* gegeben. Kurze Zeit nach ihrer Begegnung mit Napoleon unterstützte die Herzogin das Vorhaben des zu dieser Zeit erst 27 Jahre alten Juristen, dem französischen Hauptquartier zu folgen, um von Napoleon Aufschub für die Rückkehr des Herzogs zu erwirken. In jenen Tagen begann die diplomatische Laufbahn Friedrich von Müllers. Bei seinen weiteren politischen Verhandlungen im Auftrag des Geheimen Consiliums setzte sich Müller für den Erhalt der Souveränität Sachsen-Weimar-Eisenachs durch den Beitritt des Landes zum Rheinbund ein. Um den Verhandlungen das nötige Gewicht zu geben, wurde Müller bereits 1806 von Carl August zum Geheimen Regierungsrat ernannt. 1807 erhielt er zudem das Adelsprädikat. Ihren Höhepunkt erreichte Müllers diplomatische Mission, als er von Januar bis März 1807 an Verhandlungen in Napoleons Hauptquartier in Warschau teilnehmen konnte und im August als Regierungsbevollmächtigter nach Paris gesandt wurde.

Woher kam der junge Mann, dessen berufliche Laufbahn ungeachtet seiner bürgerlichen Herkunft innerhalb weniger Jahre vom unteren Justizbeamten bis zum höchsten Staatsminister führte? Theodor Adam Heinrich Friedrich (genannt Friedrich) Müller wurde am 13. April 1779 in Kunreuth bei Forchheim als ältester Sohn von Johann Friedrich Müller, Gutsverwalter im Dienste des Freiherrn von Egloffstein und seiner Ehefrau Christiana geboren. Schon in seiner Schulzeit zeichnete sich der junge Friedrich durch Intelligenz, vielseitige Interessen und gute Sprachkenntnisse aus. Nach dem Besuch des Gymnasiums in Bayreuth und dem Jurastudium in Erlangen und Göttingen kam Müller 1801 nach Weimar, wo er durch wohlwollende Beurteilungen seiner Göttinger Professoren und die Fürsprache der zum Teil in Weimar ansässigen Familie von Egloffstein eine erste Anstellung als Assessor bei der Weimarer Regierung erhielt. Bereits 1803 wurde Müller zum Regierungsrat befördert. Im Jahr darauf heiratete er die Tochter eines Gutspächters, Wilhelmine Lüttich. 1805 wurde der einzige Sohn Adelbert geboren. Als Justizbeamter war Müller mit der Durchführung verschiedener Verwaltungsaufgaben betraut. So regelte er 1805 die Erbschaftsangelegenheiten für die Herzogin Anna Amalia nach dem Tode ihres Bruders, des Herzogs Friedrich von Braunschweig-Oels. Bereits zehn Jahre später wurde Müller von Carl August zum Kanzler der Regierung ernannt und hatte damit die oberste Leitung der Landesjustiz inne. In dieser Funktion war Müller maßgeblich an der Gründung des Oberappellationsgerichtes in Jena im Jahre 1817 beteiligt. Er setzte sich für die Trennung von Verwaltung und Rechtspflege ein und regte Vereinfachungen des Kanzleistils im Schriftwechsel des Herzogtums an.

Über seine beruflichen Kontakte hinaus stand Müller in regem brieflichen Austausch mit zahlreichen Freunden und Bekannten. Zu den Korrespondenzpartnern, mit denen er langjährige freundschaftliche Verbindungen pflegte, zählten der Staatsmann und politische

Schriftsteller Hans Christoph von Gagern, Karl Ludwig von Knebel, Karl Friedrich Graf von Reinhard und der russische Dichter Wassili Shukowski. Die in jener Zeit üblichen Huldigungen für die Fürstenfamilie und andere gesellschaftlich hochstehende Familien brachte Müller in zahlreichen Gedichten zum Ausdruck, die er oft zu festlichen Anlässen schrieb und nicht selten selbst vortrug. Ein enges freundschaftliches Verhältnis bestand zeitlebens zur Familie von Egloffstein. Mehrmals war Müller in späteren Jahren Henriette von Beaulieu-Marconnay geschiedene Gräfin von Egloffstein und ihren Töchtern bei der Regelung finanzieller Angelegenheiten behilflich. Seine ‚Muse' indes war die dreizehn Jahre jüngere, zeichnerisch begabte Julie Gräfin von Egloffstein, deren Lebensweg er mit steter Verehrung und wohlgemeinten Ratschlägen begleitete. Ganz im Stil der Zeit widmete Müller seiner „holden Nachbarin" und „treuesten der Freundinnen" gefühlvolle und schwärmerische Gedichte.[1]

Die Bedeutung Friedrich von Müllers beruht nicht zuletzt auf seiner Beziehung zu Goethe. 1808 ließ sich Goethe als Leiter des Weimarer Hoftheaters den jungen Mann als Mitarbeiter für den Umgang mit der Theaterzensur zur Seite stellen. Insbesondere hatte man auf die französischen Interessen Rücksicht zu nehmen. Müller unterstützte Goethe bei der Auswahl der aufzuführenden Stücke und deren Prüfung auf politische Unbedenklichkeit. Für diese Aufgabe brachte er vor allem durch seine guten Beziehungen zu dem Gesandten Napoleons in Weimar, Étienne Baron de Saint-Aignan, und seine Erfahrungen mit den französischen Behörden geeignete Voraussetzungen mit. Seit dieser engen Zusammenarbeit wurde Müller zum gern gesehenen Gast im Hause Goethes, mit dem die wichtigsten Tagesereignisse besprochen wurden. Goethe ermutigte Müller zu eigenen Festgedichten. Dieser wiederum war dem Dichter bei der Vorbereitung von Feierlichkeiten behilflich, so etwa beim fünfzigjährigen Amtsjubiläum Goethes im Jahr 1825. Bereits im Oktober 1812 hatte Müller mit ausführlichen Aufzeichnungen seiner *Unterhaltungen mit Goethe* begonnen.[2] Im Unterschied zu Johann Peter Eckermanns *Gesprächen mit Goethe* vermitteln Müllers Aufzeichnungen ein differenzierteres Bild des Dichters. Sie zeigen Goethe in seinen späteren Lebensjahren einerseits als einen an literarischen, künstlerischen, politischen und naturwissenschaftlichen Themen höchst interessierten und allem Neuen gegenüber aufgeschlossenen Gesprächspartner, zum anderen aber auch als einen wechselnden Stimmungen ausgesetzten und nicht selten von Unwohlsein und Erkrankungen geplagten Menschen. Das zunehmende Vertrauen, das sich zwischen ihm und Goethe entwickelte, fand seinen Ausdruck darin, daß Goethe den Kanzler als seinen Testamentsvollstrecker einsetzte. Aus dieser Funktion ergaben sich für Müller in den Jahren nach Goethes Tod vielfältige Aufgaben. Zusammen mit Eckermann und Friedrich Wilhelm Riemer übernahm er die Vorbereitung der Herausgabe von Goethes nachgelassenen Werken und führte die Verhandlungen über die Drucklegung der Bände mit den Verlegern Johann Friedrich von Cotta und seinem Nachfolger Johann Georg von Cotta. Unter großem persönlichen Einsatz aller Beteiligten erschienen bis zum Jahr 1842 insgesamt zwanzig Bände aus dem Nachlaß Goethes innerhalb

---

[1] Zu Weihnachten 1825 widmete der Kanzler Julie den Gedichtband *Freundes-Treue*, der u. a. das Gedicht *Der holden Nachbarin. 4. April 1817* enthält. Eine Abschrift des Gedichtbandes befindet sich im Goethe- und Schiller-Archiv, im Bestand Egloffstein unter der Signatur: GSA 13/395.

[2] *Goethes Unterhaltungen mit dem Kanzler von Müller.* Hrsg. von C. A. H. Burkhardt. Stuttgart 1870. Neuere Editionen: *Kanzler von Müller. Unterhaltungen mit Goethe.* Kritische Ausgabe besorgt von Ernst Grumach. Weimar 1956. *Kanzler Friedrich von Müller. Unterhaltungen mit Goethe.* Mit Anm. versehen u. hrsg. von Renate Grumach. 2. durchges. Aufl. Weimar, München 1982.

der vollständigen ‚Ausgabe letzter Hand'. Auch an den Vereinbarungen über die zweibändige Werkausgabe von 1836/37 und die vierzigbändige Ausgabe von Goethes Werken 1840 war der Kanzler maßgeblich beteiligt. Er wollte außerdem Korrespondenzen Goethes der Öffentlichkeit zugänglich machen. Im Bestreben, ausgewählte Briefwechsel des Dichters mit vertrauten Freunden gesondert herauszugeben, nahm Müller gravierende Eingriffe in die Goethesche Briefregistratur vor. So trennte er Briefe aus der chronologischen Briefablage Goethes heraus und ordnete sie dem jeweiligen Korrespondenzpartner zu. Zweifellos hat Müller damit grundlegende Überlieferungszusammenhänge zerstört und eigene editorische Interessen über den Grundsatz des Erhaltens und Bewahrens der ursprünglichen Ordnung des Goetheschen Nachlasses gestellt. In unzulässiger Weise überschritt Müller seine Befugnisse auch, als er noch 1832 dem von ihm verehrten König Ludwig I. von Bayern das teilweise eigenhändig geschriebene Manuskript von Goethes Singspiel *Lila* schenkte.

Als Verwalter des Goetheschen Nachlasses galt Müller als wichtiger Gesprächspartner für alle, die im Gedenken an den toten Dichter nach Weimar kamen. Friedrich Rückert, Ferdinand Freiligrath, Karl Immermann und andere wurden von Müller freundlich empfangen und konnten mit seiner Hilfe Goethes Haus und seine Hinterlassenschaft besichtigen.

In den Jahren 1842 bis 1845 versuchte Müller, die Goetheschen Erben für einen Verkauf von Goethes Haus und Sammlungen an den Deutschen Bund zu gewinnen. Voller Zuversicht, aber bereits Hindernisse fürchtend, schrieb er in einem Brief an seinen Freund von Gagern am 16. November 1842:

> Was sagen Sie dazu, daß der deutsche Bund den grosartigen Beschluß gefaßt hat, Goethe's Hauß u. Sammlungen zu einem National Denkmal anzukaufen? Etwas nützlicheres für Weimar u. etwas ehrenvolleres für Goethe's Andenken läßt sich kaum denken und doch machen die Erben große Schwierigkeiten u. wollen sich bis jetzt noch nicht entschließen, sich von dem Hauße zu trennen, meinen auch daß 40,000 für Beides noch viel zu wenig sey.[3]

Die unterschiedlichen Vorstellungen über die Verkaufssumme sowie Streitigkeiten über die zu veräußernden Teile des Goethehauses und der Sammlungen (zeitweise verständigten sich die Erben darauf, die großväterlichen Sammlungen allein zu verkaufen) führten letztendlich zum Scheitern der Verhandlungen. Die Familie von Goethe lehnte die Angebote des Deutschen Bundes ab.

Infolge der Auseinandersetzungen zwischen dem Kanzler und den Goetheschen Erben, die sich nach Goethes Tod im Laufe der Zeit zu verschiedenen Anlässen immer mehr zu gespitzt hatten, verwehrten die Erben dem Kanzler die Erlaubnis, den von ihm zur Herausgabe vorbereiteten Briefwechsel zwischen Goethe und dem Grafen Karl Friedrich von Reinhard unter seinem Namen und mit einer von ihm verfaßten Einleitung zu veröffentlichen, so daß der Briefwechsel schließlich ohne eine Erwähnung Müllers 1848 erschien.

Mehr Erfolg hatte Müllers Einsatz für die Errichtung eines Denkmals für Johann Gottfried Herder in Weimar. Als Mitglied der Freimaurerloge Anna Amalia beteiligte er sich an der Vorbereitung eines nationalen Spendenaufrufs für das geplante Denkmal. Die Einweihung des Denkmals am 25. August (Herders Geburtstag) 1850 erlebte Müller allerdings nicht mehr. Er starb am 21. Oktober 1849.

3 Nach der Handschrift zitiert, vgl. GSA 68/139 Bl 36.

Der schriftliche Nachlaß des Kanzlers Friedrich von Müller wird im Goethe- und Schiller-Archiv aufbewahrt. Er enthält zahlreiche Gelegenheitsdichtungen, Gedenkreden, Entwürfe der *Erinnerungen aus den Kriegszeiten* sowie eine Reinschrift der *Unterhaltungen mit Goethe.* Hinzu kommen Tagebücher, die Müller von seinem 20. Lebensjahr an bis zu seinem Lebensende mit nur wenigen Lücken geführt hat, und seine umfangreiche Korrespondenz mit annähernd 600 Personen. Zahlreiche Akten aus der amtlichen Tätigkeit Müllers gehören ebenso zum Nachlaß wie die Akten aus der Zeit seines Wirkens für Goethe. Mit der Neuordnung und -verzeichnung des Nachlasses wurde 2003 im Archiv begonnen. Durch die intensive Erschließung und Auswertung der Handschriften und eine über die vorliegende Erfassung hinausgehende Aufschlüsselung des Inhalts der Aktenfaszikel wurden bislang unbekannte Quellen zu Kanzler von Müller und zu Goethes Leben und Werk ermittelt. Mit dem Gewinn neuer Erkenntnisse ist es möglich, das Bild von dem einflußreichen Juristen, Staatsmann, Vertrauten Goethes sowie Verwalter und Herausgeber seines Nachlasses weiter zu vervollständigen.

GIOVANNI SAMPAOLO

*„Der erste der Modernen". Zur italienischen Goetheforschung der letzten drei Jahrzehnte (1969–1999)**

Es ist kein leichtes Unterfangen, eine knappe Übersicht von der dicht bevölkerten Landschaft der neueren italienischen Goetheforschung zu skizzieren. Man dürfte nämlich zugespitzt sagen, daß es unter den zahlreichen italienischen (sowohl akademischen als auch nicht-akademischen) Germanisten kaum jemanden gibt, der nicht etwas über Goethe geschrieben hat – oder noch schreiben wird: Goethe ist und bleibt der deutsche Dichter, über den in Italien bei weitem am meisten geforscht wird.[1] Wie in Deutschland so ist auch in Italien zudem eine gewisse allgemeine Verlagerung des Schwerpunkts der germanistischen Literaturwissenschaft zurück in die Vergangenheit zu bemerken: Nachdem in den 70er Jahren die Vormärz-Epoche, die Weimarer Republik und die Exilliteratur im Zentrum des Interesses standen, kam in den 80er Jahren die Welle der Wiener Moderne um 1900 und die Wiederaufwertung der Romantik; unübersehbar scheint aber zu sein, daß die gleichzeitige Debatte um Begriff und Genese der Moderne sowie die sogenannte anthropologische Wende in der Literatur- und Kulturwissenschaft der vergangenen zwei Jahrzehnte das späte 18. Jahrhundert unter neuen Blickwinkeln in den Mittelpunkt gerückt haben. In diesem Horizont ragt Goethe wieder einmal hervor, natürlich aber – wie schon immer – ein neuer Goethe. In meiner flüchtigen Skizze werde ich daher selbstverständlich nur auf Modellfälle und allgemeine Tendenzen hinweisen können. Dabei brauche ich die perspektivische Bedingtheit[2] einer derart schematischen Auswahl nicht einmal einzugestehen, sie liegt ja auf der Hand.

Wenn ich die italienische Goetheforschung der letzten drei Jahrzehnte insgesamt auf eine Formel bringen sollte, so wäre es diese: Goethe als erster der Modernen (es handelt sich um ein Zitat, wie man gleich sehen wird). Diverse Facetten eines so allgemeinen Begriffs kann man dann detaillieren. Dadurch wird aber am besten die italienische Goetherezeption im Unterschied zur deutschen gekennzeichnet, die sich gewissermaßen immer wieder vor das

* Vortrag, gehalten am 14. Mai 2002 anläßlich des Kolloquiums über *Goethe nei paesi romanzi* (*Goethe in den romanischen Ländern*) an der Università di Roma Tre.

1 Vgl. als statistischen Indikator die Anzahl der Hinweise auf die behandelten Autoren im Namenregister vom bibliographischen *Annuario dei docenti di Lingua e Letteratura Tedesca nelle università italiane.* In: Studi Germanici N. F. 36 (1998).

2 Treffender formuliert: Die Einbettung des Beobachters selber in bestimmten Traditionen, vgl. Siegfried J. Schmidt: *„System" und „Beobachter". Zwei wichtige Konzepte in der (künftigen) literaturwissenschaftlichen Forschung.* In: Jürgen Fohrmann/Harro Müller (Hrsg.): *Systemtheorie der Literatur.* München 1996, S. 106–133.

Problem gestellt sieht, das alte nationale Klischee des deutschen Klassikers, d. h. des zeitlosen und damit auch problemlosen Autors, der keine Fragen mehr aufwirft, entweder zu aktualisieren oder damit aufzuräumen. Wir Nicht-Deutschen haben es mit Goethe in dieser Hinsicht vielleicht ein wenig leichter.

Insofern ist es von großer Wichtigkeit, daß die Weichen für einen Großteil der neueren italienischen Goethelektüre im Jahre 1969 von Giuliano Baioni mit seinem Buch zum Thema „Goethe und die Französische Revolution" gestellt wurden.[3] Diese Arbeit hat Karl Robert Mandelkow in seinem Standardwerk zur deutschen Rezeptionsgeschichte Goethes als das „bedeutendste und aufschlußreichste Dokument der linken Goethekritik" eingestuft.[4] Allerdings beruhte eine solche Einschätzung von Baionis Buch durch die deutsche Germanistik eigentlich auf einer Teilpublikation im *Goethe-Jahrbuch*, wo der Autor viele polemische Argumente gegen die Geschichtsenthobenheit der sogenannten Hochklassik gesammelt hatte.[5] Die Rezeption dieses Werks wurde so verzerrt, als gehöre Baionis Buch zu den ideologiekritischen Entmystifizierungen der „Klassik-Legende" schlechthin, die mit der Studentenbewegung in Mode kamen.[6] Dies wäre aber eine deutliche Verkürzung von Baionis imponierender Leistung.[7] Sicherlich gehören viele der auffallendsten Deutungsmuster jener Monographie in die Diskurse der späten 60er Jahre, die Kategorien ‚fortschrittlich' und ‚regressiv', die seit langem (zumal in der Optik der Postmoderne) so fraglich geworden sind, bestimmen energisch die Unterscheidung und Bewertung von Goethes Produktionsphasen (‚progressiv'-revolutionäre Jugend, Kompromiß mit der Feudalherrschaft zur Zeit der Klassik) trotz aller Differenzierung in der scharfsinnigen ästhetischen Beurteilung seiner Werke durch den Interpreten. Besonders zeitverhaftet scheint heute überdies die Verwerfung aller Antike-Aneignung bei Goethe als ideologisch konservativem Akademismus. Bahnbrechend aber war, daß Baioni Goethes Werk als eine ständige Auseinandersetzung mit einem Problemkomplex versteht, den der Forscher im Titel zwar nach der „Revolution" benennt, damit aber etwas von größerer Reichweite meinend als die rein politischen Ereignisse der

---

3 Vgl. Giuliano Baioni: *Classicismo e rivoluzione: Goethe e la Rivoluzione francese.* Neapel 1969; zuletzt Turin 1998 mit umgestelltem Titel (*Goethe. Classicismo e rivoluzione*), leider ohne das gehaltreiche *Postscriptum* der 3. Aufl. Neapel 1988, S. 317–346. Baioni konnte auf den profunden Goethekenntnissen seines Lehrers Ladislao Mittner aufbauen, von denen vor allem die kolossale und fächerübergreifende deutsche Literaturgeschichte des letzteren (3 Bde., Turin 1964–1971) zeugt. Deren Goethekapitel (zusammengerechnet über 200 Seiten) leiteten 1964 in der italienischen Germanistik eine konsequente geschichtliche Kontextualisierung von Goethes Œuvre ein.

4 Vgl. Karl Robert Mandelkow: *Goethe in Deutschland. Rezeptionsgeschichte eines Klassikers.* Bd. II: *1919–1982.* München 1989, S. 222.

5 Vgl. Giuliano Baioni: *„Märchen" – „Wilhelm Meisters Lehrjahre" – „Hermann und Dorothea". Zur Gesellschaftsidee der deutschen Klassik.* In: GJb 1975, S. 73–127.

6 Zur ‚antibürgerlichen' Entmystifizierung der Klassik neigen noch die *Wilhelm-Meister*-Partien aus dem anregenden Buch des Komparatisten Franco Moretti zum europäischen Entwicklungs- und Bildungsroman: *Il romanzo di formazione.* Mailand 1986 (Turin ²1999); englische Übers.: *The Way of the World: The Bildungsroman in European Culture.* London 1987.

7 Übrigens äußerte sich Dieter Borchmeyer, dem man sicherlich keine antiklassisch-ikonoklastische Tendenz nachsagen kann, wie folgt zu diesem Buch: Der Versuch „eine[r] erschöpfende[n] Interpretation aller dichterischen und nichtdichterischen Äußerungen Goethes über die Revolution [...] wäre nach der monumentalen Monographie von Giuliano Baioni [...] – eine Gesamtübersetzung dieses bedeutenden Werks ist ein dringendes Desiderat – vorerst eine Vermessenheit". Vgl. Dieter Borchmeyer: *Höfische Gesellschaft und Französische Revolution bei Goethe.* Kronberg/Ts. 1977, S. 3.

Französischen Revolution;[8] es geht nämlich in seiner Darstellung nicht nur um die politische, sondern zugleich um die industrielle Revolution, das ständig bei Goethe wiederkehrende Motiv des Generationenkonflikts und im allgemeinen um die krisenhafte kulturelle Umbruchsituation, die den Antritt der Moderne im späten 18. Jahrhundert ausmacht. Andererseits ist es aufschlußreich, wie Baioni die Klassik im morphologischen Denken verwurzelt sieht, insbesondere in der Pflanzenmetamorphose als Grundmuster von Goethes Auffassung der Kultur selber,[9] wo ein gutes Stück Aufklärung fortgeführt wird, während aber die neue gesellschaftliche und kulturelle Dynamik gerade wegen dieser organologischen Prämisse von Goethe mißverstanden bleiben muß. Alles ändert sich nach Baioni mit den *Wahlverwandtschaften*, wo Goethe schon im Zentralgleichnis der chemischen Scheidungen eine luzide Einsicht in die überaus künstlichen, anorganischen Spaltungsprozesse der neuen Zeit bekundet.[10]

Zeitlich parallel zu Baionis Studien entfalten sich ab den 60er Jahren bis heute die Goethelektüren von Luciano Zagari, die zu einem großen Teil in deutschen Sammelbänden und wissenschaftlichen Zeitschriften erschienen sind. Die Komplementarität von Zagaris und Baionis Ansätzen möchte ich hier ein wenig stilisieren, denn dieses intellektuelle Spannungsverhältnis hat entschieden dazu beigetragen, der italienischen Germanistik aus der Polarisierung der Nachkriegszeit herauszuhelfen, die man schematisch in der Formel „crociani" vs. „lukácsiani" (Croce-Anhänger vs. Lukács-Anhänger) zusammenfassen kann.[11] Giuliano Baionis Arbeiten scheinen auf den ersten Blick hauptsächlich darauf abzuzielen, Goethes Œuvre in einen grundsätzlichen kulturgeschichtlichen Rahmen wie die Dialektik der (bürgerlichen) Aufklärung kritisch einzuordnen. Literarische Texte sind so in seiner Interpretation der Ort eines einzigartigen Bewußtwerdens und Betroffenseins vom Geschichtlichen, zugleich aber eine aktive Antwort darauf. In diesem Sinne zitiert er und macht sich eine Äußerung Goethes zu den *Wahlverwandtschaften* zu eigen: „Das Gedichtete behauptet sein Recht, wie das Geschehene".[12] Gewiß ist bei Baioni das Literarische nie Selbstzweck, aber Literarizität gilt als der unerläßliche Ausgangspunkt zum Herausarbeiten allgemeiner Kategorien und Denkformen. Insofern gelangt er zwar nur über konkrete Textanalyse zur durchgehenden, zielstrebigen Linie, aber diese Deutungsarbeit wird dann freilich

---

8 Vgl. Giorgio Sichel: *Deutsche Klassik und Revolution in der neueren italienischen Forschung*. In: Paolo Chiarini/Walter Dietze (Hrsg.): *Deutsche Klassik und Revolution. Texte eines literaturwissenschaftlichen Kolloquiums*. Rom 1981, S. 51–77; hier S. 73.

9 Vgl. Baioni (Anm. 3), ^{3}1998; bes. S. 104–106, 127–134; ders.: *Appunti sulla „Urpflanze"*. In: Annali della Facoltà di Lingue e Letterature Straniere di Ca' Foscari [Venedig] 23 (1984), H. 2, S. 15–27.

10 Vgl. Baionis schon erwähntes *Postscriptum* (Anm. 3) und jetzt auch seinen Aufsatz *L'alchimia, la chimica e il fiore androgino* als Einleitung zu J. W. Goethe: *Le affinità elettive/Die Wahlverwandtschaften*. Venedig 1999, S. 9–92.

11 Der führende Verfechter von Lukács' marxistischer Literaturauffassung (einschließlich seiner Goethe-Deutung) war seit den 50er Jahren in Italien Cesare Cases, vgl. noch für die hier behandelte Zeitspanne seine Aufsätze *„Gli anni di noviziato di Wilhelm Meister" nella „Teoria del romanzo" e nel saggio del 1936*. In: Cesare Cases: *Su Lukács. Vicende di un'interpretazione*. Turin 1985, S. 139–149; ders.: *Georg Lukács und Goethe*. In: GJb 1986, S. 138–151. In einem kleinen Memoirenbuch (*Confessioni di un ottuagenario*. Rom 2000) hat der herausragende Germanist nun seine eigene Stellung historisch reflektiert.

12 Goethe an Karl Friedrich von Reinhard, 31. 12. 1809 (HA Briefe, Bd. 3, S. 117). Vgl. Baioni (Anm. 3), ^{3}1998, S. 253.

von ihm bei der Darstellung in einer geradezu dramatisch gerafften Form dargeboten, so daß jene allgemeinen Kategorien das Feld beherrschen. – Luciano Zagaris Interesse gilt dagegen der ästhetischen, analytischen Einschätzung des jeweiligen literarischen Textes (bzw. Makrotextes) in seiner irreduziblen Individualität, was keineswegs mit der antiquierten ‚Kunst der Interpretation' verwechselt werden darf. Seine Position, die u. a. grundlegende Einsichten der Hermeneutik und der Rezeptionsästhetik originell aufgenommen hat, ohne sie aber jemals in den Vordergrund treten zu lassen, insistiert auf bewußte Geschichtlichkeit in der Begegnung von Text und Leser. Als heutiger Leser greift sich Zagari mit aller historischen Umsicht einen ‚modernen' Goethe heraus, der andererseits jedoch seine ganze Distanz und Alterität zu ‚unserer' Moderne spüren läßt. Hier liegt zum einen die Kontinuität mit Benedetto Croces ‚aktualisierender' Klassiker-Lektüre[13], aber zum anderen auch die Differenz zu Croces letztlich ahistorischer Ästhetik. Einer der Goethe-Aufsätze Zagaris bezeichnet den Dichter eben als Schwellen- und Grenzfigur, als den ersten der Modernen und gleichzeitig den letzten der Vormodernen.[14] Auf unserer Seite der Epochenschwelle zur ästhetischen Moderne ortet Zagari ganz besonders Goethes Spätwerk. Seine Arbeiten behandeln also (fast) ausschließlich die Schriften ab 1805: Die Anmerkungen zu Diderots Roman *Rameaus Neffe* mit ihrer Einschränkung oder geradezu Verabschiedung des Klassizismus, *Die Wahlverwandtschaften*, den *Divan*, die *Novelle*, wiederholt den *Faust II.* Beim späten Goethe hat Zagari sehr subtil ein Zusammentreffen von vormodernem Gedankengut und ‚modernistischem' Umgang mit Zeichen herausgearbeitet, das beides relativiert. Der mystagogische Gestus der späten Dichtung mit ihrem Anspruch, eine letzte souveräne Übersicht und Synthese allen Wissens und aller Weisheit darzustellen, erweist sich so als ästhetisch säkularisiert, andererseits braucht dieses vieldeutige Sprachspiel eben den Hinweis auf die Arcana der Natur als Nährboden. Es ist ein Ineinander von ‚orphischer' Rückversicherung und manieristischer Zeichenhaftigkeit, wobei das eine das andere erst möglich macht. Denn erst die behauptete Schließung des Kreises erlaubt Goethe dessen hintergründige Öffnung. Um Zagaris einprägsame, oxymorische Wortpaare zu zitieren: „Archetypisches und Parodistisches", oder „Hermetik und Pastiche".[15] Dadurch wird Goethes dichterische Altersweisheit zu einem höchst künstlichen semiotischen Konstrukt, gewissermaßen ‚Poesie der Poesie', die die ästhetischen Erfahrungen der Romantiker durchlaufen hat, diese

---

13 Zur wesentlichen Leser-Orientiertheit von Croces Deutungen der italienischen Klassiker vgl. Roberto Antonelli: *La „doppia curiosità della critica moderna".* In: Alberto Asor Rosa (Hrsg.): *Letteratura italiana del Novecento. Bilancio di un secolo.* Turin 2000, S. 66–86.

14 Vgl. Luciano Zagari: *Der Lyriker Goethe. Der erste der Modernen, der letzte der Vormodernen.* In: GJb 1991, S. 117–127.

15 Vgl. u. a. ders.: *„Auf der Höhe dieser barbarischen Avantagen". „Le neveu de Rameau" und die Krise der Goetheschen Klassik.* In: Paolo Chiarini/Walter Dietze (Hrsg.) (Anm. 8), S. 135–168; ders.: *„Zu entschiedenerem Auffluge die Fittiche versuchen". Hermetik und Pastiche in Goethes „West-östlichem Divan".* In: Wolfgang Wittkowski (Hrsg.): *Goethe im Kontext.* Tübingen 1984, S. 355–377; ders.: *Natur und Geschichte. Metamorphisches und Archetypisches in der „klassischen Walpurgisnacht".* In: Paolo Chiarini (Hrsg.): *Bausteine zu einem neuen Goethe.* Frankfurt a. M. 1987, S. 148–185; ders.: *Mirabilia sanctae Odiliae. L'accesso „parodistico" di Goethe al mondo romantico del sacro.* In: Rivista di estetica 29 (1989), H. 31, S. 46–52; ders.: *Archetypisches und Parodistisches in Goethes Begegnung mit dem Orient.* In: Eijiro Iwasaki (Hrsg.): *Begegnung mit dem „Fremden". Grenzen – Traditionen – Vergleiche.* Akten des VIII. Internationalen Germanisten-Kongresses. Tokio 1990, Bd. 7, München 1991, S. 145–152.

aber im festen Boden einer positiv aufgefaßten Natur (und Menschennatur) zu verankern sucht. Studien wie Gabrielle Bersiers 1997 erschienenes Buch zu den *Wahlverwandtschaften* als „Rätselparodie der Romantik“ haben ausdrücklich aus Zagari geschöpft.[16]

Mit der Polarität der beiden genannten Germanisten ist das Feld aber bei weitem noch nicht abgesteckt. Denn ein dritter Hauptstrang, der sich übrigens mit Baionis neuesten Forschungen kreuzt, geht zurück auf Giorgio Manacordas Buch *Materialismo e masochismo* von 1973. Hier wurde unter Verwendung eines präzis gehandhabten psychoanalytischen Instrumentariums eine ideengeschichtliche Linie gezeichnet, die anhand des *Werther*-Romans und seiner Rezeption bei den ‚materialistischen‘ Dichtern Ugo Foscolo und Giacomo Leopardi die Entstehung des Nihilismus aus der Aufklärung herleitete (eine Herleitung, die sich meines Wissens in Deutschland erst durch Studien wie Panajotis Kondylis’ Darstellung der Aufklärung von 1981 durchgesetzt hat).[17] Goethes Auseinandersetzung mit dem Nihilismus-Problem wurde dann in einer Arbeit von Renato Saviane zum *Faust* weiterverfolgt und fand ihre spektakulärste Untersuchung in Giuliano Baionis neuer Monographie zum jungen Goethe.[18] Diesmal berücksichtigt Baioni neben dem Literarischen und Kulturgeschichtlichen das Biographische und Psychologische, um die Verletzlichkeit eines sich dezentralisierenden Ichs als den empfindlichsten Seismographen eines epochalen mentalitätsgeschichtlichen Erdbebens zu benutzen. Es handelt sich nämlich um den Anbruch einer Moderne, deren Signatur unter Rückgriff auf Georg Simmels und Werner Sombarts Luxus-Theorien, auf Baudrillard, Christopher Lasch u. a. m. in einer narzißtischen, genußsüchtigen Subjektivität erkannt wird, die alle herkömmlichen Werte – allen voran die optimistischen, sowohl ethisch-asketischen als auch erotisch-geselligen Werte der Aufklärung – annulliert.[19] (Ein Goethekenner wie Christoph Perels hat mir einmal gesagt, er bedaure, daß dieses Buch noch nicht ins Deutsche übersetzt worden ist.)

Damit ist aber die Vielfalt der italienischen Goetheforschung keineswegs erschöpft. Ein Faszinosum wie Goethes Wahlverwandtschaft mit Italien gehört gewissermaßen zum italienischen Selbstverständnis und wird natürlich vor Ort intensiv gepflegt. Die bodenständige Forschung hat zu diesem Thema Bemerkenswertes beigesteuert: Ich nenne vor allem die Ausstellungen von Goethes italienischen Zeichnungen und Aquarellen, die vom römischen Verlag Artemide in Zusammenarbeit mit dem Istituto Italiano di Studi Germanici (Rom)

---

16 Vgl. Gabrielle Bersier: *Goethes Rätselparodie der Romantik. Eine neue Lesart der „Wahlverwandtschaften“.* Tübingen 1997; bes. S. 52–54.

17 Vgl. Giorgio Manacorda: *Materialismo e masochismo: il „Werther“, Foscolo e Leopardi.* Florenz 1973, neue Ausgabe: Rom 2001. Obwohl eher sozialgeschichtlich ausgestattet, zielte schon 1972 ein Buch von Marino Freschi darauf ab, an Goethes Jugendroman die „fundamentale Aporie der Aufklärung“ in den „Wurzeln des modernen Nihilismus“ aufzuzeigen. Vgl. Freschi: *Il „Werther“ e la crisi dello Sturm und Drang.* Rom 1972; hier S. 3.

18 Vgl. Renato Saviane: *Vitalismo e nihilismo nel „Faust“ di Goethe.* Florenz 1992; Giuliano Baioni: *Il giovane Goethe.* Turin 1996. Eine Vorstufe zu dieser Studie bildete Baionis Beitrag zur Naturlyrik. In: Horst Albert Glaser (Hrsg.): *Deutsche Literatur. Eine Sozialgeschichte.* Reinbek bei Hamburg 1980, Bd. 4, S. 234–253.

19 Trotz einiger thematischer Berührungspunkte mit diesem Buch fallen die Resultate des Goethe-Kapitels aus einer im übrigen lehrreichen Studie des Philosophen Remo Bodei eher traditionell aus. Vgl. Remo Bodei: *Scomposizioni. Forme dell'individuo moderno.* Turin 1987, S. 138–178; deutsche aktualisierte Ausgabe: *Dekompositionen: Formen des modernen Individuums,* Stuttgart/Bad Cannstatt 1996, S. 228–288: *Gretchens Zimmer. Entwicklung und Grenzen der Individualität bei Goethe.*

veranstaltet worden sind, sowie die entsprechenden von Paolo Chiarini und Roberto Venuti herausgegebenen Ausstellungskataloge und damit zusammenhängenden Publikationen, die ab den späten 80er Jahren zu einer Aufwertung von Goethes zeichnerischem Werk (und vom Werk Jacob Philipp Hackerts) beigetragen haben.[20] Das ist andererseits nur einer der Aspekte von Paolo Chiarinis vielfacher Beschäftigung mit Goethe, die seit einigen Jahren in der Kunstliteratur um 1800 ihren Schwerpunkt gefunden hat. Vom Spürsinn des Historikers Roberto Zapperi bei seinen Erkundungen geheimer Seiten von Goethes römischem Aufenthalt brauche ich nichts zu sagen, haben diese doch in Deutschland für eine Sensation gesorgt.[21] Ein weiterer signifikanter Beitrag zu Goethes Italienreise ist soeben erschienen, nämlich Roberto Venutis kommentierte Ausgabe der Reisetagebücher und Briefe des Dichters aus Italien.[22] In Venutis Erläuterungen sind Berichtigungen und Ergänzungen mancher Informationen der bisherigen Kommentare und die Füllung mancher Lücken bei Goethes Hinweisen auf Kunstwerke, Orte und Gegenstände zu finden. Als Mitverleger tritt bei dieser Ausgabe die römisch-deutsche Casa di Goethe auf. – Gegenüber Baionis Abwertung des klassizistischen Moments im eigentlichen Sinne haben all diese Untersuchungen zu Goethes Studium der italienischen und antiken Kunst mit ihrem engen Verhältnis zur italienischen Landschaft und Natur für die italienische Germanistik Goethes Antikerezeption in ein neues Licht gerückt. Mit wenigen Worten: Das zeitgemäß-,unzeitgemäße', utopisch-polemische und futurisch gemeinte Potential von Goethes Anverwandlung der Antike kommt klarer an den Tag. Nicht von ungefähr war eines der ertragreichsten unter den nicht wenigen Symposien, die zum Goethejahr 1999 in Italien veranstaltet wurden, gerade Goethes reaktivierendem „Rückblick auf die Antike" gewidmet.[23]

Darüber hinaus ist Goethes Naturwissenschaft in der italienischen Forschung oft thematisiert worden. Eine klare Darstellung hat Paola Giacomoni geschrieben, von Interesse sind aber auch Tagungsbände, die das Thema in Richtung auf das Verhältnis von Dichtung und Wissenschaft erweitern.[24] In der Nachfolge von Rolf Christian Zimmermann ist zudem

---

20 Vgl. bes. Paolo Chiarini (Hrsg.): *Goethe a Roma. Disegni e acquerelli da Weimar.* Rom 1988; ders. (Hrsg.): *Goethe in Sicilia. Disegni e acquerelli da Weimar.* Rom 1992. Vgl. ferner u. a. Italo Michele Battafarano: *Die im Chaos blühenden Zitronen. Identität und Alterität in Goethes „Italienischer Reise".* Bern u. a. 1999; Michele Cometa: *Il romanzo dell'architettura. La Sicilia e il Grand Tour nell'età di Goethe.* Rom, Bari 1999.

21 Vgl. Roberto Zapperi: *Das Inkognito. Goethes ganz andere Existenz in Rom.* München 1999. Das Buch wurde zunächst in Fortsetzungen in der *Frankfurter Allgemeinen Zeitung* veröffentlicht und ist mittlerweile auch als Taschenbuch (2002) lieferbar. Das Echo der italienischen Ausgabe (Turin 2000) war verständlicherweise ungleich bescheidener, da das Thema in Italien nur Eingeweihte anspricht.

22 J. W. Goethe: *Diari e lettere dall'Italia (1786–1788).* Hrsg. von Roberto Venuti. Rom 2002. Dort und bei Cometa (Anm. 20) findet man die Bibliographie der italienischen Forschung zu Goethes *Italienischer Reise* im Rahmen der Reiseliteratur um 1800.

23 Vgl. Bernd Witte/Mauro Ponzi (Hrsg.): *Goethes Rückblick auf die Antike.* Beiträge des deutsch-italienischen Kolloquiums, Rom 1998. Berlin 1999; dazu meine Besprechung in: Studi Germanici N. F. 37 (1999), S. 352–362.

24 Vgl. Paola Giacomoni: *Le forme e il vivente. Morfologia e filosofia della natura in J. W. Goethe.* Neapel 1993; Horst Albert Glaser (Hrsg.): *Goethe und die Natur.* Referate des Triestiner Kongresses. Frankfurt a. M. u. a. 1988; Giulio Gioriello/Agnese Grieco (Hrsg.): *Goethe scienziato.* Turin 1998 (ein Band, dessen Wert intermittierend durch anthroposophische Beiträge beeinträchtigt ist); Giusi Zanasi (Hrsg.): *Goethe: Poesia e natura.* Atti del Convegno 24–26 maggio 1999, Sonderheft von A. I. O. N. (Annuario dell'Istituto Orientale di Napoli) – Sezione Germanica [Neapel] 9 (1999), H. 1–2.

die Bedeutung der magisch-hermetischen Tradition im Weltbild des jungen Goethe für die literarische Interpretation fruchtbar gemacht worden.[25] Im Zusammenhang damit und mit der Tatsache, daß die Geheimgesellschaften des 18. Jahrhunderts heutzutage in der deutschen Germanistik Konjunktur haben, ist darauf hinzuweisen, daß Goethes Zugehörigkeit zur Freimaurerei seit vielen Jahren den Hauptteil von Marino Freschis Beschäftigung mit dem Dichter bildet.[26]

Nun hat seit einigen Jahren wohl eine neue Phase begonnen: die Beschäftigung der italienischen Germanistik mit Goethe hat sich im positiven Sinn institutionalisiert. Mit welchem Elan und mit welcher Kompetenz das Istituto Italiano di Studi Germanici in den letzten Jahrzehnten an der Goetheforschung teilgenommen hat, kann man nicht nur an den schon erwähnten Ausstellungen und Katalogen, sondern auch an den Bänden zu den deutsch-italienischen Tagungen *Deutsche Klassik und Revolution* sowie *Bausteine zu einem neuen Goethe* ermessen.[27] Jetzt gibt es neben dieser ehrwürdigen Institution, die seit wenigen Monaten übrigens ihre Tätigkeit stark intensiviert hat, und neben den sieben Goethe-Instituten neue Instanzen wie die seit 1997 ständig tätige und verdienstvolle Casa di Goethe sowie seit dem Jahr 2000 die *Annali Goethe* (ein jährlich erscheinendes Sonderheft der Zeitschrift *Cultura Tedesca*) als greifbares Zeichen einer entstehenden italienischen Goethe-Gesellschaft. Diese Stimmenvielfalt kann man nur begrüßen.

Vom lebhaften Interesse der Leser an Goethes Werken – oder wenigstens vom Mut vieler kleinerer italienischer Verlage, die irgendwie die ängstliche Zurückhaltung der größeren gegenüber Gesamtausgaben, selbst der italienischen Klassiker, kompensieren – zeugt die auffällig große Anzahl der Einzelausgaben. In ihnen spiegelt sich eine regelrechte Liebe zur Vielfalt von Goethes Œuvre wider, die gewissermaßen sogar in Vorliebe für das Entlegene übergeht. Während nämlich einige zentrale Werke wie *Wilhelm Meisters Lehr-* und *Wanderjahre* oder *Dichtung und Wahrheit* seit langem weder neu übersetzt noch neu aufgelegt werden,[28] ist eine große Anzahl von kleineren Werken in Italienisch erhältlich, die nicht einmal im gewöhnlichen Goethe-Kanon (etwa in der Hamburger Ausgabe) figurieren. Es handelt sich sozusagen um Texte für Kenner, nicht selten in bibliophiler Ausstattung, z. B. *Der Triumph der Empfindsamkeit*, das Fragment von der *Reise der Söhne Megaprazons*, die *Achilleis*, *Der Sammler und die Seinigen* (in zwei verschiedenen Einzelausgaben), die Skizzen zum Dilettantismus, zur Witterungslehre, das Leben Hackerts (auch zweimal) oder die erste, kürzere Fassung von *Wilhelm Meisters Wanderjahren* usw.

Hier möchte ich aber nur kursorisch auf Höhepunkte der Versübersetzung hinweisen wie die faszinierende *Faust*-Übersetzung von Franco Fortini (einem der wichtigsten italieni-

---

25 Vgl. Mauro Ponzi: *Passione e melanconia nel giovane Goethe*. Bd. 1. Rom 1997.

26 Vgl. Marino Freschi: *Goethe e l'utopia massonica*. In: ders.: *L'utopia nel Settecento tedesco*. Napoli 1974, S. 75–127; ders.: Vorwort zu J. W. Goethe: *I Segreti e la Massoneria*. Rom 1999, S. XI–XXX; ders.: *Goethes Geheimnisse*. In: Hans Richard Brittnacher/Fabian Stoermer (Hrsg.): *Der schöne Schein der Kunst und seine Schatten*. Fs. für Rolf Peter Janz. Bielefeld 2000, S. 210–221; Ders.: *Il Cagliostro di Goethe*. In: Willi Hirdt/Birgit Tappert (Hrsg.): *Goethe und Italien*. Bonn 2001, S. 91–104.

27 Vgl. Paolo Chiarini/Walter Dietze (Hrsg.) (Anm. 8); Paolo Chiarini (Hrsg.) (Anm. 15).

28 Unzählig sind aber die lieferbaren Übersetzungen des *Werther* und der *Wahlverwandtschaften* (gut vertreten ist auch die *Theatralische Sendung*) in Taschenbuchausgaben. Bedauerlicherweise sind in der einzigen italienischen Studienausgabe von Goethes Romanen lediglich diese drei Texte enthalten, vgl. J. W. Goethe: *Romanzi*. Hrsg. von Renata Caruzzi. Mailand 1979 (zuletzt 1994 als Taschenbuch wiederaufgelegt).

schen Dichter in der zweiten Hälfte des 20. Jahrhunderts), die 1970 zuerst und dann 1980 in revidierter Fassung erschienen ist.[29] Damit assoziiere ich die glückliche Fügung, daß im Jahr 1990 gleichzeitig zwei vollständige Übersetzungen in Versen vom *West-östlichen Divan* samt *Noten und Abhandlungen* veröffentlicht worden sind.[30] Dazu kam 1997 noch eine dritte *Divan*-Übertragung als abschließender Teil einer kommentierten zweisprachigen Ausgabe von Goethes sämtlichen Gedichten heraus; die letztere stellt mit ihrem Umfang von über 5000 Seiten wohl ein Unikum unter den fremdsprachigen Ausgaben von Goethes Lyrik dar.[31] Diese Unternehmungen haben das Goethebild bei der italienischen Leserschaft enorm bereichert. Was ganz besonders Fortinis *Faust*-Übersetzung und die *Divan*-Übersetzung von Ludovica Koch und Ida Porena auszeichnet, ist die rigorose Abwendung von jener ‚poetischen' Sprache der italienischen Tradition, die sich vom Trecento ausgehend bis in das 20. Jahrhundert hinein erhalten hat und noch heute in italienische Versübersetzungen so leicht mit einfließt. Diese stilistische Stellungnahme bewirkt (und bezweckt gewissermaßen) eine bewußte Annäherung Goethes an die beste italienische Poesie des 20. Jahrhunderts, die eben diesen Weg einer ‚entlyrisierten' Sprache gegangen ist. Denn die Übersetzung ist bekanntlich ein privilegiertes Terrain für eine ständig „verjüngende Rezeption" (Hans Robert Jauß), das der Rezeption eines Dichters in seinem eigenen Land vorenthalten ist. So sind wir ja über diesen Umweg in die Nähe jener „insidia della modernità" zurückgekehrt, der verlockenden Gefährdung durch die Moderne, um den Titel einer Goethe-Monographie vom Jubiläumsjahr 1999 zu zitieren,[32] der hier am Ende gleichsam als Synthese dieses Kurzreferates stehen kann.[33]

---

29 Fortini konnte sich bei seiner Arbeit auf die kritische Hilfe des Germanisten Cesare Cases stützen, der die gesamte Übersetzung bei ihrem Entstehen durchsah. Hierzu vgl. jetzt Roberto Venuti: *„Magister suavissime" – „Poeta clarissime". Fortini, Cases e la traduzione del „Faust"*. In: *L'ospite ingrato. Annuario del Centro Studi Franco Fortini* [Macerata] IV-V (2001–2002), S. 289–292, sowie die Auszüge aus dem Briefwechsel Cases – Fortini (ebd., S. 267–287). Eine weitere vollständige und hochwertige *Faust*-Übersetzung ist dann 1990 von Andrea Casalegno geliefert worden.

30 Vgl. J. W. Goethe: *Il divano occidentale-orientale*. Hrsg. u. übersetzt von Ludovica Koch u. Ida Porena. Mailand 1990; ders.: *Divan occidentale-orientale*. Hrsg. u. übersetzt von Giorgio Cusatelli. Turin 1990.

31 Vgl. ders.: *Tutte le Poesie*. Hrsg. von Roberto Fertonani unter Mitarbeit von Enrico Ganni. Mailand. Bd. I (in 2 Teilbänden) 1989; Bd. II (in 2 Teilbänden) 1994; Bd. III: *Divan occidentale-orientale*, 1997. Diese Ausgabe sämtlicher Gedichte bildet zusammen mit Fortinis oben angeführter *Faust*-Übersetzung, den *Romanzi* (Anm. 28) und der *Italienischen Reise* eine einheitliche Studienausgabe, deren Werkauswahl hoffentlich in Zukunft ergänzt werden kann. Weitere großangelegte Werke wie die *Farbenlehre* (sowohl der didaktische als auch der historische Teil) oder Sammlungen der Schriften zur Kunst und zur Naturwissenschaft sind immerhin von anderen Verlagen übersetzt.

32 Vgl. Marino Freschi: *Goethe. L'insidia della modernità*. Rom 1999.

33 Inwieweit die italienische Forschung um einen ‚modernen' (bzw. modernitätskritischen) Goethe bemüht ist, könnte man noch an der lebhaften Rezeption erproben, die Heinz Schlaffers Buch *Faust zweiter Teil. Die Allegorie des 19. Jahrhunderts* (Stuttgart 1989) in Italien erfahren hat, u. a. bei Franco Morettis interdisziplinär angelegter Entwicklungsgeschichte einer spezifisch ‚modernen Epik' von Goethes *Faust* bis zu James Joyce' *Ulysses* und noch weiter, die bestrebt sei, das ganze heterogene, widerspruchsvolle ‚Weltsystem' der Moderne jeweils in einem vielstimmig-additiven Buch-Medium einzufangen. Vgl. Franco Moretti: *Opere mondo. Saggio sulla forma epica dal „Faust" a „Cent'anni di solitudine"*. Turin 1994; englische Ausgabe: *Modern Epic. The World-System from Goethe to García Márquez*. London 1996. – Die Geschichte der neueren italienischen

Goetheforschung wurde mehrmals ausführlicher dargestellt, oft im allgemeineren Rahmen der Wissenschaftsgeschichte zum 18. Jahrhundert in Deutschland oder zur deutschen Klassik. Folgenden Studien sind die vorliegenden Aufzeichnungen verpflichtet: Maria Fancelli: *Dreißig Jahre Goethe-Forschung in Italien.* In: GJb 1975, S. 45–73, u. GJb 1976, S. 150–164. Dies.: *In nome del classico. Goethe e il classicismo tedesco nella critica italiana del dopoguerra.* Florenz 1979. Giorgio Sichel (Anm. 8). Roberto Venuti: *Neuere Tendenzen der italienischen Forschung über die deutsche Literatur des 18. Jahrhunderts.* In: Hans-Georg Grüning (Hrsg.): *Geschichte der Germanistik in Italien.* Akten des Internationalen Symposiums, Macerata 21.–23. Oktober 1993. Ancona 1996, S. 333–345 (mit Bibliographie, S. 346–370). Einen kurzen Abriß von Goethes italienischer Rezeptionsgeschichte findet man bei Freschi (Anm. 32), S. 221–227.

Bitte um Hilfe bei der Suche nach Werkhandschriften

Sehr geehrte Damen und Herren,

am Goethe- und Schiller-Archiv wurde im Jahr 1994 mit einer umfassenden Inventarisierung des Nachlasses von Goethe begonnen. Im Jahr 2000 erschien der erste Band des Inventars, in dem die Überlieferung von Goethes Gedichten verzeichnet ist. Weitere Bände sind in Vorbereitung. Als Ergänzung zu diesen Bänden sollen, gefördert von der Deutschen Forschungsgemeinschaft, auch die außerhalb des Archivs verwahrten Manuskripte der Werke Goethes erfaßt und für eine Präsentation im Internet aufbereitet werden.

Das Goethe-Museum Düsseldorf, das Schiller-Nationalmuseum und Deutsche Literaturarchiv Marbach am Neckar sowie das Freie Deutsche Hochstift und Frankfurter Goethe-Museum Frankfurt am Main haben bereits ihre Unterstützung zugesagt.

Die Mitarbeiter des Projekts bitten Sie um Hilfe bei der Auffindung bislang unbekannter oder für verschollen gehaltener Werkhandschriften. Für das gegenwärtige Vorhaben sind Manuskripte und zeitgenössische Abschriften von den poetischen, literatur- und kunsttheoretischen, naturwissenschaftlichen und autobiographischen Werken Goethes von Interesse.

Wir wären Ihnen sehr verbunden, wenn Sie unsere Arbeit unterstützen könnten. Ihre Angaben werden selbstverständlich vertraulich behandelt und ohne Ihre Zustimmung nicht weitergegeben.

Ihre Hinweise senden Sie bitte an:

Stiftung Weimarer Klassik und Kunstsammlungen
Goethe- und Schiller-Archiv
Dr. Judith Steiniger
Burgplatz 4
99423 Weimar
oder per e-mail an: ⟨judith.steiniger@swkk.de⟩.

Vielen Dank.

Silke Henke, Judith Steiniger

REZENSIONEN

Rose Unterberger: ***Die Goethe-Chronik.*** Frankfurt a. M., Leipzig 2002, 557 S.

So zahlreich biographische Darstellungen zu Goethe auch sind, so selten sind selbständig veröffentlichte chronologische Übersichten zu seinem Leben und Werk, zumal wenn man von den illustrierten, Text und Bild kombinierenden Chroniken einmal absieht. Vor siebzig Jahren entstand die *Chronik von Goethes Leben* von Flodoard von Biedermann, neubearbeitet von Franz Götting, zuletzt 4. Auflage 1963. Ursprünglich nicht als eigenständige Publikation erschien die *Zeittafel zu Goethes Leben und Werk* von Heinz Nicolai im 14. Band der Hamburger Goethe-Ausgabe (HA), dann einzeln veröffentlicht 1964. Eine andere Art der Darstellung verfolgt die achtbändige Dokumentation *Goethes Leben von Tag zu Tag* von Robert Steiger und Angelika Reimann, Zürich 1982–1996, die Vollständigkeit, keine Übersichtlichkeit anstrebt. Diese bieten die versteckten Chroniken, so die Zeittafeln in der II. Abteilung der Frankfurter Goethe-Ausgabe (FA) und die synoptisch aufgebauten Chronologien im Ergänzungsband des *Goethe-Handbuchs* und im Katalog *Wiederholte Spiegelungen. Weimarer Klassik 1759–1832*, alle erschienen Ende der 90er Jahre des 20. Jahrhunderts, wobei die zuerst genannten Goethes Leben, Schriften, Zeit- und Kulturgeschichte einander gegenüberstellen, letztere die Lebensläufe Goethes, Schillers, Herders, Wielands mit der Landes- und Weltgeschichte zusammenbringen. Rose Unterberger kombiniert die „Möglichkeiten" dieser Vorgängerchroniken (Vorwort, S. 8), als da sind im wesentlichen die Synopse und die Nachprüfbarkeit der Angaben durch Quellennachweise.

Die synoptische Darstellung soll der Übersichtlichkeit einer Fülle von Daten und Fakten dienen, die in Spaltendruck vier Kategorien zugeordnet werden: Ort, Zeit, Leben und Werk. Es liegt also keine Zusammenschau andersartiger und doch vergleichbarer Sachverhalte vor, sondern die tabellarische Aufspaltung ein und desselben Komplexes. An die erste Stelle werden die Orte gesetzt, obwohl das chronologische Prinzip das einzig wirklich strukturierende ist. Die Kategorie „Leben" enthält mit Abstand den größten Textanteil, und die Abgrenzung der Fakten von der Spalte „Werk" ist nicht immer einleuchtend. Zudem sind der Spalte „Leben" auch Informationen zugeordnet, die die Werke anderer Dichter betreffen (z. B. S. 51, September; S. 246, 19. März). Der Text ist durch weitgehend vollständige Sätze flüssig und gut lesbar gestaltet und bezieht zahlreiche Originalzitate ein, enthält aber auch Details, die der Zielsetzung „Übersichtlichkeit" nicht unbedingt zuträglich sind, z. B. Hinweise darauf, ob Goethe auf einer Reise gefahren oder geritten ist. Es liegt weitgehend ein „Tag für Tag"-Prinzip zugrunde, nur selten finden sich pauschale Angaben wie „Sommer" oder „Ende September". Nahezu jeder Eintrag in der Spalte „Zeit" wird inhaltlich mit „Leben" oder „Werk" gefüllt, oft allerdings nur mit einem „Vgl."-Hinweis auf eine Brief- oder Tagebuchstelle, d. h., die *Goethe-Chronik* weist damit über sich hinaus und setzt einen Benutzer voraus, der unmittelbar Goethes gesammelte Werke, insbesondere eine Tagebuch- und Briefausgabe, zur Hand hat. Die Spalte „Werk" verzeichnet nicht nur Zeugnisse über Entstehung und Vollendung eines Werkes, sondern auch Teilvollendungen (z. B. eines Aktes), Fassungen, Veröffentlichungen sowie ggf. Aufführungen und Vertonungen, außerdem nicht nur literarische und autobiographische Werke, sondern ebenso Zeichnungen, naturwissenschaftliche und amtliche Schriften in großer Auswahl, vereinzelt auch Wirkungsgeschichtliches (z. B. S. 45, 30. Januar; S. 190, 24. Januar). Die synoptische Darstellung wird durch kultur- und zeitgeschichtliche Ereignisse enthaltende Jahresüberblicke unterbrochen, die fast lückenlos Goethes Lebensjahre abdecken, deren mittelbarer oder unmittelbarer Bezug zu seinem Leben und Werk jedoch nicht unbedingt gegeben ist.

Die gesamte *Chronik* wird durch eine Grob- und durch eine Feingliederung strukturiert (siehe Inhaltsverzeichnis, S. 5 u. 554ff.) und folgt in ca. zwanzig Großabschnitten und zahlreichen Untergliederungen Zeitabschnitten, die sich durch (längere) Aufenthalte ergeben und durch Reisen unterbrochen werden. Dadurch entstehen z. T. sehr disproportionale Verhältnisse, die von dem halbseitigen Eintrag unter „Aufbruch in Richtung Italien, 30. Oktober bis 3. November 1775" (S. 53) bis zu dem mehrere hundert Seiten umfassenden Eintrag „Weimar, 20. November 1797 bis 22. März 1832" (S. 211–474) reichen. Rund die Hälfte der Großabschnitte und zahlreiche Unterabschnitte sind mit Einleitungen versehen, die meist auf länger dauernde Beschäftigungen, Tätigkeiten und Kontakte aufmerksam machen, welche mit den Tageseintragungen nicht gut darstellbar sind.

Große Sorgfalt ist auf Quellenangaben verwendet worden. Nahezu jeder Eintrag wird durch Nachweis vor allem aus Tagebüchern und Briefen belegt, was sicherlich in hohem Maße einem wissenschaftlichen Benutzerkreis Rechnung trägt, in dieser Ausführlichkeit aber einer Übersicht nicht immer dienlich ist. Es gibt vier Register, hervorhebenswert ist das Personenregister (sinnvoller wäre „Namenregister", denn es enthält z. B. auch Bezeichnungen von Statuen). Bei jeder Person sind die Lebensdaten verzeichnet, und es werden nähere Angaben gemacht, die z. T. das Ausmaß von Kurzbiographien erreichen (siehe z. B. Arnim, Achim). Es schließen sich ein Ortsregister und ein Register der Stichwörter an. Die Auswahl der Stichwörter ist etwas spärlich, und es gibt einige wenig sinnvolle Einträge wie „Übersetzen" und falsche Verweise wie unter „Iris" (statt „Schlosser, Johann Georg" muß es heißen „Jacobi, Johann Georg"). Den Abschluß bildet das Werkregister, das nahezu vollständig ist. Es wird jeweils, soweit bekannt, das Entstehungsjahr genannt und oft, besonders bei unbekannten Werken, auf die literarische Form hingewiesen.

Die *Goethe-Chronik* bietet ein hohes Maß an Übersichtlichkeit und Vollständigkeit. Die schematisch-tabellarische Anordnung muß jedoch aus der Fülle der Fakten auswählen und daher gewichten und wird dabei einer objektiven Darstellung weitgehend gerecht.

Elke Dreisbach

„Von den herrlichsten Kunstwerken umgeben ...": Der Briefwechsel zwischen Johann Wolfgang von Goethe und Johann Gottlob von Quandt. Nach den Handschriften hrsg. und kommentiert von Walter Schmitz und Jochen Strobel. Dresden 2001, 369 S.

Seit 1980 werden vom Weimarer Goethe- und Schiller-Archiv sämtliche an Goethe gerichteten Briefe in Regestform veröffentlicht. Eine solche Edition ist als Orientierung und Wegweiser für den Goetheforscher zu verstehen; sie kann und will Volltexteditionen von Einzelkorrespondenzen des Dichters nicht ersetzen, wie sie in jüngerer Zeit mehrfach vorgelegt worden sind.

Im vorliegenden Band widmen sich die Germanisten Walter Schmitz und Jochen Strobel dem Briefwechsel zwischen Goethe und dem in Dresden wirkenden Kunsthistoriker, Kunstfreund und Kunstmäzen Johann Gottlob von Quandt (1787–1859). Die über siebzig Briefe des 1828 mit der Gründung des Sächsischen Kunstvereins einsetzenden Schriftverkehrs zwischen Goethe und Quandt werden hier erstmals vollständig und sorgfältig kommentiert dargeboten.

Bestandteil von Quandts geistiger und künstlerischer Ausbildung war, wie für Vertreter des Bildungsbürgertums selbstverständlich, Goethe und das Studium seiner Werke. Dies wurde auch dadurch begünstigt, daß Quandts Erzieher der seit 1798 mit Goethe bekannte Leipziger Schriftsteller und Musikkritiker Friedrich Rochlitz war. Die wahre Bedeutung des Dichters für Quandts Leben und Schaffen lassen die Worte erahnen, die Quandt nach Goethes Tod gegenüber der Malerin Louise Seidler äußerte: „Ich hatte mich gewöhnt, bey Allem was ich that, bey Allem was mich erfreute an Göthe zu denken" (S. 165). So gesehen war es aus Quandts Sicht nur eine Frage der Zeit bis zur ersten persönlichen Begegnung mit Goethe, die 1808 zwischen dem damals 21jährigen und dem 59jährigen Dichter in Karlsbad erfolgte. Weitere Kontakte ergaben sich, u. a. auch ein Zusammentreffen während Quandts Weimarer Aufenthalt 1821 (vgl. seine Eindrücke von diesen Begegnungen aus zeitlichem Abstand, S. 233–238).

Zur näheren Beziehung zwischen den beiden Kunstinteressierten gab die Gründung des Sächsischen Kunstvereins Anlaß, der am 28. April 1828 Johann Gottlob von Quandt zu seinem Vorsitzenden wählte. Dieser war an einem regelmäßigen Gedankenaustausch mit Goethe interessiert, denn der nun fast 80jährige verfügte über bedeutende Erfahrungen mit der Förderung von Kunst, Künstlern und der Kunstkritik. Der beginnende Briefwechsel spiegelt zunächst im wesentlichen geschäftliche Dinge der Vereinsangelegenheiten wider, die Goethe für die beigetretenen Weimarer Kunstfreunde wahrnimmt. Diesem war wichtig, wie im Brief vom 9. November 1828 nachzulesen ist, daß die Weimarer dieselben „Vortheile" wie die sächsischen Mitglieder erhielten, u. a. „1., daß nämlich Weimarische bildende Künstler von ihren Arbeiten nach Dresden zur Ausstellung zu senden berechtigt seyn sollten. 2., daß dergleichen Arbeiten, insofern sie verdienstlich seyn möchten, Hoffnung hätten auch angekauft zu werden" (S. 39). Auf diese Weise sollte es Weimarer Künstlern wie dem Lithographen Heinrich Müller (vgl. Goethes Brief vom 30. 1. 1829; S. 47) und dem Maler Adolph Kaiser (vgl. Goethes Brief vom 18. 9. 1830; S. 102 f.) gelingen, auch außerhalb der Landesgrenzen ihre Werke bekannt zu machen und abzusetzen.

Das sich mit zunehmender Dauer des Briefwechsels entwickelnde Kunstgespräch gibt Einblick in die Kunstauffassungen Goethes und Quandts. Allerdings werden die hier vorhandenen Kontroversen zwischen dem klassizistischen und romantischen Stil in der Malerei nur andeutungsweise sichtbar, zum Beispiel bei der Bewertung von Louise Seidlers Historienbild zur Dresdner Akademieausstellung 1831 und zweier Bilder des Weimarer Malers Friedrich Preller. Zu dieser Problematik geben die Herausgeber eine überzeugende Analyse in der Einleitung unter *Vermiedene Konflikte* (S. XXIX ff.).

Die Veröffentlichung der Briefe erfolgt nach den Handschriften und ist mit einem sorgfältigen Stellenkommentar versehen, der über die bloße Erläuterung der Briefstellen hinausgeht und auch die Kunstgeschichte zu Beginn des 19. Jahrhunderts erhellt. Die Überlieferungssituation der Briefe ist übersichtlich: Die Goethe-Briefe befinden sich größtenteils in den Akten des Sächsischen Kunstvereins im Sächsischen Hauptstaatsarchiv Dresden, die Briefe Quandts sind vollständig im Goethe- und Schiller-Archiv Weimar überliefert. Dieser wertvolle Fundus wird mit der vorliegenden Ausgabe nun weiter erschlossen. Die Mehrzahl der Briefe ist erstmals vollständig ediert, frühere Veröffentlichungen durch Hermann Uhde liegen bereits über 120 Jahre zurück (vgl. *Verzeichnis der Siglen und Abkürzungen*, S. 251).

Zusätzlich zu den Briefen von Goethe und Quandt werden zahlreiche weitere, hier zumeist erstmals gedruckte Dokumente geboten, die Quandts Goethebild, sein Kunstverständnis und sein Wirken für den Sächsischen Kunstverein vertiefend veranschaulichen. Interessante Einblicke gewähren beispielsweise seine Briefe über Goethes Tod an Louise Seidler, Ottilie von Goethe und Clemens Wenzeslaus Coudray (S. 160 ff.) oder seine Briefe im Freundeskreis (S. 199). Immer wieder spricht Quandt die mit seinem Vorsitz im Sächsischen Kunstverein verbundenen Probleme an, die ihn 1833 zur Niederlegung seines Amtes (vgl. Quandt an das Komitee des Sächsischen Kunstvereins, 26. 3. 1833; S. 224 f.) und schließlich 1835 zum Austritt aus dem Verein bewogen (vgl. Quandt an das Komitee, 8. 3. 1835; S. 229). Im Schreiben an seinen Erzieher Friedrich Rochlitz vom 14. Dezember 1830 erörtert er das „Dilemma" seines Vorsitzes: Würden „schlechte Machwerke von Malern" durch die Mehrheit der Stimmen im Komitee angekauft, gebe Quandt seinen „Namen zur Rechtfertigung eines nicht zu billigenden Verfahrens" her. Um das zu verhindern, hätte man ihm aber auch „die Mittel geben sollen, [...] denn sonst ist der Vorstand nichts als die Marionette des Comite" (S. 206 f.).

Die Einleitung führt in ihrer ausführlichen Form umfassend in die Problematik der Briefausgabe ein, sie spannt den Bogen von Quandts Bildungs- und Kunstbestrebungen bis zum 1829 von ihm erworbenen Rittergut Dittersbach, wo er auf der nahegelegenen „Schönen Höhe" eine Art Goethe-Tempel errichten ließ. Die abschließende Zeittafel gibt den historischen Rahmen für die dargebotenen Dokumente. Für eine bessere Übersichtlichkeit wäre die Numerierung der Quellen innerhalb der Abschnitte wünschenswert gewesen. Auf diese Weise wäre sicher das Fehlen des Briefes von Quandt an Goethe vom 30. Juli 1829 im *Verzeichnis der Briefe und Dokumente* (S. 345–348) aufgefallen. Ein Personenindex (leider ohne biographische Angaben) und die Brieftexte kommentierende Abbildungen runden den positiven Gesamteindruck des vorliegenden Bandes ab.

Ulrike Bischof

Wolfgang Stellmacher: *Goethes „Puppenspiel"*. *Vom Sinn und Gewinn der zyklischen Komposition.* Frankfurt a. M. 2001, 198 S.

Goethes *Neueröffnetes moralisch-politisches Puppenspiel* hat eine wechselvolle Text- und Rezeptionsgeschichte erlebt. Das erstmals 1774 anonym als Zyklus publizierte Werk mit den Teilen *Prolog, Künstlers Erdewallen, Das Jahrmarktsfest zu Plundersweilern, Ein Fastnachtsspiel [...] vom Pater Brey* wurde in den nachfolgenden Werkausgaben in zyklischer Anordnung mit wechselnden Einzelstücken, aber stets mit der klammernden Frontstellung des *Prologs* publiziert. Wolfgang Stellmacher untersucht Goethes Publikation von 1774, die gemeinsam mit *Götz, Werther* und Jakob Michael Reinhold Lenz' *Anmerkungen übers Theater* die noch weitgehend klassizistisch orientierte literarische Öffentlichkeit schockierte und einem neuen literarischen Leben zum Durchbruch verhalf, mithin als ein Frontwerk des Sturm und Drang fungierte. Diesem Phänomen widmet sich die Arbeit und fragt nach dem Zusammenhang zwischen Aufbau und Zielrichtung des Kleinkomödienwerkes von 1774 mit der literarischen Programmatik des Sturm und Drang. Dabei registriert Stellmacher den überraschenden Sachverhalt, daß dazu bis auf den heutigen Tag keine tragfähige wissenschaftliche Analyse existiert. Er erklärt diesen in der reichen Goethe-Forschung seltenen Fall als Folge von wissenschaftlichen Positionen, die aus ästhetischen Erwägungen den eigentümlichen Stil- und Ensemblecharakter des Werkes ignorierten und so dazu beitrugen, Goethes ästhetisch brisantes „moralisch-politisches Puppenspiel" auch in seinen Einzelteilen nur verkürzt würdigen zu können:

> Durch die Auflösung des Ensembles wurde mit dem Verdunkeln der Gesamtkonzeption auch die Voraussetzung für ein tieferes Verständnis der einzelnen Puppenspiel-Teile selbst beseitigt [...]. Die gedankliche Nähe des „Puppenspiels" zu den Anfängen der *Faust*-Dichtung blieb verborgen, die „politische" Dimension der Goetheschen Kleinkomödien löste sich auf [...]. (S. 18)

Im ersten Teil untersucht Stellmacher die Ursachen solchen Nichtwahrnehmens, unter denen er das Mißtrauen der Kritik gegen das Niedrig-Komische der Sturm-und-Drang-Literatur als bestimmenden Faktor ausmacht. Er selbst sieht das Werk als Teil der „literarischen Revolution", die sich in Deutschland im Kontext europäischer Umbruchsprozesse entwickelte. Die Neuentdeckung des Komischen als Zeichen bürgerlicher Emanzipation ist für ihn Teil eines generellen Wandels ästhetischer Konzepte Goethes und seiner Freunde, deren Poesie-Begriff und -Praxis Impulse aus volksliterarischen Quellen, aber auch aus internationalen Vorbildern wie der Commedia dell'arte empfing. Stellmacher zeigt überzeugend, daß die Poetik Teil und Folge eines grundlegenden Wandels im historischen Gesamtkonzept von Herder, Goethe, Lenz, Klinger, Merck u. a. ist, zu dessen Analyse er in den vergangenen Jahrzehnten gründliche Arbeiten beigesteuert hat. Es erweist sich als Stärke seines Herangehens, daß er den analytischen Zugang nicht zuerst über die Gattungsgeschichte sucht, sondern die im Goethe-Zyklus hervortretende Neubewertung des Komödischen als Teil eines generellen literarischen Neuansatzes wertet, der auch Brüche einschließt. Exkurse von Stellmacher über den Prozeß einer bürgerlichen Neuentdeckung und -bestimmung des Komischen im 18. Jahrhundert, die bürgerliche Rezeption der „niederen" Komik, die Entdeckung des komischen Welttheaters Shakespeares, die Commedia dell'arte als europäisches Modell einer volkstümlichen Komödie in der Neuzeit, Entstehung und Charakter des Wiener Hans Wurst umgrenzen das Umfeld dieses Vorgangs, vermitteln die langen europäischen Entwicklungswege wie auch den europäischen Horizont dieses Neuansatzes.

Im Gegensatz zur bisherigen Goethe-Forschung definiert Stellmacher das werkkonstituierende Kompositionsprinzip des *Neueröffneten moralisch-politischen Puppenspiels* so: „Goethe hat durch die absichtsvolle Reihung einzelner dramatischer Kleinformen eine Fülle von Möglichkeiten der gegenseitigen Ergänzung und Erhellung angelegt, die eine intellektuelle Reflexionsebene aufbauen und damit gelegentlich weit über den konkret gestalteten Anlaß hinausweisen" (S. 16). Eine Schlüsselfunktion kommt in dieser Komposition dem *Prolog* zu, mit dessen Analyse er den textanalytischen Teil eröffnet. Er hebt dessen klammernde Funktion für das Verstehen der Einzeltexte hervor:

> Der Prolog zum *Neueröffneten moralisch-politischen Puppenspiel* schließt [...] mit der optimistischen, politisch-geschichtsphilosophischen Prophezeiung einer generellen Zeitenwende, als deren Ergebnis

> sich das in der feudalen Ständegesellschaft gegebene Verhältnis von ‚kleinem Mann' und Hochgestellten umkehren wird [...]. Mit seiner komischen Disposition und dem Errichten einer politisch-geschichtsphilosophischen Reflexionsebene bietet der Prolog eine Rahmenvorgabe, in die sich die einzelnen Stücke des „Puppenspiels" dann zwanglos, aber durchaus passend einfügen. Die folgenden Kleinkomödien des „Puppenspiel"-Zyklus konkretisieren jeweils spezielle Probleme innerhalb des vorgegebenen Großrahmens, und sie erhalten dabei zugleich durch die ständige Beziehung auf den Prolog eine ihnen sonst nicht erreichbare Verallgemeinerungsebene [...]. (S. 125)

Diese mehr oder weniger stark hervortretenden Verbindungen zwischen den Kleinkomödien werden dann in Einzelanalysen untersucht. Stellmacher gelingt der Nachweis, daß sich unter Berücksichtigung der Ensembleanlage auch für die Sicht auf *Künstlers Erdewallen*, das *Jahrmarktsfest zu Plundersweilern* und schließlich für *Ein Fastnachtsspiel [...] vom Pater Brey* erweiternde Einsichten gewinnen lassen.

Die Arbeit beleuchtet auch die widersprüchliche Resonanz der Stücke bei der zeitgenössischen Kritik (S. 189 ff). Christoph Martin Wieland, Johann Jakob Hottinger, Johann Friedrich Schink u. a. reagieren mit sarkastischer Antisatire, siedeln ihre Einwände gegen das Goethewerk auf der Ebene ästhetischer Geschmacksverletzung an. Den tatsächlichen Kern des Tabubruchs durch das *Puppenspiel* artikuliert dann Benedikt von Schirach in seinem Beitrag für das *Magazin der deutschen Kritik* von 1775. In dem von ihm verfaßten Text *Natur, Genie und Kunst. Ein Gespräch* signalisiert er den durch Goethes, Lenzens und Klingers Werke eingetretenen Wandel des literarischen Lebens. Ihm dient vorzüglich die Alltagssprache in Goethes Kleinkomödienwerk als Indiz für den unumkehrbaren Wandel im literarischen Leben Deutschlands der siebziger Jahre des 18. Jahrhunderts. Der kritische Dialog zwischen Adligen und Bürgerlichen über die Sturm-und-Drang-Werke markiert die Grenze des Zumutbaren und läßt den Dammbruch der literarischen Werte in einer noch immer französisch-klassizistisch dominierten literarischen Öffentlichkeit ahnen.

In seiner gediegenen Untersuchung greift Stellmacher besonders auf Anregungen von Gerhard Scholz zurück, der unter anderem in seinen *Faust*-Gesprächen auf Goethes Verfahren aufmerksam gemacht hat, die kleinkomödischen Elemente auch für sein klassisches Werk zu nutzen, verschiedene Stilelemente zum Aufbau einer mehrdimensionalen poetisch-philosophischen Reflexionsebene einzusetzen. Stellmacher führt diesen Ansatz von Scholz weiter, indem er in der Analyse der frühen Goethe-Texte den Zugewinn nachweisen kann, den das Beachten des zyklischen Kompositionsprinzips des *Neueröffneten moralisch-politischen Puppenspiels* gegenüber der Analyse ihrer einzelnen Kleinkomödienparts einbringt. Jede künftige Untersuchung des Goetheschen Werkes von 1774 wird mit den Resultaten der Arbeit von Stellmacher zu arbeiten haben.

Peter Müller

Amina Arfaoui: *Féminité et inconscient dans l'œuvre théâtrale du jeune Goethe. A propos des pièces mineures. [Weiblichkeit und Unbewußtes im dramatischen Werk des jungen Goethe. Zu den kleineren Stücken.]* Presses universitaires du Septentrion 1999. Code commande 31921. Online unter www.septentrion.com, 436 S.

Die tunesische Germanistin geht in ihrer umfangreichen Lyoner Dissertation über den Konnex von Weiblichkeit und Unbewußtem im dramatischen Jugendwerk Goethes von Carl Gustav Jungs Symbollehre aus und verbindet diese mit der hermetisch-alchemistischen Tradition des 18. Jahrhunderts. In Abgrenzung zur psychobiographischen These Kurt R. Eisslers von der inzestuösen Liebe Goethes zu seiner Schwester und deren Fortbestand im Verhältnis zu Charlotte von Stein oder zur rezeptionsgeschichtlichen Rede vom neuen Mythos erlösender Weiblichkeit bei Goethe (Hans Robert Jauß) wird die variable Rolle der Frauenfiguren hervorgehoben. Ihre Funktionen in den frühen Dramoletten bzw. Singspielen *Die Laune des Verliebten*, *Die Geschwister*, *Lila* und *Der Triumph der Empfindsamkeit* werden von Amina Arfaoui innerhalb eines komplexen psychologischen Ausgleichsprozesses situiert, dessen Ziel nach Jung die stabilisierende Komplementarität männlicher und weiblicher Persönlichkeitsanteile ist. Der junge Goethe habe in der Abfolge dieser frühen Stücke im Rückgriff auf die Archetypen des kollektiven Unbewußten einen Individuationsprozeß durchgespielt und dabei Grundzüge der *Iphigenie*, der *Wahlverwandtschaften* oder des *Märchens* vorformuliert.

Angelika Jacobs

Stefanie Stockhorst: *Fürstenpreis und Kunstprogramm. Sozial- und gattungsgeschichtliche Studien zu Goethes Gelegenheitsdichtungen für den Weimarer Hof.* Tübingen 2002, 341 S.

Gelegenheitsdichtung wurde im 18. Jahrhundert vielerorts als minderwertige, zweckgebundene Auftragsarbeit eingestuft. Goethe aber war der wirkungsmächtigste Befürworter dieser diskreditierten Gattung, denn in den Gesprächen mit Johann Peter Eckermann sagt er: „Alle meine Gedichte sind Gelegenheitsgedichte, sie sind durch die Wirklichkeit angeregt und haben darin Grund und Boden. Von Gedichten, aus der Luft gegriffen, halte ich nichts" (MA 19, S. 44). Wenn Goethe alle seine Gedichte als Gelegenheitsgedichte bezeichnet, wertet er damit auch die durch Anlaß und Adressatenbindung bestimmte Casualpoesie im engeren Sinne auf.

Die Autorin, Stefanie Stockhorst, kann sich somit auf Goethe selbst berufen, wenn sie eine Nobilitierung der Gattung der Casualpoesie in ihrer nun als Buch gedruckten Dissertation vornimmt. Sie beschränkt sich dabei sinnvollerweise auf die höfische Okkasionaldichtung und untersucht sowohl die Lyrik, die Maskenzüge als auch die Theatertexte Goethes. Zur methodischen Orientierung dient ihr Pierre Bourdieus Feldtheorie, wobei diese aber bei den Fallstudien unter der Hand aufgegeben wird, so daß hier die werkimmanente Detailanalyse vorherrscht. Bei der Betrachtung der Texte wählt Stockhorst dann eine doppelte Perspektive: Zum einen interessiert die sozialgeschichtliche Dimension des Fürstenpreises, d.h. die Funktion der Repräsentation; zum anderen geht es um die gattungsgeschichtliche Dimension, d.h. die Aufwertung und Innovation durch Goethe, der in der Gelegenheitsdichtung auch sein neues Literatur- und Kunstprogramm propagiert.

In den einleitenden Kapiteln gibt Stockhorst eine fundierte Begriffsklärung der Gelegenheitsdichtung im allgemeinen, setzt Goethes „monolithische Stellung" (S. 56) unhinterfragt voraus und situiert Goethes Texte zwischen „gesellschaftlicher Opportunität und künstlerischer Originalität" (S. 34–88). Dieses Spannungsfeld illustriert die erste Fallstudie zu Goethes Lyrik, bei der Stockhorst ein chronologisches Vorgehen wählt. In der Phase vor der italienischen Reise sieht sie Goethes Lyrik durch die Ambivalenz von Fürstenpreis und Hofkritik geprägt. Bestes Beispiel hierfür ist das frühe Gedicht mit dem Anfang „Durchlauchtigster / Es nahet sich / Ein Bäuerlein demütiglich", das mit „Seb. Simpel" unterschrieben ist. Stockhorst zeigt, daß Goethe in der Rolle eines Bauern die Jagdleidenschaft des Herzogs kritisiert. Des weiteren etabliert er hier den – üblicherweise niedrig angesehenen – Knittelvers. Goethe nutzt also die Casualpoesie nicht nur zum Fürstenpreis, sondern auch zur Fürstenkritik – ein weiteres bekanntes Beispiel dafür ist das Gedicht *Ilmenau*. Während Stockhorst das kritische und innovative Potential von Goethes Gelegenheitsgedichten betont, muß sie später konzedieren, daß Goethe in manchen Gedichten (z.B. *Feier der Geburtsstunde des Erbprinzen Carl Friedrich*) äußerst konventionell und schablonenhaft verfährt. Statt des rein chronologischen Vorgehens wäre deshalb eine Differenzierung nach Anlaß und Adressat fruchtbarer gewesen, denn es ist einleuchtend, daß Goethe zu dynastischen Festanlässen die Gattungserwartung des traditionellen Herrscherlobs bedient, während er sich beispielsweise bei der Rückkehr seines Duzfreundes Carl August von der Jagd inhaltlich und formal größere Freiheiten erlaubt und Kritik wagt. Die Gedichte zu beiden Anlässen gleichermaßen als höfische Gelegenheitsdichtungen zu betrachten und aus dem Sebastian-Simpel-Gedicht eine allgemeine kritische Wendung der Gattung durch Goethe abzuleiten ist m.E. fragwürdig.

Die zweite Fallstudie widmet sich den Maskenzügen. Zwar kann „das höfische Maskenfest auf eine jahrhundertelange Tradition" zurückblicken, aber erst Goethe führte „den Maskenzug als dramatische Gattung in die höfische Repräsentationskunst" (S. 169) ein. Meist wurden zum Geburtstag der Herzogin Luise (in der Karnevalszeit) Maskenzüge entworfen, die unter einem Leitthema standen (*Ein Zug*

Lappländer, *Planetentanz* u. a.). Diese Maskenzüge richteten sich auch als Zweitadressaten an den versammelten Hof. Goethe propagierte in diesem geselligen Rahmen „das Ideal der Gemeinschaftsstiftung" (S. 186) bzw. sein „geselliges Harmonisierungsprogramm" (S. 204). In den späteren Maskenzügen trat das Thema Literatur in den Vordergrund. Sie wurden somit ein Medium zum Preis der Weimarer Dichter, während die Weimarer Herrscher hierdurch nur indirekt als Förderer der Künste gepriesen wurden.

Die dritte Fallstudie beschäftigt sich mit Theatertexten (Prologen, Epilogen, Festspielen). Stockhorst bietet eine gute Analyse der Texte, die Goethe zu Festanlässen, die mit dem Herrscherhaus in Verbindung standen, schuf. Ihre allgemeinen Aussagen zu Goethes gesamten Theaterreden können jedoch nicht überzeugen: „Die Autonomisierungstendenz zeigt sich noch in einem weiteren Punkt. Erstaunlicherweise verzichtete Goethe in der Mehrzahl seiner Weimarer Theaterreden überhaupt auf eine Huldigung an das Herzoghaus [...]. Ein derart selbstbewußtes Auftreten des Theaters gegenüber den Machthabern fiel damals [...] völlig aus dem konventionellen Rahmen" (S. 286). Hier ergibt sich m. E. eine nicht haltbare Überinterpretation aus dem Bestreben, Goethes Autonomieästhetik und seine Ausnahmestellung als hofkritischer und -unabhängiger Literat auch im Theaterbereich zu erweisen. Theaterreden sind aber keine höfische Casualpoesie, sie treten unabhängig von der Organisationsform sowohl bei Wanderbühnen, Stadt- als auch Hoftheatern auf. Prologe oder Epiloge können sich entweder auf das Stück des Abends oder – wie bei Goethe – handlungsunabhängig auf das Theater im allgemeinen beziehen. Gegenstand und Anlaß der Theaterreden ist selbstverständlich das Theater, Adressat das Theaterpublikum, nicht der herzogliche Hof (insbesondere nicht bei auswärtigen Gastspielen). Zwar wird bei Theaterreden in einem öffentlichen Hoftheater oftmals der Regent als oberster Leiter und Finanzier des Theaters gelobt – auch Goethe tut dies gelegentlich in seinen Theaterreden –, dies ist aber kein zwingender Bestandteil der Gattung Theaterrede, so daß sich m. E. Goethe ganz im Rahmen der verschiedenen Möglichkeiten dieser Gattung bewegt.

In ihrem Resümee stellt Stockhorst den Wandel und die Vielfalt Goethescher Casualdichtungen heraus. Sie sieht in Goethes Werken „den ästhetischen Höhepunkt und den geschichtlichen Endpunkt der höfischen Panegyrik" (S. 306), während „in den Texten anderer Autoren am Weimarer und Stuttgarter Hof [...] jegliche Anzeichen für die Selbständigkeit der Autoren, für die Aufwertung der Autorrolle, für die Individualisierung der Beziehung zwischen Autor und Adressat [...] [fehlen]. Als bloße poetische Ereignisdenkmäler arbeiten sie nur die obligaten Zutaten der Gattung [...] schematisch ab" (S. 304 f.). Das versucht die Autorin in ihrer Arbeit durch die vergleichende Perspektive zu Stuttgarter Gelegenheitsdichtungen und zu Christoph Martin Wielands Dichtungen für den Weimarer Hof zu belegen. Ihren Schlußfolgerungen muß aber in bezug auf Wielands Dichtungen deutlich widersprochen werden. Der Goetheschen Lyrik um 1780, die sie als hofkritisch und innovativ kennzeichnet, stellt sie Wielands Kantate zur Geburt des Erbprinzen von 1783 gegenüber. Damit wählt sie aus den diversen Gelegenheitsdichtungen Wielands bewußt die zum hohen dynastischen Fest aus, in der Wieland dem Anlaß und der Liedform entsprechend in Form und Inhalt konventionell und panegyrisch verfährt. Im Vergleich zu Goethes Sebastian-Simpel-Gedicht mutet dies natürlich wie „altmodische Hofpoesie" (S. 118) an. Allerdings wäre an dieser Stelle ausnahmsweise ein echter Vergleich mit Goethes Gelegenheitsdichtung moglich gewesen, da beide Autoren die Geburt des Erbprinzen bedichteten. Stockhorst erwähnt Goethes Gedicht, das sich ebenso wie Wielands Cantate in konventionellen panegyrischen Bahnen bewegt und schon von Hans Tümmler, Willy Andreas zitierend, zu Recht „mehr ein Verlegenheits- als ein Gelegenheitsgedicht"[1] genannt wurde, nur sehr kurz an anderer Stelle. Insgesamt drängt sich die Frage auf, ob Unkenntnis oder bewußte Abwertung der Wielandschen Poesie dazu führen, daß Goethes Dichtung in allen Punkten als innovativ herausgestellt wird. Auch Wieland zeigte sich variationsreich in seinen Gelegenheitsdichtungen: auch er benutzte den Knittelvers als Metrum, auch er stellte sich als Dichter und seine persönliche Beziehung zu Anna Amalia in der Casualpoesie dar,[2] auch er

1 Hans Tümmler: *„Und der Gelegenheit schaff' ein Gedicht!". Goethes Gedichte an und über Persönlichkeiten seiner Zeit und seines politischen Lebenskreises.* Bad Neustadt a. d. Saale 1984, S. 17.

2 Eine von Stockhorst abweichende Einschätzung gibt der Goethe- und Wieland-Spezialist Friedrich Sengle, der gerade die persönliche Seite der Wielandschen Gelegenheitsdichtung hervorhebt: „Seine [Wielands] Festdichtung

brach ein Gattungstabu, wenn er beispielsweise von Anna Amalias schmerzenden Füßen in einem Gedicht sprach. Des weiteren billigte Wieland seiner Gelegenheitsdichtung eine wichtige Stellung zu. Stockhorst interpretiert ein Briefzitat Wielands (vgl. S. 252 f.) über sein erstes Singspiel *Aurora* (1772) zum Geburtstag der Herzogin Anna Amalia (Stockhorst schreibt Herzogin Luise) falsch und leitet daraus ab: „Er betrachtete seine Gelegenheitsdichtung ausschließlich unter dem Gesichtspunkt des einmaligen repräsentativen Gebrauchs, verwendete keine sonderliche Mühe auf die Archivierung" (S. 253). Wielands zitierter Wunsch, dies Werk solle in „Vergessenheit" geraten, ist jedoch nicht als generelle Abwertung der Gelegenheitsdichtung zu sehen, sondern wird von ihm rein künstlerisch begründet, da er nun ein besseres Singspiel, nämlich die *Alceste*, geschrieben habe. *Die Wahl des Herkules*, Wielands Singspiel zum 16. Geburtstag Carl Augusts, wurde sogar der größtmöglichen Öffentlichkeit übergeben, denn Wieland druckte es 1773 in seiner auflagenstarken Zeitschrift *Der Teutsche Merkur* ab. Auch etliche der Geburtstagsgedichte an Mitglieder des Fürstenhauses wurden im *Teutschen Merkur* veröffentlicht. Des weiteren nahm Wieland sowohl *Die Wahl des Herkules* als auch Geburtstagsgedichte in seine Werkausgabe von 1794 auf. Es ist also keineswegs innovativ, wenn Goethe seine Gelegenheitsdichtungen – erst nach 1800! – auch Drittadressaten durch Veröffentlichungen in Zeitschriften oder seinen Werkausgaben zugänglich machte. Ebenso wird die Wiederholung des Goetheschen Festspiels *Palaeophron und Neoterpe* (1800) als Tabubruch des „Gesetzes der Nichtwiederholbarkeit" (S. 264) eingestuft, obwohl bereits Wielands *Die Wahl des Herkules* dreimal in der Spielzeit 1773/74 wiederholt worden war.

Trotz der benannten Schwächen stellt Stefanie Stockhorsts Buch *Fürstenpreis und Kunstprogramm* insgesamt eine verdienstvolle Arbeit dar, weil die bisher stark vernachlässigte Casualpoesie hier im Zusammenhang präsentiert wird und verschiedene Textsorten wie Gedichte, Maskenzüge und Theatertexte berücksichtigt werden. Die Einzeltextanalysen sind präzise durchgeführt und demonstrieren die vielfältige, gelegentlich neuartige Ausfüllung der Gattung sowie deren theoretische Aufwertung nach 1800 durch Goethe. Einzig das Bestreben der Autorin, Goethe auf Kosten anderer Dichter aufzuwerten und ihn in allen Punkten als ersten, einzigartigen und besten hinzustellen, beeinträchtigt die sachliche wissenschaftliche Analyse ein wenig.

Andrea Heinz

Brigitte Kohn: *„Denn wer die Weiber haßt, wie kann der leben?" Die Weiblichkeitskonzeption in Goethes „Wilhelm Meisters Lehrjahren" im Kontext von Sprach- und Ausdruckstheorie des 18. Jahrhunderts.* Würzburg 2001, 461 S.

Das dieser Studie zugrundeliegende Erkenntnisinteresse richtet sich einmal nicht auf die vieldiskutierte Formel vom klassischen Bildungsroman, sondern auf das weiblich konnotierte „Andere", das den Bildungsgang Wilhelm Meisters – hier aufgefaßt als die allmähliche kulturelle Initiation in ein männlich dominiertes Zeichen- und Bedeutungssystem – zugleich ermöglicht und unterläuft. Die Frauenreihe in *Wilhelm Meisters Lehrjahre*, so die überzeugend ausgeführte These von Brigitte Kohn, ist als poetische Konfiguration von Goethes Symboltheorie gestaltet. Deren Evidenz für kulturelle psycho- und soziogenetische Prozesse zeigt sich gerade darin, daß sie es ermöglicht, vorsprachliche Sinneswahrnehmung, erotisches Erleben und das gleichermaßen kreative wie pathologische Potential „wilder Semiose" (Aleida Assmann), also einer unmittelbar auf die Sprache der Dinge und des Körpers sich gründenden Zeichen- und Bedeutungsbildung, an die abstrakt-signifikante, den Gesetzen des Verstandes, der Ökonomie, der Weltdistanzierung und der Repräsentation unterworfene Ordnung rückzubinden, das Imaginäre an die symbolische Ordnung zu vermitteln und innerhalb dieser zu institutionalisieren.

---

beschränkte sich fast ganz auf vertraulich scherzende Gratulationsgedichte für seine hohe Freundin. Wieviel höfischer verhielt sich, von hier aus gesehen, Goethe!" (Friedrich Sengle: *Wieland.* Stuttgart 1949, S. 292).

Wie sehr Goethes Roman die zeitgenössischen Bemühungen spiegelt, die Krisensignaturen einer ausschließlich vernunftorientierten Subjektivität zu beschreiben und die Entstehung moderner Individualität an der Schnittstelle von Sinneswahrnehmung und Sprache, Natur und Kultur zu verorten, zeigt die vergleichende Gegenüberstellung von Sprachursprungs- und Ausdruckstheorien des 18. Jahrhunderts. Der in diesen jeweils angelegte, wenngleich unterschiedlich gewichtete Zusammenhang zwischen Wahrnehmung, Körperausdruck, Bildlichkeit einerseits und Formen abstrakter Signifikation durch arbiträre Wortzeichen andererseits verweist letztlich auf einen Bruch zwischen dem visuell-weiblichen und dem akustisch-männlichen Aspekt der Semiose, der sich u. a. als Spannung zwischen Poesie und Prosa, Natur und Kultur, l(w)eiblich-erotischem und sprachlich-schriftlichem Weltverhalten manifestiert. Geleitet von der innovativen Frage nach einer impliziten Semiotik der Weiblichkeit in diesen Diskursen, kann die Verfasserin nachweisen, daß die weiblich-visuelle Sphäre stets als ein irritierendes, unberechenbares, etablierte soziale und moralische Ordnungen sprengendes und damit kulturkritisches Moment erscheint. Leider werden die Befunde dieses Abschnitts kaum für die weiteren Kapitel fruchtbar gemacht. Zwar wird in den anschließenden Ausführungen zu Goethes Erkenntnis-, Sprach- und Symboltheorie immer wieder daran erinnert, daß Goethe diese zeitgenössischen Diskurse teils affirmativ (so teilt er mit den Ursprachentheoretikern v. a. die hohe Einschätzung des ikonographischen Moments der Semiose), teils kritisch (abgelehnt werden alle Versuche, das Kontingente und Vieldeutige aus der Bedeutungs- und Beziehungsökonomie zu verbannen oder an einen metaphysischen oder historischen Ursprung zu fixieren) aufgreift und verhandelt, doch werden Goethes Theoreme nicht wirklich diskursgeschichtlich systematisch verankert. Statt dessen unternimmt die Verfasserin einen Parcours durch relevante Kategorien der Goetheschen Erkenntnis- und Dichtungstheorie wie Urphänomen, Analogie, Reihenbildung, Polarität und Steigerung und rekapituliert die bekannten Thesen über die Rolle von Sinnlichkeit, Wahrnehmung und Erfahrung in Goethes Denken. Ebensowenig werden die Erträge aus den theoretischen Kapiteln mit der weitgehend textimmanenten Analyse der *Lehrjahre* verschränkt, so daß – und dies gilt nebenbei bemerkt auch für die im ersten Teil eher störenden Exkurse über Castoriadis, Foucault und Judith Butler – ihr hermeneutischer Ertrag für das poetologische und kulturrelevante Verständnis von Goethes Weiblichkeitskonzeption dem Leser nicht immer einsichtig ist. Gleichwohl stellen diese Ausführungen einen informativen Hintergrund dar, der Goethes Text nicht nur in den philosophischen Kontext des 18. Jahrhunderts einpaßt, sondern ebenso die Perspektiven und Fragestellungen für die im letzten Kapitel erfolgende Lesart des Romans bereitstellt und ihn als poetische Auseinandersetzung mit der die Zeit um 1800 charakterisierenden Sprach- und Ausdrucksproblematik ausweist.

Goethes Prinzip der Reihenbildung manifestiert sich nicht nur auf der Handlungsebene in den Frauengestalten und den von Wilhelm erlebten erotischen Beziehungen, sondern auch mikrostrukturell in der Verkettung des Weiblichen mit den Kategorien des Natürlichen, Erotischen, Innerlich-Privaten, Imaginären, Visuell-Ikonographischen und Poetischen sowie mit jenen Unverfügbarkeiten humanen Lebens wie Ursprung und Tod, die sich einer diskursiven Vereinnahmung radikal entziehen. Besonders im Androgynie- und Inzestmotiv werden jene Spannungen inszeniert, in denen die erotisch-visuelle Sphäre und damit das körpergebundene imaginäre Weltverhalten zum zweckorientierten Handeln und zur diskursiven Sprachpraxis der männlich dominierten Bedeutungsmacht, wie sie vor allem durch die Turmgesellschaft repräsentiert wird, steht. Gerade die androgynen, die kreatürlich-artifizielle Ambivalenz des Weiblichen verkörpernden Frauengestalten aktualisieren das Prinzip der Symbolisierung, indem sie beide Sphären miteinander vermitteln und solcherart die gesellschaftlich fixierte Institutionalisierung von (auch zeichenhaft-repräsentativen) Beziehungen unterlaufen und eben dadurch den semiotischen Prozeß von Wilhelms Individuation und Sozialisation vorantreiben. Zwar erweist sich der Bildungsgang auf der Inhaltsebene als sukzessive Transformation des Poetischen ins Prosaische, des Bildhaft-Visuellen ins Schriftliche, eine Transformation, die sich in der Strangulierung und der Stillegung weiblichen Begehrens und schließlich im Tod all jener Frauen konkretisiert, die sich einer Instrumentalisierung und Vereinnahmung durch das männliche Begehren verweigern; zugleich wird diese Tendenz durch poetologische Verfahrensweisen konterkariert: Ohne die Gefahren einer selbstbezüglichen, unvermittelten Innerlichkeit, eines entgrenzten, nach Entdifferenzierung strebenden weiblichen Begehrens auszublenden, bestätigen sie die unverzichtbare Kulturrelevanz des

Weiblichen und lassen jene Verluste aufleuchten, die durch die Verdrängung lebendiger Körperlichkeit und die damit einhergehenden Prozesse der Verschriftlichung entstehen. Gerade dieses Kapitel, das durch seine ebenso fein- wie scharfsinnigen Analysen beeindruckt, lenkt den Blick auf die dynamischen, impulsgebenden, weiblich-mütterlich codierten, für die Herausbildung bürgerlicher Individualität unabdingbaren Kräfte und zeichnet diese Dissertation als kenntnisreichen und lesenswerten Beitrag zu einer Kulturgeschichte der Weiblichkeit aus.

Bernadette Malinowski

Sebastian Donat: *„Es klang aber fast wie deine Lieder ...". Die russischen Nachdichtungen aus Goethes „West-östlichem Divan"*. Göttingen 2002, 504 S.*

Die russische Goethe-Rezeption umfaßt ein weites Gebiet der russischen Kultur, das bisher nur teilweise erforscht ist. Zu ihm gehören sowohl die Übersetzungen von Goethes Werken ins Russische als auch die Arbeiten über ihn in russischer Sprache und die seit fast zweihundert Jahren unveränderte Hinwendung russischer Schriftsteller und Künstler zu Goethes Werken, seinen Gestalten, Sujets und Motiven. Goethes Schaffen hat von jeher in Rußland ein Echo hervorgerufen, das in verschiedenen Zeiten unterschiedlich, aber immer klangvoll und fruchtbringend war. Dafür kann die Geschichte des russischen Werther und des russischen Faust als Beispiel dienen. Auch die Persönlichkeit Goethes selbst hatte für die Russen zu Beginn des 19. Jahrhunderts eine große Anziehungskraft, wenn man sich an die Pilgerfahrten der Russen nach Weimar erinnert. Auf Goethes Tod reagierte Rußland mit den unvergänglichen Versen Jewgeni Baratynskis und Fjodor Tjutschews.

Die besten russischen Dichter haben Goethes Gedichte übersetzt. Jeder gebildete Mensch in Rußland kennt den *Erlkönig* in der Übersetzung Schukowskis, *Über allen Gipfeln ist Ruh* in der Nachdichtung Lermontows, *Die Braut von Korinth* in der Übersetzung A. K. Tolstois. Und Goethes *Faust* in der Nachdichtung Boris Pasternaks gehört zu den Gipfelleistungen der russischen Übersetzungskunst des 20. Jahrhunderts.

Der *West-östliche Divan* (1819) nimmt in der russischen Goethe-Rezeption eine besondere Stellung ein und dabei keine allzu glückliche. Schon in der Puschkin-Zeit zeigte sich ein lebhaftes Interesse an diesem sinnbildlichen Werk Goethes, der den Zeitgenossen die Kultur des Orients erschließen wollte; unter den ersten aufmerksamen Lesern und Übersetzern des *Divans* waren Alexander Bestushew-Marlinski und Wilhelm Küchelbecker. Für einzelne Gedichte aus dem Korpus des *Divans* interessierten sich im 19. Jahrhundert sowohl Dichter – P. A. Wjasemski, F. I. Tjutschew, A. A. Fet – als auch Übersetzer – M. A. Dmitrijew, A. N. Strugowschtschikow, N. A. Cholodkowski. Und trotzdem konnte sich der russische Leser erst im Jubiläumsjahr 1932 mit dem vollständigen Text des poetischen Teils des *Divans* vertraut machen. An dieser Ausgabe waren M. A. Kusmin und vor allem der Dichter-Übersetzer S. W. Scherwinski beteiligt, dessen Übersetzung des Gedichts *In tausend Formen magst du dich verstecken* aus dem *Buch Suleika* bislang unübertroffen ist. Erfolgreich beendete die vieljährige Arbeit einiger Generationen russischer Übersetzer zu Beginn der 1980er Jahre W. W. Lewik, der fast alle Gedichte des *Divans* übersetzte. Und eine eigene Bilanz der 180jährigen Aneignung des *West-östlichen Divans* in Rußland stellte schließlich die erste vollständige Ausgabe dieses Buches auf hohem gegenwärtigen Niveau dar, die von I. S. Braginski und A. W. Michailow 1988 in den *Literaturdenkmälern* realisiert wurde. Der letztere hat auch Goethes Prosaschrift *Noten und Abhandlungen zu besserem Verständniß des West-östlichen Divans* übersetzt.

Alle diese Übersetzungen, die einander im Verlauf von mehr als anderthalb Jahrhunderten abwechselten, sind in ihrer Gesamtheit Forschungsgegenstand des deutschen Slawisten Sebastian Donat.

* Die Übersetzung der Rezension aus dem Russischen besorgte Dr. Günter Arnold (Weimar). Ihm sei dafür sehr herzlich gedankt.

Ihm stand recht verschiedenartiges, sich mitunter widersprechendes Material zur Verfügung, das bei weitem nicht immer der Qualität und Bedeutung des Originals entspricht. Die russischen *Divan*-Übersetzungen zu systematisieren, sie in chronologischer Reihenfolge aufzuführen und die Spezifik jeder einzelnen Übersetzung in Abhängigkeit vom Charakter der Literaturepoche zu bestimmen – das war die sehr schwierige Aufgabe des Münchener Wissenschaftlers.

Dem Schicksal des *Divans* in Rußland ist der erste, hauptsächliche Teil der Arbeit gewidmet. In ihm wird mühevoll in chronologischer Folge das bunte Mosaik rekonstruiert, das die Aneignung dieses sehr schwierigen Goetheschen Werkes durch die russischen Übersetzer darstellt. Die Hinwendung der Dichter der Puschkin-Zeit zum Schaffen Goethes, die Belebung des Interesses am *Divan* in der Literatur des Silbernen Zeitalters (das ist die übliche Bezeichnung der Epoche der russischen Kultur, die das Vierteljahrhundert 1890–1917 umfaßt), die Arbeit am *Divan* im Jubiläumsjahr 1932 – all diese wichtigen Fixpunkte auf dem langen Weg des *Divans* zu den russischen Lesern, dessen Erfolge und Mißerfolge, sind in dem zu besprechenden Buch ausführlich und deutlich, gestützt auf die entsprechenden russischen Quellen, beschrieben und von ständigen Exkursen in die Theorie der künstlerischen Übersetzung begleitet. Die Geschichte des *Divans* in Rußland wird vor dem Hintergrund der Entwicklung der Übersetzungskunst verfolgt: von der „lyrischen" Übersetzung zur buchstäblich genauen, von der teilweisen zur vollständigen, von der versuchsweisen zur professionellen, äußerlich und innerlich „adäquaten" Übersetzung (diese letzte Aufgabe hat W. W. Lewik erfüllt). Besondere Aufmerksamkeit wird den Übersetzern zuteil, die in Rußland entweder unterschätzt waren, wie W. W. Weresajew, oder einfach unbekannt, wie z. B. I. I. Tchorschewski, der seit 1920 in der Emigration lebte.

Der zweite, weniger umfangreiche Teil des Buches ist einem auf den ersten Blick unerwarteten Problem gewidmet – dem russischen *vers libre*. In Anbetracht dessen, daß von den 320 Gedichten, die zum Gesamtkorpus des *Divans* gehören, nur acht in freien Versen geschrieben sind, muß eine solche Fragestellung Verwunderung hervorrufen, was auch der Autor selbst auf S. 306 bestätigt. Wodurch ist eine so offensichtliche Verengung des Hauptstromes der Untersuchung veranlaßt? Der Autor erklärt, die Situation um den *vers libre* gestalte sich in Rußland von jeher so, daß der freie Vers bis heute eine Art „Stiefsohn" geblieben sei. Indem S. Donat die Übersetzungen der acht *Divan*-Gedichte miteinander und mit der vieljährigen Diskussion über den freien Vers in Rußland in Beziehung setzt, denkt er über die verschiedenartige Natur des *vers libre* in der russischen und der deutschen Dichtung nach, schlägt den neuen Terminus „ungebundene Verse" vor und folgert daraus, daß sich der Übergang zum freien Vers in der russischen Dichtung gerade auf dem Gebiet der künstlerischen Übersetzung vollzogen habe, vor allem in den Übersetzungen Goethescher Gedichte von A. N. Strugowschtschikow in den 1850er Jahren. Das ist eine Schlußfolgerung, die unbestreitbar wichtig ist sowohl für die russische Goethe-Rezeption als auch für die Geschichte des russischen Verses.

Das Buch des deutschen Slawisten gestattet auch eine Reihe anderer Schlußfolgerungen; einige von ihnen fallen weit aus dem Rahmen des russischen *Divans*. So führt uns das in der nächsten Umgebung Puschkins (Wjasemski, Schukowski, Küchelbecker, A. I. Turgenjew u. a.) bekundete Interesse am *Divan* natürlich zu den „ewigen" Themen: „Goethe und Puschkin", „Puschkin und die Poesie des Orients" und so weiter. Eine Gelegenheitsübersetzung von *Wiederfinden*, von dem sibirischen Dichter J. L. Milkejew „während des Deutschunterrichts" geschaffen, wie er in einem Brief mitteilte, regt an, über seine Moskauer Bekannten und Gönner in den Jahren 1839/40 nachzudenken, die seine Aufmerksamkeit auf dieses Werk Goethes lenkten (N. A. Melgunow, Karolina Pawlowa, A. S. Chomjakow u. a.). Und schließlich gibt es eine vom Gesichtspunkt der russischen *Divan*-Rezeption zentrale Episode, die in das Silberne Zeitalter gehört. Die Rede ist von dem intimen Literaturzirkel „Freunde des Hafiz", der sich in den Jahren 1906/07 in Petersburg versammelte („Petrobagdad", wie es die „Hafiziten" nannten), und von dem Dichter Wjatscheslaw Iwanow, einem Wortführer der „jüngeren" Generation der russischen Symbolisten, leidenschaftlichen Goethe-Verehrer und der Hauptperson dieses Zirkels. Goethe wird in dieser Epoche zum Bundesgenossen der russischen Symbolisten, die in der Gestalt des Schmetterlings, der in der Kerzenflamme verbrennt (nach dem Gedicht *Selige Sehnsucht*), ein genuines Symbol für die mystische Verwandlung des Lebens gefunden hatten. Nicht zufällig hat W. Iwanow vier Zeilen dieses Gedichts seinem poetischen Hauptwerk *Cor ardens* als Epigraph (Motto) vorangestellt. Gerade in dieser Zeit entspricht Goethes *Divan* (in neuer Interpretation) dem literarisch-künstlerischen Suchen in

Rußland und erweist sich nicht einfach als „große Schöpfung des Weimarer Alten“, sondern als lebenswichtige Nahrungsquelle wie einst der *Werther* und später *Faust*. Goethes *Divan* in der Kultur des russischen Symbolismus – dieses Thema harrt noch weiterer Untersuchungen.

Die seriöse und solide Arbeit S. Donats ist mit einem „Apparat“ in sehr zeitgemäßer Form ausgestattet: eine CD ist beigelegt, die es ermöglicht, ein beliebiges *Divan*-Gedicht in deutscher Sprache zu lesen und sofort mit der einen oder anderen russischen Übersetzung zu vergleichen. Man muß nur die gewünschte Zeile öffnen, und wir sehen nebeneinander den deutschen und den russischen Text. Es ist überflüssig zu sagen, wie bequem das ist. Mehr noch: dank der neuen Technologien im Verlagswesen können die Leser außer der fundamentalen analytischen Forschung eine komplette Zusammenstellung der russischen *Divan*-Übersetzungen erhalten.

Ein Abschnitt mit der Überschrift *Charakteristische Fehler der Übersetzer in den Ausgaben der Jahre 1932 und 1988* weist vom Gesichtspunkt des Autors unverständliche Stellen im deutschen Original nach. Tatsächlich kommen solche Stellen vor; freilich ist nicht immer klar, was in ihnen „charakteristisch“ sein soll. In Einzelfällen aber möchte man unsere Übersetzer verteidigen. So hatte W. W. Lewik natürlich das Recht, das Wort „Jagdlied“ als „Lied des Vogelfängers“ zu übersetzen (die notwendige Erklärung dieser Zeile ist die Aufgabe des Kommentators). W. Michailow hat, als er den Goetheschen Doppelvers „Wie einer ist, so ist sein Gott, / Darum ward Gott so oft zu Spott“ übersetzte, zweifellos den Sinn dieser einfachen Zeilen verstanden, aber seine Übersetzung (rückübersetzt „deswegen ist Gott auch schlecht“) ist ausschließlich durch die Schwierigkeit der Gedichtform verursacht; in seiner Übersetzung gibt es keine groben Sinnverfälschungen. Ebenso ist es m. E. kein großes Unglück, daß die „Mücke“ in dem Gedicht *Sollt' ich nicht ein Gleichnis brauchen* von Michailow als „Fliege“ übersetzt worden ist (der Hinweis darauf, daß die „Fliege“ im *Divan*-Korpus auch in einem anderen Kontext vorkommt, überzeugt nicht). Das alles sind keine Fehler, sondern Freiheiten, zu denen der Übersetzer von Versen unbestreitbar berechtigt ist.

Nicht unnütz ist auch das *Verzeichnis der Divan-Übersetzer* am Schluß des Buches. Mit Verwunderung wird der Leser in ihm aber Autoren entdecken, die in Wirklichkeit weder Verse noch Prosa des *Divans* übersetzt haben. S. P. Schewyrjow ist nur deswegen in das Register geraten, weil er im Jahr 1828 seiner Rezension der Übersetzung des *Götz von Berlichingen* von M. P. Pogodin eine Prosaübersetzung des bekannten Goetheschen Vierzeilers „Wer das Dichten will verstehen / Muß in Dichters Lande gehen“ vorangestellt hat. Eine adäquate und literarisch gelungene Übersetzung dieser Zeilen in Gedichtform gibt es in russischer Sprache bis heute nicht, und die Autoren zitieren sie, wie üblich, in eigener Prosaübersetzung. Zur Übersetzungs- und Dichtungsgeschichte des russischen *Divans* hat das nicht den geringsten Bezug. Nichtsdestoweniger finden wir im Übersetzerverzeichnis auch W. M. Schirmunski, den Autor des klassischen Werkes *Goethe in der russischen Literatur*, und J. G. Etkind, der zwei Zeilen dieses längst zum geflügelten Wort gewordenen Vierzeilers in einem Aufsatz zur Übersetzungskunst zitiert. Besonders peinlich ist es, in diesem Register den Namen des berüchtigten B. W. Jakowlew zu sehen, eines der Urheber des sowjetischen Lenin-Kultes: in seinem Artikel *Lenin und Goethe* (1957) hat Jakowlew diese vier Zeilen auch in eigener Übertragung angeführt. Nach alledem zu urteilen, entspinnt sich um diese vier Zeilen eine gewisse Fabel; denn auch der Autor des vorliegenden Buches hat daran seine Kräfte versucht und ist damit ins Register russischer *Divan*-Übersetzer geraten!

Einzelne Gedichte des *Divans* in russischer Prosaübersetzung sollte man aus dem Verzeichnis ausschließen. In der russischen Tradition ist eine Gedichtübersetzung in Prosa, um so mehr eine Interlinearübersetzung, einer künstlerischen Übersetzung nicht gleichwertig und kann nicht zur „Nachdichtung“ gezählt werden. Wer Gedichtzeilen in Prosa übersetzt, stellt sich eine ganz andere Aufgabe: mit maximaler Genauigkeit den Inhalt eines Gedichts wiederzugeben; dabei strebt er durchaus nicht nach künstlerischer Wirkung. Nicht zufällig hat Wjatscheslaw Iwanow, als er in seinem Aufsatz *Goethe an der Grenze der Jahrhunderte* das Gedicht *Selige Sehnsucht* zitierte, seine Übersetzung „wörtliche Prosaübersetzung“ genannt und damit grundsätzlich von seinen im gleichen Text angeführten poetischen Übersetzungen unterschieden. S. Donat hat, wie uns scheint, durch die Gleichstellung von Autoren poetischer und prosaischer Texte sein Forschungsthema *Die russischen Nachdichtungen* ungerechtfertigt erweitert. Prosaübersetzungen muß man entschieden von poetischen abgrenzen, vielleicht unter eine besondere Rubrik bringen. Dasselbe gilt für die Autoren wissenschaftlicher Arbeiten, die einzelne

Divan-Zeilen zitiert und in Prosaform übersetzt haben. So führt beispielsweise der Erforscher russisch-deutscher Literaturbeziehungen R. Ju. Danilewski in seiner Abhandlung *Puschkin und Goethe* mehrfach *Divan*-Verse in eigener Übersetzung an, aber das berechtigt kaum dazu, ihn zur Zunft der russischen *Divan*-Übersetzer zu zählen. Dasselbe trifft auf W. M. Schirmunski, L. M. Kessel, K. A. Swasjan, M. S. Schaginjan und andere zu. Das Übersetzerverzeichnis müßte auf diese Weise von 53 Namen mindestens auf 40 reduziert werden.

Der deutsche Wissenschaftler hat vermutlich die Anfechtbarkeit seines Verzeichnisses geahnt. Bei der vergleichenden Analyse russischer „Nachdichtungen" hat er keine einzige Prosa- oder Teilübersetzung benutzt. Trotz seines Vollständigkeitsprinzips hat er einzelne Personen nicht ins Register aufgenommen, z. B. den Verfasser eines *Russisch-deutschen Lexikons geflügelter Worte*, Ju. N. Afonkin (er kommt aber in der Übersicht für die CD als Übersetzer eines Verses aus dem *Buch des Paradieses* vor: „Denn ich bin ein Mensch gewesen, / Und das heißt ein Kämpfer sein"). Swasjan, der in seinem Buch *Die philosophische Weltanschauung Goethes* drei bis vier *Divan*-Zeilen in Prosa wiedergibt, wird dagegen im Register erwähnt. Solch scheinbare Bagatellen wirken befremdlich.

Bei aller Genauigkeit dieser Ausgabe fällt eine Reihe von Besonderheiten des Namenverzeichnisses ins Auge, die bei einem in Rußland erschienenen Buch als Nachlässigkeit gewertet würden. Die Rede ist von der Inkonsequenz in der Schreibung russischer Namen. In der Mehrzahl der Fälle werden Familienname, Vorname und Vatersname der Autoren vollständig angeführt, Pseudonyme enthüllt, die authentischen Familiennamen nachgewiesen (davon ausgenommen Lew Borisowitsch Kamenjew-Rosenfeld und einige andere Personen, von denen ein deutscher Autor keine Einzelheiten wissen konnte). Aber bei bedeutenden Literaturwissenschaftlern und Kritikern (A. I. Dejtsch, W. F. Markow, S. A. Rejser), Schriftstellern (S. I. Lipkin, S. S. Narowtschatow), Übersetzern (G. I. Rathaus, A. I. Eppel) fehlt der Vatersname ganz, bei anderen ist er nur als Initiale angegeben (B. J. Buchschtab, W. J. Vasuro, K. F. Tiander). Bei verschiedenen Personen werden die im Literaturverzeichnis nachgewiesenen Initialen im Register nicht angegeben. Man fragt sich, wie das geschehen konnte und warum Namen und Vatersnamen der bekannten Autoren nicht vollständig genannt werden. In einem Namenregister darf es keine Rangunterschiede geben, was aber in westeuropäischen slawistischen Arbeiten nicht selten der Fall ist. Den russischen Leser berührt eine solche Inkonsequenz unangenehm. Darin haben sich der Osten und der Westen einander noch nicht genähert.

Konstantin Asadowski

Albrecht Schöne: *Schillers Schädel.* München 2002, 110 S.

Zwischen dem 17. und 19. März 1826 fahndete Weimars Bürgermeister Karl Leberecht Schwabe im zerfallenen Grabgewölbe der Landschaftskasse gemeinsam mit zahlreichen Helfern neben halbgeöffneten Särgen und verwesten Leichenteilen nach Schillers Gebeinen, die auf Anordnung des Landschaftskassen-Direktoriums aus der feuchten Gruft in eine neue Grabstätte umgebettet werden sollten. Schwabe ließ 23 Schädel bergen, reihte sie in seiner Wohnung auf und unternahm den Versuch, nach Zirkelmessungen im Vergleich mit der von Ludwig Klauer abgenommenen Totenmaske das Schillersche Haupt zu bestimmen. Der Schädel, den er am Ende mit einiger Sicherheit dem 21 Jahre zuvor Verstorbenen zuordnete, gelangte über das Jenaer naturwissenschaftliche Museum Ende September 1826 zu Goethe, der genaue Anweisung erteilt hatte, daß man ihm das Fundstück zur Ansicht überbringen sollte. Er ließ den Schädel durch den Jenaer Abgesandten Christian Friedrich Schröter (seit 1819 Prosektor des anatomischen Kabinetts) und dessen Schreiber Johann Michael Färber (der im Mai 1805 an Schillers Sterbebett gestanden hatte) gründlich reinigen und nahm ihn unter einer eigens dafür angefertigten Glasglocke mehr als ein Jahr lang in seinem Haus in Verwahrung, ehe der Schädel am 16. Dezember 1827 gemeinsam mit den verbliebenen Gebeinen in einem Sarg in der Fürstengruft auf dem neuen Friedhof bestattet wurde. Die Nähe dieser Reliquie, an deren (später heftig umstrittener) Authentizität Goethe selbst nicht zweifelte, motivierte bereits in den letzten Septembertagen des

Jahres 1826 die Entstehung jenes in Terzinen gehaltenen Gedichts, dem Eckermann in der postum erschienenen Ausgabe von 1833 nachträglich den Titel *Bei Betrachtung von Schillers Schädel* verlieh.

Albrecht Schönes Buch erzählt die Geschichte der Entstehung der Terzinen in einer derart spannenden Weise, daß sie zu einem Kriminalroman der Literaturhistorie wird. Sehr genau erschließt Schöne die einzelnen Referenz- und Resonanzfelder, die Goethes komplexes Gedicht bestimmen: den Einfluß der anatomischen Studien zum Zwischenkieferknochen, die Rezeption der Gallschen Schädellehre (deren Grundsätze bereits zwischen 1775 und 1778 in den Goethe gut bekannten *Physiognomischen Fragmenten* Lavaters umrissen worden waren), die Beschäftigung mit den *Paradiso*-Visionen von Dantes *Commedia* (S. 51 ff., 65 ff.), die Spinoza-Lektüren (die der organologischen Metaphorik des Textes zugrunde liegen) und die den Pantheismus-Komplex fortführende Auseinandersetzung mit Friedrich Heinrich Jacobis Schrift *Von den göttlichen Dingen und ihrer Offenbarung* (1811) (S. 70 ff.). Das „Strukturmodell des christlichen Heiligen- und Reliquienkultes" (S. 21) begründet nicht nur die Philosophie (Spinozismus) und Hirnanatomie (Phrenologie) verknüpfenden, Zeitgeschichte und persönliches Gedächtnis, Memoria und Imagination gleichermaßen umspielenden Terzinen Goethes, sondern ebenso seinen Gegenstand: Schillers Schädel. Von dieser Erkenntnis ausgehend, bezieht das Buch die Legenden ein, die sich um Schillers Tod und seine Bestattung ranken (bis zu Mathilde Ludendorffs antisemitischem Machwerk über Schillers angebliche Ermordung durch die Freimaurer, das 1928 den Tiefpunkt einer an diffusen Verdächtigungen und Unterstellungen nicht eben armen Nachgeschichte bildete) (S. 10 ff.). Der Bogen wird von Schöne auf diese Weise bis zur Gegenwart gespannt und erfaßt keineswegs nur die Mythen von Schillers Nachwirkung, sondern auch grundsätzliche Probleme einer neuzeitlichen Erinnerungskultur, die sich zwar der Bedeutung ihres Gegenstandes, nicht aber der Techniken seiner Bewahrung und Repräsentation sicher ist. Zu den schwierigsten Fragen auf solchem Feld gehört jene nach der Pietät beim Umgang mit sterblichen Überresten und dem Gebot der Grabruhe. An diesem Punkt tritt Goethe als Autor des Gedichts auf dieselbe Stufe wie sein ‚Erinnerungsobjekt' Schiller: Aus der Perspektive unserer Gegenwart ist das Geistergespräch des Dichters der Monolog eines Toten über einen Toten. Wer über die befremdlichen Aspekte der Reliquiensuche im Landschaftskassengewölbe nachsinnt, stößt folgerichtig auf die bedenklichen Aspekte eines Erinnerungskults, der niemals gegen Instrumentalisierungen geschützt ist. Mit entschiedenem Nachdruck verteidigt das Buch in diesem Kontext die von der DDR im November 1970 geheim durchgeführte Mazeration von Goethes Leichnam, der die *Frankfurter Allgemeine Zeitung* im März 1999 eine sensationsheischende, wenig sachangemessene Darstellung gewidmet hat (S. 34 ff.). Im übrigen steht für Schöne die Frage nach der Echtheit der klassischen Grab-Reliquien nicht auf der Tagesordnung. ‚Schillers Schädel' wird hier, aus guten Gründen, jener Schädel genannt, den Goethe als authentisch betrachtete und zum Objekt seines weit ausgreifenden lyrischen *Memento* machte.

Dessen Wortlaut folgt Schönes Interpretation in großräumigen Schritten, die, ihren Gegenstand im Rahmen konziser Exkurse mehrfach verlassend, stets zu ihrem Ausgangspunkt – dem einzelnen Vers – zurückkehren. Daß sich Goethes lyrischer Monolog über Schillers Schädel anders als Hamlets Selbstgespräch über Yorick nicht am Motiv der *Vanitas* entzündet, wird durch die Orientierung an der Gallschen Phrenologie sichergestellt, für die der Autor, wie sich Kanzler Friedrich von Müller erinnert, noch 1823 Partei ergriff, als ihr wissenschaftlicher Stern bereits gesunken war (S. 52). Anders als Hegel, der schon in der *Phänomenologie* (1807) gegen den organologischen Reduktionismus der Gallschen Lokalisationstheorie zu Felde gezogen war, formuliert das Gedicht die Überzeugung, daß am Knochengebilde des Schädels das organische Erzeugnis des menschlichen Geistes studiert werden könne. Es gibt zu erkennen, wie die „Gott-Natur" „das Feste läßt zu Geist verrinnen / Wie sie das Geisterzeugte fest bewahre" (S. 71 ff.). Neben die Auffassung, daß die ‚Schrift' des Schädels organologisch lesbar sei, tritt jedoch in Goethes Terzinen eine bezeichnende Polysemie, die zu einer programmatischen Eintrübung der Schriftmetapher führt. Schöne weist nach, daß die Spuren von Dantes *Commedia* wie ein Palimpsest unter der Textoberfläche verborgen liegen. Sie spielen dem Gedicht die Requisiten für jene abgedunkelte Stimmung der „Moderkält und Enge" zu, aus der freilich am Ende, wie im „Paradiso", das Licht des göttlich geschaffenen Grundes aller Dinge befreit (S. 57, 69 f.). Letzthin ist es nicht die naturwissenschaftliche Ordnung, vielmehr die Fähigkeit des ‚Adepten', den geistigen Sinn der Zeichen in der Natur zu erschließen, die den Schädel – unter dem Einfluß einer spinozistisch-organologischen Denkmethodik – lesbar macht. Entziffern darf der ‚Adept' so nicht nur die „gottgedachte Spur" im „Geheim Gefäß", sondern auch deren gesetzhaften Sinn, der das Kontinuum der „Gestalten" aufdeckt, wie es die Goethe seit den frühen Frankfurter Tagen des Klettenberg-Kreises vertraute hermetische Naturphilosophie hinter den äußeren Erscheinungen zu erfassen sucht – ein Verfahren, das die Poesie ihrerseits mit spezifischen Mitteln nachahmt, indem sie dessen analytischen Ertrag in die synthetische Leistung ihrer Bildverwendung zurückverwandelt (S. 66 f.).

Aufs glücklichste fügen sich damit am Ende des schmalen Bandes die Bausteine der Interpretation zu jener Einheit aus naturwissenschaftlicher, spinozistischer und alteuropäisch-poetischer Denk- und Beziehungsordnung, die Goethes Terzinen mit geschmeidiger Kunst im Raum des Imaginären aufbauen. Das oftmals nur als Indiz für eine versifizierte Phrenologie gedeutete (und damit unterschätzte) Gedicht gewinnt in dieser Lektüre seine hermetische Tiefenstruktur zurück, ohne jedoch dunkel zu bleiben. Gerade in der Kombination von rezeptions- und ideengeschichtlichen Verfahrensweisen gelingt es dem Buch, die spezifischen Muster eines poetischen Wissens auszuleuchten, das sich über einen Bilderreigen in Szene setzt, welcher Goethes Idee der symbolischen Entität der Natur zeichenhaft verdichtet. So wird Albrecht Schönes Begegnung mit einem lyrischen Totengespräch nicht zur musealen Feier, sondern selbst zum gesteigerten Moment vertiefender Exegese, die „das Geisterzeugte fest" bewahren hilft, indem sie es dem modernen Leser in einer gleichermaßen sammelnden und analytischen Ordnungsbewegung erschließt.

Peter-André Alt

Ulrich Gaier: *Kommentar zu Goethes „Faust"*. Mit 26 Abbildungen. Stuttgart 2002, 350 S.

Laut einer vielfach kolportierten Universitätsanekdote soll ein hochberühmter Ordinarius für deutsche Philologie den Studierenden in seinem Examenskolloquium regelmäßig folgenden Fingerzeig gegeben haben: „Wenn Ihnen Ihr Prüfer eine Entweder-oder-Frage stellt, dann antworten Sie in jedem Falle: ‚In aller Entschiedenheit – sowohl als auch.'" Die helle Wahrheit dieses Ratschlags entfaltet sich demjenigen, der einen der neueren *Faust*-Kommentare zu rezensieren, entsprechend seine Vorzüge und Nachteile mit denen der übrigen, konkurrierenden Ausgaben zu vergleichen hat. Denn ein *Faust*-Kommentar läßt sich ohne ein paar Seitenblicke nicht besprechen.

Innerhalb weniger Jahre sind die Frankfurter Ausgabe (FA)[1] und die Münchner Ausgabe (MA)[2] erschienen; Ulrich Gaier hat 1999 die dreibändige Ausgabe der *„Faust"-Dichtungen* vorgelegt;[3] im selben Jahr erschien *Goethes „Faust". Erster und Zweiter Teil. Grundlagen – Werk – Wirkung* von Jochen Schmidt, wo es gleich eingangs heißt: „Die Literatur zu Goethes *Faust* läßt sich kaum noch überblicken".[4] Die

1 Johann Wolfgang Goethe: *Sämtliche Werke, Briefe und Gespräche.* Frankfurter Ausgabe (FA). Hrsg. von Hendrik Birus u. a. Frankfurt a. M. 1987 ff. Bd. 7: *Faust.* Hrsg. von Albrecht Schöne. 1: *Texte*, 2: *Kommentare.* Frankfurt a. M. 1994. – Die fünfte, erneut durchgesehene und ergänzte Auflage dieser Ausgabe erschien in zwei Bänden als Taschenbuch Frankfurt a. M. 2003.

2 Gemäß der historischen Anlage von MA (Johann Wolfgang Goethe: *Sämtliche Werke nach Epochen seines Schaffens.* Münchner Ausgabe. Hrsg. von Karl Richter in Zusammenarbeit mit Herbert G. Göpfert, Norbert Miller, Gerhard Sauder u. Edith Zehm. München 1985 ff.) sind die *Faust*-Texte in der Ausgabe weit verstreut. In Bd. 1.2 erschien 1987 der *Urfaust*, um den sich Gerhard Sauder gekümmert hat; für *Faust. Ein Fragment* zeichnete 1990 in Bd. 3.1 Hartmut Reinhardt verantwortlich; die Erläuterungen Victor Langes zu *Faust I* erschienen 1986 in Bd. 6.1; *Faust II* kommentierte Dorothea Hölscher-Lohmeyer 1997 in Bd. 18.1, wobei Textkritik und Editionsbericht von Uvo Hölscher, Dokumente von Anne Bohnenkamp beigetragen wurden.

3 Ulrich Gaier (Hrsg.): Johann Wolfgang Goethe: *„Faust"-Dichtungen* (Bd. 1: *Texte.* Bd. 2 u. 3: *Kommentare*). Stuttgart 1999.

4 Jochen Schmidt: *Goethes „Faust". Erster und Zweiter Teil. Grundlagen – Werk – Wirkung.* München 1999, S. 9.

„Unermeßlichkeit der Faustliteratur" beklagte allerdings schon Karl Rosenkranz in seiner Goethe-Bibliographie, und auch er – anno 1856 – war wahrscheinlich der erste nicht, der darüber gestöhnt hat.[5]

Nicht allein die Anzahl, sondern auch die Qualität der jüngst erschienenen Kommentare und Werkmonographien zum *Faust* macht die Angelegenheit schwierig – in alphabetischer Reihenfolge: Ulrich Gaier, Dorothea Hölscher-Lohmeyer, Jochen Schmidt und Albrecht Schöne haben auf ihre jeweils sehr individuelle Art so vorzügliche Ergebnisse langjähriger Forschungen vorgelegt, daß jeder *Faust*-Philologe schlecht beraten wäre, würde er sich für nur eine dieser Ausgaben und Arbeiten entscheiden (zumal sie naturgemäß aufeinander aufbauen, sich überdies gegenseitig befördern, wenn sie – wie bei Albrecht Schönes Ausgabe – in stetiger Vervollkommnung durch revidierte und erweiterte Neuauflagen begriffen sind). Je länger und intensiver man sich mit der unerhört komplexen Materie dieses literarischen Textes, mit seinen Deutungsangeboten und den Versuchen, sie anzunehmen, beschäftigt, um so mehr muß sich die Einsicht durchsetzen, daß sich die Breite der Hilfsmittel, die man dafür benötigt, am besten an der Vielstimmigkeit des Gegenstandes selbst orientiert. Es wäre ganz und gar unsinnig, hier nicht auf die Weisheit eines *être collectif* zu setzen, das sich im wenngleich gelegentlich disharmonischen Chor verschiedener Forschungsansätze bildet. Deshalb sollte man auch jedem fortgeschrittenen Studierenden raten, zumindest diese hier genannten Ausgaben, die jede Seminarbibliothek vorrätig haben müßte, von Fall zu Fall nebeneinander zu verwenden (und die xenienhafte Polemik mancher Rezension geflissentlich zu ignorieren).

Neben diesen großen, seitenstarken Arbeiten für das wissenschaftliche Publikum gibt es seit 2002 eine weitere Alternative, die sich (obschon das nirgends explizit geschrieben steht) wohl vor allem an die Leserschaft von Gymnasialschülern und -lehrern wendet: Den *Kommentar zu Goethes „Faust"*, den Ulrich Gaier für die Reclam Universal-Bibliothek vorgelegt hat, wo er die angejahrte Ausgabe von Theodor Friedrich und Lothar J. Scheithauer ablöst.

Dieser neue, ‚kleine Gaier' ist n i c h t identisch mit seiner erwähnten dreibändigen Ausgabe der *„Faust"-Dichtungen* aus dem Jahre 1999, die auch für ihre genaue Szenen- und Verskommentierung im zweiten Band, vor allem und zu Recht aber für ihre gleichberechtigte Darbietung ganz verschiedenartiger Methoden und daraus resultierender Lesarten in Band 3 gelobt worden ist, der auch als ein hochplausibles Plädoyer für die multiple Lesbarkeit von Texten zu verstehen ist. Dafür hat Ulrich Gaier allein in diesem dritten Band 931 Seiten zur Verfügung gehabt – und viel kürzer wäre das wohl auch nicht zu machen gewesen. Im neuen, kleinen und einbändigen *Kommentar* gibt es kein Äquivalent dazu. Band 2 der älteren Ausgabe, der die Akt-, Szenen- und Zeilenkommentare enthält, umfaßt durchaus angemessene 1283 Seiten: Das ist der Vergleichsband für diese neue Ausgabe (in der freilich der sogenannte *Urfaust* genau wie das *Fragment* fehlt), die bei annähernd gleichem Satzspiegel mit noch nicht einmal einem Drittel dieses Raumes auskommen muß.

So problematisch es ist, die wissenschaftlichen Ausgaben bzw. Studien beispielsweise von FA, MA, Gaier und Schmidt gegeneinander aufzuwiegen, so schwierig ist es, den ‚kleinen' neben dem ‚großen Gaier' zu betrachten, der sich an einen ganz anderen Rezipientenkreis wendet. Daß die breite diskursive und methodische Auffächerung von Band 3 des ‚großen Gaier' für ein schulisches Publikum nicht nur nicht notwendig ist, sondern eher kontraproduktiv wäre, liegt wohl auf der Hand: Mit dem reinen Textverständnis haben Schüler besonders beim *Faust II* genug zu tun, und mit den Differenzen etwa zwischen einer religiösen, einer naturphilosophischen oder soziologischen Lesart wären sie überfordert. Für die schulische Leserschaft benötigt man einen vor allem die Akte, Szenen und Verse aufschließenden Kommentar, der bei der Lektüre hilft und zeigt, daß es sich lohnen könnte, sich auf diesen Text einzulassen. Im Bewußtsein um diese Aufgabe hat Gaier seinen *Kommentar zu Goethes „Faust"* nicht als eine gekürzte, zusammengestrichene Version des zweiten Kommentarbandes der *„Faust"-Dichtungen* von 1999 konzipiert, sondern die Erläuterungen zumindest weitgehend neu formuliert. Im Hinblick auf die andere, jüngere Leserschaft schlägt der Verfasser stellenweise einen anderen

5 Karl Rosenkranz: *Göthe und seine Werke.* 2., verb. u. verm. Auflage. Königsberg 1856; zit. nach Rüdiger Scholz: *Goethes „Faust" in der wissenschaftlichen Rezeption.* 2., überarb. u. erw. Ausgabe. Rheinfelden, Berlin 1993, S. 1.

Ton als in seiner großen Ausgabe an, einen Ton, dessen Munterkeit manch jungem Leser helfen mag, die Schwellenangst vor allzuviel Klassizität zu überwinden. Das beginnt schon mit dem Inhaltsverzeichnis: Gretchendrama – „Ein Mädchen soll Himmel und Erde sein und wird geköpft"; Anmutige Gegend – „Ohne Gewissen lebt sich's erfolgreicher". Doch solch rhetorisch-didaktische Taschenspielertricks, die gerade im Umgang mit Schülern und jungen Studierenden durchaus ihre Berechtigung haben und Wirkung zeigen, werden an keiner Stelle des Bandes zur Masche und führen deshalb bei der Lektüre auch nicht zu Ermüdungserscheinungen.

Zwar kommt die Metrik ziemlich kurz, zwar fallen Worterklärungen gelegentlich sehr lakonisch und ohne Hinweis auf lexikalische Quellen aus, zwar fehlen vielfach Hinweise auf intertextuelle Referenzen, aber: Muß ein Schüler wissen, wo was bei Adelung, im Zedler oder bei Hederich steht? Hilft ihm der Hinweis auf die genaue Belegstelle im *Anthropodemus Plutonicus* des Johannes Praetorius oder im *Liber de nymphis, sylphis, pygmaeis et salamandris* von Paracelsus weiter, um sich mit dem berühmten „Spruch der Viere" ins Benehmen zu setzen? Oder ist ihm (jedenfalls bis zum Abitur und solange, wie er nicht in einem universitären Seminar sitzt) recht gut geholfen, wenn er lernt, daß und warum Faust sich „nicht als Meister, sondern als Zauberlehrling" (S. 58) zeigt, als er versucht, das Wesen des Pudels zu ergründen, in den Mephisto sich verwandelt hat? Ernsthaft wird sich wohl kaum jemand darüber streiten wollen.

Neben einem ausführlichen, vorsichtig auf eine Gesamtinterpretation zielenden Nachwort (das S. 325–350 etwas einsinnig auf dem konzeptionellen Einfluß von Marsilio Ficinos *Theologica platonica de immortalis animorum* auf die *Faust*-Dichtung beharrt, über den im Detail trefflich zu streiten wäre) liefert Gaier im Anhang einen luziden Überblick zu den Arbeitsphasen Goethes an der Dichtung. Das kurze „Poetologische Glossar" (S. 313–322) bringt leichtverständliche Erläuterungen u. a. zur Metrik, ist allerdings nicht alphabetisch, sondern „nach kultureller Herkunft" (S. 313) bzw. nach „Kulturzusammenhang" (S. 317) geordnet: Den Vorteil dieser feinsinnigen Systematik zu erläutern hätte wohl mehr Platz als das Glossar selbst benötigt. Das Literaturverzeichnis (S. 323–330) ist, den Umfangsanforderungen geschuldet, schmal und lückenhaft, verzeichnet freilich das wirklich Notwendige in einem ausreichenden Überblick. Doch solche Kritik soll nicht darüber hinwegtäuschen, daß der ‚kleine Gaier' eine Leistung geworden ist, die ihren Zweck erfüllt – nämlich einen Kommentar für *Faust*-Anfänger zu liefern, für die die FA, MA oder der ‚große Gaier' zu anspruchsvoll ist. Daß die hohen methodischen Ambitionen der dreibändigen Ausgabe hier nur wenig Spuren hinterlassen haben, kann man wohl nur so lange bedauern, bis man darüber nachgedacht hat, was angesichts der Zielgruppe vernünftig ist. Eine Alternative zu FA, MA oder zum ‚großen Gaier' ist diese neue Ausgabe für Lehrer und Schüler; für ‚Fortgeschrittene' hingegen ist sie es nicht.

Der ‚kleine Gaier' liefert einen frisch formulierten, kenntnisreichen, aber konventionellen Kommentar für eine Leserschaft, die keine wissenschaftlichen Ansprüche an dies Hilfsmittel stellt. Auf den Erkenntnissen von FA und MA aufbauend, hat der Verfasser einen zuverlässigen, zur Lektüre anregenden, auch schwierige Textstellen leichthändig aufschließenden Kommentar vorgelegt, der – vielleicht – manchen Schüler anregen mag, sich nach dem Abitur auf der Universität noch einmal ausführlich mit dem *Faust* zu befassen. Dann benötigt er freilich einen anderen Kommentar.

Frank Möbus

Sabine Doering: ***Die Schwestern des Doktor Faust.*** *Eine Geschichte der weiblichen Faustgestalten.* Göttingen 2001, 371 S.

In der Zeit des Epochenumbruchs um 1800, als sich mit der Überzeugung von der prinzipiellen Gleichheit der Menschen auch das Verhältnis der Geschlechter nachhaltig zu verändern begann, begegnet erstmals die Bezeichnung „weiblicher Faust": in der 1799 anonym erschienenen Übersetzung von Matthew Gregory Lewis' Schauerroman *The Monk*. Ein Jahr später erörtern Schiller und Goethe die Möglichkeit eines weiblichen Gegenentwurfs zum Teufelsbündler. Eine Vielzahl und Vielfalt von „Faustinen" lassen sich im 19. und 20. Jahrhundert nachweisen, die teils aus der Feder bekannter Autoren (von Schillers „Höllenbraut"-Projekt *Rosamunde* über Joseph von Eichendorffs *Julian*, Wilhelm Raabes *Der heilige Born*, Ida Hahn-Hahns *Gräfin Faustine*, Frank Wedekinds *Franziska* zu Irmtraud Morgners *Amanda*), teils von heute vergessenen Verfassern (so Joseph Papes Verknüpfung des Schneewittchen mit dem Fausta-Stoff 1856; Ferdinand Stoltes *Faust* 1859 ff.; Ada Christens Drama *Faustina* 1871; Wilhelm Schäfers Parodie *Faustine, der weibliche Faust* 1898) stammen.

Sabine Doerings ebenso materialreiche wie klug komponierte Studie setzt sich das Ziel, diese lange Tradition weiblicher Teufelsbündler, die auf den mittelalterlichen und frühneuzeitlichen Erzählungen bzw. Spielen von der *Päpstin Johanna* und dem *Mariken von Nymwegen* beruht, im Horizont eines sozial-, kultur- und mentalitätsgeschichtlichen Wandels zu rekonstruieren, der zugleich als Wandel im Verständnis von der „Ordnung der Geschlechter" (S. 29, im Anschluß an Claudia Honegger, 1991) zu verstehen ist. Die „Geschichte weiblicher Faustgestalten" wird auf diese Weise als Korrektiv und als Erweiterung, als kritischer Kommentar und als genuine Ergänzung zu einer „Mythologie der Moderne" (S. 7) lesbar, die mit Goethes *Faust* ihre leitbildhafte, ultimative Ausformung gefunden zu haben scheint. Insbesondere die faustbegeisterte Goethe-Verehrung des 19. und auch noch des 20. Jahrhunderts ging ganz selbstverständlich von der Identität des Faustischen und des Männlichen aus; eine Prämisse, die durch Doerings Buch gründlich erschüttert wird. Seit dem ausgehenden 18. Jahrhundert finden sich sowohl in der deutschen als auch in der außerdeutschen Literatur erstaunlich viele Texte, deren Heldinnen dem Muster des Teufelsbündlers nachgebildet sind bzw. die „faustische" (S. 8) Lebensform auf weibliche Lebensbedingungen zu übertragen suchen. Diese Texte einer sorgfältigen biobibliographischen und systematisch-kontextualisierenden Analyse unterzogen zu haben, sie in ihren intertextuellen und literarhistorischen Bezügen, Funktionen und je spezifischen Intentionen entschlüsselt zu haben ist das große Verdienst der vorliegenden Arbeit. Methodisch bewegt sich Doering zwischen New Historicism, historischer Diskursanalyse, Intertextualitäts- und Genderforschung, wobei deren Paradigmen ebenso pragmatisch wie gegenstandsorientiert genutzt und reflektiert werden. Dem Risiko, entweder in der Masse des Materials oder im Überangebot (meta)theoretischer Deutungsmuster zu ersticken, ist Doering – wie das als „theoretisch-historische Vorüberlegungen" bezeichnete erste Kapitel (S. 7 ff.) beweist – geschickt und überzeugend entgangen. Gerade weil es um die „diskursive Verflechtung" (S. 32) unbekannter bzw. vergessener Texte geht, um deren soziale und historische Situierung, und weil die Geschichte weiblicher Faustgestalten nur im „Spannungsfeld von Ideen-, Mentalitäts-, Sozial- und Nationalgeschichte" (S. 331) überhaupt zu rekonstruieren ist, mußten sich vereinseitigende (z. B. dekonstruktivistisch-feministische) theoretische Topoi verbieten.

Sachlogisch und mit konsequentem Blick auf die methodischen Prämissen und Implikationen ihrer Analysen hat Doering das Untersuchungsmaterial arrangiert: der „Adaption älterer Stofftraditionen im Namen Fausts" gilt das zweite Kapitel (S. 45 ff.), das die Legenden um die Päpstin Johanna (von Schernbergs *Ein schön Spiel von Frau Jutten* [1480/85] über Achim von Arnims *Päpstin Johanna* [1813] bis zu Rudolf Borchardts *Die Päpstin Jutta* [1920]), die Rezeption der gelehrten Teufelsbündlerin *Mariken von Nymwegen* sowie die Tradition der Römerin Faustina (u. a. bei Wieland und Goethe, S. 123 ff.) behandelt. Daß eine ältere, der *Historia von D. Johann Fausten* (1587) vorausliegende Stofftradition wie die von der *Päpstin Johanna* und dem *Mariken von Nymwegen* im 19. und 20. Jahrhundert für die Konzeptualisierung weiblicher Faustgestalten vereinnahmt werden konnte, ohne daß jene mit dem Faust-Mythos in direktem Zusammenhang standen, bezeugt die Notwendigkeit, zwischen einer tatsächlichen Transformation des Faust-Mythos in eine weibliche Figur mit entsprechendem Lebensentwurf und der Adaption bzw. Stilisierung „nicht-faustischer" Gestalten (wie der *Päpstin Johanna* und dem *Mariken von Nymwegen*) zum „weiblichen Faust", streng zu unterscheiden. Auf diese Unterscheidung, die damit die Motivverschränkungen, Abgrenzungs- und Funktionalisierungsstrategien in den einzelnen Texten detailliert nachzuweisen vermag, beruht das zentrale dritte Kapitel. Es untersucht in sieben Abschnitten den „Faust-Mythos im Geschlechterwandel" (S. 135 ff.), differenziert also die weiblichen Faustgestalten nach je spezifischen Ausformungen: als dämonische Verführerin (bei den Weimarer Dioskuren, bei Eichendorff, Pape und Raabe), als „rastlos Strebende" (Hahn-Hahn), als „reumütig Liebende“ (Ferdinand Stolte, Ada Christen, Carl Winderlich), als „unglücklich Emanzipierte“ (Wilhelm Schäfer), als „vollkommene Frau“ (Frank Wedekinds *Franziska*), als „jugendliche Schönheit“ (André Lang, Emma Tennant) und schließlich als „moderne Hexe“ (Irmtraud Morgner). Die Verfasserin will diese „Typologie weiblicher Faustgestalten“ (S. 42), durch die Texte aus annähernd 200 Jahren erfaßt und im Blick auf die dominante Motivik des Teufelspakts und des ungebändigten Wissensdrangs vergleichend interpretiert werden sollen, lediglich als Versuch verstanden wissen. Freilich darf man diesem Versuch bescheinigen, daß er ebenso notwendig (um nicht zu sagen überfällig) war wie er überzeugend ausgefallen ist; zumal sich die Verfasserin nicht zur Sklavin ihrer Typologie machen läßt und Werke, denen aufgrund ihrer ästhetischen, gedanklichen und intentionalen Bedeutung ein Sonderstatus zukommt (wie dem explizit intertextuell auf Goethes Roman referierenden Roman *Gräfin Faustine* von Hahn-Hahn, dem ebenfalls mit programmatischem Goethe-Rekurs konzipierten Drama Wedekinds und schließlich mit Morgners *Amanda*-Roman), weitausgreifende Interpretationen und Erläuterungen widmet.

Die diskursive Instrumentalisierung des weiblichen Faust für nationalchauvinistische oder emanzipatorische Belange, für die Konzeptualisierung oder für die Kritik an der sich dynamisierenden Geschlechterordnung (bis hin zum Streit um die Akademikerin bzw. die Parodie auf die Frauenbewegung, S. 244ff.) wird gerade dadurch deutlich, daß literarische Texte unterschiedlichen ästhetischen und intellektuellen Niveaus berücksichtigt wurden. Die Geschichte der weiblichen Faustgestalten wird in dieser Arbeit weder auf ein ästhetisches noch auf ein (geschlechter)politisches Telos hin entworfen, sondern als systematische Typologie, die faustische Weiblichkeitsfiguren bzw. weibliche Faustfigurationen als Elemente und Konzentrate einer literarisch-intertextuellen „Arbeit am Mythos“ dechiffriert. Die Texte selbst bilden das Zentrum, mußten daher gelegentlich auch sehr ausführlich paraphrasiert werden. Zugleich werden sie in ihrer Konventionalität (vgl. z.B. die Ausführungen über Luise von Ploennies, Georg Reicke oder Ferdinand Stolte) oder in ihrer Singularität (*Gräfin Faustine* von Hahn-Hahn als Beispiel für Goethe-Nachahmung und Goethe-Kritik), in ihrer epigonal-trivialliterarischen (Pape, Schäfer) oder in ihrer avantgardistisch-originellen (Wedekind, Morgner) Gestalt präsentiert. Man mag darüber streiten, ob die durch Doerings Studie erstmals und umfassend dokumentierte Heterogenität der Faustinen eine verbindende Kennzeichnung als „Schwestern des Doktor Faust“ überhaupt noch erlaubt; unstrittig ist, daß Arbeiten wie diese den Anspruch einer Integration von Literatur-, Kultur- und Geschlechtergeschichte nicht nur auf vorbildliche Weise einzulösen, sondern ein ganz eigenes Lesevergnügen auszulösen vermögen.

Irmela von der Lühe

Richard Meier: *Gesellschaftliche Modernisierung in Goethes Alterswerken „Wilhelm Meisters Wanderjahre“ und „Faust II“*. Freiburg 2002, 263 S.

Daß die Spätwerke Goethes, allem voran der Archivroman *Die Wanderjahre*, aber auch *Faust II* – man denke an die berühmte Papiergeldszene – auf ganz fundamentale Weise bürgerliche Modernisierungsprozesse verhandeln, gilt als *opinio communis* der Forschung. Ein ‚veloziferisches‘ Zeitalter ist es, das Goethe in seinen Texten entwirft, und zwar in enger Auseinandersetzung mit ökonomischen und medizinischen Entwicklungen, mit ästhetischen Innovationen – in der Lago Maggiore-Episode aus den *Wanderjahren* wird die romantische Kunstkritik zum Thema –, mit wissenschaftlichen Entdeckungen, kolonialen Bewegungen und anderem mehr. Daß der Roman *Wilhelm Meisters Wanderjahre* und das Drama *Faust II* deshalb aufeinander beziehbar sind, analoge Strukturen und Sujets aufweisen, ist in der Forschung jedoch in geringerem Maße berücksichtigt worden – insofern verspricht die Dissertation von Richard Meier, Neuland zu betreten. Um es gleich vorweg zu nehmen: Was an dieser Studie erstaunt und irritiert, ist die Homogenisierung der Texte, die Richard Meier unternimmt, eine Homogenisierung, die vor allem in bezug auf die *Wanderjahre* frappiert und Fragen aufwirft. Der Roman, der von der Forschung als in hohem Maße ästhetisch innovativ, als vorausweisend auf James

Joyce, auf ein modernes, selbstreferenzielles Erzählen gedeutet wurde, erscheint in der Strukturanalyse Meiers als polar organisiertes Feld – zwischen Geist und Körper, Element und Kosmos, Liebe und Tat –, der Entwicklungsgang der Figuren, Wilhelms und Lenardos beispielsweise, als entgegengesetzte Bewegungen zwischen dualen Polen, die zur Synthese gebracht zu werden vermögen: In seinem letzten helfenden Akt, der Rettung des Sohnes Felix, vereine Wilhelm Liebe und Tat. Erstellt wird in der Studie Meiers eine geschlossene, ja klassisch anmutende Ordnung, der jedoch bereits die Textgestalt der *Wanderjahre* in grundlegender Weise widerspricht. Meier selbst summiert seine Ergebnisse mit den Worten: „In dem Roman ließ sich eine gedankliche Ordnung aufdecken, die seiner disparaten und heterogenen Form nicht anzumerken ist" (S. 95). Ob aber die Form dann wesentlich im Sinne einer (ablenkenden) Reflexion moderner Tendenzen zu denken ist, hinter der sich eine geschlossene Ordnung verbirgt, bzw. warum diese zwischen offenen Novellen und Rahmen changierende Erzählweise und die Archivfiktion gewählt wird, die als formale Umsetzung der Spezialisierungstendenzen gedeutet werden könnte, diesen Fragen geht Meier nicht weiter nach. Daß zudem die geschlossene Ordnung des Textes lediglich um den Preis von Auslassungen erkauft ist, führt die Untersuchung selbst vor. So wird das Eröffnungskapitel der *Wanderjahre*, der neueren Forschung entsprechend, in seiner ambivalenten Anlage beschrieben: Josephs Imitation eines heiligen Vorbildes findet zum einen in einer eher traditionell organisierten Gemeinschaft statt, ist zum anderen jedoch als Inszenierung, als Wiederbelebung eines versunkenen Mittelalters zu bewerten, ganz wie es den vaterländisch-katholischen Bestrebungen von Seiten romantischer Autoren entspricht. Doch der Verfasser entscheidet abschließend: „Für die weitere Interpretation sollen diese Merkmale der Traditionalität im Vordergrund stehen" (S. 53). Zwar ist durchaus davon auszugehen, daß Goethe polare Elemente in seinen Romankosmos aufnimmt, allerdings wohl eher als Rudimente einer untergehenden Zeit oder als Testament, wie Hartmut Böhme im Zusammenhang mit den naturwissenschaftlichen Erkenntnissen Goethes ausgeführt hat. Keinesfalls aber kann der disparate Roman, der von offensichtlichen Leerstellen durchsetzt ist, Widersprüche entwickelt und forciert mit Ironie arbeitet (wie sie auch zum Abschluß von *Faust II* dominiert), auf ein polares, geschlossenes Organisationsprinzip festgelegt werden.

Vor dem Hintergrund dieser Strukturanalyse, die der Verfasser auch für *Faust II* entwickelt, ist es ein wenig verwunderlich, daß die Phänomene der Modernisierung, die in dem Roman wie in dem Drama auszumachen sind, von Meier als gewaltvolle Domestikationsprozesse bewertet werden, die von Liebesverlust und ethischer Ignoranz flankiert sind. Es folgen (nach den Ausführungen über die Grundstruktur) Auflistungen moderner Tendenzen wie Spezialisierung, Kollektivierung, Funktionalisierung, Verdrängung der Gabe durch den Tausch – an dieser Stelle hätte das sich verändernde Almosenwesen in den Blick genommen werden können –, Beschleunigung, die (physische) Implantierung zeitlicher Imperative und anderes mehr. In diesen Partien ist die Arbeit präzise und kenntnisreich, bewegt sich allerdings weitgehend im Spektrum der Forschung. Gleichwohl scheint hier das Problem der eigenen Darstellungsform, das sich jeder Studie über die *Wanderjahre* stellt, stringent gelöst. Plausibel ist zudem, unter diesen Kategorien auch die Novellen abzuhandeln, da diese vielfach die diagnostizierten Modernisierungstendenzen reflektieren. Auf diese Weise vermeidet Meier die fragwürdige Entgegensetzung von Einschüben, als Vergegenwärtigung der alten Welt, und Rahmen, als Kosmos der modernen Welt. Was allerdings die einleitende Strukturanalyse mit ihrem klaren Raster verhindert, ist ein Blick für Mischformen und Übergänge. Die moderne Welt zeichnet sich nicht zuletzt dadurch aus, daß sie obsolete Verfahren der Sinnstiftung adaptiert, um ihre ‚transzendentale Obdachlosigkeit' zu kaschieren – so könnte, etwas plakativ, mit Georg Lukács formuliert werden; vor allem die Ehrfurchtslehre, die den Eleven in der Pädagogischen Provinz vermittelt wird, ließe sich als solche Strategie beschreiben. Bedauerlich ist zudem, daß in der Untersuchung von Richard Meier, immerhin einer Studie über moderne Gesellschaftsstrukturen, jegliche historische Kontextualisierung unterbleibt. Der Verfasser setzt sich in seinem Forschungsüberblick ausdrücklich von marxistischen und sozialgeschichtlichen Ansätzen ab, die solche Kontextualisierungen, methodisch fundiert, vorgenommen haben. Er kündigt an, über die Forschung hinauszugehen, und zwar durch einen additiven Beitrag – indem er den bekannten Modernisierungsmerkmalen neue hinzufügt – und durch methodische Innovationen, die allerdings bei genauem Blick keine sind. Er verspricht eine genauere Systematisierung (wobei den großen Arbeiten von Stefan Blessin, Thomas Degering, Henriette Herwig und anderen Systematik durchaus nicht abzusprechen ist), verbunden mit Textnähe. An die Stelle von Sozialgeschichte (oder neuerdings Kulturwissenschaft) tritt also Werkimmanenz. Daß dieser ‚Verschluß' der Texte, diese Isolation, vor allem bei einem Thema wie Modernisierung mißlich ist, versucht Meier dadurch auszugleichen, daß er zum Schluß seiner Studie – die Ausführungen über *Faust II* fallen wesentlich geraffter aus – die Nähe von Goethes Spätwerk und Max Webers Askese- und Rationalitätsanalysen aufzeigt, sicherlich eine plausible Referenz, nennt Max Weber doch selbst neben Gottfried Kellers *Die drei gerechten Kammacher* und Gustav Freytags *Soll und Haben* vor allem die *Wanderjahre* eine vorbildliche Illustration des bürgerlichen Leistungsethos.

Franziska Schößler

Hans-Peter Bayerdörfer (Hrsg.): ***Im Auftrieb.*** *Grenzüberschreitungen mit Goethes „Faust" in Inszenierungen der neunziger Jahre.* Tübingen 2000, 239 S.

Unter der Ägide des Münchner Ordinarius Hans-Peter Bayerdörfer hat sich eine Gruppe von Theaterwissenschaftlern an die Arbeit gemacht, extreme Inszenierungen, sogenannte Grenzüberschreitungen, von Goethes *Faust* in den 90er Jahren zu untersuchen, wobei fast ausnahmslos Einzelanalysen erstellt worden sind, die sehr präzise über Intention, Spielweise und Strichfassungen jener Regisseure berichten. Der Herausgeber stellt die Arbeit seiner Gruppe in den Zeithorizont nach der Wende: „Die Frage lautet, wie die Gegenwart, die im Theater immer ihr primäres Recht behauptet, an dem literarischen Text Gegenhalt findet und von daher die szenische Artikulation entwirft" (S. 3).

Nach einem Überblick Bayerdörfers über *Faust*-Inszenierungen, die in der Nachkriegszeit Furore gemacht haben, beschäftigt sich zunächst Ulrich Kühn unter dem Titel *Eine Brust voller Seelen. Faust als DDR-Intellektueller auf Identitätssuche* mit jener Inszenierung, die die Grenzüberschreitungen radikal eingeleitet hat, nämlich mit Wolfgang Engels dreitägiger *Faust*-Inszenierung, die an Goethes Geburtstag am 28. August 1990 Premiere hatte. Nach einer ausführlichen Analyse der Inszenierung wird die Darbietung in den geschichtlichen Kontext des kulturellen Erbes in der DDR eingeordnet und in die Reihe der DDR-Inszenierungen des *Faust* gestellt. Sehr aufschlußreich ist der Vergleich zwischen der Szenenabfolge bei Goethe und jener in der Dresdner Fassung von Engel und seinem Dramaturgen Dieter Görne.

Birgit Wiens analysiert Einar Schleefs *Faust*-„De-Konstruktion eines deutschen Mythos": Seine Inszenierung mit 14 Gretchen, elf Fäusten, fünf Hexen, einem Satan und einem Mephistopheles, den Martin Wuttke spielte, hatte 1990 im Bockenheimer Depot Premiere. Schleef zertrümmert nicht nur die Form von Goethes *Faust* vollständig, sondern rechnet mittels seiner martialischen Chöre mit zwei deutschen Diktaturen erbarmungslos ab. Auch hier ist erfreulicherweise ein Überblick über die Spielfassung – einschließlich genauer Rollenverteilungen – am Ende abgedruckt.

Christoph Marthalers Version *Goethes Faust* $\sqrt{1+2}$ – Premiere im Deutschen Schauspielhaus Hamburg 1993 – stellen Bettina Conrad und Kathrin Weber vor und erläutern die Intentionen Marthalers in ihrem Beitrag *Was ist das für ein Marterort?*. Ausführlich wird erläutert, wie Goethes *Faust* demontiert wird, wie im einzelnen gespielt wird und welche Rolle die Musik in dieser *Faust*-Deutung spielt, die mit einer Menge deutschen Kulturguts zusätzlich befrachtet ist; auch hier bringt der abschließende Komplex *Szenengliederung und Textbestand* dem Leser die gespielte Version nahe.

Giorgio Strehlers *Faust*-Fragmente, vom Regisseur als „Ricerca" bezeichnet, wurden um 1990 am Piccolo Teatro di Milano über einen größeren Zeitraum hinweg kontinuierlich entwickelt und hatten eine weit überregionale Ausstrahlung in Europa. Bei Strehler dominierte die Titelgestalt Faust, die er selbst verkörperte. Bayerdörfer analysiert die fulminante Inszenierung und verdeutlicht die wesentliche Bedeutung des Bühnenlichts als gestalterisches Element, wobei auch hier die Szenenfolge einen Einblick in die gespielte Fassung gibt. Durch zwei sehr gute Programmbücher mit vielen Szenenfotos ist Strehlers Arbeit ohnehin gut dokumentiert.

Katharina Keim erläutert, wie William Kentridge und die Johannesburger *Handspring Puppet Theatre Company* mit ihrem Beitrag *Faustus in Africa* die postkolonialistische Lesart der Eroberung des schwarzen Kontinents durch den weißen Mann kritisiert haben (Premiere 1995 in Weimar). Dabei beschränkten sich die Verantwortlichen keineswegs auf Goethes *Faust*, sondern weiten ihre Version aus auf den *Faust*-Stoff schlechthin, den sie in ihrer Sichtweise bearbeiten. Dramaturgischer Ausgangspunkt dieser Deutung ist die Landgewinnungsszene im 5. Akt von Goethes *Faust II*. Bis auf Mephisto sind alle Figuren doppelt vorhanden: als Puppe und als menschliche Figur, die die Puppe sichtbar führt.

Auf eine spielerisch und musikalisch durchsetzte *Faust II*-Inszenierung von Stephan Müller verweist Hajo Kurzenberger: Sie hatte 1997 am Zürcher Neumarkttheater Premiere. Da ein Bühnenbild eigentlich nicht vorhanden war, mußten die Schauspieler durch intensivstes Spiel Goethes Intentionen über die Rampe bringen.

Peter Steins ungekürzten *Faust*, der 2000 auf der EXPO in Hannover Premiere hatte und auch in Berlin und Wien gezeigt worden ist, rehabilitiert Hajo Kurzenberger gegenüber den sehr unnachsichtigen Kritikern der großen deutschen Feuilletons. Zwar wirft auch er Stein vor, keine eigentliche Konzeption bzw. Sichtweise (für uns Heutige) auf Goethes Hauptwerk zu haben, aber er anerkennt die künstlerischen, physischen und logistischen Leistungen dieser bemerkenswerten Produktion, die vom Publikum mit heller Begeisterung aufgenommen worden ist. Theatergeschichtlich habe Steins Version bleibende Erkenntnisse gebracht: „Und Stein hat recht, ‚Faust I' und ‚Faust II' macht uns die Geschichtlichkeit des Theaters als Anschauungs- und Kunstform, als Medium der Sinnlichkeit und der Reflexion vielfach und vielgestaltig […] erfahrbar" (S. 218).

Eine wertvolle Dokumentation wichtiger *Faust*-Inszenierungen seit dem Zweiten Weltkrieg beschließt das Ganze und macht damit diese Veröffentlichung zu einem Kompendium der *Faust*-Inszenierungen eines halben Jahrhunderts. Charakteristische Fotos ergänzen die besprochenen Aufführungen.

Bernd Mahl

Thorsten Valk: *Melancholie im Werk Goethes.* *Genese – Symptomatik – Therapie.* Tübingen 2002, VIII + 327 S.

Eine kohärente Untersuchung der Melancholie im Werk Goethes gehört seit langem zu den Desiderata der Goethe-Philologie und der germanistischen Melancholie-Forschung. Thorsten Valk hat mit seiner Freiburger Dissertation, die im Jahre 2003 mit dem Walter-Witzenmann-Preis der Heidelberger Akademie der Wissenschaften ausgezeichnet wurde, diese Lücke geschlossen und die Melancholie als eine das poetische Werk Goethes bestimmende Grundstruktur ausgewiesen. Seine Studie begnügt sich freilich nicht mit der Entmythologisierung eines Klassikers, und sie teilt auch nicht die bisweilen recht kryptischen Sympathien, die seit Walter Benjamins Trauerspielbuch die meisten neueren Arbeiten zur Melancholie grundieren. Eher hält sie es mit der Turmgesellschaft der *Lehrjahre*, nach der „alles Irrational-Melancholische schonungslos eliminiert" (S. 226) werden muß. Doch gerade vor dem Hintergrund der ihm zutiefst eingeschriebenen, es aber niemals okkupierenden Melancholie vermag Thorsten Valk das (in seiner Untersuchung exemplarisch durch die Protagonisten der wichtigsten Dramen und Romane repräsentierte) Werk Goethes als eminente Kulturleistung zu erweisen.

Methodologisch orientiert sich die Arbeit an der überwiegend literaturgeschichtlich verfahrenden Goethe-Philologie und nicht an der literaturwissenschaftlichen Melancholie-Forschung. Auf eine schärfere Profilierung der eigenen Vorgehensweise und damit auch auf eine Weiterentwicklung der germanistischen Melancholie-Forschung wird verzichtet. Das erste Kapitel stellt einleitend einige prominente europäische Melancholie-Konzepte seit der Antike vor und weist Goethes Vertrautheit mit ihnen nach. Die didaktisch versierten Ausführungen stützen sich vornehmlich auf Darstellungen aus den sechziger und siebziger Jahren; neue Quellen werden nur sporadisch erschlossen. Das limitiert die Reichweite der Resultate.

Zu den speziellen Ergebnissen der Studie gehört, daß sich Werthers Leiden, die nach Valk „für fast alle Melancholiker im Werk Goethes Modell gestanden" (S. 213) haben, „mit Hilfe eines psychopathologischen Melancholiekonzepts schlüssig deuten" (S. 107) lassen. Dieses Konzept führt seinen Träger letztlich in den Selbstmord. Valks Argumentation kann alles in allem überzeugen, vermag aber den Einwand nicht ganz zu entkräften, daß die Attraktivität der Wertherfigur seit jeher gerade an der fehlenden Eindeutigkeit ihres Krankheitsbildes gelegen haben könnte. Weil der Protagonist auch für Valk nur ein Dilettant ist, kann im folgenden Kapitel Tasso als ein um die inspirationstheoretische Melancholie-Konzeption gesteigerter und den modernen Dichter repräsentierender Werther gedeutet werden. Tasso zerbricht am Ende an seiner Melancholie, obwohl er in der Poesie ein zumindest zeitweilig wirksames Therapeutikum gefunden hat. Das anschließende Kapitel nimmt Goethes im Vergleich mit dem *Tasso* wesentlich simpler strukturiertes Singspiel *Lila* in den Blick. Es verdient dennoch Aufmerksamkeit, weil seine Protagonistin die einzige erfolgreich geheilte Melancholikerin des gesamten Werkes ist. Lilas Krankheit wird durch Liebe und Phantasie ausgelöst, und die Therapie greift – homöopathisch – ebenfalls zu Liebe und Phantasie. Valk stellt die Heilung in den Zusammenhang des im 18. Jahrhundert modernen ‚moral management', dessen wissenschaftsgeschichtlichen Kontext er bis in die Weimarer Kreise hinein rekonstruiert. Das umfangreichste Kapitel der Studie ist *Wilhelm Meisters Lehrjahren* gewidmet, die als Panoptikum der Melancholie gelesen werden. Zu den Krankheitsursachen, die der *Werther*, der *Tasso* und das Singspiel *Lila* entfalten, gesellen sich nun Traumata und gesellschaftliche Faktoren hinzu. Die Interpretation konzentriert sich auf die Frage der Überwindung melancholischer Erkrankungen und wird besonders in der sozial verantwortlichen Tätigkeit fündig. Auch hier wird man der luziden Argumentation weitgehend zustimmen wollen, wenngleich das Verfahren, die Melancholie des Protagonisten der *Lehrjahre* wesentlich mit Belegen aus der *Theatralischen Sendung* zu stützen, angesichts der formalen und strukturellen Differenzen beider Texte bedenklich erscheint. In seiner Analyse der *Wahlverwandtschaften* beansprucht Valk, die Melancholie erstmals auch hinsichtlich der Figurenpsychologie des Romans rekonstruiert zu haben. Als Ursachen der Melancholie erweisen sich einmal mehr verdrängte Traumata und der bewußte Rückzug in die Einsamkeit. Das abschließende *Faust*-Kapitel schließt eng an Überlegungen Jochen Schmidts und Hans-Jürgen Schings' an. Beide haben herausgestellt, daß Faust nicht als Genie aufgefaßt werden kann und daß daher die in und seit der Renaissance nobilitierte Melancholie kein geeignetes Deutungskonzept für das Drama darstellt. Entsprechend ist Faust nur ein „deprimierter Intellektueller", dessen Melancholie „aus einem widernatürlichen Lebenswandel" resultiert (S. 291). Valk zeigt vor allem, daß Goethe seinen Faust als exemplarische Figur des modernen Wissenschaftlers dem im *Tasso* entworfenen Modell des modernen Dichters an die Seite gestellt und auf diese Weise beide Dramen aufeinander bezogen hat.

Zu den generellen Ergebnissen der Analysen gehört die Einsicht, daß die Ursachen der Melancholie im Werk Goethes nicht primär somatischer, sondern vor allem mentalitätsgeschichtlich signifikanter und psychogener Art sind. Häufig wird eine Melancholie durch ein traumatisches Erlebnis im zwischenmenschlichen Erfahrungsbereich oder durch pathologisch gesteigerte Leidenschaften ausgelöst. Aber auch der Rückzug aus gesellschaftlichen Verpflichtungen und eine forcierte Konzentration auf die eigene Person können nach Auskunft der Werke Goethes in die Melancholie führen. Zu den typischen Melancholie-Symptomen gehört das Oszillieren zwischen extremen Gemütszuständen, der Rückzug auf sich selbst, eine ziellose und meist mit einer falschen Diät verbundene Lebensführung, der Dilettantismus und besonders eine überspannte Einbildungskraft, die Realitätsverlust und Wahnbildung verursachen und sich bis zur Todessehnsucht steigern kann. Therapiert wird die Melancholie in den analysierten Texten vor allem durch Tätigkeit und eine methodische Lebensführung – stets allerdings nur mit minimalen Heilungschancen.

Die sprachlich elegante, konsequent auf den literarischen Text bezogene Studie führt den Nachweis, daß die Protagonisten der bedeutendsten Werke Goethes im traditionsreichen Horizont der Melancholie zahlreiche Ähnlichkeiten aufweisen. Damit treten erstmals bisher unbeachtete Kontinuitäten und Konstellationen innerhalb des Œuvres ans Licht. Goethe übernimmt freilich nicht einfach die traditionellen Melancholie-Konzepte; er funktionalisiert sie vielmehr für die Zwecke der Figurenpsychologie um und transformiert sie in symbolische Chiffren. Thorsten Valk hat in seiner Studie die

Melancholie als Schlüsselkonzept ausgewiesen, das in neuer Weise die Genese der Goetheschen Texte, ihre antimelancholische Intention und damit nicht zuletzt auch ihre erstaunliche Attraktivität im Modernisierungsprozeß verständlich macht.

Ulrich Breuer

Jutta Linder: ***„Falsche Tendenzen". Der Staatsdiener Goethe und der Dichter*** (= Pubblicazione realizzata con fondi di ricerca e contributo straordinario dell'Università degli Studi di Messina, Soveria Mannelli [Catanzaro]) 2001, 204 S.

Mit dem vorliegenden Buch von Jutta Linder, Professorin für Germanistik an der Universität Messina, widmet sich erneut eine Literaturwissenschaftlerin dem eigentlich eher politisch-historischen Thema des „Staatsdieners" Goethe. Sie forscht jedoch nicht nach den politischen Reflexionen in Goethes Werk, um daraus Aussagen über Goethes Ansichten zu Zeitgeschichte und Politik abzuleiten. Ihr Interesse gilt vielmehr der bislang kaum gestellten Frage nach der Bedeutung, die das Wirken als „Staatsdiener" in methodischer Hinsicht, gleichsam als Medium und kreative Bedingung seiner „künstlerischen Weltaneignung", für Goethe besaß, und sie möchte herausfinden, wie sich diese Beziehung zwischen amtlicher Tätigkeit und künstlerischem Schaffen konkret gestaltet hat.

Diesen analytischen Ansatz leitet sie aus einer Äußerung Goethes aus dem Jahre 1797 ab, die auch den Titel des Buches lieferte. Der ihm innewohnende „poetische Bildungstrieb" (S. 9) mache, so hatte Goethe damals gemeint, den Mittelpunkt und die Basis der Existenz des Dichters aus. Um sich aber „nicht stofflos selbst zu verzehren" (ebd.), müsse dieser sich nach außen wenden. Aus diesem Zwang heraus entstünden „falsche Tendenzen" (ebd.); der Poet widme sich Gegenständen, die seiner Begabung zuwider seien und zu denen er eigentlich nicht tauge. Die Autorin sieht darin eines der zentralen Motive, die Goethe bewogen, den Faden seiner „Geschäfte" im Staatsdienst niemals aus der Hand zu lassen. Ganz in diesem Sinne war sie gut beraten, auch selbst einer „falschen Tendenz" zu widerstehen, indem sie darauf verzichtet hat, Goethes „amtliches" Wirken durch historische Quellenforschungen rekonstruieren zu wollen, und sich lediglich darauf beschränkt, aus den vorhandenen, vor allem den bereits edierten Archivalien Belege für ihre Thesen zu gewinnen.

Die Untersuchung kombiniert drei verschiedene Analyseebenen, nach denen die Darstellung auch gegliedert ist. Zunächst wird untersucht, wie das künstlerische Genie Goethes die „falschen Tendenzen" des „Staatsdieners" zu integrieren vermochte und welche Persönlichkeitsveränderungen sich daraus ergaben. Das zweite Kapitel behandelt den Niederschlag des Amtlichen im literarischen Werk Goethes, und das dritte versucht Antworten auf die Frage nach den Gründen zu geben, aus denen Goethe sich überhaupt der Herausforderung eines Ministeramtes stellte, und inwiefern ihm diese Erfahrungen als Künstler nützlich, ja sogar von existentieller Notwendigkeit waren. Das Buch verbindet mithin werkanalytische mit biographischen und psychologischen Perspektiven, doch das Hauptaugenmerk der Autorin gilt weniger dem Werk als der Persönlichkeit Goethes, in deren innere Struktur sie vorstoßen will.

Diesem Konzept folgend, sieht Linder in der Integration des „Amtlichen" durch das jenem Metier eigentlich widerstrebende künstlerische Genie einen stets problematischen und konfliktbelasteten Vorgang, der in der ersten Amtsperiode Goethes vor der Reise nach Italien fast zwangsläufig in eine Krise einmündete. Pflichtdenken, strikte Subordination, das ethische Ideal des Dienstes an der Allgemeinheit mit dem Ziel, eine „sittliche Läuterung des eigenen Selbst" zu bewirken, hätten zu tiefgreifenden Persönlichkeitsveränderungen geführt, die Goethe auch selbst wahrgenommen und reflektiert habe. Linder verwahrt sich in diesem Zusammenhang allerdings dagegen, diesen inneren Wandel wie etwa W. Daniel Wilson als moralische Korruption zu interpretieren. Aus ihrer Sicht bezogen sich die krisenhaften Veränderungen in Goethes Persönlichkeit auf deren psychische und künstlerisch-kreative Disposition, auf die Fähigkeit zu kommunizieren, auf das poetische Vermögen, auf die künstlerische Schaffensweise schlechthin. Nicht etwa das Zeitproblem und die notorische Arbeitsüberlastung mit amtlichen Pflichten seien dafür verantwortlich zu machen, denn Goethe verfügte über eine außerordentlich effiziente, multiple Arbeitsweise. Vielmehr habe die überstarke Integration der „falschen Tendenzen", die schließlich auch den gleichsam schlafwandlerisch funktionierenden schöpferischen Bereich zu dominieren begannen, den Konflikt seines poetischen Talents und den Stillstand der literarischen Produktion hervorgerufen.

Goethe habe in dieser Zeit einen Wandel seiner künstlerischen Schaffensmethode erlebt, dessen Hauptmerkmal die „Integration des Arbeitsprinzips in den schöpferischen Sektor selbst" (S. 34) gewesen sei. Erst in Italien sei dieser Prozeß abgeschlossen worden, und man könne anhand der Korrekturen an der *Iphigenie* und am *Tasso* zeigen, wie stark die amtliche Tätigkeit des Staatsdieners die Schaffensweise des Dichter verändert habe, ohne jedoch das „Nachtwandlerische" (ebd.) ganz verdrängen zu können. Nach der Rückkehr aus Italien habe Goethe die Lähmung seiner Kreativität durch die „falschen Tendenzen" überwunden, indem er seine amtliche Karriere auf die Bereiche von Wissenschaft und Kunst, wo er über größere autonome Gestaltungsmöglichkeiten verfügte, umzuprofilieren vermochte. Auch hier handelte es sich indes hauptsächlich um trockene „Büroarbeit" (S. 50), und so zeigt Linder, wie sich das einmal eingeleitete Eindringen der „Arbeit" in den Bereich des Kreativen nun in neuen Dimensionen fortsetzte. Goethes pedantische Bürokratie, die auch seine private Existenz und den häuslichen Personenkreis wie eine Behörde verwaltete, die Tagebücher als „Buchführung mit sich selbst" (S. 53), die systematische Inanspruchnahme von Schreibern, der kleine „Kanzleibetrieb im eigenen Haus" (S. 54), in dem amtliche Dokumente neben privaten Briefen und literarischen Entwürfen fast nur noch diktiert wurden, die immer mehr überhandnehmende Gewohnheit, nicht nur amtliche, sondern auch literarische und wissenschaftliche Texte in der rechten Spalte eines halbbrüchigen Folio-Bogens niederschreiben zu lassen, das Schematisieren nach der für amtliche Texte üblichen Gliederungsweise – all das belege, daß der Staatsdiener dem Dichter in zunehmendem Maße den Weg gewiesen habe. Goethes künstlerisches Schaffen wurde durch die Zuhilfenahme von Techniken der Verwaltung immer bewußter und rationeller; ja die nunmehr kontrolliert und systematisch erfolgende Integration der „falschen Tendenzen" bildete eine entscheidende Voraussetzung, um ein derart umfangreiches Werk, wie es Goethes hinterließ, überhaupt bewältigen zu können.

In nahezu allen Werken Goethes lassen sich denn auch Spuren der amtlichen Erfahrungen aufzeigen. Diesem Anliegen widmet Linder den umfangreichsten Teil ihrer Untersuchung. Sie schildert am Beispiel mehrerer Werke, wie Goethe die Erlebensfelder seiner Politik- und Verwaltungstätigkeit literarisch reflektiert: die Erziehung des Künstlers zum Staatsmann im *Tasso*, die Amtsführung des Theaterintendanten Goethe in *Wilhelm Meisters Lehrjahre* und im *Faust*, die vielfältigen Bereiche der Landes- und Wissenschaftsadministration in den *Wahlverwandtschaften*, die Leitung der Ilmenauer Bergwerkskommission in *Wilhelm Meisters Wanderjahre*, die Chaussee- und Wasserbaudirektion in Fausts Meliorationsprojekt. In dem Maße, wie Goethe durch seine amtliche Tätigkeit zum Sachkundigen auf den unterschiedlichsten Berufs- und Tätigkeitsfeldern wurde, fügte er mannigfaltigste Digressionen in sein literarisches Œuvre ein, so etwa die fachmännischen Erörterungen über das Theaterwesen in den *Lehrjahren*, über Architektur, Landschaftsbau und Parkgestaltung in den *Wahlverwandtschaften* oder über die Professionen des Astronomen, des Wundarztes und des Pädagogen in den *Wanderjahren*.

Abschließend erörtert Linder die Bedeutung des Amtlichen für den Künstler Goethe aus persönlichkeitspsychologischer Sicht. Da Goethes Genie auch eine psychopathologische Disposition besessen habe, habe Goethes amtliches Wirken zugleich eine Art psychohygienische Funktion gehabt, sei gleichsam ein lebensnotwendiger Schutz des Genies vor sich selbst gewesen. Die Verbindung des Dichterischen mit der fortgesetzten, disziplinierten Tätigkeit des Staatsdieners habe einen Schutzmechanismus zur Bewältigung jener psychopathologischen Disposition gebildet. Vor allem aber hätten die „falschen Tendenzen" in der nur durch die Tätigkeit in unglaublich vielen amtlichen Funktionen erreichbaren Breite des Realitätsbezugs dem dichterischen Genie eine Dimension der Weltaneignung und damit der kreativen künstlerischen Umsetzung verschafft, wie sie auf anderem Wege niemals zu erlangen gewesen wäre. Alle sozialen Schichten, alle gesellschaftlichen Verhältnisse und Lebensbereiche habe er erfahren können, doch habe sich diese Weltaneignung auch auf das Formale erstreckt: das Ringen um das passende Wort, die adäquate sprachlich-literarische Darstellung konkreter, erlebter

Anschauung, die dem Dichter Goethe wie sonst wenigen eigen war. Dem Band ist neben dem Quellen- und Literaturverzeichnis und einem Namenregister ein Anhang mit Abbildungen von amtlichen und literarischen Dokumenten Goethes beigegeben, der es dem Leser ermöglicht, die im Text erörterten formalen Bezüge von Amtstätigkeit und künstlerischem Schaffen anschaulich nachzuvollziehen.

Mit dem vorliegenden Band ist es der Autorin in überzeugender Weise gelungen, einen bestimmten Aspekt der Künstlerpersönlichkeit Goethes, der sich der traditionellen philologisch-literaturhistorischen Zugriffsweise weitgehend entzieht und bisher stark vernachlässigt wurde, transparent zu machen. Demgegenüber relativieren sich kritische Anmerkungen, die sich etwa gegen die einseitige Interpretation der Persönlichkeitskrise Goethes in den 1780er Jahren als Ergebnis des Konflikts von „falschen" und „richtigen" Tendenzen machen ließen und auf die viel umfassenderen, unausweichlichen Konfliktpotentiale verweisen könnten, die sich aus den historischen Systembedingungen von Goethes amtlicher Tätigkeit im Geheimen Consilium und in der Landesadministration eines frühneuzeitlichen Kleinstaates im Alten Reich ergaben. Auch wird stärker zwischen „amtlichen" Stilformen und denjenigen Arbeitsmethoden zu differenzieren sein, die sich Goethe in seiner jahrzehntelangen Praxis als Naturforscher aneignete und die für die künstlerische Weltaneignung des Dichters genauso relevant waren wie die Erfahrungen seiner amtlichen Tätigkeit. Diese durch eine eigene, nur wissenschaftshistorisch zu erschließende Spezifik charakterisierte Gattung der „falschen Tendenzen" wußte bekanntlich schon Schiller an Goethe zu rügen. Man kann anhand der vorgeführten Beispiele nur erahnen, welche Dimension der Bezüge zwischen amtlicher resp. wissenschaftlicher Tätigkeit und literarischem Schaffen sich erschließen würde, wenn man den hier nur an ausgewählten Fallbeispielen verfolgten Perspektiven in Untersuchungen weiter nachgehen würde, die sich auf eine – bislang noch fehlende – umfassende und systematische Detailanalyse der Ministertätigkeit Goethes stützen könnten. Linders Buch sollte daher zugleich als Appell verstanden werden, diese transdisziplinäre Schnittstelle zwischen Literaturwissenschaft und Goethe-Biographik auf der einen und Politik-, Wissenschafts-, Sozial- und Wirtschaftsgeschichte auf der anderen Seite ernster als bisher zu nehmen und auch die bestehenden landeshistoriographischen Forschungsdesiderate baldmöglichst aufzufüllen.

Gerhard Müller

Manfred Koch: *Weimaraner Weltbewohner.* *Zur Genese von Goethes Begriff der ‚Weltliteratur'.* Tübingen 2002, VIII + 285 S.

Daß Goethes ‚Weltliteratur' „im Sinne einer tendenziell ‚weltweiten literarischen Kommunikation'"[1] „unter dem Vorzeichen eines humanistischen Kosmopolitismus als ein Zukunftsprojekt konzipiert"[2] war, ist mittlerweile wenig umstritten. Gleichwohl bestätigt ein Blick auf die Begriffsgeschichte die nach wie vor produktive Semantik und Anschlußfähigkeit des Konzepts. Besonders in der zweiten Hälfte des 20. Jahrhunderts – den Beginn der Konjunktur markiert Fritz Strichs *Goethe und die Weltliteratur*[3] – wurde der Begriff zum Ausgangspunkt einer sich über mehrere Stadien entwickelnden Europa- bzw. Internationalismus-Diskussion und überdies grundlegend für die Selbstdefinition der Komparatistik.[4] In seiner Untersuchung zur *Genese von Goethes Begriff ‚Weltliteratur'* verschiebt Manfred Koch nun die

1 Hendrik Birus: *Weltliteratur.* In: *Reallexikon der deutschen Literaturwissenschaft*, Bd. III, P-Z. Hrsg. von Jan-Dirk Müller u. a. Berlin, New York 2003, S. 825–827; hier S. 825.
2 Doris Bachmann-Medick: *Weltliteratur.* In: *Metzler Lexikon Literatur- und Kulturtheorie.* 2., überarbeitete u. erweiterte Auflage. Hrsg. von Ansgar Nünning. Stuttgart, Weimar 2001, S. 666 f.; hier S. 666.
3 Fritz Strich: *Goethe und die Weltliteratur.* Bern ^{2}1957 (^{1}1946).
4 Vgl. Birus (Anm. 1), S. 826.

Perspektive der Fragestellung und nimmt Vorgeschichte und historisches Umfeld des Begriffs in den Blick.

Bereits bei Goethe, so Koch, weise der ‚Weltliteratur'-Begriff „drei Dimensionen auf: eine historisch-soziologische, eine moralische und eine poetologische" (S. 4), und es sei nach wie vor unklar, wie diese drei Pole aufeinander zu beziehen seien. Ausgehend von der Diagnose, daß Goethe „keine umfassende Theorie der Weltliteratur vorgelegt, sondern es bei Sprüchen und kargen Hinweisen [...] belassen" (S. 4) habe, ergibt sich das erste Anliegen von Kochs Untersuchung: Der Begriff soll auf den ideengeschichtlichen Hintergrund des 18. Jahrhunderts zurückbezogen werden, aus dem er zunächst einmal hervorging. In der Rückbindung an die interkulturellen und internationalistischen philosophischen Diskurse der Spätaufklärung werden Konturen der frühen Debatte über die zunehmende politische, ökonomische und kulturelle Verflechtung der Nationen skizziert, in deren Kontext Goethes ‚Weltliteratur'-Proklamationen ebenso zu lesen seien wie etwa Kants Schrift *Zum ewigen Frieden*. Beide Konzepte sieht Koch vor dem Hintergrund der kulturanthropologischen Diskurse des 18. Jahrhunderts nicht als „utopische Vermächtnisse zweier bedeutender Greise" (S. 17), sondern vielmehr „als pragmatische Vorschläge, in denen es um die humane Bändigung einer geschichtlichen Dynamik geht, die in beider Augen ein hohes zerstörerisches Potential aufweist" (S. 17). ‚Weltliteratur' ist in dieser Optik als ein Projekt zur Bewältigung der Dynamisierungs- und Pluralisierungsphänomene der Moderne – internationale Vernetzung, intensivierter kultureller Transfer, Dezentrierung, Vergeschichtlichung – zu sehen.

Die in jeder Hinsicht transparent und überzeugend disponierte Untersuchung verwirklicht diesen Anspruch in zwei Schritten. Zunächst wird der Weimarer Kontext bei der Herausbildung des ‚Weltliteratur'-Begriffs betrachtet. Herders kulturphilosophische Anregungen haben für Goethe ebenso eine katalysatorische Funktion wie Wilhelm von Humboldts Sprachphilosophie. Als Komplement zur Herderschen ‚Nationalliteratur', so Koch, entwerfe Goethe ‚Weltliteratur' als konzeptuelles Instrument, mit dem man den Transfer- und Austauschbewegungen zwischen nationalen Traditionen begegnen könne.

Im zweiten Teil der Untersuchung stehen Werke Goethes im Mittelpunkt. Koch geht den Spuren, Verdichtungen und Konkretisierungen des ‚Weltliteratur'-Begriffs bei Goethe nach. ‚Weltliteratur', so die These, sei „eines der bereits in den neunziger Jahren entwickelten Konzepte, aus der revolutionären Auflösung neue literarische und gesellschaftliche Formen hervorgehen zu lassen, die in den Entgrenzungsprozessen der Moderne ein Mindestmaß an Kontinuität und Halt gewährleisten können" (S. 148). Besonders zu den *Unterhaltungen deutscher Ausgewanderten* und zum *West-östlichen Divan* gelingen unter dieser Prämisse produktive neue Lesarten. Koch kann zeigen, daß beide Werke für die Profilierung des Weltliteraturkonzepts zentral sind. Wenn auch in den *Unterhaltungen* der Begriff selbst noch nicht fällt, so ist doch gerade am Ensemble der in den Novellen exemplifizierten kulturellen Strategien besonders deutlich ablesbar, daß ‚Weltliteratur' zunächst „einer der vielen Versuche Goethes ist, mit den Folgen der Französischen Revolution" (S. 18) als einer historischen Konkretisierung des dynamisch-zerstörerischen ‚Neuen' fertig zu werden. Demgegenüber liegt der entscheidende Akzent bei der Interpretation des *Divan* auf der poetologischen Dimension. Im *Divan* entwirft Goethe eine „Theorie der modernen Dichtung" (S. 18) als ‚Weltliteratur', die den Eintritt der „traditionelle[n] Poesie ins Laboratorium einer neuen, experimentellen Dicht-Kunst" (S. 213) bezeichnet: Die selbstreflexiv-artistische Intertextualität des *Divan* als „westliche Umschrift [...] orientalischer Prätexte" (S. 214) stehe für ein Konzept der Literatur als interkultureller Kommunikation. Am Ende der Arbeit kontextualisiert Koch schließlich die Gruppe der späten Goetheschen ‚Weltliteratur'-Äußerungen in *Kunst und Altertum*. Deutlich werden dabei vor allem die Konturen der literaturpolitischen und publizistischen Programmatik des Konzepts. Auf der einen Seite versucht Goethe, den internationalen literarischen Beschleunigungsprozessen durch erhöhte Aufmerksamkeit gerecht zu werden, auf der anderen Seite sieht er durchaus die Gefahr der „weltliterarische[n] Überakkumulation" (S. 260) und ist bemüht, entsprechende Verarbeitungsstrategien zu entwickeln.

Manfred Kochs Untersuchung ist in mindestens zweierlei Hinsicht lesenwert. Historisch-systematisch liefert sie wertvolle Anregungen zur Erweiterung und Ausdifferenzierung der ‚Weltliteratur'-Diskussion und damit einen wichtigen Beitrag zur Frühgeschichte der Komparatistik. Die originell und philologisch umsichtig perspektivierten Lektüren der Werke Goethes zeigen überdies, wie die Kontexte der Debatten um die, so Koch, „zunehmende Weltvernetzung“ (S. 17) des 18. Jahrhunderts Goethes Denken und Schreiben seit der Französischen Revolution grundierten und zur Entstehung des pragmatisch-defensiven ‚Weltliteratur‘-Konzepts wesentlich beitrugen.

Fabian Lampart

Karl S. Guthke: *Goethes Weimar und „Die große Öffnung in die weite Welt“*. Wiesbaden 2001, 202 S.

Es war kaum zu erwarten, daß durch die Auswertung historischer Quellen ausgerechnet der Reisende Goethe noch einmal in einem neuen Licht erscheinen konnte. Denn durch seine *Italienische Reise* hat er sich als deutscher Reisender *par excellence* im nationalen Gedächtnis etabliert, und durch diese Reise selbst wie durch den Reisebericht hat sich die enge Verbindung von Reisen, Bildung und Humanität in Deutschland über Generationen hinweg als unverbrüchliche Selbstverständlichkeit gefestigt. Karl S. Guthkes Buch, eine locker gefügte Ansammlung von Kapiteln, die sich Goethes Verständnis der außereuropäischen „weiten Welt“ widmen, gewinnt dem Verhältnis von Reisen und Humanität bei Goethe eine neue Facette ab. Der Titel des Buches kündigt die Absicht an: Guthke will zeigen, daß sich Goethes Interesse durchaus nicht auf die in Italien mehr oder weniger deutlich erfahrbare antike und abendländische Welt konzentriert hat, sondern daß er in seinen späteren Weimarer Jahren auch die außereuropäische Welt lebhaft wahrgenommen hat.

Der Kern von Guthkes Arbeit besteht in der Erschließung einer bisher zwar bekannten, aber noch nicht systematisch auf- und ausgearbeiteten Quelle: den Berichten Johann Christian Hüttners über englischsprachige Neuerscheinungen, die Hüttner von September 1814 bis Mai 1829 im Auftrag des Herzogs von London nach Weimar geschickt hatte. Die Berichte dienten als Grundlage für die Erweiterung der Herzoglichen Bibliothek, und Goethe hat sie in amtlicher Eigenschaft, als Direktor der Bibliothek, in die Hand bekommen. Es handelt sich um ein gewaltiges, nur handschriftlich überliefertes zwölfbändiges Kompendium von rund dreitausend Quartseiten, das lange Zeit als verschollen galt und 1999 wieder gefunden wurde (S. 25–29). Hüttner gibt minuziös Auskunft über interessante Neuerscheinungen aus dem englischsprachigen Raum, und sein besonderes Interesse scheint auf Reiseberichten und ethnografischen Texten gelegen zu haben.

Goethe war offenbar ein aufmerksamer Leser dieser rezensionsartigen Berichte. Guthke kann zeigen, daß Goethe viele Bücher hat anschaffen lassen – Guthke erfaßt 147 Bände, die offensichtlich aufgrund der Hinweise Hüttners von der Weimarer Bibliothek erworben wurden –, daß er etliche selbst gelesen hat und daß er sie teilweise auch in seinem eigenen Werk verwendet hat; besonders der *Divan* zeigt Spuren der Hüttner-Lektüre (S. 89–106).

Guthke versucht seinen Fund interpretatorisch fruchtbar zu machen. Die Konfrontation des Armchair Travellers Goethe mit der großen weiten Welt in der Lektüre der Hüttnerschen Relationen und manchmal eben auch der Bücher selbst könnte, so meint Guthke vorsichtig, „vertraute Bildungskonzepte“ in Frage gestellt haben (S. 38). Der eurozentrisch reduzierte Humanitätsbegriff der Weimarer Klassik wird ergänzt und erweitert durch den Ausgriff über Europa hinaus. Der Bezugspunkt von Guthkes Interpretation ist die *Iphigenie*, die noch Goethes verengtes Verständnis des Fremden und „Barbarischen“ gezeigt habe. In späteren Jahren und unter dem Einfluß der Hüttnerschen Berichte, so spekuliert Guthke, habe Goethe eine neue „Offenheit für das andere als anderes und dennoch Erfahrbares“ entwickelt (S. 105). Auch wenn Guthke seine Interpretation nur zurückhaltend vorträgt, da er sich eher auf Indizien als auf klare philologische Befunde stützen muß, so läßt sich doch jedenfalls ein großes Interesse Goethes an der exotischen Welt feststellen, das von der Forschung bisher bestritten wurde (S. 66).

Eine ganz andere Form der Konfrontation Goethes mit der „weiten Welt“ beschreibt Guthke am Schluß seines Buches. Guthke entdeckt in Goethes Begegnungen mit den englischen Besuchern in Weimar, die teilweise durchaus skurrile Züge trugen, den Ansatz eines Gegenmodells zur verengten klassischen deutschen Bildungskonzeption. Das weltweit geöffnete, kolonial geprägte Bildungsverständnis der Engländer steht gegen das auf Innerlichkeit orientierte deutsche Konzept; und Goethe, so deutet es Guthke, hat sich zögernd dem englischen Konzept gegenüber zumindest aufgeschlossen gezeigt. Wie auch immer es sich damit verhalten mag: Mit Guthkes Studie wurde nicht nur eine wichtige Quelle erstmals systematisch erschlossen und damit das tradierte Bild vom eurozentrisch reduzierten Interessenhorizont des Reisenden Goethe korrigiert. Es wird auch deutlich, daß – aus der Sicht des transatlantischen Forschers – die deutsche, durch Goethe wie von keinem anderen repräsentierte Bildungskonzeption korrekturbedürftig erscheinen kann und daß ihr Korrektiv eben die durch die Lektüre vermittelte Erfahrung der „weiten Welt" gewesen sei oder doch hätte sein können und sollen.

Peter J. Brenner

Manfred Osten: *„Alles veloziferisch" oder Goethes Entdeckung der Langsamkeit. Zur Modernität eines Klassikers im 21. Jahrhundert.* Frankfurt a. M. 2003, 110 S.

War Goethe ein Prophet? Das Zeug dazu hatte er. Doch er blieb lieber „das Weltkind in der Mitten". Aber er hatte ein untrügliches Gespür, eine geradezu seismographische Sonde für Gefahren, die aus dem beginnenden mechanisch-technischen Fortschritt seiner Zeit erwuchsen. Wolfgang Frühwald sprach in diesem Zusammenhang von dem „durch Erfahrungsbeschleunigung gekennzeichneten Auftakt zur Moderne". Mit seinem ebenso kurzweilig wie nachdenklich geschriebenen Essay wagt sich Manfred Osten an eine Diagnose unserer Zeit. Er entwirft das Bild einer zivilisatorischen Welt, deren primäre Technikstruktur seit Beginn der Neuzeit – und mit einem zusätzlichen Schub seit der Aufklärung – ein geradezu ungebremstes Wachstum zeigt. Sie bestimmt unser Denken und Handeln und kann im Scheitern enden.

Goethe ist Ostens Kronzeuge. In vier knappen Abschnitten zeichnet er tief auslotend Einsichten, Warnungen und Wege aus Gefahren, auf die Goethe uns eindringlich hinweist: die Ungeduld Fausts und die daraus erwachsenden katastrophalen Auswirkungen hypertropher Übereilungen: die Sehnsucht des Homunculus, der „im besten Sinn entstehn" will und sich deshalb auf die entschleunigte Reise einer neuen Evolution begibt; Goethes Flucht in die Gegenwelt des *West-östlichen Divan,* weil sich im „Westen [...] die Angelegenheiten verwirrt" hatten, und wo er jetzt im Orient eine Gegenwelt des langsameren Rhythmus entdeckt; schließlich als Verkörperung der Geduld das Porträt von Ottilie aus den *Wahlverwandtschaften,* die sich einer veloziferischen Welt verweigert und deshalb scheitern muß. In einem Brief an Schiller kritisiert Goethe „die neue aufgeklärte Technik" und erhebt in seiner *Farbenlehre* auch gegenüber seinem Dauerkontrahenten Newton den Vorwurf fehlerimmanenter „Übereilung", die ihm schon in der klassischen Tragödie des *Ödipus* bei Sophokles als menschlicher Makel begegnet sei: „Wer schnell denkt, strauchelt leicht". Osten erschließt uns Goethes Frühwarnsystem und focussiert dabei den Richtstrahler auf jene Tendenzen des gesellschaftlichen Wandels, die primär der angeprangerten „Übereilung" entspringen. Der Autor will den Blick dafür schärfen, daß Goethe für die Zukunft schreibt und in erstaunlich modernen Kategorien denkt, die uns nachdenklich machen sollten.

Der Blick, den Osten auf Goethes Werk wirft, ist ein Rückblick in die Zukunft. Goethe lebte in einer Zeit bahnbrechender technischer Erfindungen, naturwissenschaftlicher Entdeckungen und Erkenntnisse und damit zusammenhängender weltanschaulicher und gesellschaftlicher Neuorientierungen. Er verfolgte diese Entwicklungen mit großer Sensibilität. Sein Verhältnis zu den Anfängen der wissenschaftlich-technischen Explosion spiegelt sich in seinem Denken und in seinen naturforschenden Arbeiten. Zwar kritisierte er „Verwirrende Lehre zu verwirrtem Handel", aber er war kein lamentierender Kulturpessimist oder Technikfeind. Er war ein weitblickender Wissenschaftsminister und produktiver Gestalter. Aber er erkannte auch die möglichen Gefahren des technologischen Fortschritts für die kommenden Generationen. Das ‚Maschinenzeitalter', dem seine Sorge galt, sah er wie ein heraufkommendes und am Ende auch treffendes „Gewitter". Osten zeigt, wie Goethe sich den technischen

Beschleunigungsturbulenzen seiner Zeit widersetzte, der Hybris, dem Getriebenwerden, dem Tempo als Zeitsignatur und als „das größte Unheil unserer Zeit“, das zu übereiltem Denken und Handeln führt und zwangsläufig in Irrtum und Gewalt endet.

Für Goethe liegt die „Ungeduld“ der Ratio im angeborenen Hiatus von Erkennen und Urteilen, die ängstlichen Übereilungen des Verstandes diagnostiziert er als ontologischen Defekt des Menschen. Die „Vorschnelligkeit“ sei ein ihm wesenhafter Defekt, Ungeduld ein angeborener „innerer Feind“, von dem er sich nur dadurch retten könne, wenn es ihm gelinge, den Zwischenraum zwischen Begehren und Erfüllung zu erweitern.

Der Essay erreicht seine größte Tiefenschärfe dort, wo er den im Labor geschaffenen Homunculus seinem Schöpfer gegenüberstellt, dem neuzeitlich-technischen Menschen, der das Gestaltungsprinzip der Natur erkennen und ihre zugrundeliegende Gesetzlichkeit enträtseln will. Ob Goethe mit Homunculus die Menschheit tatsächlich symbolisch verabschieden wollte, wie der Autor annimmt, und die Natur einen neuen Anlauf zur evolutionären Entwicklung unternimmt, eröffnet ein weites Feld neuer *Faust II*-Interpretation. Homunculus folgt nämlich nicht der Weisheit Thales', sondern nimmt, wie Dorothea Hölscher-Lohmeyer gezeigt hat, vor allem dessen Vermittlungsbemühungen an: zu Nereus als dem lebensbildenden Wasserelement und zu Proteus als der verwandelnden Wirkung des Wassers auf dem langen Weg der Evolution. Proteus rät von der Menschwerdung ab, weil der Mensch als evolutionäre Endstufe in einer Sackgasse der Entwicklung gelandet sei: „Denn bist du erst ein Mensch geworden, / Dann ist es völlig aus mit dir“. Sollte aber die Natur dereinst auf die Evolution des Menschen aus Homunculus verzichten, weil sie ihre Gründe dafür hat, so wäre ein solcher abgebrochener Weg in die evolutionäre Sackgasse nur einer von unendlich vielen in den Jahrmillionen der bisherigen Lebensentwicklung.

Ostens Essay stößt eine weiterführende Debatte an über die Homunculus-Gestalt angesichts der derzeitigen veloziferischen Genom-Forschung. Mit der Gentechnologie und der damit ins Werk gesetzten Möglichkeit einer Hyper-Perfektionierung seiner eigenen Spezies will der Mensch der Evolution auf die Sprünge helfen und sie künstlich nachbessern. Die Grenze des technisch Machbaren verschiebt sich dadurch mittlerweile mit wachsendem Tempo bis in die Grundsubstanz des Menschseins hinein. Replikationsprozesse, die bisher der Natur vorbehalten waren, kommen immer schneller und näher in den Gestaltungsbereich des Menschen. Er nimmt erstmals als bestimmender Faktor einer beschleunigten Evolution eine neue Ausgangsposition ein. Mit der Gentechnologie selbst unter die Objekte der Technik geraten, wie Hans Jonas schon vor über 25 Jahren warnte, kann er von dem in Gang gesetzten Prozeß am Ende überwältigt werden. Er kann damit zukünftig eine chaotische Destabilisierung im ganzen Naturgefüge auslösen. Die Büchse der Pandora ist geöffnet. Der amerikanische Molekularbiologe und Genunternehmer Craig Venter, der vor drei Jahren die Folge des menschlichen Genoms spektakulär sequenziert hat, will nach eigenen Worten eine neue Epoche in der menschlichen Evolution einleiten. Sein Unternehmen heißt nicht zufällig *Celera* („die Schnelle“). Auf dieser abschüssigen Bahn gibt es anscheinend kein Halten mehr. Im Taumel seiner Orientierungslosigkeit drückt der Mensch auf das Gaspedal der Evolution und kann sich selbst aus der Entwicklungsbahn schleudern. Am Ende wird ihm wohl bei seiner „Gottähnlichkeit bange“.

Osten folgt im Schlußabschnitt seines Essays den Forderungen Goethes als Voraussetzung menschlichen Überlebens: Tempo rausnehmen, einen Gang zurückschalten, die Herrschaft über die uns enteilende Dingwelt zurückgewinnen, das Entsagungs-Ethos nicht als asketischen Totalverzicht verstehen, sondern als Bremskorrektur der techno-ökonomischen Krise durch Selbstbeschränkung. Und er macht deutlich, wer den Anforderungen „einer durchaus gesteigerten Gegenwart, und zwar in schnellster Bewegung“ überhaupt noch gewachsen sein kann. Es ist derjenige, der „mit mäßigem ruhigen Sinn begabt“ ist, der sein Zeitmaß beibehält, der Abstand wahren und auch Nein sagen kann. Im *West-östlichen Divan* schuf Goethe mit dem Schiras von Hafis eine Gegenwelt zu der von Übereilungstendenzen entzauberten okzidentalen Welt. Er wollte den verlorenen Lebensrhythmus wiedergewinnen. Das Fazit des faszinierend-provokativen Essays: Goethe ist gegenwärtig, denn er hat uns Einsichten von bestürzender Aktualität hinterlassen. „Absurd“ wird zu einem der Lieblingsbegriffe des alten Goethe. Nach der Lektüre von Manfred Ostens Essay verstehen wir das Wort noch besser.

Sepp Binder

Hans-Georg Kemper/Hans Schneider (Hrsg.): ***Goethe und der Pietismus.*** Tübingen 2001, 278 S.

Sammelbände, die einen „und"-Titel führen, nehmen eine Zweideutigkeit in Kauf: Was für ein ‚und' meinen sie? Das vermittelnde, das seine beiden Extreme zu erinnerten Momenten einer neuen Mitte macht? Goethe und der Pietismus werden so auseinandergesetzt, daß ihre Beziehung als ein Drittes erscheint, von dem her neues Licht auf die hergebrachte Bedeutung beider Bezugspunkte fällt? Oder das unmittelbar reihende, dessen Momente einander zufällig berühren? Goethe als Anlaß für die Behandlung des Pietismus, Pietismus als Anlaß für Goethe-Interpretation?

Die ersten Aufsätze des Bandes nehmen Goethe zum Anlaß für die Behandlung des Pietismus. Sie sind deshalb keineswegs uninteressant. Paul Raabes Hinweis auf Karl Heinrich von Bogatzky (*Goethe und Bogatzky – eine Marginalie*) und dessen *Güldnes Schatz-Kästlein der Kinder Gottes*, in dem Goethes Mutter und ihre Freundinnen offenbar viel und gern lasen, macht noch einmal von einer anderen Seite her auf das Motiv des Kästchens in Goethes Werk aufmerksam. Thilo Daniel schildert in einer gründlich dokumentierten biographischen Studie (*Johann Michael von Loëns Auseinandersetzung mit Nikolaus Ludwig von Zinzendorf und der Brüdergemeinde*) die Begegnung von Goethes Großonkel mit Herrnhut und zeigt bei dieser Gelegenheit den Verfasser des *Redlichen Mannes am Hofe* im Licht seiner konfessionspolitischen Bemühungen.[1] Christa Habrich (*Alchemie und Chemie in der pietistischen Tradition*) verfolgt die Geschichte der Alchemie in ihren Beziehungen zum Pietismus von Paracelsus und Jakob Böhme bis zu den „vernünftigen Ärzten" Halles[2] und bis zu Christoph Friedrich Oetinger in so einleuchtender Disposition und so fesselnder Darstellung, daß man sich von ihrem Gegenstand völlig eingenommen findet und bei der Erwähnung Goethes auf den letzten zwanzig Zeilen ihrer Arbeit eher irritiert fühlt.

Die nächsten Aufsätze nehmen umgekehrt den Pietismus zum Anlaß für eine Goethe-Interpretation. Auch sie sind keineswegs uninteressant. Hans Schneider schildert nicht nur *Goethes Begegnung mit Gottfried Arnolds „Kirchen- und Ketzerhistorie"* in ihren wesentlichen Etappen ausführlich und genau, er bezieht sie auch auf die Begegnung des jungen Goethe mit Herrnhut und entwickelt aus beiden Begegnungen jenen ebenso vor- wie nachsichtigen Religionsbegriff, dem Goethe bis ans Ende seines Lebens treu bleibt. Burkhard Dohm betrachtet die *Radikalpietistin und ‚schöne Seele': Susanna Katharina von Klettenberg* auf ihre „für Goethe attraktive Religiosität" (S. 111) hin. Er faßt diese Religiosität unter die drei Begriffe Empfinden, Imagination, Leiblichkeit, erläutert ihre Struktur und ihre

1 Loën hat seine Haltung in einer, soweit ich sehe, bei Daniel nicht benutzten Schrift meinem Eindruck nach abschließend dargelegt: „Alles ist voller Affecten, wenn man von dem Grafen von Zinzendorf spricht [...]. Einige machen diesen Grafen zu einem Ertzbetrüger und zu einem andern Mahomet; andre betrachten ihn im Gegentheil als einen von GOtt gesandten neuen Apostel und als einen Heiligen. Ich halte beyde Meynungen für übertrieben. Der Graf scheinet mir weder ein Betrüger noch ein Apostel zu seyn. Gleichwohl aber find ich in seinem Caracter und in seinen Unternehmungen etwas, das zu beyderley Urtheil Anlaß geben kan [...]. Was seine neuen Verfassungen in dem Religionswesen betrifft, so muß ich bekennen, daß es mir schwer vorkommt, darüber ein Urtheil zu fällen; Es ist zu viel Gutes, um alles zu schelten; Es ist zu viel zweydeutiges, um alles zu loben; Es ist zu viel seltsames, um nicht einem Verdacht Raum zu lassen". Indirekt fällt Loën dann doch ein Urteil: „Schließlich ist meine Meynung von allem äusserlichen Secten-Wesen diese: Lebet man unter einem Volck, das CHristum bekennet und dessen Grund-Lehren nach Ausweisung des Evangelii annimmt; mithin uns die christliche Freyheit verstattet, darnach unser Leben und unsern Wandel einzurichten, so halt ich nicht dafür, daß man Ursache habe, sich in besondere Secten, die neben eingeführet werden, einzulassen" (*Abbildung des Grafens von Zinzendorf im Jahr 1737.* In: *Des Herrn von Loën gesammlete Kleine Schrifften.* Besorgt und herausgegeben von J. C. Schneidern. Frankfurt u. Leipzig 1751. Erster Theil. Zweyter Abschnitt, S. 290–302; Zitate S. 290, 293, 302).

2 Vgl. dazu inzwischen: Carsten Zelle (Hrsg.): *„Vernünftige Ärzte". Hallesche Psychomediziner und die Anfänge der Anthropologie in der deutschsprachigen Frühaufklärung.* Tübingen 2002.

Herkunft und wendet sie schließlich auf das sechste Buch von *Wilhelm Meisters Lehrjahren* an, worin, wie er selbst erklärt, das Ziel seiner Arbeit liegt. Fazit: „Das bisher beschriebene Frömmigkeitsprofil Klettenbergs bestimmt nun gleichfalls – wenn auch in spezifisch abgewandelter Weise [!] – zentrale Züge der ‚schönen Seele' im Roman" (S. 126). Über diese spezifische Abwandlung erfährt man bei Dohm jedoch leider so wenig, daß man diejenigen Rezipienten zu verstehen beginnt, denen die *Bekenntnisse* als „ein nur schwer integrierbar erscheinender Fremdkörper im *Wilhelm Meister*" (S. 133) gelten. Horst Weigelt unterscheidet bei *Johann Kaspar Lavater und Goethe – Zwischen Nähe und Distanz* zwischen der Nähe, die sich aus der gemeinsamen Arbeit an den *Physiognomischen Fragmenten* ergab, und der Distanz im „Christusverständnis" (S. 149), dessen apologetische und missionarische Zuspitzung durch Lavater Goethe in Weimar zunächst befremdete und in Italien zuletzt abstieß. Person und Standpunkt Lavaters bleiben allerdings blaß; er gibt die Stichworte zur Darstellung der entsprechenden Positionen Goethes, mehr nicht. Gustav Adolf Benrath schließlich bringt seine Beschreibung der Freundschaft zwischen Goethe und Jung-Stilling folgendermaßen auf den Endpunkt, den diese nicht zu überwinden vermochte: „Jung-Stilling war der Verehrer Goethes, Goethe der Verehrer Herders, beide aber waren Anreger und freundliche Förderer Jungs. Jung-Stilling war so etwas wie ihr spätberufener Schüler und Schützling" (S. 161).

Hans-Georg Kemper bemüht sich in *‚Göttergleich'. Zur Genese der Genie-Religion aus pietistischem und hermetischem ‚Geist'* um die Vermittlung zwischen der Genie-Ästhetik des jungen Goethe und deren Ursprüngen im Radikalpietismus und dem durch ihn überlieferten hermetischen Schrifttum. Als Schlüsselbegriff dieser Vermittlung fungiert ein charismatisch gefaßter Geistbegriff, dessen Umbestimmung zu einer Autor-Poetik vor allem und darin vielleicht etwas zu einseitig von Hamann her entwickelt wird. Goethe übernimmt diese Poetik Kemper zufolge mit einem folgenreichen Unterschied: „Das Genie schränkt [...] seine Autonomie da ein, wo diese den Eindruck der Natürlichkeit, Authentizität, damit Echtheit und Aufrichtigkeit der im Gefühl zu ergreifenden Botschaft seiner Werke gefährden könnte".[3] Schon hier zeichnet sich also jene „gutmütige, ins Reale verliebte Beschränktheit" ab, die Goethe noch im Briefwechsel mit Schiller gegen dessen Ansprüche an den Dichter ins Feld führen wird.[4] Die nun folgende Interpretation von *Wandrers Sturmlied* bestätigt diesen Befund, indem sie den Weg der Hymne von der enthusiastischen, beinahe blasphemischen Selbstvergottung des schöpferischen Ichs bis zu seiner Bescheidung beim Realen jener Hütte nachzeichnet, bei der die letzten Zeilen ankommen. Sie zeigt einerseits die Bedeutung des radikalen Pietismus und der mit ihm verbundenen Hermetik für Goethes Selbstauffassung als Autor, darin andererseits aber auch die Weite und die Grenze dieser Bedeutung nicht nur für den jungen Goethe, sondern für den Sturm und Drang und schließlich für die Geschichte der Autor-Poetik in der deutschen Literatur überhaupt. Leider läßt es Kemper bei diesem Resultat nicht bewenden, sondern sich im Eifer des Entdeckens und Herleitens zu einem Verstoß gegen einen von ihm selbst formulierten Grundsatz verführen. Dieser Verstoß ist aufschlußreich: „Bei der folgenden Darstellung [des Verhältnisses zwischen Radikalpietismus und Genie-Ästhetik; W. M. F.] beschränke ich mich auf solche Positionen und Personen, die dem jungen Goethe durch Lektüre oder persönlichen Umgang bekannt gewesen sind" (S. 178, Anm. 23). Von Christa Habrich auf „eine anonym erschienene, offenbar mehrfach aufgelegte alchimistische

---

[3] S. 186. – Christian Soboth kommt in seinem Aufsatz *Willkommen und Abschied. Der junge Goethe und der Pietismus*, in dem es vor allem um den Beginn der siebziger Jahre, „um das schallende Gelächter und den groben Spott, um die komischen und satirischen Formen" geht (S. 209), zu einem strukturell ähnlichen Ergebnis: „Der Pietismus wird aufgespalten und in einzelne Teile zerlegt, die in die unterschiedlichen Textcorpora einwandern. Das am Pietismus Attraktive – die Betonung des empfindenden-empfindsamen und schöpferischen Subjekts [...], vor allem jedoch die empfindsame Sprache der Herzensfrömmigkeit – findet Eingang in die ‚ernsten' Texte, das am Pietismus Unattraktive – die maßlose Selbstgerechtigkeit und Hybris, die Heuchelei und Gleichmacherei sowie die bis zur Verachtung gesteigerte Abkehr von der Welt [...] – wird dem Verlachen und dem Spott preisgegeben" (S. 225).

[4] Goethe an Schiller, 3. 4. 1801 (Hans Gerhard Gräf/Albert Leitzmann [Hrsg.]: *Der Briefwechsel zwischen Goethe und Schiller.* 3 Bde. Leipzig 1912, Bd. 2, S. 370). – Vgl.: „Die objektive Kraft beruht auf dem Ideellen" (Schiller an Goethe, 27. 3. 1801; ebd., Bd. 2, S. 368).

Schrift mit dem Titel *Der kleine Baur*" (S. 199) aufmerksam gemacht, kann Kemper nun der Versuchung nicht widerstehen, sie auf diejenigen Zeilen der Hymne anzuwenden, in denen von jenem „kleine[n] schwarze[n] feurige[n] Bauer" die Rede ist, der den Interpreten schon soviel Kopfzerbrechen bereitet hat. Die Übertragung der in diesem Text erzählten und ausführlich kommentierten Fabel „auf *Wandrers Sturmlied* macht Sinn, weil sich", behauptet Kemper kurzweg, „dadurch auch weitere Bedeutungen der Bildfelder erschließen" (S. 200). Leider sind die Aussagen, die diese Erschließung leisten, *loci communes* alchemistischer Theorie, die sich auch in vielen anderen Traktaten gleichen oder verwandten Themas finden lassen, und es gelingt Kemper nirgends, nachzuweisen, der junge Goethe habe den Text gekannt oder sei durch Personen aus seinem Frankfurter Bekanntenkreis auf ihn hingewiesen worden.[5] Was macht hier also Sinn? Eine unbewiesene und ziemlich sicher unbeweisbare Quellenkonstruktion auf der einen und eine unmittelbar ins Auge springende Textparallele auf der anderen Seite. Die macht Sinn, gewiß – aber was für einen? Philologisch-historischen? Hermeneutisch-rhetorischen? Oder gar diskurstheoretischen?

Hans-Jürgen Schraders Beitrag *Salomonis Schlüssel für die ‚halbe Höllenbrut'. Radikalpietistisch tingierte ‚Geist = Kunst' im Faustschen ‚Studierzimmer'* sucht darzutun, daß die *Studierzimmer*-Szene der *Tragödie erster Teil* wesentliches Material aus theosophisch-alchemistisch-magischer Spekulation bezieht, die über radikalpietistische Literatur und ihre Vermittler (Susanna Katharina von Klettenberg, Johann Friedrich Metz, Johann Christian Senckenberg) an den jungen Goethe der Frankfurter Zeit herangetragen worden ist. Nach einigen Hinweisen, die diese Verbindung zwischen radikalem Pietismus und „geheimwissenschaftlich-alchimistischen Bestrebungen" (S. 248) eindrücklich veranschaulichen, widmet sich Schrader, ausgehend von den an den Geist im Pudelpelz gerichteten Versen „Für solche halbe Höllenbrut / Ist Salomonis Schlüssel gut" (V. 1257 f.) der *Studierzimmer*-Szene. Er weist zunächst auf eine bereits 1914 erschienene germanistische Abhandlung hin, die diese Stelle mit dem theosophisch-magischen Traktat *Claviculae Salomonis* in Beziehung bringt, an der Schlüssigkeit ihrer Vermutung aber zweifelt: „Kann Faust, der doch nach dem Eingangsmonolog kein gemeiner Nekromant, sondern ein gewürdigter Seher sein soll, ein Buch in Händen haben, das gottloser Teufelsbanner Rüstzeug ist?"[6] Diesen Zweifel löst Schrader nun überzeugend auf, indem er, die Publikationsgeschichte der *Claviculae* vorausschickend (S. 240 ff.), aus dem Werk ausführlich zitiert und es nachvollziehbar wie folgt charakterisiert:

> Statt eines Elementarlehrbuchs der Schwarzen Magie soll erklärtermaßen eines der Weißen an die Hand gegeben werden, der, wie der Titel formuliert, ‚Heil. Geist = Kunst'. Schon dadurch paßt dies von der Aura des Widergöttlichen befreite Instrumentum zur Gottes- und Naturerkenntnis sowie zur Geisterregierung besser in die Hand des getrübten Gottesknechtes Faust als der ‚Höllenzwang' der Nekromanten. (S. 245)

Die letzten Seiten des Aufsatzes (S. 251–256) kennzeichnen und erläutern „die doch erstaunlich vielfältigen und weitreichenden Aufschlüsse", die sich aus den *Claviculae* „für das Verständnis der Goetheschen ‚Studierzimmer'-Szene und für einige andere Berührungen der kosmologischen und magischen Sphäre im *Faust* ergeben" (S. 251). Nehmen wir an – wofür es Indizien gibt –, die hier im Mittelpunkt stehende Episode, die zum ersten Mal im achten Band der Cottaschen Werkausgabe 1808 veröffentlicht worden ist, sei erst nach 1800 entstanden. Dann hat sich Goethe während der Arbeit am

---

5 Daß Goethe ihn möglicherweise vielleicht doch in Händen gehabt hat, ist damit keineswegs ausgeschlossen. Kemper zitiert nach einer 1658 in Straßburg gedruckten Ausgabe des 1618 erstmals separat aufgelegten Buchs, das ein Jahr zuvor innerhalb eines Werks mit dem Titel *Aperta arca arcani artificiosissimi, oder Des grossen und kleinen Bauers offenstehender Kasten* Platz gefunden hatte. Bis ins 18. Jahrhundert ist *Der kleine Baur* immer wieder neu aufgelegt und in zahlreiche andere europäische Sprachen übersetzt worden.

6 Agnes Bartscherer: *Faustisches. I. Clavicula Salomonis.* In: Chronik des Wiener Goethe-Vereins 27 (1913), S. 9–11; hier S. 10 (zit. nach Schrader, S. 238).

Faust I in einer uns unbekannten Weise an ein Geistesgut, das er vor mindestens dreißig Jahren kennengelernt hat, mit einer Intensität und einer Deutlichkeit erinnert, die uns zwingt, die Späße der *Studierzimmer*-Szene sehr ernst zu nehmen, ernster vielleicht, als ihr Verfasser sie aufgefaßt wissen will. Wie weit sind dem Naturforscher Goethe, aller Distanzierung zum Trotz, diese Ursprünge seiner Naturauffassung nachgegangen, bis in welche wie geringfügigen Denkgesten haben sie seinen Eigensinn gegenüber moderner Naturtheorie und Naturwissenschaft doch noch geleitet und verleitet? Sollte der Einfluß der durch den radikalen Pietismus an Goethe übermittelten theosophisch-alchemistisch-magischen Tradition sich sehr viel weiter erstrecken als nur auf die Sturm-und-Drang-Phase und die Genie-Periode? Daß sie dazu anhält, diese alte Frage unter veränderten Bedingungen neu zu stellen, scheint mir nicht das kleinste Verdienst von Schraders sorgfältiger und detailreicher Arbeit zu sein.

Wolfram Malte Fues

Hartmut Fröschle: *Goethes Verhältnis zur Romantik.* Würzburg 2002, 564 S.

Der Titel des Buches ist unkorrekt. Hartmut Fröschle behandelt nicht Goethes Verhältnis zur Romantik überhaupt, sondern zur deutschen, und auch nicht zur deutschen überhaupt, sondern – im wesentlichen – zur literarischen, zu den deutschen romantischen Dichtern. Korrekt an dem Titel ist, daß – wiederum: im wesentlichen – Goethes Verhältnis zu ihnen dargestellt wird. Ihre Verhältnisse zu ihm und die Wechselseitigkeit der Beziehungen konnten jedoch, der Natur der Sache gemäß, nicht unberücksichtigt bleiben, weder darstellungstechnisch noch in den Wertungen. Fröschle hat die Einschränkungen und Problematisierungen des Themas zwar in Passagen seines Buches selbst vorgenommen, aber eben nicht im Titel. Goethes Verhältnis zur deutschen literarischen Romantik: das ist – auch bei weitgehendem Verzicht auf Behandlung der europäischen Romantik und der romantischen Musik und Malerei in Deutschland – ein komplexes Programm, ein überaus reizvoller, schwieriger Gegenstand. In den letzten hundertfünfzig Jahren wurde er vielmals punktuell oder summarisch behandelt, aber es fehlte eine Monographie, d a s Buch zum Thema. Weil es fehlte, gab Karl-Heinz Hahn noch 1984 die gute alte zweibändige Ausgabe *Goethe und die Romantik. Briefe mit Erläuterungen* von Carl Schüddekopf und Oskar Walzel, die 1898/99 in den *Schriften der Goethe-Gesellschaft* erschienen war, als Reprint neu heraus. Fröschles Buch beansprucht, nach der Schüddekopf/Walzelschen Ausgabe „die erste detaillierte Gesamtdarstellung" (S. 11) zu sein. Der Verfasser stellt seine Monographie in die Tradition einer Edition, die er unfreiwillig abwertend als „Kompilation" (ebd.) bezeichnet. Bibliographiert ist sie nicht nur ohne Angabe des Reprints und der Schriftenreihe, in der sie erschien, sondern auch noch mit verwechselter C- bzw. K-Schreibung der Vornamen ihrer Herausgeber (Karl und Oscar; S. 513).

So schief und ungenau wie das Verhältnis von Titel und Inhalt, wie der Bezug auf die vorausgegangene Edition, wie deren bibliographische Aufnahme ist leider das ganze Buch. Das erste Kapitel ist *Umgrenzung des Themas; Angaben zum Stand der Forschung* überschrieben. Das sind 150 nicht weiter untergliederte, also für den Normalbenutzer mühsam zu konsumierende Seiten mit vielen Informationen zur Sekundärliteratur, die am Ende als „Embryo eines Forschungsberichtes" (S. 159) bezeichnet werden. Die Frage, ob man einen Embryo zur Drucklegung bringen darf, dürfte sich dem Verfasser nicht gestellt haben. Die Literatur zu einzelnen Themenkreisen wird revueartig vorgeführt. Alle Sekundärliteratur scheint dem Verfasser gleichberechtigt nah zum Gegenstand zu sein. Eine historisierende Bestandsaufnahme ist ihm suspekt. Der rezeptionstheoretischen Reflexion auf die Bedingungen der Darstellung des Goethe-Romantik-Verhältnisses, die vor allem Karl Robert Mandelkow vorangetrieben hat, hält Fröschle entgegen, „daß aus intellektuellem Erkenntnisdrang ohne Voreingenommenheit unternommene, Detailgenauigkeit und Vollständigkeit anstrebende, meinetwegen ‚positivistische' Studien den um ein wahres Bild des Gewesenen bemühten Lesern durchaus eine Hilfe bei der Wahrheitsfindung sein und damit auch wechselnde Ideologien überdauern können" (S. 37). Dem

Rezeptionshistoriker ist eine solche Position als eine naiv ideologische aus der Geschichte der Goethe-Aneignung vertraut. Fraglich scheint nur, ob Fröschle mit der Beschreibung des auf „Detailgenauigkeit und Vollständigkeit" hin orientierten Forschungsideals auch seine „Angaben zum Stand der Forschung" gemeint hat, deren embryonalen Charakter er an markanter Stelle hervorhebt. Wie dem auch sei: Bei aller Unübersichtlichkeit kann man aus den „Angaben zum Stand der Forschung" doch eine ganze Menge von deren Ergebnissen und Bemühungen erfahren, auch wenn diese des öfteren unkritisch wiedergegebene Spekulationen sind wie Otto Höflers (in Albrecht Schönes *Faust*-Kommentar nicht berücksichtigte) Annahme, die Gestaltung des Homunculus in *Faust II* sei eine Satire auf August Wilhelm Schlegel. Man kann sogar auf die Lektüre manchen Beitrags der Sekundärliteratur verzichten, da Fröschle ausführlich zitiert und referiert, auffallend häufig und mit Recht aus und nach dem neuen fünfbändigen *Goethe-Handbuch* (1996–1999). Bedauerlich bleibt, daß es dem Autor nicht gelungen ist oder nicht darauf ankam, die Spreu vom Weizen zu trennen. Wesentliche Arbeiten wie Hermann Hettners *Die romantische Schule in ihrem inneren Zusammenhange mit Göthe und Schiller* (1850), Josef Körners *Romantiker und Klassiker. Die Brüder Schlegel in ihren Beziehungen zu Schiller und Goethe* (1924) und Mandelkows *Goethe im Urteil seiner Kritiker* (1975–1984) bzw. *Goethe in Deutschland* (1980–1989) werden in dem Forschungsüberblick nicht behandelt. Körners Buch wird wenigstens in den nachfolgenden Schlegel-Kapiteln berücksichtigt, zum Abschluß der Darstellung von Goethes Verhältnis zu August Wilhelm Schlegel aber in einer verrutschten Formulierung anmaßend abgetan. Sie sei samt ihrer resümierenden Fortsetzung als Charakteristikum für die oberflächliche Betreuung des Buches, für die Schreib- und Sichtweise seines Verfassers wiedergegeben:

> In unserer alle Äußerungen Goethes auswertenden und die neueste Forschung einbeziehenden Darstellung haben wir Chronologie und Systematik verbunden und hoffen, daß aus ihr etwas deutlicher als aus den sehr verdienstvollen kommentierten Briefsammlungen und Josef Körners die Wechselwirkung zwischen Goethe, Schiller und den Brüdern Schlegel illustrierender Darstellung hervorgeht, wie sich die Schlegel-Kritik Goethes entwickelt hat und in welchen Hauptthesen sie sich summiert. Gegenüber Körner und mit Höfler vermögen wir trotz aller lobenden Äußerungen Goethes, die vordergründig ein viel helleres Bild der Goethe-Schlegelschen Beziehungen zu zeigen scheinen, in Goethes später, mit grundsätzlicher Schärfe formulierter Abgrenzung seiner Wesensart, Dichtung und Weltanschauung von der der Jenaer Frühromantik, das Fazit eines jahrzehntelangen Kontinuums zu sehen, einer grundsätzlichen und tiefgewurzelten Skepsis des schöpferischen Klassikers gegenüber der theoretisierenden und bestenfalls nachschöpferischen Schlegelromantik. (S. 196f.)

Das zweite Kapitel, aus dem eben zitiert wurde, ist der Hauptteil des Buches. In zehn Unterkapiteln werden Goethes Beziehungen zu einzelnen romantischen Autoren von August Wilhelm Schlegel bis Bettina Brentano/von Arnim dargestellt. Auch Hölderlin und Kleist sind in diese Galerie erstrangiger romantischer Goethe-Partner und -Antipoden aufgenommen. In anschließenden Unterkapiteln werden Gruppen von Autoren gebildet, zu denen Goethe weniger intensive oder weniger dokumentierte Beziehungen unterhalten hat: Berliner, Heidelberger, Dresdner, Tübinger Romantik, Dramatiker u.a., seltsamerweise auch Heine. Ein drittes Kapitel führt weitere Gruppen vor, und zwar wissenschaftliche, deren Protagonisten als romantisch eingestuft werden: romantische Germanistik (die Brüder Grimm und andere), Romanistik und Orientalistik. Abschließend gibt es eine dreißigseitige strukturierte Bibliographie, deren Positionen dankenswerterweise auch im Inhaltsverzeichnis annonciert sind, was jedoch noch unverständlicher macht, warum nicht auch das fünfmal umfangreichere Einleitungskapitel untergliedert wurde.

Fröschle läßt also, und das ist zweifellos ein Verdienst seiner Arbeit, nicht nur die besonders intensiven und bekannten Beziehungen Goethes zu einzelnen Romantikern Revue passieren, sondern auch noch viele andere, die oft vergessen werden. Ob alle tatsächlich Romantiker waren (etwa der Orientalist Joseph von Hammer-Purgstall), darüber soll an dieser Stelle nicht gerechtet werden. Daß Goethes Würdigung der Calderón-Übersetzungen Johann Diederich Gries', eines Außenseiters der Frühromantik, angemessen berücksichtigt wurde, ist besonders erfreulich. Da Fröschle die Romantik-Beziehung Goethes in Einzel-Verhältnisse splittet, waren Wiederholungen und Überschneidungen nicht zu vermeiden. Wer sich erstmals informieren möchte, kann aus den Einzel-Darstellungen eine ganze Menge lernen, wenn er sich bewußt hält, daß der Autor gegenüber der romantischen Unkonventionalität goetheanisch voreingenommen ist. Wer sich besonders exzentrisch verhielt, ist ihm besonders unsympathisch (selbstverständlich Bettina, der schulmeisterlich bescheinigt wird, daß sie „nicht gewillt war, in bestimmten Dingen dazuzulernen" [S. 373]). Vielleicht ist das Tieck-Kapitel das gelungenste und wohl auch deshalb, weil Tieck sich durch Urbanität auszeichnete und extravagantes Verhalten selbst nicht mochte. Die Lektüre ist mitunter ermüdend, besonders dann, wenn Fröschle lange Zitate vollständig wiedergibt, Zitatketten bildet und äußere Begebnisse umständlich rekapituliert. Andererseits entwickeln sich die Beziehungen oft in einer solchen Dynamik, sind viele der Äußerungen so originell und pikant, daß der Nachvollzug in Fröschles Darstellung auch dann noch Vergnügen bereitet, wenn diese monoton erfolgt. Unerfreulich sind stilistische Entgleisungen (Kleist „war bei einer Jugendgeliebten in Erfurt hängengeblieben" [S. 283], „druckte Goethe hier einen Brief Büschings aus" [S. 464], „Der Schwerpunkt [...] stand im Zeichen von Hans Sachs" [S. 472]), ungenaue Titelangaben und vor allem Falsch- und Verschiedenschreibungen von Personennamen (meist Boisseree, aber auch recte Boisserée; Calderon; Fouque und recte Fouqué; Jakob Grimm; Guenderode; Edward Julius Hitzig; de Stael). Die häufigen Druckfehler gehen nicht nur zu Lasten des Autors, sondern auch des Verlags.

Die Lektüre-Empfehlung der Einzel-Darstellungen muß weiter eingeschränkt werden. Sie sollten auch mit dem Bewußtsein gelesen werden, daß einschlägige Sachverhalte übersehen oder nicht in der möglichen und nötigen Differenziertheit dargestellt wurden. Defizite dieser Art sind wesentlich dem nochmals zu problematisierenden Verhältnis des Autors zur Quellen- und Sekundärliteratur geschuldet. Er hat zwar viel gelesen und bibliographiert, aber, seinen Anmerkungen zufolge, nicht die neueren und neuesten kritischen oder historisch-kritischen Editionen zu Arnim, Bettina, Brentano, Fichte, Kleist, Schelling, Friedrich Schlegel, Novalis und Wackenroder herangezogen. Briefliche Äußerungen von Romantikern über Goethe werden zumeist nach der zweifellos seriösen Herwigschen Sammlung *Goethes Gespräche* (1965–1987) wiedergegeben, deren Benutzung aber erstens das Studium der einschlägigen Brief-Editionen nicht ersetzen kann und die zweitens für wissenschaftliche Zwecke zunehmend von der aufwendiger edierten Grumachschen Ausgabe der *Begegnungen und Gespräche* Goethes (1965 ff.) überholt wird. So ist nicht in der Herwigschen Sammlung, wohl aber in der Grumachschen jenes Zitat aus einem Brief an Brentano zu finden (Bd. V, S. 228), aus dem hervorgeht, das Goethe 1802 zu *Schäfers Klagelied* von dem Vortrag eines Liedes angeregt wurde, dessen Melodie der Vortragende Brentano verdankte, was zu weitergehenden Darlegungen über die Verschränktheit Goethescher und romantischer Bemühungen um das volksliedhafte Kunstlied hätte anregen können. Die These, Goethe sei als Empfänger eines undatierten, an einen Herausgeber gerichteten Hölderlinschen Briefkonzepts intentioniert gewesen, war in der Hölderlin-Forschung, die andere Vorschläge machte, nie dominant und ist inzwischen durch die Ermittlung des Adressaten – Gottlieb Ernst August Mehmel – endgültig überholt (vgl. Text. Kritische Beiträge [2001] 6, S. 141–150). Man sollte sich auch nicht darauf verlassen, daß Fröschle die Weimarer Ausgabe, die seine Standard-Goethe-Edition ist, konsequent genutzt hat. Jedenfalls ist Goethes Eintrag „Achim von Arnims Bemühungen" (WA II, 11, S. 302) aus dem Überblick über seinen naturwissenschaftlichen Entwicklungsgang (1821) unberücksichtigt geblieben und der Darstellung von Goethes Verhältnis zu Arnim nicht zu entnehmen, daß der Weimarer Meister den Jüngeren als Naturwissenschaftler positiv zur Kenntnis genommen, vielleicht sogar mehr als den Poeten geschätzt hat. Im Zusammenhang einer solchen Reflexion wäre nachzudenken gewesen über den Eintrag in den *Tag- und Jahresheften* zu 1801: „Ein junger Kestner und von Arnim, früher bekannt und verwandten Sinnes, suchten mich auf und begleiteten mich" (WA I, 35, S. 96). Denn die Apposition „früher bekannt und verwandten Sinnes" dürfte im Rückblick auf das Jahr 1801 nicht auf eine (bis dato noch gar nicht erschienene) Dichtung Arnims bezogen gewesen sein, sondern auf dessen frühe naturwissenschaftliche Veröffentlichungen; die Annahme, daß Goethe diese bereits zur Zeit der ersten Begegnung zumindest partiell bekannt waren, wird zusätzlich legitimiert durch die Berücksichtigung des Sachverhalts, daß Arnim ihm im gleichen Jahr 1801, in dem er ihn kennenlernte, einen Sonderdruck seines Aufsatzes *Bemerkungen über Volta's Säule* schickte, der in Goethes Bibliothek erhalten geblieben ist. Dies wiederum wäre nicht nur dem Ruppertschen Katalog von Goethes Bibliothek (1958) zu entnehmen gewesen, sondern auch einer 1998 erschienenen Begleitbroschüre zu einer Ausstellung im Goethe- und

Schiller-Archiv über die Weimar-Beziehungen der Arnims. Fröschle hat die Broschüre ebensowenig zur Kenntnis genommen wie den ein Jahr später anläßlich einer Ausstellung des Frankfurter Freien Deutschen Hochstifts über das Goethe-Romantik-Verhältnis publizierten Katalog (*„Ein Dichter hatte uns alle geweckt". Goethe und die literarische Romantik*). Selbst wenn Fröschle eine Edition intensiv genutzt hat, sollten die Angaben zu ihr nicht ungeprüft übernommen werden. Bei der Darstellung des Bettinaschen Goethe-Verhältnisses stützt er sich wesentlich auf eine Ausgabe von *Goethes Briefwechsel mit einem Kinde*, die den Anstrengungen „eines anonymen Germanistenteams der DDR" (S. 381) zu verdanken sei. Hätte er die Rückseite des Titelblatts beachtet, wäre er auf den Namen des Herausgebers gestoßen, und es bezeichnet weiterhin die Eigentümlichkeiten von Fröschles Umgang mit den Quellen, daß in seiner Bibliographie statt der von ihm benutzten Ausgabe von *Goethes Briefwechsel mit einem Kinde* die eines nichtanonymen Germanistenteams aus der BRD angeführt wird.

Mit aneinandergereihten Einzel-Darstellungen kann Goethes Verhältnis zur deutschen literarischen Romantik in seiner Komplexität und Entwicklung nur ansatzweise behandelt werden. Eine literaturgeschichtlich relevante und ausgewogene Darstellung müßte sowohl den Gruppen-Beziehungen als auch den individuellen unter Berücksichtigung der literarisch-geistigen Gesamtkonstellation gerecht werden. Divergenzen zwischen den Brüdern Schlegel sowie Goethe und Schiller hatten im zeitgenössischen Literaturkontext, den wesentlich späte Aufklärer und Unterhaltungsschriftsteller bestimmten, eher den Charakter von Minimalabweichungen als den gegensätzlicher Positionen. Schon Goethe nahm die „forcierten Talente" der Romantik, zumindest im Rückblick des Jahres 1812, als Zusammenhang einer „Epoche" wahr. Wie sich diese „Epoche" von den Anfängen der Jenaer Romantik zur Heidelberger und darüber hinaus in der Beziehung zu Goethe und in seiner Wahrnehmung entwickelte und spezifizierte, welche Phasen der Nähe und Abwehr es gab, wo die Übereinstimmungen dominierten und wo die Divergenzen, welche Rolle dabei die einzelnen „forcierten Talente" spielten, zu denen auch von Fröschle kaum berücksichtigte gehörten wie Goethes große Verehrerin Caroline Schlegel-Schelling und der von ihm bestaunte Naturforscher Johann Wilhelm Ritter – dies alles und einiges mehr ist in einer noch immer zu schreibenden Monographie über Goethe und die deutsche literarische Romantik nach wie vor darstellenswert.

Heinz Härtl

Silke Schlichtmann: *Geschlechterdifferenz in der Literaturrezeption um 1800? Zu zeitgenössischen Goethe-Lektüren.* Tübingen 2001, 303 S.

Lesen Frauen anders und anderes als Männer? Diese Frage – erst jüngst wieder von Ruth Klüger angestoßen[1] – ist in der Literaturwissenschaft besonders prominent (und provokant) von Friedrich Kittler beantwortet worden, der für die Umbruchphase um 1800 den Frauen eine durch Rezeptivität gekennzeichnete Funktion Leserin, den Männern dagegen eine durch produktive Relektüre gekennzeichnete Funktion Autor zuschreibt.[2] Zu einem ähnlichen Ergebnis kommt Erich Schön, der für das späte 18. Jahrhundert ausdrücklich zwischen weiblichem und männlichem Lesen unterscheidet.[3]

Dieses Postulat einer Geschlechterdifferenz im Lesen um 1800 stellt nun Silke Schlichtmann in ihrer Dissertation auf den Prüfstand. Sie plädiert völlig zu Recht für eine differenziertere Sichtweise

---

1 Im Titel des einschlägigen Aufsatzes von Ruth Klüger taucht das Fragezeichen jedoch bemerkenswerterweise nicht auf und wird später nur für eine der mehrfachen Wiederveröffentlichungen ergänzt (Ruth Klüger: *Frauen lesen anders.* In: Die Zeit, Nr. 48, 25. 11. 1994, S. 54, u. a. auch in: dies.: *Frauen lesen anders. Essays.* München 1996, S. 83–104; mit Fragezeichen dagegen als Vortragspublikation: dies.: *Lesen Frauen anders?* Heidelberg 1994).

2 Friedrich A. Kittler: *Aufschreibesysteme 1800/1900.* 3. vollst. überarb. Aufl. München 1995, S. 159–187.

3 Erich Schön: *Weibliches Lesen: Romanleserinnen im späten 18. Jahrhundert.* In: *Untersuchungen zum Roman von Frauen um 1800.* Hrsg. von Helga Gallas u. Magdalene Heuser. Tübingen 1990, S. 20–40.

aufgrund einer breiter angelegten Quellenbasis und wählt für ihre Untersuchung ein historisch-empirisches Vorgehen, das zugleich hermeneutisch die Analyse des konkreten Textmaterials in den Mittelpunkt rücken will (S. 15). Es geht der Verf. dabei in geschlechtervergleichender[4] Perspektive weniger (wie etwa der traditionellen Leseforschung) um Lektüreinteresse, Lesehäufigkeit oder Kauf- bzw. Ausleihverhalten, sondern vielmehr um die Frage nach der Leseweise von Frauen und Männern. Um dieses weitläufige Forschungsfeld bearbeiten zu können, konzentriert sie sich in ihren Fallstudien beim Lektüregegenstand im wesentlichen auf die beiden Goethe-Romane *Wilhelm Meisters Lehrjahre* und *Die Wahlverwandtschaften*,[5] bei den Lesesubjekten auf die Vertreter eines gehobenen Bildungsbürgertums sowie bei der Textgattung, in der diese Lektüreerfahrungen verschriftlicht werden, auf (z. T. noch unpublizierte) Briefe.

Nach einer methodisch und konzeptionell klugen Einleitung skizziert die Untersuchung zunächst in einem einführenden Kapitel die typischen Argumentationsmuster des zeitgenössischen Lese- und Geschlechterdiskurses, wie sie sich v. a. in programmatischen Äußerungen der publizistischen Diskussion niedergeschlagen haben. Danach wurden bestimmte Leseeigenschaften und -fähigkeiten jeweils geschlechterspezifisch zugeordnet: auf Seiten der Frauen ein emotional-identifikatorisches, durch stoffliche Neugier motiviertes Lesen, das sich auf einer rein rezeptiven Ebene bewege; auf Seiten der Männer dagegen ein rational-reflektierendes, an der ästhetischen Dimension des Textes interessiertes Lesen, das durch produktives Weiterdenken bestimmt sei (vgl. bes. S. 29–32). Dieser auf klar gewertete Geschlechterpolarisierungen hinzielende Diskurs um 1800 dient Schlichtmann im folgenden als Folie für die historische Lesepraxis, die sie empirisch auf der Basis eines reichhaltigen Briefcorpus zu rekonstruieren sucht. Einen besonderen Stellenwert nehmen diejenigen Lektürebriefe ein, die an den Autor des gelesenen Werks selbst adressiert sind, da in ihnen zugleich die Beziehungsform zwischen Lesendem und Autor mitthematisiert wird (S. 35) – im Falle Goethes überwiegt hier die Liebe zum Autor, ja seine regelrechte Vergötterung und Anbetung. Allerdings machen Schlichtmanns Ergebnisse in doppelter Hinsicht Modifikationen der kanonisierten Geschlechterstereotype und der bisherigen Forschung (v. a. Kittlers) notwendig: Einerseits nämlich zeigt das Beispiel Carl Friedrich Zelters (S. 71–84), daß der Lektüreeffekt der Liebe nicht nur bei weiblichen, sondern ebenso bei männlichen Lesern zu beobachten ist; und andererseits zeigt das Beispiel Bettina Brentanos (S. 36–51), daß sich Frauen keineswegs nur auf die konsumtiv-identifikatorische, nach Kittler systemstabilisierende, Rolle beschränken, sondern die hierarchische Beziehungsstruktur zwischen liebender Leserin und vergöttlichtem Autor auch kritisch in Frage stellen.

Ein ähnlich facettenreiches Bild sowohl geschlechtsspezifischer wie geschlechterübergreifender Formen der Goethe-Rezeption ergibt sich für solche Briefe, die nicht an Goethe selbst, sondern an Dritte gerichtet sind und die im zweiten Hauptteil des Buches untersucht werden. Hier geht es weniger um die Adressatenbezogenheit als vielmehr um eine Systematisierung der Leseweisen, für die Schlichtmann die Begriffspaare „Stoff und Form“ (S. 125–152), „Emotionalität und Rationalität“ (S. 152 bis 201) sowie „Rezeptivität und Produktivität“ (S. 202–220) vorschlägt. Abermals sind aufgrund der genauen Betrachtung konkreter Lektürepraktiken und -zeugnisse Differenzierungen im Lese- und Geschlechterdiskurs unerläßlich: So können weder stofflich-moralisches noch formal-ästhetisches Interesse, entgegen den üblichen Codierungen, eindeutig geschlechtsspezifisch zugeordnet werden, da offenbar statt der Kategorie des Geschlechts dem „Selbstverständnis der Lesenden im Rahmen poetologischer Konzepte“ (S. 137) eine größere Bedeutung zukommt. Ebensowenig läßt sich die plakative Opposition von emotional-nachempfindendem (weiblichem) und verstandesgelenkt-rationalem (männlichem) Verstehen aufrechterhalten, da in vielen Textzeugnissen ausdrücklich eine Verbindung beider Modi in einer „ganzheitlichen Leseweise und -wirkung“ (S. 162) angestrebt wird. Besonders instruktiv sind in diesem Zusammenhang die Überlegungen der Verf. zum „körperliche[n] Lesen“ (S. 189), die das affektiv-physische Erleben im Lektüreakt herausarbeiten. Auch in der Frage schließ-

---

4 Anknüpfend an die zunächst im angloamerikanischen Raum besonders von Gayle Rubin vertretene Begrifflichkeit, versteht Schlichtmann Geschlecht dabei nicht im Sinn von *sex* als biologisches Geschlecht, sondern im Sinn von *gender* als eine historisch bestimmte, gesellschaftlich-kulturelle Konstruktion (S. 4).

5 Es wäre zu bedenken, ob nicht der *Werther* als ein den Lesediskurs prägendes und die Zeitgenossen (beiderlei Geschlechts) polarisierendes Lektüreereignis noch hätte Berücksichtigung finden sollen.

lich, ob in den Briefen eher rezeptive oder produktive Elemente als Lektüreeffekt sichtbar werden, treten Widersprüche und Verschiebungen innerhalb der tradierten Geschlechterzuordnungen hervor, die v. a. im Falle Rahel Levin Varnhagens (S. 207 ff., 215–219) augenfällig sind und neue Perspektiven auf die Frage nach der Autorschaft von Frauen ermöglichen. Damit eröffnet sich zugleich ein weiterführendes, systematisch lohnendes Untersuchungsfeld: Verändert sich etwa die Lektüreweise, wenn es sich bei den Leserinnen zugleich um schreibende Frauen handelt? Oder wenn der Lektüregegenstand das Werk einer Autorin ist? Oder wenn es – man denke insbesondere an Schlegels *Lucinde* – das Werk eines männlichen Autors ist, der eine weibliche Figur in den Mittelpunkt stellt? Dabei wäre ganz allgemein auch eine stärkere Berücksichtigung des „Textfaktor[s]" (S. 6) zu erwägen, denn die Leseweise dürfte nicht unerheblich auch vom jeweils gelesenen literarischen Text mitbestimmt werden, da dem Gegenstand, über den in diesen Briefen geredet und geschrieben wird, als einem fiktionalen Gegenstand eine eigene Qualität und Dynamik zukommt.

Schlichtmanns letztes Schwerpunktkapitel nimmt schließlich diejenige Ebene des Lesens in den Blick, die sich auf die Lebenspraxis bezieht. Eine solche Funktionalisierung des Lesens und des Gelesenen für außerästhetische Zwecke zeigt sich beispielsweise in der Verwendung von Literatur und Lektüre als Beziehungsmedium zwischen den Korrespondierenden (S. 221–254) sowie in ihrer Reklamierung als Lebensorientierung (S. 254–279). Beide Aspekte sind nicht zuletzt deshalb von Bedeutung, weil durch eine solche „heteronome Lektürepraxis" (S. 221) das „Voraussetzungssystem" (S. 7)[6] der Lesenden stärker in den Vordergrund tritt: Dazu gehören eben nicht nur die Prägungen durch zeitgenössische Geschlechternormen, sondern darüber hinaus auch der Bedingungsrahmen der Sozialisation und die gesellschaftliche Positionierung, die Dispositionen und Motivationen der Akteure sowie insgesamt das Feld weiterer Diskursanschlüsse – eine Kontextualisierung, die man gelegentlich in Schlichtmanns weitgehend auf die konkreten Briefzeugnisse konzentrierter Studie vermißt. Wie sehr sich nämlich diese diskursiven, sozial- und mentalitätsgeschichtlichen Faktoren wechselseitig ergänzen oder überlagern, verstärken oder korrigieren können, zeigen die Überlegungen zur Funktionalisierung der Goethelektüre für weiblich-jüdische Akkulturationsversuche (S. 267–279).

Sicher, das Textmaterial, mit dem Schlichtmann arbeitet, hat durchaus seine Tücken: Einerseits ist auch für die vermeintlich objektiv-intime Gattung des Briefs eine gewisse Neigung zu Selbstinszenierung und Rollenspiel mit in Rechnung zu stellen; andererseits sind viele der behandelten Briefschreiberinnen eher Ausnahmeleserinnen, nicht zuletzt deshalb, weil sie, wie die Verf. selbst betont, kaum dem damals geläufigen „Bild idealer Weiblichkeit" (S. 57) entsprechen.[7] Gleichwohl aber gelingt Schlichtmann in ihrer Arbeit der überzeugende Nachweis, daß die (bis in die heutige Forschung hinein übliche) Rede von einer generellen Geschlechterdifferenz in der Lektüreweise fragwürdig ist. Stattdessen macht die Untersuchung von konkreten Selbstzeugnissen der Lesenden Unterschiede und Parallelen sowohl innerhalb desselben Geschlechts als auch über die Geschlechtergrenzen hinweg erkennbar, durch die sich erhebliche Brüche und Umwertungen in der (vermeintlich klar zweigeteilten) Geschlechterkonzeption ergeben. Das Buch ist insofern ein eindrucksvolles Plädoyer für eine literaturwissenschaftliche Arbeitsweise, die sich den differenzierten Blick auf die Vielschichtigkeit der Texte nicht durch tradierte Diskursmuster oder selbstgesetzte Prämissen verstellt. – Ein Plädoyer, das sicherlich nicht nur der Geschlechterforschung gut zu Gesicht steht.

Gesa von Essen

---

6 Zur Bedeutung dieses „Voraussetzungssystems" für den Geschlechterdiskurs vgl. Renate von Heydebrand und Simone Winko: *Geschlechterdifferenz und literarischer Kanon. Historische Beobachtungen und systematische Überlegungen.* In: Internationales Archiv für Sozialgeschichte der deutschen Literatur 19.2 (1994), S. 96–172; bes. S. 117–121. – Als ergänzenden Überblick zur deutschsprachigen Geschlechterforschung vgl. Claudia Breger, Dorothea Dornhof und Dagmar von Hoff: *Gender Studies/Gender Trouble. Tendenzen und Perspektiven der deutschsprachigen Forschung.* In: Zeitschrift für Germanistik. Neue Folge IX.1 (1999), S. 72–113.

7 Solche und andere Vorbehalte schlagen sich bei Schlichtmann u. a. in den oft überaus vorsichtig gehaltenen Ergebnisvermutungen nieder, die gelegentlich durchaus offensiver hätten vertreten werden dürfen.

Martin Swales/Erika Swales: ***Reading Goethe.*** *A Critical Introduction to the Literary Work.* Rochester, NY, und Woodbridge, GB, 2002, 186 S.

Als bescheiden – „modest in scope, size and intention" – bezeichnet sich gleich am Anfang diese auf anglophone Leser eingestellte Anregung zur Lektüre Goethescher Texte, die außer Bibliographie, Anmerkungen und Register knapp 166 Seiten zählt. Auf eine kurze Einführung in das „Goethe-Phänomen" folgen Kapitel, die jeweils dem lyrischen, erzählerischen und dramatischen Werk, der *Faust*-Dichtung und schließlich den „discursive writings", also Autobiographie, Korrespondenz und Naturphilosophie, gewidmet sind. Die Autoren haben zusammen wohl an die siebzig Jahre Lehrerfahrung in der britischen Germanistik: sie als Dozentin im King's College, Cambridge, er als Professor im University College, London, wo sein so energischer wie ansteckender Enthusiasmus für sein Fach unter Kollegen, zumal unter seinen Studenten, geradezu legendär geworden ist. Dieser pädagogischen Begeisterung begegnet der Leser gleich in der Lyrik-Diskussion, wo Goethes Gedichte „not as stenography of experience, but as its concentration and distillation" empfunden werden, als „the ability to find in the experienced world instances of revelation" (S. 24). Hier liest man viel über „the issue of self-consciousness", „the self-thematizing of the human self" (mit Bezug etwa auf *Herbstgefühl*, S. 29), weniger über lyrische Strukturen und Rhythmen, dafür häufiger über die Analyse von Klang und Assonanz. Im zweiten *Wandrers Nachtlied* wird z.B. über die zusätzlichen („extra") e-Vokale spekuliert („spürest", „Vögelein", „Walde", „balde", „ruhest"): „in the context of the potential metaphorical presence of death, the issue of the extra ‚e' is important" (S. 28). Bei *Um Mitternacht* habe die erste Strophe mit jenem Augenblick zu tun, „when a young person finds himself, perhaps for the first time, asking philosophical questions about death" (S. 52) – eine vielleicht etwas überzogene Deutung der Worte „nicht eben gerne".

Im Kapitel zum Erzählwerk werden *Novelle*, *Werther*, *Die Wahlverwandtschaften* und die Wilhelm-Meister-Romane einleuchtend interpretiert; die *Unterhaltungen* werden nur skizzenhaft erwähnt, das *Märchen* leider gar nicht. Beim Drama kommen vor allem *Götz*, *Egmont*, *Iphigenie* und *Tasso* zur Erörterung. Im *Faust*-Kapitel wird „the psychological truth" der Gretchenhandlung betont und überzeugend gedeutet – obwohl Gretchen anscheinend noch als Dorfmädchen aufgefaßt wird: ihre Welt sei die von „parents, house, church, school, v i l l a g e" (S. 129; Hervorhebung J. R. W.). Sehr verständlich wird die komplexe Widersprüchlichkeit der *Faust*-Dichtung für den heutigen Leser (zumal für Studenten) formuliert: „there are not really any last words [in *Faust*]; there are only constantly repositioned frameworks of reference. Goethe's *Faust* is the great secular drama of our pre-modernity, modernity, and post-modernity. It is both comedy and tragedy, both morality play and realistic drama and theatrical extravaganza – and all these generic possibilities are matters of frameworks and horizons of understanding" (S. 146). Die große Gabe der Autoren besteht darin, in knappen Formulierungen das komplexe Wesen eines Werks zusammenzufassen; allerdings können solche Formulierungen manchmal etwas undurchsichtig werden: „[Goethe's] distrust of foregrounded discursivity" (S. 148) ist ein unschöner Ausdruck – und der Rezensent bemüht sich, etwa folgende Aussage zu entziffern: „many of [Goethe's] works operate with processes of embedding and re-contextualizing narrative statements, so that the text as a whole becomes a self-thematizing and self-commenting universe of discourse" (S. 58).

Über Einzelheiten läßt sich natürlich auch diskutieren. Ob in *Erlkönig* der „Hof" nicht nur als des Vaters, sondern auch als des Erlkönigs Hof verstanden werden kann (S. 32), bleibt unsicher; ebenfalls, ob „Wenn ihr wahrhaft seid, wie ihr gepriesen werdet, / So zeigt's" auch so gedeutet (oder übersetzt) werden darf: „If you truly exist, show me" (S. 111). *Des Epimenides Erwachen* wurde nicht geschrieben, um den Sieg Napoleons („the victory of Napoleon", S. 123), sondern, um den Sieg ü b e r Napoleon zu feiern. Gelegentlich wird nachlässig zitiert: Auf S. 117–118 tauchen vier Fehler auf, die Metrik, Interpunktion oder Sinn des *Tasso*-Textes verstellen – wie auch *Faust*, V. 3362 (S. 143). Die Goethe-Bibliographie von Hans Pyritz erschien in zwei, nicht drei Bänden (S. 16) – und ist gar nicht so „fearsome", wie hier behauptet wird.

Die wenigen Einwände sollen von den wesentlichen Vorzügen dieses Bandes nicht ablenken – zumal es in Großbritannien gilt, Studenten zum Lesen von Goethes Texten anzuregen, und das ist den Autoren reichlich gelungen. Dabei schließt die generell positive Sichtweise der Autoren eine gelegentlich kritische Distanz nicht aus; vor allem aber sind sie bemüht, „to plead for a sense of Goethe that removes him from his Olympian perch and brings him closer to our everyday modes of thinking and feeling“ (S. 164).

John R. Williams

Dagmar von Gersdorff: *Goethes Mutter. Eine Biographie.* Frankfurt a. M. 2001, 466 S.

Goethes Mutter Catharina Elisabeth geb. Textor (1731–1808) darf unter allen seinen Familienmitgliedern die größte eigene Aufmerksamkeit beanspruchen. Dagmar von Gersdorff geht ihrem Lebensweg einfühlsam nach: die Ehe mit siebzehn „ohne bestimmte Neigung“, das Haus am Großen Hirschgraben, sieben Geburten, Cornelias Depression und ihr Tod, Goethes rasch wachsende Bekanntheit, das lange Wittum, die Liebe zu dem Schauspieler Karl Wilhelm Ferdinand Unzelmann, Freundschaften mit zahlreichen Geistesgrößen, ihre Offenheit gegenüber Christiane, die Altersfreundschaft mit Bettine. In Weimar war sie nie, aber alle Welt kam zu ihr. Vierhundert Briefe von Catharina Elisabeth Goethe sind erhalten, dreißig Haushaltsbücher (der Sohn hat sie aufbewahrt) und unzählige andere Zeugnisse, die die Grundlage dieses Buches bilden.

Goethes Mutter, ausgleichende Gegenkraft zum Vater, dem barocken Vernunftmenschen, war selbst hervorragende Vertreterin der Empfindsamkeit, eifrige Leserin, kraftvolle Briefschreiberin und Erzählerin. Unvergleichlich waren ihr Lebensmut und ihr Gottvertrauen, die ihre Herzlichkeit und Selbständigkeit begründeten („der Mensch muß sich den besten Platz erwählen“; S. 7); Kümmernisse verbarg sie vor dem Sohn. – Ihre sprachlich-erzählerische Kunst entfaltete sie zuletzt in ganzer Fülle gegenüber der einundzwanzigjährigen Bettine von Arnim: „Auf deine Herkunft freue ich mich gar gar sehr, da wollen wir eins zusammen Schwatzen – denn das ist eigendtlich meine Rolle, worinn ich Meister bin [...] Lebe wohl! Behalte lieb / deine dich hertzlich Liebende Mutter / Goethe“ (S. 399). Dagmar von Gersdorffs Biographie ist gut, ja schwungvoll lesbar und in ihrer Lebensfülle ein kleines Meisterwerk. Beim Umgang mit den literarischen Quellen fehlt freilich manchmal die letzte Präzision: Goethe hat im *Werther* nicht den Selbstmord „propagiert“, Werther ist nicht Goethes „zweites Ich“. Die biographische Werkdeutung, etwa im Hinblick auf Mutterkonstellationen (*Werther*, *Hermann und Dorothea* u. a.), müßte klarer problematisiert werden, ebenso Bettines Stilisierungen. Doch solche Mängel treten zurück hinter dem Gemälde einer „ganz treffliche[n] Frau, voll Liebe und Größe“ (Carl August; S. 256), die mehr war als nur Goethes Mutter.

Paul Kahl

Helmut Koopmann: *Goethe und Frau von Stein. Geschichte einer Liebe.* München 2002, 282 S.

An kaum einer „Liebes“-Beziehung Goethes hat sich spekulative Energie oder gar biographischer Voyeurismus stärker entzündet als an seiner das erste Weimarer Jahrzehnt gewiß dominierenden Freundschaft zu Charlotte von Stein – eine Beziehung, die in einer einzigartigen Sammlung von rund 1800 Briefen aus der Feder Goethes dokumentiert ist. Hier liegt allerdings auch das (mehr als philologische) Problem: Nur die Briefe Goethes sind überliefert, kein einziger Antwortbrief ist erhalten, das wenigste ist auch an anderen Dokumenten über den (gemeinsamen) Alltag Charlotte von Steins und Goethes überliefert. Außerhalb der Briefe Goethes ist der Biograph tatsächlich auf weitgehende Spekulation angewiesen – und der Literaturwissenschaftler wird auf dasjenige zurückverwiesen, was sein eigentliches Geschäft ist: die analytische Erarbeitung der überlieferten sprachlichen, eventuell sogar literarischen Dokumente.

Und genau diese literarisch-stilistische Arbeit steht auch im Zentrum von Helmut Koopmanns Buch – hier zumindest hat es seine stärksten Seiten. Insgesamt liefert Koopmann jedoch mehr: Der Band ist eine biographische Goethe-Erzählung, die sich den spezifischen Fokus der Beziehung Goethes zu Charlotte von Stein wählt – und die mit diesem Fokus allerdings Goethes Biographie von 1775 bis 1827 umreißt, mithin fast eine vollständige biographische Erzählung von Goethes gesamtem Weimarer Aufenthalt. Dieser aber wird, gerade als Funktion der radikalen Fokussierung auf die Briefe an, die Beziehung zu Charlotte von Stein, zumindest erheblich verkürzt, vereinseitigt. So werden etwa alle Krisenerfahrungen des ersten Weimarer Jahrzehnts der problematischen „Liebe" zu der älteren und verheirateten Hofdame zugeschrieben – in dieser scheinbaren Monokausalität gewiß ungenau, wenn nicht gar unrichtig.

Koopmann beginnt seine Erzählung gleichermaßen kultur- wie literaturgeschichtlich: Sehr schön bettet er die Anfänge der gegenseitigen Kenntnisnahme ein in eine Kulturgeschichte des Schattenrisses und deren physiognomischer Auslegung. Als Kontrastfolie zur Briefsprache gegenüber Charlotte von Stein widmet Koopmann breiten Raum dem „Liebesbrief"-Schreiber Goethe vor dem Weimar-Aufenthalt: In präziser stilistischer Analyse arbeitet er die spezifische Stillage der Briefe an Auguste zu Stolberg heraus – und auch deren Differenz zu denen an Charlotte von Stein. Er unterschätzt aber die Tatsache, daß hier gar nicht Goethe als historische Person an Auguste als historische Person schreibt, sondern der berühmte *Werther*-Autor an eine sympathisierende *Werther*-Leserin – in diesem stilistischen Fahrwasser bewegen sich die Briefe; sie sind eher Teil eines literarischen Diskurses als Teil einer tatsächlich lebendigen Briefkultur. Die literarische Inszenierung der Schreibenden (v. a. des schreibenden Goethe) als auch des Briefwechsels wird zu wenig betont. Auch setzt Koopmann eine historische Empfindsamkeitskultur hinter den Briefen als deren Entstehensbedingung – wobei diese spezifische Empfindsamkeit erst durch die Briefe selbst, nämlich diskursiv, modelliert wird.

Und diese Tatsache würde die Differenz noch schärfer wahrnehmbar machen, die zwischen den Auguste-Briefen und denen an Charlotte von Stein sichtbar ist: Hier fehlt (scheinbar?) jede literarische (Selbst-)Inszenierung im Sinne der Auguste-Briefe – zumindest entsteht eine völlig neue Literarizität der Stein-Briefe. Ein neuer Ton tritt ins Wort, an die Stelle der selbstgewissen (fiktiven) Identität des *Werther*-Autors tritt die Notwendigkeit einer persönlichen Stabilisierung durch die ältere Frau. Koopmann liefert eine sehr genaue und anschauliche sozialgeschichtliche und biographische Erzählung von Goethes ersten Jahren in Weimar, in denen die entstehende Bindung an Charlotte von Stein eine immer größere, wichtigere, geradezu erzieherische Position bekommt. Die Stilisierungen, die Charlotte von Stein sowohl in Gedichten als auch in „Liebes"-Briefen erfährt, werden klug erarbeitet – wenngleich der Erzähler die eigene Rolle zu häufig hinter bloßer Moderation bzw. Paraphrase der Briefe Goethes versteckt. Die Aufs und Abs, die Beteuerungen und Mißverständnisse, Fluchtgefühle und Vergötterungen, die aus den Briefen Goethes sprechen, werden deutlich herausstellt.

Allerdings bricht die genaue literaturwissenschaftliche Analyse dieser neuen Goetheschen Liebessprache – aus Ermangelung jeden anderen Dokuments – zu häufig wieder in die übliche Spekulation um: Die Vermutungen, daß es „sicherlich auch stumme Zeichen [...], Umarmungen und nicht-rhetorische Küsse" (S. 142) gegeben habe, läßt sich nicht beweisen, ist leider eine romantisch-inspirierte Lieblingsillusion von Goethe-Biographen, mehr nicht. Richtig ist allerdings wohl, wieder mit genauem Bezug auf das Textkorpus, das Koopmann untersucht, die zunehmende Isolation, in die Goethe sich in seiner (Brief-)Beziehung hineinschreibt, die bis ins Religiöse stilisierte Ausschließlichkeit, mit der sich diese Brief-Liebe darstellt. – Eine krisenhafte Aporie, der schließlich nur die Flucht nach Italien Abhilfe schaffen kann. Falsch liegt Koopmann wohl, wenn er diese Krise monokausal auf Charlotte von Stein bezieht; sie ist gewiß nur ein Bruchstück des Krisenkomplexes, der Goethe nach Italien treibt.

Überzeugend ist wiederum, wie Koopmann mit Blick auf das Brieftagebuch von der italienischen Reise die radikale Veränderung in der brieflichen Rede Goethes herausarbeitet: Aus der literarisch umgesetzten und stilisierten („Liebes"-)Zuwendung wird die Adressierung an eine Leserin! Charlotte wird gleichsam Teil des Goetheschen Lesepublikums. Die Folgen dieses notwendigerweise von Charlotte als „Liebesverrat" (vgl. S. 207 ff.) zu verstehenden Bruchs verändern das gesamte Weimarer Umfeld Goethes – inklusive seiner erotischen Bindung an Christiane Vulpius: Böse Briefe wechseln ins Haus der Stein hinüber – von Koopmann wohl richtig als Abrechnung identifiziert (vgl. S. 238) –, es gibt Schmähungen des „dicken Geheimraths" durch die ehemalige Freundin (S. 244). Hier nimmt der

Biograph (zu) eindeutig Partei: für Charlotte von Stein, gegen Goethe – verständlich zunächst, allerdings tatsächlich nur, wenn man das erste Weimarer Jahrzehnt, die Flucht nach Italien und die zwei Jahrzehnte äußerster Distanz (bis zur relativen Wiederannäherung nach 1809) so ausschließlich auf Goethes Beziehung zu Charlotte von Stein reduziert. Hier wird die biographische Haltung Opfer ihres ausschließlichen Blicks, nirgends ist von der (wohl mehr und mehr bedrückenden) Unproduktivität Goethes als Schriftsteller bis 1786 die Rede, nirgends genügend von der Überbordung durch administrative Pflichten am Hof. Mit seiner Parteinahme gegen Goethe reiht Koopmann Charlotte von Stein ein in die (anscheinend beliebig verlängerbare) Reihe von Goethes „Opfern", auf die Tilman Jens 1999 schon seinen polemischen Blick gelenkt hatte.

Insgesamt legt Koopmann hier einerseits ein gut geschriebenes, lesenswertes Buch vor, das eine entscheidende Periode der Biographie Goethes aus einem einzigen (aber zu engen!) Blickwinkel erzählt, diese bis ins letzte Detail auch Nicht-Literaturwissenschaftlern zugänglich und nachvollziehbar macht. Andererseits kann er sich der Spekulationslust nicht erfolgreich erwehren: Zu zahlreich sind die Vermutungen und bloß einfühlend deutenden Passagen dort, wo die Dokumente längst schweigen. Einige Beispiele: „Vermutlich ist das, was Goethe in der Begegnung mit Charlotte von Stein erlebt hat, ein Sturm gewesen, der alles hinwegriß, was zu den alltäglichen Sicherungen gehörte" (S. 63); „Zu großen seelischen Exaltationen ist die Person, die Goethe gezeichnet hat, wohl nicht fähig" (Kommentar zum Charlotte-Portrait, S. 100). Wo kein Dokument mehr vorliegt, häuft der Verfasser Fragen über Fragen (S. 136 u. ö.). Problematisch sind zudem die zu eindeutigen Zuordnungen Charlotte von Steins zu literarischen Figuren: Iphigenie (S. 108), Leonore (S. 134); ungenau ist Charlottes Bestimmung als ‚literarisch-produktionssteigernd' (vgl. etwa S. 179), hat Goethe doch im ersten Weimarer Jahrzehnt kein großes literarisches Projekt tatsächlich vollenden können. Das gelang erst im Abstand von Weimar, in Italien, und dort wie später auch in Weimar erst in der Distanz zu Charlotte von Stein.

Das Fazit Koopmanns – sowohl im Rückblick auf 1800 Briefe als auch auf die eigene biographische Erzählung –, die Briefe seien zu verstehen als „ein Versuch, sich literarisch neu zu legitimieren, nicht als Dichter oder Schriftsteller [wie in den Briefen an Auguste], sondern als Briefschreiber, [...] sich selbst, seiner Gefühlswelt und deren Ausdrucksmöglichkeiten gegenüber" (S. 273), klingt paradox. Die Differenz, die hier zwischen einem Schriftsteller Goethe und dem gleichnamigen Alltagsmenschen, der in den Briefen an Charlotte von Stein spreche, aufgemacht wird, wird nicht plausibel gemacht – vor allem mit Blick auf die offensichtliche literarische Stilisierung der Briefe. Kein *Werther*-Autor ist es mehr, der hier schreibt, aber ein Autor Goethe allemal.

Benedikt Jeßing

Jochen Klauß: ***Der Kunschtmeyer.*** *Johann Heinrich Meyer. Freund und Orakel Goethes.* Weimar 2001, 358 S.

Schon im Titel seiner Biographie des Goethefreundes signalisiert Jochen Klauß, daß es ihm hauptsächlich um den ‚Menschen' Meyer geht. Die dialektale Schreibweise „Kunschtmeyer" läßt den Kunsttheoretiker hinter den Schweizer zurücktreten. Klauß spürt bei der größtenteils chronologischen Darstellung des Lebenswegs immer wieder dem Charakter Meyers und seiner persönlichen Beziehung zu Goethe nach.

Die ersten Kapitel sind Meyers Herkunft und seinen Jugendjahren in Zürich und Stäfa gewidmet. Mit seinem Versuch, die Schweizer Wurzeln von Meyers späterer Entwicklung freizulegen, plädiert Klauß überzeugend dafür, die helvetischen Einflüsse auf die Weimarer Klassik stärker in den Blick zu nehmen. Die ausführliche Würdigung von Goethes Schweizer Reisen bekräftigt im weiteren Verlauf des Buches diese Forderung. Doch bereits in diesen ersten Kapiteln tritt ein grundlegendes Problem des von Klauß gewählten Schwerpunktes hervor. Gerade zu Meyers Leben vor der Begegnung mit Goethe lassen sich kaum Dokumente beibringen. Klauß muß sich daher darauf beschränken, die Situation in Zürich bzw. Stäfa von ca. 1760 bis in die 1780er Jahre zu schildern, insofern sie für Meyer von Bedeutung gewesen sein könnte. Bei der Auswahl der Hintergrundinformationen und teilweise überlangen Zitate beweist er jedoch wenig Geschick. Den Protagonisten Meyer verliert der Leser immer wieder aus den Augen.

Mit dem Eintritt Goethes in die Biographie nimmt Meyers Persönlichkeit klarere Konturen an. Insbesondere dank des Briefwechsels Goethe – Meyer kann Klauß nun auf eine bessere Quellenlage zurückgreifen. Aber auch bei der Schilderung der Lebensstationen Rom und Weimar bleibt die Basis für eine Würdigung von Meyer letztlich problematisch. Klauß entscheidet sich gegen die negativen Charakterschilderungen von Caroline Herder oder August Wilhelm Schlegel und vertraut Berichten, wie sie Johanna Schopenhauer gegeben hat. Wichtigster Gewährsmann bleibt Goethe.

Stößt man bei der Lektüre nach und nach auf die Schwierigkeiten, die sich aus dem Anliegen ergeben, die ‚menschlichen' Seiten Meyers in den Mittelpunkt zu rücken, so stellt sich die Frage, warum Klauß es so entschieden ablehnt, den Kunsttheoretiker und -historiker ausführlicher zu behandeln (S. 1 und 185). Eine unglückliche Forschungsgeschichte (u. a. der Tod Helmut Holtzhauers vor Abschluß des Kommentarbandes zur *Geschichte der Kunst*) hat auf diesem Feld bis heute großen Klärungsbedarf hinterlassen. Im Lichte neuerer Studien zu den innovativen Potentialen der ‚klassizistischen' Kunsttheorie bei Goethe, Carl Ludwig Fernow, Karl Philipp Moritz u. a. verdienen auch Meyers Schriften zur Kunst ein erhöhtes Interesse. Eine detailliertere Analyse von Meyers kunsthistorischen Beiträgen vermag vermutlich eher zu einer Neubewertung beizutragen als der von Klauß gewählte Ansatz.

Wie das ausführliche Literaturverzeichnis in dem mit einigen Quellen versehenen Anhang ausweist, hat Klauß neuere Arbeiten zu Goethe und zum Klassizismus durchaus berücksichtigt (Fernow hingegen bleibt ausgeklammert). Doch beschränkt er sich darauf, den Leser auf diese Studien zu verweisen, wo eigentlich eine ausführliche Beschäftigung mit Meyers Schriften und der Forschungslage angebracht wäre. Beispielhaft für die weitgehende Ignorierung der kunsttheoretischen Diskussion steht das kurze Winckelmann-Kapitel (S. 36–40). Die Chance zu einer genaueren Würdigung von Meyers Winckelmann-Rezeption bleibt ungenutzt, statt dessen wird dem Leser über mehrere Seiten ein in diesem Kontext unerhebliches Zitat von Hans Ludwig Oeser geboten. Ähnlich blaß bleiben die Bemerkungen zu Goethes und Meyers tabellarischer Methode der Kunstbeschreibung. Obwohl Klauß auf die einschlägigen Studien Ernst Osterkamps hätte aufbauen können, thematisiert er nicht das zugrundeliegende Beschreibungsproblem.

Die Lektüre der Meyer-Biographie hinterläßt daher einen ambivalenten Eindruck. Klauß weist zu Recht darauf hin, daß Meyer nicht auf die Rolle eines vermeintlich doktrinären Weimarischen Kunstfreundes beschränkt werden darf. Vielmehr lohnt es sich, der Frage nachzugehen, was Meyer mit seiner Schweizer Herkunft und seinen italienischen Erfahrungen in Weimar einbringen konnte. Doch grundlegende Probleme, die im Kontext der jüngeren Klassizismus-Forschung zunehmend nach Behandlung drängen, bleiben unbeachtet. Eine moderne wissenschaftliche Würdigung des Kunsthistorikers und Künstlers Meyer steht ebenso wie die systematische Erschließung seines zeichnerischen und archivalischen Nachlasses immer noch aus.

Johannes Grave

Walter Steiner/Uta Kühn-Stillmark: *Friedrich Justin Bertuch.* *Ein Leben im klassischen Weimar zwischen Kultur und Kommerz.* Köln, Weimar, Wien 2001, 321 S. mit 50 Abb.

Es ist erfreulich, daß nach und nach den prägenden Gestalten des klassischen Weimar Biographien gewidmet werden. Nun liegt endlich auch ein solide gearbeitetes, mit Anmerkungen, Zeittafel, Literaturverzeichnis und Register ausgestattetes Werk über Friedrich Justin Bertuch vor, den der letzte Biograph Albrecht von Heinemann vor fast fünfzig Jahren verkürzt den „Kaufmann der Goethezeit" genannt hat. Der Untertitel des hier anzuzeigenden Buches umschreibt sehr klar das weitgespannte Ziel. Anhand der handschriftlichen und gedruckten Quellen schildern die beiden in diesen Zeugnissen bewanderten Wissenschaftler – der verdiente Neugestalter der Bertuchhäuser und die sorgfältige Bibliographin der

Verlagswerke Bertuchs – die ganz einzigartige Vielseitigkeit einer Persönlichkeit, die zu den interessantesten der Kulturgeschichte der Zeit gehörte. So entstand eine Biographie, die die allzu oft übersehenen großen Verdienste Bertuchs um Weimar und das Herzogtum zusammenfassend darstellt. Es ist der von Goethe und Schiller leider oft mit Spott und Mißverständnis begleitete Aufstieg eines jungen Aufklärungsschriftstellers, der sich vor allem als Übersetzer und Herausgeber spanischer Literatur einen Namen gemacht hatte und als vertrauter Sekretär und Schatullenverwalter des jungen Carl August Achtung und Ansehen in seiner Vaterstadt erwarb, zu einem unabhängigen und erfolgreichen protoindustriellen Unternehmer. Es war ungewöhnlich, daß ein Bürger in der spätabsolutistischen Zeit als Fabrikant der größte Arbeitgeber des Landes geworden war.

Ehe Bertuch seine gesicherte Stellung in herzoglichen Diensten aufgab, hatte seine Frau, die geschäftstüchtige Carolina Bertuch, mit ihrer berühmt gewordenen „Kunstblumen-Fabrick" seit 1780 die Richtung seriell produzierenden Gewerbes vorgezeichnet und Dutzenden jungen Weimarerinnen ein Auskommen ermöglicht. Überzeugend wird dargelegt, wie diese „bemerkenswerte soziale und politisch-ökonomische Tat" (S. 61) die Voraussetzung für Bertuchs Entschluß zur Selbständigkeit war. In der Zwischenzeit hatte er sein „Landes-Industrie-Comptoir" 1791 gegründet, in das allmählich seine verschiedenen kaufmännischen und verlegerischen Unternehmungen einflossen: die seit 1785 erscheinende *Allgemeine Literatur-Zeitung*, die sich zum wichtigsten Rezensionsorgan der Goethezeit entwickelte; das seit 1786 von Bertuch und seinem Freund, dem Maler Georg Melchior Kraus, herausgegebene *Journal des Luxus und der Moden*, die originellste Mode- und Kulturzeitschrift der Zeit; die „Blaue Bibliothek der Nationen" als Sammlung populärer Lesestoffe usw.

Die Verfasser widmen diesen Aktivitäten eigene Kapitel wie auch den weiteren Unternehmungen, z. B. Bertuchs *Bilderbuch für Kinder*, seiner Zeitschrift *London und Paris*, den Gründungen weiterer Zweige seiner Fabrik. Für Bertuchs Buchdruckerei wurde Justus Erich Walbaum als Schriftgießer gewonnen, dessen Schriften noch heute bekannt sind, für den Verlag der geographischen Publikationen – vor allem Karten und Atlanten – ein eigenes *Geographisches Institut* geschaffen und manches andere.

In der Bilanz, die die Verfasser ziehen, heißt es: „Mit Fleiß und Begeisterungsfähigkeit ohne Schwärmerei, einer ständigen Leistungsbereitschaft und lebendigen Offenheit für Fortentwicklungen, einem stets konzeptionellen Denken und großem strategisch-taktischen Geschick, gepaart mit Rechtschaffenheit und Sparsamkeit, war Bertuch zur richtigen Zeit der richtige Mann, in einer Aufbruchszeit der ebenso bewunderte wie verhaßte Erfolgsmensch" (S. 239). Diesem Urteil wird man voll zustimmen mit einer Ausnahme: War dieser Erfolgsmensch wirklich verhaßt? War es nicht doch nur Neid?

Die Darstellung der enormen Lebensleistung Bertuchs wird in der Biographie eingebettet in die Erzählung seines Lebens, seiner Kindheit und Jugend, seiner Jahre als freier Schriftsteller und als Legationsrat in herzoglich-sächsisch-weimarischen Diensten, als selbständiger Unternehmer, als Familienvater, als Parkgestalter und Pomologe, als politisch-engagierte Persönlichkeit. Dem Sohn und gewünschten Nachfolger Carl Bertuch, der mit 37 Jahren starb – eine Parallele zum Schicksal seines Freundes Nicolai –, wird ein besonderers Kapitel gewidmet, wie auch dem Ende des Unternehmens unter seinen Erben nach Bertuchs Tod.

Es ist ein erfreuliches, lesenswertes Buch, dessen Lektüre allerdings getrübt wird durch die jüngste Entwicklung von Bertuchs sichtbarem Andenken in Weimar. Die Nachricht, daß die Bertuchhäuser zum 30. September 2003 geschlossen worden sind, kam überraschend und ist völlig unverständlich.

Mit der vorliegenden Bertuch-Biographie wollte der Hauptautor, Prof. Walter Steiner, sein Lebenswerk krönen. Der seit 1960 in Weimar lebende Geologe und Paläontologe, der bis 1990 als wissenschaftlicher Mitarbeiter der damaligen Hochschule für Bauwesen die DDR-Zeit überstanden hatte, übernahm 1991 die Leitung der Bertuchhäuser, in denen sich seit 1953 das Stadtmuseum befindet. Viele Jahre haben wir bedauert, daß die seit 1987 geschlossenen Häuser nicht besucht werden konnten. Nach langen Kämpfen gelang es Walter Steiner, der inzwischen auch die Parkhöhlen als archäologisches Baudenkmal entdeckt hatte, die sich hinschleppende Sanierung der Bertuchhäuser abzuschließen. Am 18. Mai 1999 wurde das neu gestaltete stadtgeschichtliche Museum – für 15 Millionen DM von Land und Bund finanziert – mit Steiners neuer Dauerausstellung eröffnet. Friedrich Justin Bertuch erhielt eine würdige, seinen Verdiensten angemessene Gedenkstätte. Es ist das Vermächtnis des inzwischen in den Ruhestand getretenen Erneuerers.

Vor allem seit der „Wende“ hat sich auch die wissenschaftliche Forschung immer mehr mit Bertuch beschäftigt. Die wichtigsten Resultate sind die umfangreiche (719 Seiten!) Veröffentlichung der 41 Beiträge des wissenschaftlichen Kolloquiums zum 250. Geburtstag Bertuchs 1997, das Walter Steiner mit vorbereitet hatte, und die noch nicht erschienene, von Uta Kühn-Stillmark vorbereitete Bibliographie der Verlagswerke Bertuchs. Sie sind weitere Meilensteine in der Rezeption des Weimarer Unternehmens.

Die Schließung der Bertuchhäuser aber ist für die Bertuchforschung und für das Andenken an diese markante Erscheinung im klassischen Weimar ein schwerer Rückschlag, für Walter Steiner eine unverdiente Kränkung und für die europäische Kulturstadt Weimar 99 eine schwere Niederlage. Die reich illustrierte Bertuch-Biographie kann zwar den Verlust nicht aufwiegen, doch eine Mahnung an die Verantwortlichen in der so vorbildlich und großzügig mit entscheidender Hilfe von Bund und Land sanierten Stadt Weimar sein. Sie darf das Ansehen ihrer großen historischen Persönlichkeiten nicht kurzsichtig verspielen.

Paul Raabe

Klaus Richter: ***Das Leben des Physikers Johann Wilhelm Ritter.*** *Ein Schicksal in der Zeit der Romantik.* Stuttgart, Weimar 2003, XV, 265 S.

Graf Carl von Klinckowstroem, ein früherer Ritter-Forscher, hat wohl mit seiner im *Jahrbuch der Goethe-Gesellschaft* 1921 erschienenen Untersuchung *Goethe und Ritter* erstmals ausführlich die Wertschätzung Goethes für Johann Wilhelm Ritter sowie dessen Anteil am Aufbau einer physikalischen Gerätesammlung in Weimar dargelegt, wie sie auch in dem häufiger zitierten Satz im Brief Goethes an Schiller vom 28. September 1800 zum Ausdruck kommt: „Rittern habe ich gestern bei mir gesehen, es ist eine Erscheinung zum Erstaunen, ein wahrer Wissenshimmel auf Erden“.

Der 2001 verstorbene ausgewiesene Ritter-Spezialist Klaus Richter hat die Druckfassung seines leider unverändert gebliebenen Manuskripts, eine stark erweiterte und hier und da etwas aufgedunsen wirkende Fassung seines fast 100seitigen Lebensabrisses im Vorspann der 1988 veröffentlichten Briefe Ritters an den Verleger Carl Friedrich Ernst Frommann, nicht mehr erlebt. Das vorgelegte Lebensbild Ritters (das Wort Biographie wird vermieden) „innerhalb des historischen, wissenschaftlichen, literarischen und sozialen Umfeldes“ (S. IX), womit potentielle „Leser/innen am Erkenntnisprozess und der Diskussion in der scientific community der Jena-Weimarer Romantiker teilhaben“ sollen (Klappentext), hat durchaus hagiographische Züge.

Das Lebensbild beginnt erstaunlicherweise mit einem 1999 „von einer professionellen Astrologin nach Ritters Geburtsdaten“ (S. 162) erstellten 19zeiligen Text und steigert sich bei den Fragen nach dem Woher und dem Warum zu Aussagen wie: „Die erste Schwelle jedenfalls, die der neue Erdenbürger glückhaft zu überschreiten hatte, war zu jener Zeit noch immer die des Überlebens“ (S. 2), was zugleich den weitest ausholenden, narrrativen Duktus des Werkes charakterisiert. An Details, Personennamen, Zeugnissen und Zitaten ist kein Mangel, was – im Gegensatz zur strengen wissenschaftlichen Biographie – eine angenehme Lektüre bereiten und durch ein ganzes Wissenschaftlerleben (mit erschütternden medizinischen Schilderungen des Endes) führen kann.

An 383 Zitatnachweise und sechs Seiten Namenverzeichnis (dort bei einzelnen fehlende Lebensdaten wären sicher zu ermitteln gewesen) schließt sich auf den S. 185–265 die im Jahre 2000 erstveröffentlichte, überarbeitete und ergänzte Ritter-Bibliographie des Autors an. Sie beinhaltet die wissenschaftlichen Publikationen Ritters, Nachweise der Briefe von und an Ritter, die Rezeption von Ritters wissenschaftlichem Werk, die Erwähnung Ritters in Briefen Dritter sowie Schriften und Erwähnungen zu Ritters Leben und Werk. Leider ist sie erschreckend fehlerhaft. Von den sechs monographischen Arbeiten Ritters sind fünf nicht korrekt wiedergegeben, nahezu überall ist Französisches (insbesondere Zeitschriftentitel) falsch, und selbst ein doch leicht nachprüfbarer Zeitschriftenaufsatz wie Nr. 45 (*Ideen über Feuerkugeln und Meteorsteine [...]*) ist falsch aufgeführt. Der ermittelte Autor der Rezension von Ritters *Fragmenten aus dem Nachlaß [...]* in den *Heidelberger Jahrbüchern* 1810, Anton von

Arnim, muß in eckige Klammern gesetzt werden, da die Rezension anonym erschien; außerdem ist diese S. 256 unvollständig zitiert. Bei der Nennung von Briefen Johann Wolfgang Goethes an Friedrich Schiller wundert man sich über die Heranziehung zweier verschiedener Ausgaben; ferner sind veraltete Namen von Institutionen stehengeblieben: Schloßbibliothek Gotha, Historisches Staatsarchiv Gotha u. a. m. Die Bibliographie hat, wie in der Besprechung ihrer Erstveröffentlichung (2000) im *Lichtenberg-Jahrbuch* 2000 deutlich gemacht wird, erheblichen Wert, doch schmälern solche Fehleranhäufungen ihren Nutzen.

Gerhard H. Müller

Karl August Varnhagen von Ense/Heinrich Düntzer: *„durch Neigung und Eifer dem Goethe'schen Lebenskreis angehören". Briefwechsel 1842–1858.* Hrsg. von Berndt Tilp. 2 Bde. Frankfurt a. M. u. a. 2003, 152 S., 324 S.

Obwohl die Germanistik in den vergangenen dreißig Jahren die Kenntnis über Konstitution und Etablierung des eigenen Faches enorm erweitert und vielfältig perspektiviert hat, sind Forschungen zu Randfiguren des akademischen Betriebs nach wie vor rar. Und auch die editorische Erschließung von Dokumenten zur Wissenschaftsgeschichte läßt – von Ausnahmen abgesehen – noch sehr zu wünschen übrig. Deshalb ist das Verdienst der vorliegenden Ausgabe des Briefwechsels zwischen Karl August Varnhagen von Ense und Heinrich Düntzer ein doppeltes. Sie macht Quellenmaterial zugänglich, das – weil es mit Düntzer nachhaltig die Gestalt eines philologischen Außenseiters (der gleichwohl publizistisch ungeheuer produktiv war) profiliert und zugleich weitere Aufschlüsse über die wichtige Rolle Varnhagens im Goethe-Kult des 19. Jahrhunderts liefert – in besonderer Weise dazu geeignet ist, unser Wissen über die Frühphase der deutschen Literaturwissenschaft zu vertiefen. Die Korrespondenz beider steht dabei – wie schon das Titelzitat andeutet – eindeutig im Zeichen Goethes. Düntzer wendet sich an Varnhagen als Zeitzeugen jener Phase der deutschen Kulturgeschichte, die er als Blütezeit der neueren Literatur versteht, und Varnhagen ergreift in der Unterstützung Düntzers die Möglichkeit, seine eigene Auffassung von der nationalen Prägewirkung dieser kulturhistorischen Konstellation zu tradieren und so volkserzieherisch tätig zu werden.

Die Lektüre der vorgelegten Briefe allerdings gestaltet sich trotz des enormen dokumentarischen Wertes dieser Zeugnisse – offen gesagt – wenig spannend. Das liegt daran, daß der Kontakt der beiden Korrespondenzpartner im Kern ein zweckbestimmter war: Mit Wohlwollen und Interesse verfolgten beide die Aktivitäten des jeweiligen Gegenübers, ohne dabei doch je zu einer persönlichen Beziehung zu finden. Dementsprechend freundlich-distanziert sind denn auch die gegenseitigen Mitteilungen gehalten; es geht vorwiegend um die Erörterung von Sachfragen, um den Austausch von Informationen oder um das Gewähren von Gefälligkeiten. Angesichts dieses Befundes kommt dem Kommentar natürlich um so größere Bedeutung zu. Und tatsächlich wird man in dieser Hinsicht kaum enttäuscht. In einer überaus anregenden, über 80 Seiten umfassenden „Einführung" wird dem Leser zunächst das intellektuelle Profil der beiden Briefschreiber vermittelt, er wird mit der Situation der Goethe-Philologie im 19. Jahrhundert bekannt gemacht und erhält einen fundierten Einblick in den „Problemkreis einer zwischen Syntheseanspruch und Faktengläubigkeit sich allmählich institutionalisierenden Germanistik" (Bd. 1, S. LXXII). Die gleiche Sorgfalt und Umsicht, die in der Einleitung festzustellen sind, weist der mit ungeheurem Fleiß zusammengetragene Einzelstellenkommentar auf, der freilich – aufs Ganze gesehen – auch gewisse strukturelle Mängel erkennen läßt. Diese resultieren im wesentlichen aus dem Umstand, daß die vorliegende Edition als Dissertation eingereicht wurde und deshalb bestimmte Kriterien wissenschaftlicher Akribie erfüllen sollte. So erklärt sich etwa, weshalb der Kommentarteil insgesamt reichlich aufgebläht wirkt. Um nur ja zu beweisen, wieviel Recherchemühe er in das Projekt investiert hat, erläutert Berndt Tilp die Briefe in bislang kaum gekannter Ausführlichkeit. Nicht immer entgeht er dabei der Gefahr der Überkommentierung. Es genügt ihm beispielsweise nicht, zum Verständnis der Briefe auf entsprechende Tagebuchstellen oder Zeitungsartikel zu verweisen, er zitiert sie auch meist vollständig. Im Einzelfall mag das durchaus sinnvoll sein, sobald diese Praxis jedoch zum Standardverfahren bei Nachweisen wird, gerät die – auch und gerade bei Editionen zu wahrende – Darstellungsökonomie unweigerlich aus dem Blick.

Schlimmer noch: Eine derartige Informationshypertrophie, die durch zahlreiche Redundanzen bei den bibliographischen Angaben und bei den Worterklärungen noch gesteigert wird, beeinträchtigt eindeutig die Lesbarkeit – zumal sich bei genauerem Hinsehen eine merkwürdige Unverhältnismäßigkeit zeigt: Die im Kommentarteil angeführten Langzitate (die für sich genommen einen eigenen Materialteil ergeben würden) dominieren nämlich den Erläuterungstext auf Kosten anderer relevanter Informationen. Unzureichend vorgestellt werden vor allem Personen der Literatur- und Kulturgeschichte. Wenn sich die Edition aber über den Bereich der Goethe-Spezialisten hinaus an ein größeres Publikum wenden will, dann werden auch Namen wie Jakob Michael Reinhold Lenz, Johann Caspar Lavater oder Johann Heinrich Merck näher erläutert werden müssen. Und eine Person wie Alexander Jung ist mit den Worten „Königsberger Schriftsteller und Philologe" (Bd. 2, S. 107) nur völlig unzureichend charakterisiert. Was Jung für Varnhagen interessant gemacht hat, ist seine Zugehörigkeit zum Kreis der Junghegelianer und das Faktum, daß er Anfang der vierziger Jahre Herausgeber der *Königsberger Literatur-Zeitung* war. Die Studie, die er 1854 über Goethes Altersroman publizierte, steht denn auch eindeutig im Kontext der ‚sozialistischen' *Wanderjahre*-Deutung des 19. Jahrhunderts. Ähnliches gilt für den aus dem *Athenäum*-Kreis um Eduard Meyen stammenden Ludwig Buhl, der im Einzelstellenkommentar gar nicht und im Register lediglich als „Übersetzer und Publizist" (Bd. 2, S. 301) vorgestellt wird.

Bedauerlicherweise tendieren Tilps Erläuterungen insgesamt zu einem gewissen positivistischen Übereifer, der zuweilen auf Kosten der – in diesem Zusammenhang wichtigeren – Kontextinformationen geht. So wird beispielsweise zwar die deutsche Übersetzung von Mme de Staëls Buch *De l'Allemagne* bibliographisch exakt nachgewiesen, der Umstand extra mitgeteilt, daß die französische Ausgabe noch während der Drucklegung verboten worden ist, und auf Einschätzungen des Werks durch das Ehepaar Varnhagen verwiesen, die entscheidende Tatsache jedoch (auf die im diesbezüglichen Brief vom 7.10. 1858 eindeutig angespielt wird), daß der Text, obschon er viele sachliche Unrichtigkeiten und Vergröberungen enthält sowie eine sehr einseitige Sicht der deutschen Literatur entwickelt, die Aufgeschlossenheit für die deutsche Literatur im linksrheinischen Nachbarland entscheidend gefördert hat, bleibt unerwähnt. Hier wären die Proportionen anders zu verteilen gewesen; generell würde man manches, was in den Brieferläuterungen steht (und dort regelrecht versteckt ist), lieber in der Einführung lesen. (Um die Liste der Monita zu beenden: In Bd. 1, S. 12, Z. 10f. scheint es eine Fehllesung gegeben zu haben, muß es dort doch wohl „Stunden" statt „Kunden" heißen; die in Bd. 2, S. 255 und 315 irrtümlich auftauchende Namensform „Eduard von Meyen" müßte in „Eduard Meyen" geändert werden; und schließlich vermißt man im Literaturverzeichnis sowohl die 1981 abgeschlossene Dissertation als auch einen einschlägigen Aufsatz über Varnhagen und Goethe von Dieter Bähtz aus dem Jahr 1978.)

Wenngleich diese Unzulänglichkeiten die Benutzbarkeit der beiden Bände beeinträchtigen, sie ändern nichts an der Tatsache, daß Berndt Tilp ein überaus wichtiges Quellenkorpus aufgearbeitet und erschlossen hat. Seine Edition wird, soviel kann heute schon prognostiziert werden, künftig zur unentbehrlichen Grundlage der Goethe-Philologie, der Wissenschaftsgeschichte der Germanistik und der Varnhagen-Forschung gehören – zu Recht.

Wolfgang Bunzel

Das Stammbuch des Benedict Christian Avenarius. *Zeugnisse eines Studenten- und Hofmeisterlebens in Göttingen, Braunschweig und im Leipzig des jungen Goethe.* Mit Erläuterungen und einer Lebensbeschreibung hrsg. von Rosemarie Schillemeit. Bielefeld 2002, 175 S.

Erst seit etwa zwei Jahrzehnten werden Stammbücher systematisch bibliographisch erfaßt bzw. katalogisiert und damit der Forschung zur Verfügung gestellt. Inzwischen hat sich daraus eine lebhafte wissenschaftliche Diskussion über Funktion, Typen und Inhalte von Stammbüchern entwickelt. Obwohl es in den letzten Jahren Stammbucheditionen (meistens als Faksimile) gegeben hat, war der

Anlaß doch häufig ein bibliophiler, denn das Stammbuch wird nach wie vor mehr als Rarität denn als kulturhistorische Quelle angesehen. Die vorliegende Edition des Stammbuchs des Benedict Christian Avenarius (1739–1826) scheint auf den ersten Blick diesen Eindruck zu bestätigen. Das Stammbuch liegt uns nicht nur im originalen Querformat vor, sondern auch das Äußere wird aufs genaueste mit dem braunen Ledereinband und seinem üppigen goldgeprägten Zierrat sowie den mit schönen Blumenmustern geschmückten Innendeckeln reproduziert. Die Faksimilierung der zwanzig handschriftlichen Einträge unterstreicht den Unikatcharakter dieser Quelle. Doch schon beim Blättern wird schnell deutlich, daß wir es hier mit einem Dokument zu tun haben, das sowohl für das Geistesleben der Stadt Braunschweig zur Zeit der Gründung des dortigen Collegium Carolinum als auch für die Kenntnis des zeitgenössischen kulturellen Horizontes sowie des Bildungslebens wichtige Auskünfte bereithält. Zudem haben historische Handschriften, besonders wenn sie wie im Fall von Stammbucheintragungen auf einen persönlichen Anlaß zurückgehen, zugleich ästhetische Aussagekraft, die uns in Zeiten einer formlosen und oftmals abbrevierten Kommunikation per e-mail oder SMS innehalten läßt. Nachdem Rosemarie Schillemeit 1998 im *Goethe-Jahrbuch* (GJb 1998, S. 211–228) erstmals über das wieder aufgefundene Avenarius-Stammbuch berichtet und insbesondere den Eintrag Goethes sowie den ihn betreffenden Kontext erläutert hatte, spannt sie nun mit der Edition des gesamten Stammbuchs den Bogen weiter. Die Einträge werden nicht nur faksimiliert, sondern transkribiert und ausführlich erläutert (Hinweise zu den Einträgern, zur zitierten Literatur und zur Beziehung der Einträger zum Stammbuchbesitzer). Eine ausführliche Biographie des Stammbuchbesitzers Avenarius, die den historischen Kontext der Stammbucheintragungen einbezieht, rundet die Edition ab.

Ursprünglich enthielt das Stammbuch 86 Blätter. Zahlreiche Blätter sind im Laufe der Zeit herausgetrennt worden, so daß heute nur noch 21 beschriebene Blätter übriggeblieben sind. Ein Teil der Einträge (der größere) stammt aus Braunschweig bzw. aus Celle und ist in den Sommer 1764 zu datieren. Ein anderer stammt aus Leipzig und ist in den Monaten Mai, Juni und September 1767 eingetragen worden. Sämtliche Eintragungen haben Kontext und Anlaß in den Studienaufenthalten des Stammbuchbesitzers. Was zunächst durch die Eintragungen von Professoren aus der Gründungsgeneration des Braunschweiger Collegium Carolinum wie eine Quelle von bloß regionaler Bedeutung aussieht, erhält durch den Eintrag des siebzehnjährigen Goethe (10. 6. 1767 mit der Niederschrift der letzten vier Strophen des Gedichtes *Pygmalion* aus dem Buch *Annette*) überregionalen Charakter. Sicherlich verleiht Goethes Prominenz dem Stammbuch eine gewisse Aura, ja einen materiellen Wert, doch wirklich interessant wird ein Stammbuch – auch das vorliegende – erst durch das Ensemble seiner Einträge. In den Eintragungen spiegelt sich nicht selten das jeweilige Verhältnis zwischen Stammbuchbesitzer und Einträger, meist ein Lehrer, Studienkollege oder Freund. In Stammbüchern wird viel zitiert, und die Zitatauswahl spricht immer wieder Bände, denn es ist nicht unerheblich, ob Fremdes oder Eigenes zitiert wird. Das Stammbuch galt auch als gesellschaftlicher ‚Ausweis' seines Besitzers, denn er zeigte es Dritten und konnte sich so in der Prominenz oder gesellschaftlichen Position der Einträger ‚sonnen'. Das Stammbuch hält vielfältige Funktionen und Kontexte bereit, die heute Einblicke in die uns fremder werdende Kultur früherer Epochen zu geben vermögen.

Der erste Eintrag im Stammbuch von Benedict Christian Avenarius stammt vom Abt Johann Friedrich Wilhelm Jerusalem, es folgen die befreundeter Pastoren (u. a. Matthäus Theodor Christoph Mittelstädt, Christian Günther Rautenberg, Johann Friedrich Jacobi). Eine weitere Gruppe bilden Einträge, deren Verfasser zu den „Bremer Beiträgern" (u. a. Conrad Arnold Schmid, Carl Christian Gärtner, Friedrich Wilhelm Zachariä, Johann Arnold Ebert) gehörten und nun am Braunschweiger Carolinum lehrten. Um den Eintrag Goethes gruppieren sich Einträge von Studienfreunden, die Avenarius in Leipzig kennengelernt hatte, darunter die von Gottlob Friedrich Krebel und Christian Gottfried Hermann, die zum damaligen Freundeskreis Goethes gehörten. Die Kenntnis von Goethes Leipziger Zeit wird dadurch um manches biographische Detail bereichert. Trotz aller Konventionalität und der Formelhaftigkeit der Erinnerungs- und Grußsprüche ermöglichen sämtliche Einträge nicht zuletzt durch die Zitatauswahl unterschiedlichste Einblicke in ein kunstvolles Geflecht von individuellen, öffentlichen und literarisch-ästhetischen Ausdrucksformen. Die sorgfältige Edition lädt zum Betrachten und Lesen gleichermaßen ein.

Bodo Plachta

Irene Husar: ***Die weltweite Wirkung der deutschen Weimarer Klassik.*** *Schewtschenko und Goethe.* Donezk 2001, 273 S.

Das Thema *Goethe und die ‚Weltliteratur'* scheint unerschöpflich zu sein, und eine Reihe von Gründen ließen sich hier anführen. Vieles spricht dafür, daß Goethes Verständnis von ‚Weltliteratur' erst gegenwärtig, in einer durch vielfältige globale Kommunikationsprozesse neu sich strukturierenden Welt, seine Modernität erwiesen hat. Bereits für Goethe stellte sich die Herausbildung von ‚Weltliteratur', wie er sie insbesondere seit 1800 beobachten konnte, als kommunikativer Vorgang dar, als Zeugnis des Austausches von kulturellen Gütern und Werten. Freilich sollte sich nach seiner Überzeugung dieser kulturelle Austausch nicht allein im Zeichen eines freien, ja wertfreien Handels von Kulturgütern vollziehen, sondern in diesem Prozeß weltweiter kultureller Kommunikation sollte sich jenes Humane und Klassische Geltung verschaffen, das Goethe als das Charakteristikum in den kulturellen Manifestationen aller Zeiten und Völker ansah.

Im Zeichen solchen Goetheschen Denkens fragt die im ukrainischen Lviv beheimatete Germanistin und klassische Philologin Irene Husar nach dem verbindenden Ganzen, das Goethes Schaffen mit dem ihres ukrainischen Landsmanns Taras Schewtschenko zusammenführt. Dieses Thema, das in mehreren Einzelstudien aufgefächert wird, steht im Mittelpunkt ihres Sammelbandes. Irene Husar hat ein Buch geschrieben, das gleichermaßen Zeugnis ablegt von den Stationen des eigenen schweren Lebens – insbesondere in den einführenden Passagen – wie von der unwandelbaren Zuneigung, die sie ihren literarischen Leitgestalten aus denkbar unterschiedlichen Kulturen entgegenbringt.

So bildet das Zentrum ihrer meditativen Erörterungen jenes schon bezeichnete Klassisch-Humane, das im Werk Goethes wie in dem Schewtschenkos in jeweils unterschiedlichen geschichtlichen Manifestationen zur Wirkung gelangt. Historischen Denkformen wird differenziert nachgefragt, und dabei gelingen Erkenntnisse, die nicht der intensiven Auseinandersetzung mit einer reichhaltigen Forschung entsprungen sind – dafür bot der Lebensraum der Autorin weder Anlaß noch Gelegenheit –, sondern die sich genauem Textstudium verdanken und zuweilen, dies in sehr persönlichen philosophischen Exkursen, weit ausgreifen in andere Kulturbereiche, auch im Einspruch gegen aktuelle Philosopheme formuliert werden. Wenn man bedenkt, daß dieses Buch unter schwierigen Bedingungen gesetzt und gebunden wurde, wird man auch die nicht geringe Zahl der Druckfehler in die „Mühen der Ebenen" einbeziehen müssen.

Was vor uns liegt, ist ein essayistisches Zeugnis verehrenden Verständnisses, wie es in seiner Grundrichtung insbesondere für den Dichtungsbegriff der osteuropäischen Intelligenz charakteristisch war und auch noch ist. Einem solchen Verständnis verdanken wir nicht zuletzt heute eine Auseinandersetzung mit Goethe, die sich – und die Arbeit zahlreicher Goethe-Gesellschaften in Osteuropa und im Kaukasus bezeugt dies – als lebendig und wirkungsträchtig erweist. Einen Brückenschlag zwischen den Kulturen, wie er in den Goethe-Gesellschaften vollbracht wird, stellt auch das Buch von Irene Husar dar.

Jochen Golz

Klaus F. Gille: ***Konstellationen: Gesammelte Aufsätze zur Literatur der Goethezeit.*** Berlin 2002, 340 S.

Bekannt durch sein Standardwerk zur Rezeption der *Lehr-* und *Wanderjahre* von 1971 und den Aufsatzband *Zwischen Kulturrevolution und Nationalliteratur: Gesammelte Aufsätze zu Goethe und seiner Zeit* von 1998, legt Klaus F. Gille hier eine Reihe seiner Aufsätze vor, die sich mit der Goethezeit im weitesten Sinne befassen. Neben kanonischen Texten der Literatur von Ludwig Tieck bis zu Heinrich Heine wird hier das Umfeld der Weimarer Klassik erschlossen. Dabei geht es um Reaktionen auf programmatische Texte der Weimarer Klassik: Friedrich Nicolais Kritik an Schillers *Ästhetischen Briefen*, Johann Kaspar Friedrich Mansos *Horen*-Kampf, Nicolais *Vertraute Briefe der Adelheid B*** und Carl

August Varnhagen von Ense als graue Eminenz in politischen und literarischen Fragen. Außerdem wird das Verhältnis von Germanistik und Nation im 19. Jahrhundert anhand der Edition des *Nibelungenliedes* in drei Aufsätzen verhandelt.

In der Einleitung umreißt Gille kurz seine Position als deutscher Germanist in den Niederlanden seit den sechziger Jahren, in der er sich deutlich von der geistesgeschichtlichen Methode und dem traditionellen deutschen Kanon nebst seiner autoritären Fixierung abwenden und des „fremden Blicks" auf die deutsche Situation bedienen konnte. Dazu gehörte auch der Dialog mit der Germanistik in Polen und der DDR, deren Leistungen mit der Erwähnung der Sammelbände *Debatten und Kontroversen*, herausgegeben von Hans-Dietrich Dahnke und Bernd Leistner, und *Literarische Kultur und gesellschaftliches Leben in Deutschland 1789–1806*, herausgegeben von Günter Mieth, gewürdigt werden. Wegen ihrer Erscheinungsdaten 1988 bzw. 1989 am Ende der DDR hätten sie „nicht die gebührende Aufmerksamkeit in der Forschung gefunden" (S. 82). Es geht Gille um das zeitgeschichtliche Substrat der Literatur, um „die Wahrnehmung tiefgreifender sozialer Umbrüche", die sich unter der Oberfläche der „schönen Literatur" vollziehen und mit literaturpolitischen Konzepten gesteuert werden (S. 10). Der im Titel verwendete Begriff der „Konstellationen", der auf die von Dieter Henrich geforderte Konstellationsforschung zurückgeht, erweist sich damit als Aufgabenstellung: literaturgeschichtliche Verständigung über die theoretischen Prozesse einer Periode, die sich nicht an den Werken einzelner Personen orientiert, sondern am Gesamtdiskurs, „dessen Thema die Gesellschaft der Moderne ist" (S. 81).

Diese Betrachtungsweise bewährt sich besonders an der Kombination von kanonischen Texten und sog. Umfeld-Literatur. Der programmatische Einleitungsaufsatz über „Remythisierung und Öffentlichkeit" diskutiert die pragmatischen Aspekte der ästhetischen Erziehung im Zeitalter der Französischen Revolution. Dabei geht er von August Wilhelm Schlegels Berliner Vorlesungen von 1802/03 aus, in denen der Redner die Folgen der Aufklärung für die Literatur ablehnte und sich für die von der neueren Forschung (Manfred Frank, Karl Heinz Bohrer u. a.) aufgearbeitete „neue Mythologie" aussprach. Während für die Berliner Aufklärung sowie Kant, Herder, Hegel und Schiller die pragmatischen Aspekte der Remythisierung im Mittelpunkt gestanden hätten, seien sie bei den Gebrüdern Schlegel nicht nur undiskutiert geblieben, sondern von der Literatur abgekoppelt worden. In der Diskussion hätten „ein demokratisches, an der Polis orientiertes Literatur- und Öffentlichkeitsmodell" (Herder, Bürger, Hegel) mit einem hierarchischen (Gebrüder Schlegel) oder zumindest elitären (Schiller) konkurriert. Schillers Publikum hätte sich auf die in den *Ästhetischen Briefen* benannten „wenigen auserlesenen Zirkel" beschränkt, während die Schlegels als „rückwärtsgewandte Propheten" der politischen und gesellschaftlichen Wirklichkeit das europäische Mittelalter als Vorbild und den Katholizismus als umfassende Ideologie entgegengehalten hätten. Daraus erklärt Gille abschließend Heines Auseinandersetzung mit den Schlegels als Anklage der demokratischen gegen die aristokratische Literatur, des Liberalismus gegen die Interessen der Ära Metternich.

Die Aufsätze über Nicolai, Manso und Varnhagen von Ense sowie die Rezeption des *Nibelungenliedes* bei Goethe und in der Germanistik des 19. Jahrhunderts setzen diese Thematik fort. Unter dem Aspekt der Konstellationsforschung erhält die zeitgenössische Kritik an Schillers *Ästhetischen Briefen*, wie z. B. Mansos Vorwurf der „Nachbeterei Kants", eine entscheidende Bedeutung und wird zum Verständnis der Periode um 1800, als Spätaufklärung, Klassik und Romantik nebeneinander existierten, fruchtbar gemacht. Eine Ausnahme bildet Gilles Aufsatz über das Divinationstheorem; er bietet hier in Auseinandersetzung mit der Hermeneutik-Diskussion bei Manfred Frank eine bedenkenswerte methodologische Alternative, die auf den Aspekt der linguistischen Kontrolle bei Schleiermacher zurückgeht. Dieser Aspekt bleibt bei Frank unberücksichtigt, doch findet er bei Jürgen Habermas eine starke Stütze. Damit wird eine Kontrollinstanz für die Divination gewonnen, die es in Franks „integraler" Hermeneutik nicht gibt.

Bei der abschließenden Serie von Aufsätzen über Tieck, Chamisso, Büchner und Heine zeigt sich nicht nur, daß Gille erfolgreich mit den Ergebnissen der Spezialforschung konkurriert, sondern ebenso, daß er aufgrund seiner breit angelegten Konstellationsforschung den Spezialisten in vielem voraus ist. Für jeden literarhistorisch interessierten Leser ist dieser Band ein Gewinn. Hoffentlich finden seine Ergebnisse auch Eingang in zukünftige Literaturgeschichten.

Ehrhard Bahr

Helmut Fuhrmann: *Sechs Studien zur Goethe-Rezeption.* Würzburg 2002, 172 S.

Daß es Fuhrmann, wie er in einer kurzen Einleitung sagt, „gegen alle geheiligten Selbstverleugnungsgesetze der Zunft" (S. 7) wagt, seine Erkundungen zur Goethe-Rezeption bei Georg Büchner, Gottfried Keller, Thomas Mann, Karl Jaspers und Botho Strauß mit einem „autobiographischen Bericht" (S. 137) über seine eigenen Beziehungen zu Goethe abzuschließen, klingt fast wie eine Entschuldigung. Man sollte das aber mehr als einen erfreulichen Umstand denn als Vergehen ansehen. Zum einen erschließt sich aus seiner Selbstaussage das Verständnis für die besondere Art und Weise, wie sein lebenslanges Verhältnis zu Goethe entstanden und gewachsen ist, zum anderen könnte sich gerade daraus auch eine Besonderheit des Blickwinkels erklären, unter dem der Autor die Goethe-Rezeption der von ihm behandelten Autoren betrachtet. So erscheint es sogar als günstig, wenn man zuerst die Selbstaussage und dann die anderen fünf Beiträge des Bandes liest, ist es doch gerade das hier für sie alle sichtbare kleinste gemeinsame Vielfache, in dem die Rezeption der klassischen deutschen Literatur als unverzichtbar dargestellt ist. Fuhrmann hat seinen entscheidenden Ansatz in der produktiven Aufnahme Ortega y Gassets gewonnen, zu dessen Äußerung in dem Aufsatz *Um einen Goethe von innen bittend* (*Pediendo un Goethe desde dentro* [1932, dt. 1934]) er sich nachdrücklich bekennt: „Es gibt nur eine Methode, die Klassiker zu retten: wenn wir sie ohne Umstände zu unserer eigenen Rettung gebrauchen, das heißt, wenn wir von ihrer Eigenschaft als Klassiker absehen, sie zu uns heranziehen und vergegenwärtigen, indem wir neues Leben in sie einströmen lassen mit dem Blut aus unseren Adern, das aus unseren Leidenschaften besteht – und aus unseren Problemen" (zit. nach Fuhrmann, S. 141). Daß sich dieses Rezeptionsverhalten ebenso „verehrend wie kritisch" (ebd.) äußern müsse, fügt Fuhrmann mit einem dankbaren Hinweis auf Karl Jaspers' Goethe-Rede von 1947 hinzu. Als Deutschlehrer sei es ihm immer darum gegangen, „jeweils den Punkt herauszufinden, wo das gegenwärtige Interesse mit der Intention der Werke der Vergangenheit koinzidiert, und zum anderen, die alten Texte mit solchen der Moderne und der Gegenwart in eine produktive, spannungsreiche Beziehung zu setzen" (ebd.). Das mag alles so neu nicht klingen, aber es sind die Leitlinien für die analytischen und interpretatorischen Erkundungen der fünf anderen in dem Band versammelten Aufsätze. Sie beschäftigen sich mit „höchst verschiedenartigen Beispielen von Goethe-Rezeption [...] nach der historischen Chronologie" (S. 7) und insgesamt rund 140 Jahren der Annäherung an Goethe zwischen Büchners *Dantons Tod* (1834/35) und Botho Strauß' *Trilogie des Wiedersehens* (1977).

Indem Fuhrmann in seinem ersten Beitrag an Büchners verhaltene Preisung Goethes in der *Lenz*-Erzählung erinnert, schafft er sich den Ansatz für seinen Versuch, dem Verhältnis Büchners zu Goethe konkret nachzugehen. Bei seinem – bisher ungedruckten – Vergleich zwischen *Dantons Tod* und *Egmont* geht Fuhrmann einen anderen Weg als Reinhold Grimm, der 1983 Feinstrukturen beider Dramen in das Zentrum seiner Betrachtungen gestellt hat. Fuhrmann konzentriert sich auf die *„makroskopische Nachzeichnung der großen Linien* von Gegensatz und Verwandtschaft" (S. 10) und tut das in sieben Schritten, in denen er das jeweils erkennbare Verhältnis zur Geschichte, die Darstellung der Staatsformen, die Volksszenen, die Titelfiguren, die jeweiligen Gegenspieler, die Frauengestalten und die Schlußszenen beider Dramen mit ihrem gemeinsamen Fabelgrundriß einander gegenüberstellt. Bei aller Plausibilität der Betrachtungen fällt indessen das Resümee etwas mager aus, wenn es im wesentlichen auf den größeren Optimismus der *Egmont*-Lösung und die fatalistischen Antworten auf die Revolutionsproblematik mit ihren härteren Einsichten in den Geschichtsprozeß in *Dantons Tod* eingegrenzt erscheint.

Im zweiten Beitrag des Buches, erschienen 2000, stellt Fuhrmann Kellers *Grünen Heinrich*, Thomas Manns *Zauberberg* und Goethes *Wilhelm Meister* in einen verwandtschaftlichen Zusammenhang. Das geschieht nicht in der vielleicht erwarteten Weise, ein weiteres Mal Probleme von Entwicklungs-, Bildungs- und Erziehungsroman zu erörtern. Statt dessen nähert er sich in seiner vergleichenden Untersuchung zunächst der Frage, mit welchem tatsächlichen Erfolg Wilhelm Meister, Heinrich Lee und Hans Castorp ihr Streben nach Lebenssinn, einer Lebensaufgabe und einem Lebenspartner zu realisieren vermögen. Doch schon bei der einfachen Feststellung, daß es dem Goetheschen Helden fast vollständig, dem Kellerschen nur halb glücke, Castorp hingegen völlig mißlinge, gerate man in eine

Sackgasse der Interpretation. Einbezogen werden müsse die ‚Intentionalität' der Werke. Erst dadurch werde „eine fundamentale Verwandtschaft zwischen den im einzelnen so überaus verschiedenen Helden und Romanen" (S. 51) deutlich. Nach Fuhrmann liegt sie in der Möglichkeit für den Leser, sich sowohl in der Annahme der geglückten Ankunft im Leben als auch in der kathartischen Wirkung eines scheiternden Helden den eigenen Lebensplan zu entwerfen. Es ist bedauerlich, daß dieser Beitrag des Buches gegen Schluß mehr und mehr auseinander läuft und Fuhrmann dieser von ihm entwickelten These eines spezifischen Rezeptionsverhaltens nicht mehr folgt, das eigentlich alle drei Romane in einem zusammenhängenden und in sich geschlossenen Lesevorgang aufnehmen müßte.

Eine Hinwendung zu dem engen Verhältnis Thomas Manns zu Goethe kann leicht in das Fahrwasser bisheriger Darstellungen geraten, wenn nicht ein solcher Deutungsansatz gefunden wird, in dem sich ein heutiger Leser wiederfinden kann und er zugleich etwas über die Besonderheiten dieser Beziehungen erfährt. Für seine Betrachtungen (*Kritische Bewunderung: Thomas Manns Goethe-Essays*, Erstdruck 1998) stehen Fuhrmann „nicht weniger als elf große Reden und Essays, kleinere Texte nicht mitgezählt, sowie ein ganzer Roman, ‚Lotte in Weimar'" (S. 59), ‚emphatische Liebeserklärungen an Goethe' (vgl. S. 79), zur Verfügung, wobei er sich vor allem mit den ersteren beschäftigt. Besagten Ansatz findet er in der Tatsache, daß sich Thomas Mann in ihnen niemals mit philologischen Fragen, sondern vor allem mit bestimmten Aspekten von Goethes Lebensgeschichte, mit seiner Weltsicht, seinem Persönlichkeitsprofil und seinem Schriftstellertypus (S. 60) auseinandersetzt und damit bereits eine hohe Verallgemeinerungsebene betritt. Das Gemeinsame der von Fuhrmann auf dieser Grundlage entworfenen sieben Aspekte des Goethe-Bildes Thomas Manns besteht in einer immer wiederkehrenden Sicht auf die Widersprüche in der Persönlichkeit des Dichters, die zeigen, daß sich auch dessen Leben zwischen Gewinn und Verlust, Erfolg und schwerer Arbeit, Glück und Enttäuschung abgespielt hat. Fuhrmann überschreibt seine sieben Aspekte der Urteile Thomas Manns folgendermaßen: *Das geplagte Glückskind*, *Der entsagende Erotiker*, *Der gesittete Titan*, *Der fortschrittliche Konservative*, *Der europäische Deutsche*, *Der gewagte Klassiker* und *Die ambivalente Größe*. Fuhrmann räumt schließlich ein, daß Mann sich wohl auch als direkten Erben Goethes gesehen habe, und schlägt eine Korrektur der 1949 in der *Weltwoche* erschienenen Karikatur von Hans-Ulrich Steger vor, die Thomas Mann statt Schiller neben Goethe vor dem Nationaltheater in Weimar zeigt. Bekanntermaßen gehört auch Schiller zu den Lieblingen des Lübeckers: „Thomas Mann, sorgfältig nach der bürgerlichen Mode des frühen 20. Jahrhunderts gekleidet, müßte an das berühmte Klassiker-Paar herantreten, höflich lächelnd seinen Homburg lüften und dabei Schiller zitieren – mit den Versen: ‚Ich sei, gewährt mir die Bitte, / In eurem Bunde der Dritte'" (S. 82).

Nicht nur aus Gründen der historischen Folgerichtigkeit, sondern auch wegen der aktuellen Berechtigung, an sie erneut zu erinnern, steht Fuhrmanns Darstellung der scharfen Kontroverse zwischen Ernst Robert Curtius und Karl Jaspers aus dem Jahr 1947 im Zentrum der sechs Studien, mit fast vierzig Seiten die umfangreichste (bisher ungedruckt). Sie holt sich ihre besondere Legitimation aus der Tatsache, daß das gerade in vielen gegenwärtigen Diskussionen aufgeworfene Thema der aktuellen Bedeutung Goethes zuweilen Formen angenommen hat, die von Verdächtigungen seiner humanistischen Integrität bis zu neuer kultischer Unterwerfung reichen. Mit dem Philosophen Jaspers und dem Romanisten Curtius standen sich in der am entschiedensten geführten Auseinandersetzung um Leben und Werk Goethes nach dem Zweiten Weltkrieg zwei Antipoden gegenüber, in deren Auffassungen sich eine kritische Aneignung einerseits und eine nahezu kultische Verehrung Goethes andererseits begegneten. In seiner 1947 anläßlich der Verleihung des Goethe-Preises der Stadt Frankfurt gehaltenen Rede *Unsere Zukunft und Goethe* trat Jaspers für eine ‚Übersetzung' der Wahrheiten des Dichters in unsere eigene Welt ein, ohne die seiner Meinung nach bestehenden Grenzen in dessen Denken zu verschweigen: die Ablehnung der modernen Naturwissenschaft, die ausschließlich harmonische Grundauffassung von Leben und Welt, die Preisgabe des Unbedingten zugunsten des Lebensmöglichen und anderes mehr. Daß Jaspers sich von jeglicher Vergötterung Goethes distanziert, die Berufung auf den Dichter, wie er sagt, noch keine Legitimation bedeute, sich die Nachwelt nicht nur auf seine Normensetzung konzentrieren dürfe und humanistisches Denken sich nicht allein auf ihn beziehen lasse, er sogar vor der „totalitären Rücksichtslosigkeit des Diktators Faust" zu warnen wagt, hat Curtius zu einer Reaktion provoziert, die Fuhrmann „ein wahrhaft abstoßendes Dokument intellektueller Unredlichkeit" (S. 105), Ausdruck eines „Unfehlbarkeit sich anmaßenden und apodiktisch auftretenden Oberlehrers" (S. 110), einen „elitäre[n] Autoritarismus" und „einäugige[n] Kulturtraditionalismus" (S. 111) nennt. Diesem harten Urteil über Curtius liegt Fuhrmanns überall durchscheinende Auffassung von einer produktiven Goethe-Rezeption in unseren Tagen zugrunde, die er schließlich beim Nachvollzug der Entwicklung seines eigenen Umgangs mit Leben und Werk des Dichters im letzten Beitrag des Bandes beschreibt. Bezogen auf seine Entscheidungsfrage Jaspers oder Curtius? lautet sie:

> Ich halte Jaspers' liebend-kritische, im Gegenwärtigen verankerte Beziehung zu Goethe nicht allein für entschieden förderlicher und fruchtbarer als jenen pseudoreligiösen, ganz dem Vergangenen zugewandten Kult, den Curtius ihm angedeihen läßt; ich halte sie sogar für die heute einzig mögliche, wenn wir Goethe und mit ihm der großen Überlieferung noch eine Chance geben wollen, sich gegen die traditionsauflösenden Mächte der modernen Welt, zu denen nachgerade bereits weite Teile unseres eigenen Bildungssystems gehören, mit Aussicht auf Erfolg zu behaupten. (S. 122)

Die letzte Studie vor der eingangs besprochenen, abschließenden Selbstbetrachtung Fuhrmanns zur Entwicklung seines eigenen Goethebildes gilt einer Untersuchung, die schon in ihrem Titel die Intention der dann folgenden Darstellung andeutet: „Goethes ‚Trilogie der Leidenschaft' als Spiegel- und Kontrastfolie von Botho Strauß' ‚Trilogie des Wiedersehens'" (erschienen 1981). Fuhrmann geht davon aus, daß es, wie die Gedichtüberschriften suggerieren, „zwischen den beiden Werken eine intertextuelle Beziehung in Gestalt von formalen und thematischen Verwandtschaften und Gegensätzen, die für eine Interpretation des Stückes von Strauß bedeutsam sind", gebe (S. 123). Bei aller Gemeinsamkeit im triadischen Aufbau der beiden, von ihrer Gattungszugehörigkeit einerseits als Lyrik, andererseits als „Theaterstück" aber verschiedenen Texte befragt Fuhrmann sie vor allem daraufhin, wie sie mit der Bewältigung von Grenzsituationen im Leben umgehen. Goethe lege in seiner Trilogie das Gewicht auf den Wiedergewinn von Harmonie in der *Aussöhnung*; den meisten Figuren in Strauß' Stück dagegen fehlten die Fähigkeit und Bereitschaft, „sich handelnd zur Gegenwart und damit zu sich selbst zu entschließen, um ein klares Identitätsbewußtsein zu gewinnen" (S. 130). So wird man bei einer Zusammenschau beide Texte in ihren konträren Botschaften zwischen optimistischer Lebensbewältigung einerseits, Sinnentleerung und Illusionslosigkeit andererseits wahrnehmen.

Man kehrt nach den aufschlußreichen Exempeln von Rezeption der Rezeption, und um solche handelt es sich schließlich bei Fuhrmanns Interpretationen von Beziehungen verschiedener Autoren zum Werk Goethes, zum Autor und seiner Grundposition zurück, die sich in allen Beiträgen des Bandes wiederfindet. „Was not tut nach dem unkritischen Goethe-*Kult* der Vergangenheit und dem vielfach darauf folgenden ebenso unkritischen Sturz des Goethe-*Denkmals*", schreibt Fuhrmann, „ist kritische, d. h. in die Perspektive der Gegenwart gerückte und dieser Gegenwart redlich ausgesetzte Goethe-*Kenntnis*" (S. 152).

Dietrich Grohnert

AUS DEM LEBEN DER GOETHE-GESELLSCHAFT

In memoriam

Prof. Dr. phil. Walter Henze
23. November 1923 – 13. Juli 2003

Manche Mitglieder mögen sich fragen: „Wer ist Walter Henze?“ – Es war still geworden um diesen freundlich-verbindlichen, humorvollen und eloquenten Germanisten; denn es sind schon fast zehn Jahre vergangen, seit er sich aus gesundheitlichen Gründen aus der Öffentlichkeit zurückgezogen hatte.

Die älteren Mitglieder wissen: Walter Henze war seit 1960 an der Pädagogischen Hochschule Hannover zunächst als Dozent, dann als Professor für Deutsche Sprache und Literatur und ihre Didaktik tätig; dazu kam ein Lehrauftrag für Kultur- und Theatergeschichte an der Hochschule für Musik und Theater Hannover.

Von 1964 an war er dreißig Jahre lang der 1. Vorsitzende der Goethe-Gesellschaft Hannover e. V., seit 1983 auch Vorstandsmitglied der Goethe-Gesellschaft in Weimar, wo er mit viel Geschick dazu beigetragen hat, die Einheit dieser einzigen gesamtdeutschen Gesellschaft im geteilten Deutschland zu bewahren.

Er konnte geistesgegenwärtig schnell reagieren und argumentieren, besonders in Diskussionen, die heikel waren. Dabei hat er nie einen verbalen Sieg ausgekostet, sondern wahrte eine faire und vornehme Haltung. Das machte ihn sympathisch, zumal er auch die Gabe besaß, schnell die Lacher auf seiner Seite zu haben; denn er war ein Meister der Vermittlung durch ein Scherzwort. Solange es die politische Einheit noch nicht gab, hat er sie im Geistigen vorweggenommen.

Daß er zu Erfolg und Ehre kam, verwundert kaum, angesichts dieser Biographie: Er wurde 1923 in Hildesheim geboren, studierte nach dem Krieg in Göttingen und Paris Philologie, Theaterwissenschaft und Philosophie, promovierte über *Gabriel Marcel als Bühnendichter* und war zunächst einige Jahre im niedersächsischen Schuldienst, bevor er dem Ruf an die Pädagogische Hochschule folgte.

Walter Henzes Spezialgebiet war die zeitgenössische deutsche Literatur und deren Bezug zur Klassik und zum Realismus: von Thomas Mann bis Uwe Johnson, von Ingeborg Bachmann bis Arno Schmidt.

Ein früher Vortrag aus dem Jahr 1964 hat programmatische Bedeutung für ihn bekommen: *Goetheferne und Goethenähe der heutigen Dichtung*. – Das war sozusagen auch seine „Antrittsvorlesung" als 1. Vorsitzender der Goethe-Gesellschaft Hannover.

Als Walter Henze den Vorsitz für die Goethe-Gesellschaft in Hannover übernommen hat, hatte sie mehr als 1000 Mitglieder. Einige von ihnen besuchen die Vorträge und Veranstaltungen heute noch regelmäßig.

In den folgenden dreißig Jahren hat Walter Henze dann für fast zweihundert Veranstaltungen verantwortlich gezeichnet, für die er die Größen der deutschen Nachkriegs-Germanistik gewinnen konnte: Von Beda Allemann über Walter Killy und Albrecht Schöne bis zu Peter Wapnewski. Autorinnen und Autoren wie Ingeborg Bachmann, Max Frisch, Günter Grass oder Siegfried Lenz haben für die Freunde der Goethe-Gesellschaft Hannover gelesen oder bedeutende Zeitgenossen wie Manfred Eigen, Adolf Portmann und Dolf Sternberger haben Vorträge gehalten.

Ganz im Sinne der Weltoffenheit Goethes ging es oft um Literatur und Theater, aber auch um Philosophie, Psychologie und die Naturwissenschaften.

Mit den Vortragsprogrammen ist es Walter Henze, dem „SachWalter Goethes in Hannover" (wie ihn ein Freund zum 70. Geburtstag begrüßte), gelungen, neue Akzente zu setzen, sich um Goethe und um das literarische Leben der Stadt verdient zu machen.

Seine zweibändige Goethe-Ausgabe in der Reihe „Dramatiker des Welttheaters" ist fester Bestandteil öffentlicher und privater Bibliotheken und hat vielen den Zugang und das Verständnis der Dramen Goethes erleichtert.

Im November 2003 wäre Prof. Dr. phil. Walter Henze 80 Jahre alt geworden. Er ist am 13. Juli 2003 gestorben.

Peter Meuer

Bericht über die 78. Hauptversammlung vom 11. bis 14. Juni 2003: Goethe auf Reisen

Programm und Ablauf

11. Juni 2003

9.00–17.15 Uhr, Weimarhalle

Symposium junger Goetheforscher (Konzeption und Leitung: Dr. Thorsten Valk, Freiburg i. Br.) mit folgenden Vorträgen:

Dr. Martin Dönike (Berlin): Edle Einfalt, stille Größe? – Die „Eroberung Trojas" auf der Weimarer Kunstausstellung von 1803. – Dr. Thorsten Fitzon (Bonn): Gezähmte „Bilderlust" – Goethes wiederholte Annäherung an Pompeji. – Manuela Schulz (Berlin): Prometheus, Luzifer, Faust – metaphysische Rebellen bei Goethe. – Wolf Gerhard Schmidt (Saarbrücken): Moralische Selbstgewißheit und scheiternde Helden – zur Funktion der „Ossian"-Intertextualität in Goethes „Götz"-Dramen. – Prof. Dr. Giovanni Sampaolo (Pescara): Klassisch-romantische Umwege – Goethes Calderón-Rezeption als Schlüssel zum Schlußkapitel der „Wahlverwandtschaften". – Katja Mellmann (München): Goethes „ernste Scherze" – zur Genese eines neuen poetischen Verfahrensprinzips aus dem Geist des bürgerlichen Rokoko. – Christian Mittermüller (Freiburg i. Br.): „Das schiebt sich und verschiebt sich" – zur Poetologie in Goethes „Wanderjahren".

19.30–23.30 Uhr, Weimarhalle

Ordentliche Mitgliederversammlung:

- Eröffnung und Begrüßung
- Feststellung der Tagesordnung
- Grundlegende Bemerkungen zur Neufassung der Satzung
- Information über die vom Vorstand übernommenen Änderungsanträge
- Abstimmung über die vom Vorstand nicht übernommenen Änderungsanträge
- Weitere mündlich vorgebrachte Änderungsanträge
- Abstimmung über die neue Satzung (entfiel aus Zeitgründen)
- Verschiedenes (entfiel aus Zeitgründen).

Aus Zeitgründen konnte der Entwurf einer neuen Satzung nicht vollständig verabschiedet werden. Die Mitglieder haben der Neufassung der §§ 1–7 zugestimmt. Die Neufassung der nachfolgenden Paragraphen soll durch die Mitgliederversammlung zu einem späteren Zeitpunkt beraten und verabschiedet werden.

12. Juni 2003

10.00–12.15 Uhr, Weimarhalle

Eröffnungsveranstaltung:

Die musikalische Umrahmung übernahm das Faust-Quartett: Uta Kuhnert, Cordula Frick (Violine), Andreas Willwohl (Viola) und Birgit Maria Böhmer (Violoncello), eingangs mit Joseph Haydn: Quartett in b-Dur, op. 76/4, „Sonnenaufgang", 1. Satz Allegro con spirito.

Begrüßung durch den Präsidenten der Goethe-Gesellschaft Dr. habil. Jochen Golz; Grußworte des Ministerpräsidenten des Freistaates Thüringen Dieter Althaus, des Stadtkulturdirektors der Stadt Weimar Dr. Felix Leibrock, des Vertreters der Beauftragten der Bundesregierung für Kultur und Medien Dr. Horst Claussen und des Stipendiaten der Goethe-Gesellschaft Tomasz Dominiak (Wrocław/Polen).

Eröffnungsvortrag: Prof. Dr. Dr. h. c. mult. Gerhard Kaiser: Wandrer und Idylle im Werk Goethes – speziell im „Faust" (siehe S. 29–43).

Verleihung der Goethe-Medaille an Prof. Dr. Naoji Kimura (Tokio/Japan) (siehe S. 425 f.).

Musikalischer Ausklang mit Ludwig van Beethoven: Quartett in f-Moll, op. 59/1, 4. Satz Allegro.

14.00–17.30 Uhr, diverse Orte

Wissenschaftliche Konferenz zum Thema „Goethe auf Reisen": 14.00–15.30 Uhr Arbeitsgruppen A–D (A: Goethe im Elsaß, B: Landschaften und Begegnungen auf Goethes Schweizer Reisen, C: Bergbesteigung/Hadesfahrt. Topik und Symbolik der „Harzreise im Winter", D: Literarische Gestaltungen von Italienreisen vor und nach Goethe) und 16.00–17.30 Uhr Arbeitsgruppen E–H (E: Von Arabesken. Neues zu einer Theorie des Ornaments bei Goethe, F: Totes und Lebendiges. Zu Goethes Begegnung mit der griechischen

Antike in Sizilien, G: „Auch ich in der Champagne“ – und im republikanischen Mainz: Goethe als Schlachtenbummler in den Revolutionskriegen, H: Goethe auf Dienstreisen).

16.30 – 18.30 Uhr, Hotel „Intercity“ Weimar
Reiner Kunze: „Münze in allen Sprachen“ – Lyrik und Prosa (Autorlesung und Gespräch). Begegnungstreffen deutscher und ausländischer Studenten und junger Wissenschaftler. Einführung: Prof. Dr. Werner Keller.

20.00 Uhr, Forum Seebach
Goethes Geliebte. Ein ‚Spiel vom Blatt‘ von Glück, Lust und Fluchten des Dichters in seinen Versen, Briefen, Tage- und anderen Büchern. Dramaturgie, Inszenierung und Interpretation: Ulrich Ritter (Berlin/München); Klavier: Tamar Kawtiaschwili (Weimar/Tbilissi).

20.00 Uhr, Deutsches Nationaltheater Weimar, Foyer I
Die Könige von Thule. Lieder aus dem „Faust“ und andere Vertonungen von Texten Johann Wolfgang Goethes.

20.00 Uhr, Deutsches Nationaltheater Weimar, e-werk
Faust – A factory. Schauspiel nach Goethe. Faust. Zwei.

13. Juni 2003

9.00 – 12.30 Uhr, diverse Orte
Wissenschaftliche Konferenz zum Thema „Goethe auf Reisen“: 9.00 – 10.30 Uhr Arbeitsgruppen I–M (I: Goethe in Böhmen, K: „ein Paar Blicke in die freye Welt“. Zu Goethes Reise-Zeichnungen, L: Goethes poetische Orientreise, M: Goethes Reisen in die Rhein- und Main-Gegenden) und 11.00 – 12.30 Uhr Arbeitsgruppen N–Q (N: Goethe und die Reiseliteratur, O: Goethes poetische Chinareise, P: Goethe unterwegs – in der Kutsche, Q: Die evolutionäre Reise – zur Modernität des Goetheschen Homunculus).

14.00 – 21.30 Uhr, Weimarhalle
Ordentliche Mitgliederversammlung:
- Eröffnung und Begrüßung
- Feststellung der Tagesordnung
- Information über Teil I der Mitgliederversammlung am 11. 6. 2003
- Verleihung von Ehrenmitgliedschaften (siehe S. 426–429)
- Tätigkeitsbericht des Präsidenten (siehe S. 413–419)
- Bericht über die Auseinandersetzung mit der Geschichte der Goethe-Gesellschaft (siehe S. 419 f.)
- Bericht zum Eigentum der Goethe-Gesellschaft und Vorlage eines Entwurfs zu einem Vertrag mit der Stiftung Weimarer Klassik und Kunstsammlungen zur Abstimmung (Der Vertragsentwurf zwischen Goethe-Gesellschaft und Stiftung Weimarer Klassik und Kunstsammlungen konnte noch nicht im Ganzen verabschiedet werden. An den Vorstand erging der Auftrag, noch offene rechtliche Fragen zu klären; anschließend wird der Sachverhalt erneut der Mitgliederversammlung zur Beschlußfassung vorgelegt.)
- Geschäftsbericht des Schatzmeisters (siehe S. 421 f.)
- Bericht der Kassenprüfer (siehe S. 423 ff.)
- Aussprache zu den Berichten
- Antrag auf Entlastung des Vorstands
- Verabschiedung der ausscheidenden Vorstandsmitglieder
- Antrag auf Entlastung der Kassenprüfer
- Wahl von zwei Kassenprüfern für die Zeit von 2003 bis 2007 (In offener Wahl wurden Herr Volkmar Birkholz und Herr Ekkehard Taubner gewählt.)
- Antrag auf Neufestsetzung des Mitgliedsbeitrags (Der reguläre jährliche Mitgliedsbeitrag beträgt ab dem 1. 1. 2004 40 Euro für Einzelmitglieder, ermäßigt für Schüler, Studierende und Ehepartner eines Mitglieds 20 Euro.)
- Verschiedenes
- Vorstellung der Kandidaten für die Wahlkommission und Wahl der Wahlkommission
- Vorstellung der Kandidaten und Wahl des neuen Vorstands für die Zeit von 2003 bis 2007 (siehe S. 429 f.)
- Bekanntgabe der Wahlergebnisse
- Wahl des Präsidenten, Vizepräsidenten und Schatzmeisters durch den neugewählten Vorstand
- Bekanntgabe der Wahlergebnisse und Bestätigung durch die Mitgliederversammlung (siehe S. 429 f.).

14. Juni 2003

9.00–11.00 Uhr, Weimarhalle
Berichte über den Gesprächsverlauf in den einzelnen Arbeitsgruppen.

13.00–22.00 Uhr
Exkursion nach Mühlhausen und Volkenroda (Konzeption und Leitung der Exkursion: Ministerialrat a.D. Dr. Wolfgang Müller, Ilmenau): Bachkirche Divi Blasii in Mühlhausen: Begrüßung durch den Bürgermeister Peter Bühner sowie Vortrag zum Wirken Bachs in Mühlhausen und Konzert an der Bachorgel durch Kantor Oliver Stechbart – Kaffeetafel im Brauhaus Leo – Stadtführung „Auf den Spuren Johann Sebastian Bachs und Thomas Müntzers durch Mühlhausen" – Weiterfahrt nach Kloster Volkenroda: Feier zum Beginn des Sonntags mit der Klostergemeinschaft, Besichtigung der Klosterkirche, Ausklang mit einem Abendessen.

Tätigkeitsbericht des Präsidenten

Verehrte Mitglieder der Goethe-Gesellschaft,

es gehört zu den Eigenheiten moderner Erinnerungskultur, daß deren Anlässe in der Regel an chronikalische Ereignisse gebunden sind und sich im günstigen Falle zu medienwirksamen „Events" gestalten lassen, dann aber rasch wieder in Vergessenheit geraten. So gab es Stimmen, die im Jahre 1999 voraussagten, eine solche Entwicklung werde sich auch im Hinblick auf Goethe vollziehen. Doch bewahrheitet hat sich das nicht. Ein sichtbares Zeichen dafür ist die Tatsache, daß Goethe im gegenwärtigen kulturellen Diskurs seinen Stellenwert behält, daß er unverändert das Interesse der Wissenschaft auf sich zieht, daß die Zahl der Bücher und Einzelpublikationen, die sich Goethes universalem Schaffen zuwenden, nicht abgenommen hat. Für die Herausgeber des Goethe-Jahrbuchs stellt es stets von neuem eine schwierige Aufgabe dar, das weltweite wissenschaftliche Interesse an Goethe angemessen im Bibliographie- und Rezensionsteil des Jahrbuchs zu dokumentieren.

Solche Stetigkeit der Neigungen und Interessen spiegelt sich auch in der Mitgliederbewegung unserer Gesellschaft wider. Selbst wenn man in Betracht zieht, daß jede Gesellschaft Mitgliederverluste durch Tod und gelegentliche Austritte hinnehmen muß, so ist doch alles in allem ein leichter Anstieg der Mitgliederzahlen zu beobachten. Gegenwärtig zählen wir 3898 Mitglieder in 52 Staaten der Welt. 2002 allein konnten wir mehr als 150 neue Mitglieder begrüßen. Besonders erfreulich daran ist, daß sich unsere Internetpräsentation als attraktives Medium erweist und vor allem jüngere Menschen motiviert, sich über unsere Gesellschaft zu informieren und dann Kontakt aufzunehmen. Insgesamt 35.000 Besuche wurden bislang unserer Homepage abgestattet. Bemerkenswert ist auch der Zuwachs, den wir aus den deutschen Ortsvereinigungen erfahren. Gern empfangen die Mitarbeiterinnen der Geschäftsstelle und ich Mitglieder der Ortsvereinigungen in Weimar, und eigentlich jeder Besuch verbindet sich mit Beitrittserklärungen. Andreas Bruno Wachsmuth, seine Stimme habe ich noch im Ohr, sprach bei solchen Gelegenheiten von einer Gesellschaft mit hohem Blutdruck. Gleichwohl darf uns eine solche insgesamt erfreuliche Entwicklung nicht von dem Vorsatz entfernen, weiter für neue Mitglieder zu werben. Jeder ist aufgerufen, durch persönliches Beispiel und persönliches Engagement in dieser Richtung zu wirken. Ich bitte Sie auch, den Patenschaften für ausländische Mitglieder stärkere Aufmerksamkeit zu schenken; sorgen Sie mit dafür, daß ihnen unser Jahrbuch unentgeltlich zugesandt werden kann. Die Zahl von 4000 Mitgliedern sollte uns als nahes und auf mittlere Sicht zu stabilisierendes Ziel vor Augen stehen. So entstünde nicht nur eine Gemeinschaft von Goethe-Freunden, die stärker noch als heute schon ihre Stimme erheben könnte, sondern ein steter Zuwachs wäre auch darum von erheblichem Gewicht, weil in Zeiten instabiler öffentlicher Finanzen jedes Mitglied durch seinen Jahresbeitrag mithilft, die großen nationalen und internationalen Aufgaben unserer Gesellschaft zu erfüllen.

Die Geltung Goethes im Kontext der Weltkulturen wird nirgendwo ernsthaft angefochten. Daß Goethes Nachlaß, aufbewahrt im Weimarer Goethe- und Schiller-Archiv, als eines von fünf deutschen Kulturgütern 2002 in die UNESCO-Liste *Memory of the World* aufgenommen wurde, bezeugt Goethes weltkulturelle Bedeutung mit Nachdruck. Diese Geltung, für das poetische Werk ohnehin nicht in Zweifel zu ziehen, wird in meinen Augen mehr und mehr auch für das Goethesche Denken allgemein in Anspruch genommen, in dem Natur und Kultur in ihrer

Ganzheit und in ihrer wechselseitigen Durchdringung angeschaut werden. Ein solches Denken erfährt seine aktuelle Konkretisierung nicht zuletzt sowohl in einem modernen Politikverständnis als auch in einem wahrhaft zeitgemäßen ökologischen Bewußtsein.

Aktuelle politische Entwicklungen haben bewirkt, daß ein wesentlicher Aspekt in Goethes Kulturverständnis eine starke aktuelle Bedeutung erlangt hat: seine Beschäftigung mit der Kultur des Orients und sein daraus erwachsender Vorsatz, in einen Dialog mit anderen Kulturen zu treten. Ist es weiterhin die gewaltsame Auseinandersetzung zwischen Israelis und Palästinensern, so ist es neuerlich und immer noch der Konflikt im Irak, der geschichts- und kulturbewußte Menschen die Frage nach dem Woher und Warum stellen läßt; denn alle aktuelle Geschichte hat eine (nicht selten weit zurückreichende) Vorgeschichte. Und in solchem Kontext legen wir uns die Frage vor, welchen Gewinn wir z. B. von einer Lektüre des *West-östlichen Divan* und seiner *Noten und Abhandlungen zu besserem Verständnis* zu erwarten haben. Die erste Antwort kann nur lauten: Kenntnis und Wissen, Wissen um geschichtliche und kulturelle Zusammenhänge und daraus erwachsend Verständnis für die kulturell höchst differenzierte Verfaßtheit der Völkergemeinschaft im Nahen und Mittleren Osten. Verständnis aber darf nicht passiv bleiben, es muß in ein Handeln münden, das den Goetheschen Leitbegriffen Humanität, Vernunft und Toleranz verpflichtet ist. Ein rechtes Verständnis von Goethes Bild islamischer Religion und Kultur kann dazu beitragen, Vorurteile abzubauen – gegenüber den Mitbürgern im eigenen Land wie gegenüber islamischen Nationen, ohne daß die Augen vor der Gefahr verschlossen werden, die von einem militanten Islam ausgeht. Mitglieder unserer Gesellschaft haben ein großes Bedürfnis nach „wahrer Aufklärung". Die Vortragsreise, die unser Mitglied Frau Professor Katharina Mommsen im Frühjahr 2002 in elf deutsche Ortsvereinigungen geführt hat, war eine überzeugende Bestätigung dieses Satzes. Große deutsche Tageszeitungen haben über ihre Reise berichtet. Das Weimarer Hafis-Goethe-Denkmal in seiner bildhaft-symbolischen Dimension zunächst ins Bewußtsein bringend, konnte Katharina Mommsen beispielhaft zeigen, wie „herrlich" der Orient übers Mittelmeer gedrungen sei, wie eindrucksvoll Goethe Zeugnis abgelegt habe von einer west-östlichen Kultursynthese. Unsere Mitglieder insgesamt, so glaube ich sagen zu können, werden Goethes Vierzeiler „Gottes ist der Orient!/Gottes ist der Oczident!/ Nord- und südliches Gelände/Ruht im Frieden seiner Hände" (WA I, 6, S. 10) in seiner wahrhaft friedensstiftenden Aussage sich aneignen, werden die Partei der Vernunft und der Toleranz zu nehmen wissen.

Die Goethe-Gesellschaft hat ihre Arbeit selbst zunehmend im übernationalen Bereich angesiedelt, verfolgt aufmerksam die vielfältige internationale Resonanz Goethes und befördert die Auseinandersetzung mit seinem Werk, soweit es in unseren Kräften steht, auch durch direkte Unterstützung. Übersetzungen von Werken Goethes sind weiterhin im Entstehen. In China ist eine zwölfbändige Goethe-Ausgabe erschienen, eine umfassende Edition in achtzehn Bänden wird in Rumänien vorbereitet – unsere Gesellschaft gibt dafür wissenschaftliche Hilfe und Unterstützung. Wer den bibliographischen Teil unseres Goethe-Jahrbuchs aufmerksam liest, wird erkennen, wie reich und vielfältig die weltweit existierende Goethe-Forschung ausgebildet ist. Zwei konkrete Anmerkungen seien – gewissermaßen *pars pro toto* – erlaubt. Mit tiefem Respekt und großer Bewunderung nehmen wir die Ergebnisse japanischer und koreanischer Forscher zur Kenntnis, wie sie sich in den jeweiligen nationalen Periodica widerspiegeln. Einladungen, zur jährlichen Frühjahrskonferenz in Seoul ausgesprochen, nimmt unsere Gesellschaft gern wahr, und stets sind die deutschen Gäste beeindruckt und bereichert zurückgekehrt. Große Anerkennung gebührt der Arbeit der Moskauer Goethe-Kommission, die unter der Leitung von Prof. Sergej Turajew und in der wissenschaftlichen Verantwortung von Dr. Galina Jakuschewa jüngst den Sammelband *Goethe in der russischen Kultur des 20. Jahrhunderts* vorgelegt hat.

In den jeweiligen nationalen Goethe-Gesellschaften findet die Forschung ein organisierendes und motivierendes Zentrum. Seit unserer letzten Hauptversammlung haben sich drei neue Gesellschaften gegründet: im westafrikanischen Dakar, in Wrocław, dem früheren Breslau, und in Baku in Aserbaidschan. In Baku hat unser Vizepräsident Professor Hansen an der Gründungsversammlung teilnehmen können, und jede dieser Gesellschaften ist in einem eigenen kulturellen Traditionszusammenhang zu sehen.

Aufmerksamen Beobachtern bleibt nicht verborgen, daß die Auseinandersetzung mit Goethe in Westeuropa allmählich zurückgeht, in den Ländern Ost- und Südosteuropas, in Rußland, in den Ländern des Kaukasus und im Fernen Osten hingegen stärker noch die kulturelle Entwicklung prägt. Ein eindrucksvolles Beispiel dafür geben uns die georgischen Goethe-Gesellschaften in Tbilissi, Kutaissi und Poti. Was dort an Vorträgen und Seminaren, an Konzerten und anderen kulturellen Veranstaltungen unter den Bedingungen von Mangel und Not organisiert wird, fordert unsere Bewunderung wie unsere tatkräftige Hilfe zugleich. Mit großem Recht darf unsere Gesellschaft die Verbindung zu Georgien als eine ganz besondere Verbindung ansehen, die es zu erhalten und zu pflegen gilt. Wiederum anders stellt sich die Situation im Baltikum, in Lettland und Estland dar. Dort hat sich nicht nur in den Goethe-Gesellschaften von Riga und Tartu ein kräftiges Eigenleben entwickelt, sondern man bündelt auch die Kräfte zu größeren gemeinsamen Unternehmungen, wovon ich mich selbst überzeugen konnte. Im September 2001 wurde in Riga und Tartu eine Konferenz anläßlich des 250. Geburtstages von Jakob Michael Reinhold Lenz veranstaltet: Teil 1 ereignete sich in Riga, Teil 2 bildete die Busreise der Teilnehmer von Riga über Lenzens Geburtsort Seßwegen nach Tartu, dort fand dann Teil 3 statt. Allein vor dieser logistischen Leistung muß man den Hut ziehen. Noch größer aber ist der Respekt vor dem Gesamtertrag dieser multinationalen Tagung, die Wissenschaftler aus den Gastgeberländern, aus Deutschland, Kanada und den Niederlanden zusammenführte. Dabei wurde nicht nur dem Genius loci Tribut gezollt, sondern es wurden zugleich die deutschen Kulturtraditionen im Baltikum in den Blick genommen und auch Bezüge hergestellt zu parallelen Entwicklungen z. B. in der estnischen Literatur. Jüngst erreichte uns die Nachricht, daß am 4. Juni im Historischen Museum der Universität von Dorpat auf dem Domberg die erste Auswahlübersetzung von Werken des Dramatikers Lenz, deren Drucklegung von InterNationes gefördert wurde, vorgestellt wird. Übersetzer ist der estnische Germanist Vahur Aabrams, Stipendiat unserer Gesellschaft und Gast der diesjährigen Hauptversammlung. Es ist, aufs allgemeine gesehen, mit Freude zu registrieren, daß nicht zuletzt der Prozeß der politischen Vereinigung Europas in Ost- und Südosteuropa Tendenzen verstärkt, sich den territorialen und das heißt auch: deutschen territorialen kulturellen Traditionen unvoreingenommener als vordem bewußt zu werden. Für die Goethe-Gesellschaften erwachsen daraus neue produktive Aufgaben.

Mit ihrem Stipendiatenprogramm hat sich die Weimarer Gesellschaft die Förderung der internationalen Goethe-Forschung im Nachwuchsbereich zur Aufgabe gemacht. Dieses Programm, das in seinem Begründer, unserem Ehrenpräsidenten Professor Keller, nach wie vor seinen ebenso inspirierten wie selbstlosen Förderer besitzt, hat nur dank zahlreicher privater Spender seinen gegenwärtigen Umfang erreichen können. All denen, die mit größeren und kleineren Zuwendungen daran beteiligt sind, sei herzlich gedankt. Mit großer Freude haben wir registriert, daß im jüngsten Rundbrief der Freiburger Goethe-Gesellschaft zu Spenden für unsere Stipendiaten aufgerufen wurde. Dank solcher Spenden können jährlich etwa zwölf Stipendiaten in Weimar und in anderen Städten ihren Studien nachgehen. Es ist uns sehr daran gelegen, daß insbesondere Promovenden an Universitätsstädten qualifiziert betreut werden können. Hier ist nicht zuletzt dank des Engagements von Professor Werner Keller, Professor Volkmar Hansen und Professor Jochen Schmidt eine qualitative Verbesserung eingetreten. Dankbar genannt seien auch der Giessener Ortsvorsitzende Dr. Manfred Wenzel, der Frau Dr. Mihaela Zaharia, unserer rumänischen Stipendiatin, 2002 mit Rat und Tat zur Seite stand, sowie Professor Bernhard Greiner aus Tübingen, der eine israelische Stipendiatin betreut hat. Sehr dankbar sind wir dafür, daß es durch eine mehrjährige Förderung der Peter Suhrkamp Stiftung Frankfurt am Main möglich wurde, Stipendiaten aus Israel und anderen Ländern des Nahen und Mittleren Ostens gezielt einzuladen. Für den gleichen Zweck stellt uns die Kulturstiftung der Deutschen Bank in den Jahren 2003 und 2004 jeweils 25.000 Euro zur Verfügung. In den herzlichen Dank, der hier ausgesprochen werden muß, sei unser Kuratoriumsmitglied Traudl Herrhausen eingeschlossen, deren Fürsprache mit den Ausschlag für die Entscheidung der Deutschen Bank gegeben haben dürfte. Mit großer Freude habe ich dem gestrigen Grußwort von Herrn Dr. Horst Claussen entnehmen können, daß der Bundeszuwendungsgeber zu einer projektbezogenen Förderung unseres Stipendiatenprogramms bereit ist. Im vergangenen Jahr konnten wir den 150. Stipendiaten in Weimar begrüßen. Es war der iranische Germanist Mahmud Haddadi, der im Auftrag von Daimler Chrysler den *West-östlichen Divan* bereits ins Farsi übersetzt hatte und nun in Weimar einen Kommentar für die iranische Leseausgabe des Werkes vorbereitet hat. Auch in diesem Jahr erwarten wir wieder einen Gast aus dem Iran, dazu junge Wissenschaftler aus zahlreichen anderen Ländern, u. a. aus dem Senegal, aus Tunesien, aus Israel, aus Polen und Georgien. Reiner Gewinn und wahrer Nutzen, diese Maxime Goethes ist nicht oft genug zu wiederholen, können nur wechselseitig sein. Die Wissenschaftler, die von uns Abschied nehmen, verlassen uns persönlich bereichert, verlassen uns aber auch – Beispiele belegen dies – als Botschafter Goethes in ihren Heimatländern, nicht selten auch als engagierte Förderer neuer Gesellschaftsgründungen.

Goethes Aperçu vom wahren Nutzen läßt sich auch auf das Verhältnis von deutschen Ortsvereinigungen und ausländischen Goethe-Gesellschaften anwenden. Wenn ich bereits all denen gedankt habe, die durch ihre Spenden unser Stipendiatenprogramm gewährleisten, so ist in gleichem Maße jenen Ortsvereinigungen und ihren Vorsitzenden zu danken, die Verbindungen zu ausländischen Goethe-Gesellschaften geknüpft haben. In der Chronik des Goethe-Jahrbuchs kann nachgelesen werden, welche Kontakte zwischen Wetzlar und Tambow (nunmehr schon seit sieben Jahren), Köln und Budapest, Stuttgart und Riga, Hamburg und Prag, Heidelberg und St. Petersburg, Ulm und Belgrad entstanden sind. Und dankbar genannt werden müssen jene Persönlichkeiten in den Ortsvereinigungen, ohne deren großen Einsatz wenig oder nichts gelänge: Frau Angelika Kunkel und Herr Dr. Manfred Wenzel, Herr Franz Josef Scheuren, Herr Dr. Bernd Mahl, Herr Dr. Klaus Baumann, Frau Dr. Letizia Mancino-Cremer und Frau Ursula Heldmann. Ihr Beispiel möge, mit Goethe zu reden, Nacheiferung wecken.

Nicht nur im Hinblick auf die partnerschaftliche Förderung ausländischer Goethe-Gesellschaften sind Ortsvereinigungen und Weimarer „Muttergesellschaft“ durch gleiche Zielstellungen verbunden. Goethes Gegenwärtigkeit in vielfältigen Formen bewußt zu machen, stellt ebenfalls einen gemeinsamen Auftrag dar. Die im Jahrbuch veröffentlichten Chroniken legen davon Zeugnis ab. Nicht wenigen von uns sind die Treffen der Ortsvereinigungen in Erfurt und jüngst in Nordenham in bester Erinnerung. Den Vorständen der dortigen Ortsvereinigungen und ihren Vorsitzenden ist für die Ausrichtung dieser rundum gelungenen Veranstaltungen herzlich zu danken. Jubiläen in den Ortsvereinigungen geben Anlaß, die jeweils lokalen Traditionen zu einem festlichen Höhepunkt zu führen. In Stuttgart, wo Herr Dr. Mahl sich seit langem als *Faust*-Spezialist einen Namen gemacht hat, wurde Schumanns *Faust*-Musik im 40. Jahr des Bestehens der dortigen Goethe-Gesellschaft aufgeführt, die Ortsvereinigung Chemnitz legte zu ihrem 75jährigen Jubiläum eine Festschrift mit dem Titel *Goethe, die Chemnitzer und die Weltliteratur* vor, herausgegeben von Frau Dr. Helga Bonitz und Herrn Siegfried Arlt. Zu den guten und bewahrenswerten Traditionen einiger Ortsvereinigungen gehört es mittlerweile, eigene Konferenzen und Seminare zu veranstalten und daraus Publikationen zu entwickeln; Kassel ist dabei beispielhaft vorangegangen. In Heidelberg stellte man, aktuellen Entwicklungen Rechnung tragend, das Homunculus-Thema in den Mittelpunkt – hier erwies sich Frau Mancino-Cremer als inspirierende Kraft –, Kassel und Hamburg legten Protokollbände ihrer Konferenzen vor; Dank ist Herrn Professor Ludolf von Mackensen und Herrn Dr. Klaus Baumann zu sagen. Einen Jubiläumswunsch besonderer Art aber hat sich unser Ehrenmitglied Anneliese Hartleb erfüllt. Nach 28jähriger, und wie wir alle wissen, höchst erfolgreicher Tätigkeit als Geschäftsführerin der Ortsvereinigung Kassel ist es ihr nach manchen Mühen gelungen, eine Goethebüste in Kassel aufstellen zu lassen. Hartnäckigkeit und Überzeugungskraft, gepaart mit Charme und Herzenswärme, können (beinahe) Wunder bewirken.

Lassen Sie mich – nur um der Kürze willen – einen häufig gebrauchten Satz auch auf unsere Gesellschaft anwenden: Nach der Hauptversammlung ist vor der Hauptversammlung. Aus der Debatte in der Mitgliederversammlung 2001 hat der Vorstand seine Schlüsse gezogen und sie im Blick auf das Jahr 2003 konsequent umgesetzt. Von grundsätzlicher Bedeutung war dabei die Überlegung, Geschäftsfelder festzulegen, in denen die Vorstandsmitglieder tätig werden sollen. Das wird die kollektive Verantwortung erhöhen und das Engagement der einzelnen befördern. Dem Vorschlag zur Wahl des Vorstandes haben sie entnehmen können, daß dieser Grundsatz bereits zur Maxime künftigen Handelns gemacht worden ist.

Wenngleich die Konferenzen im Rahmen der Hauptversammlung Höhepunkte in der wissenschaftlichen Tätigkeit unserer Gesellschaft bilden, so ist diese auch sonst auf dem Felde der Forschung nicht untätig gewesen. Vom 6. bis 8. Juli 2001 fand in Weimar, gefördert auch von der Stiftung Weimarer Klassik sowie vorbereitet und geleitet von Herrn Professor Lothar Ehrlich, anläßlich des 250. Geburtstages von Jakob Michael Reinhold Lenz ein Symposium für Studenten und Schüler statt, an dessen Gelingen auch die Ortsvorsitzenden Herr Dr. Christoph Köhler aus Gotha und Herr Hans-Jürgen Schmitt aus Kronach großen Anteil hatten. Leider hat Herr Professor Ehrlich großer Arbeitsbelastungen wegen diese Reihe, die zur schönen Tradition geworden war, nicht fortsetzen können, und der neue Vorstand wird sich überlegen müssen, ob er eine erprobte Form der Nachwuchsförderung fortsetzen will. Vom 22. bis 24. März 2002 veranstaltete die Goethe-Gesellschaft ebenfalls gemeinsam mit der Stiftung Weimarer Klassik ein von der Deutschen Forschungsgemeinschaft und aus Bundesmitteln finanziertes Kolloquium zur Geschichte der Goethe-Gesellschaft, von dem noch in anderem Zusammenhang die Rede sein wird. Der 250. Geburtstag des Komponisten und Schriftstellers Johann Friedrich Reichardt gab den Anlaß für ein Symposium vom 22. bis 24. November 2002 zum Thema *Johann Friedrich Reichardt und die Literatur*, das vom Bundesbeauftragten für Kultur und Medien finanziert worden war. Die wissenschaftliche Vorbereitung dieser thematisch weitgespannten und sehr ertragreichen Veranstaltung lag in den Händen von Herrn Professor Walter Salmen, der gemeinsam mit seiner Frau Professor Gabriele Busch-Salmen, der Sopranistin Dorothee Mields und dem Weimarer Klavichord-Virtuosen Professor Bernhard Klapprott Reichardts Vertonungen von Goethe-Gedichten im Wittumspalais zur Aufführung brachte. Ein Protokollband der Konferenz erscheint Ende 2003.

Bei alledem sei in Erinnerung gerufen, daß unser Jahrbuch nach wie vor das Zentrum unserer wissenschaftlichen Tätigkeit bildet. Hinweisen möchte ich Sie besonders auf die nunmehr zum Abdruck kommenden Referate unseres ersten Nachwuchskolloquiums und auf die Veröffentlichung bislang unbekannter Goethe-Briefe; letzteres ist zugleich als Ankündigung einer historisch-kritischen Ausgabe von Goethes Briefen am Goethe- und Schiller-Archiv der Stiftung Weimarer Klassik und Kunstsammlungen zu verstehen. Im Herbst 2002 ist Herr Professor Werner Frick aus Göttingen als Mitherausgeber des Jahrbuchs an die Stelle von Herrn Professor Bernd Leistner getreten. Vorgesehen war für dieses Jahr die Veröffentlichung zweier Bände in unserer Schriftenreihe, Goethes Briefwechsel mit den Brüdern Humboldt enthaltend; doch es zeichnet sich ab, daß diese Ausgabe erst 2005 wird erscheinen können.

Indem ich Ihnen dies alles mitteile, ist mir bewußt, daß ich unsicheren Boden betrete. Denn ich kann nicht verhehlen, daß uns gegenwärtig finanzielle Sorgen bedrängen. Ihnen allen ist zur Genüge bekannt, daß sich die öffentlichen Haushalte in einer schwierigen Situation befinden. Mit großer Erleichterung habe ich darum die Nachricht aufgenommen, daß unser Jahrbuch und die Schriftenreihe durch die Bundesbeauftragte für Kultur und Medien zunächst weiterhin finanziert werden können. Gleichwohl müssen wir zur Kenntnis nehmen, daß, gemessen an den einstmals gewährten Fördersummen, Förderungen künftig nur noch in geringerem Maße gewährt werden können. Davon sind insbesondere Zuschüsse für unsere Hauptversammlung betroffen.

Nun läge es nahe, solche Finanzierungslücken durch die Gewinnung von Sponsoren auszugleichen, und zumindest ein Teilerfolg konnte dabei bereits erzielt werden. Doch in der Regel sind Sponsoren kaum bereit, die Pflichtaufgaben einer Gesellschaft gegenüber ihren Mitgliedern zu unterstützen. Wie das Beispiel der Deutschen Bank zeigt, wächst hingegen die Bereitschaft von Sponsoren, wenn ihnen die kulturellen und sozialen Aufgaben unserer Gesellschaft überzeugend nahegebracht werden. Als eine wichtige Vermittlungsinstanz hat sich in solchem Zusammenhang unser Kuratorium erwiesen, das am 26. Oktober 2002 zu seiner jährlichen Beratung in Weimar zusammengekommen war. Ohne die Fürsprache von Frau Traudl Herrhausen und Herrn Rainer E. Gut wären die schon genannten stattlichen Zuwendungen gewiß nicht zustande gekommen. Beiden Persönlichkeiten gilt unser herzlicher Dank. Dank zu sagen ist auch unserem Schatzmeister Herrn Dr. Hans Peter Linss für sein nahezu „konspiratives" Wirken im Kuratoriumshintergrund, das auch im Gewinnen neuer Mitglieder schöne Früchte trägt. Ich bin sehr froh darüber, daß Herr Dr. Linss künftig sich als Gesellschaftssteuermann an das Kuratoriumsruder begeben wird.

Dank spendenfreudiger Mäzene aus den Reihen unserer Gesellschaft kann unser Stipendiatenprogramm in vollem Umfang weitergeführt werden, dank einer Zuwendung der Jubiläumsstiftung der Credit Suisse Group konnten in diesem Jahr wieder ausländische Studenten und junge Wissenschaftler in größerer Zahl zur Hauptversammlung eingeladen werden. Doch die Sorge um die Erfüllung unserer Aufgaben bleibt. Ausgangs des Jahres 2002 hatten sich Ehrenpräsident, Schatzmeister und Präsident mit einem Brief an unsere Mitglieder gewandt und um einmalige Zuwendungen gebeten. Die Spendensumme von ca. 10.000 Euro, die zusammengekommen ist, gibt mir an dieser Stelle Gelegenheit, Dank zu sagen, bezeugt sich in dieser Spendenbereitschaft nicht zuletzt eine tiefe Verbundenheit mit den Zielen unserer Gesellschaft. Strikte Sparsamkeit legen wir all unseren gesellschaftsinternen Ausgaben zugrunde. Schweren Herzens mußte ich den Ortsvorsitzenden in den neuen Bundesländern mitteilen, Zuwendungen nur noch in wirklich dringenden Fällen gewähren zu können, und war dankbar für das mir entgegengebrachte Verständnis. Wohlüberlegt und sparsam sind die Mittel aus der Sonderspende auszugeben. Not kann auch erfinderisch machen. Manch einer von Ihnen mag sich zunächst beim Durchblättern des Einladungsprogramms verwundert gezeigt haben, doch gaben bei der Entscheidung für ein neues Layout nicht nur der Wunsch nach Veränderung, sondern gleichermaßen auch die Notwendigkeit den Ausschlag, durch Anzeigenschaltung Mittel für unsere Gesellschaft zu gewinnen. In nicht immer einfachen Gesprächen ist es Frau Dr. Oberhauser gelungen, einige Tausend Euro einzuwerben.

Vermutlich entspreche ich Ihrer Erwartung, wenn ich an dieser Stelle den Mitgliedsbeitrag zur Sprache bringe, über dessen künftige Höhe wir heute noch zu entscheiden haben. Aus wohlerwogenen Gründen hatte der Vorstand vor zwei Jahren darauf verzichtet, aus Anlaß der Umstellung auf den Euro, dem Beispiel der Wirtschaft und auch so mancher literarischen Gesellschaft folgend, eine Erhöhung des Beitrags vorzuschlagen. Doch glaube ich Ihnen hoffentlich überzeugend dargetan zu haben, daß wir um der Konsolidierung der Gesellschaftsausgaben willen eine in unseren Augen moderate Erhöhung auf 40 Euro vorschlagen. Herzlich bitte ich Sie, diesem Vorschlag Ihre Zustimmung zu geben. Leider muß ich mit dieser Bitte einen Appell an ca. 450 säumige Mitglieder verbinden, ihren Beitrag pünktlich zu entrichten. Mahnungen verursachen Kosten und reißen ein zusätzliches Loch in das Gesellschaftssäckel. Empfehlen möchten wir allen Mitgliedern, sogleich nach Eintreffen des Überweisungsträgers ihrer Beitragspflicht nachzukommen und bei dieser Gelegenheit auch über eine in Ihren Kräften stehende weitere Zuwendung zu entscheiden; ebenso naheliegend wäre es, wenn Sie durch Auslösen eines Dauerauftrags bei Ihrer Bank unsere Finanzen auf eine verläßlichere Basis stellten.

Eine schmerzliche Pflicht ist es, Ihnen Nachricht von Persönlichkeiten zu geben, die unserer Gesellschaft besonders verbunden waren und die uns verlassen haben. Stellvertretend nur seien einige Namen ins Gedächtnis gerufen: die Schriftstellerin Dr. Jutta Hecker sowie der Autor und Verleger Professor Dr. Siegfried Unseld – Nachrufe auf beide finden Sie im Jahrbuch 2002 –, der Germanist Professor Dr. Jost Schillemeit und der Dichter Johannes Poethen. Mögen Sie alle Namen, die Ihnen teuer sind, dieser Reihe hinzufügen. Eine Persönlichkeit, die im Geiste Goethes lebte und forschte, darf auch Annemarie Schimmel, die große Vermittlerin zwischen östlicher und westlicher Kultur, genannt werden, deren Tod wir ebenfalls beklagen.

Lassen Sie mich an dieser Stelle aber auch Goethes Maxime „Denn man lebt mit Lebendigen" aufrufen. Zwei Jahrzehnte lang hat Professor Dr. Christoph Perels die Geschicke des Freien Deutschen Hochstifts in Frankfurt gelenkt, beinahe ebenso lange hat er dem Vorstand unserer Gesellschaft angehört. Am 12. Mai dieses Jahres, an seinem 65. Geburtstag, ist er in einer schönen und würdigen Festveranstaltung aus seinem Amt verabschiedet worden. Unsere Gesellschaft sagt ihm aufrichtig Dank für tätiges Engagement und mannigfaltigen klugen Rat, und sie wird diesen Rat weiterhin gern in Anspruch nehmen. Unser herzlicher Glückwunsch gilt seiner Nachfolgerin, Frau Dr. Anne Bohnenkamp-Renken, die heute vormittag – wie ich gehört habe, mit großem Erfolg – referiert hat; möge sie das Hochstift in eine gute Zukunft führen.

Welche Aufgaben haben wir künftig zu lösen, welche Probleme zu gewärtigen? Vordringlich ist die Sorge um die finanzielle Stabilität unserer Gesellschaft. Der neue Vorstand wird Ideen und Vorstellungen für ein erfolgreiches Finanzierungskonzept entwickeln und umsetzen müssen; die Gründung einer gesellschaftseigenen Stiftung, für die unser Ehrenpräsident das Fundament gelegt hat, muß gesichert, deren Kapital durch Zustiftungen vermehrt werden. Unseren internationalen Verpflichtungen, mit denen wir ein Stück staatlicher Kultur- und Außenpolitik verwirklichen helfen, ohne auf staatliche Unterstützung rechnen zu können, werden wir weiter nachkommen. Zunächst aber muß unsere Sorge der finanziellen Sicherung des Goethe-Jahrbuchs, der Reihe „Schriften der Goethe-Gesellschaft" und der Hauptversammlungen gelten. Es wird darauf ankommen, unsere Mitglieder in stärkerem Maße um Hilfe zu bitten, zugleich aber die gesellschaftsinternen Ausgaben auf den Prüfstand zu legen. Ich bin mir gewiß, daß wir unter solchen Voraussetzungen unsere Arbeit in bewährter Qualität werden fortführen können.

Zuversicht kann uns die wachsende Zahl der Mitglieder vermitteln. Das Nahziel 4.000 gilt es anzusteuern. Über den Zuwachs aus den deutschen Ortsvereinigungen bin ich besonders froh. Oft habe ich mich persönlich bei Vorträgen und in Gesprächen mit Goethefreunden von einem Klima wacher Geistigkeit in den Ortsvereinigungen überzeugen können. In dem Bemühen um eine lebendige kulturelle Vielfalt im Zeichen Goethes vereinigen sich „Muttergesellschaft" und Ortsvereinigungen. Dabei ist uns bewußt, daß stetige Erneuerung das Geheimnis von Wachstum und Veränderung ist. Dem Nachwuchs in Schule und Universität muß darum unsere Arbeit zugewandt sein. Auch hier wird der Vorstand stärker als vordem Ideen entwickeln müssen. Das Deutsche Literaturarchiv Marbach lädt in diesem Jahr zum ersten Mal zu einer Sommerschule für Literaturwissenschaftler ein. Ein Vorbild auch für uns und für mögliche Kooperationspartner, z. B. die Stiftung Weimarer Klassik und Kunstsammlungen? Zum zweiten Mal haben wir diesmal ein *Symposium junger Goetheforscher* erfolgreich durchgeführt, für dessen wissenschaftliche Vorbereitung Herrn Dr. Thorsten Valk und unserem Vorstandsmitglied Herrn Professor Jochen Schmidt herzlich zu danken ist. Ein herzlicher Dank geht auch an unser Vorstandsmitglied Hans-Jürgen Schmitt aus Kronach, denn von dort kamen 500 Euro zur Finanzierung dieser Veranstaltung. Eine Tradition ist geschaffen, die wir bewahren wollen. 1999 hatten sich in Erfurt Goethe-Übersetzer in einer mehrtägigen Konferenz zusammengefunden. Es wäre an der Zeit, diese um den Dichter so verdienten Intellektuellen einmal wieder zusammenzurufen. Bewährtes in bewährter Qualität fortführen, doch neuen Anforderungen sich nicht versagen, dies sollte unser Handeln leiten.

Ungeachtet aller sozialen und politischen Bedrückungen unserer Gegenwart kann jeder von uns, recht verstanden, nicht zuletzt darum „in sich getrost" sein, weil der Gegenstand unserer Annäherung, unserer Liebe Goethe ist. Nicht als Objekt bloßer Anbetung soll er uns erscheinen, vielmehr als ein Wesen von umfassender Bildung, stets neu zu ergründender Gedankenkraft und exemplarischer Humanität. Goethe selbst hat uns dafür durch sein Verständnis von „Ehrfurcht" einen Weg gewiesen. Sein Werk, seine persönlichen Bekundungen geben uns Antwort auf nahezu alle Fragen menschlicher Existenz. Darin liegt seine Gegenwärtigkeit beschlossen, und darin liegt die Aufforderung an uns, „zusamt in gleichem Sinne" zu beharren.

Jochen Golz

Bericht über die Auseinandersetzung mit der Geschichte der Goethe-Gesellschaft

Jede Geschichte hat ihre Vorgeschichte. Wer die Gegenwart begreifen will, muß den Blick in die Geschichte zurücklenken. Das gilt in dieser Allgemeinheit auch für die Geschichte der Goethe-Gesellschaft, die bislang nur punktuell Gegenstand wissenschaftlicher Erforschung geworden ist. Andere Gesellschaften, die Shakespeare-Gesellschaft z. B., haben sich früher schon der eigenen Geschichte zugewandt. Auch für unsere Gesellschaft ist es an der Zeit, sich der eigenen Vergangenheit zu versichern, das Vergangene zu rekonstruieren, das Gewordene in seiner Historizität verständlich zu machen. Zwei Projekte sollten sich dieser Aufgabe widmen. Während eine geplante Ausstellung ihrer unsicheren Finanzierung wegen aufgegeben werden mußte, kam das Kolloquium zur Geschichte der Goethe-Gesellschaft im März 2002 in Weimar zustande. Konzipiert wurde es von Justus H. Ulbricht und von mir.

Es spricht für die Aktualität des Anliegens, daß das Kolloquium von zahlreichen Vorsitzenden von Ortsvereinigungen besucht worden ist und auch das Interesse der Medien auf sich zog. Das Echo in der regionalen und überregionalen Presse war groß. Ein Bericht über den Verlauf der Veranstaltung kann im Goethe-Jahrbuch 2002 nachgelesen werden. Absagen zweier Referentinnen hatten zur Folge, daß die Nachkriegsgeschichte unserer Gesellschaft leider nicht thematisiert wurde. Eine abendliche Podiumsdiskussion von Zeitzeugen konnte nicht mehr als ein Anfang sein. Doch auch die wissenschaftliche Rekonstruktion der Gesellschaftsgeschichte zwischen 1945 und 1990 steht erst am Anfang. Hier sind quellenbezogene Gründlichkeit und Objektivität des Zeithistorikers gefragt, damit die Geschichte der Goethe-Gesellschaft angemessen zur Darstellung gelangen, ihre historische Leistung bewußtgemacht werden kann. Erst wenn hier erste publizierbare Ergebnisse vorliegen, kann auch an eine Veröffentlichung der Kolloquiumsbeiträge zusammen mit Arbeiten zur neueren und neuesten Gesellschaftsgeschichte gedacht werden.

War die Beschäftigung mit der Geschichte der Goethe-Gesellschaft gewissermaßen objektiv motiviert, so wurde die Notwendigkeit einer solchen Auseinandersetzung uns noch von einer anderen, unerwarteten Seite vor Augen geführt. Frau Beate Schubert, die Vorsitzende der Berliner Goethe-Gesellschaft, war bei eigenen Recherchen in der Birthler-Behörde auf Unterlagen gestoßen, denen zufolge die Vorstandsmitglieder Professor Lothar Ehrlich und Professor Bernd Leistner vom Ministerium für Staatssicherheit der DDR als IM geführt worden seien, und informierte darüber den Vorstand in mehreren Briefen. Professor Ehrlich war im Vorstand seit 1991 vielfältig und engagiert tätig, von 1991 bis 1999 als Vizepräsident. Professor Leistner war 1995 in den Vorstand gewählt worden und hatte seit 1999 zusammen mit Frau Dr. Edith Zehm und mir das Jahrbuch herausgegeben. Beiden spricht der Vorstand für ihre Arbeit seinen Dank aus. Zu einer unvoreingenommenen Darstellung der Umstände gehört auch die Mitteilung, daß Herrn Professor Leistner und Herrn Professor Ehrlich von ihren Arbeitgebern, der Universität Chemnitz bzw. der Stiftung Weimarer Klassik und Kunstsammlungen, neuerlich das Vertrauen ausgesprochen worden ist. Gleichwohl war und ist der Vorstand mehrheitlich der Auffassung, daß Ehre und Ansehen unserer Gesellschaft zu bedenken seien und daß möglicher Schaden von der Gesellschaft abgewendet werden müsse. Mehrheitlich entschied sich der Vorstand dafür, beiden Vorstandsmitgliedern nahezulegen, ihr Amt im Vorstand der Goethe-Gesellschaft aufzugeben. Die entsprechenden Briefe habe ich auch in der Erwartung geschrieben, bei beiden letztlich Verständnis für eine in den Augen des Vorstands unumgängliche Entscheidung zu finden. Professor Leistner hat in einem Brief vom 8. Oktober 2002 seinen Austritt aus der Goethe-Gesellschaft erklärt. Professor Ehrlich hat seinen Austritt mit einem Brief vom 31. Dezember 2002 erklärt.

Der Vorstand hält es für seine Pflicht, die Mitgliederversammlung über diese Vorgänge zu informieren, möchte sie aber zu den Akten legen; eine öffentliche Debatte über Persönlichkeiten, die nicht mehr unserer Gesellschaft angehören, erscheint uns lähmend und fruchtlos. An die Stelle öffentlicher Rede und Widerrede muß jetzt die Arbeit der Historiker treten. Zwei Projekte sind im Herbst 2002 verabredet worden. Im ersten Falle hat unser Vorstandsmitglied Professor Jochen Schmidt die Verbindung zu dem Historiker Professor Heinrich August Winkler von der Berliner Humboldt-Universität hergestellt. An dessen Lehrstuhl entsteht eine Magisterarbeit zur Geschichte der Goethe-Gesellschaft zwischen 1945 und ca. 1970, aus der eine Promotion hervorgehen soll. Eine erste Studie für unseren Konferenzband ist mir zum Sommer 2003 zugesagt worden. Das zweite Projekt, chronologisch sich an das erste anschließend, ist von Frau Schubert mit angeregt worden, die sich auch zur weiteren Mitarbeit bereiterklärt hat. Beim Forschungsverbund SED-Staat an der Freien Universität Berlin wird in der Verantwortung von Herrn Professor Manfred Wilke und Herrn Dr. Jochen Staadt eine Dissertation entstehen; in beiden Fällen sollen Drittmittel bei der Thyssen-Stiftung eingeworben werden. Für beide Vorhaben ist der gesamte überlieferte Aktenbestand, nicht nur das Material der Birthler-Behörde, auszuwerten. Ein erster Zwischenbericht von Dr. Staadt liegt mir dazu vor. Dank einer guten Kooperation mit dem Bundesarchiv steht dort eine große Menge an einzelnen Archivbeständen zur Einsicht zur Verfügung. Erst in der Zusammenschau des Überlieferten kann mediale Neugier, auch Sensationslust durch objektives wissenschaftliches Interesse ersetzt werden, können historische Zusammenhänge zutage treten, die den Stellenwert der Goethe-Gesellschaft als einzige gesamtdeutsche literarische Gesellschaft im Spannungsfeld des Ost-West-Konflikts differenziert zur Darstellung bringen.

Jochen Golz

Rechenschaftsbericht des Schatzmeisters für die Geschäftsjahre 2001 und 2002

Unter diesem Tagesordnungspunkt ist über die Entwicklung der Einnahmen und Ausgaben der Goethe-Gesellschaft im Zeitraum vom 1. 1. 2001 bis 31. 12. 2002 und – soweit verfügbar – vom 1. 1. 2003 bis 31. 5. 2003 zu berichten.

Zunächst das Jahr 2001:

Mitgliederbewegung:	01. 01. 01	3.847
	31. 12. 01	3.854
		+ 7

Kontostand 01. 01. 2001:	**577.591,06 DM**
Einnahmen 01. 01.–31. 12. 2001:	722.342,62 DM
Ausgaben 01. 01.–31. 12. 2001:	935.078,06 DM
Guthaben 31. 12. 2001:	**364.855,62 DM**

Stand der Guthaben 01. 01. 2002:	**186.547,72 €**

Dies bedeutete eine Abnahme unserer liquiden Mittel im Jahr 2001 um 212.735,44 DM. Die vier Hauptpositionen auf der Ausgabenseite sind:

Personalkosten (Gehälter, abgeführte Lohnsteuer, Sozialversicherungsbeiträge):	228.070,53 DM
Goethe-Jahrbuch 117/118:	65.442,36 DM
Kosten für Stipendiaten:	135.854,78 DM
Kosten für 77. Hauptversammlung (Organisation, wissenschaftliches Programm, Kultur):	349.578,57 DM

Auf die vier Positionen entfallen 778.946,24 DM bzw. ca. 83 % der Gesamtausgaben. In den Personalkosten spiegelt sich die Qualität der Arbeit unserer Geschäftsstelle wider, und ich möchte Frau Dr. Petra Oberhauser, Frau Cornelia Jahn und Frau Marlene von Zweidorff höchsten Einsatz, Fleiß und hohe fachliche Kompetenz bescheinigen und ihnen herzlich danken.

Bei den Einnahmen in Höhe von insgesamt 722.342,00 DM sind die sechs größten Positionen:

Mitgliedsbeiträge:	179.580,06 DM
Spenden allgemein:	83.527,03 DM
Spenden für Stipendiaten:	106.780,00 DM
Projektförderung Bund:	125.000,00 DM
Zuwendungen 77. Hauptversammlung (DFG, Krupp-Stiftung):	87.000,00 DM
Hauptversammlungseinnahmen:	59.320,00 DM

Auf diese Hauptpositionen entfallen 641.207,09 DM oder ca. 89 % unserer Gesamteinnahmen.

Das Jahr 2002 gestaltet sich folgendermaßen:

Einnahmen:	250.496,52 €
Ausgaben:	287.899,67 €
	./. 37.403,15 €
Stand der Guthaben 31. 12. 2002:	**149.144,57 €**

Von den Gesamteinnahmen i. H. von 250.496,52 € entfallen 243.006,02 € auf die vier Hauptpositionen:

Mitgliedsbeitrag:	83.121,60 €
Spenden allgemein:	41.866,84 €
Spenden für Stipendiaten:	54.717,58 €
Projektförderung Bund:	63.300,00 €

Von den Gesamtausgaben i. H. von 287.899,67 € entfallen 233.613,64 € auf folgende vier Hauptpositionen:

Unterstützung ausländischer Goethe-Gesellschaften:	11.232,27 €
Kosten für Stipendiaten:	59.131,59 €
Personalkosten Geschäftsstelle (Gehälter, Sozialversicherungsbeiträge, Abführung Finanzamt):	122.875,45 €
Goethe-Jahrbuch:	40.374,33 €

Bei einer kritischen Würdigung dieser Zahlen schuldet Ihnen der Schatzmeister folgende Hinweise:

a) Rückgang unseres Guthabens in 2002 von 186.000 € auf 149.000 €, also um 37.000 €.

b) Trotz einer Erhöhung der Mitgliederzahl von 3.854 auf 3.882 Mitglieder, also einer Zunahme um 28 Mitglieder, sind die Einnahmen aus Mitgliedsbeiträgen von 89.790 € auf 83.121 €, also um 5.400 €, gesunken. Dies sollte uns nachdenklich machen. Unsere Mitgliedsbeiträge sind der wichtigste Einnahmeposten unserer Gesellschaft, und mit dem Erwerb der Mitgliedschaft haben wir auch die Ehrenpflicht übernommen, unsere Gesellschaft durch Zahlung der Mitgliedsbeiträge funktionsfähig und am Leben zu erhalten.

Wir bitten Sie deshalb, Ihnen und uns die Arbeit durch die Einrichtung eines Dauerauftrages bei Ihrer Bank zu erleichtern. Den Beitrag können Sie selbstverständlich durch eine Spende erhöhen. Wir freuen uns über jeden Euro, vor allem, wenn an ihm noch eine oder zwei Nullen hängen. Sie erhalten eine Spendenquittung und erleichtern damit die vornehmste Aufgabe unseres Staates, die Kultur in unserem Land der Dichter und Denker zu fördern. Wir bitten Sie auch, einer Erhöhung des Mitgliedsbeitrages, wie heute auf der Tagesordnung ausgewiesen, wohlwollend gegenüberzustehen. Der in der Hauptversammlung 2001 gestellte Spontanantrag auf Erhöhung des Mitgliedsbeitrags konnte aus Verfahrensgründen seinerzeit nicht sogleich zur Abstimmung gebracht werden.

Das Spendenaufkommen ist 2002 mit 96.000 € dem Aufkommen von 2001 gleichgekommen. Dafür gilt unser Dank erneut vor allem unserem Ehrenpräsidenten für sein unermüdliches Wirken als ‚Schatzsucher' und allen Mitgliedern, die mit kleineren und größeren Summen dazu beigetragen haben. Ganz besonderer Dank gilt denjenigen Mitgliedern, die dem Spendenaufruf vom Dezember 2002, den Präsident, Ehrenpräsident und meine Person initiierten, folgten und der immerhin eine Summe von ca. 10.000 € für die darin formulierten Aufgaben der Gesellschaft eintrug. Hervorzuheben ist auch die Spende für unser Stipendiatenprogramm in Höhe von 50.000 €, verteilt auf die Jahre 2003 und 2004, durch den Stiftungsfonds Deutsche Bank, die wir der Fürsprache unseres Kuratoriumsmitglieds Frau Traudl Herrhausen verdanken. Letztmalig erhielten wir 2003 12.700 € von der Peter Suhrkamp Stiftung, die über die vergangenen vier Jahre hinweg insgesamt 100.000 DM für das Stipendiatenprogramm gab.

Die vorhin erwähnte vierte Hauptposition der Einnahmen 2002 – Projektförderung Bund (63.300 €) – war zweckgebunden folgendermaßen zu verwenden:

Goethe-Jahrbuch:	43.000 €
Symposium „Johann Friedrich Reichardt und die Literatur":	7.900 €
Kolloquium zur Geschichte der Goethe-Gesellschaft	1.800 €
Vorstands- und Arbeitsausschußsitzungen:	5.000 €
Schriften der Goethe-Gesellschaft (Bd. 69: Goethe-Humboldt-Briefwechsel):	5.600 €

Als Schatzmeister ist es meine Pflicht, Sie auf folgende mögliche negative Entwicklungen unserer Einnahmen hinzuweisen:

1. Das Spendenaufkommen von institutionellen Spendern (Firmen) dürfte aufgrund der derzeitigen Wirtschaftslage unseres Landes zurückgehen. Ihr Schatzmeister hat mehrfach von Firmen hören müssen, daß sie keine Möglichkeiten sehen, Spenden für soziale oder kulturelle Zwecke zu geben, wenn sie zur gleichen Zeit Mitarbeiter in größerer Zahl entlassen müssen. Das ist bedauerlich, aber ich habe Verständnis dafür.
2. Auch die öffentlichen Hände (Bund, Länder und Gemeinden) leiden durch die gegenwärtige Wirtschaftslage unter stark zurückgehenden Steuereinnahmen. Gehälter, Sozialhaushalte, Investitionen haben erfahrungsgemäß immer Vorrang vor Kulturhaushalten.

Beide Entwicklungen beeinflussen zwei der größten Positionen der vier Haupteinnahmequellen unserer Gesellschaft. Das heißt, wir, die Mitglieder, haben die Zukunft der Goethe-Gesellschaft wieder selbst in die Hand zu nehmen. Ich sehe zwei Wege:

a) Die Entwicklung des Mitgliedsbeitrags für Vollzahler von 30 € auf 40 €, das sind bei 2.820 Vollzahlern 28.200 €; für ermäßigte Zahler (65 Mitglieder) von 15 € auf 20 €, das sind 3.125 €, also insgesamt durch Beitragserhöhung eine Summe von 31.350 €.

b) Von unseren 3.470 zahlenden Mitgliedern sind 450 Mitglieder mit ihren Beiträgen im Rückstand. Das bedeutet für unsere Gesellschaft jährliche Mindereinnahmen beim alten Beitragssatz von 12.150 €. Da es sich bei der Mehrzahl der Säumigen sicherlich um zahlungswillige, aber vergeßliche Mitglieder handelt, könnte ein Dauerauftrag beiden Seiten helfen. Schließlich könnten wir auf diese Weise durch Zahlung des erhöhten Beitrags von allen Mitgliedern die Einnahmen von bisher 83.000 € um 43.000 € auf 126.000 € erhöhen.

Über die Zahlung der Mitgliedsbeiträge können Sie durch Spenden die Aufgaben der Goethe-Gesellschaft sichern. Wir sind für jeden Betrag dankbar.

Ich danke Ihnen für Ihre Aufmerksamkeit und das Vertrauen, das Sie mir in den vergangenen vier Jahren geschenkt haben. Ich gebe das Amt des Schatzmeisters weiter an einen Nachfolger, den Sie zu wählen haben.

Hans Peter Linss

Bericht der Kassenprüfer für die Geschäftsjahre 2001 und 2002

Anders als in früheren Jahren haben mein Prüfkollege Herr Volkmar Birkholz und ich für diesmal beschlossen, keinen gesonderten Vortrag für diese Hauptversammlung auszuarbeiten, sondern die der Geschäftsstelle nach der jeweiligen Prüfung zugeleiteten Prüfberichte hier hintereinander und wörtlich vorzutragen. Das scheint mir in der jetzigen Finanzlage, und da von Ihnen aus der Mitgliederversammlung ja heute auch schon detaillierte Fragen zur Finanzlage kamen, der angemessenere Weg zu sein. So verlese ich zunächst den Bericht für das Jahr 2001, den ich selbst verfaßt habe, und den Herr Birkholz nach entsprechender Diskussion und Abstimmung der Inhalte mitunterschrieb, und sodann den Bericht für das Jahr 2002, den Herr Birkholz verfaßte, und den ich nach Ergänzung aufgrund meiner Anregungen mitunterschrieb. Ich beginne also mit meinem Bericht für 2001.

Prüfbericht für das Jahr 2001

Am 1. März 2002 haben Herr Volkmar Birkholz und ich in der Geschäftsstelle in Weimar die Jahresabrechnung der Goethe-Gesellschaft in Weimar e. V. vom 1. Januar bis zum 31. Dezember 2001 auftragsgemäß geprüft. Die Prüfungshandlungen umfaßten insbesondere eine stichprobenhafte Abgleichung der Bewegungen auf den Kontokorrentkonten mit der Fortschreibung der jeweiligen Posten in der Buchhaltung der Gesellschaft. Die zu den jeweiligen Geschäftsvorfällen gehörenden Belege wurden gleichfalls stichprobenweise geprüft. Nach unseren Feststellungen sind die gesichteten Aufzeichnungen der Geschäftsstelle korrekt niedergelegt und in ihrer Ordnung leicht nachvollziehbar. Die Geschäftsvorfälle wurden laufend erfaßt, und die Jahresabrechnung aus der Buchführung zutreffend entwickelt.

Der nachgezählte Kassenbestand von 128,95 DM entspricht der Fortschreibung im Kassenbuch.

Wir Kassenprüfer begrüßen die Übernahme unserer Anregung, hinausgehende Spendenbescheinigungen zuvor für die eigenen Unterlagen zu kopieren, um bei Nachfragen besser gewappnet zu sein gegen eine mögliche Haftungsinanspruchnahme in Höhe von 40 % der testierten Spendenempfänge.

Wir begrüßen auch den Einsatz von e-mail und Internet, worüber im Berichtsjahr 49 Mitgliedschaftsanträge gestellt wurden. Dazu ist aber doch zweierlei zu vermerken: Erstens hat manche Ortsvereinigung keinerlei Homepage-Kosten, weil z. B. eine Werbeagentur die Homepage aus Sponsorgründen kostenlos einrichtet und aktualisiert. Zweitens aber gab es trotz eines Saldos von plus sieben Mitgliedern im Jahr 2001 dennoch 7.328 DM weniger an Einnahmen aus Mitgliedsbeiträgen.

Eingespart werden könnte wohl auch noch dadurch, daß berufsmäßige Unterhaltungskünstler für die zweijährlichen Hauptversammlungen durch kostengünstigere Musikschulgruppen u. a. ersetzt werden.

Weiterhin lehrt die Erfahrung mit der Beauftragung von Herrn Justus H. Ulbricht für Goethe-Symposion und -Ausstellung, daß künftig noch mehr darauf zu achten ist, daß Vertragsnehmer im Einvernehmen mit der Goethe-Gesellschaft bleiben und bei Abbruch der Zusammenarbeit die geleisteten Honorarvorschüsse rückzahlbar werden.

Aus dem gegebenen Anlaß der Streichung der Zuschüsse für die Ortsvereinigungen in den neuen Ländern weisen wir Kassenprüfer darauf hin, daß alle Ortsvereinigungen und alle ausländischen Vereinigungen Jahresabschlüsse zu erstellen haben, da sie diese ihren Aufsichtsbehörden vorlegen müssen. Inländische Ortsvereinigungen sind ausnahmslos steuerlich gemeinnützig anerkannt und legen deshalb regelmäßig ihre Abschlüsse dem für sie zuständigen Finanzamt vor. Es ist unserer Meinung nach nicht zuviel verlangt, wenn sie auch uns die Abschlüsse zeigen, um Zuschüsse aus Weimar zu erhalten. Ausländischen Vereinigungen obliegt vergleichbares Tun gegenüber dortigen Behörden, und es wäre ihre Aufgabe, uns nachzuweisen, inwieweit sie Zuschüsse bräuchten. In Japan und den USA ist die wirtschaftliche Lage bekanntlich anders als in Baku oder Timbuktu. Die summarische Streichung aller Zuschüsse an Ortsvereinigungen in den neuen Ländern, nicht aber an ausländische Goethe-Gesellschaften wurde oft zähneknirschend als Willkürmaßnahme empfunden, zumal der Vorschlag, für die Ortsvereinigungen in den neuen Ländern zu sammeln, bis heute nicht aufgegriffen oder in größerem Kreise überhaupt diskutiert wurde.

Während die vorstehenden Anregungen und Kritiken Themen betreffen, die sich finanziell für die Goethe-Gesellschaft in Weimar e. V. noch nicht schwerwiegend auswirken, bereitet uns größte Sorge der Rückgang der Bundeszuwendungen von 200.000 DM im Jahre 2000 auf nur noch 125.000 DM im Prüfungsjahr 2001. Dies wird begleitet von einem Rückgang der Mitgliedsbeiträge von rund 188.000 DM auf 180.000 DM und der Spenden von 200.000 DM auf 190.000 DM. Die Goethe-Gesellschaft in Weimar e. V. lebt seit den Spitzeneinnahmen im Jahr 1999 deutlich über ihre Verhältnisse, wodurch die Rücklagen von 500.000 DM auf 176.540 € (Oktober 2002) abgeschmolzen sind. Dieses Ergebnis der Schere zwischen Einnahmen und Ausgaben läßt sich nicht durch Einsparungen beim Porto oder ähnlichem ausgleichen, sondern erfordert grundsätzliche Überlegungen über die zukünftigen Aktivitäten und vielleicht die Organisationsform unserer Gesellschaft.

Bei dieser Verlesung des Prüfberichts werden Sie, verehrte Mitglieder, vielleicht den Hinweis auf eine fehlende Vermögensaufstellung vermißt haben. Diesen Hinweis haben wir Kassenprüfer aber bereits in früheren Jahren deutlich vorgebracht. Nun komme ich zur Verlesung des Prüfberichtes für das Jahr 2002 von Herrn Birkholz.

Prüfbericht für das Jahr 2002

Am 13. April 2003 wurde durch die beiden gewählten Kassenprüfer in Gegenwart von Frau Dr. Petra Oberhauser und Frau Cornelia Jahn die Kassenprüfung für das Jahr 2002 in der Geschäftsstelle der Goethe-Gesellschaft in Weimar e. V. vorgenommen.

Nach mehreren stichprobenhaften Prüfungen von Geschäftsvorfällen mit den dazugehörigen Belegen und desgleichen der in mehreren Fällen vorgenommenen Abgleichung der Bewegungen auf den Kontokorrentkonten mit der Fortschreibung der betreffenden Posten in der Buchhaltung, erfolgte die Überprüfung des Kassenbestandes, der nachgezählt 313,32 € betrug.

Für den Bereich Reisekosten wurden sowohl das Kontenblatt wie auch bei den Einzelquittungen Prüfungen vorgenommen. Bei den Reisekosten konnten keine Einsparpotentiale festgestellt werden.

Die von den Kassenprüfern noch bei der vergangenen Prüfung monierte Praxis der Kenntlichmachung ausgestellter Spendenquittungen wurde durch das Kopieren der Spendenbescheinigungen beseitigt. Der Schutz vor möglichen Betrugsversuchen ist dadurch gewährleistet.

Für die in einem dafür geeigneten und verschließbaren Schrank in der Geschäftsstelle aufbewahrten Finanzunterlagen konnten durch die Kassenprüfer eine korrekte Niederlegung der fortlaufend numerierten Belege, die Nachvollziehbarkeit der Vorgänge, eine fortlaufende Erfassung in chronologischer Reihenfolge sowie die im Kassenbuch monatsweise zusammengetragenen Belege festgestellt werden.

Beide Kassenprüfer nahmen eine vollständige Durchsicht der zur Erstattung von Barzahlungen eingereichten Quittungen vor und stellten die korrekte Erstattung der satzungsgerechten Ausgaben fest.

Über Ergebnisse eines früheren Hinweises auch der Kassenprüfer auf die Notwendigkeit, die Eigentumslage der Goethe-Gesellschaft in Weimar e. V. auf eventuelles Vereinsvermögen zu überprüfen, informierte Herr Kippenberg, der am gleichen Tag an den Beratungen des Arbeitsausschusses teilgenommen hatte.

Anlaß zu ernsthaften Überlegungen gibt den Kassenprüfern die Tatsache, daß beispielsweise Bundeszuweisungen seit dem Jahre 2000 rückläufig sind, aber auch – aus verschiedenen Ursachen (z. B. Euro-Umstellung) resultierend – ein Rückgang der Mitgliedsbeiträge feststellbar ist. Desgleichen besteht eine Diskrepanz zwischen langsam steigenden Mitgliederzahlen und den rückläufigen Mitgliedsbeiträgen. Insgesamt trifft ein stetiger Rückgang auf das gesamte Bankguthaben (Vermögen) der Gesellschaft zu.

Im Prinzip sind es grundlegende Überlegungen, die der Vorstand zu künftigen Aktivitäten zu treffen hat.

Die Prüfung der verschiedenen Finanzbelege und des Kassenbestandes für den Zeitraum Januar bis Dezember 2002 ist Anlaß für nachfolgende Empfehlungen der Kassenprüfer:

1. Der Vorstand möge Frau Cornelia Jahn, Buchhalterin der Geschäftsstelle, ein offizielles Lob für die Führung ihres Geschäftsbereiches und ihres gezeigten Engagements aussprechen.

2. Die Geschäftsstelle sollte die ab 1. Januar 2003 abrupt wegfallenden Zuwendungen für die Ortsvereinigungen in den neuen Bundesländern auf Einzelfallprüfungen umstellen und sich dazu Duplikate der Jahresfinanzberichte bzw. Finanzamtsunterlagen zuschicken lassen.
3. Es sollte unseres Erachtens schnellstens überprüft werden, alle Mitglieder zu bitten, bei ihren jeweiligen Kreditinstituten Daueraufträge einzurichten. Die Beiträge wären auf diese Art von der Geschäftsstelle endlich planbar.

Sie haben also den Kassenprüfberichten entnehmen können, daß die Gesellschaft keineswegs erst jetzt mit der Ernsthaftigkeit der finanziellen Lage konfrontiert wurde. Und die Gesellschaft hat auch umgehend reagiert. So wurden die Planungen für diese Hauptversammlung sofort nach der Erkenntnis, daß etwa die Bundeszuwendungen drastisch schrumpfen würden, umgestellt, so daß statt eines Kostenanfalls von rund 190.000 DM für die Hauptversammlung im Jahre 2001 für diese Hauptversammlung heute Kosten in Höhe von nur noch rund 115.000 DM bzw. eine entsprechende Euro-Summe festgelegt wurden. Die somit eingesparte Summe entspricht in etwa dem Einbruch bei der Refinanzierung. Die finanzielle Lage ist deshalb durchaus „angespannt" zu nennen, aber nicht unrettbar. Der Vorstand wird nicht demnächst in dunkle Anzüge schlüpfen müssen, um auf dem Amtsgericht den Konkurs der Gesellschaft anzumelden. Es hat bei uns immer wieder kritische Zeiten gegeben, und ich darf an dieser Stelle Worte aus einem Briefwechsel zwischen Anton Kippenberg und Julius Petersen in den 20er Jahren zitieren, den Sepp Binder im *Goethe-Jahrbuch* 2002 (S. 294–297) rezensiert hat: „Aus der ganzen Goethe-Gesellschaft wird nie wieder etwas; davon bin ich überzeugt" – so Kippenberg an Petersen am 24. April 1920.

Sie merken, meine Damen und Herren, in ihrer bald hundertzwanzigjährigen Geschichte seit 1885 hat die Goethe-Gesellschaft manch deprimierende Situation überstanden, sonst säßen wir heute nicht mehr hier im Saal, und die künftigen Mitglieder werden auch nach weiteren hundertzwanzig Jahren noch hier sitzen, wenn wir nur ernstlich daran arbeiten, auch die heutige Krise bald zu überwinden.

Volkmar Birkholz/Johannes Kippenberg

Ehrung mit der Goldenen Goethe-Medaille

Laudatio auf Herrn Professor Dr. Naoji Kimura (Tokyo/Japan)

Steigt man im Norden von Tokyo bei der Shinkansen-Station Ōji aus, so führt ein idyllischer Fußweg zu der Goethe Gallery, einem modernen, freistehenden Gebäude, in dessen Eingangshalle der Besucher auf einer großen Edelstahlplatte von den Schlußversen von *Faust II* in deutscher Sprache und in der Übersetzung durch Mori Ogai begrüßt wird. Der museale Teil im unteren Stockwerk wird im oberen durch ein Archiv mit Bibliothek ergänzt, das eine Summe der Beschäftigung Japans mit Leben und Werk Goethes in sich faßt. Daß das, was dort materialiter nachzuvollziehen ist, nur die Möglichkeit von Forschung bedeutet, verkörpert sich in Naoji Kimura in der Vollendung des Geistigen. Der Lebensweg dieses Gelehrten, der 1934 in Sapporo zur Welt gekommen ist, läßt sich als geglückter Erweiterungsprozeß beschreiben, als Entfaltung germanistischer Philologie zur kulturgeschichtlichen Wechselbeziehung.

Am Ausgangspunkt steht eine 1965 publizierte Dissertation über *Goethes Wortgebrauch zur Dichtungstheorie*, mit der er einer Anregung seines Münchner Lehrers Hermann Kunisch folgt. Sie stützt sich vor allem auf zwei Jahrzehnte, die des Briefwechsels mit Schiller und der Gespräche, die Eckermann aufgezeichnet hat, baut ästhetisch die Spannung zwischen poetischem Subjekt und der Objektwelt auf. Natur als angeborene Beschaffenheit verstehend, zitiert er aus einem Brief an Schiller vom 14. Oktober 1797: „Für Naturen wie die meine, die sich gerne festsetzen und die Dinge festhalten, ist eine Reise unschätzbar, sie belebt, berichtigt, belehrt und bildet". Die Goethezeit versteht Naoji Kimura als das Herzstück des deutschen Geistes, und in der Lehre an der Sophia Universität Tokyo hat er dies Verständnis, seit 1975 als ordentlicher Professor, forschend ausgebaut. In japanischer Sprache sind u. a. Übersetzungen, Sprachuntersuchungen zu Herder und Wilhelm von Humboldt erschienen, ein dreibändiger „Goethe", der ihm zu vielen anderen Ehrungen 1977 den japanischen Goethepreis eingetragen hat. 1980 hat er Goethes naturwissenschaftliche Schriften herausgegeben.

Ein besonderer Schwerpunkt von Kimuras Interesse ist die Goethe-Rezeption in Japan, der er in vielfältiger Form nachgegangen ist. Er zeichnet den Aneignungsprozeß mit der Öffnung in der Meiji-Zeit nach, betont die Rolle Mori Ogais, zugleich aber die des klassischen Philologen und Philosophen Raphael von Köber, der in der Zeit von 1893 bis 1914 an der Kaiserlichen Universität Tokyo vorträgt und seine Schüler zur ersten Lektüre im Original anhält. Goethes Breitenrezeption wird durch dieses Verständnis als weiser Lebenslehrer dauerhaft vorbereitet. Die Sonderrolle von *Faust*, der *Leiden des jungen Werther*, der Lieder wird verständlich gemacht, die Bedeutung der ersten Phase der Aneignung durch englischsprachige Texte und Interpreten, durch Thomas Carlyle und Bayard Taylor, angesprochen, der Goethe-Kenntnis des Japanforschers Philipp Franz von Siebold nachgefragt, der von 1823 bis 1830 das Inselreich besucht hat. Für das 20. Jahrhundert werden ideologiekritische Fragestellungen einbezogen und die Interpretationsabhängigkeit von Übersetzungen ins Japanische überzeugend demonstriert.

Indem Goethe als idealtypischer Repräsentant deutscher Kultur verstanden wird, hat sich Kimura zugleich den Weg zu einem kulturgeschichtlichen Verständnis geöffnet, das die Möglichkeit des Verschmelzungsprozesses mit der japanischen Gebildetenschicht nachvollziehbar macht. Sein mehr als 500 Druckseiten umfassender, 1997 in deutscher Sprache erschienener Sammelband *Jenseits von Weimar. Goethes Weg zum Fernen Osten*, der koreanischen und chinesischen Freunden gewidmet ist, schließt ein einleitendes Kapitel zur Unterschiedlichkeit der Humanismusinterpretation ein. Weit einflußreicher als das Christentum sei der Humanismus Goethescher Prägung, der der diesseitsorientierten Religiosität japanischer Tradition in Shintoismus, Buddhismus und Konfuzianismus nahestehe. In seiner Wirkung auf den nordostasiatischen Raum wird so eine neue Facette der Modernität Goethes angesprochen. Ist es nicht unser aller Aufgabe, eine unabhängige Ethik universeller Werte zu begründen, die nur entwicklungsgeschichtlich auf den Religionen beruht, denen wir angehören? Goethe, durchaus protestantisch ins Christentum eingebunden, ist demnach in seiner Freiheit das Modell für eine Welt, in der ein Konflikt der Kulturen überflüssig ist.

Naoji Kimura baut an dieser Welt mit.

Volkmar Hansen

Die internationale Goethe-Gesellschaft
in Weimar
verleiht anläßlich ihrer 78. Hauptversammlung
Herrn Professor Dr. Naoji Kimura,

dem Hochschullehrer, Übersetzer und Forscher,
der Goethe als idealtypischen Repräsentanten
deutscher Weltbildung erschlossen und den
Weg seiner Aneignung in Japan beschrieben hat,
in Anerkennung seiner außerordentlichen Verdienste um die Vermittlung europäischer und
nordostasiatischer Kultur die

Goldene Goethe-Medaille.

Verleihung der Ehrenmitgliedschaft

Laudatio auf Frau Professor Dr. Nanuli Kakauridse (Kutaissi/Georgien)

Wer die jeweiligen Tätigkeitsberichte der Goethe-Gesellschaft im georgischen Kutaissi Zeile für Zeile liest und hinter der imponierenden Fülle der Veranstaltungen die konkret-detaillierten Mühen der Vorbereitung und Durchführung wahrzunehmen vermag, wird mit Genugtuung, ja, mit zustimmender Freude Frau Professor Kakauridses Ernennung zum Ehrenmitglied der internationalen Goethe-Gesellschaft begrüßen. Wer die Geehrte kennt, wird angesichts ihrer freundlichen Bescheidenheit ahnen, daß sie diese Ehrung mit ihren Kolleginnen und Kollegen teilen möchte. In der Tat: Literarische Vereinigungen sind angewiesen auf die Mitarbeit vieler Mitglieder, auch wenn sie vom verschwiegenen Fleiß und der unmerklichen Leitung durch die Vorsitzenden leben.

Als Rektorin der neugegründeten Universität im heimatlichen Kutaissi rief Frau Kakauridse die Germanistik ins Leben – jenes Fach, das inzwischen sage und schreibe 250 Studenten zählt, während, in Parenthese sei's gestanden, in Westeuropa das Interesse an der Sprache des Nachbarlands zusehends schwindet. Aus eigener Anschauung kenne ich das schöne Niveau der jungen Germanisten in Georgien – ihren Fleiß, ihre Intelligenz und Leselust. Im universitären Raum beeindruckt nicht nur die sprachliche und die literarhistorische Kompetenz, sondern in gleicher Weise die Offenheit für eine andere Kulturform, welche die eigene bereichert und junge Menschen zum Verstehen und zur Verständigung mit dem Fremden anhält.

Überdies kann nur mit Respekt der Deutschunterricht in den dortigen Gymnasien erwähnt werden. Herrn Dr. Angelo Berodses anregende Schülerolympiade sorgt im Fach Deutsch für Elan und anhaltende Aufmerksamkeit und trägt bei zur spielerisch-ernsten Konversation bei der Erlernung von Fremdsprachen.

Meine Damen und Herren, mit flüchtigen Strichen skizzierten wir die Germanistik in Kutaissi und entdeckten dabei die Wirkung wie die Charakterzüge der Wissenschaftlerin und Pädagogin, der Organisatorin und Leiterin der dortigen Goethe-Gesellschaft, die mit überlegenem Sachverstand und disziplinierter Beharrlichkeit ihren zielsicheren Weg geht.

Jenseits der Grenzen Georgiens wurde die Ordinaria der Zereteli-Universität, die alle Prüfungen mit Auszeichnung bestand, zunächst durch ihre Buchpublikationen bekannt, die neben Lessing und Thomas Mann das Verhältnis von ‚Theorie und Wirklichkeit' sowie mehrfach die Sturm-und-Drang-Epoche zum Thema hatten. Zur vielfältigen Forschungsarbeit, die auch Herder und Lenz, Büchner und Brecht galt, kamen von Anfang an selbstgesetzte Verpflichtungen hinzu. Daher ehren wir Frau Kakauridse auch für die Hilfsbereitschaft, ja Freundschaft, die sie tagtäglich für ihre Studenten aufbringt, und für ihr ungewöhnliches kulturelles und auch soziales Engagement, das den Bürgern Kutaissis zugute kommt. Klug und ausdauernd koordiniert sie die Verbindungen mit Westeuropa – insbesondere mit den Universitäten Saarbrücken und Heidelberg. Nur mit Dankbarkeit können wir ihre Vorarbeiten und ihre Patendienste bei der Gründung der aserbaidschanischen Goethe-Gesellschaft würdigen. Unsere Verwunderung über Umfang und Niveau des kulturellen Angebots in Kutaissi wird von unserer Bewunderung für das unter schwierigen Bedingungen Erreichte überhöht: Vorträge und Lesungen wechseln einander ab, neue Übersetzungen werden nach entsagungsreicher Arbeit vorgestellt, Musikabende ergänzen Konferenzen, studentische Symposien zeichnen sich durch kluge Themenstellung aus. Sogar die Gymnasiasten nehmen teil an der kultivierten Geselligkeit, die der deutschsprachigen Kultur gewidmet ist: Unsere Achtung gehört allen, die mit nüchterner Leidenschaft mit von der Partie sind.

Der Weg zur sozialen Gerechtigkeit und wirtschaftlichen Sicherheit in Osteuropa ist beschwerlicher und länger als befürchtet. In bitterer Zeit leisten die drei georgischen Goethe-Gesellschaften ihren so stillen wie unentbehrlichen Beitrag zum kulturellen Überleben des Landes. Wir danken denen, die selbstlos Verantwortung tragen, und danken mit unserer Freundschaft allen Lehrenden, die zum bewußten Dienen für die ihnen anvertrauten jungen Menschen bereit sind.

Die internationale Goethe-Gesellschaft gratuliert voll Verehrung Frau Professor Kakauridse für ihre vielfältigen Mittlerdienste und ihre uneigennützige Lebensmühe, geprägt vom sinnsuchenden und sinngebenden Wort der Dichtung und geformt von der Liebe zu Goethes Werk.

Werner Keller

Laudatio auf Herrn Dr. Wolfgang Butzlaff (Kiel)

Dr. Wolfgang Butzlaff macht es seinem Laudator leicht. So dicht und breitgefächert stellt sein Engagement für Goethe und dessen Gesellschaft sich dar, daß es für sich allein zu sprechen vermag.

Zwei Dimensionen des vielfältigen Wirkens im Umkreis von Goethe sind dennoch einer besonderen Erwähnung wert: die organisatorische Leistung im Rahmen der Ortsvereinigung in Kiel zum einen, die immens rege Vortrags- und Publikationstätigkeit zur Popularisierung von Goethes Werk im literaturgeschichtlichen Zusammenhang zum anderen.

1969 hat Dr. Wolfgang Butzlaff, damals Studienrat für Deutsch und Französisch, der einzigen Goethe-Gesellschaft in Schleswig-Holstein buchstäblich das Leben gerettet, indem er deren Vorsitz aus den Händen von Professor Erich Trunz übernahm. Unter seiner Ägide ist die Mitgliederzahl der Kieler Ortsvereinigung dauerhaft angestiegen und fanden Hörer zu den Vortragsreihen, die für Literatur vordem nicht zu gewinnen waren.

Die insgesamt 28 Lebensjahre, die Dr. Wolfgang Butzlaff – nun auch Direktor eines Gymnasiums – seiner Goethe-Gesellschaft als Vorsitzender gewidmet hat, belegen deutlich genug, wie lohnend diese Arbeit war. Hätte er sich nicht 1997 auf eigenen Wunsch hin aus dem Vorstand der Ortsvereinigung zurückgezogen, dann wäre er auch heute noch der unumstrittene Goethe-Chef in Kiel – Ehrenvorsitzender ist er dort ohnehin.

Frei von Ironie gilt für diese Symbiose ein Satz von Goethe, mit dem Dr. Wolfgang Butzlaff einen Vortrag über *Verlobungen und Verlobte in Goethes Leben und Werk* überschrieben hat: „Ich konnte nicht ohne sie, sie nicht ohne mich sein". Daß eine derart vital geführte Ortsvereinigung zweimal – 1977 und 1997 nämlich – in der Lage war, die Jahrestagung der deutschen Goethe-Gesellschaften rundum gelingen zu lassen, liegt auf der Hand. Dr. Wolfgang Butzlaff hat seinen persönlichen Einsatz nie auf das regionale Umfeld beschränken mögen, sondern immer auch die Geschicke der Muttergesellschaft im Auge gehabt und mit hohem Verantwortungsgefühl begleitet.

Ein enger Zusammenhang besteht zwischen dieser Tatkraft als Vorsitzender und den Aktivitäten als Philologe. Ungezählte Male hat Dr. Wolfgang Butzlaff vor deutschen oder ausländischen Goethe-Gesellschaften seine Vorträge gehalten, um den Zusammenhalt aller Ortsvereinigungen zu stärken und so umfassend wie möglich ein neues Publikum an Goethe und weitere Dichter heranzuführen.

Ein schöner Querschnitt durch die so vielfältigen Fragestellungen liegt derzeit in Buchform vor: *Goethe. „Trostlos zu sein ist Liebenden der schönste Trost". Gesammelte Studien zu Werk und Rezeption*, erschienen im Jahr 2000. Daß Dr. Wolfgang Butzlaff neben seinem Beruf als Lehrer und Schulleiter, als Literatur-Rezensent bzw. Theater- und Konzert-Kritiker sowie als Kieler Goethe-Vorsitzender auch noch die Zeit gefunden hat, sich als Verfasser eines deutsch-italienischen Schelmenromans und weiterer Prosa hervorzutun, soll hier ebenfalls nicht verschwiegen werden.

Die Goethe-Gesellschaft in Weimar verleiht Herrn Dr. Wolfgang Butzlaff, dem Pädagogen, Philologen und Kritiker, ihre Ehrenmitgliedschaft in Anerkennung der jahrzehntelangen Verdienste um die Ortsvereinigung Kiel sowie im Bewußtsein seines erfolgreichen Bemühens um Goethes Werk im Inland wie im Ausland.

Albert Meier

Laudatio auf Herrn Dr. habil. Erwin Neumann (Güstrow)

Es ist ein Zufall eigener Art, daß in diesem Jahr Ehrenmitgliedschaften unserer Gesellschaft an Persönlichkeiten aus Deutschlands Norden verliehen werden. Wer sich im ‚bildlosen Norden', den Goethe selbst nie besucht hat, als Anwalt des Dichters zu behaupten weiß, muß über besondere Qualitäten verfügen.

Daß die Güstrower Goethe-Gesellschaft seit ihrer Gründung im Jahr 1982 im Konzert der deutschen Ortsvereinigungen ihren eigenen Part spielen konnte, daß ihre Stimme nach 1990 nicht verklang – sehr im Unterschied zu den großen Nachbarstädten Schwerin und Rostock –, daß sie im Gegenteil kräftiger vernehmbar wurde, ist vor allem einem Manne zu verdanken, der die Güstrower Goethe-Gesellschaft mitbegründet und ihr als Vorsitzender von 1982 bis 1999 Profil gegeben hat: Herrn Dr. habil. Erwin Neumann.

Erwin Neumann ist eine Persönlichkeit, die eher zu den Stillen im Lande gehört: ein Mann des leisen Wortes, des eindringlichen Gesprächs, der geduldigen Überzeugungskraft. Neumann, 1931 geboren, hat 1964 mit einer Arbeit zum epischen Werk von Hermann Hesse promoviert und 1981 mit einer großen Studie zur Kinder- und Jugendliteratur die Promotion B erworben, die 1991 zur Habilitation umgewidmet wurde. Nach Ausbildung und Promotion an der Pädagogischen Hochschule Potsdam war Erwin Neumann nahezu zwanzig Jahre an der Pädagogischen Hochschule Güstrow tätig. Seinem Wesen nach ein Pädagoge und Menschenfreund, hat er sich große Verdienste um die Lehrerausbildung erworben. Im Februar 1989 zum Hochschuldozenten für Geschichte der deutschen Literatur an die Universität Rostock berufen, hat Erwin Neumann bis zum Juni 1991 den universitären Fachbereich Literaturwissenschaft geleitet, sich im folgenden Jahr aber nicht zuletzt aus gesundheitlichen Gründen aus dem Hochschuldienst verabschiedet.

Dieser Abschied markierte einen wissenschaftlichen Neubeginn anderer Art. Von nun an hat sich Erwin Neumann stärker den Traditionen mecklenburgischer Kultur zugewendet; so sind eine Reihe von bemerkenswerten Abhandlungen entstanden.

Stetig blieb sein Engagement für die Güstrower Goethe-Gesellschaft. Er nutzte nach 1990 die neue glückliche Konstellation, gewann Referenten aus zahlreichen deutschen Städten, organisierte Exkursionen nach Eutin, Hamburg, Uetersen, Lübeck und Winsen, knüpfte Kontakte zur Volkshochschule, zur Uwe-Johnson-Bibliothek Güstrow, zur Ernst-Barlach-Stiftung und zum städtischen Kunst- und Altertumsverein. Ein kulturelles Netzwerk entstand, das vorbildlich genannt werden kann. Wer das Glück hat, in Güstrow sprechen zu dürfen, dem teilt sich diese Atmosphäre kultureller, traditionsbewußter Offenheit und Vielfalt direkt mit.

Verläßlichkeit und Treue – Erwin Neumann sind sie in besonderem Maße eigen. Er dürfte zu den wenigen gehören, die zwischen 1982 und 1997 an allen Jahrestagungen der Ortsvorstände (bis 1989 freilich nur in der DDR) teilgenommen haben. Seine Ortsvereinigung hat ihm auf angemessene Weise gedankt, indem sie ihn 1999 zu ihrem Ehrenvorsitzenden wählte; ihre Arbeit begleitet er seither wie selbstverständlich mit Rat und Tat. Die Auszeichnung am heutigen Tage soll herzlichen Dank und großen Respekt angesichts einer unspektakulären, gleichwohl buchenswerten Lebensleistung bezeugen. Güstrow wird 2004 Gastgeber für die deutschen Ortsvereinigungen sein. Ich bin gewiß, daß Erwin Neumann bei der Vorbereitung dieser Tagung, die schon ihre Schatten vorauswirft, nicht abseits stehen wird. Auf ein gutes Wiedersehen, lieber Herr Neumann!

Jochen Golz

Die internationale Goethe-Gesellschaft
in Weimar
verleiht anläßlich ihrer 78. Hauptversammlung
Frau Professor Dr. Nanuli Kakauridse,

der Mitbegründerin und Rektorin der Universität Kutaissi, der Leiterin der dort vorbildlich tätigen Goethe-Gesellschaft und klugen Interpretin der deutschsprachigen Literatur voll Dankbarkeit

die Würde eines Ehrenmitglieds.

Die internationale Goethe-Gesellschaft
in Weimar
verleiht anläßlich ihrer 78. Hauptversammlung
Herrn Dr. Wolfgang Butzlaff,

dem Pädagogen, Philologen und Kritiker, in dankbarer Anerkennung seiner vieljährigen Verdienste um die Ortsvereinigung Kiel sowie im Bewußtsein seines erfolgreichen Bemühens um Goethes Werke im Inland wie im Ausland

die Würde eines Ehrenmitglieds.

Die internationale Goethe-Gesellschaft
in Weimar
verleiht anläßlich ihrer 78. Hauptversammlung
Herrn Dr. phil. habil. Erwin Neumann,

dem langjährigen Vorsitzenden
der Goethe-Gesellschaft Güstrow,
dem selbstlosen Bewahrer und Fürsprecher
klassischen Gedankenguts,
in dankbarer Anerkennung

die Würde eines Ehrenmitglieds.

Neuwahl des Vorstands

Am 13. Juni 2003 wählte die Mitgliederversammlung den Vorstand für die Wahlperiode 2003 bis 2007. Satzungsgemäß gehören dem Vorstand zwölf inländische und acht ausländische Mitglieder an. Es sind dies folgende Damen und Herren:

Prof. Dr. Udo Ebert, Jena
Prof. Dr. Werner Frick, Göttingen
Dr. habil. Jochen Golz, Weimar
Prof. Dr. Dr. h. c. mult. Volkmar Hansen, Düsseldorf
RA Johannes Kippenberg, München
Dr. Jürgen Klose, Dresden
Dr. Petra Maisak, Frankfurt a. M.
Peter Meuer M. A., Hannover
Prof. Dr. Klaus-Detlef Müller, Tübingen
Ministerialrat a. D. Dr. Wolfgang Müller, Ilmenau
Dr. Manfred Osten, Bonn
Prof. Dr. Jochen Schmidt, Freiburg i. Br.

Prof. Dr. Josip Babić, Osijek/Kroatien
Dr. Rostislaw Danilewski, St. Petersburg/Rußland
Prof. Dr. Marino Freschi, Rom/Italien
Dr. Gundega Grinuma, Riga/Lettland
Prof. Dr. Tschong-Dae Kim, Seoul/Korea
Prof. Dr. Meredith Lee, Santa Ana/USA
Prof. Dr. Terence James Reed, Oxford/Großbritannien
Prof. Dr. László Tarnói, Budapest/Ungarn.

Der neue Vorstand wählte in seiner konstituierenden Sitzung Herrn Dr. habil. Jochen Golz zum Präsidenten und Herrn Prof. Dr. Volkmar Hansen zum Vizepräsidenten.

Herr RA Johannes Kippenberg wurde mit dem Amt des Schatzmeisters der Gesellschaft betraut.

Die Mitglieder des Vorstands der Goethe-Gesellschaft haben für die Jahre 2003 bis 2007 folgende Aufgabenbereiche übernommen:

(a) *Presse- und Öffentlichkeitsarbeit*
Dr. habil. Jochen Golz
Dr. Petra Maisak
Ministerialrat a. D. Dr. Wolfgang Müller

(b) *Kontaktherstellung und -pflege auf Landesebene*
Dr. habil. Jochen Golz (Thüringen)
Prof. Dr. Dr. h. c. mult. Volkmar Hansen (Nordrhein-Westfalen)
Ministerialrat a. D. Dr. Wolfgang Müller (Thüringen)
Prof. Dr. Klaus-Detlef Müller (Baden-Württemberg)

(c) *Kontaktherstellung und -pflege auf Bundesebene*
Dr. habil. Jochen Golz
Ministerialrat a. D. Dr. Wolfgang Müller
Dr. Manfred Osten

(d) *Verbindung zu den Ortsvereinigungen*
Dr. Jürgen Klose
Peter Meuer M. A.

(e) *Verbindung zu den ausländischen Goethe-Gesellschaften und internationale Beziehungen*
Prof. Dr. Werner Frick
Prof. Dr. Klaus-Detlef Müller
Prof. Dr. Josip Babić
Prof. Dr. Rostislaw Danilewski
Prof. Dr. Meredith Lee
Prof. Dr. Marino Freschi (Goethe-Gesellschaften in den romanischen Ländern)
Dr. Gundega Grinuma (Goethe-Gesellschaften in den baltischen Ländern)
Prof. Dr. Tschong-Dae Kim (Goethe-Gesellschaften in Ostasien)
Prof. Dr. László Tarnói (Goethefreunde in Ungarn + international)

(f) *Rechts- und Verfahrensfragen*
Prof. Dr. Udo Ebert
RA Johannes Kippenberg
Dr. Manfred Osten

(g) *Zusammenarbeit mit dem Kuratorium*
Dr. habil. Jochen Golz

(h) *Mitgliederwerbung*
Prof. Dr. Jochen Schmidt
Prof. Dr. Tschong-Dae Kim (Mitgliederwerbung in Korea)
Prof. Dr. Meredith Lee

(i) *Stipendiatenprogramm*
Prof. Dr. Werner Frick
Prof. Dr. Klaus-Detlef Müller
Prof. Dr. Jochen Schmidt

(j) *Jugendarbeit und Schulen*
Dr. Jürgen Klose
Peter Meuer M. A.

(k) *Förderung des wissenschaftlichen Nachwuchses*
Prof. Dr. Werner Frick
Prof. Dr. Terence James Reed
Prof. Dr. Jochen Schmidt

(l) *Einwerbung von Spenden und Sponsorengeldern*
RA Johannes Kippenberg
Dr. Manfred Osten
Ministerialrat a. D. Dr. Wolfgang Müller

(m) *Goethe-Jahrbuch*
Dr. habil. Jochen Golz
Prof. Dr. Werner Frick

(n) *Vertretung der Goethe-Gesellschaft im Stiftungsrat der Stiftung Weimarer Klassik und Kunstsammlungen*
Prof. Dr. Dr. h. c. mult. Volkmar Hansen

(o) *Kontakte zu Museen und Memorialstätten sowie Kontaktpflege zum Freien Deutschen Hochstift*
Dr. Petra Maisak.

Resümees der wissenschaftlichen Konferenz am 12. und 13. Juni 2003

Arbeitsgruppe A

Goethe im Elsaß

Referent: Prof. Dr. Jean-Marie Valentin, Paris
Diskussionsleiter: Prof. Dr. Mathias Mayer, Augsburg
(Protokoll i. V.: Dr. Christoph Michel, Freiburg i. Br.)
Korreferentin: Dr. Evelina Piradova, Eriwan

Dem Referenten lag zunächst an der Klärung, daß Goethes Aufenthalt in Straßburg und dessen Umgebung weder von den Motiven noch vom Verlauf her eine ‚Reise' im eigentlichen Sinn des Begriffs gewesen sei. Vielmehr habe es sich um eine traditionelle (zudem vom Vater angeratene) *peregrinatio academica* gehandelt. Diese

Definition implizierte aber auch bereits eine Abschwächung des persönlichen Impulses, des Interesses an der Erkundung der Fremde, wie es später Goethes echte Reise-Aufbrüche, vor allem nach Italien, gekennzeichnet habe. Am Leitfaden von Goethe-Gedächtnisorten in Straßburg und Sesenheim entwickelte der Referent sodann die These, daß Goethe (anders als der Gedächtnis-Kult des 19. und 20. Jahrhunderts es suggeriere) während seines Studienaufenthaltes im Elsaß wichtige Strukturen der binationalen Koexistenz nicht wahrgenommen und die Chance einer Erweiterung und Vertiefung seiner (schon in der frühen Jugend entwickelten) Vertrautheit mit Frankreich zu wenig genutzt habe. So habe er die interkulturelle Vermittlerrolle der Straßburger Universität nicht begriffen und die friedliche Koexistenz der beiden christlichen Konfessionen nicht anerkannt. Durch seinen studentischen Freundeskreis im Kosthaus der Schwestern Lauth habe er sich zu stark an die deutsche Kultur und Sprache rückgebunden. Obwohl angehender Jurist, habe ihn der Oberste Gerichtshof des Elsaß in Colmar und der aktuelle Konflikt zwischen dem Ius Gallicum und dem Ius imperii Romani nicht interessiert. Die Möglichkeit, im Anschluß an sein juristisches Studium in die Deutsche Kanzlei am Versailler Hof einzutreten und sich beruflich in die französische Welt zu integrieren, habe er ebensowenig genutzt wie die geographische Nähe zu Frankreich; vielmehr habe er größere Exkursionen nur in deutschsprachige Gebiete (Zabern, Saarbrücken, Mannheim) unternommen und den Westen ausgespart. Auch der Prosahymnus auf das Münster feiere ein deutsches Kunstwerk, und die neue (Sesenheimer) Lyrik habe der deutschen Sprache und Poesie zur Weltgeltung verholfen, die ‚Möglichkeit einer Doppelkultur' sei von ihrem Autor jedoch nicht wahrgenommen worden. Noch die Schilderung in *Dichtung und Wahrheit* vermeide, von einem ‚Aufenthalt im Elsaß' zu sprechen, und lenke mit dem ans Ende des 11. Buchs gestellten Besuch des Mannheimer Antikensaals programmatisch den Blick auf die (auch der Selbstprofilierung des Autors dienende) deutsche Klassik. Erst im Alter habe Goethe mit dem Konzept der ‚Weltliteratur' und seinem Interesse an der jungen französischen Romantik um die Zeitschrift *Globe* sein Verhältnis zu Frankreich intensiviert.

Gegenüber diesen sehr pointierten, gängige Vorstellungen einer kulturellen jumelage in Frage stellenden Ausführungen zeigte das Korreferat von Frau Piradova, daß in der armenischen und russischen Goetheliteratur Goethes Aufenthalt in Straßburg bis heute auch deshalb nichts von seiner Faszination eingebüßt habe, weil er nicht nur einen Neuanfang der deutschen Literatur, sondern zugleich einen interkulturellen Aufbruch markiere; Goethes Rezeption der französischen Aufklärung, seine Sammlung elsässischer Volkslieder auf Betreiben Herders hin (den Prof. Valentin als „gallophob" gekennzeichnet hatte), sein Interesse für das Volksleben wurden von Kritikern, Goetheforschern und -übersetzern wie den Russen Belinski, Schirmunski und Wilmont, den Armeniern Tarasjanz, Akopjan und Marietta Schaginjan begrüßt und auch im Zeichen der Völkerverbindung emphatisch gewürdigt.

In der Diskussion des Hauptreferats wurden Präzisierungen erbeten (so zur Funktion der „Deutschen Kanzlei", zur – nicht überlieferten – Notation der Volkslieder, zur Unterrichtssprache an der Straßburger Universität, zu den Gründen für die Ablehnung der ersten juristischen Dissertation Goethes; nach Ansicht des Referenten entsprach sie nicht dem praktischen Verständnis der Fakultät) und Ergänzungen vorgetragen (Hinweise auf Goethes Kenntnis der *Alsatia illustrata* Johann Daniel Schöpflins, der als Historiograph den Grund für das regionale Bewußtsein der Elsässer gelegt habe, auf Goethes Interesse an Chemie und Medizin und, während der Reise nach Zabern, an frühindustriellen Betrieben). Dem Referenten gaben diese Einzelheiten wiederum Gelegenheit, seine Hauptthese an Details zu bekräftigen (so habe Goethe in der Charakterisierung der Franzosen zwischen Wertschätzung und Satire – ‚Französgen' – geschwankt; er habe in der Kleidung der Mädchen nicht die Mischung zwischen deutscher und französischer Mode bemerkt; er habe Diderot ‚einen deutschen Kopf' genannt usw.). Auch ein Hinweis Prof. Mayers auf die doch zu beachtende Differenz zwischen dem (durch Briefe, Zeugnisse Dritter) dokumentierten und dem 1811 in *Dichtung und Wahrheit* gestalteten Aufenthalt, einer ‚wiederholten Spiegelung', veranlaßte den Referenten nicht zu Abstrichen an seiner Gesamtthese; Goethes „Rekonstruktion" (!) habe dem Bild seines zumindest ambivalenten Verhältnisses zu Frankreich nichts Neues hinzugefügt. Auf einen Teil des Publikums wirkte die (auch gegenüber des Referenten moderaterer Darstellung *Le dialogue de Goethe avec les lettres françaises.* In: Études germaniques 55,1 [2000]) verschärfte These provokant. Anregend war sie allemal.

Christoph Michel

Arbeitsgruppe B

Landschaften und Begegnungen auf Goethes Schweizer Reisen

Referentin: Dr. Margrit Wyder, Zürich
Diskussionsleiter: PD Dr. Uwe Hentschel, Chemnitz
Korreferent: Dr. habil. Rostislaw Danilewski, St. Petersburg

Die Referentin konzentrierte sich in ihrem Vortrag auf die Reiseerfahrungen Goethes, die dieser während seiner Aufenthalte am Vierwaldstättersee gemacht hatte. Damit fokussierte sie den Blick auf einen Raum, dem Goethe ein außerordentliches Interesse entgegenbrachte. Neben dem Rheinfall bei Schaffhausen, Zürich und seiner Umgebung und dem Gotthard war es diese Landschaft, die er auf allen drei Reisen, 1775, 1779 und 1797, besuchte. Anhand von zahlreichem Bildmaterial wurde dargelegt, was der Reisende wahrnahm und womit er sich beschäftigte.

Da war zunächst der Naturraum, der das Interesse des Geologen weckte. Goethe bemühte sich nicht nur um die Untersuchung von Gesteinsschichten (z.B. 1797 an den Felsen am Urnersee), sondern dachte auch über Möglichkeiten der Visualisierung geographisch-geologischer Erkenntnisse nach, wobei er sich von dem Modell des Vierwaldstättersees, das der Luzerner General Franz Ludwig Pfyffer von Wyher angefertigt hatte, inspirieren ließ.

Zum anderen war Goethe natürlich von dem Kulturraum Vierwaldstättersee fasziniert. Ausdruck dessen ist seine eingehende Beschäftigung mit dem Gründungs- und Tellmythos der Schweizer. Weniger bekannt ist, daß Goethe die Diskussion um die Errichtung eines Monuments für die schweizerischen Freiheitshelden, das von dem Franzosen Abbé Raynal gestiftet wurde, aufmerksam verfolgte, wobei er zu der Ansicht gelangte, daß die Innerschweizer eines solchen Denkmals nicht bedurften, da ihre ‚Constitution' ihr wahres Monument sei.

Den zuletzt genannten Aspekt aufgreifend, wurde in der sich dem Vortrag anschließenden Diskussion vor allem Goethes politisches Schweizbild einläßlich behandelt. Es mußte eingeräumt werden, daß die genannte wohlwollende Äußerung zu den innerschweizer Kantonen nicht als repräsentativ gelten könne. Was die Einschätzung der gesellschaftlichen Verhältnisse des Nachbarlandes betrifft, überwogen mit zunehmendem Alter Skepsis und Kritik. Das belegen beispielhaft seine Äußerungen während der Reise 1797 und in den *Briefen aus der Schweiz. Erste Abteilung.*

Ausgehend von diesen Verdikten, die die wenigen wohlwollenden Urteile Goethes überlagern, wurde im Plenum nach dem Verhältnis gefragt, das die Deutschen allgemein im 18. Jahrhundert zur Schweiz und ihren Bewohnern entwickelt hatten. Hier war an die Schweizerbegeisterung der Deutschen zu erinnern, die sich zunächst auf die Werke der Autoren stützte, die von ihrem helvetischen Heimatland Selbstbilder bzw. ideale Gegenbilder entwarfen. Albrecht von Hallers, Salomon Geßners und Jean-Jacques Rousseaus Texte beschrieben naturnahe refugiale Lebensräume, die als Alternativen zur eigenen deutschen Erfahrungs- und Lebenswelt verstanden werden konnten. Insbesondere die Reiseberichte über die Schweiz, die diese Bilder bestätigten, trugen Kompensations- und Verweischarakter, wobei abgehoben wurde auf den legendären Freiheitswillen der Schweizer, auf das Patriarchalische und Idyllische in ihrer Lebensweise und auf das Phänomen des Naturerhabenen.

Besonderes Interesse fand bei den Diskutanten die Reise Goethes in die Schweiz 1779, die er in Begleitung des Fürsten Carl August unternahm. Verlauf und Ziel des Unternehmens standen im Mittelpunkt des Gesprächs. So wurde gefragt, warum sich Goethe einer solch gefährlichen Reise aussetzte und worin der von ihm deklarierte Erfolg der Wanderung bestand? Prävalent, so wurde betont, sei die Bildungs- und Erziehungsabsicht gewesen, die Goethe im Hinblick auf den Herzog mit der Reise verband. Indem sie sich Grenzerfahrungen aussetzten, wurde die Wanderung durch das wallisische Gebirge, den Furkapaß auf den Gotthard im Spätherbst zu einer physischen und psychischen Bewährungsprobe.

Der kleinere zweite Teil der Arbeitsgruppensitzung wurde vom Korreferenten, Herrn Dr. Rostislaw Danilewski, bestritten. Er sprach von dem Bild, das die russischen Reisenden im 18. und beginnenden 19. Jahrhundert von der Schweiz gezeichnet haben, sowie über die Wirkungsgeschichte der Schweizer Reisen Goethes (und anderer Autoren) in der russischen Literatur des 19. Jahrhunderts. Letzteres müsse erst noch untersucht werden; daß es diese Rezeption gegeben haben könnte, deutete der Referent an, indem er auf das Schweizbild in Dostojewskis Roman *Der Idiot* verwies.

Uwe Hentschel

Arbeitsgruppe C

Bergbesteigung/Hadesfahrt. Topik und Symbolik der „Harzreise im Winter"

Referent: Prof. Dr. Wolfgang Riedel, Würzburg
Diskussionsleiter: Dr. Klaus Dieter Buschau, Clausthal-Zellerfeld
Korreferent: Prof. Dr. Sam-Huan Ahn, Seoul

Es liegt leider kein Resümee vor.

Arbeitsgruppe D

Literarische Gestaltungen von Italienreisen vor und nach Goethe

Referent: Prof. Dr. Achim Aurnhammer, Freiburg i. Br.
Diskussionsleiterin: Prof. Dr. Lia Secci, Rom
Korreferentin: Prof. Dr. Nanuli Kakauridse, Kutaissi

In seinem Referat – dessen Titel leicht modifiziert *Goethes „Italienische Reise" im Kontext der deutschen Italienreisen* lautete – konzentrierte sich Prof. Achim Aurnhammer auf die Bedeutung der Goetheschen Reise im Kontext früherer und noch folgender Italienreisen deutscher Autoren. Der Referent würdigte die literarische Bearbeitung Goethes als eine Synthese von Informations- und Inspirationsreise, die früher, nach den Gattungskonventionen der Aufklärung, entweder als objektzentrierte oder als subjektzentrierte Reisebeschreibungen verfaßt worden seien. Bis zur Mitte des 19. Jahrhunderts bewahrte Goethes *Italienische Reise* ihre Vorbildlichkeit. Danach wechselte ihre Wirkung zwischen Historisierung und Poetisierung, ohne dabei ihren Wert als Bezugsmuster bis ins 20. Jahrhundert einzubüßen.

In ihrem vorschriftsmäßig kürzeren, aber um so prägnanteren Korreferat gab Prof. Nanuli Kakauridse einen weiterreichenden chonologischen Überblick über die deutschen literarischen Italienreisen, wobei das Symbolhafte des italienischen Erlebnisses vom Mittelalter bis in die Gegenwart immer neue Varianten hervorbrachte. Es wäre natürlich interessant, in der langen Folge der Darstellungen mit ihren Wandlungen auch die Möglichkeit der Gestaltung einer Italienreise ohne die ‚Brille Goethes' festzustellen.

Die beiden aufschlußreichen Referate regten eine lebhafte Diskussion an. Es ging dabei hauptsächlich um folgende Themen: Goethes Italienreise und der Unterschied zwischen Biographie und Reisebeschreibung; *Italienische Reise* – Italienreise; dazugehörige Ambivalenz der Rezeption; die nötige selektive Stellung Goethes gegenüber der Überfülle von künstlerischen und kulturellen Aspekten, die sich ihm in Italien anboten. Ich selbst machte darauf aufmerksam, daß eine besondere Variante der Italienreise, mit einer andersgearteten Perspektive auf Goethe, diejenige der deutschen Schriftstellerinnen gewesen sei, die sich in der ersten Hälfte des 19. Jahrhunderts in Rom aufhielten.

Lia Secci

Arbeitsgruppe E

Von Arabesken. Neues zu einer Theorie des Ornaments bei Goethe

Referent: Prof. Dr. Michele Cometa, Palermo
Diskussionsleiter: Prof. Dr. Albert Meier, Kiel
Korreferent: Dr. Irakli Schurgulaia, Poti

Die vor ca. 35 überwiegend jungen Zuhörern gehaltenen Vorträge von Prof. Dr. Michele Cometa (Palermo) und Dr. Irakli Schurgulaia (Poti) schlossen sich glücklich an den Vortrag *Gezähmte „Bilderlust" – Goethes wiederholte Annäherung an Pompeji* an, den Dr. Thorsten Fitzon (Bonn) am Vortag auf dem Symposium junger Goetheforscher gehalten hatte.

Michele Cometas Hauptreferat, das einen weiten Bogen vom späten 18. ins frühe 20. Jahrhundert spannte, erläuterte die Arabeske als Provokation des Klassizismus und skizzierte Goethes radikalen Paradigmenwechsel von ursprünglicher Ablehnung der Arabeske als ‚barbarisch' hin zu ihrer Anerkennung als ‚kindlicher' Kunstform.

Irakli Schurgulaias Korreferat zeigte an Beispielen aus der georgischen Lyrik des 20. Jahrhunderts auf, inwiefern die Arabeske dort ein ebenso modernes wie indigenes Stilprinzip darstellt.

Die Diskussion beschäftigte sich zum einen mit Überlegungen zur Arabeske in der Literatur, die anhand weiterer Beispiele angestellt wurden. Zum anderen wurde der Problematisierung des Klassizismus-Dogmas beim späten Goethe nachgefragt, wobei sowohl der *West-östliche Divan* als auch Goethes Auseinandersetzung mit der Architektur-Geschichte im Mittelpunkt standen.

Albert Meier

Arbeitsgruppe F

Totes und Lebendiges. Zu Goethes Begegnung mit der griechischen Antike

Referentin: Prof. Dr. Jutta Linder, Messina
Diskussionsleiter: Prof. Dr. George Guţu, Bukarest
Korreferentin: Louise Bâ, Dakar

In der Arbeitsgruppe F stand Goethes Sizilienerlebnis während seiner ersten italienischen Reise im Mittelpunkt von Referat, Korreferat und Diskussion.

Das von Prof. Dr. Jutta Linder dargebotene Referat stellte sich zur Aufgabe, Goethes Begegnung mit der griechischen Antike auf der Mittelmeerinsel Sizilien zu beleuchten. Goethes anfängliche Begeisterung, Zeugen der griechischen Baukunst mit eigenen Augen zu sehen und dadurch sein mentales, bildungsgesättigtes Bild zu ergänzen oder gar am Gesehenen und unmittelbar Erlebten zu messen, machte allmählich einem offensichtlichen Befremden Platz: Der Anblick verfallener Bauruinen rief beim sichtlich enttäuschten Betrachter Goethe Gleichgültigkeit, Kritik, ja sogar Aversion hervor. Dies gilt im Falle von Segesta oder von Agrigent mit dem Tempel der Juno und jenem der Concordia und dient als mögliche Erklärung für den Verzicht Goethes darauf, das griechische Theater von Segesta, das Tempelgebiet von Selinunt oder die ehemalige griechische Kolonie Syrakus zu besichtigen. Seine hellenistische Begeisterung flammt allerdings immer wieder auf, sobald es sich um gelungen restaurierte, relativ gut erhaltene oder auch im Rahmen späterer Bauten oder auffallend angenehmer Landschaftsgebilde befindliche Zeugnisse altgriechischer Baukunst handelte. Dies registrierte Goethe insbesondere in Rom oder aber eben auch auf Sizilien selbst: beim Tempel des Äskulap in Agrigent, beim Theater von Taormina oder beim salernitanischen Paestum. Wenngleich es sich dabei oft um Ruinen handelt, werden sie als Bestandteil einer harmonischen Landschaft wahrgenommen, die die im Verfallenen und in der Vanitasreflexion mitschwingende Negation in eine allem Anschein nach vitale, gesunde, romantikwidrige Position umschlagen läßt. Dieses Gefälle zwischen Natur und Kunst in Goethes Wahrnehmungs- und Kontemplationshaltung ließe sich auch in seiner sizilianischen Griechenlanderfahrung durch die von der Referentin vertretene These erklären, Goethe habe sich im Einklang mit seinem gesamten, organischen, auf Totalität zielenden Welt- und Menschenbild stets am Lebendigen erfreut, sich vom Gedanken der Klassizität leiten lassen und jegliche Berührung mit Erscheinungen des Verfalls, des Krankhaften gemieden.

Das Korreferat von Louise Bâ, der Vizepräsidentin der senegalesischen Goethe-Gesellschaft, illustrierte die gründliche Bildung Goethes in Sachen Kultur des klassischen Altertums und deren Überprüfung vor Ort, in Sizilien, wo sich die negative Wirkung architektonischer Aufrisse bemerkbar gemacht habe. Im Blick der Korreferentin stand Goethes Erlebnis dorischer Architekturüberreste in Sizilien.

In der Diskussion wurden zahlreiche Aspekte der zur Debatte gestellten Thematik auch anhand von Illustrationen sizilianischer Zeugnisse altgriechischer Baudenkmäler angegangen, die von Prof. Jutta Linder präsentiert wurden. In der Debatte wurde nicht zuletzt auf die Piranesische Belebung von Ruinenlandschaften durch die Aufnahme von menschlichen oder tierischen Gestalten oder von Landschaftselementen hingewiesen, deren Absicht es war, dem Eindruck des Verfallenen, Leblosen entschieden entgegenzuwirken.

Zum Schluß wurde allgemein der Gedanke artikuliert, daß diese Arbeitsgruppe durch den Blick einer Afrikanerin und zweier außerhalb Deutschlands beheimateter Europäer auf Goethes Leben und Werk die Interkulturalität und Internationalität der Weimarer Goethe-Gesellschaft in beeindruckender Art und Weise unter Beweis gestellt hat.

Das war eigentlich der Grundtenor auch anderer Arbeitsgruppen, was dem Thema der diesjährigen Konferenz *Goethe auf Reisen* voll entsprach: über Grenzen hinweg das Fremde wahrnehmen, kennen- und schätzenlernen, es sich schließlich weitgehend zu eigen machen – im ständigen Prozeß eigener Identitätsfindung.

George Guțu

Arbeitsgruppe G

„Auch ich in der Champagne" – und im republikanischen Mainz: Goethe als Schlachtenbummler in den Revolutionskriegen

Referent: Prof. Dr. Klaus-Detlef Müller, Tübingen
Diskussionsleiter: Prof. Dr. Terence J. Reed, Oxford
Korreferent: Prof. Dr. Tschong-Dae Kim, Seoul

Klaus-Detlef Müller ist davon ausgegangen, daß für die Zeit der *Campagne in Frankreich* keine Tagebücher vorliegen, daß Goethe aber paradoxerweise seiner Schilderung der Ereignisse ausgerechnet die Tagebuchform gegeben hat. Eine weitere These lautete, daß diese Form auf eine Technik der Distanzierung hinauslaufe, bei der Stellungnahme und Urteil ausgeschlossen blieben; daß man gleichwohl – eine noch subtilere These – trotzdem zwischen den Zeilen zu lesen habe, denn überall lägen Andeutungen eines Standpunktes vor.

Zu den Zwängen, die Goethes aufklärerische Redefreiheit einschränkten, habe die Solidarität mit einer Armee gehört, bei der sein Freund und Gebieter Carl August eine wichtige (für Goethes Geschmack wohl zu wichtige) Rolle spielte. Goethe zitiert ganz offen die Meinung eines alten Soldaten, dem er im Lauf der Campagne begegnet war: „Was er schreiben dürfte, mag er nicht schreiben, und was er schreiben möchte, wird er nicht schreiben". (Man vermißt hier, nebenbei gesagt, die symmetrisch zu erwartende Formulierung „d a r f er nicht schreiben", was auch ein Stück Zurückhaltung bzw. Diskretion sein mag.) Es bleibt allerdings das Rätsel, warum Goethe so lange nach den Ereignissen nicht frei von der Leber weg reden zu können glaubte.

Im Korreferat hat Herr Kim auf die in der koreanischen Germanistik kaum existente Rezeption der *Campagne in Frankreich* aufmerksam gemacht, um dann Goethes Erzählung in vielen konkreten Details einschließlich der gelegentlichen angenehmen Vorkommnisse zu überblicken.

In der Diskussion traf in erwünschtester Weise ein geschichtlich eindrucksvoll gut informiertes Publikum mit seinen Fragen auf einen umfassend gut informierten Referenten. Nicht umsonst hatte Klaus-Detlef Müller die *Campagne in Frankreich* in der Edition des Deutschen Klassiker Verlags herausgegeben und sich mit dem historischen Umfeld gründlich vertraut gemacht. Viele Beziehungen konnten geknüpft werden. Friedrich Christian Laukhards ganz anders drastische Rechenschaft über die Campagne wurde zum Vergleich herangezogen; die Campagne wurde mit lokalgeschichtlichen Kenntnissen über ihren Ausgangspunkt in Trier beleuchtet; weiter hinausblickend wurde sie in den Kontext der Napoleonischen Kriege gestellt, und noch weiter blickend der Versuch gemacht, die Motivierung zu Goethes verspäteter Darstellung auf die Karlsbader Beschlüsse zurückzuführen, was sich aber als unvereinbar mit der Datierung der ersten Konzeption der *Campagne* erweist. Auch der Mittel zur Literarisierung des Themas in Form von symbolischen Episoden und ominösen Vorfällen wurde gedacht und die Relevanz des *Reineke Fuchs* als gelungenster Goethescher Behandlung der Revolutionsthematik geltend gemacht. Im breiteren menschlichen Zusammenhang wurde Goethes resolut antinationalistische Einstellung sowie seine Verhinderung antirevolutionärer Lynchjustiz nach der Belagerung von Mainz notiert, man kann auch sagen: gefeiert. Hier kamen also schließlich doch Aufklärungsprinzipien zum Tragen.

Terence J. Reed

Arbeitsgruppe H

Goethe auf Dienstreisen

Referent: Prof. Dr. Wojciech Kunicki, Wrocław
Diskussionsleiter: Prof. Dr. Volker Wahl, Weimar
Korreferent: Prof. Dr. Ivan Cvrkal, Bratislava

Der Diskussionsleiter begrüßte etwa 60 Zuhörer und stellte die Referenten als Lehrstuhlinhaber für deutsche Literatur an den Universitäten Wrocław und Bratislava vor. Er wies einleitend darauf hin, daß man unser gegenwärtiges Verständnis von der Funktion und dem Ablauf von Dienstreisen nicht ohne weiteres auf die dienstlichen Reisen vor zwei Jahrhunderten übertragen kann. Um auf Dienstreisen zu gehen, setzt das ein Dienstverhältnis mit einem Dienstherrn voraus. Auch Goethe befand sich seit 1776 in einem Dienstverhältnis, hatte einen Dienstherrn, nahm eine dienende Stellung ein. Demzufolge ist bei diesem Thema sehr stark von Goethes amtlicher Tätigkeit in der Landesadministration des Herzogtums bzw. Großherzogtums Sachsen-Weimar-Eisenach auszugehen.

Der Referent Professor Kunicki ging besonders auf die Schlesienreise Goethes 1790 ein und formulierte Fragen nach Goethes Verständnis von ‚Dienstreisen', für die er dessen Bezeichnungen ‚Lustreise' oder ‚Gebirgs- und Landritt' gebrauchte. Auch die Frage, wie Goethe seine Reiseeindrücke gestaltete, wurde von ihm aufgeworfen. Professor Cvrkal stellte in seinem Korreferat sehr systematisch die Bereiche von Goethes amtlicher Tätigkeit vor, zog aus seinen dienstlichen Funktionen Schlußfolgerungen für die Reisezwecke und Reiseziele und wies auf die Reisebekanntschaften hin. In beiden Referaten wurden entsprechende Beispiele aus allen Lebensabschnitten, vor allem aber seit seinem Eintritt in das Geheime Ratskollegium 1776, genannt.

In der Diskussion wurden zunächst die Aussagen in den Referaten hinterfragt und ergänzt, wobei vor allem die Schlesienreise näher beleuchtet wurde. Es wurde davon ausgegangen, daß der heutige Begriff ‚Dienstreise' selbst nicht von Goethe gebraucht wurde. Festzustellen ist, daß die Grenzen zwischen solchen Reisen aus dienstlichen Anlässen und ‚Lustreisen' zum Teil fließend sind. Im weiteren Verlauf der Aussprache wurde auf die Quellen für unsere Kenntnis von Goethes Dienstreisen hingewiesen. Zu nennen sind Selbstzeugnisse: Briefe, Tagebücher, autobiografische Schriften; ‚Reiseakten' im Nachlaß im Goethe- und Schiller-Archiv; die Behördenakten im Thüringischen Hauptstaatsarchiv, wobei die Forschung bisher vorwiegend auf der Grundlage der gedruckt vorliegenden Quellen erfolgte. Hier tut sich noch ein weites Forschungsfeld auf, obwohl der ‚amtliche Goethe' in den zurückliegenden Jahren zunehmend Beachtung gefunden hat. Ferner wurden Reiseziele und Orte von Dienstreisen beispielhaft angeführt, schließlich die Anlässe, Zwecke und Ziele von solchen Reisen thematisiert, auch die Finanzierung von solchen dienstlich veranlaßten Reisen wie auch Rezeptionsfragen der Reisen bzw. in den Reiseorten angesprochen.

Die Aussprache, an der sich etwa zwölf Teilnehmer, zum Teil mit wiederholten Wortmeldungen, beteiligten, war sehr lebhaft und wurde von den Zuhörern mit Interesse verfolgt.

Volker Wahl

Arbeitsgruppe I

Goethe in Böhmen

Referent: Dr. Christoph Michel, Freiburg i. Br.
Diskussionsleiter: Dr. Milan Tvrdik, Prag
Korreferent: Dr. Václav Maidl, Prag

An den Vorträgen zum Thema *Goethe und Böhmen* und an der anschließenden Diskussion nahmen über 120 Zuhörer und Diskutierende teil. Goethe hat Westen, Nordwesten und Nordosten Böhmens zwischen 1785 und 1823 siebzehnmal besucht und dort, wie Johannes Urzidil in seinem bekannten Werk *Goethe in Böhmen* errechnet hat, drei Jahre seines Lebens verbracht. Dr. Christoph Michel ging in seinem Hauptreferat einerseits auf die thematische Eingrenzung von Goethes Kontakten mit Böhmen ein, andererseits versuchte er Kriterien aufzustellen, nach denen sich dem Dichter und Wissenschaftler Goethe das Land erschloß und sein Bild von Böhmen sich modifizierte. Christoph Michel strukturierte seinen Beitrag in vier Themenbereiche: a) Goethes geologische und mineralogische Forschungen, besonders in den Kreisen Karlsbad, Leitmeritz und Eger; b) Goethes Interesse an der Geschichte Böhmens sowie an den politischen und zeitgeschichtlichen Verhältnissen; c) Goethes kulturgeographische, volkskundliche und sprachgeschichtliche Studien in Böhmen und d) die ‚Ästhetisierung' und ‚Verinnerlichung' der böhmischen Landschaft in Goethes dichterischem und zeichnerischem Œuvre. Das Korreferat zum Thema *Johann Wolfgang Goethe in den 1990er Jahren in der Tschechischen Republik* von Dr. Václav Maidl spannte dann im Anschluß an Michels Ausführungen einen Bogen von den 1830er bis in die 1990er Jahre und befaßte sich vorwiegend mit der Rolle Goethes in der Rezeption der Weltliteratur im Tschechien des letzten Jahrzehnts.

Die anschließende Diskussion hatte drei Hauptpunkte, um die fast alle gestellten Fragen kreisten. Der erste Hauptpunkt betraf die Beziehung der tschechischen nationalen Bewegung des 19. Jahrhunderts zu Goethe als einem deutschsprachigen Autor und zu Herder als einem den Slawen zugeneigten Philosophen. Die Antwort wies hinsichtlich Goethes auf das Jahr 1838, wo man schon über ‚tschechische Goetheaner' sprach (František Ladislav Čelakovsky), und auf die ungebrochene Goethe-Rezeption in der tschechischen Gesellschaft im 19. und 20. Jahrhundert, darunter die germanistischen Forschungen über Goethe seit der Mitte des 19. Jahrhunderts. Herder wurde in der ersten Hälfte des 19. Jahrhunderts positiv aufgenommen, vor allem wegen des ‚Slawenkapitels', allerdings war sein Werk ins Tschechische bisher nicht übersetzt. Der zweite Hauptpunkt der Diskussion ist aus der Bemerkung hervorgegangen, Goethes Reisen nach Böhmen wären immer auch mit seinen schöpferischen Leistungen eng verbunden (Reisen ‚in die Poesie hinein'), wobei an Werke erinnert wurde, die er während seiner Aufenthalte vollendete. Darauf wurde geantwortet, daß der Ertrag in diesem Sinne eher schmal ist. In Böhmen entstanden etwa neunzig Gedichte – vorwiegend Gelegenheitsgedichte –, z. B. *Sankt Nepomuks Vorabend* zur Nepomuk-Feier. Man kann annehmen, Goethe habe seine böhmischen Aufenthalte kaum dichterisch reflektiert. Die Ausnahme bilden natürlich die Elegien aus Marienbad. Nicht zu bestreiten ist allerdings, daß Goethe in Böhmen seine Schaffenskrisen überwand und nach den Erholungskuren seine Produktivität zurückgewann. Der dritte Hauptpunkt bezog sich auf die Aufnahme des Goetheschen Erbes bei der jüngeren Generation in Böhmen, sei es bei der tschechischen oder der deutschen. Hier muß erneut die ungebrochene Rezeption Goethes in den Lehrplänen der deutschen und tschechischen Schulen in der Monarchie bis 1918 (im damaligen Österreich-Ungarn entstand sogar der erste Goethe-Verein) erwähnt werden sowie das große Unterfangen der tschechischen Germanistik in den 20er und 30er Jahren, also in der Zeit der ersten Tschechoslowakischen Republik, Goethes Werk in modernen Übersetzungen einer breiten Öffentlichkeit zugänglich zu machen.

Milan Tvrdik

Arbeitsgruppe K

„ein Paar Blicke in die freye Welt". Zu Goethes Reise-Zeichnungen

Referentin: Dr. Petra Maisak, Frankfurt a. M.
Diskussionsleiter: Prof. Dr. Reinhard Wegner, Jena
Korreferent: Prof. Dr. Mirko Krivokapić, Belgrad

Die Referentin der Arbeitsgruppe, Frau Dr. Petra Maisak, stellte an ausgewählten Beispielen die unterschiedlichen Verfahren und Techniken des Zeichnens vor, deren sich Goethe auf seiner italienischen Reise bediente. Sie umriß das Spannungsfeld zwischen der topographisch getreuen Dokumentation einer Landschaftsskizze und der freien Gestaltung des künstlerischen Eindrucks.

Prof. Dr. Mirko Krivokapić verwies in seinem Korreferat auf die Notwendigkeit, Goethe als Zeichner mehr Aufmerksamkeit zu schenken. Alle namhaften Biographen des Dichters, die Mirko Krivokapić kurz vorstellte, hätten sich nicht hinreichend mit Goethes zeichnerischer Tätigkeit auseinandergesetzt.

In der lebhaften Diskussion wurden Petra Maisak Fragen zu Vorbildern für Goethes Auffassung über die Landschaftsskizze (Jakob Philipp Hackert, Christoph Heinrich Kniep) und zum Verhältnis von Zeichnung und Gemälde gestellt. Einige Nachfragen galten darüber hinaus der Bedeutung von literarischer Naturbeschreibung für eine bildhafte Umsetzung in der künstlerischen Darstellung.

Als ein untrüglicher Beweis für die Sachkunde des Publikums ließen sich die zahlreichen Ergänzungen und Bestätigungen bewerten, die Mirko Krivokapić für seine Thesen erfuhr.

Reinhard Wegner

Arbeitsgruppe L

Goethes poetische Orientreise

Referentin: PD Dr. Anne Bohnenkamp, München
Diskussionsleiterin: Dr. Mariam Schamlu, Garching
Korreferent: Prof. Dr. Hassan Nekuruh, Shiraz

Für die Arbeitsgruppe *Goethes poetische Orientreise* hat die Goethe-Gesellschaft neben der renommierten Referentin Frau PD Dr. Bohnenkamp Herrn Prof. Dr. Nekuruh von der Universität Shiraz, Iran, als Korreferenten gewonnen. Leider mußte er seine Reise wegen der Verzögerung bei der Erteilung eines Einreisevisums kurzfristig absagen.

Der Vortrag von Frau Dr. Bohnenkamp stieß auf sehr hohe Resonanz bei den rund 100 anwesenden Interessenten. Das darauffolgende Gespräch war recht lebhaft und ergiebig; die Fülle von anregenden Nachfragen und ergänzenden Anmerkungen war so groß, daß die Zeit nicht ausreichte, alle Interessenten zu Wort kommen zu lassen.

Als Einstieg in die Diskussion warf die Diskussionsleiterin die Frage auf, ob Goethes Identifizierung mit Hafis, als dessen Zwilling er sich im Gedicht *Unbegrenzt* bezeichnet, auf einem echten Verständnis der Hafisschen Gedankenwelt beruht, oder ob hier vielmehr von einer abendländischen Rezeption orientalischen Gedankenguts auszugehen ist. Diese für das Verständnis des *Divans* so zentrale Frage wurde von dem überwiegend „westlichen" Publikum nicht aufgegriffen, obwohl sie aus der Sicht der „östlichen" Leser bei der Beschäftigung mit dem *West-östlichen Divan* vielfältige Möglichkeiten für eine weiterführende Diskussion bietet.

Anknüpfend an Goethes Bezugnahme auf die persische Gedichtform des Ghasels ging es zunächst um Goethes Kenntnis und Umgang mit Metren und Gedichtformen unterschiedlicher Sprachen und Kulturen. Vorgeschlagen wurde dann, die verschiedenen Typen des Reisens auf die verschiedenen Typen des Übersetzens zu beziehen. Gefragt wurde nach der spezifischen Rolle der für das ‚Weltliteratur'-Konzept einschlägigen Handelsmetaphorik und ihrer konkreten Sachhaltigkeit im *Divan* (Poesie als Handelsware?). In diesem Zusammenhang ging es auch um eine Abgrenzung von Goethes Vorstellungen zu verwandten Ideen, wie sie sich schon bei Eichhorn und Herder finden. Diskutiert wurde das Verhältnis von ‚Weltpoesie' und ‚Weltliteratur' sowie die in Analogie zur Urpflanze denkbare Konzeption einer ‚Urpoesie'.

Betont wurde ergänzend zum Referat die Bedeutung Mohammeds und die Präsenz der alttestamentarischen biblischen Welt, die sich auch an der im Referat erstmals aufgezeigten Entsprechung bestätigen läßt, die das *Buch Suleika* – in dem die Liebende eigene Stimme gewinnt – zum *Hohen Lied Salomos* aufweist. Aus biographischer Perspektive wurde die Umkehrung vermerkt, die den *Divan* charakterisiert: Hier wird nicht die Dichtung ausgelöst von der Liebeserfahrung, sondern umgekehrt scheint die Liebesbegegnung mit Marianne von Willemer vorbereitet, ja ‚vorprogrammiert' durch die Begegnung mit dem dichterischen alter Ego Hafis. Betont und an vielen Beispielen gezeigt wurde immer wieder der vielschichtige Bedeutungshorizont des *Divans* und sein hoher poetischer Gewinn aus dem spielerisch-dichterischen Umgang mit den Schätzen der fremden Kultur. Offensichtlich konsensfähig war die Einschätzung, daß Goethes *Divan* als Ganzes ein das Fremde als Fremdes ins Spiel bringendes Werk ist, dessen Aufgeschlossenheit für das Andere als beispielhaft gelten kann.

Mariam Schamlu

Arbeitsgruppe M

Goethes Reisen in die Rhein- und Main-Gegenden

Referent: Prof. Dr. Hendrik Birus, München
Diskussionsleiter: Prof. Dr. Dr. h. c. mult. Volkmar Hansen, Düsseldorf
Korreferentin: Prof. Dr. Manana Paitschadse, Tbilissi

Aus zwingenden persönlichen Gründen konnte der Referent Prof. Dr. Hendrik Birus kurzfristig nicht an unserer Tagung teilnehmen, so daß sein Vortrag von der Korreferentin Prof. Dr. Manana Paitschadse verlesen wurde, die den Lehrstuhl für romano-germanische Sprachwissenschaft an der Staatlichen Universität Tbilissi innehat. Die drei Texte, die Goethe aus seinen Reisen an Rhein, Main und Neckar 1814 und 1815 entwickelt und in seiner dadurch begründeten Zeitschrift *Über Kunst und Altertum* 1816/17 veröffentlicht hat, zählen, so führte Birus aus, zu den wenigen Publikationen, die unmittelbar auf den politischen Tag berechnet sind. Als Ausgangspunkt sieht er die Anregung des Freiherrn vom Stein, für die preußische Regierung ein Gutachten zur Organisation der Kulturlandschaft in der neugewonnenen Rheinprovinz zu erstellen. In einer Kombination von innerministerieller Vorbereitung und rascher Veröffentlichung erweist sich Goethes Geschick. Wie Sulpiz Boisserée notiert, ist das Hauptprinzip, die Sammlungen beisammen und in ihrer Stadt zu lassen, für Öffentlichkeit zu sorgen, aber auch einen organisatorischen Gesamtrahmen (Kunstvereine) herzustellen. Einen zweiten Leitgedanken sieht er in der Werbung für die Sammlung der Brüder Boisserée, spart bewußt die Liebesbeziehung zu Marianne von Willemer aus. Diese klaren Zielsetzungen werden durch die späteren Texte autobiographisch aufgelöst, das *Sanct-Rochus-Fest zu Bingen* und *Im Rheingau Herbsttage*. Die Korreferentin stellte, ausgehend von Dieter Borchmeyers These vom Rechenschaftsbericht, eine andere Konzeption der Narration dagegen, sie sieht in der Heterogenität den Goetheschen Spättypus der Einheit als Heterogenität verwirklicht, die die Redigierungsfähigkeit des Dichters hervorhebt. Die Diskussion im Großen Saal der Weimarhalle fragt zunächst der Wirkung der Denkschrift nach; neben der von Birus genannten Kölner Kunstsammlung werden als weitere Beispiele die Gründung der Rheinischen Friedrich-Wilhelms-Universität zu Bonn, die Schlössernutzung in Benrath sowie die Museums- und Bibliothekspolitik genannt. Goethes dezentrale Vorstellungen waren hocheffizient. Für die patriotische Dimension der Kapelleneinweihung am 16. August 1814 wird die überstaatlich-nationale Bedeutung unterstrichen, jedoch zugleich in den Zusammenhang des supranationalen Konzepts des Sturm und Drang gestellt, auf die irenische Tendenz der Aussöhnung zwischen Katholiken und Protestanten verwiesen. Die Akzentsetzung bei der Boisserée-Sammlung wird im Kontext von Goethes Dankbarkeitswillen gesehen. Fragen nach der Beziehung zur Weinlandschaft der Frankfurter Heimat und den raren Besuchen bei der Mutter bildeten den Abschluß.

Volkmar Hansen

Arbeitsgruppe N

Goethe und die Reiseliteratur

Referent: Prof. Dr. Peter J. Brenner, Köln
Diskussionsleiter: Prof. Dr. Hans-Wolf Jäger, Bremen
Korreferentin: Prof. Dr. Meredith Lee, Santa Ana

Die konzisen Informationen der Korreferentin zur nordamerikanischen Reiseliteraturforschung, namentlich in bezug auf Goethe, wurden dankbar gewürdigt. Brenners Vortrag regte, mehr wegen interessanter Einzelbeobachtungen als durch entschiedene und griffige Thesen, zu Nachfragen, Einwänden und Ergänzungen an. Nachgefragt wurde, ob Goethes Hin-und-her-Bewegung auf seiner frühen Harzreise – worin der Referent bereits etwas Subjektivistisches und Fluchtartiges glaubte ausmachen zu können – nicht mit Goethes amtlichem Auftrag zusammenhing, sich weiträumig nach Orten und spezifischen Methoden des Bergbaus zu erkundigen. – Zur Schweizerreise von 1779 mit Carl August wurde angemerkt, sie dürfte sehr wohl auch traditionellen itinerarischen Zwecken genügt haben: als eine Kavaliersreise mit Hofmeister, bei welcher Goethe den acht Jahre jüngeren Zögling in hohe Häuser und zu berühmten Gelehrten führte; zugleich als eine Heilungsreise, durch die der junge Souverän auf schweizerischen Gletschern (im November) gemüthafte Abkühlung und Lösung aus der verwirrenden Bindung an Corona Schröter finden sollte. – ‚Ästhetisierung' und ‚Theatralisierung' bei Campagne- und Mainz-Bericht lassen sich bis auf barocke Begrifflichkeit zurückführen (‚Europäisches Kriegstheater'); gleichwohl sollte nicht übersehen werden, daß Goethe sich trotz solcher Beschreibungstopoi zumeist an die lokale Topographie hält. – Die anscheinend unbeschwerte Schilderung des Sankt-Rochus-Festes zu Bingen wird kontrapungiert – einmal mit der bösen Episode, in welcher ein Dachs geradezu gelyncht wird, zum andern dadurch, daß Goethe auch bei diesem sozialen Erlebnis (bzw. dessen Notat) seiner naturwissenschaftlich-mineralogischen Leidenschaft frönt („glücklicherweise ist ein Hammer bei der Hand"). – Ein Teilnehmer der ungewöhnlich regen Diskussion antwortete auf die von ihm selbst aufgeworfene Frage, wo Goethe wirklich dem Ideal von Reiseliteratur, womöglich seinem eigenen, entsprochen habe, skeptisch: vermutlich nirgends. Natürlich provozierte das die fundamentale Gegenfrage: Darf bei einem weder durch Aristoteles noch Scaliger, Opitz oder Gottsched kanonisierten prosaischen Genre wie der Reisebeschreibung überhaupt derart normativ gefragt und geurteilt werden?

Hans-Wolf Jäger

Arbeitsgruppe O

Goethes poetische Chinareise

Referent: Prof. Dr. Adrian Hsia, Montreal
Diskussionsleiter: PD Dr. Andreas Anglet, Köln
Korreferentin: Prof. Dr. Irina Lagutina, Moskau

Goethe besaß nur eine sehr geringe Kenntnis chinesischer Literatur und kannte nur wenige zeitgenössische Reiseberichte aus China. Ein wesentlicher Horizont seines China-Bildes waren die Auffassungen und Ansichten der kulturgeschichtlichen Entwürfe und intellektuellen Diskussionen im 17. und 18. Jahrhundert. Goethes Auseinandersetzung mit ihnen wurde von Professor Adrian Hsia als imaginäre China-Reise des Dichters gestaltet, der dort auf verschiedene europäische Reisegruppen trifft. Die poetische Form des Vortrags verwies dabei auf *Götter, Helden und Wieland*, die *Unterhaltungen deutscher Ausgewanderten* und die im 18. Jahrhundert sehr beliebte Gattung der Unterwelts-Gespräche. Diese konfliktreiche, dialogische Entfaltung der Rezeptionsschichten bei Goethe konfrontierte Exotik-Moden sowie chinafreundliche und china-feindliche Positionen miteinander. Ausgeblendet blieb das utopische China der Staatsromane Hallers und Wielands. An der Begegnung Goethes mit den China-Bildern von Leibniz und Wolff, Voltaire und Montesquieu, Herder und Diderot, MacCartney, Staunton und Barrow, Schlegel und Schelling sowie Schopenhauer, aber auch mittels der Goethe-Rezeption bei Richard Wilhelm stellte Adrian Hsia heraus, wie sehr die verschiedenen Auffassungen von ihren europäischen Kontexten, von intellektuellen, religiösen und politischen Konflikten bestimmt wurden. China galt als Modell für eine hochentwickelte nicht-christliche Zivilisation; ihre Integration in die vorhandenen historischen Denkschemata trug zur Auflösung einer eurozentrischen Konzeption von Geschichte als Heilsgeschichte bei. Die unterschiedlichen Interpretationen spiegeln die rivalisierenden religiösen und politischen Standorte ihrer Verfasser, vor allem aber die Konkurrenzverhältnisse zwischen den Nationalstaaten bzw. Sprach- und Kulturräumen in Europa. China wurde zur exotischen Projektionsfläche von Paradies- und Angstvorstellungen. Dabei zeigt sich die Entstehung und Tradierung von kulturellen Vorurteilen und das begrenzte Wissen der Zeitgenossen. In den Entwürfen spiegelt sich aber auch das Bemühen um neue geschlossene Weltbilder, wobei synkretische Bausteine verschiedenster Herkunft zusammengestellt und z. T. abenteuerliche ethnische und politische Zuordnungen auf dem asiatischen Kontinent vorgenommen werden.

Hatte Adrian Hsia die Bedeutung und Konkurrenz insbesondere der englischen und französischen Quellen für das deutsche Chinabild herausgestellt, so fügte das Korreferat von Irina Lagutina die Bedeutung Rußlands für den Handel sowohl mit Waren als auch mit Informationen zwischen Europa und China hinzu. Diese geostrategische Rolle besitzt Rußland schon zu Zeiten von Leibniz' Plänen zu einer Missionierung Chinas. In Rußland sieht der Philosoph aber auch den angemessenen Standort für eine gemeinsame Akademie, die die kulturelle und wissenschaftliche Begegnung ermöglichen soll. Diese Wertschätzung Rußlands beruht nicht zuletzt auf persönlichen Kontakten wie dem zwischen Leibniz und Peter I. und der Wertschätzung, die Katharina die Große als Modell einer aufgeklärten Monarchie bei den europäischen Intellektuellen genoß. Die Spuren der geistigen Auseinandersetzungen bei der kulturellen Konstruktion Chinas durch die Europäer finden sich auch in den Stereotypen über Rußland und in seiner Zurechnung einmal zu einer ‚europäischen', ein anderes Mal zu einer ‚asiatischen' Kultur.

Erster Gegenstand der anschließenden Diskussion war die teils in Asien, teils in Europa verbreitete These, daß die europäische Philosophie von ihren Vertretern nicht ‚mit dem Leib gelebt' werde. Diese Auffassung wurde zurückgewiesen, da sie die widersprüchlichen europäischen Diskussionen über Leiblichkeit und Lebensführung vereinseitige und verenge. Gerade im 18. Jahrhundert etwa, also auch in der Studienzeit des jungen Goethe, waren der chinesischen Tradition verwandte medizinische Auffassungen und ganzheitliche Körpermodelle noch im Umlauf (Paracelsus, Böhme); alte, auf heilkundlichen Traditionen beruhende medizinische Praktiken waren noch nicht durch die moderne naturwissenschaftliche Methode verdrängt.

Weiterhin wurden strukturelle Ähnlichkeiten zwischen einer Reihe von Denkmustern Goethes und chinesischen Gedankenfiguren diskutiert. Das zentrale Beispiel war die Nähe von Goethes „Reich der Mütter" im *Faust* zum Tao – beides ein feminingedachter Urgrund sowohl der Natur als auch des Geistes, an dem alle Dinge bereits präexistent als Form oder Bild vorhanden sind. Zwar gilt für das Tao der gleichwertige Beitrag des männlichen Prinzips, des Yang, so ein Einwand, doch schlossen sich in der folgenden Diskussion vor allem Spekulationen darüber an, ob das „Ewig-Weibliche" am Ende des *Faust II* nicht dem Gedanken des Tao als einer letzten Wirklichkeit entspreche.

Professor Hsia verwies darauf, daß Goethe strukturelle Ähnlichkeiten zwischen einzelnen Konzepten seines und des chinesischen Denkens deutlich empfunden habe. Dies zeige sich an begrifflichen Übernahmen in der kurzen Zeit seiner intensiven Beschäftigung mit der chinesischen Kultur, so etwa seine Identifizierung mit den Mandarinen. Goethe habe, lautete dazu eine These aus dem Plenum, an einem anderen globalen Ort Motive des chinesischen Denkens gewissermaßen „ein zweites Mal erfunden" (Prof. Dr. Ekkehart Krippendorff).

Auf die Frage von Prof. Dr. Karl Richter, inwiefern die Farbensymbolik in den *Chinesisch-deutschen Jahres- und Tageszeiten* nicht nur die physiologischen Gesetze von Goethes Farbenlehre, sondern auch chinesischen Modellen entspräche, antwortete Professor Hsia, daß Goethes und das zeitgenössische Wissen über die Farbsymbolik des Taoismus nachweisbar außerordentlich gering waren.

Inwiefern Goethes politische Ethik als ‚konfuzianisch' bezeichnet werden könnte, so etwa Brecht in einer Notiz zu seinem *Konfuzius*-Fragment, konnte nicht abschließend geklärt werden. Adrian Hsia wies jedoch darauf hin, daß schon Brechts Verständnis von ‚Konfuzianismus' in dem Fragment außerordentlich problematisch sei. In der Diskussion zeichneten sich weiterhin zwei verschiedene Auffassungen zu der kulturgeschichtlichen Bedeutung der Reiseberichte im 18. Jahrhundert ab: 1) Die detaillierten Reiseberichte der frühen Neuzeit bis 1800 entsprächen der lebhafteren Vorstellungskraft eines gegenüber heutigen Lesern einfühlsameren Publikums (Krippendorff); 2) gerade durch die damalige Entstehung einer neuen, detailreich ausschmückenden Reiseliteratur beginne die Konsolidierung von komplexen kulturellen Vorurteilen und Stereotypen über ferne Länder in Europa (Hsia).

Am Schluß standen zwei einander gegenläufige Forderungen an die Forschung gegenüber: 1) Im Anschluß an die Arbeiten von Günther Debon und Adrian Hsia solle noch einmal der genaue Nachweis von Goethes Kenntnissen und Quellen über China geführt werden (Plenum). 2) An die Stelle der bisher überwiegenden positivistischen Einflußforschung solle künftig stärker eine Analyse und differenzierende Betrachtung der Strukturähnlichkeiten zwischen Denkmustern und kulturellen Beständen Chinas und Europas treten (Hsia).

Andreas Anglet

Arbeitsgruppe P

Goethe unterwegs – in der Kutsche

Referent: Prof. Dr. Hans-Martin Gauger, Freiburg i. Br.
Diskussionsleiter: Prof. Dr. Marino Freschi, Rom
Korreferentin: Prof. Dr. Young-Ae Chon, Seoul

Es liegt leider kein Resümee vor.

Arbeitsgruppe Q

Die evolutionäre Reise – zur Modernität des Goetheschen Homunculus

Referent: Dr. Manfred Osten, Bonn
Diskussionsleiter: Prof. Dr. Rudolf Drux, Köln
Korreferent: Sorin Toma, Bukarest

Daß sich Homunculus auf eine große Reise begibt, ja sogar als Reiseführer fungiert, der Faust und Mephisto in den antiken Mythos, an den Peneios zur klassischen Walpurgisnacht geleitet, mag wohl erklären, warum ihm eine Arbeitsgruppe im Rahmen einer Konferenz gewidmet war, die sich mit Goethes Reisen befaßte. Zudem unternimmt, metaphorisch betrachtet, das Retortenmenschlein aus *Faust II* eine ‚evolutionäre Reise' mit dem Ziel, ‚vollständig' zu entstehen. Dabei entziehe es sich, wie der Referent in Anlehnung an seine jüngste Publikation (Manfred Osten: *„Alles veloziferisch" oder Goethes Entdeckung der Langsamkeit.* Frankfurt a. M. 2003) darlegte, den für Faust und die strebsame abendländische Menschheit charakteristischen ‚Übereilungen' und schlage mit einer ‚Entschleunigung der Zeit' noch einmal den Weg „durch tausend, abertausend Formen" ein, den die heutige Genomforschung geradezu ,veloziferisch' verkürze, darin ihrem molekularbiologischen Urahnen Wagner folgend.

Während das Korreferat auf die Einbettung der Homunculus-Episode in Goethes naturkundliches Denken hinwies und in ihr ein künstlerisch erweitertes Natur- und Menschenbild gestaltet sah, ging es in der Plenumsdiskussion vornehmlich um ihre semantische Tragweite bzw. die Sinnzusammenhänge, auf die sie sich bezieht. Hervorgehoben wurde z. B. der prägende Werkkontext: ,Wechselseitige Spiegelungen', die Homunculus als Faustens Alter Ego erscheinen lassen, zeigten sich etwa in einer herausragenden geistigen Potenz bei gleichzeitigem Mangel an erlebter Körperlichkeit, im Glück der Vereinigung mit Galatea bzw. Helena oder in der Erfahrung des erfüllten Augenblicks. Fernerhin wurde auf Homunculus als ein Geschöpf aus dem gotischen Laboratorium verwiesen; die engen Körpergrenzen seiner mittelalterlich-christlichen Existenz könne es erst durch den Gang in die sinnliche Antike überschreiten. Jedenfalls sei das Männlein in der Retorte ein Mängelwesen, hafte ihm doch ein offensichtlicher ,ontogenetischer Defekt' an, der in seiner deutlichsten Ausprägung der Tod sei; diesen zu bewältigen oder zu sublimieren sei in der Kunst keine Seltenheit und kennzeichne letztlich auch die Experimente der Biotechnologen und Humangenetiker mit dem menschlichen Leben.

Damit war die zentrale Frage nach dem Transfer einer Figur der Literaturgeschichte auf Sachverhalte aktueller Lebenspraxis gestellt. Schon der naturwissenschaftliche Diskurs, in den Goethe selbst mit seiner Homunculus-Figur einstieg, ist kaum eindeutig festzulegen: Die alchimistische Urzeugung, wonach sich Organisches aus anorganischem Material entwickelt, wurde ebenso genannt wie Friedrich Wöhlers Harnstoffsynthese oder der Gegensatz von Kristallisation und Organisation als den prägenden Lebenskräften. Mehr aber noch als zeitgenössische Bezüge seien Übertragungen auf die heutige biowissenschaftliche Debatte mit dem konkreten Text zu begründen und zu vermitteln: Am ehesten könne noch die Zeugung in der Phiole, die Wagner so enthusiastisch beschreibt, als fiktives Vorspiel und kulturgeschichtlicher Vorlauf der inzwischen äußerst folgenreichen ,Befruchtung im Reagenzglas' (IVF) gelten. Unbestritten aber war die Vielfalt der Deutungsansätze, die – das immerhin machte die lebhafte Diskussion klar – mit der vieldeutigen Anlage der Homunculus-Gestalt korrespondiert, wie sie sich aus der symbolischen Konzeption von Goethes *Faust II* ergibt.

Rudolf Drux

Bericht über das Symposium junger Goetheforscher am 11. Juni 2003 in Weimar

Mit dem Symposium junger Goetheforscher konsolidierte sich ein im Juni 2001 aus der Taufe gehobenes Nachwuchsforum der Goethe-Gesellschaft, das unter der Leitung von Thorsten Valk nunmehr zum zweiten Mal den Auftakt zur traditionellen Hauptversammlung bildete. Insgesamt sieben junge Wissenschaftlerinnen und Wissenschaftler referierten in halbstündigen Vorträgen einige Ergebnisse aus ihren Dissertationen. Daß das Symposium für die rund zweihundert Zuhörer zum Gewinn ausschlug, war nicht zuletzt einer klugen Tagungskomposition geschuldet. Thorsten Valk hatte sich für einen deduktiven Beginn entschieden. Am Anfang standen so diejenigen Beiträge, die – theoretischen Stellungnahmen Goethes folgend – exemplarische Problemkonstellationen seiner Ästhetik und ästhetischen Wahrnehmung beleuchteten. Daran schlossen sich vertiefende Analysen des dichterischen Werks an, geordnet im wesentlichen nach der literaturgeschichtlichen Chronologie.

Die exzellenten Ausführungen Martin Dönikes belegten – einführend in das breite Themenspektrum des Tages – die Vielstimmigkeit des ,être collectif' Goethe an einem Punkt, an dem man es gemeinhin am wenigsten erwartet: der klassizistischen Kunstauffassung. Den eindrucksvollen Ausgangspunkt der Argumentation bildete die Identifikation eines Bildes, das Goethe im Zusammenhang der Weimarer Kunstausstellung von 1803 beschrieb: die von Tischbein oder aus seinem Umkreis rührende Nachzeichnung eines griechischen Vasengemäldes, das die „Eroberung Trojas" in exuberanter Grausamkeit präsentiert. Daß sich der auf Ruhe und Klarheit bedachte Verfasser der *Propyläen*-Einleitung darüber mit bemerkenswerter Aufgeschlossenheit und Insistenz auf dem Prekären äußert, zeugt von den Spannungen und Hintergründigkeiten eines Klassizismus, der weniger mit Anachronismen konservativer Normativität als mit Reflexion der Moderne zu tun hat.

Auf welch höchst produktive Weise Goethes ästhetischer Standpunkt zwischen voreingestellten Positionen und problembewußten Irritationen oszilliert, demonstrierte der profunde Beitrag von Thorsten Fitzon über Goethes wiederholte Annäherung an Pompeji. Als charakteristisch für die Auseinandersetzung mit der Totenstadt, in der Schönheit und Schrecken so nah beieinander liegen, enthüllte Fitzon das Bestreben nach Vereinbarung von klassizistischem Kunstideal und sinnlicher Erfahrung unter dem Druck der Empirie. Goethe habe die überschießende Bilder- und Farbenlust der pompejanischen Malerei durch geeignete Interpretationsstrategien zu zähmen gesucht, namentlich durch die Deklarierung der Ornamente als buchstäblich marginaler Rahmung des Wesentlichen, voran die vergötterte Menschennatur.

Mit „metaphysischen Rebellen bei Goethe" nahm Manuela Schulz nähere Fühlung auf. Mit der Beispielkette von Prometheus, Luzifer und Faust mahnte sie eine unbedingt begrüßenswerte Synopse dieser Gestalten an. Dabei fiel die Problemformulierung unter Bezug auf Camus' Begriff der „metaphysischen Revolte" etwas unvermittelt existentialistisch aus. Unklar blieb auch, wo genau man im ‚leeren Himmel der Transzendenz' (Peter-André Alt) über Weimar einen substantiellen Metaphysikbegriff festmachen könnte.

Eine weitere methodische Alternative lag in Form einer intertextualitätstheoretisch basierten Rezeptionsanalyse der bestechenden Beweisführung Wolf Gerhard Schmidts zugrunde. Der Bogen seiner Argumentation für die Ossian-Rezeption in Goethes *Götz*-Dramen spannte sich – Quellenarbeit und Textdeutung vorbildlich vereinigend – von der Aufstellung eines akribischen Reminiszenzenkatalogs bis hin zur aussagekräftigen Funktionsbestimmung dieser Quellenbezüge. Die Parallelen zwischen den Protagonisten Macphersons und dem Entwicklungsprozeß des Götz kulminieren demzufolge in einem Modernisierungspessimismus und persönlichen Antiquiertheitsbewußtsein, das sich allein mit der Hoffnung auf ein Überleben im Gedächtnis der Nachwelt noch zu trösten vermag.

Den Nachweis der europäischen Verflechtung von Goethes literarischem Schaffen setzte nahtlos und kenntnisreich Giovanni Sampaolo mit Ausführungen über Goethes Calderón-Rezeption fort. Souverän wurde Goethes Anteil am romantischen Calderónismus rekonstruiert, ebenso seine darüber vermittelte Bekanntschaft mit einem dramatischen Handlungsschema, das sich aus den Topoi von Ehebruch, Sühne und postmortalen Wunderzeichen zusammensetzt. Dessen von Sampaolo reklamierte Aufschlußkraft für die Konzeption der *Wahlverwandtschaften* liegt gewiß nicht fern. Wie dies mit der Prävalenz unmittelbarerer und reicher fließender Quellen zu vermitteln sei – insbesondere mit dem seit jüngerer Zeit aktenkundigen Tristan-Komplex der *Wahlverwandtschaften*, der die genannte Topik einschließt –, hätte den Beweisgang sinnvoll ergänzen können.

An das in der Poetik der *Wahlverwandtschaften* wirksame Dilemma, wie dem Impetus zum unendlichen Text letzthin ein Schluß abzuringen sei, konnte Katja Mellmann anschließen. Sie profilierte das poetische Gestaltungsprinzip der „ernsten Scherze" – in der Ausprägung der scherzhaften Schlußwendung – als ein Spezifikum der Goetheschen Dichtungsweise. Daß damit „appetitive Reize" gesetzt würden, die im Gegenzug zu den „Streßreizen" der Handlungsebene „Entspannungsreaktionen" hervorrufen, wurde überzeugend an den Schlußpassagen von *Stella* und *Faust II* dargelegt. Zweifellos originell zeichneten sich hierbei die Umrisse einer auf neue Grundlagen gestellten Literaturpsychologie ab.

Das vielstimmige, aber durchaus harmonische Konzert der Vorträge dieses Symposiums schloß mit Christian Mittermüllers erhellenden Ausführungen zur „Poetologie in Goethes *Wanderjahren*" – einem Forschungsfeld, das freilich bisher schon nicht unter Mangel an kreativen Anregungen gelitten hat. Sehr richtig beobachtete Mittermüller die konstitutive Undeutbarkeit der Zeichen und die Unabschließbarkeit der Verstehensprozesse in diesem Roman. Eine überraschend bruchlose Bestätigung poststrukturalistisch inspirierter Repräsentationskritik und der Kriterien des offenen Kunstwerks ergab sich vollends aus der textnahen Beschreibung des Kästchenmotivs, jener Metapher des Signifikanten schlechthin, der einen Gehalt stets zugleich verspricht und entzieht.

Das Kästchen der *Wanderjahre*, von dem niemand weiß, was es für den einzelnen enthalten wird, ist auch eine Metapher für die aktuellen Zukunftsaussichten junger Wissenschaftler. Die akademische Laufbahn erfordert den ganzen Menschen und läßt sich nicht im Nebenerwerb verfolgen. Sie steht im Zeichen beträchtlicher Leistungsanforderungen und unter den Bedingungen einer Konkurrenzlogik, deren Forcierung schwerlich noch zu anderem als zum Zielkonflikt zwischen Karriere- und Qualitätsbewußtsein führen kann. Begabtenförderung rechtfertigt sich durch strenge Qualitätsmaßstäbe, die jedoch im Fach selber bestimmt werden müssen. Um so mehr ist eine sorgfältige und anspruchsvolle Veranstaltung wie das *Symposium junger Goetheforscher* zu loben, mit dessen Etablierung die Goethe-Gesellschaft dezidiert ihre Verantwortung für den wissenschaftlichen Nachwuchs erklärt hat.

Stefan Keppler

Chronik für das Jahr 2003

Januar

16. Januar: Die Goethe-Gesellschaft lädt zu einem Neujahrsempfang in die Geschäftsstelle im Stadtschloß ein (siehe S. 447).

17. Januar: Anläßlich des 250. Geburtstages von Charlotte Buff laden Goethe-Gesellschaft und Goethe-Institut zu einer Gemeinschaftsveranstaltung ein: *Werthers Lotte auf Goethes Spuren. „So lebten wir den herrlichen Sommer hin".* Theaterspiel für eine Person von und mit Gertrud Gilbert (Schauspielerin und Autorin, Bad Nauheim).

29. Januar: Herr Prof. Dr. h. c. Lothar Späth, Ministerpräsident a. D. und Aufsichtsratsvorsitzender der Jenoptik AG Jena, tritt dem Kuratorium der Goethe-Gesellschaft bei.

März

8. März: Frau Professor Dr. Manana Paitschadse, stellvertretende Vorsitzende der Goethe-Gesellschaft Tbilissi, wurde für ihre überaus erfolgreiche wissenschaftliche und pädagogische Arbeit und für die unermüdliche organisatorische Tätigkeit in der georgischen Goethe-Gesellschaft mit dem „Orden der Würde" ausgezeichnet. Der Präsident der Republik Georgien, Herr Eduard Schewardnadse, nahm am internationalen Frauentag in feierlichem Rahmen die Ehrung vor.

10. März: Die Ortsvereinigung Hamburg ist auf Goethes Spuren in Weimar und hat dabei auch einen Besuch in der Geschäftsstelle eingeplant. Nach einem Vortrag der Geschäftsstellenleiterin über die Tätigkeit der Goethe-Gesellschaft in Weimar treten einige Hamburger Goethefreunde spontan der „Muttergesellschaft" bei.

Erwähnt sei, daß die Hamburger Ortsvereinigung auch einer tschechischen Examenskandidatin die Teilnahme an der Weimarreise finanziell ermöglicht hat. Überhaupt entwickelt sich die Partnerschaft zwischen den Goethe-Gesellschaften Hamburg und Prag ausgezeichnet. Im August kommen Prager Goethefreunde nach Hamburg, im Frühjahr 2004 werden Hamburger Goethefreunde nach Prag und Böhmen reisen.

April

3.–5. April: Die spanische Goethe-Gesellschaft unter Leitung ihrer Präsidentin Frau Prof. Dr. Marisa Siguan führt gemeinsam mit dem katalanischen Germanistenverband in der Universitat Rovira i Virgili in Tarragona einen Kongreß durch. Eine Sektion widmet sich dabei auch der Goethe-Rezeption: *„Ihr mögt mich benützen". Goethe – Gebrauch und Mißbrauch.*

12./13. April: Der Arbeitsausschuß tagt in Weimar. Im Mittelpunkt steht die Vorbereitung der 78. Hauptversammlung.

13. April: Die Kassenprüfer, Herr Volkmar Birkholz und Herr RA Johannes Kippenberg, nehmen ihre jährliche Kassenprüfung in der Geschäftsstelle vor. Zugegen sind Frau Dr. Petra Oberhauser als Geschäftsstellenleiterin und Frau Cornelia Jahn als Buchhalterin.

24.–27. April: In Nordenham findet die Jahrestagung der Vorstände der deutschen Ortsvereinigungen statt. Dem Vorsitzenden der Goethe-Gesellschaft Nordenham und seinem Team ist für eine vorzüglich organisierte Tagung zu danken.

Mai

26.–29. Mai: Herr Prof. Dr. George Guţu, der Vorsitzende der Goethe-Gesellschaft Rumäniens, lädt zum *6. Kongreß der GermanistInnen Rumäniens* nach Sibiu/Hermannstadt ein. Unter den Referenten finden sich auch einige ehemalige Stipendiaten der Goethe-Gesellschaft: Prof. Dr. Young-Ae Chon (Seoul/Korea), Dr. Nugescha Gagnidse (Kutaissi/Georgien), Sorin Toma (Bukarest/Rumänien), Prof. Dr. Elena Viorel (Cluj/Rumänien) und Dr. Mihaela Zaharia (Bukarest/Rumänien).

Juni

11.–14. Juni: Zur 78. Hauptversammlung der Goethe-Gesellschaft kommen etwa 800 Goethefreunde aus 20 Ländern nach Weimar (siehe

S. 411–444). Das Thema der wissenschaftlichen Konferenz in 16 Arbeitsgruppen lautet: *Goethe auf Reisen.* Als Gäste können wir zahlreiche Vorsitzende ausländischer Goethe-Gesellschaften und deren Studenten begrüßen, unter ihnen Goethefreunde aus Tschechien und der Slowakei, aus Bulgarien, Ungarn, Rumänien, Serbien und Montenegro, Polen, Rußland, Estland, Lettland, Georgien und Armenien.

Zum zweiten Mal fand zum Auftakt der Hauptversammlung ein *Symposium junger Goetheforscher* statt (siehe S. 411 u. S. 442 ff.).

Für die finanzielle Unterstützung der 78. Hauptversammlung danken wir sehr herzlich: der Deutschen Forschungsgemeinschaft, dem Deutschen Akademischen Austauschdienst, der Jubiläumsstiftung der Credit Suisse Group, der ZEIT-Stiftung Ebelin und Gerd Bucerius, der Robert Bosch Stiftung, der Marga und Kurt Möllgaard-Stiftung im Stifterverband für die Deutsche Wissenschaft e. V., dem Freistaat Thüringen, der Beauftragten der Bundesregierung für Kultur und Medien und dem InterCity-Hotel Weimar.

Wir danken zugleich allen Mitgliedern, die durch eine Spende die Hauptversammlung unterstützten. Unser besonderer Dank gilt an dieser Stelle einem Dresdner Mitglied unserer Gesellschaft, Herrn Helmut Winckler, der seine Spende poetisch begleitete:

Da ich schon über 90 bin,
kann ich nicht mehr nach Weimar hin,
und habe dafür kurzerhand,
weil Gutes stets willkommen ist
und Spenden unbenommen ist
zur Tagung etwas zugesandt.

14. Juni: Die erste Vorstandssitzung des neugewählten Vorstands findet statt. Die 78. Hauptversammlung wird einer kritischen Wertung unterzogen. Weiterhin werden die Tätigkeitsbereiche für die einzelnen Vorstandmitglieder für die Wahlperiode 2003 bis 2007 festgelegt (siehe S. 430). Als Thema für die 79. Hauptversammlung im Jahr des 200. Todestages Schillers wird vereinbart: *Goethes Schiller – Schillers Goethe.*

20. Juni: Frau Prof. Dr. Katharina Mommsen (Palo Alto/USA) wird die Ehrenmitgliedschaft der Goethe-Gesellschaft Erfurt verliehen. Ihr Festvortrag steht unter dem Thema *Marianne von Willemer – Goethes Suleika im „West-östlichen Divan“.* Der Goethe-Gesellschaft Erfurt ist sie seit langem durch einen regen Gedankenaustausch eng verbunden.

27. Juni: Die Ortsvereinigung Aue begeht ihr 20jähriges Gründungsjubiläum. Dazu findet eine Festveranstaltung im Rathaus Aue statt. Den Festvortrag hält der langjährige Vorsitzende Dr. Karl Peter Gregori: *Zwanzig Jahre dem humanistischen Erbe Goethes verschrieben – Dichterfürst kein Denkmalheld.* Zum Gründungsjubiläum gibt die Ortsvereinigung eine Publikation *Goethe-Tradition im Westerzgebirge* heraus (88 S.). Außer dem genannten Festvortrag von Herrn Dr. Gregori enthält diese Broschüre auch ein Vorwort des Präsidenten der Weimarer Goethe-Gesellschaft (siehe S. 448).

Im Folgemonat unterbreitet Herr Dr. Gregori dem Bürgermeister der Stadt Aue einen Antrag, die Stadtbibliothek in *Stadtbibliothek Johann Wolfgang von Goethe* umzubenennen. Die 26 Stadtverordneten stimmen diesem Antrag am 29. Oktober 2003 einstimmig zu.

Juli

6. Juli: Die Ortsvereinigung Bonn begeht ihr 10jähriges Gründungsjubiläum.

16. Juli: Die Begründerin und Vorsitzende der armenischen Goethe-Gesellschaft, Frau Dr. Evelina Piradova (Jerewan), die auf Einladung der Goethe-Gesellschaft an der 78. Hauptversammlung teilnahm, weilt im Anschluß daran noch zu einem Forschungsaufenthalt in Weimar. In einer Gemeinschaftsveranstaltung mit dem Goethe-Institut spricht sie zu *Goethe und Armenien.*

August/September

30. August – 7. September: Im Rahmen einer *Goethe-Woche* gründet sich am 6. September 2003 in Marienbad eine *Goethe-Gesellschaft Marienbad* (siehe S. 449 f.).

Oktober

17. Oktober: Ca. 30 Mitglieder der Ortsvereinigung München informieren sich in der Geschäfts-

stelle über die Arbeit der Goethe-Gesellschaft in Weimar. Beim Abschied dürfen wir auch einige neue Mitglieder begrüßen.

25./26. Oktober: Die Sitzung des Arbeitsausschusses findet in Weimar statt. Es werden eine Kommission zur Klärung der die Goethe-Gesellschaft betreffenden Eigentumsfragen (Leitung: Prof. Dr. Udo Ebert, weiterhin: RA Johannes Kippenberg u. Dr. Manfred Osten) und eine Kommission zur weiteren Arbeit an einer neuen Satzung (Leitung: Dr. Manfred Osten, weiterhin: Prof. Dr. Udo Ebert, RA Johannes Kippenberg) gebildet. Weiterhin werden u. a. das wissenschaftliche und kulturelle Programm der 79. Hauptversammlung erörtert sowie der Haushaltsplan 2004.

November

14.–16. November: Frau Dr. Oberhauser nimmt an der Jahresarbeitstagung der Arbeitsgemeinschaft Literarischer Gesellschaften und Gedenkstätten in Berlin teil und vertritt dort die Goethe-Gesellschaft.

22. November: Der Vorsitzende des Kuratoriums der Goethe-Gesellschaft, Herr Dr. Hans Peter Linss, lädt zu einer Kuratoriumssitzung in die Geschäftsstelle nach Weimar ein. Folgende Kuratoriumsmitglieder nehmen die Einladung an: Frau Traudl Herrhausen sowie die Herren Dr. Michael Albert, Prof. Dr. Werner Keller, Edzard Reuter und Hellmut Seemann. Als Gäste werden hinzugebeten: Frau Dr. Marina Bokutschawa (Tbilissi/z. Zt. Stipendiatin in Freiburg i. Br.), die über die Situation in Georgien und das Stipendiatenprogramm der Goethe-Gesellschaft (siehe S. 450) berichtet, sowie Herr Dr. Golz als Präsident.

Dezember

Frau Marlene von Zweidorff, seit 1992 Mitarbeiterin der Geschäftsstelle, wird in den Ruhestand verabschiedet. Herr Dr. Golz dankt Frau von Zweidorff in seinem Jahresbrief wie folgt: „Seit 1992 hat sie als umsichtige Sachwalterin und guter Geist (vor allem für unsere Stipendiaten) in der Geschäftsstelle gewirkt. Freundlichkeit, unermüdliche Hilfsbereitschaft und selbstloser Dienst für andere zeichnen sie aus – so kennen sie unsere Mitglieder".

Goethes „Divan" auch auf Persisch
Goethefreunde stießen auf das neue Jahr an

Rund 150 neue Mitglieder konnte die Goethe-Gesellschaft 2002 begrüßen, drei Neugründungen geben zu Zuversicht Anlass, u. a. in Baku/Aserbaidschan und in Dakar/Senegal, weltweit gibt es 34 Goethe-Gesellschaften im Ausland. „Das zeigt die Bedeutung Goethes für die ganze Welt", sagte Dr. Jochen Golz, Präsident der Goethe-Gesellschaft, am Donnerstag beim Neujahrsempfang vor rund 100 Gästen, darunter auch Oberbürgermeister Volkhardt Germer. „Auf Vergangenes vertrauend, vorwärts schauen", zitierte Golz aus Goethes Werk und markierte damit die Maxime fürs neue Jahr.

Es war Gelegenheit zur Rückschau, zum Dank an die unermüdlichen Mitarbeiter der Geschäftsstelle, die monatlich rund 150 Anfragen von Goethefreunden aus aller Welt beantworten, an verdiente Mitglieder, die wie Dr. Hilda Zensen-Grahner der Gesellschaft seit Jahrzehnten die Treue halten, aber auch Gelegenheit zum Blick auf Künftiges. Einen Höhepunkt im Programm setzt die 78. Hauptversammlung der Goethe-Gesellschaft in Weimar. [...]

Doch auch sonst ist die Goethe-Gesellschaft im Sinn des großen Namenspatrons außerordentlich rührig. Rund ein Dutzend Stipendiaten wird die Gesellschaft in diesem Jahr wiederum begrüßen können. Der erste Stipendiat 2003 kam aus Prag nach Weimar; unter dem Applaus der Empfangsgäste trug er gemeinsam mit der georgischen Schülerin Gwandza Mohaidse Gedichte aus Goethes „West-östlichem Divan" vor. Überhaupt der Divan. Als Impulsgeber steht er nicht nur hinter dem Dialog arabischer und israelischer Stipendiaten, die die Gesellschaft zu intensivieren beabsichtigt, Golz präsentierte auch die von dem iranischen Germanisten Mahmud Haddadi besorgte Übersetzung des „Divans" ins Persische. [...]

Christiane Weber
(Aus: Thüringische Landeszeitung, Weimar 17. 1. 2003)

Vorwort des Präsidenten zur Publikation der Ortsvereinigung Aue „Goethe-Tradition im Westerzgebirge" anläßlich ihres 20jährigen Bestehens

Es gehört zu den schönen Traditionen der Goethe-Gesellschaft, dass immer häufiger deren Ortsvereinigungen eigene Jubiläen zum Anlass nehmen, in Gestalt von Publikationen Zeugnis von ihrer Arbeit in aller Vielfalt und Lebendigkeit abzulegen. Die Goethe-Gesellschaft Aue kann nunmehr auf die ersten zwanzig Jahre ihrer Geschichte zurückblicken, und gern ergreife ich die Gelegenheit, dem vorliegenden Büchlein einige Worte voranzustellen.

In der Perspektive des reisenden Goethe nimmt das westliche Erzgebirge keine unwichtige Stellung ein. Zwar hat der in Böhmen Erholung Suchende auf der Hin- oder Rückreise nur gelegentlich Abstecher abseits der regulären Reiserouten unternehmen können, doch das Erzgebirge, ein Urgebirge ähnlich dem Harz, wie dieser reich an bergbaulicher Tradition, zog Interesse und Neigung des Geologen Goethe auf sich. Welche Verbindungen zur Bergakademie Freiberg bestanden, lässt sich der einschlägigen Fachliteratur entnehmen – auch das Erzgebirge zählte für Goethe zu den ältesten, ursprünglichsten Bildungen der Erde, die zu studieren er nicht müde wurde.

Jahrhunderte sind seitdem vergangen. Das Erzgebirge, stets Heimstätte emsiger, kluger, „tüfteliger" Menschen, die dem kargen Boden mit Fleiß und Kunst das Mögliche abgerungen haben, hat sein Gesicht verändert. Nicht zuletzt der Uran-Raubbau nach 1945 hat die einstmals naturbelassene Landschaft gezeichnet. Doch nicht zu bezwingen war der Wille der Menschen, Schäden wieder gutzumachen und sich auf verschüttete geistig-kulturelle Traditionen zu besinnen. Ökologisches Bewußtsein und geistiges Traditionsverständnis verbinden sich – Goethe hat diesen Zusammenhang von Natur und Kultur vorgelebt und vorgedacht.

In solche Kontexte möchte ich auch die Gründung der Ortsvereinigung Aue der Goethe-Gesellschaft im Jahre 1983 stellen. Damit eine solche Gründung gelingen und fruchtbar werden kann, bedarf es des Engagements begeisterter und gebildeter Menschen, die zunächst der Goetheschen Maxime „Geselle dich zur kleinsten Schar" folgen, dann aber den Kreis allmählich größer werden lassen. Aue und das benachbarte Schlema sind keine Großstädte, und so hängt viel davon ab, wie es gelingt, die jeweils spezifische Intelligenz am Ort für die Ziele einer Goethe-Gesellschaft zu gewinnen und auf diese Weise geistige Potenzen freizusetzen. In Aue, so glaube ich sagen zu können, ist das gelungen. Ich selbst habe mich mehrfach von der produktiven geistigen Atmosphäre in der Ortsvereinigung Aue überzeugen können.

Ein Blick auf die Autorenliste des Bandes zeigt überdies, dass das Prinzip intellektueller Kooperation erfolgreich in die Tat umgesetzt werden konnte. Ärzte wie Herr Dr. habil. Jähne haben ihr Wissen in den Dienst der guten Sache gestellt, Pädagogen sich zu ihrem ureigenen Anliegen zu Wort gemeldet, Naturkundige Goethes bergbaulichen Studienreisen ein Kapitel gewidmet. Es sei mir an dieser Stelle erlaubt, meinem Freunde Martin Ebert ein Wort der Erinnerung zu widmen. Beispielhaft hat er es verstanden, die Badetradition von Schlema wiederzubeleben, als Chronist seiner Heimatstadt zu wirken und zugleich die deutsche Klassik in den Mittelpunkt seines pädagogischen Wirkens zu stellen, Theodor Fontanes Satz verpflichtet: „Alles Alte, soweit es Anspruch darauf hat, sollen wir lieben, doch für das Neue sollen wir eigentlich leben."

Nicht minder kann dieser Satz aber für den Spiritus rector der Ortsvereinigung Aue, ihren Vorsitzenden Dr. Karl Peter Gregori, in Anspruch genommen werden. Lust und Liebe, so heißt es bei Goethe, seien die Fittiche zu großen Taten. Sitzt man Herrn Dr. Gregori im Gespräch gegenüber, so spürt man nach wenigen Sätzen, dass die Beschäftigung mit Goethe ihm ein Lebens- und Herzensanliegen ist, dass ihn stets aufs neue die Frage bewegt, wie man junge Menschen an Goethe heranführen kann, und dass er dafür mit höchst fruchtbaren Ideen und Anregungen aufwarten kann. Ich wünsche ihm, dass die Ortsvereinigung Aue auf dem einmal gelegten guten Fundament sich erfolgreich weiterentwickeln kann, und ich wünsche den Mitgliedern der Ortsvereinigung stets lebendige, interessante Veranstaltungen, die sie selbst mitgestalten sollten. Es bleibt jedem, dies mag am Ende als Goethesche Maxime Bestand haben, soviel Kraft, das auszuführen, wovon er überzeugt ist.

Jochen Golz

Idee und Wirklichkeit
Zur Gründung der „Goethe-Gesellschaft Marienbad"

Angeregt von einem nicht ganz alltäglichen Museumsbesuch im tschechischen Marienbad, vor nunmehr drei Jahren, keimte in uns die Idee, an diesem Ort eine Goethe-Gesellschaft zu gründen. Die nachhaltige Wirkung und das Wissen um die historischen Gegebenheiten und Zusammenhänge bestärkten uns in unserem Bestreben.

Die herzerfrischend-freundliche Aufgeschlossenheit der Marienbader und ihrer Gäste aus aller Welt taten das Ihre. Kurz, das ganz eigene Flair dieser berühmten Stadt machte in und um uns „Vergangenheit lebendig".

Erste persönliche Kontakte und Gespräche dämpften unsere Euphorie. Es galt Vorbehalte zu zerstreuen, Argumente zu entkräften. „Mangelndes öffentliches Interesse", „geringer substantiell-personeller Hintergrund", Zweifel an der Finanzierbarkeit sowie alle damit zusammenhängenden technisch-organisatorischen Fragen standen plötzlich im Raum. Sie entmutigten uns keineswegs, wußten wir doch aus eigener Erfahrung um die „Mühen der Ebenen", aber auch um die „Zauberkraft der Begeisterung"! Entscheidend wird, so sagten wir uns, die innere Einstellung sein, die Haltung zur Sache, die Überzeugung von dem, was man selbst will.

Zahlreiche Gespräche führten schließlich dazu, maßgebliche Persönlichkeiten für die Verwirklichung dieser Idee zu gewinnen. In all diesen Bemühungen erwies sich Frau Jana Barcziova, die wir dereinst im Städtischen Museum kennengelernt hatten, als zuverlässige Wegbereiterin und Wegbegleiterin, als Sprachmittlerin und Übersetzerin, als Multiplikatorin *par excellence*. Gespräche und der Erfahrungsaustausch vor Ort brachten uns gemeinsam dem Ziel immer näher.

Ende August 2003 war es dann soweit! In jenen historischen Räumen des Hauses *Zur Goldenen Traube*, dem heutigen Sitz des *Städtischen Museums Marienbad*, Goethe-Platz 11, in dem Goethe im Sommer 1823 wohnte, fand nun im Rahmen einer *Goethe-Woche* (30. 8. bis 7. 9. 2003) die Gründung der *Goethe-Gesellschaft Marienbad* statt.

Der Gründungsaufruf wurde anläßlich des festlichen Eröffnungskonzertes *Musica per Tibia* am 30. August 2003 in tschechischer und deutscher Sprache veröffentlicht. Dem dazu berufenen Gründungskuratorium gehörten neben dem Bürgermeister von Marienbad, Herrn Juri Chval, der Direktor des Städtischen Museums, Herr Petr Bouse, Frau Jana Barcziova, die Kustodin Frau Lada Bouseova, sowie Frau Dr. med. Helga Bonitz (Geschäftsführerin der Goethe-Gesellschaft Chemnitz) und Herr Siegfried Arlt (Vorsitzender der Goethe-Gesellschaft Chemnitz) als Initiatoren an. Von besonders großer Bedeutung ist die Bereitschaft des Theaters Eger und der Universität Pilsen, das Projekt künstlerisch und wissenschaftlich zu unterstützen und auch künftig zu begleiten.

Im Artikel 3 des Statuts der neugegründeten Goethe-Gesellschaft heißt es: „[...] die Vertiefung und Unterstützung des Interesses seiner Mitglieder für die Persönlichkeit und das Werk J. W. v. Goethes und sein Vermächtnis für die europäische Literatur, Kunst und Wissenschaft. / Die Bedeutung von J. W. v. Goethe für die Geschichte von Marienbad und seine Umgebung. / Mit Diskussionsforen und weiteren Kultur- und Bildungsveranstaltungen für die Mitglieder sowie einer breiten tschechischen und ausländischen Öffentlichkeit Anregung zu geben. / Teilnahme an der Goethe gewidmeten örtlichen sowie internationalen Forschung. / Ausführung eigener Goethe-, literarischer und naturwissenschaftlicher Forschungen und Studien. / Propagierung der Persönlichkeit J. W. v. Goethes, seines Werkes sowie Vermächtnisses, mittels Diskussionen, Vorträgen, Seminaren, Terrainstudien durch geeignete Publikationsarbeit".

Die Unterzeichnung des Statuts der *Goethe-Gesellschaft Marienbad* durch Mitglieder des Kuratoriums gestaltete sich in aller Öffentlichkeit, vor dem Gala-Konzert am 6. September 2003 im ausverkauften Festsaal des Städtischen Museums, zu einem erhebenden Ereignis. Hierbei wurde allen Anwesenden so recht bewußt, daß dieses Haus mit den bereits am 30. März 1999 seiner Bestimmung übergebenen historischen Goethe-Räumen zu einem Sinnbild lebendiger Goethe-Pflege geworden ist. Dank der Sorgfalt der einstigen Besitzerin, Frau Julie Schildbach, blieben das Mobiliar und verschiedene Gegenstände, die Goethe selbst benutzt hatte, für die Nachwelt erhalten.

Wie sich nun Idee und Wirklichkeit, Wort und Tat in Übereinstimmung brachten, zeigte auf beeindruckende Weise das Programm der *Goethe-Woche* selbst. So wurden an diesen Festtagen gleich zwei Ausstellungen eröffnet: die Bilderausstellung *Reisen* mit Werken des tschechischen Malers Jan Sramek und die Dokumentation *Johann Wolfgang von Goethe und Marienbad 1821 bis 1823*. Vorträge wie *„Das ewig Weibliche zieht uns hinan"* (Siegfried Arlt, Vorsitzender der Goethe-Gesellschaft Chemnitz), Goethe-Inspiration in der romantischen Musik (Mgr. Lenka Čechova, Marienbad) und *Goethes letzte große Liebe: Ulrike von Levetzow* (Dr. Karl Peter Gregori, Vorsitzender der Goethe-Gesellschaft Aue) fanden begeisterte Zuhörer.

Akzente ganz außergewöhnlicher Art setzten die floralen Kreationen von Jindra Vlasenkova (Marienbad) *Goethe und Blumenschönheit*. Großer Beliebtheit erfreuten sich bei zahlreichen Gästen die Abendführungen mit Musik durch die Goethe-Zimmer in tschechischer und deutscher Sprache.

Mit der musikalisch-literarischen Matinee *Trilogie der Leidenschaft* (Siegfried Arlt, Rezitation, Hana Vintingerova, Klavier) fand diese Festwoche einen würdigen Abschluß.

Für das Jahr 2004 sind neben Einzelveranstaltungen (Führungen, Vorträge und Konzerte) auch eine erneute *Goethe-Woche* vorgesehen. Glanzvoller Höhepunkt wird die Goethe-Geburtstagsfeier in der *Villa Romano* sein, zu der die Mitglieder und Freunde der Goethe-Gesellschaften Chemnitz und Marienbad zusammentreffen. Den Marienbader Goethe-Freunden wünschen wir von ganzem Herzen dauerhaften Erfolg und vielfältige tätige Förderung und Unterstützung, in die wir die eigene mit Freuden auch weiterhin einbringen!

Helga Bonitz/Siegfried Arlt

Auszug aus der Rede von Frau Dr. Marina Bokutschawa an die Kuratoriumsmitglieder am 22.11.2003 in Weimar

[...] Zum Schluß möchte ich noch über eine mir ganz besonders am Herzen liegende Angelegenheit sprechen: das ist das vor Jahren von Herrn Professor Keller ins Leben gerufene Stipendiatenprogramm. Dadurch hatte bisher eine nicht kleine Gruppe begabter georgischer Germanisten und Germanistikstudenten sowie Goethe-Doktoranden und -Habilitanden die Möglichkeit, sich hier in Deutschland weiterzuentwickeln, eine breitere, nicht von ideologischen Zwängen eingeengte Lehrweise der Germanistik kennenzulernen, ihre Sprachkenntnisse zu verbessern und auch eine andere Lebensweise und manchmal auch Lebensansicht zu lernen, um dann – wieder in der Heimat – den sehr veränderten Lebensbedingungen nach der gesellschaftlich-politischen Wende besser gewachsen zu sein. Dafür sind wir alle, die das Glück hatten, einmal Stipendiat oder Stipendiatin der Goethe-Gesellschaft gewesen zu sein, aus vollstem Herzen dankbar. Hoffentlich kann auch die nachwachsende Generation der georgischen Germanisten weiterhin aus dieser segensreichen Einrichtung Nutzen ziehen.

Goethe ist in so schwerer Zeit auch lebendig und wirkungsfähig in Georgien; man braucht sich heute nur zu erinnern an die universalen, für immer und überall wirkenden menschlichen Werte, welche er immer betonte. In Georgien lehrt man Goethe, liest man Goethe, und man weiß, wie Goethe sagt: „Wie es auch sei, das Leben, es ist gut".

Marina Bokutschawa

Stipendiatenprogramm im Jahr 2003

Folgenden Damen und Herren konnte die Goethe-Gesellschaft im Jahr 2003 ein – zumeist dreimonatiges – Stipendium gewähren:

Ghorban Ali Askarian (Iran): *Ost-westliche Begegnung in der Poesie. Muhammad Iqbals „Botschaft des Ostens" als Antwort auf Goethes „West-östlichen Divan"*

Štěpán Böswart (Tschechien): *Übersetzung und kommentierte Edition von Goethes Briefnovelle „Der Sammler und die Seinigen"*

Tamar Buzchrikidze (Georgien): *Goethes „Wahlverwandtschaften"*

Idris Chouk (Tunesien): *Größe und sittliche Verantwortung in Schillers Dramen*

Tomasz Dominiak (Polen): *Goethes Rezeption in der deutschen Literatur des Vormärz am Beispiel von Max Stirner*

Maria Endreva (Bulgarien): *Die Beziehungen zwischen Theologie und Literatur unter dem Aspekt des Teuflischen in Goethes „Faust"*

Prof. Dr. Alexander Erochin (Rußland): *Goethe und der russische Symbolismus*

Prof. Dr. NDiaga Gaye (Senegal): *Das politische Denken bei Goethe und Senghor und Weimars geschichtlich-institutionelle Referenzen*

Prof. Dr. Galina Ischimbajewa (Rußland): *Goethe und der Koran*

Dr. Il-Sang Jin (Süd-Korea): *Ein Eheroman oder eine Legende? Die Erzählstrategie Goethes in den „Wahlverwandtschaften"*

Irina Kiria (Georgien): *Die künstlerische Funktion der Farbe in der deutschen und georgischen Poesie Anfang des 20. Jahrhunderts – unter Berücksichtigung von Goethes Farbenlehre*

Dr. Evelina Piradova (Armenien): *Goethes amtliche Tätigkeit nach seiner ersten Italienreise*

Dr. Irina Schischinaschwili (Georgien): *Hermann Hesses Beschäftigung mit Goethe und der Goethezeit*

Sergej Schamschinow (Rußland): *Der Einfluß von Goethes Farbenlehre auf die Kunsttheorie von Paul Klee*

Anna Sopromadze (Georgien): *Goethes „West-östlicher Divan". Zum Problem der Synthese der Kulturen*

Štefan Vevar (Slowenien): *Goethe in der slowenischen Übersetzung der Gegenwart. Eine Untersuchung zur Theorie literarischer Übersetzung.*

Dank für Spenden im Jahr 2003

All jenen, die im Jahr 2003 durch eine kleinere oder größere Spende die Tätigkeit der Goethe-Gesellschaft unterstützt haben, sei an dieser Stelle sehr herzlich gedankt.

Für eine jeweils großzügige Förderung des Stipendiatenprogramms danken wir besonders Herrn Prof. Dr. Werner Keller, Köln, dem Stiftungsfonds Deutsche Bank im Stifterverband für die Deutsche Wissenschaft, Essen, sowie der Beauftragten der Bundesregierung für Kultur und Medien. In diesen Dank schließen wir Persönlichkeiten ein, die das Stipendiatenprogramm unserer Gesellschaft großzügig gefördert haben, jedoch nicht genannt sein wollen.

Nachfolgend möchten wir namentlich jenen Damen und Herren danken, die der Goethe-Gesellschaft eine Spende ab 50 Euro zuteil werden ließen:

Ingeborg Ahrend, Bremen
Prof. Dr. Hans-Werner Altmann, Würzburg
Helga Andreas, Köln
Margit Appelt, Themar
Benedicta von Arnim, München
Dr. Eberhard Auras, Essen
Prof. Dr. Achim Aurnhammer, Freiburg
Elsbeth Ax-Goecke, Bad Soden
Prof. Dr. Dietrich Babel, Marburg
Dr. René Jacques Baerlocher, Basel
Tilla Baerwolff, Hamburg
Dr. Karsten Bahnson, Bremen
Gudrun Balogh-Flier, Much
Renate Banke-Röbbelen, Rullstorf
Dr. Ilse-Marie Barth, Ulm
Prof. Dr. Karlheinz Bauch, Chemnitz
Eva Bauer, Berlin
Dr. Ulrich Baur, Neuss
Prof. Dr. Hans-Peter Bayerdörfer, München
Klaus Bellin, Grünheide
Dr. Roland Bellstedt, Bremen
Prof. Dr. Wilhelm Berges, Aachen
Dr. Walther Betz, München
Ingrid Biberacher, Nürnberg
Prof. Dr. Effi Biedrzynski, Stuttgart
Paula Bilweiss, Wetzlar
Regine Blaß, Köln
Gabriele Bloess, Kerpen
Prof. Dr. Elger Blühm, Bremen
Dr. Agnes Blüthner-Häßler, Mettmann
Prof. Dr. Martin Bollacher, Bochum
Heinz-Peter Bovier-Bolle, Wolfenbüttel
Renate Brasch, Berlin
Marianne Braun, Arnstadt
Dr. Angela Braunschweig-Rüter, Köln
Jörg Brena, Bad Krozingen
Annelore Brückmann, Remagen-Oberwinter
Hedda Buckendahl, Recklinghausen
Gudrun Burgemeister, Neustadt
Dr. Wolfgang Butzlaff, Kiel
Elfriede Böhm, Glindow
Dr. Wolfgang Bühler, Berlin
Prof. Dr. Karl-Dieter Bünting, Essen
Dr. Dieter Classen, Essen
Hans-Dieter Croseck, Berlin
Prof. Dr. Günther Debon, Neckargemünd
Lotte Dell' Antonio, Chemnitz
Adele Dellbrügge, Ahlden
Peter Deppermann, Castrop-Rauxel
Hartmut Deutelmoser, Ahrensburg
Prof. Dr. Klas Diederich, Wuppertal
Gisela Dobbelstein-Krings, Herzogenrath
Jacques Donnen, Freiburg
Hilmar Dreßler, Leipzig
Erika Drössler, Bad Harzburg
Prof. Dr. Udo Ebert, Jena
Dr. Sieglinde Eckardt, Schleusingen
Dieter Eckart, Heusenstamm
Prof. Dr. Manfred Eckstein, Schleiz
Dr. Peter Eilert, München
Gisela Einem-Siebers, Kleve
Gerd Ellenbeck, Schalksmühle
Rupert Enderlein, Berlin
Dr. Robert Endress, Rothenburg
Dr. Sieglinde Fechner, Altenberge
Joachim Fest, Kronberg
Dr. Florian Fischer, Jena
Dr. Peter Fischer, Grünwald
Peter Flick, Beek (Niederlande)
Dr. Hans Ulrich Foertsch, Marl
Dr. Joachim Franke, Wiederitzsch
Ruth M. Frey, Frankfurt a. M.
Hildegunde Friedhoff, Lüdinghausen
Peter Friedrich, Altenburg

Bernd Frilling, Vechta
Prof. Dr. Helmut Fuhrmann, Guxhagen
Prof. Dr. Bernhard Gajek, Lappersdorf
Dr. Ingrid Garske, Köln
Imke Gehl, Bremen
Herbert Gerhards, Geilenkirchen
Renate Gesigora-Semrau, Köln
Hans-Dieter Göbel, Dillenburg
Dr. Jochen Golz, Weimar
Hannelore Götte, Kassel
Helga Gravemann, Münster
Uwe Greinert, Berlin
Klaus Gruhn, Warendorf
Dr. Renate Grumach, Berlin
Dr. Volker Güldener, Oberursel
Klaus Günzel, Zittau
Michael Halm, Oppenweiler
Martin Hann, München
Prof. Dr. Alfred Hardewig, Marburg
Ilse Häring, Heilbronn
Arthur Haug, München
Christine Haustein, Erfurt
Bernd Heimühle, Bad Lauchstädt
Sigrun Hein, Essen
Jürgen Heinrich, Cottbus
Ulrich von Heinz, Berlin
Hartmut Heinze, Berlin
Prof. Dr. Peter Hellmich, Tübingen
Dr. Klaus Herold, Chemnitz
Traudl Herrhausen, Bad Homburg
Dr. Fritz Heuer, Heidelberg
Dr. Georg Heuser, Rothenburg
Dr. Tessen von Heydebreck, Frankfurt a. M.
Alfried Holle, Düsseldorf
Dr. Sybille Hubach, Heidelberg
Dr. Dirk Ippen, Gräfelfing
Prof. Dr. Hans Dietrich Irmscher, Köln
Monika Irslinger, Kassel
Telse Jacobsen, Kiel
Dr. Michael Jaeger, Berlin
Martin Jensen, Lübeck
Dr. Benedikt Jeßing, Essen
Dr. Andreas John, Weimar
Ulrich Jordan, Mettmann
Rolf Jörschke, Leipzig
Gerda Jursch, Berlin
Wilhelm Kaltenborn, Berlin
Siegfried Karnath, Hamburg
Prof. Dr. Rudolf Kassel, Köln
Gisela Katscher, Andernach
Margot Kellinghusen, Hamburg
Dr. Ursula Kempa, Weimar
Herbert Keppler, Marktoberdorf
Dr. Lore Ketzler, Düsseldorf
Jörg Kiefer, Frankfurt a. M.
Johannes Kippenberg, Starnberg
Dr. Eckhard Klapp, Pullach
Eva Klare, Münster
Clemens Kleijn, Freiburg
Marie-Luise Klepp, Erfurt
Peter Klima, Bassum
Eckart Knop, Essen
Günther Kohl, Mainz-Kostheim
Prof. Dr. Werner Köhler, Jena
Dr. Christa Konheiser, Berlin
Werner Kornmann, Winterbach
Wolf-Dietrich Köster, Dortmund
Marga Krackhardt, Bamberg
Gabriele Kralinski, Weimar
Günther Kraus, Regensburg
Dr. Wolf-Dieter Krause, Elmshorn
Rainer Krautheim, Cottbus
Dr. Katrin Krüger, Ritzleben
Hans Krüger, Backnang
Ulrich Kübler, Schnaitsee
Andreas Kühnel, Schwabach
Cornelia Kühn-Leitz, Hannover
Prof. Dr. Dorothea Kuhn, Marbach
Dr. Karl-Reinhard Kummer, Karlsruhe
Prof. Dr. Werner Kunert, Marl
Angelika Kunkel, Wetzlar
Prof. Dr. Wilfried Kürschner, Vechta
Irmgard Lange, Kornwestheim
Peter von Lange, Winsen/Luhe
Dr. Rudolf Lange, Ronnenberg
Prof. Dr. Bodo Lecke, Hamburg
Hans Jakob Lenzen, Köln
Dr. Manuel Lichtwitz, Wolfenbüttel
Gert Lindemann, Köln
Dr. Hans Peter Linss, Berg
Manfred Liphardt, Steinheim
Maximiliane Loebel, Bochum
Wilhelm Lohrmann, Bissingen
Eva Lohse, Hamburg
Dr. Rainer Lucas, Berlin
Dr. Gertrude Lückerath, Köln
Prof. Dr. Wolfgang Lüke, Pulsnitz
Marie-Luise Lüpke, Zeuthen
Dr. Petra Maisak, Bad Homburg
Prof. Dr. Heinz Maisenbacher, Stephanskirchen
Dr. Letizia Mancino-Cremer, Heidelberg
Christina Mansfeld, Neuss
Ute Mayer, Blaustein-Markbronn

Wilhelm Mayer, Kronach
Christoph Mertens, Pulheim
Dr. Marie Luise Meuer, Heidenheim
Peter Meuer, Hannover
Horst Meyer, Bremen
Helmut Moers, Freiburg
Gertrud Mühlherr, Baden-Baden
Dr. John Mundy, Florida (USA)
Dr. Heinz Neumann-Riegner, Nittendorf
Prof. Dr. Sebastian Neumeister, Berlin
Ursula Niedergesäß, Bagenz
Anita Niemann-Kayser, Darmstadt
Herta Nitezki, Salomonsborn
Andrea Nöldeke, Stuttgart
Ortsvereinigung Essen
Ortsvereinigung Heidelberg
Ortsvereinigung Vest-Recklinghausen
Dr. Wolfgang Pabst, Eisenach
Dr. Hans-Curt von Pannwitz, Seevetal
Holger Paul, Mannheim
Dr. Alfons Pausch, Nürnberg
Dr. Wolfram Peitzsch, München
Friedrich Peperkorn, Göttingen
Margit Petereit, Köln
Dr. Peter Pfaff, Heidelberg
Prof. Dr. Helmut Pieper, Celle
Hilde Pinckernelle, Hamburg
Dietrich Hermann Plate, Überlingen
Prof. Dr. Jürgen Potel, Hannover
Gerda Pottberg, Bremen
Idl Raetz, Konstanz
Ingrid Rathgeber, Staufenberg-Speele
Wolfgang Rauprich, Bochum
Prof. Dr. Terence James Reed, Oxford
Jürgen Reichart, Köln
Dr. Alexander Reitelmann, Meckenheim
Susanne Reiter, Bonn
Dr. Ingrid Reul, Hürth
Edzard Reuter, Stuttgart
Hannelore Rhinow, Berlin
Prof. Dr. Karl Richter, St. Ingbert
Dr. Hartmut Riediger, Jülich
Dr. Hans Otto Rollwagen, Oberbiberg
Dr. Dieter Rothhahn, Frankfurt a. M.
Dr. Reiner Rudolph, Berlin
Heinrich van de Sandt, Düsseldorf
Jürgen Santori, Essen
Vera Sasse, Waldkraiburg
Peter Schacht, Winsen/Luhe
Barbara Schaefer, Kassel
Dr. Ulrich Schaefer, Berlin
Olaf Scheffzük, Weimar
Emil Schill, Syke
Prof. Dr. Hans-Jürgen Schings, Berlin
Brigitte Schmidt, Muldenstein
Franz Schmidt, Edenkoben
Dr. Ingo Schmidt, Arnstadt
Prof. Dr. Jochen Schmidt, Bad Wurzach
Gudrun Schmitt, Kronach
Prof. Dr. Klaus Schmitz, Ohndorf
Dr. Ernst Robert Schneider, Bamberg
Dr. Vera Schöne, Münster
Monika Schopf-Beige, Ludwigsburg
Kurt-Dieter Schrauth, Erfurt
Gisela Schröder, Fischbek
Prof. Dr. Klaus Schröter, Hamburg
Christina Schultheiß, Pillingsdorf
Prof. Dr. Ernst Schulz, Würzburg
Susanne Schunck, Marburg
Dr. Fritz Sauerteig, Baden-Baden
Dorothea Senf, Göttingen
Inge Seyffart, München
Ralf Simson, Kleinfurra
Dr. Walter Spelsberg, Remscheid
Prof. Dr. Theo Stammen, München
Dr. Kurt Steenbuck, Recklinghausen
Dr. Hans-Peter Stöckmann, Wernigerode
Klaus-Dieter Stoll, Bornheim
Prof. Dr. Friedrich Strack, Heidelberg
Prof. Dr. Ingrid Strohschneider-Kohrs, Gauting
Ursula Stutzki, Münster
Erica Teubig, Düsseldorf
Elisabeth Theisen, München
Thüga Aktiengesellschaft, München
Joachim Toepffer, Bielefeld
Heide Tongers, Hannover
Dr. Dieter Torzewski, Daun
Ilse Tröschel, München
Klaus Tschanter, Künzelsau
Birk Uhlmann, Berlin
Dr. Conrad Ulrich, Zürich
Renate Vieweg, Wolfsburg
Willi Vogler, Zwingenberg
Hans Vögtlin, Baden (Schweiz)
Marie-Louise Vulpius, Berg
Anne-Luise Wagner, Bad Salzuflen
Brigitte Wagner, Bonn
Barbara Weber, Offenburg
Dr. Einhard Weber, Creußen
Kurt Weiland, München
Günther Weinhart, Stuttgart
Dr. Ulrike Weintraud, Hamburg

Prof. Dr. Wolfgang Weise, Magdeburg
Helmut Weiser, Düsseldorf
Dr. Helga Wichmann-Zemke, Osterholz-Scharmbeck
Prof. Dr. Reiner Wild, Heidelberg
Prof. Dr. Gottfried Willems, Jena
Helmut Winckler, Dresden
Dr. Barthold Witte, Bonn
Dr. Traugott Wulfhorst, Kassel
Dr. Regina Wuthe-Klinkenstein, Dedeleben
Dr. Edith Zehm, Gilching
Rudolf Ziegler, Köln
Ilse Zimmermann, Hannover
Dr. Werner Zimmermann, Karlsruhe

Tätigkeitsberichte der Ortsvereinigungen für das Jahr 2002

Aachen

Vorsitzende: Renate Schmidt, Dorfstr. 5, 54597 Merlscheid; stellv. Vorsitzender: Dieter Jansen, Neustr. 2, 52066 Aachen. – *Konzertierende Verse* (eine Wort-Revue von und mit Karl Otto Conrady, Sprecherin: Ilse Strambowski). – Dr. Peter Huber (Tübingen): *„Was wär' ein Gott, der nur von außen stieße?" Zur Goethe-Rezeption in der Naturwissenschaft des 19. Jahrhunderts.* – Prof. Dr. Theo Buck (Aachen): *Ginkgo biloba.* – Dr. Peter Sina (Aachen): *Ludwig Uhland. Poesie als Ordnung des Chaos.* – Prof. Dr. Dieter Breuer (Aachen): *Die Szene „Walpurgisnacht" in Goethes „Faust I". Ein Fall von Selbstzensur? – Liederabend mit Vertonungen aus dem „West-östlichen Divan"* (Mitwirkende: Susanne Hodi/Markus Platzbecker/Jenö Hodi/Anno Schreier). – Dr. Bernd Niemann (Naumburg): *Novalis. Dichter, Philosoph, Naturwissenschaftler, Beamter im sächsischen Thüringen.* – Prof. Dr. Heinz Rölleke (Wuppertal): *Faust und Jedermann* (Matinee zu Goethes Geburtstag). – Rosemarie Wilsing (Aachen): *Mathilde Wesendonck.* – Manfred Rüsel (Aachen): *Goethe verfilmt? Dreimal „Die Wahlverwandtschaften".* – *Novalis – das Werk und seine Editoren* (Ausstellungsbesuch im Goethehaus Frankfurt). – *Auf den Spuren von Novalis in Sachsen-Anhalt und Thüringen* (Studienreise). – Karl Otto Conrady/Ilse Strambowski: *„Mitten wir im Leben sind"* (Matinee). – Tuvia Rübner (Israel): *Neue Gedichte* (Autorenlesung) und Galia Rübner/Prof. Dr. Hans Otto Horch (musikalische Begleitung).

Altenburg

Vorsitzende: Adelheid Friedrich, Zeitzer Str. 68 a, 04600 Altenburg; stellv. Vorsitzender: Friedrich Krause, Friedrich-Ebert-Str. 28 a, 04600 Altenburg. – Dr. habil. Jochen Golz (Weimar): *Goethes „West-östlicher Divan".* – Dr. Erhard Naake (Weimar): *Friedrich Nietzsche und die Zukunft.* – Prof. Dr. Heinz Gockel (Bamberg): *Deutsche Geistesgeschichte und Faschismus. Zu Thomas Manns „Doktor Faustus".* – Dr. Jens-F. Dwars (Jena): *Goethe in den Gärten von Wörlitz und Bad Lauchstädt* (Dia-Vortrag). – *Die Goethestätten in Jena und Dornburg* (Exkursion; Leitung: Dr. Angelika Reimann, Jena). – Manfred Moritz (Altenburg): *Frauen an der Seite Hermann Hesses.* – Dr. Fritz Krebs (Altenburg): *Buchpräsentation „Der Blick zurück"* (Autorenlesung). – *Entdeckungsreise durch Goethes literarisches Werk: „Glück und Unglück wird Gesang"* (Rezitation und Moderation: Dr. Angelika Reimann, Musik: Ilga und Annegret Herzog). – Dr. Dieter Gleisberg (Altenburg): *„[...] denn wie selten ist das Vollendete". Goethe und die Kunst der Goethezeit.*

Aue

Vorsitzender: Dr. Karl Peter Gregori, Auer Str. 79, 08301 Schlema. – Dr. Johann Schrenk (Gunzenhausen): *Jean Paul. Poet und Zeitgenosse Goethes* (Leseabend mit textbiographischen und musikalischen Teilen). – PD Dr. habil. Manfred Jähne (Schneeberg): *Goethes Beziehungen zur Augenheilkunde. Medizinisch-historische Reflexion.* – Dr. Andrea Heinz (Jena): *Wieland und Weimar. Ein Philosoph und Kosmopolit in der Provinz: Wieland der Prinzenerzieher.* – Doz. Lieselotte Grabaum (Fraureuth): *Der Freund Goethes. Wen adelt dieser Titel? – Goethe-Nationalmuseum und Theaterbesuch in Weimar* (Tagesexkursion). – Prof. Dr. Erhard Hexelschneider (Leipzig): *Goethe und Puschkin.* – Brigitte Milde (Chemnitz): *Farben sind Taten des Lichtes. Goethe und die Farbenlehre.* – Dr. Angelika Reimann (Jena): *Goethe und sein fürstlicher Mäzen. Zum 245. Geburtstag von Carl August am 3. September 2002.* – Dr. Karl Peter Gregori: *Persönlichkeiten an der Seite Goethes. Carl Gustav Carus: Arzt, Naturwissenschaftler, Maler.* – Dr. habil. Günter Adler (Zwickau): *Tagträume und Nachtgedanken. Heinrich Heine: ein Dichter zwischen den Zeiten.* – *Mitglieder lesen Goethetexte. Eine Hommage.*

Auerbach

Vorsitzender: Ekkehard Taubner, Falkensteiner Str. 6, 08239 Bergen. – Dr. habil. Günter Adler (Zwickau): *Tagträume und Nachtgedanken. Ein Dichter in der Zeitenwende: Heinrich Heine.* – Dr. Johann Schrenk (Gunzenhausen): *Zum Werk Jean Pauls.* – Siegfried Arlt (Chemnitz): *Goethe und die Schönheit der deutschen Sprache.* – Erich Reyer (Falkenstein): *Goethe und die Melange des Mondkorrespondenten. Georg Christoph Lichtenbergs „Sudelbücher".* – Dr. Angelika Reimann (Jena): *Goethe und sein fürstlicher Mäzen. Zum 245. Geburtstag von Carl August im September 2002.* – Erhard Schlame (Stollberg): *Die Shakespeare-Rezeption in der Goethezeit.* – Günter Gerstmann (Jena): *„Vor Sonnenuntergang" – ein Goethedrama? Zur Goethe-Rezeption bei Gerhart Hauptmann.* – Mitglieder der Ortsvereinigung Auerbach: *Vermischtes zur Weihnachtszeit.*

Bad Harzburg

Vorsitzender: Dr. Eberhard Völker, Eichendorffstr. 46, 38667 Bad Harzburg; Geschäftsführerin: Annette Rühm, Herzog-Wilhelm-Str. 8, 38667 Bad Harzburg. – Rudolf Grabow (Göttingen): *Wilhelm Raabes Erzählung „Else von der Tanne"* (Lesung). – Katja Nordmann-Mörike (Bad Harzburg): *Eduard Mörike.* – *Exkursion nach Stendal (mit Besuch im Winckelmann-Haus), Tangermünde und Kloster Jerichow* (Leitung: Ruth Weber). – Christa Eschmann: *„Die Schwestern Bardua" – zwei Malerinnen aus dem Kreis um Goethe* (Autorenlesung). – Pfarrer Christian Leu (Bad Harzburg): *Christentum und Kirche bei Theodor Storm.* – Prof. Dr. Klaus Gerth (Hannover): *Symbolische Landschaftsgärtnerei in Goethes „Wahlverwandtschaften".* – Heike Spies (Düsseldorf): *Frauen in Goethes „Wilhelm Meister".* – Prof. Dr. Helmut Koopmann (Augsburg): *Goethe und Charlotte von Stein. Geschichte einer großen Liebe* (Vortrag und Buchpräsentation). – Dr. Eberhard Völker (Bad Harzburg): *Die Romane Uwe Johnsons.* — Gesellig-literarische Lese- und Gesprächsabende. Leitung Ruth Weber: *Fontanes „Grete Minde"* (Vorbereitung zur Exkursion nach Tangermünde). – *Hermann Hesses frühe Romane „Peter Camenzind", „Unterm Rad", „Knulp".* – *Hermann Hesses „Steppenwolf"* (anläßlich von Hesses 125. Geburtstag). – Leitung Dr. Eberhard Völker: *Besonders Bemerkenswertes aus dem neuen Goethe-Jahrbuch.*

Bamberg

Vorsitzender: Dr. Michael Stark, Postfach 11 02 40, 96030 Bamberg; stellv. Vorsitzender: Prof. Dr. Heinz Gockel, Wildensorger Str. 42, 96049 Bamberg. – Gudrun Schury: *Vorstellen der Festschrift für Heinz Gockel: „Buchpersonen, Büchermenschen".* – *Goethe und Bamberg. ‚Starter-Kit' nicht nur für Neumitglieder* (Informationsveranstaltung für Interessierte). – *Goethe zum Vergnügen – gelebte Gedichte mit Werner Müller* (Rezitationsabend; Regie: Anne Klinge). – Bernd Wolff (Blankenburg): *Winterströme. Goethes Harzreise 1777* (Autorenlesung). – *Räume und Landschaften der Weimarer Klassik* (Studienfahrt in Verbindung mit der Ortsvereinigung Nürnberg). – Prof. Dr. Helmut Koopmann (Augsburg): *„Goethe und Frau von Stein"* (Autorenlesung). – Prof. Dr. Wulf Segebrecht (Bamberg): *„Faust"-Illustrationen im 20. Jahrhundert* (Dia-Vortrag). – Prof. Dr. Heinz Gockel (Bamberg): *Weihnachtsgeschichten* (Lesung).

Bergisch Gladbach

Vorsitzende: Juliette Eckel, Genkeler Str. 53, 58540 Meinerzhagen; stellv. Vorsitzende: Renate Arnold, Eschenbroichstr. 38, 51469 Bergisch Gladbach. – Bergische Literaturtage, organisiert und mitveranstaltet von der Goethe-Gesellschaft Bergisch Gladbach: *Vorträge, Podiumsdiskussion, Autorenlesungen, Rezitationen, Theater und musikalische Darbietungen.* – Prof. Dr. Volkmar Hansen (Düsseldorf): *Goethe und das öffentliche Fest.* – Wolfgang Oelsner (Köln): *Goethe und der Karneval* (Musik: *Operetta con boa* spielt *Orpheus in der Unterwelt*). – Dr. Lothar Speer (Bergisch Gladbach): *Im Spannungsfeld zwischen Restauration und Liberalismus. Vom Wiener Kongreß zum Vormärz.* – Ulrich Ritter (Berlin): *Goethes Geliebte – ein Spiel vom Blatt* (Matinee mit Rezitation). –

Auf den Spuren der Brentanos in Oestrich-Winkel (Exkursion). – *„Happy Birthday Goethe!" Dinerspectacle mit dem Literatour-Kabarett Hein & Katzenburg.* – *Goethe und die Welt der Heilpflanzen* (Besuch des Rheingold-Apothekergartens in Köln-Mühlheim). – Dr. Wolfgang Butzlaff (Kiel): *Verlobungen und Verlobte in Goethes Leben und Werk.* – August Ohage (Göttingen): *Goethe und Lavater.* – Jens Sparschuh: *„Lavaters Maske"* (Autorlesung). – Schauspieler/Rezitator Ulrich Ritter (Berlin): *„Wecke mir all die geflügelten Geister". Poesie von Goethe bis heute.* – – Literarischer Salon: Jean-Félix Belinga: *Wenn die Palme die Blätter verliert.* – Francis Bebey: *Alle Menschen sind schwarz.* – Jürgen Becker: *Aus der Geschichte der Trennungen.* – José Saramago: *Hoffnung in Alentejo.* – Sebastian Haffner: *Geschichte eines Deutschen.* – Jon Fosse: *Morgen und Abend.* – Urs Widmer: *Der Geliebte der Mutter.* – Tomek Tryzna: *Fräulein Niemand.* – Sigrid Damm: *Ich bin nicht Ottilie.* – – Bensberger Literaturgespräche mit Monika Lenz Reichwein & Juliette Eckel (Bergisch Gladbach): Gäste: Susanne Bonenkamp. – Nikolaus Kleine. – Michael Angenend.

Berlin

Vorsitzende: Beate Schubert, Fischottersteig 7, 14195 Berlin; stellv. Vorsitzender: Prof. Dr. Ekkehart Krippendorff; stellv. Vorsitzender seit März 2003: Hans-Hellmut Allers, Beethovenstr. 6, 16548 Glienicke. – Dagmar von Gersdorff (Berlin): *Goethes Mutter und Schwester* (Autorenlesung). – Dr. Josef Mattausch (Leipzig): *Erleben und Fiktion. Goethes Jugendliebe Anna Katharina Schönkopf.* – Dr. Wolfgang Butzlaff (Kiel): *„[...] einer einzigen angehören". Goethes Verlobungen und Gelöbnisse.* – Monika Schopf-Beige (Ludwigsburg): *„O Mädchen, Mädchen, wie lieb ich Dich". Friederike Brion und Lili Schönemann.* – Markus Ahme/Gottfried Eberle (Berlin): *Die Liedgedichte des jungen Goethe.* – Dr. Harald Schmidt (Wetzlar): *„So sei es denn! Lotte, Lotte, lebe wohl!" Werthers Lotte: Wahrheit und Dichtung.* – *Der Musenhof: Anna Amalia, Herzogin Luise, Corona Schröter. Besuch von Wittumspalais, Tiefurt und Belvedere* (Exkursion nach Weimar). – Otti Lohss (München): *„Kanntest jeden Zug in meinem Wesen". Charlotte von Stein, Goethes Freundin.* – *Goethes Geburtstag am authentischen Ort mit Aufführung im Liebhabertheater* (Exkursion nach Schloß Kochberg). – Prof. Dr. Friedmar Apel (Bielefeld): *„[...] und selbst Dein Name ziert ‚Corona' Dich". Iphigenie in Weimar.* – Hans-Wolfgang Kendzia (Berlin): *Die Frauen im Werk. „Tasso"* (Leseabend). – Eckart Henscheid (Berlin): *Frauen unter Goethe* (Lesung). – Dr. Franziska Schößler (Freiburg i. Br.): *Lehrjahre. Frauengestalten im „Wilhelm Meister".*

Bonn

Vorsitzender: Prof. Dr. Harald Steinhagen, Weilbergstr. 29, 53639 Königswinter; Vorsitzender seit März 2003: Prof. Dr. Norbert Oellers, Rüngsdorfer Str. 11, 53173 Bonn; stellv. Vorsitzende: Cornelia Kothe, Dellweg 23, 53117 Bonn. – Prof. Dr. Katharina Mommsen (Palo Alto/USA): *„Herrlich ist der Orient / Übers Mittelmeer gedrungen". Weltliterarisches in Goethes „West-östlichem Divan".* – Prof. Dr. Bernhard Sowinski (Köln): *Goethes und Heines „Harzreisen"* (Dia-Vortag). – Prof. Dr. Jutta Osinski (Marburg): *Goethe und Homer.* – Marieluise Winkenbach (Königswinter): *Goethes „West-östlicher Divan" als Spiegelung von westlichem und östlichem Menschenbild.* – Prof. Dr. Meinhard Heinze (Bonn): *Goethe als Advokat.* – Ursula Homann (Arnsberg): *Goethe und die Juden.* – *Reise ins unterirdische Italien – Grotten und Höhlen in der Goethezeit* (Ausstellungsbesuch im Goethe-Museum Düsseldorf; Führung: Prof. Dr. Volkmar Hansen). – Sylvie Tyralla-Noel/Dr. Peter Andersch (Bonn): *„Was halten Sie eigentlich von Frankreich, Herr Geheimrat?" Goethe im Gespräch.* – Dr. Eva Hölter (Bonn): *Goethe und Dante.* – Nils Reschke (Bonn): *Goethes klassische Lyrik* (Lese- und Diskussionskreis). – Prof. Dr. Albrecht Betz (Aachen/Paris): *Gegen die Weltverwirrer. Goethe und Voltaire.* – Theaterbesuch zur Aufführung *Stella.* – Prof. Dr. Bodo Lecke (Hamburg): *Spiegelungen der Goethe-Rezeption in den Wandlungen des Deutschunterrichts.* – Dr. Bernd Mahl (Stuttgart/Tübingen): *Peter Steins Traum: Der ganze „Faust"* (mit Lichtbildern und Videosequenzen).

Bremen

Vorsitzender: Prof. Dr. Gert Sautermeister, Hans-Thoma-Str. 22, 28209 Bremen; stellv. Vorsitzender: StR Paul Schmidt, Wildesauer Str. 20 B,

27801 Dötlingen; stellv. Vorsitzender seit März 2003: Klaus Ehlert, Dimhausen 7, 27211 Bassum. – Prof. Dr. Klaus Bohnen (Aalborg/Dänemark): *Aufklärung und „Sinnlichkeit"*. – Prof. Dr. Bodo Lecke (Hamburg): *Goethe in der Schule.* – Klaus Nägelen (Bremen): *„West-östlicher Divan"* (Lesung). – Prof. Dr. Hans-Wolf Jäger (Bremen): *Goethe und die römische Antike.*

Chemnitz

Vorsitzender: Siegfried Arlt, Hüttenberg 13, 09120 Chemnitz; Geschäftsführerin: Dr. Helga Bonitz, Heinrich-Beck-Str. 47, 09112 Chemnitz. – Dr. Helga Bonitz/Siegfried Arlt: *Vorstellung der Publikation der Goethe-Gesellschaft Chemnitz „Augenblick und Ewigkeit". Goethe, die Chemnitzer und die Weltliteratur.* – Prof. Dr. Bernd Leistner (Leipzig): *Goethe und Schiller im Xenienstreit.* – Dr. Johann Schrenk (Gunzenhausen): *Jean Paul. Poet und Zeitgenosse Goethes.* – *Frühlingskonzert* (Musik und Rezitation: Schüler der Städtischen Musikschule Chemnitz). – Dr. Andrea Heinz (Jena): *Wieland und Weimar. Ein Philosoph und Kosmopolit in der Provinz.* – Erhard Schlame (Stollberg): *Shakespeare-Rezeption in der Goethezeit.* – *Auf Lessings Spuren nach Kamenz:* Besuch des *Lessingmuseums* (Exkursion). – *„Ich liebe zu tafeln am lustigen Ort". Traditionelle Goethe-Geburtstagsfeier.* – *Auf Goethes Spuren ins Gartenreich Wörlitzer Park und Besuch der Novalis-Forschungsstätte Schloß Oberwiederstedt* (Exkursion). – Prof. Dr. Erhard Hexelschneider (Leipzig): *Goethe und Puschkin.* – Prof. Dr. Erwin Leibfried (Gießen): *Goethe und sein Eckermann. Ein Blick auf des Dichters Mitarbeiter.* – Prof. Dr. Albrecht Betz (Aachen/Paris): *Gegen die Weltverwirrer. Goethe und Voltaire.*

Darmstadt

Vorsitzender: Dr. Fritz Ebner, Frankfurter Landstr. 18, 64291 Darmstadt; stellv. Vorsitzender: Prof. Dr. Matthias Luserke-Jaqui, Heidenreichstr. 1, 64287 Darmstadt. – Prof. Dr. Reiner Wild (Mannheim): *Goethes „Italienische Reise".* – Prof. Dr. Bernhard Böschenstein (Genf): *Goethes Stimme im deutsch-französischen Konzert von Hofmannsthals „Buch der Freunde".* – Prof. Dr. Matthias Luserke-Jaqui: *Johann Heinrich Merck als Lyriker.* – Karl Günther (Heidelberg): *Nachkommen der Goethe-Familie.* – Dr. Wolfgang Strack (Buseck): *Orient im Okzident* (Ton-Dia-Schau). – *Das Tischbein-Museum im Kloster Haina* (Exkursion). – Prof. Dr. Dietrich Rolle (Mainz): *Goethes Besucher aus der Neuen Welt.* – Dr. Manfred Wenzel (Gießen/Wetzlar): *Goethe und die Naturwissenschaften* (Dia-Vortrag). – Werner Völker (Bielefeld): *Weihnachten bei Goethe* (Autorenlesung).

Dessau

Vorsitzender: Eberhard Schmidt, Lindenstr. 129, 06847 Dessau. – Eberhard Schmidt (Dessau): *„Die schöne Müllerin". Wilhelm Müllers Liederzyklus.* – *Ders.: Die engsten Weggefährten Goethes. Max Müller, ein Dessauer Gelehrter mit internationalem Ruf und Biograph seines Vaters Wilhelm.* – *Ders.: Der Prinz Johann Georg von Anhalt-Dessau, der Schöpfer des Dessauer Georgiums.* – *Ders.: Drei Deutsch-Römer in drei Generationen, von Fürst Franz von Anhalt über Goethe bis Wilhelm Müller.* – *Ders.: Goethes pädagogisches Sinnen und Schaffen.* – Brunhilde von Moysi (Dessau): *Der Schloßpark in Dessau-Mosigkau.* – Dr. Bernd Ulbrich (Dessau): *Anhalts alte Dichter.* – Joachim Specht (Dessau): *Präsentation seines neuesten Werkes „G'DAY".*

Dresden

Vorsitzender: Dr. Jürgen Klose, Döbraer Str. 46, 01189 Dresden; stellv. Vorsitzender: Dr. Wolfgang Bunzel, Hiltensperger Str. 52, 80796 München. – Dr. Sigrid Schulz-Beer/Gerhard Schulz (Dresden): *„Das Ew'ge regt sich fort in allem". Weimars historische Friedhöfe in Wort und Bild* (Teil 2). – Katrin Seidel (Leipzig): *Das Italienbild deutscher Komponisten des 19. Jahrhunderts.* – Hilmar Dreßler (Leipzig): *Die Goethe-Vertoner Reichardt und Zelter und ihr Wirken im Blickfeld des Dichters* (mit musikalischen Darbietungen von Schülern des Heinrich-Schütz-Konservatoriums und des Carl-Maria-von-Weber-Gymnasiums). – Dr. Ute Baum (Dresden): *Puschkin, Goethe, Tieck und Küchelbecker. Das frühe 19. Jahrhundert im Werk Juri Tynjanows.* – Matinee: *Goethes „Suleika". Marianne von Willemer im Briefwechsel mit Herman Grimm.* Gelesen von: Claire Buhl-

Löscher (Kassel)/Alexander Bandilla (Berlin). – Dr. Anja Häse (Dresden): *Carl Gustav Carus, „ein Leben in gemeßnen Bahnen“* (Dia-Vortrag). – Udo Quak (Syke bei Bremen): *„Trost der Töne. Musik und Musiker im Leben Goethes“* (Buchpräsentation). – Hans-Joachim Krenzke (Magdeburg): *Goethe in Italien* (Dia-Vortrag). – Dr. Sigrid Schulz-Beer/Gerhard Schulz (Dresden): *Gräber der Kügelgenzeit. Wilhelm von Kügelgen und sein Kreis.* – Dr. Hans-Jürgen Malles (Leipzig): *„Ich habe ihm besonders gerathen kleine Gedichte zu machen“. Goethe, Schiller, Hölderlin: zur Geschichte eines Mißverständnisses.* – Dr. Günter Klieme (Dresden): *Ein Leben für die Übersetzungskunst. Wolf Heinrich Graf von Baudissin in Dresden.* – Prof. Dr. Albert Meier (Kiel): *„Wenn Peter stirbt, erwache Zeus nicht wieder!“ Johann Gottfried Seumes „Spaziergang nach Syrakus im Jahre 1802“* (Vortrag mit computergestützter Bildpräsentation).

Eisenach

Vorsitzender: Volkmar Schumann, Am Wartenberg 28, 99817 Eisenach; stellv. Vorsitzender: Gerhard Lorenz, Am Hängetal 5, 99817 Eisenach. – Dr. habil. Jochen Golz (Weimar): *Jean Paul im Visier.* – Dr. Wolfgang Strack (Buseck): *Reichsstraße I, II. Teil. Von Braunschweig bis Küstrin* (Ton-Dia-Schau). – Prof. Dr. Katharina Mommsen (Palo Alto/USA): *„Herrlich ist der Orient übers Mittelmeer gedrungen“. Weltliterarisches in Goethes „West-östlichem Divan“.* – Dr. Wolfgang Strack (Buseck): *Reichsstraße I, III. Teil. Von Küstrin bis Eydtkuhnen* (Ton-Dia-Schau). – Helga Timmler (Eisenach) : *„[...] mit mobiler Feder“* (Veranstaltung zum 250. Geburtstag von Luise von Göchhausen). – Wolfgang Dehler (Berlin): *Traditionelle „Faust“-Matinee am Ostermontag.* – Dr. Siegfried Seifert (Weimar): *„Italien in Germanien“.* – Prof. Dr. Ekkehart Krippendorff (Berlin): *Thomas Jefferson und Goethe.* – Exkursion gemeinsam mit dem Eisenacher Geschichtsverein nach Ilmenau. – *„Melechsala“ von Carl August Musäus* (Lesung). – *Friedrich Maximilian Klinger: „Sturm und Drang“* (Theaterfahrt nach Bad Lauchstädt). – Traditionelle Goethe-Geburtstagsfeier im Kartausgarten: Volkmar Schumann: *Goethes erster Besuch vor 225 Jahren in Eisenach*; musikalische Umrahmung: Bruno Ritzmann (Weimar) Cembalo; Dr. Ulrike Müller (Weimar) und Antje Finkenwirth (Berlin) Rezitation/Klavier: *Corona Schröter.* – *Bamberg und sein Kulturerbe* (viertägige Exkursion). – Siegfried Arlt (Chemnitz): *Goethe und die königliche Kunst.* – Dr. Britta Eckert (Frankfurt a. M.): *„[...] er teilte mit uns allen das Exil“.* – *Peter Hacks: „Die schöne Helena“* (Theaterfahrt nach Meiningen). – Herbert Oranien (Eisenach): *„Über das Fortleben im Andenken der Nachwelt“ von Christoph Martin Wieland* (Lesung zum 10. Todestag von Friedewald Berg). – Prof. Dr. Bernd Leistner (Leipzig): *„Zu des einzigen Tages Feste / Schmückt euch alle, windet Kränze!“ Goethe als Gelegenheitsdichter.* – Dr. Wolfgang Strack (Buseck): *Barock, Teil I* (Ton-Dia-Schau). — Monatliche Zusammenkünfte des Lesekreises. — Sieben Lesestunden im Teezimmer, gemeinsam mit dem Reuter-Wagner-Museum: *Wolfgang Dehler, Friedrich Hölderlin, Georg Christian Sartorius, Johann Peter Hebel, Charles Waldemar, Joseph Kürschner, Goethe.*

Erfurt

Vorsitzender: Prof. Dr. Dietrich Grohnert, Puschkinstr. 16, 99084 Erfurt; Geschäftsführer: Volkmar Birkholz, Goethestr. 2, 99096 Erfurt. – Dr. Egon Freitag (Weimar): *Licht, Liebe, Leben. Lebensstationen des Johann Gottfried Herder.* – Prof. Dr. Katharina Mommsen (Palo Alto/USA): *„Herrlich ist der Orient übers Mittelmeer gedrungen“. Weltliterarisches in Goethes „West-östlichem Divan“.* – Dr. Siegfried Seifert (Weimar): *Asyl in Halberstadt? Der Regierungsantritt des Herzogs Carl August von Sachsen-Weimar-Eisenach im Spiegel unbekannter Briefe.* – Prof. Dr. Knut-Olaf Haustein (Erfurt): *„Laßt die Saiten rasch erklingen“.* Lieder nach Texten von Johann Wolfgang von Goethe. – Prof. Dr. Lothar Ehrlich (Weimar): *Goethe-Rezeption in der Ära Honecker.* – Dr. Angelika Reimann (Jena): *„Als eine Blume zeigt sie sich der Welt“. Anläßlich des 200. Todestages von Corona Schröter.* – *Jena, die „Stapelstadt des Wissens“: Inspektorenhaus, Goethe-Gedenkstätte, Historischer Friedhof, Markt und Stadtkirche, Schiller-Haus, Frommannsches Haus* (Exkursion). – Gertrud Aepfler (Apolda): *Der Garten am Goethe-Haus und seine Entwicklung über zwei Jahrhunderte* (Dia-Ton-Vortrag). – Carola Sedlacek (Weimar): *Alltag im Hause Goethe.* – Günter Gerstmann (Jena): *Ricarda Huch und die deutsche*

Geschichte. – Prof. Dr. Dietrich Grohnert (Erfurt): *Das heitere Spiel mit dem Publikum. Goethe und der Humor.*

Erlangen

Vorsitzender: Prof. Dr. Peter Horst Neumann, Ligusterweg 39, 90480 Nürnberg; Geschäftsführer: OStD Siegfried Ziegler, Im Herrengarten 6, 91054 Buckenhof; Geschäftsführerin seit März 2002: Heida Ziegler. – Prof. Dr. Adolf Muschg (Zürich): *Goethes Schweizer Reisen als Initiation.* – Prof. Dr. Peter Horst Neumann (Nürnberg): *Goethe-Gedichte* (Lesung). – Dr. Nike Wagner (Wien): *Über Robert Musils „Der Mann ohne Eigenschaften".* – Prof. Dr. Norbert Miller (Berlin): *Goethe und Felix Mendelssohn Bartholdy* (mit Tonbeispielen). – Studienfahrt nach Jena mit Besichtigung des Wasserschlosses Kochberg. – Dr. Anika Davidson (Erlangen): *Unerhörte Begebenheit und poetische Utopie: Goethes „Novelle".* – Gerd Ellenbeck (Lüdenscheid): *Späte Liebe 1823. Goethes Liebe zu Ulrike von Levetzow und Maria Szymanowska.*

Essen

Vorsitzender: Prof. Dr. Klaus Hufeland, Eibergweg 9, 45279 Essen; stellv. Vorsitzender: Dr. Hans-Joachim Gaffron, Haraldstr. 13, 45133 Essen. – Prof. Dr. Christa Lichtenstern (Saarbrücken): *Goethes Präsenz in der Kunst des 20. Jahrhunderts.* – Prof. Dr. Uwe Diederichsen (Göttingen): *„Die Wahlverwandtschaften", auch ein juristischer Roman?* – Prof. Dr. Heinz Hamm (Halle): *„Bedeutende Fördernis" durch eine französische Zeitschrift: Goethe und „Le Globe".* – Exkursion. – Prof. Dr. Werner Busch (Berlin): *Die Rolle der englischen Kunst für Goethes Kunstbegriff.* – Prof. Dr. Heinz Rölleke (Wuppertal): *Goethes „Faust" und Hofmannsthals „Jedermann".* – Dr. Wolfgang Strack (Buseck): *Goethes italienische Reise, Teil I* (Ton-Dia-Schau).

Freiburg i. Br.

Vorsitzender: Senator h. c. Konrad Huber, Schreiberstr. 10, 79098 Freiburg (jetzt Ehrenvorsitzender); Vorsitzende seit April 2002: Prof. Dr. Gabriele Busch-Salmen, Markenhofstr. 14, 79199 Kirchzarten; Vorsitzender seit Oktober 2002: Prof. Dr. Heinrich Witschel, Erlenweg 9 d, 79115 Freiburg; Geschäftsführerin: Irene Hildenbrand, Basler Str. 62, 79100 Freiburg; Geschäftsführer seit April 2002: Clemens Kleijn, Terra Wohnpark 7, 78052 Villingen. – *Das Goethe-Tabu* (Podiumsdiskussion mit W. Daniel Wilson). – *„Göthens Dichtergenius und Reichardts musikalisches Genie"* (Vortrag, Rezitation und Musik zum 250. Geburtstag von Johann Friedrich Reichardt, ausgeführt von Walter Salmen, Vortrag; Gabriele Busch-Salmen und Volkmar Braunbehrens, Rezitation aus dem Briefwechsel mit Goethe; Hans Jörg Mammel, Tenor; Enno Kastens, Hammerflügel). – *Geheimes. Goethes „West-östlicher Divan" in Vertonungen von Franz Schubert, Robert Schumann, Richard Strauß und Hugo Wolf* (Marie-Thérèse von Seyfried, Sopran; Hans Jörg Mammel, Tenor; Yvonne Vollmer, Klavier). – *„Reineke Fuchs"*, zu Goethes Geburtstag gelesen von Gabriele Busch-Salmen, Sabine Scharberth, Ariane Zeuner und Cornelius Ludwig. – *„[...] von der musikalischen Seite unser Freund, von der politischen unser Widersacher". Der Tonkünstler Johann Friedrich Reichardt und Goethe* (Eröffnung der Ausstellung in der Freiburger Universitätsbibliothek durch einen Vortrag von Walter Salmen, ein Fest-Konzert mit dem Rheinischen Bach-Collegium und Rezitation von Gabriele Busch-Salmen). – Manfred Zittel (Offenburg): Vortrag über *Friederike Brion* zum Festakt aus Anlaß der Umbenennung der Grund- und Hauptschule Meißenheim zur *Friederike-Brion-Schule.* — Prof. Dr. Walter Salmen: Führungen durch die Reichardt-Ausstellung. — Goethes Einakter *Die Geschwister* und *Die Laune des Verliebten*, aufgeführt von der Studiobühne an der Universität Freiburg, geleitet von Claus Thomas.

Gotha

Vorsitzender: Dr. habil. Christoph Köhler, Waltershäuser Str. 17, 99867 Gotha; stellv. Vorsitzende: Marion Merrbach, Mönchelsstr. 3, 99867 Gotha. – Prof. Dr. Lothar Ehrlich (Weimar): *„Faust": konzeptionelle Wandlungen einer großen Dichtung.* – Prof. Dr. Heinz Gockel (Bamberg): *Iphigenie und der Mythos.* – Dr. Wolfgang Strack (Buseck): *Zeitalter des Barock, Teil II* (Ton-Dia-Schau). – Prof. Dr. Bernd Leistner (Leipzig):

Goethe in den böhmischen Bädern. – Besuch der Herrnhuter Gemeinde in Neudietendorf (Leitung: Dr. habil. Christoph Köhler). – Exkursion nach Westsachsen (Leitung: Dr. habil. Christoph Köhler). – Dr. Siegfried Seifert (Weimar): *Die Weimarer Primadonna Jagemann* (Dia-Vortrag). – Prof. Dr. Helmut Brandt (Jena): *Fontanes Erzählkunst. Der Übergang vom historischen zum Gesellschaftsroman.* – Rupert Schaab (Gotha): *Daniel Richter, ein Autor am Hofe Ernsts des Frommen.* – Dr. habil. Christoph Köhler: *Friedrich Manso. Lehrer, Dichter, Xenienopfer.*

Güstrow

Vorsitzende: Dr. Elisabeth Prüß, Seidelstr. 5, 18273 Güstrow; stellv. Vorsitzende: Anneliese Erdtmann, Prahmstr. 28,18273 Güstrow. – Dr. Rudolf Gregor (Güstrow): *Thomas Mann und die russische Literatur.* – Dr. Gerda Heinrich (Berlin): *Preußische Beamte und Minderheiten (Juden und Zigeuner) im 18. Jahrhundert.* – Dr. habil. Erwin Neumann (Güstrow): *Neuere und neueste Goetheliteratur.* – *Siedlungsarchitektur des 20. Jahrhunderts in Mecklenburg* (Exkursion; Leitung: Dr. Dr. Dieter Pocher). – Prof. Dr. Hans-Jochen Gamm (Darmstadt): *Die Organisation des Alters: das Beispiel Goethe.* – *Festliche Veranstaltung zum 20jährigen Bestehen der Güstrower Ortsvereinigung.* – Werner Kohlert (Dresden): *Biographischer Filmessay zu Goethe „In der Ferne gegenwärtig".* – Prof. Dr. Helmut Fuhrmann (Kassel): *„Summe alles Menschenseyns". Schillers Wallensteintrilogie und die Idee der Humanität.* – Gisela Scheithauer (Mühlengeez): *Lesung und Werkstattgespräch zum 3. Band „Güstrower Stadtsachen".* – Prof. Dr. Hans G. Ottenberg (Dresden): *Der Briefwechsel zwischen Goethe und Zelter.*

Gunzenhausen

Vorsitzender: Dr. Johann Schrenk, Weißenburger Str. 22, 91710 Gunzenhausen; stellv. Vorsitzende: Bärbel Ernst, Steinweg 20, 91741 Theilenhofen. – Dr. Georg Heuser (Rothenburg o. d. T.): *Goethe und Iffland. Zur Geschichte des Weimarer Hoftheaters.* – Dr. habil. Jochen Golz (Weimar): *„Das Doppelglück der Töne wie der Liebe". Goethe und Beethoven.* – *„Faust"-Aufführung mit dem Gunzenhäuser Schauspieler Prof. Edgar M. Böhlke* (Theaterfahrt nach Hamburg). – Goethe-Geburtstagsfeier mit Vortrag, Quiz und vielen Überraschungen. – *Auf den Spuren Goethes in Weimar und Umgebung: Besichtigung Weimars und Besuch der bekannten Museen und Goethestätten sowie Fahrt nach Tiefurt und Ilmenau mit Wanderung zum Kickelhahn und Besuch des Jagdhauses Gabelbach* (Exkursion). – Dr. Johann Schrenk: *Goethe und die Kunst des gotischen Sakralbaus* (Dia-Vortrag). – Prof. Edgar M. Böhlke (Gunzenhausen): *Die Inszenierung eines Theaterschauspiels am Beispiel von Goethes „Faust I".* – *Weihnachtsfeier mit literarischen Schmankerln, vorgetragen von Dr. Johann Schrenk.*

Halle

Vorsitzender: Prof. Dr. Thomas Höhle, Schleiermacherstr. 28, 06114 Halle; Vorsitzender seit Januar 2004: Doz. Dr. Hans Joachim Kertscher, Spitze 4 a, 06184 Dieskau; Geschäftsführer: Günther Kühne, Hegelstr. 11, 06114 Halle. – Hartmut Lange (Berlin): *Die Novelle „Die Bildungsreise"* (Autorenlesung und Gespräch). – Prof. Dr. Thomas Höhle (Halle)/Klaus Ronald Heinze (Berlin): *Utopie der Freiheit und Gleichheit. Zum 250. Geburtstag des Spätaufklärers Gerhard Anton von Halem.* – Dr. habil. Jochen Golz (Weimar): *Geschichte und Aufgaben des Goethe- und Schiller-Archivs.* – Prof. Dr. Ulrich Karthaus (Gießen): *Warum ist der junge Goethe so erfolgreich?* – Dieter John (Halle): *Zur Geschichte der Goethe-Gesellschaft in Weimar und Halle.* – Dipl.-Landschaftsarchitekt Peter Ziegler (Halle) führt durch *Reichardts „liebes Giebichenstein".* – Prof. Dr. Pia Schmidt (Halle): *Sächsische Fürstenschulen* (Einführungsvortrag zur Exkursion). – *Auf den Spuren Friedrich Nietzsches nach Röcken, Naumburg und Schulpforta* (Exkursion). – Dr. Ingeborg von Lips (Halle): *Frau Aja. Ein Schlüssel zum Leben und Selbstverständnis der Mutter Goethes.* – Prof. Dr. Jan Philipp Reemtsma (Hamburg): *Christoph Martin Wielands Verserzählung „Klelia und Sinibald".* – Prof. Dr. Manfred Beetz (Halle): *Goethes und Schillers Xenien gegen Reichardt.* – Prof. Dr. Thomas Höhle: *Plaudereien um Goethe vor zweihundert Jahren.*

Hamburg

Vorsitzende: Ragnhild Flechsig, Gustav-Falke-Str. 4, 20144 Hamburg; Geschäftsführer: Holger Dobat, Sinstorfer Kirchweg 50, 21077 Hamburg. – Prof. Dr. Bodo Lecke (Hamburg): *Spiegelungen der Goethe-Rezeption in den Wandlungen des Deutschunterrichts.* – Dagmar von Gersdorff (Berlin): *„Goethes Mutter" – eine neue Biographie* (Autorenlesung). – Ulrich Greiner (Hamburg): *Kriterien des Gelingens. Betrachtungen zur Literaturkritik.* – Dr. Leoš Houska (Prag): *Goethe und die tschechische nationale Wiedergeburt. Der Dichter in Böhmen.* – Erich Müller (Hamburg): *Giovanni Battista Piranesi und Johann Joachim Winckelmann oder: Der Griechenstreit.* – Prof. Dr. Jan Philipp Reemtsma (Hamburg): *„Die Kunst aufzuhören" oder: Warum Wieland nach 1784 keine Verse mehr geschrieben hat.* – Michael Grosse (Schleswig): *Christoph Martin Wielands Verserzählung „Pervonte oder: Die Wünsche".* – Schauspieler/Rezitator Ulrich Ritter (Berlin): *Goethes Geliebte. Aus des Dichters Versen, Briefen, Tage- und anderen Büchern.* – Prof. Dr. Bernd Leistner (Chemnitz): *„Erhebet euch mit kühnem Flügel". Zu Schillers philosophischen Gedichten.* – Prof. Dr. Hans Rudolf Vaget (Northampton/Mass.): *Thomas Mann und das „Hanseatentum". Zur geographischen, psychologischen und politischen Bedeutung eines Zentralbegriffs bei Thomas Mann.* – Prof. Dr. Uwe Pörksen (Freiburg i. Br.): *Was macht Goethes Naturwissenschaft nachhaltig interessant?* – Prof. Dr. Hugo Aust (Köln): *„In vorzüglicher Ergebenheit Th. Fontane". 70 Jahre Mitteilsamkeit. Fontanes Persönlichkeit in sieben Briefen.* – Prof. Dr. Hubertus Fischer (Hannover): *Historische Landschaft – historischer Roman bei Theodor Fontane. Die „Wanderungen" und der Roman „Vor dem Sturm".* – Dr. Gotthard Erler (Berlin/Frankfurt a. M.): *„Der Herr hat heut Kritik". Fontane als Kritiker.* – Dr. Christine Hehle (Potsdam): *Der Erzähler Fontane. Zu den Romanen „Unwiederbringlich" und „Effi Briest".* – Peter Meuer (Hannover), Vortrag; Herma Völker (Bad Harzburg), Gesang; Martin Bujara, Klavier: *„Zeit meiner Kindheit – Land süßer Träume". Eckermann-Gedichte in Vertonungen von Fanny Mendelssohn.* — Exkursionen: *Die Region Frankfurt an der Oder literarisch und historisch. – Mit Goethe und anderen Dichtern in der Schweiz. – Kulturland am nordöstlichen Harz. – Goethes Sizilien: u. a. Taormina, Catania, Syrakus, Agrigent, Selinunt, Segesta, Palermo, Lipari, Stromboli.*

Hannover

Vorsitzender: StR Peter Meuer, Kolbeweg 43, 30655 Hannover; Geschäftsführerin: Heide Tongers, Thüringer Str. 15, 30179 Hannover. – Oskar Ansull (Hannover): *„Stürenberg-Geschichten" oder Arno Schmidt und einige seiner Vorläufer* (Lesung). – Prof. Dr. Friedrich Wilhelm Korff (Hannover): *Geometrie des Zweifels.* – Dr. Wolfgang Butzlaff (Kiel): *Verlobungen und Verlobte in Goethes Leben und Werk.* – Dr. Dietmar Storch (Hannover): *„Nirgends ist ihm ganz zu trauen". Theodor Fontane und Otto von Bismarck.* – Prof. Dr. Karl J. Fink (Northfield, MN/USA): *Goethe, der Augenmensch, und die modernen Medien.* – Dr. Werner Walter Güttler (Hannover): *Goethes besonderes Verhältnis zum Bund der Freimaurer in seiner Weimarer Zeit.* – Dr. Berbeli Schiefer (Hannover/Hemmingen): *Christiane Goethe geborene Vulpius.* – Oskar Ansull (Hannover)/Alfons Bock (Hamburg): *„[...] leichthin über Liebe und Tod". Gedichte von den schönsten und letzten Dingen* (Lesung mit Musikbegleitung anläßlich des 253. Geburtstags Goethes). – Wolf-Dieter Krüger (Hannover/Ronnenberg): *Die Bibel in Goethes „Urfaust". – Weimar und Umgebung* (Exkursion). – Prof. Dr. Claudia Brinker von der Heyde (Kassel): *Johann/Georg Faust (1480?–1540?). Herr über Raum und Zeit oder Hochstapler und Betrüger?* – Alexander May (Hannover): *„Das tägliche Leben ist lehrreicher als das wirksamste Buch". Texte von und über Goethe.* – Dr. Jochen Klauß (Weimar): *Johann Heinrich Meyer: der „Kunschtmeyer". Ein Freund Goethes.* – Peter Meuer: *„Der Bräutigam", ein Goethe-Gedicht aus der Handschriften-Sammlung Culemann im Stadtarchiv.*

Heidelberg

Vorsitzende: Dr. Letizia Mancino-Cremer, Mombertplatz 23, 69126 Heidelberg; stellv. Vorsitzender: Prof. Dr. Dieter Borchmeyer, Germanistisches Seminar der Universität, Hauptstr. 207–209, 69117 Heidelberg. – Neujahrsempfang gemeinsam mit der Literarischen Gesellschaft: *Musik aus dem 13. bis 18. Jahrhundert* (Konzert). (Ausführende: Eva Lebherz-Valentin, Sopran, Christoph Schäfer, Truhenorgel). – *Klavierquintettabend mit Werken von Schubert und Brahms* (Konzert). – *F-Dur in der Spätromantik mit Werken von Strauss, Reger und Brahms* (Konzert). – Anläßlich des 35jährigen Bestehens der Goethe-Gesellschaft Heidelberg wurde eine *Jubiläumstagung „Homunculus"* mit zahlreichen Referenten aus dem In- und Ausland durchgeführt; zum gleichlautenden Thema außerdem eine Ausstellung mit Musik und Lesung. – Prof. Dr. Albrecht Betz (Aachen/Paris): *Befreiung der Sinne. Über Goethe und Heine als Anti-Asketen.* – Prof. Dr. Cordula Greve (New York): *Mignon in der bildenden Kunst.* – *Auf Goethes Spuren nach Leipzig mit Ausflug nach Dresden* (Exkursion). – Dr. Bernd Mahl (Stuttgart/Tübingen): *Goethe und das Geldwesen. Eine wirtschaftspolitische Betrachtung.* – *Auf Goethes Spuren nach Sesenheim und Straßburg* (Exkursion). – Dr. Stefan Frey (München): *Goethe als Operettenheld. Franz Lehárs „Friederike".* – Dr. Manfred Wenzel (Gießen/Wetzlar): *„Am farbigen Abglanz haben wir das Leben". Goethes Farbenlehre, das unbekannte Vermächtnis* (Dia-Vortrag). – Prof. Dr. Peter Michelsen (Heidelberg): *Die Götterprobe. Zu Goethes „Iphigenie".*

Hildburghausen

Vorsitzender: Dieter Schrimpf, Am Kümmelhag 10, 98646 Hildburghausen. – Dr. Jörg Bilke (Rodach): *Das Heimatbuch „Mein Rodach"* (Autorlesung). – Reinhold Albert (Sulzdorf): *Grenzerfahrungen* (Autorlesung). – Dr. habil. Jochen Golz (Weimar): *Goethes „West-östlicher Divan".* – Siegfried Kellermann (Ernst-Deutsch-Theater Hamburg): *Satirisches von Tucholsky, Kästner und Ringelnatz.* – Dr. Jörg Bilke (Rodach): *Günter Grass' „Im Krebsgang"* (Buchbesprechung). – Richard Henn: *Kathederblüten* (Autorlesung). – Peter Laube: *„Reserve hat Ruh". Erlebnisse als Grenzer in den Kreisen Sonneberg und Hildburghausen* (Autorlesung). – Dr. Jörg Bilke: *Martin Walsers „Tod eines Kritikers"* (Buchbesprechung). – Siegfried Kellermann: *Weihnachtliches. Gedichte und Geschichten zur Weihnachtszeit.*

Hildesheim

Vorsitzender: Rolf Wagenknecht, Von-Emmich-Str. 40, 31135 Hildesheim. – Rolf Wagenknecht (Hildesheim): *Julie von Egloffstein, „Goethes glückliche Zeichnerin"* (zum 70jährigen Jubiläum der Goethe-Gesellschaft Hildesheim). – Hilmar Dreßler (Leipzig): *Goethes Studien zum Verhältnis Farbe – Ton mit vergleichendem Blick auf Novalis.* – Gisela Maul (Weimar): *Goethes Studien und Sammlungen zur Farbenlehre.* – Prof. Dr. Paul Raabe (Wolfenbüttel/Halle): *August Hermann Francke und seine Stiftungen in Halle an der Saale.* – Dr. Wolfgang Butzlaff (Kiel): *Philologische Intentionen zu meinen Arbeiten über Goethe und andere Dichter bzw. Künstler.* – Roland Werner (Hamburg): *Der Wörlitzer Park im Dessauer Gartenreich.* – Dr. Wolfgang Strack (Buseck): *Barock, der Kunststil in Rom zur Zeit des 30jährigen Krieges* (Ton-Dia-Schau). – Musikalisch-literarische Soiree: Rolf Wagenknecht: *Schubert und Müller, zwei schwierige Wanderer* (Vortrag). *„Die Winterreise" nach dem Gedichtzyklus von Wilhelm Müller* (Marek Rzepka, Baßbariton; Claudia Petzold, Klavier; beide Dresden). – Ingrid Pflaumann (Hildesheim): *Vorstellung ihres Buches mit Erzählungen und anschließendem Diskurs.* – Rolf Wagenknecht: *Nietzsche zum Vergnügen.* – Ders.: *Verdi und Schiller, eine einmalige Konstellation.* – Ders.: *Goethe und Berlin. Des Dichters Abneigung gegen große Städte und sein großes Interesse an Berlin.*

Ilmenau

Vorsitzender: Prof. Dr. Heinrich Arnold, Prof.-Stamm-Str. 3, 98693 Ilmenau. – Prof. Dr. Katharina Mommsen (Palo Alto/USA): *„Herrlich ist der Orient übers Mittelmeer gedrungen". Weltliterarisches in Goethes „West-östlichem Divan".* – Dr. Angelika Reimann (Jena): *„Als eine Blume zeigt sie sich der Welt". Zum 200. Todestag von Corona Schröter* (Vortrag mit musikalischer Begleitung durch Ilga und Annegret Herzog, Jena). – Dr. Wolfgang Strack (Buseck): *Barock, Teil I* (Ton-Dia-Schau). – Jörg Schmidt (Martinroda): *Das Märchen vom Fischer und seiner Frau* (Puppenspiel). – Ensemble Ornamente 99: *„London Music". Barockmusik für Bläser aus England und Deutschland* (festliches Weihnachtskonzert).

Jena

Vorsitzender: Prof. Dr. Klaus Manger, Friedrich-Schiller-Universität Jena, Institut für Germanistische Literaturwissenschaft, Fürstengraben 18, 07743 Jena; Vorsitzender seit Juni 2002: Dr. Florian Fischer, Marderweg 39, 07749 Jena; Geschäftsführerin: Dr. Andrea Heinz, Friedrich-Schiller-Universität Jena, Institut für Germanistische Literaturwissenschaft, Fürstengraben 18, 07743 Jena. – Prof. Dr. Katharina Mommsen (Palo Alto/USA): *„Herrlich ist der Orient übers Mittelmeer gedrungen". Weltliterarisches in Goethes „West-östlichem Divan".* – *Goethe und die Musik. Eine musikalisch-literarische Soiree*: Hans Lehmann (Flöte)/Prof. Dr. Udo Ebert (Klavier)/Ulrike Ebert (Text). – *Führung im Botanischen Garten Jena mit Gartenfest* (Führung: Prof. Dr. Frank Hellwig, Jena). – *Lesung am 125. Geburtstag von Hermann Hesse: Hesse, Goethe und die Deutschen* (Textauswahl und Vortrag: Dr. Florian Fischer). – Dr. Gerhard Müller (Jena): *Goethe als Freimaurer. Freimaurerei, Literatur und Politik in Sachsen-Weimar.* – Hans Knappe (Jena): *Münchhausen.* – Dr. habil. Jochen Golz (Weimar): *Das Goethe- und Schiller-Archiv. Geschichte und gegenwärtige Aufgaben* (Dia-Vortrag). – Geselliges vorweihnachtliches Zusammensein: Mitglieder lesen literarische (Lieblings-)Texte. – Gründung eines *Lesekreises Goethe* mit Prof. Dr. Helmut Brandt (Jena).

Karlsruhe

Vorsitzende: Gertrud Staffhorst, Bismarckstr. 15, 76133 Karlsruhe; Vorsitzender seit August 2003: Prof. Dr. Georg Pilz, Unterer Kreuzwasen 4, 75335 Dobel; stellv. Vorsitzende: Christa Sütterlin, Silcherstr. 26, 76185 Karlsruhe. – Gertrud Staffhorst (Karlsruhe): *Annette von Droste-Hülshoff: Briefe aus Meersburg* (Lesung). – Prof. Dr. Katharina Mommsen (Palo Alto/USA): *„Nur wer Hafis liebt und kennt, weiß was Calderon gesungen". Weltliterarisches in Goethes „West-östlichem Divan".* – Prof. Dr. Klaus Gerth (Hannover): *Symbolische Landschaftsgärtnerei in Goethes „Wahlverwandtschaften".* – Dr. Joachim Draheim, Klavier und Moderation; Roswitha Sicca, Sopran; Claus Temps, Bariton (alle Karlsruhe): Robert Schumann und Goethe. *Portrait einer literarisch-musikalischen Beziehung* (mit Schumanns sämtlichen Goethe-Liedern). – Prof. Dr. Lothar Ehrlich (Weimar): *Der fremde Goethe. Die Deutschen und ihr Dichter im 20. Jahrhundert.* – *Dichterorte am Bodensee: Meersburg (Annette von Droste-Hülshoff), Höri (Hermann Hesse), Mettnau (Viktor von Scheffel)* (Studienfahrt; Leitung: Gertrud Staffhorst). – Dr. Angelika Reimann (Jena): *Vom Buch „Annette" zu den Suleika-Strophen. Kontinuität und Wandlung in Goethes Liebeslyrik.* – Prof. Dr. Hendrik Birus (München): *„Im Islam leben und sterben wir alle". Über Religion und Aufklärung in Goethes „West-östlichem Divan".* – *Die Entwicklung der Stillebenmalerei an Beispielen der Kunsthalle* (Führung in der Staatlichen Kunsthalle Karlsruhe).

Kassel

Vorsitzender: Prof. Dr. Ludolf von Mackensen, Hugo-Preuß-Str. 3, 34131 Kassel; Geschäftsführerin: Anneliese Hartleb, Eckenstücker Weg 24, 34130 Kassel; Geschäftsstelle seit September 2002: Margot Leiding, Brasselsbergstr. 3 a, 34132 Kassel; seit Januar 2004 Geschäftsführerin: Margot Leiding. – Besuch der Ausstellung *Der junge Rembrandt* (Führung: Dr. Barbara Richarz-Riedl). – Prof. Dr. Bernd Leistner (Leipzig): *„Zu des einzigen Tages Feste / Schmückt euch alle, windet Kränze". Goethe als Gelegenheitsdichter.* – Zwei Besuche der Ausstellung *Schatzkunst* (Führung: Prof. Dr. Ekkehard Schmidberger). – Dr. Jochen Klauß (Weimar): *Johann Heinrich Meyer, der „Kunschtmeyer". Ein Freund Goethes.* – Prof. Dr. Claudia Brinker von der Heyde (Kassel): *Johann Georg Faust (1480–1540). Herr über Raum und Zeit oder Hochstapler und Betrüger?* – Tagung der Goethe-Gesellschaft Kassel in Verbindung mit den Staatlichen Museen Kassel: *Goethes „Faust" und die Naturforschung* (Leitung: Prof. Dr. Ludolf von Mackensen). – Prof. Dr. Ludolf von Mackensen (Kassel): *550 Jahre Leonardo da Vinci. Künstler, Naturforscher, Ingenieur und sein Fortwirken bis zu Goethe und Beuys.* – Prof. Dr. Helmut Fuhrmann (Kassel): *Goethes „Egmont" und Büchners „Dantons Tod". Offenbare Gegensätze und geheime Verwandtschaften.* – Dr. Dr. h. c. Hans Joachim Schaefer (Kassel): *„Alles Vergängliche ist nur ein Gleichnis". Gustav Mahlers Vertonung der Schlußszene aus Goethes „Faust II" in der 8. Sinfonie* (mit Musikbeispielen). – Dr. Angelika Reimann (Jena):

„Es gönnten ihr die Musen jede Gunst". Zum 200. Todestag der Weimarer Sängerin und Schauspielerin Corona Schröter. – Dr. Horst Müller (Kassel): *Die Stimme Friedrich Hölderlins.* – Prof. Dr. Dietrich Grohnert (Erfurt): *Goethe und die Weltliteratur.* – Prof. Dr. Wolfram Buddecke (Bad Arolsen): *Christoph Martin Wieland. Freundschaft mit Goethe.* – Dr. Ulrich Stoll (Kassel): *Schatz der Menschheit: Der Isenheimer Altar des Matthias Grünewald* (Dia-Vortrag). – OStR Ursula Pingel (Ulm): *Goethes Zwilling. Das Erbe des persischen Dichters Hafis im „West-östlichen Divan".* – Vorweihnachtliches Beisammensein mit Musik, Gesang, Rezitation. — Exkursionen: Tagesfahrt nach Weimar und Besuch der klassischen Gedenkstätten, gemeinsam mit Studenten der Universität Kassel (Reiseleitung: Anneliese Hartleb). – *Auf Goethes Spuren im Elsaß. Straßburg/Sesenheim/Colmar/Saarbrücken* (Reiseleitung: Norbert Leder). – Besuch der Bad Hersfelder Festspiele: *Bertolt Brecht: „Leben des Galilei"* (Reiseleitung: Anneliese Hartleb). – Tagesfahrt nach Erfurt, Stadtempfang im Rathaus zu Erfurt, Treffen mit den Erfurter Goethe-Freunden, Stadtbesichtigung u. a. m. (Reiseleitung: Anneliese Hartleb). – Tagesexkursion nach Frankfurt a. M.: Besuch des Freien Deutschen Hochstifts und Begrüßung durch Prof. Dr. Christoph Perels. Besichtigung des Goethe-Museums, des Goethe-Hauses und der Gerbermühle (Reiseleitung: Anneliese Hartleb). — Lesungen: Hans-Rudolf Löbbermann (Kassel): *Goethes Briefwechsel mit Carl Friedrich Zelter.* – Martin Hausmann liest aus den Werken seines Vaters Manfred Hausmann: *Wolken, Winde, Jahreszeiten – Gottes Welt im Spiegel des Dichters.* — Besichtigungen: Besichtigung der *Documenta 11* (Führung: Dr. Barbara Richarz-Riedl). – Schiffahrt auf der Fulda zum Ausstellungsgelände *Binding Brauerei* der *Documenta 11* (Dr. Barbara Richarz-Riedl). – Besichtigung des Tapetenmuseums (Führung: Leiterin Dr. Sabine Thümmler). – Universität Kassel: Empfang im Senatssaal durch den Präsidenten der Universität Kassel, Prof. Dr. Rolf-Dieter Postlep/Dr. Alexander Halle (Einführungsvorträge). Kurzreferat: Dr. Gabriele Gorska (West-Ost-Wissenschaftszentrum). Besichtigung der Bibliothek (Führung: Direktor Dr. Alexander Halle u. Constanze Liebelt). — Sammelband der Kasseler Jubiläumsvorträge: *Wir wandeln alle in Geheimnissen – Neue Erfahrungen mit Goethe.* Hrsg. von Ludolf von Mackensen. Kassel 2002.

Kiel

Vorsitzender: Dr. Bodo Heimann, Holtenauer Str. 69, 24105 Kiel; Geschäftsführer: Thiel J. Martenson, c/o Universitätsbuchhandlung Walter G. Mühlau, Holtenauer Str. 116, 24100 Kiel. – Ute Erdsiek-Rave (Ministerin für Bildung, Wissenschaft, Forschung und Kultur): *Mein Goethe.* – Prof. Dr. Christian Andree (Kiel): *Aufbau und Geschichte seiner Fontane-Sammlung: Fontane lesen, lieben, sammeln.* – Prof. Dr. Per Øhrgaard (Kopenhagen): *Goethe und die Dänen.* – Eckart Kleßmann (Kiel): *Goethe und die Deutschen.* – Prof. Dr. Norbert Honsza (Wrocław): *Goethe und Polen.* – Die Goethe-Gesellschaft lädt Mitglieder und Gäste zum „Kieler Woche Empfang" herzlich ein. – Prof. Dr. Heinrich Detering (Kiel): *Goethes „Harzreise im Winter"* (Lesung und Kommentar). – *Literarische Harzreise* (Exkursion). – Prof. Dr. Eberhard Mannack (Kiel): *Werther, noch immer ein Ärgernis.* – Prof. Dr. Bernd Leistner (Leipzig): *Goethe, Kleist, E. T. A. Hoffmann. Zu einem Kapitel DDR-Literatur der 70er und 80er Jahre.* – Dr. Simone Winko (München): *Literatur im Alltag. Buchhandel und literarisches Leben in Kiel um 1900* (Jubiläumsveranstaltung anläßlich „100 Jahre Mühlau"). – Klaus Rainer Goll (Lübeck): *Auf den Spuren des jungen Knut Hamsun. Zum Abschluß des Hamsun-Jahres (1952–2002).*

Köln

Vorsitzender: Franz Josef Scheuren, Grünewaldstr. 19, 50933 Köln; Geschäftsführerin: Marlene Encke, Friedenstr. 68, 50226 Frechen. – Prof. Dr. Jan Philipp Reemtsma (Hamburg): *Christoph Martin Wieland oder Über das Fortleben im Andenken der Nachwelt.* – Peter Lieck (Köln): *Aus poetischen Werken und publizistischen Schriften Christoph Martin Wielands* (Lesung). – Gerd Ellenbeck (Autor/Erzähler, Schalksmühle)/Sheila Arnold (Klavier, Düsseldorf): *Späte Liebe 1823. Goethes Begegnungen mit Ulrike von Levetzow und Maria Szymanowska.* – Prof. Dr. Uwe Diederichsen (Göttingen): *Goethes Roman „Die Wahlverwandtschaften", juristisch gelesen.* – *Auf Goethes Spuren in Koblenz, Bad Ems und Nassau* (Exkursion). – *Gedenkveranstaltung zum 5. Todestag von Lew Kopelew:* Bernt Hahn (Köln): *Lesung*; Minsker Streichquartett: *Musik*; Dr. Mechthild Keller (Köln): *Moderation.* – Prof. Dr. Bengt

Algot Sørensen (Kopenhagen): *Johann Joachim Winckelmann zwischen Weimarer Klassik und deutscher Frühromantik.* – Franzjosef Michels (Köln): *Karl August Böttiger. „Magister Ubique" oder „die personifizierte Gefälligkeit".* – Karl-Heinz Knupfer (Köln): *Goethe antiquarisch. Über Sammler und Sammlungen.* – Klaus Günzel (Zittau): *Anna Amalia. Begründerin von Weimars Ruhm.* – Franz Josef Scheuren: *Ernst Bertrams Lesespuren im Widmungsexemplar von Thomas Manns „Zauberberg".*

Kronach

Vorsitzender: Hans-Jürgen Schmitt, Fehnstr. 51, 96317 Kronach; stellv. Vorsitzender: Herbert Schwarz, Gießübel 38, 96317 Kronach. – Vorträge: Eckbert Arneth (Kronach): *Arthur Schnitzler. Wegbereiter und Vollender der österreichischen Moderne.* – Franz Kluge (Kronach): *Die Gartenbaukunst der Goethe-Zeit und ihr literarischer Niederschlag.* – Dr. Friedrich Leitz (Kronach): *Die Geologie der Orla-Senke.* – Ders.: *Ginkgo biloba. Natur- und Kulturgeschichte des Goethe-Baums.* – Ders.: *Geologie des Elbtals.* – Renate Leive (Kronach): *Einführung in Shakespeares „Ein Sommernachtstraum".* – Wilhelm Mayer (Kronach): *Fürst Pückler-Muskau.* – Horst Pfadenhauer (Kronach): *Die Jagd in der Goethe-Zeit.* – Dr. Konstantinos Pratelidis (Kronach): *Einführung in die Grundgedanken der orthodoxen Kirche.* – Hans-Jürgen Schmitt (Kronach): *Hofmannsthal und Goethe.* – Ders.: *Goethes Epos „Hermann und Dorothea".* – Ders.: *Lessing. Leben und Werk.* – Ders.: *Einführung in Lessings „Emilia Galotti".* – Ders.: *Geschichte der Freimaurer und Illuminaten.* – Ders.: *Leipzig in der Literatur.* – Heike Spies (Düsseldorf): *Goethe und die Welt der Pflanzen* (Festvortrag). – Dies.: *Frauengestalten in Goethes Roman „Wilhelm Meisters Lehrjahre".* – Dorothea Zwilling (Kronach): *Goethe und Spinoza.* — Führungen in Museen, Galerien und Sonderausstellungen: Goethehaus und Goethe-Museum Frankfurt mit Ausstellung *Hofmannsthal und Goethe.* – Auf den Spuren von *Hermann und Dorothea* in Pößneck (Leitung: Karl-Hermann Röser, Goethe-Gesellschaft Pößneck). – *Goethe und die Welt der Pflanzen* (Sonderausstellung des Goethe-Museums Düsseldorf anläßlich der Landesgartenschau in Kronach; Ausstellungsleiterin: Heike Spies). – Führungen durch das Lessing-Museum in Kamenz – Ausstellungsbesuche in Weimar: *Geheime Gesellschaft* (Schillermuseum), *Goethe und Raffael* (Goethehaus), *Goethes Bildergalerie* (Schloßmuseum). – *Die Maler der Bamberger Schule* (Fränkische Galerie, Kronach). – Das Göschenhaus in Grimma-Hohnstädt. – Das Schiller-Haus in Leipzig-Gohlis. – Oesers Bilderzyklus in der Nikolaikirche Leipzig. – Das Deutsche Buchmuseum Leipzig. – Kunst-Museum Leipzig: Werke von Cranach, Rogier van der Weyden, Klinger und Böcklin. — Tagesfahrten und Studienreisen: Tagesfahrten nach Frankfurt a. M.; Weimar; Pößneck, Neustadt/Orla; Bautzen, Görlitz, Kamenz; einwöchige Studienreise nach Leipzig. — Theaterbesuche und Lesungen: Deutsch-sorbisches Volkstheater Bautzen: *Shakespeare: „Ein Sommernachtstraum".* – Landestheater Coburg: *Lessing: „Emilia Galotti" und „Marat"* (Oper nach Peter Weiß). – Studiobühne Bayreuth: *Frisch: „Andorra".* – Bernd Wolff (Blankenburg): *„Winterströme". Goethes Harzreise 1777* (Autorenlesung). – Wolf-Dietrich Rammler (Leipzig)/Gerlinde Otto (Weimar): *„Die Leiden des jungen Werther"* (Textcollage mit Musik). – Dies. im Gohliser Schlößchen Leipzig: *Lene Voigt: „Faust auf Sächsisch".* – Lesenachmittag der Mitglieder mit Werken von Jean Paul, Rilke, Storm u. a.

Leipzig

Vorsitzender: Dr. Josef Mattausch, Beethovenstr. 1, 04416 Markkleeberg; Geschäftsführer: Hilmar Dreßler, Plaußiger Str. 4, 04318 Leipzig. – Dr. Werner Marx (Leipzig): *Der Verleger und Sammler Anton Kippenberg und seine Gohliser Villa.* – Dr. Angelika Reimann (Jena): *„Es gönnten ihr die Musen jede Gunst". Zum 200. Todestag Corona Schröters.* – Prof. Dr. Dietrich Grohnert (Erfurt): *Goethe und der Islam.* – Dr. Dr. h. c. Hans Joachim Schaefer (Kassel): *Goethes Freundschaft mit Carl Friedrich Zelter.* – *Jena und die Dornburger Schlösser* (Exkursion; Führung: Dr. Angelika Reimann). – Dr. Ulrich Kaufmann (Jena): *Jakob Michael Reinhold Lenz (1751–1792). Der Mann im Schatten Goethes.* – Prof. Dr. Günter Witt (Leipzig): *Harmonie von Geist und Körper. Wirklichkeit und Dichtung bei Goethe.* – Prof. Dr. Klaus Gerth (Hannover): *Symbolische Landschaftsgärtnerei in Goethes Roman „Die Wahlverwandtschaften"* (Dia-Vortrag). – Prof. Dr. Ludolf von Mackensen (Kassel): *Goethe und die Farben* (mit Lichtbildern und Experimenten). – Prof. Dr. Dieter Borchmeyer (Heidelberg): *Geld und Gold in Goethes „Faust" und Richard Wagners „Der Ring des Nibelungen"* (Gemeinschaftsveranstaltung mit Universität und Richard-Wagner-Verband). – Dr. Josef Mattausch: *Goethes Jugendliebe Anna Katharina Schönkopf: Erlebnis und Fiktion.*

Ludwigsburg

Vorsitzende: Monika Schopf-Beige, Alt-Württemberg-Allee 9, 71638 Ludwigsburg; stellv. Vorsitzender: Hans Krüger, 71522 Backnang; stellv. Vorsitzender seit Mai 2003: Hans-Jürgen Bader, Alt-Württemberg-Allee 9, 71638 Ludwigsburg. – Hans Christoph Buch: *Die Erzählung „Kunst und Altertum" aus „Traum am frühen Morgen"* (Autorenlesung), Laurens Patzlaff (Klavier). – Prof. Dr. Katharina Mommsen (Palo Alto/USA): *„Herrlich ist der Orient übers Mittelmeer gedrungen". Weltliterarisches in Goethes „West-östlichem Divan".* – Dr. Max Kunze (Berlin): *Goethe und Johann Joachim Winckelmann.* – Horst Roeder (Weimar): *Goethe als Architekt im Weimarer Residenzschloß* (Dia-Vortrag). – Besuch des Goethe-Theaters Bad Lauchstädt mit Führung durch die Kuranlagen, Besichtigung des Naumburger Doms; Vortrag Monika Schopf-Beige: *Der Theaterdirektor und Schauspielintendant Goethe* (Studienreise; Leitung: Monika Schopf-Beige). – Besichtigung des Lottehauses in Wetzlar, des Jerusalemhauses, Spaziergang nach Garbenheim und Besichtigung des Ballsaals in Volpertshausen, Fahrt durch das Lahntal (Studienreise; Leitung: Monika Schopf-Beige). – Prof. Dr. Wolfgang Schad (Witten): *Goethe als Therapeut und Präsentation des Buches „Goethe und die Heilkunst".* – Prof. Dr. Albrecht Härle (Ludwigsburg): *Goethe und Schiller. Zwei Geistesantipoden. Bildung und Begegnung.*

Magdeburg

Vorsitzende: Dr. Charlotte Köppe, Bernhard-Kellermann-Str. 32, 39120 Magdeburg; stellv. Vorsitzende: Dr. Heike Steinhorst, Kiefernweg 2, 39326 Wolmirstedt. – Dr. Frederic Kroll (Freiburg i. Br.): *Ein Konzert für Klaus Mann. Über Leben und Werk Klaus Manns nach dessen Schriften über Musiker und die Musik* (mit Beispielen historischer Aufnahmen). – Dr. Holger Dainat (Magdeburg): *Hermannsschlachten auf der Bühne. Von Schlegel bis Grabbe.* – Dr. Heike Steinhorst (Magdeburg): *Recht und Gewalt in Texten von Kleist.* – Dies.: *„Du blickst die Ruhe meines Lebens tot". Blick, Schau, Bild und Sinne in Kleists „Penthesilea".* – Dr. Charlotte Köppe (Magdeburg): *„Goethe und Frau von Stein". Zur Geschichte einer Liebe in einem neuen Buch von Helmut Koopmann.* – Hilmar Dreßler (Leipzig): *Die Goethe-Vertoner Reichardt und Zelter. Ihr Wirken im Blickfeld des Dichters.*

München

Vorsitzender: Prof. Dr. Günter Häntzschel, Von-Erckert-Str. 40, 81827 München; Geschäftsführer: Hans Brendel, Konitzer Str. 3, 81927 München. – Dr. Adrian Hummel (München): *„Erde du meine Mutter / Und du mein Ernährer / Der Lufthauch". Leben und Werk Karolines von Günderrode.* – Dr. Franziska Meyer (Berlin): *„Schiller hat doch in Jahren zustande gebracht, was Goethe vielleicht in einem Nachmittag hätte geschrieben". Caroline Schlegel und die Weimaraner, ein schwieriges Verhältnis.* – Dr. habil. Ulrike Landfester (München): *„[...] und zum 28ten August wird nichts fertig!" Goethes Werk und Bettine von Arnims Literaturprojekt.* – Prof. Dr. Hartwig Schultz (Frankfurt a. M.): *„Eine gewisse Schreibgeschicklichkeit, die der Kunst nahe kommt"? Sophie Mereau zwischen Goethe, Schiller und Brentano.* – Prof. Dr. Konrad Feilchenfeldt (München): *„[...] eine merkwürdige, auffassende, vereinende, nachweisende, nachhelfende, supplirende Natur". Rahel Varnhagen als Zeitgenossin und Leserin Goethes.* – Dr. Joachim Heimerl (München): *„Diis manibus". Goethe und Erwin von Steinbach.* – Dr. Vinzenz Brinkmann (München): *Goethe und die antike Kunst. Eine Spurensuche in der Münchener Glyptothek.* – Prof. Dr. Andreas Beyer (Aachen): *Goethe und die Kunst der Renaissance.* – Hans Brendel (München): *85 Jahre Münchener Goethe-Gesellschaft.* / Joachim Höppner (München): *Lesung aus Goethes Schriften zur bildenden Kunst.*

Naumburg

Vorsitzender: Dr. Bernd Niemann, Käthe-Kollwitz-Siedlung 6, 06618 Naumburg; stellv. Vorsitzende: Erika Seidel, Buchholzstr. 46, 06618

Naumburg. – Dr. Bernd Niemann (Naumburg): *Martin Walser: „Der Lebenslauf der Liebe"* (Romanvorstellung). – Dagmar von Gersdorff (Berlin): *Biographie „Goethes Mutter"* (Autorenlesung). – Exkursion nach Weimar mit Vortrag im Festsaal des Wittumspalais durch: Dr. Wolfgang Butzlaff (Kiel): *Verlobungen und Verlobte in Goethes Leben und Werk.* – Studienfahrt nach Frankfurt a. M. mit Wanderung zur Gerbermühle, Besichtigung von Goethehaus und Goethe-Museum, einem Stadtspaziergang zu Goethe-Stätten, einem Theaterbesuch und Besuch des Palmengartens sowie Besichtigung des Kaiserdoms (Leitung: Dr. Bernd Niemann). – Pfarrer Hagen Jäger (Eisenach): *Über Johann Friedrich Röhr, Herders Amtsnachfolger in Weimar, aus Roßbach bei Naumburg.* – Dr. Bernd Niemann (Naumburg): *Biographie „Joseph Roths Flucht und Ende" des lange vergessenen Autors und Freundes Soma Morgenstern als Zeugnis deutschsprachig-jüdischer Literatur.*

Nordenham

Vorsitzender: Burkhard Leimbach, Im Sonnenwinkel 4, 26954 Nordenham; stellv. Vorsitzender: Stefan Tönjes, Goethestr. 5, 26954 Nordenham. – D. Reingardt (Sopran)/T. Palm (Klavier): *Literarisch-musikalisches Portrait: Fréderic Chopin – George Sand.* – Shakespeare & Partner: *Frauenfreundschaft. Karoline von Günderrode und Bettine Brentano. – Hermann Allmers als Revolutionär.* – Konzert zum 20jährigen Bühnenjubiläum des Trio Parnassus (Stuttgart): *Sämtliche Klaviertrios von Ludwig van Beethoven.* – Prof. Dr. Wolfgang Sauer (Hannover): *Worte einst, Wörter jetzt. Die Dynamik der deutschen Sprache.* – Dr. Letizia Mancino-Cremer (Heidelberg): *Rom, mit Goethes Augen gesehen* (mit Lichtbildern). – Beate Schubert (Berlin): *Goethes unsterbliche Geliebte* (Videopräsentation). – Klavierabend mit Oliver Kern: *Beethoven, Schumann, Rachmaninoff.* – Dr. Wolfgang Bentin (Kiel): *Der „West-östliche Divan". Westliche Begegnungen mit dem Islam.* – Sinfoniekonzert mit dem Detmolder Kammerorchester: *Tschaikowski, Vivaldi, Chopin.* – Klaus Modick (Oldenburg): *September Song* (Lesung). – Schubert Kammerensemble: *Mozart, Glinka, Beethoven.* – Marian Kraeev (Violine) und sein Ensemble: *Zigeunermusik.*

Nürnberg

Vorsitzende: Dr. Claudia Leuser, Maxplatz 30, 90403 Nürnberg; stellv. Vorsitzende: Ingrid Biberacher, Egidienplatz 7, 90403 Nürnberg. – *„[...] aus einem Licht fort in das andre gehn". Sacro-profanes Schatzkästlein* (literarisch-musikalische Soiree; Ausführende: Ingrid Biberacher, Rezitation; Bernd Dietrich, Klavier). – Johannes Popp (München): *Goethes „Zauberflöte", eine Fortsetzung von Mozarts letzter Oper?* – Dr. Angelika Reimann (Jena): *Corona Schröter, Goethes erste Iphigenie. – Theaterfahrt nach Jagsthausen mit Besuch einer Aufführung des „Götz von Berlichingen"* (Reiseleitung und Begleitprogramm: Dr. Claudia Leuser u. Ingrid Biberacher). – *„Italienische Reise"* (Matinee mit Musik und Texten bei italienischem Büfett; Konzeption und Durchführung: Ingrid Biberacher u. Dr. Claudia Leuser). – *Räume und Landschaften der Weimarer Klassik: Weimar und Umgebung, Jena und die Dornburger Schlösser* (Studienfahrt; Konzeption der Fahrt, Reiseleitung u. Begleitprogramm: Ingrid Biberacher u. Dr. Claudia Leuser). – Prof. Dr. Theo Elm (Erlangen): *Goethes Roman „Die Wahlverwandtschaften" aus naturphilosophischer Sicht. – Thomas Mann: „Lotte in Weimar"* (szenische Lesung mit dem Fontane-Ensemble Berlin).

Oldenburg

Vorsitzender: Prof. Dr. Joachim Dyck, Schloßplatz 21–22, 26037 Oldenburg; stellv. Vorsitzender: Dieter Löhmann, Heinrich-Brockmann-Str. 75, 26131 Oldenburg. – Prof. Dr. Hans Wolf Jäger (Bremen): *Goethe und Klopstock. Faszination und ironische Distanz.* – Prof. Dr. Dieter Borchmeyer (Heidelberg): *„Lass mich hören, lass mich fühlen". Goethe, die Musik und Johann Sebastian Bach.* – Dr. Hans Dieter Schäfer (Regensburg): *E. T. A. Hoffmanns letzte Wochen. Großstadterfahrung und Dialog als Überlebenskunst* (mit Lichtbildern). – Dr. Peter Krause (Weimar): *„Vollkommne Republik". Friedrich Schlegels frühe politische Romantik. – Auf den Spuren schwäbischer Dichter* (Exkursion). – Prof. Dr. Günter Häntzschel (München): *Das Ende der Kunstperiode. Goethe und Heine.* – Prof. Dr. Harald Steinhagen (Bonn): *Schillers Wallenstein und die Französische Revolution.* – Prof. Dr. Joachim Dyck: *Judentum und Aufklärung.* – Festvortrag

Sigrid Löffler (Berlin): *Wer bestimmt, was wir lesen sollen? Die Bücherflut, der Kanon und die Kritik.* – *Lyrisches Duett.*

Plauen

Vorsitzende: Gertraud Markert, Julius-Fučik-Str. 5 a, 08523 Plauen; Geschäftsführerin: Sabine Michaelis, Jenaer Str. 20, 08525 Plauen. – Utz Rachowski (Reichenbach): *Über Werke seines Freundes Jürgen Fuchs und eigene Werke.* – Dr. Dietmar Schubert (Zwickau): *„Der abenteuerliche Simplicissimus". Eine Romanerkundung.* – Dr. Erhard Naake (Weimar): *„[...] wir waren Freunde und sind uns fremd geworden". Friedrich Nietzsche und Richard Wagner: eine Sternenfreundschaft?* – Prof. Dr. Dietrich Grohnert (Erfurt): *Goethe und der Islam.* – Dr. Bernd Niemann (Naumburg): *Gedanken zu Martin Walsers Roman „Ein springender Brunnen".* – Schauspieler Helmar Stöß (Plauen/Zwickau): *Deutsche Balladen* (Lesung). – Schauspielerin Margrit Straßburger (Hamburg): *Stefan Zweigs „Maria Stuart"* (Lesung). – Dr. Georg Bayerle (München): *Der revolutionäre Dichter Georg Büchner.* – Günter Gerstmann (Jena): *Hermann Hesse und seine ambivalente Beziehung zu Goethe* (zum 125. Geburtstag Hesses). – Dr. Georg Heuser (Rothenburg o. d. T.): *Goethes Welt in der historisch-religiösen Tradition.*

Pößneck

Vorsitzender: Karl-Hermann Röser, Obere Grabenstr. 25, 07381 Pößneck; stellv. Vorsitzende: Dr. Rosemarie Reichmann, Altenburgring 12, 07381 Pößneck. – Schüler des Gymnasiums Pößneck (Leitung: Frau Thau): *Fräulein Moxa und Goethe?* (Buchlesung mit musikalischer Umrahmung). – Schauspieler/Rezitator Ulrich Ritter (Berlin): *Goethes Geliebte. Aus des Dichters Versen, Briefen, Tage- und anderen Büchern.* – Dr. Detlef Ignasiak (Jena): *Das Weimarer Fürstenhaus.* – *8. Pößnecker Osterspaziergang* (Wanderung). – Gerhard Nöthlich (Hamburg): *Goethe und der Kreis von Münster.* – Barbara Folger (Pößneck): *Aufklärerisches in Mozarts Oper „Die Zauberflöte".* – Dr. Angelika Reimann (Jena): *„Es gönnten ihr die Musen jede Gunst". Zum 200. Todestag der Weimarer Sängerin und Schauspielerin Corona Schröter.* – Exkursion nach Gotha. – Dr. Benno Lehmann (Mannheim): *Franz Huth. Leben und Werk* (Dia-Vortrag). – Dr. Christa Grimm (Altenburg): *Dürrenmatts Spätwerk. Ein neuer Blick auf einen bekannten Autor.* – *20 Jahre Freundeskreis Goethe/Franz Huth* (feierliche Mitgliederversammlung). – Dr. Wolfgang Strack (Buseck): *Die Reichsstraße, Teil I* (Ton-Dia-Schau). – Claus Irmscher/Gisela Rein (Ziegenrück): *Wilhelm Busch. Ein Abend für Erwachsene.* – Karl-Hermann Röser: *Auch Goethe hatte nicht nur Freunde und Verehrer. Unterhaltsames zum Jahresausklang.*

Rosenheim

Vorsitzender: Prof. Bernd Westermann, Sepp-Zehentner-Str. 25, 83071 Schlossberg; stellv. Vorsitzender: Willi Schmid, Goethestr. 35, 83024 Rosenheim. – Dr. Carla Straach (Bad Aibling): *Goethe und Frau von Stein, eine Seelenfreundschaft?* – Prof. Dr. Dietmar Hundt (Rosenheim): *„Wer Freising nicht kennt, kennt Altbaiern nicht". Josef Hofmiller und Goethe.* – Ralf Siegel (Rosenheim): *Goethes Romane. „Wilhelm Meisters Lehrjahre". Erläuterungen zur Entstehungsgeschichte des Romans.* – Heike Spies (Düsseldorf): *Die Frauengestalten in Goethes Roman „Wilhelm Meisters Lehrjahre".* – Dorothee Fremerey (Rosenheim): *Vortrag zur Reise nach Rudolstadt/Thüringen.* – *Auf Goethes Spuren: eine Reise nach Thüringen.* – Karin Dobmeier (Rosenheim): *Der Prometheus-Mythos in der Kunst.* – *Goethes Geburtstag. Ein Festessen mit vielen literarischen Beiträgen.* – Prof. Bernd Westermann (Rosenheim): *Goethes „Stella"* (Vortrag zum geplanten Theaterbesuch). – Manfred Vasold (Rosenheim): *Goethe und die Medizin.* – Friedhelm Kemp (Rosenheim): *Proteus als Dichter, 12 bis 15mal Goethe.* – Dorothee Fremerey (Rosenheim): *Jakob Michael Reinhold Lenz.*

Rothenburg ob der Tauber

Vorsitzender: Dr. Georg Heuser, Judengasse 1 a, 91541 Rothenburg o. d. T.; stellv. Vorsitzender: Erich Landgraf, Nuschweg 9, 91541 Rothenburg o. d. T. – Faschingsfahrt nach Schopfloch. – Dr. Hans-Martin Hagen (Nürnberg): *Die Quellen zu Goethes „West-östlichem Divan".* – Dr. Peter Kamleiter (Rothenburg): *Immanuel Kant (1724–1804), ein Zeitgenosse Goethes.* – Mitglieder der Goethe-Gesellschaft Rothenburg: *Uhland-Abend.* – Mitglieder der Goethe-Gesellschaft Rothenburg: *Märchen der Brüder Grimm.* – Mitglieder der Goethe-Gesellschaft Rothenburg: *Der „West-östliche Divan". Goethe im Dialog mit dem Islam* (Vortrag und Rezitation). – *An Goethes Geburtstag im Elsaß* (Studienreise). – Dr. Georg Heuser: *„Aimez-vous Goethe?".* – KMD Ulrich Knörr (Rothenburg): *Johann Sebastian Bach und Goethe.* – Mitgliedern und Freunden der Goethe-Gesellschaft, vorbereitet und geleitet von Erich Landgraf und Jürgen Wolfram: *Großer Tucholsky-Abend.* – Dr. Robert Endress (Rothenburg): *Alexander von Humboldt. Begegnungen mit Goethe und Kaiser Napoleon.*

Rudolstadt

Vorsitzender: Hans-Günther Otto, Ahornweg 55, 07407 Rudolstadt; stellv. Vorsitzender: Wolfgang Werner, Schloßstr. 31, 07407 Rudolstadt. – Bernhard Rohwedder (Rudolstadt): *„Ich mißtraue denen, die vorgeben, die Welt retten zu wollen" (Eugene Ionesco)* (Gesprächsrunde zu Schillers *Maria Stuart* am Thüringer Landestheater). – Dr. Angelika Reimann (Jena): *„Es gönnten ihr die Musen jede Gunst". Zum 200. Todestag von Corona Schröter* (musikalisch-literarischer Abend). – Dr. Bernd Mahl (Stuttgart/Tübingen): *Zeitgenosse Faust. Goethes Drama im modernen Regietheater von 1952 bis 2001* (Dia-Vortrag und Videosequenzen). – Prof. Dr. Thomas Höhle (Halle): *„Der betrunkene Shakespeare" (Heinrich Heine). Grabbe und seine Beziehungen zu den deutschen Klassikern.* – Gerhard Nöthlich (Hamburg): *Goethe, Gemmen, Katholizismus und der Kreis von Münster.* – *Auf den Spuren Goethes in Weimar. Das Goethe- und Schiller-Archiv* (Führung: Dr. habil. Jochen Golz). – Monika Schopf-Beige (Ludwigsburg): *„Ins Karlsbad geh' ich auf alle Fälle. Ich bin dieser Quelle eine ganz andere Existenz schuldig". Goethe in Böhmen.* – *Auf den Spuren Goethes in Böhmen* (Exkursion). – Auf Schloß Kochberg Feier zum 253. Geburtstag von J. W. Goethe mit einer Aufführung des Fontane-Ensembles Berlin: *„Warum gabst du uns die tiefen Blicke?"* – Dr. Josef Mattausch (Leipzig): *Leipzig als Bildungserlebnis des jungen Goethe* (Vortrag zur Exkursion nach Leipzig). – *Auf den Spuren Goethes in Leipzig* (Exkursion; Führung: Dr. Josef Mattausch). – Dr. Wolfgang Strack (Buseck): *Barock: 2. Hälfte des 17. Jahrhunderts, Teil II* (Ton-Dia-Schau). – Prof. Dr. Heinz Gockel (Bamberg): *„[...] erstaunlich modern und ungriechisch" oder: „verteufelt human"? Goethes „Iphigenie" und der Mythos.* – Dr. Lutz Unbehaun (Rudolstadt): *Die Heidecksburg als Symbol landesherrlicher Macht in Thüringen.* — Mittwochslesungen: Dr. Ursula Steinhaußen: *Brief an Frau Rat Goethe.* – Klaus Steinhaußen: *J. W. Goethe: „Rameaus Neffe".* – Wolfgang Werner: *J. M. R. Lenz: Erzählungen und der Briefroman „Der Waldbruder".* – Dr. Ursula Steinhaußen: *Begegnung mit Caroline Schlegel-Schelling. Briefe.*

Saalfeld

Vorsitzende: Sabine Bujack-Biedermann, Hirschengasse 11, 07318 Saalfeld; stellv. Vorsitzende: Christel Ozimek, Zum Eckardtsanger 3, 07318 Saalfeld. – Dr. Angelika Reimann (Jena): *Vom Vater erdrückt? Nachdenken über Goethes Sohn August.* – Dr. Bernd Mahl (Stuttgart/Tübingen): *Zeitgenosse Faust. Goethes Drama im modernen Regietheater von 1952 bis 2001* (Vortrag mit Lichtbildern und Videosequenzen). – Prof. Dr. Thomas Höhle (Halle): *„Der betrunkene Shakespeare". Zu Christian Dietrich Grabbe und seinen Beziehungen zu den deutschen Klassikern.* – Gerhard Nöthlich (Hamburg): *Goethe, Gemmen, Katholizismus und der Kreis von Münster.* – *Auf den Spuren Goethes ... in Weimar* (Exkursion). – Monika Schopf-Beige (Ludwigsburg): *„Ins Karlsbad geh' ich auf alle Fälle". Goethe in Böhmen.* – *Feier zum 253. Geburtstag Goethes im Schloß Kochberg.* – Dr. Josef Mattausch (Leipzig): *Leipzig als Bildungserlebnis des jungen Goethe.* – Dr. Wolfgang Strack (Buseck): *Die Reichsstraße, Teil II* (Ton-Dia-Schau).

Siegburg

Vorsitzender: Paul Remmel jr., Endenicher Str. 97, 53115 Bonn; Geschäftsführer: Markus Arnold, Hermannstraße 64, 53225 Bonn. – Prof. Dr. Katharina Mommsen (Palo Alto/USA): *„Herrlich ist der Orient übers Mittelmeer gedrungen". Weltliterarisches in Goethes „West-östlichem Divan".* – Brunhild Simons (Siegburg): *Marianne von Willemer. Eine Einführung.* – Prof. Dr. Norbert Oellers (Bonn): *Goethe und Schiller. Zur Geschichte einer Freundschaft.* – Prof. Dr. Ekkehart

Krippendorff (Berlin): *Die Regierung im Urteil Goethes.* – Ursula Lange (St. Augustin): *Thomas Mann und Goethe. Eine Einführung.*

Sondershausen

Vorsitzender: Helmut Köhler, Possenallee 23, 99706 Sondershausen; Geschäftsführerin: Heide Schödl, Güntherstr. 37, 99706 Sondershausen. – Hans A. Piper (Göttingen): *Das „Hexeneinmaleins" in Goethes „Faust"-Zauberspruch entschlüsselt?* – Prof. Dr. Katharina Mommsen (Palo Alto/USA): *„Herrlich ist der Orient übers Mittelmeer gedrungen". Goethes Beziehungen zu Hafis.* – Rüdiger Hellmann (Nordhausen): *„Lerne lachen, ohne zu weinen". Eine von Scherz, Satire und Ironie funkelnde Auswahl aus Prosa und Lyrik von Kurt Tucholsky.* – Dr. Angelika Reimann (Jena): *„Es gönnten ihr die Musen jede Gunst". Zum 200. Todestag von Corona Schröter.* – Dr. Konrad Scheurmann (Bonn/Sondershausen): *Goethes Farbenlehre in besonderer Sicht.* – Cornelia Ilbrig (Jena): *Der Rosenkreuzer Kakerlak und seine Suche nach dem Glück.* – Hartmut Heinze (Berlin): *Goethes Ethik, dargestellt an seinem „Divan"-Gedicht „Vermächtnis".* – Pia Heimbach-Wolter (Sondershausen): *Zur Aktualität von Charles Dickens' Roman „Große Erwartungen", 1861.* – Dr. Wolfgang Strack (Buseck): *Barock I. Die Anfänge in Rom, der 30jährige Krieg* (Ton-Dia-Schau). – Hilmar Dreßler (Leipzig): *Die Goethe-Vertoner Reichardt und Zelter und ihr Wirken im Blickfeld des Dichters. Goethe-Lieder.* – Heide Schödl (Sondershausen): *„Er liebte Deutschland im besten Sinne". Über August Heinrich Hoffmann von Fallersleben (1798–1874).*

Stuttgart

Vorsitzender: Dr. Bernd Mahl, Hainbuchenweg 23, 72076 Tübingen; stellv. Vorsitzende: Hannelore Jouly, Stadtbücherei im Wilhelmspalais, 70173 Stuttgart; stellv. Vorsitzende seit Juli 2002: Ingrid Bußmann, Stadtbücherei im Wilhelmspalais, 70173 Stuttgart. – Yasuko Kozaki (Sopran)/Cornelis Witthoefft (Klavier): *Vertonungen von Hugo Wolf, Wilhelm Weismann und Wilhelm Petersen* (Goethe-Liederabend). – Prof. Effi Biedrzynski (Stuttgart): *Von Schiller, dem Burschen, der die „Räuber" plante und des geliebtgehaßten Goethe Freundschaft errang.* – Prof. Dr. Volker Klotz (Stuttgart): *Venedig im musikalischen Lachtheater* (mit Musikbeispielen). – *Picasso. Hauptwerke aus der Sammlung Bernard Picasso* (Ausstellung; Führung: Dagmar Waizenegger, Tübingen). – Konzertvereinigung der Stuttgarter Choristen, Württembergische Philharmonie Reutlingen unter der Leitung von Ernst Reuze: *Robert Schumann (1810–1856), Szenen zu Goethes Tragödie „Faust"* (Konzert zum 40jährigen Jubiläum der Goethe-Gesellschaft Stuttgart). – *Auf Goethes Spuren in Venedig mit Vicenza und Padua* (Studienreise; künstlerische Leitung: Dr. Sophia Kaempf-Dimitriadou, Lesungen: Dr. Bernd Mahl). – Prof. Dr. Heinz Schlaffer (Stuttgart): *Professor Faust. Goethes akademische Komödie.* – *Historische Stadtführung durch Calw mit Besuch des Hesse-Museums* (Führung: Ingrid Heinrich, Weil der Stadt). – *Zu Tisch mit Goethe. Aus den Küchen von Goethe und Schiller* (Küche: Sylvia Mahl). – Dr. Bernd Mahl: *Peter Steins Traum: Der ganze „Faust"* (Vortrag mit Lichtbildern und Videosequenzen). – Dr. habil. Jochen Golz (Weimar): *„Erhabenes verehrend, Schönes genießend, Gutes wirkend". Herzogin Anna Amalia von Sachsen-Weimar.* – Wolfgang Höper (Stuttgart): *„Reineke Fuchs". Goethes Gesellschaftssatire* (Rezitation). – *Dr. Faust's, des berühmten Schwarzkünstlers und Teufelbanners Kreuz- und Querfahrten, so wie lustige Abenteuer und schreckliche Höllenfahrten.* Faksimiledruck der Ausgabe 1856, hrsg. u. mit einem Nachwort u. Zeilenkommentar von Bernd Mahl. Präsentation der neuen Edition aus Anlaß des 40jährigen Bestehens der Goethe-Gesellschaft Stuttgart (Vortrag: Bernd Mahl, Lesungen: Wolfgang Höper).

Ulm und Neu-Ulm

Vorsitzende: StD Ursula Heldmann, Albecker Steige 32, 89075 Ulm; stellv. Vorsitzender: OStD Dr. Hans-Ulrich Schäfer, Gleißelstetten 91, 89081 Ulm. – Ursula Pingel (Illerkirchberg): *Goethes Zwilling. Das Erbe des persischen Dichters Hafis im „West-östlichen Divan";* Walter Frey: *Gedichte von Hafis* (Lesung). – Dr. Manfred Wenzel (Gießen/Wetzlar): *Goethe und die Medizin* (Dia-Vortrag). – Prof. Dr. Helmut Koopmann (Augsburg): *„Goethe und Frau von Stein. Geschichte einer Liebe"* (Autorenlesung). – Dr. Edith Zehm (München): *„Mir war seine Gegenwart besonders wohl-*

tätig". Begegnungen zwischen Goethe und Felix Mendelssohn Bartholdy. – Prof. Dr. Ulrich Karthaus (Gießen): *Goethe, das Genie als Innovator.* – Führung im Botanischen Garten, beginnend an der Pergola, u. a. zu „unserem" Ginkgobaum. – *DonauSprachen – DonauFreunde* und *Traum-FlußEuropa.* Zwei Veranstaltungen in Zusammenarbeit mit dem Internationalen Donaufest mit Vorträgen, Talkshow und musikalischen Darbietungen. Prof. Dr. George Guţu (Präsident der rumänischen Goethe-Gesellschaft) und Prof. Dr. László Tarnói (Präsident der ungarischen Goethe-Gesellschaft): *Sprache und Kultur der Länder. Einblicke in die beiden nicht-slawischen Sprachen des Balkans.* – Dr. Ewald Gruber (Saulgau): *Michael von Jung (1781–1856). Pfarrer und Aufklärer in Oberschwaben.* – Dr. Bernd Breitenbruch (Neu-Ulm): *Johann Martin Miller (1750–1814). Liederdichter des Göttinger Hains, Romancier und Prediger am Ulmer Münster.* – Dr. Letizia Mancino-Cremer (Heidelberg): *Rom mit Goethes Augen sehen* (Dia-Vortrag).

Vest Recklinghausen, Sitz in Marl

Vorsitzender: Dr. H. Ulrich Foertsch, Römerstr. 38, 45772 Marl; stellv. Vorsitzender: Prof. Dr. Werner Kunert, Hellweg 5, 45768 Marl. – Prof. Dr. Joachim Dyck (Oldenburg): *Gottfried Benn und Johann Wolfgang von Goethe.* – Dr. Ursula Franke (Münster): *Goethe über die Bildung des Menschen.* – Walter Krause (Essen): *Goethe als Jurist.* – Heike Spies (Düsseldorf): *Christiane und Goethe.* – Dr. Carola Paulsen (Swisttal): *Der „West-östliche Divan". Entstehung und Hintergrund.*

Waldshut-Tiengen

Vorsitzender: Dr. Horst Lickert, Bildungszentrum Waldshut, Eisenbahnstr. 29, 79761 Waldshut-Tiengen; stellv. Vorsitzender: Dr. Thomas Kaiser, Im Spitz 3, 79790 Kadelburg. – Prof. Dr. Konrad Kunze (Freiburg i. Br.): *„Das Nibelungenlied", vorgetragen, übersetzt und erläutert.* – Selma Polat (Waldshut-Tiengen): *Luise Rinsers Glaubensentwicklung hin zu einer mystischen Religiosität. Ergebnisse ihrer Autobiographien und Interviews.* – Gisela Heller (Waldshut-Tiengen): *„Geliebter Herzensmann". Theodor Fontane und Emilie Fontane.* – Prof. Dr. Brigitte Boothe (Zürich): *Der Traum, ein Schlüssel zur Selbstkenntnis.* – Prof. Dr. Frank Nager (Zürich): *Goethe, der heilkundige Dichter.* – Prof. Dr. Pierre Bühler (Zürich): *Die Legende vom vierten Hl. König. Henry van Dyke, Edzard Schaper, Michael Tournier.* — Tagesfahrten: *Hohenzollern-Schlösser Hechingen und Sigmaringen.* – *Staufen und Breisach* (Leitung: Rudolf Morath, Lauchringen). – *Das Freiburger Münster* (Führung: Prof. Dr. Konrad Kunze). – Studienreisen: *Auf den Spuren Theodor Fontanes nach Neuruppin und Berlin* (Leitung: Ulla u. Jürgen Hannemann, Lauchringen). – *Spätsommerliche Tage an Saale, Unstrut und Weißer Elster.* – *Ravenna* (Leitung: Prof. Dr. Hans-Dietrich Altendorf, Dr. Silvia Letsch-Brunner; beide: Zürich).

Wetzlar

Vorsitzender: Dr. Manfred Wenzel, Hedwig-Burgheim-Ring 38, 35396 Gießen; stellv. Vorsitzender: Friedrich Petry, Atzbacher Str. 12, 35576 Wetzlar. – *Chor- und Sologesang, Instrumentalmusik.* Justine Seewald: *Rezitation* (Neujahrskonzert). – Dr. Siegfried Seifert (Weimar): *Goethes „schöne Freundin". Die Weimarer Primadonna Caroline Jagemann* (Dia-Vortrag). – Prof. Dr. Christian Emmrich (Schöffengrund): *Heinrich von Kleist: „Das Erdbeben in Chili"* (Leserdiskussion). – Harald Pfeiffer/Martin Gärtner (Gießen): *Goethe? Unerhört! Zoten und Possen vom toten Dichterfürsten* (kabarettistisch-musikalische Veranstaltung). – Peter Kaetzler/Gert Kallenbach/Cornelia Kühn-Leitz/Angelika Kunkel/Dr. Karin Unsicker u. a.: *„Wenn einer eine Reise tut". Berichte über den Besuch in Tambow/Rußland* (anhand von Dias). – Dr. habil. Christiane Schulz (Leipzig): *Goethe und Schiller in der russischen Literatur.* – *Auf Dichterspuren an den Bodensee: Annette von Droste-Hülshoff, Hermann Hesse, Goethe* (Exkursion). – Literarisches Menü mit Sybil Gräfin Schönfeldt (Hamburg): *„Gestern aß ich bei Goethe".* – *Kassel: Brüder-Grimm-Museum, Naturkundemuseum (Ottoneum) mit dem Goethe-Elefanten sowie Museum für Astronomie und Technikgeschichte* (Exkursion). – PD Dr. Ariane Martin (Kassel): *„Werther", Lenz und Goethe. Zum Einfluß von „Dichtung und Wahrheit" im 19. Jahrhundert.* – Prof. Dr. Christian Emmrich (Schöffengrund): *Georg Büchner: „Lenz"* (Leserdiskussion). – Cornelia Kühn-Leitz (Hannover):

Georg Büchner: „Lenz" (Lesung). – Prof. Dr. Hans-Werner Hahn (Jena): *Von Wetzlar nach Weimar. Lebenswege, Karrieren und Wirken von Justus Friedrich Froriep (1745–1800)* und *Friedrich Ludwig Froriep (1779–1847).* – Prof. Dr. Burghard Dedner (Marburg): *Büchners „Lenz" oder der Beginn der modernen europäischen Prosa. Marburger Büchner-Ausgabe, Band V* (Vortrag mit Buchpräsentation). – Dr. Ulrike Growe (Witten-Herdecke): *Das Goethedenkmal in Weimar. Monument einer Liebe* (Dia-Vortrag). – *Mitglieder lesen Kurzgeschichten und Gedichte.*

Wuppertal

Vorsitzender: Dr. Stephan Berning, Remscheider Str. 28, 42899 Remscheid-Lüttringhausen; stellv. Vorsitzender: Martin Griesemer, Hofaue 54, 42103 Wuppertal. – *Auf den Spuren der Annette von Droste-Hülshoff* (Fahrt zu Schloß Böckerhof und Gut Abbenburg bei Brakel, Ostwestfalen). – Veronika Waldner (Mezzosopran)/Sonja Meyer-Maletz (Klavier)/Anja Niederfahrenhorst (Rezitation)/Gerold Theobald (Leitung): *„Morgenröte und Weltende". Lieder und Texte zum Aufbruch der Moderne.* – *Auf den Spuren Thomas Manns und der Buddenbrooks in Lübeck* (mit Besuch des Buddenbrook-Hauses und des Grass-Hauses sowie Besuch einer Aufführung von J. W. Goethes *Clavigo* in einer Inszenierung des Lübecker Theaters; Leitung: Martin Griesemer). – Prof. Dr. Heinz Rölleke (Wuppertal): *Wilhelm Müller, ein Dichter berühmtester Lieder und dennoch unbekannt. Ein Porträt des romantischen Dichters und Verfassers von Franz Schuberts Zyklus „Die Winterreise".* – Claudius Muth (Baß)/Peter Bortfeld (Klavier)/Prof. Dr. Heinz Rölleke (Einleitung): *Franz Schubert: „Die Winterreise" (op. 89).*

Zittau

Vorsitzender: Klaus Günzel, Marschnerstr. 1, 02763 Zittau. – Klaus Günzel (Zittau): *Prinz Louis Ferdinand von Preußen. General, Musiker und romantische Hamlet-Gestalt.* – Ders.: *Goethe und die Habsburger. Von Joseph II. zu Maria Ludovica.* – Ders.: *„Tief ist der Brunnen der Vergangenheit".* – Ders.: *Goethe-Bezüge in Thomas Manns Roman-Tetralogie „Joseph und seine Brüder".* – Ders.: *„Mädchen, das wie ich empfindet". Gedenkblatt für Friederike Brion.* – Ders.: *Sternennähe und Erdenferne: Goethe und die Romantiker.*

Freundeskreis des Goethe-Nationalmuseums e. V. (Weimar)

Vorsitzender: Dieter Höhnl, Friedensgasse 3 a, 99423 Weimar; 2. Vorsitzender: Peter Doderer, Weggenrode 2, 49196 Bad Laer; 3. Vorsitzender: Dr. Jochen Klauß: Leibnizallee 15, 99425 Weimar. – Dr. Angelika Reimann (Jena): *„Zwischen Pflicht und Neigung. Johann Wolfgang von Goethe im Herzogtum Sachsen-Weimar"* (Autorlesung). – Prof. Dr. Horst Nalewski (Leipzig): *Zum 50jährigen Erscheinungstermin von Louis Fürnbergs Novelle „Begegnung in Weimar".* – Prof. Dr. Katharina Mommsen (Palo Alto/USA): *„Herrlich ist der Orient übers Mittelmeer gedrungen". Zu den Inschriften des Weimarer Hafis-Goethe-Denkmals.* – Jürgen Matschie (Bautzen): *Das Brunnenmädchen von Dornburg. Das vergessene Werk der Bildhauerin Dorothea von Philipsborn* (Dia-Vortrag). – Vor dem Renaissanceschloß in Dornburg: *Feierliche Einweihung des neugegossenen „Brunnenmädchens" der Dorothea von Philipsborn.* – Dr. Joachim Bauer/Dr. Gerhard Müller (Jena): *Goethes Weg durch die Geheimgesellschaften.* – Der Verein Rapontica stellt sich vor: *Gemüse, Kräuter und Blumen aus der Goethezeit* (mit Pflanzenbörse und Verkostung; Vortrag: Carola Sedlacek, Weimar). – Dr. Wolfgang Butzlaff (Kiel): *Verlobungen und Verlobte in Goethes Leben und Werk.* – Führung durch die Dichterzimmer des Weimarer Schlosses mit Dr. Christian Hecht (Erlangen). – Neue Kustodie im Goethe-Nationalmuseum Weimar: Verleihung des Dr.-Heinrich-Weber-Preises. – Geburtstagsfeierlichkeit im Garten am Frauenplan Weimar und Vortrag von Carola Sedlacek: *„Mein Geburtstag wird auch sehr lebhaft begangen". Zwischen öffentlicher Ehrung und privatem Fest. Die Geburtstage des alten Goethe.* – Feier zu Goethes 253. Geburtstag im Kirms-Krackow-Haus Weimar. – Prof. Dr. Wolfram Buddecke (Bad Arolsen): *„Dieser vorzügliche Mann darf als Repräsentant seiner Zeit angesehen werden"* (Festvortrag zum 269. Geburtstag Christoph Martin Wielands). – Literarisch-musikalische Veranstaltung in Oßmannstedt: *Wieland-Texte* (Lesung mit Ingeborg Franke). – Beatrice Wolf-Furrer (Roggewil/Bern): *Goethe – Herder*

– Seume: Drei Italienreisende im Vergleich. – Prof. Dr. Helmut Reinalter (Innsbruck): *Freimaurerei und Gesellschaft. Ein Beitrag zur Wirkungsgeschichte.* – Kranzniederlegung am Grab von Wilhelm Bode anläßlich seines 80. Todestags. – Dr. Gabriele Radecke (Berlin): *„Nein, es ist kein Trost dem Tage / Der dem Vater nahm den Sohn"* (Buchvorstellung der Herausgeberin zur Neuauflage von Wilhelm Bodes Biographie „Goethes Sohn"). – Marc Buhl: *„Der rote Domino"* (Autorenlesung). – Dr. Stefanie Handrick (Weimar): *Goethes Beziehungen zu Böhmen* (Dia-Vortrag). – *Konzert* mit dem russischen Pianisten Wladimir Mogilewski im Liszt-Haus Weimar. – *Lessings „Ernst und Falk. Gespräche über Freymäurer";* Schauspiel/Uraufführung. Regisseur: Hans-Peter Kurr (Das Hamburgische Kulturbüro). – Literarischer Stammtisch im Kirms-Krackow-Haus Weimar mit Prof. Dr. Walter Steiner, Dr. Konrad Kratzsch und Gabriele Büch. – Ursula und Alfried Lehner (Rudersberg): *Zeitgenössische freimaurerische Lyrik* (Rezitation); anschließend Matinee mit der Pianistin Anne Folger (Weimar): *Eine Reise durch die Welt von Hummel, Liszt und Mozart.*

Freies Deutsches Hochstift
Frankfurter Goethe-Museum

Direktor: Prof. Dr. Christoph Perels; Direktorin seit Juni 2003: PD Dr. Anne Bohnenkamp-Renken, Goethe-Haus, Großer Hirschgraben 23–25, 60311 Frankfurt a. M. – Ausstellungen: *Reise ins unterirdische Italien. Grotten und Höhlen in der Goethezeit.* – *Novalis. Das Werk und seine Editoren.* – *Prometheus auf seinem Felsen.* – *Köstliche Reste. Andenken an Goethe und die Seinen.* — Vorträge: Prof. Dr. Katharina Mommsen (Palo Alto/USA): *„Herrlich ist der Orient übers Mittelmeer gedrungen".* – Prof. Dr. Heinz Rölleke (Wuppertal): *Faust und Jedermann.* – Prof. Dr. Ernst Osterkamp (Berlin): *Laokoon-Deutungen in Präromantik und Romantik.* – Prof. Dr. Gerhard Schulz (Melbourne): *Wohngemeinschaft mit Novalis.* – Prof. Dr. Bernd Leistner (Leipzig): *Goethe und Schiller im Xenienstreit.* – Prof. Dr. Gerhard Kurz (Gießen): *Dem Wahren, Schönen, Guten. Zur Geschichte einer alten Formel.* — Lesungen: Katharina Quast: *„Meine Ruh ist hin".* – Dietrich Fischer-Dieskau: *David bei Saul. Goethe und Mendelssohn* (mit Musik). – Peter Liecke: *E. T. A. Hoffmann: „Ritter Gluck" und „Don Giovanni"* (Rezitation)/Johannes Kiem (Klavier). – Jutta Lampe: *Ilse Aichinger.* – Sylvester Groth: *Clemens Brentano: „Die Geschichte vom braven Kasperl und dem schönen Annerl".* — Autorenlesungen: Wolfgang Hilbig: *Eigene Werke.* – Judith Hermann: *Neue Erzählungen.* – Günter Grass: *„Im Krebsgang".* – Friederike Mayröcker: *Eigene Werke.* — Konzerte: *Schiller-Balladen in Vertonungen von Schubert* (Liederabend mit Hans Christoph Begemann, Bariton; Thomas Seyboldt, Klavier). – *Ernste Gesänge* (Reiner Hiby, Bariton; Charles Spencer, Klavier). – *Kompositionen für Klavier aus Klassik und Romantik* (mit Milana Chernyawska).

Goethe-Museum
Anton-und-Katharina-Kippenberg-Stiftung

Direktor: Prof. Dr. Dr. h. c. mult. Volkmar Hansen, Schloß Jägerhof, Jacobistr. 2, 40211 Düsseldorf. – Prof. Dr. Hans-Georg Pott (Düsseldorf): *Geselligkeit. Zur Theorie der Lebenskunst in der Goethezeit.* – Finissage der Ausstellung *Johann Georg Hamann.* Vortrag von Prof. Dr. Oswald Bayer (Tübingen): *Vernunft ist Sprache. Hamanns „Metakritik" Kants.* – Aufführungen des Studententheaters *Chamäleon und Dromedar* der Heinrich-Heine-Universität Düsseldorf unter der Leitung von Thorsten Blank: *Johann Nepomuk Nestroy: „Die Zauberreise in die Ritterzeit, oder die Übermüthigen".* – Dr. Eva Hölter (Wuppertal): *Goethe und Dante.* – *Peter Hacks: „Ein Gespräch im Hause Stein über den abwesenden Herrn von Goethe".* Elke Küppers (Charlotte von Stein)/ Hans Jürgen Kolvenbach (Regie)/Isa Dorn (Kostüme). – Eröffnung der Ausstellung *Der Tonkünstler Johann Friedrich Reichardt und Goethe. „von der musikalischen Seite unser Freund, von der politischen unser Widersacher".* Vortrag von Prof. Dr. Walter Salmen (Freiburg i. Br.): *Ein Tonkünstler und homme de lettres.* Chor- und Sololieder sowie Instrumentalstücke Reichardts, dargeboten vom Chor des Görres-Gymnasiums und Mitgliedern der Düsseldorfer Symphoniker (Leitung: Ulrich Brall). – Prof. Dr. Günter Häntzschel (München): *Goethes Venedig in Prosa und Epigramm.* – Prof. Dr. Peter Horst Neumann (Erlangen): *A propos Goethe und Jean Paul.* – Festakt und Eröffnung der Dezentralen Landesgartenschau im Rahmen der EUROGA 2002plus (Begrüßung: Prof. Dr. Dr. h. c. mult. Volkmar

Hansen; Ansprachen: Ministerin Bärbel Höhn, Oberbürgermeister Joachim Erwin und Beigeordnete Charlotte Nieß-Mache; Lesung: Wolfgang Reinbacher, Düsseldorfer Schauspielhaus: *Texte zum Thema Goethe*). – 2. Nacht der Museen: Videos im Jacobi-Raum: *Goethe im Rheinland, Schimpf und Scherz bei Goethe, Werther.* Des weiteren zahlreiche Kurzbeiträge, Führungen, Lesungen, Benefizauktion, Ratespiel und musikalische Darbietungen (Ausführende: Prof. Dr. Dr. h. c. mult. Volkmar Hansen/Heike Spies, G. Gehlfuß/Kulturdezernent H.-H. Grosse-Brockhoff/Roma Sadler/Johannes Urzidil/Gabriele Henkel/Werner Schmalenbach, Redaktion „Bilderstreit", 3Sat, Bazon Brock/Holzbläser-Trio). – Dr. Christiane Pritzlaff (Hamburg): *Goethe und das Judentum.* – Prof. Dr. Walter Jaeschke (Bochum): *Goethe im Streit um die göttlichen Dinge.* – Eröffnung der Ausstellung *Reise ins unterirdische Italien. Grotten und Höhlen in der Goethezeit* (Begrüßung: Prof. Dr. Dr. h. c. mult. Volkmar Hansen, Grußwort: Dr. Gianfranco Colognato, Generalkonsul der Republik Italien); Vortrag: Fritz Emslander (Staatliche Kunsthalle Baden-Baden): *Bilder vom unterirdischen Italien.* – Goethe-Sommerfest: Prof. Dr. Raif Georges Khoury (Heidelberg): *Die Bedeutung von „Tausend und eine Nacht" für das Abendland und Goethe.* Nassi Karimi: *Gedichte von Goethe und Hafis* (Lesung). – Prof. Dr. Volker Riedel (Jena): *Ein „Grundschatz aller Kunst" – Goethe und die Vossische Homer-Übersetzung.* – Prof. Dr. Werner Hofmann (Hamburg): *Walpurgisnächte. Goethe und Goya* (mit Lichtbildern). – Symposium (Goethe-Museum und Deutsche Schubert-Gesellschaft): *Goethes Tonsetzer. Zeitgenossen und Nachgeborene.* – Prof. Dr. Joachim Dyck (Oldenburg): *Gottfried Benn und Goethe.* – Eröffnung der Ausstellung *Großherzogin von Sachsen-Weimar-Eisenach (1757–1830)* (Einführung: Heike Spies; musikalische Begleitung: Elena Janzen, Harfe). – Heinrich Riemenschneider (Gründungsdirektor Theatermuseum Düsseldorf): *Goethe-Festspiele in Düsseldorf 1899–1914.*

AUS DEM LEBEN AUSLÄNDISCHER GOETHE-GESELLSCHAFTEN

Januar – Dezember 2002

Armenien

Eriwan

Vorsitzende: Dr. Evelina Piradova, Matenadaran, Mashtoz-Str. 53, 375009 Eriwan. – Ein Abend mit deutscher Musik. *Franz Schubert: „Der Hirt auf dem Felsen"*. Ausführende: Nuneh Badalian (Sopran)/Suren Khorosian (Klarinette)/Ella Melik-Hussian (Klavier); *Arnold Schönberg: „Cabaret Songs": Galathea, Gigerlette, Der genügsame Liebhaber, Einfältiges Lied, Mahnung, Jedem das Seine, Arie aus dem Spiegel von Arcadien.* Ausführende: Nuneh Badalian (Sopran)/Ella Melik-Hussian (Klavier); *Franz Schubert: Forellen-Quintett: Allegro vivace, Andante, Scherzo, Presto, Thema Andantino, Variazioni I-V Allegretto, Finale-Allegro giusto.* Ausführende: Ella Melik-Hussian (Klavier)/Tamara Petrossian (Violine)/Ruben Adamian (Viola)/Ashot Ayvazian (Cello)/Vilen Karapetian (Kontrabaß). – Ausstellung anläßlich der Deutschlehrertagung in Eriwan. Zur Verfügung gestellt wurden Materialien aus der Goethe-Sammlung der Vorsitzenden. – Prof. Dr. Albert Muschegjan: *„Amboß oder Hammer". Goethes „Kophtisches Lied"*.

Australien

Perth, WA
Goethe-Gesellschaft WA, Inc.

Präsidentin: Dr. Alexandra Ludewig, German Studies, UWA, 35 Stirling Hwy, Crawley 6009, Australien. – Lesungen von internationalen Gästen: Kinderbuchautorin Barbara Veit (Gast aus München)/Soeren Krey (aus Jena)/Diane-Monique Daviau (Schriftstellerin und Übersetzerin aus Kanada). Im September 2002 wurde außerdem ein Symposium zur PISA-Studie veranstaltet. Leitung: Prof. Liesel Hermes (Rektorin der Pädagogischen Hochschule Karlsruhe). – 2002 stand des weiteren im Zeichen der wachsenden Zusammenarbeit mit anderen Organisationen wie GAWA (German Australian Welfare Association), der Volkshochschule (TAFE), dem Studentenklub KAOS, der Organisation „Bilingual Families" und dem Buchklub „Leseratten", mit denen Quiz-Abende und Diskussionsrunden zur *Zweisprachigkeit, Herausforderung in Kindheit und Alter* und *Deutsche Literatur in der australischen Rezeption* veranstaltet wurden. – Ausstellungen: Bilder von Gymnasiasten der Thomas-Mann-Schule in Prien im Fremantle Arts Centre; Posterwettbewerb: *Made in Germany* der Primar- und Sekundarschüler (aus Perth) sowie Holzspielzeug von Andrea Ducki (im Arts Building, UWA). – Musikveranstaltungen: Dr. Rebecca Meegan: Schubert-Lieder/Dr. Jane Emberson: Harmonienlehre. – Empfang zum Tag der deutschen Einheit mit Vize-Konsul Werner Brandt; Vortrag: Dr. Alexandra Ludewig: *Chancen im Wandel.*

Bulgarien

Sofia

Vorsitzende: Prof. Dr. Nadeshda Dakova; neue Vorsitzende seit Oktober 2002: Dr. Nikolina Burneva, Hll.-Kyrill-u.-Method-Universität, T.-Târnovski-Str. 1, 5003 Veliko Târnovo. Im Rahmen des Symposiums *Die neuen Übersetzungen von Goethes „Faust" in Bulgarien* wurden folgende Vorträge gehalten: Prof. Dr. Ilija Konev (Sofia): *Die slavisch-bulgarische Geschichte Paissis von Chilendar und der neue Anfang der deutsch-bulgarischen Kulturkontakte.* – Prof. Dr. Nadeshda Andreeva (Sofia): *Anläßlich des neuen „Faust".* – Prof. Dr. Nadeshda Dakova (Sofia): *Eros und Thanatos in Goethes „Faust". Zur Szene „Wald und Höhle".* – Prof. Dr. Boshidara Deliivanova (Sofia): *Über den Sinn des Begriffs „Genuß" in Goethes „Faust".* – Dr. Nikolina Burneva: *Anmerkungen zu den Walpurgisnächten in Goethes „Faust".* – Prof. Dr. Emelia Staitscheva (Sofia): *Zur Geschichte der „Faust"-Übersetzungen in Bulgarien.* – Stepan Bjulbjuljan (Sofia): *Goethe und die deutsche Philosophie.* – Dr. Svetlana Arnaudova (Sofia): *Zum Goethe-Bild der Postmodernisten.* – Maria Endreva (Sofia): *Das „Ewig-Weibliche" und die Besonderheiten des mystischen Gottesweges.*

China

Peking

Präsident: Prof. Dr. Ye Tingfang, Institute of Foreign Literature, The Chinese Academy of Social Sciences 5, Jiangoumen Nei Da Jie, Beijing. – Zhang Li: Eröffnungsrede beim Internationalen Goethe-Symposium; Ye Tingfang: Gedenkrede zum 250. Geburtstag des großen deutschen Dichters; Ye Tingfang: *Goethes großer Widerhall in China.* – Zhang Peifen: *Die gegenwärtige Bedeutung von Goethes später Lyrik.* – Gao Quanxi: *Über Faust als Symbol.* – Yan Baoyu: *Die Goethe-Forschung von Feng Zhi.* – Fan Dacan: *Goethes Humanismus.* – Gu Yu: *Über den Mystizismus in Goethes „Wahlverwandtschaften".* – Wang Jian: *Goethes Theatertätigkeit und die Weimarer Schule.* – Ma Jian: *Der Doppelcharakter von Faust.* – Ren Guoqiang: *Über die Widersprüchlichkeit und Mehrschichtigkeit von Goethes Charakter und dessen Kunstpflichtbewußtsein.* – Ren Weidong: *Die Interpretation von „Die Leiden des jungen Werthers" durch „Die neuen Leiden des jungen W.".* – Han Ruixiang/Tong Baomin: *Die romantischen Züge in „Faust I".* – Wei Maoping: *Die Goethe-Zitate von Ku Hung Ming.* – Chen Zhuangying: *Goethes Balladen „Erlkönig" und „Der Fischer".* – Li Zhiyong: *Goethe und sein „Faust".* – Jiang Zheng: *Kunst-, Philosophie- und Religionsgedanken im „Faust".* – Tan Junqiang: *Erzähler und Erzählstruktur in Goethes „Die Leiden des jungen Werthers".* – Liu Chang: *Ein neuer Versuch über die Figur Faust.* – Jiang Shijie: *Das Dreieck in Goethes „Faust" und die dreidimensionale Wertstruktur in Hegels Philosophie.* – Zheng Xiaoyun: *Mephisto und der Affenkönig Sun Wukong.* – Jiang Wenqing: *Goethes „Die Leiden des jungen Werthers" und Mori Ougais Traumtänzerin.*

Estland

Tartu

Vorsitzende: Liina Lukas, University of Tartu, Faculty of Philosophy, Ülikooli 17, 51014 Tartu. – Im Mittelpunkt der Aktivitäten der Goethe-Gesellschaft Tartu stand 2002 die Koordinierung der Übersetzungsarbeit an den ausgewählten Werken von J. M. R. Lenz und die Vorbereitung der Übersetzungen zum Druck. – Weiterhin: Arbeit an der Publikation der Vorträge aus der Doppeltagung 2001 in Riga und Tartu in Zusammenarbeit mit dem DAAD-Lektor Dr. Thomas Taterka. – Vortragsabend mit Eduard Parhomenko (Tartu): *Der Himmel als Stimmungsbogen des Denkens über Tartu im Februar 1808. Zur Bewertung der philosophischen Auffassungen von Gottlob Benjamin Jäsche, erster Professor für Philosophie an der 1802 wiedereröffneten Universität Tartu.*

Georgien

Kutaissi

Vorsitzende: Prof. Dr. Nanuli Kakauridse, Lomonossow ul. 8, 384000 Kutaissi. – Vortragsreihe: Prof. Dr. Nanuli Kakauridse: *Goethes Idee der Weltliteratur*; Dr. Nugescha Gagnidse: *Die Gestalt Goethes in Nietzsches Lyrik*; Dr. Irina Schischinaschwili: *Die Gestalt Goethes in Hermann Hesses Roman „Der Steppenwolf"*; Dr. Maia Tscholadse: *Hans Castorp als Held des Bildungsromans in Thomas Manns „Zauberberg"*; Dr. Leila Tandilaschwili: *Satzgefügeparadigma nach Goethes „Faust"*; Dr. Irina Saruchanowa: *Robert Schumanns ästhetisch-philosophische* Positionen; Natia Nasaridse: *Thomas Manns Essay „Fantasie über Goethe".* – Vorlesungsreihe deutscher Literatur- und Sprachwissenschaftler: Prof. Dr. Dr. h. c. mult. Volkmar Hansen (Düsseldorf)/Musikdirektor Franz Wassermann (Heidelberg)/Dr. Eva Raffael (Heidelberg)/Spiridoula Georgiadou (Heidelberg)/Dr. Bernhard Bockmann (Mannheim)/Prof. Dr. Andreas Brandt/Dr. R. Leusing (Georgien)/ Prof. Dr. Görlach(Köln): Seminare und Vorträge zu verschiedenen Themen aus: Kultur, Musik, Philosophie, Germanistik und Wirtschaft. – Konferenz der Germanistikstudenten: Ketewan Dshaparidse: *Lili Schönemann und Goethes Lyrik der Frankfurter Zeit*; Nato Natmeladse: *Shakespeare-Rezeption in Goethes „Wilhelm Meister"*. – Giga Kochreidse: *Die Interpretation des Iphigenie-Mythos bei Euripides und Goethe;* Ketewan Shorsholiani: *Sprachliche Perspektivierung und perspektivierende Stile in Goethes Jugendwerken*; Tamar Buzchrikidse: *Zur Funktion und Leistung der Goethe-Zitate in Plenzdorfs „Neue Leiden des jungen W."*. – Studentenkonferenz der Fachrichtung Germanistik-Kunstwissenschaft: Natia Tscheischwili: *Die Architektonik von J. S. Bachs „Johannespassion"*; Zira Karseladse: *Die romantischen Tendenzen in Beethovens späten Kompositionen*; Tinatin Barabadse: *Robert Schumanns ästhetische Ansichten und sein „Carnaval"*; Giorgi Kipiani: *„Tristan und Isolde". Literarische Quellen und Wagners Libretto*. – Literarisch-musikalische Veranstaltungen und Lesungen von Studenten unter der Leitung von Dr. Nugescha Gagnidse/Dr. Irina Schischinaschwili/Dr. Maia Tscholadse: *Goethes „West-östlicher Divan"*; Rialeta Tschchikwadse: *Die georgischen Übersetzungen der Novellen von Milena Moser*; Manana Papawa: *Goethes „Faust"*; Dr. Leila Tandilaschwili: *Frauen um Goethe*; dies.: *Weimar, die Klassikerstadt*; Dr. Irina Saruchanowa: *Expressionismus in der deutschen Musik*; Guram Bachtadse: *Die deutsche Poesie*. – Treffen der Germanistikstudenten des 6. Semesters mit Dr. G. Brandt; Besuch des Lektors der Robert Bosch Stiftung T. Hipp am Lehrstuhl für Deutsche Sprache; Teilnahme der Germanistikstudenten am Programm der Robert Bosch Stiftung zur Förderung demokratischer Verantwortung und öffentlichen Engagements bei Jugendlichen in Mittel- und Osteuropa; Besuch des Leiters der Spracharbeit im Goethe-Institut Tbilissi Dr. Bieck am Lehrstuhl für Deutsche Sprache; Seminar über Grammatik und Wortschatz für Germanisten Westgeorgiens unter der Leitung des Goethe-Instituts Tbilissi. – Ausstellung der Bilder von Germanistikstudenten zum Thema *Goethe und Schiller in Weimar*. – Veranstaltungen in den Schulen von Kutaissi: Lesungen, Vorträge, Puppenspiele, Theateraufführungen, literarisch-musikalische Veranstaltungen; traditionelles Treffen mit der Vorsitzenden der deutsch-georgischen Gesellschaft Saarbrücken Gisela Heil. – Durchführung der Spracholympiade *Deutsch, warum nicht?* Leitung: Dr. Angelo Berodse (Kutaissi).

Tbilissi

Präsident: Prof. Dr. Nodar Kakabadse, Sakariadse-Str. 8, kw. 81, 38007 Tbilissi. – Prof. Dr. Manana Paitschadse (Tbilissi): *Ein Interpretationsversuch der Novelle von Max Frisch „Schinz"*. – Goethe-Tage 2002 in Tbilissi: Lascha Bugadse (Tbilissi): Autorenlesung des Bühnenstücks *Faust*; literarisch-musikalische Soiree von Sängern und Musikern des Staatlichen Opernhauses Tbilissi sowie des Chors und des Kammerorchesters der Staatlichen Universität Tbilissi. Leitung und Moderation: Prof. Dr. Manana Paitschadse. – Gastvorträge: Prof. Dr. Dr. h. c. mult. Volkmar Hansen (Düsseldorf): *Poetik des Realismus*; *Goethes Platonismus*. – Dr. Nelly Amaschukeli: *Goethe und der Garten*. – Natia Gokieli: *Der Mensch als Produkt eigener Umgebung in den Stücken von Ödön von Horvath*. – Levan Zagareli: *Interpretationsversuch der Erzählung von Arthur Schnitzler „Weissagung"*. – Vorträge, gehalten von Mitgliedern der Goethe-Gesellschaft Tbilissi anläßlich des Hermann-Hesse-Jahres im Goethe-Institut Tbilissi: Prof. Dr. Dalila Pandschikidse: *Östliche Reminiszenzen im Schaffen von Hermann Hesse. Betrachtungen einer Übersetzerin*; Dr. Nana Gogolaschwili: *Das Problem der Äquivokation beim Übersetzen von Hesses Werken*; Prof. Dr. Manana Paitschadse: *Zur Interpretation der Schrift von Hesse „Ein Satz über die Kadenz"*; Dr. Lali Kezba-Chundadse: *Die sprachliche Gestaltung der dualistischen Lebensauffassung im Schaffen von Hermann Hesse*; Dr. Natalja Tschanelidse: *Einige Besonderheiten der Sinnbildwelt in Hesses Erzählungen*; Dr. Natella Chuzischwili: *Die Stimme aus dem fernen Estland*. – Reso Seinabischwili: *Peter Camenzind, ein Mensch voller Verständnis und Hingabe (in memoriam Reso Karalaschwili)*. – Prof. Dr. Alexander Kortosia: *Für Reso Karalaschwili*. – Dr. Nelly Amaschukeli: *Die Georgisch-Deutsche Gesellschaft*. – Wissenschaftliche Konferenz anläßlich des 85. Geburtstages von Prof. Dr. Dawid Laschkaradse: Dr. Venera Kawtiaschwili: *Leben und Werk von Dawid Laschkaradse*. – Reso Seinabischwili: *Rilkes „Malte Laurids Brigge", der*

Mann, der vor der Liebe floh. – Dr. Nino Bakanidse: *Goethes Beziehung zur Astronomie.* – Dr. Lali Kezba-Chundadse: *Die Authentizität und Fiktionalität des poetologischen Briefes.* – Dr. Dalila Sicharulidse: *Rilkes „Todes-Erfahrung".*

Großbritannien

Englisch Goethe Society

Präsident: Prof. Dr. Terence James Reed, c/o The Queen's College, Oxford, OX1 4AW. – Herausgabe eines Essaybands *Models of Wholeness*, der aus einer Sammlung von Aufsätzen von Elizabeth M. Wilkinson und Leonard A. Willoughby besteht. – Vorträge: James Simpson (Liverpool): *Canny Allusions „Der Sandmann" as Kontrafaktur.* – Carol Tully (Bangor): *How German Romanticism travelled to Spain, the intellectual Journey of Johann Nikolaus Boehl von Faber.* – Daniel Steuer (Sussex): *Goethe and Wittgenstein on the Limits of Science.* – John Williams (St. Andrews): *Triadic Structures in Goethe's Verse.* – Brian Rowley (East Anglia): *Continuity and Change in „Werther" and the „Novelle".*

Indien

New Delhi

Vorsitzender: Prof. Dr. Anil Bhatti, Jawaharlal Nehru University, Centre of German Studies, School of Languages/New Delhi 110067. – 2. Jahrestagung der Gesellschaft vom 19. bis 21. März 2002 zum Thema *Representations of India and the context of Globalisation* mit folgenden Beiträgen: Prof. Dr. Anil Bhatti: *Orientalismus and Representation* (Eröffnungsvortrag); Dr. Manfred Osten (Bonn): *Goethe and Globalisation. Velocipherous Capitalism and the Dialectics of Progress*; Dr. Abhay Mishra (Varanasi): *Der Orient im Spiegel der Weltliteratur bei Goethe*; Vishnu Khare (New Delhi): *Lesung aus der neuen Hindi-Übersetzung von Goethes „Faust I";* Prof. Dr. Rekha Kamath-Rajan (New Delhi): *Der Missionar in der fremden Kultur. Die Darstellung Indiens in den Briefen und Berichten Bartholomäus Ziegenbalgs*; Prof. Dr. Rajendra Dengle (New Delhi): *Mauthners „Der letzte Tod des Gautama Buddha"*. – Dr. Sadhana Naithani (New Delhi): *Why I cannot read Thomas Mann's „Die vertauschten Köpfe";* Ms. Anandita Sharma (New Delhi): *Joseph Winkler's „Domra";* Ms. Parnal Chirmuley (New Delhi): *The Reception of Max Müller in Maharashtra*; Dr. Rajendra Padture/Hemant Agrawal (Jaipur): *Das Indienbild in der deutschsprachigen Reiseliteratur*; Dr. Vibha Surana (Mumbai): *The Poetics of Travel and Tadeus Pfeifer's Image of India*; Dr. Madhu Sahni (New Delhi): *Indien in der Jugendliteratur*; Prof. Dr. Rahul Peter Das (Halle): *Contemporary India in the German View*; Prof. Dr. B. Subramanian (Chennai): *Anarchist Apartheid. Indian Unipluralism and its Weltanschauung.*

Italien

Riva del Garda

Der Vorsitzende der Goethe-Freunde vom Gardasee, Dr. Franco Farina (Viale Trento 30, 38006 Riva del Garda) berichtet: Eine Wanderung auf den Spuren des Dichters, der zum Genius loci am Gardasee geworden ist, fand am 10. Mai 2002 von Nago bis Torbole über die zeitentrückte, eindrucksvolle „Santa-Lucia"-Schotterstraße statt, im Rahmen eines Kongresses über das Thema *Lo sguardo del turista e il racconto dei luoghi* (10.–12. Mai). In diesem Zusammenhang wurde der „Blick Goethes auf das Eden Gardasee" als privilegierter Gesichts- und Ausgangspunkt eines neuen Annäherungsstils an Kultur und Landschaft aufgenommen und mit warmen anerkennenden Worten begrüßt. – Am 25. April 2002 war Goethes Gedicht *Gingo biloba*, im deutschen Original und in der englischen Nachdichtung von J. Whaley, ein wichtiges Moment des Schauspiels *Armonie arboree* – eine Theateraktion im Freien (Lyrik, Tanz und Blasmusik) anläßlich der Veranstaltung *Merano-Flora*, einer internationalen Blumenausstellung in Meran [Regie: Franco Farina; Ballett: Maria Grazia Torbol]. – Die lebhafte Zustimmung, die die Goethe-Wanderung fand, läßt darauf hoffen, sie zur dauernden Tradition zu machen, und dadurch einen ständigen Treffpunkt der italienischen und der deutschen Kultur herzustellen.

Rom

Vorsitzender: Prof. Dr. Marino Freschi, Università di Roma Tre, Dipartimento di letterature comparate, Via Castro Pretorio, 20, 00185 Rom. –

Unter der Leitung von Prof. Marino Freschi wurden zwei große Veranstaltungen in Zusammenarbeit mit der Casa di Goethe und der Università Roma Tre durchgeführt. – Zweitägige Veranstaltung: *Goethe nei paesi romanzi. Goethe nelle culture romanze* (erster Tag). Rundtischgespräch mit: George Guţu (Bukarest)/Christine Maillard (Straßburg)/Giovanni Sampaolo (Rom)/Marisa Siguan (Barcelona), Moderation: Jochen Golz (Weimar); *Il Goethe degli italiani* (zweiter Tag): Nicoletta Cardano: *Il monumento a Goethe a Roma*; Elio Matassi: *Il Werther di Pugnani*; Rosanna Caira: *Goethe e il romanticismo italiano*; Alberto Gessani: *Foscolo, il Werther e lo spirito tragico*; Moderation: Giorgio Manacorda; Francesco Saverio Trincia: *Goethe e De Sanctis*; Paolo D'Angelo: *Goethe e Croce*; Paola Capriolo: *Tradurre Goethe*; Moderation: Marino Freschi.

Rom
Casa di Goethe

Direktorin: Ursula Bongaerts, Via del Corso 18, 00186 Rom. – Prof. Dr. Roberto Venuti (Siena): *La camera della tortura. Goethe e la scienza (Die Folterkammer. Goethe und die Wissenschaft)*. – *Auf den Spuren von Johann Gottfried Seume. Fotografien von Fridhelm Volk* (Ausstellung). – *Einmal im Leben nach Syrakus. Eine Bildungs- und Pilgerreise, eine Republikflucht im Jahr 1988.* Prof. Dr. Marino Freschi (Rom) und Dr. Friedrich Christian Delius (Berlin) im Gespräch mit Klaus Müller (Rostock). – Prof. Dr. Jörg Drews (Bielefeld): *Ein Mann verwirklicht seine „Lieblingsträumerey". Warum spazierte Johann Gottfried Seume durch Italien?* – Prof. Dr. Ursula Bavaj (Viterbo): *Johann Gottfried Seume: Spaziergang nach Syrakus im Jahre 1802, „Gran Tour o petit tour?".* – *Il viaggiatore povero (Der arme Reisende)*. Lesung in italienischer Sprache mit Susanna Marcomeni. – *Goethe: parola e gesto musicale (Goethe: Wort und musikalische Geste)*. Performance und Ton- und Lichtinstallation anläßlich der Restaurierung des Goethe-Denkmals. – *Der „romanische" Goethe*. Eine Fachtagung in Zusammenarbeit mit der Università Roma Tre. Tavola rotonda: *Goethe in den romanischen Ländern.* Moderation: Dr. habil. Jochen Golz (Weimar). – *Il Goethe degli italiani (Der Goethe der Italiener)*. Interdisziplinäre Tagung der Università Roma Tre und der Casa di Goethe. Leitung: Prof. Dr. Marino Freschi (Rom). – *Günter Grass. In gemischter Gesellschaft* (Ausstellung). – Buchpräsentation: *Johann Wolfgang Goethe: Diari e lettere dall'Italia (Tagebücher und Briefe aus Italien)*, Artemide Edizioni, hrsg. von Prof. Dr. Roberto Venuti. – Lesung mit Günter Grass. – Prof. Dr. Rudolf Hoberg (Darmstadt): *English rules the World. Was wird aus Deutsch und Italienisch?* – Lesung mit Volker Braun. – *Magna Diva. Die Oper der Mörder.* Deutsch-spanische Lesung mit Omar Saavedra Santis. – *Italia Sotterranea. Höhlen und Grotten in der Goethezeit* (Ausstellung). – *Rom/Europa. Treffpunkt der Kulturen: 1780–1820.* Internationale Tagung. Wissenschaftliche Leitung: Paolo Chiarini (Rom) und Walter Hinderer (Princeton). – Dr. Fritz Emslander (Karlsruhe): *Roma sotterranea. Italia sotterranea. Reisen in Italiens Unterwelten.* – Prof. Dr. Peter Eisenberg (Potsdam): *Sprachnorm und Sprachveränderung im gegenwärtigen Deutsch.* – *Franjo Tholen. Überreste glücklicher Gegenwart* (Ausstellung).

Japan

Tokyo

Generalversammlung unter der Leitung von Prof. Kazuo Hosaka, zwei Vorträge: Prof. Shohko Yuge: *Zur Gelehrsamkeit von Frauen in der Aufklärung*; Prof. Eihachiroh Sakai: *Über Goethe und Möser.* – Herausgabe des Goethe-Jahrbuchs Bd. 44 mit 16 Beiträgen.

Osaka

Unter der Leitung von Prof. Motoyasu Nakamura wurde der 253. Geburtstag von Goethe gefeiert. Vortrag von Prof. Dr. Hiroshi Oguri (Sendai): *Goethe und Eckermann* mit anschließender musikalischer Soiree.

Toyama

Unter der Leitung von Prof. Haruhiro Okunuki Vortragsabend mit Prof. Tomoyoshi Takatusuji (Kitakyuhshuh) zum Thema: *Woran das vierteilige Musikdrama „Ring des Nibelungen" von Richard Wagner appelliert* mit anschließender musikalischer Soiree.

Kolumbien

Bogotá

Präsident: Prof. Dr. Eduardo Gómez, Apartado Aéreo 22108, Bogotá. – Unter der Leitung von Prof. Dr. Eduardo Gómez und Marta Kovacsics M. Universidad Nacional de Colombia wurde eine Konferenz zur *Zeit des Sturm und Drang* durchgeführt. – Weiterhin fand eine Diskussion zum Thema *Das Zeitgenössische im „Werther"* statt mit Cecilia Balcázar de Bucher, Prof. Dr. Alcira Saavedra, Dr. Fernando Gómez und Dr. Carlos Patiño.

Korea

Seoul

Präsident: Prof. Dr. Sam-Huan Ahn; Präsidentin seit 2003: Prof. Dr. Min Suk Choe, German Department, Ewha Frauenuniversität, Daehyun-dong, Sodaemun-gu, 120–750 Seoul. – Die koreanische Goethe-Gesellschaft richtet jedes Jahr zweimal eine wissenschaftliche Tagung aus. Zum Frühjahrskongreß wird ein deutscher Gastredner eingeladen, der in Absprache mit dem koreanischen Vorstand vom Präsidenten der Weimarer Goethe-Gesellschaft empfohlen wird. Im Jahre 2002 sprach Prof. Dr. Hendrik Birus (München) über das Thema *Im Islam leben und sterben wir alle. Religion und Aufklärung in Goethes „West-östlichem Divan"*. Es sprachen außerdem: Prof. Dr. Young-Ae Chon: *Über die Blendung. Goethes künstlerische Behandlung exotischer Stoffe*; Prof. Dr. Su-yong Kim: *Helena. Selbstreflexion der modernen Kunst*; Dr. Hee-Kyung Park: *Romantische Liebe! Romantische Liebe? Dorothea Schlegels „Florentin" und Friedrich Schlegels „Lucinde" als Liebesdiskurs*; Young-Jin Ryu M. A.: *Das Wander-Motiv und die Raumsymbole in „Wilhelm Meisters Wanderjahre"*. – Zum Jahreswechsel fand die zweite Tagung statt. – Prof. Dr. Tscha-Shik Shin, ein besonderer Goethefreund, der sich im Goethe-Jubiläumsjahr um die Ausgabe von Goethe-Sonderbriefmarken in Korea und Deutschland verdient gemacht hatte, erhielt vom Bundespräsidenten Johannes Rau ein Dankschreiben.

Lettland

Riga

Vorsitzende: Dr. Gundega Grinuma, Kr. Barona iela 122–25, 1012 Riga. – Auf Anregung der Gesellschaft wurde in Kooperation mit dem Institut für Literatur, Folklore und Kunst der Universität Lettlands, mit der Estnischen Goethe-Gesellschaft, der Goethe-Gesellschaft in Weimar, dem DAAD, dem Museum der Geschichte der Medizin Lettlands und dem Verlag „Nordik" eine internationale interdisziplinäre Aufsatzsammlung *Goethe und die baltischen Länder* vorbereitet und herausgegeben (fachliche Bearbeitung und Redaktion: Dr. Gundega Grinuma). – Interdisziplinäre Veranstaltung unter dem Thema: *Ginkgo biloba. Mythos oder Realität?* in Kooperation mit der lettischen Vertretung der pharmazeutischen Firma Beaufour ipsen. Programm: *Motive des „West-östlichen Divans"*. Rezitation von *Goethe-Gedichten* in lettischer und deutscher Sprache durch den Schauspieler Juris Strenga, u. a. *Goethes Gedicht „Gingo biloba"* in einer Nachdichtung von Dr. Valdis Bisenieks; Christine Stasulane (Schülerin des Gymnasiums Agenskalns): *Goethe, Ginkgo und Marianne Willemer* (Vortrag); Dr. Ligija Kise: *Ginkgo biloba, Mythos oder Realität in der Medizin?* (Referat). Kleine Ausstellung zum Thema: *Goethe und Ginkgo*. – *Weihnachten mit Goethe:* Bericht der Vorsitzenden Dr. Gundega Grinuma über die Arbeit der Gesellschaft im Jahre 2002; Festkonzert und literarische Beiträge zum Jahresausklang mit der jungen Komponistin Marija Grischmanowa, Preisträgerin des Schülerwettbewerbs 1999 der Goethe-Gesellschaft Lettlands. Lesung von Goethegedichten, Briefen und Erinnerungen seiner Zeitgenossen mit lustigen Episoden aus dem Alltag des Dichters, dargestellt von Valdis Bisenieks und Schülern des Gymnasiums Agenskalns sowie von Studentinnen der Kulturakademie Lettlands. – Dr. Gundega Grinuma: Referat über *Goethe, Rainis und Zenta Maurina* und Informationen über die neu erworbenen Briefe im Tessin (Schweiz). – Dr. Liga Ulberte: *Prinzipien der Regie Peter Steins bei seiner Inszenierung von Goethes „Faust" 2000.* Videofilm: Fragmente aus der Inszenierung. – Wettbewerb der schöpferischen Arbeiten der Mittelschuljugend: *Gretchen und das 21. Jahrhundert*. Zum Abschluß des Wettbewerbs im Rigaer Neuen Theater: Auszeichnung der Sieger, Treffen mit der Schriftstellerin Mara Zalite, Autorin des Dramas *Margarethe* (nach Motiven aus Goethes *Faust*) und den Schauspielern; Informationsnachmittag für Gymnasiasten und Studenten verschiedener Schulen Rigas. Dr. Gundega Grinuma: *Bericht über die Arbeit der Gesellschaft*; Videofilm über *Goethe in Wetzlar* und die Entstehung des Romans *Die Leiden des jungen Werthers*. – Gemeinsamer Besuch der Theatervorstellung *Margarethe*. – Regelmäßige Zusammenarbeit mit Vertretern der Medien zur Vorbereitung von Informationen, Interviews u. a. für Presse, Rundfunk und Fernsehen über Aktualitäten im Leben der Gesellschaft.

Österreich

Wiener Goethe-Verein

Präsident: Prof. Dr. Herbert Zeman, Stallburggasse 2, 1010 Wien. – Prof. Dr. Dietz-Rüdiger Moser (München): *Nestroy in München*. – Gertrud Fussenegger: *Lesung aus eigenen Werken*. – Julian Schutting: *Autoren lesen ihre Lieblingsschriftsteller*. – Dr. Elisabeth Buxbaum: *Literarischer Spaziergang durch Wien*. – *Auf Goethes Spuren am Gardasee* (Kunst- und Kulturreise). – *Dichtung und Briefe von Nikolaus Lenau*. – Dr. Peter Landesmann/Dr. Renate Wagner: *Literatur und Judentum* (Vortragsreihe, Teil 1).

Rumänien

Bukarest

Präsident: Prof. Dr. George Guţu, General Salmen 3, 7324 Bukarest 2. – Auf Initiative des Präsidenten Prof. Dr. George Guţu und in Zusammenarbeit mit Vasile Robciuc Herausgabe einer CD mit Musik rumänischer Komponisten zu Texten von Johann Wolfgang Goethe. Die CD wurde im Kulturkanal des rumänischen Zentralrundfunks vorgestellt, mit Diskussion, Kommentaren zu ausgewählten Werken und Fragen der musikalischen Bearbeitung. Beteiligt waren an der Präsentation im Rundfunk: Prof. Dr. George Guţu, Cristina Sirbu (Leiterin des Senders), Mihai Cosma (Musikwissenschaftler). – Teilnahme von Prof. Dr. George Guţu an einem Symposium in Rom zum Thema *Goethe und die romanischen Länder* mit dem Vortrag *Zu einigen Aspekten von Goethes Werken in Rumänien*. – Teilnahme der Präsidenten der Goethe-Gesellschaften Rumäniens und Ungarns an den Donaufestspielen in Ulm, mitveranstaltet von der Goethe-Gesellschaft Ulm und Neu-Ulm und auf deren Einladung; Vortrag Prof. Dr. George Guţu: *Einiges über Ursprung und Geschichte der rumänischen Sprache*; dazu wurden nähere Informationen über die Entwicklungen der Sprache in beiden Ländern gegeben; Teilnahme an der öffentlichen Talkshow mit regen Diskussionen und ausführlichen Informationen beider Präsidenten zu den Aktivitäten ihrer Goethe-Gesellschaften, zur Entwicklung und zum Stand der Germanistik in den zwei benachbarten Donauländern, mit anschließendem Presseinterview.

Rußland

Ischewsk

Vorsitzender: Prof. Dr. Wladimir A. Awetisjan, ul. Lichwinzewa 68 a, kw. 7, 426034 Ischewsk. – Prof. Dr. Wladimir Awetisjan: *Goethe und die russische Geschichte*. – Ders.: *Goethe als Übersetzer*. – Prof. Dr. A. W. Erochin: *Schillers „Horen". Aus der Geschichte einer klassischen Kunstzeitschrift*. – Ders.: *Johann Friedrich Cotta, ein Verleger der Weimarer Klassik*. – Dr. N. A. Alexandrowa: *Der österreichische Faust. Die Faust-Gestalt im Diskurs der interkulturellen Beziehungen*.

Kaliningrad

Vorsitzender: Dr. Wladimir Gilmanow, Karl-Marx-ul. 57–2, 236001 Kaliningrad. – Elena Lipatowa: *Typologie des Nichtseins. Goethes Roman „Die Leiden des jungen Werthers" und Dostojewskis Roman „Dämonen"*. – Denis Novak: *Johann Friedrich Reichardts Ton und Wort*. Vortrag zum 250jährigen Jubiläum des Königsberger Komponisten Johann Friedrich Reichardt. – Dr. Wladimir Gilmanow: *Hamanns Empfindsamkeit und die russische „Gnoseologie des Herzens"*. – Ders.: *Die Philosophie des Gefühls und ihre Einwirkung auf Herder und Goe-*

the. – Elena Cholodovskaja: *Der faustische Menschentyp vor dem Hintergrund der postmodernen anthropologischen Problematik.*

Moskau

Vorsitzender: Prof. Dr. Sergej W. Turajew, ul. Bol. Gnezdnikowski 10/704, 10300 Moskau. – Prof. Dr. G. G. Ischimbajewa (Ufa): *„Faust"-Motive in Dostojewskis „Die Brüder Karamasow".* – Prof. Dr. W. A. Pronin: *Goethereflexionen in den Werken Pasternaks.* – Prof. Dr. L. Kaufmann (Tambow): *Lenz in Rußland.* – Dr. G. I. Danilina (Tjumen): *Ingeborg Bachmann und Goethe.* – E. A. Nekrasova (Studentin des Moskauer Konservatoriums): *Goethe-Lieder von N. Metner. Probleme ihrer Interpretation.* – Prof. Dr. L. W. Kirillina: *Galanterie und Sentimentalität in der Musik des 18. Jahrhunderts*; W. Timtschenko: Brahms' *„Schicksalslied".* – Anläßlich des Heinrich-von-Kleist-Jubiläums: N. I. Lopatina: *Kleist in russischen Übersetzungen und auf der russischen Bühne.* – Dr. E. W. Sokolowa (Twer): *Kleist und Goethe.* – Vorbereitung des nächsten Sammelbandes der Goethe-Studien.

St. Petersburg

Vorsitzender: Dr. habil. Rostislaw Danilewski, Prospekt Engelsa 135, kw. 53, 194356 St. Petersburg. – Veranstaltung der Goethe-Gesellschaft an der Philologischen Fakultät der Staatsuniversität St. Petersburg: Präsentation des Sammelbandes *Goethe – Leben, Schaffen, Traditionen.* Vorträge: E. P. Trubkina: *Goethe und Kandinsky*; N. N. Gromow: *Der szenische Raum in Goethes „Faust"*; Dr. Larissa N. Polubojarinowa: *Goethes „Braut von Korinth" und ihre Reflexe in der Literatur des 19. Jahrhunderts.* – Konferenz im Alexandrinski-Theater zum Thema *Goethe und die Theaterkultur*; Prof. Dr. Gennadi Stadnikow: *Einleitung*; Dr. T. W. Sagorskaja: *Berliner Bühnenbildner auf kaiserlichen Bühnen Rußlands im 19. Jahrhundert*; *Fragmente aus Goethes Dramenwerk*, dargestellt von Schauspielern des Alexandrinski-Theaters; Studenten des Konservatoriums in St. Petersburg: *Musik von Johann Sebastian Bach.*

Tambow

Vorsitzende: Prof. Dr. Lili Kaufmann, Tambower Staatliche Dershawin-Universität, Sowjetskaja ul. 93, kw. 64 a, 392622 Tambow. – Die Tambower Goethe-Gesellschaft arbeitet eng mit anderen Institutionen der Stadt zusammen. Unterstützt wird sie durch eine Partnerschaft mit der Goethe-Gesellschaft Wetzlar. – Prof. Dr. Lili Kaufmann: *Goethe in Weimar; Die Goethestadt Wetzlar* (Dia-Vorträge). – Angelika Kunkel/Dr. G. Kallenbach (beide Wetzlar): *Goethes Leben im Spiegel seiner Gedichte.* – Cornelia Kühn-Leitz (Hannover): *Rezitation mit Kommentaren.* – S. Wanajew/W. Allachwerdiejewa: *Lotte in Wetzlar.* – Vorträge in wissenschaftlichen Konferenzen: E. Perekopskaja (Universität Tambow): *Kommunikative Eigenart in den Übersetzungen deutscher Dichter.* – Prof. Dr. E. Milosserdowa: *Soziokulturelle Realien. Probleme der Übersetzung von Goethes Gedichten.* – Prof. Dr. Lili Kaufmann: *Goethe (1805–1813).* – Sonstige Veranstaltungen: Dr. Karin Unsiker (Marburg): *Interpretation mit Kommentaren* (Veranstaltung für Studenten des Lehrstuhls Deutsche Philologie). – Filmaufführungen: *„Faust"*, *„Der zerbrochne Krug"*, *„Maria Stuart".* – Empfang der Delegation aus Wetzlar. Treffen der Delegationsteilnehmer mit Studenten, Aspiranten und Dozenten. – Teilnahme der Goethe-Gesellschaft an der russisch-deutschen Sozial-Diakonischen Konferenz Tambow. – Dr. I. Besukladowa: *Interpretationen deutscher klassischer und romantischer Dichtungen* (linguistische Seminare). – Jubiläumsveranstaltung zum Geburtstag von Wladimir Dal (Verfasser des größten Wörterbuchs der russischen Sprache). – Festabend: *Deutsche Traditionen. Weihnachtsfest.* – Dr. W. Bajew: *„Deutscher Staat zwischen zwei Weltkriegen (1919–1930)"* (Buchpräsentation).

Schweiz

Zürich

Präsidentin: Prof. Dr. Henriette Herwig; neue Präsidentin seit November 2002: Dr. Margrit Wyder, Friedhofstr. 50, 8048 Zürich. – Vortrag von Dr. Margrit Wyder an der Universität Zürich: *Goethes*

Naturmodell. Von der Stufenleiter der Wesen zur Metamorphosenlehre. – Jahrestagung an der Universität Genf zum Thema *Von der Pansophie zur Weltweisheit. Goethes analogisch-philosophische Konzepte.* Vortragende: Prof. Dr. Christa Habrich (München/Ingolstadt): *Von der Alchemie zur Förderung der chemischen Wissenschaft und Technik. Goethe zwischen hermetischem Denken und Pragmatismus.* – Prof. Dr. Karl Pestalozzi (Allschwil/ Basel): *„dieses Ganze / ist nur für einen Gott gemacht". Zum Problem des Ganzen bei Goethe (mit Blick auf Karl Philipp Moritz).* – Prof. Jean Starobinski (Genf): *Action et réaction à l'âge de Goethe.* – Katharine Weder (Genf): *Sympathetische Verbindung. Magnetisches in der Natur, zwischen Körpern und Seelen.* – Dr. Christian Soboth (Halle): *Universalmittel und Konzepte der Weltzusammenhangslehre. Johann Friedrich Metz' Impulse für Goethes Denken.* – Dr. Maximilian Bergengruen (Basel): *Magier und Teufel. Erfolgsgeschichte einer Konkurrenz.* – Dr. Irmtraut Sahmland (Gießen): *„Die Natur in einer schönen Verknüpfung". Goethes Adaption der „Aurea Catena Homeri".* – Armin Westerhoff (Genf): *Zwischen Ganzheits- und Differenzdenken. Goethes Analogie-Verständnis mit Blick auf „Wilhelm Meisters Wanderjahre".* – Dr. Margrit Wyder (Zürich): *Fliegenlos oder Leben, Tod und Unsterblichkeit. Goethe als Insektenforscher.*

Senegal

Dakar

Präsident: Prof. Dr. Amadou Booker Sadji, B.P. 8421, Dakar. – Mit einer Tagung geht die neugegründete Goethe-Gesellschaft an die Öffentlichkeit und erzielt ein positives Echo in der Presse und im Fernsehen. Schirmherr der Tagung war der Staatspräsident Senegals. Eine Ausstellung und zahlreiche niveauvolle Vorträge, die sich mit theologischen, kulturellen und wissenschaftlichen Themen befaßten, sowie andere Veranstaltungen konnten mit Unterstützung des Kultusministeriums Senegals und auch der Goethe-Gesellschaft in Weimar durchgeführt werden. So wurde u. a. der Goethe-Gesellschaft das Nationaltheater und -orchester in Dakar kostenlos zur Verfügung gestellt. Ein thematischer Schwerpunkt der Konferenz war die Beziehung zwischen Goethe und Senghor. Ausschnitte aus dem Programm: Frère Henri Ndong (Directeur Collège Saint Gabriel Thiès): *Senghor et la religion.* – Abbé Ambroise Tine (Directeur enseignement catholique Diocèse Thies): *Goethe et la religion.* – Moctar Gaye (Université GB Saint-Louis): *Goethe, Senghor et la philosophie classique allemande.* – Festliche Veranstaltung *Senghor et la Culture de L'Espace Germanophone* mit Vorträgen und Konzerten.

Serbien und Montenegro

Belgrad

Vorsitzender: Prof. Dr. Mirko Krivokapić, Zrmanjska 16, 11030 Belgrad. – Vorträge: Prof. Dr. Mirko Krivokapić: *Goethes Lyrik.* – Prof. Dr. Andrej Mitrović: *Der Begriff der Zivilisation in Rankes Büchern über Serbien.* – Buchvorstellung: *Anthologie der deutschen Lyrik. Von Goethe bis zur Gegenwart*, hrsg. von Mirko Krivokapić, im Rahmen der deutschen Kulturwochen in Zusammenarbeit mit dem Goethe-Institut Inter Nationes. Mitwirkende: Prof. Dr. Dragan Stojanović und Prof. Dr. Mirko Krivokapić. – Neue serbische Goethe-Übersetzungen: Mirko Krivokapić und Branimir Živojinović (Hrsg.): *„Wilhelm Meisters Lehrjahre"* (Goethes Werke in 10 Bänden; Bd. 2). – *Johann Wolfgang Goethe: Gedichte. Aus den autobiographischen Schriften. „Maximen und Reflexionen".* Auswahl und Übersetzung Branimir Živojinović.

Slowakei

Bratislava

Vorsitzender: Prof. Dr. Ivan Cvrkal, Rjecka 32, 82107 Bratislava 214. – Dr. Ondriasová: Exkursionen mit Studenten und Mitgliedern der Goethe-Gesellschaft zu Ausstellungen und Vorlesungen an der Universität Wien. – Prof. Dr. Bodo Zelinski (Köln): *Goethes Mephisto und seine Rückkehr in Dostojewskis „Die Brüder Karamasow" und Thomas Manns „Dr. Faustus".* – Prof. Dr. Klaus-Dieter Ludwig (Berlin): *Einige Bemerkungen zur Lexik der Goethe-Zeit.*

Tschechien

Prag

Vorsitzender: Dr. Milan Tvrdik, Katedra Germanistiky FF UK, Nám. Jana Palacha 2, 11836 Praha 1. – *Vortragsreihe Goethe und seine Zeit:* Prof. Dr. Dieter Borchmeyer (Heidelberg): *Goethe und Wagner oder das Europäische auf deutsch.* – Dr. Heinz Härtl (Weimar): *Clemens Brentano in Böhmen.* – Prof. Dr. Paul Michael Lützeler (Saint-Louis/USA): *Goethe und* Europa. – Dr. Gerhard Trapp (München): *In der Nachfolge Goethes. Johannes Urzidil.* – Dr. Leoš Houska (Prag): *Goethe und Böhmen im 19. Jahrhundert.* – Dr. Milan Tvrdik: *Die Goethe-Gesellschaft in der Tschechischen Republik, ihre Geschichte und Entwicklung.* – Exkursion zur Goethe-Gesellschaft nach Hamburg.

Ukraine

Sumy

Vorsitzende: Dr. Vira Schkoljarenko, Pädagogische Universität Sumy, Lehrstuhl für romanische und germanische Sprachen, Romenskaja 87, 40002 Sumy. – Dr. Vira Schkoljarenko: *Goethes Aphorismen in der Übersetzung Schewtschenkos.* – Dr. Lidija Gawrilo: *Zur ukrainischen Übersetzung von Goethes „Faust“.* – Elwira Mischakowa: *Goethe im Schaffen Schewtschenkos.* – Soja Kiritschenko: *Die Bedeutung der Frauengestalten im „Faust“.* – Sergej Matjuschenko: *Goethe und die ukrainische Literatur.* – Studenten der Fakultät für Fremdsprachen: *Literaturabend über Leben und Werk Goethes.*

Ungarn

Budapest

Vorsitzender: Prof. Dr. László Tarnói, Eötvös u. 29. III. 2, 1067 Budapest. – Prof. Dr. László Tarnói: Teilnahme am Donautreffen in Ulm und Vortrag über: *Sprache und Kultur der Ungarn.* – Kontaktaufnahme mit der Goethe-Gesellschaft in Köln, um partnerschaftliche Beziehungen aufzubauen. – Prof. Dr. Hans-Dietrich Dahnke (Weimar): *Des Chaos vielgeliebter Sohn. Mephisto in Goethes „Faust“.* – Prof. Dr. Ernst Osterkamp (Berlin): *Laokoon-Beschreibung in der Goethe-Zeit.*

USA

Goethe Society of North America

Präsident: Prof. Dr. Hans Rudolf Vaget, Department of German, Smith College, Northampton, MA 01063. – Tagung der GSNA in Colorado Springs zum Thema *From Alchemy to Ecology: Reevaluating the Goethean Idea of Nature.* Moderator: John B. Lyon (University of Pittsburg). – Ulrike Zeuch (Herzog August Bibliothek Wolfenbüttel): *The Ethics of Genetic Engineering and Goethe's Homunculus.* – Angela Borchert (University of Western Ontario): *Naturally Goethe! A Fragment in the Journal of Tiefurt.* – Astride Orle Tantillo (University of Illinois at Chicago): *Protean Nature and Goethean Philosophy.* — Sektion der GSNA auf der Tagung der MLA, Thema: *Goethe and Truthfulness.* Moderatorin: Karin Pagel Meiners (University of Kansas). – Martina Kolb (Yale University): *The Mind's Eye in Goethe's „Italienische Reise“.* – Karin Barton (Waterloo, Ontario): *True Lies: Making Sense of the Witch's Riddle in Goethe's „Faust“.* – Robert Ellis Dye (Macalester College): *Truth Transposed.* – Innerhalb der MLA-Tagung Business Meeting der GSNA unter Leitung des Präsidenten Hans Rudolf Vaget. – Jill Anne Kowalik (University of California, Los Angeles): *Trauma and Memory in Goethe's Novels.* – Report on the GSNA at the GSA: *Life into Literature, Literature into Life.* Moderator: John A. McCarthy (Vanderbilt). — Jane K. Brown (University of Washington): *Rousseau's Autobiography: Goethe's Life.* – Robert Ellis Dye: *Self-Blame in the Confessions of Young Goethe.* – Deirdre Vincent (University of Toronto): *„To Write is to Be is to Write“. Goethe, Life, and Literature.*

Ausschreibungstext zur Vergabe von Goethe-Stipendien

Die Goethe-Gesellschaft in Weimar fördert seit 1993 durch Stipendien, die wir größtenteils privaten Spenden von Mitgliedern und Freunden unserer Gesellschaft verdanken, wissenschaftliche Projekte, die der Erforschung von Leben und Werk Goethes dienen oder die Rezeption des Dichters in den verschiedenen Nationalliteraturen zum Gegenstand haben.

Wissenschaftlerinnen und Wissenschaftler aus ost- und südosteuropäischen Ländern werden besonders berücksichtigt.

Bedingungen

Voraussetzung für die Bewerbung um ein Goethe-Stipendium ist die Promotion oder die weit fortgeschrittene Arbeit an der Dissertation.

Das Stipendium beträgt 1 000 € monatlich. Vergeben werden im allgemeinen dreimonatige Stipendien; eine Verlängerung ist nach begründetem Antrag möglich. Regelungen zur Übernahme der Reisekosten werden individuell vereinbart.

Die Goethe-Gesellschaft vermittelt den Stipendiaten Gästewohnungen. Der vom Stipendiaten zu begleichende Mietanteil von ca. 150 bis 200 € richtet sich nach Größe und Ausstattung der Wohnung. Unabdingbar ist eine gültige Krankenversicherung. Diese ist individuell mit der Geschäftsstelle zu klären.

Die Stipendiaten können in öffentlichen Kolloquien, die dem interdisziplinären wissenschaftlichen Gespräch dienen, über ihre Projekte berichten. Diese Stipendiaten-Kolloquien werden von der Direktion Forschung und Bildung der Stiftung Weimarer Klassik und Kunstsammlungen organisiert. Die Goethe-Gesellschaft ermöglicht die Publikation besonders qualifizierter Abhandlungen im Goethe-Jahrbuch. Von den Stipendiaten wird ein kurzer Abschlußbericht über ihre Tätigkeit erwartet. Gebeten sei zudem, bei einer Publikation der Ergebnisse auf die Förderung durch die Goethe-Gesellschaft hinzuweisen.

Arbeitsmöglichkeiten

Stipendiaten der Goethe-Gesellschaft können im Goethe- und Schiller-Archiv, im Goethe-Nationalmuseum und in der Herzogin Anna Amalia Bibliothek arbeiten. Zudem stehen die Bestände des Thüringischen Hauptstaatsarchivs, der Hochschule für Musik „Franz Liszt" und der Bauhaus-Universität Weimar (Sammlungen, Bibliotheken) für Forschungsarbeiten zur Verfügung.

Bewerbungen

Anträge für die Vergabe des Goethe-Stipendiums sind zu senden an:

Goethe-Gesellschaft
Präsident
Burgplatz 4
99423 Weimar.

(Telefon: 0 36 43 - 20 20 50, Fax: 0 36 43 - 20 20 61
e-mail: goetheges@aol.com, www.goethe-gesellschaft.de)

Die Bewerbungsunterlagen sollten bestehen aus einer ausführlichen Projektbeschreibung, einem kurzen Lebenslauf, der die wissenschaftliche Entwicklung erkennen läßt, zwei Referenzen und, falls gegeben, einer Publikationsliste.

Die Bewerbung ist jederzeit möglich.

Die Mitarbeiter dieses Bandes

Prof. Dr. *Peter-André Alt*, Universität Würzburg, Institut für Deutsche Philologie, Am Hubland, 97074 Würzburg

Dieter Althaus, Ministerpräsident des Freistaates Thüringen, Regierungsstraße 73, 99084 Erfurt

PD Dr. *Andreas Anglet*, Venloer Straße 353, 50823 Köln

Siegfried Arlt, Hüttenberg 13, 09120 Chemnitz

Dr. *Günter Arnold*, Stiftung Weimarer Klassik und Kunstsammlungen, Burgplatz 4, 99423 Weimar

Dr. *Konstantin Asadowski*, ul. Vosstanija, d. 10, kv. 51, 191014 St. Petersburg, Rußland

Prof. Dr. *Achim Aurnhammer*, Albert-Ludwigs-Universität Freiburg, Deutsches Seminar II, Postfach, 79085 Freiburg i. Br.

Dr. *René Jacques Baerlocher*, C. F. Meyer-Straße 32, 4059 Basel, Schweiz

Prof. Dr. *Ehrhard Bahr*, University of California, Department of German Languages, 212 Royce Hall, Box 951539, Los Angeles, CA 90095–1539, USA

Eva Beck, Tiefurter Allee 3 a, 99425 Weimar

Senatsdirektor a. D. *Sepp Binder*, Auf der Königsbitze 8, 53693 Königswinter

Prof. Dr. *Hendrik Birus*, Ludwig-Maximilians-Universität München, Institut für Allgemeine und Vergleichende Literaturwissenschaft (Komparatistik), Schellingstraße 3, 80799 München

Dr. *Ulrike Bischof*, Stiftung Weimarer Klassik und Kunstsammlungen, Burgplatz 4, 99423 Weimar

Volkmar Birkholz, Goethestraße 2, 99096 Erfurt

PD Dr. *Anne Bohnenkamp*, Freies Deutsches Hochstift, Frankfurter Goethe-Museum, Großer Hirschgraben 23–25, 60311 Frankfurt a. M.

Dr. *Marina Bokutschawa*, Kethewan Zamebuli Prospekt 2, 380003 Tbilissi, Georgien

Dr. *Helga Bonitz*, Heinrich-Beck-Straße 47, 09112 Chemnitz

Prof. Dr. *Peter J. Brenner*, Universität zu Köln, Institut für Deutsche Sprache und Literatur, Albertus-Magnus-Platz, 50923 Köln

Prof. Dr. *Ulrich Breuer*, Universität Helsinki, Germanistisches Institut, Unioninkatu 40 B, PL 24, 00014 Helsinki, Finnland

PD Dr. *Wolfgang Bunzel*, Universität München, Institut für Deutsche Philologie, Schellingstraße 3, 80799 München

Dr. *Walter Burnikel*, Joseph-Haydn-Straße 18, 66125 Dudweiler

Dr. *Horst Claussen*, Die Beauftragte der Bundesregierung für Kultur und Medien, Referat K 21, Postfach 17 02 90, 53108 Bonn

Tomasz Dominiak, Uniwersytet Wrocławski, Instytut Filologii Germańskiej, pl. Nankiera 15, 50–140 Wrocław, Polen

Dr. *Elke Dreisbach*, Akademie der Wissenschaften in Göttingen, Goethe-Wörterbuch, Arbeitsstelle Hamburg, Von-Melle-Park 6, 20146 Hamburg

Prof. Dr. *Rudolf Drux*, Universität zu Köln, Institut für Deutsche Sprache und Literatur, Albertus-Magnus-Platz, 50923 Köln

Dr. *Gesa von Essen*, Georg-August-Universität Göttingen, Seminar für Deutsche Philologie, Käte-Hamburger-Weg 3, 37073 Göttingen
Prof. Dr. *Werner Frick*, Georg-August-Universität Göttingen, Seminar für Deutsche Philologie, Käte-Hamburger-Weg 3, 37073 Göttingen
Prof. Dr. *Wolfram Malte Fues*, Universität Basel, Deutsches Seminar, Nadelberg 4, 4051 Basel, Schweiz
Prof. Dr. *Hans-Martin Gauger*, Albert-Ludwigs-Universität Freiburg, Romanisches Seminar, Werthmannplatz, 79085 Freiburg i. Br.
Dr. habil. *Jochen Golz*, Stiftung Weimarer Klassik und Kunstsammlungen, Burgplatz 4, 99423 Weimar
Johannes Grave, Friedrich-Schiller-Universität Jena, Kunsthistorisches Seminar, Fürstengraben 18, 07743 Jena
Prof. Dr. *Dietrich Grohnert*, Puschkinstraße 16, 99084 Erfurt
Prof. Dr. *George Guţu*, Universitatea din Bucureşti, Str. Pitar Moş 7–11, 70151 Bucureşti 1, Rumänien
Dr. *Heinz Härtl*, Stiftung Weimarer Klassik und Kunstsammlungen, Burgplatz 4, 99423 Weimar
Prof. Dr. Dr. h. c. mult. *Volkmar Hansen*, Goethe-Museum Düsseldorf, Schloß Jägerhof, Jacobistraße 2, 40211 Düsseldorf
Dr. *Andrea Heinz*, Friedrich-Schiller-Universität Jena, Institut für Germanistische Literaturwissenschaft, Fürstengraben 18, 07743 Jena
Dr. *Silke Henke*, Stiftung Weimarer Klassik und Kunstsammlungen, Burgplatz 4, 99423 Weimar
PD Dr. *Uwe Hentschel*, Dahmestraße 115, 16341 Zepernick bei Berlin
Prof. Dr. *Adrian Hsia*, 486–688 Sherbrooke St. West, Montreal, Qc. H3A 3R1, Canada
Dr. *Angelika Jacobs*, Bellealliancestraße 72, 20259 Hamburg
Prof. Dr. *Hans-Wolf Jäger*, Universität Bremen, FB 10, Postfach 33 04 40, 28359 Bremen
PD Dr. *Benedikt Jeßing*, Ruhr-Universität Bochum, Germanistisches Institut, 44780 Bochum
Prof. Dr. Dr. h. c. mult. *Gerhard Kaiser*, Kapellenweg 39 a, 79100 Freiburg i. Br.
Paul Kahl, Paulinerstraße 7, 37073 Göttingen
Prof. Dr. Dr. h. c. *Werner Keller*, Friedrich-Schmidt-Straße 54, 50933 Köln
Stefan Keppler, Universität Würzburg, Institut für Deutsche Philologie, Am Hubland, 97074 Würzburg
RA *Johannes Kippenberg*, Maisinger Weg 15 a, 82319 Starnberg-Söcking
Dr. *Georg Kurscheidt*, Stiftung Weimarer Klassik und Kunstsammlungen, Burgplatz 4, 99423 Weimar
Dr. *Fabian Lampart*, Georg-August-Universität Göttingen, Seminar für Deutsche Philologie, Käte-Hamburger-Weg 3, 37073 Göttingen
Dr. *Felix Leibrock*, Stadtkulturdirektor, Stadtverwaltung Weimar, Kulturamt, Karl-Liebknecht-Str. 5, 99423 Weimar
Sławomir Leśniak, Ul. Zamenhofa 18/1, 80284 Gdańsk, Polen
Prof. Dr. *Jutta Linder*, Università di Messina, Facoltà di Lettere e Filosofia, Dipartimento di Lingue, Letterature e Culture Straniere, Via Verdi, 98100 Messina, Italien
Dr. *Hans Peter Linss*, Im Buchet 16, 82335 Berg
Prof. Dr. *Irmela von der Lühe*, Georg-August-Universität Göttingen, Seminar für Deutsche Philologie, Käte-Hamburger-Weg 3, 37073 Göttingen

Dr. *Petra Maisak*, Freies Deutsches Hochstift, Frankfurter Goethe-Museum, Großer Hirschgraben 23–25, 60311 Frankfurt a. M.

Dr. *Bernd Mahl*, Hainbuchenweg 23, 72076 Tübingen

Dr. *Bernadette Malinowski*, Universität Augsburg, Lehrstuhl für Neuere Deutsche Literaturwissenschaft/Vergleichende Literaturwissenschaft, Universitätsstraße 10, 86159 Augsburg

Prof. Dr. *Albert Meier*, Christian-Albrechts-Universität zu Kiel, Institut für Neuere Deutsche Literatur und Medien, Leibnizstr. 8, 24118 Kiel

Peter Meuer, Kolbeweg 43, 30655 Hannover

Dr. *Christoph Michel*, Universität des Saarlandes, FR 4.1 Germanistik, Postfach 15 11 50, 66041 Saarbrücken

Prof. Dr. *Frank Möbus*, Georg-August-Universität Göttingen, Seminar für Deutsche Philologie, Käte-Hamburger-Weg 3, 37073 Göttingen

Dr. *Gerhard Müller*, Sonderforschungsbereich „Ereignis Weimar-Jena. Kultur um 1800“. Humboldtstraße 34, 07743 Jena

Prof. Dr. *Gerhard H. Müller*, Joseph-Haydn-Straße 13, 66125 Saarbrücken

Prof. Dr. *Klaus-Detlef Müller*, Eberhard-Karls-Universität Tübingen, Deutsches Seminar, Wilhelmstraße 50, 72074 Tübingen

Prof. Dr. *Peter Müller*, Am Kornfeld 67, 12623 Berlin

Dr. *Petra Oberhauser*, Goethe-Gesellschaft in Weimar, Burgplatz 4, 99423 Weimar

Prof. Dr. *Norbert Oellers*, Rüngsdorfer Str. 11, 53173 Bonn

Dr. *Manfred Osten*, Weißdornweg 23, 53177 Bonn

Prof. Dr. *Bodo Plachta*, Vrije Universiteit Amsterdam, Faculteit der Letteren, Duitse Taal en Cultur, De Boelelaan 1105, 1081 HV Amsterdam, Niederlande

Prof. Dr. Dr. *Paul Raabe*, Roseggerweg 45, 38304 Wolfenbüttel

Dr. *Helmut Rechenberg*, Max-Planck-Institut für Physik, Föhringer Ring 6, 80805 München

Prof. Dr. *Terence J. Reed*, The Queen's College, Oxford, 0X1 4AW, Großbritannien

Dr. *Elke Richter*, Stiftung Weimarer Klassik und Kunstsammlungen, Burgplatz 4, 99423 Weimar

Prof. Dr. *Wolfgang Riedel*, Universität Würzburg, Institut für Deutsche Philologie, Am Hubland, 97074 Würzburg

Prof. Dr. *Giovanni Sampaolo*, Università degli Studi „G. d'Annunzio“ di Chieti-Pescara, Dipartimento di Scienze Linguistiche e Letterarie, Viale Pindaro, 42, 65127 Pescara, Italien

Dr. *Mariam Schamlu*, Schleißheimer Straße 19, 85748 Garching

HD Dr. *Franziska Schößler*, Universität Bielefeld, Fakultät für Linguistik und Literaturwissenschaft, Postfach 10 01 31, 33501 Bielefeld

Prof. Dr. *Rüdiger Scholz*, Albert-Ludwigs-Universität Freiburg, Deutsches Seminar II, Postfach, 79085 Freiburg i. Br.

Prof. Dr. *Lia Secci*, Università di Roma Tor Vergata, Dipartimento di Studi Filologici, Linguistici e Letterari, Via Columbia, 1, 00173 Roma, Italien

Dr. *Siegfried Seifert*, Abraham-Lincoln-Straße 10, 99423 Weimar

Prof. Dr. *Wilhelm Solms*, Barfüßertor 10, 35037 Marburg

Dr. *Judith Steiniger*, Stiftung Weimarer Klassik und Kunstsammlungen, Burgplatz 4, 99423 Weimar

Dr. *Milan Tvrdík*, Katedra Germanistiky FF UK, Nám Jana Palacha 2, 11836 Praha, Tschechien

Prof. Dr. *Volker Wahl*, Direktor Thüringisches Hauptstaatsarchiv, Marstallstr. 1, 99423 Weimar

Prof. Dr. *Reinhard Wegner*, Friedrich-Schiller-Universität Jena, Kunsthistorisches Seminar und Kustodie, Fürstengraben 18, 07743 Jena

Dr. *John R. Williams*, 104 Hepburn Gardens, St. Andrews, Fife KY16 9LT, Schottland, Großbritannien

Dr. *Margrit Wyder*, Friedhofstraße 50, 8048 Zürich, Schweiz

Dr. *Edith Zehm*, Ludwig-Maximilians-Universität München, Institut für Deutsche Philologie, Schellingstraße 3, 80799 München

GOETHE-BIBLIOGRAPHIE 2002

Bearbeitet von SIEGFRIED SEIFERT

auf der Grundlage der in der Herzogin Anna Amalia Bibliothek zu Weimar
von HEIDI ZEILINGER
erstellten „Internationalen Bibliographie zur deutschen Klassik"

Diese Bibliographie erfaßt die Goethe-Literatur des Berichtsjahres 2002 und Nachträge aus dem Jahr 2001. Erneut war aus einer hohen Zahl von Publikationen eine Auswahl des wissenschaftlich und rezeptionsgeschichtlich Wesentlichen zu treffen. Auf Zeitungsartikel und Rezensionen mußte aus Platzgründen verzichtet werden; die Rezensionen werden jedoch in der „Internationalen Bibliographie zur deutschen Klassik" (Saur-Verlag München, zuletzt Folge 47. 2000) nachgewiesen.

Die bibliographischen Aufnahmen entsprechen den Regeln für die alphabetische Katalogisierung (RAK). Das Register enthält die Namen von Autoren, Übersetzern und Illustratoren. Redaktionsschluß für diese Folge war der 30. Juli 2003.

Mein besonderer Dank gilt Frau Heidi Zeilinger und Frau Brigitte Becker-Ebenau von der Herzogin Anna Amalia Bibliothek für vielfältige und großzügige bibliographische und programmtechnische Unterstützung. Der Dank gilt weiterhin all jenen, die durch Hinweise und eingesandte Belegexemplare unsere Arbeit unterstützt haben. Die Herausgeber Goethescher Texte und die Autoren von Publikationen über Goethe werden gebeten, durch Belegexemplare und Informationen diese bibliographische Übersicht, die auch im kommenden Jahr fortgesetzt werden wird, zu unterstützen.

Siegfried Seifert

Gliederung

I. Primärliteratur

1. Werkausgaben

[Keine Veröffentlichungen.]

2. Teilausgaben

1 Ausgewählte Werke : Die Leiden des jungen Werther. Das Märchen. Die Wahlverwandtschaften. – Berlin : Aufbau-Verl., 2002. – 422 S. : Ill. – (Die Bibliothek deutscher Klassiker)

2 Mit Goethe durch das Jahr : e. Kalender für das Jahr ... – Düsseldorf ; Zürich : Artemis & Winkler. 2003. / Ausw., Anm. u. Quellenverz. von Effi *Biedrzynski*. – 2002. – 143 S. : Ill.
Die 55. Folge des Goethekalenders steht unter dem Thema „Frau Aja und Schwester Cornelia – Goethes Mutter und Schwester".

3 Der Humor des Herrn von Goethe / hrsg. von Volker *Fabricius*. – Düsseldorf ; Zürich : Benziger, 2002. – 95 S.

4 Goethe für Kinder : „Ich bin so guter Dinge" / ausgew. von Peter *Härtling*. Ill. von Hans *Traxler*. – Frankfurt a. M. ; Leipzig : Insel-Verl., 2002. – 94 S. : Ill. – (Insel-Taschenbuch ; 2900)

5 Von Mensch und Menschheit : aus seinen [Goethes] Werken, Briefen, Tagebüchern u. Gesprächen / hrsg. von Bruno *Wachsmuth*. Mit e. Nachw. von Jochen *Golz*. – Frankfurt a. M. : Leipzig : Insel-Verl., 2002. – 403 S. – (Insel-Taschenbuch ; 2850)

6 Klassisch gut : Goethe-Zitate ; mit Schattenrissen der Goethezeit / hrsg. von Christel *Förster*. – 7. Aufl. – Leipzig : Buchverl. für die Frau, 2002. – 128 S. : Ill.
Miniaturbuch.

7 Johann Wolfgang von Goethe : (1749 – 1832) ; Volksliedaufzeichnungen im Elsaß / in Zsarb. mit dem Deutschen Volksliedarchiv. Bearb. von Otto *Holzapfel* [u. a.] – 2., wesentlich erg. Aufl. – München : Bezirk Oberbayern, 2001. – 96 S. : Ill., Kt., Noten. – (Auf den Spuren von ... ; 6)

8 Liebe, Lust & Leidenschaft : e. Ohrenorgie der literar. Hocherotik / Gerd *Haffmanns* u. Monika *Schärer* lesen. Zsstellung u. Regie: Gerd *Haffmanns*. – Gekürzte Hörfassung. – München : Raben Records im Heyne-Hörbuch, 2002. – 1 CD, DDD, stereo. – (Heyne-Hörbuch : Lesung)

9 Diari e lettere dall'Italia (1786 – 1788) [Teils., italien.] / a cura di Roberto *Venuti*. – Roma : Artemide ; Casa di Goethe, 2002. – 414 S. : Ill. – (Collana Proteo ; 15)
Darin vollständige Übersetzung des „Tagebuchs der italienischen Reise für Frau von Stein" sowie von 154 Briefen Goethes aus Italien.

3. Briefausgaben und Briefwechsel

10 Schiller, Goethe : miteinander u. übereinander ; zitiert aus ihren Briefen. – Marbach a. N. : Schillerverein, 2002. – 26 S. – (Miniaturbücher)
In Leporello.

11 *Reichardt*, J[ohann] F[riedrich] ; *Goethe*, J[ohann] W[olfgang]: Briefwechsel / hrsg. u. kommentiert von Volkmar *Braunbehrens*, Gabriele *Busch-Salmen*, Walter *Salmen*. – Weimar : Böhlau, 2002. – X, 239 S. : Ill.

12 *Moering*, Renate: [Zur Neuerwerbung dreier Goethe-Briefe: An J. L. Frhrn von Mauchenheim, gen. von Bechtolsheim, 14. 11. 1776, Beilage zum Brief an M. von Eybenberg, 7. 8. 1808 sowie an H. C. A. Eichstädt, 18. 12. 1817. Mit fotograf. Wiedergabe der Hss. u. Transkriptionen der Texte, S. 341–343 sowie Taf. 9.] – In: Jahrbuch des Freien Deutschen Hochstifts. [Jg.] 2002. Tübingen 2002. S. 341–343.

13 *Kurscheidt*, Georg ; *Oellers*, Norbert ; *Richter*, Elke: Sechs unbekannte Briefe Goethes. – In: Goethe-Jahrbuch. Bd. 119. Weimar 2002. S. 183–202.

Mit Erstveröffentl. folgender Briefe: An E. M. Hüttenrauch. Weimar, 11. 5. 1786. – An Ch. von Schiller. Weimar, 15. 5. 1807?. – An F. von Luck. Weimar, 18. 7. 1815. – An J. G. G Büsching. Weimar, 22. 4. 1818. – An F. F. H. Küstner. Weimar, 20. 9. 1825. – An C. F. P. von Martius. Weimar, 18. 2. 1826. – Nach den Hss. im Weimarer Goethe- und Schiller-Archiv. Die kommentierte Erstveröffentl. entstand im Zusammenhang mit der in Vorbereitung befindlichen histor.-krit. Ausg. der Briefe Goethes.

4. *Einzelausgaben*

14 [Goethes Agenda vom November und Dezember 1827.] – In: Sebastian *Donat*: Arbeitspensum eines Achtundsiebzigjährigen : e. unbekannte Agenda Goethes vom Nov. u. Dez. 1827. – In: Goethe-Jahrbuch. Bd. 118. Weimar 2001. S. 328–345 : Ill.
Mit Erstveröffentl. u. ausführlicher Kommentierung des Textes der in der Russischen Nationalbibliothek St. Petersburg befindlichen Hs. u. fotograf. Wiedergabe dieser Hs.

15 Chinesisch-deutsche Jahres- und Tageszeiten / Handzeichn. von Friedemann *Walbrodt*. – Berlin-Dahlem, [Altensteinstr. 52] : F. Walbrodt, 2002. – [53] Bl. : Ill.

16 Goethes Erlkönig / Ill. von Friedemann *Walbrodt*. – Berlin-Dahlem, [Altensteinstr. 52] : F. Walbrodt, 2002. – [16] Bl : Ill.

17 Faust : [der Tragödie erster und zweiter Teil]. – Leipzig : Faber & Faber, 2002.
1. Faust, der Tragödie erster Teil / mit Ill. von Bernhard *Heisig*. – 210 S. : zahlr. Ill.
2. Faust, der Tragödie zweiter Teil / mit Ill. von Max *Slevogt*. – 337 S. : zahlr. Ill.

18 Faust : der Tragödie erster und zweiter Teil ; Urfaust / hrsg. u. komm. von Erich *Trunz*. – Sonderausg., 437. – 466. Tsd. – München : Beck, 2002. – 777 S.

19 Faust : der Tragödie erster Teil ; Textausg. / hrsg. von Gerd *Elversberg*. – 2., überarb. Aufl. – Hollfeld : Bange, 2001. – 172 S. – (Königs Lektüren ; 3003)

20 Faust : nach Johann Wolfgang von Goethe / Barbara *Kindermann*. Mit Bildern von Klaus *Ensikat*. – Darmstadt : Wissenschaftl. Buchgesellschaft, 2002. – [36] S. : überw. Ill. – (Weltliteratur für Kinder)
Lizenz des Kindermann-Verl., Berlin.

21 Faust, Teil I & II : Hörbuch / gelesen von Wolfgang *Dehler*. – Dresden : MCS Sachsen [u. a.], [2002]. – 2 CDs. : stereo, DDD. + Begleittext ([2] Bl.)

22 Faust : lirika [Faust, Gedichte, ukrain.] / Per. z nim. Dlja staršogo škil'nogo viku. Peredm. Dmitra *Nalivajka*. Maljunki Ivana *Gavriljuka*. – Kiïv : Veselka, 2001. – 476 S. : Ill.
Darin Übersetzung von Faust I und II sowie von 21 Gedichten.

23 Liebesgedichte / ausgew. von Karl *Eibl*. – Frankfurt a. M. ; Leipzig : Insel-Verl., 2002. – 108 S. – (Insel-Taschenbuch ; 2825)

24 Zarubežnaja poėzija v perevodach Borisa Pasternaka / sostav. E. B. *Pasternaka* ; E. K. *Nesterovoj*. – Moskva : Izdat. Raduga, 2001. – 639 S.
Darin u. a. russ. Übersetzung von 14 Gedichten Goethes sowie von Ausz. aus „Faust" I, S. 228–349.

25 Stichotvorenija [Gedichte, russ.] – Moskva : Ripol Klassik, 2002. – 798 S. – (Bessmertnaja biblioteka)

26 Götz von Berlichingen mit der eisernen Hand : e. Schauspiel / Anm. von Volker *Neuhaus*. – Durchges. Ausg. auf der Grundlage der neuen amtl. Rechtschreibregeln. – Stuttgart : Reclam, 2002. – 128 S. – ([Reclams] Universal-Bibliothek ; 71)

27 Iphigenie auf Tauris / [Darsteller:] Maria *Wimmer*; Hermann *Schomberg*; Rolf *Henniger* [u. a.] Regie: Gustav Rudolf *Sellner*. Hrsg. – in Zsarb. mit … von Wolfgang Matthias *Schwiedrzik*. – Neckargemünd : Ed. Mnemosyne, 2002. – 2 CDs (109 Min.) : AAD, digitally remast. + Begleith. (51 S.: Ill.) – (Hör-Bühne)
Aufzeichnung von den 10. Ruhrfestspielen Recklinghausen, 1956. – Prod.: Westdeutscher Rundfunk Köln.

28 Italienische Reise / hrsg. u. komm. von Herbert von *Einem*. – 7. Aufl. der Sonderausg. – München : Beck, 2002. – 750 S. : Ill.

29 Goethes Neapel 1787 [Italienische Reise, Ausz.] / hrsg. von Friedemann *Walbrodt*. – Berlin-Dahlem, [Altensteinstr. 52] : F. Walbrodt, 2002. – [25] Bl. : Ill.
In Frakturschrift.

30 Viaggio in Sicilia [Italienische Reise, Ausz., italien.] / introd. di Carlo *Ruta*. – Palermo : Edi. bi. si., 2002. – 146 S. : Ill. – (Piccola biblioteca ; 5)

31 Die Leiden des jungen Werther = Az ifjú Werther szenvedései [dt. u. ungar.] / ford.: *Bor* Ambrus. – Budapest : Noran, 2002. – 271 S. – (Kentaur könyvek)

32 Die Leiden des jungen Werther. – Düsseldorf : Albatros, 2002. – 112 S. : Ill.

33 Die Leiden des jungen Werthers : Roman. – Frankfurt a. M. ; Leipzig : Insel-Verl., 2002. – 112 S. – (Der Kanon : Die deutsche Literatur)

34 Die Leiden des jungen Werthers. – München : Saur, 2002. – 185 S. – (gross. druck)
Text nach der Erstausg. von 1774.

35 Die Leiden des jungen Werther : mit Materialien / ausgew. von Doris *Bonz-Ammon*. – Stuttgart [u. a.] : Klett, 2002. – 160 S. : Ill. – (Editionen für den Literaturunterricht) (Editionen mit Materialien)

36 Die Leiden des jungen Werther / Anm. von Kurt *Rothmann*. Nachw. von Ernst *Beutler*. – [Neuaufl.] – Stuttgart : Reclam, 2002. – 226 S. – (Reihe Reclam)

37 Die Leiden des jungen Werther / Nachw. von Ernst *Beutler*. – Durchges. Ausg. 2001 auf der Grundlage der neuen amtl. Rechtschreibregeln. – Stuttgart : Reclam, 2002. – 164 S. – ([Reclams] Universal-Bibliothek ; 67)

38 Stradanija junogo Vertera [Die Leiden des jungen Werther, russ.] : roman. – Moskva : Ėksmo-Press, 2002. – 637 S. : Ill. – (Zarubežnaja klassika)

39 Maximák és reflexiók [Maximen und Reflexionen, ungar.] / ford. *Gedő* Simon. – Budapest : Dekameron, [2002]. – 158 S. – (Dekameron könyvek)

40 Novelle : mit Anm., Komm. u. der Entstehung in Dokumenten / Vorw. u. bearb. von Rudolf *Wolff*. – Bad Schwartau : WFB Verlagsgesellschaft, 2002. – 120 S.

41 Reineke Fuchs : in 12 Gesängen / Nachw. von Hans-Wolf *Jäger*. – Bibliograph. erg. [Neu]ausg. – Stuttgart : Reclam, 2002. – 206 S. – ([Reclams] Universal-Bibliothek ; 61)

42 Römische Elegien I – XX / gesprochen von Wilfried *Ortmann*. Regie: Renate *Thormelen*. – [Köln] : Random House Audio, 2002. – 1 CD : stereo, digital + Beilage [4 Bl.] – (Litera)
Aufgenommen 1963.

43 Tilraun til ad skyra myndbreytingu plantna = Versuch, die Metamorphose der Pflanzen zu erklären / in isländ. Erstübers. von Jón Bjarni *Atlason*. Hrsg. von Wolfgang *Müller*. – Berlin : Schmitz, 2002. – 111 S. – (Schriften der Walther von Goethe Foundation ; 1)

44 Die Wahlverwandtschaften : e. Roman. – Frankfurt a. M. ; Leipzig : Insel-Verl., 2002. – 332 S. : Ill. – (Insel-Taschenbuch ; 2950)

45 Die Wahlverwandtschaften : Roman. – Frankfurt a. M. ; Leipzig : Insel-Verl., 2002. – 260 S. – (Der Kanon : Die deutsche Literatur)

46 West-östlicher Divan / Lesung mit: Thomas *Gerber* [u. a.] Texteinrichtung von Hanjo *Kesting*. Regie, Realisation: Anna *Hartwich*. – Hamburg : Hoffmann und Campe, 2002. – 2 CDs (122 Min.) : DDD, stereo. + Begleith. – (Hoffmann-und-Campe-Hörbücher)

II. Sekundärliteratur

1. Allgemeines. Gesamtdarstellungen zum Leben und Werk. Bibliographien

47 *Böhmer*, Otto A.: Erprobtes Glück : das Leben des Johann Wolfgang Goethe / Mitteldeutscher Rundfunk. Regie: Karin *Hutzler*. Sprecher: Hans *Korte* [u. a.] – Gerichshain : HörZeichen, 2002. – 2 CDs (ca. 146 Min.) : stereo, digital. + Booklet (7 S.) – (HörZeichen, Radio-Biographie)
Aufgenommen 1999.

48 *Goethe-Wörterbuch* / hrsg. von der Berlin-Brandenburgischen Akademie der Wissenschaften, der Akademie der Wissenschaften in Göttingen u. der Heidelberger Akademie der Wissenschaften. – Bd. 4, Lfg. 7. – Stuttgart : Kohlhammer, 2002.
4,7. Hauptunterricht – herandrohen. – Sp. 769–896.

49 *Das Lexikon der Goethe-Zitate* / hrsg. von Richard *Dobel.* Die Red. besorgte Martin *Müller* unter Mitarb. von … Das Verz. der Briefempfänger u. Gesprächspartner wurde von Effi *Biedrzynski*, das Reg. der Begriffe, Namen u. Wörter von Susanne *Dubois* u. Katharina *Schmid* zsgest. – [Neuausg.] – Düsseldorf : Albatros, 2002. – VII S., 1308 Sp.

50 *Olles*, Helmut: Zu Goethes Weltsicht. – In: Philosophischer Literaturanzeiger. Jg. 54. Frankfurt a. M. 2001. H.1, S. 73–99.
Literaturbericht.

51 *Seehafer*, Klaus: Goethe für Eilige. – Berlin : Aufbau-Taschenbuch-Verl., 2002. – 220 S. : Ill. – (AtV ; 1889)

52 *Seehafer*, Klaus: Johann Wolfgang Goethe : mein Leben ein einzig Abenteuer ; Biografie. – 2. Aufl. – Berlin: Aufbau-Taschenbuch-Verl., 2002. – 496 S. : Ill. – (AtV ; 1632)

53 *Seifert*, Siegfried: Goethe-Bibliographie 2000. – Goethe-Bibliographie 2001. – In: Goethe-Jahrbuch. Bd. 118. Weimar 2001. S. 523–579 u. Bd. 119. Weimar 2002. S. 357–405.

54 *Unterberger*, Rose: Die Goethe-Chronik. – Frankfurt a. M. ; Leipzig : Insel-Verl., 2002. – 557 S.

55 *Venev*, Yvan: J. W. von Goethe : a world bibliography. – Vol. 1. – Paris: Éd. de l'auteur Y. Venev, 2002.
1. (1942–1970) : About 1600 publications (chronological presentation of publications and index of personal names). – XIII, 193 S.

2. *Biographisches. Beziehungen zu Zeitgenossen*

56 *Altenburg*, Detlef: Goethe und das Musiktheater = Goethe and the musical theater. – In: *Huschke*, Wolfram: … Von jener Glut beseelt : Geschichte der Staatskapelle Weimar. – Jena, 2002. – S. 68–75.
Im Paralleldr. des dt. u. des engl. Textes.

57 *Avenarius*, Benedict Christian: Das Stammbuch des Benedict Christian Avenarius : Zeugnisse e. Studenten- u. Hofmeisterlebens in Göttingen, Braunschweig u. im Leipzig des jungen Goethe / mit Erl. u. e. Lebensbeschreibung hrsg. von Rosemarie *Schillemeit.* – Bielefeld [u. a.] : Verl. für Regionalgeschichte, 2002. – 173 S. : Faks. – (Braunschweiger Beiträge zur Geschichte der deutschen Sprache und Literatur ; 4)
Darin u. a.: Begegnung mit Goethe in Leipzig, S. 104–122.

58 *Azzouni*, Safia: Goethes Lektüre im „Archiv für den Thierischen Magnetismus" – zu einigen neu entdeckten Randnotizen. – In: Goethe-Jahrbuch. Bd. 119. Weimar 2002. S. 218–227 : Ill.

59 *Baerlocher*, René Jacques: Anmerkungen zur Diskussion um Goethe, Todesstrafe und Kindsmord. – In: Goethe-Jahrbuch. Bd. 119. Weimar 2002. S. 207–217.

60 *Bianchi*, Graziano: Beethoven e Goethe / introd. di Luigi *Baldacci.* – Firenze : Ed. Polistampa, 2002. – 61 S. : Ill.

61 *Bode*, Wilhelm: Goethes Sohn : Biographie / hrsg. von Gabriele *Radecke.* – Berlin : Aufbau-Taschenbuch-Verl., 2002. – 488 S. : Ill. – (AtV ; 1829)
Erstausg. Berlin 1918.

62 *Bornscheuer*, Lothar: „(…) und suche das Gründliche was als Capital Interessen tragen muß" : zur histor. Existenzgründung des „Dichtergenies" auf dem Buchmarkt an den Beispielen Klopstock u. Goethe. – In: Literatur und Leben : anthropolog. Aspekte in der Kultur der Moderne ; Festschrift für Helmut Scheuer zum 60. Geburtstag / Günter *Helmes* (Hrsg.) [u. a.] – Tübingen, 2002. – S. 39–53.

63 *Burwick*, Roswitha: Ein Nachtrag zu Goethes Beziehungen zu Christian Samuel Weiß. – In: Neue Zeitung für Einsiedler : Mitteilungen der Internationalen Arnim-Gesellschaft. Jg. 2. Köln 2002. H. 1/2, S. 55–56.
C. S. Weiss (1780–1856), Mineraloge.

64 *Dönike*, Martin: „Diese hier beygelegte Nachrichten sind mir von H. Hirt mitgetheilt worden" – Anmerkungen zur ersten Beschreibung von Tischbeins Gemälde „Goethe in der Campagna di Roma". – In: Goethe-Jahrbuch. Bd. 118. Weimar 2001. S. 353–359.
Die Beschreibung (Hs. im Düsseldorfer Goethe-Museum, Anton-u.-Katharina-Kippenberg-Stiftung) wird Aloys Hirt zugeschrieben.

65 *Dotzler*, Bernhard J.: Big Number Avalanche & Weltliteratur : medienwissenschaftl. Notizen zu Goethes Aktenführung. – In: Masse und Medium : Verschiebungen in der Ordnung des Wissens u. der Ort der Literatur 1800/2000 / hrsg. von Inge *Münz-Koenen* u. Wolfgang *Schäffner*. – Berlin, 2002. – S. 3–14. – (LiteraturForschung)
Hierzu: *Naumann-Beyer*, Waltraud: Respondenz zum Beitrag Bernhard J. Dotzlers, ebenda, S. 15–17.

66 *Ebner*, Fritz: Goethe : aus seinem Leben ; Reden, Vorträge, Zeitbilder. – 2., neu bearb. Aufl. – Darmstadt : Liebig, 2002. – 275 S. : Ill. – (Hessische Beiträge zur deutschen Literatur)
Darin u. a.: Der junge Goethe : sein Weg von Frankfurt nach Weimar, S. 7–79. – „Wie sehr dieser Kreis mich belebte und förderte..." [Zum Darmstädter Freundeskreis Goethes], S. 99–107. – „Ein Herz voll Liebe" : zum Andenken an Goethes „Lila", S. 107–114. – Ein „Geniestreich" und seine Folgen [Goethe, die Brüder C. und F. L. zu Stolberg sowie C. A. H. von Haugwitz baden 1775 im Darmstädter „Woog"], S. 115–119. – Goethe und die Freie Reichsstadt Friedberg : Literarisches u. Genealogisches, S. 120–131. – „Ich packte für Norden und ziehe nach Süden ..." : Goethe im Gasthof „Zum Ochsen" in Eberstadt [Oktober 1775], S. 132–135. – Wie Herder durch Goethe nach Weimar kam, S. 136–162. – Silvesterabend 1779/80 in Dieburg [Goethe und Carl August auf der Rückreise von der Schweiz], S. 163–171. – Ein Vetter Goethes [Georg Melber] in der Darmstädter Engel-Apotheke, S. 190–196. – Goethes Sohn August : e. Leben zwischen Pflicht u. Flucht, S. 213–244. – „Goethes letzte Krankheit" : zur Neuausg. e. Berichtes von Dr. Vogel (1961), S. 245 bis 248. – Vom Herrngarten zum Herrgottsberg : e. histor.-literar. Spaziergang [auf Goethes Spuren in Darmstadt], S. 249–257. – „Bruchstücke einer großen Konfession", S. 258–267.

67 *Gersdorff*, Dagmar von: Goethes erste große Liebe Lili Schönemann. – Frankfurt a. M. ; Leipzig : Insel-Verl., 2002. – 109 S. : Ill. – (Insel-Bücherei ; 1229)

68 *Gēte un Baltija = Goethe und die baltischen Länder* / sastād. un zinātniskā red. Gundega *Grīnuma*. – Rīgā : Latvijas Gētes Biedrība ; Nordisk, 2002. – 334 S.
Darin u. a.: *Zanders*, Ojārs: Gētes jaunības draugs – cesvainietis J. M. R. Lencs = Der Livländer J. M. R. Lenz – ein Jugendfreund Goethes, S. 82–93 u. 300–301. – *Salaks*, Juris: Gēte un viņa skolotājs Justus Kristiāns fon Loders = Goethe und sein Anatomie-Lehrer Justus Christian von Loder, S. 120–131 u. 302–303. – Alle Beiträge in lett. Sprache mit dt. Zsfassung.

69 *Gille*, Klaus F.: „Glückliches Ereignis" : zum Freundschaftsbund zwischen Schiller u. Goethe. – In: Weimarer Beiträge. Jg. 48. Wien 2002. H. 4, S. 520–530.

70 *Goethe und Bach* : Berührungspunkte ; Stationen der Ausstellung: Johann-Sebastian-Bach-Museum Leipzig vom 14. August bis 20. Oktober 2002, Goethe-Nationalmuseum Weimar, Goethe-Haus vom 11. September bis 12. Oktober 2003 / Bach-Archiv Leipzig. Ausstellungskonzeption: Maria *Hübner*. – Leipzig : Bach-Archiv, 2002. – 12 S. : Ill., Notenbeisp. – (Kabinettausstellung / Johann-Sebastian-Bach-Museum, Bach-Archiv Leipzig ; 53)

71 *Goethes Bildergalerie* : die Anfänge der Kunstsammlungen zu Weimar ; [Ausstellung] Kunstsammlungen zu Weimar, 25. 8. 2002 – 12. 1. 2003 / Ausstellung u. Katalog: Rolf *Bothe*; Ulrich *Haussmann*. – Berlin : G+H-Verl., 2002. – 287 S. : zahlr. Ill. (teilw. farb.) – (Im Blickfeld der Goethezeit ; Sonderbd.)
Darin: *Bothe*, Rolf: Das Kunstmuseum „vor dem Frauenthore" : der Beginn der Kunstsammlungen zu Weimar, S. 11–46. – *Meisel*, Ines: Die Weimarer Ausstellungspolitik von Johann Heinrich Meyer, S. 47–56. – *Brandt*, Philine: Johann Christian Schuchardt (1799 – 1870) : Sekretär u. Kustos der Graphischen Sammlung im Jägerhaus, S. 57–64. – *Kaufmann*, Sylke: Louise Seidler als Kustodin der großherzoglichen Gemäldesammlung, S. 65–70. – *Catalano*, Gabriella: Die Erzählung des Museums, S. 71–75. – *Haussmann*, Ulrich: Katalog der Gemälde, S. 77–249. – *Bothe*, Rolf: Katalog der Zeichnungen, S. 251–277.

72 *Gregor-Dellin*, Martin: Partheys völlig verfehlter Besuch bei Thomas Mann. – *Parthey*, Gustav: Ein verfehlter und ein gelungener Besuch bei Goethe : 1819 u. 1827 / hrsg. von Ulrich von *Bülow*. – Marbach : Dt. Schillergesellschaft, 2002. – 191 S. – (Marbacher Bibliothek ; 5)

73 *Grimm*, Catherine: Von Kopf bis Fuß auf Liebe eingestellt : an exploration of (feminine) subjectivity in Bettine von Arnim's „Goethe's Briefwechsel mit einem Kinde". – In: Internationales Jahrbuch der Bettina-von-Arnim-Gesellschaft : Forum für die Erforschung von Romantik und Vormärz. Bd. 13/14. 2001/2002. Berlin 2002. S. 89–98.

74 *Guthke*, Karl S.: Destination Goethe : travelling englishmen in Weimar. – In: Goethe and the English-speaking world : essays from the Cambridge symposium for his 250th anniversary / ed. by Nicholas *Boyle* and John *Guthrie*. – Rochester, NY [u. a.], 2002. – S. 111–142. – (Studies in German literature, linguistics, and culture)

75 *Hartung*, Günter: J. F. Reichardts Kritik an der Wiener und der Weimarer Klassik (1983). – In: G. *Hartung*: Literatur und Welt : Vorträge. – Leipzig, 2002. – S. 125–133. – (Gesammelte Aufsätze und Vorträge / G. Hartung ; 2)

76 *Heinze*, Meinhard: Der Advokat Goethe. – In: Goethe-Blätter : Schriftenreihe der Goethe-Gesellschaft Siegburg e. V. Bd. 1 (2001). Bonn 2002. S. 1–21.

77 *Henscheid*, Norbert: Goethe unter Frauen : elf biograph. Klarstellungen / mit Ill. von Klaus *Ensikat*. – Frankfurt a. M. : Fischer-Taschenbuch-Verl., 2002. – 229 S. : Ill. – (Fischer-Taschenbücher ; 15048)
Lizenz des Fest-Verl., Berlin.

78 *Homann*, Ursula: Goethe und das Judentum. – In: Goethe-Blätter : Schriftenreihe der Goethe-Gesellschaft Siegburg e. V. Bd. 1 (2001). Bonn 2002. S. 23–86.

79 *Jäckel*, Günter: Dresden als Erinnerungsort für Goethe. – In: Goethe-Jahrbuch. Bd. 119. Weimar 2002. S. 148–164.

80 *Kauffmann*, Bernd: Johann Wolfgang von Goethe (1749 – 1832), Friedrich von Schiller (1759 bis 1805), Wilhelm von Humboldt (1767 – 1835) und der Kreis um Karl Theodor von Dalberg. – In: Große Denker Erfurts und der Erfurter Universität / hrsg. von Dietmar von der *Pfordten*. – Göttingen, 2002. – S. 285–302 : Ill.
Dass. [Kurzfassung u. d. T.] Aus der Blütezeit der Salonkultur. – In: Große Denker Erfurts : 15 Vorlesungen zur Geistesgeschichte Erfurts / hrsg. von Wolfgang *Bergsdorf* u. Hans *Hoffmeister*. – Arnstadt ; Weimar, 2001. – S. 155–173.

81 *Koopmann*, Helmut: Goethe und Frau von Stein : Geschichte e. Liebe. – München : Beck, 2002. – 282 S. : Ill.

82 *Loch*, Denis: Die Jagd in Goethes Leben. – Gehren : Escher, 2002. – 194 S. : Ill. – (Escher-Taschenbuch)

83 *Mittag*, Susanne: 1802: Eröffnung des Goethe-Theaters in Lauchstädt. – In: Mitteldeutsches Jahrbuch für Kultur und Geschichte. Bd. 9. Bonn 2002. S. 175–179.

84 *Mommsen*, Katharina: Ein in Amerika aufgetauchtes Buch und „Blättchen" Goethes für Zelter. – In: Goethe-Jahrbuch. Bd. 118. Weimar 2001. S. 323–327.
Darin über ein Zelter gewidmetes Exemplar der zur 50. Wiederkehr von Goethes Ankunft in Weimar gedruckten „Iphigenie auf Tauris" – Ausg. (Jena 1825), sowie ein beigegebenes Schreiben Goethes an Zelter vom 13. 11. 1825. Mit fotograf. Wiedergabe der Hs. des Schreibens Goethes an Zelter (Erstdr. 1976 im Auktionskatalog von G. Kaldewey, Hamburg).

85 *Neunzig*, Hans A.: Genius trifft Genius : 20 Doppelportraits / mit e. Nachw. von Peter *Laemmle*. – München : Beck, 2002. – 226 S. – (Beck'sche Reihe ; 1488)
Darin u. a.: Johann Wolfgang von Goethe und Friedrich Schiller – Goethe und Marianne von Willemer, S. 7–25.

86 *Nishiyama*, Rikya: Weimar – Geschwister – Emmendingen : Wolfgang u. Cornelia Goethe zum 250. Geburtstag. – In: Goethe-Jahrbuch = Gēte-nenkan. Bd. 44. Tôkyô 2002. S. 47–78 bzw. 106–107. [In japan. Sprache mit dt. Zsfassung.]

87 *Oguri*, Hiroshi: Wer ist J. P. Eckermann? : sein Leben bis zum Tode Goethes. – In: Goethe-Jahrbuch = Gēte-nenkan. Bd. 44. Tôkyô 2002. S. 79–94 bzw. 108. [In japan. Sprache mit dt. Zsfassung.]

88 *Pakendorf*, Gunther: Goethes „nächtlich geworfene Bombe" : die Friederiken-Episode neu gelesen. – In: Acta Germanica : German studies in Africa ; Jahrbuch des Germanistenverbandes im südlichen Afrika. Bd. 28. 2000. Frankfurt a. M. 2002. S. 61–73.

89 *Die Pforte* : Veröffentlichungen des Freundeskreises Goethe-Nationalmuseum e. V. H. 6. – Weimar, 2002. – 242 S. : Ill.
Darin u. a.: *Rahmeyer*, Ruth: Über Goethes Beziehungen zu den Vereinigten Staaten von Amerika, S. 80–97. – *Zapperi*, Roberto: Goethe und Tischbein unter dem römischen Volk, S. 166 bis 171.

90 *Proescholdt*, Catherine W.: Johann Christian Hüttner (1766–1847) : a link between Weimar and London. – In: Goethe and the English-speaking world : essays from the Cambridge symposium for his 250th anniversary / ed. by Nicholas *Boyle* and John *Guthrie*. – Rochester, NY [u. a.], 2002. – S. 99–110. – (Studies in German literature, linguistics, and culture)
Darin vor allem über Hüttners Kontakte mit Goethe.

91 *Rahmeyer*, Ruth: Abschied in Freundschaft : Ottilie von Goethe zum 130. Todestag (31. 10. 1796 bis 26. 10. 1872). – In: Goethe-Jahrbuch. Bd. 118. Weimar 2001. S. 360–366.
Erstveröffentl. des Abschiedsbriefes Ottiliens an Gustav Kühne sowie eines Begleitbriefes von Walther von Goethe, 1872. Mit fotograf. Wiedergabe der Handschriften.

92 *Rahmeyer*, Ruth: Ottilie von Goethe : e. Biographie. – Frankfurt a. M. ; Leipzig : Insel-Verl., 2002. – 397 S. : Ill. – (Insel-Taschenbuch ; 2875)

93 *Saltzwedel*, Johannes: Anwaltliche Pietät : Johann Friedrich Heinrich Schlosser als Treuhänder u. Verehrer Goethes. – In: Goethekult und katholische Romantik : Fritz Schlosser (1780–1851) / hrsg. von Helmut *Hinkel*. – Mainz, 2002. – S. 19–44 : Ill. – (Neues Jahrbuch für das Bistum Mainz ; 2001/2002, Sonderbd.)

94 *Saltzwedel*, Johannes: Vom Freund zum Verehrer : Goethe u. Rat Schlosser am Wendepunkt ihrer Beziehungen 1814–1815. – In: Jahrbuch des Freien Deutschen Hochstifts. [Jg.] 2002. Tübingen 2002. S. 133–151.

95 *Schönfeldt*, Sybil: „Gestern aß ich bei Goethe" : Bilder e. neuen Gastlichkeit. – Zürich ; Hamburg [u. a.] : Arche, 2002. – 299 S. : Ill.
Mit Rezepten.

96 *Schütt*, Siegfried: Liebe, Liebe lass mich los : Goethe u. die Frauen. – München : Langen Müller, 2001. – 189 S. : Ill.

97 *Der Tonkünstler Johann Friedrich Reichardt und Goethe* : „… von der musikalischen Seite unser Freund, von der politischen unser Widersacher …" ; e. Ausstellung des Goethe-Museums Düsseldorf zum 250. Geburtstag von Johann Friedrich Reichardt (1752 – 1814), Goethe-Museum Düsseldorf, 3. März bis 14. April 2002 / Ausstellung u. Katalog: Walter *Salmen* u. Regine *Zeller*. Hrsg. von Volkmar *Hansen*. – Düsseldorf : Goethe-Museum, 2002. – 116 S. : Ill., Noten.
Darin: *Hansen*, Volkmar: Reichardt als Tonsetzer und Schriftsteller, S. 9–10. – Dokumente, S. 13–21. – *Salmen*, Walter: Reichardt und Goethe, S. 24–35. – *Zeller*, Regine: Corona Schröter – „… schwärmerisch verehrte und geliebte Freundin …", S. 36–41. – *Braunbehrens*, Volkmar: Goethes Reichardt-Rezension in der „Jenaischen Allgemeinen Literatur-Zeitung" 1804, S. 42. – *Michel*, Christoph: „Baalspfaffe" – „Wächter Zions", „demokratischer Spitz", „Skorpion" : zur „Xenien"-Polemik Schillers u. Goethes gegen J. F. Reichardt, S. 43–46. – *Busch-Salmen*, Gabriele: „Hochwohlgebohrne, Gnädige Frau Geheimeräthin" – Reichardt u. Christiane Vulpius-Goethe, S. 47–50. – Katalog, S. 51–116.

98 *Verspohl*, Franz-Joachim: Über den „Mangel an Gemälden und andern Kunstwerken auf deutschen Universitäten" : preuß. Aufklärung. – In: Jahrbuch für Universitätsgeschichte. Bd. 5. Stuttgart 2002. S. 151–161 : Ill.
Darin u. a.: Weimar-Jenaische Maßnahmen, S. 152–157.

99 *Wilkes*, Johannes: Johann Wolfgang von Goethe – der Baum und das Efeu. – In: Kant kam nicht : Dichter u. Denker in Erlangen. – Erlangen, 2001. – S. 117–124.

100 *Wirth*, Hermann: „Schneeweiß gekörnt …, Das reine Salz, dem jede Tafel huldiget" : Goethes ideelle Investitionen in das Salinenwesen. – Ein Besuch bei Goethe und die Salinistische Exkur-

sion. – In: Thesis : wissenschaftl. Zeitschrift der Bauhaus-Universität Weimar. Jg. 48. Weimar 2002. H. 4/5, S. 84–92 u. 364–367 : Ill.

101 *Wittkowski*, Wolfgang: Hexenjagd auf Goethe : November 1783: Hinrichtung e. Kindsmörderin u. „Das Göttliche". – In: Oxford German studies. Vol. 31. Oxford 2002. S. 63–102.
Der Aufsatz bezieht sich auf die 1999 von W. Daniel Wilson ausgehenden umstrittenen Thesen zu den Weimarer Ereignissen 1783.

102 *Yamamoto*, Junji: K. Ph. Moritz, „Goethes jüngerer Bruder" : sein Aufenthalt in Weimar. – In: Goethe-Jahrbuch = Gēte-nenkan. Bd. 44. Tôkyô 2002. S. 113–130 bzw. 109–110. [In japan. Sprache mit dt. Zsfassung.]

3. *Weltanschauung. Dichterisches und wissenschaftliches Schaffen*

103 *Anglet*, Andreas: Das „ernste Spiel" der Kunst : Anmerkungen zum ästhet. Perspektivismus im Romanwerk Goethes. – In: Zeitschrift für deutsche Philologie. Jg. 121. Berlin [u. a.] 2002. H. 2, S. 187–202.

104 *Avetisjan*, V[ladimir] A.: Koncepcija mirovoj literatury Gete i tvorčeskaja ėvoljucija poėta. – In: Vestnik Udmurtskogo Universiteta. God izd. 11. Iževsk 1999. S. 4–21 u. 249. [Goethes Konzeption einer Weltliteratur u. die poet. Entwicklung des Dichters. Mit engl. Zsfassung.]

105 *Avetisjan*, Vladimir A.: Die Weltliteraturkonzeption bei Goethe und den deutschen Romantikern : Berührungspunkte, Divergenzen, Kontinuität. – In: Epochenbegriffe : Grenzen u. Möglichkeiten / betreut von Uwe *Japp* [u. a.]. – Bern [u. a.], 2002. – S. 261–266. – (Akten des X. Internationalen Germanistenkongresses Wien 2000.... ; 6) (Jahrbuch für Internationale Germanistik : Reihe A ; 58)

106 *Bauer*, Joachim ; *Müller*, Gerhard: Lehr- und Wanderjahre : Goethes Weg durch die Geheimgesellschaften. – In: Goethe-Jahrbuch. Bd. 118. Weimar 2001. S. 31–45.

107 *Birus*, Hendrik: „Bedeutende Situationen, in einer künstlichen Folge" : über Goethes musikal. Dramen, mit Seitenblicken auf Mozart u. Ausblicken auf Hofmannsthal u. Strauss. – In: Jahrbuch des Freien Deutschen Hochstifts. [Jg.] 2002. Tübingen 2002. S. 270–295.

108 *Boerner*, Peter: Sie lassen sich mit Pflanzen, ihren Blüten und Früchten vergleichen : Goethes Blick auf die Nationen der Welt. – In: Jahrbuch des Freien Deutschen Hochstifts. [Jg.] 2002. Tübingen 2002. S. 116–132.

109 *Bollacher*, Martin: Aufklärungspositionen des jungen Goethe. – In: Goethe-Jahrbuch. Bd. 118. Weimar 2001. S. 158–170.

110 *Busch*, Werner: Die Rolle der englischen Kunst für Goethes Kunstbegriff. – In: Goethe-Jahrbuch. Bd. 118. Weimar 2001. S. 187–201 : Ill.

111 *The Cambridge companion to Goethe* / ed. by Lesley *Sharpe*. – Cambridge [u. a.] : Cambridge Univ. Press, 2002. – XVI, 277 S. : Kt. – (Cambridge companions to literature)
Darin: *Saine*, Thomas P.: The world Goethe lived in : Germany and Europe 1750–1830, S. 6–22. – *Saul*, Nicholas: Goethe the writer and literary history, S. 23- 41. – *Williams*, John R.: Goethe the poet, S. 42–65. – *Pugh*, David V.: Goethe the dramatist, S. 66–83. – *Reed*, T[erence] J.: Weimar Classicism : Goethe's alliance with Schiller, S. 101–115. – *Sharpe*, Lesley: Goethe and the Weimar theatre, S. 116–128. – *Swales*, Martin: Goethe's prose fiction, S. 129–146. – *Mahoney*, Dennis F.: Autobiographical writings, S. 147–159. – *Steuer*, Daniel: In defence of experience : Goethe's natural investigations and scientific culture, S. 160–178. – *Becker-Cantarino*, Barbara: Goethe and gender, S. 179–192. – *Allert*, Beate: Goethe and the visual arts, S. 193–206. – *Wilson*, W. Daniel: Goethe and the political world, S. 207–218. – *Nisbet*, H[ugh] B.: Religion and philosophy, S. 219–231.

112 *Campe*, Rüdiger: Continuing forms : allegory and translatio imperii in Caspar von Lohenstein and Johann Wolfgang von Goethe. – In: The Germanic review. Vol. 77. Washington, DC 2002. Nr. 2, S. 128–145.

113 *Cheong*, Kyung-Yang: Goethes Lyrik und die Musik. – In: Goethe-Yongu = Goethe-Studien. Bd. 14. Seoul 2002. S. 89–107. [In korean. Sprache mit dt. Zsfassung.]

114 *Chon*, Young-Ae: Über die Blendung : Goethes künstler. Behandlung der exot. Stoffe. – In: Goethe-Yongu = Goethe-Studien. Bd. 14. Seoul 2002. S. 307–334. [In dt. Sprache.]
115 *Dreßler*, Hilmar: Goethe als Synästhetiker und das Schopenhauer-Syndrom. – Berlin : Pro Business, 2002. – 13 S.
116 *Dumiche*, Béatrice: Weiblichkeit im Jugendwerk Goethes : die Sprachwerdung der Frau als dichter. Herausforderung. – Würzburg : Königshausen & Neumann, 2002. – 298 S. – (Epistemata : Reihe Literaturwissenschaft ; 278)
117 *Egger*, Irmgard: Eíkonos : zur Inszenierung der Bilder in Goethes Romanen. – In: Goethe-Jahrbuch. Bd. 118. Weimar 2001. S. 260–273.
118 *Eine Art Symbolik fürs Ohr* : Johann Wolfgang von Goethe ; Lyrik und Musik / Hermann *Jung* (Hrsg.) – Frankfurt a. M. [u. a.] : Lang, 2002. – 287 S. : Ill., Notenbeisp. – (Heidelberger Beiträge zur deutschen Literatur ; 12)
Darin u. a.: *Vom Hofe*, Gerhard: Goethes Gedanke einer „Art Symbolik fürs Ohr" und seine Begründung im musikästhetischen Dialog mit Zelter : Versuch e. Deutung, S. 19–41. – *Busch-Salmen*, Gabriele: Goethes „Demodokos" – Zur Zusammenarbeit des Dichters mit dem Hofsänger Johann Wilhelm Ehlers, S. 43–66. – *Canisius*, Claus: Goethes Anverwandlungen mündlich überlieferter Poesie, S. 67–78. – *Gruber*, Gernot: Zu Goethes Mozartverständnis, S. 79–86. – *Brown*, Jane K.: Der Drang zum Gesang : zur dramat. Form bei Goethe, S. 119–129. – *Ricca*, Cristina: Überlegungen zu Goethes römischer Rezeption des „geistlichen dialogisierten Liedes", S. 151 bis 165. – *Jensen*, Niels Martin: Kunstlied und Volkslied in Dänemark zur Goethezeit, S. 167–182. – V*ysloužil*, Jiří: Das Prager Kunstlied der Goethe-Zeit, S. 233–239. – *Vysloužilová*, Věra: Josef Antonín Štěpán: Sammlung deutscher Lieder (1778–82) : zu Liedbegriff u. Liedästhetik der Goethezeit, S. 241–256.
119 *1400 [Eintausend vierhundert] deutsche Gedichte und ihre Interpretationen* / hrsg. von Marcel *Reich-Ranicki*. Bd. 2. – Frankfurt a. M. ; Leipzig : Insel-Verl., 2002.
2. Johann Wolfgang von Goethe. – 527 S.
120 *Friedrich*, Heinz: Vom Nutzen und Nachteil der Aufklärung für das Leben : Festvortrag, gehalten auf der 77. Hauptversammlung der Goethe-Gesellschaft in Weimar 2001. – In: Goethe-Jahrbuch. Bd. 118. Weimar 2001. S. 22–30.
121 *Fröschle*, Hartmut: Goethes Verhältnis zur Romantik. – Würzburg : Königshausen & Neumann, 2002. – 564 S.
122 *Garycka*, Anna: Goethes Schweizer Reisen als Wegmarken seiner sich wandelnden Naturanschauung. – In: Convivium. Germanist. Jahrbuch Polen. Jg. 2002. Bonn 2002. S. 153–175.
123 *Gebelein*, Helmut: Alchemy and chemistry in the work of Goethe : lecture with experiments. – In: The golden egg : alchemy in art and literature / Alexandra *Lembert* ; Elmar *Schenkel*, ed. – Glienicke/Berlin [u. a.], 2002. – S. 9–29 : Ill. – (Leipzig explorations in literature and culture ; 4)
124 *Gerhard*, Anselm: Goethes „herrliche Dichtungen" und Schuberts „große Freiheit" : e. Spannungsverhältnis – einmal anders betrachtet. – In: Goethe-Jahrbuch. Bd. 118. Weimar 2001. S. 304 bis 314 : Noten.
125 *Gēte un Baltija = Goethe und die baltischen Länder* / sastād. un zinātniskā red. Gundega *Grīnuma*. – Rīgā : Latvijas Gētes Biedrība ; Nordisk, 2002. – 334 S.
Darin u. a.: *Undusks*, Jāns: Pasaule kā melnā maģija : par Gētes jaunrades filosofiju = Die Welt als schwarze Magie : zur Schaffensphilosophie Goethes, S. 21–35 u. 297–298. – *Laķis*, Pēteris: Gētes gaismas teorētiskās izpratnes filosofisks un metodoloģiskas skatījums = Die Lichttheorie Goethes aus philosophischer und methodologischer Sicht, S. 36–42 u. 298–299. – *Kästner*, Ingrid: Gētes dabaszinātniskie pētījumi = Goethes naturwissenschaftliche Studien, S. 44–56 u. 299–300. – *Kelletat*, Andreas F.: „Zu höherer Tüchtigkeit gestählt" : 1770. gada septembris: Gēte sastop Herderu Štrāsburgā = „Zu höherer Tüchtigkeit gestählt" : September 1770 : Goethe trifft Herder in Straßburg, S. 57–81 u. 300. – *Alksnis*, Ivars: Gēte et alii Itālijā = Goethe et alii in Italien, S. 94–107 u. 301–302. – *Arons*, Kārlis Ēriks: Zinātnieki ap Gēti = Die Wissenschaftler um Goethe [Hufeland, Loder, A. u. W. von Humboldt], S. 108–119 u. 302. – Alle Beiträge in lett. Sprache mit dt. Zsfassung.

126 *Goebel*, Eckart: Neptunisten vs. Vulkanisten : Johann Wolfgang von Goethe war Teil e. Gelehrtenstreits über die Entstehung der Welt. – In: Mare : die Zeitschrift der Meere. Nr. 29. Hamburg 2001/2002. S. 28–30 : Ill.

127 *Goethe and the English-speaking world* : essays from the Cambridge symposium for his 250th anniversary / ed. by Nicholas *Boyle* and John *Guthrie*. – Rochester, NY [u. a.] : Camden House, 2002. – VI, 285 S. – (Studies in German literature, linguistics, and culture)
Darin u. a.: *Boyle*, Nicholas: Introduction: Goethe and England, England and Goethe, S. 1–17. – *Nisbet*, H[ugh] B.: Goethe and Newton, S. 35–45. – *Gaskill*, Howard: „Ossian hat in meinem Herzen den Humor verdrängt" : Goethe and Ossian reconsidered, S. 47–59. – *Stephenson*, R[oger] H.: Weimar Classicism's debt to the Scottish Enlightenment, S. 61–70. – *Bell*, David: Goethe's orientalism, S. 199–212.

128 *Goethe und das Zeitalter der Romantik* / hrsg. von Walter *Hinderer*. In Verb. mit Alexander von *Bormann* [u. a.] – Würzburg : Königshausen & Neumann, 2002. – 524 S. : Ill. – (Stiftung für Romantikforschung ; 21)
Darin u. a.: *Borchmeyer*, Dieter: Zur Typologie des Klassischen und Romantischen, S. 19–29. – O*esterle*, Günter: Das Faszinosum der Arabeske um 1800, S. 51–70 : Ill. – *Neumann*, Gerhard: „Mannigfache Wege gehen die Menschen" : Romananfänge bei Goethe u. Novalis, S. 71–90. – *Oesterle*, Ingrid: „Es ist an der Zeit!" : zur kulturellen Konstruktionsveränderung von Zeit gegen 1800, S. 91–119. – *Weissberg*, Liliane: Weimar and Jena : Goethe and the new philosophy [Über Goethes Verhältnis zur Philosophie Schellings], S. 163–174. – *Wellbery*, David E.: Goethes Lyrik und das frühromantische Kunstprogramm, S. 175–192. – *Chiarini*, Paolo: „Alte Meister" in klassisch-romantischem Kontext : Goethe, Friedrich Schlegel u. die „Deutsche Renaissance" [Über Goethes Verhältnis zur altd. u. altniederländ. Malerei], S. 245–263. – *Vaugham*, William: Goethe, line and outline [Über Umriß- oder Randzeichnungen zu Goethes Werk], S. 265–279 : Ill. – *Boyle*, Nicholas: Goethe's later cycles of drawings, S. 281–306 : Ill. – *Lubkoll*, Christine: „Neue Mythologie" und musikalische Poetologie : Goethes Annäherungen an die Romantik, S. 399 bis 412. – *Borchmeyer*, Dieter: „Eine Art Symbolik fürs Ohr" : Goethes Musikästhetik, S. 413–446. – *Hoock Demarle*, Marie-Claire: Europa, die Frühromantik und der „europäische" Goethe, S. 475 bis 487. – *Hinderer*, Walter: Goethe und Amerika, S. 489–505.

129 *Goethe Yearbook* : Publications of the Goethe Society of North America / ed. by Simon *Richter*. – Rochester, NY : Camden House. Vol. 11. – 2002. – VIII, 444 S.
Darin u. a.: Special section on Goethe and the Ego. – *Breithaupt*, Fritz: Goethe and the Ego, S. 77–109. – *Landgraf*, Edgar: Self-forming selves : autonomy and artistic creativity in Goethe and Moritz, S. 159–176. – *Lange*, Horst: Weislingen – Goethe's politics of the Ego, S. 177–196. – *Schmaus*, Marion: Lebenskunst, Kunstreligion, Weltfrömmigkeit : Signaturen des Ich im Gespräch von Goethe u. Novalis, S. 255–277.

130 *Graeber*, Wilhelm: Liberalismus und Internationalität : der Beitrag des „Globe" zur „Weltliteratur". – In: Märkte, Medien, Vermittler : Fallstudien zur interkulturellen Vernetzung von Literatur u. Film / hrsg. von Manfred *Engelbert*. Göttingen, 2001. – S. 131–144. – (Göttinger Beiträge zur Nationalität, Internationalität und Intermedialität von Literatur und Film ; 1)
Darin u. a. zur Bedeutung des „Globe" für Goethe.

131 *Guthke*, Karl S.: Dodd hat euch ganz verdorben? : der europ. Kontext der Shakespeare-Kenntnis des jungen Goethe. – In: Jahrbuch des Freien Deutschen Hochstifts. [Jg.] 2002. Tübingen 2002. S. 1–30.

132 *Harlan*, Volker: Das Bild der Pflanze in Wissenschaft und Kunst : bei Aristoteles u. Goethe, der botan. Morphologie des 19. u. 20. Jh. u. bei den Künstlern Paul Klee u. Joseph Beuys. – Stuttgart [u. a.] : Mayer, 2002. – 236 S. : Ill. + 1 Beil.
Darin u. a.: Goethe, Begründer der Morphologie als naturwissenschaftlicher Methode. – Naturwissenschaftliche Goetherezeption, Morphologie der Pflanze. – Die bildliche Darstellung der Pflanze bei Goethe und in der Morphologie des 19. u. 20. Jh.

133 *Hartung*, Günter: Goethe und Lessing. – In: G. *Hartung*: Literatur und Welt : Vorträge. – Leipzig, 2002. – S. 69–81. – (Gesammelte Aufsätze und Vorträge / G. Hartung ; 2)

134 *Hildebrand*, Olaf: Im „Irrgarten" der Paradoxien : Goethe, Diderot u. „Le Neveu de Rameau". – In: Goethe-Jahrbuch. Bd. 118. Weimar 2001. S. 91–107.

135 *Hilgers*, Klaudia: Entelechie, Monade und Metamorphose : Formen der Vervollkommnung im Werk Goethes. – München : Fink, 2002. – 307 S.

136 *Ishihara*, Aeka: „Fernröhre verwirren eigentlich den reinen Menschensinn" : das Teleskop im kulturellen Diskurs vor u. bei Goethe. – In: Doitsu-bungaku. H. 108. Tôkyô 2002. S. 131–140.

137 *Ishihara*, Aeka: Luftballon-Motiv und dichterische Phantasie bei Wieland, Lichtenberg, Jean Paul und Goethe. – In: Goethe-Jahrbuch = Gēte-nenkan. Bd. 44. Tôkyô 2002. [Dt. Teil], S. 15–27.

138 *Jaeger*, Michael: Kairos und Chronos – oder: Der prägnante Moment ist flüchtig : antike Philosophie, klass. Lebenskunstlehre u. moderne Verzweiflung. – In: Prägnanter Moment : Studien zur dt. Literatur der Aufklärung u. Klassik ; Festschrift für Hans-Jürgen Schings / hrsg. von Peter-André *Alt* [u. a.] – Würzburg, 2002. – S. 405–420.
Darin zu den künstlerischen und philosophischen Erkenntnissen Goethes während seiner Italienreise.

139 *Janz*, Rolf-Peter: Ansichten der Juno Ludovisi : Winckelmann – Schiller – Goethe. – In: Prägnanter Moment : Studien zur dt. Literatur der Aufklärung u. Klassik ; Festschrift für Hans-Jürgen Schings / hrsg. von Peter-André *Alt* [u. a.] – Würzburg, 2002. – S. 357–372 : Ill.

140 *Jeziorkowski*, Klaus: Die Grammatik der Architektur : zum Rhythmus bei Palladio u. Goethe. – In: Überschreitungen : Dialoge zwischen Literatur- u. Theaterwissenschaft, Architektur u. Bildender Kunst ; Festschrift für Leonhard M. Fiedler zum 60. Geburtstag / hrsg. von Jörg *Sader* u. Annette *Wörner*. – Würzburg, 2002. – S. 29–37.

141 *Keller*, Werner: Variationen zum Thema: „Wär' nicht das Auge sonnenhaft ...". – In: Prägnanter Moment : Studien zur dt. Literatur der Aufklärung u. Klassik ; Festschrift für Hans-Jürgen Schings / hrsg. von Peter-André *Alt* [u. a.] – Würzburg, 2002. – S. 439–457.
Darin zu Goethes Plotin-Rezeption.

142 *Kemper*, Hans-Georg: Sturm und Drang : Genie – Religion. – Tübingen : Niemeyer, 2002. – XIII, 507 S.: Ill. – (Deutsche Lyrik der frühen Neuzeit / H.-G. Kemper ; 6,2)
Darin u. a.: „Göttergleich" – „Wohin? Ach wohin" [Der junge Goethe], S. 287–429.

143 *Kienzle*, Ulrike: „Die Töne verhallen, aber die Harmonie bleibt" : Orpheus-Gestalten in Goethes Dichtungen. – In: „Spielende Vertiefung ins Menschliche" : Festschrift für Ingrid Mittenzwei / hrsg. von Monika *Hahn*. – Heidelberg, 2002. – S. 11–20. – (Frankfurter Beiträge zur Germanistik ; 37)

144 *Kitahara*, Hiroshi: Goethes Logengedichte. – In: Goethe-Jahrbuch = Gēte-nenkan. Bd. 44. Tôkyô 2002. S. 131–147 bzw. 110. [In japan. Sprache mit dt. Zsfassung.]

145 *Koch*, Manfred: Weimaraner Weltbewohner : zur Genese von Goethes Begriff „Weltliteratur". – Tübingen : Niemeyer, 2002. – VIII, 285 S. – (Communicatio ; 29)
Zugl.: Gießen, Univ., Habil.-Schr., 2001.

146 *Kock*, Erich: Goethe a katolicismus. – In: Dějiny kultury a civilizace Západu v 19. století / Jiří *Hanus* (ed.) – Brno, 2002. – S. 31–43. – (Edice dějiny a kultura ; 5)

147 *Körner*, Gustav ; *Sielaff*, Michael: Goethe und die Volkswirtschaftslehre. – In: Goethe-Jahrbuch. Bd. 119. Weimar 2002. S. 165–181.

148 *Koschwitz*, Hansjürgen: Wider das „Journal- und Tageblattsverzeddeln" : Goethes Pressesicht u. Pressenutzung. – Münster [u. a.] : Lit, 2002. – 284 S. : Ill. – (Kommunikationsgeschichte ; 10)

149 *Krippendorff*, Ekkehart: Goethe – Politik gegen den Zeitgeist. – In: Die Aktualität eines Unzeitgemäßen : Chemnitzer Goethe-Vorträge 1999 / Bernd *Leistner* (Hrsg.) – Chemnitz, 2001. – S. 25–51.

150 *Kugler*, Hartmut: Über Goethe und Sachs. – In: Röllwagenbüchlein : Festschrift für Walter Röll zum 65. Geburtstag / hrsg. von Jürgen *Jaehrling* [u. a.] – Tübingen, 2002. – S. 239–249.

151 *Luserke-Jaqui*, Matthias: Medea : Studien zur Kulturgeschichte der Literatur. – Tübingen [u. a.] : Francke, 2002. – IX, 350 S. : Ill.
Darin u. a. über Goethes Rezeption des Medea-Themas, s. S. 97–118 u. Register.

152 *Maeda*, Ryozo: Entstehung der modernen Autor-/Leserschaft am „Terminal" der Allgemeinen Post : zum medialen Funktionswandel des Briefs in der „Tele-Kommunikation" der Goethezeit. – In: Goethe-Jahrbuch = Gēte-nenkan. Bd. 44. Tôkyô 2002. [Dt. Teil], S. 1–14.

153 *Maeno*, Mitsuhiro: Epischer und dramatischer Charakter : ein Versuch über Goethe u. Schiller. – In: Goethe-Jahrbuch = Gēte-nenkan. Bd. 44. Tôkyô 2002. [Dt. Teil], S. 45–62.

154 *Manger*, Klaus: Goethe und die deutschen Aufklärer. – In: Goethe-Jahrbuch. Bd. 118. Weimar 2001. S. 46–57.

155 *Mathieu*, Vittorio: Goethe e il suo diavolo custode. – Milano : Adelphi, 2002. – 198 S. – (Saggi ; N. S., 39)
Zum Problem der Negativität bei Goethe.

156 *Maul*, Gisela: Goethe und die Naturwissenschaften. – In: Katharina Sieverding : le metamorfosi dell'evoluzione … ; una mostra della Casa di Goethe, Roma, 28. 11. 2001 – 25. 2. 2002, in collaborazione con la Stiftung Weimarer Klassik. – Mailand, 2002. – S. 53–63 (italien.), 65–76 (dt.) u. 77–86 (engl.) : Ill.

157 *Miller*, Norbert: Der Wanderer : Goethe in Italien. – München ; Wien : Hanser, 2002. – 731 S. : Ill.

158 *Mit Goethe Schule machen?* : Akten zum Internationalen Goethe-Symposium, Griechenland – Neumexiko – Deutschland 1999 / hrsg. von Peter *Pabisch*. – Bern [u. a.] : Lang, 2002. – 203 S. : Ill. – (Jahrbuch für internationale Germanistik : Reihe A ; 68)
Darin u. a.: *Ebbertz*, Sibylle: Goethe und der griechische Freiheitskampf, S. 37–54. – *Niers*, Gert: Wilhelm Meisters Blick übers Meer : einige Anmerkungen zu Goethes Amerikabild, S. 55–73. – *Schmid*, Christian: Goethe und die Volksdichtung, S. 117–136. – *Müller*, Hanns-Marcus: Mit Goethe Schule machen? : der „Nationaldichter" u. sein Verhältnis zu „Volk" u. „Nation" – ein Plädoyer für den polit. Goethe im Literaturunterricht, S. 137–149. – *Pabisch*, Peter: Goethe – Germany's Shakespeare? : instead of a summary, S. 187–196.

159 *Mondot*, Jean: Goethe und die französischen Lumières oder Voltaire und kein Ende. – In: Goethe-Jahrbuch. Bd. 118. Weimar 2001. S. 75–90.

160 *Morelli*, Beatrice: Goethe e Giordano Bruno : teoria scientifica e prassi poetica. – Roma, 2002. – 161 S.
Zugl.: Roma, Univ. degli Studi Tre, Diss., 2002.

161 *Nelles*, Jürgen: Bücher über Bücher : das Medium Buch in Romanen des 18. u. 19. Jh. – Würzburg : Königshausen & Neumann, 2002. – 331 S.
Zugl.: Bonn, Univ., Habil.-Schr., 2000.
Darin u. a. über „Die Leiden des jungen Werther", „Wilhelm Meisters Lehrjahre" sowie „Die Wahlverwandtschaften".

162 *Neumeyer*, Harald: Psychenproduktion : zur Kindsmorddebatte in Gesetzgebung, Wissenschaft u. Literatur um 1800. – In: Diskrete Gebote : Geschichten der Macht um 1800 ; Festschrift für Heinrich Bosse / hrsg. von Roland *Borgards* ; Johannes Friedrich *Lehmann*. – Würzburg, 2002. – S. 47–76.

163 *Niedermeier*, Michael: Goethe und der steinige Weg wissenschaftlicher Erkenntnis. – In: Gegenworte : Hefte für den Disput über Wissen. Jg. 9. Bonn 2002. S. 83–86.

164 *Orle Tantillo*, Astrida: The will to create : Goethe's philosophy of nature. – Pittsburgh, Pa. : Univ. of Pittsburgh Press, 2002. – XII, 241 S. : Ill.

165 *Otsuki*, Hiroko: Goethe und Schiller. – In: Goethe-Jahrbuch = Gēte-nenkan. Bd. 44. Tôkyô 2002. S. 95–112 bzw. 108–109. [In japan. Sprache mit dt. Zsfassung.]

166 *Pizer*, John: Heine's unique relationship to Goethe's „Weltliteratur" paradigm. – In: Heine-Jahrbuch. Bd. 41. Stuttgart 2002. S. 18–36.

167 *Pörksen*, Uwe: Form als Mittel zur Erkenntnis : über Goethes naturwissenschaftl. Sprache. – In: Goethe-Blätter : Schriftenreihe der Goethe-Gesellschaft Siegburg e. V. Bd. 1 (2001). Bonn 2002. S. 108–128.

168 *Pörksen*, Uwe: Die Selbstüberwachung des Beobachters : Goethes Naturwissenschaft als Brückenschlag zwischen menschl. Erfahrung u. wissenschaftl. Methode. – In: Goethe-Jahrbuch. Bd. 118. Weimar 2001. S. 202–216.

169 *Radbruch*, Gustav: Kriminalistische [d. i. rechtsgeschichtliche] Goethe-Studien (1938). [T.] 1. Goethe und Schwarzenberg. – [T.] 2. Goethe und K. F. Hommel. – In: G. *Radbruch*: Kulturphilosophische und kulturhistorische Schriften / bearb. von Günter *Spendel*. – Heidelberg, 2002. – S. 278–283. – (Gesamtausgabe / G. Radbruch ; 4)
Darin über Goethes Kenntnis u. literar. Umsetzung der mittelalterl. Gerichtsbarkeit (insbesondere über die Schriften Johann Freiherr von Schwarzenbergs) u. der Kriminologie seiner Zeit. Außerdem zu seiner (offenbar nicht existierenden) Beziehung zu Karl Friedrich Hommel.

170 *Reed*, Terence J.: Goethe und Kant : Zeitgeist u. eigener Geist. – In: Goethe-Jahrbuch. Bd. 118. Weimar 2001. S. 58–74.

171 *Remmel*, Andreas: Gedanken zum Stichwort „Krieg" : mit u. über Goethe. – In: Goethe-Blätter : Schriftenreihe der Goethe-Gesellschaft Siegburg e. V. Bd. 1 (2001). Bonn 2002. S. 129–136.

172 *Riedel*, Volker: „Der Beste der Griechen" – „Achill das Vieh". – Jena [u. a.] : Bussert & Stadeler, 2002. – 348 S. – (Aufsätze und Vorträge zur literarischen Antikerezeption / Volker Riedel ; 2) (Jenaer Studien ; 5)
Darin u. a.: Wandlungen des Prometheus-Bildes in Literatur und Philosophie (1997), S. 11–22. – Goethes Beziehung zur Antike (1998), S. 63–84. – Goethe und seine Zeit im Spannungsfeld zwischen Antike und Moderne (1999), S. 91–106. – Goethe und Voß : zum Antikeverhältnis zweier dt. Schriftsteller um 1800 (1999), S. 107–122. – Goethe und Homer (2000), S. 123–143.

173 *Ritter-Santini*, Lea: Ganymed : ein Mythos des Aufstiegs in der deutschen Moderne [Il volo di Ganimede : mito di ascesa nella Germania moderna, dt.] / aus dem Ital. von Birgit *Schneider*. Die Übers. wurde von der Autorin rev. u. erw.] – München [u. a.] : Hanser, 2002. – 198 S. : Ill. – (Dichtung und Sprache ; 15)
Darin u. a. zum Ganymed-Mythos bei Goethe.

174 *Rölleke*, Heinz: Goethes Eislaufverse und das „Wunderhorn"-Lied „Gute Lehre" : von geraden Herzen, Disteln u. Dörnern. – In: Lied und populäre Kultur : Jahrbuch des Deutschen Volksliedarchivs Freiburg. Bd. 46 (2001). Münster 2002. S. 225–227.

175 *Sauder*, Gerhard: Aufklärerische Bibelkritik und Bibelrezeption in Goethes Werk. – In: Goethe-Jahrbuch. Bd. 118. Weimar 2001. S. 108–125.

176 *Sbarra*, Stefania: Der junge Goethe und Jean-Jacques Rousseau. – In: Goethe-Jahrbuch. Bd. 119. Weimar 2002. S. 23–41.

177 *Schmidt*, Jochen: Metamorphosen der Antike in Goethes Werk : vorgetragen am 5. Mai 2001. – Heidelberg : Winter, 2002. – 29 S. – (Schriften der Philosophisch-Historischen Klasse der Heidelberger Akademie der Wissenschaften ; 26)
Dass. [Zsfassung.] – In: Jahrbuch der Heidelberger Akademie der Wissenschaften für das Jahr 2001. Heidelberg 2002. S. 59–60.

178 *Senckenberg, Goethe und die Naturwissenschaften* : erweiterte Manuskripte der Vorträge, gehalten aus Anlass der Sonderausstellung „Quer durch Europa" im Naturmuseum Senckenberg vom 17. Juli 1999 bis 2. Januar 2000 / Fritz F. *Steininger* & Anne *Kossatz-Pompé* (Hrsg.) – Stuttgart : Schweizerbart, 2002. – 177 S. : zahlr. Ill. (z. T. farb.), graph. Darst., Kt. – (Kleine Senckenberg-Reihe ; 44)
Darin u. a.: *Klausewitz*, Wolfgang: Goethe und die Senckenbergische Naturforschende Gesellschaft, S. 5–20 : Ill. – *Busch*, Werner: Kunst, Französische Revolution und Naturwissenschaften bei Goethe, S. 21–34 : Ill. – *Mollenhauer*, Dieter: Von den „lieben kleinen Welten" unter dem Mikroskop bis zu den „Blumen der Geliebten" : Goethes u. unsere Vorstellungen über die Entwicklung der Pflanzenwelt, S. 59–118 : Ill. – *Schmincke*, Hans-Ulrich: Tanz auf dem Vulkan : Goethe u. die Entfaltung der Vulkanologie als Wissenschaft / Graphik u. Überarb. histor. Dokumente: Mari *Sumita*, S. 119–176 : Ill., graph. Darst.

179 *Stockhorst*, Stefanie: Fürstenpreis und Kunstprogramm : sozial- u. gattungsgeschichtl. Studien zu Goethes Gelegenheitsdichtungen für den Weimarer Hof. – Tübingen : Niemeyer, 2002. – X, 341 S. : graph. Darst. – (Studien zur deutschen Literatur ; 167)
Zugl.: Göttingen, Univ., Diss., 2001.

180 *Stricker*, Stefanie: Konkurrenzen im Wortbildungssystem um 1800 : aufgezeigt an der Wortbildung Goethes. – In: Historische Wortbildung des Deutschen / Mechthild *Habermann* [u. a.] (Hrsg.) – Tübingen, 2002. – S. 315–339. – (Germanistische Linguistik ; 232)

181 *Ujma*, Christina: Metamorphosen des Rombildes : von Goethe und Tischbein zur Romantik. – In: Johann Heinrich Wilhelm Tischbein (1751 – 1829) : das Werk des Goethe-Malers zwischen Kunst, Wissenschaft u. Alltagskultur / hrsg. von Arnd *Friedrich* [u. a.] – Petersberg, 2001. – S. 167–174.

182 *Vaget*, Hans Rudolf: Der „Family-Goethe"? : Selbstzensur u. Kanonbildung am Beispiel von Goethes erot. Dichtung. – In: Epochenbegriffe : Grenzen u. Möglichkeiten / betreut von Uwe *Japp* [u. a.] – Bern [u. a.], 2002. – S. 303–308. – (Akten des X. Internationalen Germanistenkongresses Wien 2000.... ; 6) (Jahrbuch für Internationale Germanistik : Reihe A ; 58)

183 *Valk*, Thorsten: Melancholie im Werk Goethes : Genese – Symptomatik – Therapie. – Tübingen : Niemeyer, 2002. – VIII, 327 S. – (Studien zur deutschen Literatur ; 168)
Zugl.: Freiburg i. Br., Univ., Diss., 2000.

184 *Wechselwirkungen* : Kunst u. Wissenschaft in Berlin u. Weimar im Zeichen Goethes / hrsg. von Ernst *Osterkamp*. – Bern [u. a.] : Lang, 2002. – 341 S. : Ill. – (Publikationen zur Zeitschrift für Germanistik ; N. F., 5)
Darin: *Boyle*, Nicholas: Goethe, Weimar, Berlin : der soziopolit. Kontext, S. 15–31. – *Schneider*, Frank: Goethe und Reichardt, S. 33–44 : Ill., Notenbeisp. – *Miller*, Norbert: Musikalische Erfahrung bei Goethe : das Bündnis mit Zelter u. die Freundschaft zu Felix Mendelssohn Bartholdy, aus dem Briefwechsel erläutert, S. 45–105 : Notenbeisp. – *Elvers*, Rudolf: Die Goethes und die Mendelssohns, S. 107–116. – *Hahn*, Barbara: Streit um Goethe : kontroverse Lektüren in den Berliner Salons, S. 117–132. – *Osterkamp*, Ernst: Gesamtbildung und freier Genuß : Wechselwirkungen zwischen Goethe u. Wilhelm von Humboldt, S. 133–154. – *Kittler*, Friedrich: Goethes Gabe [Über die Beziehungen Goethes zu Hegel], S. 155–166. – *Böhme*, Hartmut: Goethe und Alexander von Humboldt : Exoterik u. Esoterik e. Beziehung, S. 167–192 : Ill. – *Müller-Tamm*, Jutta: Farbe bekennen : Goethes Farbenlehre u. die Berliner Wissenschaftspolitik um 1820, S. 193–209. – *Siegert*, Bernhard: Leichenschau zwischen Kunst und Medizin : Goethe u. Hufeland, S. 211–229 : graph. Darst. – *Frick*, Werner: Klassische Präsenzen : die Weimarer Dramatik u. das Berliner Nationaltheater unter Iffland u. Graf Brühl, S. 231–266. – *Beyer*, Andreas: Prosa versus Poesie – Schadow u. Goethe, S. 267–296 : Ill. – *Börsch-Supan*, Helmut: Goethes Dichtungen als Inspirationsquelle für Berliner Maler, S. 297–313 : Ill.

185 *Wilkinson*, Elizabeth M. ; *Willoughby*, L[eonard] A.: Models of wholeness : some attitudes to language, art and life in the age of Goethe / ed. by Jeremy *Adler* [u. a.] – [Oxford] : Lang, 2002. – 71 S. – (Britische und irische Studien zur deutschen Sprache und Literatur ; 30)
Darin u. a.: *Willoughby*, L[eonard] A.: The image of horse and charioteer : an index of Goethe's mastery in art and life 1945 (1945), S. 21–38. – Ders.: „Wanderer" and „Hut" : on Goethe's reflection of polarity into images (1951), S. 39–52. – *Wilkinson*, Elizabeth M. ; *Willoughby*, L[eonard] A.: „The blind man" and the poet : an early stage in Goethe's quest for form (1962), S. 99–125. – Dies.: Goethe's „Pindar" letter to Herder, july 1772 : some problems of pedagogic presentation (1961), S. 127–142. – *Willoughby*, L[eonard] A.: „Name ist Schall und Rauch ..."? : on the significance of names for Goethe (1962), S. 143–164.

186 *Wir wandeln alle in Geheimnissen* : Neue Erfahrungen mit Goethe ; Vorträge der Goethe-Jubiläumstagung 1999 in Kassel / hrsg. von Ludolf von *Mackensen*. – Kassel : Wenderoth, 2002. – 128 S. : Ill. – (Jahresgabe 2001/2002 / Goethe-Gesellschaft Kassel e. V.)
Darin u. a.: *Muschg*, Adolf: Goethe und seine Sterne, S. 11–22. – *Schad*, Wolfgang: Goethe als Psychotherapeut, S. 23–46. – *Wyder*, Margrit: Wissen sichtbar machen : zu Goethes Visualisierungsmethoden in der Geologie, S. 87–126.

187 *Wolf*, Norbert Christian: : Ästhetische Objektivität : Goethes u. Flauberts Konzept des Stils. – In: Poetica : Zeitschr. für Sprach- u. Literaturwissenschaft. Jg. 34. München 2002. H. 1/2, S. 125–169.

188 *Wolf*, Norbert Christian: „Fruchtbarer Augenblick" – „prägnanter Moment" : zur medienspezif. Funktion einer ästhet. Kategorie in Aufklärung u. Klassik (Lessing, Goethe). – In: Prägnanter Moment : Studien zur dt. Literatur der Aufklärung u. Klassik ; Festschrift für Hans-Jürgen Schings / hrsg. von Peter-André *Alt* [u. a.] – Würzburg, 2002. – S. 373–404.

189 *Wübben*, Yvonne: „[...] und dennoch spukt's in Tegel" – Zu Goethes Cagliostro-Rezeption. – In: Goethe-Jahrbuch. Bd. 119. Weimar 2002. S. 96–119.

190 *Zimmermann*, Rolf Christian: Das Weltbild des jungen Goethe : Studien zur hermet. Tradition des dt. 18. Jh. – Bd. 1. – München : Fink.
1. Elemente und Fundamente. – 2., durchges. u. erw. Aufl. – 2002. – 463 S. : Ill., Titelb.

4. *Zu einzelnen Werken*

Auf dem See

191 *Heske*, Henning: Im See bespiegelt sich die reifende Frucht. – In: Frankfurter Anthologie : Gedichte u. Interpretationen / hrsg. von Marcel *Reich-Ranicki*. Bd. 25. – Frankfurt a. M. [u. a.], 2002. – S. 34–36.

192 *Kaiser*, Volker: Goethes „Ich" und das Subjekt der Dichtung : zur Genealogie des Gedichts „Auf dem See". – In: Goethe Yearbook. Vol. 11. Rochester, NY 2002. S. 197–211.

Die Braut von Korinth

193 *Decker*, Jan-Oliver: Problematisierte Grenzen – begrenzte Probleme : Grenzerfahrung in Schillers „Der Taucher" u. Goethes „Die Braut von Corinth". – In: Weltentwürfe in Literatur und Medien : phantast. Wirklichkeiten – realist. Imaginationen ; Festschrift für Marianne Wünsch / Hans *Krah* [u. a.] (Hrsg.) – Kiel, 2002. – S. 71–94.

Dichtung und Wahrheit

194 *Bekes*, Peter: „Wie ein Spiegel" : Goethes „Dichtung und Wahrheit" u. Moritz' „Anton Reiser" ; 11.–13. Jahrgangsstufe. – In: Deutschunterricht. Jg. 55. Braunschweig 2002. H. 4, S. 33–38.

195 *Birumachi*, Yoshio: Goethe und die Buchdruck-Kultur seiner Zeit : aus der Sicht von „Dichtung und Wahrheit". – In: Goethe-Jahrbuch = Gēte-nenkan. Bd. 44. Tôkyô 2002. S. 149–171 bzw. 111. [In japan. Sprache mit dt. Zsfassung.]

196 *Kramer*, Olaf: Ein Leben schreiben : Goethes „Dichtung und Wahrheit" als Form autobiograph. Selbstüberredung. – In: Rhetorik um 1800 / hrsg. von Peter D. *Krause*. – Tübingen, 2002. – S. 117–130. – (Rhetorik ; 20)

Diderot: Versuch über die Malerei

197 *Zehm*, Edith: „Das Werk zu übersetzen und immer mit seinem Texte zu controvertieren" : Goethes Übersetzungs- u. Kommentierungstechnik im krit. Dialog mit Diderots „Essais sur la Peinture". – In: Edition und Übersetzung : zur wissenschaftl. Dokumentation des interkulturellen Texttransfers ; Beiträge der internationalen Fachtagung der Arbeitsgemeinschaft für Germanistische Edition, 8. bis 11. März 2002 / hrsg. von Bodo *Plachta* u. Winfried *Woesler*. – Tübingen, 2002. – S. 105–117. – (Beihefte zu Editio ; 18)

Egmont

198 *Fuhrmann*, Helmut: Goethes „Egmont" und Büchners „Dantons Tod" : offenbare Gegensätze u. geheime Verwandtschaften. – In: H. *Fuhrmann*: Sechs Studien zur Goethe-Rezeption. – Würzburg, 2002. – S. 9–35.

199 *Heimerl*, Joachim: Egmont und Ferdinand – Träger des Goetheschen Prometheussymbols. – In: Weimarer Beiträge. Jg. 48. Wien 2002. H. 2, S. 202–225.

200 *Lipiński*, Krzysztof: „O was sind wir Grossen auf der Woge der Menschheit?" : Mechanismen der Macht in Goethes „Egmont". – In: Literatur im Zeugenstand : Beiträge zur deutschsprachigen Literatur- u. Kulturgeschichte ; Festschrift zum 65. Geburtstag von Hubert Orlowski / hrsg. von

Edward *Bialek* [u. a.] – Frankfurt a. M. [u. a.], 2002. – S. 205–215. – (Oppelner Beiträge zur Germanistik ; 5)

201 *Nägele*, Rainer: Ach Ich : Egmonts Wirken – Goethes Schreiben. – In: Goethe Yearbook. Vol. 11. Rochester, NY 2002. S. 213–227.

Epigramme. Venedig 1790

202 *Miller*, Norbert: Verweigerte Wiederholung: „Venezianische Epigramme 1790" : e. Art Epilog. – In: N. *Miller*: Der Wanderer : Goethe in Italien. – München, Wien, 2002. – S. 549–608 : Ill. u. 677–686.

Faust (s. a. *Urfaust*)

203 *A. S. Puškin und die kulturelle Identität Rußlands* : [Beiträge des Deutsch-Russischen Symposiums „A. S. Puškin und die kulturelle Identität Rußlands", das im Oktober 1999 an der Universität Trier veranstaltet wurde] / Gerhard *Ressel* (Hrsg.) – Frankfurt a. M. [u. a.] : Lang, 2001. – 312 S. – (Heidelberger Publikationen zur Slavistik : A, Linguistische Reihe ; 13)
Darin u. a.: *Kluge*, Rolf-Dieter: Puškins Weg zu Goethes „Faust", S. 249–264. – *Time*, Galina A.: Gete, Puškin i russkaja mysl' : ambivalentnost' faustovskogo impul'sa v russkoj literature [Goethe, Puškin u. das russ. Denken : die Ambivalenz des faustischen Impulses in der russ. Literatur], S. 265–273.

204 *Anton*, Herbert: „Infernalische Schönheit" in Goethes „Faustdichtung". – In: Literarische Fundstücke : Wiederentdeckungen u. Neuentdeckungen ; Festschrift für Manfred Windfuhr / hrsg. von Ariane *Neuhaus-Koch* [u. a.] – Heidelberg, 2002. – S. 71–87.

205 *Atkins*, Stuart: Renaissance and baroque elements in Goethe's „Faust" : illustrative analogues. – In: Goethe Yearbook. Vol. 11. Rochester, NY 2002. S. 1–26.

206 *Bartsch*, Michael: Was enthält Fausts Phiole? – In: Goethe-Jahrbuch. Bd. 118. Weimar 2001. S. 346–350.
Eine Droge, die – vollständig und unverdünnt genommen – als tödliches Gift wirken kann.

207 *Baumann*, Hans-Heinrich: Shylock und Mephisto : über den jurist. Mechanismus der „Wette" im „Faust" (vorläufige Mitteilung). – In: Wirkendes Wort. Jg. 52. Trier 2002. H. 1, S. 35–56.

208 *Bell*, Matthew: Faust's pendular atheism and the British tradition of religious melancholy. – In: Goethe and the English-speaking world : essays from the Cambridge symposium for his 250th anniversary / ed. by Nicholas *Boyle* and John *Guthrie*. – Rochester, NY [u. a.], 2002. – S. 71–83. – (Studies in German literature, linguistics, and culture)

209 *Bernhardt*, Rüdiger: Erläuterungen zu Johann Wolfgang von Goethe, Faust II. – Hollfeld : Bange, 2002. – 159 S. – (Königs Erläuterungen und Materialien ; 43)

210 *Binder*, Alwin: Faustische Welt : Interpretation von Goethes Faust in dialog. Form ; Urfaust, Faust-Fragment, Faust I. – Münster [u. a.] : Lit-Verl., 2002. – 459 S. – (Germanistik ; 25)

211 *Borchmeyer*, Dieter: Goethes Göttliche Komödie: „Faust". – In: Meisterwerke der Literatur : von Homer bis Musil / hrsg. von Reinhard *Brandt*. – Leipzig, 2001. – S. 157–184. – (Reclam-Bibliothek ; 20014)

212 *Brown*, Jane K.: „Faust". – In: The Cambridge companion to Goethe / ed. by Lesley *Sharpe*. – Cambridge [u. a.], 2002. – S. 84–100. – (Cambridge companions to literature)

213 *Curran*, Jane V.: „Faust" : the divine tragedy. – In: Denken und Geschichte : Festschrift für Friedrich Gaede zum 65. Geburtstag von seinen Freunden u. Kollegen / hrsg. von Hans-Günther *Schwarz* u. Jane V. *Curran*. – München, 2002. – S. 108–120 : Ill.

214 *Dresen*, Adolf: Überschreitungen : zum Faust-Skandal 1968 in Berlin (DDR). – In: Die Aktualität eines Unzeitgemäßen : Chemnitzer Goethe-Vorträge 1999 / Bernd *Leistner* (Hrsg.) – Chemnitz, 2001. – S. 67–98.

215 *Dreßler*, Hilmar: Randnotizen zum Geschehen in Goethes „Faust" : (Splitter e. Gedankenkaleidoskopes.) – Berlin : Pro Business, 2002. – 15 S.

216 *Eine Art Symbolik fürs Ohr* : Johann Wolfgang von Goethe ; Lyrik und Musik / Hermann *Jung* (Hrsg.) – Frankfurt a. M. [u. a.] : Lang, 2002. – 287 S. : Ill., Notenbeisp. – (Heidelberger Beiträge zur deutschen Literatur ; 12)

Darin u. a.: *Borchmeyer*, Dieter: Goethes „Faust“ musikalisch betrachtet, S. 87–100. – *Neumann*, Peter Horst: Anmerkungen zu Robert Schumanns „Szenen aus Goethes ‚Faust‘“ (1844/53), S. 101–108. – *Jung*, Hermann: „Wozu Musik zu solch vollendeter Poesie?“ : Robert Schumann u. seine „Szenen aus Goethes ‚Faust‘“, S. 109–117.

217 *Findeis*, Annakutty V. K.: Grenze und Entgrenzung : Faust-Rezeption in Indien aus interkultureller Perspektive. – In: Epochenbegriffe: Grenzen u. Möglichkeiten / betreut von Uwe *Japp* [u. a.] – Bern [u. a.], 2002. – S. 289–296. – (Akten des X. Internationalen Germanistenkongresses Wien 2000.... ; 6) (Jahrbuch für Internationale Germanistik : Reihe A ; 58)
Darin zum Faustwerk „Doctor Faust“ von A. K. Kaimal (1979).

218 *Fitzsimmons*, Lorna: Faustian reparation in „Ikiru“ and „Eternity and a Day“. – In: Goethe Yearbook. Vol. 11. Rochester, NY 2002. S. 347–372.
„Ikiru“ – japanischer Film 1952, „Eternity and a Day“ – griechischer Film 1998.

219 *Gaier*, Ulrich: Kommentar zu Goethes Faust. – Stuttgart : Reclam, 2002. – 350 S. : Ill., graph. Darst. – ([Reclams] Universal-Bibliothek ; 18183)

220 *Gēte un Baltija = Goethe und die baltischen Länder* / sastād. un zinātniskā red. Gundega *Grīnuma*. – Rīgā : Latvijas Gētes Biedrība ; Nordisk, 2002. – 334 S.
Darin u. a.: *Gaižūnas*, Silvestras: Faustiskās dvēseles arhetipi Jāņa Poruka daiļradē = Die Archetypen der faustischen Seele im Schaffen von Jānis Poruks, S. 202–207 u. 310. – *Mahl*, Bernd: Laikabiedrs Fausts : Gētes drāma modernaja režijas teātrī = Zeitgenosse Faust : Goethes Drama in modernem Regietheater, S. 245–283 u. 314–315. – *Radzobe*, Silvija: BB jeb „Fausts. Deus ex machina“ kā postcolonial body = BB oder „Faust. Deus ex machina“ als postcolonial body, S. 284–292 u. 316–317. – *Biesenieks*, Valdis: Mūžīgais Fausts : Kāda bezprincipiāla skatītāja piezīmes = Der ewige Faust : Bemerkungen e. prinzipienlosen Zuschauers, S. 293–296 u. 318. – Alle Beiträge in lett. Sprache mit dt. Zsfassung.

221 *Hartung*, Günter: Wo liegt Fausts „paradiesisch Land“? – In: G. *Hartung*: Literatur und Welt : Vorträge. – Leipzig, 2002. – S. 167–189. – (Gesammelte Aufsätze und Vorträge / G. Hartung ; 2)

222 *Hauptmann*, Silvia: Macht der Töne – Ohnmacht des Wortes : die librettist. Einrichtung französ. Dramen im 19. Jh. – Bonn : Romanistischer Verl., 2002. – 392 S. – (Abhandlungen zur Sprache und Literatur ; 144)
Zugl.: Gießen, Univ., Diss., 2000. – Darin u. a. über französische „Faust“-Bearbeitungen als „drame lyrique“, S. 185–228.

223 *Hornback*, Edgar D.: „Faust“ and the Faust theme in heavy metal and rock music. – In: Mit Goethe Schule machen? : Akten zum Internationalen Goethe-Symposium, Griechenland – Neumexiko – Deutschland 1999 / hrsg. von Peter *Pabisch*. – Bern [u. a.], 2002. – S. 177–186. – (Jahrbuch für Internationale Germanistik : Reihe A ; 68)

224 *Im Auftrieb* : Grenzüberschreitungen mit Goethes „Faust“ in Inszenierungen der neunziger Jahre / hrsg. von Hans-Peter *Bayerdörfer*. – Tübingen : Niemeyer, 2002. – 239, [22] S. : Ill. – (Theatron ; 36)
Darin: *Bayerdörfer*, Hans-Peter: Einleitung: Streiflichter zur Bühnengeschichte von „Faust“ seit den Spielzeiten der „Wende“, S. 5–30. – *Kühn*, Ulrich: Eine Brust voller Seelen : Faust als DDR-Intellektueller auf Identitätssuche, S. 31–62. – *Wiens*, Birgit: „Mein lieber Sohn, (...) Du mußt sterben!“ : Einar Schleefs Frankfurter „Faust“ als De-Konstruktion e. dt. Mythos, S. 63–88. – *Conrad*, Bettina ; *Weber*, Kathrin: „Was ist das für ein Marterort?“ : Christoph Marthaler inszeniert „Goethes Faust $\sqrt{1+2}$“, S. 89–118. – *Bayerdörfer*, Hans-Peter: Giorgio Strehler : „Faust“ und das „Europa der Mütter“, S. 119–141 : graph. Darst. – *Keim*, Katharina: „Faustus in Africa!“ : die postkolonialist. Lesart von William Kentridge u. der Johannesburger „Handspring Puppet Theatre Company“, S. 143–177 : Ill. – *Kurzenberger*, Hajo: „Faust imaginär“ : Goethes „Faust II“ am Zürcher Theater Neumarkt, S. 179–199. – *Kurzenberger*, Hajo: „Gegen den Strom“ : e. Nachtrag zu „Steins Faust“ auf der EXPO 2000, S. 201–219. – Anhang: Tabellarische Dokumentation der in den Artikeln genannten „Faust“-Inszenierungen und -Bearbeitungen, S. 221–239.

225 *Irmer*, Thomas: Von griechischer Antike in Europas Gegenwart : Nikos Kazantzakis' wiedergefundene Übertragung des „Faust" in Zypern uraufgeführt. – In: Theater der Zeit. Jg. 57. Berlin 2002. H. 12, S. 29–30 : Szenenfotos.
Faust I mit 3 Szenen aus Faust II. – Inszenierung von Michael *Leinert*.

226 *John*, David G.: The first black Gretchen : Fritz Bennewitz's „Faust I" in New York. – In: Monatshefte für deutschsprachige Literatur und Kultur. Vol. 94. Madison, Wis. 2002. Nr. 4, S. 447–463.
Zur Aufführung der Inszenierung von F. Bennewitz am 5. 5. 1978.

227 *Kaiser*, Gerhard: Gibt es einen „Faust" nach Peter Stein? : „Faust" in Weimar: dramat. Zuspitzung nach Steins leuchtender theatral. Bilderflut ; e. Diskussionsbeitrag. – In: Goethe-Jahrbuch. Bd. 118. Weimar 2001. S. 315–321.
Darin u. a. zur Inszenierung von Julia von *Sell* u. Karsten *Wiegand* am Dt. Nationaltheater Weimar, 2001.

228 *Kreutzer*, Hans Joachim: Über die Musik in Goethes „Faust". – In: Goethe und das Zeitalter der Romantik / hrsg. von Walter *Hinderer* [u. a.] – Würzburg, 2002. – S. 447–458. – (Stiftung für Romantikforschung ; 21)

229 *Leistner*, Bernd: Mutationen eines Schiller-Zitats. – In: Goethe-Jahrbuch. Bd. 118. Weimar 2001. S. 351–353.
Das Zitat „Ich habe deinen edlern Teil / Nicht retten können" („Maria Stuart", letzter Akt, letzte Szene) wird zu Vers 11824 ff. des „Faust" II („Gerettet ist das edle Glied / Der Geisterwelt vom Bösen …") in Beziehung gesetzt.

230 *Lim*, Hong-Bae: Kritik der Moderne in Goethes „Faust II". – In: Goethe-Yongu = Goethe-Studien. Bd. 14. Seoul 2002. S. 23–39. [In korean. Sprache mit dt. Zsfassung.]

231 *Linzer*, Martin: Detmold : Faust, lippisch ; „Faust 1" von J. W. v. Goethe. – In: Theater der Zeit. Jg. 57. Berlin 2002. H. 11, S. 47–48 : Ill.
Zur Inszenierung von Ulf *Reiher*.

232 *Majkiewicz*, Anna: Polnische Übersetzungen von Goethes „Faust" – eine unendliche Geschichte? – In: Geschichte der Übersetzung : Beitr. zur Geschichte der neuzeitl., mittelalterl. u. antiken Übersetzung / hrsg. von Bogdan *Kovtyk* [u. a.] – Berlin, 2002. – S. 109–134. – (Angewandte Sprach- und Übersetzungswissenschaft ; 3)

233 *Meier*, Richard: Gesellschaftliche Modernisierung in Goethes Alterswerken „Wilhelm Meisters Wanderjahre" und „Faust II". – Freiburg i. B. : Rombach, 2002. – 263 S. – (Rombach Wissenschaften : Reihe Cultura ; 23)
Zugl.: Freiburg (Breisgau), Univ., Diss., 2001.

234 *Molnár*, Géza von: Hidden in plain view : another look at Goethe's „Faust". – In: Eighteenth century studies. Vol. 35. Baltimore, Md. 2002. Nr. 3, S. 469–496.
Dass. – In: Goethe Yearbook. Vol. 11. Rochester, NY 2002. S. 33–76.

235 *Osten*, Manfred: Homunculus, die beschleunigte Zeit und Max Beckmanns Illustrationen zur Modernität Goethes. – Stuttgart : Steiner, 2002. – 22 S. : Ill. – (Abhandlungen der Klasse der Literatur / Akademie der Wissenschaften und der Literatur ; 2002,1)
Darin zwei Aufsätze: Die beschleunigte Zeit : Anmerkungen zur Modernität Goethes (Erstveröff. 1999) [Über „Faust"], S. 5–13. – Homunculus und Max Beckmanns Illustrationen zur Modernität Goethes, S. 14–22 : Ill.

236 *Pantel*, Reinhard: Faust IIa : e. Parallelldichtung in e. Aufz. ; treu im Geiste e. auch möglichen Fortsetzung des Goetheschen Fausts – Teil 1 – in Ehrfurcht zugedichtet ; Versuch e. eigenständigen Handlungsfortsetzung des goetheschen ersten Faustteils u. e. Ausw. von Kurzgeschichten rund um das Leben, die Liebe u. um uns selbst. – Frankfurt/M. : Fischer u. Fischer Medien, 2002. – 192 S.

237 *Park*, Kwang-Ja: Gretchentragödie in Goethes „Faust". – In: Goethe-Yongu = Goethe-Studien. Bd. 14. Seoul 2002. S. 1–21. [In korean. Sprache mit dt. Zsfassung.]

238 *Rölleke*, Heinz: Du – Er / Sie – Ihr : Formen der Anrede in Goethes „Faust I". – In: Wirkendes Wort. Jg. 52. Trier 2002. H. 1, S. 1–3.

239 *Schneider*, Steffen: Mnemonische Imaginationen in Goethes „Faust II“ : e. Lektüre der Klassischen Walpurgisnacht. – In: Goethe-Jahrbuch. Bd. 119. Weimar 2002. S. 66–77.

240 *Stackelberg*, Jürgen von: „Faust“ bei Madame de Staël und Gérard de Nerval. – In: J. von *Stackelberg*: „Herbstblätter“ : Studien zur Literatur der Aufklärung, zur Übersetzungsgeschichte u. zur Übersetzungskritik. – Bonn, 2002. – S. 123–132. – (Abhandlungen zur Sprache und Literatur ; 149)

241 *Vaget*, Hans Rudolf: „Mäßig boshaft“: Fausts Gefährte; Goethes Mephistopheles im Lichte der Aufklärung. – In: Goethe-Jahrbuch. Bd. 118. Weimar 2001. S. 234–246.

242 *Watananguhn*, Pornsan: Die Selbstverwirklichung Fausts aus buddhistischer Perspektive. – In: Epochenbegriffe : Grenzen u. Möglichkeiten / betreut von Uwe *Japp* [u. a.] – Bern [u. a.], 2002. – S. 163–169. – (Akten des X. Internationalen Germanistenkongresses Wien 2000.... ; 6) (Jahrbuch für Internationale Germanistik : Reihe A ; 58)

243 *Zabka*, Thomas: Komik und Zeitkritik in Goethes „Faust II“. – In: Die Aktualität eines Unzeitgemäßen : Chemnitzer Goethe-Vorträge 1999 / Bernd *Leistner* (Hrsg.) – Chemnitz, 2001. – S. 115–139.

Gedichte von einem Polnischen Juden (Rezension)

244 *Behr*, Isaschar Falkensohn: Gedichte von einem pohlnischen Juden : mit Behrs Lobgedicht auf Katharina II. u. Goethes Rezension der „Gedichte“ / hrsg. von Gerhard *Lauer*. – St. Ingbert : Röhrig, 2002. – 113 S. : Ill. – (Kleines Archiv des achtzehnten Jahrhunderts ; 40)
Rezension in den „Frankfurter Gelehrten Anzeigen“, 1772.

Die Geheimnisse

245 *Janda*, Georg: Goethes Gedicht „Die Geheimnisse“. – Privatdr. – Lappersdorf, Theodor-Storm-Str. 19 : G. Janda, 2002. – 7 Bl. : Ill.

246 *Reinhardt*, Hartmut: Geheime Wege der Aufklärung : Goethe, der Illuminatenorden u. das Epos-Fragment „Die Geheimnisse“. – In: Die Weimarer Klassik und ihre Geheimbünde / hrsg. von Walter *Müller-Seidel* [u. a.] – Würzburg, 2002. – S. 145–176 : Ill.

Das Göttliche

247 *Wittkowski*, Wolfgang: Hexenjagd auf Goethe : November 1783: Hinrichtung e. Kindsmörderin u. „Das Göttliche“. – In: Oxford German studies. Vol. 31. Oxford 2002. S. 63–102.
Der Aufsatz bezieht sich auf die 1999 von W. Daniel Wilson ausgehenden umstrittenen Thesen zu den Weimarer Ereignissen 1783.

Götz von Berlichingen

248 *Büttner*, Frank: Ein konservativer Rebell – Franz Pforrs Zeichnungen zu Goethes „Götz von Berlichingen“. – In: Bedeutung in den Bildern : Festschrift für Jörg Traeger zum 60. Geburtstag / Karl *Möseneder* ; Gosbert *Schüssler* (Hrsg.) – Regensburg, 2002. – S. 9–38 : Ill. – (Regensburger Kulturleben ; 1)

249 *Ebner*, Fritz: „Bei Zeit auf die Zäun’ ...“ : zur Entstehungsgeschichte von Goethes Schauspiel „Götz von Berlichingen“. – „Ein Schüler tritt auf“ : Goethe liest bei Merck Korrektur zu seinem „Götz“. – In: F. *Ebner*: Goethe : aus seinem Leben. – 2., neu bearb. Aufl. – Darmstadt, 2002. – S. 80–89 u. 90–93. – (Hessische Beiträge zur deutschen Literatur)

Der Gott und die Bajadere

250 *Mecklenburg*, Norbert: Die wahre Liebe und die Ware Liebe. – In: Frankfurter Anthologie : Gedichte u. Interpretationen / hrsg. von Marcel *Reich-Ranicki*. Bd. 25. – Frankfurt a. M. [u. a.], 2002. – S. 136–138.

Harzreise im Winter

251 *Buchan*, James: Goethe’s riddle : the „Winter journey in the Harz“. – In: Uncanny similitudes : British writers on German literature / ed. by Rüdiger *Görner*. – München, 2002. – S. 45–57.

252 *Dwars*, Jens-F[ietje]: Goethes erste Flucht? : die Harzreise im Winter vor 225 Jahren. – In: Palmbaum. Literar. Journal aus Thüringen. Jg. 10. Bucha bei Jena 2002. H. 3/4, S. 177–186.

Hermann und Dorothea

253 *Behle*, Carsten: „Heil dem Bürger des kleinen Städtchens" : Studien zur sozialen Theorie der Idylle im 18. Jh. – Tübingen : Niemeyer, 2002. – X, 413 S. – (Frühe Neuzeit ; 71)
Zugl.: Gießen, Univ., Diss., 2000. – Darin u. a.: Hermann und Dorothea : Goethes „idyllisches Epos" als poet. Gegenkonzept zur Theorie der ästhet. Versöhnung, S. 330–366.

254 *Maisak*, Petra: [Über die Illustrationen zu „Hermann und Dorothea" und entsprechende Neuerwerbungen des Freien Deutschen Hochstifts.] – In: Jahrbuch des Freien Deutschen Hochstifts. [Jg.] 2002. Tübingen 2002. S. 328–334 : Ill.

„Im ernsten Beinhaus war's ..."

255 *Schöne*, Albrecht: Schillers Schädel : in Redefassung vorgetragen am 17. Nov. 2001 bei der Jubiläumsfeier der vor 250 Jahren durch Georg II. von England als Königliche Sozietät begründeten Akademie der Wissenschaften zu Göttingen. – München : Beck, 2002. – 109 S. : Ill.
2., durchges. Aufl. – 2002.

Iphigenie auf Tauris

256 *Frick*, Werner: Die Schlächterin und der Tyrann : Gewalt u. Aufklärung in europ. Iphigenie-Dramen des 18. Jh. – In: Goethe-Jahrbuch. Bd. 118. Weimar 2001. S. 126–141.

257 *Gülke*, Peter: Verschwiegene Humanität : Mozarts „Entführung" u. Goethes „Iphigenie". – In: Goethe-Jahrbuch. Bd. 118. Weimar 2001. S. 171–175.

258 *Linzer*, Martin: Berlin : Gorki, klassisch ; Maxim-Gorki-Theater: „Iphigenie auf Tauris" von J. W. v. Goethe. – In: Theater der Zeit. Jg. 57. Berlin 2002. Nr. 5, S. 55–56 : Szenenfotos.
Zur Inszenierung von Thomas *Langhoff*.

259 *Maurer*, Karl: „Zwischen uns sei Wahrheit" : die Emanzipation der dramat. Handlung von den Regeln der klassizist. Intrigenführung in Goethes „Iphigenie auf Tauris". – In: Neohelicon. Acta comparationis litterarum universarum. Vol. 29. Budapest 2002. Nr. 1, S. 193–217.

260 *Nikolaidou-Balta*, Dimitra: Euripides' „Iphigenie bei den Tauriern", Goethes „Iphigenie auf Tauris" : die Umarbeitung e. antiken Stoffes. – In: Mit Goethe Schule machen? : Akten zum Internationalen Goethe-Symposium, Griechenland – Neumexiko – Deutschland 1999 / hrsg. von Peter *Pabisch*. – Bern [u. a.], 2002. – S. 17–36. – (Jahrbuch für Internationale Germanistik : Reihe A ; 68)

261 *Simo*, David: Modelle der Fremderfahrung in Goethes „Iphigenie auf Tauris". – In: Die Erfahrungen des Imperiums kehren zurück : Inszenierungen des Fremden in der dt. Literatur / hrsg. von David *Simo*. – Leipzig, 2002. – S. 12–25. – (Comparativ ; 12,2)

262 *Weder*, Katharine: Die redegewandte Iphigenie und die verstummte Elektra : Hofmannsthals „Elektra" gegen Goethes „Iphigenie auf Tauris". – In: Mythen = Mythes = Myths / hrsg. von Nicole *Frey* [u. a.] – Bern [u. a.], 2002. – S. 57–74. – (Variations ; 9.2002)

Italienische Reise

263 *Beebee*, Thomas O.: Ways of seeing Italy : landscapes of nation in Goethe's „Italienische Reise" and its counter-narratives. – In: Monatshefte für deutschsprachige Literatur und Kultur. Vol. 94. Madison, Wis. 2002. Nr. 3, S. 322–345.

264 *Fuchs*, Friderun ; *Müller*, Renate: Goethes Landschaften heute : „Italienische Reise" vom Brenner bis Venedig. – Frankfurt a. M. : Selbstverl. der Frankfurter Geographischen Gesellschaft, 2002. – 418 S. : Ill. (z. T. farb.), Ktn. – (Frankfurter geographische Hefte ; 65)

265 *Hachmeister*, Gretchen L.: Italy in the German literary imagination : Goethe's „Italian journey" and its reception by Eichendorff, Platen, and Heine. – Rochester, NY [u. a.] : Camden House, 2002. – XII, 217 S. : Ill. – (Studies in German literature, linguistics, and culture)

266 *Miller*, Norbert: Der Wanderer : Goethe in Italien. – München ; Wien : Hanser, 2002. – 731 S. : Ill.

267 *Puszkar*, Norbert: „Scheide Blick“ : Abschluß u. Ausschluß in Goethes „Italienischer Reise“. – In: Etudes germaniques. Vol. 57. Paris 2002. No. 4, S. 649–670.

Die Laune des Verliebten

268 *Tarot*, Rolf: Die Individualisierung des Alexandriners in Goethes „Die Laune des Verliebten“. – In: Denken und Geschichte : Festschrift für Friedrich Gaede zum 65. Geburtstag von seinen Freunden u. Kollegen / hrsg. von Hans-Günther *Schwarz* u. Jane V. *Curran*. – München, 2002. – S. 92–107.

Die Leiden des jungen Werther

269 *Bernhardt*, Rüdiger: Erläuterungen zu Johann Wolfgang Goethe, Die Leiden des jungen Werther. – Hollfeld : Bange, 2002. – 110 S. – (Königs Erläuterungen und Materialien ; 79)

270 *Bohm*, Arnd: „Klopstock!“ once more : intertextuality in Werther. – In: Seminar : a journal of Germanic studies. Vol. 38. North York, Ontario 2002. Nr. 2, S. 116–133.

271 *Bruni*, Francesco: Note di lettura montaliane : II. „Meriggiare pallido e assorto“ ; erbe, formiche, cocci: appunti sulla fortuna e le trasformazioni di un motivo wertheriano. – In: Metamorphosen : Wandlungen u. Verwandlungen in Literatur, Sprache u. Kunst von der Antike bis zur Gegenwart ; Festschrift für Bodo Guthmüller zum 65. Geburtstag / hrsg. von Heidi *Marek* [u. a.] – Wiesbaden, 2002. – S. 291–307.
Zum Werther-Motiv bei Eugenio Montale (italien. Lyriker, 1896–1981).

272 *Durzak*, Manfred: Der Todes-Diskurs in Goethes „Werther“. – In: Literatur im Zeugenstand : Beiträge zur deutschsprachigen Literatur- u. Kulturgeschichte ; Festschrift zum 65. Geburtstag von Hubert Orlowski / hrsg. von Edward *Bialek* [u. a.] – Frankfurt a. M. [u. a.], 2002. – S. 677 bis 690. – (Oppelner Beiträge zur Germanistik ; 5)

273 *Ebner*, Fritz: Werthers Leiden und Freuden. – In: F. *Ebner*: Goethe : aus seinem Leben. – 2., neu bearb. Aufl. – Darmstadt, 2002. – S. 94–98. – (Hessische Beiträge zur deutschen Literatur)

274 *Harmat*, Márta ; *Lázár*, Emöke: Goethes „Werther“ und Foscolos „Jacopo Ortis“. – In: Italienisch : Zeitschrift für italienische Sprache u. Literatur. Jg. 24. Frankfurt a. M. 2002. H. 48, S. 44–50.

275 *Komfort-Hein*, Susanne: Die Medialität der Empfindsamkeit : Goethes „Die Leiden des jungen Werther“ u. Lenz' „Der Waldbruder. Ein Pendant zu Werthers Leiden“. – In: Jahrbuch des Freien Deutschen Hochstifts. [Jg.] 2002. Tübingen 2002. S. 30–53.

276 *Lasmane*, Skaidrīte: Vertera ciešanas un mīlestības diskurss mūsdienu latviešu literatūrā = Werthers Leiden und der Diskurs der Liebe in der lettischen Gegenwartsliteratur. – In: Gēte un Baltija = Goethe und die baltischen Länder / sastād. un zinātniskā red. Gundega *Grīnuma*. – Rīgā, 2002. – S. 233–244 u. 313–314. [In lett. Sprache mit dt. Zsfassung.]

277 *Leis*, Mario: Johann Wolfgang Goethe, „Die Leiden des jungen Werther“. – Stuttgart : Reclam, 2002. – 73 S. – ([Reclams] Universal-Bibliothek ; 15312 : Lektüreschlüssel für Schüler)

278 *Martin*, Ariane: Die kranke Jugend : J. M. R. Lenz u. Goethes „Werther“ in der Rezeption des Sturm und Drang bis zum Naturalismus. – Würzburg : Königshausen & Neumann, 2002. – 635 S.
Zugl.: Kassel, Univ., Habil.-Schr., 2001.

279 *Matsumura*, Tomohiko: Lesende Liebespaare – „Die Göttliche Komödie“, „Werther“ u. [Bernhard Schlink:] „Der Vorleser“. – In: Goethe-Jahrbuch = Gēte-nenkan. Bd. 44. Tôkyô 2002. S. 29–46 bzw. 106. [In japan. Sprache mit dt. Zsfassung].

280 *Mix*, York-Gothart: Männliche Sensibilität oder die Modernität der Empfindsamkeit : zu den „Leiden des jungen Werther“, „Anton Reiser“, „Buddenbrooks“ u. den „Verwirrungen des Zöglings Törleß“. – In: Themenschwerpunkte : Empfindsamkeit / hrsg. von Karl *Eibl*. – Hamburg, 2001. – S. 191–208. – (Aufklärung ; 13)

281 *Patzer*, Georg: Johann Wolfgang von Goethe, „Die Leiden des jungen Werther“. – Stuttgart [u. a.] : Klett, 2002. – 58 S. – (Lektüre easy : Klett LernTraining)

282 *Schmidtchen*, Nathan: Johann Wolfgang Goethe, Die Leiden des jungen Werther ; Materialien, Arbeitsblätter, Unterrichtsverläufe. – Stuttgart : Reclam, 2002. – 1 CD-ROM. + Begleith. (14 S.) – (DigiMedia : Unterrichtshilfen Literatur)

283 *Surana*, Vibha: Text und Kultur : Goethes „Die Leiden des jungen Werthers“ u. Agyeyas „Shekhar: ek Jivani“ ; e. interkulturelle Studie. – Würzburg : Königshausen & Neumann, 2002. – 272 S. : graph. Darst. – (Epistemata : Reihe Literaturwissenschaft ; 389)

284 *Valk*, Thorsten: Poetische Pathographie : Goethes „Werther“ im Kontext zeitgenöss. Melancholie-Diskurse. – In: Goethe-Jahrbuch. Bd. 119. Weimar 2002. S. 14–22.

285 *Vaydat*, Pierre: „Les nouvelles souffrances du jeune W.“ de Ulrich Plenzdorf : négation contestataire et littérature. – In: Images de la jeunesse dans la littérature allemande du XXe siècle / textes réunis par Pascale *Avenel-Cohen*. – Villeneuve d'Ascq, 2002. – S. 91–99. – (Germanica ; 30)

Die Metamorphose der Pflanzen

286 *Baumgartner*, Marcel: Goethes „Metamorphose der Pflanzen“ und die Arabeske bei Tischbein, Runge und Goethe. – In: Johann Heinrich Wilhelm Tischbein (1751 – 1829) : das Werk des Goethe-Malers zwischen Kunst, Wissenschaft u. Alltagskultur / hrsg. von Arnd *Friedrich* [u. a.] – Petersberg, 2001. – S. 211–220 : Ill.

Muth

287 *Rölleke*, Heinz: Goethes Eislaufverse und das „Wunderhorn“-Lied „Gute Lehre“ : von geraden Herzen, Disteln u. Dörnern. – In: Lied und populäre Kultur : Jahrbuch des Deutschen Volksliedarchivs Freiburg. Bd. 46 (2001). Münster 2002. S. 225–227.
Zum Gedicht „Muth“.

Die natürliche Tochter

288 *Böhm*, Runhild: „Die natürliche Tochter“ als Ausdruck von Goethes Verhältnis zur Französischen Revolution : 200 Jahre „Eugenie“ 1803 - 2002. – Tübingen, Melanchthonstr. 33 : R. Böhm, 2002. – 61 S. – (Arbeitstexte)

289 *Swales*, Erika: Critical re-figurations in Goethe's „Die natürliche Tochter“. – In: Publications of the English Goethe Society. N. S. Vol. 71 (2001). Leeds 2002. S. 62–77.

Novelle

290 *Dreßler*, Hilmar: Die Wandlung des Honorio : (e. Deutungsversuch). – In: H. *Dreßler*: Verstreute Blätter. – Berlin, 2002. – S. 8–12.

Philipp Hackert

291 *Rees*, Joachim: Das Tagebuch einer Reise nach Sizilien von Richard Payne Knight : Anmerkungen zum wiedergefundenen Originalmanuskript u. zu Goethes Übersetzung. – In: Goethe-Jahrbuch. Bd. 119. Weimar 2002. S. 78–95 : Ill.
Die Original-Hs. der von Goethe in sein Buch über Philipp Hackert aufgenommenen Übersetzung befindet sich im Böttiger-Nachlaß der Sächsischen Landesbibliothek Dresden. Mit fotograf. Wiedergabe von Teilen der Hs.

Römische Elegien

292 *Binder*, Alwin: „Amors Tempel“ : zu Goethes Elegie „Saget Steine mir an“. – In: Goethe-Jahrbuch. Bd. 119. Weimar 2002. S. 120–131 : Ill.

293 *Miller*, Norbert: EROTICA ROMANA und Weimarer Elegien: Leben in zwei Wirklichkeiten. – In: N. *Miller*: Der Wanderer : Goethe in Italien. – München ; Wien, 2002. – S. 437–545 : Ill. u. 661–677.

294 *Thomé*, Horst: Platens „Venedig-Sonette“ im Hinblick auf die „Römischen Elegien“ Goethes : Überlegungen zum histor. Ort des „Biedermeier-Ästhetizismus“. – In: Zwischen Goethezeit

und Realismus : Wandel u. Spezifik in der Phase des Biedermeier / hrsg. von Michael *Titzmann*. – Tübingen, 2002. – S. 11–38. – (Studien und Texte zur Sozialgeschichte der Literatur ; 92)

Die romantische Poesie

295 *Stockhorst*, Stefanie: Die höfische Maskerade als Medium der Literaturpolitik : Goethes Maskenzug „Die Romantische Poesie" (1810). – In: Wirkendes Wort. Jg. 52. Trier 2002. H. 2, S. 206–217.

Sanct Rochus-Fest zu Bingen

296 *Breuer*, Dieter: Die Legende, das Fest, der Gast : Goethes Reisebild „Sankt-Rochus-Fest zu Bingen". – In: Denken und Geschichte : Festschrift für Friedrich Gaede zum 65. Geburtstag von seinen Freunden u. Kollegen / hrsg. von Hans-Günther *Schwarz* u. Jane V. *Curran*. – München, 2002. – S. 79–91.

Schäfers Klagelied

297 *Schneider*, Matthias: „Schäfers Klage" – Goethes Liedtext im Spiegel zeitgenössischer Vertonungen : Zelter, Reichardt, Tomášek, Schubert. – In: Lied und Liedidee im Ostseeraum zwischen 1750 und 1900 : Referate der 8. internationalen musikwissenschaftl. Tagung „Musica Baltica – interregionale musikkulturelle Beziehungen im Ostseeraum", Greifswald – Lubmin, November 1998 / Ekkehard *Ochs* [u. a.] (Hrsg.) – Frankfurt a. M. [u. a.], 2002. – S. 59–72 : Notenbeisp. – (Greifswalder Beiträge zur Musikwissenschaft ; 10)

Seefahrt

298 *Häfner*, Ralph: Konkrete Figuration : Goethes „Seefahrt" u. die anthropolog. Grundierung der Meeresdichtung im 18. Jh. – Tübingen : Niemeyer, 2002. – 161 S. – (Untersuchungen zur deutschen Literaturgeschichte ; 111)

Stella

299 *Detering*, Heinrich: Die aufgeklärte Unvernunft : „Stella", Goeze, Lessing u. das Drama der Liebe. – In: Weltentwürfe in Literatur und Medien : phantast. Wirklichkeiten – realist. Imaginationen ; Festschrift für Marianne Wünsch / Hans *Krah* [u. a.] (Hrsg.) – Kiel, 2002. – S. 35–52.

300 *Kohse*, Petra: Frauen am Stück : Christiane Pohle zeigt Abi Morgans „Splendour" an der Berliner Schaubühne, Stephan Kimmig Goethes „Stella" am Deutschen Theater. – In: Theater heute. Jg. 43. Berlin 2002. H. 7, S. 17–19 : Szenenfotos.

301 *Mellmann*, Katja: Güte – Liebe – Gottheit : ein Beitrag zur Präzisierung des „utopischen" Gehalts von Goethes „Stella". – In: Themenschwerpunkte : Empfindsamkeit / hrsg. von Karl *Eibl*. – Hamburg, 2001. – S. 103–147. – (Aufklärung ; 13)

302 *Rischbieter*, Henning: Gesellschaftsbürger am Bodensee : Entfremdung u. Empfindsamkeit am Bodensee – Goethe, Fassbinder u. Brecht am Theater Konstanz. – In: Theater heute. Jg. 43. Berlin 2002. H. 8/9, S. 64–67 : Szenenfotos.
Darin u. a. über Goethes „Stella" in der Regie von Reinhard *Göber*.

303 *Taïeb*, Patrick: L'adaptation de „Stella" en opéra-comique: „Zélia" (1791) : un aspect de la réception de Goethe en France. – In: Studien zu den deutsch-französischen Musikbeziehungen im 18. und 19. Jahrhundert… : Referate des Symposiums „Musikbeziehungen zwischen Frankreich und Deutschland in der 2. Hälfte des 18. Jahrhunderts" / hrsg. von Herbert *Schneider*. – Hildesheim [u. a.], 2002. – S. 240–265. – (Musikwissenschaftliche Publikationen ; 20)
„Zélia" – von Paul-Ulrich *Dubuisson* (Librettist) u. Prosper-Didier *Deshayes* (Komponist).

Torquato Tasso

304 *Pulvirenti*, Grazia: Nel giardino di Belriguardo : il mito dell'artista romantica nel „Torquato Tasso" di Goethe. – In: Il Confronto letterario : quaderni del Dipartimento di Lingue e Letterature Straniere Moderne dell'Università di Pavia. N. S. Anno 18. 2001. Fasano di Puglia 2002. No. 35, S. 87–108.

Trilogie der Leidenschaft

305 *Fuhrmann*, Helmut: Goethes „Trilogie der Leidenschaft" als Spiegel- und Kontrastfolie von Botho Strauss' „Trilogie des Wiedersehens" (1981). – In: H. *Fuhrmann*: Sechs Studien zur Goethe-Rezeption. – Würzburg, 2002. – S. 123–135.

Über Kunst und Altertum

306 *Voßkamp*, Wilhelm: „Jeder sey auf seine Art ein Grieche! Aber er sey's" : zu Goethes Romantikkritik in der Zeitschrift „Ueber Kunst und Alterthum". – In: Goethe und das Zeitalter der Romantik / hrsg. von Walter *Hinderer* [u. a.] – Würzburg, 2002. – S. 121–131. – (Stiftung für Romantikforschung ; 21)

Über Volks- und Kinderlieder

307 *Perels*, Christoph: Kontextwandel : e. Fastnachtslied bei Brentano, Goethe u. anderen. – In: Diskrete Gebote : Geschichten der Macht um 1800 ; Festschrift für Heinrich Bosse / hrsg. von Roland *Borgards* ; Johannes Friedrich *Lehmann*. – Würzburg, 2002. – S. 251–263.
Darin u. a. über Goethes Erwähnung des Fastnachtsliedes „Havel havel ane…".

Unterhaltungen deutscher Ausgewanderten

308 *Baranowski*, Anne-Marie: De l'historiette étrange au récit fantastique : l'aventure du Maréchal de Bassompierre chez Goethe et Hofmannsthal. – In: Le travail de réécriture dans la littérature de langue allemande au XXe siècle / textes réunis par Bernard *Bach*. – Villeneuve d'Ascq, 2002. – S. 59–69. – (Germanica ; 31)

309 *Helmstetter*, Rudolf: Erlebnis und Dichtung : Beobachtung der Form in Hofmannsthals „Erlebnis des Marschalls von Bassompierre". – In: Deutsche Vierteljahrsschrift für Literaturwissenschaft und Geistesgeschichte. Jg. 76. Stuttgart 2002. H. 2, S. 250–260.

310 *Koch*, Manfred: Zirkulation und wiederholte Spiegelungen : kulturelle Gedächtnisbildung durch modernen Ideenumlauf in Goethes „Unterhaltungen deutscher Ausgewanderten". – In: Gedächtnis und Zirkulation : der Diskurs des Kreislaufs im 18. u. frühen 19. Jh. / hrsg. von Harald *Schmidt*. – Göttingen, 2002. – S. 167–187. – (Formen der Erinnerung ; 14)

311 *Reinhardt*, Hartmut: Ästhetische Geselligkeit : Goethes literar. Dialog mit Schiller in den „Unterhaltungen deutscher Ausgewanderten". – In: Prägnanter Moment : Studien zur dt. Literatur der Aufklärung u. Klassik ; Festschrift für Hans-Jürgen Schings / hrsg. von Peter-André *Alt* [u. a.] – Würzburg, 2002. – S. 311–341.

Urfaust

312 *Kemper*, Hella: Rostock: Hoffnungsvolle Brise an der Warnow : Volkstheater ; „Der Sturm" von William Shakespeare, „Urfaust" von Johann Wolfgang von Goethe. – In: Theater der Zeit. Jg. 57. Berlin 2002. H. 12, S. 43–44 : Szenenfotos.
Zur Inszenierung des „Urfaust" von Sandrine *Hutinet*.

313 *Ponzi*, Mauro: Die Verkleidung der dichterischen Sprache : Allmachtsphantasie u. Kraft der Natur im Eingangsmonolog des „Urfaust". – In: Schriftgedächtnis – Schriftkulturen / Vittoria *Borsò* [u. a.] (Hrsg.) – Stuttgart [u. a.], 2002. – S. 441–458. – (M-&-P-Schriftenreihe für Wissenschaft und Forschung : Kulturwissenschaften)

Venezianische Epigramme s. *Epigramme. Venedig 1790*

Versuch, die Metamorphose der Pflanzen zu erklären

314 *Harlan*, Volker: Das Bild der Pflanze in Wissenschaft und Kunst bei Aristoteles, Goethe, der wissenschaftlichen Botanik des 19. und 20. Jahrhunderts, bei Paul Klee und Joseph Beuys. – Stuttgart : Mayer, 2002. – 236 S. : zahlr. Ill., 1 Taf. – (Schriften des Karl-Schweisfurth-Instituts für Evolutionsbiologie und Morphologie der Universität Witten/Herdecke)

315 *Harlan*, Volker: Die Metamorphose der Pflanzen von Johann Wolfgang Goethe bis zu den Künstlern Paul Klee und Joseph Beuys. – In: Wir wandeln alle in Geheimnissen : Neue Erfahrungen mit Goethe ; Vorträge der Goethe-Jubiläumstagung 1999 in Kassel / hrsg. von Ludolf von *Mackensen*. – Kassel, 2002. – S. 47–86 : Ill. – (Jahresgabe 2001/2002 / Goethe-Gesellschaft Kassel e. V.)

Von deutscher Baukunst

316 *Hilgers*, Klaudia: „… bis auf's geringste Zäserchen, alles Gestalt, und alles zweckend zum Ganzen …“ : Natur u. Kunst in Goethes „Von deutscher Baukunst“. – In: Mit Goethe Schule machen? : Akten zum Internationalen Goethe-Symposium, Griechenland – Neumexiko – Deutschland 1999 / hrsg. von Peter *Pabisch*. – Bern [u. a.], 2002. – S. 93–116. – (Jahrbuch für Internationale Germanistik : Reihe A ; 68)

Die Wahlverwandtschaften

317 *Asai*, Hideki: Über Ottilies Hungertod in Goethes „Wahlverwandtschaften“. – In: Goethe-Jahrbuch = Gēte-nenkan. Bd. 44. Tôkyô 2002. S. 1–27. [In japan. Sprache mit dt. Zsfassung.]

318 *Boa*, Elizabeth: Die Geschichte der O oder die (Ohn-)Macht der Frauen : „Die Wahlverwandtschaften“ im Kontext des Geschlechterdiskurses um 1800. – In: Goethe-Jahrbuch. Bd. 118. Weimar 2001. S. 217–233.

319 *Diederichsen*, Uwe: Goethes „Wahlverwandtschaften“ – auch ein juristischer Roman? – In: Goethe-Jahrbuch. Bd. 118. Weimar 2001. S. 142–157.

320 *Ebner*, Fritz: Dem dreyfach gefesselten Glyke : Schloß Ziegenberg u. Goethes „Wahlverwandtschaften“. – In: F. *Ebner*: Goethe : aus seinem Leben. – 2., neu bearb. Aufl. – Darmstadt, 2002. – S. 172–189. – (Hessische Beiträge zur deutschen Literatur)

321 *Frola*, Maria Franca: Le affinità elettive : ricerca sulle fonti alchemiche. – Milano : I. S. U. ; Università Cattolica, 2002. – 189 S. : Ill.

322 *Gnüg*, Hiltrud: Der erotische Roman : von der Renaissance bis zur Gegenwart. – Stuttgart : Reclam, 2002. – 422 S. – ([Reclams] Universal-Bibliothek ; 17634)
Darin u. a. über Schlegels „Lucinde“ und Goethes „Wahlverwandtschaften“, S. 229–243.

323 *Goethe und das Zeitalter der Romantik* / hrsg. von Walter *Hinderer*. In Verb. mit Alexander von *Bormann* [u. a.] – Würzburg : Königshausen & Neumann, 2002. – 524 S. : Ill. – (Stiftung für Romantikforschung ; 21)
Darin u. a.: *Motzkin*, Gabriel: Goethe's theory of memory [am Beispiel der „Wahlverwandtschaften“], S. 151–162. – *Brandstetter*, Gabriele: Schreibszenen – Briefe in Goethes „Wahlverwandtschaften“, S. 193–212 : Ill. – *Osten*, Manfred: „Alles Veloziferisch“ : Goethes Ottilie u. die beschleunigte Zeit, S. 213–229. – *Ortmann*, Dagmar: Gebändigte Natur : Garten u. Wildnis in Goethes „Wahlverwandtschaften“ u. Eichendorffs „Ahnung und Gegenwart“, S. 345–395.

324 *Kim*, Yeon-Hong: Goethes Naturbegriff und die Wahlverwandtschaften : symbol. Ordnung u. Ironie. – Frankfurt a. M. [u. a.] : Lang, 2002. – 188 S. – (Analysen und Dokumente ; 48)
Zugl.: Frankfurt (Main), Univ., Diss., 2001.

325 *Klotz*, Peter: Gesellschaftsdiskurs und Gartenkonstruktion : zur Spiegelung des Ordnungswandels in Goethes Roman „Die Wahlverwandtschaften“. – In: Sozialgeschichtliche Aspekte des Gartens = Gardens in the social history / Walter *Gebhard* (Hrsg.) – Frankfurt a. M. [u. a.], 2002. – S. 113–132 : Ill. – (Bayreuther Beiträge zur Literaturwissenschaft ; 24)

326 *Smith*, Duncan: Loosening the bonds of love : fatal attractions in Goethe's „Die Wahlverwandtschaften“. – In: Mit Goethe Schule machen? : Akten zum Internationalen Goethe-Symposium, Griechenland – Neumexiko – Deutschland 1999 / hrsg. von Peter *Pabisch*. – Bern [u. a.], 2002. – S. 161–176. – (Jahrbuch für Internationale Germanistik : Reihe A, ; 68)

West-östlicher Divan

327 *Auernhammer*, Achim: Unzeitgemäße Zeitdichtung : strukturale Intertextualität u. latente Gegenwartsbezüge im „West-östlichen Divan“. – In: Prägnanter Moment : Studien zur dt. Litera-

tur der Aufklärung u. Klassik ; Festschrift für Hans-Jürgen Schings / hrsg. von Peter-André *Alt* [u. a.] – Würzburg, 2002. – S. 421–437.

328 *Bajraktarevi*, Fehim: Uticaj istoka na Getea / priredio: Tomislav *Bekić*. – Novi Sad : Savez pedagoskich drustava Vojvodine [u. a.], 2002. – 123 S. [Der Einfluß des Morgenlands auf Goethe.] Darin zu Goethes Beschäftigung mit dem Orient und zum „West-östlichen Divan".

329 *Birus*, Hendrik: „Im Islam leben und sterben wir alle" : Religion u. Aufklärung in Goethes „West-östlichem Divan". – In: Goethe-Yongu = Goethe-Studien. Bd. 14. Seoul 2002. S. 283–304. [In dt. Sprache.]

330 *Donat*, Sebastian: „Es klang aber fast wie deine Lieder ..." : die russ. Nachdichtungen aus Goethes „West-östlichem Divan". – Göttingen : Wallstein-Verl., 2002. – 504 S. + 1 CD-ROM (12 cm) – (Münchener komparatistische Studien ; 1)
Zugl.: München, Univ., Diss., 1998. – Anmerkung: Dateiformat: Pdf.

331 *Fischer*, Markus: Dialektik und Kulturbegegnung in Goethes Gedichtzyklus „West-östlicher Divan". – In: Kairoer germanistische Studien : Jahrbuch für Sprach-, Literatur- und Übersetzungswissenschaft ; Jahrbuch für Germanistik. Bd. 12 (2000/2001). Kairo 2002. S. 77–94.

332 *Kretzer*, Elke: Offenbarung und Säkularität : Gotteskrise u. Krise des Subjekts in den Noten und Abhandlungen zu Goethes West-östlichem Divan. – Frankfurt a. M. [u. a.] : Lang, 2002. – 344 S. – (Europäische Hochschulschriften : Reihe 1, Deutsche Sprache und Literatur ; 1831)
Zugl.: Düsseldorf, Univ., Diss., 1999.

333 *Lohner*, Marlene: Vom „geistigen Handel und Wandel" : zur Poetologie des „West-östlichen Divans". – In: Überschreitungen : Dialoge zwischen Literatur- u. Theaterwissenschaft, Architektur u. Bildender Kunst ; Festschrift für Leonhard M. Fiedler zum 60. Geburtstag / hrsg. von Jörg *Sader* u. Anette *Wörner*. – Würzburg, 2002. – S. 17–28.

334 *Lucius*, Wulf D. von: Der Autor und sein Drucker : Goethe u. das Haus Frommann während der Herstellung des „West-oestlichen Divan". – In: Wissenschaftsgeschichte zum Anfassen : von Frommann bis Holzboog ; Festgabe für Günther Holzboog zum 75. Geburtstag / hrsg. von Günther *Bien* [u. a.] – Stuttgart-Bad Cannstatt, 2002. – S. 103–133 : Ill.

335 *Lucius*, Wulf D. von: Buchherstellung im Cotta'schen Verlag : e. Fallstudie ; die Herstellung des „West-oestlichen Divan" in den Jahren 1817/19. – In: Archiv für Geschichte des Buchwesens. Bd. 56. Frankfurt a. M. 2002. S. 125–145.

336 *Martin*, Dieter: Marianne von Willemers Suleika-Gedichte und ihre Vertonungen. – In: Eine Art Symbolik fürs Ohr : Johann Wolfgang von Goethe ; Lyrik u. Musik / Herman *Jung* (Hrsg.) – Frankfurt a. M. [u. a.], 2002. – S. 131–150. – (Heidelberger Beiträge zur deutschen Literatur ; 12)

337 *Mecklenburg*, Norbert: Prophetenspruch als Männerwitz. – In: Frankfurter Anthologie : Gedichte u. Interpretationen / hrsg. von Marcel *Reich-Ranicki*. Bd. 25. – Frankfurt a. M. [u. a.], 2002. – S. 30–32.
Zum Gedicht „Behandelt die Frauen mit Nachsicht..." aus dem „Buch der Betrachtungen".

338 *Nicoletti*, Antonella: Übersetzung als Auslegung in Goethes West-östlichem Divan im Kontext frühromantischer Übersetzungstheorie und Hermeneutik. – Tübingen [u. a.] : Francke, 2002. – X, 430 S. – (Basler Studien zur deutschen Sprache und Literatur ; 81)
Zugl.: Basel, Univ., Diss., 1998.

339 *Schwarz*, Hans-Günther: Goethes „Divan" und die Moderne. – In: Denken und Geschichte : Festschrift für Friedrich Gaede zum 65. Geburtstag von seinen Freunden u. Kollegen / hrsg. von Hans-Günther *Schwarz* u. Jane V. *Curran*. – München, 2002. – S. 121–136.

Wilhelm Meister

340 *Agazzi*, Elena: Einbildung, Bild, Bildung : a proposito dei „Lehrjahre" di Goethe. – In: Cultura tedesca. Vol. 19 (Romanzo). Roma 2002. S. 85–108.

341 *Brandenburg-Frank*, Sabine: Mignon und Meret : Schwellenkinder Goethes u. Gottfried Kellers. – Würzburg : Königshausen & Neumann, 2002. – 260 S. – (Epistemata : Reihe Literaturwissenschaft ; 393)
Zugl.: Düsseldorf, Univ., Diss., 2000.

342 *Brinkmann*, Reinhold: Kennst Du das Buch? Oder: Die Vertreibung der Musiknoten aus „Wilhelm Meisters Lehrjahren". – In: Goethe-Jahrbuch. Bd. 118. Weimar 2001. S. 289–303 : Noten.

343 *Curran*, Jane V.: Goethe's Wilhelm Meister's apprenticeship : a reader's commentary. – Rochester, NY : Camden House, 2002. – 328 S. – (Studies in German literature, linguistics, and culture)

344 *Fuhrmann*, Helmut: Kellers Grüner Heinrich und Thomas Manns Hans Castorp als Enkel und Urenkel Wilhelm Meisters (2000). – In: H. *Fuhrmann*: Sechs Studien zur Goethe-Rezeption. – Würzburg, 2002. – S. 37–57.

345 *Helfer*, Martha B.: Wilhelm Meister's women. – In: Goethe Yearbook. Vol. 11. Rochester, NY 2002. S. 229–254.

346 *Herwig*, Henriette: „Wilhelm Meisters Wanderjahre" : Geschlechterdifferenz, sozialer Wandel, histor. Anthropologie. – 2., durchges. Aufl. – Tübingen [u. a.] : Francke, 2002. – XI, 471 S. : Ill.

347 *Hoeschen*, Andreas: Die „Zirkulation der Ideen" bei Lazarus/Steinthal : von öffentl. Kulturproduktion zu sozial-normativer „Wilhelm Meister"-Rezeption. – In: Gedächtnis und Zirkulation : der Diskurs des Kreislaufs im 18. u. frühen 19. Jh. / hrsg. von Harald *Schmidt*. – Göttingen, 2002. – S. 207–233. – (Formen der Erinnerung ; 14)

348 *Kawa*, Rainer: Studien zum IV. und VI. Buch der „Lehrjahre". – Dortmund, Bremsstr. 33 : R. Kawa, 2002. – 99 S. – (Schriften des Wilhelm-Meister-Projekts Lanstrop ; 1)
Manuskriptdr. Aufl. 50 Exemplare. – Darin: „Waldplatz", „Wahlplatz" : Miszelle zur Golgatha-Konnotation e. Episode in „Wilhelm Meisters Lehrjahre", S. 9–13. – Die Erscheinung auf dem Wahlplatz : zur Entzifferung e. Szene aus „Wilhelm Meisters Lehrjahre", S. 15–59. – Die Dame in der Nachbarschaft : Konjekturen zur Verknüpfung des VI. Buchs von „Wilhelm Meisters Lehrjahre" mit dem Romankontext, S. 61–98.

349 *Kim*, Hee-Ju: Rituelle Identitätsbildung : zur Lossprechung Wilhelm Meisters. – In: Goethe-Jahrbuch. Bd. 119. Weimar 2002. S. 42–51.

350 *Kim*, Jin-Youl: Das Problem der Entsagung in „Wilhelm Meisters Wanderjahre" : bezogen auf Goethes Naturprinzip „Polarität". – In: Goethe-Yongu = Goethe-Studien. Bd. 14. Seoul 2002. S. 61–87. [In korean. Sprache mit dt. Zsfassung.]

351 *Meier*, Richard: Gesellschaftliche Modernisierung in Goethes Alterswerken „Wilhelm Meisters Wanderjahre" und „Faust II". – Freiburg i. B. : Rombach, 2002. – 263 S. – (Rombach Wissenschaften : Reihe Cultura ; 23)
Zugl.: Freiburg (Breisgau), Univ., Diss., 2001.

352 *Michelsen*, Peter: Wilhelm Meister reads Shakespeare. – In: Goethe and the English-speaking world : essays from the Cambridge symposium for his 250th anniversary / ed. by Nicholas *Boyle* and John *Guthrie*. – Rochester, NY [u. a.], 2002. – S. 21–33. – (Studies in German literature, linguistics, and culture)
Dass. [dt. u. d. T.:] Wilhelm Meister liest Shakespeare. – In: Prägnanter Moment : Studien zur dt. Literatur der Aufklärung u. Klassik ; Festschrift für Hans-Jürgen Schings / hrsg. von Peter-André *Alt* [u. a.] – Würzburg, 2002. – S. 343–356.

353 *Øhrgaard*, Per: Anmerkungen zum Reden und Schweigen in „Wilhelm Meisters Lehrjahren". – In: Goethe-Jahrbuch. Bd. 118. Weimar 2001. 176–186.

354 *Rösch*, Ewald: Goethes Novelle „Nicht zu weit" [in „Wilhelm Meisters Wanderjahren"]. – In: Jahrbuch des Freien Deutschen Hochstifts. [Jg.] 2002. Tübingen 2002. S. 54–115.

355 *Ryu*, Young-Jin: Das Wander-Motiv und die Raumsymbolik in „Wilhelm Meisters Wanderjahre". – In: Goethe-Yongu = Goethe-Studien. Bd. 14. Seoul 2002. S. 41–59. [In korean. Sprache mit dt. Zsfassung.]

356 *Sasse*, Günter: Der Gesang als Medium der Sozialdisziplinierung in Goethes Roman „Wilhelm Meisters Wanderjahre". – In: Goethe-Jahrbuch. Bd. 118. Weimar 2001. S. 274–288.

357 *Saul*, Nicholas: Goethe and colonisation : the „Wanderjahre" and Cooper. – In: Goethe and the English-speaking world : essays from the Cambridge symposium for his 250th anniversary / ed. by Nicholas *Boyle* and John *Guthrie*. – Rochester, NY [u. a.], 2002. – S. 85–98. – (Studies in German literature, linguistics, and culture)

358 *Schellenberg*, Renata: The genesis of Goethe's last novel „Wilhelm Meisters Wanderjahre" (1821). – In: New German review. Vol. 17. Los Angeles, Calif. 2001–2002. S. 47–63.

359 *Schings*, Hans-Jürgen: „Wilhelm Meister" und das Erbe der Illuminaten. – In: Die Weimarer Klassik und ihre Geheimbünde / hrsg. von Walter *Müller-Seidel* [u. a.] – Würzburg, 2002. – S. 177–203 : Ill.

360 *Schößler*, Franziska: Goethes Lehr- und Wanderjahre : e. Kulturgeschichte der Moderne. – Tübingen [u. a.] : Francke, 2002. – 379 S.

361 *Schröter*, Katrin: Mignon: „So lasst mich scheinen, bis ich werde" : Androgynie in Goethes „Wilhelm Meisters Lehrjahre". – In: Mit Goethe Schule machen? : Akten zum Internationalen Goethe-Symposium, Griechenland – Neumexiko – Deutschland 1999 / hrsg. von Peter *Pabisch*. – Bern [u. a.], 2002. – S. 75–92. – (Jahrbuch für Internationale Germanistik : Reihe A ; 68)

362 *Strohkirch*, Katharina: Zum Löwen geboren : Gender in Entwicklungsromanen aus verschiedenen Jahrhunderten: Parzival, Wilhelm Meisters Lehrjahre, Ahnung und Gegenwart, Netzkarte, Der junge Mann. – Stockholm : Almqvist & Wiksell International, 2002. – 242 S. : Ill. – (Stockholmer germanistische Forschungen ; 59) (Acta Universitatis Stockholmiensis)
Darin u. a.: Wilhelm Meisters Lehrjahre, S. 76–112.

363 *Thums*, Barbara: Wandernde Autorschaft im Zeichen der Entsagung : Goethes „Wanderjahre". – In: Autorschaft : Positionen u. Revisionen / hrsg. von Heinrich *Detering*. – Stuttgart [u. a.], 2002. – S. 501–520. – (Germanistische Symposien-Berichtsbände ; 24)

364 *Wilkinson*, Elizabeth M. ; *Willoughby*, L[eonard] A.: „Having and being", or bourgeois versus nobility : notes for a chapter on social and cultural history or for a commentary on „Wilhelm Meister" (1968). – In: E. M. *Wilkinson* ; L. A. *Willoughby*: Models of wholeness : some attitudes to language, art and life in the age of Goethe / ed. by Jeremy *Adler* [u. a.] – Oxford [u. a.], 2002. – S. 227–232. – (Britische und irische Studien zur deutschen Sprache und Literatur ; 30)

365 *Wolf*, Norbert Christian: „Die Wesenheit des Objektes bedingt den Stil" : zur Modernität des Erzählkonzepts in „Wilhelm Meisters Wanderjahren". – In: Goethe-Jahrbuch. Bd. 119. Weimar 2002. S. 52–65.

366 *Yamamoto*, Kayo: Die literarische Selbstreflexion in Goethes „Wilhelm Meisters Wanderjahre". – In: Goethe-Jahrbuch = Gēte-nenkan. Bd. 44. Tôkyô 2002. [Dt. Teil], S. 29–43.

Zur Farbenlehre

367 *Honold*, Alexander: Goethes Farbenkrieg. – In: KulturPoetik : Zeitschrift für kulturgeschichtl. Literaturwissenschaft. Jg. 2. Göttingen 2002. H. 1, S. 24–43.

368 *LeRider*, Jacques: War die Klassik farbenfeindlich und die Romantik farbengläubig? : von Lessings „Laokoon" zu Goethes „Farbenlehre" u. deren Nachwirkung. – In: Goethe und das Zeitalter der Romantik / hrsg. von Walter *Hinderer* [u. a.] – Würzburg, 2002. – S. 31–49. – (Stiftung für Romantikforschung; 21)

369 *Takahashi*, Yoshito: Goethes „Farbenlehre" und der Ausdruck der Natur. – In: Goethe-Jahrbuch. Bd. 118. Weimar 2001. S. 247–259.

370 *Zaharia*, Mihaela: Goethes Farbenlehre zwischen Naturwissenschaft und Dichtung. – In: Transcarpathica : germanist. Jahrbuch Rumänien. [Jg.] 1. Bucureşti 2002. S. 157–168.

5. *Wirkungs- und Forschungsgeschichte. – Text- und Buchgeschichte. – Gesellschaften und Jahrbücher. – Gedenkstätten, Sammlungen und Ausstellungen*

371 *A. S. Puškin und die kulturelle Identität Rußlands* : [Beiträge des Deutsch-Russischen Symposiums „A. S. Puškin und die kulturelle Identität Rußlands", das im Oktober 1999 an der Universität Trier veranstaltet wurde] / Gerhard *Ressel* (Hrsg.) – Frankfurt a. M. [u. a.] : Lang, 2001. – 312 S. – (Heidelberger Publikationen zur Slavistik : A, Linguistische Reihe ; 13)
Darin u. a.: *Avetisjan*, Vladimir A.: Goethes und Puškins Konzeption der Weltliteratur, S. 227 bis 247. – *Kluge*, Rolf-Dieter: Puškins Weg zu Goethes „Faust", S. 249–264. – *Time*, Galina A.:

Gete, Puškin i russkaja mysl' : ambivalentnost' faustovskogo impul'sa v russkoj literature [Goethe, Puškin u. das russ. Denken : die Ambivalenz des faustischen Impulses in der russ. Literatur], S. 265–273.

372 *Die Aktualität eines Unzeitgemäßen* : Chemnitzer Goethe-Vorträge 1999 / Bernd *Leistner* (Hrsg.) – Chemnitz : Chemnitzer Verl., 2001. – 195 S.
Darin u. a.: *Leistner*, Bernd: Goethe, uns Gegenwärtige betreffend?, S. 7–23. – *Dieckmann*, Friedrich: „Schreib das dem Menschenvolk auf Erden!" : auf Goethe blickend, S. 51–67. – *Braun*, Volker: „Dem Geyer gleich" : Goethe u. Kafka in der Natur, S. 99–113. – *Mandelkow*, Karl Robert: Stationen und Wandlungen des Goethebildes und des Goetheverständnisses im 20. Jahrhundert, S. 141–159. – *Conrady*, Karl Otto: Warum eigentlich noch (Goethe) lesen?, S. 161–190.

373 *Barberis*, Paola: Poesie braucht Authentizität : italien. Gymnasiasten dichten deutsch – u. nehmen sich Goethe zum Vorbild. – In: Literatur in Bayern. H. 67. München 2002. S. 56–60.

374 *Buhl*, Marc: Der rote Domino : Roman. – Frankfurt a. M. : Frankfurter Verl.-Anst., 2002. – 280 S.
Kriminalroman, spielt u. a. im Weimar der Goethezeit mit Goethe und Lenz als handelnden Personen.

375 *Cassirer und Goethe* : neue Aspekte einer philosophisch-literar. Wahlverwandtschaft / hrsg. von Barbara *Naumann* [u. a.] – Berlin : Akademie-Verl., 2002. – XX, 225 S. – (Studien aus dem Warburg-Haus ; 5)
Darin: *Naumann*, Barbara: Umschreibungen des Symbolischen : Ernst Cassirers Goethe, S. 1 bis 23. – *Stephenson*, Roger H.: „Ein künstlicher Vortrag" : die symbol. Form von Goethes naturwissenschaftl. Schriften, S. 25–42. – *Mandelkow*, Karl Robert: Bemerkungen zum Goethebild Ernst Cassirers, S. 43–56. – *Mattenklott*, Gert: Cassirers Goethe-Lektüre im Kontext der deutsch-jüdischen Goethe-Rezeption, S. 57–73. – *Dosch*, Hans Günter: „Und seh' ein traurig dunkles Blau" : Goethe u. die exakte Naturwissenschaft, S. 75–96. – *Rudolph*, Enno: Logos oder Symbol? : Cassirer über Goethes Platonismus, S. 97–112. – *Peters*, Günter: Prometheus und die „Tragödie der Kultur" : Goethe – Simmel – Cassirer, S. 113–136. – *Orth*, Ernst Wolfgang: Goethe als Therapeutikum : zu Ernst Cassirers Pathologie des Symbolischen, S. 137–156. – *Krois*, John Michael: Die Goethischen Elemente in Cassirers Philosophie, S. 157–172. – *Ferrari*, Massimo: Was wären wir ohne Goethe? : Motive der frühen Goethe-Rezeption bei Ernst Cassirer, S. 173–194. – *Recki*, Birgit: „Lebendigkeit" als ästhetische Kategorie : die Kunst als Ort des Lebens bei Cassirer, Goethe u. Kant, S. 195–219.

376 *Charpa*, Ulrich: Emil Du Bois-Reymonds „Goethe und kein Ende" : Analyse e. Ablehnung. – In: Wissen in Literatur im 19. Jahrhundert / hrsg. von Lutz *Danneberg* [u. a.] – Tübingen, 2002. – S. 220–239.

377 *Curran*, Jane V.: Goethe and Schubert : songs and settings. – In: Germanic notes and reviews. Vol. 32. Bemidji, Minn. 2001. Nr. 2, S. 159–163.

378 *Dittmann*, Ulrich: Zur Genese des „sanften Gesetzes" – und noch einmal über Stifter und Goethe. – In: Realismus-Studien : Hartmut Laufhütte zum 65. Geburtstag / hrsg. von Hans-Peter *Ecker* [u. a.] – Würzburg, 2002. – S. 107–115.

379 *Dörr*, Volker C.: Goethe, Raabe und Gelehrte : „Das Odfeld" u. das Problem der Intertextualität. – In: Raabe-Rapporte : literaturwissenschaftl. u. literaturdidakt. Zugänge zum Werk Wilhelm Raabes / Sigrid *Thielking* (Hrsg.) – Wiesbaden, 2002. – S. 36–56. – (DUV : Literaturwissenschaft, Kulturwissenschaft)

380 *Dyck*, Joachim: Ein Goethe-Zitat im erotischen Kontext : zu Gottfried Benns Gedicht „Requiem". – In: University governance and humanistic scholarship : studies in honor of Diether Haenicke / ed. by Joachim *Dyck* [u. a.] Vol. 1. – Würzburg, 2002. – S. 79–87.

381 *Ebner*, Fritz: „Goethe als Naturforscher und in besonderer Beziehung auf Schiller" : zu e. Rede von Rudolf Virchow [1861]. – In: F. *Ebner*: Goethe : aus seinem Leben. – 2., neu bearb. Aufl. – Darmstadt, 2002. – S. 209–212. – (Hessische Beiträge zur deutschen Literatur)

382 *Ewald*, Rainer: „... das Erstarrende wieder aufzulösen in Flüssiges ..." : die Wiederaufnahme Goethescher Baukunst im 20. Jahrhundert durch Rudolf Steiner. – In: Überschreitungen : Dialoge zwischen Literatur- u. Theaterwissenschaft, Architektur u. Bildender Kunst ; Festschrift für

Leonhard M. Fiedler zum 60. Geburtstag / hrsg. von Jörg *Sader* u. Annette *Wörner*. – Würzburg, 2002. – S. 38–57 : Ill.

383 *Ewert*, Hansjörg: Philister an Davidsbündler – ein Versuch über Schumann als Leser des Briefwechsels zwischen Goethe u. Zelter. – In: Schumanniana nova : Festschrift Gerd Nauhaus zum 60. Geburtstag / hrsg. von Bernhard R. *Appel* [u. a.] – Sinzig, 2002. – S. 210–222.

384 *Fenves*, Peter: A critical relation : on Géza von Molnár's Goethe scholarship. – In: Goethe Yearbook. Vol. 11. Rochester, NY 2002. S. 27–31.

385 *Flamm*, Christoph: „...sehr ernste Symptome einer Leidenschaft für Goethe" : Nikolaj Metners Goethe-Vertonungen. – In: Eine Art Symbolik fürs Ohr : Johann Wolfgang von Goethe; Lyrik u. Musik / Herman *Jung* (Hrsg.) – Frankfurt a. M. [u. a.], 2002. – S. 183–203. – (Heidelberger Beiträge zur deutschen Literatur ; 12)

386 *Fleissner*, R[obert] F.: Eliot and Goethe. – In: Germanic notes and reviews. Vol. 32. Bemidji, Minn. 2001. Nr. 2, S. 126–130.

387 *Friedrich*, Heinz: Wieviel Goethe braucht der Mensch? (1987). – In: H. *Friedrich*: Vom Gegenglück des Geistes : Zeit u. Zeitgenossen. – 2. Aufl. – München, 2002. – S. 33–45. – (dtv ; 12949)

388 *Frühwald*, Wolfgang: Die Goethe-Rezeption in der deutschsprachigen Exilliteratur. – Paderborn [u. a.] : Schöningh, 2002. – 29 S. – (Vorträge / Nordrhein-Westfälische Akademie der Wissenschaften : G, Geisteswissenschaften / Nordrhein-Westfälische Akademie der Wissenschaften ; 382)

389 *Fuhrmann*, Helmut: Sechs Studien zur Goethe-Rezeption. – Würzburg : Königshausen & Neumann, 2002. – 172 S.
Darin: Goethes „Egmont" und Büchners „Dantons Tod" : offenbare Gegensätze u. geheime Verwandtschaften, S. 9–35. – Kellers Grüner Heinrich und Thomas Manns Hans Castorp als Enkel und Urenkel Wilhelm Meisters (2000), S. 37–57. – Kritische Bewunderung : Thomas Manns Goethe-Essays (1998), S. 59–82. – Karl Jaspers' Goethe-Rezeption und die Polemik von Ernst Robert Curtius, S. 83–122. – Goethes „Trilogie der Leidenschaft" als Spiegel- und Kontrastfolie von Botho Strauss' „Trilogie des Wiedersehens" (1981), S. 123–135. – Goethe lesen, mit Goethe leben, über Goethe sprechen : e. autobiograph. Bericht, S. 137–161.

390 *Gēte un Baltija = Goethe und die baltischen Länder* / sastād. un zinātniskā red. Gundega *Grīnuma*. – Rīgā : Latvijas Gētes Biedrība ; Nordisk, 2002. – 334 S.
Darin u. a.: *Taterka*, Thomas: Gēte Viktora Hēna darbos = Goethe bei Victor Hehn, S. 144–157 u. 305. – *Zariņš*, Vilnis: Gētes apgaismotāja darbība kā paraugs latviešu 19. gadsimta kultūras darbiniekim = Goethes aufklärerische Tätigkeit als Muster für die lettischen Intellektuellen des 19. Jahrhunderts, S. 158–170 u. 306. – *Hausmanis*, Viktors: Gētes drāmu ienākšana latviešu teātrī = Das Erscheinen der Dramen Goethes auf dem lettischen Theater, S. 194–201 u. 309–310. – *Vecgrāvis*, Viesturs: Gēte – latviešu literatūras eiropeizētājs? : Jāņa Poruka viedoklis = Ist Goethe der Europäisierer der lettischen Literatur? : der Standpunkt von Jānis Poruks, S. 208–215 u. 311. – *Kursīte*, Janīna: Gēte un Rainis : dažas paralēles = Goethe und Rainis : einige Parallelen, S. 216 bis 222 u. 311–312. – *Cimdiņa*, Ausma: Gēte un Rainis Zenta Mauriņas ceļā uz pasaules literatūru = Goethe und Rainis auf dem Weg Zenta Mauriņas zur Weltliteratur, S. 223–232 u. 312–313. – Alle Beiträge in lett. Sprache mit dt. Zsfassung.

391 *Goethe and the English-speaking world* : essays from the Cambridge symposium for his 250th anniversary / ed. by Nicholas *Boyle* and John *Guthrie*. – Rochester, NY [u. a.] : Camden House, 2002. – VI, 285 S. – (Studies in German literature, linguistics, and culture)
Darin u. a.: *Shaffer*, E[linor] S.: The „confessions" of Goethe and Coleridge : Goethe's „Bekenntnisse einer schönen Seele" and Coleridge's „Confessions of an inquiring spirit", S. 145–158. – *Skrine*, Peter: The Winkworth sisters as readers of Goethe in Mrs. Gaskell's Manchester, S. 159–171. – *Brown*, Jane K.: Goethe and American literature : the case of Edith Wharton, S. 173–184. – *Simpson*, James: „The authority of culture" : some reflections on the reception of a classic, S. 185–198. – *Williams*, John R.: What gets lost? : a look at some recent English translations of Goethe, S. 213 bis 226. – *Sagarra*, Eda: Goethe and Irish German studies 1871–1971, S. 227–242.

392 *Goethe und das Zeitalter der Romantik* / hrsg. von Walter *Hinderer*. In Verb. mit Alexander von *Bormann* [u. a.] – Würzburg : Königshausen & Neumann, 2002. – 524 S. : Ill. – (Stiftung für Romantikforschung ; 21)
Darin u. a.: *Bormann*, Alexander von: „Sie grüßen den alten Held" : zur Goetherezeption in der Hochromantik [Darin vor allem über Eichendorffs Goetherezeption], S. 133–148. – *Moses*, Stéphane: „Natur! Natur!" : Sigmund Freuds Goethe-Traum, S. 231–241. – *Grewe*, Cordula: Mignon als Allegorie des Poetischen : Goetherezeption u. Kunsttheorie in der dt. Malerei der Spätromantik, S. 307–343 : Ill. – *Lanza Tomasi*, Gioacchino: „Goethe-Lieder": a challenge for romantic composers, S. 459–471. – *Willms*, Johannes: Goethe und die Folgen, S. 507–514.

393 *Harlan*, Volker: Kunst als Wissenschaft – Künstler aktualisieren Goethe. – In: Katharina Sieverding : le metamorfosi dell'evoluzione … ; una mostra della Casa di Goethe, Roma, 28. 11. 2001 bis 25. 2. 2002, in collaborazione con la Stiftung Weimarer Klassik. – Mailand, 2002. – S. 87–98 (italien.), 99–110 (dt.) u. 111–121 (engl.): Ill.

394 *Hartung*, Günter: Der historische Ort der Loeweschen Musikballade (1997). – In: G. *Hartung*: Literatur und Welt : Vorträge. – Leipzig, 2002. – S. 249–268. – (Gesammelte Aufsätze und Vorträge / G. Hartung ; 2)
Darin u. a. über Loewes Vertonungen Goethescher Balladen.

395 *Hoffmeister*, Gerhart: Reception in Germany and abroad. – In: The Cambridge companion to Goethe / ed. by Lesley *Sharpe*. – Cambridge [u. a.], 2002. – S. 232–255. – (Cambridge companions to literature)

396 *König*, Christoph: Aufklärungskulturgeschichte: Bemerkungen zu Judentum, Philologie u. Goethe bei Ludwig Geiger. – In: German literature, Jewish critics : the Brandeis symposium / ed. by Stephen D. *Dowden* [u. a.] – Rochester, NY [u. a.], 2002. – S. 59–76 : Ill. – (Studies in German literature, linguistics, and culture)

397 *Koepke*, Ewald: Goethe, Schiller und die Anthroposophie : das Geheimnis der Ergänzung. – Stuttgart : Verl. Freies Geistesleben, 2002. – 443 S.

398 *Kolago*, Lech: Ein Beitrag zu den polnisch-deutschen Beziehungen in Literatur und Musik : Stanisław Moniuszko u. seine Goethe-Vertonungen. – In: Eine Art Symbolik fürs Ohr : Johann Wolfgang von Goethe ; Lyrik u. Musik / Herman *Jung* (Hrsg.) – Frankfurt a. M. [u. a.], 2002. – S. 205–232. – (Heidelberger Beiträge zur deutschen Literatur ; 12)

399 *Kreutzer*, Hans Joachim: Schubert – ein literarisches Kaleidoskop [Darin u. a. über Schuberts Goethe-Vertonungen]. – In: Schubert und das Biedermeier : Beiträge zur Musik des frühen 19. Jh. ; Festschrift für Walther Dürr zum 70. Geburtstag / hrsg. von Michael *Kube* [u. a.]. – Kassel [u. a.], 2002. – S. 263–277.

400 *Lambrechts*, Luc ; *Gilleir*, Anke: Aspekte heutiger Goethe-Rezeption in einem westeuropäischen Kontext : e. krit. Bericht unter Berücksichtigung aktueller Forschung u. intermedialer Praxis. – In: Jahrbuch für internationale Germanistik. Bd. 32. Bern 2000 (ausgeg. 2002). H. 2, S. 223–237.

401 *Lichtenstern*, Christa: Otto Greis – drei Begegnungen: Frankreich – Goethe – die Musik. – In: Informel : Begegnung u. Wandel / Heinz *Althöfer* (Hrsg.) – Dortmund, 2002. – S. 243–259 : Ill. – (Schriftenreihe des Museums am Ostwall ; 2)
Darin u. a. zur Rezeption des Naturforschers Goethe durch O. Greis, S. 252–255.

402 *Lönne*, Karl Egon: Benedetto Croce : Vermittler zwischen dt. u. italien. Geistesleben. – Tübingen [u. a.] : Francke, 2002. – 230 S.
Darin u. a.: Zur Bedeutung Goethes im Denken Croces, S. 51–65.

403 *Maaz*, Bernhard: Goethe bei Quandt : die Fresken auf der Schönen Höhe. – In: Johann Gottlob von Quandt : Goetheverehrer u. Förderer der Künste [1787 – 1859] ; e. Sammlung von Beitr. anläßlich der Grundsteinlegung 1831 auf „Schönhöhe" bei Dittersbach vor 170 Jahren / Hrsg.: Quandt-Verein Dittersbach zur Förderung der Künste. – Dittersbach, (2002). – S. 73–92 : Ill.

404 *Mareis*, Peter ; *Rühle*, Christian: Wer war Goethe? : Materialien zu Leben u. Werk für e. handlungs- u. produktionsorientierten Deutschunterricht in der Sekundarstufe. – Donauwörth : Auer, 2002. – 64 S. : Ill.

405 *Marggraf*, Wolfgang: Die Goethe-Vertonungen des jungen Verdi. – In: Verdi und die deutsche Literatur : Tagung im Centro Tedesco di Studi Veneziani, Venedig 20. – 21. November 1997 ; Bericht / hrsg. von Daniela *Goldin Folena* u. Wolfgang *Osthoff*. – Laaber, 2002. – S. 9–20 : Notenbeisp. – (Thurnauer Schriften zum Musiktheater ; 19)

406 *Mühe*, Hansgeorg: Balladen und Lieder von Carl Loewe : Gedanken zu Loewes kompositor. Schaffen anhand einiger ausgew. Werke ; mit Aufnahmen von Brigitte *Fassbaender* u. Dietrich *Fischer-Dieskau* sowie mit Aquarellen von Günther *Goldhan* auf einer beigefügten CD-ROM. – Hamburg : Kovac, 2002. – 117 S. : Ill., Notenbeisp. + 1 CD-ROM (12 cm) – (Schriften zur Kulturwissenschaft ; 42)
Darin vor allem über Loewes Goethe-Vertonungen.

407 *Müller*, Manfred: Eine Veranstaltung in ungewisser Zeit : die Reichsgedächtnisfeiern für Goethe 1932 u. ihre Spiegelung in der dt. Öffentlichkeit. – Berlin, 2002. – 150 S.
Berlin, Humboldt-Univ., Magisterarbeit, 2002.

408 *Øhrgaard*, Per: Goethe und Dänemark. – Kiel : Goethe-Gesellschaft, 2002. – 24 S. – (Jahresgabe 2002 / Goethe-Gesellschaft Kiel)

409 *Øhrgaard*, Per: Die Nachfolge Schillers? : über Oehlenschlägers „Correggio" u. Goethe. – In: Deutsch-dänischer Kulturtransfer im 18. Jahrhundert / zsgest. von York-Gothart *Mix*. – Göttingen, 2001. – S. 231–247. – (Das achtzehnte Jahrhundert : Jg. 25, H. 2)

410 *Osten*, Manfred: War Goethe ein Mohammedaner? : Anmerkungen zum Islam u. der Modernität Goethes. – In: Literaturstraße. Chines.-dt. Jahrbuch für Sprache, Literatur und Kultur. Bd. 3. Bochum 2002. S. 365–372.

411 *Die Pforte :* Veröffentlichungen des Freundeskreises Goethe-Nationalmuseum e. V. H. 6. – Weimar, 2002. – 242 S. : Ill.
Darin u. a.: *Rahmeyer*, Ruth: Das Genie – ein leidender Mitmensch : Perspektiven e. anderen Goethebildes, S. 67–79. – *Ulbricht*, Justus H.: Hans Wahl – Kultureliten u. Politik im Weimar des 20. Jh., S. 172–194.

412 *Publications of the English Goethe Society* / ed. by Jeremy *Adler* [u. a.] – Leeds : Maney.
N. S. Vol. 71. Papers read before the Society 2001. – 2002. – 98 S. : Ill.
Darin u. a.: *Herwig*, Malte: Liebhabereien und szientifische Nebendinge" : Thomas Mann's playful imitation of Goethe's science, S. 1–17. – *Kramer*, Andreas: Goethe and the cultural project of German modernism : Steiner, Kandinsky, Friedlaender, Schwitters, S. 18–36. – *Steuer*, Daniel: Goethe and Wittgenstein on the limits of science : towards a critique of abstraction, S. 50–61.

413 *Raffelsbauer*, Carolin: So Schönes hatte König Ludwig nie zuvor gesehen … : eine Hommage zum 200. Geburtstag des Schöpfers der Münchener „Bavaria" u. des Frankfurter Goethe-Denkmals, Ludwig Michael Schwanthaler. – In: Literatur in Bayern. H. 69. München 2002. S. 2–19 : zahlr. Ill.

414 *Rechenberg*, Helmut: Goethes Einfluß auf Heisenbergs Naturerkenntnis 1927 – 1942. – In: Werner Heisenberg (1901 – 1976) : Schritte in die neue Physik ; Begleitbuch zur Ausstellung zum 100. Geburtstag von Werner Heisenberg. – Beucha, 2002. – S. 49–55 : Ill.

415 *Robb*, David G. : „Seid reinlich bei Tage und säuisch bei Nacht" : Karls Enkel's „Dahin! Dahin! Ein Göte-Abend". – In: Goethe-Yearbook. Vol. 11. Rochester, NY 2002. S. 327–345.
Es handelt sich um ein bisher unpubliziertes Manuskript aus dem Jahr 1982.

416 *Roth*, Marie-Louise: Albert Fuchs (1898 – 1983) : spécialiste de Goethe et éminent germaniste. – In: Germanisten im Osten Frankreichs / hrsg. von Gerhard *Sauder*. – St. Ingbert, 2002. – S. 93 bis 99. – (Annales Universitatis Saraviensis : Philosophische Fakultäten ; 19)

417 *Sakalli*, Cemal: Goethes Rezeption in der Türkei : dargestellt am Beispiel der literaturkrit. Schriften. – In: Epochenbegriffe: Grenzen u. Möglichkeiten / betreut von Uwe *Japp* [u. a.] – Bern [u. a.], 2002. – S. 279–287. – (Akten des X. Internationalen Germanistenkongresses Wien 2000…. ; 6) (Jahrbuch für Internationale Germanistik : Reihe A ; 58)

418 *Starz*, Ingo: „Wie süß, o Traumwelt, schöne!" : Ludwig von Hofmann u. die Lauchstädter Goethe-Aufführungen von 1909. – In: Überschreitungen : Dialoge zwischen Literatur- u. Theater-

wissenschaft, Architektur u. Bildender Kunst ; Festschrift für Leonhard M. Fiedler zum 60. Geburtstag / hrsg. von Jörg *Sader* u. Annette *Wörner*. – Würzburg, 2002. – S. 92–101 : Ill.

419 *Steiner*, Uwe: „Das Höchste wäre: zu begreifen, dass alles Factische schon Theorie ist" : Walter Benjamin liest Goethe. – In: Zeitschrift für deutsche Philologie. Jg. 121. Berlin [u. a.] 2002. H. 2, S. 265–284.

420 *Ventzke*, Marcus: Der Weimarer Musenhof und seine ungeratenen Kinder – zur Entwicklung eines kulturellen Exportmodells. – In: Goethe-Jahrbuch. Bd. 119. Weimar 2002. S. 132–147.

421 *Wagener*, Hans: Richard Friedenthal : Biographie des großen Biographen. – Gerlingen : Bleicher, 2002. – 316 S. : Ill. – (Zeugen der Zeit)
Darin u. a. über Friedenthals Goethe-Biographie, S. 227–239.

422 *Walter Benjamin and romanticism* / ed. by Beatrice *Hanssen* and Andrew *Benjamin*. – New York [u. a.] : Continuum, 2002. – 246 S. – (Walter Benjamin studies series)
Darin u. a.: *Ferris*, David S.: Benjamin's affinity : Goethe, the romantics and the pure problem of criticism, S. 180–196. – *Weigel*, Sigrid: The artwork as breach of a beyond : on the dialectic of divine and human order in Walter Benjamin's „Goethe's Elective affinities" / transl. by Geraldine *Grimm*, S. 197–206.

423 *Werner*, Klaus: Heitere Renitenz: Goethe, Peter Hacks u. das „Dörfchen" DDR : Klassik-Rezeption als spezif. Geist-Macht-Diskurs. – In: Geist und Macht : Schriftsteller u. Staat im Mitteleuropa des „kurzen Jh." 1914–1991 / (Hg.) Marek *Zybura* [u. a.] – Dresden, 2002. – S. 309–335. – (Arbeiten zur deutschen Literatur ; 9)

424 *Wiegelmann*, Franz Josef: Johann Wolfgang von Goethe im Spiegel der zeitgenössischen Presse. – In: Goethe-Blätter : Schriftenreihe der Goethe-Gesellschaft Siegburg e. V. Bd. 1 (2001). Bonn 2002. S. 87–107.

425 *Willoughby*, L[eonard] A.: Oscar Wilde and Goethe (1965). – In: Elizabeth M. *Wilkinson* ; L. A. *Willoughby*: Models of wholeness : some attitudes to language, art and life in the age of Goethe / ed. by Jeremy *Adler* [u. a.] – Oxford [u. a.], 2002. – S. 195–226. – (Britische und irische Studien zur deutschen Sprache und Literatur ; 30)

*

426 *Albrecht*, Wolfgang ; *Döhler*, Andreas ; *Zehm*, Edith: Bitte um Hinweise für die Kommentierung von Goethes Tagebüchern. – In: Goethe-Jahrbuch. Bd. 119. Weimar 2002. S. 239–241.

427 *Bohnenkamp*, Anne: Autorschaft und Textgenese [am Beispiel Goethes]. – In: Autorschaft : Positionen u. Revisionen / hrsg. von Heinrich *Detering*. – Stuttgart [u. a.], 2002. – S. 62–79. – (Germanistische Symposien-Berichtsbände ; 24)

428 *Donat*, Sebastian: Arbeitspensum eines Achtundsiebzigjährigen : e. unbekannte Agenda Goethes vom Nov. u. Dez. 1827. – In: Goethe-Jahrbuch. Bd. 118. Weimar 2001. S. 328–345: Ill.
Mit Erstveröffentl. u. ausführlicher Kommentierung des Textes der in der Russischen Nationalbibliothek St. Petersburg befindlichen Hs. u. fotograf. Wiedergabe dieser Hs.

429 *Goethe im frühen Insel-Verlag* : Ausstellung im Holzhausenschlößchen: 7. 9. – 3. 10. 2002 / Frankfurter Bürger-Stiftung im Holzhausenschlößchen. [Ausstellung u. Katalog:] John Dieter *Brinks*. – Frankfurt a. M. : Kramer, 2002. – 223 S. : Ill. – (Mäzene, Stifter, Stadtkultur ; 4)

430 *Kurscheidt*, Georg ; *Oellers*, Norbert ; *Richter*, Elke: Sechs unbekannte Briefe Goethes. – In: Goethe-Jahrbuch. Bd. 119. Weimar 2002. S. 183–202.
Mit Erstveröffentl. folgender Briefe: An E. M. Hüttenrauch. Weimar, 11. 5. 1786. – An Ch. von Schiller. Weimar, 15. 5. 1807?. – An F. von Luck. Weimar, 18. 7. 1815. – An J. G. G Büsching. Weimar, 22. 4. 1818. – An F. F. H. Küstner. Weimar, 20. 9. 1825. – An C. F. P. von Martius. Weimar, 18. 2. 1826. – Nach den Hss. im Weimarer Goethe- und Schiller-Archiv. Die kommentierte Erstveröffentl. entstand im Zusammenhang mit der in Vorbereitung befindlichen histor.-krit. Ausg. der Briefe Goethes.

431 *Stark*, Michael: Von Erlangen über Bamberg nach Kronach (16.–18. Nov. 1797) : kleine Korrekturen zur hist.-krit. Ausg. der Tagebücher J. W. Goethes. – In: Goethe-Jahrbuch. Bd. 119. Weimar 2002. S. 203–206 : 1 Ill.

432 *Wadle*, Elmar: Die preußische Politik und Goethes Gesuch um ein Nachdruckprivileg des Deutschen Bundes. – In: Archiv für Geschichte des Buchwesens. Bd. 56. Frankfurt a. M. 2002. S. 147–161.

*

433 *AugenBlick* : Mitteilungen des Freundeskreises Goethe-Nationalmuseum e. V. / Red.: Dieter *Höhnl* ; Jochen *Klauß*. – Weimar 2002.
[Jg. 2.] 2002. – Nr. 1–4. – [Je 4 S. : Ill.] – Darin Mitteilungen zur Tätigkeit des Freundeskreises u. über seine Leistungen zur Unterstützung des Goethe-Nationalmuseums.

434 *Dreßler*, Hilmar: „Wer beschützet und erhält" : zum 100. Geburtstag von Martin Loesche. – In: H. *Dreßler*: Verstreute Blätter. – Berlin, 2002. – S. 22–24.
M. Loesche war von 1942 bis 1945 Vorsitzender der Leipziger Ortsvereinigung der Goethe-Gesellschaft.

435 *Ehrlich*, Lothar: Goethe-Gesellschaft in Weimar. – In: Klassikerstadt und Nationalsozialismus : Kultur u. Politik in Weimar 1933 bis 1945 / hrsg. von Justus H. *Ulbricht*. – Weimar, 2002. – S. 91–99 : Ill. – (Weimarer Schriften ; 56)

436 *Freiburger Goethe-Blätter* : Rundbrief der Goethe-Gesellschaft Freiburg i. Br., Ortsvereinigung der Goethe-Gesellschaft in Weimar / [Hrsg.:] Gabriele *Busch-Salmen*. – Nr. 1–4. – Freiburg i. Br. : Goethe-Gesellschaft, 2002. – Je 4 S.
Darin Texte und Informationen zu den Vorträgen und zur Tätigkeit der Gesellschaft.

437 *Friedrich Schiller : Goethes grosser Freund* : Texte zur gegenwärtigen Einschätzung des Dichters. – Hamburg : Ortsvereinigung Hamburg der Goethe-Gesellschaft in Weimar e. V., 2002. – 122 S. – (Jahresgabe 2002 / Ortsvereinigung Hamburg der Goethe-Gesellschaft in Weimar e. V.)
Darin u. a.: Ein Blick in die Geschichte der Hamburger Goethe-Gesellschaft, S. 120–122.

438 *25 [Fünfundzwanzig] Jahre Goethe-Gesellschaft Rudolstadt* / zsgest. von Ursula *Steinhaußen*. – Rudolstadt : Goethe-Gesellschaft, 2002. – 28 S.
Darin detaillierte Übersicht u. Chronik der Vorträge, Lesungen u. Exkursionen, Goethe-Geburtstagsfeiern u. literarisch-musikalischen Veranstaltungen.

439 *Goethe-Jahrbuch* / im Auftr. der Goethe-Gesellschaft hrsg. von Jochen *Golz*, Bernd *Leistner* u. Edith *Zehm* [Bd. 119, 2002: … von Jochen *Golz* u. Edith *Zehm*]. – Weimar : H. Böhlaus Nachf.
Bd. 118. – 2001. – 583 S. : Ill. – Bd. 119. – 2002. – 411 S. : Ill.
Darin u. a.: Bd. 118: *Golz*, Jochen: Rede des Präsidenten der Goethe-Gesellschaft zur Eröffnung der 77. Hauptversammlung, S. 13–17. – Grußworte des Oberbürgermeisters der Stadt Weimar und des Ministerpräsidenten des Freistaats Thüringen, S. 18–21. – Rezensionen, S. 367–422. – Aus dem Leben der Goethe-Gesellschaft: In memoriam Elizabeth M. Wilkinson, Stuart Atkins, David Laschkaradse u. Erich Trunz, S. 423–432. – 77. Hauptversammlung vom 6. bis 9. 6. 2001: Goethe und die europäische Aufklärung, S. 433–475. – Chronik: (Okt. 2000 – Dez. 2001), S. 476–491. – Tätigkeitsberichte der Ortsvereinigungen für das Jahr 2000, S. 492–510. – Aus dem Leben ausländischer Goethe-Gesellschaften, S. 511–517.
Bd. 119: Rezensionen, S. 243–297. – Aus dem Leben der Goethe-Gesellschaft: In memoriam Jutta Hecker u. Siegfried Unseld, S. 299–302. – Chronik für das Jahr 2002, S. 303–318. – Tätigkeitsberichte der Ortsvereinigungen für das Jahr 2001, S. 323–342. – Aus dem Leben ausländischer Goethe-Gesellschaften, S. 343–352.
Die wissenschaftlichen Beiträge sind in den betreffenden Sachgruppen einzeln verzeichnet.

440 *Goethe-Jahrbuch = Gēte-nenkan* / [Hrsg.:] Goethe-Gesellschaft in Japan. – Tôkyô : Goethe-Gesellschaft in Japan.
Bd. 44. – 2002. – 111, 171 S. : 2 Taf.
Darin u. a.: *Miki*, Masayuki: Soseki [japan. Anglist] und Goethe, S. 89–101. – *Cordes*, Joachim: Grußwort anläßlich des 252. Geburtstages von Johann Wolfgang von Goethe, S. 103–104.
Die wissenschaftlichen Beiträge sind in den betreffenden Sachgruppen einzeln verzeichnet.

441 *Goethe Yearbook* : Publications of the Goethe Society of North America / ed. by Simon *Richter*. – Rochester, NY : Camden House.
Vol. 11. – 2002. – VIII, 444 S.

Darin u. a: *Mommsen*, Katharina: Laudatio auf Daniel Barenboim bei Verleihung der Goldenen Goethe-Medaille der Internationalen Goethe-Gesellschaft in Weimar am 7. Juni 2001, S. 373 bis 376. – Book reviews, S. 395–444.
Die wissenschaftlichen Beiträge sind in den betreffenden Sachgruppen einzeln verzeichnet.

442 *Goethe-Yongu = Goethe-Studien* / [Hrsg.:] Koreanische Goethe-Gesellschaft. – Seoul : Koreanische Goethe-Gesellschaft.
Bd. 14. – 2002. – 361 S.
Die wissenschaftlichen Beiträge sind in den betreffenden Sachgruppen einzeln verzeichnet.

443 *Golz*, Jochen: Goethe in Gesellschaft : eine literar. Gesellschaft erinnert sich ihrer Geschichte. – In: Weimar-Kultur-Journal. Jg. 11. Weimar 2002. H. 4, S. 28–29 : Ill.
Über eine wissenschaftl. Tagung zur Geschichte der Goethe-Gesellschaft.

444 *Hostenkamp*, Ulrike: „Casa di Goethe" in Rom : einige Fotos zur Sache. – In: Mit Goethe Schule machen? : Akten zum Internationalen Goethe-Symposium, Griechenland – Neumexiko – Deutschland 1999 / hrsg. von Peter *Pabisch*. – Bern [u. a.], 2002. – S. 151–159 : (überwiegend Fotos). – (Jahrbuch für Internationale Germanistik : Reihe A ; 68)

445 *Jahrbuch des Freien Deutschen Hochstifts* / hrsg. von Christoph *Perels*. – Tübingen : Niemeyer. [Jg.] 2002. – 2002. – VI, 377 S, : Ill.
Darin u. a.: Jahresbericht 2001/2002 [Darin: *Maisak*, Petra: Museum und Graphische Sammlung, u. a. über die Illustrationen zu „Hermann und Dorothea" und entsprechende Neuerwerbungen. – *Moering*, Renate: Handschriften-Abteilung, u. a. über die neuerworbenen Handschriften der Goethe-Gedichte „Zueignung an P[rinzessin] C[aroline] v[on] W [eimar], 1807" und „Adler, mit einer Leier nach oben strebend" sowie der Handschriften dreier Goethe-Briefe: an J. L. Frhrn von Mauchenheim, gen. von Bechtolsheim, 14. 11. 1776, Beilage zum Brief an M. von Eybenberg, 7. 8. 1808 sowie an H. C. A. Eichstädt, 18. 12. 1817. Mit fotograf. Wiedergabe der Hss. u. Transkriptionen der Texte, S. 325–365 sowie Taf. 2, 3 u. 6–9.], S. 315–377.
Die wissenschaftlichen Beiträge sind in den entsprechenden Sachgruppen einzeln verzeichnet.

446 *Die Pforte* : Veröffentlichungen des Freundeskreises Goethe-Nationalmuseum e. V. H. 6. – Weimar, 2002. – 242 S. : Ill.
Darin u. a.: *Schuster*, Gerhard: „Mehr Licht!" – Rede bei der Einweihung der Beleuchtung des Goetheschen Wohnhauses am 22. 3. 2001, S. 205–208. – *Höhnl*, Dieter: In eigener Sache [Bericht zur Tätigkeit des Freundeskreises 2000/2001], S. 209–215. – Satzung und Mitgliederliste des Freundeskreises, S. 216–229.

447 *Publications of the English Goethe Society* / ed. by Jeremy *Adler* [u. a.] – Leeds : Maney.
N. S. Vol. 71. Papers read before the Society 2001. – 2002. – 98 S. : Ill.
Darin u. a.: Chronicle; Rules of the English Goethe Society, S. 91–98.
Die wissenschaftlichen Beiträge sind in den entsprechenden Sachgruppen einzeln verzeichnet.

*

448 *Dietrich*, Andrea: „Geistige Weihestätten" : der zweite Erweiterungsbau des Goethe-Nationalmuseums u. die Nietzsche-Gedächtnishalle. – In: Klassikerstadt und Nationalsozialismus : Kultur u. Politik in Weimar 1933 bis 1945 / hrsg. von Justus H. *Ulbricht*. – Weimar, 2002. – S. 145–156 : Ill. – (Weimarer Schriften; 56)

449 *Gille*, Caroline: Ein Unendliches in Bewegung : Goethes Nachlaß als musée imaginaire. – In: Die Endlichkeit der Literatur / hrsg. von Eckart *Goebel* u. Martin von *Koppenfels*. – Berlin, 2002. – S. 100–110 : Ill. – (LiteraturForschung)

450 *Gothe*, Rosalinde: Dornburg – von Otto I. bis Goethe / Fotografien von Jürgen M. *Pietsch*. – [Neuaufl.] – Spröda : Ed. Akanthus, 2002. – 94 S. : zahlr. Ill.
Darin u. a.: Goethe und Dornburg, S. 6–10. – Geschichte der Goethe-Gedenkstätte, S. 74–75.

451 *Haun*, Winfried: Goethes Gartenhaus Nr. 2 im Wunderwald : kulturgeschichtl. Kuriosum, unternehmer. Wagnis, freudiges Ereignis ; die erste Ausstellung. – In: Blätter des Vereins für Thüringische Geschichte e. V. Jg. 12. Jena 2002. H. 2, S. 56–58.

Zur Wiederaufstellung der Kopie von Goethes Gartenhaus im Park der Kurklinik Bad Sulza, Landkreis Weimar.

452 *Hellermann*, Dorothee von: „Wieland. Ganz wie ich ihn kannte“ : Gerhard von Kügelgens Vorzeichnung zum Wieland-Porträt [im Kleinen Eßzimmer des Goethe-Hauses am Frauenplan]. – In: Goethe-Jahrbuch. Bd. 119. Weimar 2002. S. 228–237 : Ill.

453 *„Köstliche Reste“* : Andenken an Goethe u. die Seinen ; Ausstellung u. Bestandskatalog, 1.12. 2002 – 2.2.2003 / Freies Deutsches Hochstift – Frankfurter Goethe-Museum in Zsarb. mit der Adolf-und-Luisa-Haeuser-Stiftung für Kunst und Kulturpflege. Katalog u. Ausstellung: Gerhard *Kölsch* und Petra *Maisak*. – Frankfurt a. M. : Goethe-Museum, 2002. – 174 S. : zahlr. Ill.

454 *Maul*, Gisela: Prähistorisches im Goethe-Nationalmuseum : die paläontolog. Sammlung Johann Wolfgang von Goethes. – In: Thüringer Museumshefte. Jg. 11. Gera 2002. H. 1, S. 38–42 : Ill.

455 *Maul*, Gisela ; *Oppel*, Margarete: Goethes Wohnhaus in Weimar : Wegweiser. – Weimar : Stiftung Weimarer Klassik, 2002. – 119 S. : Ill., graph. Darst.

456 *Oppel*, Margarete: Die Restaurierung der Goethe-Zeichnungen – ein Projekt des Goethe-Nationalmuseums. – In: Thüringer Museumshefte. Jg. 11. Gera 2002. H. 2, S. 34–37 : Ill.

457 *Die Pforte* : Veröffentlichungen des Freundeskreises Goethe-Nationalmuseum e. V. H. 6. – Weimar, 2002. – 242 S. : Ill.

Darin u. a.: *Klauß*, Jochen: Amerika in Goethes Münzsammlung, S. 98–106. – *Klauß*, Jochen: Goethe als Sammler und Förderer der Medaillenkunst, S. 107–115. – *Mommsen*, Katharina: „Herrlich ist der Orient / Übers Mittelmeer gedrungen …“ : zur weltliterar. Trias Hafis, Calderón u. Goethe auf dem Weimarer Dichterdenkmal [Zum Denkmal im Park an der Ilm], S. 116–149. – *Klauß*, Jochen: Die Medaille auf Sultan Mohammed II. in Goethes Sammlung : e. Rezeptionsstudie, S. 150–165. – *Ulbricht*, Justus H.: Hans Wahl – Kultureliten u. Politik im Weimar des 20. Jh. : e. Fallbeispiel [Darin u. a. über H. Wahl als Direktor der Weimarer Goethe-Stätten], S. 172–194.

458 *Rhode-Jüchtern*, Ursula: Weimars kleine Schwester : Bad Lauchstädt u. sein Goethe-Theater. – Neuaufl. – Husum : Husum, 2002. – 16 S. : Ill.

459 *Tezky*, Christina: Weimar – Rom – Chile – Weimar : Odyssee der „Italienischen Textbücher“ Goethes beendet. – In: Thüringer Museumshefte. Jg. 11. Gera 2002. H. 1, S. 57–60 : Ill.

Es handelt sich dabei um eine Sammlung von 23 Libretti, die sich Goethe während seiner Aufenthalte in Italien angelegt hat.

460 *Werkzeuge des Pegasus* : histor. Schreibzeuge im Goethe-Nationalmuseum ; Katalog zur Ausstellung ; 9.11.2002 bis 5.1.2003 / Stiftung Weimarer Klassik. Konzeption u. Realisation: Egon *Freitag* [u. a.] – Weimar : Stiftung Weimarer Klassik, 2002. – 179 S. : zahlr. Ill.

461 *200 [Zweihundert] Jahre Goethe-Theater Bad Lauchstädt* : 1802 – 2002 / Hrsg.: Historische Kuranlagen u. Goethe-Theater Bad Lauchstädt GmbH. Red.: Dörte *Reisener*. – Bad Lauchstädt : Histor. Kuranlagen u. Goethe-Theater GmbH, 2002. – 109 S. : zahlr. Ill. (z. T. farb.)

Darin u. a.: Theatergeschichte : das Goethe-Theater in Bad Lauchstädt, S. 102–108.

Namenregister

Liste der im Jahr 2003 eingegangenen Bücher

Hans-Günther Schwarz: Der Orient und die Ästhetik der Moderne. München 2003
Schriften der Theodor-Storm-Gesellschaft. Bd. 52 (2003). Heide (Holstein) 2003
Jost Schieren: Anschauende Urteilskraft. Methodische und philosophische Grundlagen von Goethes naturwissenschaftlichem Erkennen. Düsseldorf, Bonn 1998
Sigrid Diez: Das Gedicht ist zur Ruhe gekommene Unruhe. Gedanken zur Poesie des Wortes. Vortrag im Carl-Corbach-Klub Sondershausen am 12. 11. 1999. Sondershausen 2003
Katharina Mommsen: Goethe's art of living. Victoria, Canada 2003
Cultura Tedesca. Heft 21. Hrsg. von Marino Freschi. Rom 2002
Cultura Tedesca. Heft 22. Hrsg. von Marino Freschi. Rom 2003
Ernst Jünger: Mantrana Invitatie la un joc. Stuttgart 2002
Manfred Osten: „Alles veloziferisch" oder Goethes Entdeckung der Langsamkeit. Zur Modernität eines Klassikers im 21. Jahrhundert. Frankfurt a. M., Leipzig 2003
Eduardo Gómez: Faro de luna y sol. Medellín 2002
Eduardo Gómez: Ensayos de critica interpretativa – T. Mann, M. Proust, F. Kafka. Bogotá 1987
Aurora. Jb. der Eichendorff-Gesellschaft. Bd. 62 (2002). Hrsg. von Jürgen Daiber, Eckhard Grunewald, Gunnar Och u. Ursula Regener. Tübingen 2003
Acta Neophilologica. 35.1–2 (2002). Ljubljana 2002
Goethe-Studien. Hrsg. von der Koreanischen Goethe-Gesellschaft. Bd. 14 (2002)
Jb. des Freien Deutschen Hochstifts. Hrsg. von Christoph Perels. Tübingen 2002
Bernd Heimühle: Historische Kuranlagen und Goethe-Theater Bad Lauchstädt. Halle (Saale) 1996
Mainfränkisches Jb. für Geschichte und Kunst. Archiv des Historischen Vereins für Unterfranken und Aschaffenburg. Bd. 125. Würzburg 2002
Clemens Wimmers: Raucher im klassischen Weimar. Bonn 1999
Goethe Yearbook. Publications of the Goethe Society of North America. Rochester, NY 2002
Zbliżenia. Polka – Niemcy. Pismo universytetu Wrocławskiego. 2 (34). Wrocław 2003
Zbliżenia. Polka – Niemcy. Pismo universytetu Wrocławskiego. 2 (35). Wrocław 2003
Zbliżenia. Polka – Niemcy. Pismo universytetu Wrocławskiego. 2 (36). Wrocław 2003
Klaudia Hilgers: Entelechie, Monade und Metamorphose. München 2002
Rolf Christian Zimmermann: Das Weltbild des jungen Goethe. Studien zur hermetischen Tradition des deutschen 18. Jahrhunderts. Erster Bd., 2. durchgesehene und erweiterte Auflage. München 2002
Rainer Kawa: Ärzte und Geistliche. Dortmund 2003
Miloš Zelenka: Literární věda a slavistika. Prag 2002
Antonin Měšťan: Česká literatura mezi Němci a Slovany. Prag 2002
Josef Polišenský: Tisíciletá Praha očima cizincu. Prag 1999
Mihaela Zaharia: Die andere Wirklichkeit: Phantastik in der verfilmten deutschsprachigen Literatur. Bukarest 2001
Shakespeare-Jb. der Deutschen Shakespeare-Gesellschaft. Bd. 139. Bochum 2003
Hans Joachim Kreutzer: Faust. Mythos und Musik. München 2003
David Hill (Hrsg.): Literature of the Sturm und Drang. Rochester, NY 2003
Istorija Schwejzarskoj Literatury. Tom 1.2. Moskwa 2002
Transcarpathica. Germanisches Jb. Rumänien. Bd. 1. Bukarest 2002
Friedrich Schiller – Goethes großer Freund. Texte zur gegenwärtigen Einschätzung des Dichters. Jahresgabe 2002 der Ortsvereinigung Hamburg der Goethe-Gesellschaft in Weimar e. V. Halle (Saale) 2002
Forschungsberichte zur Germanistik. Hrsg. vom Japanischen Verein für Germanistik im Bezirk Osaka-Kobe. Heft 44. Osaka 2002

Stundenwechsel. GGR-Beiträge zur Germanistik 9. Hrsg. von Andrei Corbea-Hoisie, George Guțu und Martin A. Hainz. Konstanz 2002

Deutsche Schillerstiftung von 1859: Ehrungen – Berichte – Dokumentationen. Weimar 2003

Gabriele Busch-Salmen/Renate Moering/Walter Salmen: Nur nicht lesen! immer singen ... Musik und Musiker im Umfeld Goethes. Frankfurt a. M. 2003

Benjamin Stello: Christoph Martin Wielands Dramen als Verarbeitung von Diskursen der Aufklärung. Osnabrück 2003

Wer mag wohl die junge, schwarzäugige Dame seyn? Budapester Beiträge zur Germanistik. Hrsg. von Werner Biechele und András F. Balogh. Budapest 2002

Eine Unterredung gegen die Türken. Hrsg. von András F. Balogh. Budapest 2003

Goethe-Tradition im Westerzgebirge. Festschrift zum 20-jährigen Gründungsjubiläum der Ortsvereinigung Aue der Goethe-Gesellschaft Weimar e. V. Berlin 2003

Literatur und Kultur im Querschnitt. Germanica Wratislaviensia 125. Hrsg. von Norbert Honsza. Wrocław 2003

Hebbel-Jb. der Hebbel-Gesellschaft e. V. Hrsg. von Monika Ritzer u. Jean Lefebvre. Heide (Holstein) 2003

Lorraine Byrne: Schubert's Goethe Settings. Aldershot, Hampshire 2003

Josef Walter König: Einkehr und Bleibe. Donauwörth 1995

Carola Stern: Alles, was ich in der Welt verlange. Das Leben der Johanna Schopenhauer. Köln 2003

Jb. der Deutschen Schillergesellschaft. Hrsg. von Wilfried Barner, Christine Lubkoll, Ernst Osterkamp u. Ulrich Ott. 47. Jg. Stuttgart 2003.

Jb. des Freien Deutschen Hochstifts. Hrsg. von Anne Bohnenkamp und Christoph Perels. Tübingen 2003

Goethe-Jb. der Goethe-Gesellschaft in Japan. Bd. XLV. Tokio 2003

Wolf von Engelhardt: Goethe im Gespräch mit der Erde. Weimar 2003

Goethe-Blätter. Schriftenreihe der Goethe-Gesellschaft Siegburg. Bd. II (2002). Bonn 2003

Grabbe-Jahrbuch. Hrsg. von Kurt Roessler und Peter Schütze. 22. Jg. Bielefeld 2003

Schriften der Theodor-Storm-Gesellschaft. Hrsg. von Karl Ernst Laage u. Gerd Eversberg. Bd. 52. Heide (Holstein) 2003

Rostislav Danilevski: Puschkin und Goethe. Eine vergleichende Studie. St. Petersburg 1999

E. T. A. Hoffmann-Jb. Hrsg. von Hartmut Steinecke, Detlef Kremer, Franz Loquai u. Steven Paul Scher. Bd. 11. Berlin 2003.

Deutschsprachige Literatur und Kultur im Raum Ödenburg/Sopron (1790–1900). Hrsg. von András Balogh u. László Tarnói. Budapest 2002

Im Dienste der Auslandsgermanistik. Festschrift für Professor Dr. Dr. h. c. Antal Mádl zum 70. Geburtstag. In: Budapester Beiträge zur Germanistik. Bd. 34. Budapest 1999

László Tarnói: Parallelen, Kontakte und Kontraste. Die deutsche Lyrik um 1800 und ihre Beziehungen zur ungarischen Dichtung in den ersten Jahrzehnten des 19. Jahrhunderts. Budapest 1998

Berliner Beiträge zur Hungarologie. Schriftenreihe des Seminars für Hungarologie an der Humboldt-Universität zu Berlin. Hrsg. von Ernő Kulcsár-Szabó, László Tarnói u. György Tverdota. Berlin, Budapest 2001

Oxford German Studies. Bd. 31. Oxford 2002

Goethe und die baltischen Länder. Riga 2002

Eva Schmidt: Julie von Bechtolsheim. Wielands „Psyche". Rattenkirchen 2002/2003

Triangulum. Germanistisches Jb. für Estland, Lettland und Litauen. Siebte Folge. Riga 2000

Jb. des Adalbert Stifter Institutes des Landes Österreich. Hrsg. von Johann Lachinger. Bd. 6 (1999). Linz 2003

Jb. der Schopenhauer-Gesellschaft. Hrsg. von Matthias Kossler, Dieter Birnbacher u. Heinz Gerd Ingenkamp. Bd. 84. Würzburg 2003

Ernst Zander: Goethe und die Menschenführung. München, Mering 2003

Wenzel Johann Tomaschek: Gedichte von Goethe für den Gesang mit Begleitung des Piano-Forte. In Verbindung mit Hartmut Krones hrsg. von Ildikó Raimondi. Münster 2003

Arne Eppers: Miteinander im Nebeneinander. Gemeinschaft und Gesellschaft in Goethes „Wilhelm Meister"-Romanen. Tübingen 2003

Lire, copier, écrire. Les bibliothèques manuscrites et leurs usages au XVIIIe siècle. Paris 2003

Miti goethiani tra letteratura e musica: Ifigenia e Werther. In: Collana del dipartimento di scienze linguistiche e filologico-letterarie dell'area anglo-germanica. Nuova serie. Vol. X. Perugia 2000

Publications of the English Goethe Society. New Series. Volume LXXII. Hrsg. von Jeremy D. Adler, Martin W. Swales u. Ann C. Weaver. Leeds 2003

Johann Wolfgang Goethe: Matériaux pour l'histoire de la théorie des couleurs. Traduction de l'allemand Maurice Elie. Toulouse 2003

Alfons Pausch/Jutta Pausch: Goethe im Finanzdienst. Ein Ausschnitt aus dem Staatsdienst des Dichters. Hrsg. von Dieter Ondracek. Berlin 2003

Johann Wolfgang Goethe: Italiaanse Reis. Vertaling Wilfred Oranje. Bezorgd door Marinus Pütz. Amsterdam 1999, 2002

Homunculus. Der Mensch aus der Phiole. Symposium der Goethe-Gesellschaft Heidelberg. Hrsg. von Letizia Mancino-Cremer u. Dieter Borchmeyer. Neckargemünd, Wien 2003

G[alina] G. Ischimbajewa: Obras Fausta w nemezkoj literaturje XVI – XX wjekow. Utschebnoje posobije. Moskwa 2002

G[alina] G. Ischimbajewa: Russkaja faustiana XX wjeka. Utschebnoje posobije. Moskwa 2002

Abbildungsnachweis

Abb. 1	Foto Gletschergarten-Museum Luzern
Abb. 2	Wilhelm Bode: *Die Schweiz, wie Goethe sie sah.* Basel 1922, Tafel 130
Abb. 3	Foto Gletschergarten-Museum Luzern
Abb. 4	Johann Jacob Scheuchzer: *Helvetiae Stoicheiographia, Orographia et Oreographia.* 1. Teil. Zürich 1716, Tafel 1 (Ausschnitt)
Abb. 5	Zentralbibliothek Zürich
Abb. 6	*Corpus der Goethezeichnungen.* Bd. I-VII. Bearb. von Gerhard Femmel, hrsg. von den Nationalen Forschungs- und Gedenkstätten der klassischen deutschen Literatur in Weimar. Leipzig 1958–1973; hier *Corpus der Goethezeichnungen* I, Nr. 118
Abb. 7	*Corpus der Goethezeichnungen* I, Nr. 120
Abb. 8	*Corpus der Goethezeichnungen* I, Nr. 11
Abb. 9	*Corpus der Goethezeichnungen* II, Nr. 13
Abb. 10	*Corpus der Goethezeichnungen* II, Nr. 126
Abb. 11	*Corpus der Goethezeichnungen* II, Nr. 317
Abb. 12	*Corpus der Goethezeichnungen* II, Nr. 170
Abb. 13	*Corpus der Goethezeichnungen* VI B, Nr. 64
Abb. 14	*Corpus der Goethezeichnungen* II, Nr. 41
Abb. 15	*Corpus der Goethezeichnungen* II, Nr. 263
Abb. 16	*Corpus der Goethezeichnungen* II, Nr. 332
Abb. 17	Stiftung Weimarer Klassik und Kunstsammlungen
Abb. 18	Stiftung Weimarer Klassik und Kunstsammlungen, GSA 64/22
Abb. 19	Stiftung Weimarer Klassik und Kunstsammlungen, GSA, Bestand Friedrich von Müller
Porträt Walter Henze	Foto privat

Siglen-Verzeichnis

AA	Johann Wolfgang von Goethe: Gedenkausgabe der Werke, Briefe und Gespräche. Hrsg. von Ernst Beutler. 24 Bde. u. 3 Ergänzungsbde. Zürich 1948–1971 [Artemis-Gedenkausgabe].
AS	Goethes Amtliche Schriften. Veröffentlichung des Staatsarchivs Weimar. Bd. I: 1776–1786. Hrsg. von Willy Flach. Weimar 1950. Bd. II. Bearbeitet von Helma Dahl. 1. Halbbd.: 1788–1797. Weimar 1968. 2. Halbbd.: 1798–1819. Weimar 1970. Bd. III: Erläuterungen zu den Schriften 1788–1819. Bearbeitet von Helma Dahl. Weimar 1972. Bd. IV: Register. Bearbeitet von Helma Dahl. Weimar 1987.
BA	Goethe: Poetische Werke. Kunsttheoretische Schriften und Übersetzungen. 22 Bde. Berlin, Weimar 1960–1978 [Berliner Ausgabe].
FA	Johann Wolfgang Goethe: Sämtliche Werke. Briefe, Tagebücher und Gespräche. 40 Bde. Hrsg. von Hendrik Birus u. a. Frankfurt a. M. 1987 ff. [Frankfurter Ausgabe].
Goethe-Handbuch	Goethe-Handbuch. 5 Bde. Hrsg. von Bernd Witte, Theo Buck, Hans-Dietrich Dahnke, Regine Otto und Peter Schmidt. Stuttgart, Weimar 1996–1999.
GJb	Goethe-Jahrbuch (auch für alle anders lautenden Titel des Jahrbuchs). Weimar 1880 ff.
Gespräche	Goethes Gespräche. Eine Sammlung zeitgenössischer Berichte aus seinem Umgang auf Grund der Ausgabe und des Nachlasses von Flodoard Freiherrn von Biedermann ergänzt und hrsg. von Wolfgang Herwig. 5 Bde. Zürich, Stuttgart, Bd. 4–5: Zürich, München 1965–1987.
GT	Johann Wolfgang Goethe: Tagebücher. Historisch-kritische Ausgabe. Im Auftrag der Stiftung Weimarer Klassik hrsg. von Jochen Golz unter Mitarbeit von Wolfgang Albrecht, Andreas Döhler und Edith Zehm. Stuttgart, Weimar 1998 ff.
GWb	Goethe-Wörterbuch. Hrsg. von der Berlin-Brandenburgischen Akademie der Wissenschaften, der Akademie der Wissenschaften in Göttingen und der Heidelberger Akademie der Wissenschaften. Bd. 1 ff. Berlin, Stuttgart 1978 ff.
HA	Goethes Werke. Hamburger Ausgabe in 14 Bänden. Hrsg. von Erich Trunz. Hamburg 1948–1964 [Hamburger Ausgabe].
HA Briefe	Goethes Briefe. 4 Bde. Hrsg. von Karl Robert Mandelkow und Bodo Morawe. Hamburg 1962–1965.
HA Briefe an Goethe	Briefe an Goethe. 2 Bde. Hrsg. von Karl Robert Mandelkow. Hamburg 1965–1969.
JA	Goethes sämtliche Werke. Jubiläumsausgabe. Hrsg. von Eduard von der Hellen. Stuttgart, Berlin 1902–1912 [Jubiläumsausgabe].
LA	Goethe. Die Schriften zur Naturwissenschaft. Vollständige mit Erläuterungen versehene Ausgabe im Auftrage der Deutschen Akademie der Naturforscher Leopoldina. Begr. von Lothar Wolf und Wilhelm Troll. Hrsg. von Dorothea Kuhn und Wolf von Engelhardt. 11 Text- und (bisher) 10 Kommentarbde. Weimar 1947 ff. [Leopoldina-Ausgabe].
MA	Johann Wolfgang Goethe: Sämtliche Werke nach Epochen seines Schaffens. Münchner Ausgabe. 21 Bde. (in 33). Hrsg. von Karl Richter in Zusammenarbeit mit Herbert G. Göpfert, Norbert Miller, Gerhard Sauder und Edith Zehm. München 1985 ff. [Münchner Ausgabe].

SchrGG	Schriften der Goethe-Gesellschaft. Weimar 1885 ff.
SNA	Schillers Werke. Nationalausgabe. 1940 begründet von Julius Petersen. Fortgeführt von Lieselotte Blumenthal, Benno von Wiese, Siegfried Seidel. Hrsg. im Auftrag der Stiftung Weimarer Klassik und Kunstsammlungen und des Schiller-Nationalmuseums in Marbach von Norbert Oellers. 40 Bde. Weimar 1943 ff.
WA	Goethes Werke. Hrsg. im Auftrag der Großherzogin Sophie von Sachsen. 143 Bde. Weimar 1887–1919. Nachdruck München 1987. [nebst] Bd. 144 bis 146: Nachträge und Register zur IV. Abt.: Briefe. Hrsg. von Paul Raabe. Bde. 1–3. München 1990 [Weimarer Ausgabe].

Manuskripthinweise

1 Manuskripte bitte in nichtreformierter Orthographie und in zweifacher Ausfertigung – 1 1/2zeiliger Abstand (auch bei den Anmerkungen), Zeilenbreite 16 cm, Schrifttyp Arial, durchgängige Schriftgröße 12 Punkte, einseitig beschrieben, in einem Umfang von 18 bis max. 20 Seiten (= max. 40.000 Zeichen) – und zusätzlich in Form einer Diskette (ab WORD 6.0; als DOC- oder RTF-Datei) oder als e-mail einsenden an:

Redaktion des Goethe-Jahrbuchs
Dr. Petra Oberhauser
Postfach 2251
99403 Weimar.

2 Der Name des Verfassers steht in Versalien über der Hauptüberschrift. Überschriften enden ohne Punkt.

3 a Absätze werden durch Einzug gekennzeichnet, größere Sinnabschnitte durch eine Leerzeile.

3 b Vers- und Prosazitate (Primär- und Sekundärliteratur) von vier und mehr Zeilen werden in der Regel durch Einrückung hervorgehoben. Anführungszeichen entfallen dann.

4 Alle Titel von Werken und Aufsätzen werden im Text und in den Anmerkungen kursiv und ohne Anführungszeichen wiedergegeben. Ausnahme: Anführungszeichen werden benötigt bei Zitaten oder im Titel – Beispiel: Meyer, Herman: *„Zarte Empirie". Studien zur Literaturgeschichte.* Stuttgart 1963. Vgl. auch die Beispiele unter Punkt 12.

5 a Kürzere Zitate werden im Text und in den Anmerkungen durch „Anführungszeichen" kenntlich gemacht. Längere Zitate (ab vier Zeilen Länge) werden eingerückt.

5 b Zitate in Zitaten werden durch ‚einfache Anführungszeichen' wiedergegeben.

5 c Goethe-Zitate, die mit im Siglenverzeichnis des Goethe-Jahrbuchs genannten Werkausgaben belegt werden können, werden im Anschluß an das Zitat im Haupttext nachgewiesen; alle anderen Zitate werden in den Anmerkungen nachgewiesen.

6 Hervorzuhebende Stellen (bitte sparsam verwenden!) sind im Manuskript durch eine unterbrochene Linie zu markieren. Im Jahrbuch erscheinen diese Stellen dann g e s p e r r t.

7 Einklammerungen innerhalb von runden Klammern und Auslassungen in Zitaten werden durch eckige Klammern [...] gekennzeichnet.

8 a Die Anmerkungen erscheinen im Jahrbuch als Fußnoten, im Manuskript als Endnoten. Die Anmerkungszahlen sind automatisiert einzufügen. Sie werden hochgestellt, nicht mit Klammern versehen und innerhalb eines Beitrags stets durchgezählt.

8 b Eine Anmerkungszahl folgt auf das Satzzeichen, wenn sie sich auf den gesamten Satz bezieht. Sie steht vor dem Satzzeichen, wenn sie sich nur auf das vorausgehende Wort oder die vorausgehende Begriffseinheit (Wortgruppe) bezieht.

8 c Auch bei langen Anmerkungen sollten Absätze möglichst vermieden werden; statt dessen kann ein neuer Abschnitt durch einen Gedankenstrich vom vorherigen abgesetzt werden.

8 d Die Anmerkungen beginnen mit einem Großbuchstaben und enden mit einem Punkt. Namen von Autoren, Herausgebern oder Bearbeitern werden nicht hervorgehoben.

9 Allgemeine bibliographische Begriffe werden abgekürzt (z.B.: Bd., Diss., Hrsg., hrsg. von, Jb., Jg., Nr., S., V., Zs. usw.).

10 Die verwendete Goethe-Ausgabe wird mit der entsprechenden Sigle im direkten Zitatanschluß nachgewiesen (z.B.: WA I, 5.1, S. 100; vergleichbar wird verfahren bei AA, FA, HA, LA, MA). Die Auflösung der Siglen erfolgt über ein Siglen-Verzeichnis am Ende des Jahrbuchs.

11 Wird ein Titel wiederholt zitiert, erscheint lediglich der Nachname des Autors mit Verweis auf diejenige Stelle, an der er vollständig genannt ist: Vulpius (Anm. 10), S. 132f.

12 Für die Zitierweise in den Anmerkungen gelten folgende Beispiele:

Italienische Reise (HA 11, S. 9–349).

Friedrich Schiller: *Ueber das Erhabene.* In: *Schillers Werke. Nationalausgabe.* Bd. 21. *Philosophische Schriften. Zweiter Teil.* Unter Mitwirkung von Helmut Koopmann hrsg. von Benno von Wiese. Weimar 1963, S. 38–54.

Katharina Mommsen: *Goethe und die arabische Welt.* Frankfurt a.M. 1988, S. 86f.

Vgl. Reinhart Kosellek: *Goethes unzeitgemäße Geschichte.* In: GJb 1993, S. 27–39; hier S. 28.

Margarethe Beckurts: *Zur Bedeutung der Novelle in Goethes „Wahlverwandtschaften".* In: Zs. für deutsche Philologie 103 (1984), Sonderheft, S. 75f.

Peter Michelsen: *Fausts Erblindung.* In: *Aufsätze zu Goethes „Faust II".* Hrsg. von Werner Keller. Darmstadt 1992, S. 345–356.

Heinrich Voß an Charlotte von Schiller, 12.11.1809; zit. nach: Härtl (Anm. 4), S. 73.

Bitte zitieren Sie stets einheitlich und folgerichtig.

13 Autorinnen/Autoren von Abhandlungen, Dokumentationen und Miszellen erhalten 30 Sonderdrucke, Autorinnen/Autoren von Rezensionen erhalten 8 Sonderdrucke.

Wir bitten zu beachten:

Das Goethe-Jahrbuch geht jedem Mitglied der Goethe-Gesellschaft in Weimar e. V. kostenlos zu. Voraussetzung für seine Lieferung ist die regelmäßige Zahlung des Jahresbeitrags von 40 € (Schüler, Studenten und Ehepartner eines Mitglieds 20 €).

Der Jahresbeitrag wird jeweils zu Jahresbeginn fällig. Es wird gebeten, ihn auf eines der folgenden Konten zu überweisen:

0 301 004 048 / BLZ 820 510 00 bei der Sparkasse Mittelthüringen

oder 118 819–601 / BLZ 500 100 60 bei der Postbank Frankfurt am Main

oder 282 711 100 / BLZ 820 700 24 bei der Deutschen Bank – Filiale Weimar

oder per Bankscheck an die Geschäftsstelle der Goethe-Gesellschaft in Weimar.

Spenden für Stipendiaten bitten wir zu überweisen auf unser Konto:

310 001 579 / BLZ 820 510 00 bei der Sparkasse Mittelthüringen.

Anschriftenänderungen: Wir bitten Sie, jede Anschriftenänderung der Geschäftsstelle der Goethe-Gesellschaft, Postfach 2251, 99403 Weimar, Telefon: 0 36 43/20 20 50, Fax: 0 36 43/20 20 61, e-mail: goetheges@aol.com mitzuteilen.

Anträge auf Mitgliedschaft können formlos an die Geschäftsstelle gerichtet werden. Jeder Goethefreund ist herzlich willkommen!

Bitte informieren Sie sich auch über unsere Gesellschaft unter www.goethe-gesellschaft.de.